瞽女と瞽女唄の研究

史料篇

Gerald Groemer
ジェラルド・グローマー 著

名古屋大学出版会

写真撮影：相場浩一

史料篇　目　次

研究篇目次

凡　例

本篇では、なるべく多くの学術論文をはじめ、翻刻・未翻刻の郷土資料から得た瞽女関係史料を整理した。昭和初期に急速に瞽女の本格的な学術的研究が進み、それ以後発表された瞽女関係民俗誌なども史料としての価値はあろうが、なにぶん量が膨大なため、本書では研究篇の「瞽女関係文献目録・解題」に委ねた。

ここに採録した多くの史料は原文が長いため、紙幅の制限からその全文を掲載することは不可能であった。また各史料の説明は、年月日、場所（現地名・旧地名）、史料タイトル、出典（原典）に限定し、解説は必要最小限と思われるものにとどめた。掲載した表紙に史料タイトルが記されている場合、あるいは項目の内容が一見で分かる場合などでは、史料タイトルの再度の掲載、史料の解説を略したこともある。

史料の引用にあたっては、原則として原本を尊重したが、編集上の理由から次のように改めたものがある。

一、漢字は、原則として常用漢字にしたが人名の場合には旧字体を残したこともある。異字・略字・俗字も原則として常用漢字に改めた。「迠」は「迄」にしたが、「〆」は「貫く」の意味の場合を除いてそのまま「〆」とした。「ゟ」はすべて「より」にした。「瞽」とその異体字である「瞽」などは区別しなかったが、「𥈞」と書かれた場合はそのままにした。

一、史料に含まれている注記などは（　）で括り、自らの知見にしたがって新しく付記した注記は［　］で括った。また原本では史料の表紙を指す記号は種々雑多であるので、原則として（表紙）に統一し、表題を「　」に括った。

一、誤字の明らかな場合はそれを残し、正字を［　］で括り注記した。記載内容が疑わしい場合には［〇〇カ］、脱字と思われる場合には［〇〇脱カ］、字が重複していると思われる場合には［衍］、［衍カ］、誤っていると思われるものには［ママ］とそれぞれ注記した。

一、再読文字は、漢字を「々」、平仮名を「ゝ」・「ゞ」、片仮名は「ヽ」・「ヾ」に統一した。二字以上が続く場合は原本通り「々々」「ゝゝ」「〱」などとした。

一、変体仮名は、未翻刻史料の場合は原則として平仮名に改めたが、「江」「而」は残した。翻刻史料の場合は、原本通りにした。
一、史料には適宜読点および並列点を付した。
一、平出、闕字、台頭、段落中の改行などは無視した。
一、大半の項目は原史料の抜粋であるため、原則として「前略」、「後略」という注記を省略したが、中略のみ明記した。
一、史料中の差別用語は、差別の行われた歴史的状況を正しく認識し、その解消に資すべくそのまま掲載した。
一、→は「関連項目参照」の意味として使用した。
一、訓読点は漢文史料あるいは未翻刻史料にあるもののみを採用した。
一、地理的に特定可能な記録には史料通りの村町名などを明記し、現在の県名などと並記した。
一、村入用帳などは原則として記録の表紙に記載されている年の項に収めた。
一、随筆、文芸作品などの発行年については、序文の成立、作品の出版年、あるいは作品の成立年（多くの場合は推定）のいずれかを採用したが、作品中に瞽女に関する記述に年代が正確に示されている場合はそれにしたがった。
一、出典は各項目の末尾に明記したが、出典と原典のタイトルが異なる場合、あるいは原典の巻数・篇数などが出典のそれとは異なる場合などには原典を見出しに掲載した。出典の書誌、文書の所蔵先の詳細については研究篇所収の「瞽女関係文献目録・解題」を参照されたい。
一、史料文中の年号の誤記はそのまま残しているが、各項目の見出しには正しい年号を採用している。
一、各自治体などが編纂した県史・市町村史、史料集などに含まれている史料の多くには重要な情報を含むタイトルが付されているが、それらが正確な史料名かどうかを判断できなかった場合、引用にあたりこのようなタイトルを解説文と解釈し、情報内容のみを解説として見出しに掲載した。

I　年表――瞽女関係史料

弘仁十三年（八二二）成立、現奈良県。称徳天皇の時代（在位七六四～七〇年）、奈良の京の越田（奈良南一条の地か）、「盲女」とその娘が薬師の木像を拝し、木像からにじみ出た樹脂を食べて、明を得る（景戒『日本国現報善悪霊異記』下巻、十一）

↓次項

二目盲女人帰二敬薬師仏木像一以現得レ明レ眼　第十一

諸薬京越田池南　蓼原里中蓼原堂　在二薬師如来木像一　当二帝姫阿倍天皇之代一　其村有二二目盲女一　此生一女子年七歳也　寡而無レ夫　極窮無レ比　不レ得レ索レ食　将二飢而死一　自謂　宿業所レ招　非二唯現報一　徒空飢死　不レ如行二念善一　使二子控レ手　迄二于其堂一　向二薬師仏像一　願レ眼而曰　非レ惜二我命一　惜二我子命一　一旦已二二人之命一也　願我賜レ眼　檀越見矜　開レ戸入レ裏　向二像之面一　以令二称礼一　逕之二日　副子見之　従二其像臆一　如二桃脂一物　忽然出垂　子告二知母一　々聞欲レ食故　告レ子曰　搏含二吾口一　食也甚甜　便二目開　定知　至レ心発願々者無レ不レ得之也　是奇異之事矣

（読み下し）

二つの目盲《し》ひたる女人《によにん》、薬師仏の木像に帰敬《きぎやう》して、現に眼を明くこと得る縁　第十一

諸薬《なら》の京の越田《こしだ》の池の南、蓼原《タデはら》の里の中の蓼原堂に、薬師如来の木像在《あ》り。帝姫阿倍の天皇のみ代に当りて、其《そ》の村に二つの目盲ひたる女有《あ》り。此《こ》れが生《う》める一《ひとり》の女子《むすめ》、年は七歳なり。寡《やもめ》にして夫無し。極めて窮《まづ》しきこと比《たぐひ》無し。食を索《こ》ふこと得不《ず》して、飢ゑて死な将《む》とす。自《みづか》ら謂《おも》へらく「宿業《すくごふ》の招く所にして、唯《ただ》現報のみは非《あら》じ。徒《いたづら》に空しく飢ゑ死なむよりは、如かず、善を行ひ念ぜむには」とおもふ。子に手を控《ひ》か使《し》めて、其《そ》の堂に迄《いた》り、薬師仏の像に向かひて、眼を願ひて曰はく「我が命一つを惜むに非《あら》ず、我が子の命を惜むなり。一旦に二人の命を亡《ほろぼ》さむ。願はくは我に眼を賜へ」といふ。檀越《たにおち》見矜《メグ》ミテ、戸を開きて裏《うら》に入れ、像の面に向かひて、称礼《しようらい》せ令《し》む。逕ること二日を、副《そ》へる子の見れば、其《そ》の像の臆《むね》より、桃の脂《やに》の如き物、忽然《たちまち》に出で垂る。子、母に告げ知らす。母、聞きて食《く》はむと欲《おも》ふが故に、子に告げて曰はく「搏《と》りて吾が口に含《ふふ》めよ」と

いふ。食へば甚《はなは》だ甜《アマ》シ。便《すなは》ち二つの目開きぬ。定めて知る、心を至して発願すれば、願として得不《ぬ》こと無きを。是《こ》れ奇異《めづら》しき事なり。

蓼タテ　索乞也　矜如クミテ　（副子ソヘルコ）　（従ヨリ）　（臆ムネ）　（桃脂モ、ノヤニノ）（物モノ）（垂タリ）　摶取也　（含フ、メヨ）　甜アマシ《阿万之》（阿万師）

（『日本霊異記』三四六～三四九頁）

嘉承元年（一一〇六）以降、十二世紀前半成立か、現奈良県。奈良の京の越田（奈良南一条の地か）、「盲女」とその娘が薬師の木像を拝し、明を得る（『今昔物語』巻第十二、第十九）↓

前項

薬師仏、従身出薬与盲女語《ミヨリクスリヲイダシテマウニヨニアタヘタルコト》第十九

今昔《ハ》、奈良ノ京ニ越田ノ池ト云フ池有リ。其ノ池ノ南ニ蓼原《タデハラノ》里ト云フ里有リ。其ノ里ノ中ニ堂有リ、蓼原堂《ノ》ト云フ。其ノ堂ニ薬師仏ノ木像在《マシ》マス。阿部《アベ》ノ天皇ノ御代《ミヨ》ニ其ノ村ニ一人ノ女有リ、二ノ目、共ニ盲《シヒ》タリ。

而《シカ》ルニ、此ノ盲女《マウニヨ》、一人ノ女子《ニヨシ》ヲ生《シヤウ》ゼリ。其ノ女子《ニヨシ》、漸ク、勢《セイ》、長《チヤウ》ジテ年七歳ニ成《ナリ》ヌ。母ノ盲女《マウニヨ》、寡《ヤモメ》ニシテ夫无シ、極《キハメ》テ貧キ事无限《カギリナ》シ。或ル時ニハ食物《ジキモツ》无クシテ食《ジキ》ヲ求《モトム》ルニ難得《エガタ》シ。我レ必ズ餓《ウヱ》テ死ナムトス。盲《メシヒ》タルニ依《ヨリ》テ、東西ヲ不知《シラ》ズシテ、行《ユキ》テ求《モトム》ル事不能《アタハ》ズ。然レバ、歎キ悲《カナシ》ムデ自《ミヅカ》ラ云《イハ》ク、「身ノ貧キハ、此レ、宿業《スクゴフ》ノ招ク所也。徒《イタヅラ》ニ餓死《ウヱシ》ナム事疑ヒ不有《アラ》ジ。只命ノ有ル時、仏ノ御前ニ詣《マウ》デ礼拝《ライハイ》シ奉ラムニハ不如《シカ》ジ」ト思《オモヒ》テ、七歳ノ女子《ニヨシ》ニ手ヲ令引《ヒカシ》メテ、彼《カ》ノ蓼原ニ堂ニ詣《マウ》ヅ。

寺ノ僧、此レヲ見テ哀《アハレ》ムデ、戸ヲ開《ヒラキ》テ堂ノ内ニ入レテ、薬師ノ像ニ令向《ムカハシメ》テ令礼拝《ライハイセシ》ム。盲女《マウニヨ》、仏ニ向ヒ奉テ礼拝《ライハイ》シテ、白《マウ》シテ言《マウ》サク、「我レ、伝へ聞ク、『薬師ハ、一度《ヒトタ》ビ御名ヲ聞ク人諸《モロモロ》ノ病ヲ除ク』。我レ一人、其ノ誓《チカヒ》ニ可漏《モル》べキニ非ズ。譬ヒ前世《ゼンゼ》ノ悪業《アクゴフ》拙《ツタナ》シト云フトモ、仏慈悲ヲ垂レ給へ。願クハ我レニ眼《マナコ》ヲ令得《エシメ》給へ」ト、泣々《ナクナ》ク申シテ、仏ノ御前ヲ不去《サラ》ズシテ有リ。

二日ヲ経《ヘタ》ルニ、副《ソヒ》タル女子《ニヨシ》其ノ仏ヲ見奉ルニ、御胷《ムネ》ヨリ桃ノ脂《ヤニ》ノ如クナル物忽ニ垂リ出《イデ》タリ。女子《ニヨシ》、此ノ事ヲ見テ、母ニ告グ。母此レヲ聞《キキ》テ云《イハ》ク、「我レ、其レヲ食ハムト思フ。速ニ汝ヂ、彼《カ》ノ仏ノ御胷《ムネ》ヨリ垂リ出《イデ》タル物ヲ取《トリ》テ、持《モ》テ来《キタリ》テ我レニ含《フフ》メヨト。」子、母ガ云フニ随《シタガヒ》テ、寄《ヨリ》テ此レヲ取《トリ》テ、持《モ》テ来《キタリ》テ母ニ含《フフ》ムルニ、母此レヲ食フニ甘シ。其ノ後《ノチ》、忽ニ二ノ目開《アキ》ヌ、物ヲ見ル事明ラカ也。喜ビ悲《カナシ》ムデ、泣々《ナクナ》ク身ヲ地《ヂ》ニ投《ナゲ》テ、薬師ノ像ヲ礼拝《ライハイ》シ奉ル。

此レヲ見聞ク人、此ノ女ノ深キ信ノ至レル事ヲ讃メ、仏ノ霊験《レイゲン》掲焉《ケチエン》ニ在《マシ》マス事ヲ貴ビケリ。

此レヲ思フニ、其ノ薬師ノ像、現《アラハ》ニ御身ヨリ薬《クス》リヲ出《イダ》シテ、病《ヤメル》人ニ授《サヅケ》テ救ヒ給フ事如此《カクノゴト》シ。然レバ、身ニ病ヲ受《ウケ》タラム人、専《モハラ》ニ信ヲ菝《オコ》シテ薬師ノ誓《チカヒ》ヲ可憑奉《タノミタテマツルベ》シトナム語リ伝ヘタルトヤ。

（『今昔物語』第三巻、一五四～一五六頁）

嘉承元年（一一〇六）以降、十二世紀前半成立か、現佐賀県。肥前国、法華経の力で「盲女」が明を得る（『今昔物語』巻第十三、第二十七）

筑前《ノ》国《ノ》女、誦法花開盲語《ホクヱヲジユシテメシヒヲヒラキタルコト》第廿六

今昔《ハ》、筑前《チクゼン》ノ国ニ府官有リ。其ノ妻《メ》ノ女、両《フタツ》ノ目盲《シヒ》テ明カニ見ル事ヲ不得《ユ》ズ。然レバ、女、常ニ涙ヲ流シテ歎キ悲ム事无限《カギリナ》シ。誠ノ心ヲ莚《オコ》シテ思ハク、「我レ、宿世《スクセ》ノ報《ホウ》ニ依《ヨリ》テ二《フタツ》ノ目盲《シヒ》タリ。今生《コンジヤウ》ハ此レ、人ニ非《アラヌ》身也。不如《シカ》ジ、只、後世《ゴセ》ノ事ヲ営《イトナ》ムデ、偏《ヒトヘ》ニ法花経《ホクヱキヤウ》ヲ読誦《ドクジユ》セムト」思《オモヒ》テ、法華経ヲ年来《トシゴロ》持《タモ》テル一人ノ□ヲ語《カタラ》ヒテ、法花経ヲ受ケ習フ。其ノ後《ノチ》、日夜《ニチヤ》ニ読誦《ドクジユ》スル事、四五年ヲ経《ヘ》タリ。

而《シカ》ル間、此ノ盲女《マウニヨ》ノ夢ニ「一人ノ貴キ僧来《キタリ》テ、告《ツゲ》テ云《イハ》ク、『汝《ナム》ヂ宿報《スクホウ》ニ依《ヨリ》テ二《フタツ》ノ目既ニ盲《シヒ》タリト云ヘドモ、今心ヲ莚《オコ》シテ法花経ヲ読誦《ドクジユ》スルガ故ニ、両眼《フタツノマナコ》忽ニ開ク事ヲ可得《ウベ》シ』ト云《イヒ》テ、手ヲ以テ両《フタツノ》目ヲ撫ヅ」ト見テ、夢覚《サメ》ヌ。其ノ後《ノチ》、両《フタツノ》目開《ヒラケ》テ、物ヲ見ル事明カニシテ本《モト》ノ如ク也。女人《ニヨニン》、涙ヲ流シテ泣キ悲《カナシ》ムデ、法花経ノ霊験新《レイゲンアラタ》ナル事ヲ知《シリ》テ、礼拝恭敬《ライハイクギヤウ》ス。亦、夫・子息《シソク》・眷属《クヱンゾク》、此レヲ不喜《ヨロコバ》ズト云フ事无シ。亦、国ノ内ノ、近ク遠キ人、皆此ノ事ヲ聞《キキ》テ、貴ブ事无限《カギリナ》シ。

女人《ニヨニン》、弥《イヨイ》ヨ信ヲ莚《オコ》シテ、昼夜《チユウヤ》寤寐《ゴビ》ニ、法花経ヲ読誦《ドクジユ》スル事理《コトワリ》也。亦、書写《シヨシヤ》シ奉テモ供養《クヤウ》恭敬《クギヤウ》シ奉リケリトナム語リ伝ヘタルトヤ。

（『今昔物語』第三巻、二四二～二四三頁）

建仁元年（一二〇一）十月八日、現和歌山県海南市。松代王子（藤原定家の旅日記『熊野御幸記』）

次に松代王子に参り盲女懐子あり、

（『熊野御幸記』一六頁）

弘安二～六年（一二七九～八三）成立、現奈良県（『沙石集』巻第九の八）

盲目ノ母ヲ養《ヤシナヘ》ル《の》童事

南都ノ春乗坊《しゆんじようばう》ノ上人、東大寺ノ大仏殿造立《ざうりふ》ノ為ニ、安芸《あき》・周防《すはう》、両国ノ山ニテ杣作《そまつくり》セサセテ、其間《のあひだ》ノ食物《じきもつ》ノタワラ多ク（八）打積《うちツミ》テ置《おき》タリケルヲ、アル時俵《タワラ》ヲ盗《ヌスミ》テ逃《にげ》ケル物ヲ見付《みつけ》テ搦《からめ》テケリ。痩《ヤセ》カレタル童《わらは》ニテゾアリケル。上人、「何《いか》ナル物ニテ、斯ル不当ノワザヲシ、仏物《ぶつもつ》ヲ犯《ヲカス》ゾ」ト問《とは》レケレバ、童申《まうし》ケルハ、「云甲斐《いひかひ》ナク、貧《まづし》キ者（二）テスギ侘《ワビ》テ侍ル上、盲目《まうもく》ナル老母《らうぼ》ノ一人候ヲ、薪ヲ取《とり》テ遙ナル里ニ出《イデ》テ、替《カヘ》テ養ヒ育《はぐく》ミ候ヘドモ、身モ若シ、力モ尽《ツキ》テ、ハカ〴〵シクタスケ、心安クスグル事モ侍ラネバ、此杣《の》ノ食《じき》ハ多《おほく》モ候。仏事ナレバ御事モカケズ、尽《ツク》ル事モアラジト思《おもひ》テ、少分盗《せうぶんぬすみ》テ母ヲ扶《タスケ》バヤト思計《おもふばかり》ニテ、斯ル不当ヲ仕《つかまつり》テ、恥ヲサラシ候コソ、先業《せんごふ》マデモ、イマサラ恥《ハツ》カシク、口惜《くちをし》ク覚ヘ（エ）侍レ」トテ、サメ〴〵ト泣《なき》ケリ。

上人モ事ノ子細アワ《(ハ)》レニ思ワ《(ハ)》レケレドモ、実否《じつふ》ヲシランガ為ニ、此《の》童ヲバ召置《めしおき》テ、別ノ使ヲ以《も》テ、童ガ申状《まうしじやう》ニ付《つき》テ、母ガ居所《きよしよ》ヲ尋《たづね》ニツカハシケリ。使尋行《たづねゆき》テ見ケレバ、山ノ麓ニ小《ちひさ》キ庵《イヲリ》アリ。人ノヲ《(オ)》トナフ声シ（ケレバ）立《たち》ヨリテ、「何《いか》ナル人ノヲワ《(オハ)》スルゾ」ト問フニ、内ニ答《こたへ》ケルハ、「侘者《ワビもの》ノ盲目《まうもく》ニテ侍ルガ、スギ侘《ワビ》テ、此《の》山ノ麓ニ住《すみ》テ、薪ヲ取リ里ニ出《いで》、育《ハグヽ》ム子息ノ童ノ候ヲ憑《たのみ》テ、露ノ命サスガニ消エヤラデ侍リ。此《の》童昨日《きのふ》出《いで》シ侭《マヽ》、見ヘ《(エ)》侍ラネバ、覚束《おぼつか》ナク心モトナクテ、人ノヲ《(オ)》トナヘバ、此《の》童ニヤト思ヒ候《さふら》ヘバ、アラヌ人ニコソ」ト云フ。使イソギ帰《かへり》テ、上人ニ此様《のやう》申《まうし》ケレバ、童ガ詞ニタガハザリケリトテ、哀ニ思ハレケレバ、母養フ程ノ食物《じきもつ》ヲタビテケリ。サテ仏物《ぶつもつ》ナレバ、徒《イタヅラ》ニ与《アタヘ》ンモ恐《おそれ》アリトテ、杣作《ソマツクリ》ノ間ハ童召《めし》ツカヒケリ。シハ《(ワ)》ザハ不当ナルニ似《にた》レドモ、孝養ノ心実《まこと》ニアリケレバ、可《き》レ然《る》三宝ノ御恩《おんメグミ》ニヤ、母養フ程ノ食物ニアヅカリケルコソ、返々《かへすがへす》不思議ニ覚《おぼゆ》レ。是レハ孝養ノ志マコトアル故《ユヱ》ニコソ、冥《みやう》ノ御《おん》哀《あはれみ》ニモアリケメ。

白河院ノ御時、天下ニ殺生ヲ禁断セラレテ、自《ヲのづから》ヲカス者アレバ、重キ過《とが》ニアタリケルガ、或《る》山寺ノ僧ノ母ノ年闌《タケ》テ世間貧《マヅシ》キガ、物モ食《く》ハズ煩ヒケルガ、魚《うを》ナンドナキホカ、ヱ物モクワ《(ハ)》ヌクセアリケリ。世間ニ売《うり》モカワ《(ハ)》ヌ事ナレバ、イカニモスベシトモ覚エズ。忽ニ母ノ命ノ絶《タエン》事悲《カナシ》ク覚ヘ《(エ)》ケル侭《マヽ》ニ、心ノユクカタト、袈裟衣《けさころも》キナガラ、タマ襷《ダスキ》シテ、カツラ河ニテ、取リモ習《ならは》ヌ魚ヲトラントスルニ、可《き》レ然《る》事ニヤ、少々トリエタリケルヲ、官人《くわんにん》見付《みつけ》テ、引立《ひきたて》テ、院ノ御所へ供《グ》シテ参リニケリ。袈裟衣ヲ天下ノ殺生禁断其《の》隠レナキ上、法師ノ形トシ（テ）、袈裟衣ヲキナガラ、此悪行《のあくぎやう》ヲ企《くはだつ》ル事、返々《かへすがへす》不思議ナリトテ、重キ咎ニヲ《(オ)》コナワ《(ハ)》ルベカリケルヲ、此《の》僧申《まうし》ケルハ、「老母ガ命ヲ助《タスケ》テ、暫モヤソイ《(ヒ)》候《さふらは》ント思《おもひ》テ、我身《わがみ》イカナル科《トガ》ニモ行《ヲコ》ナワ《(ハ)》レ候《さふら》ヘ、母ガ命スコシモ延《ノビン》コト本意《ほい》ト存《ぞんじ》候。此《の》魚ハ今ハタスカルマジキニテ候《さふら》ヘバ、コレヲ母ガモトヘツカワ《(ハ)》シ（テ）、一口モ物クヰ《(ヒ)》テ候ヨシヲ承《うけたまはり》テ、イカナル御禁《おんいましめ》ニモアタリ侍ラバ、モトヨリ存《ぞん》ジマウケタル事也。恨《ウラミ》候マジ」ト奏シテ、涙ヲ流シケレバ、事ノ体《てい》哀レニ思食《おぼしめ》シテ、母養フ程ノ物、不足ナク給《たまひ》テユルサレニケリ。至孝ノ志《こころざ》シ、マコトアリケルニコソ。昔モ氷ノ上ニ魚ヲ得《エ》、冬ノ天ニ笋《たかんな》ヲ得タル様《タメシ》アリ。哀レニコソ覚ユレ。

（『沙石集』三八一～三八三頁）

明徳二年（一三九一）以降成立か。謡曲（「小林」）

〈「小林」、異本、樋口本〉

ワキ詞「在俗《ザイゾク》の昔を思へば。丹波方の者にて候。扨も山名陸奥《ムツノ》守氏清の御事。余りに御痛はしく存（じ）。か様の体に罷（り）なりて候。又久《(しく)》敷八幡へ参らず候程に。只今思ひ立（ち）八《ヤ》幡へ参（り）候

上哥ゴゼ〽痛はしや去《(さる)》にても。よしなきとがを陸奥《(みちのく)》の。

同〽神や仏のはなすなる、八幡山を打出（で）て。其日も、

暮（る）るや暮（れ）ざるに。奥州は御腹、切の小林いたでみな。おはし（彰考館本「大足」鴻山三番綴本「おわし」。貞享三年版本も「おはし」とあり、謡曲叢書翻刻本に「大芦」謡曲全集翻刻本に「おあし」とあるは貞享三年版の原本に忠実でない）の。三郎小次郎殿も。内野の露霜と、成（り）行（く）果ぞ悲しき

小哥下　〽痛はしの、奥州勢や、よしなき御謀叛、たくみて、御運の究め。あんの内野に、腹切討死、其外名高き、侍《さむらひ》。武士《もののふ》の、嵐松風、敵《かたき》の花を、散（ら）せば。ノリカハル（ここから小歌節ではなく常の平ノリになる意）只何事も、めでたき御代と。なる物を

シテ詞「いかにごぜ達。此謡をばたが所望にてうたはするぞ。昨《キ》日も堅く制禁《セイキン》して有（る）を又うたひて候。言語道断曲事《クセ》にて候。実や言葉多き者は品すくなしと申（す）事の候。惣じて此山《ン》中には叶ふまじ出（で）候へ、ワキ「いかに申（し）候。只今の謡をば何とて御禁制候ぞ、シテ「さん候必禁制にては候はね共《ども》。此謡と申（す）は氏清の御事。誠に昨日《きのふ》やけふ《今日》の事にて候を。幾程もなくか様に謡ひなどに作りて謡ひ候事。余りに勿体なく候。其上彼《かの》御事は。上《ミ》（傍訓国学院本第二種）は《ママ》御一体の御事にて候を。謡ひてはど（濁点底本にあり）つといひど（仝上）つと笑ふは。偏《ひとへ》に狂言にては候はずや。世の憚りを存（じ）てか様に禁制仕（り）候よ、ワキ「仰（せ）は尤（も）にて候　去《さり》ながら。又此事は既に世に流布させんが為に社《こそ》。明《メイ》徳記にも顕されて候へ。か様の事は其時ありし人は。実もかくあつ《有》しよと思ひ。又みざりし人はいかやうにかありつらん。天晴《あつぱれ》是を聞（か）ばやなど〻思ひ。貴賤耳をすまし聞（き）居候所に。か様に御しかり候へば。曲もなや情なやなど〻もおもふべし。然るべくはひらに御うたはせ候へ、シテ「扨は今の謡は御僧《ヲ》の御所望にて候か、ワキ「いやあながち愚僧が所望にては候はね共《ども》。狂言綺語の事なれば只うたはせられ候へかし、シテ「御意尤（も）にて候。さらばうたはせうずるにて候。いかにごぜ達。謡の事禁制して候へ共《ども》。旅人《ビ》の御所望にて候程に。今日《ケ》よりは心安く謡ひ候へ。下哥　〽謡ひたくは、謡へ聞（き）たくはきけ、下（歌）同〽我はよしなやかべに耳。岩の物いふよしうたへ、あらいろう《ママ》（観世本「いらう」）まじの宮仕《ヅコ》（傍訓濁点底本にあり）。花の後雲を尋（ね）。月入《リ》て雪を思ふ。是常の世の習ひ。よしうたへ御堂の。辻盲目《メクラ》の法楽、御本尊《ほ》の加護に預からば。よし世のとがめよもあらじ

（「小林」『未刊謡曲集』続四、三二一～三二五頁）

〈「小林　氏清トモ」、異本、観世本〉

ワキ詞「か様に候者は。古《いにしへ》は丹波の者にて候。扨も陸奥《ミチノクノ》守氏清は。内野の合戦にて果（て）給ひて候。我等も其一類として。手を砕き戦ふといへ共《ども》。軍の習ひにて打負（け）候。余（り）に氏清の御事　痛敷《いたはしく》存（じ）。か様の姿と罷（り）成（り）て候。又世上の沙汰承（り）度《たく》候へ共《ども》。都は人めいかゞにて候程に。先々八幡に参詣仕（り）候（ひ）て。都の沙

汰を聞（か）ばやと思ひ候。いかに誰か渡り候、ヲカシ「何事にて候ぞ、ワキ「是は此御山へ参りたる者にて候。無（「無」に濁点）案内の事にて候間。御道しるべして給（は）り候へ、ヲカシ「安き御事案内申さふ《(う)》ずるにて候、ワキ「扨此比《(ころ)》何事にても珍敷《(しき)》事はなく候か、ヲカシ「さん候此御山の廻廊にて。此所の盲御前《メクラゴゼ》の候が。氏清の御事を小歌はや《(早)》節《フシ》に作って諷（ひ）候が。是非もなく面白う候。是を聞（か）せ申（し）候べし、ワキ「荒《(あら)》嬉しや急ぎ山《ン》上仕り承り候べし、ヲカシ「此方へ御入（り）候へ

たふ《(う)》〳〵御前《ゼ》達。是成（る）お僧の御所望にて候。いつも御謡（ひ）ある氏清の御事を。御聞（き）有（り）度《(たき)》由仰（せ）候。卒度《(そと)》御うたひ候へ、ゴゼ「中々うたひさふらふ《(む)》べし、上哥〽痛はしや去《(さる)》にても。同〽〳〵。よしなき科《(とが)》を陸《ミチノ》奥《(く)》の。神や仏の放《ハナ》つ成《(なる)》。八幡の山を打出（で）て。其日も、暮（る）るやくれざるに。奥州は御腹切の。小林いたでみな。おはしの三郎小次郎殿も。内野の露霜と、なり行（く）果ぞ痛（は）しき

ヲカシ「迚《(とても)》の事に早節を御諷（ひ）候へや、ゴゼ小哥〽痛はしの奥州勢や、下同（小歌）〽よしなき御謀叛たくみて。御運の極め。案の内野に腹切（り）。討死。其外名高き、侍《(さむら)》ひ武士《(もののふ)》の。嵐松風、敵《(かたき)》の花を、散（ら）せば。唯何事も。目出《キ》度御代と、なる物を

シテ詞「いかにごぜ。昨日も此謡をうたひ候程に。なうたふ《(ひ?)》そと申（し）つるに。何とて謡（ひ）候ぞ。是非謡（ひ）候はゞ。此廻廊には叶ふまじきぞ。急（ぎ）山下《ンゲ》へ下《クダ》りて謡（ひ）候へ、ワキ「いかに申（し）候。その謡をば何とて御政道候ぞ、シテ「先《(まづ)》案じても御覧候へ。流石《(さすが)》氏清の御事は。きのふやけふの事にて候。殊に名大将の御事成《(なる)》を。か様に謡に作り候事。余（り）に然るべからず候程に。扨なうたひそとは申（し）候よ、ワキ「尤（も）仰（せ）はさる事にて候へ共《(ども)》。其人に流布《ルフ》せんが為に社《(こそ)》。明徳記にも作《リ》候へ。其上女《ニヨウ》御更衣の御事《ン》。又大将の御身《ン》の上をも。歌に作りてうたふは常の習也。其時の有様を見聞（か）ざりし人は。此謡にて社《(こそ)》聞《キ》候に。よき程にも候はゞうたはせられ候へかし、シテ「扨はお僧の御所望にて候な。何程もうたはせられ候へ苦しからず候、ワキ「いや愚僧が所望にてはなく候へ共《(ども)》。参詣の面々。御身を荒《(あら)》にくやと社《(こそ)》存（じ）候べければ。唯御ゆるしあってうたはせられ候へかし、シテ「中々仰（せ）尤（も）にて候。此上はごぜ達も随分うたひ候へ、下哥〽謡（ひ）度《(たく)》はうたへ。同〽聞（き）度《(たく)》は聞（き）給へ。我《レ》はよしなや壁に耳。岩の物云（ふ）よしうたへ。あらいらう《(ママ)》まじの宮奴《(みやつこ)》、シテ上〽花の後雲を尋（ね）、同〽月入《リ》て雪を思ふ、是常の世の習ひ。よしうたへ此御《ミ》堂《ダウ》の。土（他の諸本「辻」）盲《メクラ》の法楽、御本尊の加護に預からば、よし世のとがめよもあらじ

シテ詞「いかに申（し）候。ごぜの此謡をうたふさへ面白う思召（さ）れ候に。増（し）て氏清宗徒の人々を十余人集め。此山に陣を取（り）給ひ。神《ン》前にを《(お)》いて。軍評《サ》定の御座候ひし

を。某折節御灯の役《ウ》にて委（しく）承りて候。若《もし》聞（こ）し召（さ）れ度《ク》は候はぬか、ワキ「言語道断の御事。夫社《それこそ》猶も承（り）度《たく》候へ。迚《とても》の御《ン》事に語つて御《ン》聞（か）せ候へ、シテ「安き間の事語つて聞（か）せ申（し）候べし去《さり》ながら。ごぜの謡をば政道仕（り）候（ひ）て。我等が軍物語は何共《とも》斟酌に存（じ）候、ワキ「何の苦しう候へき只御物語（り）候へ、ワキ「心得申（し）候。

（「小林」『未刊謡曲集』続四、三三二〜三三七頁）

〈「小林」、異本、彰考館本〉

ワキ詞「我在俗の古《いにしへ》は丹波の国の者にて候ひしが。山名氏清の御事余りにいたはしく存じ。かやうのすがたとなりて候。又都にありて世上の沙汰も承りたくは候へども。人目いかゞにて候ほどに。まづ八幡に参り風聞をも承らばやと思ひ候。急ぎ候程に。八幡山に着（き）て候。いかに山下《さんげ》の人のわたり候か、男「何事にて候ぞ、ワキ「当山に何にても珍しき事候はぬか、男「さん候こゝに珍敷《しき》事の候。山上の廻廊にごぜの候が。氏清の御事をうたひはやうたに作（り）てうたひ候が。近来《ちかごろ》おもしろう候。御伝（へ）申してきかせ候べし、ワキ「あらうれしや。さらば御伝へ申し候べし、男「こなたへ御入（り）候へ。いかにごぜたち。是なる御僧の御所望にて候。いつもの氏清のうたひを御うたひ候へ

ゴゼ（上歌）〽はかなしや及ばずも、君を恨みし科《とが》により。神や仏のはなつなる、八幡山をうちいでゝ。その日も、くるゝや暮れざるに。氏清は御腹、切の小林痛手皆、大足《おほあし》の次郎小次郎殿も、内野の露霜と、きえにし事ぞいたはしき

男「とてもの事に。早歌を御うたひ候へ、ゴゼ（小歌）〽いたはしの奥州勢や。由なき謀反おこして。御運のきはめ。案の内野に腹切討死。其外名高き侍、武士《もののふ》のあらし松風。かたきの花を、ちらせば、唯何事も、目出たき御代と、なるものを

シテ「いかにごぜ。きのふも其謡をばなうたひそと申しつるに。また何とてうたふぞ。まことうたひたくば山下へおりてうたへ。此所にてはかなひ候まじ、ワキ「いかに申（し）候。何とてこの謡をば。さやうになうたひそとは仰せ候ぞ、シテ「さん候氏清の御事は。きのふやけふの事にて候を。かくうたひに作りうたふこと。余りに門近くて然るべからず候ほどに。さてかやうに申（し）候、ワキ「仰（せ）はさる事にて候へども。むかしより帝王后宮。又は代々の武将の御事なども。うたひに作りうたふ事は。其人〳〵の善悪をしらしめんとのをしへなり。さすがに氏清も名将にてましませば。其名を世に残さんために。明徳記にもあらはしたれば。苦しからずはうたはせられ候へかしシテ「さて御僧の御望にて候か。さらば御うたはせ候へ、ワキ「いや我のみならず。其時の軍を見ざりし者は聞きたく思ひ。又あひたる人は。それはとありし。これはかくはなりしなど思ひて。人々耳をすましきゝゐたる所に。かやうに御しかり候へば。あら情なやうたてやなと申せば。唯うたはせら

れ候へ、シテ「さらばうたはせ申（し）候べし。やあいかにごぜうたへとこそ。（カカル）〽うたひたくはうたへ聞きたくはきけ、地下（歌）〽我はよしなや壁に耳。いはのものいふよしうたへ、あらいろ《（ママ）》ふまじのみやつこ。花の後雲をたづね。月いりて雪をおもふ。是常の世のならひ。よしうたへ此御堂の、辻目盲《（めくら）》の法楽。御本尊《（ほぞん）》の加護にあづからば、よし世のとがめよもあらじ

シテ「いかに申（し）候。あのごぜどもの謡をさへ面白く思し召されば。氏清此山に陣をとり給ひ。神前にて軍《（いくさ）》評定し給ひしを。某御灯《（ごとう）》の役にてくはしく承りて候。きこし召されたくは候はぬか、ワキ「言語道断。それこそ猶も承りたく候へ。念比《（ねんごろ）》に御物がたり候へ、シテ「さらば語（つ）てきかせ候べし。

（「小林」『未刊謡曲集』続四、三四四～三四八頁）

十五世紀前半成立か、現滋賀県。近江守山宿、謡曲（「望月」）

シテ今ほどこの宿《しゆく》にはやるものは盲御前《めくらごぜ》にて候、なにの苦《くる》しう《シウ》候ふべき盲《めくら》におんなり候ひて、花若殿におん手を引かれ、座《ざ》敷《し》きへおん出《ニ》で候へ、それがしは酒《しゆ》を持ちて参らうずるにて候（とそれぞれに用意をする）

[□] ツレ嬉しやな望みしことのかなふ《ノオ》よと、盲《めくら》の姿に出《い》で立《た》てば（とツレは杖を突いて盲のていとなり、子方と共に舞台に入り、シテが従う）

[上ゲ哥] 地かの蟬丸《せみまる》のいにしへ、かの蟬丸のいにしへ、たどりたどるも遠近《おちこち》の、道のほとりに迷ひしも、今の身《み》の上《うえ》も、思ひはいかで劣《おと》るべき。かかる憂《う》き身《み》の業《わざ》ながら、盲目《もおもく》の身の慣《な》らひ歌《うた》、聞《き》こしめせや旅人《たびびと》よ、聞こしめせや旅人。（この謡いっぱいに一同舞台に入り、ツレ・子方は脇正面にシテは常座にとまって地謡の方に向かって立つ）

[問答] シテいかにたれかおん入り《ニ》候（アイが立って、シテに応ずる）シテこれはこの屋《や》の主《あるじ》にて候、あまりに夜寒《よさむ》に候ふほどに、酒《しゆ》を持ちて参りて候、そのよしおん申し候へ（アイは承知して、ワキの前へ出て膝まずき、その旨を伝える）ワキこなたへと申し候へ（アイはシテに取りついで着座する。ツレ・子方は脇正面、シテは真中に着座）

[問答] シテこれはこの屋《や》の主《あるじ》にて候、あまりに夜寒《よさむ》に候ふほどに、酒《しゆ》を持ちて参りて候ふひとつ聞《き》こしめされ候へ ワキ近頃《ちかごろ》祝着《シウちやく》申して候、またあれなるはいかやうなる者にて候ふぞ

シテこれはこの宿《しゆく》にはやる盲御前《めくらごぜ》にて候、かやうのおん座《ざ》敷《し》きへ罷《まか》り出《い》で歌《うト》ふ《オ》者にて候、なににてもご所望《しよもお》候へ、ワキさあらばなににても歌はせ候へ（アイが承知して、なにかひとつ歌えと言う）子方一万箱王《いちまんはこおお》が親の敵《かたき》を討つたる所を歌《うた》は《オ》う《オ》ずるにて候（アイは、それは差し合いがあると言ってとめる）ワキいやいや苦しからぬこと歌はせ候へ（アイは、それなら自由に歌えと言う。以下、着座のままサシ・クセと進行）

[サシ] ツレ子方ここに河津《かわず》の三郎《さむろお》が子に一万箱王とて、兄弟《きよおだい》の者のありけるが、地五《いつ》つや三《み》つの頃かとよ、父をいとこに討

たせつつ、すでに日行《ひゆ》き時来《ときき た》つて、七つ五つになりしかば、幼《いとけ》なかりし心にも、父の敵《かたき》を討たばやと、思ひの色に出づるこそ、げにあはれにぞ覚《おぼ》ゆる。

（「望月」『謡曲集』下、四〇〇〜四〇一頁）

応永二十五年（一四一八）八月十七日。京都

十七日。雨降。室町殿自今日五檀法被行。阿闍梨聖護院也。諸社有恠異。殊八幡。日吉。北野等有不思儀云々。仍御祈禱云々。夜盲女両人愛壽。菊壽。参。愛壽日来も参。菊壽初参。愛壽弟子云々。召前施芸能。五六句申。聴衆済々候。芝殿以下参。歌了賜引物。薫物。本結。擅紙十帖。其後於台所一両又歌。

（『看聞御記』上巻、一五四頁）

応永三十三年（一四二六）十一月十六日。京都

十六日乙巳天晴、今日当番依昨夜余酔或燭之程参入之盲女奇之藤中納言并雲客両三組被下賜、宸筆水鏡一帖出ニ而此抄中山内大臣殿御作也、正本紛失而今賜御手頗家宝也、可秘之、又哥枕名寄可借進之由被仰下了

（『薩戒記』）

応仁の乱（一四六〇〜七〇年代）前後成立、現大阪市。大坂

盲女森侍者、情愛甚厚、将絶食殞命、愁苦之余、作偈言之

百丈鋤頭信施消、飯銭閻老不曾饒、盲女艶歌咲楼子、黄泉涙雨滴蕭々

（『狂雲集』四三九頁）

森公乗輿

鑾輿盲女屢春遊、鬱々胸襟好慰愁、遮莫衆生之軽賤、愛看森也美風流

（『狂雲集』四四〇頁）

約弥勒下生

盲森夜々伴吟身、被底鴛鴦私語新、新約慈尊三会暁、本居古仏万般春

（『狂雲集』四四〇頁）

文明二年（一四七〇）十一月十四日、現大阪市。大坂

住吉薬師堂并叙、文明二年仲冬十四日、遊薬師堂聴盲女艶歌、因作偈記之

優遊且喜薬師堂、毒気便々是我腸、愧慚不管雪霜髪、吟尽厳寒秋点長

（『狂雲集』四四〇頁）

文明六年（一四七四）成立か（文明本『節用集』六五五頁、人倫門）

〔御〕ゼ女盲《ヲンナマウ》
—前《センマエ》目《モク》

（『文明本節用集研究並びに索引』陰影編、三三五頁）

文明十九年（一四八七）五月二十六日。京都（『蔭涼軒目録』）

廿六日　不参。天快晴。行事過転二大般若一。蓋西府之御祈禱也。自二今日一七日行レ之。諸寺院亦同前。斎前赴二等持寺斎会一。蓋納涼会也。以二招涼珠一為レ題各賦二一詩一。斎了愚書レ題。凡詩衆二十三員。秉筆宗観喝食字清甫。慈藤喝食字春□。東雲。竺英。誠叔。誦レ詩了有レ宴。与レ宴者。主位藤公。崇壽。東雲。愚。彦龍。月関。主翁春陽。賓位清甫。竺英。勝定。誠叔。茂叔。南伯。文摠。春蕚。友竹。竹圃。景雪。凡十八員。此外詩衆梅雲。永年。春嶺。祝公。壽公。宴酣□歌吹。建仁当紀綱韓蔵主。胸敲之乞食。清水寺西門女瞽等学レ之。一座快笑。及二薄暮一酔帰。安楽院周岱周坐。今月七日再住。

（『蔭涼軒日録』、『続史料大成』第二一巻、四九〇頁）

永正六年（一五〇九）四月三十日。京都

女盲目二人於三位局歌声有興、依阿野相公和讒扶所労片時罷向、則帰了、及深更人々会合也、甘黄被宿此亭、東大寺住侶帥公上洛、勧進聖事可致其沙汰之由支度也、殊勝事也、帋三束持来之、芳志也

（『実隆公記』第五巻上、一九五頁）

永正七年（一五一〇）七月十九日。京都

及昏向勾当内侍里、痱病之儀相訪之、今日小減云々、入夜槿反礼三位禅尼興行、安禅寺、南御所等御座、又傾数盃、盲女二人発微声、夜深而南殿月一見、有一盞、御所中巡見帰宅了、

（『実隆公記』第五巻下、三九四頁）

天文年間（一五三〇～五五年代）前後成立、現岡山県。備前国（『法華経直談鈔』第八本）

廿八　継母偽事

一、我亦為世父ト云ヨリ下四行ハ頌二合譬一ヲ此中ニ初ノ半行ハ頌二過去一ヲ也、去ハ物語云備前ノ国ニ左衛門尉真遠《トヲ》ト云人アリ、此ノ人子ヲ不レ持メ、祈テ二仏神一ニ女子ヲ一人儲タリ、此子三歳ノ時キ母ニ後レ剰ヘ盲目ニ成ル也、彼ノ父頓テ別ノ女房ヲ呼也、此女房ハ継母ノ事ナレハ此盲目ノ子ヲ悪ミテ、父ノ前ヲハ色々ノ偽ヲ云テ、此ノ子ヲ捨也、而ニ其国ニ吉備宮ト云フ宮アリ、彼ノ宮辺ニ住ム女目クラ拾レテ之ヲ養也、十二三年過テ後彼父左衛門尉吉備宮ニ参詣スル、女目クラ数多集テ歌也、其中ヲ見ニ年ノ比十五六計ナル女目暗ノ貌形《ミメ》チ尋常ナルカ以二能音ヲ一歌也、左衛門尉見レ之我子トハ夢ニモ不レ知、小袖ヲ一重取セタリ、彼女目クラ小袖ヲ請取テ、頓テハラ〱ト涙流也、左衛門尉見之小袖ヲ得ハ可レ喜キ処ニ左ハ无メ、何事ニ啼ソト問ヘハ、彼女目クラ云様ハ当年ハ我母ノ十三年ニ当也、如何トメカ悲母ノ菩提ヲ可レ弔ト思処ニ此ノ小袖ヲ給タヒタレハ、是ヲ以テ母ノ菩提ヲ訪ント思故ニ母ノ事ヲ思出メ先ッ不

覚ノ涙ヲ落ス也ト語ケリ、左衛門尉汝ハ何ナル人ノ子ソト問ケレハ、彼ノ目暗在ノ任ニ語ル也、其ノ時左衛門尉サテハ我子ニテ有ケルヨ、継母ノ悪ニテ我カ前ヲハ偽ヲ云テ捨タルヲ我ハ誠ニ死タリト思ツルニサテハ我子也トテ、頓テ集テ二衆僧ヲ一吉備《キビツ》宮ノ大明神ノ御前ニテ法華経ヲ読誦シ、同法花八講ヲ行ヒ、我子ノ両眼ヲ被レ祈ケレハ依二法華経ノ功徳一ニ神モ納メ受、盲テ久キ両眼忽ニ開別テ、久キ我父ニ二度相父諸共ニ古郷ニ帰ル也、是併依二法華経ノ功力一ニ也我等モ法性ノ眼既ニ盲テ久ク盲目ノ凡夫ト成也、雖レ然此法華経ヲ受持読誦シ聴二聞セハ之ヲ一盲テ久キ法性ノ眼忽ニ開テ、霊山浄土ニ御座ス父ノ釈尊ニ可レ奉レ値也

（『法華経直談鈔』第三巻、一七四～一七七頁）

享禄四年（一五三一）三月二十九日。京都か

於彼坊夕方一盞勧之女目盲招音曲有之

（『宣秀卿記』）

永禄二年～天正十八年（一五五九～九〇）頃成立か（枳園本『節用集』）

御前《ゴセン》　女盲

（『節用集二種』二二二頁）

天正六年（一五七八）七月写。狂言（「ござざとう」『天正狂言本』［法政大学能楽研究所蔵］。振り仮名、当て字は校注者古川久による）

ござざとう《瞽女座頭》

一、ざとう《座頭》一人出て清水《きよみづ》へ参《まゐる》。又ごぜ《瞽女》もこもる《籠》。たがひ《互》に法らく《楽》。〽せれふ。ふし〽よろづ《万》のだふ《堂》のつちめくら、〱《よろづの……》、つま戸のなき《無》ぞかなしき《悲》。〽我が世の中はまつくろ《真黒》に、〱《わがよの……》、め《目》のなき《無》事ぞかなしき《悲》。ことば〽さてじよんぎやく《順逆》に下向する。ふし〽やがてつへ《杖》にてすひ《推》したり。ごぜ〽こなた《此方》もつへ《杖》にてすい《推》したり。〽たゞ今こゝにて合申《あひまうす》、ざい《在》所はいづくの人やらん。〽我が名を何とあかしがた《明石潟》、うらむ《恨》べき人もあらばこそ。〽さて主《あるじ》なきはなれ《放》駒、清水寺《せいすいじ》に参る《籠》うせし人か。わらは《妾》も今夜の夢さう《想》のつげ《告》、わすれ《忘》がたく《難》ぞおぼへ《覚》たる。〽たがひ《互》に夢さう《想》の末とげ《遂》て、〽まこと《実》にゑみ《笑》の中なれども、同〽ちつか《千束》立《たて》にしにし《錦》木ゝ《木》の、あわ《逢》で朽にし世の中に〃時をもうつさ《移》づふうふ《夫婦》となるぞうれし《嬉》き。ごぜ《瞽女》の手をとり《取》て帰る。

（『天正狂言本』三一一～三一二頁）

室町末期成立か。狂言（「清水座頭《きよみずざとう》」野々村戒三・安藤常次郎編『狂言集成』）

［シテ　座頭、アド　ごぜ］

アド女〽此辺りに住居致すごぜで御座る。妾は三年以前。ふと目をわづらひまして。様々養生致すれども。その甲斐もなう斯様にごぜになつて御座る。奉公はならず。嫁入しようにも主《ぬし》はなし。なんとも迷惑致す。此上は清水の観世音へ参り。身の行

末を祈らうと思ひまする。シカ〳〵。誠に。片輪と申すは何一つの取得は御座らねども。取分け目の見えぬ程物憂い事は御座らぬ。殊に女の事なれば。一入難儀に思ふ事で御座る。参る程に清水寺の御前ぢや。ト云うて。下に居て扇をぬき。下に置きて拝む。鰐口をうたず。観世音様へ申上げまする。妾は目が見えませぬに依つて。たゞ行末を案じまする。哀れ不憫と思召され。心中の願ひを成就なさしめ給へ。南無観世音〳〵。今宵はこの御堂に籠らうと思ひまする。

［シテが登場、二人が酒を飲みだす。略］

アド〽妾も酒《さゝ》に酔ひました。小歌を一節《ふし》謡ひませう。シテ〽是はよからう。早う謡うて聞かさせられい。アド地主の小歌うたふ。シテ〽よいや〳〵。扨もよい声で御座る。何と酒をも一つ参らぬか。アド いやたべますまい。シテ〽それならばしまひませう。

（「清水座頭」『狂言集成』一二二〜一二三頁）

室町末期成立か。狂言（「清水座頭」天理本）

清水座頭

一人出て、「此あたりにすむごぜ《（瞽女）》で御ざる」と云、「此としになれ共、つま《（夫）》をもたぬ、めくらの事なれば、わらわをつる、おともない、きよ水《（清）》のおくわんおん《（観音）》へ籠て、つまをもたせてくださるゝやうにきせい《（祈誓）》申さう」と云て行、シカ〳〵、道常のごとく、参付て、さぐりまわつて、わに《（鰐）》口打て、下にいて、おがう《（拝）》で、「はづかしい申事なれ共、此としになるまで、おとこを持まらせぬ、としのよるにしたがうて、目は見えず、よろづめいわくに御ざる、てお《（手を）》もひかるゝやうに、妻《（夫）》をひき合て下されい」と云て、少わき《（脇）》のゐざの方へよつてゐる、シテ目くら一人出る、「わが世の中はまつくろに」と云次第也、詞「此あたりにすむめくらで御ざる、それかし妻をもたぬ、目くらの事なれば、そおうと云女房もない、あまりめいわくに御ざるほどに、手をもひいてくるゝつま《（妻）》を引合てくださるゝやうに、清水へ籠て、きせい申さう」と云て行、道常のごとく、シカ〳〵、右のごぜのやうすと同じ事、わに口うつて、つまの事はいわぬなり、「今夜はこれにつや《（通夜）》申さう」と云て、下にゐる、ごぜ「さびしい」と云て、小うた「あきの暮〳〵、わが行さきは見えもせで」と云小うた《（歌）》うたう也、シテ「なに者やら小うたうたうてかしましい」と云て、「身どもも平家を一句かたつて、なぐさまふ」と云て、「抑、一の谷のかつせん《（合戦）》」を云て、「もはや、まどろまふ」と云て、まどろむ、女「身どもゝまどろまふ」と云て、まどろむ也、女ごぜ「あつ〳〵」と二こゑ《（声）》云て、立て、「あらたな事や、わらはにおとこをくださるゝ、一の西門にたつ《（立）》たをつまにせよとある、いそひでまいらう」と云て行、シカ〳〵、シテ又、目くら「あつ〳〵」と云て、ごぜのごとく云て行、シカ〳〵、ごぜの方から「今夜の御れいむ《（霊夢）》の人か」と云て、つえでさぐ《（探）》る、シテ又、めくらもさぐる、両のつえが行合てから、シテ「やがて、杖にてすい《（推）》したり」と目くらからうたひ出す、二人二人もんだい《（問答）》ありて、「ふうふ《（夫婦）》となるぞ、うれしき」と

云て、「とかくゑん《縁》でこそあるらう」と云て、目くら、ごせをおうて入る、

抜書

シテ〽わか《我》世の中はまつくろ《真黒》に、〳〵、目のなき事そかなしき《悲》〳〵、ナノリ、女小哥〽秋のくれ《暮》〳〵、我行さき《先》はみへ《見》もせて、衣かへ《替》そかなしき、〳〵、シテ「やがて杖にてすい《推》したり」、女「こなたも杖にてすいしたり」、シテ「我々《ら》観音に参籠申、きねん《祈念》をいたすにかくばかり、若々《もしもし》、ぬしなき人やらん」、女〽われはぬし《主》なき花衣の、うらむ《恨》へき人もさらになし〳〵、シテ〽扨は夢想のすへとけ《末遂》て〳〵、二人〽たかひ《互》に目見えぬ中なれ共、ちきり《契》となれはうれしさよ、ちつか《千束》たてぬるにし木《錦木》ゝもあわ《逢》てくち《朽》にしならひ《習》なるに、時をもうつさ《移》すしてふうふ《夫婦》と成そうれしき〳〵、

（「清水座頭」『天理本狂言六義』下巻、一四七〜一四九頁）

室町末期か。狂言（「ごぜざとう」寛永十九年［一六四二］成立の狂言集による）

ごぜざとう

《〽ごぜさきへ出て、まかり出たるものは、此あたりに住ゐするものにて候、某此年になれ共、つまをもち申さぬほどに、清水のくわんおんは、つまぐわんおんにておりやらしますと申ほどに、清水へまいり、つまの事をきせい申さばやと思ひさふらふといひて、清水へ参り、わにぐちをさぐりてたゝき、おがみて御まへにこもるなり》

(座頭)〽罷出たるものは、此あたりにすまゐ仕るざとう《座頭》にて候、今めかしき申事なれども、此とし《年》までつま《妻》をもたひで、何共めいわく《迷惑》にぞんずる《存》あひだ、清水の観世音は、げんぶつしや《験仏者》にてあると申程に、いそひでまいり、妻の事をきせい《祈請》申さばやと存る　(座頭)かやうの事をとく《疾》思ひよつ《寄》たらはよからう物を、一日〳〵とくらひ《暮》て、今いきあたつ《行当》て候《〽御まへに参り、つやする、両人ながら御まへにて、ごぜはつゞみをたゝいて、うたをうたふ》(ごぜ)〽秋のくれ《暮》、〳〵、わがゆくさき《行先》は見えずして、今さむそら《寒空》になりぬれは、ころもがへ《衣替》ぞかなし《悲》き、〳〵（〽ざとう平家ぶし　右に同じ）(座頭)〽抑一の谷の合戦やぶれ《敗》しかは、源平互に入《いれ》みだれ、かゝる者のおとがひ《頤》をきらるゝ《切》者もあり、にぐる《逃》ものゝきびす《踵》をそがるゝ《削》ものもあり、いそがはしき《忙》時の事なれは、きびす《踵》を取ておとがひ《頤》に付、おとがひをとつてきびすに付したれは、はようず《生》事と、きびすにひげ《髭》が、むつくり〳〵とはへ《生》たりけり、冬にもなれは、きれ《切》うず事と、おとがひにあかゞり《皸》が、ほつかり〳〵ときれ《切》たりけり（〽互にかしましひといひて、夢想をかうむりたると云て、まつごぜがさきへ行、西もんに立ている）(座頭)〽有難や御夢想を蒙りて候、西門に立たるを妻とさだめ《定》よと御むさう《夢想》にて候、いそひ《急》で西門へまいらふ（〽しか〳〵、つえにてさぐり互にいろ）(座頭)〽やがてつえ《杖》にてすい《推》したり　(ごぜ)〽こなたもつえにてすいしたり　(座頭)〽われ観音に参籠申、祈念をす

るにかくばかり、もし〳〵さやうの人やらん（ごぜ）〳〵我はぬし《(主)》なきから《(唐》ころも《衣)》、たのむ《(頼)》べきかたもさらになし（座頭）〳〵さては夢想の〳〵するゑ二人とをりて（座頭・ごぜ）たがひ《(互)》に、目みえぬ中なれど、ちぎり《(契)》となればなつかし《(懐)》や、ちつか《(千束)》たて《(立)》ぬるにしき《(錦)》木も、あはで《(会)》くちぬる《(朽)》ならひ《(習)》なるに、時をもうつさ《(移)》ず、夫婦となるぞうれしき《(嬉)》〳〵（〳〵ざとうがごぜをおふている）

（「ござざとう」池田廣司・北原保雄『大蔵虎明本狂言集の研究』本文篇、中巻、四二三〜四二四頁）

天正十八年（一五九〇）成立（『節用集全下』）

御前《ゴぜ》　盲女

（『天正十八年本節用集』下冊、十一帖表）

慶長年間（一五九六〜一六一五）、現富山県高岡市。高岡城下の瞽女の起源（『開正寺旧記』）　↓天明二年（一七八二）九月瞽女町の起原等に関し横川原町開正寺自然の手録する所左の如し

開正寺旧記

横川原町ごぜせいこ、右は松寺浄業院様砺波郡才川より此高岡に移住の時右せいこ同伴して来り此地に住居す、昔は松寺瞽女と称せり高岡に於てごぜの元祖にて、皆このせいこより出ぬはなし、是によりて今に開正寺境地に住居して数代相続す

右松寺とは永福寺の通称にして、永福寺は慶長年中砺波郡才川より高岡小馬出町に移転し、更に明暦年中富山へ転居せり、其跡屋敷に建立せしを開正寺となす故に瞽女町の開始は慶長年間にありて、其瞽女の元祖をせいこといひしなり

自然は開正寺第四代の住職にして字は子牽、云云と号し宣明講師の義父なり、此に抄録する所は天明二年紀元二四四二九月自然の手記に係るもの瞽女に関して尚ほ左の如く記せり、

（『高岡史料』下巻、八九九〜九〇〇頁）

慶長八〜九年（一六〇三〜〇四）刊。長崎

Goje Molher cega

（*Vocabulario da lingoa de Iapam com adeclaração Portugues*『日葡辞書』二四一頁）

慶長十六年（一六一一）、現岐阜県大垣市大井。美濃国大井にて加藤清正が盲目の女乞食に金銭を施す（『続撰清正記』六）

同（熊本在城の時）旅行の時の事、

旅行の節、馬上のときハ申に及ばず、輿に乗給時も、たちつけを著、草鞋をはいて乗、何時成共心のむき次第、五里三里宛、かちにて道を行被申により、供の者子小性共も、たちつけを著、草鞋をはいて馬に乗、清正あゆまるゝ程、老若ともに歩行の供仕り申候也、金銭一貫、銀銭一貫宛、紅の糸指に貫、中間が頸にかけ、一人宛左右の馬の先へあゆませ、道中にて何者成

共、指当りたる奉公いたしける者に、五文十文づゝ、当座の褒美に下行し給、ある時、東山道を上り給ふ時、美濃国の大井と云所を行過て、道に盲目の女乞食しけるが、大名の御通を聞て、清正の馬のさきにて、歩行の者に向ひ、銭を乞けるを、馬上にて見給ひ、物申ハ何者ぞと御尋有けるによつて、乞食則申上けるは、年寄たる親を一人はぐくミ申由、いひければ、扨も不便なる事也、盲目の女の身として、年寄たる親を養は、きどく也、さりながら、偽もしりがたし、具に尋よと有て、畑をうつて居ける百姓に尋問ければ、乞食の云候通、偽なきよし申ければ、金銀の銭少々与へ給ひ、何も供の者も少々与へよと宣へは、則銭を百文二百文づゝ、残らす与へける程に、夥布集りて見えけるを御覧有て、否々此銭をあの盲目に渡ならバ、徒者共がばひ取て、却て仇になるべしとて、所の名主を召出し有て、盗人にとられざるやうにして、乞食をかいほういたせと、直に仰られ、名主に銭を渡し被下けり、まことに慈悲ふかき御大名にて、孝行を感せられ、乞食非人までに、御情ふかき事、古今希なる大将かなとて、尊卑老若かんじあへり、尾州の中村は、清正出生の在所たる故、江戸より上り下りの時は、百姓共、新しき桶に餅を入て、人々の前にをき、老若ともに海道端に罷出、ならひぬけれバ、老人にハ、扨々達者にてよき事と宣ひ、若輩なる百姓にハ、是ハ誰が子、かれハ誰が孫ぞと、それ〳〵に詞をかけ給ひて、祖父姥ごときの者にも、念比に仰られ、銀子一枚つゝ、毎度佳例として下給ひければ、百姓ども感涙をながして帰り申ける、

（『続撰清正記』、『大日本史料』第一二編の八、四一八～四二〇頁）

慶長十九年（一六一四）六月上旬、現石川県金沢市。金沢城下

（『三壺聞書』巻十一）

芳春院殿江戸より加州へ御越の事

同年六月上旬の事なるに、江戸にて芳春院殿はつく〴〵物を案じ見給ふに、今は利光の代也、利長空敷成り給へば、我等江戸に相詰めて詮もなし。利光の母上是にましませば、我等には御暇被下候へと言上の所に、御尤の由上意にて、公儀より伝馬・人足被仰渡、御発駕を急がせ給ひ、六月中旬高岡へ着かせ給ひて、金沢へ御案内有りければ、人持・物頭御用人共、利光公の御使者進上物道中せきあふばかりに御馳走あり。十日計高岡に御逗留ありて、御霊前に於て恩愛の御子離別愁傷の御涙にむせばせ給へば、御供の女中一度に啼立て、今更聞伝へ〳〵高岡中の人民共声をばかりに歎きけり。御涙諸共に香をもり花をさゝげ御回向ありて、頓て御発駕、金沢の御本丸に入らせ給ふ。其の内に二の丸に御屋形をあらたに御造営ありて、八月上旬に御移徒あり。御本丸より御慰の為にとて、音曲諸芸の検校・ごぜなど被遣、日々夜々の御馳走は、山海の珍物を山の如くに上げさせ給ふ。

（『三壺聞書』一四七頁）

元和年間（一六一五〜二四）、現静岡県三島市。三島瞽女の由緒　↓明治八年（一八七五）一月二十九日

元和年間（一六一五〜二四）成立か。滑稽話（『曾呂利物語』巻之三）

色好《いろこの》みなる男見ぬ恋に手《て》を取《と》る事

京《きやう》より北陸道《ほくりくたう》をさして来《き》たる商人《あきうど》ありけるが、或宿《やと》に泊《とま》り侍るに、亭主心《ていしゆこゝろ》ありてさま〴〵に待遇《もてな》し、奥《おく》の間《ま》に請《しやう》じ入《い》れけるが、連《つれ》もなくすご〳〵と臥《ふ》して居《ゐ》たりけるが、小夜更《さよふ》けがたに次《つ》の間《ま》に、如何《いか》なる者《もの》とは知《し》らず、如何《いか》にも気高《けだか》き音声《おんじやう》にて小唄《こうた》を唄《うた》ひけり、男、さてもかやうの面白《おもしろ》き事は、都《みやこ》にてもいまだ聞《きか》ざる声音《こわね》なり、かゝる田舎《ゐなか》にては不思議《ふしぎ》のものかなと、いとゞねさめて次《つぎ》の間《ま》に行《ゆ》き、如何《いか》なる人《ひと》にて御入《おんい》り候へば、是へ御越《おんこ》しありてとて、側近《そばちか》く寄《よ》りたれば女の声《こえ》にて、奥《おく》の間《ま》には誰《たれ》もおはせぬと思ひ、肩腹痛《かたはらいた》き事どもを申し、かへす〴〵もおはづかしく候へ、とてなよやかに臥《ふ》したる御姿《おすがた》なり、今宵《こよひ》は添臥《そひふ》して御音声《ごおんせい》をも承《うけたま》はり、御伽致《おんときいた》し候はんといふ、女、是は思《おも》ひも寄《よ》らぬ事を承《うけたま》はり候ものかな、然《さ》やうにの給はゞ、早や外《そと》に出《いで》なんと行《ゆ》く、男いとゞあこがれ、是に不思議に泊《とま》り候も、いづもの御結《おんむす》びあはせにてこそ候はめと、色々《いろ〳〵》言《い》ひ恨《うら》みければ、女言ふやう、誠《まこと》にさやうに思召《おぼしめ》され候はゞ、我々《われ〳〵》未《いま》だ夫《をつと》も持《も》ち参《まゐ》らせ候はねば、長《なが》き妻《つま》とお定《さだ》め候はゞ、兎《と》も角《かく》も御計《おんはから》ひ従《したが》ひ候べし、さりながら堅《かた》き御誓言《ごせいごん》なくては、仇《あだ》し心《こゝろ》はまことしからずと言《い》へば、あらゆる神《かみ》に仏《ほとけ》に誓《ちか》ひ込《こ》めて、わらはも妻《つま》を持《も》ち候はねば、さいはいに我国《わがくに》に伴《ともな》ひ侍らんといふほどに、さすが岩木《いはき》ならねば打解《うちと》けて、妹背《いもせ》の契《ちぎり》浅《あさ》からず、秋《あき》の夜《よ》の千夜《ちよ》を一夜《ひとよ》と喞《かこ》ちける、かくて夜《よ》もほの〴〵と明《あ》け行《ゆ》くまゝに、彼の女をよく〳〵見《み》れば、其姿浅《そのすがたあさ》ましく眉目《みめ》の悪《あ》しき瞽女《ごせ》にてぞおはしける、男大《おほ》きに肝《きも》を消《け》し亭主《ていしゆ》に暇《いとま》を乞《こ》ひ、奥《おく》へは下《くだ》らずして上方《かみがた》さしてぞ上《のぼ》りける、或大河《おほかは》を渡《わた》りて後《あと》を返《かへ》り見《み》れば、件《くだん》の瞽女杖《ごせつゑ》二本《ほん》に縋《すが》り、やるまじ〳〵とておつかくる、男是を見て馬方《うまかた》にいふやう、其方《そのはう》を平《ひら》に頼《たの》み候間《あひだ》、才覚《さいかく》置《お》いて那《あ》の瞽女《ごせ》を此川《このかは》へ沈《しづ》めて給はれとて、軈《やが》て料足《れうそく》を取《と》らせけり、是も慾深《よくふか》く不徳心《ふとくしん》なる者なれば、やす〳〵と頼《たの》まれ、彼の女を深《ふか》みに突倒《つきたふ》し、然《さ》らぬ体《てい》にて帰りけり、其後商人《そのゝちあきうど》は日暮《ひく》れければ、或宿《やど》に泊《とま》り侍りけるに、夜半《よは》ばかりに門《もん》を荒《あら》らかに叩《たゝ》き、是に商人《あきうど》の泊《とま》り給ふかと問《と》ひければ、亭主立出《ていしゆたちい》で是を見《み》るに、彼の者の気色《けしき》世《よ》の常《つね》ならず凄《すさま》じかりければ、やがて門《もん》を閉《た》て、然《さ》やうの人《ひと》は是にはお泊《とま》りなき由答《よしこた》ふ、其処《そこ》にて瞽女《ごせ》いよ〳〵怒《いかり》をなし、いや〳〵何《なに》といふとも此内《このうち》になくては叶《かな》ふまじとて、戸《と》を押破《おしやぶ》り内《うち》へ入《い》り、旅人《たびゞと》の隠《かく》れて居《ゐ》たる土《ど》蔵《ざう》の内《うち》へ押込《おしこ》み、鳴神《なるかみ》の如《ごと》く震動《しんどう》する事やゝ久《ひさ》し、あまりのおそろしさに其夜は亭主《ていしゆ》も近《ちか》づかず、夜明《よあ》けて見れば彼の男、其身《そのみ》寸々《すん〴〵》に裂《さ》けて、首《くび》は見《み》えずなりにけり。

（『曾呂利物語』四二七〜四二九頁）

元和三年（一六一七）十二月二十三日、現山口県。萩藩、「家中申聞条々」（「萩藩閥閲録、三」）

一、諸奉公人しやミせん尺八停止の事
付、ごぜ《（瞽女）》・座頭も奉公人の所にてハ右の二さま停止の事
［略］
右条々於相背は一廉曲事ニ可申付者也
元和参年十二月廿三日　御印形《秀就公》
内藤左衛門尉とのへ
（『山口県史料』近世編、法制上、八～九頁）

元和九年（一六二三）、現新潟県上越市。高田の「仲ケ間」（出典不詳）

一、元和九年松平伊豫守様当所より越前福井へ御国替後松平越後守従三位上中将光長卿此地へ御越被遊候、其刻川口御坊様と申有之、仲ケ間之御仕置被成候
（市川信次「高田瞽女について」四頁）

寛永（一六二四～四四）頃以前成立か。狩野吉信（天文二十一年～寛永十七年［一五五二～一六四〇］）画「琵琶法師・女盲」の絵の詞書（『七十一番歌合』）

廿五番
ねさめしてあなおもしろといふこゑに　月さゆる夜をそらにしる哉
つきかけのさゆるもしらすめくらきハ　秋のものうきなみたなりけり
左ハ目のみえぬ事をよせいにてよめり　右ハめくらきとよせたる心はせ　ともにあは《ハ》れ□《に》きこゆ　可為持
吹かせのめに見ぬ人のこひしきを　のきはにおふるまつときかせよ
いかにしてさのミたつ名をおう《ほ》つゝミ　かしらうつまて恋しかるらむ
左は《ハ》　古歌のことはあまりになか《が》くきこゆれと《ど》　うたか《が》らあしからぬにや
右ハおほつゝ《づ》みにかしらうつといふ事侍るや　されといやしく聞ゆれハまけ侍へし
琵琶法師
あまのたくもの夕煙《けふり》　尾上の鹿《しか》の暁の声《こゑ》
女盲《めくら》
宇多天皇に十一代の後胤《こうゐん》伊《い》藤《とう》か《が》嫡子《ちやくし》にかハ《は》つ《づ》の三良《郎》とて
（『七十一番歌合』、『日本庶民生活史料集成』第三〇巻、別冊、六八頁）

寛永五年（一六二八）、現石川県鹿島郡。上野組鹿島半郡（二宮川以西の五十九カ村）の人別帳

［略］
下　村　御領所分

一、壱間　　　こせ

[略]

下　村　石黒甚右衛門分

（略）

一、三間　　　座頭　内壱人こせ

（田中喜男『加賀藩被差別部落史研究』二四四頁）

寛永十年（一六三三）二月十日、現熊本県合志市。「肥後国合志郡江良村人畜改帳」

一、男女合三人内　壱人ハこせノ男源介　壱人ハこせ女房　壱人ハ同てし　　源介

一、家敷弐軒内　弐間ニ三間本家　壱丈ニ三間かま屋　　同人

一、屋敷　六間ニ六間　　壱畝六歩　　同人

（『肥後藩人畜改帳』第一巻、一六六頁）

寛永十三年（一六三六）十一月二十七日、現兵庫県尼崎市。青山大蔵少輔幸成の遺書書付などの写

（表紙）「先君様御遺書御書付類写」

[略]

一、久因州者と貴様鳥見衆と少申分御座候間由、さやう候事ハ何方ニも有之物候、今の世ハごぜ・ざたうさへなんのかのとたゝき相申候、まして武士においておや、恐惶謹言

（寛永一三年）
霜月廿七日　　戸　左　門（氏鉄）
　　　　　　　　　　名乗判

青　大　蔵　様（幸成）
　　貴復

（『尼崎市史』第五巻、二〇〇頁、二〇三頁）

寛永二十一年（一六四四）七月二十一日。京都、「盲婦」が踊り子に三味線伴奏を付ける

廿一日

[略]

及初更、於女院之御殿、有女中之躍、可仕見物之旨、仙洞各被召連、赴女院御殿。於簾中、令見物。於庭上、躍女八十六人。相了、又於御縁、而盲婦三人挽（弾）三美（味）線、而躍女廿五人也。躍了、於仙洞、而謡・小鼓各発一声也。到半鐘、則御前御酒未相済。雖然、令退出、帰于晴雲軒也。

（『隔蓂記』第一巻、五九八頁）

正保二年（一六四五）四月二十三日、現岐阜県海津市平田町今尾。尾張国今尾、尾張家国老竹腰正信（三万石）の遺書

遺置

［略］

一、座頭銭五拾貫

一、こじき銭弐拾貫

一、こせ銭拾貫

（『岐阜県史』史料編、近世八、三三五頁）

正保五年（一六四八）正月十六日。幕府、鶴松君七夜の祝いの際に座頭・瞽女へ配当支給

大納言殿より岩船検校城泉へ銀十枚。府内瞽者へ青蚨三百貫文。盲女へ二百貫文下さる。

（『徳川実紀』第三篇、五一四頁）

慶安元年（一六四八）三月五日。幕府、家綱中剃始の際に座頭・瞽女へ配当支給

また岩舟検校城泉銀十枚。瞽者へ青蚨五百貫文。盲女へ三百貫文。

（『徳川実紀』第三篇、五二三頁）

慶安元年（一六四八）九月十五日。幕府、将軍が崇源院の墓参りの際に座頭・瞽女へ配当支給

瞽者に青蚨三百貫。盲女に五十貫文下さる。

（『徳川実紀』第三篇、五六四頁）

慶安二年（一六四九）二月、現愛知県岡崎市。浄土宗大樹寺にて松平広忠百年回忌（慶安元年［一六四八］）の際に三河国の瞽女へ配当支給

一、御施物之儀青銅二千六百八拾九貫五百文

内三百五拾八貫五百文、両御霊屋御遷宮御布施

内百貫文　住持江御布施

相残而弐千弐百三拾壱貫文物□（人カ）衆弐百拾人

一、青銅百弐拾貫文

内弐貫文　頓写御布施　座当（頭）

内百貫文　三州尾州遠州座当　三百八拾人

内拾貫文　三州壱ヶ国之ごぜ　百弐拾人

［略］

丑ノ二月　三州大樹寺

寺社御奉行所

（『愛知県史』資料編、第一八巻、近世四、四六八頁）

慶安二年（一六四九）三月四日、現広島県。広島藩、郷村の取締に関する書付（『玄徳公済美録』巻二十）

一、在々村々へ他国他村より参候こセ・座頭・乞食・非人、其外村之用ニ不立者をハ堅吟味仕、追払可申事

一、諸勧進堅停止之事

［略］

慶安弐年三月四日

（『広島県史』近世資料編、第三巻、一〇二頁）

慶安二年（一六四九）四月五日、現広島県。広島藩、五人組に関する書付（『玄徳公済美録』巻二十）

五人組仕常々可相改覚

［略］

一、他国之こセ・座頭・山伏・てくるほ〔のカ〕う廻・こも僧・念仏道心者其外むさと仕たるものに宿借し申間敷事

（『広島県史』近世資料編、第三巻、一〇四頁）

明暦三年（一六五七）四月十五日、現広島県。広島藩浅野光晟の座頭・瞽女などの郡中支配に関する条目（『玄徳公済美録』巻二十八）→寛文十年（一六七〇）七月一日

一、山伏・順礼・こも僧・こせ・座頭之類其外諸勧進并不審成もの村に置申間敷候、宮・社堂・野山をも相改、不審成者有之者急度追払可申候、領内之者に候ハヽ、其所へ送届、庄屋に相渡可申候、自今以後左様之者有之にをひては、其所之庄屋籠舎可付事

［略］

明暦三年四月十五日

（『広島県史』近世資料編、第三巻、一二一頁）

明暦四年（一六五八）六月四日、現福岡県。福岡の瞽女

一、右衛門佐様弥御静謐ニ被為成御座、御慰ニハ折々御城廻りニて［略］又は座頭・ごぜなとを被召寄こと、平家なとを御聞被為成候、左様之儀は高雲和尚御馳走之儀ニ御座候、座頭ハ福岡ニ小川けんぎう〔マヽ〕と申座頭出頭仕、ごぜは同所むめと申ものニ而御座候。

（「条々」永青文庫）

万治元年（一六五八）九月、現高知県佐川町。土佐藩佐川領官から山分諸村への覚（「佐川伝聞事記」）

覚

［略］

代官・諸奉行・伊勢太夫・ごせ・座頭・旦那・商人なと之賄ひ入用之ふち時之算用之上を以出サセ、年中入目算用帳此方江為見可申候事。

（『佐川町史』上巻、四二八頁）

万治二年（一六五九）正月十六日。幕府、祝いの際に座頭・瞽女へ配当支給

瞽師岩船検校城泉に銀十枚。瞽者へ鳥目五百貫。盲女へ三百貫下さる。是みな御祝によてなり。

（『徳川実紀』第四篇、二九六頁）

万治二年（一六五九）九月十四日。幕府、祝いの際に座頭・瞽

女へ配当支給
十四日こたびの慶事により。瞽師岩船検校城泉に銀十枚下されれ。瞽者に青蚨五百貫文。盲女に三百貫文施行せらる。
（『徳川実紀』第四篇、三二八頁）

寛文元年（一六六一）、現福井県。越前国福井藩本多家領。座頭・瞽女への配当支給額に関する覚

（表紙）「覚書」
［略］
高壱万石より五千石迄
　座頭米五表　盲女弐表半
　橋下岡壱表
高弐百五拾石より弐百石迄
　座頭銀拾《三》匁　こセ銀五匁
　橋下岡銀弐匁
高百石
　座頭銀五匁　こセ弐匁
　橋下岡銀弐匁
寛文元年公儀より御定被仰付候御触之写
（『福井県史』資料編、第六巻、二〇九頁、二五二頁）

寛文二年（一六六二）四月五日、現福井県福井市。越前国福井藩、座頭・瞽女への配当支給額改正（『越前国名蹟考』巻之五）

岡村は木田大木戸外街道の東岡山の後背に在り、同所に今坂村あり、今坂の者は大橋の下にも居住する故橋下とも大橋とも云、共に乞食なり、瞽女・座頭・頭〔衍カ〕岡・橋の下の者共は窮民なる故是を恵むの法定例左の通
　祝儀並弔の節可遣覚
一、壱万石より五千石迄　米五俵　座頭
　弐俵半　瞽女　壱俵半つゝ　橋の下岡
一、四千石より三千石迄　米三俵　同
　壱俵半　同　壱俵つゝ　同
一、弐千石より千石迄　米弐俵　同
　壱俵　同　半俵つゝ　同
一、九百石より三百石迄　米壱俵　同
　半俵　同　壱斗つゝ　同
一、弐百五拾石より弐百石迄　銀十匁　同
　五匁　同　三匁　同
一、百石　銀五匁　同
　弐匁五分　同　弐匁　同
（註、日置本、越藩本　弔の節は右の半分可遣之事）
右者寛文年中の定なり（註、日置本　校訂者曰く寛文二年四月五日発布）
（『越前国名蹟考』四四五～四四六頁）

寛文二年（一六六二）四月五日、現福井県。越前国福井藩、座頭・瞽女への配当支給額改正（「御家中祝言之諸道具等御定事」）

附座頭・瞽女并乞食下行事、

寛文二寅卯月日

一、御家中祝言之時座頭・瞽女并乞食等ニ下行、

壱万石より以下

座頭ニ五俵　瞽弐俵半　橋下壱俵　岡壱俵

五千石より三千石迄

座頭三俵　瞽壱俵半　橋下壱俵　岡壱俵

弐千石より千石迄

座頭弐俵　瞽壱俵　橋下弐斗　岡壱斗

九百石より三百石迄

座頭壱俵　瞽弐斗　橋下壱斗　岡壱斗

弐百五十石より弐百石迄

座頭銀拾匁　瞽五匁　橋下三匁　岡三匁

百石取

座頭五匁　瞽弐匁五分　橋下弐匁　岡弐匁

一、死去之弔之時ハ右祝言之半分宛可下行筈也、

右寛文二寅卯月五日於評定所相定、

（『福井県史』資料編、第三巻、八一頁）

寛文三年（一六六三）六月六日、現石川県。加賀藩法、百姓の諸勧進に応じたり座頭・瞽女などを招くことの禁止（「嘗日暦」）

覚

一、御改作以後、御郡中江諸勧進入申義無之処に、当年は諸勧進・仏法語迄むざと入込申旨相聞候。至而百姓其手前宜罷成、勧進に入申と存候。去共百姓之費を御いとひ被成、跡々より御留之所に、ごぜ・座頭迄集申義ゑやう之仕合、第一十村共申付不届之義に候。此紙面見届候以後、判形候而可指越候、以上。

六月六日　園田左七
水上喜八郎
河北彌左衛門
松原八郎左衛門

河北・石川十村中

（『加賀藩史料』第四編、二五～二六頁）

寛文四年（一六六四）十月二日、現高知県。土佐藩高知城下、琴を弾く瞽女（『桂井素庵日記』）

[寛文四年]十月二日［略］又太郎八殿ニテ、おやまというごせと、太郎八殿妹と二人琴のつれ引致申也。但其太郎八殿妹ハ八歳ニ成被申由也。又踊をとる也。又其客人数ハ金四郎・私・多聞院・曽我平太夫・七兵衛侍也。但名字不存也右の人々也。

（『高知県史』民俗資料編、四頁。全文は「桂井素庵筆記」として

『野中兼山関係文書』高知県文教協会、一九六五年、四一六～五〇六頁所収、四二八頁参照）

寛文四年（一六六四）十二月二日。江戸、将軍が墓参りの際に座頭・瞽女へ布施

瞽者へ銭二百貫文。盲女に卅貫文施行せられ。乞丐にも米二百苞施行あり。囚人卅六人を放たる。

（『徳川実紀』第四篇、五一八頁）

寛文五～六年頃（一六六五～六六）刊。京都（浅井了意『浮世物語』巻第一の六）

亀屋の何十郎とかや、さしも都に名高きうとく人《にん》、傾城ぐるひをいたせしが、その妻悋気《りんき》して、『われも、さらば傾城を買はん』とて、夫婦の者、毎夜二人の太夫をよびて、とぎのためには半夜《はんや》・かこひ・御前《ごぜ》・座頭を呼び集めて、歌ひどよめきて、程なく一跡《いつせき》をたたきあげ、今ほど、かの何十郎殿は、都《みやこ》の住居《すまひ》もならず、長崎に行きて、日用《ひよう》の手間《てま》とりて、世を渡らるると聞えし。

（注、太夫＝最上級の遊女。とぎ＝宴席に興をそえるために話相手をしたり歌舞を行ったりすること。半夜＝昼・夜銀九匁ずつに分けて売った囲女郎。かこひ＝太夫・天神に次ぐ第三位の遊女。一跡＝全財産）

（『浮世物語』一六三頁）

寛文五年（一六六五）四月十八日、現福島県白河市。白河藩白河町の座頭・瞽女など人口

（表紙）「寛文歳中町在家数人別改
并高反別中分書付改　」

[略]

桜町巳人高
一、五百四拾弐人

[略]

一人　行人　　二人　山伏
三人　座頭　　一人　ごぜ
一人　神子

（『福島県史』第八巻、六〇三頁、六〇六頁）

寛文六年（一六六六）刊。瞽女の定義（『訓蒙図彙』巻之四）

瞽者
めくら盲《まう》也、瞽女《こぢよ》をんなめくら

（『訓蒙図彙』三四〇頁）

寛文七年（一六六七）二月六日。幕府、千姫の法会結願の際に座頭・瞽女へ配当支給

衆僧に銀百枚たまふ。瞽者に銭二百貫。盲女に三十貫施行あり。囚獄十余人をはなたる

（『徳川実紀』第四篇、五九七頁）

寛文七年（一六六七）三月三日、現愛知県稲沢市。尾張藩法（「尾張藩村方御触書集、上」）→寛文七年（一六六七）三月十八日

(付箋)「廿四ケ条物」

御領国中在々罷在一所不住之者共之覚

一、道心者　十四　一、諸医師　三　一、商を止候聖　二　一、念仏中(申カ)　五　一、行人　八　一、陰陽師　九　一、いんなひ　七　一、神子　廿四　一、事触　廿　一、猿引　四　一、堂守　六　一、こもそう　十二　一、諸職人　十三　一、諸商人但生所慥成商人・諸職人八日数廿日迄ハ不及断、廿日過候ハ、相断、可指置候事　十四[十カ]　一、謡舞教候者　十五　一、手習物読教候者　十九　一、日用取　十八　一、ひくに　十七　一、こせ　十六　一、座頭　廿一　一、さゝらすり　十一　一、はちひらき　廿二　一、茶洗作り　廿三　一、穢多

[以下略、寛文七年三月十八日、尾張藩法と同文]

(付箋)「寛文七」未ノ三月三日

（『新編一宮市史』資料編、第七巻、三頁）

寛文七年（一六六七）三月八日、現石川県・富山県。加賀藩、瞽女などへ貸米指除

覚

一、こせ　一、座頭　一、舞々　一、非人
一、乞喰人　一、山伏　一、猿廻　一、下人家持
一、道心者　一、御坊　一、裏屋之頭振

右之分御貸米指除可申候

寛文七年三月八日　御書出シ也

（『富山県史』史料編、第三巻、一六五～一六六頁。田中喜男『加賀藩被差別部落史研究』二五二～二五三頁も参照）

寛文七年（一六六七）三月十八日、現愛知県稲沢市。尾張藩法
→寛文七年（一六六七）三月三日、次項

覚

一、道心者　一、諸医師
一、商ヲ止候聖　一、念仏申
一、行人　一、陰陽師
一、印内　一、神子
一、堂守　一、猿引
一、事触　一、こも僧
一、諸商人　一、諸職人
但シ生所慥成商人・職人日数廿日迄不及断ニ、廿日過候者相断可差置事
一、謡舞教候者　一、手習物読教候者
一、日用取　一、比兵[丘カ]尼

一、盲女　一、座頭
一、さゝら摺　一、茶筅作
一、鉢披　一、穢多
此外ニ茂右之類之者共、所々百姓と五人組合仕罷在、宗旨致詮議候者者、弥其通ニ而可被差置候、唯今組合之者茂、所之者共組合可仕と申者をは組合、所之者共組合仕間敷候と申者之分ハ、其村江自今已後御預ケ被成候旨、常々宗旨穿鑿仕、怪敷者有之ハ早々可申出候、切支丹者不申及、宗門疑敷様子之者を乍存知隠置不申出、外より顕候者、御詮議之上、其村々庄屋・組頭ニ所之者共、依其品ニ曲事ニ被仰付候事
一、唯今迄有来候右之類之者共、弥遂詮議、生所不住之者有之ハ、御蔵入地ハ所之御代官、給所ハ地頭江木〔相カ〕届、其より寺社奉行方へ相断可被差図受候事
一、右之類之者共、或ハ他国、或ハ他村より自今已後不図参候者、一夜之宿茂一切不仕候様ニ可被申付候、併右之類之内慥成者ニ而茂所ニ差置度子細有之ハ、其趣御蔵入地ハ其御代官、給所者地頭江相断、其より寺社奉行方江被相達可差図請候事
　寛文七年　未三月十八日
（『新修稲沢市史』資料編一〇、三三二～三三三頁。『豊明市史』資料編一、九～一〇頁、『長野県史』近世史料編、第四巻［二］、三五七頁、『下条村誌』上巻、四八四～四八五頁も参照）

寛文七年（一六六七）三月十八日、現愛知県稲沢市。尾張藩法
→寛文七年（一六六七）三月三日、前項

一、道心者　一、諸医者
一、商をやめし聖　一、念仏申
一、行人　一、陰陽師
一、ゐんない　一、神子
一、堂守　一、猿引
一、事触　一、こもそう
一、諸商人　一、諸職人
　但生所慥成商人・職人者日数廿日迄ハ不及断、廿日過候ハヽ、相断可差置事
一、謡舞教候者　一、手習物読物教候者
一、日用取　一、比丘尼
一、瞽女　一、座頭
一、さゝらすり　一、穢多
一、茶せん作　一、鉢ひらき
［以下略、前項と同文］
（『新修稲沢市史』資料編一〇、四九五頁。『新編一宮史』資料編、第七巻、三頁も参照）

寛文七年（一六六七）十一月一日、現岡山県岡山市。岡山藩、吉凶の際の座頭・瞽女への配当に関する規定（『御触留、一』）
→寛文八年（一六六八）十月二十六日

一、座頭ニ遣し申御定
　祝言・世続之嫡子、葬三色
一、上々ノ町人　拾弐匁　座頭・こせ共
一、上　　　　　六匁　同
一、中　　　　　三匁　同
一、他国之座頭参候ハヽ、右上々ノ分半分遣し可申候、
　其次より遣し申ましく候、他国之縁辺之時ハ、亭主ノ計遣
　し可申候
右之分、町々ノ目代へ内証ニて申聞、自然其町々愁事か悦事在之、座頭ニ遣し候節、目代差図致し遣し申様ニ可被申付候、其上ニて座頭わやく申候ハヽ、此方へ召連越可申、以上

（『岡山県史』第二一巻、一一頁）

寛文八年（一六六八）二月六日。幕府、千姫の法会結願の際に座頭・瞽女へ配当支給

衆僧へ銀百枚。広敷番頭して布施し給ひ。又岩船検校城泉に銀十枚。犬塚検校に五枚。齋藤勾当に三枚。瞽者に青蚨二百貫文。盲女に卅貫文下さる。

（『徳川実紀』第五篇、三〜四頁）

寛文八年（一六六八）十月二十六日、現岡山県岡山市。岡山藩、吉凶の際の座頭・瞽女への配当に関する規定（『諸用留、十』）→寛文七年（一六六七）十一月一日

廿六日
一、座頭ニ遣し申御定
　祝言・世続之嫡子葬
一、上々ノ町人　拾弐匁　座頭・こせ共
一、上　　　　　六匁　同
一、中　　　　　三匁　同
一、下ハ無
他国之座頭参候ハヽ、右上々ノ分半分遣し可申、其次より遣し間敷候、他国之縁辺之時ハ、亭主ノ計遣し可申候、右之分、町々ノ目代江内証ニて申きかせ、自然其町ニうれい事かよろこひ事有之、座頭ニ遣し候節ハ、目代さしづいたし遣し申様ニ可被申付候、其上ニて座頭わやく申候ハヽ、此方江召連越可申候、已上

（『岡山県史』第二一巻、一六七〜一六八頁）

寛文九年（一六六九）五月二十七〜二十九日、現愛媛県西予市宇和町東多田。宇和島藩東多田村、「凉山様」（伊達秀宗の三男宗時）回忌の際に座頭・瞽女へ配当支給（『記録書抜』）

一、凉山様御十七回忌、廿七日より廿九日迄。一、右ニ付、方々より参座頭・後世［瞽女］御施物、東多田ニ而被下。小木藤左衛門三浦八兵衛遣。三百六拾人。

（『記録書抜　伊達家御歴代記事』第一巻、一七頁）

寛文十年（一六七〇）七月一日、現広島県。広島藩、郡中仕置に関する書付（『鳳源君御伝記』巻七）→明暦三年（一六五七）四月十五日

一、山伏・順礼・こも僧・こ座《（こぜカ）》・座頭之類其外諸勧進、并不審成もの村に置申間敷候、宮・社堂・野山をも相改、不審成者有之ハ急度追払可申、領内之者に候ハヽ、其所へ送届、庄屋に相渡可申候、自今以後左様之者有之候者、其所之庄屋籠者可申付事

［略］

寛文十年七月朔日

（『広島県史』近世資料編、第三巻、一四四頁）

寛文十年（一六七〇）七月、現熊本県。熊本藩法　→寛文十年（一六七〇）か

一、御郡方記録抜之事

［略］

一、伊勢御師之儀は御祓土産物大分ニ御座候、此方え受取、在々え賦申儀難成御座候ニ付、前々より御祓賦来候、御師旦那紛無御座との御惣庄屋差出を仕せ、其上を以如前々沙汰仕候様、御郡奉行中え申渡候事

一、熊本山伏　一、同こも僧

右之者頭々之札を持、御郡々々え罷出来候事

一、出家　一、山伏　一、社人

右在々旦那廻御赦免之事

一、川祭礼賦　一、比丘尼　一、ひしやきたゝき

一、てずし　一、座頭　一、ごぜ

一、合薬売　一、はちひらき

右之分、在々え参之儀御赦免ニて御座候、然共御所務半ハ御停止之事

（『藩法集』第七巻、一八二頁、一八八頁［二二四号］）

寛文十年（一六七〇）か、現熊本県。熊本藩法　→寛文十年（一六七〇）七月

在中御免之者之事

一、山伏熊本　一、こも僧同

右之分は頭々立札を持、御郡へ罷出候事

一、出家　山伏　社人

右在々旦那廻り御赦免之事

一、川祭配札　一、比丘尼　一、ひしやきたゝき

一、手すゝ　一、座頭　一、ごせ

一、合薬売　一、鉢開

右之分、在々へ参候儀御免ニて御座候へ共、御所務半ハ御停止之事

（『藩法集』第七巻、三七五頁［六七五号］）

寛文十一年（一六七一）八月九日他、現愛媛県。宇和島藩、座

頭・瞽女への「三升米大豆」支給と扶持制度の成立　→元禄十一年（一六九八）三月二十九日、正徳四年（一七一四）、享保六年（一七二一）正月、同年二月、安政二年（一八五五）八月

（内表紙）
「三升米大豆起并座頭・盲女江被下米覚　」

三升米大豆起之事

一、京升高千石ニ付田地壱反宛庄屋ニ被下也、其意趣ハ、今度御浦里地ならし諸庄屋出合竿入村中之田畑高下なくならし、庄屋作目高ニ応百姓幾人前と相定り候故、前々より作来田地之内、或村中へ出し、或ハ下人を百姓ニ仕付、役儀等相勤ニ付如此ニ候之条、村之地ならし相済、地下人致鬮取、作付之歳より右田地之年貢米引方御代官御算用ニ相立候様ニ被申渡へし、尤右之通故、地下百姓之役儀等かろく成申筈也、且又年来庄屋手前へ百姓手前より横成米出し来分、自今已後可為無用候、依之今後百姓共より庄屋江少々合力米之儀、郡方より定を以可被申付也、其外庄屋年中地下之男女雇遣申夫数之定、従前々雖可有之、弥改可被申付也

一、於在々浦方御物成地下人納置蔵屋敷之年貢、村中より年々納来分御免ニ候条、地ならし相済歳より彼地之引方年貢、御代官御算用ニ相立候様ニ可被申渡候、尤村々ニ応し畝数相極可被申事

一、地ならしに付相定百姓員数、退転不仕様ニ被申付へし、其内入替之儀庄屋計を□仕儀無用、各可有差図候、在々百姓数相定上ハ小役夫銀小物成等面々出し目之割付、従郡方被相定割符之書付、村々へ可被相渡事

一、里続之小村又ハ入組之在々庄屋面々ニ候故、或用水捫通滞萏畬之妨有之、或人馬之送等村続悪敷、百姓不勝手又ハ野山之出入なと有之所候ハ、見合、庄屋一所ニ可被申付、縦雖為代々之庄屋、村之支配悪敷結句地下中之妨ニ罷成者候ハヽ、是又入替可被申付、尤先回申渡通、地下人之内悪人若於有之ハ、被遂吟味、急度被申付、在々無詐ニ相勤候様ニ可被致候、并在々地下人屋敷替いたし可然所々ハ見合可被申付、随其体引料米又ハ竹木等遣し可被申事

一、従村中出し合にて相勤横成之役儀等有之ハ其品書立、組頭横目之者共各へ差上、割付を以百姓共より即与頭横目之者共取集候之様可被申付、且又浦方ハ従前々横目之者共雖有之、里分ニ就無之今度改被申付、其者之役儀之内見合赦免可然也、尤浦里横目之者共勤之品具ニ可被申付事

右五ヶ条之趣、御代官并庄屋地下人共へ可被申渡者也

寛文十一年亥八月九日　　桜田監物　印判

高間八太夫殿
大内源左衛門殿
上野弥次右衛門殿

右箇条之内、百姓共より庄屋へ少々合力米之儀、郡方より定を以申付候様被仰付候ニ付、其節より在分ハ本百姓壱人前より米

三升つゝ、浦分ハ壱人前より大豆三升つゝ、出候様郡方より申付、年々庄屋手前へ致合力候事

[以下略、元禄十一年～正徳四年（一六九八～一七一四）の項〈1〉から〈2〉までと同文]

右之通寅年より戌年迄九ヶ年納拂相違無之

宝永四亥年より座当小頭七人へ骨折給被下御引付写

[以下略、元禄十一年～正徳四年（一六九八～一七一四）の項〈3〉から〈4〉までと同文]

[貼紙、以上「一、米五百俵　座頭・後世へ被下」の前にあり]

「

一、米九石七升八合七勺五才　御庄組里

一、大豆弐石八斗八升七合五勺　同　浦

一、米八石五斗壱合弐勺五才　津嶋組浦

一、大豆壱石九斗三升五合　同　浦

一、米九石壱斗弐升　御城下組里

一、大豆七石六升八合七勺五才　同　浦

一、米拾壱石八斗九升壱合弐勺五才　川原淵組

一、米拾三石三升壱合弐勺五才　山奥組

一、米拾石八斗　野村組

一、米拾弐石九斗八升六合弐勺五才　山田組

一、米拾石四斗五升五合　多田組

[朱書]「十三石四斗九升六合弐勺五才」

[取消線朱書、以下同]
~~一、米拾弐石七斗六升壱合弐勺五才~~　矢野組里

[朱書]「四石弐斗四升八合七勺五才」

~~一、大豆四石九斗八升三合七勺五才~~　同　浦

一、米七石七斗九升六合弐勺五才　保内組里

一、大豆八石四斗三升三合七勺五才　同　浦

[朱書]「弐百六拾七俵三斗五升六合弐勺五才」

米弐百六拾六俵弐升壱合弐勺五才

合

[朱書]「六拾壱俵壱斗七升三合七勺五才」

大豆六拾三俵壱斗八合七勺五才

右郷中百姓共納ル三升米大豆高之内、半分紙面之通、当丑年分より御蔵納被仰付、一代官切員数如此候、以上

丑二月廿七日　豊田丈左衛門

山田七右衛門

森田重右衛門殿

廉田五兵衛殿

郷中より相納候三升米豆、組ニ石数之書分紙面先年豊田丈左衛門、山田七右衛門より差出置候処、矢野組之内矢野町、此度御改革之上里分之諸役被仰付候ニ付、朱書之通是迄大豆納之処、米納ニ申付候条、可被得其意也

弘化四丁未二月　　小梁川主膳

星弥一兵衛

松江嘉兵衛殿

帍田民之助殿」

［以下略、元禄十一年～正徳四年（一六九八～一七一四）の項〈5〉から〈6〉までと同文］、永田検校、鈴木検校両人致面談度と松江嘉兵衛より為致文通、早速両人罷出候ニ付、嘉兵衛手前ニ而一応道理を申聞せ候得共、当分ハ承引致兼候処、段々無余儀綾を申聞道理ハ相弁候へ共、其身共難儀之所を御了簡被下候様申候事

一、御目付大内六左衛門方より両検校江申渡候様被仰付候ハ、座当・後世［瞽女］へ被下米之儀相場□［高カ］直ニ付御積違、不足米買入銀行足り□［見カ］申候ニ付、只今迄御蔵納致候三升米大豆有切を相渡外ニ銀四貫目添被下候間、其旨座当中へ申渡候様、尤願ヶ間敷儀此方不取上候間、其旨相心得候様申渡候ニ付成程被仰渡之趣、座当共へ可申聞由ニ候

一、右被仰渡之趣座当共へ両検校申渡候処、行当致迷惑検校江歎候へ共取上不申由、依之中平勾当へ了簡之儀頼候ニ付御郡所江勾当歎候ニ付、銀壱貫目増被下候之様、御家老衆へ申上候、表立御聞届ハ難被成候得共、各了簡候ハヽ、銀五貫目之都合相渡候様被仰付、其趣申聞難有段一礼申相済候、依右御引付写

［以下略、元禄十一年～正徳四年（一六九八～一七一四）の項〈7〉から〈8〉と同文。文末に以下の貼紙有り］

（貼紙）
「是迄年々米ニ而被相渡候、正徳四午年より半納分之米大豆一宇［ママ］座当・後世［瞽女］江相渡と在之候時ハ、此年より米大図両品被相渡事ニ候哉、引付は御蔵へ出候事故、郡方ニては相分り不申候」

一、右午年より去子年迄、年々御定之通相渡相済来候処、旧冬座当共願出候ハ、只今迄之被下物にてハ諸色高直ニ付何角と難儀之訳御座候間、先年之通御養米五百俵ニ被成下候之様願出候得共、別段ニ御拚抱可被成訳無之に付御取上不被成候、然処又々此節右之歎申出候、今以御了簡難被遊、願之趣ハ曽而御取立不被成由御目付衆へ被仰渡候、然共盲人之事不便ニ思召、御慈悲を以一ヶ年ニ米三拾俵つゝ、毎年可被下置由被仰渡、其旨御目付衆より座当共へ被申渡、難有奉得其意候

一、右三拾俵米出所之儀ハ渡辺市左衛門引受、御内所物米百俵御郡所へ御渡被成候間、十組へ借付壱ヶ年利米弐割ニ〆、弐

拾俵御蔵へ納候様、外ニ拾俵御郡所了簡を以郷中より足シ、
都合三拾俵毎年御蔵へ相納候様被仰付候

御書出写

米百俵

右十組御代官江預ケ利米弐拾俵、毎年御慈悲を以座当共へ被下置候間、御蔵へ納候様可被申付候、此俵数ニ而不足ニ候間、各了簡を以宜被申付候、以上

二月七日

横山勝左衛門殿

柳澤作左衛門殿

十組御代官江申渡候覚

一、御領中座当・後世〔瞽女〕為御養御蔵納ニ成候三升米大豆有切并御郡所より銀五貫目つゝ相添毎年被下来候処、当時諸色高直ニ付、右被下物計ニ而ハ必至と及難儀候由、依之去冬已来願申出候得共、別段ニ御扶抱可被仰付訳曽而無之に付、願之趣ハ御取上不被成候、乍去一向被捨置候ハヽ、如先年郷中へ相廻り候様可罷成候、左候ハヽ、又々下方も彼是無思度計儀可有之候、次ニは盲目之儀ニ候得ハ不便ニ思召、旁御慈悲を以今度米百俵御郡所へ御渡被成候間、此米郷中へ借付、了簡を以壱ヶ年ニ米三拾俵つゝ相渡候様ニと被仰付候、就夫壱組へ元米拾俵つゝ預ケ候之間、利足弐割ニ借付其利米と外ニ壱俵組中より取合、都合三俵毎年御蔵へ相納候様可被致候、与中より壱俵つゝ差出候儀ハ少々之儀、畢竟盲目共郷中へ廻不申候へは、村方之世話も無之所を考、右之通申付候之条、御預〔領カ〕中へ此旨可被申聞候、以上

辛丑二月　　　　御郡所

証文

一、元米百俵御預ケ被成、一組江拾俵つゝ慥請取申候、御預下へ借付年中弐割之利足毎暮上納可仕候、右は座当中及難儀相続難成趣上体江御願申上候ニ付、御慈悲を以被下置候由、右之俵数ニ而ハ不足ニ付、一向先年之通在中廻り申度段申ニ付、然時ハ在浦迷惑之所思召、一組より米壱俵宛相加、十組都合三拾俵御蔵へ納可申之旨奉得其意候、仍如件

十組御代官

享保六丑二月　　　　連判

(貼紙)「享保十八丑十月十一日、於御用場、梶田又兵衛殿、望月助兵衛江被仰聞候ハ、座当・盲女江為御養御渡被成候米大豆当年分より前体ニ御渡可被遣候、併只今迄添被下候銀子之儀ハ各被申出趣ニ候得ハ、此後渡方可致銀差支之事ニ候間向後可被相止候、右之趣座当江申渡候様被仰渡、其節稲井甚太左衛門殿ニても被仰候ハ、去秋大変ニ付御家中末々まて掛り米被仰付候得共、此所御用捨被成、前体ニ米大豆御渡被成段申渡候

様にとの事ニ候、右之通故、十三日中平勾当并座当小頭定都召連御郡所江罷出候ニ付、松江嘉兵衛申渡候ハ、座当・盲女江御養米大豆之儀、此節前体御渡被下候様小頭を以歎候趣、上体江御奉行衆被仰達候処、昨日被仰出候ハ、座当共歎候趣御聞届被成、前体ニ米大豆御渡可被下候、然共年々御郡所より添被下候銀子ハ、此大変ニ付、出所無之様ニ罷成候故向後被相止候、其上ニも掛り米可被仰付思召ニ候得共、御奉行衆ニ而被仰達候ハ、向後銀子被相止候儀ニ候得共、何とそ掛り米之儀ハ御用捨被成被遣候様御歎有之ニ付、無拠御了簡を以米大豆ハ前体御渡被下筈ニ候、右御請申出候様申渡、其節勾当、定都共難有奉存候、然上ハ前体御渡被下米大豆御差引之儀も無之、只今御渡被成候哉と申ニ付、去年以来之儀少々御差引も可有之候得共、訳此方ニてハ委細不存候、御勘定所より御蔵へ引付出可申候間、其節相知可申候、先前体之通ニハ御渡被下筈ニ候得共、今年之渡り米大豆之□〔内カ〕差引ハ可有之哉と存候由申聞候而、勾当退出ニ候、追付座当小頭定都、宇都両人を以勾当申越候、今朝被仰付候趣座当中へ申渡、一統奉得其意御請申上候、宜御礼被仰上可被下由嘉兵衛迄申越ニ付、尚又右両人へも再応被仰渡候趣、別而銀子向後被相止候儀申聞候処奉得其意候、此後取続も成兼候ハヽ、其節御歎も可申上哉、先ハ被仰付候趣奉畏、御請申上候と申罷帰候」

（『租税書類』第四四一冊。河合南海子「宇和島藩盲人養米制度史料」一一三九～一一四八頁も参照）

寛文十二年（一六七二）二月七日。幕府、法事の際に座頭・瞽女へ配当支給

七日御法事にあづかりたる賤吏等賞行はる。岩船検校城泉頓写の平家つとめしにより。銀十枚下され。又瞽者に青銅二百貫文。盲女に三十貫文施さる。この日少老に八丈縞五反。柄鮫三本づゝ下さる。

（『徳川実紀』第五篇、一二三頁）

寛文十三年（一六七三）六月二十五日。江戸、「盲目」の娘「しち」殺害事件

寛文十三年丑六月廿五日

壱人松田三左衛門　是ハ松平但馬守足軽、此者之まゝ娘しちと申七歳ニ罷成候盲目を、当月十六日に小塚原え召連参、切殺候処、当座ニは相果不申、翌日相果申由、右之盲目相果不申内ニ、此者切申由申候間、所之者共訴申ニ付、評定所え召寄、僉議申候処、切殺申段無紛、籠舎、

右之者、同月廿九日於籠屋死罪、

寛文十三年丑六月廿五日

壱人玄順　是ハ南槇町新道曾谷伯庵店之者、此者右之三左衛門女房之親分ニて有之、其上右之盲目娘之方付之段を、三左衛門と内談仕、此者手形をいたし遣申由ニ候故、穿鑿之内、評定所より上り屋ニ入、

右之者、同月廿九日江戸日本橋より三里四方追放、

（『御仕置裁許帳』六二～六三頁［一五九号］）

延宝元年（一六七三）十月二十日、現愛媛県西予市宇和町東多田。宇和島藩東多田村、八月七日「御姫様祝言」の際に座頭・瞽女来村（『記録書抜』）

廿日、一、御祝言付、東多田江こせ・座頭参由、支配人遣。

（『記録書抜　伊達家御歴代記事』第一巻、三〇頁）

延宝二年（一六七四）自序、現京都府（『山城四季物語』、「十六日座頭積塔の事」）

此事たしかならず、或説《あるせつ》に言、人皇五十八代光孝《くはうかう》天皇の姫宮《ひめみや》あまよの親王《みこ》、目しゐ給ひてより、洛中《らくちう》の女の盲者《もうしや》をめして、御伽《とぎ》をせさせ給ひ、いやしきには官《くはん》をたまひ、御前《みまへ》に伺公《しこう》する故《ゆへ》、御前《ごぜん》といひけるとなり、

（『山城四季物語』一五三頁）

延宝三年（一六七五）三月一日、現石川県。加賀藩の座頭・瞽女・飢人に関する十村上申書（「改作所旧記」五）

一、御郡之内ニ罷在候こせ（瞽女）・座頭之内飢人有之候者、御米御貸可為成旨被仰渡候得共、可申体之者無御座候、若うへ申者御座候者介抱仕、飢不申様ニ可仕候、以上

延宝三年三月一日　　十村連名

林（十左衛門）千（平右衛門）秋殿

（田中喜男『加賀藩被差別部落史研究』四九六～四九七頁）

延宝三年（一六七五）四月六日、現福岡県北九州市八幡西区小嶺。小嶺村、瞽女の弟子入り（「御留守御用帳」）→次項

一、遠賀郡小嶺村ごせ（瞽女）、豊前規矩郡下曽根村之ごせ之弟子ニ遣し度旨願之、望之通申わたす、書付たんすニ有り

（『福岡藩、寛文・延宝期御用帳』一二〇頁）

延宝三年（一六七五）四月六日、現福岡県北九州市八幡西区小嶺。小嶺村、瞽女の弟子入り（『たんす』）→前項

（包紙上書）「遠賀郡小嶺村こゼ之書付　卯月六日」

（黒引あり）

（端裏書き）「遠賀郡小嶺村こゼ之理リ書」

御理リ申上ル事

一、遠賀郡小嶺村百姓佐右衛門名子善兵衛娘あき歳拾壱ニ罷成候、幼少より毛目（盲）ニ罷成候を只今迄親養育仕居申候得共、永々養申儀難成御座候ニ付、豊前之国規矩郡下曽根村よしと申こせ之弟子ニ遣申度奉存候間、御出シ被下候様ニ被仰上可被下候、尤御国内之こせ之弟子ニ遣申度御座候得共、幼少之間者しきせ親方より仕候得と申候ニ付難成奉存候、以上

延宝三年　　小嶺村庄や　久助（印）

三月廿三日　　同村頭百生　佐右衛門（印）

杉原助右衛門様
善　兵　衛　（印）
山崎九右衛門様

（『福岡藩、寛文・延宝期御用帳』二二七頁）

延宝四年（一六七六）六月八日。幕府、家光夫人三回法会の際に座頭・瞽女へ配当支給

瞽者に三百三十貫。盲女に三十貫施行あり。

（『徳川実紀』第五篇、二三八頁）

延宝四年（一六七六）七月一日、現福井県。福井藩、「江戸屋敷女中等通方触」 →正徳三年（一七一三）四月

一、女中并比丘尼・こぜ（瞽女）、向後証拠判か人を添断次第可被相通候、其外者前々之通可被相通候、以上

延宝四辰七月朔日　　横目中
御門番所

（『福井市史』資料編六、近世四上、藩法集一、一二一頁）

延宝四年（一六七六）八月三十日、現広島県。浦島船持への条目と幕府城米船などの扱いに関する覚（『顕妙公済美録』巻五）

一、山伏・順礼・こも僧・こセ・座頭・傀儡子其外諸勧進之類、他国より船に乗せ参間敷候、若他国船に乗来におゐては則其船に乗せ可戻事

（朱書）元禄九年之分ニハ此ヶ条前山伏……の条ニ書込有之」

［略］

右之通船持共へ申聞堅可相守者也

「（朱書）植木小右衛門
松野弥一左衛門」

延宝四年辰八月晦日
（船奉行）植木七左衛門
（船奉行）河瀬武大夫
（船奉行）植木小右衛門

「（朱書）浦島」
庄屋
年寄方へ
組頭

（『広島県史』近世資料編、第三巻、一五七〜一五九頁。『新修広島市史』第七巻、一五〇頁も参照）

延宝四年（一六七六）十二月十日、現愛媛県西予市宇和町東多田。宇和島藩東多田村、「御平産」の際に松山の座頭・瞽女来村（『記録書抜』）

十日、一、東多田へ御平産付松山より座頭・こせ参ル。田原平兵衛遣。自今被下相究、書物も東多田御番人手前江預置。

（『記録書抜　伊達家御歴代記事』第一巻、三四頁）

延宝四年（一六七六）。京都

又盲人・盲女・猿牽・西宮・傀儡（テクル）棚舞（マハシ）并癩人、自称物吉。各聚冠婚之門而乞米銭。

（『日次紀事』二六頁）

延宝六年（一六七八）二月六日。幕府、伝通院での法事の際に座頭・瞽女へ配当支給

役者二人へ五枚づゝ。読経僧に青蚨三千貫文布施せられ。瞽者に二百貫文。盲女に三十貫文施行あり。

（『徳川実紀』第五篇、二七九頁）

延宝六年（一六七八）三月二十日、現愛媛県。松山藩、郷中の触

延宝六午年松山郷中江被仰出候書付

太守公御在府之節、松山老中相談之上被仰出候由也、

［略］

一、諸勧進可為停止事、

附、座頭こせ（瞽女）一切入間敷事、

右之外守倹約聊為奢働仕間敷者也、

（延宝六年）午三月廿日

（『愛媛県史』資料編、近世上、二〇三頁。『松山市史料集』第三巻、四七〜四八頁［『松山政要記』（文）による］も参照）

延宝六年（一六七八）十月序。京都か（畠山箕山『色道大鏡』巻十四、四五オ〜四六オ）

第十九　瞽女篇《こぜよのへん》

瞽女《こぜよ》とは、俗《ぞく》にごぜといひて、目しゐたる女の事也。常盤御《ときハご》前《ぜん》・虎御前《とらごぜん》などやうの上略《りやく》かといへど、ごぜは誤《あやま》りにて、瞽《こ》女《ぢよ》なり。其業《そのげう》、歌書《かしよ》を談《だん》じ、或《あるい》ハ舞《まひ》まふあり。此《この》二種《しゆ》はまれ〳〵の事にて、おほくハ琴三線《ことしやミせん》を引、哥《うた》うたふのミ。大むね、簾中《れんちう》のもてあそび物として、こゝかしこにわたる。男客《なんきやく》たりとても、めしにしたがつて出ずといふ事なし。又奥方《おくがた》より外に、出ぬもあり。いかんとなれバ、男客《なんきやく》の座《ざ》に入ては、心放埒《ほうらつ》となるを、女中の嫌《きら》ふによりてなり。さてハ瞽女《こぢよ》の類《たぐひ》、こゝろたゝしきかとおもへば、我宿《わかやと》にしのびてかよふものあり。又おかしきハ、夫婦《ふうふ》と約《やく》し、あらはして来るもあり、子など出きて養育《やういく》す、異《こと》やうにこそ侍れ。聊《いさゝか》其子細《しさい》なくて、ゆをひかにおひたち、けしきやすらかにて、芸堪能《げいかんのふ》なるぞゆかしかるべき。眼裏《がんり》ふたかりて眠《ねふ》れるがごとくし、髪厚《かみあつ》くして嶋田《しまだ》にゆひなし、帯《おび》うしろにむすびたるをぞ、よしとはすべき。瞽女《こぢよ》にハ、禄《ろく》さだまらず。座《ざ》に出る毎《ごと》にハくつろがす。親《したし》きをもてくどき、馴《なる》るをもて心のごとくす。若権《もしけん》をもてこれをくだかは、理不尽《りふじん》の沙汰《さた》なるべし。嗚《あ》呼《ゝ》かなしいかな、其身盲人《もうじん》なれは、尼《あま》の飾《かざり》なきよりおぼえをとり、好《この》む人まれなり。九州《きうしう》肥後国《ひこのくに》ばかりにこそ、価《あたひ》をきハめ、遊女《ゆふぢよ》のごとくす。是傾国《これけいこく》なく、外の遊《あそ》びものなき故《ゆへ》ならし。

（『色道大鏡』下巻、一三九九～一四〇一頁）

延宝七年（一六七九）六月十五日、現高知県。土佐藩、「座頭法式之事」（『憲章簿』盲人之部）

一、御当国義先年ハ座頭・瞽女共他国入相ニ而御座候所、御公義様御喜悦之節、御境目江他国座頭数人入込、御番所ニ而差留候得共聞入不申、依之御番所ニ留置御城下御役所江相達候所、御役人所御出御詮議被仰付候得共、諸国之座頭中聞入不申候ニ付、御国並木検校、北岡検校、桂勾当へ詮議之上を以、御境目へ立越取扱いたし候様、御役人所ヨリ被仰出、仍而国々座頭中江相応之銀子相渡候所、右座頭共罷帰リ申候。依右御上より被仰出候は此已後他国座頭国切ニ相成申間敷哉と被仰出候処、検校申上候ハ天下一統之義ニ付、国切ニは難相成趣申上候得共、御公義之御執成を以京都へ罷登、二三ケ年滞留仕候得は日本一国之法例を申開、国切ニも相成申趣申上候所、夫ヨリ御上之御執成ヲ以、延宝四辰年京都江罷登、延宝六午年迄相詰、右一件申開国限ニ相成申候。右御褒美として延宝七未年六月十五日村々地下賄ニ被仰付、衆分へハ伝馬壱疋送夫壱人打掛初心瞽女ニ至迄、送夫被仰付之候。

其節之御奉行所　孕石頼母様
　　　　　　　　山内下総様
御仕置所　　　　岡田嘉右衛門様
　　　　　　　　安田弥市右衛門様

御城下
座番　了都

法度状之事

［座頭に関する条略］

一、在々山分ニ而道、又ハ宿等ニ而かさおふせ成義堅停止、且中間之者瞽女と一宿堅停止之事。

［略］

右之条々於相背ニは古法之通急度可申付もの也。

並木検校　在判

延宝七未年六月十五日

仲間中

右御法度状並木殿御直判之一巻此度加表補置候。末々破壊之程難量存候。此写本認置候間向後於妙音講会座無懈怠被読聴御法式可相守もの也。

享保五年庚子初冬亥日

座番　城照判
　　　城菅判

（『憲章簿』第五巻、四九五～四九七頁。『皆山集』第六巻、一三五頁も参照。松本瑛子「近世社会における座頭・瞽女の考察」五四～五五頁にも引用）

延宝八年（一六八〇）六月十八日。幕府、法事の際に座頭・瞽女へ配当支給

読経僧へ青蚨二万貫。伶人へ銀二百枚なり。また寺領の農商へ銀三千枚。瞽者へ鳥目千貫。盲女へ二百貫施行せらる。

（『徳川実紀』第五篇、三六一頁）

延宝九年（一六八一）三月五日、現富山県富山市。夜番火の用心に関する寄合所の達

一、座頭・瞽女且又馬方は馬を引罷通候はゞ様子聞届可レ被二相通一候

（『富山市史』第一巻、五一五頁）

延宝九年（一六八一）三月、現愛媛県宇和島市。宇和島藩、座頭・瞽女へ米支給［九月二十九日］**（『伊達家御歴代記事』）**

天和元年（十月改元）

［略、三月］

座頭・瞽女ニ欠所米三十九俵ヲ施サシム。

（『記録書抜　伊達家御歴代記事』第一巻、一九六頁）

一、同［三］月、欠所米三十九俵、座頭・瞽女ニ施行被下候旨、宮田勾当へ申渡。

（『記録書抜　伊達家御歴代記事』第一巻、二二一頁）

延宝九年（一六八一）七月、現新潟県。高田藩の座頭・瞽女人口

（表紙）
「延宝九年（天和元年）

松平越後守様御落去

高田御城請取聞書

酉七月

馬邑

小林氏所持」

［略］

覚

一、領内惣人数弐拾六万七千百弐人　頸城・苅羽 魚沼・三嶋

内

拾四万三千六百六拾八人　男

拾弐万三千五百拾八人　女

千八百壱人　僧

三人　道心

弐百拾弐人　行人

四拾弐人　神子

九拾弐人　山伏

弐百七拾六人　座頭

弐拾六人　ごぜ［こカ］

弐人　いちい

外二千七拾弐人　ちやゑひす渡り守ゑた共ニ

一、高田町数八拾三町　但町ノ名四拾ケ所

一、同所町惣人数弐万五千百六拾七人
　内　壱万千百五拾七人　男
　　壱万四百拾人　女
（滝沢定春「延宝九（一六八一）年、〈高田城請取聞書〉」四四頁、四六頁）

延宝九年（一六八一）九月十一日、現新潟県長岡市。長岡瞽女屋山本家の菩提寺唯敬寺（草生津三丁目）の墓碑銘　↓明治二十五年（一八九二）正月二十七日

　　　　　　天和元酉歳
（正面）　真解脱　釈尼妙潤信女
　　　　　　九月十一日亡
（左側面）　大工町　山本五位
（鈴木昭英「長岡瞽女の組織と生態」五三頁）

延宝九年（一六八一）、現新潟県。高田藩の座頭・瞽女人口

高田領内　頸城郡　苅羽郡　魚沼郡　三嶋郡
惣人数弐拾六万九千七百六拾九人
[略]
　弐百七拾六人　座頭
　弐拾三人　こせ
（『谷沢永続記』一、慶長～宝永）

延宝九年（一六八一）、現新潟県上越市大潟区。頸城郡渋柿村の人別帳、座頭・瞽女人口

　浄土真宗上小舟戸村善照寺旦那　座　頭　同［年］三拾五
宗旨寺同断　後ぜつな　同三　拾
　人数〆百四拾四人内
　　七拾九人　男
　　六拾三人女
　　壱人　座頭
　　壱人　後ぜ
（『大潟町史』資料編、一一九頁）

天和元年（一六八一）十一月一日、現徳島県。徳島藩、金銀札遣いに関する掟書

天和元年
　金銀札遣被仰付御掟之覚
一、阿波・淡路御両国中当十一月十六日より金銀札遣ニ被仰付候事
[略]
一、寺社領并諸初尾・御法事之節御香奠出家中へ被下御布施等、付、座頭・瞽女ニ被下物、有来通金銀米麦を以可遣之、但、御家中諸士其外之者共ハ勝手次第ニ可仕事
[略]

右之条々御定被成所堅可被相守、若相背者於有之ハ、曲事可被
仰付候、以上

天和元年十一月朔日

（『藩法集』第三巻、六五九〜六六一頁［一八四六号］。『兵庫県史』史料編、近世二、四三〇頁、四三二〜四三三頁も参照）

天和元年（一六八一）十一月二十四日、現愛媛県西予市宇和町。宇和島藩東多田村、徳川家の祝儀か、松山の座頭・瞽女来村（『記録書抜』）

廿四日、一、松山座頭・ごせ百人余東多田へ参、人遣之。

（『記録書抜　伊達家御歴代記事』第一巻、四一頁）

天和元年（一六八一）、現新潟県。高田藩の座頭・瞽女人口

（表紙）「天和元年
高田御引渡之記録」

［略］

一、高田領内惣人数弐拾万七千百弐人　頸城・苅羽 魚沼・三嶋

内

［略］

弐百七拾六人　座頭

弐拾三人　こせ

（『高田御引渡之記録』）

天和元年（一六八一）、現高知県。土佐藩、座頭・瞽女人口（出典不詳）

座頭や瞽女の数は天和元年（一六八一）調査によれば座頭が六十人（三二人郷中、二三人町中、五人浦中住居）で瞽女が十二人（七人郷中、五人町中住）とある。

（平尾道雄『近世社会史考』五七頁）

天和二年（一六八二）、現福井県敦賀市。敦賀城下の座頭・瞽女人口（『遠目鏡』四）

（袋ウワ書）「天和二壬戌年改也
遠目鏡　那須氏」
天保十二丑年迄 百六十年ニ成ル

［略］

十六

座頭　沢都
忠都
政都

ごぜ　世々寿
貞寿
楽寿

（『敦賀市史』史料編、第五巻、六二三頁、六四七頁）

天和二年（一六八二）か、現愛媛県松山市（『松山町鑑』）↓

元禄五年（一六九二）五月十五日

一、座頭・瞽女出船ニ者　勾当証文

（『松山市史料集』第四巻、五六頁。『愛媛県史』資料編、近世上、二九九頁、『松山町鑑』六一七頁も参照）

天和三年（一六八三）正月、現愛媛県宇和島市。宇和島藩、座頭・瞽女の廻在に関する定（『伊達家御歴代記事』）

座頭・瞽女廻村ノ定。

（『記録書抜　伊達家御歴代記事』第一巻、二二三頁）

一、同〔正〕月、座頭・瞽女、村々廻り候時ハ、以来代官之切手を申受て可相廻旨申渡。

（『記録書抜　伊達家御歴代記事』第一巻、二二六頁）

天和三年（一六八三）三月二日。江戸、町屋敷所在地などの調査（「ト本」は『東照宮本町触』）

覚

一、町中ニ有之候武士方并牢人衆女中之町屋敷之分、何之誰殿屋敷と致書付、樽屋〔喜多村（ト）〕所江月行事早々持参可被申候、若隠置、以来相知候ハヽ、可為越度（以下ト本にて補う）「候間、有体ニ書上ケ可申候、少も油断有間敷」候、以上

三月二日　　町年寄三人

覚

一、表京間何間口裏江町並　　何町 屋守　誰印

［略］

一、同断　　同断

何と申座頭町屋敷

一、同断　　同断

何と申ごぜ町屋敷

［略］

右書上申候外、御改之町屋敷所持仕候者壱人も無御座候、此外紛敷屋敷壱軒も無御座候、若隠置、脇より相知候ハヽ、何様ニも可被仰付候、為後日、名主月行事判形仕候、仍如件

天和三月亥三月十四日

何町月行事　誰印

誰印

名主　誰印

町三人年寄衆中

右は樽屋之懸りニ而、右書面之通、同十四日ニ町々より書出申候

（『江戸町触集成』第二巻、四三〜四四頁［二〇六五号］）

天和三年（一六八三）三月七日、現福岡県朝倉市三奈木。筑前国下座郡三奈木村

甘木よりごぜ呼申候、

（『正房日記』一三六頁）

天和三年（一六八三）八月、現福井県小浜市。小浜の座頭・瞽女人口（『拾椎雑話』巻一）

一、天和三年亥八月小浜家職分

［略］

二十二人　　瞽女

［略］

二十三人　　座頭

（『拾椎雑話』七二頁、七五頁）

天和三年（一六八三）十二月二十九日作成、現岐阜県。旗本領（岡本豊前守）

（表紙）「亥ノ夏

　祝言入用勘定帳」

［略］

一、銭三貫文　　ざとうごせニ被下之

是ハ、しうげんの時分、くついと申あわせまへかたニ渡之ふく井安左衛門取次ざとうおりいちニうけ取

（『岐阜県史』史料編、近世三、二五七頁、二六〇頁）

天和三年（一六八三）成立。江戸、戸塚の毘沙門山、ホトトギスの初音を聞く宴席で「加賀節」を歌う瞽女（戸田茂睡『むらさきの一本』巻四）

興《きよう》も尽《つ》きんとせし時、朽木家《くちきけ》にもとありしと聞く、ぎんといふ瞽女《ごぜ》を出したり。年の比《ころ》十七八かとぞ見えし。下には二藍《ふたあゐ》の袷《あはせ》に、葡萄染《えびぞ》めの裏《うら》くくみ、薄色《うすいろ》の浮《う》き織物《おりもの》、下に紫《むらさき》の色濃《こ》き桃色《ももいろ》の清らかなる糸にて、八《や》つ花形《はながた》散らしたるによりきんをそろへ、茶繻子《ちやじゆす》の大幅広《おほはばびろ》なるを吉弥結《きちやむす》びに締《し》めて、かくと云ふ女に手を引かれて粧《よそほ》ひ出《いで》たる姿、髪《かみ》のかかりよりはじめて艶《えん》なるさま、まめやかに光りを放つとは、かかる事をやと見ゆ。『古《こ》今集《きんしふ》』に「よしみぬ人は枝《えだ》ながら見よ」と詠《なが》めし萩《はぎ》の露《つゆ》、触《さは》らば誠《まこと》に落ちぬべし。「拾はば消へん」と読みたりし、賤《しづ》が笹屋《ささや》の玉霰《たまあられ》、一夜《ひとよ》の夢の契《ちぎ》りをも見せよと願ふばかりなり。月東《とう》欄《らん》に影さし、風西楼《せいろう》に渡つて朱簾《しゆれん》そよめき、伽羅《きやら》の香《かを》りなつかしきに、琴《こと》を前に置きたれば、かきならしたる爪音《つまおと》のけだかさ、いまだ曲《きよく》をなさざるに、感情《かんじやう》動きふるつてそぞろ寒く、水の底にも耳とむる物やあると疑はる。糸の音調《おとととの》つてしばらくあつて、当世《たうせい》はやると云ふ加賀節《かがぶし》とやらんを謡《うた》ふ。「とや思へども告《つ》げ渡る、鳥も勤《つと》めの身ぢやものを、何を忍《しの》ぶの山ほとぎす、よしわざくれ音《おと》に立てよとは思へども、とてもまた忍ぶ訳《わけ》なら末遂《すゑと》げよ」と謡《うた》ひをさむると、ほととぎす一声雲井《ひとこゑくもゐ》高く音信《おとづ》れければ、上座《かみざ》なる人のよむ［略］。

（『紫の一本』二〇五〜二〇六頁）

貞享元年（一六八四）五月、現島根県松江市。松江城下白潟町、「宗門御改目録」、座頭・瞽女人口

総人数六千三百八人、うち男三千二百四十二人、女三千六十六人で、前年より三百二十九人増である。このうち、長袖連が山伏三人、神主十人、医者十七人、外科一人、馬医二人で、特別支配の者、座頭四十七人、瞽女十八人などであった。

（『新修松江市誌』一八九頁）

貞享二年（一六八五）五月十二日、現鳥取県。鳥取藩（『因府年表』）

十二日　御触。座頭・瞽女宗門改の義、座頭仲間に入候者は誠悦方にて改レ之、手前へ抱置候分は、其人々より可レ改レ之旨なり。

（『鳥取県史』第七巻、一三九頁）

貞享二年（一六八五）五月二十一日、現愛媛県西予市宇和町東多田。宇和島藩東多田村、伊達政宗四十九回忌の際に松山、今治の座頭・瞽女来村（『記録書抜』）

廿一日、一、政宗様御年忌、松山・今治座頭・ごせ百人余、東多田へ参。

（『記録書抜　伊達家御歴代記事』第一巻、四七頁）

貞享二年（一六八五）五月二十一日か、現愛媛県西予市宇和町東多田。宇和島藩東多田村、「貞山様」（伊達政宗）の法事の際に松山の座頭・瞽女来村（『伊達家御歴代記事』）

一、五月、貞山様御法事。松山より瞽女・座頭、東多田へ参る。

（『記録書抜　伊達家御歴代記事』第一巻、二二八頁）

貞享二年（一六八五）五月二十九日、現愛媛県宇和島市。宇和島藩、「凉山様」（伊達秀宗三男宗時）の法事の際に他領の座頭・瞽女へ配当支給（『伊達家御歴代記事』）

[五]一、同月廿九日、凉山様御法事、御他領座頭・瞽女、御施物頂ニ罷出ル。

（『記録書抜　伊達家御歴代記事』第一巻、二二八頁）

貞享二年（一六八五）五月二十九日、現愛媛県宇和島市。宇和島藩、「凉山様」（伊達秀宗三男宗時）の法事の際に他領の座頭・瞽女へ配当支給（『記録書抜』）

廿九日、一、凉山様御法事、廿七日より三左衛門寺江詰ル。桜田数馬依頼三左衛門ニ加相詰ル。他領座頭共御施物頂戴願出ル。

（『記録書抜　伊達家御歴代記事』第一巻、四七頁）

貞享二年（一六八五）六月十九～二十一日、現福岡県朝倉市三奈木。筑前国下座郡三奈木村

十九日山田ノこせ此方ニ参逗留、十九日具足・書物等土用干、同廿日少雨、風吹、同夜江八左・屋形茂左来、こたつノ間ニテこせ小歌、同廿一日曇、風吹、昼拙加文左・清岩等江彦右宅ニ参、折節田甚太参被居、吸物・冷食出ル、右之衆中帰ニ此方ニ被参、出来合夕飯出ス、飯後こせ小歌、

（『正房日記』二四〇〜二四一頁）

貞享二年（一六八五）十月十三日、現福岡県朝倉市三奈木。筑前国下座郡三奈木村

同十三日少雨、［略］甘木より当村ニ後世《（瞽女カ）》まいり居候ニ付、此方ニ呼一宿、白銀一包壱匁四分遣候、

（『正房日記』二五一頁）

貞享二年（一六八五）十月二十四日、現愛媛県宇和島市。宇和島藩、「おたを姫」生誕の際に松山の座頭・瞽女へ配当支給（『記録書抜』）

廿四日、一、御誕生ニ付、松山座頭・ごせ六十人余御城下江参由、田原平兵衛、草鞋銭少取せ戻ス。

（『記録書抜　伊達家御歴代記事』第一巻、四七頁）

貞享二年（一六八五）十月二十四日か、現愛媛県宇和島市。宇和島藩、「おたを姫」生誕（九月七日）の際に座頭・瞽女へ配当支給（『伊達家御歴代記事』）

一、右御出生様御祝義ニ付、座頭・ごぜ六十人参り、わらし銭被下

（『記録書抜　伊達家御歴代記事』第一巻、二二八頁）

貞享三年（一六八六）三月、現長野県。幕府領

（表紙）
「貞享三年
中坪村宗門御改之帳
寅三月　　」

［略］

きりし丹宗門之儀累年御穿鑿被遊候得共、弥以堅御制禁之旨従公儀被仰出候御書付之趣拝見仕委細承届奉畏候、高をも控御役相勤候百姓ハ勿論、前々より年久敷村中ニ住居仕候門屋・被官之者・諸浪人・諸医者・諸芸教候者・諸職人・諸商人・杣・日費取・船頭、其外社家・堂守・ひしり《（聖）》・鉢ひらき・神子・陰陽師・山伏之類・御前《（瞽女）》・座頭・比丘尼・穢多・猿舞し・さゝらすり等ニ至迄五人組を定、男女壱人も不残吟味仕、面々旦那寺之分書付指上申所少茂相違無御座候、惣而如斯毎年一度宛御改之外ニも五人組之内互ニ相心懸ケ、常々宗門ニ相替候執行仕候而、或ハ不見馴者を宿仕、久々留置密々浮世物語なと仕、怪敷体見聞仕にをゐてハ早々御注進可申上候、若あやしき体乍存不申上、外より訴人御座候ハ、五人組之者如何様之曲事ニも可被仰付候、自然宗旨替申度と申者御座候か、又者旦那寺かへ申者

御座候ハ、委細様子承届其旨御断申上、重而帳面ニ書記指上可申上候、為後日村中連判手形仍如件、

貞享三年寅三月

又　吉　印
市郎右衛門　㊞
五人壱組
甚之丞　㊞
七兵衛　㊞
半　介　㊞

千村平右衛門様御代
　佐野岡右衛門殿

[以下六十五名等略]

（『長野県史』近世史料編、第四巻の一、八五六頁、八五九頁）

貞享三年（一六八六）七月、現島根県。松江藩法（「国令・御徒以下附、上」）

條々

[略]

一、平生座頭、瞽女、比丘尼等相集之、不可催遊興事

（『近世藩法資料集成』第三巻、一三頁）

貞享五年（一六八八）四月十日、現徳島県。徳島藩法

元禄元辰年四月十日

一、今度讃州座頭・瞽女共罷越、市瀬検校方迄申出候は、公方様御厄年相済申候為御祝義参候、近国廻り外々ニても被下物有之由申出候、此段如何可被仰付哉と御下仕置之面々申聞候ニ付、左之通被下置旨相談之上申渡候、但、前かとハ衆分壱人ニ銀拾匁宛、夫より以下は次第減被下旨、右検校方より申渡候処、尤、丸亀ニてハ十匁宛被下候得とも、備前ニては十五匁宛外ニ米をも被下候、近国之内ニては御大名ニて候、其上御自分之御祝義ニさへ十匁余例毎被下候、此度は公義御祝義之事ニ候得ハ、尚以十匁被下候てハ御請難成由申候、外之義ニ候得ハ申付様も可有之候得共、右之通ニ候得ハ、押て申付段も如何可有之哉と検校申出候旨、追て下条右衛門兵衛申出ニ付、如此被仰付者也

一、三十六人衆分　壱人ニ付十五匁
一、五人打懸　壱人ニ付七匁五分
一、十七人初身　壱人ニ付三匁七分五厘
一、壱人大瞽女　六匁
一、壱人小瞽女　三匁

備前ニては米をも被下由候得とも、此元ニてハ不及其義候

（『藩法集』第三巻、一〇四八～一〇四九頁［二七一八号］）

貞享五年（一六八八）、現島根県隠岐。隠岐国の座頭・瞽女人口（『増補隠州記』）

[美田村]

一、人数　九百三拾六人　内　坊主　九人
　　　　　　　　　　　　　道心　五人
　　　　　　　　　　　　　男　四百七拾弐人
　　　　　　　　　　　　　瞽女　壱人

女　四百四拾四人
禅門　五人
（『新修島根県史』史料篇二、一八七頁）

［前島二郡之寄］
一、人数　五千七百三人　内　男　弐千七百弐拾壱人
座頭　壱人
女　弐千八百八拾四人
瞽女　壱人
坊主　五拾弐人
比丘尼　弐人
神主　四人
禅門　拾四人
道心　弐拾四人
（『新修島根県史』史料篇二、一九五頁）

［苗代田村］
一、人数　百三拾九人　内　坊主　壱人
男　七拾壱人
瞽女　壱人
禅門　壱人
女　六拾五人
（『新修島根県史』史料篇二、二〇五頁）

［岩浜村］
一、人数　弐百拾四人　内　坊主　弐人
男　百九人
禅門　壱人
女　百拾人
瞽女　壱人
（『新修島根県史』史料篇二、二四九頁）

［後島二郡之寄］
一、人数　壱万弐千五百壱人
内　坊主　百弐拾七人　男　六千百七人
禅門　四拾七人
神主　四拾四人　女　六千百四拾壱人
座頭　九人
山伏　拾壱人　道心者　拾壱人
瞽女　四人
（『新修島根県史』史料篇二、二六一頁）

元禄二年（一六八九）二月二十日、現佐賀県多久市、武雄市東川登町永野。唐津領長野村の瞽女二人が多久領小侍の番所から追放を命ぜられる（多久家『御屋形日記』）

一、唐津領長野村こせ、志ま・さつ両人、小侍番所より追放被仰付由ニ而、御年行司付衆より郡代方迄之書出并野口久弥よ

り小侍番所之手形物数二ツ、空閑刑部左衛門より今日持せ指
越候付而、則狩野孫之允迄指差候、尤右こせ両人之義、久弥
方より之手形扣置参掛候ハ、指通候様ニと申来候事
（『御屋形日記』第二巻［二］、「元禄元年十月ヨリ同三年七月迄」。
中村久子「旅する芸能者たち」一四二頁も参照）

元禄二年（一六八九）四月四日、現石川県。加賀藩、幕府から捜索依頼の調査対象（参議公年表）

四月四日御触
覚
一、従公義御尋之山口儀右衛門体之者候者、早速案内可有之
候。只今いか様にさまをかへ有之も難知候間、弥可被入御念
事。
［略］
一、座頭・舞々・山伏等、並下人借屋人・懸り人等之事。
一、ごせ・比丘尼等之家に有之借屋人・懸り人等之事。
（『加賀藩史料』第五編、一五〜一六頁）

元禄二年十月〜享保二年（一六八九〜一七一七）、現山口県。岩国藩、座頭・瞽女への扶持

（表紙）
「証記抜萃類聚」

（内表紙）
「四十九印
座頭・瞽女」

目録
［資料一］一、元禄二年巳ノ十月座頭・瞽女切相之事
［資料二］一、元禄十一年浄性院様［二代藩主吉川広正］御法事之時座頭・瞽女江御支配銀員数
定之事
［資料三］一、元禄十二年座頭・瞽女廻在之儀ニ付而村尾検校よりヶ条書
御裏判方奥書之事
［資料四］一、元禄十五年二月御領内座頭・瞽女御心付之儀ニ付而村尾検
校并列都より願出之事
［資料五］一、正徳五年八月廻在之儀ニ付而村尾検校并ニ弥養一より在方
江書付之事
［資料六］一、正徳五年涼雲院様［五代藩主吉川広逵］御仕合ニ付而大坂座頭共より配当銀申出
之事
［資料七］一、享保二年座頭・瞽女廻在賄荷送り不被仰付并座頭・瞽女増
御心付之事

［資料一］
一、元禄二年御領内座頭・瞽女切相ニ被仰付候一途左ニ
一、御先祖様御法事又ハ御祝儀事と申時節他国之座頭・瞽女
共罷越配分之儀ニ付而毎度懸合不埒之事有之候、然処他国座

頭切相之沙汰有之、祝言不祝言共ニ他所之座頭・瞽女不請引、領分之座頭・瞽女共江心付遣置申之由候、爰許御領之儀も切相ニ可被仰付候哉、但又自他国之当り相とも八無之哉と讃談被仰付候処ニ他国ニ例有之儀、且ハ当所之座頭・瞽女共御憐ニも相成事候、就夫常々座頭・瞽女近国往来之配分之例沙汰仕候覚左ニ

一、広島ニ而一夜越銀八匁、二夜三日銀拾弐匁、一七日銀弐拾五匁、千部銀弐拾目、御祝儀は二貫文

一、予州今張ニ而、一夜越銀八匁、二夜三日銀拾弐匁或ハ拾匁
一七日銀拾六匁、御祝儀事代壱貫文

△松山ニ而一夜越銀八匁、二夜三日銀拾五匁、
一七日銀拾八匁

一、石州津和野ニ而二夜三日銀八匁米弐升

一、萩ニ而泰厳院［萩藩二代藩主毛利綱広］様御法事之時御中陰銀拾六匁、
御四十九日千部ニ銀拾六匁、御百日銀八匁
広国院［土佐、毛利氏、松平光長正室］様御法事之時銀八匁
御祝儀事ニ弐貫文

一、徳山ニ而一夜越銀八匁、二夜三日銀拾弐匁、一七日銀拾六七匁
或ハ一夜越銀四匁米弐升、二夜三日銀八匁ニ米弐升

右之分少宛之過不足ハ有之候へハ大形相定りたる儀之事

一、右之趣ニ付而御当地之儀も前々をも讃談仕、御先祖様御年忌をも沙汰仕候処、兎角切相被仰付候へハ已来六ヶ敷事も無之ニ付而、九月廿七日浜子市之丞を以右之趣達御耳候、被仰出候趣ハ一国之仕置ニ而他国之当り相も無之事候ハ、、成程左様可有之事候、乍此上後年迄座頭共迷惑不仕様ニ申付候へとの御事ニ付而、座頭肝煎友都座頭江申付候へハ有難御支配ニ而候得共、後々年他国切相と候へハ、此趣萩玉井検校御坊江相伺候而何分ニも返答次第御請可申上之由ニ而、右之趣ニ而友都より列都座頭江委細申含、十月朔日萩差下、同三日萩着、翌四日ニ玉井検校江罷越申入候ハ、今度岩国御仕組ニ付而祝言又ハ御先祖様御法事之節他国之座頭・瞽女数多参上仕来候、此段向後切相之沙汰ニ可被仰付との事、被仰渡候御尤之御事候へ共、玉井検校江様子付届御請可申上之由ニ而、罷下候通申入候へハ検校返答ニ御仕組ニ付而右之通可被仰付との御事之由、成程御尤之御事、予国ニも并も無之儀候へハ、京都老所より之尋も可有之候へ共、二三ヶ国ニも其例有之取候へハ少も不苦趣候条被仰付候通、切相之御請申上候様ニとの趣ニ候、此段惣検校江当分相届申ニも不及、追而様子も有

之時ハ玉井方より何分ニも供様例格申立可相済候間、左様相心得、此度之趣御請仕候様ニとの儀候、左候而御両国之儀ハ一統之事候得ハ、双方出入前々之通仕候へ、是も他国同前ニ切相ニ被仰付候儀ニ候ハヽ、幾度も御断申上候様ニとの儀候、兎角他国同前ニと有之事候ハヽ、此元御公儀江も相断惣検校江も申達儀候条、左様相心得御断申候様ニとの趣候、友都返答ニも此段不承分ニ仕候との事ニ候、左候而検校申分ハ萩・長府・徳山・岩国ニも他国之座頭参込そこ〳〵之組江も付不申もの有之事候、此等之儀ハ他所座頭同前ニ可被仰付候、此方よりも其段穿鑿仕組江付候分ハ右之通堅相心得候様可申付候、両国勘過被差免候座頭之分ハ少々付言を以も可相渡之通ニ候、左候而又検校申分ニ御両国ハ右之分ニ候、近国之座頭之方江切相之儀申届可然候、使ニは座頭ニ目明之者壱人相添遣し可然との申分候、右之返答ニ付而同日鈴木［市カ］座頭・重都座頭同道ニ而萩御屋敷江罷出、井上判事江も右之段ニ申達、夫より爰元罷登候、右之返答ニ付而広島・伊予江向後□切相之事友都よりよの都当町油屋小兵衛相添、委細申含差越候、尤よの都ハ広島迄ハ参、予州江は小兵衛計差越候事

一、広島ニ而津都座頭江相対段々口上ニ而申入候へハ、外々座頭二三人も居相口々ニ何角と申候内、見懸能小袖衣類之座頭申候ハヽ、ヶ様之例も無之儀被仰付候而ハ世間之座頭迷惑飢ニ及可申候、友都なと合点なく御請被仕候儀何とも不及思慮なとと申ニ付、小兵衛申様於岩国も友都なと被申候ハ他国ニ例も無之事ニ而候得ハ、玉井検校江相伺候儀も不相成事候、左様之事迄も逐一讃談被仕、余国之例までも得と承合候上如斯申被越候、岩国座頭衆詮儀疎ハ無之候、都合委細之内返事ニも不及、誠一通り之付届迄ニ而差越候通申候へハ、津都申様ハ成程左様可有御座候、此御仕組被仰付候へハ、御詮儀疎も御座有間敷候、此御仕組を否と申候時ハ京都惣検校江御訴訟仕り、前より被仰付候余国之切相を差止候ハねハ、岩国様之御仕組兎角不及申、此上之儀ハ此津都共詮趣ニ及事ニ而無御座候、然は此一儀先爰元ニ而一円御沙汰被成被下間敷候、先差向之御返答可仕候多分此返答ニて可相済と存候、万一様子も御座候ハヽ、是より可得御意との申分ニ而候、津都より返答左ニ

御状忝拝受申候、各様弥御無事之由大慶奉存候、然は其御地御祝言又ハ御法事之時分、他国之座頭・瞽女参間敷之由、従御公儀様被仰出ニ付而玉井御坊様御窺被成之由、委細被仰下奉得其意候、併与一・多ざ一宿私所より遠方ニ付而御状之通聞在候事、急難成候御飛脚之衆またせ之儀も□□候間如何様ニ三日中ニ与一・多ざ一江も御紙面之通聞在談合仕、書状ニ而も又ハ飛脚を以成とも自是御返事可申候、右之通御座候故早々如斯御座候、恐惶謹言

十月十四日　津都印判

とも都様
はつ都様
おく都様

一、予州ニ而も座頭共口々ニ何角と申候得共、畢竟是も沙汰なしニ被成候被下候様ニと申付而、小兵衛申候ハ此御領ニも岩国同前ニ御仕組被仰付候へハ、能可有之と申候得ハ、寿都返答ハ左様ニ而無御座候、岩国様之御領江ハ参間敷との儀候へハ、不参迄ニ而相済事候得共、外之御領ニも次第〳〵ニ切相被仰付候へハ、座頭・瞽女共迷惑不過之候、当御領ニも座頭・瞽女共数百人住居仕事候へハ、壱人壱合宛江遣候とても大器之儀候間、中々左様之御仕組不存事ニ候、先差向返事相調可申候、追而様子も有之候ハヽ、自是可得御意候多分此返事ニ而可相済候、此一儀小兵衛旅宿ニても一円不沙汰ニ仕様ニと相頼申候、寿都より奥都江返答左ニ

　御飛脚殊貴札忝奉存候、御状之儀は何も之衆参違被申候ニ付而拝見不仕候、御飛脚御口上ニて具承申候、委細之儀ハあとより具ニ可申遣候、猶期後音之時候、恐々謹言

　　十月十八日　　寿都判

　　奥都座頭坊様

　　　御報

一、芸州・予州共ニ右之返答ニ付而、弥向後祝言・不祝言之時、他国江不参様との趣ニ付而、友都より在々へ住居仕候座頭・瞽女共江書付を以、列都座頭差廻候、書付左ニ

　覚

一、御領内之座頭・瞽女御心附可被遣との儀ニ付而、他国之座頭・瞽女切相之儀申遣候条、自今以後他国江祝言御弔ニ而も被参間敷候、自然参候時ハ御当地江為作置間敷之通候条、右之段手堅御心得可被申付候事

付、他領之座頭・瞽女ニても数年此元住居只今迄居来候ものハ御領之もの同前御心付可被遣之通候事

附、御領之生ニ而近年他領ニ居候もの相戻候時は座頭・瞽女共組相ニ入、仲間之勤をも神妙仕、御領ニ居住仕候者帰国之年より拾年過候時ニ御心付可被遣候、其年数之内ハ祝言弔共ニ一切他領江参間敷事

一、自今以後座頭・瞽女弟子取之時ハ此方江付届可仕候、左様無之時ハ座頭・瞽女之内江ハ入間敷候、尤弟子之儀他領之者を取申間敷候事

　附、瞽女之分ハ弟子壱人之外取申間敷候事

　附、付届仕候而も五ヶ年迄ハ御心付不被遣候事

一、座頭・瞽女出世之時ハ此方江付届候事

一、御心付、夏之分ハ二月、冬之分九月ニ相渡可申候条、在々ハ庄屋江申出御代官より御蔵元江付届、其上ニ而相渡可申候事

一、他領之座頭・瞽女御領ニ住宅仕候儀ハ一切停止之事
右之通爰元、在々共ニ廻り候而人別無残可被申聞候事
巳十月廿八日　友都
列都

一、友都より急度列都差廻度之由申出ニ付而、夫々才判下座頭・瞽女江列都申次第、庄屋所江呼寄候様ニ可被申付候、扨又列都賄之儀常々執行廻候時於同前ニ可被申付候、左候而列都持参之書付物江写置候様ニと十一月三日六下代江御蔵元より申達候事

一、在々座頭・瞽女共ニ御書附請聞在候は、定而御心付之員数如何程ニ而候哉と可相尋候、御配分之極り之所、御書付被下候様ニ望ニ付、左之通書付遣候
一、米壱石六斗之納　紫分
一、米八斗之納　打かけ
一、米四斗之納　初心
一、米六斗之納　瞽女
但、寿瞽女初心年々〆被遣候様ニと友都より断ニ付而
無差別六斗宛之事

一、此時座頭・瞽女人数左ニ
一、八人ハ紫分　一、三人ハ打かけ
一、五人ハ初心　一、拾六人ハ瞽女

一、友都より申出候ハ、後年迄御配分被遣候儀ニ候ヘハ為証文御書付被成被遣候様ニとの趣ニ付而左ニ
覚
員数口々有之旨
一、米――　紫分
一、米――　打かけ
一、米――　初心
一、米――　瞽女
右之分ニ配当申附候条、其分可被相心得候、以上
十一月廿八日　山清右
香権右
友都座頭

[資料二]

一、元禄十一年卯月廿七日より同廿九日迄浄性院様〔二代藩主吉川広正〕御三十三年御法事之時、座頭・瞽女江被遣銀員数定之書付座頭支配人井上三郎右衛門・竹田七右衛門ニ而検校方江差越候、実ハ検校方より之噂ニ而候得共、惣検校江之聞へ如何ニ付候御蔵元より被仰付候間物筋ニとの儀ニ付候書付相調遣候左ニ
覚
一、銀八匁定　二夜三日御法事之時

一、銀四匁定　　一夜越御法事之時
一、銀弐匁定　　軽キ御上米之御法事
一、銀七匁定　　御祝儀事之時
右之分ニ而相分心得、向後以此通支配可被申付候、以上
　寅卯月廿八日　　　　　　用所
　　　　　　　村尾検校御坊

一、右之外ニ今一通口之分ニ相調、銀三匁ハ寿瞽女、銀弐匁ハ
并[並]之後世[瞽女]、此二ヶ条書加、井上三郎右衛門・竹田七右衛門
へ相渡也
　但、右書付ハ浄性院様御法事付而二夜三日之定と相見候、
　左ニ有之分一夜越之定也

　一、銀弐匁定、一夜越之時寿瞽女

一、一夜越御法事之時、銀四匁と有之所、同年七月十一日検校
より五匁ニ被仰付被遣之様ニと相断如願被仰付候、同十二年
正月廿四日御上ヶ米之時被遣様検校より断有之、其分ニ被仰
付候ニ付而此員数如前四匁ニ被仰付候事
一、軽キ御上ヶ米之節、銀弐匁宛被遣候処ニ、元禄十一年七月
十一日検校より三匁宛被遣候様ニと相断候得共、是ハ御了簡
無之候、向後俵子拾荷以上之御上ヶ米之時ハ弐匁宛可被遣
候、其以下ハ一円不被遣候段書付を以検校江被仰渡候
一、同十二年正月廿四日、検校より相断之趣ハ此内御上ヶ米拾
荷以下ハ不被遣との趣ニ候へハ、爰元罷居候座頭ハ御上ヶ米
之員数をも承及候得共、遠方より参候座頭は委細不存参込候
而不被遣候時ハ迷惑仕之由ニ付而、願之分ニ向後御上ヶ米ニ
而さへ候へハ不依多少弐匁宛可被遣候、仍之一夜越之時五匁
所四匁宛ニ被仰付候段、検校方へ書付相渡候事
一、右弐匁之儀元禄十四年五月元水様御年忌之時、俵子三荷御
上ヶ米之時検校より御断申出候、拾荷以下之御上米ニは不被
遣事候得共、三荷以上之御法事之時ハ向後弐匁之分被遣候様
と申出、其通ニ被仰付候、自今被渡も無之やと有之候

[資料三]

一、元禄十二年座頭・瞽女廻在之儀ニ付而村尾検校より書附物
差出候、就夫御裏判方奥書相調七下代江差廻候左ニ
　　覚
一、座頭廻在之儀一ヶ年ニ四度迄ハ不苦候、此外ニ重リ廻り
　候ハヽ、賄被仰付間敷候事
　付、所之者哀憐ニて留候ハヽ、其者ニより賄候ハ格別之事
一、一村ニ弐人より多ク泊り候ハヽ、先次第ニ後より泊り候
　もの江ハ賄被仰付間敷候事

付、一村ニ両方より送り懸之時ハ一宿一賄ハ不苦事、若
　病気・雨天之時ハ格別之事
一、瞽女を同道仕候座頭江ハ一切宿貸間敷候、其外紛敷もの
無作法もの有之候ハヽ、検校方へ付届候事
　附、無作法もの有之由検校方へ洩聞之時ハ御蔵元江付届
　不仕候而も直様代官衆江可申達候事
右之通被仰付被遣候様ニと奉存候、下書仕差出申候、以上
　六月廿三日　　村尾検校印判
前書之通、村尾検校坊より申出候、於各も無余儀事ニ存
候、此書付写置、役人方へ手堅可被申付候、本書ハ早々
順々被差廻、廻留之所より御蔵元ニ可差出候、以上
　　藤　喜左衛門判
　　手　善左衛門判
　　奈　市郎右衛門判
　六月廿八日
　桑原神兵衛殿
　井上藤左衛門殿
　三次三右衛門殿
　森脇六郎兵衛殿
　瀬川治兵衛殿
　大草三郎右衛門殿
　鈴川藤左衛門殿

［資料四］

一、元禄十五年午二月座頭・後世［瞽女］へ御心付被遣候義ニ付而村尾
検校并列都より願出之趣左ニ
　一、座頭・瞽女御心付被遣候事ハ元禄二年巳十月廿八日ニ
　被仰出候
　一、他領之座頭・瞽女ニ而も其節迄数年爰元ニ居住仕、
　十ヶ年ニ及候もの江ハ御当地之もの同前御心付被遣候、
　十ヶ年ニ年数足り不申ものハ其国々在所江罷戻候事
　一、夫より以後ハ他領之座頭・後世［瞽女］御領ニ住宅仕候儀は一
　切停止との御事
　一、残居申候ものハ拾ヶ年之間他領江もかせきニ不参、御
　当地之もの同前ニ神妙ニ相勤候上ハ十一年目より御扶持
　可被遣との御事
　右之趣ハ元禄二年ニ被仰出候、夫より已来年数足り候座
　頭・瞽女数人有之付而、願出仕候処御老中方江遂御沙汰、
　当春より可被遣との儀也、委細覚書ニ有之候事

［資料五］

一、正徳五年御領内座頭・瞽女廻在之儀ニ付而、前方村尾検校
より相願、其通ニ被仰付下代方江廻状被差出候へハ、近年猥
ニ相成候ニ付而、此度検校より定書相調差出候趣左ニ
　横折〆
　岩国御領座頭廻在之覚

一、座頭廻在之時朝之宿出五時、晩之止りは可為七時事
一、一郷ニ座頭弐人之外止り申間敷事
但及暮両方より参懸り候ハヽ、四人迄止り可申事
其余ハ幾人止り候共手紒之事
一、一郷ニ同座頭年中四度之外止り申間敷事
此外ハ幾度廻り候共手紒之事
一、座頭・瞽女一郷ニ止り之時ハ可為格宿之事
一、就吉凶御施物為頂戴参候銘々ハ往来共ニ可為手賄事
右条々手堅可相守旨、自他之座頭中江急度可被申渡候、
以上

正徳五年未八月十八日　村尾検校判印

座本
弥養都座頭坊江

右座頭物格を以瞽女廻在之儀も同前ニ申付候間、相違無之
様ニ可有御支配候、以上

同日　座本
弥養都座頭印判

御庄屋衆中

右之通書付写候而、向後此旨を以時々沙汰奉存候、才判中
江申聞候様ニと五下代竪ヶ浜代官江送を以申達候事

[資料六]

一、正徳五年九月廿日涼雲院様御仕合ニ付而大坂座頭中より配
当銀之儀申出候ニ付而山田弥兵衛より様子申下候左ニ
前方
普恩院様[四代藩主吉川廣紀、元禄九年没]之時ハ八貫文宛被遣候間、此度も其通ニ被下置候
様ニと申分之由、山田弥兵衛より申越候ニ付而、旧記見合
候処元禄九年ニハ扣一円不相見候、畢竟右八貫文ハ涼雲院
様初而御参府之時為御祝儀御配当之由、又々大坂より申来
候、此度之儀御詮儀之上前々善悪之儀ニ付而江戸ニ而座頭
中江銀二枚三枚為致配当候間可為其分を弥兵衛江申遣候、
然処ニ座頭共段々申分有之、大坂御屋敷出入之座頭元崎勾
当扱之申分有之、左之通遣し候由、八月十七日申来候

一、新銭五貫文　座頭中江
一、金子弐百疋　配当役之座頭両人江

一、右之通大坂山田弥兵衛より致配当相済候、然処五当代御家
続之御祝儀御配当銀之儀又々申出候由、弥兵衛方より申越候
ニ付而追而可遂吟味候間夫迄ハ及延引候様ニと申遣候得共、
此儀も座頭共達而申出、兎角此度被遣候段追而初而被遊御参
府候節御配当之儀堅申出間敷候、其段ハ座頭中旧記ニも留
置、後年ニ至り一言之御断不申上、格式なと〻段々申出、是
又元崎勾当申分有之左之通

一、新銭五貫文　座頭中江
一、金子百疋　配当役之座頭江

右之通支配申付、向後初□[而]御参府被遊候節御配当銀不被遣候

間申出間敷由、重畳座頭共江申聞之段、山田弥兵衛より申来
候事

［資料七］

一、享保二年七月津都座頭より願之趣ハ座頭・瞽女廻在之儀向後ハ他国之趣ハ不及申、御両国共一切きれ相ニ被仰付候而ハ無之哉、左之時ハ在々送り夫、其外御造［作］佐入一円有之間敷候、弥其通ニ被仰付候は、御領内座頭・瞽女江増扶持被遣被下候様ニと座本津都より申出候、委細ハ願之書附ニ相見申候、依之初合仕見候所ニ年中地下ニ而座頭・瞽女妢数・送夫旁差引候へハ増扶持被遣候方御勝手ニ付而願之通被仰付候、委細左ニ

覚

一、御領内在々地所座頭廻在之事、以前御三職之時分又御先職ニも検校より手堅被申渡候、其趣を以御蔵元よりも御廻状ニ而御差廻被成候処、今以物定之通不縮り之様ニ相聞申候、仍之又々存寄之願御座候、向後は地所ハ不及申萩御両国共ニ一切きれ相ニ可被仰付候哉、然は在々之送り夫其外御造佐入も一円ニ御座有間敷候、尤他国ニも其例有之事御座候、左様御座候時ハ御領内之座頭ニは増扶持可被遣候、右御祝儀事・御法事之義ハ只今迄之通、両国入相ニ可被仰付候、然は随分縮能可有御座候奉存候、此段被遊御詮儀、兎角右之通成被遣候様奉願候

一、右座頭格を以瞽女廻在之事、是又修行之義ハ不及申、御祝儀事・御法事之節も一切きれ相ニ可仕候、然は瞽女ニも増扶持可被遣候、尤御祝儀事・御法事之節も配当可被遣候、無左候へハ一切之きれ相ニ成不申候、他国ニも其例有之事ニ御座候、但瞽女之趣ハ向後は劣り増なしニ只今之有人数ニ而御仕渡ニ被仰付間敷候哉、是又他国ニも数々例有之事御座候故、御沙汰仕義御座候幾よりも被遊御詮儀可然様ニ被仰付可被遣候、扨又右之通御仕渡ニも難成御詮儀御聴候ハヽ、瞽女ニハ増扶持被遣候へかしと奉存候、只今迄之六斗ニ而ハ難儀不仕事ニ御座候得ハ被加御慈悲□□而も増扶持被達候へかしと奉願候、此段被遊御詮儀難儀不仕様ニ被仰付可被遣候、若御仕渡被仰付候而も末々瞽女迷惑仕事ニ而ハ無御座候、願ハ右之通御仕渡しニ成被遣候へかしと奉願候、以上

酉七月五日　　座本 都一座頭

別紙

口上覚

一、右之通被仰付候時ハ座頭ニハ四斗宛可被遣哉と奉存候、扨又他国江ハ瞽女江も差別なしニ座頭同前之御支配之様ニ聞へ申候得共、御当地之儀ハ已前より差別有之事御座候へハ、此度之増六斗宛被遣候へかしと存候、ヶ様之被仰付候上ハ外之かせき不得仕、一切之趣ニ仕事ニ御座候へハ、乍

憚被遊御察迷惑不仕様ニ被仰付可被遣候
一、只今迄御領内之御扶持被遣之座頭紫分十五人、初心壱人
一、一両年之内被遣候初心三、四人歟と覚申候
一、今年より御付届申候初心四人
一、瞽女只今迄御扶持被遣候人数弐拾四人歟と覚申候、又壱
人ハ今年より御付届申上筈御座候、先今日迄之覚右之通御
座候、此外之儀ハ御詮儀次第ニ可申上候、以上
七月五日　座本　都一座頭
一、右之趣在々江座本都一よりとし一座頭差廻候、尤書付物
持参之事候、此時六下代江御蔵元より手紙にて申達候写
御領内之座頭・後世〔瞽女〕江申渡之儀有之、都一よりとし
市座頭差廻申事候、夫々才判下江とし一申次第庄屋
所江座頭・後世〔瞽女〕呼寄候様可被仰付候、尤とし一賄之
義常々座頭後世〔瞽女〕共執行ニ廻候時妎同前ニ可被仰付
候、左候而とし一持参之書付物御写置尤候、以上
七月二十六日
一、とし一在々江持参之書附物覚
覚
一、御領内他領より之座頭・後世〔瞽女〕切レ相ニ被仰付候事向後
ハ修行之座頭・後世〔瞽女〕送り等ハ不及申、御妎共ニ一切停止
之事、尤も萩領より御吉凶之時出入之座頭是又送り妎等
不被仰付候事、右之通御領内御庄屋所江も手堅相触可被
申候
一、御領境之御庄屋所ニ而申様之事、他領より送り来候座
頭・後世〔瞽女〕共ニ相究、修行座頭も有之時ハ御領内江入被申
間敷候事、尤往還通りのものニて有之候時ハ駄賃送り、
尤妎之儀も手妎之事ニ候、右之廉々手堅被心得候様可申
渡候事
享保二年酉七月廿五日　座本　津一座頭
とし一座頭坊
一、右之渡六下代江縮り之儀申達候覚
一筆令啓達候、御領内座頭・後世〔瞽女〕と他領之座頭・後世〔瞽女〕きれ相
之儀、庄屋共より望ニ付而其分ニ相成候、就夫他所之座頭・
後世〔瞽女〕ハ不及申、御領内の座頭・瞽女来八月朔日より在々ニて
妎方不仕筈候条、此段才判中江可被仰聞候、恐惶謹言
七月廿七日　御裏判三人
――往来之座頭・後世〔瞽女〕荷送り之事申談を以相応ニ運賃取
候事勿論之事候、以上
五下代
竪ヶ浜代官江銘々

一、右之通被仰付候付而津都座頭より証文差出候
左ニ
但此証文一通上を包候而、書付仕証文所之天井ニ押付有
之候、津都願書も一封〆有之や
一、今度座頭・瞽女切レ相御断申上候、他領より修行并往
来之座頭・後世［瞽女］共ニ御妎ハ不及申荷送り迄被仰付間敷候
事
一、御領内座頭・瞽女江御仕配左ニ
紫分　　米四斗増
下地壱石六斗宛被遣引合弐石之辻
初心　　米壱斗増
下地四斗宛被遣候得共、右之割を以五斗之辻被遣候事
瞽女　　米六斗増
下地六斗宛被遣引合壱石弐斗之辻、
瞽女人数増減なく年々弐拾五人分可被遣候、尤三拾
人及至五六拾人ニ相成候とても御断申上間敷候事
一、座頭之分ハ此内之通御吉凶共ニ両国入相之事、
但、御領内座頭之儀ハ此内之通御配当銀不及被遣候
事
一、瞽女之分ハ御吉凶共ニきれ相之事候、此度より御領内
後世［瞽女］之儀ハ御配当銀被遣候事、
但、弐拾五人之外ハ向後ハ御断申上間敷事
一、右きれ相之儀ニ付而萩江座頭一人差遣可申候事
但、路銀扱も御了簡可被候事
一、清末・長府・徳山之儀ハ萩より触流付候、蔵元より申
達ニ不及候事
一、芸州・石州之儀ハ使を以申達候事
一、右之通きれ相ニ被仰付候時は御領内江為触流、座頭仲
間壱人差廻候、賄之義ハ此内修行之座頭・瞽女同前賄ニ
而相済、其外御造佐入無之候事
右は座頭・瞽女切レ相之儀、此国ニも并御座候付而御断申
上候、前書之通聊様子も無御座候、万々一修行之座頭・瞽
女より御領内地下役人方江向後六ヶ敷儀申候とても座本よ
り埒明御蔵元江御苦労ヲ懸ケ申間敷候、為後日証文如件

享保二年酉七月廿五日　　座本　津都座［頭欠カ］判印

中村市右衛門殿
東　又右衛門殿
森脇八右衛門殿
井尻久左衛門殿
黒□九右衛門殿

（『証記抜萃類聚』四十九印、座頭・瞽女）

元禄二年（一六八九）十一月二日、現佐賀県多久市（多久家『御屋形日記』）

一、御国中盲女触頭無之紛敷儀有之付而、触頭被相立候条、御頭中盲女有無之儀急度相改、来ル三日限ニ郡方申出候様ニと申段佐嘉へ申越候事

（『御屋形日記』第二巻［三］、「元禄元年十月ヨリ同三年七月迄」）

元禄三年（一六九〇）二月、現新潟県五泉市。村松藩郷村法度

一、盲目又者老極之道心者ハ、庄屋・肝煎・組頭江相断、一夜之宿ハかすへし、於其儀者、夜中に無断して送出間敷候、其宿之者一両人付居、夜明ハ、早々可送出候事

［略］

一、出家・社人・山伏・座（頭）等其外、何者にても勧進いたす刻、奉公人并庄屋・肝煎等を頼、其威を借、勧進いたす間敷候、違背之者有之ハ、庄屋・肝煎可為越度者也、勧進を致者、檀方へ直ニ可申入候、雖然、勝手不成者、勧進等に金銀米銭を出し、諸役之滞有之ハ、可為曲事候事

（『新潟県史』資料編八、二一一頁、二一四頁）

元禄三年（一六九〇）春、現京都・三重県松阪市。京都、伊勢国度会郡（『勢国見聞集』巻二十三、霊験之部）

（安部氏女子眼病）

元禄三年の春の頃度会郡山田安部氏某、一人の女子あり、さよと云。七歳の秋の半より眼病を憂て、八歳の春に成終に盲人となれり。依レ之神仏に立願し、医師の薬を尽せども其甲斐なくて、京都に上り良医を尋て養生すれども其験しなし。伝へ聞く誓願寺の石地蔵尊霊験（補長）新たなる事を聞、直に娘の手を引て誓願寺の石地蔵尊に詣で供物を捧げて一心に祈願し両眼明かならん事を申、地蔵菩薩の宝号千遍斗奉レ唱、何卒一七日を限りとして夫より朝夕参詣し一向に祈り奉るに、四日目の朝参りに誓願寺の裏門を入とて盲女云、父手を放し給へ、難レ有やありがたや路も寺も悉く見ゆると云。父子大に喜び弥増信して一七日参詣するに、両眼共に本復し猶難レ有覚えて下向し、其報恩として毎年九月廿四日親子共に礼参す。

（『松阪市史』第八巻、六二二頁）

元禄三年（一六九〇）七月刊。京都・大坂・江戸（『人倫訓蒙図彙』巻二）

【御前《ごぜ》】光孝天皇の御子《みこ》雨夜の前にはじまるといふせつあり。これもれき〳〵のおくがたへも出入、又はいとけなき娘子に琴三尾線《さみせん》をおしへ侍れば、みもちきやしやにありたきものなり。

（『人倫訓蒙図彙』八五頁、絵図略）

元禄四年（一六九一）以前（熊沢蕃山『三輪物語』巻第八）

祢宜云、遊民とハ当時何々をか申侍らん［や］、老翁云、坊主・山伏・判はんし・うらやさん・みこ・座頭・瞽女・猿楽・

あやつり・かふき狂言、其外門々ありく乞食の類に至りて、
色々の遊民多し、
［略］
問、座頭・こせハ無是㆓非㆒かたわ也、遊民とハいかゝ、公達云、上《(工)》商たに奢りのことをなして、無用の者は遊民とす、座頭・こせの役ハ、音律に達し故事をおほへて、内外ともに人の助と成を役とす、今ハ彼等か心からしたる罪にハあらす、世に道なくてのことなれは不便なること也、先帝の御願ひときく、世に道行れは、座頭の座をやふり、正しき音楽の役者とし、さてハ三史を初として、二十一史をわけて一部つゝに家をたて、其故事と時変とを覚えさせ、楽のかたへなりとも、書の方へなりとも、思ひおもひ器用次第にかた《(わ)》つけ、楽にても書にてもよく覚て、盲者多くひきまはす者を頭として、禄も多くあたふ様ならハ、座頭・瞽女ともに遊民たることをまぬかれなんと、
（『三輪物語』一〇七～一〇八頁）

元禄四年（一六九一）三月二十五日、現茨城県古河市三和仁《に》連《れい》。山川領仁連村、宗門改に関する触

（端裏書）
「元録《(禄)》四辛未年山川へ毎月一札
御触書写請書翰」
［略］
耶蘇宗門改申一札之事

一、男女浪人者改申事
一、代々御百姓、親之家督取候て寺請状無之者隠置申間敷候、
自然無拠儀有之候は、十日迄延引御赦免之事
一、子共十五歳以後より、判形無之者隠置申間敷候事
一、道心者改申事
一、住寺代り品々可申出　付、村請合之事
一、行人并こむ僧改申事
一、山伏并神子改申事
一、座頭并こせ改申事
一、穢多并かつたい改申事
一、非人并諸乞食等改申事
［略］
元禄四辛未年三月廿五日
山川領仁連村
名主　弥市右衛門㊞
組頭　八左衛門㊞
馬場権丞殿
［以下十一名略］
（『三和町史』資料編、近世、七二〇頁）

元禄四年（一六九一）四月、現熊本県玉名市高瀬。肥後国高瀬町、他国者などの取締に関する定　→次項

（表紙）
「高瀬町支配之定式」

覚

[略]

一、従他国来る諸勧進の軽き僧・山伏・社人・行人・こも僧・
座頭・こせ・比丘尼・放下此類町中止宿之時之事
宗門往来手形相改可被申候、若無拠子細有之及両夜令逗留
ハ、宗門書物可被申付候、往来手形不致持参候ハヽ、堅止宿
仕せ被申間敷候

（『玉名市史』資料編五、三七〇頁、三七二頁）

元禄四年（一六九一）四月、現熊本県玉名市。肥後国晒川口、他国者などの取締に関する定　→前項

（表紙）「晒川口御番所支配之定式」

覚

[略]

一、他国より来る諸勧進之軽き僧・山伏・社人・行人・こも
僧・座頭・こせ・比丘尼・放下此類、川口出入之時之事
宗門往来手形相改、指通し可申候、手形持参不仕候ハ、川
口入申間鋪候、然共直に余国江罷通度由申候ハヽ、陸江あ
け差通し可申候

（『玉名市史』資料編五、三七六頁、三七八頁）

元禄四年（一六九一）五月か、現新潟県長岡市（「長岡城之図」の注記の写）

延宝八申年図と此図不同分以朱書之
元禄四辛未歳五月写ト有之
此図、新井正蔵氏之所蔵にして、同氏先代、文化二乙丑年
十月謄写成ト記せり、按するニ、前書元禄四年之写と有之
共、追々書直したるへし、同上朱書ハ延宝図と本図違ひあ
るを書加ひしもの也、
新井本図ハ、延宝図ト元禄図ニ枚ナルヲ
今壱紙ニ認メ、朱書ヲ添ヘテ異同ヲ示ス
于時　安政五戊午冬写　　秋山氏蔵

（貼紙書）
[略]
町屋　六百三拾九軒
瞽女屋敷　五軒
座頭屋敷　四軒

（『新潟県史』資料編七、一九八〜一九九頁）

元禄四年（一六九一）十月二日、現愛媛県。宇和島藩の座頭・瞽女人口

元禄四辛未年切死丹宗門御改人数目録
午年御改
一、人高八万四千百五人
内

上　男六百九拾弐人　下　男四万四千四百四拾六人
　　女六百拾八人　　　　女三万八千三百四拾九人

未年御改
一、人高八万五千六百九人
　内
上　男七百八人　下　男四万五千三百弐拾四人
　　女六百弐拾人　　　女三万八千九百五拾七人

[略]

御領分座当後世一、百五拾五人
　内
御城下　座当拾七人　家内　男拾三人
　　　　後世八人　　　　　女拾八人
在郷　座当五拾人　家内　男四人
　　　後世弐拾五人　　　　女弐拾人
午年御改以後増減差引減人拾弐人
内座頭八人減　男壱人減　女三人減

（『愛媛県史』資料編、近世下、四三三頁、四三五頁）

元禄四年（一六九一）、現愛媛県松山市（『松山町鑑』）

元禄四未歳宗門大改之写
男女合　壱万九千百七拾弐人　惣町七拾壱町之人高
[略]
四拾四人　座頭　弐拾人　后世

（『松山市史料集』第四巻、二七頁。『愛媛県史』資料編、近世上、二八二頁、『松山町鑑』六〇一頁も参照）

元禄五年（一六九二）二月六日、幕府、千姫の法会の際に座頭・瞽女へ配当支給

瞽者へ二百貫文。盲女へ百貫文布施せられ。囚獄二十人を放たる。

（『徳川実紀』第六篇、一三三頁）

元禄五年（一六九二）二月、現静岡県静岡市。駿府の座頭・瞽女人口

寺町四丁目
一、家数合拾三軒　丁頭　太郎兵衛 ㊞
　内壱軒丁頭屋敷
　明屋敷一軒　無役　主こぜ
人数合五拾六人　内　男弐拾七人
　　　　　　　　　　女弐拾八人
　　　　　　　　　　ごせ壱人
[略]
人宿町　壱丁目
　　　　弐丁目
一、家数合弐拾九軒　丁頭　長兵衛 ㊞
　内壱軒丁頭屋敷

明屋敷壱軒　主長兵衛
会所　拾間四方　主彦左衛門
人数合弐百九拾六人　内
男百六拾壱人
女　百拾八人
座頭　壱人
ごぜ　拾六人
〔略〕
上魚町南頬
一、家数合三拾八軒
支配　久左衛門　㊞
吉左衛門　㊞
後藤庄三郎屋敷
人数合弐百三人　内
男百弐拾人
女　八拾人
ごぜ　三人
〔略〕
本通六丁目
一、家数合三拾弐軒　丁頭　与兵衛　㊞
内壱軒丁頭屋敷
明屋敷五軒
主庄兵衛
主四郎兵衛
主新八郎
主太兵衛
主源左衛門
人数合百七拾八人　内
男六拾九人
女八拾六人
外ニ
長善寺時宗
座頭　三人
山伏　弐人
ごぜ拾八人
〔略〕
人数合壱万七千六拾七人
内　男　八千七百三拾人
内　女　八千八人
内　出家　三拾八人
内　山伏　七拾弐人
内　比丘尼　六拾三人
内　座頭　拾三人
内　ごぜ　三拾八人
内　院内　拾五人
内　行人　壱人
内　願人　弐拾人
内　髪結　拾壱人
内　遊女　六拾人
馬数合六拾八疋
内六拾疋伝馬町分
牛数合三拾四疋
新通三丁目
年行持　四郎左衛門　㊞
寺町壱丁め

年行持　八郎兵衛　㊞
同　弐丁め
年行持　与兵衛　㊞
同　三丁め
年行持　弥左衛門　㊞
同　四丁め
年行持　太郎兵衛　㊞

元禄五年申二月

御奉行所様

（『駿府町数并家数人数覚帳』）

元禄五年（一六九二）五月十五日、現愛媛県。松山藩令（『松山政要記』武「三津町奉行より相窺」）→天和二年（一六八二）か

一、松山町中座頭・こせ出船之儀ハ、座頭組頭重都手形ニ而出船仕候事、
是ハ勾当之証文を以可為出船候

（『松山市史料集』第三巻、一二七頁）

元禄五年（一六九二）八月六日。幕府、法事の際に座頭・瞽女へ配当支給

又御法事によて。瞽者に青蚨百貫文。盲女に二十貫文施行せらる。

（『徳川実紀』第六篇、一四九頁）

元禄六年（一六九三）二月十九日、現神奈川県南足柄市矢倉沢。矢倉沢関所の瞽女通行に関する書上

乍恐書付を以申上候御事

一、矢倉沢御関所御領分之ごぜ又他領之こせ迄、通路之義、先御代ハ□御厨并郡内へ罷通り候ごぜ、国所其身之様子段々御吟味被遊、相違無之者ハ御通シ被成候、当御代ニも二三年程ハ毎々之通御改御通被成候由、四年以前午年より御通不被成候、為甚《（マヽ）》如斯ニ御座候、以上、

元禄六年酉ノ二月十九日

矢倉沢村 名主　五郎左衛門　㊞
組頭　喜兵衛　㊞
〃　才兵衛　㊞
〃　権七　㊞
〃　権太郎　㊞

早川甚助様
中村源内様

（『神奈川県史』資料編九、三六九頁）

元禄六年（一六九三）三月十五日、現愛媛県。松山藩令（『松山政要記』武、座頭・瞽女の衣類）

覚

［略］

一、座頭・こせ絹袴絹之衣服於着用仕者、相改之可申事、
右ハ元禄六癸酉年三月十五日御年寄中江相窺相極ル

衣類背過料銭差上候時、差出候証文案文
一、私娘御法度之絹帯相背結帯仕候ニ付、御定之通為過料銭鳥
目三百文差上申候、以上、
年号　月　日　　　　名　印判
（『松山市史料集』第三巻、一〇二二頁）

元禄六年（一六九三）四月十二日。江戸、瞽女「てる」暴行事件

元禄六年酉四月十二日
壱人長兵衛　是ハ常盤町六兵衛店之者、此者ごせてると申者を、南伝馬町壱丁目六兵衛店玄益え客有之由ニて、為馳走呼申度由申ニ付、先月廿八日差遣候処、無作法成義仕候由ニて、此者訴訟申ニ付、今日一巻召寄、僉議之上、此者申候ハ、娘てる儀二階え上ケ、はしこを引、無作法成義仕候由申之、玄益申候ハ、曽て左様成義無之候、南鍋町次左衛門店六太夫娘たつ琴を引申候故、是をも呼申候、客ハ板倉周防守家来神谷與惣右衛門と申、則玄益伯父之由申之、段々穿鑿之上、此者申候ハ、右たつ壱所ニ二階ニ罷在、如此之体ニてハ二階より落死可申由、てる申候へ共、てる義目見え不申候故、左様罷成不申候由申之、たつニ相尋候へハ、左様ニハ不申候由申之、其上十一歳ニて、中々果可申と申程之体ニてハ無之候、玄益方より礼銀去ル朔日もたせ遣候へハ、様子在之由ニて、此者礼銀請取不申候、然ハ此者ねたりニ相聞候、町内之者共証拠も無之由ニて差留候へ共、承引不致候由申之、然ハ偽を申懸、不届ニ付、牢舎、
右之者、双方家主并此者之女房度々訴訟申出候、此者も誤り候之由申ニ付、酉四月晦日赦免、
（『御仕置裁許帳』［十、ねたり者之類］、三四五～三四六頁［八〇七号］）

元禄六年（一六九三）五月、現石川県。加賀藩、捨て子を防ぐための取締帳の形式（『加藤氏日記』）

捨子之義に付縮り帳　元禄六年　何郡何村
一、御触之分不残前に書。
一、百姓・頭振・医師・浪人・座頭・ごせ・舞々・藤内・かわた、不残縮可仕事。
（『加賀藩史料』第五編、二二七頁）

元禄七年（一六九四）六月、現新潟県長岡市。長岡町の座頭・瞽女人口（『長岡藩史料』）

元禄七戌年六月、長岡町中家数・人数・諸職人・御役銀・船数
［略］
一、町中人数　五千七百七十壱人
内　三千六十三人男　座頭九人
　　二千七百八人女　ごぜ壱人

（今泉省三『長岡の歴史』第二巻、四五二頁）

元禄七年（一六九四）十一月二十五日、現長野県大町市美麻（旧美麻村千見）。松本領、「生類憐み法度安曇郡千見村請書」

差上申一札之事、

［略］

一、瞽女・出家・山伏・祈念者等、他所より参、住所然と知さる仁、一円頼申間鋪候、一夜ノ宿成共仕間敷候、

（『長野県史』近世史料編、第五巻の一、六六頁。『大町市史』第三巻、六九頁も参照）

元禄八年（一六九五）三月、現栃木県宇都宮市。宇都宮藩の座頭・「盲女」人口（『宇都宮志料』）

元禄八年乙亥三月宗旨改

人高九千七百四十四人　当町分

内

男五千二百五十四人

内

九人　座頭

［略］

女四千四百九十人

内

［略］

七人　盲女

（『栃木県史』史料編、近世一、五八五頁。『宇都宮市史』第四巻、二五七頁も参照）

元禄八年（一六九五）十一月七日、現広島県竹原市。広島藩の座頭への施物に関する規定　↓元禄十二年（一六九九）閏九月

覚

一、座頭施物只今迄ハ祝儀ニハ双方より弐度、不祝儀ニハ百ヶ日迄ニ三度ツヽ取来候、以来ハ祝儀不祝儀共一度宛可遣候、銀高身上相応之者者唯今迄之通過分ニ出し候者ハ、右度々之銀高一所ニして三分一程茂減シ相応ニ可遣事

一、郡中之者共銘々施物之員数身上相応ニ村々、庄屋共頭座頭与出合申談、兼而極置至其時ニ申分無之様可仕候、只今迄茂施物遣し不申程之貪銭者ハ各別之事

一、祝儀者御領分当月より五月迄之内参候者ニ極之通施物遣し可申候、但他国座頭当月ニ参候外ハ遣間敷事

一、不祝儀者七日四十九日両日之内ニ一度可遣候、他国座頭ハ七日迄之内ニ参候者ニ可遣候、七日之斎過候ハヽ、遣間敷候、年忌ハ当日迄ニ可遣事

一、郡中ニ而富貴成者方へ祝儀不祝儀ニ参候刻、往還之道ニ小身成者之祝儀不祝儀有之決而立寄候分ハ施物遣間敷事

一、施物銀高今度度数ともにおとり候ヘハ渡世仕兼可致迷惑

候、初心并こせ共ハ衆々へ施物三分一四分一取申事ニ御座候、常々いたわり斎非時をも給させ候様ニ可仕事
一、往来之座頭・こせ前々より之通一宿仕候由あわれミ可申候
一、他国之座頭・こせ御領分ハ《（ママ）》用事有之参候刻、送り戻し或革田を番ニ附置不入村茂有之由已来左様之儀仕間敷事已上
元禄八年亥ノ十一月七日
（『竹原市史』第四巻、二五〜二六頁）

元禄八年（一六九五）、現新潟県柏崎市。柏崎町の家数、座頭・瞽女人口、職種（『柏崎町鑑』）

一、人数　六千二百四十五人
　浪人二十一人、男三千五十五人、女三千四十二人
　出家九十一人、道心二人、祢宜二人、堂守二人、山伏一人、医者七人、外科三人、馬医一人、針立四人、目医一人、行人三人、沙弥一人、ゴゼ一人、座頭八人、穢多十二人。
（『柏崎市誌年譜』上巻、一三八〜一三九頁）

元禄八年（一六九五）刊。江戸

女の盲もくは、しやミせん琴のげい《〔芸〕》もしらざれは、うへつかたのなぐさミにもならず、るい《〔類〕》をもつてとも《〔友〕》をあつむるものなれば、こゝやかしこにこそりゐて、かなたこなたいろ〳〵のことふき《〔寿〕》を聞つけては、大せい《〔勢〕》ひもよふし《〔催〕》て門外にたちやすらひ、いわひ《〔祝〕》のろくもつ《〔禄持〕》をたへ《〔給〕》とこふ《〔乞〕》、いかなるしはむし《〔吝虫〕》もしうげん《〔祝言〕》又はかミをき《〔髪置〕》帯ときはかまぎ《〔袴着〕》げんぶく《〔元服〕》などのときは、金銀米銭なとをあたゆるなり
（『和国百女』一九頁）

元禄八年（一六九五）、現大阪府堺市。堺の「手鑑」

一、座頭廿二人内壱人ハ四度勾当 廿壱人ハ四分
一、瞽女拾二人
（『堺市史』第五巻、八九頁）

元禄八年（一六九五）、現富山県。越中国砺波郡組別座頭・瞽女などの戸数の書上

内嶋組
[略]
一、千弐百弐拾六軒　百姓家
[略]
一、四軒　座頭家
一、壱軒　こせ家
（『富山県史』史料編、第三巻、九四七頁）

元禄九年（一六九六）五月十二日。幕府、上野の寛永寺、芝の増上寺参詣の際に座頭・瞽女へ配当支給

また瞽者盲女に青蚨六百貫文施行せらる。

（『徳川実紀』第六篇、二六一頁）

元禄九年（一六九六）八月二十三日、現富山県氷見市。射水郡仏生寺村、飢人改めに関する申達

覚

［略］

一、村々ニ罷有こぜ・ざたう・まい〳〵之内、病人・かたわ者・老人・幼少人・勧進も不及仕飢申者共ハ可申聞候、此類ハ寺社付ニ而可有候、窺可申事

［略］

仏生寺村
平四郎

子八月廿三日

村々肝煎衆中

（『氷見市史』第四巻、資料編二、五三八〜五四〇頁）

元禄九年（一六九六）八月二十三日、現富山県氷見市。射水郡、飢人改めに関する郡奉行触

今般飢人御改之義、先頃相触候へ共如何様ニ相心得候哉、高持等ハ指控申体ニも、高持ニ而も其身冬中飯米も難続程之者ハ致余（僉）儀書出可申候、尤見分相談之上を以可申付事

一、非人・乞食・穢多・藤内・山伏・比丘尼、ケ様之者ニ而も何とそ子細候而及飢者、是又肝煎・組合頭方より書出可申候

一、相改候村々之内、若洩申か、其身達而改申度と申者候ハヽ、拙子共昼休か泊り之宿江肝煎・十村手代等召連可参事

一、飢人・非人壱人も無之由申候、村中其通見届候へ共、猶以其通ニ候哉、肝煎・与合頭慥ニ無之段書付を取、才許之十村奥書可指越候事

右之通申渡候趣披見之印シ、判形候而可指越候、以上

子八月廿三日

伊藤権六
富永豊左衛門
古屋六丞

射水郡御扶持人十村中

右之外こせ（瞽女）・座頭ニ而も及飢候者ハ、是又相改書出シ可申候、以上

右、御紙面之趣被仰渡、奉得其意申候、以上

元禄九年八月廿九日

村々
肝煎
与合頭

（『氷見市史』第四巻、資料編二、五三八頁）

元禄九年（一六九六）成立。松江藩士が娘の教訓のために書いた随筆

今時は武士町人百姓に限らず、身だいよき者は我が家業をばそこ〳〵にしなし、琴・三味線をならふ事を専一に心かける者多し、是は座頭・瞽女《ごぜ》のなす業なり、しらぬと云ても、人のあし

くいふにはあらず、

（『七種宝納記』一五頁）

元禄十年（一六九七）閏二月八日。江戸、九歳の「盲女さよ」が割下水に投げ捨てられた事件

元禄十年丑閏二月八日

壱人勘八　此者儀、四谷伊賀町久兵衛店ニ罷在候処、去年十一月十三日其身娘さよと申九歳ニ罷成候妄（盲）女を召連、致欠落、娘ハ本所戸田美濃守殿、松前三郎兵衛殿屋敷境割下水之内に捨置候付、加藤佐渡守殿御指図にて、美濃守家来浅川新五左衛門召連来ルニ付、此者家主久兵衛并店請人川田ケ窪柳町作兵衛店與四兵衛を同十九日召出、僉議之上、さよを與四兵衛并作兵衛に預ケ遣、此者を同極月十二日迄可尋出旨、証文申付候処、日切之通不尋出候故、度々日延申付候へとも、不尋出候、然所ニ、昨七日店請人與四兵衛方え立帰候由にて、今日召連来ル付、遂僉議候処、此者申候は、娘を捨、私儀は川え身を投可申と存候処ニ、左様ニも不罷成、非人ニ罷成候え共、與四兵衛并家主作兵衛致難儀候由及承候付、立帰候由申之、右之仕形不届ニ付、牢舎、

右之者、籠内ニて強相煩候付、養生之内、店請人川田ケ窪柳町作兵衛店與四兵衛并家主五人組之者共ニ、丑八月十九日預ケ遣、

右之勘八、丑九月五日九ツ時病死仕候由申来ル付、検使遣シ、改候処、病死ニ無紛付、死骸ハ塩漬ニいたし、左置候様ニと、牢屋え申付之、

右之者、加藤越中守殿え相窺候処、捨候様ニと被仰渡候間、丑九月十二日捨之、

（『御仕置裁許帳』七五〜七六頁［一八三号］）

元禄十一年（一六九八）三月二十八日、現愛媛県。吉田藩、座頭養米に関する規定

一、瞽者先年ハ吉凶に付隣国互ニ往来して布施を乞ウ、在中抔ハ常ニ米麦之秋ヲ廻リ、殊ニ迷惑の事あり、故ニ隣国申合養ひをいたして、他国へ行事を禁す、是元禄十一年也、左之通引付、

一、米弐百俵　三代官より御蔵方へ納可申事、

内　三拾五俵　尾上民右衛門預分座当（頭）七人分、但壱人ニ付五俵ツヽ、

八拾壱俵　浜（カ）名清右衛門預分座当拾五人・盲女弐人、合拾七人分、但座当壱人ニ付五俵ツヽ、盲女壱人ニ付三俵ツヽ、

四拾弐俵　中井孫四郎預分座当六人・盲女四人、合拾人分、但壱人ニ付右同し、

六俵　是ハ三代官方預置致手廻、重而盲者之便いたし可遣由、但代米御蔵へ堅出不申様可被申付候、

右之通当寅年より毎年御蔵へ為相納、重而座当・盲女達江毎年

可被相渡候、尤御村浦盲人ハ其身手形・所之庄屋加判・御代官奥書判に有之ハ、当町方盲人ハ町年寄奥書判可有之候、是ハ宇和島吉田座当・盲女入参候而送賄致来候得共、此分向後相止、右賄料ニ而養米遣候間、村限被申聞、滞無之様可被申渡候、尤御蔵奉行方ニも可被申合者也、

元禄十一年寅三月廿八日　垣川　儀左衛門

御郡奉行衆

右之通相定也、此時在中へ右賄料費年中何程有之哉書付出候様申付、村々存寄次第書出、依之村方右高多少ニよらす書出し向キヲ以申付有之、盲人も書出候様申付有之処、疑をいたゐて不書出者も有之由、書出候者計被下之、尓今其人数ヲ以増減なし、此余米御郡所ニ有之所、延享三寅年より御臨時へ入其後八年め〳〵御臨時へ納候なり、是ハ先年六俵ツヽ之所、其後座当役人江壱俵ツヽ、合三俵被下、享保十二年より安土浦分弐俵壱斗御免ニ付、残三斗ニ成、八ケ年ニ而六俵ニ相成候間、御臨時へ納候なり、

但、此品御臨時へ可納物にあらす、いかなる子細歟其時之奉行得心床（ママ）敷事、仏神銀茂此時御臨時へ納候、是又可納ものにあらす、仏神銀之発り御郡所大帳ニ有之、

（『愛媛県史』資料編、近世下、七二九～七三〇頁）

元禄十一年（一六九八）三月二十九日、現愛媛県。宇和島藩、座頭・「盲女」への扶持支給（『不鳴条』宇和島藩郡奉行の記録）

→寛文十一年（一六七一）八月九日他、正徳四年（一七一四）

三升米大豆の事

一、庄屋へ被レ下三升米大豆御蔵納ニ相成、座当〔頭〕へ被レ下米ニ相成、其後半分ハ庄屋へ被レ下次第の大意。

一、寛文十一亥八月、御言付の内前後略す。

京升高千石ニ付田地一反充庄屋へ被レ下候也、其意趣ハ今度御浦里地幷諸庄屋出会竿入、村中の田地高下なく平等、庄屋作り目高ニ応じ百姓幾人前と相定り候故、前ニ作り来り候田地の内、或ハ村中へ出し或ハ下人を百姓ニ仕付、役義等相勤候て如レ此の条地幷地下人鬮いたし、作付の年より右田地の年貢米引方、御代官御算用ニ相立候様被二申渡一べし、尤右之通故地下百姓の役義等かろく成申筈也、且又年来庄屋手前へ百姓手前より横成米出し来分、自今以後可レ為二無用一候、依レ之今度百姓共より少々合力米の儀、郡方より定を以可レ被二申付一也、其外庄屋年中地下の男女雇遣申夫数の定、前々より雖レ有レ之弥改可レ被二申付一也。

右ニ付里分ハ本百姓より一人付米三升づゝ、浦分ハ一人ニ付大豆三升づゝ出候様、御郡処より申付也。

一、元禄十一寅年、三輪清介方へ宮田勾当願出候ハ、座当・盲女郷中廻り候得バ、御庄屋所賄等無二思度計一農事ニも相障、且盲目山坂難義仕候間、御慈悲を以御養米被レ下候ハヾ相廻不レ申、勿論御隣国御吉事御法事等の配当銀取ニ不二罷越一、

御隣領よりも不レ参様可レ仕由、尤承及候ニも先年桜田監物殿ニて盲目共不便ニ思召さるニ付、御百姓より三升米大豆出候様御引付も出候由及レ承候段申出、依レ之三升米大豆一宇御蔵納ニして積を以盲目へ相渡、残り代銀ニして郷中へ借付、逐て郷中救候為ニも可二仕成一由也、右の通ニ付御郡所より御郡奉行へ役人中申述候ハ、右御引付の趣全座当・盲女養米と申訳ニ無レ之、庄屋へ合力米大豆と有レ之候へバ、下方如何可レ存哉其程難レ計候、上より屹度被二仰付一候ハヾ違背ニ及申間敷歟、又盲目とも送り夫等相止候へバ、小村の庄屋共冝敷方ニも可レ存、大村の庄屋往来はなれ候庄屋ハ迷惑ニも存ずべく候、右の趣共御家老中へ被二相達一可レ然趣共申述候、然所表立被二仰渡一歟ニて御引付出候。

一、米二百十二石八斗四升二合五勺

一、大豆五十石六斗一升七合五勺

組々員数略す

右ハ応二百姓高一三升米、去丑年迄ハ其所の庄屋方へ取納、座当・盲女参込節賄等いたし来候処、寅年分より御城下御蔵払の筈ニ候条被レ得二其意一、御代官中へ被二申付一、御物成同前差紙を以御城下御蔵へ津出候様可レ被二申渡る一、但此度座当渡世郷中又ハ他所へ出間敷願人数相改、自今以後為二御養一御蔵より被二下置一候、尤相残分ハ其年限相場次第売立代銀元〆衆、差紙を以各へ預け置、月一歩の利足ニて郷中へ借付候時ハ、三輪清介方へ相談可レ有レ之者也。

元禄十一戊寅三月廿九日　　宍戸織部

桜田大炊

岡谷治郎右衛門殿

豊田丈左衛門殿

一、三升米高五百三十二俵四升二合五勺

内

三百七十五俵　但一人五俵づゝ　　座当七十五人

百十一俵　但盲女一人三俵づゝ　　盲女三十七人

右の残分代銀ニして、元禄十一年寅年より宝永三戌年迄、元払御郡所ニ在レ之也。

一、宝永四亥年波微（マヽ）勾当依レ願、小頭四人郷中小頭三人へ為二骨折一御養の外ニ一人ニ俵づゝ十四俵被レ下候段御引付出る、右ニ付座当・盲女へ相渡米高都合五百俵ニ成也、残分亥子の二ケ年代銀ニて御郡所へ受込候也。

一、宝永六丑年被仰出候ハ、来寅年上使御巡見可レ有レ之候、前ニも御巡見前方郷中へ御恵被成候義も有レ之候、不勝手の時節故重き御宥免ハ難レ被レ成候、道理の遠候義ハ被二相改一度間、何等の儀申出候様被二仰聞一、依レ之存慮申上候ケ条の内ニ、右三升米道理の遠候趣申上候処、尤の儀思召候間、如何可レ被二仰付一哉、仕成申出候様被二仰付一候、依て致二判談一候ハ、高の内半分御庄屋へ被レ下、半分ハ座当・盲女へ可レ被二下置一候、左候時ハ過分の不足ニ有レ之候、此足米ハ御郡所へ受込候銀子借付の利銀ニて相調候様可㆓相成㆒、尤一俵ニ付二十七八匁迄ニ候へバ、足米被㆑調候積也、右之趣申上候間存慮の通被㆓仰付㆒御引付出る也、写略す。

一、米二百六十六俵ニ升一合二勺五才

一、大豆六十三俵一斗八合七勺五才

此分宝永六丑年より御蔵納ニ成る

一、米大豆同数

此分庄屋中へ被下。

一、米五百俵

内

二百六十六俵二升一合二勺五才

右御蔵納ニ成る米ニて渡

残て

二百三十二俵三斗七升八合七勺五才不足

此分買入代銀ニて、六貫三百十六匁五歩六厘五毛、俵ニ付廿六匁積、右の内壱貫二百六十五匁四分四厘ハ右御蔵納ニ成候、大豆六十三俵一斗八合七勺五才売払代を以買米致す筈、一俵二十目づゝ積。

残

五貫五十一匁一分二厘五毛

此分前ニ座当渡世へ被㆑下候三升米大豆の残候、年々御郡処へ受込来候銀子利銀ニて出る筈也。

年々如㆑此宝永六丑年より致来候処、正徳三巳年ハ一俵六十目及候故、不足米代銀の内を取欠不申候てハ相調不㆑申、左候時ハ近年の内元銀不㆑残払仕舞、何の道買入出所無㆑之段御家老衆へ申出候処、三升米大豆一宇庄屋へ被㆑下、先年の通可㆑致段被㆓仰聞㆒候得共、最初村方へ被㆓仰渡㆒候趣も候得バ相違ニ相成、其上御隣国座当渡世入相等の儀、前体難㆑被㆑成訳有之ニ付、只今迄御蔵納半分の三升米大豆有切被㆑下度旨被㆓仰聞㆒、永田鈴木両検校へ松江嘉兵衛より色々申聞候処、道理ハ相弁候得共難義の処御了簡被㆓成下㆒度段相歎ニ付、御目付大内六左衛門より座当渡世へ被㆑下米の儀ハ、右半分の三升米大豆ニ銀四貫目添被㆑下候段可㆓申渡㆒由被㆓申聞㆒、両検校より坐（座）当中へ申渡候、尚又相歎候へ共、取上不㆑申候処、仲平勾当の了簡の儀相願、勾当より御郡所へ歎出候所、御家老中衆より表立御聞届被㆑成候へ共、御郡奉行了簡候ハヾ銀五貫目可㆓相渡㆒よし被㆓仰聞㆒、御引付出候て銀五貫目づゝ御郡所支配利銀を以相渡候様、正徳四年午二月相極候也。

一、右正徳四午年より享保十七年迄相渡候所、又々歎申出米三十俵づゝ毎年可㆑被㆑下由、御目付衆より座頭共へ被㆓仰渡㆒、此三十俵ハ渡邊市左衛門引受候御内所物米百俵御郡所へ御渡、十組へ二割ニ借付利米を以て二十俵出る、十俵ハ御郡所了簡を以郷中より足し遣し候様被仰付、其通相究候也。

右ニ付米拾俵づゝ一組へ預候間、利米二俵外ニ一俵宛差出候様申付、尤右一俵ハ少々の儀畢竟盲目共郷中へ不二相廻一村方世話も無レ之所を相弁可二差出一段申付也、御受証文十組御代官連判ニて差出候事。

一、享保十八丑年、桜田又兵衛殿望月助兵衛へ被二仰聞一候ハ、座当渡世へ被レ下米当年分より前体ニ可レ被二下置一候、乍レ然添銀の義ハ各申出候趣ニ候へバ向後被二相止一の段被二仰聞一、稲井甚左衛門殿よりも被二仰聞一候ハ、去秋大変ニ付御家中末々まで掛米被二仰付一候へバ、此度御用捨被レ成米大豆前体ニ被レ下候段被二仰聞一、右之通掛米等不レ被二仰付一候へバ、向後銀子被二相止一候趣再応勾当、定都へ申聞候へバ、先御受申上候、此後取続成兼候ハヾ其節御歎も可二申上一哉、先ハ被二仰付一趣奉レ畏候段申出候也。

（朱書、右の趣早く為二見分一左ニ頭を記す）

里分本百姓一人より三升づゝ
一、米二百十二石八斗四升二合五勺
浦分本百姓一人より三升づゝ
一、大豆五十石六斗一升七合五勺
右寛文十一地ならしの節より、横成米相止め候様被二仰聞一、三升米大豆如レ此相極、庄屋へ被レ下也。
一、米三百七十五俵　座当七十五人、一人五俵づゝ
一、米百十一俵　盲女三十七人、一人三俵づゝ
右元禄十一寅年座当共依願、御隣国入相止み廻在相止め候ニ付被レ下。
残て四十六俵四升二合五勺
　大豆百二十六俵二升七合五勺
一、米五百俵
但米十四俵、坐頭小頭四人郷中小頭三人都合七人へ弐俵づゝ為二骨折一増被レ下故如レ此ニ成る、御郡処受取米の内より出る。
右宝永四亥年より被レ下。
米三十二俵四升二合五勺
大豆百二十六俵二斗一升七合五勺
亥子二ケ年御郡所受込
一、米二百六十六俵二升一合二勺五才
一、大豆六十三俵一斗八合七勺五才
　三升米半分如此庄屋へ被下。
一、米右同断
一、大豆右同断
　右同断御蔵納と成
　内
一、米五百俵
二百六十六俵二升一合二勺五才ハ、右御蔵納の三升米、
二百三十三俵三斗七升八合七勺五才ハ、右御蔵納の大豆
御郡所支配銀利足ニて出る。

右宝永六丑来寅年御巡見使ニ付、郷中道理の違候義等申出候様御内ニ被二仰聞一、御郡処より存寄申上、半分庄屋へ被レ下候様相成候ニ付如レ此。

一、米二百六十六俵二升一合二勺五才
一、大豆六十三俵一斗八合七勺五才
一、銀五貫目

右正徳四午より享保十七子迄如レ此、但正徳二辰より米高直と成、御郡所足米代銀不足ニ付、存寄とも有レ之如レ此。

一、米二百六十六俵二升一合二勺五才
一、大豆六十三俵一斗八合七勺五才
一、銀五貫目
一、米三拾俵

右依願享保六丑より三十俵増被レ下、右出所ハ元米百俵御内所物ニて渡邊市左衛門より御渡被レ成、二割ニして十組へ借付候様被二仰付一候様被(衍カ)二仰付一候、尤右二割ニて十俵不足故、此分ハ一組より一俵づゝ差出候様可レ被二申付一旨被二仰聞一、畢竟盲目共廻在不レ致義殊少の事ニ候間、其旨申渡すべき由ニ候ニ付、右の通相極る、年々無二相違一可二差出一由、御代官証文有レ之。

一、享保十七子年大変ニ付、翌丑年米大豆計被下候段被仰付、尤御家中末々まで掛り米等被二仰付一候へバ、右被レ下米の内をも御用立可レ被二仰付一候へ共、其段ハ御用捨被二成下一候、右ニ付銀五貫目ハ向後被レ下間敷段被二仰聞一、其段申聞候処、先御受申上候、追て取続も難二相成一節ハ御歎可二申上一由申述候也。

（『不鳴条』三二五～三三〇頁）

元禄十一年三月二十九日～正徳四年二月七日（一六九八～一七一四）、現愛媛県。宇和島藩、座頭・瞽女へ「三升米大豆」支給と扶持制度の成立（〈1〉～〈8〉は寛文十一年［一六七一］との重複部分）→次項

（表紙）「座当盲女江下米覚
抜立見御仕法帳
杉山年貢定引付
支配地並現米惣高
雑集　宇和島
自正徳四年
至明治四年
特別保存
租税書類　第四百四十一冊」

（内表紙）「正徳四午二月
浦里百姓共より出候三升米大豆之内

座頭・盲女江相渡候始終之覚書」

寛文十一亥八月九日、御郡奉行高間八太夫・大内源左衛門・上野弥次右衛門江、桜田監物殿御引付御文言之内、年来庄屋手前江百姓手前より横成米出来分、自今以後可為無用候、依之今度百姓共より庄屋江少々合力米之儀、郡方より定ヲ以可被申付也、其外庄屋年中地下之男女雇遣申夫数之定、前々より雖可有之、弥改可被申付事、且又村中より出合ニ而相勤横成之役儀等有之は其品書立、組頭横目之者共各江差上、割付ヲ以百姓共より即与頭横目之者共取集候様可被申付候、右之御引付出候故、御郡奉行衆了簡之上、里分ハ本百姓壱人前より米三升、浦分ハ本百姓壱人前より大豆三升つゝ庄屋江合力被申付候、尤夫遣之儀本百姓壱人前より男女三人役合力被申付候、右之通之訳ヲ以三升米大豆、年々庄屋手前江納来候、然処〈1〉元禄十一寅年、三輪清介方江宮田勾当願出候は、御領中座頭・盲女郷中江廻り候得は、御庄屋所賄等無思取計、第一送り夫出候儀、御百姓中農業事多節、別而難儀之趣及承申候、座頭・盲女も山坂芳々[方々]廻り候儀、老人若輩者病身者共難儀仕儀ニ御座候へは、何とそ御慈悲ヲ以少々之御養米被下候ハヽ、自今以後郷中江廻シ不申、勿論御隣国御吉事・御法事之節配当銀取ニ不参候様可仕候、然時は此方様御吉事・御法事之節も他所より座頭・盲女不参候様ニ罷成事ニ御座候間、彼是御了簡之上御養米被下置候様御取持可被下候、私共伝承候ハ、先年桜田監物様ニて盲目共不便ニ思召、御百姓より三升米大豆出候様ニ被仰付、其節之御引付も御座候趣承候、ヶ様之儀共御判談被遊、何分ニも願之通被成下候様ニと申出候由、依之三輪清助取持候付、其節御郡所ニ而も噂被致候は、養米之心持ニ而、前々より致合力候と相聞候、今度勾当願之趣も候得は、郷中三升米大豆一宇御蔵納ニ申付、高之内積りヲ以座頭・盲女江相渡、残ル分売払代銀御郡所江被請込、郷中より拝借願之節被致借付ニ、利銀等年々被取集候ハヽ、至後年ニ自然在中及難儀候節は扴抱にも可罷成候故、右之通被相極筈之由ニ御座候、就夫御郡奉行衆并下役之内古キ者共申候ハ、思召御尤ニハ候得共、三升米大豆始り候節之御引付ニ座頭・盲女養米と申訳無之、庄屋江合力米大豆出候様ニとの儀ニ候得は、下方如何可存哉、其程難計儀御座候、乍去上より急度被仰付候ハヽ、違背ニハ及間敷歟、其上座頭・盲女賄送夫相止申儀ニ候間、小村之庄屋ハ能方ニ存者も可有之哉、大村之庄屋、往還離候庄屋は迷惑ニ存候も有之、右之趣共御家老中江被相達、何分ニも御判談可然由及挨拶候、然処上体御判談相済候由ニ而、御郡方江は御内談無之、表立被仰渡迄ニ而御引付被差出候

御引付写　　　御庄屋與里

［　　］[百姓]役高六百五人弐歩五厘
一、米拾八石壱斗五升七合五勺

同九拾弐人五分
一、大豆五石七斗七升五合　　同　浦　分

［同五百六拾六人七歩五厘］
「一、米拾七石弐合五勺」　津嶋組里

［同］□百弐拾九人
一、大豆三石八斗七升　同浦分

［同］□六百八人
一、米拾八石弐斗四升　御城下組里

同四百七拾壱人弐歩五厘
一、大豆拾四石壱斗三升七合五勺　同浦分

［同七百］
「一、」九拾弐人七歩五厘
米弐拾三石七斗八升弐合五勺　河原渕組里

同八百六拾八人七歩五厘
一、米弐拾六石六升弐合五勺　山奥組里

同七百弐拾人
一、米弐拾壱石六斗　野村組里

同八百六拾五人七歩五厘
一、米弐拾五石九斗七升弐合五勺　岩木組里

百姓役高六百九拾七人
一、米弐拾石九斗壱升　多田組里

同八百五拾人七歩五厘
一、米弐拾五石五斗弐升弐合五勺　矢野組里

同三百三拾弐人弐歩五厘
一、大豆九石九斗六升七合五勺　同浦分

同五百拾九人七歩五厘
一、米拾五石五斗九升弐合五勺　保内組里

同五百六拾弐人弐歩五厘
一、大豆拾六石八斗六升七合五勺　同浦分

合　米弐百拾弐石八斗四升弐合五勺
　　大豆五拾石六斗壱升七合五勺

右は応百姓高、三升米去丑年分迄ハ其所庄屋方江取納、座頭・盲女参込節賄等致来候処、当寅年分より御城下御蔵払之筈候条被得其意、御代官中江被申付、御物成同前指紙ヲ以御城下御蔵江津出候様可被申渡之、但今度座頭・後世［瞽女］郷中又は他所江出間敷、依願人数相改、自今以後為御養御蔵より被下置候、尤相残分ハ其年限相場次第売立、代銀元〆衆差紙を以各江預ヶ置、月壱歩之利足ニ而郷中江借付、壱ヶ年限取立可被申候、借付之儀ハ時々三輪清介方江相談可有之者也

元禄十一戊寅三月廿九日　宍戸織部
　　　　　　　　　　　　桜田大炊

岡谷治部右衛門殿
豊田丈左衛門殿

一、三升米高五百三拾弐俵四升弐合五勺
　内
三百七拾五俵　但、壱人ニ付五俵つゝ　座頭七拾五人
百拾壱俵　但、壱人ニ付三俵つゝ　盲女三拾七人
残テ　米四拾六俵四升弐合五勺
　此分売払代銀御郡所江請込
一、三升大豆高百弐拾六俵弐斗壱升七合五勺〔2〕
　此分売払代銀御郡所江請込

右之通寅年分三升米大豆売払候分御郡所江請込候節、
引付写
一、寅十二月廿一日
銀弐貫五百三拾目八分七厘五毛　藤井六右衛門より相渡ス
右は浦方百姓中より出三升大豆高百弐拾六俵弐斗壱升七合
五勺代銀也、但壱俵ニ付弐拾目つゝ
一、卯五月十九日
銀壱貫百九拾四匁壱分五厘　藤井六右衛門より相渡ス
右は里方百姓中より出ル三升米残高四拾六俵四升弐合五勺
代銀也、但壱俵ニ付弐拾五匁九分つゝ
弐稜合銀三貫七百弐拾五匁弐厘五毛
右は元禄十一寅年分、浦里三升米大豆六百五拾八俵弐斗六升之
内、米四百八拾六俵座頭・盲女江相渡、残而百七拾弐俵弐斗六
升代銀御郡所江差置候条、向後在浦方江借付被申節は、利足月
壱歩壱厘ツ、相定控帳各見届判可被致置者也
元禄十二己卯霜月七日　神尾帯刀
岡谷治部右衛門殿
豊田丈左衛門殿
山田岡之允殿
右之通相定、年々時々相場ニ売払、代銀御郡所江請込来候、尤
借付候利銀月壱歩壱厘ニ候得共、元禄十五午年より御了簡之
上、月壱歩ニ相定

〈3〉宝永四亥年より座頭小頭七人江骨折給被下御引付写
一、郷中応百姓高、三升米座頭・盲女御養扶持ニ被下置、残分
壱ヶ年限売立代銀其方江預置候、然処此度波微〔カ〕勾当依願御城
下座頭小頭四人郷中小頭三人平生骨折候段、聞届相定御養扶
持之外壱人ニ付米弐俵つゝ御蔵より被相渡候様申渡候間、当
亥年分より米拾四俵つゝ毎年引除、残所売立代銀其方江可相
渡候条、可被得其意者也
宝永四亥八月十八日　神尾帯刀
桜田監物
山田七右衛門殿
豊田丈左衛門殿
右之通小頭七人江米拾四俵増被下ニ付、座頭・盲女江相渡米
高都合五百俵ニ成り、残米三拾弐俵四升弐合五勺亥年より
年々売払、代銀御郡所江請込、大豆ハ如前体之一宇売払、代
銀御郡所江請込
一、宝永六丑春、御家老中より、七右衛門・丈左衛門江被仰聞
候ハ、来寅年上使御巡見ニ而可有之候、前々も御巡見之前方
郷中江御恵被成候儀も有之候、此度も下方江御宥免被成可然
品も有之候哉、御不勝手之御時節ニ候得は、重キ御宥免ハ難
被成候得共、道理之紛敷品は被相改度候間、各考之上可申出
由被仰聞、依之判談致候処、三升米大豆之儀、去ル寅年より
座頭・盲女賄米之様ニ被名付御蔵納ニ成来候、先年桜田監物

殿御引付ニも庄屋江之合力米大豆之思召相見候、夫故其節より横成も相止候得は、庄屋役儀勤ニ付入用之品有之故、横成之道理ヲ以合力致来候、古キ庄屋共之内先年之訳相弁居申者、又は年若之庄屋共も其心得ニ罷在趣ニ候得共、上より急度被仰付儀、其上郷中江座頭・盲女廻申儀相止候得は、此所をも存、押立懃は不申出候得共、是等之儀道理之違申儀と存候、其外弐三色道理之違候趣共申上候得は、皆々尤之儀ニ思召候、依之三升米大豆之儀ハいかゝ御宥免可被成哉、存寄申上候様ニとの儀ニ付、御郡所ニ而致判談候は、高之内半分ハ庄屋江納候様、半分ハ御蔵納可被仰付候、然時は座頭・盲女江渡米過分之不足ニ候、此足米年々御郡所江請込候銀子借付之利銀ニ而致買米調候様ニ可罷成候積り致見候得は、米相場壱俵ニ付弐拾七八匁三拾目迄之直段ニ候得ハ壱ヶ年之利銀ニ而足米買申儀相調申候事御座候、則積書付掛御目ニ候処、左候ハヽ、弥半分御用捨可被成由、尤右御宥免為御意半分庄屋納ニ成候間、難有可奉存由、郷中江も申渡候、依之御引付写

一、郷中百姓共より出申三升米大豆之儀、元禄十一寅年より一宇御蔵納致、右之内ヲ以座頭・盲女御養扶持被下置、相残分御郡所江相渡り、郷中借付支配被致来候処、当丑年より改、右三升米大豆高之内半分は庄屋納、半分ハ御蔵納申付候、依之座頭・盲女相渡御養扶持致不足候ニ付、前々請込被致支配候三升米大豆代銀并当丑年より納大豆半分六拾三俵壱斗八合七勺五才売払、其代銀御蔵より相渡候、両用ヲ以不足米相調、御蔵方江可被相渡候、此旨御蔵奉行江も申渡候間、可被得其意候、已上

宝永六丑二月廿七日　神尾内蔵

桜田監物

山田七右衛門殿

豊田丈左衛門殿

三升米大豆高之内半分御蔵納ニ成候覚

一、米弐百六拾六俵弐升壱合弐勺五才

一、大豆六拾三俵壱斗八合七勺五才

弐廉合三百弐拾九俵壱斗三升、丑年より御蔵納ニ成ル

一、米五百俵　座頭・後世〔瞽女〕江被下

内

弐百六拾六俵弐升壱合弐勺五才　三升米半分御蔵納ニ成り候分相渡ス

残而

弐百三拾三俵三斗七升八合七勺五才　不足

此分買入代銀凡六貫三百拾六匁五分六厘五毛

但壱俵ニ付弐拾七匁積りニ〆

右之内壱貫弐百六拾五匁四分四厘ハ三升大豆半分御蔵納ニ成候分、六拾三俵壱斗八合七勺五才売払代銀ヲ以買米致筈、尤壱俵ニ付弐拾目つゝニ売払申積也

残テ　五貫五拾壱匁壱分弐厘五毛[4]

〈5〉此分ハ、年々御郡所江請込候銀子借付候利銀壱ヶ年分
取集、買米可致積り也
右之通相極置候得は少々米直段違有之候とても三拾目ニ越
申儀ハ有之間敷候得は、座頭・盲女江渡方も無相違、庄屋
江も半分相納候得ハ道理之違も無之様ニ罷成候との御判談
ニ而、丑年より以来年々御積り之通調来候
一、右積り之通相調来候処、去ル辰年〔正徳弐〕より米高直ニ成、去年〔正徳三〕
ハ壱俵ニ付六拾目ニ及候故、不足米買入、銀前廉之積とは大
分之違有之、支配銀借付候利銀之外ニ元銀之内七貫目及も取
欠可申より外無之、然時は支配銀も近年之内不残払仕廻ニ罷
成候、何之道末々買入銀出所無御座候而ハ不相済儀ニ御座候
間、御了簡被成候様御家老中江申出候付、御判談被成候〔処カ〕□、
先年之通三升米大豆一宇庄屋納ニ致、座頭・盲女村廻り被仰
付候ハヽ、前体と申物ニ候得共、最初村方江被仰渡候趣も候
へハ、是又違変に成候儀如何、其上御隣国座頭・盲女双方入
合ニ成候儀、被対他領難被成訳共有之候、一向只今迄御蔵江
納候三升米大豆有切を被下候而事済候様ニ被成度思召候得
共、座頭共手前如何可有之哉、此時節柄故、多人数集さわか
しくとやかく申儀無之様ニ被成度候間、座頭手前少々様子聞
合見申様ニとの思召ニ付、〈6〉永田検校・鈴木検校両人江逢申度
と松江嘉兵衛より文通為致候ニ付、正月十四日、爰許江罷出
候、依之両人江嘉兵衛申談候ハ、各江面談申度と申達候儀
ハ、座頭・後世〔瞽女〕江被下米之儀、去々年より米相場高直ニ成候
ニ付、前々之御積と違、買入米之代銀過分之不足ニ而此分出
所無之ニ付、様々御判談有之候得共、被成方無之候、就夫郷
中より御蔵納致候三升米大豆有切ヲ可被下より外無之との御
沙汰ニ候、其上なけきかましき儀□被申出候ハヽ、前々之通
御養不被下、郷中廻り申候様被仰付ニ而可有御座哉、何之道
表立被仰渡可有御座候、其節各自然御考違候ハヽ、御勘略之
中故、御家中一統御借り米有之ニ付、座頭江被下米も被減候
かと、御疑候へハ道理の違申儀ニ候、拙者儀ハ役柄故、不足
米買入銀出所無之訳ヲ存候故、此段とくと可申談と内分ニ而
得御意申事候、此度ハ全上ノ御勘略ニ付被減訳ニ而無御座
候、不足米買入難成訳ハヶ様〱と委細申談候得ハ、永田挨
拶ニハ是ハ驚入たる儀被仰聞候、御当地座頭江被下米之儀
ハ、京都学問所何も被存候ゆへ、座頭之官も程取、拙者抔の
検校ニ成候も座頭共江御養米有之訳ヲ以京都ニ而借銀等致、
諸事都合能御座候処、左様ニ被減趣ニ御座候而ハ必至と及迷
惑申候、其上御当地座頭も私共之手筋計ニ而無御座、数多之
学問所ニ而御座候へハ、私共存寄有之とても座頭之仕置ニ御
座候得ハ、いか様共申付候得共、此儀ハ御国法、殊座頭之不
勝手ニ成申事故、他之学問所より私共江如何程とかめ可有御
座哉、何分ニも鈴木・拙者両人之思案ニ而御返答難申御座
候、差当拙者存候ハ、一向被下物御止被成、先年之ことく御
領中村廻り可致より外無御座候、然時は他所も入合ニ仕候、
村廻り之儀は何も様ニ而ハ賄抔之儀計御考可被成候、村方之

迷惑致候ハ、農業事多時節にも座頭・盲女入込候而ハ送り夫ニ出候御百姓之難儀中々何も様思召之外、村方ハ迷惑之儀私共ハ郷中住居故委細を存居申候、第一他所入合ニ仕候得ハ、他領より入込候座頭・盲女夥敷人数悉クさハかしき儀共御座候、其上被下銀等大分之御物入、彼是以上ノ御気之毒不過之事と存候由申候ニ付、嘉兵衛致挨拶候ハ、拙者儀ハ内分訳ヲ申談迄ニ候へハ、各之おもわく承候ニも不及事ニ御座候、乍去只今被仰聞候他ノ学問所より各江とかめ有之時之御難儀故、とかく之御返答難成由、此段難心得存候、先年は御養と申儀も無之、元禄十一寅年より御扴抱を以被下米ニ候へ共、今又米高直ニ付、兼々之御積り御心当之銀ニ而致不足候得は、可被成様無之候、全上之御徳用可被成とて被減儀ニ無御座候、出所無之訳至極致たる儀ニ候、先年ハ一粒不被下とても相済候へハ、何之学問所不審被致候共、各御申披ハ可有御座候、其上御国法ヲ以被仰付と有之儀は、各如何程御なけき候とても、上体御聞届不被成儀ハ不及御了簡候、其儀ニ付何之学問所如何可被申哉、各之返答ハ御気遣候事之様ニハ不存候、扨又村方廻り候時百姓送りニ出候難儀訳、拙者共存候より迷惑之趣ニ候由、其儀は外方江之挨拶ニは如何可有御座候哉、拙者抔ハ其手之役人候へハ、各御咄ニ不承候而も委弁居申候、畢竟送り夫ニ出候費有之候得はこそ、三升米大豆半分をも御蔵納ニいたし候、元来三升米大豆と申は、庄屋江百姓之合力米ニて候得は、座頭・盲女養米ニ出申物ニハ無之候得共、村方廻り候へハ費も有之故、道理之違候事なから盲目共山坂往来ヲ致候儀不便ニ思召、上より御扴抱を以被仰付儀故、村方も致御請候、座頭村廻りニ致迷惑候も、往還筋之村々或小村之分、其外往還を離候所々、又は大郷之庄屋は三升米御蔵納致候は迷惑之訳共ニ候、上ニも右之訳思召候而、去ル丑年より御意を以高之内半分は庄屋納ニ被仰付候、内分委儀は各御存知無之事ニ候、且又先年之ことく、他所入合ニ成候へハさハかしく候由、此儀も難心得存候、他所より入来候も配当銀さへ被下候得は相済可申候、既先年入合之節、参込候とて何事歟さわかしく御気之毒之出来候儀も不及承候、被下銀も只今御蔵江相納候米大豆を座頭・盲女江不相渡、年々売払支配致候ハヽ、たとひ御隣領より参候とも五六貫目之儀ニも可有之哉、只今御蔵江納候一ヶ年之米大豆売候共、弐拾貫目及は可有之候、左候得は是以支申儀は無之候付、上体ニ御こまり被成儀ハ無之候、然共拙者之達而とやかく申儀ニ無之候間、各御了簡次第表立被仰渡候節、御返答被致候様ニと申候、然処鈴木挨拶ニは、永田只今被仰聞候趣とくと御得心候哉、道理を能々御聞込御戻可有之候、此御時節柄故被減候と申訳ニ而無御座候、米高直ニ成候故、御積違不足銀出所無之訳委被仰聞致至極候、此所とくと御聞込可然候、扨又先年之ことく村廻りニ願申より外無之との儀、是も一統ニハ有之間敷候、此段も御了簡可有之候、何分ニも座頭共寄合候御咄之趣申聞、彼是得御意申ニ而可有御座とて、両人共町宿

迄戻申候

一、翌十五日之朝、両検校嘉兵衛方江参、鈴木申候は、夜前御咄之儀罷帰候と其侭御城下ニ居申座頭不残寄候而今朝迄様々申聞候、先御咄之趣座頭共承驚入申候、銘々口々ニ申候ハ、扨々不存寄儀承、行当迷惑奉存候、私共儀御養米被下候得共、独身ニ而は家之借手無御座、心外ニ役介も御座候得共、只今より内は御家中様御町方共御心安被成被下候方江は度々参候而、心能御茶抔も被下三味線を弾候へハ、御心入之儀共も御座候故、左様之儀共ニ而漸々渡世仕候処、御勘略被仰出候以来、何方江参候而も湯茶も心能不被下、勿論三味線弾不申候故、御心入之儀も無御座候、依之御養米計ニ而ハ必至と及餲命申候間、此上ニも御拝借成共被仰付被下候様ニ御願申上度、此間ハ御両所をも呼ニ遣申覚悟ニ御座候処、其儀ハ沙汰ニも不及被申来候内、被減候との儀、扨々難儀千万及飢可申より外無御座候得は、道理ハ如何様ニ御座候共、とかく只今迄被下来候通ニ御了簡被遊被下候様ニと願申候故、左様ニ無聞訳儀ハ上体江不被申上候、不足銀出所無之儀至極之道理ヲ承候上は何成共品々替りたる願ハ格別、前体之ことくニ被成被下候様ニとハ不被申上候間、能々致了簡候様くりかへし申聞候得共、何分ニも及飢申仕合ニ候得は、出所之無之所ヲ御拚抱ニ御出シ被下候様、達而御願可被下候外ニ了簡無御座候由申ニ付、致方無御座候間、乍御内分表立被仰渡無之内、右之願御奉行様江宜被仰達被下候へとの事ニ御座候、嘉兵衛挨拶致候は、各御願ニ出所無之訳は至極ニ候へ共、出所無之所を御出シ被下候へとの儀は、いかに座頭中左様申候とても御両所之御願ニは御弁も無之儀ニ存候、検校にも御成候へハ座頭中如何程申候共、各方より急度御申付候ハヽ、違背ニ及不申儀ニ而可有御座と存候、第一出所無之所ヲ御出シ被下候へとハ、上より御足米被成被下候様ニとの儀ニ而可有御座候、此段ハ能々御考可被成候、御聞及のこ［ママ］とく御勝手向公義江御願被仰上御勘略被遊ニ付、御家中御暦々様を初半知御借上并面々ことき迄夫々ニ応御借米、其上新組抔は御暇被下、ヶ様之儀共御上体ニも御心外之儀ニ可［　　］得共、御［　　］儀候得は可被成様無之□、然所座頭・盲女江只［　　］より御物入を以御養米被下候儀ニ無之、剰御用ニも無之もの江此時節新規ニ御米被下候様ニとの儀は上体江被対各弁なき御願上之御判談如何可有御座候哉、能々御思案有之候得かしと存候由申候得は、永田申候は思召之趣御尤存候、其段ハ拙者共も相弁候得共、座頭共達而なけき申儀ニ御座候得は、私共願不相叶候而も他之学問所江申披之為、座頭之難儀彼是以幾重も御願申上覚悟ニ御座候、縦令御しかりを得申候ても依品座頭共不残召連御老中様江も相詰、御訴訟申上所存ニ御座候、其上ニ而も不相叶時は如先年御領中村廻り、尤他所入合ニ仕事ニ御座候、此儀は先年御養米被下候節御隣国江は上体様より御文通ニ而被仰遣候ハ、此方ニハ座頭・盲女江自今以後養米遣候ニ付、他所江出シ不申候間、其御領も当領江□来不申様ニ被仰付被下候へとの事御座候由、其節宮田勾当申聞候、就夫大洲松山共ニ御養被下双方出入不仕候処、只今又如先規入合ニ可被成とは乍憚御隣国江御通達も難被成訳と奉存候間、御こまり被成儀も可有御座候、ヶ様之訳乍存他所江入合と申上儀不本意奉存候得共、御養米被減ニ相極候ハヽ、右之通願申上より外無御座候、且又郷中より被相納候三升米大豆之儀ハ、先年古監物様御了簡ニ、盲目共為養御百姓より出候様被仰付、其節之御引付も御座候由、其後は打絶居申処、鹿野久兵衛殿御郡奉行之節、被思召出右之訳御尋御座候由、三輪清介殿御郡御目付之節、御改被下候由、古キ座頭共覚居申ものも御座候と申候、嘉兵衛致挨拶候は、他所入合之儀、上体御こまり可被成との儀いか様之訳ニ御座候哉、拙者抔之不存事ニ御座候故、とかく難及御挨拶候、三升米大豆ヲ古監物様之御了簡ニ而、座頭・盲女共養之為[　　]候御引付有之と覚候座頭御座候由、其儀は何ものゝ覚居申候哉、古監物様之御引付ニハ、村中江掛候横成を相止、庄屋江之合力米大豆為出候様との御引付に候、夫を座頭・盲女養米ニ被仰付とハ以之外成相違ニ候間、左様ニ覚候座頭親類之内、目明ヲ召連罷出候様ニ被申付可然候、大切之御引付ニ候得共見セ可申候、其上ニ而ハ此方ニも了簡有之候間、古キ事能覚候座頭被差出候へと申候へハ、扨ハ左様ニ御座候哉、何も承伝候ハ誤御座候、何分ニも不被減候様、内分被仰上被下候へとの儀ニ御座候故、其段ハ拙者も御取次得不仕候由申候得は、先町宿ニ控可申由ニ御座候

一、右之趣、修理殿御宅ニ而修理殿、主水殿、九郎兵衛殿、治大夫殿御列座ニ而、嘉兵衛ニ直ニ御聞被成候、其後御判談之上、とかく両検校ももたれたる挨拶ニ候へは、一向嘉兵衛より手切之致挨拶可然との思召ニ付、嘉兵衛方江両検校呼候得而申談候ハ、各内分御なけき之趣御奉行衆江咄候へハ、今日御用場ニ而御噂有之候処、何も様被仰候は訳之相立候儀ヲ聞わけなき申分取上ヶ申事ニ無之候間、三升米大豆有切ヲ遣可申候、若願かましき儀申候ハヽ、如先年之山坂往来為致可申候、別而御苦労ニ被成儀ニ無之候、殊此節御用多候へハ、いつ成共可被仰付との儀ニ而中々御了簡抔被遊趣ニ無御座候間、勝手次第在所江御戻り可然由申候へハ、永田申候は、扨ハ左様御座候哉、然上ハ罷帰可申候、重而表立被仰渡候節、私共所存可申上由ニ而罷立可申様子之処、鈴木申候は、何共気之毒ニ奉存候、此間其元ニ而も御世話被成被下、無其甲斐罷帰候而も末々とても座頭共之難儀、第一上之思召もいかゝニ奉存候、永田殿いかゝ被存候哉、近頃申兼候得共、嘉兵衛殿御了簡ヲかり申度候、いかゝ願上候ハヽ、相済可申哉、思召寄内分ニ而被仰聞被下候へとの儀ニ御座候、永田も[　　]之由ニ申候故、嘉兵衛致挨拶候ハ、拙者手前ニ了簡ハ無御座候得共、内分ニ而御頼と有之儀、一向構不申もいかゝニ御座候、致思案可致挨拶と申、暫ク間ヲ置申談候は、了簡致見申処、三升米大豆有切ヲ被下其上ニ銀弐貫目御添被下候様

御願候而ハいかゝ、此儀必拙者申出し候とは御沙汰御無用ニ存候、上体ニハ曽而御了簡被遊趣ニ無御座候処、拙者之存寄ニ而銀御増被下候様ニとハ上体江之聞江遠慮ニ存候と申候得は、永田申候は、中々左様之儀共ニ而ハ御請申上儀不罷成候間、可罷帰と申候、鈴木申候は、銀弐貫目抔御増被下候分ニ而ハ事済不申候、一向御養被下候座頭・盲女計壱ヶ年ニ一度つゝ村廻り致候様ニ被仰付、尤三升米大豆有切被下候ハヽ、急度申付、御請致候様ニ可致候間、此段御奉行様江被仰達被下候様ニとの儀ニ御座候、嘉兵衛致挨拶候は、其願不相叶事ニ御座候、郷中江も前々被仰聞置趣も候へハ、壱ヶ年壱度廻り申儀難被仰付訳共有之候、銀之儀は弐貫目迄少々増御願候共、御判談被成儀も可有之哉、村廻り之儀極テ不相叶事と存候得共致了簡、御奉行衆江相達申儀も可有之と申、町宿迄戻シ申候、依之右之趣主水殿・治大夫殿御聞被成、何とそ村方可致承引□御代官中手前内分ニ而聞合候様ニとの思召ニ付、書状遣候処、奉得其意候、返答も有之、或は三升米大豆一宇差上候而成共、村廻り不致様被成被下候へとの返答も有之、十組一致ニ無之故、一ヶ年一度廻り被仰付儀も難成、就夫李兵衛宅江、丈左衛門出会、両検校呼候而申聞候は、此間座頭養米之儀ニ付、嘉兵衛より内分申談候由、各所存も承知申候、村廻り之儀ハ何分にも不相叶候、三升米大豆有切計被下候而は座頭も可及難儀候ニ付、様々相談致、又々積り為致候処、銀弐貫目ならてハ無之、乍去此方共了簡にて今弐貫目ハ出所有之儀ニ候間、都合四貫目添可遣候、此旨被申聞御受致候様ニ御働可有之候、此段は上体ニも御存知無之儀ニ候へハ、却而御心ニ不叶儀も可有之候得共、何分ニも此方共御断申上、覚悟ニ候と申候得は思召寄被仰聞段、忝仕合奉存候、併四貫目御添被下候分ニ而ハ御受難仕可有御座候、夫共座頭共江思召ヲ可申聞由申候、其外互ニ道理ヲ申聞、戻シ申候、其夜李兵衛方江、両検校参候而申候は、今日被仰聞候儀、座頭共江申聞候処、中々御請不仕候間、此上ハ其身共心次第と可申聞候哉、御伺申候由申候付、其儀ハ此方共構申儀ニ無之候、畢竟座頭共不便ニ存、丈左衛門、拙者了簡ヲ申聞候、其趣不同心に候得は其通之事候、表立被仰渡有之儀は、夫々之手筋を以被仰付ニ而可有之候間、勝手次第被戻可然候、委細明日丈左衛門江申談、嘉兵衛より為致挨拶可申と申戻シ候、右之旨丈左衛門江申談、夫より嘉兵衛□両検校呼候而申談候は、御奉行衆被申候は座頭共手前不便ニ存候故存知寄共申談候処、承引不致候由、然上は此方構申儀ニ無之候、勝手次第御戻り可然由申達候、左候ハヽ、重而表立被仰渡候節、可罷出とて両人共戻り申候、依之永田ハ早速在所江戻り候由、鈴木ハ京都江登申ニ付、御暇乞旁用事も有之候由ニ而致逗留、李兵衛宅江参申候は、此間思召被仰聞候処、座頭共御受不仕候ニ付、御構不被成候由御尤奉存候、何共気之毒成儀ニ奉存候、私も京都江登申筈ニ御座候得共、此儀心掛ニ御座候間、何分ニも相済候様仕度奉存候、近頃申上兼候得共、此上ニ御了簡ハ御座有間敷候哉、密ニ被仰聞被下候様申ニ付、此方了簡曽而無之候、丈左衛門、拙者了簡之通、銀四貫目添被下分ニ而御受致候ハヽ、永田其元両人江対銀四五百目壱貫目迄ハ、丈左衛門、拙者願ニ申上、各江もらい遣候様之儀ハいかゝ可有之哉、此段は□[丈カ]左衛門江も［　　］談銀出所之心当も無之候得は、□□[拙者カ]申談儀ニ無之候得共、内分密ニ所存ヲ被尋候故、拙者一分之存寄申聞候と申候へハ、左候ハヽ又々可致相談と申戻り候、就夫鈴木より永田をも呼ニ遣、両人内談之上、座頭共江申聞候は、被下米之儀三升米大豆有切之外ニ、銀五貫目添被下候様ニ此方共相働可申候間、御受致可然候由申候得共、承引不致候ニ付、然上ハ此方共も構不申候、自然表立被仰渡候節は、いか様ニ被仰付候而も御請致戻り候間、左様ニ可相心得候、其節其身共心々御なけき申上、銀五貫目より□[少カ]にても増候様ニ致候ハヽ、此方共をいか様共可致候、万一銀五貫目迄ニ御請致[不脱カ]候ハヽ、一々座頭をはき候而無縁ニ致、只今迄之無縁を御養被下候様ニ致候間、兼而其覚悟可致由、申渡候由

一、主水殿江丈左衛門申上候は、座頭・盲女江被下米之儀、只今迄御蔵納ニ致候三升米大豆有切ヲ被下外ニ、銀□[四カ]貫目ニ［　　］添遣候様ニ可罷成積ニ御座候、三升米大豆支配銀之方借付利銀積は四貫目内外ならてハ無御座候得共、少々不足銀ハ郷中より集麦代銀支配之口より出候様ニも可罷成候、若又銀五貫目ニ而も御受不仕候ハヽ、一向五百俵都合無相違御渡被成候様ニと奉存候、其段ハ郷中より出候様ニ私共相働可申候、其上にてハ向後盲目出来候節、座頭ニ不被成筈ニ急度被仰付候様ニと奉存候由申上候得は、尤之儀ニ思召候間、御目付衆江可被仰渡由ニ而、大内六左衛門江被仰聞候ニ付、早速六左衛門方より両検校江申渡候は、座頭・盲女江被下米之儀、相場高直ニ付御積り違不足米買入銀行足り不申ニ付、只今迄御蔵納致候三升米大豆有切を相渡外ニ、銀四貫目添被下候間、其旨座頭中江申渡候様ニと被申聞候、尤願かましき儀此方取上不申候間、左様相心得候様ニと申渡候に付、成程被仰渡候趣、座頭共江可申聞由ニ而戻り申候

一、右之趣、座頭□[共カ]江両検校申渡候処、行当皆々致迷惑候由、検校江なけき候得共取上ケ不申候、依之中平勾当江座頭中より了簡致くれ候様頼候ニ付、何とぞ御郡奉行様御内意之通銀五貫目被成下候様ニと御郡所江願申ニ付、左候ハヽ了簡致見可申と致挨拶候、然共両検校前廉座頭共江申聞候趣有之故、銀五貫目ニ而済〆可申と申候而ハ検校手前相済不申ニ付、此段中平勾当より両検校江致侘候ニ付、然上は上体さへ相済候ハヽ、其通ニ致可遣由申候由、依之正月廿八日、右之趣共御家老中江相達候処、弥銀五貫目御郡所より年々出し遣候様ニと被仰候付、御郡所江両検校、中平勾当呼候而申聞候ハ、座頭共江被下米之儀、御目付衆ヲ以被仰渡有之候由、就夫此方共江勾当なけき申出候ニ付、遂相談今日御家老中江相達候得は、銀四貫目ならてハ御添被下儀不罷成候、今壱貫目之儀は

御聞届ハ可被成候間、此方共了簡ニ而相渡度と有之上は格別之儀候間、内分ニ而之致方は了簡次第と被仰聞候ニ付、何とそ銀五貫目之都合相渡候様可致候間、其旨座頭中江も可被申聞旨申渡候処、畢竟御影ヲ以都合能被成下忝奉存候由一礼申罷帰候、右之通相極候ニ付、御引付写左ニ記之

一、〈7〉郷中百姓共より出シ申三升米大豆、宝永六丑年より、半分は庄屋江相納、半分は御蔵納ニ申付、依之座頭・盲女江養米相渡、高五百俵之内不足米弐百三拾三俵三斗七升八合七勺五才御郡所より年々買入ニ成候、右代銀は前々御郡所江請込候三升米大豆代銀郷中江借付候利銀并御蔵納ニ成候大豆売払、其代銀御郡所江受込両様ヲ以不足米相調来候、然処近年米高直ニ成、買入銀過分之不足故、座頭・盲女江五百俵之都合相渡候儀難成趣各被申出聞届之、此度相改当午年より御蔵納致来候三升米大豆一宇、座頭・盲女江御蔵より相渡、外ニ銀五貫目各支配銀借付利銀之内を以相渡可被申候、此旨御蔵方江も申渡候間、可被得其意者也

正徳四午二月七日　　桜田主水
神尾帯刀
桜田修理

豊田丈左衛門殿
松末杢兵衛殿〈8〉

（『租税書類　第四百四十一冊』。河合南海子「宇和島藩盲人養米制度史料」一二七～一三八頁も参照）

元禄十一年十二月二十一日～十六年二月十日（一六九八～一七〇三）か、現愛媛県。宇和島藩、座頭・瞽女へ「三升米大豆」支給と扶持制度の成立　↓前項

（内表紙）「在浦百姓中ヨリ出三升米大豆帳曳付」

一、寅十二月廿一日
銀弐貫五百三拾目八分七厘五毛　藤井六右衛門より相渡ス
右は浦方百姓中より出三升大豆高百弐拾六俵弐斗壱升七合五勺代銀也、但壱俵付弐拾目宛

一、卯三月十九日
銀壱貫百九拾四匁壱分五厘　藤井六右衛門より相渡ス
右は里方百姓中より出三升米高四拾六俵四升弐合五勺代銀也、但壱俵付弐拾五匁九分宛

弐稜合銀三貫七百弐拾五匁弐厘五毛
右は元禄十一寅年分浦里三升米大豆六百五拾八俵弐斗六升之内米四百八拾六俵、座頭・後世〔瞽女〕江相渡、残而百七拾弐俵弐斗六升代銀御郡所差置候条、向後在浦方江借付被申節は、利足月壱歩壱厘宛相定、控帳各見届判可被致置者也

元禄十二己卯霜月七日　　神尾帯刀㊞

岡谷治部右衛門殿
豊田丈左衛門殿
山田岡之丞殿

一、辰二月五日 銀弐貫九百拾匁五分六毛 元禄十二卯年分 金子安兵衛より相渡ス
右は浦方百姓中より出三升大豆高百弐拾六俵弐斗壱升七合
五勺代銀也、但壱俵付弐拾三匁宛

一、辰二月十七日 銀壱貫三百三拾六匁三分 右同断 金子安兵衛より相渡ス
右は里方百姓中より出三升米高四拾三俵四升弐合五勺代銀
也、但壱俵付三拾壱匁宛
弐廉合銀四貫弐百四拾六匁八分六毛

一、三升米之内 米三俵 稗田村百姓九左衛門下置
右は農業情出〔ママ〕第一公儀大切奉存、年々御年貢人先上納致、
皆済諸役等至迄無滞相勤、尤百姓中江も作方御年貢役義等
油断無之様、常々申聞候と此節相聞、心妙之至候、疾聞届
候ハヽ、申付品可有之処、致年老隠居之体罷在由残念之事
候、今以其志難捨置、為褒美如此下置之者也

一、巳四月廿一日 銀三貫四百四拾壱匁九分九厘 元禄十三辰年分 藤井六右衛門より相渡ス
右は浦方百姓中より出三升大豆高百弐拾六俵弐斗壱升七合
五勺代銀也、但壱俵付弐拾七匁弐分宛

一、巳四月廿一日 銀壱貫五百六拾七匁六分壱厘三毛 右同断 藤井六右衛門より相渡ス
右は里方百姓中より出三升米高四拾六俵四升弐合五勺代銀
也、但壱俵付三拾四匁宛
弐廉合銀五貫九匁六分三毛

一、午四月十一日 銀三貫弐百弐拾六匁八分六厘六毛 元禄十四巳年分 金子安兵衛より相渡ス
右ハ浦方百姓中より出三升大豆高百弐拾六俵弐斗壱升七合
五勺代銀也、但壱俵付弐拾五匁五分宛

一、午四月十一日 銀壱貫五百四拾四匁五分六厘 右同断 金子安兵衛より相渡ス
右ハ里方百姓中より出三升米高四拾六俵四升弐合五勺代銀
也、但壱俵付三拾三匁五分宛
弐廉合銀四貫七百七拾壱匁四分弐厘六毛
内
銀六百七拾目 米弐拾俵代銀、但壱俵
付三拾三匁五分宛相場
右は当午春御参勤之節、伊方浦より三机浦迄之越夫之者共
江為飯米下置代銀也
残而
銀四貫百壱匁四分弐厘六毛

但利足之儀、月壱歩壱厘之処了簡先当未
六月より向後月壱［　　］

未二月十日
一、銀三貫三百五拾三匁四分壱厘（元禄十五午年分）　上原郷介より相渡ス
右は浦方百姓中より出三升米大豆高百弐拾六俵弐斗壱升七
合五勺代銀也、但壱俵付弐拾六匁五分宛

未二月十日
一、銀壱貫六百拾三匁七分弐厘（右同断）　上原郷介より相渡ス
右は里方百姓中より出三升米高四拾六俵四升弐合五勺代銀
也、但壱俵付三拾五匁宛
弐廉合銀四貫九百六拾七匁壱分三厘

（『租税書類　第四百四十一冊』。河合南海子「宇和島藩盲人養米制度史料」一三八〜一三九頁も参照）

元禄十二年（一六九九）閏九月二十日、現広島県。広島藩、寺社・町新開への倹約に関する触（『顕妙公済美録』巻二十八）

覚
一、配当不取盲女之衣類・下着并帯、絹・紬勝手次第着可仕事
右之通町新開中盲女共へ可申付由追而申渡候、以上
閏九月廿日

（『広島県史』近世資料編、第三巻、一二三一頁）

元禄十二年（一六九九）閏九月、現広島県。広島藩、百姓・町人への倹約に関する書付（『鶴亭日記』二十九、天保四・付録）

↓元禄八年（一六九五）十一月七日
一、百姓・町人之衣類上帯・下帯・頭巾・手拭・鼻紙・袋等迄、木綿・麻布之外一切不可着用候、尤妻子ニ至迄覆面・腰帯之類・紬類可為無用候、小身之者ハ男女共ニ渋染・藍染を用ひ、紋所小紋ちらし・かた付之儀無用ニ可仕事
付タリ、座頭・盲女官服之外、右同断之事
［略］
一、商売ニ事寄せ浄瑠理・小哥・三味線其外遊芸之者、他国より来り候共一切留置申間敷候、若隠し置候者其者ハ不及申、年寄・庄屋・与頭・五人組迄越度ニ可申付事
付タリ、其所之者ニ而も盲目之外、家職ヲ止遊芸堅可為無用事
［略］
一、座頭・盲女共へ祝儀・不祝儀之節施物之儀、元禄八年ニ申渡候通弥可相守事
卯閏九月

（『広島県史』近世資料編、第三巻、一二二八頁、一二三〇頁）

元禄十二年（一六九九）十月十五日、現広島県広島市（出典不詳）

十月十五日、中川検校、封内座頭・盲女の支配を命ぜられ、御

礼として京都より来広す

（『広島市史』第二巻、一〇二頁）

元禄十三年（一七〇〇）五月、現長野県飯島町・駒ヶ根市赤須町。赤須伝馬町（幕府領）、除地取上げに関する代官の申渡

今度宿場取上候ニ付申渡覚

一、諸浪人・虚無僧・座頭・瞽女等勧化合力願共不及差出ニ事、尤止宿之儀者木銭・米代可取之、

一、諸国寺社勧化等、右同断之事

［略］

右者此度宿場御免許地弐百五拾弐石八斗壱升弐合取上候ニ付、右之通相願候故、ケ条書相渡置者也、

元録（禄）十三年辰五月

高谷太兵衛代　長谷川郷八　印

赤須伝馬町　名主

年寄

（『長野県史』近世史料編、第四巻［二］、一一六四頁。『飯島町誌』中巻、六一一頁も参照）

元禄十三年（一七〇〇）、現新潟県長岡市。長岡町の座頭・瞽女人口

一、町中人数　五千六百四十四人

内

男二千九百二十九人　座頭七人

女二千七百十五人　ごぜ三人

道心一人

（今泉省三『長岡の歴史』第二巻、四五五頁）

元禄十四年（一七〇一）二月十七日、現青森県。津軽藩、座頭・瞽女への配当に関する規定

配当

配当ハ手当金ノ如キ性質ニシテ徳川氏執柄中吉凶ニ付多少遣ハサヽルヲ得サルモノナリ、蓋シ瞽女・坐当［座頭］ハ廃人ナレハ我吉凶ニ感シ不具ノモノヲ恤ムノ義ニ基ツキタルナル可シ

元禄十四年二月十七日　佐藤家記

一、坐当・瞽女・乞食へ吉凶共配当遣候様被仰付候

按スルニ旧時吉事ニハ自分祝義凶事ニハ自分吊礼ト唱ヘ坐当等ヘ遣ス所ノ銭ヲコレヲ配当ト云フ其応分ノ高低アリテ同シカラス

一、配当ノ義宮村検校申立候ニ付左之通

覚

坐当・ごせ配当ノ義只今迄ハ凶事ニ而巳［已］遣シ吉事ニハ遣シ不申候様ニ相見候得共自今以後ノ義ハ吉凶共ニ分限ニ随ヒ遣シ可申者也

己二月

一、誕生　袴着　髪置
一、元服　祝言　家督
一、養子　新地拝領　御家増拝領
一、屋敷拝領　移徒　薬師講
　寺社方
一、入院　官位　諸吊　移徒
右之通青森へモ申触鰺ヶ沢ハ是迄ノ通

（『青森県租税誌前編』下巻［巻之一一］、三九〜四〇頁）

元禄十四年（一七〇一）二月十七日、現青森県。津軽藩、座頭・瞽女への配当に関する規定

同元禄十四已［巳］年二月十七日座当・瞽女・乞食配当、只今迄凶事斗に呉候得共、向後左の如く、誕生、髪直、袴着、元服、祝言、家督屋敷拝領医者薬師講初御目見一切之吊、入院、官禄、移徒、社家俗同断、

（『奥富士物語』上巻、五五頁［巻一］）

元禄十四年（一七〇一）三月、現岡山県。津山藩、「町中御仕置条目」

覚

［略］

一、座頭・瞽女、祝儀・無祝義布施物取候儀、前以書付出置候通、弥猥に無之相守候様ニ可仕事

［略］

元禄十四年巳三月日
馬場縫殿右衛門
入江吉左衛門

（『岡山県史』第二五巻、五四六頁）

元禄十四年（一七〇一）七月六日。江戸、日乗上人が水戸家重臣肥田十蔵邸訪問の際に瞽女に唄などを演唱させる

一、申ニ肥田氏へ参る也。平六左ハ先ニ参り給ひぬ。森尚謙、山口壽介等参らるゝ也。例ノ瓢阿等も参りし。子息介之進、むこノ大くらなど出でゝ馳走なりし也。料理いでゝ其後茶過テ平家有、座とう名ワスレシ。十蔵申さるゝハ日暮て内証にてゆる〱あそび給へとて、夜ニ入テ内証ノ座敷へゆく。奥方も已前に対面せし人也。女ハ大くら内方、是も出あい給ふ也。右ノ座頭其外壱人座頭並ごぜ居て色々の歌上るりなどいひし也。其後、酒いづる。亥ノ比より介九郎殿並岡本津太夫など御前より参らるゝ也。色々もてなし多し。其後ハ酒もりになりて、肥田氏ノ女ことを引事上手にてこと引れし。右ノ盲人どもしやみせんに合テ興ある事共なりし。夜更丑ノ比帰る也。

（『日乗上人日記』九二二頁）

元禄十四年（一七〇一）九月五日。江戸町触

一、配当座頭・瞽女、町方ニおいて祝儀愁事之節、金銀過分ニねたり取候由相聞不届ニ候、向後ねたりヶ間鋪仕形候ハヽ、支配之奉行所江召連可罷出事、

[略]

右之趣堅可相守候、令違背候ハヽ、可為曲事者也、

巳九月

右は九月五日御触、町中連判、

(『正宝事録』第一巻、三四八頁[九六九号])

元禄十四年(一七〇一)九月。江戸町触

一、配当座頭当盲女、町方におゐて祝儀愁事之節、ねたりかましき仕形ニ候ハヽ、支配之奉行所え召連、可罷出事、

[略]

右之趣、堅可相守之、令違背候ハヽ、可為曲事者也、

九月

(『御触書寛保集成』一一九五頁[二五五八号])

元禄十四年(一七〇一)十一月十三日、現佐賀県多久市(多久家『御屋形日記』)

一、お友ごぜ儀右之御仕合付而尼罷成、ちきやうと申之由、彼者儀玄山様へ御奉公申上、御奉公以後ハ宝寿院様へ被遣、此間迄御奉公仕、累年之勤感悦被遊儀候、然処此間右之御仕合ニ而尼罷成候、定而御菩提とも可奉弔可為心入候感被成儀候、盲目之身ニ而尼罷成候儀、弥以奇特之儀被思召、一入不便之儀候、依之午少分壱人扶持自今以後被為拝領由御定御座候、是又ちきやう兄弟親類之間御吹出〔ママ〕仰出之趣可被相達候

(『御屋形日記』第一〇巻、「元禄十四五月~同十五年正月」)

元禄十五年(一七〇二)五月二十一日、現愛媛県。松山藩、「座頭・瞽女勧物米請書之覚」

一、御領分之座頭・瞽女惣人高、只今弐百六拾弐人有之候、此人高ヲ以勧物割方諸郡より米四百四拾六俵、麦五百弐拾四俵、但座頭壱人に付米弐俵麦弐俵、瞽女者米壱俵麦弐俵御究被成可被下候、向後増減有之候共、自然末々迄右勧物被下候ハヽ此人高ヲ以御用可被成候、尤一年切ニ勧物被下候事ニ相究候、重而御郡方御不勝手之事モ御座候ハヽ、何時ニ而も無御断御止可被成御事、

一、御他領より之瞽女・座頭御領分江罷越、前々之通勧メヲ不仕候様ニ私共より相究可申御事、

一、座頭・瞽女他所江罷越、亦は他所より御当地江参候往来共ニ於郷中一飯并送り人足等ニ至迄、堅ク御郡方之造作ヲ請申間敷候、若行掛無拠一宿仕候共、自分より支度可仕御事、

一、諸郡村々ニ罷在瞽女・座頭共江者、此度之割方之内ニ而座頭分米弐俵麦弐俵、瞽女米壱俵麦弐俵之積御郡方ニ御引取置、直ニ御渡可被成候御事、

一、郡々ニて祝儀・不祝儀有之節、瞽女・座頭共先々江罷越勧物申請候儀ハ前々参付候先々、此度相改郡々江書付差出候外江者一切参申間敷候、向後勧物申請候員数前々其先々ニ応シ申請来候外少シも申請間敷候、尤貪事申候ハヽ、其瞽女・座頭御記置支配之座頭方江可被仰聞候、毛頭不届ケ無御座様可申付候、并他所より之瞽女・座頭之儀者先書ニ相極候通ニ於郷方不寄何事勧物取申間敷候御事、

右ヶ条之通御願申上候上者、少も相違無御座候、為相守可申候、若瞽女・座頭之内御郡方江忍置罷越一飯又ハ少々勧物ヲも申請度申候時、六ヶ敷思召少も無遣取申瞽女・座頭有之候ハヽ、帳面ニ御記置、右過怠ニ其瞽女・座頭ニ相当申候米麦不残御引取可被成候、其時少も異儀申間敷候、為後日仍而如件、

元禄十五午年五月廿一日

城梅
定都
城佐賀
城甫
城養
城久
はなしゆ
いちしゆ

諸郡御役人中
村々御庄屋中

覚

一、祝儀之事　嫡子婚礼并同誕生其外
　役替御扶持方御加増
一、不祝儀之事　父母重法事

右両条々之儀ニ付、其御郡江座頭・瞽女中間之者差遣候而応御身体可被下候、尤前々ハ不相応ニ候得者大勢入込申候得共、ヶ様ニ御究被下候上者、使之者より外如何様御座候共不相越増減之儀御断不申、先方御相談之上埒明ケ申様可仕候、但道前郡之儀者中間使之者遣し申間敷候、以上、

元禄十五午年五月廿一日

城梅
城都
城佐賀
城甫
城陸
城養
はなしゆ
いちしゆ

(裏書)
表書之通少も無相違為仕間敷候、以上、

大川勾当
宮脇勾当

(『愛媛県史』資料編、近世上、二三八〜二四〇頁)

元禄十五年（一七〇二）十月、現高知県。土佐藩の座頭・瞽女への施行米

一〇四、施行米

御法事之時坐頭へ施行米を給ふ事何時始るや詳かならす、瞽女に給ふ事ハ元禄十五年壬午十月そのはじめなり

（『皆山集』第六巻、四〇～四一頁）

元禄十五年（一七〇二）、現愛媛県松山市堀江町。堀江村、座頭・瞽女への扶持

一、同年〔元禄十五年〕ニこせ・座頭より竹所ニ而扶持方充ル、座頭壱人ニ付、秋米弐表夏麦弐表、こせ壱人ニ付、秋米壱表夏麦弐表、

（『松山市史料集』第五巻、三九〇頁）

元禄十五年（一七〇二）、現埼玉県。川越藩の座頭・「盲女」人口

一、人数六万千百六人

訳

[略]

拾弐人　座頭

三人　盲女

（『新編埼玉県史』資料編一四、七八頁）

元禄十五年（一七〇二）、現広島県。広島藩の座頭・「盲女」への配当に関する定　→享保元年（一七一六）

是年、藩府より封内の座頭・盲女に配与する銀料を定めらる、

御領分座頭・盲女配当定之事

但、元禄十五年中川検校の願に付配当員数左之通り相極候、享保元年比より五割増被下

一、銀七拾枚　国主様御婚礼

一、銀五拾枚　国主様御入国御誕生　御姫様方御婚礼

但、御姫様御誕生被レ遊候へば三拾枚被レ下

一、銀拾五匁　御祝儀之刻、与頭座頭壱人配当骨折料

御法事之節御布施配当定

一、銀百枚　一七日御法事并千部

一、銀四拾枚　二夜三日御法事

一、銀三拾枚　一夜越御法事

一、銀弐拾枚　千部之節、肝煮座頭へ為二骨折料一被レ下

一、銀拾五匁　一七日御法事肝煎座頭へ為二骨折料一被レ下

一、銀拾弐匁　二夜三日之節、右同断

一、録八匁　一夜越之節、右同断

（『広島市史』第二巻、一〇五～一〇六頁）

元禄十六年（一七〇三）か、九月十三日、現鳥取県の東部。鳥取藩の規定（『因府録』巻之第弐拾四）

覚

［略］

一、座頭・盲女衣類、只今迄之通、勝手次第。
右御定之通、衣類御法度相背候ハヽ、銘々家来は其主人へ預け、追て可レ被二仰付一候。
元禄未年九月十三日

（『鳥取県史』第六巻、三一六頁）

元禄十六年（一七〇三）刊、『松の葉』第三巻、端歌、さわぎの部、「悪所八景」

見たか平沙のらく遊び、かぶろ遣手に太鼓持、瞽女《ごぜ》や座頭に按摩とり

（『松の葉』三七一頁）

元禄の末、現新潟県長岡市。長岡の瞽女頭「ごい」の由緒　↓

明治二十四年（一八九一）九月十五日

宝永年間（一七〇四～一一）か、現岡山県。岡山藩、「先年被仰出御定法」　→宝永六年（一七〇九）七月二十九日、同年七月、年代不詳（江戸中期か）

一、座頭・瞽女弟子願、内伺相済本願　（朱書）「内伺 無之本願ヲ伺申、本文之通内伺差出シ可然哉、但本願ニ而内伺なし」

（『岡山県史』第二一巻、八四九頁）

宝永元年（一七〇四）十一月、現新潟県。村上藩、伊藤源太夫、多羅伴右衛門から村上町大年寄への隠切支丹法度

一、山伏・祢宜・神子・陰陽師・座頭・女盲目・勧進坊主・比丘尼等、一入念入遂穿鑿可相改事

（『村上市史』資料編二、五二九頁）

宝永二年（一七〇五）、現埼玉県。川越藩、川越藩所領高帳

（表紙）「川越御領分村々秋元様御時　（所領書上）
四冊ノ内」

［略］

人別寄覚
［宝永二年］酉年

家数合　八千弐百九拾七軒
人別合　四万四千廿四人

内
五人　座頭
四人　ごせ

［略］

（『川越市史』史料編、近世第三、五三頁、五五頁）

宝永三年（一七〇六）四月、現茨城県坂東市岩井。猿島郡下郷二十三カ村の明細帳、座頭・「盲女」人口

「（表紙）
宝永三年
下総国猿島郡下郷廿三ヶ村
戌四月　　　　百戸村」

［略］

上出島村

［略］

惣人数四百七人内　男弐百人　出家四人　盲女三人
女百九拾六人　道心四人

［略］

長谷村

［略］

惣人数八百四拾壱人内　男四百弐拾九人
女四百拾弐人
出家八人　道心拾壱人　山伏弐人　神主壱人　座頭壱人
盲女弐人　神子弐人

［略］

長須村

［略］

惣人数合千六百六拾三人内　男八百四拾六人
女七百六拾弐人
出家廿三人　道心拾七人　神子弐人　山伏四人
神主壱人　座頭壱人　比丘尼弐人　盲女五人

［略］

［合計］
人数合壱万弐千百六拾五人
内
六千七拾五人　男
五千七百五拾四人　女
七拾五人　道心
三人　神主
四拾壱人　行人山伏舞太夫
三拾三人　神子比丘尼
五人　座頭
拾人　盲女

（『岩井市史』資料、近世編一、一八〇頁、一九〇頁、二〇〇～二〇四頁）

宝永三年（一七〇六）、現鹿児島県。薩摩・大隅・日向の座頭・瞽女人口

宝永三戌改薩隅日
一、男女四拾六万千九百六十壱人
内

［略］

男拾人　　検校並平家座頭

［略］

男弐百四十八人　　座向

女弐十八人　　ごぜ

（『藩法集』第八巻上、一八二一～一八三頁［三三三号］）

宝永四年（一七〇七）五月二十九日、現新潟県新発田市。新発田町の座頭・瞽女に関する覚

一、武士・医者・出家・沙門・女［瞽脱カ］座頭通御手形、御老中様御月番より出申候。右之取次町代共五日替りニ相勤申候事。

（『新発田町中諸事覚書上』三四〇頁）

宝永四年（一七〇七）六月十五日、現岡山県岡山市。備前国城下の座頭・瞽女人口

（表紙）
「備前国
　御城下町数家数并男女人数
　宝永四丁亥歳六月十五日有人改帳」

［略］

一、壱万四千弐百九拾九人　　男之分
　内

［略］

七拾五人　　座頭并盲目

［略］

一、壱万三千九百九拾九人　　女之分
　内

［略］

弐拾壱人　　瞽女并盲目
五拾六人　　座頭之家内

（『岡山県史』第二四巻、一二〇五～一二〇六頁）

宝永四年（一七〇七）六月十五日、現岡山県。備前国・備中国の座頭・瞽女人口

（表紙）
「備前国備中国之内
　御郡々村数家数并男女人数
　宝永四丁亥歳六月十五日有人改帳」

［略］

右惣寄
　家数五万弐千九百拾三軒　村数七百八拾六ヶ村　枝村共
都合
　人数三拾三万五千四百六拾弐人
　　内　男　拾七万五千六百六拾人
　　　　女　拾五万九千八百弐人

右人数之内

［略］

男　弐百七人
女　三拾人　　座頭・瞽女

男　百人
女　六拾弐人　　盲目

（『岡山県史』第二四巻、一二一八頁、一二二〇～一二二一頁）

宝永四年（一七〇七）六月二十五日、幕府、法事の際に座頭・瞽女へ配当支給

同事もて瞽者に青蚨二百貫文。瞽女に三十貫文施行せらる。

（『徳川実紀』第六篇、六五七頁）

宝永五年（一七〇八）、現福岡県。久留米藩法　→天明六年（一七八六）

宝永六年（一七〇九）二月十三日、現愛媛県宇和島市。宇和島藩、「盲女ことじゆ」へ扶持支給（『伊達家御歴代記事』）

［二月］十三日、一、御隠居様へ相勤候面々、夫々勤方被仰付、西川浅之允・平井織之助中之間御慰方、山方甚介・大塚甚太夫・大久保武太夫・川村作太夫御徒間被仰付、御轆軫八人・百人組・女中夫々御扶持被下、盲女ことじゆ二人扶持被下。

（『記録書抜　伊達家御歴代記事』第一巻、三〇七頁）

宝永六年（一七〇九）五月二十七日。幕府、慶事の際に座頭・瞽女へ配当支給

またこたびの御祝により。三島惣検校安一に銀十枚。瞽者に鳥目五百貫文。盲女に三貫文下さる。

（『徳川実紀』第七篇、三八頁）

宝永六年（一七〇九）七月二十九日、現岡山県。岡山藩、「法令集巻之十一、第六十三、諸願」→宝永年間（一七〇四～一一）か、次項、年代不詳（江戸中期か）

宝永六丑七月　　百十三番之内

一、御郡奉行共手前にて相済可申願之伺、

一、座頭・瞽女弟子願、唯今迄ハ内窺御聞届之上、本願共窺申候得共、向後ハ内窺書指出し、本願ハ伺に出し申間敷候哉、

「本願不及窺候」

一、比丘尼弟子願も右同断

［略］

御郡奉行共

「右同断」

「右窺書之趣致相談、朱書之通七月廿九日申渡」

（『藩法集』第一巻上、六四四頁［一六七二号］）

宝永六年（一七〇九）七月、現岡山県。岡山藩、「法令集巻之十一」→宝永年間（一七〇四～一一）か、前項、年代不詳（江戸中期か）

「座」

宝永六丑七月　　百十三番之内

一、座頭・瞽女弟子願、唯今迄は内窺御聞届之上、本願共窺申候得共、向後は内伺書指出し、本願は伺ニ出し申間敷哉、

一、比丘尼弟子願も同断、

右両条御郡奉行伺也、　下知本願不及窺候、
（『藩法集』第一巻上、六三三頁［一六二七号］）

正徳年間（一七一一～一六）、現新潟県上越市。高田町の瞽女人口（『正徳年間高田各町記録』榊原家文書）

（表紙）
「正徳年間高田町各町記録」

（付箋）
「此記録ハ松平越中守時代正徳二年（二千三百七十二年）調製セルモノ也、思文記」

［略］

一、座頭弐拾弐人　　但、座本刃物鍛冶町　　家一

一、ごぜ拾弐人

（『新潟県史』資料編六、三五六頁、三七一頁）

正徳元年（一七一一）、現山形県東根市猪野沢。猪野沢村の差出明細帳、座頭・「盲女」人口

猪野沢村　　座頭眷族鼓盲女　壱人

（烏兎沼宏之「〈オナカマ〉考」七二頁）

正徳二年（一七一二）自序（寺島良安編『和漢三才図会』第十巻、人倫之用）

瞽女《ごぜ》　盲女、俗云五是《コゼ》、瞽女之字訛呼也

按盲女即瞽女也、鼓二箏三絃一歌レ曲以為二女子之姆一、或列二于酒宴一凡以二箏之三曲伝授一為二規摸一、

（『和漢三才図会』、『古事類苑』［人部二］、九八八頁）

正徳三年（一七一三）四月、現福井県。福井藩、「江戸家中締方条々」　→延宝四年（一六七六）七月一日

一、他所より女并比丘尼・瞽女来、罷出候節者主人判形を以可出之、先達而御目付へ相達可受指図事

（『福井市史』資料編六、近世四上、藩法集一、二二〇頁）

正徳三年（一七一三）五月二十九日、現山口県。萩藩の取締令（「二十八冊御書付」）　→元文三年（一七三八）十一月一日

覚（他国者来去其外在々取締の事）

［略］

一、托鉢の客僧・禅門・虚無僧・山伏・比丘尼・瞽女・座頭の類、宿借候ハ、暮ニかゝり候所ニて一村の内ニ一宿ハ貸可申候、尤通り筋道程遠近の令沙汰候様可被申付候事

付、他国より来候右の類の者は往来手形庄屋畔頭え見せ、庄屋畔頭令吟味、差免候上宿貸候様可被申付候事付、右の類の者、寺社奉行所の提札持候御国中の者たりとも郷村ニ留置、勧進奉加前々より御法度候、然上は百姓中より米銭貫候て遣候儀も停止の事

（『山口県史料』近世編、法制上、六八〇～六八一頁）

正徳三年（一七一三）六月、現福岡県。久留米藩法

一、鍛治〔冶〕屋町盲女、御銀被下之御書出
　去辰五月三日新町壱丁目ニおゐて、鍛治〔冶〕屋町帳面ニ付居候盲女非人銀子拾ひ候時、正直なる仕形あさましきものといへとも、義を知り人の難儀ニ及ん事を憂ひ、慾を離れたる処誠人心正直の本体也、賤き非人のものにも猶此心あり、まして況や産業あるものゝ上にて穢を忘れ慾ニ溺れ、或賃賄贔負の沙汰に依之善良をおとしいれ、邪悪を救ふのたくい、仮顕れしれすとも人たるもの獨心に恥すや、目しひ飢たる老女の身として、心底奇特之至也由、是白銀あたへ畢
右之趣、町奉行中へ可申渡事
　巳六月日
別紙書付を以申渡候非人盲女之儀付て、町奉行両人裁許致形宜尤之事候、此旨可被申聞候事
　六月五日
右之通壱岐被申渡、盲女え銀子三百目被下之

（『藩法集』第一一巻、一〇一頁［二四九号］）

正徳三年（一七一三）。幕府、大奥局修復などの際の瞽女への配当金

大奥局常々修復并住居替畳障子其外諸道具之覚

［略］

一、薄縁相渡し候儀、大年寄拾弐枚ツヽ、中年寄九枚ツヽ、御中﨟御小性表使七枚ツヽ、御次呉服之間御右筆御持仏比丘尼ごぜ五枚宛、御広座敷御三之間御末火之番御中居御茶之間御使番御半下三枚宛、右前々よりの定之通りにて、願ニ候ハヽ、一年に一枚宛ハ相渡し可申候、尤頼無之候ハヽ、相渡し申間敷候、但し、部屋替又ハ無拠儀有之候ハヽ、其段吟味之上、薄縁敷候ハて不叶所ハ可相渡候、其外ハ右之通たるへき事

（『徳川禁令考』前集第三、五六～五七頁［一一七六号］）

正徳四年（一七一四）六月十四日、現福岡県。久留米藩法

一、町中座頭・瞽女絹服之儀、町奉行中相尋候ニ付被伺候処、持来候共絹服一切不令着用候様、但御免許之ものハ御制外之由被仰出

（『藩法集』第一一巻、一一一頁［三〇二号］）

正徳四年（一七一四）、現愛媛県宇和島市。宇和島藩、座頭・瞽女への扶持減額　→寛文十一年（一六七一）八月九日他、元禄十一年（一六九八）

正徳五年（一七一五）刊。京都（江島其磧『世間息子気質』巻之二第三）

幼少《えうせう》より今に人形《にんぎやう》まはしが好《すき》にして、八畳敷《でふじき》の我部屋にあやつり芝居《しばゐ》の如く手摺《てすり》をかけて、金襴《きんらん》の幕《まく》を張《は》り、平次が作の人形数多《あまた》調《とゝの》へて、金入染込《そめこみ》さまぐ\の衣裳《いしやう》を着《き》せ、町の髪結《かみゆひ》に浄《じやう》瑠《る》璃《り》語らせ、常《つね》来る瞽女《ごぜ》に三味線《せん》ひかせ、出入の肴屋《さかなや》青《あを》物屋豆腐《とうふ》屋の丁稚《でつち》共を呼び集め、童《わらべ》のごとく親の役《やく》にもたちさうな時分、さりとては罰当《ばちあた》り太鞁敲《こたゝき》立《たて》て、始《はじま》りく\と朝《あさ》から晩《ばん》まで人形使《つか》うて躍跳《をどりは》ね、いつが盆《ぼん》やら正月やら、現《うつゝ》の如く此慰《なぐさみ》に気を奪《うばゝ》れ、夜《よる》も蠟燭《らふそくとも》点したて、しぐみになぞらへ代《かは》り浄《じやう》瑠《る》璃[り]の人形稽古《けいこ》、さる程に世の中とてさまぐ\のたはけ有。

（『世間息子気質』六七九頁）

正徳六年（一七一六）閏二月二十七日。幕府、慶事の際に座頭・瞽女へ配当支給

同じ御祝に盲人。盲女へ鳥目若干を下され。

（『徳川実紀』第七篇、四五六頁）

正徳六年（一七一六）三月一日、現長野県飯田市。飯田瞽女、配当の支給を願い出る（『堀家御用部屋日記』）

座頭・ごぜ共領主家督祝の配当を願出づ、前例なく当番の者上申伺ひ、三月廿二日鳥目五貫文宛被下

（今井白鳥編『近世郷土年表』八八頁）

正徳六年（一七一六）六月、現愛知県豊橋市嵩山町《すせ》。嵩山村、他国者の宿泊に関する覚

（原本に表紙欠。写本の表紙は左の通り）

「御城主代々御差出シ書上扣

三河国八名郡嵩山村

元禄十　　夏目藤左衛門

丑歳より　　扣也」

［略］

覚

一、前以相定候通り弥以他領之者一夜たりといふ共道筋旅人之外無断し而不可差置事

一、不宜筋之者町在ニ指置へからす、不宜筋之者町在ニ有之候由は其所おもたちし者ハ勿論、庄屋組頭迄越度可申付候

申六月

右之通今度被仰出候寺社門前之水呑百性男女童迄能々合点いたし候様申含、堅常々相守候様ニ可致候、新(親)類縁者知音好身之者たりといふ共、他領より参わけにより一宿為致候ハヽ、書付指出シ、此旨指図次第ニ可致候、隠置筋あしき者なと一宿致させ後日ニ相知レ候ハヽ、本人ハ不及申上ル、庄屋組頭急度可被仰付候条能々村中申付可致分明候、前々も申付御条目諸事相慎毎度村中御法度之義共、庄屋組頭より末々百性迄申聞せ可相守候様ニ可申付候、以上

正徳六申年六月

吉　野　運　八

長　塩　定　六

一、他領ニ罷有候新〔親〕類縁者一宿之事
一、諸山之御師幷諸職人之事
一、座当・ごせ一宿之事
〆
吉野安右衛門

(『豊橋市史』史料編六、三頁、八二～八四頁)

享保(一七一六)以前か、現福岡県朝倉市甘木。甘木の瞽女人口

甘木中諸事覚書

［略］
一、男女人数三千九百七拾壱人
［略］
　　三人　〈平家 仏説〉　高都　重都　林や
一、盲六人
　　三人　〈仏説 平家〉　寿命　千手　円寿
一、後世弐人　　　　　　おミつ　おりん

(『甘木市史資料』近世編第五集、六六～六七頁)

享保(一七一六～三六)頃か、現福井県敦賀市。敦賀の座頭・瞽女のための人足免除(『指掌録』四「町数幷諸役人式」)

一、町人足御免　　　座頭・瞽女
　但是ハ町並より令用捨か可考、

(『敦賀市史』史料編、第五巻、一八八頁)

享保～元文(一七一六～四一)頃か、現愛媛県宇和島市。宇和島城下、素人音曲指南禁止 →天保十四年(一八四三)三月一日

町奉行へ
［略］
一、市中素人にて音曲致指南候者有之趣の処、猥ヶ間敷儀有之様相聞江、第一商売の本意を取失ひ、其上盲人・盲女渡世難渋の趣につき、以来素人にて音曲指南致し候儀差留候。

(『宇和島吉田両藩誌』七四七頁)

享保元年(一七一六)十月十日、現山口県。岩国藩(『岩国藩旧記』)

一、御領内非人・乞食其外御改之儀ニ付、下代方廻状被差出候、左ニ
　　　覚
［略］
一、座頭・瞽女廻在之節、役人所ニテ妍(研カ)之儀ハ前々之通タルへ

ク候、依人柄所々ニテ色々ネダリヶ間敷事共申掛、勧進仕者
モ有之由候、自今ハ日之中ハ先村へ送り届、一宿之外其所ニ
　不相滞様ニ可被申付候事
（生瀬克己編『近世障害者関係史料集成』二〇〇頁［『山口県同和
問題関係史料集』近世］）

享保元年（一七一六）、現広島県。広島藩が座頭・「盲女」への配当銀を五割増加　→元禄十五年（一七〇二）

享保二年（一七一七）正月刊（『書言字考節用集』第四巻、人倫）

瞽者《コジャ》　又云盲人　｜女《コジョ》《ゴゼ》　又云盲女
（『書言字考節用集』七七頁）

享保二年（一七一七）正月。大坂初演（近松門左衛門の世話浄瑠璃）

「女中の心痛《こゝろいた》めじと声よき瞽《ごぜ》琵《び》琶《は》法師《はふし》など召入れて気をくばりいたはれども」
「川舟《かはふね》と云ふ瞽女《ごぜ》が手引き〳〵と呼こがれ、出る所を引とらへ、」
「瞽女《ごぜ》・座頭《ざたう》に一曲弾せ、忽《たちま》ち本服いたさせし、」
（「聖徳太子絵伝記」六七二〜六七三頁）

享保二年（一七一七）、現群馬県。高崎藩、「高崎藩歴代藩主覚書」

（表紙）
「高　崎　根　元　記」
［略］
一、総町人数七千七百三拾五人内　四千三百六十八人　男
　　　　　　　　　　　　　　　　三千三百拾三人　女
　内分
　山伏八人　神主拾五人
一、寺院人数　百五拾四人内　沙門五人　座頭五人
　　　　　　　　　　　　　　瞽女壱人
　　　　　　　　　　　　　　僧百人
　　　　　　　　　　　　　　俗四十九人　女五人
（『群馬町誌』資料編二、近世、二九頁、三一頁）

享保三年（一七一八）八月二十九日、現大分県中津市姫路町。中津城下、瞽女に関する申渡

（表紙）
「従戌享保三戌年
　至同四亥年
　　惣　町　大　帳　　」
「　享保三年
　亥同四年迄有

惣町大帳
戌九□（虫喰）」

［略］

〔八月廿九日〕同

一、姫路町ごぜ銭受旅行仕候、披露書之儀、前々より終ニ仕候儀無御座由申候、瞽女ハ不苦哉、御窺申上候処ニ、与右衛門より申来候間、御奉行所へ申上候処、終ニ今迄瞽女・座頭披露書致候儀御覚不被成候、定而旅へハ参候半なれ共、右之通ニ候間、銭受事も披露書なしに先遣候得、追而御僉儀可有之候、夫ともに明日なり候へハ御月番替り候間、十郎左衛門様思召も御知り被成候、来月十郎左衛門様へ相尋、其上ニ而遣シ可然候、今日ニ而候ハヽ、成程披露なしニ御遣可被成候由ニ被仰付候、則与右衛門ニ申渡候

（『惣町大帳』第二輯、一頁、九四頁）

享保四年（一七一九）二月、現高知県。土佐藩法、「郷中諸御法度衣類等条々之事」、座頭・瞽女の衣類取締（『憲章簿』宮掟之部、巻之一上）→延享五年（一七四八）六月二十八日

一、座頭・瞽女佾取上姥、衣類布木綿高宮、帯ハ可為絹紬。但、有来之絹紬之垢服、下着ニは可用之。小児たり共同前之事。

一、座頭之儀、持来候絹紬之羽織袴、此已後貰候共悉庄屋改判を受可令着用候。勿論衣類上着ハ木綿、持来之絹紬之下着帯不苦事。

　但、帷子ハ地布高宮可用之。只今迄所持之奈良帷子、紋付之分ハ庄屋改之、判を請可着用。其外ハ停止之事。

一、仲間法式之装束仕候節、装束下絹類着用不苦事。

一、瞽女之儀、途中往来之節ハ衣類木綿、帷子は地布高宮可用之。染入不苦。帯絹紬免之。

　但、貫物下着帯不苦。尤巻物類染金紗ふちはくへにゆいかのこ、御制禁之品貫物たりとも停止之事。

（『憲章簿』第一巻、五一頁。同書五五頁［享保十一年（一七二六）十月十七日の再触］参照）

享保四年二月〜元文三年（一七一九〜三八）、現福井県敦賀市・小浜市。吉凶の際に越前国の座頭・瞽女へ支給された祝儀施物に関する争いの経緯とその取締（『指掌録』第六冊）

　蓑目〔ママ〕・座頭式

一、当地蓑目・座頭共祝義施物等古来と違、近年ハ種々之品を申立、理不尽ニ過分ニ貪取、剰所存ニ不叶候得は、法外之義〔朱書〕「品」共有之ニ付、享保四亥二月相談之上祝義施物等可取所を定、且右之鳥目員数も大法を究申付候所、座頭共納得不致、京都支配之検校方江訟候、此節小浜より山崎検校致在京、右之段承、敦賀ニハ中山検校下之者も有之候得共、都而殿様〔酒井忠音〕御領分

中之座頭ハ山崎ニ支配可致由、兼而惣検校申談置候、往古より之法式有之候処、此度之義上方之及沙汰候而ハ御為も如何之由ニ而、山崎当地へ罷越、古法を以来之義を座頭共江申付ル、定之大概如左

一、婚礼　但地他所共　　一、初産　　一、元服

一、家督　　　　一、法事

右之五品之外ハ何角と品を付必申請間敷候、右施物乞請候節も打懸壱人、初心壱人、菱目壱人可差遣候、尤施物之員数ハ先々身体相応ニ相対可致候、大勢参候義堅無用ニ可仕候、右之通申付候上ニ法外之義於有之而ハ急度曲事ニ可申付候、近年法外之働有之由ニ付、中山検校と相談之上、此度右之通相究、山崎検校座頭共へ申付候由ニ而、奉行所へも差出候書付票［簟カ］笥ニ有之

但中山と山崎内証子細有之故、敦賀座頭之支配向後相止候旨、享保十一午年山崎方より奉行共へ書状ニ而断申越、享保十三申春度又候座頭共及違乱、中山検校罷越候始末奥ニ記

一、享保十二未十二月座頭・菱目共へ申付ル書付左之通、

先年中山検校・山崎検校相談之上、山崎此元へ罷越、諸事申付候節、則右之委細書付役所へも山崎差出置候所、近年ハ右之趣ニ致相違、祝義施物等申請ニ参候節、始ハ三四人罷越候得共、跡より追々大勢罷越候由、就中初産之節日柄も不立内罷越、其外婚礼ハ不及言、元服・法事等共ニ当日大勢罷越、彼是法外之義共有之ニ付、産婦之気分ニ障、又ハ婚礼・元服・法事等共ニ何も参会之折柄故人々以之外致難義候趣及聞候、先年山崎究置候趣ハ物毎致穏便ニ候義第一之事ニ候所、沙汰之限ニ候、殊ニ祝義物并施物等之義暫致延引候而も差支無之義ニ候所、右之通之仕方ハ畢竟内存有之故之義と察候、向後ハ先年定之通人数少クいたし、初産之家江ハ三七夜過、其外江も当日四五日過候而可罷越候、右之通ニてハ他国より縁女送来候者早速罷帰候へハ、祝義物申請候障ニ成候様ニ可存候へとも、其段ハ当地之本人引請、旅人帰候跡ニ而も不差支様ニ町中へ可申付候、然ル上右之趣致違背、此以後諸人へ懸難儀候ハヽ、支配頭之検校へ此方より相断、国法ニ申付候義可有之候間、左様可相心得候、以上、

未［享保十二年］十二月日

一、右之通申付候所、翌申ノ三月右之通ニ而は何も致迷惑候間、前々之通有之度旨座頭・菱目再往願候得共、不取上候ニ付、京・大坂江両度罷越、支配頭検校江訟候趣追々中山検校方より申越候ニ付、数度中山へ言談之上ニ而、申ノ七月中山爰元へ罷越、対談之上未ノ極月申付候趣無拠義故其まゝ右之通ニ可申付候、但初産之家江出入之者壱人罷越、密々致相対候義ハ一七夜之内ニ而も預用捨度由中山申ニ付、法外ヲ不相働出入之者壱人罷越、密々致相対候義ハ一七夜之内ニ而も勝手次第と申談候ニ付、則座頭共へ右之趣書付を以申付之、尤

町中江も右之委細奉行共より是又申付之、此節中山申候は、向後共座頭共へ申付候品有之候ハヽ、差扣、先内証中山方江可申越候、承届右之趣中山方より申付候得は、異義不申事ニ候間、左様可相心得候由内証申置候、右前後之委細書付候一袋ニ認差置之、勿論中山検校座頭共ニ申付候書付并此度町中へ申付候書付左之通、

覚

一、旧臘御当地御奉行中ニ[被]申付候趣ニ付、座頭共当春以来相願候義ニ付、今度我等此表へ罷越御奉行中ヲ初、御役人方江致対談委[朱書]「承」細事候所、畢竟初産・婚礼を初、其外共ニ当日罷越、法外狼藉を働何も致難義、就中産婦ハ右ニ付気分之障ニ成候段御奉行中被聞及、其通ニハ難被差置ニ付、右之通被申付候趣無拠義ニ候、畢竟座頭共法外を働候義故ニ候へハ、兎角可申様も無之沙汰之限ニ候、然共座頭・瞽女之義ハ諸人之憐を以渡世仕候者共ニ候得ハ、此段を我等相歎候趣御役人中ニも被聞届候、勿論旧臘被申付候趣、聊施物を減[限カ]少之義ニ而ハ無之、此段ハ前々之通相対次第之事ニ而、日間を延し罷越候様ニと被申付候迄ニ候得ハ、今更違変ハ難成由被申候、是又無余義故、我等とても強而可申伺も無之候、併都而祝義其外共ニ先ハ一七日迄之内第一之事ニ候得ハ、当日を除キ其翌日より成共、其家出入之者何レニ而も壱人罷越、物静ニ致相対候義ハ用捨有之度段申達候得ハ、其段ハ被聞届候、畢竟法外之狼藉を働候故之事候得ハ、右之段ハ勝手次第と事済候間右様相心得、当日ハ除翌日ニ而も出入之者罷越穏便ニ相対可仕候、勿論出入ニ而無之者ハ旧臘定之日数之内ハ罷越間敷候、勿論其節ハ先年山崎殿究被置候、人数之外ハ壱人も多罷越間布候、

一、前々と違、座頭・瞽女共ニ配当仲間多成候故、銘々へ之配当少分之義故彼是と難渋申懸、少ニ而も祝義施物多申請度内存と相聞候得共、面々手前之配当少候とても夫々身上不相応ニ多ハ難申請事ニ候、面々事諸人之憐を以渡世致候事ハ御役人中ニも了簡之義故、心得不便を加へ身上不相応ニ施物減少致間布旨、又々今度も町中江被申付候事ニ候間、其旨急度相守可申候、以上

[享保十三年]戊申七月十三日

右ニ准奉行所より町中へ申付候覚

覚

[欄外書込]「元文二巳年山崎検校罷越対談之上廿日迄参候様申付奥ニ記之」

一、座頭共兼々婚礼・初産其外之節当日罷越狼藉を働候ニ付、町人共難義之段及聞候故、初産ハ三七夜過、其外ハ四五日過候而罷越、夫々施物申受候様可致候、施物員数之義ハ相対次第と旧臘申付候所、右之通申付候ニ付町人共施物致減少迷惑仕候間、前々之通夫々当日罷越度由座頭共相願候得共、難聞届事故右之願ハ不取上候、然共此度中山検校罷越候、熟談之

上中山申候趣も無余義候故、初産を初メ当日ハ除、翌日成共出入之者何レニ而も壱人罷越、[穏]隠便ニ致相対候様ニ有之度旨中山申ニ付、其段ハ勝手次第ニ候、夫共出入ニ而無之者罷越候義候ハヽ、旧臘申付候日数之内ハ曽而難成義共中山へ申合、則座頭共へハ右之趣中山申付候間、右之旨相心得前方より申付候通、祝義・施物共ニ身上相応ニ致相対遣し可申候、

一、座頭共段々法外之狼藉ヲ働候故、旧臘之通申付之所、当春以来座頭共相願候義ハ畢竟底意有之事と察候得共、大勢之町人共ニ候得は、兼而申付候趣ニ致相違、人ニ寄旧臘座頭共申付候趣ニ乗し身上不相応ニ致減少候者も有之間敷事ニも無之候、若兼而申付候趣致違背身上不相応ニ致減少候段、追而於聞及ハ申付候品も可有之候、勿論座頭・こせ[瞽女]之義は諸人之情を以一日を送候者ニ候得ハ、此段能々得心、向後共不便を加へ、身上相応ニ致相対施物とらせ可申候、以上、

[享保十五年]戊申七月十四日

一、享保十五戌四月嶺尾三右衛門[敦賀町奉行]忰六郎太夫後妻迎候節、蓼目・座頭共祝義望候ニ付、先格吟味之上先格之通鳥目五百文とらせ候所、前々より片祝義ハ不申請候間男[舅]方之祝義は可申請と申候ニ付、若州ニ而無之事ニ候故不及其沙汰候処、山口治兵[治兵衛]勤之内息金次郎婚礼之節中根兵右[兵右衛門]より申請候、其後大塚四郎左[四郎左衛門]息九郎右[九郎右衛門]婚礼之時も榊原兵右[兵右衛門]より申請候、両度共三百文ツヽ之由申候ニ付、四郎左・兵右方聞合候所、両人共ニ舅方之祝義ハ不遣兵太右ハ於小浜而遣候由、兵右ハ年寄久敷事故聢とハ難申候得共不遣と覚候由申来候、山口治兵ハ死後故尋候而[ニ]も不及候、右之通之義故内談之上遣ましき物と申見候得共、互ニ口上斗之覚ニ而証拠も無之内、座頭共不取物を取候由全偽を申間敷事ニ候、万一四郎左右之義失念有間敷事ニも無之候処、彼是違乱及候而ハいかゝニ候間、後格ニ成候共鳥目三百文遣候方可然と沢田甚五兵衛、綿村八右衛門、駒林佐左衛門、竹岡彦右衛門、嶺尾三右衛門相談極メ、五月廿七日前々五百文之外ニ舅方之祝義分ニ追而三百文取セ、都合八百文渡之、

一、享保十九寅年嶺尾三右衛門娘同名善右衛門方江遣候ニ付、又候座頭共双方祝義可申請と違乱申候得ハ、如何ニ付前方山崎検校へ相尋候処、此元ニ而○[行間加筆]「○善右衛門祝義ハ不遣三右衛門計此元座頭共へ取せ可申候、追而聟入として」善右衛門敦賀へ参候節、座頭共相願候ハヽ可遣候、此段ハ諸国一統之義ニ候、他所より娵取候節参着より三日之内ニ承候得は、座頭共祝義願候得共、三日過送り之人も帰候得ハ、重而舅入有之節願候義有之候得共、妻呼候者より舅方之祝義遣候義ハ無之事ニ候間、此度も三右衛門祝義ヲ遣、善右衛門分ハ必遣間敷之由、大目付梶川市右衛門へ申候旨申来ル、然とも右の趣ニ而は聟入・舅入之祝義別段ニ遣候義之様ニ相聞候、古来より御家中ニ無之事ニ候、尤先年爰元町法山崎極候内ニも無

之候故難心得由市右方へ申遣候ニ付、又候山崎へ被尋候得ハ、御家中之義ハ前々より格無之義故願候義ニハ無之候、他所ニ而ハ婚礼より二三日之内聟入有之候へハ、願候格之由山崎申候旨、追而市右より申来、

一、元文二丁巳年座頭・瞽女違乱有之、五月山崎検校罷越吟味之上座頭・瞽女へ申付候趣山崎罷出申達候ニ付、右之趣町中相触置可然旨、相談之上申触候書付左之通、但小児不幸之節施物を出候義ハ無之所、去辰冬より座頭・瞽女共ねたり候ニ付、此度も山崎へ遂相談、前々之通ニ可相心得旨、座頭共へハ山崎申付、町方へハ役所より申触候、

口上之覚

一、敦賀組瞽女之内、当地瞽女共座頭之手を離レ素人ニ成候上ハ、向後吉凶ニ付別段ニ施物なと遣候義堅ク致間敷事、

一、施物之内四ケ一ハ瞽女共へ遣候筈ニ候得共、当地ニ瞽女無之内ハ右之分施物を減請候様座頭共へ山崎検校方より申付候事、

一、去辰年以来小児施物之義ニ付違乱有之、此節検校へ遂相談候所、十九年以前五ヶ条之法相定り、去年迄ハ無子細事済来候、然上ハ先々之通可相心得旨検校方より座頭共へ申付候事、

一、初産之節、縦出入之座頭・瞽女ニても早速罷越施物之事を申候義差障可申事ニ候間、日数廿日過ニ而先年定之人数罷越候様ニ検校より座頭共へ申付候事、

右之趣山崎検校より当地座頭共へ申付候旨相達候間、町人共も右之趣ニ可相心得候、以上、

巳五月　奉行

一、元文三午年山崎検校義座頭・瞽女支配致方不宜、施物等貪たる義有之御呵、其後小浜町施物之義町奉行共より其程ニ申付候由申来、

右之趣ニ付此已後敦賀座頭・瞽女違乱之義申出候ハヽ、
御城下之格式承合其趣ニ准可然候、

（『指掌録』第六冊。『敦賀市史』史料編、第五巻、二〇五～二一一頁も参照）

享保四年（一七一九）、現長野県伊那市高遠町。高遠領内の宗門人別、座頭・瞽女人口（「高遠地方旧記」）

一、享保四亥年
人数合四万弐千十人
内男弐万千七百六十四人
女弐万弐百四十六人

[略]

右の内

[略]

座頭・瞽女　百拾人

（『高遠町誌』上巻、歴史一、六五一頁）

享保五年（一七二〇）、現千葉県銚子市飯沼町。飯沼村の座頭・瞽女人口

一、享保五庚子歳飯沼村家数合千四百九拾弐軒
　人数合六千八百四拾九人　穢多弐人除
　　内
　　　八人　座頭
　　　四人　皷［瞽］女

（『玄蕃先代集』七二一頁）

［略］

享保六年（一七二一）正月（正しくは二月か）、現愛媛県宇和島市。宇和島藩、座頭・瞽女への扶持増加（『伊達家御歴代記事』）→寛文十一年（一六七一）八月九日他

正月［略］
一、座頭・ごぜ御介抱米、座頭五俵、ごぜ三俵宛之処、近来相減、願出も有之、無余義相聞候ニ付、御介抱米之外、年々三十俵宛被下候。

（『記録書抜　伊達家御歴代記事』第一巻、三二六頁）

享保六年（一七二一）二月七日、現愛媛県宇和島市。宇和島藩、座頭・瞽女への扶持増加（『記録書抜』）→寛文十一年（一六七一）八月九日他

七日、一、座当・こせ御扴抱米、座当五俵ツツ、こせ三俵ツツ之処、近年相減、願出無拠相聞付、御介抱米之外ニ三拾俵ツツ、年々被下候段、御目付武田逸八郎へ申渡候事。

（『記録書抜　伊達家御歴代記事』第一巻、一三〇頁）

享保六年（一七二一）四月。幕府の定

女中条目
　定
［略］
一、長局へ出入候ごぜは、二人きわめおき申へき事、

（『徳川禁令考』前集第三、五七〜五八頁［一二七七号］）

享保六年（一七二一）七月十六日、現鳥取県。鳥取藩、幕府が藩の人口調査を命じる（『因府年表』）

十六日　従二幕府一御両国人民の員数被レ成二御書上一候様被二仰出一候に付、左の者共屋敷内へ居申候はゞ、書出可レ申。尤、侍中家来の分は不レ及二書出一候旨被二仰触一。
　浪人・僧並尼・職人・日庸・座頭・盲女

（『鳥取県史』第七巻、三四九頁）

享保六年（一七二一）八月、現埼玉県上尾市南。南村が提出した申渡書の請書　→享保十年（一七二五）四月

（表紙）
「　　松平九郎左衛門御代官所

享保六年
村々江申渡之書付
辛丑八月
「覚」
[略]
一、狂言師人形廻浄瑠璃小歌をうたひ、三味線引盲女・座頭其外諸勧進仕者、右之類支配之内道中筋往還之者ニハ一宿免之候、其外村々に往来之者は各別、他所より呼請逗留之儀ハ不申ニ堅一宿為致申間敷候、若子細有之差置品有之ハ、早速役所へ訴之可請差図事
附、三味線を引小歌をうたい渡世仕者は、以年老産業を失ふものニ候条、若右之類支配之内ニ住来ハ早々家職をかへ永キ渡世之業を可心得事
（『上尾市史』第三巻、資料編三、七九頁、八一～八二頁）

享保六年（一七二一）九月一日、現愛媛県。宇和島藩の座頭・「盲女」人口

一、百性［姓］八万六千六百拾人内男四万六千弐百三拾九人
女四万三百七拾壱人
[略]
一、町人四千百弐拾九人内男弐千弐百七拾三人
女千八百五拾六人
[略]
一、座当弐百七人内男百三拾九人
女六拾八人
此内
当歳より十四歳迄三拾人内男拾七人
女拾三人
十五歳以上百七拾七人内男百弐拾弐人
女五拾五人
一、盲女五拾六人内当歳より十四歳迄七人
十五歳已上四拾九人
当丑年改
惣人高九万五千九百四拾六人内男五万千四百八拾九人
女四万四千四百五拾七人
（安沢秀一「御城下町郷中無緑其外共人高改帳」『史料館研究紀要』一二号、一八六～一八七頁）

享保六年（一七二一）十二月二十八日条、現福岡県・熊本県。筑後国三池郡楠田組岩津ノ原出身の瞽女「くみ」が肥後国上益城郡沼山津手永唐川村で死亡（棚町《たのまち》＝現福岡県三橋町。楠田岩津＝現福岡県高田町、柳川藩。横須＝現福岡県大牟田市、柳川藩。垂見組［山門郡垂見村］＝現福岡県三橋町、柳川藩。田隅組＝現福岡県大牟田市、柳川藩。福原村＝現熊本県益城郡益城町福原。唐川村＝現菊陽町、熊本藩）

（表紙）「
享保六歳
万　御　用　覚　帳
丑之正月吉日　」

［略］

一、十二月廿八日肥後国上益城沼山津（○惣庄屋）四兵衛方より書状四通之書付左ニ書越候

一、筆致啓達候、貴御領三宅［三池］郡楠田［くすだ］手永岩津ノ原村くにと申瞽女同国の瞽女又ハ右ノ子共ヲも召連、都合五人同道ニ而、去月六日より当領内ニ入込、方々致執行、去十四日暮時分私支配唐川［からかわ］村之内井口と申所之村際ニ而、右くに頓死仕候ニ付所之庄屋・頭百姓共早速罷出見届候処、連之者共付添居何そ不審成様子も無御座候、彼石［者］儀邪宗門転類族ニ而も無之、浄土真宗ニ而山門［やまと］郡樽見［垂見］手永田ノ［棚］町村浄光寺旦那ニ而候間、死骸は於当所同宗之寺を頼葬度段、連之者共願ニ付、任望福原村皆乗寺土葬仕候、くに所持之衣類諸道具等は連之面々ニ相渡候、則同道人書付写并くに諸道具之請取手形之写、且又取置寺之証文所之庄屋・頭百姓共口上書ともニ四通入御披見候、尤右之者共ニ人被相添差越申候、此段為可得御意如此ニ御座候、恐惶謹言

十二月

肥後国上益城［ましき］惣庄屋
沼山津四兵衛　判

筑後国三宅［三池］郡楠田手永岩津之原村
御支配之御大庄屋様人々御中

口上書

私共同道之瞽女くに於当所頓死仕候ニ付、死骸取置之儀願申候処、勝手次第仕候様ニと被仰付候ニ付則上益城沼山津手永福原村皆乗寺を頼、土葬仕候、依之右くに所持仕候衣類諸道具私共ニ御渡被成候分左之通御座候

一、木綿古布子壱ツ、表白鼠、裏浅黄
一、同古袷壱ツ、表白鼠、白裏
一、同古帯壱筋、無地花色
一、同古半手拭壱ツ
一、同風呂敷壱ツ、浅黄
一、同古白袋壱ツ
一、銭百四拾四文
一、古三味線壱ツ

右之分御渡被成受取申候、此外所持之品無御座候、以上

享保六年十二月

筑後国三宅［三池］郡侘广［田隅］手永横津［須］村
くに弟子瞽女さつ　印
同郡同村右さつ世悴　小市　印
同国山門郡樽見［垂見］手永田ノ［棚］町村瞽女　ふく　印

同郡同村右ふく娘聟女
まつ　印

肥後国上益城沼山津手永唐川村御庄屋
孫右衛門殿

沼山津四兵衛殿

証文

筑後国三宅［三池］郡楠田手永岩津ノ原村くにと申聟女今月十四日於当
所頓死ニ付死骸当寺を頼取置ニ申度由ニ而則拙僧葬申候、仍証
文如件

享保六年十二月

肥後国上益城沼山津手永福原村浄土真宗
皆乗寺　判

筑後国三宅［三池］郡楠田手永
岩津ノ原村御支配也
御大庄屋殿

仕上口上之覚

筑後国三宅［三池］郡楠田手永岩津ノ原くにと申聟女之由、作十四日
暮時分当村之内井口と申所之村際ニ而頓死仕候を見逢申候ニ
付、私共罷出連之者共立合右死骸吟味仕候処ニ打疵切疵等も
相見へ不申候、何そ之不審成様子も無御座候、死骸ニハ番人
附置申候、右くに儀切支丹転類族ニ而も無之、浄土真宗ニ而
筑後国山門郡樽見［垂見］手永田［棚］ノ町村浄光寺旦那ニ而御座候間、死
骸は於当所ニ同宗之寺を頼取置申度由連之者共願之書附差出
申候、則くに所持之品々相改候処左之通ニ御座候、

一、木綿古布子壱ツ、表白鼠、裏浅黄
一、木綿古袷壱ツ、表白鼠、裏白地
一、木綿古帯壱筋、無地花色
一、木綿古半手拭壱ツ
一、木綿風呂敷壱ツ、浅黄
一、木綿古白袋壱ツ
一、銭百四拾四文
一、古三味線壱ツ

右之通りニ御座候、此外所持之品無之候由、連之者共申達候、
此段以書付申上候、以上

享保六年十二月十五日

唐河村庄屋
総右衛門　判
同村横田
太郎兵衛　判
同村頭百姓
善七　判
同村右同
孫四郎　判
同村右同
甚之介　判
同村右同
角之丞　判
同村右同
甚四郎　判
同村右同
彦七　判

右之通注進仕候ニ付、即刻
罷出相改候処打疵切疵
とても無御座、紙面之通ニ付
加判仕上候、以上　判

沼山津四兵衛殿　判

片山九郎兵衛殿　判

北垣市郎左衛門殿

御奉行所

口上書

一、女壱人　瞽女　くに　六十四歳

右は筑後国三宅[三池]郡楠田手永岩津ノ原村之者ニて、私共致同道去月六日より当御領内江入込方々致執行、昨十四日暮時分上益城沼山津手永唐川村之内井口と申所之村際ニ而右くに頓死仕候、尤未頓死後共ニ私共付添居申候ニ付、紛敷儀無之、尤於当所何そ申分も無御座候、彼者儀切支丹転類族ニ而も無御座、浄土真宗ニて、筑後国山門樽見[垂見]村手永田[棚]ノ町村浄光寺旦那ニて御座候間、くに死骸ハ於当所同宗之寺を頼葬申度候間、此段被成御沙汰可被下候、己[已]上

享保六年十二月十五日

筑後国三宅[三池]郡侘广[田隅]手永横津[須]村
くに弟子瞽女　さつ　印

同郡同村右さつ世悴　小市　印

同国山門郡樽見手永田[棚]ノ町村瞽女　ふく　印

同郡同村右ふく娘瞽女　まつ　印

肥後国上益城沼山津手永唐川村御庄屋
孫右衛門殿

沼山津四兵衛殿

肥後より使参候節他出分ニ致清右衛門より受取出シ申候両通之写

手形

一、沼山津四兵衛殿より次郎右衛門方江被下候荷箱壱ツ、右御持参請取預り召置申候、次郎右衛門他出仕候ニ付即答不申進候罷帰候ハヽ、即刻見せ可申候、以上

筑後国三池郡楠田大庄屋
椛嶋次郎右衛門内
清右衛門

十二月廿八日

沼山津四兵衛殿御使
市右衛門殿
正三郎殿

覚

三池郡田隅懸り横須村瞽女
一、さつ

同郡同村右さつ世悴
一、小市
山門郡
垂見郡懸り棚町村瞽女
一、ふく
同郡同村右ふく娘
一、まつ

右之者共爰元ニて、御連越被成預り召置之候、両在所へ次郎
右衛門罷帰次第申越相渡可申候、以上

筑後国三池郡持田大庄屋
椛嶋次郎右衛門内

十二月廿八日　清右衛門

市右衛門　判
正　三　郎　判

肥後国上益城惣庄屋
沼山津四兵衛殿御扶

右之通私ハ寅ノ年紙面ニ書越申候

（『万御用覚帳』樺島文書）

享保六年（一七二一）序。武蔵国矢口の翁が農民に不相応な婚礼を弾劾、その対策を提言

且又国々領々により、座頭、ごぜ夥しく集る事、是又大き成難儀たり、いか様に隠密にしても、それ〴〵に聞耳に付けて早く知る事、蝿の香に集まるが如し、所により五十人、百人、二百人も集る、あく迄酒食を貪り喰ふての上、其間随て分を立て、祝儀ねだる、此入用又婚礼の諸入用に倍す、無益の迷惑いふばかりなし、表向斗にて内所不如意の者、是より借金を仕出し、果は潰と成る事多し、

［略］

賢臣有て世に令を下し、是等の費を停止し給はんに、［略］座頭の遠方より集る事を制し、其の領限にして、常に其領の座頭をば領内の世話とし、平生憐みたすけて相応に役をする程の救をなさば、還て世上の座頭の為とも成りなん、

（『民間省要』一〇五〜一〇六頁）

享保七年（一七二二）、現和歌山県。紀伊藩、「御倹約被仰出之趣」（文化三年［一八〇六］十月、「文化度険（倹）約之定」として再触）

一、座頭・盲女等ニも麁服を着為致可申事

（『和歌山県史』近世史料、第一巻、八五一頁）

享保七年（一七二二）、現長野県松本市。松本領、「享保七壬寅年、同八癸卯年松本領両郡宗門改目録写」（『信府統記』二十五）

信州松本領町在々宗門改人高宗旨分ケ目録

［略］

惣人高十万六千六百九人内　男五万六千五百十一人　女五万九十八人

［略］

一、八拾五人　　座頭
一、五十三人　　瞽女
一、六人　　　県神子
［略］
（『新編信濃史料叢書』第六巻、五〇三〜五〇四頁）

享保七年（一七二二）、現三重県松阪市。伊勢松坂平生町の倹約令　→嘉永七年（一八五四）八月

享保八年（一七二三）五月。江戸の「盲女」人口（『半日閑話』巻七）

○江戸惣町数并男女数
一、千六百七拾弐町但御代官支配除」之
　一、家数拾弐万八千五百五拾五軒
一、人数五拾弐万六千弐百拾人内男弐拾弐万六千百九拾七人 女三拾万拾三人
外に
出家　弐万六千九拾七人
盲目　六千弐拾三人　　山伏　七千七拾五人
盲女　千七人
［略］
右享保八卯年五月御改有」之
（『半日閑話』一八三〜一八四頁）

享保八年（一七二三）九月、現長野県松本市。松本領、「享保七壬寅年、同八癸卯年松本領両郡宗門改目録写」（『信府統記』二十五）

信州松本領町在々宗門改人高宗旨分ケ目録
［略］
惣人高十万五千四百六人　内男五万六千三人 女四万九千四百三人
［略］
一、九十一人　　座頭
一、五十七人　　瞽女
［略］
一、八人　　県神子
（『新編信濃史料叢書』第六巻、五〇五〜五〇六頁）

享保九年（一七二四）三月、現山口県。萩藩法、座頭・瞽女の賄いなどに関する書付（「二十八冊御書付」）　→享保十年（一七二五）九月、享保十三年（一七二八）八月十九日

御国中座頭・瞽女諸在々往来の節、古法を以庄屋本より賄人馬共ニ無煩差出筈の事ニ候、元来盲の儀ニ候へは上よりも御憐愍被成、下ニも相いたわり、往古より如此の儀候処、近年座頭・瞽女往来の節、賄等中々あらましにて古法ニ違ひ惣て取相不申、人馬の儀も何かと相滞り馬をは差出不申由、相争ひ申所柄も有之由相聞候、惣て盲を相いたわり候志無之様相

聞不謂儀候、向後古法ニ戻し座頭・瞽女往来の節賄人馬共ニ不相支様ニ庄屋目代等可致沙汰候、且又座頭・瞽女共却て何かと不謂緩怠を申、盲御憐ミの御法ニ募り、庄屋目代等えも権柄成儀共申候ハヽ、其段可申出候、兼て左様の儀不仕様、座頭・瞽女えも支配所より念を入、申聞せ置候様沙汰相成候間、旁可得其意候事

一、右の通ニ沙汰相成候て、座頭・瞽女等大分の往来ニて庄屋共迷惑仕儀も可有之候条、向後は壱年中座頭・瞽女賄等の儀、兼て帳を拵置付記し、至暮御代官所え差出可申候、其上ニて過分迷惑仕儀候ハヽ、品ニ依て御了簡の筋も可有之候事

(朱)「享保九年三月」

（『山口県史料』近世編、法制上、七〇七頁）

享保九年（一七二四）四月、現山口県。徳山藩法、座頭・瞽女への扶持（河合裕『「徳山」藩史』巻之七雑之部）

座頭・瞽女扶持方米之事

一、享保九年甲辰四月近年座頭・瞽女諸送り大分ニ相成、賄旁ニ付御領分村々百姓中令迷惑候、依之座頭・瞽女江扶持方宛行被仰付、他領江執行ニ罷出候義被差留候時は他所他国之座頭・瞽女送り不仕、甘キニ相成候通御断申出候、座頭座本よりも御扶持方被下置候様ニ御歎申出候、然は送り等御領分物切ニ相成義脇々並有之候得共、猶又為聞合坐本山一より萩勾当初島方江度々令通達、勾当より返書差越候萩より為聞合小傳一と申座頭京都指登せ検校江問合候処、送留申義相成事候由申来其段勾当より申越候、依爰ニ弥御詮義之上御領分座頭・瞽女只今弐拾人有之候付、一人扶持宛之当り都合一ヶ年分之米三拾六石宛、毎歳御領分石貫にして当辰ノ閏四月朔日より宛行被仰付候、勿論自今以後御領分之座頭・瞽女他領執行ニ罷出候義堅被差留候、座頭坐本役之者江格別之役料は不被仰付候、然共役料少々無之而は難相成筋ニ付右三拾六石之内を以立被遣候、残座頭・瞽女後年共に割方之義、座本任了簡ニ左之通被仰付候

一、衆分一人　米七俵也
一、打掛ケ座頭一人　同四俵也
一、初心座頭一人　同三俵也
一、寿名瞽女一人　同三俵也
一、小瞽女一人　同弐俵也
　但一俵土貢四斗入払計ニ〆四斗四升弐合
一、座本役料米　米八斗六升壱合

一、座頭・瞽女弟子取候義他国他領よりハ一切被停止之候、御領内ニ而無拠弟子取申候共人柄遂吟味取立可申候事

一、座頭・瞽女共ニ弟子契約之前方寺社奉行所江訴之可申候事

一、座頭・瞽女共ニ死去仕候節も勿論早速座本より付届可申出候、七月已前果候者之義は助扶持半分、七月以後果候時は年分不残勘渡被仰付候事

一、座頭弟子出来候而も初五ヶ年稽古間ハ扶持米勘渡ニ不及、六年目より宛行被仰付候、小瞽女之義ハこせ成仕候翌年より宛行被仰付候間、当年より五ヶ年之間ハ不及沙汰候事

一、米渡方之義は座本より御代官所江申出手形可申談候、左候而仲間之者共座本江呼出相渡可申候事

一、他所他国之座頭・瞽女御領内ニ住居不被仰付候事

一、同年閏四月御代官役江御沙汰

御領分村々座頭・瞽女諸送差止、小貫を以扶持方米宛行被仰付被下候様ニ御願申出、段々御詮義之上願之分ニ被仰付候通、御領分座頭・瞽女弐十人米三拾六石石貫ニ〆銘々毎歳宛行被仰付候、右石辻之義ハ後年も無相違差出可申候、依之座頭座本江別紙御書付を以被仰渡候間其沙汰可有之候事

一、至後年御領分座頭・瞽女増候扶持方米引当、今年辰より午ノ年迄三ヶ年之間御領分石別三勺当り小貫米仕置候、此米之義ハ御貸付同様ニ御役人なやミ被仰付、利米を以二十人之外増候座頭・瞽女江勘渡被仰付候事

附、座頭・瞽女多人数ニ相成利米ニ而不足之時地下貫ニ不被仰付、御米を以足被下候事

一、座頭・瞽女弐十人之内減候時は年々地下貫三拾六石米之内ニ而残米ハ右御貸米支配之役所御請取せ被成候事

一、元文五年庚申十二月三日御領分座頭・瞽女諸送り被差止、村々小貫米を以扶持方宛行被仰付候、其節は座頭・瞽女二十人有之米三拾六石石貫にして毎歳宛行被仰付候、尤後年座頭・瞽女増候扶持方引当として享保九年辰年より午年迄三ヶ年之問石別三勺ツヽ貫米被仰付、貸附にして利米を以弐十人之外座頭・瞽女江勘渡被仰付候、瞽女・座頭多人数相成候而も此外地下貫不被仰付候通其節御沙汰相成候、其後座頭・瞽女段々相増候故、相定候貫米并利米引合候而も不足候付、近年御米被差添勘渡被仰付候、此先ともに年々御足米被仰付候義難被為成候間、右相定候貫米三拾六石之処来酉ノ年より丑ノ年迄五ヶ年之間五拾石宛貫被仰付候、纔なから相増候段地下ニも迷惑ニ可存候得共、元来瞽女・座頭諸送り仕迷惑仕候故、右之通被仰付たる義ニ候間此段相考、右貫米差出可申候事

一、延享二年乙丑十月御領分座頭・瞽女諸送被差止、村々小貫米を以扶持方宛行被仰付候、座頭・瞽女三十人ニ被相定扶持米年々五拾五石六斗三升三合宛之処、近年貫米貸付之利米拾四石五斗弐升九合五勺五才有之候、只今迄暮々五拾石宛貫候得共、当暮限り之前御沙汰候得は先々ハ上より之御勘渡被仰付外無之候、左様ハ難被為成事ニ候間、来暮より亥ノ暮迄十ヶ年只今迄之通り五拾石宛貫被仰付候、然時は子ノ暮よりハ以利米勘渡相成積りニ候、纔なから地下ニも迷惑可存候得とも元来諸送り仕迷惑仕候故、右之通被仰付たる義候間此段相考貫米差出可申候事

一、宝暦六年丙子九月十二日瞽女・座頭扶持米去ル寅年より去

ル亥之暮迄、於地下貫米被仰付候処ニ今少し不足有之候間、
又々当子ノ暮より来ル辰暮迄五ヶ年之間近年之通年々石割
(附)府貫米被仰付之

（『徳山市史史料』上巻、七三三～七三五頁）

享保九年（一七二四）七月、現山梨県笛吹市境川町石橋。石橋村の座頭・瞽女人口

(表紙)「享保九年
辰七月　日
甲州八代郡小石和筋石橋村諸色明細書上ケ帳」

［略］

一、人数　五百八人
男弐百弐拾七人
内壱人　座頭
壱人　山伏
壱人　社人
女弐百七拾三人
内壱人　ごぜ

（『境川村誌』資料編、二八五～二八六頁）

享保九年（一七二四）八月二十一日、現石川県金沢市。加賀藩、藩祖前田吉徳入国の際に座頭・「盲女」へ配当支給（『政隣記』）

八月廿一日御入国為御祝儀、座頭・盲女江青銅二十五貫文被下之。

（『加賀藩史料』第六編、四七四頁）

享保十年（一七二五）四月二十二日。幕府、「大納言殿御元服」の儀式の際に「瞽者・盲女」へ配当支給

同じ御祝により瞽者。盲女に鳥目若干を賜ふ。

（『徳川実紀』第八篇、三六九頁）

享保十年（一七二五）四月十三日、現茨城県古河市三和　↓享保六年（一七二一）八月

(表紙)「享保十年
巳四月十三日御引渡
池田喜八郎様御条目　写
山本伴助
岡部藤市
白石林右衛門」

［略］

一、狂言師・人形廻シ・浄瑠璃・小歌を謡、三味線引・盲女・座頭其外諸勧進仕者、右之類支配之内、道中筋往還之ものハ一宿其外村々ニ住来ル者格別、他所より呼請逗留之儀は不及

申、堅一宿為致間敷候、若子細有之差置品有之は、早速役所へ訴之、可請指図事

附り、三味線引・小歌を謡渡世者ハ、年老産業を失ふものニ候、右之類支配所之内ニ住来ハ、早速家職を替、渡世業を可（衍カ）得心得候事

（『三和町史』資料編、近世、一五八頁、一六一頁）

享保十年（一七二五）九月、現山口県。萩藩法（「二十八冊御書付」）→享保九年（一七二四）三月、享保十三年（一七二八）八月十九日

一、座頭・瞽女御国中在々廻り候節、地下のいたわり疎の様ニ相聞候付、去年僉議の上書立を以地下並座頭・瞽女えも申聞せ候の処ニ、頃日は座頭・瞽女共ニ御恵御仕法ニ募り、地下ニて理不尽の儀申候者も有之、第一多人数相催連立ありき候て、人馬賄等ニ地下の迷惑不大形由諸所より申出候、依之向後の儀は同道弐三人の外無用ニ可仕候、且又弐三人つれニても方々より出合、其村ニて多人数ニ相成候節ハ行懸りの方角〳〵を以近村え可罷越候、一村ニ弐三人より外宿不仕せ様申付候間、到其節地下庄屋年寄又は畔頭より其趣申達候節、否不申様ニ座頭共可相心得候事

一、瞽女の儀は座頭同道ニて廻り可申儀ニて無之、殊ニ相宿等可仕儀ニて無之候条、瞽女の儀は格別ニ廻り可申候、若不作法ニ座頭同道ニて廻り候ハ、其分ニて被差置間敷候、尤瞽女たり共弐三人の外つれ立申間敷候、都て座頭同前ニ可相心得候

一、座頭・瞽女廻り懸り、七ツ過候ハ、其村一宿可仕候、七ツより内ニ候ハ、先の村え可相送と申候ハ、可得其意候、然処ニ此間迄ハいまた日高キ時分、先の村え可相送と申候へは、賄料過分ニ貪候者も有之由相聞候、不謂心底ニ候、畢竟盲ハ平人の産業も不相成者ニ付、相いたわり御恵を以送り賄等も被仰付事ニ候処、其儀不弁甚不心得の至候、屹と相改此度申付候通可相守候事

一、他国の座頭・瞽女往来一宿の儀は兼て不相滞様申付儀候、然処ニ御国の座頭・瞽女他国者ニ紛れ候て、猶又緩怠の申方有之由相聞候、向後は村々ニ御本手の座頭・瞽女の名付付立を取、随分僉議仕、自他国者の差別相糺候様ニ申付候、右の通他国者ニ紛れ拵へ事を以弥理不尽申者も候は其儀相聞次第一廉曲事可申付候事

一、右の通ニ申付候趣、在々えも申聞せ置候条、此後座頭・瞽女此度申渡候旨を相背、存外の儀申者候ハ、其座頭・瞽女留置、早速趣申出候様ニ申付置候、其上ニて相窮弥不謂儀候ハ、一廉曲事ニ可申付候事

一、右の廉々謹て可相守由、座頭・瞽女共ニ一郡切ニして夫々請状可仕候事

一、右の通ニ申聞候、趣ニ依て地下役人ニても対座頭・瞽女ニ無体の儀を申候欤、堪忍難相成趣候ハ、、其詰申達置可申出

候、弥役人不心得申方ニ候ハヽ、其分ニて被差置間敷候、且又其節座頭・瞽女の申方不詰の儀候ハヽ、猶可及沙汰候事
右の廉々座頭・瞽女ともに謹て相守候様ニ手堅可有沙汰候以上
(朱)「享保拾年」
巳九月

(『山口県史料』近世編、法制上、七〇七〜七〇八頁)

享保十年(一七二五)九月、現長野県松本市。松本領松本町の座頭・瞽女など人口

(表紙)
「享保十乙巳年九月
松本町帳面」

覚

一、博労町入口より安原出口町木戸迄
丁間弐拾五丁　通町数六ヶ町
惣町数拾三町

本町　博労町　伊勢町
中町　飯田町　小池町　宮村町
東町　和泉町　安原町　上横田町　下横田町　山家小路

一、惣町家数千弐百三拾三軒
一、竈数弐千三百五拾壱軒
人高八千弐百六人　松本町
内
男　四千三百拾七人
女　三千八百八拾九人
内
僧　七拾人
道心　七拾八人
尼　九人
山伏　八人
神主　三人
先達　壱人
行人　壱人
神子　五人
座頭　拾六人
瞽女　弐拾四人

(「松本町帳面」)

享保十年(一七二五)十一月二十一日、現鳥取県。鳥取藩法

享保十年十一月廿一日
一、座頭・盲女・取揚祖母衣類御法被仰出候事、委細、御家中御法之部ニ出之

(『藩法集』第二巻、一三頁〔四七号〕)

享保十年(一七二五)、現長野県。松本藩の座頭・瞽女人口

(『享保十年松本町雑纂』)

在方人数
合七万七千八百三人内　男　四万八百四十六人
　　　　　　　　　　　女　三万六千九百五十七人
浪人九人　家内〆合三十三人　男十八人　女十三人
二口〆
　六万七千八百三十四人
　　内
出家　四百四十六人
［道］同心　四十九人
神主社人　七十八人
山伏　七十五人
　内
［略］
神子　十三人　八乙女　八人
幄子社人　七人　座頭　二十四人
瞽女　四十人　梓神子　十人
（『長野県史』近世史料編、第五巻［二］、三八三頁）

享保十年（一七二五）、現新潟県長岡市。長岡の瞽女頭「ごい」の由緒　→明治二十四年（一八九一）九月十五日

享保十一年（一七二六）三月二十一日、現長野県松本市。松本城下松本町の座頭・瞽女人口　→享保十一年（一七二六）九月

（表紙）「代々
　諸事書留覚
　　河辺与兵衛　」
［略］
享保十一年丙午年三月廿一日
御城請取之節改
松本町
　家数〆三千七拾三軒
　　内　本家　千三百八拾三軒
　　　借屋　千六百九拾軒
人数〆九千八百七拾七人
　内　男　四千九百九拾七人
　　女　四千八百八拾人
［略］
座頭　十六人　瞽女　廿四　人
（『代々諸事書留覚』河辺義正家文書）

享保十一年（一七二六）四月、現岐阜県関市。関郷の座頭・瞽女人口

濃州武儀郡関郷人別
一、惣人数四千弐百六拾壱人　弐歳以上　当午四月改
　内

百姓　七百四人
町人　九百七拾人
女　弐千拾壱人
出家　寺数弐十ケ寺　五拾五人
山伏　寺数三ケ寺　拾四人
医師　拾弐人
座頭　弐人
こせ　五人
諸職人　内弐百五拾人鍛冶職　三百九拾人
尼　九人
乞食　八拾人内　男五十弐人　女弐十八人
穢多　九人内　男五人　女四人
合四千弐百六拾壱人

（『新修関市史』史料編、近世二、五二二頁）

享保十一年（一七二六）四月、現愛知県豊川市千両町。下千両村郷の瞽女人口

（表紙）
「享保十一年
三河国宝飯郡下千両村郷差出帳
午ノ四月」

［略］
一、瞽女　壱人　御座候
［略］
一、惣人数　六百三人　内男三百八人　女弐百九拾五人　内僧壱人　瞽壱人

（『新編豊川市史』第六巻、八五七頁、八六三頁、八六七頁）

享保十一年（一七二六）八月十三日、現岩手県。八戸藩の座頭・瞽女人口（『八戸藩日記』八戸市立図書館蔵）→享保十七年（一七三二）六月二十六日、元文三年（一七三八）四月二十六日、延享元年（一七四四）六月二十九日、寛延三年（一七五〇）七月二十八日、宝暦二年（一七五二）二月一日、宝暦四年（一七五四）二月二十六日

八月十三日
領内町人・百姓・僧・社人・諸職人、惣人数覚
三戸郡・九戸郡・志和郡
五万七千八百四拾三人
内　町人百姓　五万七千百四拾八人、男弐万九千三百四拾六人・女弐万七千九百弐人
僧　百四拾九人
社人　五人
山伏　百三拾七人
神子　三拾八人

座当　百弐拾五人
ごぜ　七拾四人
諸職人　百六拾七人、但弐歳以上改之
右之通御座候、以上
（『久慈市史』第四巻、史料編一、四三四～四三五頁）

享保十一年（一七二六）九月、現長野県松本市。松本城下宮村町の瞽女人口　→享保十一年（一七二六）三月二十一日

享保十一丙午年九月
宮村町指出し帳
一、宮村町長サ百三拾弐間弐尺
内役祓地川幅小路共ニ中町境より
南小路迄
家持　五拾八人　役人共ニ
借屋　六拾弐人
竈数　百弐拾軒
年々増減御座候
人数高四百七拾三人　内男弐百五十弐人
女弐百十壱人
但　午年宗門御改高
［略］
一、寺社七ヶ所
内　弐ヶ所真言宗　僧　三　人
人数弐十九人　尼　弐　人
女　十壱人
男　十三人
三ヶ寺禅宗　僧　十壱人
人数五十五人　男　廿四人
女　弐十人
弐ヶ所神主　男　十七人
人数五十五人　女　十四人
ごぜ廿四人
右ハ門前借屋共ニ
（『代々諸事書留覚』河辺義正家文書）

享保十一年（一七二六）十二月、現鳥取県。鳥取藩法

座頭・盲女・取揚祖母衣類、上着木綿、裏・下着田舎絹、帯ハ金絲・縫箔・結鹿子停止之、帷子も金絲・縫箔・結鹿子着間鋪事、
（『藩法集』第二巻、二二六頁［一六四号］）

享保十一年（一七二六）成立。瞽女に関する規定（当道座の「座頭式目」）

一、座頭之妻に瞽女持事、堅法度たり、当分不及改道に夫婦の

内壱人ハ芸を止メ可申候、且又旅行之節夫婦一方へ同道不可
致事

一、惣別祝儀・仏事有之方江執行に出し節、猥に瞽女を伴ひ出ル事、以之外見苦敷相聞候間、堅同道可為無用事

一、瞽女の作法ハ座頭中間の古法を相守、万事中間よりの差図を受へし、ごぜの官寿成り之事、十年已後何国ニ而も法事寄合有之所ニ而ハ、座立へ相断、其名を改め瞽女と名を付へし、十年前小瞽女といふ老たるを寿親と可仕事

(「座頭式目」。中山太郎『日本盲人史』[正編]、二六六〜二六七頁、加藤康昭『日本盲人社会史研究』二五〇頁、二五三頁も参照)

享保十二年(一七二七)三月二十二日、現大分県杵築市。杵築城下

三月廿二日

一、芥屋曽兵衛組ニ居申候中津ごぜ阿さ音儀、町役只今迄相勤候処、不勝手殊ニ盲人之儀ニ有之候間、町役差免くれ候様ニ奉行所より被仰付、則組頭申渡候事

(『町役所日記』第三巻、四四八頁)

享保十二年(一七二七)七月六日、現徳島県。徳島藩の倹約令

一、座頭衣類、検梗[校]・勾当之外、毛綿布可着之、下着並裏・帯至迄右同然、但、座頭装束ハ可為各別、付、こせ衣類座頭同前之事

[略]

未七月六日

(『藩法集』第三巻、三四頁[九〇号])

享保十三年(一七二八)二月十九日、現山梨県山梨市下井尻。甲斐国山梨郡下井尻村(依田家文書)

(表紙)「享保十三年
祝言諸色覚
戊申之二月十九日　矩長
依田与右衛門」

[略]

一、新甲弐朱　十一月十八日　座頭祝儀
是ハ東郡座
一、同壱朱　府中座
一、同壱朱　浄三代ニ遣ス
一、同朱中　中郡座
一、銭五拾文　ごせ共

(『史料叢書』一、近世の村・家・人、二五八頁、二六四頁)

享保十三年(一七二八)三月二十七日、現新潟県長岡市。長岡の瞽女頭「ごい」の由緒　→明治二十四年(一八九一)九月十五日

享保十三年（一七二八）五月、現富山県。富山藩、町方困窮のため祝儀施物の簡略に関する申渡

近年町人困窮当然之暮し方も及難渋候、依之向後於町方座頭・盲女婚礼之祝儀并茶灯之節施物指遣候義只今迄より割合減し候之様可相心得事

一、祝儀物并施物向後者町内日行使人々分限相斗為致出銭座頭・盲女へ可相渡候、其上我侭申候者可及断事

一、死去人在之一七日之茶灯之節座頭共罷越過分ニ施物を取斎非時振舞候様ニ我侭申懸候由相聞候、向後左様之品有之間敷事

一、他国他領之山伏当年多入込勧進仕由相通候、通り町一遍之義者不苦候、併貝吹立申間敷候、勿論脇町へ入込不申様ニ当地山伏頭へ申渡置候事

一、他国他領山伏一宿者留可申候、二夜共相留メ申間敷候、山伏方ニ止宿仕候義者格別之事ニ候事

右之通御寄合所へ申上申渡候条入念可申渡候、以上

申五月　　　　　　　　　　町奉行所

当番町年寄中

（『町吟味所御触留』三七頁）

享保十三年（一七二八）五月、現富山県。富山藩、「野廻足軽へ申渡之事」

覚

於御郡不依何者御格法を相背候仕方有之候ハヽ、其人ニ不相向拙者共へ密ニ可被申聞候、但し難聞捨口論又ハ酒狂人口上可被申聞候

［略］

一、百姓共并忰又ハ盲女人等ニ至迄、分限上り過たる風体仕、改作方不踏込、或他所へ罷越、或当町方悪所へ罷越もの見聞候ハヽ、可被申聞事

（『富山県史』史料編、第五巻、二一四頁）

享保十三年（一七二八）八月十九日、現山口県。萩藩法（「二十八冊御書付」）→享保九年（一七二四）三月、享保十年（一七二五）九月

覚

一、近年地他国の座頭・瞽女、多人数同道ニて不断御国中廻在仕、送りの人馬賄等其外色々我侭の儀共申候て、百姓農業の妨ニも相成別て迷惑仕候間、御仕法被相改、他国の座頭・瞽女御国中え参候儀被差留、尤御国中の座頭・瞽女廻在仕候節も、不心得の儀無之様被仰付被下候様ニと、御代官中より被申出候付て、段々詮儀被仰付候処、御隣国の格も有之付て、他国の座頭・瞽女御国中え廻在参候儀被差留候、然は御国中の座頭・瞽女為廻在他国罷越候儀も被差留候間、此段御国境御代官中より御隣国可被申達候事

一、此以後御国中の座頭・瞽女廻在仕候節、多人数の同心不仕

弐三人宛男女入交らす同道ニて廻在可仕候、兼て寺社所より遣置候提札を相窮、往来可被申付候事

一、宿々出足の儀朝五ツ時過、泊りハ日入時分迄ニ可仕候、天気悪敷時分と候ても一所ニ二泊り仕候儀は被差留候事

一、宿々送りの儀は馬送りニ可被申付候、馬不如意の所も有之事候条、左様の所ニては荷物人夫ニて送り、座頭・瞽女共は歩行ニて往来可被申付候事

一、賄の儀は、其所有相の物を以庄屋とも心次第ニ可仕候、座頭・瞽女共ニおゐて好事なと仕候儀全有之間敷候事

一、芸能有之者え其芸所望仕候は少々の施物等も可有之候、左様も無之、瞽女・座頭えは一切遣物等無用ニ可被申付候事

右、座頭・瞽女廻在被差免、賄送り等被仰付候段は偏ニ御憐ミの筋を以被仰付候処ニ、御恵ニ募り還て我侭の儀申候て、百姓共迷惑仕候様有之段甚不謂儀候、向後不心得の者も有之、不謂作廻仕においてハ早速可被申出候、及御沙汰一廉可申付候、旁可有沙汰候、已上

享保十三申

八月十九日　（国元裏判渡辺）渡　小三郎

御代官中え当ル

（『山口県史料』近世編、法制、上巻、七〇八～七〇九頁）

享保十三年（一七二八）十月二日、現愛媛県宇和島市。宇和島藩、座頭・「盲女」へ配当支給（『記録書抜』）

二日、一、御任官ニ付御祝儀、座当・盲女二百人銀二百目被下候事。

（『記録書抜　伊達家御歴代記事』第一巻、一五〇頁）

享保十三年（一七二八）十一月、現栃木県鹿沼市上石川。上石川村、高割面割に関する規定

（表紙）
「高割面割相定帳」

［略］

面役之覚

［略］

面　一、後世、座頭諸奉加

（『栃木県史』史料編、近世一、一九八頁）

享保十三年（一七二八）か、十二月二十五日、現山口県。萩藩法、座頭・瞽女の提札（「御書付其外後規要集」）

一、筆致啓達候、然は前廉御沙汰相成候御国中座頭・瞽女他国（本書此所闕字）被仰付、尤提札をも御改させ被成候付て、追て新札ニ引替相澄候故、来正月朔日よりハ右新札を以通在相成候様ニと致沙汰候、依之右新札の御究印判鑑、寺社処より被差出筈ニ候間、庄屋別え御渡させ、新札ニ右判鑑引合、送り賄等相成候様早速御沙汰可被成候

一、座頭・瞽女え御渡せ被成候提札の通ニして、木札をも一宰

判え壱枚宛被差出筈ニ候条、右の分をも勘場々ニ被差置候様ニと存候、尤庄屋別え御渡させ判鑑、過不足等有之候ハヽ、寺社所え被仰達候様ニと存候、為其得御意候、恐惶謹言

（享保十三カ）
十二月廿五日

（蔵元両人役）
飯田六郎兵衛

（同）
福原次郎右衛門

（吉田代官）
玉木太郎左衛門様
其外

何郡何村何宗何寺旦那 初嶋勾当抱座頭 寺印　向 何郡何村居住

右、如此の木札座頭・瞽女持参仕筈ニ候条引合、無紛ニおゐてハ通路仕せ可申事

（『山口県史料』近世編、法制下、一九三〜一九四頁）

享保十三年（一七二八）成立。江戸（「躍《おどり》児の事」『落穂集』巻之十）

我らなと若年の比《ころ》迄の義は、おとり子（踊子）なと申ものは、たとへいかほとの高給を以召抱へ申度と有レ之候ても、御当地（江戸）の町中には壱人も無レ之、三味線と申物をは、盲目の女より外にはひき不レ申事の様に有レ之、たまさかにも目あき女中（女性）なとに三味線をならわし覚へ候もの有レ之候へは、世に珍らしき事の様に申ふれ（触）候。去に依て其節大名衆の奥方には、ごぜ（瞽女）と名付たる盲女を弐人も三人も抱へ置れ、御歴々事なと有レ之節は、三味線をならし小歌やうの物をも謡ひ、座興《ざきょう》を催し申如く是有候。当時の義は件のごせなど申者の義は、沙汰にも不レ承、野も山もおとり子三味線ひき斗のことく罷成候は、元禄年中以来の義にても有レ之候哉。

（『落穂集』二四四頁）

享保十四年（一七二九）四月、現福島県棚倉町。棚倉古町新町の座頭・瞽女人口

（表紙）
「奥州白河郡棚倉
両町差出帳
松平右近将監様」

［略］

一、新町間数　四町五拾弐間

［略］

本家借家人数　五百三拾五人
男　弐百九拾壱人
女　弐百三拾三人

山伏　八人　　　座頭　弐人
盲女　壱人
［略］
惣合両町人数　千五百弐拾人
内　男　八百三拾壱人
　　女　六百七拾壱人
　　山伏　十四人　　座頭　三人
　　盲女　壱人
［略］
一、盲女壱人　但新町座頭城初女房

（『福島県史』第八巻、九七九～九八〇頁）

享保十四年（一七二九）五月、現新潟県長岡市（「内川付近及び大川東通絵図」［長岡町の地図］の解説）

内川より西通享保十四酉年五月御改御渡被成置候、御絵図面之侭記之
［略］
古せ屋敷

（「内川付近及び大川東通絵図」『長岡の地図』一四頁も参照）

享保十四年（一七二九）十二月十一日。江戸、「竹姫君様御入輿之件」、徳川綱吉および徳川吉宗の養女「竹姫」（浄岸院、宝永二年～安永元年［一七〇五～七二］）と薩摩藩第五代藩主島津継豊との婚儀（「旧記雑録、追録」巻七十壱）→次項

一、御入輿之当日、御本丸御女中之内、岩野様御右筆衆壱人、御使番壱人被差越候、且又、竹姫君様御供之内より御先江御中臈三人・御次頭壱人・御右筆壱人・御次弐人・呉服之間録人・こせ壱人・御三之間五人・御末壱人・御中居壱人・御使番壱人・小間遣三人・御半下拾弐人被差越候付
［略］
一、竹姫君様御次頭浅野、御本丸御右筆衆おまさ・御右筆衆一人・御次弐人・呉服之間六人・こせ迄は、御女中方御詰座敷へ案内申候
［略］
一、御本丸御右筆衆壱人、竹姫君様御次頭壱人・御右筆壱人・御次弐人・呉服之間録人・こせ壱人右之人数御女中詰座敷ニ而高津・佐川表御局致挨拶、白木三方切熨斗・昆布二通り正座之衆より順々ニ相廻、茶・たはこ盆進之申候、引次塗木具ニ而御雑煮・御吸物・御差味・御銚子三篇進之申候

（『鹿児島県史料』旧記雑録追録四、四～五頁）

享保十四年（一七二九）十二月十一日か。江戸、「竹姫」輿入れの際に「盲女」などへ支度金支給（『後編柳営秘鑑』巻九）→前項

竹姫君様御供女中衆江支度料被下候覚
百五十両ツヽ、　大上﨟壱人、小上﨟壱人

百三十両ツ、　大年寄壱人、局壱人
　若年寄弐人
百両ツ、　御中臈頭壱人、御中臈七人
　御小性［姓］弐人
七十五両ツ、　表使三人
七十両ツ、　御祐筆三人、御次頭壱人
　御次四人
六十五両ツ、　呉服之間三人
六十三両ツ、　御三之間五人
六十両　盲女壱人
三十両ツ、　御末弐人
廿御領ツ、　御中居三人
十両ツ、　御使番三人
七両宛　御右筆之間、小間使二人
六両宛　御はした十弐人
以上

（『後編柳営秘鑑』二五八頁）

享保十五年（一七三〇）六月、現鳥取県。鳥取藩の衣類に関する倹約令（『因府録』巻之第弐拾四）

また同十五戌年六月御倹約被㆓仰出㆒、着類御触の事あり。侍中衣類の儀、小袖羽二重裏付上下一切木綿。尤も水入麁抹の分ハ不㆑苦、年頭御礼中上候節たりとも、木綿水入勝手次第。また年頭御祝儀に掛り候者とても熨斗目にても綿服にても勝手次第。夏袴布平高宮類の余ハ、以前の趣成が故略㆑之。座頭・盲女・取揚姥、衣類上着木綿裏・下着田舎絹、夏冬ともに金糸結鹿の子縫箔停止。

（『鳥取県史』第六巻、三一八頁）

享保十五年（一七三〇）八月、現岐阜県中津川市。旗本領、「御役方申伝留書」（遠山左京）、座頭・「盲女」への配当

「（表紙）享保十五庚戌年
　御役方三宅助左衛門申伝留書
　八月」

［略］

先例被下候面々

［略］

一、真常院様御百ヶ日御法事之節、座当・盲女配当被下候、但衆分弐百文米代、是ハ御斎被下候分ニて、代銭廿四文〆弐百廿四文、盲女初心四拾八文つゝ、外ニ米代廿四文つゝ被下候
一、御家督之御祝儀、座当・盲女配当願ニ罷越ニ付、衆分弐百文盲女四拾八文つゝ被下候、外ニ先例御料理代と有之米代廿四文つゝ被下置候、此度ハ被下間敷と有之候得共、平太夫殿江戸へ御下り之跡ニて、御返り迄相延置候ニ付、曾木村品都借り替候て皆之ものへ遣置候と願出候故、左候ハ、品都、弁

ニ可罷成候間、此度ハ御料理代米代廿四文も可被下候、重て之例ニハ致間敷と被仰渡候所ニ品都奉得其意候

（『岐阜県史』史料編、近世二、九一八頁、九二二頁）

享保十五年（一七三〇）、現長野県辰野町平出。平出村、「御停止御書付写」

一、座頭・瞽女村廻り致候節、村により名主役ニ而賄候由相聞候、自今村賄いたし名主壱人之難義不及様ニいたすへき事

（『辰野町誌』歴史編、六九七頁）

享保十七年（一七三二）四月改、現岐阜県関市。関郷の人別改書、座頭・瞽女人口

濃州武儀郡関郷人別

一、惣人数四千四百九拾六人　弐歳以上当子四月改

内

百姓　七百五拾九人

町人　千九拾六人

女　弐千弐拾五人

出家　寺数弐十ケ寺　五拾六人

山伏　寺数三ケ寺　拾壱人

医師　拾四人

座頭　壱　人

こせ　五　人

諸職人　内弐百四十八人鍛冶職　四百拾人

尼　拾壱人

乞食　九十八人内男五十三人女四十五人

穢多　拾人内男五人女五人

合四千四百九拾六人

（『新修関市史』史料編、近世二、五二三頁）

享保十七年（一七三二）六月二十六日、現岩手県。八戸藩の座頭・瞽女人口（『八戸藩日記』八戸市立図書館蔵）↓享保十一年（一七二六）八月十三日、元文三年（一七三八）四月二十六日、延享元年（一七四四）六月二十九日、寛延三年（一七五〇）七月二十八日、宝暦二年（一七五二）二月一日、宝暦四年（一七五四）二月二十六日

六月廿六日

一、御領内惣人数書留、子七月上旬ニ公儀江御書上被成写、左之通

覚

一、三万六千七百五拾壱人　三戸郡

内　男壱万八千六百人、女壱万八千百五拾壱人

一、壱万四千六百人　九戸郡
　内　男七千七百拾人、女六千八百九拾人
一、五千五拾人　志和郡
　内　男弐千七百九拾四人、女弐千弐百五拾六人
〆五万六千四百壱人
内　男弐万九千百四人、女弐万七千弐百九拾七人
僧百四拾五人、山伏百参拾四人、社人七人、神子三拾七人、座当百弐拾弐人、ごぜ七拾三人、諸職人弐百五拾六人、但弐歳以上改之
右は亥年御領内中麻疹ニ而過分ニ致病死、先達之御書上より不足仕候、以上
　子六月廿六日
右惣人数書、奥寺又兵衛ニ為御登被成ル
（『久慈市史』第四巻、史料編一、四五六頁）

享保十七年（一七三二）九月二十四日、現高知県。土佐藩、「瞽女・座頭山分江入込被差留事」（『憲章簿』盲人之部）

覚
一、瞽女・座頭山分へ入込往来之義、来春迄之内被差留候。尤里方之義は往来可仕候。
右此度御詮議之上被仰付候間、山分筋へ可被申触候。　已上
享保十七子年九月廿四日　百々弥三右衛門
藤本佐左衛門　殿
（『憲章簿』第五巻、四九七頁）

享保十七年（一七三二）十月二十八日、現佐賀県多久市（多久家『御屋形日記』）

一、堺原町東町平之允と申者娘なつ当春頃新庄増田村盲女とわと申者弟子ニ相附〔ママ〕居候処、当凶年付而被追出親之元へ参候処、親よりも追出候由之、七歳ニ罷成童女此間より為徘徊此方罷越小路廻り同様ニ而、一夜を明し居申候付、時節柄寒中寒死等仕候而ハ御六借故、多久町別当文平より境原町別当迄右之趣之書状相副、多久庄や迄順達、夫より萩野庄屋夫丸両人宛相附、旁々境原町別当迄順達候事
（『御屋形日記』第二七巻、「享保十五年十二月〜同十八年三月」）

享保十八年（一七三三）正月二十六日、現岐阜県中津川市飯沼。飯沼村の眼病の女性

「（表紙）享保十八癸丑年
飯　沼　村　飢　人　御　注　進　之　覚」
　正月廿六日ニ差上申候
［略］
一、無高　八兵衛抱　かつ　年六拾四

右かつ義、近所廻りニてそれ〳〵ニ口すき仕候へ共、去秋より眼痛相煩、壱眼ハつふれ今一眼も大分痛、袖乞も得不仕、飢ニ及迷惑至極仕候、偏御慈悲を奉願候

（『岐阜県史』史料編、近世八、四七三頁、四七八頁）

享保十八年（一七三三）十二月四日、現富山県。富山藩、「盲女」の取締に関する申渡

先年申渡置候通盲女之義向後寺庵方料理屋抔へ罷越候義仕間敷事

一、唯今盲女共目明之弟子在之候ハヽ其もの親類共方へ相返し、尤是以後目明キ之弟子取不申様可被申付候事

［略］

丑十二月四日　　大目付

町御奉行中

（『町吟味所御触留』五八～五九頁）

享保十九年（一七三四）四月十五日改、現石川県輪島市鳳至町。鳳至町の公用書類改帳

「（表紙）
享保十九年
御印并品々御印之写其外町中書もの新古共ニ改申帳
寅四月十五日改　　鳳至町」

［略］

一、壱袋　ごぜちよじ并娘借宅人請合書付寺証文、并先年非人改申帳

（『輪島市史』資料編、第四巻、五七頁、六四頁）

享保十九年（一七三四）七月、現静岡県駿東郡小山町生土。生土村の村定

「（表紙）
享保十九年
駿州生土村相談之堅メ帳
刁（寅）七月」

生土村中相談ニ而相定候趣

［略］

一、ごせ、座頭一宿之時ハ前々之通り、村百姓中江相応ニくばり、一宿致させ可申事

（『小山町史』第二巻、二五三頁）

享保十九年（一七三四）八月、現東京都福生市。福生村の明細帳（下書）

「（表紙）
村指出シ明細帳下書　　享保十九年寅八月日
武州多摩郡福生村　　名主角左衛門代　　御役取扱
証文下書十ノ内ニ入置」

一、高八百九石六斗四升壱合六勺　　武州多摩郡福生村畑方

［略］
一、ごぜ・ざとう入用年中ニ金子壱両壱分百姓方より出申候
［略］
一、座頭　　無御座候
一、こせ壱人御座候　　くに
（『福生市史資料編』近世一、二三頁、二七頁）

享保二十年（一七三五）三月、現新潟県村上市岩船。岩船町の明細帳

（表紙）「享保二十年
内藤孫三郎様御代
小口川組岩船町明細帳
卯三月　　　控」
［略］
一、人数三千六百六拾壱人
内
［略］
壱人　盲人女
［略］
一、くちよせ・ごせ無御座候
（『村上市史』資料編三、一二三頁、一二六頁、一三二頁）

享保二十年（一七三五）七月か、現長野県上田市。上田藩房山《ぼうやま》村の明細帳に瞽女一人

［付箋］
一、こせ壱人　　一野
（『大日本近世史料』二、上田藩村明細帳、中巻、三六六頁）

元文頃〜延享四年（一七三六〜四七）成立。江戸の瞽女が演奏する楽器

江戸の内を終日ありきても、箏の音をつひにきかず。只三線の音のみ、街にみちてかまびすし。されば目くら法師にも、瞽女にも箏ひくもの、今は百人に一人なり。風俗の衰へて賎しくなる、凡、此類なり。
（『独語』二七七頁）

元文二年（一七三七）二月、現広島県。広島藩法、座頭・瞽女の廻在に関する心得

一、及暮ニ泊り候共、有合之物を給へ泊り可申事、并翌日者支度致次第早速次村江可参事
一、年分一度又ハ二度者相廻り可申候得共、三度と相廻り申候事致間敷候事
一、於村々ニ行掛り越年を茂致候類有之様ニ及承候、年越之儀者銘々宅ニ而致シ相応之寿茂可有義ニ候、向後左様之儀致間敷候事

一、只今迄大勢相廻り不残奉加帳指出候由、向後小勢可相廻候得共、奉加帳壱人ならて指出間敷候、尤奉加之義弐分以下相対ニ可致候事

一、相廻り申候者共直通り致候ハヽ、わらんち銭四銭宛可遣村々申合之事

右之趣相背候者共御座候ハヽ、近辺之座頭呼寄急度申付、其上不埒ニ候ハヽ、右座頭ニ連させ門井勾当坊へ遣シ可申候事、右之類ニ而御領分境之村々度々物入等出来不益ニ相見候、右書出シ相背了簡を加へ御通シ之品茂可有儀ニ候間、向後御境村ニて厳御改、其上格別之物入等候ハヽ、惣郡中江引請一村之難儀ニ致間敷候間、左様ニ御心得可被成候事

元文二年巳二月　　六郡

（参考）

覚

一、今度自郡中被仰聞候事、近年他所座頭・瞽盲[女]共大勢引連廻在に罷通り、村々ニ而銘々奉加帳抔差出シ、或ハわらんち銭共過分ニ相望御難儀被成候段、委細致承知候

一、座頭共廻在に罷出候者、弐人三人宛致同道自先年廻り来り候間、三人以下之もの共者、先規之通御用捨被成御通シ可被下候、勿論瞽盲[女]交り大勢引連致廻在候ものハ、大方座頭共ニ而者御座有間敷候様ニ被存候、紛ものニ而可有之候哉、向後若左様成族参込無拠御断之筋茂不承届ヶ法外成致申分共候ハヽ、早速其辺之座頭共御招候而急度吟味を御遂させ可被成候、其上ニ而も不埒ニ御座候ハヽ、御人被添此方へ可被遣候、詮議之上座頭ニ而御座候ハヽ、急度可申付候、尤座頭瞽盲[女]一緒ニ相廻り候も法外ものニ御座候間、三人迄之内に瞽盲[女]召連参候もの共ハ、其侭跡之村江御帰シ可被成、以上

元文二年巳二月　　門井勾当（印）

（『広島県史』近世資料編、第五巻、一九二～一九三頁）

元文二年（一七三七）九月二十日、現広島県。広島藩法、諸勧進施物などを禁じる触

態申触遣ス

一、諸勧進類之儀兼而停止被仰付置、郡中倹約之儀度々被仰出、凶年以後者勿論之事ニ候、然処近年ハ出家・諸牢人・盲人等之廻在自然と多ク相成、宿賄荷送り等も過分ニ有之、或ハ奉加・施物等望不得止事儀も有之様相聞へ候、自今之儀者兼而申付置候通、奉加・施物等之儀も格別ニ仕出し申ニ不及、何ニ而も[衍カ]百姓給物有合を以取賄可申候、尤無故荷物送り等を差遣ス間敷候、座頭・盲女泊り之儀兼テ定り有之候通、前宿之儀承届里程四里五里踏之考を以宿遣可申候

右之通相心得、若理不尽之儀申もの有之候ハヽ、生所等之儀吟味仕留置註進可仕者也

巳九月　　池谷三良左衛門

津田半兵衛

別紙之趣写し取、村々庄屋宅ニ壁書ニ仕置候様組合限可申聞者
也

巳九月

右御別紙御書出之趣御写し取、目通之戸壁立紙ニ而貼置可被成候、以上

巳九月廿日　割庄屋　助左衛門

同　与三郎

（『広島県史』近世資料編、第三巻、六三一～六三二頁）

元文二年（一七三七）十一月、現山梨県山梨市・甲州市塩山。七日市村他十一カ村寄合協議の上、倹約実行に関する契約書

覚

［略］

一、座頭・ごぜ配当の儀は向後名主長百姓は銀一匁、平百姓は五分づゝ名主所へ出置、正月十五日前名主より座頭・ごぜ共方へ相渡可申候

［略］

右之通御年貢御上納の儀は格別、不依何事名主・長百姓立合末々迄百姓相続仕候様に心がけ可申候、依之村々連判を以て相極候所如件

元文巳二年十一月

七日市場村　印
小原東分　印
小原西分　印
上井尻村　印
下井尻村　印
上井尻東分　印
上神内川村　印
下神内川村　印
大野村　印
上石森村　印
下石森村　印
西後屋敷村　印

（『東山梨郡誌』六四七～六四九頁）

元文二年（一七三七）、現福井県小浜市。小浜の座頭・瞽女（『拾椎雑話』追加）→明和四年（一七六七）成立

昔より座頭・瞽女、婚礼祝儀法事施物料遣し来る所、元禄の頃まて祝儀銭三貫文を高にしけるを、宝永・正徳より段々相増、享保に至り廿貫三十貫と云、出す者は前格より出さすと云へは、盲人共来り、三五十人其家に詰かけ昼夜となくわめきのゝしるさま法外言語に絶たり。役所に訟へてもはき〳〵と被二仰付一もなく、其頃江戸に惣検校あり、小浜に山崎検校・重田勾当杯［抔］ありて座頭の勢ひつよく、是をいかんとも致方なく難渋なりし所、元文二年惣町より相願に付御吟味の上、富家第一十

貫文と究め被二仰付一、双方しづまりし。

（『拾椎雑話』四四七頁）

元文二年（一七三七）、現茨城県境町。境河岸、「婚礼座頭祝儀之定」（箱島家文書）

一、座頭壱人《身上ヨキ者は》え弐百文ツ、
一、座頭壱人《中身上之者は》え百文ツ、
一、座頭壱人《下身上之者は》え五拾文ツ、
尤是ニ不及者は所役人え其節可伺候とかく身上相応ニ可取斗
候
一、ごぜハ座頭祝儀之四分壱割也
一、聟娘遣候方は何連共右之半分也　ごぜ酒食出し不申候

（椎名仁『境河岸』五四頁）

元文三年（一七三八）四月二十六日、現岩手県。八戸藩の座頭・瞽女人口（『八戸藩日記』八戸市立図書館蔵）　→享保十一年（一七二六）八月十三日、享保十七年（一七三二）六月二十六日、延享元年（一七四四）六月二十九日、寛延三年（一七五〇）七月二十八日、宝暦二年（一七五二）二月一日、宝暦四年（一七五四）二月二十六日

四月廿六日
一、御領内惣人数公儀江御書上、左之通、此度江戸へ為御登

覚

三戸郡
一、三万七千五拾壱人　内男三（壱カ）万八千八百人・女壱万八千弐百五拾壱人
九戸郡
一、壱万四千七百拾壱人　内男七千七百八拾人・女六千九百三拾壱人
志和郡
一、五千八拾九人　内男弐千八百拾四人・女弐千弐百七拾五人
〆五万六千八百五拾壱人
内男弐万九千三百九拾四人
女弐万七千四百五拾七人
一、僧百五拾壱人
一、山伏百三拾八人
一、社人七人
一、神子四拾壱人
一、座当百弐拾弐人
一、ごぜ七拾五人
一、諸職人弐百廿人
弐歳以上改、右之通御座候

（『久慈市史』第四巻、史料編一、五〇三〜五〇四頁）

元文三年（一七三八）七月二十七日、現岩手県。南部藩の座頭・瞽女人口（総人口三十四万五八二五人）（『盛岡藩家老席日記雑書』）

一、公義より先達て被仰渡候七ケ年一度の郡分人数御届目録、当年御定之年数ニ付、宗門御奉行共差出、左記、
　　領分中宗旨改郡分人数目録

一、岩手郡　五万弐千五百九拾三人
　三万五千弐百四拾弐人　男 壱万八千九百五人　女 壱万六千三百三拾人　百性（姓）
　壱万六千百壱人　男 八千八百六拾七人　女 七千弐百三拾四人　町人
　三百三人　出家
　拾四人　行人
　六百五拾弐人　山伏 百拾六人　神子 四拾三人　男 弐百三拾四人　女 弐百六拾五人
　拾六人　社人
　三人　比丘尼
　弐百六拾弐人　座頭 四拾弐人　男 弐拾三人　女 八拾七人　瞽女 六人
［略］
一、志和郡　弐万四千六百六拾五人
［略］
　百拾五人　座頭 五拾九人　男 五人　女 四拾六人　瞽女 五人
一、稗貫郡　弐万八千六百八拾五人
［略］
　八拾六人　座頭 四拾八人　男 六人　女 弐拾九人　瞽女 三人
［略］
一、和賀郡　三万八千四百六拾六人
［略］
　六拾七人　座頭 三拾九人　男 弐人　女 二十五人　瞽女 壱人
［略］
一、閉伊郡　七万弐千七拾九人
［略］
　百拾八人　座頭 七拾三人　男 八人　女 三拾五人　瞽女 弐人
［略］
一、鹿角郡　壱万七千六百弐拾壱人

［略］

四拾九人　座頭弐拾五人　女拾六人　瞽女八人

［略］

一、二戸郡　弐万七千七百拾五人

［略］

百拾七人　座頭七拾弐人　女三拾七人　瞽女八人

［略］

一、三戸郡　弐万三千百八拾弐人

［略］

百拾七人　座頭七拾弐人　女三拾七人　瞽女八人

［略］

一、九戸郡　三千七百四拾八人

［略］

三拾六人　座頭拾六人　男壱人　女拾四人　瞽女五人

［略］

一、北郡　五万弐千百拾六人

［略］

百拾八人　座頭七拾九人　男三人　女三拾五人　瞽女壱人

［略］

右之通苅屋与一右衛門・宮田瀬兵衛差出候付、今日江戸へ指遣之、

（『盛岡藩家老席日記雑書』第一六巻、四五一〜四五六頁）

元文三年（一七三八）十一月一日、現山口県。長州藩法、他国者の取締（「二十八冊御書付」）→正徳三年（一七一三）五月二十九日

覚

一、他国者往来の節、宿の儀相頼候ハヽ、其者所持の往来手形を宿主より庄屋・年寄・畔頭間え見せ、僉議の上不審の儀も無之者候ハヽ、一村の内一宿は貸可申候、二宿と滞留被差留候、惣て旅人宿を定置、其外ニては一切宿貸申間敷候事

付、六拾六部・巡礼其外托体(鉢)の僧・虚無僧・山伏・比丘尼・瞽女・座頭の類は従他国御国中え入候初宿の所の庄屋年寄畔頭間より別紙案分の通宿手形調渡、其奥え順々泊り候所の庄屋年寄畔頭間の奥書を取罷通候様申聞、御国境終りの泊ニて右の手形当職所え可被差出候事付、右体の他国者、往来手形無之者えは一切宿貸申間敷候、尤往来手形所

［略］

持不仕儀、断於有之は庄屋畔頭え相届候上にて一宿仕せ候
様可被申聞候事

[略]

右、旅人宿等の儀ニ付て正徳三年・享保拾年ニも書付被差出
候処、いつとなく其沙汰緩せ相成、於于今は右書付の趣地下
役人共不存ものも有之様相聞候、依之此度又々書付差出候
条、前段の廉々庄屋・畔頭共の手前ニも写置毎年御制法読知
の跡ニて此書付をも百姓共え読聞せ候様可被申付候、若此上
自堕楽の儀も有之候ハヽ、所役人は不能申、依品各可為越度候
条能々可有沙汰候、已上

元文三午
十一月朔日　山　縫殿（当職山内）
防長御代官中

他国人御国中入込候初宿の手形并其次の手形の案文

覚

何州何郡何村何々
何某

右何国より被罷越、何月何日当村一宿被仕候、已上

月日　何郡何村庄屋
何某　印判

右の人柄、何月何日当村一宿被仕候、已上

月日　何郡何村庄屋
何某　印判

次々右同断

（『山口県史料』近世編、法制上、六七八～六八〇頁）

元文四年（一七三九）正月、現鳥取県南部町。「会見郡笹畑村頭百姓田畑分地帳」

（表紙）
「元文四年
田畑分地帳
未ノ正月日　正右衛門
源八」

[略]

高〆七石四斗　物成四石
右之通本家ニ居申者ニ分、作舞公辺諸仁儀、札賦り、座頭・盲女・先祖之法事、諸事相勤可申候。

[略]

元文四年
未ノ正月日　祖父六郎左衛門（花押）
同姓　正右衛門
同姓　源八

（『鳥取県史』第八巻、三〇三～三〇四頁）

元文四年（一七三九）八月三日、現宮城県。仙台藩、「座頭定宿之儀并在方ニテ一ニ宿之外留置申間敷由之事」（『四冊留』）

一、近年他国より在官無官之座頭共為渡世之数百人御領内江相

入御城下在々共宿ヲ定置其所之役人座頭江無断も数年之間猥リニ令徘徊居候由、畢竟御城下在々共宿ヲ仕候者有之故之儀ト相見得、至テ不都合之儀ニ候間、向後他国座頭定宿堅不被為仕様可被申渡候雖、然往来之座頭又ハ御領内在々より諸願等有之与風罷越候者之ため、国分町ニテ定宿弐ケ所相立為置候、右の外御城下在々共ニ一切座頭定宿仕間敷候将又所縁ヲ以御領内江罷越候座頭并往来之女盲目ごせ宿仕候儀向後左之通可相心得候事

一、他国より他国江往還一通之座頭御城下在々共往還格之通令宿無滞可相通之若風雨又ハ病気等無余儀品ニテ三宿以上令滞留候ハヽ、其所之役人座頭江相届可罷在事

　但一宿たり共為渡世之令逗留候ハヽ、其品早速相届可罷在候所ニより役人座頭遠方ニテ早速通達成兼候ハヽ、其所居懸之座頭江其品相届可申事

一、他国より御領内江所縁ヲ求、或ハ添状ヲ以為渡世之相越候座頭共諸士并軽キ御扶持人等ハ不及申、寺社門前御城下并在々町方在家共ニ一宿滞留之外ハ其所役人座頭江相届候上可罷在事

　但役人座頭其近辺ニ不居合所ニテ届様右同断

一、女盲目ごせト申候テ他国より近来御領内江大勢相入居、座頭中ト猥之所行有之様相聞得、向後ごせ座頭御領内江一切相入間敷候事

　但他領より他領江往還一通之宿ニ候ハヽ、其所入口之御境横目承届、道筋等於無相違ハ往還格之通宿仕、一宿之外令逗留候ハヽ、其所之役人座頭江相届候上、宿可仕候役人座頭不居懸候ハヽ、其所住居之座頭江可相届事

一、他国座頭縁ヲ求御領内江唯今迄聢ト住居ヲ定置候分ハ改テ不及吟味候事

前ヶ条之通訖度可相守候、若猥ニ宿仕候者於有之ハ与合等より其品早速向々江可申出候、此旨御城下并在々共不残兼テ之通首尾可有之候　已上

元文四年八月三日　　　孫兵衛　石見監物

　　名村権太夫殿

此儀年久敷候ニ付菊池専蔵相伺候所、所々相直候通之内御奉行衆より被仰渡　文化七年八月

（『宮城県史』第三一巻、資料篇八、二四四〜二四五頁）

元文四年（一七三九）十月十日。江戸、「上方節」の禁止令

（「ケ本」は慶応義塾大学蔵本）

奈良屋ニ而年番名主江被申渡

［略］

一、上方ふし師匠、其外盲女・座頭・踊リ子抔住所《居(ケ)》ニ不構、其所江上方ふし稽古ニ不参候様ニ、若キもの子供手代召仕等迄、急度可被申付候

（『正宝事録』第三巻、五九頁［二五三七号］。『江戸町触集成』第五巻、三九頁［六五四一号］）

寛保元年～延享二年十月二日（一七四一～四五）、現岡山県。岡山藩法、「廻在座頭之事」→寛保二年（一七四二）七月

従寛保元年酉
至延享二年丑　「雑留」

一、御郡々へ廻在之座頭・瞽女参、奉加を乞ひ申候、多人数之義ニ付過分ニも得遣し不申候処、奉加銀少ク御座候得は、何かと申候て日高ニても泊り、我侭を申難義仕候段兼て申出候、近年ニては別て大勢参候様ニ罷成、凡一ヶ月五七十人程宛も参候ニ付、何とも可仕様無御座候間、何卒他国より参候座頭・瞽女廻在仕候義、御差留被下候様に願申候、右之趣前々より承届居申候、段々大勢ニ罷成、只今ニては在中渡世之邪魔に罷成、無拠奉願候趣ニ御座候、他所座頭御指留被成、他国之座頭・瞽女も、御国へ廻在ニ出し不申様に可被仰付候哉、御国之座頭・瞽女御領内廻在仕候には、御当地座頭検校より判鑑ニても持出候様ニ被仰付候ハヽ、帳外之座頭又は乞食類之紛敷盲人なと参不申、在中邪魔に罷成候義御座有間敷候、又他所之座頭・瞽女も、御領内在中廻り不申候て不叶品も御座候ハヽ、其所之検校役人より通達有之上、御当地検校承届判鑑出し候様ニ可被仰付候哉、若判鑑無之者廻在仕候ハヽ、其所々より検校へ相達候様ニ仕候ハヽ、御締ニ罷成可申哉と奉窺候、

五月　　御郡奉行共

盲人在中を廻り候事、五人七人或は十人余も連候て勧化を乞候処、近年別て数多ニ成、二十人も連候て廻り、押て勧物ノ多少を論、或は支度いたし、或ハ押て其所ニ泊り何かとあふれ、在々殊之外令難義候ニ付、段々御聞合有之処、多クハ急度座頭仲間とも不相知、盲目なとの様にも相聞、次第募り申ニ付検校へ被仰付、別紙之通相究、

廻在座頭共近年多ク相成、間には帳外之者も有之、依之此度岡村検校より京都職十老へ相届候条、向後左之通可相心得候、

一、御領分并他所之座頭・瞽女、出世之望又ハ不勝手之者共御国中廻候内、岡村検校より遂吟味候上、印鑑相渡廻在致させ、二人より上同道ニて廻候義は決て不相成埒ニ候、尤印鑑相違無之候ハヽ、少々宛之勧化可被遣之、并前々之通村々より送り人を相添可申候、

附、右ニ付御郡々村々へ、岡村検校より此度印鑑指出置筈ニ候、

戌[一七四二年]七月十九日水野主計殿より相移、同廿二日御郡奉行中へ申渡、

一、高九百石已上之大村

紫分望弐匁　　引付望壱匁

廻在四分

高八百九拾石より六百石迄之中村

紫分望壱匁八分　　引付望八分

廻在三分

高五百九拾石より已下之小村
紫分望壱匁六分　引付望六分
廻在弐分
右之通座頭共参候節、岡村検校より書付判鑑見合、文言之通ニ右之員数無相違遣し可申候、自然晩景ニ及泊り候ハヽ宿等申付、麁末に無之様可申付候、尤外へ罷越候節ハ案内之者付候様ニ、村々名主共へ可被申渡候、已上
戌十月　大庄屋中
白当なと望候者も廻在之義先年も有之、紫分望迄廻在と申義ハ如何に有之段、職より申候旨、併是より多分之事も難成ニ付申談、岡村検校より手形ニ紫分より上之望と書付遣し候を見合、相極置候通、紫分へ之合力大ノ村弐匁ノ当り遣し可申候事、

一、廻座頭之事前文之通ニ相究候処、殊之外廻座頭多、賄入用案内之者荷持等指出し候ては、失墜かゝり在中難儀之由申出、座頭共も右之移り故廻在難成品ニて致迷惑候、何卒無滞廻在座頭致し候様被仰付被下候様申出、依之去子ノ春頃より廻在相止訴訟申趣、森川藤七郎より下方覚兵衛へ申談、段々致評談双方譲り合、左之通相極、

一、勧化銀　只今迄ノ半減にして、

一、廻在支度之事、
料理等ハ勿論一切好事不申、其所之百姓とも不断之給物を給させ可申、座頭より支度料ハ出シ候不及事

一、村越案内之者ハ指出し可申、
案内迄之事ニ候得ハ、子共足弱なと出し候ても可相済候得共、軽キ荷物等頼候ハヽ、持送り遣候様成丈夫を壱人案内旁出し可申、外ニ荷物指出ニ不及事、
右之通相心得、一ヶ年六拾人ほとの積ニ廻座頭致させ可申候事、此通森川藤七郎・小堀彦左衛門申談、
延享二丑十月二日
御用番田坂與七郎へ彦左衛門申渡、在中へ相移ス、検校方へハ藤七郎より申渡、此節より廻在初ル、
（『藩法集』第一巻下、一三三三〜一三三五頁［三二一四号］）

寛保元年（一七四一）六月、現千葉県柏市正連寺。正連寺村郷の座頭・瞽女人口

（表紙）「寛永元年［ママ、寛保カ］
下総国葛飾郡小金領之内正連寺村郷差出帳
辛酉六月」

［略］

一、家数〆拾弐軒　内
拾軒　本百姓
壱軒　寺
壱軒　水呑百姓

一、人数〆六拾五人　内
男三拾五人
座頭壱人
道心壱人
女廿七人
こせ壱人

（『柏市史』資料編七、諸家文書上、四二八頁、四三〇頁）

寛保元年（一七四一）六月、現千葉県柏市大室。大室村の瞽女人口

（表紙）
「寛保元年
　　辛酉六月
下総国葛飾郡小金領之内大室村郷差出帳」

［略］

一、家数合百八軒　内
　九拾八軒　本百姓
　五軒　水呑
　弐軒　寺
　三軒　寮

一、人数合五百四拾五人　内
　弐百七拾五人　男
　弐百六拾四人　女
　弐人　出家
　三人　道心
　壱人　こせ

［略］

一、こせ壱人　市郎兵衛娘

（『柏市史』資料編七、諸家文書上、四五一頁、四五三頁）

寛保元年（一七四一）十一月、現千葉県我孫子市布施・柏市布施。布施村郷の差出帳、座頭・瞽女人口

一、家数合百八拾八軒　但
　本百姓百七拾六軒
　水呑四軒
　寺四軒
　庵室四軒

一、人数合九百四拾六人　内
　男五百壱人
　出家九人
　道心三人
　座頭壱人
　女四百弐拾九人
　瞽女弐人

［略］

寛保元酉年十一月
　布施村
　名主　善右衛門
［以下二十一名略］

（『柏市史』資料編四、布施村関係文書上、二六頁、二九頁）

寛保二年（一七四二）五月十二日、現愛媛県宇和島市。宇和島藩、座頭・「盲女」へ配当支給（『伊達家御歴代記事』）

十二日、一、幾姫様御祝儀、座頭・盲女へ鳥目八十目被下。

（『記録書抜　伊達家御歴代記事』第二巻、一九頁）

寛保二年（一七四二）七月、現岡山県。岡山藩の座頭・瞽女廻在について（「廻在座頭判鑑に成候一件」池田家文書、岡山大学附属図書館蔵）　→寛保元年〜延享二年十月二日（一七四一〜四五）

他国より座頭・瞽女一連ニ八九人斗も参、御郡々を廻り合力を望申、大勢之儀過分ニも得遣シ不申少ク候得者何かと申候而日高ニ而も其所ニ泊リ我まゝを申、在中渡世之邪魔ニ罷成殊外難義仕候段兼而下タ方より申出候、近年ニ至リ別而大勢参候様ニ罷成凡一ヶ月五七人程ツヽも参候ニ付何とも可仕様無御座候

（加藤康昭『日本盲人社会史研究』四二五頁）

寛保二年（一七四二）八月、現山形県東根市。東根村の座頭・瞽女人口

「(表紙)寛保二年
東根村差出明細帳
戌 八月」

[略]

鍛冶壱人　染屋三人　山伏壱人　蛭子太夫弐人
一、桶屋弐人　畳屋弐人　神主壱人
大工四人　曲物師(頭)壱人　道心拾人
塗師八人　座当拾壱人　ごぜ四人

[略]

一、当戌年人別弐千八百四拾三人

（『山形県史』資料篇一三、七二一頁、七四〇頁、七四四頁）

寛保二年（一七四二）十一月二十六日、現新潟県長岡市（『長岡町奉行月番日記』）→寛保三年（一七四三）三月二十九日

[二十六日]同日
一、当番より申達候、桶屋町座頭大都弟子御足軽庄六妹いよ与申瞽女、三十年来大都方ニ罷在候而家内へ之者へも志厚ク、近所之者共も此段感入候由、依之五人組より書付を以申達候旨当番より申達候

（『長岡町奉行月番日記』一三一頁）

寛保二年（一七四二）、現新潟県上越市。高田、「寛保二戌年町役人并医師諸職人等員数」

高田座頭・瞽女五拾四人
内
検校壱人　松岡検校
衆分拾三人
打掛四人
初身拾六人
名替瞽女拾六人
小瞽女四人
右之外座本二人

（『越後頸城郡誌稿』上巻、五四七頁）

寛保三年（一七四三）三月二十九日、現新潟県長岡市（『長岡

町奉行月番日記』）　↓寛保二年（一七四二）十一月二十六日

（二十九日）
同　日
一、関東町大都弟子瞽女いよ儀旧冬下より相達候付、御奉行申迄申達置候処、今日左之通被仰付、則市郎右衛門へ申渡候

覚

関東町大都弟子
瞽女いよ

八木弐俵

此者儀三十年来大都方ニ罷在、身分働を以家内扶助いたし、大一十ヶ年以前より病身ニ罷成行歩不相叶罷在候処、病中介抱いたし、大一死後今以此者働ニ而家内相暮、老年之母江給物等迄心付、別而厚志成者之由五人組之者共より相達、奇特千万成致形ニ付、為褒美八木為取之候、弥以老母始家内之者見次可申候

右之通可被申渡候、以上

寛保三亥二月廿九日

小嶋助右衛門
疋田水右衛門
雨宮新兵衛

柿本庄右衛門殿
植田左五右衛門殿

（『長岡町奉行月番日記』一五〇頁）

寛保三年（一七四三）三月、現福井県大野市蕨生《わらびょ》。蕨生村、「村盛ニ付村極条目」

（端裏書）
「村証文」

村相談相極申条目之□（事カ）

一、座頭・ごぜ　壱泊り　銀壱匁ツ、

［略］

右之条々村相談之上相究申候、自今以後此条目を以盛合割符可仕候、然者たがいニ違背之義毛頭御座有間敷候、此上ニ茂万一違乱之義有之候ハ、此証文を以御公儀様江被申上何分ニも可被仰付候、為後日何茂相談連判仍如件、

寛保三年
亥ノ三月　　　蕨生村

［以下五十六名略］

（『福井県史』資料編、第七巻、一八九～一九〇頁）

延享元年（一七四四）三月四日、現福岡県福岡市。博多津（『博多津要録』巻十五）

四

釜屋番盲女せつ芝居拝領被仰付候事

寛保四甲子歳三月四日

博多釜屋番
盲女せつ

老母・姪有之、養育仕居候年寄り病身ニ相成助力小ク、其上家居去年之大風ニ而損シ旁難儀及候、依之芝居二七日《ふたなぬか》御赦免被仰付被下候様ニ、盲人可便《たよる》人も無之、不便之事候故、格別ヲ以

願之通ニ差免候、同町年寄・組頭として渡世取続キ候様に可仕候事

右之通御書出シ、子ノ三月四日ニ御渡被成候事

（『博多津要録』第二巻、二七七頁）

延享元年（一七四四）四月十八日、現大分県杵築市。杵築城下、心中事件を題材とする浄瑠璃・「口説」の演奏禁止

四月十八日

一、御用ニ付甚右衛門罷出候処ニ、御奉行被仰渡候趣ハ御手廻り甚兵衛、魚町おたつ丸山にて心中致候ニ付、当町にて、はんこにおこし、上瑠理抔作り、且又くどき杯〔抔カ〕等も相拵候由風聞有之候。町内之事ニ候へハ不便ニおよひ申筈之処ニ、右之段不届千万ニ被思召候。向後町方之者ハ勿論ごぜ・座頭にても町内にて、うたわせ不申様にと急度被仰付候ニ付、与頭中呼寄右之段申渡候

（『町役所日記』第六巻、八六五頁）

延享元年（一七四四）六月二十九日、現岩手県。八戸藩の座頭・瞽女人口（『八戸藩日記』八戸市立図書館蔵）　↓享保十一年（一七二六）八月十三日、享保十七年（一七三二）六月二十六日、元文三年（一七三八）四月二十六日、寛延三年（一七五〇）七月二十八日、宝暦二年（一七五二）二月一日、宝暦四年（一七五四）二月二十六日

六月廿九日

一、当子ノ年宗門改惣人数、左之通

一、三万千三百八拾七人　内男壱万九千六百七拾三人・女壱万七千七百拾四人

右ハ志和并八戸廻・久慈・軽米・名久井・長苗代御代官所御百姓

一、弐万八千七拾九人　内男壱万五千八拾四人
女壱万弐千九百九拾五人

右ハ御家中并寺社料〔領〕百姓

一、千五百九拾七人　内男七百八拾七人
女八百拾人

右ハ御家中手廻

一、三百八拾七人　内男弐百拾七人
女百七拾人

右は御家中召仕、地形付之外

一、六百三拾八人　内男三百三拾壱人
女三百七人

右ハ五組御足軽・町御足軽・二組御当番・三組手廻共

一、四百八拾弐人　内僧百八拾壱人・俗百七拾弐人・女百弐拾九人

右ハ諸寺院并召仕、門前百姓手廻共

一、千百五拾四人　内男六百拾壱人
女五百四拾三人

右ハ山伏并手廻共
一、四拾八人　　内男弐拾五人
　　　　　　　　　女弐拾三人
右は社人并手廻共
一、三百五拾人　内男百八拾六人
　　　　　　　　　女百六拾四人
右は大工・木挽・石切・鍛冶・畳指・屋ねふき并手廻
共
一、弐百九拾四人　内男百六拾壱人
　　　　　　　　　　女百三拾三人
右は座当・こぜ并手廻共
〆六万四千四百拾六人　内男三万七千四百弐拾八人
　　　　　　　　　　　　女弐万六千九百四拾三人
右之内　僧百八拾壱人
　　座当百六拾壱人
　　こぜ百三拾三人
右ハ御領内惣人数、御内高共ニ
　公儀江御書上人数、左之通
一、三万六千八百八拾三人　内男壱万八千九百四拾壱人
　　　　　　　　　　　　　　女壱万七千九百四拾弐人
　　　　　　　　　　　三戸郡
一、壱万四千六百七拾人　内男七千四百九拾人
　　　　　　　　　　　　　女七千百八拾人
　　　　　　　　　　　九戸郡
一、五千九拾八人　内男弐千六百弐拾九人
　　　　　　　　　　女弐千四百六拾九人
　　　　　　　　　志和郡
〆五万六千六百五拾壱人
　　　　　　　　内男弐万九千六拾人
　　　　　　　　　女弐万七千五百九拾壱人
一、僧　百六拾壱人
一、山伏　百四拾五人
一、社人　八人
一、神子　三拾壱人
一、座当　百三拾人
一、こぜ　八拾人
一、諸職人　百九拾人
　　但し弐歳以上改之
右之通、延享元年子六月廿五日御書上也
（『久慈市史』第四巻、史料編一、五五二～五五四頁。『青森県史』第四巻、五八七頁も参照）

延享元年（一七四四）八月二日、現岩手県。盛岡藩の座頭・瞽女人口（『南部家雑書』寛保四年甲子八月二日条）

　八月二日
一、公儀より先達而、被仰渡、七ケ年一度之都合人数御届目

録、当年御定之年数ニ付、宗門御奉行共、差出左ニ記

領分中宗旨改郡分人数目録

岩手郡

一、五万四千弐百九拾九人

内

三万四千九百六拾九人　内　男　壱万八千八百五十六人
女　壱万六千百十三人　百姓

壱万七千九百九拾八人　内　男　九千九百十六人
女　八千八拾弐人　町人

弐百八拾八人　出家

拾人　行人

七百弐拾壱人　山伏　百三十三人
神子　四十弐人
男　弐百五十弐人
女　弐百九拾五人

四拾弐人　社人

三人　比丘尼

弐百六拾八人　座頭　百四十弐人
男　弐拾四人
女　九十人
瞽女　拾弐人

合

五万四千弐百九拾九人　内　男　弐万九千六百六拾弐人
女　弐万四千六百三拾七人

志和郡

一、弐万四千弐百五拾弐人

内

弐万千八拾弐人　男　壱万千四百拾壱人
女　九千六百七拾壱人　百姓

[略]

百拾九人　座頭　五拾六人
男　八人
女　四十三人
瞽女　十弐人

[略]

稗貫郡

一、三万七百拾六人

[略]

八拾四人　座頭　五拾弐人
男　三人
女　弐十七人
瞽女　弐人

[略]

和賀郡

一、三万八千四百九十九人

[略]

百壱人　座頭　六十壱人
男　弐人
女　弐拾八人
瞽女　拾人

[略]

閉伊郡

一、六万八千弐百五拾三人

[略]

百弐拾五人　座頭　七十九人
男　七人
女　三十六人
瞽女　三人

[略]

鹿角郡
一、壱万六千弐百弐拾壱人
[略]
五拾四人
座頭　弐拾八人
女　十六人
瞽女　十人
[略]
二戸郡
一、弐万七千七百八拾五人
[略]
百三拾五人
座頭　六十九人
男　弐人
女　三十九人
瞽女　二十五人
[略]
三戸郡
一、弐万五千四百三拾九人
[略]
百拾七人
座頭　七十三人
男　壱人
女　三十八人
瞽女　五人
[略]
九戸郡
一、三千六百八拾四人
[略]
三拾九人
座頭　弐十人
女　十五人
瞽女　四人
[略]
北郡
一、五万百六拾九人
[略]
八拾人
座頭　五十三人
女　二十六人
瞽女　壱人

（高橋梵仙『日本人口史之研究』第三巻、三一六～三二七頁）

延享元年（一七四四）八月二十五日、現福岡県。福岡藩、五代藩主黒田宣政死去の際の音楽禁止、救米支給など（『博多津要録』巻十五）

宣政様御逝去之御到来御座候事
延享元甲子歳八月廿五日
一、宣政様（第五代藩主）当八月十日御逝去被為遊候御到来御座候、御中陰之間音楽御停止御触御座候事
附リ、右就御中陰、両市中盲人之内無拠難儀之筋有之者斗、書付ヲ以御救被仰付被下候様ニ宮内勾当・坂本勾当より願出候
但シ、子ノ十月朔日より十六日迄、一日ニ壱人ニ米五合ハ充被下、盲人男女拾六人渡世及難儀ニ候者、御救米高三俵壱斗八升壱合ハ御渡シ被成、尤伝馬壱疋御米付ニ被下候事
音楽御停止触之事
一、音楽御停止之事

一、普請二七日《ふたなぬか》之事
一、諸職人細工不及遠慮候事
一、惣体商売筋之儀ハ不及遠慮候事
一、人集り候儀は御停止之事
一、町人月代不及遠慮候事
（但シ、翌日申来候ハヽ、御扶持方頂戴仕候町人ハ遠慮仕居申候様ニとの儀ニ候事
一、惣体物静ニ可仕候事
右之通相心得、津中之者共端々まて物静ニ仕居候様ニ可被相触候、以上

八月廿五日

甚太夫
清　作

伊　藤源右衛門殿
高松三郎右衛門殿

（『博多津要録』第二巻、二九七〜二九九頁）

延享二年（一七四五）正月、現鹿児島県。鹿児島藩法

一、平家無官之座頭、絹布之衣服、并帯類迄一切令停止候、
一、平家座頭、一官一階より、官位ニて装束は、定之通たるべし、
一、士盲目、座頭職不勤者、心次第たるべく候、
一、地神盲目僧・家督之儀も、絹布之衣服、可為無用候、雖然衣帯類は制外ニて、其外以下之盲僧、絹衣服并帯類ニても、用候儀、一切可為停止候、
一、士之娘たりといへ共、ごぜ職之者ハ絹衣類、又ハ絹帯ちらし付、令停止候、

［略］

延享二年
丑正月　　御家老座

（『藩法集』第八巻下、五三頁［二一三五号］）

延享二年（一七四五）二月（丑二月）か、現山梨県甲府市。甲府城下横近習町の瞽女の願書

［端裏書］
「此文言悪しき所有之由ニ而外之文言ニ而申上候由」

乍恐口上書を以奉願上候

一、私借家ニ指置申候瞽女共奉願候は、従往古御町・在々相廻り村々名主方ニ一宿申請、夏冬両度ツヽ、相廻り候処、近年他国瞽女夥敷入込、在々ニ徘徊仕候ニ付、御当地之瞽女共渡世も薄ク罷成難儀至極仕候、御当地之瞽女は都合六拾程御座候処、他国より入来候瞽女は凡百五六拾人も参り候由ニ御座候、前々より右之通之多人数参候儀も無御座候処、近年別而他国瞽女相増、村々之難儀ニ罷成候故、一宿等之儀も村方ニより差支候節は無是非野宿仕候、依之渡世難仕及渇命申候ニ付、乍恐御訴訟申上候、御慈悲を以、他国瞽女入込不申候様

被仰付被下置候ハヽ、御当地之瞽女共相助、広大之御救と難有奉存候、以上

丑二月

横近習町　家主
願人　市右衛門

（「他国瞽女入込差止方願書」甲州文庫）

延享二年（一七四五）三月八日、現山梨県甲府市。甲府城下横近習町の瞽女の願書

乍恐口上書を以奉願上候

八日ニ上候由

一、私借家ニ数代差置申候御国中瞽女座本頭かん并手下之瞽女共、弐三年以前より名主方迄度々願申候得共、恐多儀と奉存差扣罷在候処、今度達而奉願候儀ハ御当地瞽女之儀従往古御国中諸人之情を以渡世仕、御町之儀ハ五節句之度々相廻り勧進仕候、在方之儀ハ夏冬両度相廻り勧進仕、其上一宿と申候而村方御名主所ニ一宿仕無相障近年迄相廻り申候、然処近年他国瞽女夥敷入込、在々ニ徘徊仕候ニ付、御当地瞽女共渡世も薄ク罷成難儀至極仕候、瞽女ニ而も女之儀ニ御座候得は、御関所を越へ参候儀は御座有間敷様奉存候、殊前々より右之通之多人数参候儀も無御座候処、近年別而他国瞽女相増、村方難儀ニ相成候故、御当地瞽女共一宿之儀も村方ニより差支候節は無是非野宿仕候、瞽女共之儀ハ御国中諸人之情を以身命を送り罷在候処、他国瞽女入込候故渡世難仕及渇命申候ニ付、乍恐御訴訟申上候、御慈悲を以他国瞽女参不申候様御関所へ被仰付被下置候様、瞽女共奉願候、右奉願候通被仰付被下置候ハヽ、御当地之瞽女共相助、広大之御救と難有奉存候、以上

延享二年丑三月

横近習町かん大屋　市右衛門

瞽女座本　かん

名主　忠右衛門

右瞽女共奉願候通私儀も承知仕候

御町御支配様

御役人中様

（「他国瞽女入込差止願書」甲州文庫）

延享二年（一七四五）五月改、現茨城県古河市。古河町の覚書

（表紙）
「□□寅三月朔日弐丁目
覚　書」

［略］

延享二丑五月改
一、僧俗男女都合六千六百拾八人

一、拾七ヶ寺除地内　文珠院　専蔵院　共

一、修験六ヶ所除地

延享弐丑五月改
一、医者　拾四人
同
一、瞽女　三人
同
一、山伏　廿八人

同
一、座頭　五人
一、神子　廿人
一、鉦打　五人

（『古河市史』資料、近世編、七二一頁）

延享二年（一七四五）六月、現岐阜県揖斐川町。「大野郡揖斐町間口帳」、下新町出口御堀土手西際から上新町境までの瞽女住居

（表紙）
「延享二年
揖斐町間口帳
乙丑六月日」

［略］

一、屋敷　間口壱間五尺
裏へ拾六間半
元こせわん分
大乗寺

（『岐阜県史』史料編、近世四、二一〇頁、二一六頁）

延享三年（一七四六）正月、現東京都羽村市。羽村の「盲女」など人口

（表紙）
「延享三年
武州多摩郡小宮領羽村銘細帳
寅正月」

［略］

人数千弐百八拾六人
内　男六百弐拾三人　僧俗共
女六百三拾九人

［略］

一、盲女壱人御座候御事

（『羽村町史史料集』第七集、一六三頁、一六七頁）

延享三年（一七四六）四月、現福島県田村市常葉町から安達郡白沢村。三春藩常葉町から松沢境までの座頭・「盲女」人口

（表紙）
「延享三年　私共ハ常葉町より松沢境迄
御巡見様御道御案内被仰付候覚書（抄）
丙寅四月　本多善右衛門　重高」

御巡見様御通ニ付御尋之節可申上品々御案内之者懐中仕書付

［略］

一、領内人数三万七千七百四拾七人

［略］

一、座頭弐拾七人

［略］

一、盲女　壱人

（『福島県史』第一〇巻上、六四五頁）

延享三年（一七四六）六月、現山梨県南アルプス市。有野村の法度

村々法度之事

一、惣而諸勧化之類並乞食非人等其外門立候もの之類、手之内なり共、一切無用之事

[略]

一、座頭・こせ他国ハ不及申、当国之諸勤[勧]化ニ相廻候もの類送り人足一切不可付候事

[略]

右之通り近年困窮ニ付、近在村々弐拾ヶ村相談之上如此相極候上ハ少ニも相違仕間舗候。為其村中連判仕申所仍而如件。

延享三寅年六月日　有野村

名主　清　助㊞

長百姓　九左衛門㊞

長百姓外九名連印

外六拾四名連印

水呑三名

（『白根町誌』資料編、一一一頁）

延享三年（一七四六）六月、現山梨県南アルプス市。甲斐国長沢村その他三十四カ村の村定

村々定

[略]

一、惣而諸勧化之類并乞食非人等、其外門ニ立候者之類、手之内成共無用之事。

一、座頭并[瞽女欠カ]他国ハ不及申、当国之諸勧化相廻り候者之類、送り人足一切附不可申候事

[略]

右之通左之村々相談之上相極候上者、御村々之掟少茂不相背候様ニ可仕候。自然相背不似合風俗候もの有之候ハヽ、村々相互ニ吟味可致候。此上世柄相直リヶ条仕直候ハヽ、右村々相談之上仕直可申候。為其連判如斯御座候。以上。

延享三

寅年六月

長沢村	小林村	鰍沢村	寂勝寺
青柳村	大椚村	春米村	小笠原村
下宮地村	曲輪田村	川上村	落合村
湯沢村	戸田村	西南胡村	田嶋村
上一ノ瀬村	和泉村	桃園村	山寺村
平岡村	上宮地村	天神中条村	荊沢村
下一ノ瀬村	寺部村	大久保村	小室村
高下村	宮沢村	古市場村	秋山村
塚原村	中野村	平岡村	

（『甲西町誌資料編』六八〜六九頁）

延享三年（一七四六）八月、現山梨県増穂町高下《たかおり》。高下村の法

度

村法度条々

一、諸勧化等一切無用ニ可致候事縦伝テ縁辺有之候而他村より参り案内頼候共堅無用ニ可致事

一、世附商人堅入間敷

一、乞喰非人其外何者ニ而も門ニ立候者類ニ年之内成共一切入申間鋪候事

一、座頭・ごぜ送り人足一切出シ申間敷候事

［略］

延享三年寅八月

巨摩郡高下村

名主　忠左衛門 ㊞

［以下百二名略］

（『増穂町誌』史料編、八五～八六頁）

延享三年（一七四六）、現山形県東根市。東根村の明細帳

東根村

座頭十一人

ごぜ　四人

（烏兎沼宏之「〈オナカマ〉考」七三頁）

延享三年（一七四六）、現新潟県上越市吉川区西野島。西野島村の明細帳

「（表紙）
延享三年
頸城郡
西嶋組同村鏡書上帳」

［付箋］「此村鑑帳卯年御検使様へ差上置候所、巳四月廿一日江戸御評定所ニ而御下ケ御渡被遊候」

［略］

一、人数五百三拾六人　内

出家　三人
禅門　壱人
座当　弐人
盲女　壱人
尼　壱人
医師　壱人
男　弐百七拾九人
内鍛冶壱人
女　弐百四拾八人

（『吉川町史資料集』第一集、二六八頁、二七〇頁）

延享四年（一七四七）四月、現福島県双葉郡川内村。磐城藩下川内村の明細帳

「（表紙）
延享四卯歳四月
村方明細差出帳」

陸奥国楢葉郡之内

下川内村

［略］
一、人数千四拾七人
　内
五百六拾弐人　男　　四百七拾四人　女
三人　僧　　三人　山伏
壱人　盲　　四人　女盲
（『福島県史』第八巻、一五七〜一六〇頁）

延享四年（一七四七）五月、現香川県。高松藩、「御法度被仰出留」

一、廻在之瞽女・座頭先年ハ秋廻り与申、八月より十月迄三ヶ月郷中相廻り候而、相応之志請候所、近年ハ不講（構）四季ニ令世渡之様ニ相廻り、村々難義之趣相聞候、依之向後相改前方の通合判ヲ以右三ヶ月ニ限り、秋廻りハ格別是迚も其日々々道法之積も有之所、座頭ニより不心得ニて隣村より又泊り宿等乞候由相聞、若此已後左様成座頭ハ篤与詮義可申候、勿論祝義或ハ仏事等之節配当之義ハ、夫々身上相応遣候振可有之候、尤入具祝義之事定法無之ニ付、身上相応ニ遣可申候与申聞候而茂、座頭共過分望ヲ乞亭主承引無之時ハ、仮令ハ嫁之賀ニ乞祝義可請道理撫与申事共、前方より茂風聞相聞候、右入具之義ハ全配当之外見合、相対祝義品ニ候得ハ夫々身上相応ニ座頭江遣可申候、不心得之座頭ニて若我侭悪口等申入、具（ママ）過分ニ好ミ申候ハヽ、其旨注進可申出候
附秋廻りハ格別不時之配当受ニ罷越候座頭ハ、其組々々より方角江罷出ル時、若道筋ニて一宿致度与頼申候ハヽ、相対ヲ以はたごニて支度致せ可申候
　延享四卯年五月
（『香川県史』第九巻、資料編、八六〜八七頁）

延享四年（一七四七）か、八月、現宮崎県。延岡藩の座頭・瞽女人口（日向・豊後国竈人別牛馬目録）

　覚
一、竈数合壱万三百八拾軒　　日向国臼杵郡村々
一、人数合五万九千五百九拾六人
　内
［略］
盲僧拾六人
座頭拾四人
盲目六人
瞽女弐人
盲女弐人
［略］
一、竈数合六百六拾六軒　　日向国宮崎郡村々
一、人数三千百三拾壱人
　内
［略］

座頭弐人
盲目壱人
〔略〕
一、竈数合弐千六軒　豊後国大分郡村々
一、人数合壱万四千九百弐拾人
内
〔略〕
座頭六人
盲女壱人
〔略〕
一、竈数合弐千六百四拾四軒　豊後国国東郡村々
一、人数合壱万五千八百九拾四人
内
〔略〕
座頭壱人
盲目拾七人
盲女五人
〔略〕
一、竈数合四百六拾九軒　豊後国速見郡村々
一、人数合四千百三拾六人
内
〔略〕
座頭壱人
盲目壱人
〔略〕
竈数合壱万六千百六拾五軒　日向国 臼杵郡・宮崎郡
人数合九万七千六百七拾七人　豊後国 大分郡・国東郡・速見郡
内
〔略〕
盲僧拾六人
座頭弐拾四人
盲目弐拾五人
瞽女弐人
盲女八人
〔略〕
右は延岡領日向国、臼杵郡・宮崎郡、豊後国、大分郡・国東郡・速見郡村々竈人別牛馬員数書面之通御引渡申候、以上

卯
八月　牧野備後守内
森清左衛門㊞
阿部権兵衛㊞

岡田庄太夫様御手代
熊谷市左衛門殿
大作甚左衛門殿

右之通御引渡申候、以上

　　卯八月　　　　　　　　　岡田庄太夫手代
　　　　　　　　　　　　　　　大作甚左衛門㊞
　　　　　　　　　　　　　　熊谷市左衛門［印］
　内藤備後守様御内
　　増田稲右衛門殿
　　川澄仁左衛門殿

（「覚」内藤家文書、日向・豊後国竈人別牛馬目録）

延享四年（一七四七）九月、現秋田県。久保田藩の座頭・瞽女人口、家数

延享四年卯九月御領内六郡人数調目録

［略］

一、同九百六十三人　　久保田在々坐頭家内共
　内五百十人　坐頭　　同百九十人　瞽女
　同百十九人　俗男　　同百四十五人　僧（俗カ）女

（橋本宗彦『秋田沿革史大成』下巻、八五七頁、八五九〜八六〇頁）

延享五年（一七四八）六月十六日、現島根県。松江藩法

一、村々居住之医師針立又ハ瞽女・坐当ノ類御免屋布於于今致相続候分ハ其通、無左分ハ御年貢地ニ可有御申付候、且御検地之節百姓持高ニ応シ役目屋布被相渡候分、追々高ヲ放シ小身ニ成、或ハ無田同然ニ相成候分ハ、取上御年貢地ヵ屋布米ニモ入候様可有之候、尤出作百姓ノ屋布又ハ一人前ニ軒三軒屋布持候分詰合之上右可為同然候

（『近世藩法資料集成』第三巻、三〇五頁「国令後偏・農」）

延享五年（一七四八）六月二十八日、現高知県。土佐藩、「郷中衣類并諸御法度条々之事」、座頭・瞽女の衣類取締（『憲章簿』宮掟之部、巻之一上）→享保四年（一七一九）二月

一、併、座頭・瞽女取揚姥衣類、布木綿高宮、帯は可為絹紬。
　但、有来絹紬之垢服下着ニは可用之。貫物たり共巻物類并御制禁之染品は停止之事。
　但、中間法式之装束仕候節ハ各別之事。

（『憲章簿』第一巻、六五五頁）

寛延元年（一七四八）八月、現岡山県和気町田原上。岡山藩磐梨郡田原上村、「咎人家内共村払跡差別」、瞽女「ミや」髪を切られ、仲間から追放

延享五年辰　　「穿鑿留四百十四番」

一、磐梨郡田原上村與左衛門と申者、田原下村幸次郎妹瞽女ミやを捕へ髪を切申由、依之、座頭仲間より法式を背候段咎候て、ミや儀瞽女仲間を外シ申候、與左衛門義不法成義いたし候付、與左衛門并ミやとも屹追込申付置候、已後御〆り旁與左衛門義家内とも村払、并ミやも村払可被仰付候哉、両村役

人共も不〆り之段、呵置可申候、則別紙其節之書付両通相添
奉伺候、已上
八月
下方覚　兵　衛
小堀彦左衛門
九月十一日左之通御郡奉行共井上佐平太へ申渡、
田原上村　與左衛門
家田地株敷取上、家内とも村払被仰付、
田原下村
幸次郎妹　ミ　や
村払被仰付候、
右両村名主とも不〆り之段、呵置可申候、
（『藩法集』第一巻下、三三一～三三二頁［五四〇号］）

寛延二年（一七四九）八月、現栃木県宇都宮市。宇都宮町の瞽女への配当金

「（表紙）寛延二己巳年
宇都宮町方取扱諸事覚帳
八月」
［略］
一、城主何事ニ不依吉凶共有之付、当所座頭、盲女御祝儀或ハ御布施鳥目頂戴仕度旨願出候へは、座頭へ五貫文、盲女へ弐貫文給之、但品ニより其事軽キは、座頭三貫文、盲女へ壱貫文給之候事
（『栃木県史』史料編、近世一、五七一頁、五八一頁。『宇都宮市史』第四巻、二八四頁、三〇〇頁も参照）

寛延二年（一七四九）十二月、現山梨県南アルプス市有野。有野村、年貢取立に関する平百姓から村方への願

乍恐以口上書を奉願候
一、此度惣村中因［困］窮仕り候ニ付、御願申上候意趣者、前々草臥候所ニ又候、去々年両度出水ニ而御田地者不及申ニ、家財諸道具迄流失仕り、殊ニ近年不作仕り候得共、段々御執ケ者上り其上御年貢御取立茂十月ヨリ霜月迄ニ皆済割被仰付、且又夫銭之儀茂近年大分上り先記者少シ御延引被遊人ニより滞り候而も、利足等御懸不被下候得共、近年ハ少シ滞り候而茂利足を加へ急ニ御取立被遊候故、平百姓甚困窮仕候。
［略］
一、こせ扶持先記之通り御名主賄ニ成シ可被下候。
［略］
寛延二年
巳之十二月
有野村　組頭　佐次兵衛㊞
外十五名連印
当村
御名主

御中間中様

（『白根町誌』資料編、一一九頁）

寛延三年（一七五〇）七月二十八日、現岩手県。八戸藩の座頭・瞽女人口（『八戸藩日記』八戸市立図書館蔵）→享保十一年（一七二六）八月十三日、享保十七年（一七三二）六月二十六日、元文三年（一七三八）四月二十六日、延享元年（一七四四）六月二十九日、宝暦二年（一七五二）二月一日、宝暦四年（一七五四）二月二十六日

七月廿八日

当宗門改惣人数覚

一、三万四千九百七拾六人　内男壱万八千五百拾三人
女壱万六千四百六拾三人
右は志和并八戸廻・久慈・軽米・名久井・長苗代通御代官所御百姓男女

一、弐万千五百拾八人　内男壱万千六百四拾人
女九千八百七拾八人
右は御家中并寺社領百姓男女

一、千八百拾六人　内男八百八拾八人
女九百弐拾八人
右は御家中手廻男女

一、四百四人　内男弐百三拾三人
女百七拾壱人
右は御家中召仕男女、地形付之外

一、七百弐拾弐人　内男三百七拾五人
女三百四拾七人
右は五組御足軽・町御足軽弐組・御常番三組手廻男女

一、四百七拾人　内僧百六拾四人
俗百八拾四人
右は諸寺院并召仕門前百姓共手廻男女

一、千八人　内男五百三拾弐人
女四百七拾六人
右は山伏并手廻男女

一、五拾五人　内男三拾人・女弐拾五人
右は社人并手廻男女

一、弐百九拾三人　内男百五拾五人
女百三拾八人
右は大工・木挽・鍛冶・畳指・屋根屋手廻男女

一、三千七百八拾九人　内男千九百四拾三人
女千八百四拾三人
右は当御町改惣人数

一、弐百八拾九人　内男百六拾五人
女百弐拾四人
右は座当・ごぜ手廻男女

一、五拾九人　内男弐拾八人・女三拾壱人
右は御会所番人・鐘撞・籠守・典屋手廻男女

惣合　六万五千三百九拾九人　内男三万四千八百五拾人
女三万五百四拾九人
内　僧百六拾四人、座当百六拾五人、ごぜ百弐拾四人
右之通御座候、以上
午七月
一、公儀御書上写、左之通
宗門改惣人数覚
一、三万四千三百七拾三人　内男壱万八千七百九拾人
女壱万五千五百八拾三人
三戸郡
一、壱万三千弐百八拾七人　内男七千九百八拾人
女五千三百七人
九戸郡
一、五千弐百三拾人　内男二千九百拾人
女二千三百弐拾人
志和郡
〆五万弐千八百九拾人　内男二万九千六百八拾人
女二万三千二百拾人
内
僧百三拾弐人、社人八人、神子弐拾五人、座頭百五拾人、
ごぜ六拾人、諸職人百八拾人
但弐才以上改之
右之通御座候、以上
午七月

（『久慈市史』第四巻、史料編一、五九三～五九五頁）

寛延三年（一七五〇）十一月五日、現広島県。広島藩、郡方取締に関する条（『御触状写帳』）

一、座頭・盲女泊り賄之儀通ひニ相成〆り宜可有之筈之処、却テ不しまり之由相聞へ候、就中座頭壱人ニ罷越三四人之通ひヲ持参いたし、断候へ者三四人之通ひヲ付遣し候由粗相聞へ甚以不届千万ニ候、品ニより此儀者遂吟味ヲ役人共急度可申付候、向後ヶ様之不しまり之儀座頭共より断候得者とて、心得違通ひ付遣し候村も有之候ハヽ、可為曲事候、若右之類之座頭有之候ハヽ、可申出候、尤通ひ成候而者泊りも欠り候道理ニ候得共、若去年より相増し候得者遂吟味候間、兼テ左様ニ可相心得候事

右之条々末々小百姓共迄申聞せ堅相守り可申者也

午霜月五日　林　甚左衛門
杉田新六

割庄屋
村々庄屋
与頭

（『広島県史』近世資料編、第三巻、六八三～六八四頁）

寛延四年（一七五一）三月十三日、現大分県中津市。中津町、

瞽女に宿を貸し遊興することの禁止

被仰出候御触之趣

［略］

一、不宜者人集宿に致候義、前以御法度被仰付候、弥堅相守可申候、其外ごぜ・座頭、見世物等之宿、致遊興之義致ましく候

［略］

右之趣支配切急度惣町へ可申渡候、万一相背候ものハ急度可被仰付旨被仰出候、此段同役中へ相触候

三月十三日

（『惣町大帳』第五輯、三七頁）

寛延四年（一七五一）五月、現富山県氷見市論田。論田村、改作法覚書の下付に関する論田村農民の請書

（表紙）
「　寛延四年
御改作御法覚書ヲ以被仰渡候御請帳
五月　　論田村　」

［略］

一、宿方并宿方ニ准シ申所々者商方茂有之ニ付、金沢并所々町人ヲ見習、家立衣服食物等ニ至迄花麗ニ罷成申候、町人之儀ハ遊民之類ニ而、不依何事ニ従公儀御構無之、百姓之義者御縮り方厳敷御法正敷被仰渡儀ニ候所、百姓之本儀ヲ取違候儀沙汰之限ニ候、向後開作道具之外諸道具損シ候共、任有ニ相用可申候、無用之道具ヲ調、栄耀之普請仕、無益之金銀ヲ遣捨、人ヲ侮銀米之貸物高利ヲ取申者ハ、重而御郡中難渋人取続之才覚銀米多割当為指出可申候、御借銀有之砌ハ猶更ニ候、其節違背仕間敷候、且亦他国商等仕者共者、猶更物毎律儀ニ相心得、御法ニ違不申様ニ心懸可申候、於他国ニ不所存之品有之候者、大事之儀ニ候、且又他国江罷越候人々之内、少々之利潤ニ而所ニ罷有内ハ励之品相見江不申、年中遊居申者共有之、若キ者共ニ奢ヲ勧、其所之風俗ヲ悪敷仕成候儀沙汰之限ニ候、向後右体之者、開作かせき之品ヲ考一日茂遊居不申、仕事仕候様ニ相心得可申候、此趣承知不仕者共ハ、他国商ニ罷出候節指留可申候間、急度相嗜可申候事

付り、宿立候所々、瞽女罷越候得ハ、日数多留置、若キ者共奢申由、沙汰之限ニ候并他国者・勧進坊主・座頭等之類一夜泊り之外、留置申間敷候

（『氷見市史』第三巻、五五二頁、五五七〜五五八頁）

寛延四年（一七五一）八月二日、現大分県中津市。中津町、「殿様」帰城後、瞽女の活動再開の触は不必要と決定

［八月］二日

一、大御所様御中陰先達而先月廿一日迄ニ而相済、御免被成候、然所殿様御帰城被遊候而又々御慎ミ被遊候ニ付、諸家中も穏便相慎候、右之趣相触候ニ及為申候、同役共迄承置候様

ニ被仰付候、大貞稽古等も不苦候、ごぜ・座頭門引等も少も不苦候、別而相触候ニ及不申候由被仰付候、此段同役中一座ニ而一同ニ申聞候

（『惣町大帳』第五輯、五六頁）

宝暦元年（一七五一）十二月二十五日、現岐阜県高山市。飛驒高山の瞽女が窃盗にあう事件など

宝暦元未年十二月廿五日（未十一月三日改元）山伏金龍院　引廻獄門之事。

宗猷寺町居住当山方修験金龍院儀同組座頭《ざとう》之忰勘太郎といふ者と両人にて、同町瞽女方へ盗に入贓物取出し、其後金龍院儀ごせ方へ参り、承候へは盗難に逢候よし贓物出候様に祈可レ遣旨相勧め祈禱料を取候処、勘太郎儀右祈禱料配分之儀に哉或夜金龍院と口論におよひ、金龍院儀勘太郎を殺しおのれ一人の所得に致さん工(巧)みにや、大脇差をぬき勘太郎に切付候に付逃出候得共、追かけ終に我家へ連来りさし殺し、勘太郎縊死之体に拵、梁より縄を下け勘太郎を釣上け置、隣家へ右之様子届候処隣家近辺にては口論之音も相聞怪敷存候儀なれは早速寄合候処、金龍院申は我等か留守へ入込縊死致し候儀、不埒之事に候へ共其分に致可レ遣、ひそかに勘太郎を葬候様申といへとも、勘太郎親類并金龍院隣家組合も怪敷見請候儀に付、後難もはかりかたく且変死之儀は御訴可レ申筋に候へは、其段取計可レ然旨にて注進いたし候処、検使として元〆井田嘉藤次・岩間竹右衛門両人金龍院宅へ来り、一通り吟味口書相済直に金龍院からめ入牢に成、御吟味御座候処勘太郎同類にて盗に入候始末金龍院白状、重罪によつて十二月廿五日朝牢口より馬に乗せ、弐之町へ牽出し弐之町安川迄下りかぢ橋を越桐生野において獄門。太刀取宮村番太老年七十才余

（『紙魚のやどり』四二〜四三頁）

宝暦二年（一七五二）二月一日、現岩手県。八戸藩、座頭・瞽女人口（『八戸藩日記』八戸市立図書館蔵）→享保十一年（一七二六）八月十三日、享保十七年（一七三二）六月二十六日、元文三年（一七三八）四月二十六日、延享元年（一七四四）六月二十九日、寛延三年（一七五〇）七月二十八日、宝暦四年（一七五四）二月二十六日

二月一日

一、去年之年宗門改惣人数

一、千七百四拾七人　内男八百七拾七人・女八百七拾人

右は御家中手廻男女

一、六百九拾七人　内男三百八拾四人・女三百拾壱人

右は本組・町組・常番組手廻

一、四百八十三人　内僧百七拾人・俗百八拾九人・女百弐拾四人

右は諸寺院并召仕門前百姓手廻

一、千拾弐人　内男四百九拾四人・女五百拾八人
右は常泉院手廻并支配下山伏手廻
一、六拾四人　内男三拾八人・女弐拾六人
右は社人并手廻
一、三万三千四拾四人　内男壱万七千弐百八拾六人・女壱万
　五千七百五拾八人
右は六御代官所御百姓手廻
一、三千八百八人　内男千九百弐拾四人・女千八百八拾四人
右は御町人手廻
一、弐万七百七拾六人　内男壱万千弐百六拾弐人・女九千五
　百弐拾壱人
右は御家中并寺社領百姓召仕共ニ
一、四百三人　内男弐百弐拾五人・女百七拾八人
右は御家中地形付之外召仕
一、三百弐拾九人　内男百七拾壱人・女百五拾八人
右は諸職人手廻
一、弐百五拾五人　内男百四拾四人・女百拾壱人
右は座頭并瞽女
一、六拾壱人　内男弐拾九人・女三拾弐人
右は御会所当鐘撞・典屋・牢守手廻
惣合六万弐千六百八拾四人
内男三万三千百九拾九人
　女弐万九千四百九拾壱人
右之内僧百七拾人、同座頭百四拾四人、同瞽女百拾壱人
右之通御座候
（『久慈市史』第四巻、史料編一、六〇二～六〇四頁）

宝暦二年（一七五二）六月、現鳥取県。鳥取藩、座頭・瞽女の配当取り規制

宝暦二年六月
一、座頭・盲女、御郡中村々祝悔之節施物取候儀、猥ニ騒敷有之旨相聞候間、此以後は御郡村々座頭・盲女人数相改置、祝悔之節施物遣し候は、一郡之座頭・盲女限り可有之、尤施物員数は志次第候、他郡之盲女・座頭決て互ニ入申間敷候、平日廻［ママ］・在一宿之儀は只今迄之通可致候、二宿三宿無用ニ候、併志之供養共有之差置候は庄屋方へ可相断候、庄屋宅へ差置候は年寄ニ相断可申事、
右之通被仰出候間、村々堅可相守候、尤座頭・盲女人別名前相改、帳面相認、御用場え可差出候、若此度之御法相背候座頭・盲女在之候は、其所え拵（本ノママ）置、御用場へ可相達もの也、
（『藩法集』第二巻、二七四～二七五頁［一二三四号］）

宝暦二年（一七五二）十月七日、現愛媛県宇和島市。宇和島藩、「盲女実路」へ扶持支給（『伊達家御歴代記事』）

［十月、因幡］七日、一、盲女実路へ米五俵被下候事。
（『記録書抜　伊達家御歴代記事』第二巻、四九頁）

宝暦二年（一七五二）序、現山梨県。甲斐国の「盲女」らが配当を拒否する職種（『裏見寒話』巻之四）

ハカセ　算占をして歩行する者也、　○白カミ　口ヨセ巫女の筋、
○リキ、　○機織道具師、　○山守山伏、
○ロクロ師　綿道具、　○紅絹かき、　○湯屋、
○紺屋、
彼等は下りものと称して、盲女、座頭、吉凶の配当を取に行かず、其子孫に及んで富裕と成り、外の商売に移るといへ共、下りもの筋といふて行かざる也、
盲女住居　横近習町、飯田新町にあり、是も座頭と同じく吉凶の配当を取る、

（『裏見寒話』四一六頁）

宝暦二年（一七五二）序、現高知県いの町《ちょう》 寺川。土佐藩本川郷寺川（『寺川郷談』）

此は寛延辛未衣更、高知を出て、土佐の辺鄙《ヘンピ》本川郷寺川の庄村々をかけまハり、[略]聞およひ見及たる事、唯時の戯《タハム》れ、茶のミはなしの隙より、寺川郷談《テラカハキャウタン》と題号して書付進候。
[略]
一、こぜ、さとう、牛馬を見たる事なし。出家ハ廿年はかりに見る事有。
[略]
如此所故牛馬の通路なく、瞽［女脱カ］・座頭も不来人倫はなれたる深山幽谷也。

（『高知県史』民俗資料編、二二頁、二四頁、三六頁）

宝暦三年（一七五三）正月二十七日、現愛媛県宇和島市。宇和島藩、任官の際に座頭・「盲女」へ配当支給（『伊達家御歴代記事』）

[正月、因幡]、廿七日、一、御任官御祝義、座当・盲女弐百人へ銀二百目被下。

（『記録書抜　伊達家御歴代記事』第二巻、五〇頁）

宝暦三年（一七五三）五月八日、現新潟県上越市。高田城下、他所者勧進禁止令（『記録便覧』巻之二）→明和五年（一七六八）正月十九日、五月九日

[五月]
同月八日
一、此節物騒ニ候条、当町ニおゐて他所者諸勧進物貰堅可為無用事

（中村辛一『高田藩制史研究』資料編、第四巻、五一一頁）

宝暦三年（一七五三）十月、現島根県美郷町とその周辺地域。天領の村々の座頭・瞽女人口と福祉政策（書き下し文、原文は上野村仲岡三上家文書）→次項

九日市組

一、座頭　小林村　松弥　二六才
一、〃　惣森村　たつ弥　一九才
一、〃　八石地村　了残　四〇才
一、〃　熊見村　麻都　五六才
一、〃　熊見村　三関　六四才
一、〃　高畑村　早都　五〇才
一、〃　高畑村　都弥都　三〇才
一、〃　高畑村　下然名都　三六才
一、〃　塩谷村　曽謙都　三三才
一、〃　須谷村　矢野都　六六才
一、〃　志学村　佐世都　四五才
一、〃　志学村　りんさく　六七才
一、〃　吾郷村　左次郎　一九才
一、〃　片山村　行都　六一才
一、〃　九日市村　春達　六〇才
一、〃　浜原村　すわ都　三八才
一、瞽女《ごぜ》　惣森村　きみ寿　三五才
一、〃　高畑村　りき寿　四七才
一、〃　酒谷村　登世　三〇才
一、〃　志学村　久米寿　二四才
一、〃　吾郷村　はや　四三才
一、〃　吾郷村　なつ　六四才
一、〃　片山村　さや寿　六一才
一、〃　九日市村　法尾寿　三九才
一、〃　上山村　千代　二四才
一、〃　井戸谷村　せき寿　六五才
一、〃　粕渕村　なつ　六五才
一、〃　千原村　まつ　三六才
一、〃　上野村　津屋　三三才
一、〃　浜原村　曽代寿　三四才
〆三〇人、座頭十六人、瞽女一四人

大家組の内

一、座頭　伏谷村　極山　五二才
一、〃　布施村　了鉄　三二才
一、〃　宮内村　了清　二八才
一、瞽女　八色石村　ちよ　五七才
〆四人、座頭三人、瞽女一人

是は申合せ候二千石七ヶ村廻在の積り、大家組より座頭・瞽女一人に一ヶ年に米一石一斗五升九合宛右村へ遣し候積り、座頭・瞽女これある村方申合せ村役人より帳面仕立御役所へ差出し押切印これを取り右帳面を以て組元村方へ申遣し米請ける可く候。

一、右の通り相心得死失等の節急度相届く可く候。他領は申すに及ばず、他村より入込み候儀決して相成難く候段組内にてよんどころなく養育人これなく育て出来候とも、座頭・瞽女同様には相成らず候間、其の心得にて取計らい申すべく、尤も座頭・瞽女中留入候儀もよんどころなき仔細これ有り候はば、組中建判を以て願出で候はば、吟味の上否申渡す可く候えども、以来座頭・瞽女出来申さざる様に吟味申付け候。此の度も吟味の上養育人在々の分は引渡し、養育人これなき分伺候様に仰渡され候間重々相守る可き事。

一、右は去る辰年吉浦村伝右衛門悴与市郎引続き郡中惣百姓の為に相成候様にと書面の品々願出で吟味の次第相伺い御下知これあるに付、其の趣猶又吟味を遂げ、右定書を以て申渡し候。惣じて格別遠国の儀故心得違い百姓費も多くこれ有り候。婚儀其外祝儀等、祭礼・法事に至る迄、随分手軽く執り行い、小百姓助けに相成る様に相心得べく、寺社他廻在他領他国へ旅人通行の取計らい等宜しからず候。向後勧化等の儀村役人より高割を以て勧め候儀は致さず志次第に取集む可く候。寺社廻在其外旅人並に座頭・瞽女等送りの儀百姓費にならざる様にいたし似ものは申すに及ばず、押して勧化又は座頭・瞽女の類強く祝儀を乞い候もこれ有り候はば、早速御役所へ訴出ずべく候。追々御渡されもこれ有り殊に村々困窮の由申立候間、祭礼、仏事、勧化等の儀成る丈け相止むべく、よんどころなき儀相止め難き分は年季を限り止め候か、身上相応じ随分軽く取計らい、困窮取直し候儀専らに候。右の趣町村人は申すに及ばず、郡中惣百姓書面の品と拘り候上急度相守るべく、違背に於ては其の品相伺い曲事たるべきものなり。

一、是は佐摩組、久利組、大田組、九日市組、大家組より座頭・瞽女一人分一ヶ年米一石五斗宛遣し候積り是迄の通り心得、米請取方の儀は銀山大森両町役人より帳面仕立、御役所へ差出、吟味押切判之を取り、右帳面を以て組元村方へ申遣し、米請取る可し

但波積組、大家組の内二千石村々の分は廻在の積り

宝暦三年酉十月

（『大和村誌』上巻、六〇一～六〇二頁）

宝暦三年（一七五三）十月改、現島根県大田市温泉津町《ゆのつちょう》。石見国郡中の座頭・瞽女に関する定（町内に高野寺蔵、中村了平蔵、重富敏正蔵、富吉脩蔵の四冊の写本が残っている。温泉津町誌編纂委員会が四冊を照合・校訂）→前項

（表紙）
「宝暦三年酉十月改
石見国郡中入用其外取斗定書」

石見国邇摩郡佐摩村之内

［略］

一、座頭
一、同
一、瞽女

一、同
一、同
〆五人内　弐人座頭
　　　　　三人瞽女
是者佐摩組・久利組・大田組・九日市組・大家組ヨリ座当
（頭）瞽女壱人分壱ヶ年米壱石五斗宛遣候積リ、是迄之通心得
米請取方之儀者銀山大森両町役人ヨリ帳面仕立、御役所江差出
吟味押切判取之右帳面を以組元村方へ申遣積リ米可請取候
　　波積組・大家組之内弐千石村々
但
　之分者廻在之積リ

佐摩組
〆弐拾五人内　拾六人座頭
　　　　　　　九人　瞽女
是者組切座頭・瞽女壱人壱ヶ年米壱石五斗宛遣候積、是迄之通
心得請取方之儀者座頭・瞽女有之村々申合村役人ヨリ帳面を仕
立、御役所江差出吟味押切判取之右帳面を以組元村方へ申遣米
可請取候

久利組
〆弐拾弐人内　拾三人座頭
　　　　　　　九人　瞽女
是ハ右同断

大田組
〆弐拾四人内　拾三人座頭
　　　　　　　拾壱人瞽女
是ハ右同断

九日市組
〆三拾人内　拾六人座頭
　　　　　　拾四人瞽女
是ハ右同断

大家組
〆三拾三人内　弐拾弐人座頭
　　　　　　　拾壱人瞽女
是者右同断　但大家組之内弐千石七ヶ村江者廻在之積り
〆四人内　三人座頭
　　　　〔壱〕老人瞽女
是者申合候而弐千石七ヶ村廻在之積、大家組ヨリ者座当・瞽女
壱人壱ヶ年米壱石壱斗五升九合宛右村江遣候積り、座当・瞽女
有之村方申合村役人ヨリ帳面仕立、御役所江差出吟味押切判取
之右帳面を以組元村方へ申遣米可請取候

波積組
〆拾壱人内　九人座頭
　　　　　　弐人瞽女
是ハ是迄之通組中廻在之積り
合百五拾四人内　九拾四人座頭
　　　　　　　　六拾人瞽女

右之通相心得、死失等之節急度可相届候、他領者不及申、他村より入込候儀決而難成候、縦組内ニ而茂無拠養育人出候共、座頭・瞽女同様ニ者不相成候間、其心得ニ而取計可申、尤座頭・瞽女仲間江入候儀無拠子細有之者、組中連判を以願出候ハヽ、吟味之上否可申渡候得共、以来座頭・瞽女出来不申様吟味申付候、此度厳敷吟味之上養育人有之分者引渡、養育人無之分者伺候様被仰付候間重ク可相守候

右者去ル辰年吉浦村伝右衛門より伜与市郎へ引続郡中惣百姓之為ニ相成候様ニと書面之通品々願出吟味之次第相伺御下知有之ニ付、其趣尚又遂吟味、右定書を以申渡候、惣而格別遠国之儀故心得違百姓費も多有之候、婚儀其外祝儀等、祭礼・法事ニ至迄、随分軽ク執行、小百姓助ニ成候様可心得、寺社勧化廻在他領他国之旅人通行取計等不宜候、向後勧化等之儀村役人ヨリ高割を以勧候儀不致志次第ニ可取集候、寺社廻在其外旅人并座頭・瞽女等送之儀百姓費不成様致吟味、似せもの者不申及〔及申〕、押而勧化又者座頭・瞽女之類強祝儀乞候儀之有候ハヽ、早速御役所へ可訴出追而被仰渡候儀茂有之、殊ニ村々困窮之由申立候間、祭礼、仏事、勧化等之儀可成たけ者可相止、無拠難相止分者年季を限リ止候歟、身上相応ニ随分軽取計イ、困窮取直シ候儀専要候、右之趣町村役人者不及申、郡中惣百姓書面之品々拘候迄急度可相守、於違背ハ其品相伺可為曲事者也

宝暦三年酉十月

右之通被仰渡候趣委細承知仕奉畏候町村中惣百姓江も可申聞候為其御請印形差上申候、以上

石見国邇摩郡佐摩村之内

酉十月　大森町　年寄　茂兵衛　印

庄屋
目代
組頭　六右衛門　印

御定郷宿
組頭　甚右衛門　印

組頭　源六　印

同　宗八　印

御定郷宿
組頭　元五郎　印

銀山町役人　印

郡中村々役人　印

御定郷宿　清六　印

同　嘉平太　印

同　藤三郎　印

町宿　三右衛門　印

同　宗八　印

郷田村
渡し守　与市左衛門　印

天野助次郎様

御役所

（『温泉津町誌』一〇一頁、一一六～一一八頁）

宝暦四年（一七五四）二月二十六日、現岩手県。八戸藩、座頭・瞽女人口（『八戸藩日記』八戸市立図書館蔵）→享保十一年（一七二六）八月十三日、享保十七年（一七三二）六月二十六日、元文三年（一七三八）四月二十六日、延享元年（一七四四）六月二十九日、寛延三年（一七五〇）七月二十八日、宝暦二年（一七五二）二月一日

二月廿六日

一、当宗門改惣人数覚

一、千七百五拾四人　内男八百七拾壱人
　　　　　　　　　　女八百八拾三人

右は惣御家中手廻男女、但志和下代手廻共

一、六百九拾九人　内男三百六拾五人・女三百三拾四人

右は本組・御町組御足軽并常番御鉄炮討又吉・喜太郎手廻共

一、四百九拾弐人　内僧弐百拾八人・俗弐百拾弐人・女六拾弐人

右は諸寺院并召仕門前百姓手廻、志和観音別当鳴海佐仲手廻共

一、九百九人　内男四百九拾人、女四百拾九人

右は常泉院手廻并支配下山伏手廻共

一、六拾四人　内男三拾八人・女弐拾六人

右は社人高橋大和守手廻并支配下社人手廻共

一、三万四千百三拾八人　内男壱万七千九百八十五人
　　　　　　　　　　　　女壱万六千百五十三人

右は六御代官所御百姓手廻并御馬別当支配御百姓共

一、三千八百五拾弐人　内男弐千弐十六人
　　　　　　　　　　　女千八百弐拾六人

右は御町人手廻男女

一、弐万弐千六百五拾五人　内男壱万千八百二十九人
　　　　　　　　　　　　　女壱万八百弐拾六人

右は御家中拝知并寺社領百姓召仕共

一、三百六拾六人　内男弐百拾三人・女百五拾人

右は御家中地形付之外召仕共

一、三百五拾八人　内男百九拾弐人・女百六拾六人

右は大工・木挽・鍛冶并畳指・屋ね屋手廻共

一、弐百六拾九人　内男百四拾人・女百弐拾九人

右は座当并瞽女

一、五拾七人　内男弐拾五人・女三拾弐人

右は御会所番・鐘撞・牢守・典屋手廻共

惣合六万五千六百拾三人　内男三万四千六百四人
　　　　　　　　　　　　女三万千九人

右之内僧弐百拾八人、座頭百四拾人、瞽女百弐拾九人

（『久慈市史』第四巻、史料編一、六一八〜六一九頁）

宝暦四年（一七五四）九月十二日、現福岡県朝倉市甘木。秋津黒田藩四代藩主黒田長貞死去の際に甘木藩の「盲人」へ救米支

給
十二日
[略]
一、御領分盲人へ御救米被仰付候、座頭一日五合、盲女三合、
町升也
（『甘木市史資料』近世編第四集、一二〇頁）

宝暦四年（一七五四）十一月、現新潟県上越市牧区倉下。越後国倉下村の座頭・「盲女」人口

（表紙）「宝暦四年
越後国頸城郡高津郷倉下村差出明細帳
戌十一月　扣（控）」
[略]
（貼紙）当郷下昆子
[略]
人数　三百四人　内
男百五拾人
女百五拾壱人
座頭弐人
盲女壱人
[略]
一、当村枝郷壱ヶ所
[略]
人数百四拾九人　内
男七拾弐人
女七拾四人
座頭弐人
盲女壱人
[略]
一、座頭弐人　内
壱人ハ清山
壱人ハ清順　但、前条人数之内
一、盲女壱人　はつ　但、右同断
（『牧村史』資料編、一七頁、二二～二三頁、二六頁）

宝暦四年（一七五四）、現広島県。福山藩、「戌春御銀大旨仕分帳」、宝暦四年分の配当

銀壱貫三百目程　座頭・瞽盲[女カ]被下銀
（『広島県史』近世資料編、第二巻、九四二頁）

宝暦四年（一七五四）、現広島県。福山藩、「戌暮御銀大旨仕分帳」、宝暦四年分の配当

同[銀]八貫目程　町在運上改之者給銀、其外座頭・瞽盲[女カ]被下銀共
（『広島県史』近世資料編、第二巻、九四四頁）

宝暦四年（一七五四）、現島根県。出雲国・隠岐国の座頭・瞽女人口

同[宝暦]四戌改

一、十九万九千三百六十五人
内
出家　六百二十九人　社家　五百六十人
山伏　六十四人　本道針立外料　二百五十三人
道心禅門　千三十二人　比丘尼　二百六人
座頭　百八十九人　瞽女　百三十九人
百姓　十九万三千四百一人　町職人共
鉢屋皮太　二千八百八十九人
（『新修島根県史』史料篇二、一五六頁）

宝暦五年（一七五五）二月二十八日、現埼玉県川越市寺尾。寺尾村の瞽女人口

「(表紙)宝暦五乙亥年
武州入間郡寺尾村明細帳
二月廿八日」
［略］
一、人数合三百八拾八人
［略］
壱人　瞽女
（『川越市史』史料編、近世第三、五二六頁、五二八頁）

宝暦五年（一七五五）、現大分県宇佐市麻生。中麻生村の瞽女人口

「(表紙)宝暦五年
豊前国宇佐郡中麻生村銘細帳　扣
亥
子六月田畑反別帳共ニ子九月ニ上ル扣
岡田九郎右衛門様江指上ル控丑二月ニ上ル扣」
［略］
一、村中人数　五百六拾人、内　男三百廿弐人　女弐百三拾八人
［略］
一、鼓[瞽カ]毛目女　弐人御座候、
（『宇佐近世史料集』［二］、山口家史料一、四七頁、五二頁、五五頁）

宝暦五年（一七五五）、現広島県。福山藩、「亥春御銀大旨仕分帳」、宝暦五年分の配当

[銀]同壱貫三百目程　座頭・瞽盲[女カ]江被下銀
（『広島県史』近世資料編、第二巻、九四六頁）

宝暦六年（一七五六）二月、現山梨県甲州市塩山牛奥。牛奥村、村入用の割付

出入取扱之品書

[略]

一、夫辰之義、御検見下見諸入用人足等、御伝馬・こせ・座頭其外村々並合定式入用義ハ、表名主所ニ而三組村役人立合吟味いたし割合候積り、且又組切夫銭之義ハ、組切ニ而割合候積り

[略]

右は双方并ニ惣村中御熟談被成、出入内済仕候様ニ頼入渡候、以上

宝暦六年

子二月

惣寺社
全応院　正継寺
青苔寺　慶安寺
千将寺　文殊院
願正寺　不動院
開光寺　山村　七郎右衛門
三光寺　休息　八郎右衛門
浄蓮寺　西之原　喜右衛門
慶泉寺　江戸　清右衛門
福泉寺　田中　武兵衛
立正寺　宿　八郎右衛門
神主

（『塩山市史』史料編、第二巻、近世、四六四～四六五頁）

宝暦六年（一七五六）四月、現大分県中津市。中津町の瞽女人口

覚

一、惣町男女三千九百四十人
一、同　寺社山伏男女弐百人
〆四千百四拾八人

[略]

女千九百廿三人
内　尼　九人
瞽女　壱人

子四月

（『惣町大帳』第六輯、一一八頁）

宝暦六年（一七五六）五月二十七日、現鹿児島県。鹿児島藩法

一、御目付様御滞在中、鹿児島中遊興ヶ間敷儀、辻歌、停止被仰渡、
但、ごぜ・座向・稽古三味線・つひきは、不苦候、

宝暦子五月廿七日

（『藩法集』第八巻下、三六四頁［二一九〇八号］）

宝暦六年（一七五六）十一月二十二日、現広島県。広島藩（出

典不詳）→次項

十一月二十二日、封内の座頭・盲女、諸郡村を廻歴するに際し、一宿一飯を給するの制を廃止し、代ふるに「居扶持」を給与することに改定せらる

（『広島市史』第二巻、三六三頁）

宝暦六年（一七五六）十二月四日、現広島県。座頭・「盲女」への居扶持米銀に関する定（『郡務拾聚録』天）→前項

覚

一、郡中座頭・盲女廻在賄之義、近年通帳ニ相成候得共、兎角入用相増候ニ付、以来通帳相止メ郡中より居扶持米遣候義去年已来相しらへ候処、去秋作至而不熟ニ而郡中穀類乏敷、百姓共給ものも無之程之義ニ付、廻在差止メ、所有合之品を以相凌せ置候様申付、既ニ当九月限りニ而十月よりハ其筋相改遣候義勿論ニ候、然共去年之義ハ凡子年以来之凶作ニ而、今年作方大概ニ而も去暮已来之難渋差迫り下方別而差閊候ニ付、今暫くハ其まゝ只今迄之通り有合ニ而凌せ置候様ニ仕度段追々願出候次第故、去年及内談候通り米高ヲ約メ検校へ辻ニ而被相渡候様急ニ難相成ニ付、先左之通り来丑正月より仕向遣候条此旨可相心得事

付紙（来正月居扶持米相改候迄之内所有合之品ヲ以相凌せ候義諸郡共格別之不同無之様尚又申付置候事

一、座頭壱人ニ付一日米五合、盲女壱人ニ付同三合之積ヲ以官位高下之無差別居扶持米郡々郡割ニ而其郡の座頭・盲女へ其村々ニおゐて月々ニ相渡候、依之自今一宿一飯の廻在不相成候、尤右扶持之義正米歟又ハ郡割相場ヲ以代銀歟、右両品之内村方勝手次第相渡遣候事

付り、座頭・盲女人別へ検校より月々切手遣し村々居扶持ニ引替、勿論高下ヲ以相渡候儀者、座法ニ而与頭座頭共方ニ而取計候義ハ勝手次第ニ候、其内至而小村などハ右扶持米月壱度ニ相渡候義若差閊候ハヽ、月両三度ニ相対を以相渡候方角も可有之候間、此等之義も可申聞置事

一、当町分も右之積を以居扶持米弐百弐拾七石八斗八升郡割相場を以代銀ニ而取立、毎歳六月・霜月両度ニ吉崎検校ニ相渡し可遣候間、座頭・盲女江配分可仕候、勿論自今廻在不相成義者前段之通りニ候事

付紙　来六月迄之分者当極月下旬ニ相渡可遣事

但、右居扶持米代銀者御代官所年番ニ而取集被相渡候筈ニ付、年番之人名等其郡々手付より内々検校へ可知遣候間受取ニ可罷出事

一、三原・尾道・宮島・三次町之分も当町方分一緒ニ検校方へ可相渡候得共、左候而者検校方より又夫々へ配渡し往来費も有之候ニ付、右四ヶ所之分者郡中盲人共同様ニ其所之役人共より直ニ与頭座頭へ渡可遣事

一、官途奉加銀五貫目、外ニ弐百匁検校方ニ而失却入用都合五貫弐百匁取立、毎歳霜月是又検校方へ相渡し、検校より御領

分座頭共へ夫々渡し遣し官途仕せ可申候、然る上者入魂深切之者一分之合力等ハ格別、纔之米銀ニ而も一統之奉加等ニ付廻在不相成候事

付紙

此官途銀之義、来霜月渡し遣し候内半方弐貫六百匁当暮来正月迄之内取立相渡し、残り半方之分来霜月相渡可遣候、尤来々寅年よりハ本文之通り亥年分毎歳霜月一緒ニ渡遣候事

一、右座頭・盲女之人数者当時之人数を定数ニいたし、官途銀共以来増欠等一向不承届候事

但、右定数の内欠り人壱人在之節、并ニ追而替り人入候分共其度々人名書付ヲ以年番之御代官所へ可申出事

一、此度相改候惣人数を此已後之定数ニいたし、小内増欠有之節取計候義者、何郡ニ而も壱人欠り候時者其郡之徳ニ而、割当り之米高壱人分欠り、又何郡ニ而壱人増候節ハ其郡之損と見て壱人の増米差出させ候、此形ニ相成候ニ付人之代りハ何郡ニ而入候共勝手次第の事

但、御城下之分兼而検校方へ居扶持米辻ニ而相渡候ニ付、郡方ニ而欠り人有之節右代り御城下ニ而入候義者不相成候事

一、至而凶年之節者、其年之趣ニ寄居扶持米欠り相渡候義も可有之候、勿論去ル子年之如き年柄ニ而者居扶持相止、一統之御救有之候得ハ其通ニ取計可申事

一、右之通居扶持ニ相成、已来何そ差障之節も有之候得者居扶持米相止メ、以前ニ差戻候義も可有之候、左候得ハ其節しらへ之趣を以相当ニ仕向申付可遣候事

一、此已後私用者勿論、公用・座用等ニ而致往来候共、銘々手賄ニ仕候事

但、旅籠木銭等者宿主相対ヲ以払候事

一、行暮候節宿之儀村役人共へ相頼候ハヽ、一宿者差問無之様ニ申付可遣事

但、旅籠代木銭等払通候義者勿論之事

一、近年双方流合ニ而送り夫等差出遣候得共、此以後不相成候、尤駄賃等も自分払ニ仕候事

但、村送り之義達而相願候得者、病人送り遣候定法之外致方無之事

一、宿賃并ニ飯米料人夫賃等者勿論、都而自分払之者代銀当分ニ払不申而ハ一切村方より受引不仕事

但、万一右之品代銀相滞候得ハ、其趣役人共より御代官所へ申出居扶持米之内ニ而引取候事

一、此已後他国盲人御領分江不入、御国之盲人共他国へ遣し不申候様ニ可取計事

但、公用・座用ニ而無拠出入者格別ニ候、尤賄等自分払勿論之事

右之通り此度相改候条此段検校より御領分座頭共へ不洩様申聞せ、以来心得違ひ之義無之様ニ可申付置候、此趣者御代官所よりも郡々村々江被申付庄屋元壁書いたし置候筈ニ

候、以上
（十二月）
沼田郡〆四拾八石弐斗四升
座頭弐拾五人、盲女三人
安芸郡〆百九拾五石一斗弐升
座頭九拾壱人、盲女弐十九人
佐伯郡〆百拾七石七斗弐升
座頭五十七人、盲女十四人
山県郡〆百五拾八石四斗
座頭七十三人、盲女弐拾五人
高田郡〆百五拾五石一斗六升
座頭七十六人、盲女拾七人
高宮郡〆七拾九石弐斗
座頭三十五人、盲女拾五人
加茂郡〆弐百九拾八石八斗
座頭百廿一人、盲女七拾五人
豊田郡〆弐百八拾三石六斗八升
座頭百拾五人、盲女七拾壱人
御調郡〆九拾石七斗弐升
座頭四十弐人、盲女拾四人
甲奴郡〆五石四升
座頭壱人、盲女三人
世羅郡〆八拾六石七斗六升
座頭三十八人、盲女拾七人
三谿郡〆四拾八石九斗六升
座頭弐拾人、盲女拾弐人
奴可郡〆五拾弐石弐斗
座頭弐拾人、盲女拾五人
三上郡〆三拾三石一斗弐升
座頭拾三人、盲女九人
三次郡〆六拾壱石九斗弐升
座頭廿六人、盲女拾四人
恵蘇郡〆七拾壱石弐斗八升
座頭廿七人、盲女廿壱人
広島町〆弐百八拾七石八斗八升
座頭百八人、盲女三十一人
三原町〆九石三斗六升
座頭四人、盲女弐人
尾道町〆三拾九石六斗
座頭十九人、盲女五人
宮島町〆弐拾壱石九斗六升
座頭拾壱人、盲女弐人
三次町〆三拾五石六斗四升
座頭十八人、盲女三人
惣人数合千三百三拾三人
米合弐千百廿石七斗六升

千六百九十弐石　　座頭九百四拾人
四百廿八石七斗六升　　盲女三百九十七人
内
人数弐百三人　　五ヶ所座頭・盲女
此米三百三拾四石四斗四升
弐百八拾八石　　座頭百六拾人
四拾六石四斗四升　　盲女四十三人
人数千百三拾四人　　郡中
此米千七百八拾六石三斗弐升
千四百四石　　座頭七百八拾人
三百八十弐石三斗弐升　　盲女三百五拾四人
〆

郡中座頭・盲女廻在賄之義、来正月より居扶持ニ相改候ニ付、別紙之通検校江申附候間、万端此趣ニ御承知有之、郡中村々へも被申附、右居扶持米月々不滞夫々相渡候様御取計せ可有之候、尤別紙ニも有之候通、此書附者村々庄屋元壁書ニ仕置、以来心得違之取計無之様ニ村役人者勿論、百姓末々迄堅御申附置可有之候、則検校江申渡候書附幷居扶持米員数書附共両通差進候

但、郡々当時之座頭・盲女名前帖別紙壱冊検校差出候ニ付、相添差出候間、以来御見合之ため御請郡限り御代官所へ可被写置候

一、当町幷ニ三原・尾道・宮島・三次町五ヶ所之盲人共居扶持米諸郡被取立、右之内当町之分者代銀ニ而御代官所年番ニ被取集、検校方へ可被相渡候、勿論来六月迄之分者当極月下旬ニ御取立可被差出候

一、三原・尾道・宮島・三次四ヶ所之分、□郡之割庄屋共より月々其所之与頭・座頭へ直ニ相渡、若与頭・座頭無之処ハ何れ之座頭へ相渡可申哉之段御手附之者より検校方へ御聞合有之候、割当り米之内を以被相渡、万一不足も有之候ハヽ、外郡出米之内ニ而御差引有之候様御申合御取計可有之候、以上

宝暦六子十二月四日　　郡御奉行中
諸郡御代官当テ

（『広島県史』近世資料編、第三巻、七〇三〜七〇五頁に以上の項の前半あり。後半は広島県立図書館西村晃の翻刻による）

宝暦六年（一七五六）序、現岐阜県御嵩町。願興寺領村、「盲女」の廻在

願興寺
［略］
此寺領村中有瞽女三人伝云尼行智侍女有三瞽故至今有三家近邑偶有盲女来往其家餬口遠近官所不禁也

（『農陽志略』巻三。『御嵩町史』史料編、三七二頁も参照）

宝暦七年（一七五七）正月十日、現広島県。広島藩、座頭・「盲女」の廻在規制

一、正月十日承候へは御城下其外在々座頭・盲女共不残壱人扶持つゝ被下候由、御扶持方被下候へは此後郡中廻り喰捨に仕候儀不相成御勝手に付候由。

（『編年雑記』五七頁）

宝暦七年（一七五七）二月二十二日、現広島県。広島藩（『事蹟緒鑑』）

安芸国広島藩、座頭・盲女の郡村廻在を止め、居扶持制（官途銀）を始める。

（井上蜜光貞他編『年表日本歴史五、江戸後期一七一六―一八六七』八二頁）

宝暦七年（一七五七）二月二十二日か、現広島県。広島藩、座頭・「盲女」のための「居扶持」制度の導入（『事蹟緒鑑』浅野家蔵か）

一、座頭五合ヅヽ、盲女三合ヅヽ、并官金被」下候事
一、町方分弐百三拾九石四斗　居扶持米
一、官途奉加銀五貫目外弐百目　失却入用
一、以来纔米銀にても一統之奉加者不ニ相成一候事
一、去ル申年之人数を以相定増減不ニ承届一事
一、米千三百三拾壱石七斗三升七合　廻在相止、居扶持ニ相成候付、徳用米
一、同弐百五拾五石六升　五合三合之積ニ相成候付、徳用米

座頭盲女　居扶持定数千百三拾四人　（座頭七百八拾人　盲女三百五拾四人）　拾六郡

内

百三拾九人　（座頭百〇八人　盲女三十一人）　広島

右之通、宝暦七丑年段々示談之上、相極之

（『広島市史』第二巻、三二六～三二七頁）

宝暦七年（一七五七）二月、現東京都世田谷区奥沢。奥沢村か（原家文書）

「（表紙）
宝暦七年
螻蒲拘螢家別触跡勘定連印
丑ノ二月」

相定申蓮（連）判証文事

[略]

一、盲女・座頭壱宿之儀者、家別宿可仕候事

（『世田谷区史料』第四集、一六七頁）

宝暦七年（一七五七）、現広島県。広島藩、座頭・「盲女」のための「居扶持」制度の導入（『[芸備]郡要集』。（ ）は万延・慶応の別本）

御領分座頭・盲女元和五御国入已来宝暦年中迄ハ郡中巡在一飯宛之賄ニ而有之候処、兎角猥ヶ敷筋も有之由ニ而検校より通ひ帳を遣し廻在致候得共近在のミ江参、其上大勢連ニ而耕作繁多之節を考宿賄ひを乞候故村々共面倒至極及迷惑、郡方課役と申内奥遠方江者不参近在江者度々参り、後ニ者広島続之所ハ毎日〳〵引も不切致廻在候故段々与其仕様改も有之内、宝暦五年比作方至而不熟ニ而郡中穀類乏敷ニ付右近在（廻在）被指留、座頭共在所限淩せ置候事ニ候処、同七丑年より居扶持ニ相成、諸郡高割座頭壱人一日五合盲女壱人一日三合宛之積りを以官位之無差別居扶米被遣、此米惣郡十六郡高江割付其郡々相場にして銀ニ而取立、毎年六月より霜月検校江渡し遣夫々盲人江配当仕ル、此取斗諸御代官所年番なり、三原・尾道・宮島・三次者其郡々村々役人共より渡之、其外村々ニ在住之盲人者其所之役人共より渡ス、廻在之節者銘々より奉加致し官途ニも附候得共、廻在被指留候得者官途銀之奉加不相成迷惑申立候故、官途銀として毎年五貫目并検校方ニ而失却として弐百目宛同く諸郡高より遣ス、盲人数之事者其時改人数を定数ニ究扶持米并官途銀も遣ス、尤人数相増候をは先ツ右定数江不加減人有之時代りとして入れ、此増減其度々検校より書附を以年番御代官所へ申出ル也、広島町者町限定数座頭百八人・盲女三拾六人、米弐百弐拾七石余也、官銀之義者町・郡無差別位ニ任し候座頭江壱人分之極ヲ以検校より相渡ス、是ニ而中々難足（丈ケ）ニ付自分奉加又者居扶持米前借頼母子等致官ニ付候由、官途銀尺ヶ之人数を官ニ付可然与見候得共、官ニ昇を手柄とする故借銀いたし候而も勧むと見エたり、其上昇進致候得者其官銀者京都之十老座江差登候得共、此元検校も座頭も所務も有之、尚亦諸国之配当を検校共一同請候事故、京より割賦来候分与此方より登せ候分差次為替ニ取斗候故、官附多き程検校徳分有之事故旁以進むるをあせる歟、此方より官銀を敷銀とて検校も高官ニ昇ハ、年々登ス官銀者検校自分之官銀に差次候検校も有之、此分者諸国之官銀割賦も得不請年々登せ限りの事也、死失ニ而未進ニ成者跡相続之者共引請ニ相成候事、御領分盲人不残検校之支配ニは候得共自分之下と申は又其分り有之、下夕多持候程宜徳益有之事也、座法種々有之一応ニ而者難書解事也、御家中始町在ニ而吉区ニ付銀子乞ひ其員数定りたる事の様に座頭よりいへ共上より之御定者無、銘々志次第の物と見へたり、公儀当上御吉凶ニも被下銀有之、此儀者先例不違候得共員数高下者時之斗歟、猶亦法事之節寺々江罷越勧進を仕る事も有之、是も検校より淩ニ相成座頭江廻り〳〵申渡置候得共、いやがり候趣ニ而近年者別而不参勝之由、奥郡へハ先年廻在稀之処、近在のミ繁キ迚廻在被留居扶持ニ相成ル義恵蘇・奴可・三上村長共不肯ニ而示談難約、広島其外市町に縮着物ニ而供を連候盲人江小身の百姓持分より扶持米者難遣、是丈ケ百姓の作徳減候儀年々故何分迷惑者と申難居合候処、漸々種々と申諭ニ而納得致候由尤之事也（余義）、又近在ニ者此迷惑を近在のミおひ候義扨も難義与申立無途義筋ニ相聞え候事也、下方損益有之新規難行物歟

（『廿日市町史』資料編二、九三〜九四頁）

宝暦七年（一七五七）序、現福井県小浜市。小浜の瞽女（『拾椎雑話』巻二、巻四、巻十五）

瞽女かんと云者有、老年に幾世と改む。生れ質器用にして音典にすくれり、別して琴はその極に至る。近年に及ふ者なし。百年前後これ程の芸はあらすと云。又相次てけんと云あり、かんに並ひては一間をへたつへき程の事、三味線はいく都《いつ》、花いつ、とはいつなとよしとす。此類も近頃は劣れり。

（『拾椎雑話』一〇七頁）

小浜古来より乱舞芸は相嗜、浄瑠璃三味線は座頭・ごぜの芸とし若きものとてももてあそふことなし、たまさか好む者あれは其人から賤しとす。然る処享保の頃より小芝居御免有しにつゝきて、上方より浄瑠璃の達人毎度来りせん〱以てはびこり、一ふしやらぬ者とてはなかりし。時の風俗大にかはり、うしと見し世そ今はなとゝ老輩の口くせなり。

（『拾椎雑話』一三三頁）

古来より夫代銀御免許

一、松平小路　はかせ六兵衛　断絶

一、永三小路　おさい神子　とは中小路在
　　　　　　　　　　　　　とは永三小路

一、質屋町　油屋與右衛門

一、欠脇町　橋詰孫左衛門　断絶

　御礼橋詰十右衛門と有は、此孫左衛門か末也。

一、西宮前町　恵比須堂三右衛門

一、常使　三人

一、座頭　七軒　内五軒断絶

一、こせ　七軒

〆拾四軒　京極様より免許、今は座頭二軒、ごぜ七軒

或留書に四人御免許之次第聞届書記す

（『拾椎雑話』二四三頁）

宝暦七年（一七五七）、現広島県。芸備十六郡、「座頭・盲女之事」　→文久元年（一八六一）十一月

宝暦八年（一七五八）二〜九月、現埼玉県さいたま市見沼区染谷。瞽女の宿泊（染谷村文書の日記）

［二月八日］

晩こせ泊ル

［九月二十二日］

こせ泊ル

［九月二十三日］

こせ共かへる

（『浦和市史』第三巻、近世史料編四、八〇七頁、八二三頁）

宝暦八年（一七五八）六月四日、現富山県。富山藩、座頭・「盲女」の取締に関する申渡　→次項

町方より座頭・盲女へ祝義物并施物差遣候義、今般書付を以座頭共へ申渡候条、是以後相対ニ而事済候様可相心得候、若不相応之儀申懸相対ニ而難決義有之候ハヽ、町肝煎迄可申断候、即座頭共へ申渡候、別紙書付相渡候
右之趣町中へ可申聞置候、以上

六月四日　町奉行所
当番町年寄中

（『町吟味所御触留』一五三頁）

宝暦八年（一七五八）六月四日、現富山県。富山藩、祝儀施物の請方に関する取締令　→前項

町方婚礼祝義物并法事執行之節施物座頭・盲女へ申請候義、近年町人共困窮当然之暮も及難義候間、世柄を存過分之義申懸取受候之儀無之様可相心得候、尤前々之格を以差出町人之義者格別之事ニ候、併右前々格有之町人ニ而も身上及微力候もの者当時を取計可請之候、勿論末々軽きもの者祝儀施物等取請申間敷候
一、祝儀物施物申請ニ相向候刻幾度罷越候共壱両人之外相向申間敷候、古来従役所申渡置候通御家中町方御郡方ニ不限大勢相詰不作法之族無之様可相心得候、若相対ニ而難決候ハヽ、町方之儀ハ検校迄申断検校より役所へ可申聞候
一、寺へ揚候而法事致執行候節施物之義寺より申請候義ハ格別施主より申請間敷候
一、御郡并他領座頭・盲女町方婚礼・法事之節追々罷越右祝義請ニ参候ハヽ当地座より添人可致候、先達而当地座へ相渡候割合を以為相済可申候
一、祝義物施物申請ニ罷越候座頭共於先々及異論我侭法外之致方且又仲間口論致合家内為及難儀候之段前ニも有之由相聞候、是以後右族之義於在之者詮義之上急度可申付候
一、町方死去人有之一七日法事之節座頭罷越家内愁傷をも不顧斎非時為振舞過分之施物を申懸候、様相聞候一七日之法事者愁傷之砌ニ候間是以後可致其心得事ニ候
一、祝儀物・施物申受候品々者元禄年中定書之趣座頭豊都へ相渡置候通別紙写相達候条其旨可相心得候
右者近年座頭共町方へ大勢罷越彼是申募猥之族有之様相聞候、向後御家中ハ不及申町方御郡方ニ而も不作法之義無之様厳重可相心得候、以上

寅六月四日　町奉行所
多賀都方へ
歌都方へ

（『町吟味所御触留』一五三頁）

宝暦八年（一七五八）七月改、現茨城県古河市。古河町の家数・人別数の覚

　宝暦八寅七月改
一、家持七百九軒
一、地借弐百九拾四軒　畑屋敷共
二口合千三軒　此借家四百六拾軒
一、寺院弐拾三ヶ寺
一、社地六ヶ所
　惣竈数千四百弐拾弐竈
僧俗男女都合五千七百七拾六人
　内
三千百三拾弐人男　弐千四百五拾壱人女
五拾六人　僧　五人　社人
拾四人　医師　廿三人　山伏
拾八人　神子　弐人　禅門
三十三人　道心　拾五人　尼
拾壱人　座頭　三人　瞽女
五人　比丘尼　三人　盲人
　五人　鉦打
右は寅五月仰付、七月書上候、

（『古河市史』資料、近世編、三五四頁）

宝暦八年（一七五八）八月十四日、現富山県。富山藩、祝儀施物に関する再触

座頭・盲女へ祝儀物等指遣候儀先達而申渡置候処於町方心得違も在之彼是与申立令遅滞座頭令難儀族も在之体ニ相聞候、先達而申渡置候通前格有之家ニおゐて者無滞可相渡候、中陰施物之義愁傷も不顧座頭共騒敷於申募者座頭可為越度候、先々格合無之ものハ於町方遂承合無間違座頭へ申聞対談を以不及訴訟早速相済可申候

右之趣町中へ可申触候、以上
　八月十四日　町奉行所
当番町年寄中

（『町吟味所御触留』一五六頁）

宝暦八年（一七五八）十月二十九日、現富山県。富山藩、祝儀施物に関する町方への申渡

町方より座頭・盲女へ祝儀物并施物等指出候義ニ付先達而座頭共へ申渡候書付之写町中へ承置候様申渡置候処末々之もの心得違之ものも在之哉不差出体ニ相聞候、多少之義ハ其人々分限次第之事ニ候条前々之通是以後相対ニ而事済候様可相心得候、尤相向候座頭共之内法外之族在之候ハハ其段早速可及案内候、此段町中へ厳重可申渡候、以上
　十月廿九日　町奉行所
当番町年寄中

（『町吟味所御触留』一五六〜一五七頁）

宝暦八年（一七五八）十二月、現岐阜県岐阜市。岐阜町

（表紙）
「戊宝暦八年
　御　触　留　帳
　寅極月吉日　」

［略］

一、盲人之外、三味線并浄留理之類、致指南候者有之様相聞候、向後堅相止可申事

（『岐阜市史』史料編、近世一、九～一〇頁）

宝暦九年（一七五九）九月以前成立か、現広島県。広島藩、座頭・瞽女の送迎に使う「夫割」（『芸州政基』）

夫割之事

夫割ハ村方ニ而普請筋、又ハ御役人類其外出家・社人・瞽女・座頭類送迎、毛上見分・下見改等年中万事ニ付遣ひ候夫役也、是ハ廻々人ニ而出サセ、米銀にて取やり割賦いたさぬ様ニとの先ハ格式ニも申聞有之物ニ而候得共、それニ而ハ郷中役人近方之者ハ手寄故度々夫ニ出年之勤過ニ成、又ハ役人モトヨリ遠所之者ハ時々之間ニ合かたきゆへ、大方ニ而ハ夫ニつかハれぬ故年々未進かさなり、村中過不及出来候ニ付、内証ハいつ方ニ而も夫割も皆米銀ニ而差引いたし候趣ニ聞る也

（『広島県史』近世資料編、第二巻、七八四頁）

宝暦九年（一七五九）十一月、現岐阜県恵那市長島町久須見。恵那郡久須見の瞽女

抑東濃恵那郡久須見瞽女元租[祖]ト申ハ、当村之民家ニ於テ、與次右エ門ト申者有之、惣領娘ニかつ女ト申盲人有、與次衛門夫婦是ヲ悲ミ、此頃近郷ニ瞽女ナカリシニ伝聞、蟹之大寺ト奉申ハ人王[皇]五拾弐代嵯峨天王[皇]御姫宮之流ヲ汲テ、大寺派ト申御前衆在之由ヲ聞伝へ、蟹郡中村之郷こいト申瞽女衆ニツテヲ求メ、弟子ト為シ頼置候処、親タル與次衛門夫婦常ニかつヲ手元ニ引取度事、昼夜忌[忘]ル間モ無折入テ、此由ヲ中村師匠こい方へ物語リ候処、早速承引致シ、師匠中村ごい方ヲ本家ト為、時ハ延宝ニ酉[寅]年八月当村へ引取瞽女之一家ヲ建、其節師匠之命ニ依テ久須見之産ニ候得ハ、かつ女之事久須見之一字ヲ名ニ語リすみト始メテ改名シ附置シ也、此すみ当所之先祖故代々すみト申名当家ニ伝ル由来是也、夫ヨリ二代ニ弟子別家シテ上下ニ斬[軒]トナリ、又三代目すみ同郡上村之枝郷飯田洞村ヨリ弟子取シテ、是ヲ産村へ送別家ヲ建、四代目之すみ富田村ヨリ弟子取シテ、是又同様富田村へ遣シ別家を建置、当村ニ二斬[軒]、右両村に二斬[軒]四家睦敷当家ヲ本家ト申也、又六代目すみ千旦林村ヨリ弟子取シテ、是又先祖同様ニ千旦林へ遣シ別家ヲ為シ、都合五斬[軒]ニ依テ当村すみ方ヲ本家ナリシ故、別家之瞽女一代ニ二度之改名毎ニ、当所ニ於テ名開仕候事、古今ニ至迄先祖師匠すみノ古言也

一、御前官之由来御証文之儀ハ、行智比丘様ヨリ中村へ被下

置、大寺派祖人ハ中村可極也、
右中村ヨリ御証文由来之写、当家之元祖すみ拝納候、三派ニ
大寺派、権現派、日野派、三派有之候得共、先祖代々大寺派
ニ粉〔紛〕御無座候、此派之者共末葉迄承知可仕者也
附
右大寺派末葉之者共ハ中村蟹薬師如来信心スヘキ者也
久須見村瞽女
すみ
宝暦九年十一月

（安藤由彌家文書。『恵那市史』史料編、六八六～六八七頁も参照）

宝暦十年（一七六〇）三月、現広島県広島市。広島城下の座頭・「盲女」人口

宝暦十辰年人改寄せ書之覚
広瀬組
一、人数合四千七百七十八人　弐千六百八十七人男　弐千九十一人女
但、卯三月改後七十二人増　五十五人男　十七人女
内
[略]
八人　座頭
弐人　盲女
[略]
新町組
一、人数合六千九百四十一人　三千七百二十九人男　三千二百十二人女
但、卯三月改後百弐拾四人増　弐拾七人男　九十七人女
内
[略]
拾人　座頭
三人　盲女
[略]
白神組
一、人数合五千百七拾七人　弐千八百三人男　弐千三百七十四人女
但、卯三月改後弐拾八人増　二十三人男　五人女
内
[略]
六人　座頭
四人　盲女
[略]
中島組
一、人数合四千九百七拾壱人　弐千五百八十八人男　弐千三百八十三人女
但、卯三月改後八人増内　十四人男減　二十二人女増

内

[略]

拾壱人　　座頭

四人　　　盲女

[略]

中通組

一、人数合六千百弐拾人　三千二百六拾七人男　弐千八百五拾三人女

但、卯三月改後弐百八拾九人増　百六十二人男　百二十七人女

内

[略]

九人　　座頭

三人　　盲女

（『広島市史』第二巻、三七一～三七七頁）

宝暦十年（一七六〇）四月、現静岡県御殿場市萩原。萩原村の村中勤役・出銭などに関する規定

相定申口上書

[略]

一、ごぜ・座《ざ》頭《とう》之義ハ御役人衆中割合ニ被レ遊、定使ニ被レ遣可レ被レ下候

[略]

宝暦十年辰四月　日

村御役人衆中様

百姓代　平内

（『御殿場市史』第二巻、近世史料編、二一四頁）

宝暦十年（一七六〇）七月記録、現山梨県甲州市塩山上小田原。甲斐国山梨郡上小田原村の座頭・瞽女人口（総人口二四四人）

一、米拾四表　　四表　御師・ごぜ・座頭夫米

内　五表　名主給米

五表　ありき給米

右御師、ごぜ・座頭夫米村中相談ヲ以出

（『村明細帳』山梨郡編、一三四頁）

宝暦十年（一七六〇）十月二十九日、現島根県浜田市河内町・折居町。西河内村・岡崎村・折居村、「村方諸物入等定法請書」

覚

[略]

一、座頭・ごせ参候節ハ、壱人ニ付弐拾文宛、銀纉江入可申候事、

附東ヨリ送掛候分浦役人本、西ヨリ送掛候分者庄屋本引請

[略]

右之通此度地浦引分ケニ付、村方諸物入等定法相究候様ニ御指図ニ付、拙者共立合、右之通相定候、何茂於得心者御請印可有

之候、以上、

宝暦拾年
辰十月廿九日

西河内村庄屋
助三郎（花押）
岡崎村庄屋
兵　助（花押）
折居村庄屋
新四郎 ㊞

（『新修島根県史』史料篇三、三七七～三七八頁）

宝暦十年（一七六〇）、現島根県大田市大田町吉永。石見国安濃郡吉永村の瞽女へ扶持米支給

「（表紙）
宝暦十年
宝暦九卯年御年貢并諸入用割合取立勘定目録
石見国安濃郡
吉　永　村」

［略］

一、［銀］同拾匁
此米弐斗
是ハ大田南村、刺賀村、新こせ飯米如此相渡申候
一、銀三匁六分三厘
此米七升弐合七勺
是ハ大森銀山座当・こせ扶持方米、郡中割高拾石ニ付、

（『新修島根県史』史料篇三、一一五頁、一一九頁）

宝暦十一年（一七六一）六月二十六日、現長野県川上村御所平。御所平村（『御触状書留之帳』）

「（表紙）
宝暦十年
御触状之書留帳　　御所平村
辰十月吉日　　名主　半治郎」

［略］

覚　中陰ニ付禁止条々之事

［略］

一、ご女《ぜ》・座頭・三味線者勿論遊芸者可レ致二無用一事

［略］

巳
六月廿六日　　平賀 御預役所印

（『川上村誌』資料編、第一巻、一〇六頁、一一七頁）

宝暦十一年（一七六一）八月一日、現新潟県上越地方。高田藩、座頭・「盲女」への配当支給を検討（『万年覚』四印下）

酒井雅楽頭様御役人中より手紙之趣
以手紙得御意候、弥御堅固被成御勤珍重奉存候、然者其御許様姫路御領知之節、正徳六年［一七一六年］有章院様［徳川家継］薨御之砌、座頭・盲女配当被下候義相願被下置候義と奉存候、右之下之員数何程御座候哉承度奉存候、乍六ヶ敷被成御吟味被仰聞可被下候、奉

頼候、以上、
八月朔日
永田武兵衛
村上将監様
右之趣申来候へ共江戸ニ而ハ相知兼候故、高田表へ可被仰遣由御返書
被遣候よし之趣、左仲殿迄将監殿より被仰遣候付、相しらへ候而左之
趣被仰上候、
先頃江戸表より被仰遣候姫路御領知之節、正徳六年有章院
様薨御之砌、座頭・盲女へ配当被下候一件、役所旧記相し
らへ申候へ共、年来久事故諸帳面虫入或朽損等茂御座候而
文字不分明ニ而惣体相見兼、尤右之一件相知かね申候、以
上、
巳八月　御領奉行
（中村辛一『高田藩制史研究』資料編、第一巻、六五〇頁）

宝暦十二年（一七六二）二月、現富山県。富山藩、恵民禄懸銀割符に関する申渡

今般御仕法之通恵民禄就被仰付候札高町中割符申渡候、
右ニ付先達而各より願之筋并再三申聞之品ニ委細御寄合所へ申
上候処、御上御指支之所重き御義故難被成御聞届品被仰渡候、
恵民禄終り候得者御勝手御取直し之趣ニ候間町中末々迄与得御
為ヲ存入出情可致候
右之趣人々厳重ニて申渡候、以上
二月
一、御家人町名代家
一、社家并御師旅家
一、陰陽師
一、道心
一、座頭・盲女
一、町人懸地名代
右之類於町方不及割符候
一、町内相渡候札之義本家貸屋共見込を以丁頭可令割符候
但し相（ママ）丁頭無之町者日行使相加可示談候
一、若壱人弐枚三枚ニ而も可差出もの役所へ呼出ニ洩候ハハ其
町内ニ而無遠慮可令割符候
一、札壱枚綴令五人拾人組合ニ而も不苦候
一、於町内割符高令違背もの在之候ハハ役所へ可申断候
右之通心得違無之様可申渡候、以上
二月　町奉行所
当番町年寄中
（『町吟味所御触留』一七六頁。『富山県史』史料編、第五巻、二六八〜二六九頁も参照）

宝暦十二年（一七六二）六月、現長野県上伊那郡宮田村。座頭・瞽女などの活動制限令

一、虚無僧、座当・瞽女、山伏等之類、都而人之助情を請日々
を送り候者共江、村方相応人之心次第手之内施し候儀ハ通例

之事候。右之外惣而勧化寄進等之儀、一分之名聞を餝、不相応金銭を費候者共有之由相聞候。前々より申付候趣不相用不届候。向後不相応之儀堅仕間敷候。

（『宮田村誌』資料編、五頁）

宝暦十二年（一七六二）十二月、現東京都目黒区。衾村の座頭・瞽女など人口と「座頭・ごぜ扶持」の財源

「（表紙）宝暦十二歳

指　出　帳

壬午極月吉日　」

［略］

一、座頭　無御座候、

一、ごぜ　壱人

［略］

一、村中預り地之訳

下田畑合三反壱畝廿弐歩　名主預り

此作徳者座頭・ごぜ扶持致候

（『目黒区史』資料編、二九六頁、二九九～三〇〇頁）

宝暦十三年から約五年間（一七六三～六八）成立、現静岡県静岡市。駿府城下の瞽女人口、調査年代不詳（『駿府広益』前篇上）

一、明屋敷壱軒無役　寺町四丁目瞽女屋敷

（『駿府広益』六二九頁）

宝暦十三年から約五年間（一七六三～六八）成立、現静岡県静岡市。駿府城下の瞽女人口、調査年代不詳（『駿府広益』前篇中）

府中町数家数人数会所明屋敷世里蔵数橋数

［略］

一、人数壱万弐千六百六拾三人

内　男六千五百九拾六人　十歳以上

　　女六千六百六拾七人

［略］

瞽女、百弐拾壱人　行人

願人、拾壱人 内壱人頭　座頭、三拾壱人

（『駿府広益』六七〇頁、六七二頁）

宝暦十三年（一七六三）二月、現埼玉県鶴ヶ島市高倉。高倉村のしきたり

「（表紙）宝暦十三年未二月

先規仕来今度為〆リ申合連印帳

伊奈半左衛門御代官所

高倉村

同村新田

名主　長三郎」

［略］
一、亡女（盲女か）・座頭之類通掛或ハ一宿致候共扶持方旅銭之儀名主方
ニ而相賄、村入用ニハ古来より不仕候、向後共右之通候、夫
共臨時外入用相掛候儀ハ格別之事ニ候間、百姓江及相談割合
出銭可仕候
（『鶴ヶ島町史』近世資料編四、二八四～二八五頁）

宝暦十三年（一七六三）六月十二日、現愛媛県宇和島市。宇和島藩、「御曹司様」誕生の際に座頭・「盲女」へ配当支給（『伊達家御歴代記事』）

十二日、一、御誕生御祝義、座当・盲女へ銀百五十目被下。
（『記録書抜　伊達家御歴代記事』第二巻、七九頁）

宝暦十三年（一七六三）八月五日、現千葉県館山市相浜。相浜《あいのはま》村（名主嘉右衛門の日記『諸色覚日記、一』）

［八月五日］同日、乙浜村盲女、并白浜村盲女都合弐人参り、日暮故壱人ハ
伊右衛門方ニ一宿、壱人ハ嘉右衛門方ニ
（『近世農政史料集』三、九八頁）

宝暦十三年（一七六三）十月十日、現千葉県館山市相浜。相浜《あいのはま》村（名主嘉右衛門の日記『諸色覚日記、一』）

［十月十日］同日、香取盲女菊、三味線奉加ニ参り、鳥目百文付ク、
嘉右衛門・庄左衛門立会、
日暮故、嘉右衛門宅ニ一宿、翌十一日佐野村へ行
（『近世農政史料集』三、一〇九頁）

宝暦十三年（一七六三）十月二十二日、現高知県。土佐藩高知城下（『八日記』［『森勘左衛門広定日記』］）

［宝暦十三年］十月廿二日　［略］
浅利方今日ハ喜兵衛妻やく年にて其祝也。客□覚助母・八岡惣
七郎母妻・下村駒丞妻娘参候由。こぜ壱人、坐頭弐人参、賑々
敷有之趣也。
（『高知県史』民俗資料編、五〇頁）

宝暦十四年（一七六四）四月十日、現千葉県館山市相浜。相浜《あいのはま》村（名主嘉右衛門の日記『諸色覚日記、一』）

（申四月十日、真浦村およしと申盲女参り、拙宅ニ泊り、
（同十二日七ツ時、めら村江差遣申候、鳥目ヲル文
小歩行　およね
（『近世農政史料集』三、一三六頁）

宝暦十四年（一七六四）六月十日、現千葉県館山市相浜。相浜《あいのはま》村（名主嘉右衛門の日記『諸色覚日記、一』）

［六月十日］同日、乙浜村おしけと申盲女参り、同日坂井村江差遣申候、

小歩行　おかめ

（『近世農政史料集』三、一四一頁）

宝暦十四年（一七六四）七月二十八日、現千葉県館山市相浜。相浜《あいのはま》村（名主嘉右衛門の日記『諸色覚日記、一』）

[七月二十八日]同日、白浜村おくのと申盲女参り、拙宅ニ泊り、翌廿九日藤原村江差遣申候、小歩行　角右衛門さん

（『近世農政史料集』三、一四四頁）

明和元年（一七六四）九月、現埼玉県川越市久下戸《くげど》。武州入間郡久下戸村の座頭・瞽女人口

一、人別七百五拾三人　馬数廿五疋
　内男　弐百七拾四人
　　女　弐百九拾七人

[略]

　ごぜ　弐人
　座頭　壱人

（『川越市史』史料編、近世第三、二〇五頁）

明和元年（一七六四）、現青森県。津軽藩郡中の瞽女など人口

（『平山日記』）

瞽男女三百八十人余

（『青森県史』第二巻、三二六頁）

明和三年（一七六六）春以降成立か。京都

瞽女見かけず。

（『見た京物語』一一頁）

明和三年（一七六六）二月二十八日、現愛媛県宇和島市。宇和島藩、座頭・「盲女」へ配当支給（『伊達家御歴代記事』）

[二月]廿八日、一、座当・盲女江御年重ニ付、銀百五拾目被下。

（『記録書抜　伊達家御歴代記事』第二巻、九〇頁。二三六頁にもあるが、二月二十二日とある）

明和三年（一七六六）四月、現高知県。土佐藩（文書名不詳、高知市民図書館平尾文庫蔵）

郡奉行が前年の風水害のため困窮した者を救済したが、郡奉行から救済を受けた困窮者は町分一千七百五十四人のうち座頭・瞽女が五十七人を占めている。

（松本瑛子「近世社会における座頭・瞽女の考察」五六頁）

明和三年（一七六六）五月一日、現徳島県。徳島藩、座頭・瞽女への配当銀の算出

明和三戌年五月朔日

一、利之助殿御祝儀事之節瞽女・座頭え被下配当銀之義ニ付、
　町会処御奉行手元・本〆之面々より相紀候処、左之通申出候

ニ付、一通達御内聞候、尤、申出候員数之通彼御方御所務之
内より此後被遣筈ニ相極候也
高壱万石ニ付　　銀札弐百五拾目
（『藩法集』第三巻、一〇五二頁［二七三三号］）

明和三年（一七六六）七月、現山口県。長州藩法（『御書付其外後規要集』四）

覚

井手川除夫飯米の事略之、御所務座え出之此段本書の通被仰付候事

一、御家来中開作地取立ニ付、御蔵入古田の内苗代地トして御貸被成、御所務の儀ハ給主より其所付御切手を以上納被仰付候間、皆済一紙現高の内引去り、御所務の外浮役銀其外座頭・瞽女扶持方等、受払之御一紙え受備来候処も有之、皆済一紙受加の宰判も有之、区々の儀ニ御座候、右御預地の御奉書被差出置候儀ニ候間、於地下ニ名寄帳を分置候計ニて御皆済一紙え引去ニ不及、御所務浮役銀其外共ニ地下の並を以取縮被仰付候時ハ、御勘定捌方宜可有御座候間、只今迄の分をも御改被成、已来右の通可被仰付哉

右、諸給領御預り地井手川除夫飯米、并御家来中開作地取立候ニ付、苗代地御貸付の儀ニて御申出の趣を以相伺候処ニ、申出の通り被仰付候段、御肩書ニ相成候条可有其御沙汰候、已上

明和三戌ノ
七月　　郡奉行所
（『山口県史料』近世編、法制下、一六一頁）

明和三年（一七六六）九月、現山口県。萩藩法（『四冊御書付』巻ノ三）

一、座頭・瞽女為渡世、先年より諸郡吉凶の施物を請、一村一宿地下賄且相応の助情を請、馬送りを以自他国無差別致執行候処、享保十四年酉ノ年他国罷出候儀被差留、御国中の儀も札詰ニ相成、長府・徳山・清末・岩国へも出入不相成、御本手計の執行故廻在繁々ニ付、地下賄も且々の仕合ニ相成令難義、第一耕作の節地下も差閊有之ニ付、座頭・瞽女人数付出被仰付、諸郡出米を以助米被立下分、石ニ付六勺壱才宛、享保十九寅ノ年より諸郡弥延郡配当米等の内を以郡々御一紙請ニして上納被仰付、座頭・瞽女へ被渡下候所、此度小村石増も有之候故割替相成、高壱石ニ付五勺六才宛の当りを以未ノ秋より取立上納被仰付候条、配当弥延帳等の払ニ相立書捨御根帳へ記置、公勘一紙可被請備候事
（『山口県史料』近世編、法制下巻、三三一頁）

明和三年（一七六六）十二月、現茨城県坂東市生子《おいご》。生子村の瞽女人口

「（表紙）
明和三年
下総国猿島郡生子村高反別村明細帳
極月日」

［略］

一、瞽女弐人御座候

（『猿島町史』資料編、近世、六〇頁、六三頁）

明和四年（一七六七）六月十日、現高知県。土佐藩高知城下（『八日記』［『森勘左衛門広定日記』］）

〔明和四年〕六月十日

夕飯後七ツ時より桐間姓之案内にて行。兵庫殿当年四十一歳に付やく祝也。［略］坐頭滝の都・沢都・信都吟悦、こせすが・きわ参ル。右祝儀ニ内蔵申合ニ而はまちの干物弐枚送之。

（『高知県史』民俗資料編、五一一頁）

明和四年（一七六七）成立、現福井県小浜市。小浜城下の座頭・瞽女（『稚狭考』第七）　→元文二年（一七三七）

盲人法師を座頭と呼て、享保中まては八九十百人も小浜に在しに、今はわつかにあり。〔地神経〕をよみて琵琶をならす、平家琵琶とはかたち替れり。昔琵琶法師といへるもの、遺なり。女の盲人をこせといふ、これは経をよます、君か代はちよにやちよにとうたひて、何れも銭米麦稲を村々家々にこひ、吉凶につきて銭を乞ふ。此事大きに募り諸人困りたりしに、元文二年官禁改革ありて十貫銭に限れり。関東の吉凶につきて、十里四方諸家城下をめくる山崎検校、和田・重田両勾当、皆本国の産なり。座頭に四十八階の官あり、〔地神経〕といふは〔弁天経〕にあり。

（『稚狭考』六八四頁）

明和五年（一七六八）正月十九日、現新潟県上越市。高田城下、瞽女などの奉加勧進（『記録便覧』巻之二）　→宝暦三年（一七五三）五月八日、明和五年（一七六八）五月九日

正月十九日

一、町々禅門、座頭、瞽女之類、御町中相対之奉加勧進ニ罷出候節各江相願、承知之上会所江御届可有之候、先後之順を以可申付候、尤世話人ハ両人ニ限り可申候、近来騒々敷候義ニ有之候ニ付、右之通被仰付候間、此段御心得町内江御申聞可有之候、以上

右之通町中名主中江触出ス、尤右ニ准シ寺社方修験道江触出ス、相対奉加ニ御出之節町会所江相届、惣年寄之指図を以御廻可候成由触出ス、尤社家修験道ハ直ニ会所へ呼寄申渡ス、

但、宝暦十二年年名主ノ伺書有之、是ハ寺社一統之部ニ記置引合見へし

（中村辛一『高田藩制史研究』資料編、第四巻、五四四〜五四五頁）

明和五年（一七六八）三月二十九日、現広島県広島市。広島城下の座頭・「盲女」人口（出典不詳）

惣人数合弐万八千六百九拾三人　内 壱万五千三百八拾九人 男 / 壱万三千三百四人 女

但去亥三月改後　五拾弐人減　但 七拾六人 男減 / 弐拾四人 女増

右之内

[略]

四拾九人　座頭

八　人　盲女

[略]

子三月二十九日

（『広島市史』第二巻、六三五〜六三七頁）

明和五年（一七六八）五月九日、十二日、現新潟県上越市。高田城下、「米穀高直」のため物乞禁止令（『記録便覧』巻之二）

↓宝暦三年（一七五三）五月八日、明和五年（一七六八）正月十九日

五月九日
一、[略]

於当町他所もの諸勧進

可為無用事、

子五月

十二日

右ニ付物乞御停止義、非人番江厳敷申付候様、大仲使江申渡ス、尤此趣目明シ江も被仰付候様ニ申上ル、

（中村辛一『高田藩制史研究』資料編、第四巻、五四七〜五四八頁）

明和五年（一七六八）五月二十三日、現千葉県館山市相浜。相浜《あいのはま》村（名主嘉右衛門の日記『諸色覚日記、二』）

子五月廿三日、上総国今津朝山村よりおそのと申盲女一宿ニ参り、同日雨天故嘉右衛門方ニ泊り、翌廿四日大神宮村江継送り申候、鳥目拾六銅、

小歩行　多兵衛内ろく

（『近世農政史料集』三、二二五頁）

明和五年（一七六八）六月六日、現千葉県館山市相浜。相浜《あいのはま》村（名主嘉右衛門の日記『諸色覚日記、二』）

子六月六日、昼時、白浜村おゑんと申盲女一宿ニ参り、同日坂井村江継送り申候

小歩行　香取とり

（『近世農政史料集』三、二二八頁）

明和五年（一七六八）六月二十日、現千葉県館山市相浜。相浜《あいのはま》村（名主嘉右衛門の日記『諸色覚日記、二』）

子六月廿日、昼時、白浜村おゑんと申盲女壱人、佐野村より当村江参り拙宅ニ泊り、翌日廿一日暮方、布良村江継送り申候、

小歩行山四郎内ねゝ

（『近世農政史料集』三、二三一頁）

明和五年（一七六八）十一月十四日、現富山県。富山藩、富突興行とその「余斗銀」の配分

難渋人別書上申渡書

米高直ニ付、町々末々又者川辺水溢之もの共、別而可及難儀候、則御寄合所より被仰渡御詮義之上被達御聴、五貫目富突三会御免被成候、右富突之内近々一会興行相済候間、余斗銀町之内末々難渋人共へ配分申付候間、左之通与得丁役人共可得其意候

一、町々本家・貸家難渋人竈数書立、尤人別商売付書出可申候

一、座頭・盲女へも配分可申付候、右御会釈之品ハ是迄深雪或ハ飢饉年、飢人御救米被下候同様之趣ニ候之条、其旨町々丁頭・日行使等存入、取調理書出候之様可申渡候

以上

十一月十四日　町奉行所

当番町年寄中

（『富山県史』史料編、第五巻、二九三頁）

明和六年（一七六九）正月二十四日、現高知県。土佐藩、「座頭・瞽女郷中往来之節庄屋へ止宿不相成事」（『憲章簿』盲人之部）

御国中座頭・瞽女郷中往来之節、当御郡村ニ寄庄屋家ニ止宿、賄等迄いたし来候趣ニ候。然ニ庄屋家ハ御用家之義、諸役人入込之節為時御用方之指問申儀ニ付、右瞽女・座頭止宿賄等之儀御詮議之上、向後地下賄ニ被仰付候間、其旨被相心得支配中へも可被示聞候。已上

明和六丑年正月廿四日　沢谷与助

村越九郎右衛門

重松佐次右衛門

（『憲章簿』第五巻、四九七～四九八頁）

明和六年（一七六九）四月一日、現千葉県館山市相浜。相浜《あいのはま》村（名主嘉右衛門の日記『諸色覚日記、二』）

丑四月朔日、上総国より盲女弐人参り、七銅合力、夫より大神宮村江継送り申候、小歩行　孫七女房

（『近世農政史料集』三、二六七頁）

明和六年（一七六九）四月九日、現千葉県館山市相浜。相浜《あいのはま》村（名主嘉右衛門の日記『諸色覚日記、二』）

丑四月九日、上総国望陀郡亀山郷屋名（マヽ）城村よりおそよと申盲女壱人外、笹村よりおしかと申盲女壱人都合弐人、布良村より当村江参り、内壱人嘉右衛門方一宿、又壱人ハ伝三郎方ニ一宿

（『近世農政史料集』三、二六九頁）

明和六年（一七六九）七月二十五日、現千葉県館山市相浜。相浜《あいのはま》村（名主嘉右衛門の日記『諸色覚日記、二』）

丑七月廿五日、白浜村おゑんと申盲女参り、嘉右衛門宅ニ泊り、翌日廿六日坂井村江送り遣シ申候

（小歩行　市三郎内

（『近世農政史料集』三、二八三頁）

明和六年（一七六九）八月十六日、現千葉県館山市相浜。相浜《あいのはま》村（名主嘉右衛門の日記『諸色覚日記、二』）

丑八月十六日、天津より盲女弐人参り、同日布良村江継送り申候

小歩行　源三郎ねゝ

（『近世農政史料集』三、二八五頁）

明和七年（一七七〇）正月二十八日、現愛媛県松山市。松山藩の「宗門大改」について（『松山大年寄訳書記録』）

一月廿八日

一、寅歳宗門大改被仰出候、

［略］

一、社人・山伏・庵主・堂寺・医師・浪人・座頭・瞽女、累年之通、別帳面ニ可仕候

（『松山市史料集』第四巻、八一六頁）

明和七年（一七七〇）四月、現埼玉県川越市下小坂。下小坂村の瞽女人口

「（表紙）
明和七庚寅年四月
武州高麗郡下小坂村諸色明細帳」

［略］

一、人数合三百五人　惣馬数合拾六足

内

［略］

壱人　瞽女

（『川越市史』史料編、近世第三、六三二頁、六三六頁）

明和七年（一七七〇）四月、現高知県。土佐藩法、「諸御法令頭書之事」（『憲章簿』宮掟之部、巻之一下）

一、座頭・瞽女、御廓之内共下駄御免之事。

（『憲章簿』第一巻、一〇〇頁）

明和七年（一七七〇）五月十四日、現千葉県館山市相浜。相浜《あいのはま》村（名主嘉右衛門の日記『諸色覚日記、二』）

寅五月十四日、上総国利根村おもんと申盲女参り、鳥目拾弐文合力、夫より布良村江継送り、小歩行藤吉内

（『近世農政史料集』三、三一六頁）

明和八年（一七七一）二月十四日〜八月九日、現東京都多摩市乞田《こった》。乞田村、瞽女の棄村

（表題）
「明和八卯年正月
　日記并万控帳」

［略］
一、同［二月］月十四日晩ごぜ参、泊り手前壱人・定平・忠兵衛・市左
　衛門都合四人、谷保本宿・中和田之ごぜ之由
［略］
一、同［三月］十六日別所村ごぜ壱人参、仁兵衛留
［略］
一、同［七月二十六日］日ごぜ四人参、八文出ス、落合江参
［略］
一、同［七月］九日ごぜ四人参泊り候、喜左衛門・太兵衛・半六・久次
　江留メ申候、小川新田之ごぜ之由
（『多摩市史』資料編二、三六〇頁、三六六頁、三六八頁、三八六
頁、三八七頁）

明和八年（一七七一）四月十六日、現千葉県館山市相浜。相浜《あいのはま》村（名主嘉右衛門の日記『諸色覚日記、三』）

卯四月十六日、当国市部村より盲女おとわと申者壱人、伊戸村
より当村江参り、同日嘉右衛門方ニ一宿、同十七日夜一宿、同
十八日朝布良村江継送り申候、一、鳥目弐拾四文遣シ　小歩
行《となり》かつ
（『近世農政史料集』三、三五四頁）

明和八年（一七七一）八月二十一日、現群馬県富岡市宇田。小幡藩宇田村の高齢者書上（『名主覚書』）

一、当卯八月上旬、小幡ノ御領主松平釆女様御交代也、初ての
　御帰館也、同八月廿一日御領内村々にて八十歳以上之老人共
　御召也、当所より召連候者共左之通
［略］
一、伊助母　　当卯八十弐　　さん
一、治兵衛母　　当卯八十五　　きん
右両人之者共盲女ニて病身不行歩ニ御座候、悴共名代ニ罷出
申候
（『群馬県史』資料編、第九巻、三一七頁）

明和八年（一七七一）八月編、現山口県。萩藩、座頭・瞽女などの宿泊規制（『四冊御書附』巻ノ四、成立年不詳）↓文化十二年（一八一五）八月

一、六拾六部順礼、挓（托）鉢之僧、虚無僧、山伏、比丘尼、瞽女、
　座頭之類、各別不審之儀茂無之候ハヽ、一宿宛は可許容、無
　拠二宿と貸時は、庄屋年寄畔頭間江相達、他国者は往来手
　形、御国者ハ提札可有詮議候、尤病気に相成数日滞留仕候
　ハヽ、委細尋窮、於趣ニは御代官所可申届置候事

（『萩藩四冊御書附』九八頁）

明和八年（一七七一）、現栃木県宇都宮市。「宇都宮町々」（『宇都宮史』巻之三、上野秀文家文書）

一、町分人別高六千九百四拾七人
　　内　男三千八百五拾三人
　　　　女三千九拾四人
　　　　此訳（本ノママ）
　　六　人　会所坊住僧　　拾三人　山　伏
　　弐　人　神　子　　　　五　人　道　心
　　壱　人　舞太夫　　　　壱　人　鉦　打
　　壱　人　瞽　児　　　　六　人　座　頭
　　弐　人　盲　女

（『宇都宮市史』第四巻、近世史料編一、二八三〜二八四頁）

明和九年（一七七二）三月二十一日、現石川県金沢市。亀田家、法事の際に座頭・瞽女へ布施

巳後（マヽ）三月廿一日
　　浄円信女一周忌に付執行献立
［略］
但し、こせ・座頭　　次に非人頭　　五拾文宛遣す
　　両座布施　　　　物よし　　　五拾文宛遣す
　弐貫文遣す　　　　仁　蔵　　　五十文宛遣す
　　　　　　　　　　舞　々　　　三拾文宛遣す

（『亀田氏旧記』七四〜七五頁）

明和九年（一七七二）三月、現山形県山形市志戸田。志戸田村の座頭・瞽女人口

「（表紙）
　明和九年
　　辰　三　月
出羽国村山郡志戸田村指出明細帳
村方明細帳尋当り不申候ニ付
明治三午八月山形水野和泉守様御役所ニ而写之」
［略］
一、人数合　五百九人　内　弐百九拾三人　男
　　　　　　　　　　　　　弐百拾六人　女
［略］
一、座頭壱人御座候
一、瞽女壱人御座候

（『山形県史』資料篇一三、二六三頁、二六五頁、二六七頁）

明和九年（一七七二）四月二十七日、現千葉県館山市相浜。相浜村《あいのはま》（名主嘉右衛門の日記『諸色覚日記、三』）

辰四月廿七日、昼七ツ時、乙浜村おしけと申盲女壱人、布良村より当村江参り、同日嘉右衛門方ニ一宿、翌廿八日昼七ツ時布良村江継送

小歩行　多兵衛之おろく、

（『近世農政史料集』三、四〇九〜四一〇頁）

明和九年（一七七二）九月、現佐賀県。佐賀藩、「年行司勤方書付」、「盲女」などの廻在の取締強化　↓次項

覚

[略]

一、領中はちひらき之類は、年行司え其筋々より致乞筈板札申請筈候得共、皆以其通無之趣ニ相聞候条、盲女・座頭其外乞食之類、札無ニ徘徊仕候者無之様厳密ニ心遣可申事、

（『佐賀藩法令・佐賀藩地方文書』一六二頁）

明和九年（一七七二）九月、現佐賀県。佐賀藩、「郡方付而之書附」、瞽女などの「札なし」活動の取締強化　↓前項

一、鉢ひらき瞽女・座頭其外乞食之類、一切寺社方其外筋々より年行司え乞筈を以、板札申請、銘々え相渡徘徊可為仕候、札なしニ徘徊仕候者候ハヽ、相調、其懸々無調法可申付事

（『佐賀藩法令・佐賀藩地方文書』二〇三頁）

明和九年（一七七二）十月十四日、現千葉県館山市相浜。相浜村《あいのはま》（名主嘉右衛門の日記『諸色覚日記、三』）

辰十月十四日、乙浜村おしけと申、盲女参り候由、布良村江継送り申候、小歩行（名前記載なし）

（『近世農政史料集』三、四二五頁）

明和九年（一七七二）、現山形県山形市志戸田。志戸田村の瞽女人口

志戸田村　瞽女壱人御座候

（烏兎沼宏之「〈オナカマ〉考」七三頁）

明和九年（一七七二）、現長野県下伊那郡天龍村福島。福島村（幕府領）、「七左衛門公私定法留帳」、瞽女などへの合力、送りなど

覚

[略]

一、ごぜ・座頭泊り休旅浪人等ぞうり銭村方へかけ申間敷候、尤各別ニ奉加合力等有之ば、本村組頭呼相談之上村中より勧化ニ附申候、若組頭他行ならば頭組ノ者呼申聞せ付ケ申候、勿論多分之儀ならば四組頭呼相談可申事、右之節帳面ニ記候事、一鳥目何程、福島村ト斗り可記、我等志ならば名を可記、諸山くわんけ等外村も印形いたし候ハヽ、村名ノ下ニ我等印形可致、村方寄進銭ニ名印形致候ハヽ、名主たれ印と可記也、

[略]

一、諸寺社人荷送りごぜ・座頭送り人役之儀、百姓在軒役道通り相勤候、宮守・彼官ハ除ク、当所村中ノ堂宮ふしん其外

ハ、惣氏子家別ニ出勤申候、附、道橋等之儀名主ノ外在軒役
家別也
（『長野県史』近世史料編、第四巻［二］、一〇一二頁、一〇一八
頁）

安永（一七七二～八一）頃成立か、現静岡県静岡市。駿府、瞽女頭「お松」宅と宝台院の施餓鬼会

一、お松屋鋪 人宿町 瞽女の拝領地也
［略］
一、宝台院振廻　八月十五日駿河国の瞽女ニ一汁二菜の料理を
給させる古例也
凡瞽女五六百人計当月朔日より台所に群集給る也、当日せか
きの飯の上ニ立赤紙の小旗を所々の百姓菜虫の除になるよし
にて老若の者共奪ひ争ひ取之
（『駿府風土記』八九八頁、九〇〇～九〇一頁）

安永二年（一七七三）正月二十一日。江戸（『宴遊日記』巻一上）

瞽女もと来、干糕を進む
（『宴遊日記』三頁）

安永二年（一七七三）正月、現千葉県成田市滑川。滑川村龍正院本堂銅籠（灯籠）の建立

「（表紙）本堂
銅　籠　建　立　帳」
常灯籠勧化之序
天下総国香取郡滑河山は坂東廿八番の札所、諸人偈仰の霊場な
り、しかあれば彼宝前に唐銅を以、常灯籠二基建立の志願を欲
すといへとも、自力微にして成就せん事かたし、依之信心の諸
人を勧発し、右灯籠成就せん事を願ふ、乞願は志の旁物の多少
によらす、予か志願をかへりみ、心を一致にして此願を満ん事
を乞、若尓（爾）らは現世には栄花を子孫に伝へ、当来には観世音の
悲願に酬へて、住生浄土の正業とならんをや
安永二癸巳年正月日
下総国香取郡名木村住
願主　藤崎理右衛門㊞
［略］
一、百文　同［竜台村］こぜ　おさよ
［略］
一、百文　印西いや　ごせ　おさよ
［略］
一、弐百文　あらみ　こ　せ
（『下総町史』近世編、史料集二、二六九頁、二八四頁、二八六
頁）

安永二年（一七七三）三月、現神奈川県逗子市桜山。桜山村の座頭・瞽女人口

（表紙）
「安永二癸巳年
□　指出書上帳
相模国三浦郡
桜　山　村」

［略］

一、当村人数六百三拾壱人内　男三百三拾五人
女弐百九拾六人

内　座頭　壱人
瞽女　弐人

［略］

安永二癸巳年三月
三浦郡桜山村
組頭　利右エ門

（『逗子市誌』第七集、池子の部［上］、六四頁、七一頁）

安永三年（一七七四）十月二十八日。江戸、治安維持に関する触について　↓次項

けふ令せらるゝは。近年処士と号して民家にいたり銭を乞。又は止宿をこひ。病を称して数日滞宿し。さまぐ〵の事どもいひかけて。あまたの銭得んとはかるものありと聞ゆ。また旅僧。修験者。瞽女。盲僧。乞丐の類ひも。をして人家にやどり。むさぼるものもありと聞ゆれば。これ等すみやかにからめとり。関東八州。伊豆。甲斐両国は。公事方勘定奉行にうたへ出。其余の国々は。公料は代官。私領はその領主。地頭にうたへ出べしとなり。

（『徳川実紀』第一〇篇、四五〇～四五一頁）

安永三年（一七七四）十月。幕府、浪人、座頭・瞽女などの取締強化　↓前項、文化九年（一八一二）六月二十四日、天保七年（一八三六）、嘉永七年（一八五四）十月

安永三午年十月

一、近年浪人抔と申、村々百姓家え参、合力を乞、少分之合力銭抔遣候得は悪口致し、或は一宿を乞泊り、病気抔と申、四五日も致逗留候内ニは、品々難題を申懸、合力銭余慶ニねたり取候段粗相聞、不届之至候、以来右体之者罷越候ハヽ、其辺之ゑた非人ニ為召捕、関八州、伊豆国、甲斐国は、公事方御勘定奉行え召連出、其余之国々は、御料は御代官、私領は領主、地頭え召連可罷出候、勿論何様申候とも決て不為致止宿、苗字帯力［刀カ］致し候ものえは、一銭之合力も致間敷候、

一、旅僧・修験・瞽女・座頭之類物貰之者共、志次第之報謝を受、相対ニて宿を借可申処、近年押て宿を取、或ハねたりヶ間敷儀申懸候者とも有之段粗相聞、是以不届之至候、以来右体不法之者ハ、前ヶ条同様ニ為召捕、召連可出候、若於相背は、其村方可為越度者也、

右之趣、御料私領寺社領等不洩様相触、村々ニて為写取、

村々入口高札場或は村役人之宅前抔え為張置可申候、

十月

右之通、可被相触候

（『御触書天明集成』九二六頁［三二〇五号］。明和六年［一七六九］六月の触には『徳川禁令考』前集第五、一八四頁［二八一二号］参照。安永七年［一七七八］の再触には『藩法集』第八巻上、二〇～二一頁、文化七年［一八一〇］十月の再触には『大宮市史』資料編一、四八～四九頁参照）

安永三年（一七七四）十一月十日、現大阪市。大坂町奉行の触

十一月十日、浪人分(合)力を乞、悪口致す間敷、并旅僧・修験・瞽女・座頭・物貰ねたりヶ間敷儀申間敷事

（『大阪市史』第三巻、八四一頁［二八八五号］）

安永四年（一七七五）八月五日、現石川県金沢市。亀田家、法事の際に座頭・瞽女へ布施

一、八月六日楽邦浄安法尼一周忌一時執行。

［略］

八月五日為持遣す

一、座頭・ごせ、両座布施七百五十銅。

二日取に参り円四郎渡す

一、物よし・非人頭へ同百五十銅。

（『亀田氏旧記』七九頁）

安永五年（一七七六）四月七日、現新潟県上越市。高田藩（『記録便覧』巻之二）

四月七日ヨリ

一、日光御社参一件文略

但少々左ニ記ス、

三ヶ所御番所外江物乞諸勧進無用之建札、

婚礼振舞等之事、

音曲之事、瞽女・座頭之事

町内夜廻り之事

［略］

（中村辛一『高田藩制史研究』資料編、第四巻、五六〇頁）

安永五年（一七七六）四月、現埼玉県白岡町小久喜《こぐき》。埼玉郡小久喜村、将軍の日光社参に関する定

差上申一札之事

当四月日光御社参ニ付御成之節、宿々并宿間之百姓家店男女共、子共(供)ハ軒下江差置、男ハ家内土間ニ平伏可仕候、家居無之所ニは並木より五六間引込、女并子共も前置、男ハ後之方ニ平伏可仕候、且又、出家・山伏之類、医者・浪人并ごぜ・座頭差出し申間敷候、尤乱気もの堅ク出し申間鋪候

（『新編埼玉県史』資料編一五、九五〇～九五一頁）

安永六年（一七七七）正月五日、現愛媛県。宇和島藩、「盲女」

の支配

盲女往来家芸を相稼候もの者惣而検校之支配ニ可相成事

（『宇和島・吉田藩史料集粋』第五巻、二九頁）

安永六年（一七七七）四月二十一日、現静岡県沼津市。沼津三枚橋町、「郡村高書上帳」、瞽女の人口

沼津三枚橋町

［略］

家数　百九拾弐軒

人数　七百九拾六人内三拾三人僧

男　三百七拾九人

女　三百六十四人

瞽女百五《（ママ）》十三人

（関守敏「安永六年の沼津藩領と御巡見道順書上帳」五頁）

安永六年（一七七七）八月六日、現石川県金沢市。亀田家、法事の際に座頭・瞽女へ布施

酉八月六日、楽邦浄安法尼正当三回忌執行　六日昼非時御客覚

［略］

一、三回忌布施覚　八月六日

座頭こせ　七百五拾銅

〆両座

（『亀田氏旧記』八六〜八七頁）

安永六年（一七七七）八月、現静岡県沼津市。上小林村の瞽女が沼津に移住

「（表紙）

安永六年

駿州駿東郡上小林村明細帳

酉八月

」

［略］

一、瞽女

是ハ先年瞽女当村ニ住居仕候得共、只今にてハ沼津へ引越申候、併屋敷計シ御座候、尤御年貢地ニ御座候

（『沼津市史』史料編、近世三、四七頁、五一頁）

安永六年（一七七七）九月、現山梨県中央市乙黒。甲斐国巨摩郡乙黒村の明細帳

一、家数六拾軒　内

百姓四拾壱軒

水呑拾四軒

瞽女壱軒

寺四ヶ寺

（『村明細帳』巨摩郡編二、八五頁）

安永六年（一七七七）十月、現鹿児島県。鹿児島藩法、浪人、

座頭・瞽女などの取締　→安永三年（一七七四）十月

［六〇六］
一、近年虚無僧修行之者、村々へ差入、百姓へ、ねだりヶ間敷儀、又は、法外之仕形有之候付《ママ》、制止方之儀、公義より被仰渡、
安永七年戌正月
但、季細、禁制之場ニ有之、可見合、
［六〇七］
一、近年浪人体之者、前条同断之儀ニ付、従公義被仰渡、
一、旅僧・修験・瞽女・座頭之類・物貰之者共、同断之儀ニ付、公義仰渡、
安永六酉十月
禁制之場、可見合
（『藩法集』第八巻上、三一一頁［六〇六〜六〇七号］）

安永六年（一七七七）十二月、現山梨県増穂町大久保。大久保村、「相定申付法之事」

一、瞽女・座頭一宿之者五分宛ニ継合可申事
［略］
右之通此度名主長百姓惣百姓并扱人熟談之上相定候所相違無御座候以上
久保村
安永六酉年
十二月
名主
平右衛門 ㊞
［以下十二名略］
（『増穂町誌』史料編、九一頁）

安永六年（一七七七）刊、「ごぜ」の語源（『倭訓栞』中編八）

ごせ　瞽女の転訛せるにや、或説に御前也、常盤御前、静御前の称に比せり、瞽者を座頭といひ瞽女を御前といふハ、美号をもて憐む也といへり
（『倭訓栞』上巻、七六七頁）

安永六年（一七七七）、現広島県。芸備十六郡、「安永六年割付」　→文久元年（一八六一）十一月

安永七年（一七七八）四月六日。江戸、女性名義の借家に関する申渡

戌四月六日
喜多村ニ而年番名主江被申渡
町中貸店之儀、女ニ貸不申定メ有之哉之事
戌四月六日
右之通喜多村彦右衛門殿被申渡、右ニ付前々御触被仰渡等有之候哉相調、一組限年番より書付、来ル九日迄差出、尤当時女名前ニ而店貸置候場所有之候ハヽ、其段其所より書付差出

し候様、年番通達
右ニ付、同月廿一日同所江左之通返答出ス
　町中貸店之儀、女ニ貸不申定有之哉之事
一、右御尋ニ付、細々不洩様相調候処、前々右ニ付御触被仰渡等之義、書面相見え不申候、尤町々一同之心得申合等も無御座候、当時町々之内、店主病死仕候跡、右妻江入夫養子等、又は実子幼年ニ而成長仕候迄、当分後家店主ニ相成罷在候類所々ニ有之候、右之外最初より瞽女道心尼等江店貸置候場所并店主之母別宅いたし、其母直ニ名前ニ而店借り罷在候義御座候
　但、右店主死後、当分後家名前ニ仕置候分は格別、瞽女尼之類并ニ店主之母等ニ而致外宅、其店主近辺町内ニ罷在、身元も相知候類は、右之通り店貸置候得共、惣而女ニ店貸候而ハ、店五人組等之勤方申合異変等有之候節、差支之儀も可有御座哉と相心得、店貸不申家主共も有之候
一、店貸不申義と相心得候家主共も御座候得共、借り請候女之身分渡世も相知、慥ニ而勿論店請人相立、店役之節も取計方差支候筋無御座様治定仕候得は、前書之通り店貸候家主も有之候、尤瞽女尼之外、女ニ而直ニ店借り受候者は稀成儀ニ御座候、併一体店借方之義ニ付、享保十五戌年五月新規之者江店貸候ハヽ、出所承届可申旨御触御座候ニ付、右ニ準、女ニ而も出生渡世慥ニ而差支等も無御座候ハヽ、店貸候義と奉存候、然レ共、前書ニ申上候通り、女ニ而店借り受候者は稀成義ニ付、只今迄町中一同ニ申合、相心得罷在候筋も無御座、区々ニ而御座候
右之通相調候趣申上候、以上
　戌四月　　南北年番名主共
（『江戸町触集成』第七巻、四五六〜四五七頁［八六五二号］）

安永七年（一七七八）四月二十一日、現石川県金沢市。亀田家、法事の際に座頭・瞽女へ布施

安永七年戊戌四月廿一日非時
清鏡浄円信女七回忌に付法事執行扣
［略］
　七回忌施物覚
一、座頭
一、ごせ　両座へ七百五十文
（『亀田氏旧記』九五〜九六頁）

安永七年（一七七八）四月二十九日、現石川県金沢市。亀田家、法事の際に座頭・瞽女へ布施

四月廿九日
一　座頭
　　こせ　両座江七百五十銅、右覚融信士三回忌布施出す。
（『亀田氏旧記』九六頁）

安永八年（一七七九）正月十八日、現石川県金沢市。亀田家、法事の際に座頭・瞽女へ布施

一、西養寺へ横截一俊居士十七回忌に付

［略］

座頭
ごせ両座布施七百五十銅

（『亀田氏旧記』一一〇頁）

安永八年（一七七九）十一月十五日、現石川県金沢市。亀田家、法事の際に座頭・瞽女へ布施

十一月十五日

一、丹入妙刹信女十七回忌に付茶湯、
　西養寺へ上る。

［略］

一、六百文座頭ごせ両座布施出す。

（『亀田氏旧記』一一八～一一九頁）

安永八年（一七七九）十一月十九日。江戸（『宴遊日記』巻七下）

織江と云四十計の瞽女来在

（『宴遊日記』四四九頁）

安永八年（一七七九）、現静岡県静岡市。駿府、新左衛門の姉が瞽女などを歓待

新左衛門姉の事

一、新左衛門の姉江戸へ縁付たるか、生別れして帰府し、新左衛門方に懸り居しか、此女は三番の姫のよし発明なれとも心底六ヶ敷、親兄弟も下人も一切構はすといふ、江戸にて娘有しか眼病にて盲《メシヒ》て死たり、是を大に嘆て盲目を見れは大に労りて、正月瞽女とも来れは座敷へ通して唄をうたはせ、三味線弾せ、餅を焼醤油の溜りに砂糖を煎し込て是を付て振舞、壱人にても二人にても或は三人五人にても百文宛あたふる、二月になれは来れともくれす、茶漬斗振舞しよし、瞽女とも其頃両替町壱丁めへは、正月の内にはやく廻て仕舞しよし、また座頭の乞食来れは、呼込て三味線を弾せ、醤油の実に砂糖をませて菜として茶漬を振舞、百文くれて帰し、また無官の座頭官金の勧化に来れハ、金壱分宛与へ遣し、又勧化に来らすとも聞出し、次第に百疋ツ、持せ遣せしよし、なれとも後世菩提は毛頭志なかりし由

（『静岡市史』近世史料三、四八九～四九〇頁）

安永九年（一七八〇）元日、現群馬県高崎市。高崎の風俗

一、今日より城下の瞽女ども、年始の賀とて家々にゆき、唄をうたひ三線をひく。又乞食ども其さま思ひ思ひに出立て家々の門に立、祝詞に猥褻なる事共をまじへ、うたひ舞事あり。

（『閭里歳時記』二五〇頁）

安永九年（一七八〇）四月改、現群馬県高崎市。「高崎町由緒書上写」

「（表紙）安永九年子四月改写出
　　諸事手控　　　　」

［略］

惣家数千三百七拾壱壱（衍）軒、此竈数千九百七拾五軒也
此人数七千六百三拾三人　内男四千四百九十七人
　　　　　　　　　　　　　女三千百三十六人
右内
　　医師三拾四人　大夫　拾人　尼　弐人
　　こむ僧　弐人　梓神子　九人　行人　壱人
　　神子　九人　道心　三人
　　座頭　七人　瞽女　三人

（『新編高崎市史』資料編六、四七八頁、四八一頁）

安永九年（一七八〇）七月九日、現宮崎県都城市。日向国薩摩藩都城領（島津家）（『庄内地理志』巻七）

一、諸国之旅僧入込之筈候間、来ル廿二日より三口番所両人聢と相勤、往来之人入念相改、為差無謂見物体之旅人及瞽女・座向類出入令停止、其外椢内え之入口棚門相閉、又ハ虎落締にて急御用之外一切通融指留候

右は当月下旬より二厳寺え飫肥報恩寺滄海座元招請、臨済録講訳（釈）有之及大衆筈候間、右之通被成下及御饗応、其外ヶ条之通被仰付候条、寺社奉行・物奉行・物頭・普請奉行・横目役・筆者所え申渡、二厳寺寺社奉行より被申渡候様可被申渡候、以上

　　安永九
　　七月九日　　　　（家老資和）北郷正右衛門
　　　　　　　　取次（用人盛苗）野辺平右衛門

（『都城市史』史料編、近世一、三一一～三一二頁）

安永十年（一七八一）正月二十四日、現兵庫県。赤穂藩、家中倹約に関する条の申渡

一、祝儀不祝義共ニ座頭・瞽女江兼而被仰出候通分限より軽可遣、并御領内ニおゐて諸勧進奉加一切停止之事

［略］

　　安永十丑
　　正月廿四日　　　　香取藤馬
　　　　　　　　　　　津田　部

右村々ニ而写取相廻留より戻シ可申候、已上

（『兵庫県史』史料編、近世二、二五二～二五三頁）

安永十年（一七八一）、現新潟県上越市（高田）か。瞽女の配当金を減額する請書の控

　　差上申御請書之事

一、今般諸事御滅（減）法ニ付、私共配当之義、年々是迄金七両宛被下置候得共、被為遊御滅（減）金、五両弐分宛当年より可被下置旨被為仰渡、難有奉畏候、尤左之通之御割合ニ而頂戴仕度奉存

候、
　金壱両　　三月節句前
　同壱両　　五月節句前
　同壱両　　七月盆前
　同壱両　　九月節句前
　同壱両弐分　十二月中
右之通御聞済被成下置難有奉存候、乍恐御時節ヲ以、前々之通被成下置候様奉願上候、此段宜被仰上可被下置候、依之御請書差上申候、以上
　安永十丑年
　　　　　　　　　　惣代座元
　　　　　　　　　　　瞽女済弥一
　　　　　　　　　　　瞽女――
　　町惣年寄御衆中
（『上越市史』資料編四、一六二～一六三頁）

天明元年（一七八一）八月一日、現愛媛県宇和島市。宇和島藩、「盲女佐代」が逗留を願い出る（『伊達家御歴代記事』）

八月　長左衛門
朔日、［略］一、霊風院様廿七回御忌、御香奠銀壱両。七日、
一、御手伝ニ付差上銀米、御賞有之、左之通。
［略］
一、御倹約ニ付、御休息女中不残御暇被下。
［略］
一、岡為右衛門姉盲女佐代、御休息へ為逗留罷上り居候処、仍願下宿。
（『記録書抜　伊達家御歴代記事』第二巻、一五四～一五五頁）

天明元年（一七八一）十二月二十一日、現福岡県。福岡藩七代藩主黒田治之の葬儀の際に座頭・瞽女へ配当支給（天明元年十二月十七日条）

十二月二日より八日まで法事を修し、国中一派の僧徒集り勤行す。［略］同月廿一日に、三十五日取越の法事を修せしめ、赦を行ハる。出牢の者八人、国中の瞽者・瞽女に救米を与へ給ふ。其高弐百五拾俵
（『新訂黒田家譜』第五巻、一二〇頁）

天明二年（一七八二）四月二十七日、現島根県大田市。「諸色覚帳」

同断〔天明二年〕、大田組座当（頭）ごぜへ祝儀
一、四分　五人　　一、打かけ　壱人　　一、しょしん　六人
　弐百四十文　　弐拾四文　　一、ごぜ　八人
　但シ壱人四十八文　　但シ壱人廿四文　　百六十八文但シ壱人十二文也
〆四百三拾弐文同四月廿七日当所伊すーニ渡ス
（『新修島根県史』史料篇三、一九八頁）

天明二年（一七八二）八月三日、現福岡県。福岡藩、「盲女みよ」殺害事件

八月三日

那珂郡下臼佐村　新　三
表粕屋郡江辻村
弥七娘盲女　み　よ

下臼佐村抱空屋敷薮際ニ而新三儀剃刀ニ而右女を殺し、其身も致自害相果居候段、八月朔日所之もの見当り遂僉儀候処、兼而致密通居申相対死いたし候と相聞候旨申出之

右長右衛門承届、死骸取捨ニ申付候様郡奉行江及口達

（『福岡県史』近世史料編、福岡藩御用帳一、三三〇～三三一頁）

天明二年（一七八二）八月二十九日、現富山県富山市。富山城下、「盲女」の取締令

今度詮議之上南新町散地盲女共之内目明之分町内為退候もの共以後町内ニ指置又者養子等之趣ニ而連越候義堅不相成候、猶又盲女共宅へ者勿論町内ニ而人寄無之様丁役人共可致吟味候、以来猥成義於在之者丁頭日行使等之越度ニ申付候、此段厳重可申渡候以上

八月廿九日　町奉行

当番町年寄中

（『町吟味所御触留』二八九頁）

天明二年（一七八二）八月、現富山県富山市。富山藩、取締後の「盲女」名と人数

口上之覚

一、三人　盲女　理助貸家　志ん古
一、四人　同断　ゆふ古
一、弐人　同断　せん古
一、弐人　同断　平四郎貸屋　まさ古
一、三人　同断　志げ古
一、弐人　壱人盲女 壱人飯炊五十才　いさ古
一、三人　盲女　そよ古
一、壱人　同断　里ん古
一、弐人　内壱人盲女 壱人飯炊　せい古
一、壱人　盲女　古順
一、弐人　内盲女 壱人同店志つふじ　かふのふ
一、壱人　盲女　志ん古
一、弐人　内壱人盲女 壱人飯炊五十才　婦じ古
一、壱人　盲女　もり古
一、壱人　同断　里う古
一、壱人　同断　婦じのふ
一、弐人　内壱人盲女 壱人飯炊五十三才　婦じゑ
一、壱人　盲女　とよ古

一、弐人　内盲女壱人同店八重ふじ　菊ふじ
一、弐人　内壱人盲女壱人飯炊五十一才　みよふじ
〆弐拾軒
人数〆三拾八人
内三拾壱人　盲女
五人　食炊
右者町内盲女共之内五十才以下之目明キ弟子共不残夫々江立退壱人も町内寄舎り等茂指置不申候、相残り候盲女共人数相改書上申所相違無御座候、以上

寅八月　南新町散地丁頭　平　六
理左衛門
日行使　三郎兵衛

町肝煎　次郎三郎殿
甚左衛門殿

（『町吟味所御触留』二八九～二九〇頁）

天明二年（一七八二）九月二十五日、現新潟県上越市。高田藩（『記録便覧』巻之廿六）

同年九月廿五日
一、座頭・瞽女罷越候節、宿より其町名主江相届可申、尤名主手前ニ而其節々留置、壱ケ年ニ両度程も書上可申事、惣名主中相招此段申渡ス

（中村辛一『高田藩制史研究』資料編、第五巻、五一七頁）

天明二年（一七八二）九月、現富山県高岡市。高岡下川原町、開正寺門内の瞽女（「開正寺旧記」）↓慶長年間（一五九六～一六一五）

下川原町ござさき　右はせいこより別家にて中比しゅんこといふ是也、初めは開正寺門内に住居す今下川原町に移住せり
同町ごぜむら　右はせいこ別家にて数代相続するところ由縁ありて断絶す
同町ごぜりんこ　右せいこ別家にて二三代相続し今は断絶す
同町ごぜまつこ　右はりんこ別家にて今四代相続す
同町ごぜかふます　右せいこ別家にて今断絶すおやつといふ者今に存命す、是則かふますの筋目なり

天明年間に於ては、未だ瞽女町と称せざりしならん。而して瞽女町の名称は素より公称にはあらざりしなり。

（『高岡史料』下巻、九〇〇頁）

天明二年（一七八二）十二月七日、現福岡県。福岡藩、御中陰の際に平家座頭・「盲女」へ米支給

十二月七日
町奉行
郡奉行
浦奉行

御中陰ニ付平家座頭、盲女共可及難儀候、最前御不例中より
相慎罷在、彼是数月之儀ニ有之、弥以可及飢渇候、依之格別
之御慈悲を以御国中平家座頭、盲女とも江米弐百五拾俵頂戴
申付候、配当之儀可有宰事判候、余分之人数ニ候条、纔之配
分ニ相成可及困窮様子ニも候ハ、各より遂僉儀不及飢渇候様
可被致宰判候事

右書付一通平左衛門御凶事惣請持より三奉行(江)より相渡之
（『福岡県史』近世史料編、福岡藩御用帳一、三九一〜三九二頁）

天明二年（一七八二）刊。大坂、瞽女が作曲した唄

夢のうら　瞽女須磨調　同作

三ツのわらひ　瞽女小巻調　近藤氏　流石庵作并ニ調補

（『歌系図』三五六頁）

天明三年（一七八三）正月、現岐阜県大垣市上石津町。多良の旗本西高木家、「盲女」へ配当支給

「(表紙)
天明三年
金銀銭請取払覚帳
卯正月吉辰　三輪代右衛門」

［略］

［八月］廿八日
一、金壱分　盲女へ被下御目六
［略］
［月日欠］
一、八拾九文　盲女入用、油元ゆひ并くわし干物代

（『岐阜県史』史料編、近世三、七七頁、八九頁）

天明三年（一七八三）六月二十九日、現富山県富山市。富山町、「盲女」の家宅の売却

天明三卯年
就御尋申上候

覚中町ニ罷在候盲女共儀、得手勝手之儀御座候ニ付、家売払南
新町散地仲間共へ同居仕、跡屋敷之義前通町並之家主へ売払申
度、右ニ付是迄相勤来申候町内懸り銀等、半棟役之処御免被成
下候様、当二月盲女くめ家名代五兵衛より御願申上、願之通被
仰付候、然所右盲女屋敷之儀ハ別屋敷ニ候処、如何之品ニ而右
願紙面取受指上申候哉と御尋ニ御座候、右屋敷之義別屋敷と申
義一向不奉存候、尤御役所旧記等ニも無御座、且図先役之者共
より承伝候品も無御座、町内並御地子銀、懸り物等も差出来候
故、常体之屋敷と相心得、紙面取受指上候品ニ御座候
右之趣御尋ニ付申上候、以上

天明三年
卯六月廿九日　町肝煎
治［郎脱カ］三郎
同

甚左衛門

町
御奉行様

（『富山町方旧記』第二巻、前田文書）

天明三年（一七八三）七月六日、現富山県富山市。富山町、「盲女」の家宅二軒の売却

同年
覚中町伊之助、藤右衛門後地古来より盲女弐軒別屋敷居住之所、安永三午年一軒、又候当春一軒家売払候、当春之処ニ而右屋敷并往来之道共へ退転ニ相成候後ハ、於屋鋪方詮義之筋在之相伺、急度御城下絵図改候事ニ候処、伊之助・藤右衛門任願、屋敷方へ届仕候、右両人之者へ地面先年以来被相渡、此度右往来之道迄伊之助受込度願候段被申聞候へ共、前後不都合之義ニ付不承届、右盲女跡屋敷之義取揚候、依之各儀御寄合所へ申達、急度可申渡筈ニ候得共、此度之儀は見合差置候、已来右体場所之儀ハ入念ニ可被相心得事

七月六日

町年寄
喜兵衛
伝兵衛
文右衛門

右此度覚中町伊之助・藤右衛門後屋敷、盲女弐軒居住別屋敷ニ而、往来道共先年以来別而当春之所ニ而退転候得は、於屋敷方詮義場所候処無其差別一体吟味等等閑之趣相聞候、急度咎可申渡候得共、先令用捨候、已来右体之場合在之候ハヽ、得と可遂詮義事

町肝煎
治郎三郎
同
甚左衛門

右之者共此度覚中町伊之助・藤右衛門後地盲女弐軒居住別屋敷候処、往来通共先年已来別而当春之処、退転之義於屋敷方詮義之場所ニ候処、其無差別一体下より任願取次候義、不吟味至極ニ候、依之急度可申渡候得共、先其儀令用捨候、已後右体之場所猥ニ無之様可被申渡置事

七月六日

覚中町
伊之助
藤右衛門

右之もの共後地盲女屋鋪屋敷方へ不申届、先年已来請込候而此度道願之儀迄申断候義不行届義、右場所ハ於屋敷方詮義之場所ニ候、依之右盲女跡屋敷并往来道共ニ屋敷方へ取上候間此段可被申渡候、以上

七月六日

富田弥五作
蟹江監物

吉川唯右衛門殿
藤懸　兵　助　殿
（『富山町方旧記』第二巻、前田文書）

天明三年（一七八三）八月、現山梨県北杜市白州町鳥原。鳥原村、田畑不作のため倹約村法度

村法度之事
［略］
一、盲世〔女カ〕・座頭之類一切入不申候、何ニ而も村次ニ送り来候共、当年之儀ハ各別之年ニ候間費之人足一切出シ不申候事
（『白州町誌』資料編、三一一頁）

天明三年（一七八三）十月二十日、現大分県杵築市。杵築城下、諸勧進、旅僧、座頭・瞽女、売薬の者、往来の旅人などの取締強化

十月廿日
覚郷方江御触出之写
［略］
一、他方より継送り之瞽女・座頭是又往還一通り之儀ハ、懸札及不申継送可申候。在中江入込相廻候儀ハ差留可申候、願趣ニより為相廻候者ハ懸札相渡可申候、無札之者決而通之間敷候
［略］

十月廿日
村々境建候書付左之通写
［略］
一、遍山之旅僧虚無僧之類、文殊秋葉等参詣往還筋通行之外、村々へ立入卓鉢等致候義差通可申候。尤当所寺院へ致逗留候僧侶、其所にて致卓鉢候義ハ時宜ニ随ひ通り札相渡執行為致可申候、右之外他所より継送り候瞽女・座頭是又往来筋之外、為渡世在中相廻候義ハ致させ申間敷候。願趣ニより相廻り候ものにハ通り札相渡可申候。一切他所者往還通路之外村々へ入申間敷候
［略］
卯十月
郡方役所
右之趣与頭当役所ニ呼書付を以申付候
（『町役所日記』第一二巻、一七九〇～一七九二頁）

天明四年（一七八四）正月五日、現群馬県太田市。浅間山噴火後、穀物高値のため座頭・瞽女への支援禁止

（表紙）「天明四年
宿中小前請印帳
辰正月」
差上申御請書之事
［略］

一、繕普請ハ格別、新規之普請抔ハ麦作出来迄見合可申候、振舞事・遊山見物等右同断、勧化・ものもらい・こせ《ごぜ》・座頭之類都而此外麦作出来候迄普請振舞夫食ニ取続迄見合可申事

（『太田市史』史料編、近世三、二七五〜二七六頁）

天明四年（一七八四）二月、現愛媛県松山市

一、総町中諸商売人并無商売人軒別高寄可差出段御沙汰に付、左之通帳面相認差出之。

［略］

一、二十五軒　但 本家九軒 借家十六軒　座頭

一、三軒　但 借家　瞽女

（『松山町鑑』六三五〜六三六頁。『松山市史料集』第四巻、八八頁、九四頁、『愛媛県史』資料編、近世上、三〇五頁も参照）

天明四年（一七八四）十二月十九日、現新潟県上越市。高田藩（『記録便覧』巻之廿六）

天明四辰年十二月十九日

一、座元津弥一取斗非道成由ニ付、惣座頭・瞽女共願書文略、

（中村辛一『高田藩制史研究』資料編、第五巻、五一七頁）

天明五年（一七八五）六月十五日、現石川県宝達志水町。上田村肝煎の舞々三郎太夫に関する返答書

一、ごせ・坐頭は三郎太夫方へは罷越不申由に御座候

（田中喜男『加賀藩被差別部落史研究』二九一頁）

天明五年（一七八五）八月、現石川県七尾市多根町。多根村の村入用

一、七斗　村余荷　ごぜ・座頭、乞食宿入用

［略］

銀〆五百六匁七分九厘

米〆九石五斗

右去辰之年分諸入用就御尋ニ書上申候、以上

天明五年八月　多根村肝煎　四位（印）

武部村 弥兵衛殿

（『七尾市史』資料編、第三巻、二一一〜二一二頁）

天明五年（一七八五）十一月、現長野県飯田市。飯田瞽女仲間の長屋建設・田地譲り渡し

一札之事

今般本町文次郎殿より買取候其御村、出来分愛宕坂東ノ方藪下田地御年貢米五俵壱升四合、下作米九俵之所、我等名田ニ相成候所、不残飯田町瞽女仲間江飯料助成ニ永代相譲候間、帳尻

御切被成瞽女中名田ニ被成可下候、然上ハ加地子米毎年乍御世話、右瞽女仲間江御渡可被下候、我等儀遠方ニ御座候得ハ永久御頼申度、為後証一札依而如件。

天明五巳年十一月

已譲主古町村　知久仙右衛門

同断　同　牛　松

証人市田村　橋都与右衛門

松下喜藤太殿

（裏書）

一、表書之通り相違御座有間敷候、以上

古町村庄屋

知久仙右衛門

（『飯田瞽女（ごぜ）資料（「原本ハ知久仙右衛門文書」）』。不鮮明な箇所は三好一成「飯田瞽女仲間の生活誌」二三〇〜二三一頁、原田島村「古町の元酒屋瞽女を救う」三三〜三六頁による）

天明五年（一七八五）十一月、現長野県飯田市。飯田瞽女仲間の長屋建設・田地譲り渡し

譲り申田地之事　ひかえ

一、今般本町弐丁目文次郎殿より我等方江買承候上飯田村出来分愛宕坂東ノ方藪下田地□□□□俵壱升四合、下作米九俵之所、其方中江扶持方為助成相譲り候間、地掛り之役儀御村並ニ可被相勤候、然上ハ□田地ニ付我等子孫は不及申、何方よりも何□構無御座候、若何様之六ヶ敷儀出来候□共、加判之者罷出埒明、瞽女中江毛頭難儀相懸ケ申間敷候、右加地子米永久瞽女仲間中配分渡世之助足ニ可被致候、為後日田地相譲状依而如件

天明五巳年十一月

本人古町村　知久仙右衛門

同所　同　牛　松

証人市田村　橋都与右衛門

飯田町

瞽女中江

（裏書）

一、表書之通り相違御座有間敷候、以上

古町村庄屋

知久仙右衛門

（『飯田瞽女（ごぜ）資料（「原本ハ知久仙右衛門文書」）』。不鮮明な箇所は三好一成「飯田瞽女仲間の生活誌」二三〇〜二三一頁、原田島村「古町の元酒屋瞽女を救う」三三〜三六頁による）

天明五年（一七八五）十一月、現長野県飯田市。飯田瞽女仲間

の長屋建設・田地譲り渡し

田地質物ニ入借用申金子之事

一、上飯田村我等江御城下愛宕坂東出來分上田貳畝廿□歩取米壱俵三升七合四勺、同所上田三畝廿六歩取米□□□斗壱升八□□□、同所上田三畝三歩取米壱俵九升六合、同所中田三畝九歩取米壱俵六升弐合、都合御年貢米五俵壱升四合下作米元拾俵弐斗ニ候所、近頃の小作に御座候ニ付九俵ニ相極メ預來候、右之田地質物ニ入、金拾五両唯今慥請取申所実正ニ御座候、此金子來午正月中壱割五分利足相扣、元利急度返済可申候、若右日限及遅滞候ハヽ、以此以証文ヲ永代貴殿名田ニ可被成候、此田地之義は出來分ニ而御国役之外、村費等一切相掛リ不申候、右田地ニ付子孫は不及申ニ脇ニよりも毛頭相構申者無御座、若六ヶ敷義出來候ハヽ、加判之五人組何方迄も罷出急度埒明、貴殿江少も御苦労掛申間敷候、仮令御国替御座候とも、此田地ニ付右相定之通少も相違之義無御座候、為後日質入証文依而如件

天明五巳年十一月

飯田本町弐丁目借り主 文次郎 ㊞
同所五人組 弥吉 ㊞
所同 庄右衛門 ㊞
同所 六兵衛 ㊞
同入市田村 与右衛門 ㊞

古町村酒屋 仙右衛門殿

右之田地今般貴殿江質流ニ而相譲り、御名田ニ被成候処、此田地御憐愍之御志ニ而飯田瞽女仲間江飯科之助成ニ被下候趣、則瞽女仲間へ御書付上飯田村庄屋松下喜藤太殿江帳尻切瞽女仲間へ相渡候、御証文御渡被成候故は、永久瞽女共名田ニ相違無御座候、然上は貴殿御子孫ニ至候而も、此田地ニ付毛頭御構被成間敷段、致承知此方子孫江も申伝候、為後証依而如件

天明五巳年十一月

飯田本町本人 桜井文次郎 ㊞
市田村右世話人 橋都与右衛門 ㊞

酒屋 知久仙右衛門殿

（『飯田瞽女（ごぜ）資料（「原本ハ知久仙右衛門文書」）』。不鮮明な箇所は三好一成「飯田瞽女仲間の生活誌」二三〇～二三一頁、原田島村「古町の元酒屋瞽女を救う」三三～三六頁による）

天明五年（一七八五）十一月、現長野県飯田市。上飯田村瞽女仲間の長屋建設

覚

一、今度売渡候上飯田村愛宕坂東出来分田地境之義、東は番匠

町半三郎殿、南西は知久町善右衛門殿、上手は御城垣境ニ少も相違無御座候、若異変之義出来候ハヽ、我等罷出急度相糺、貴殿并瞽女共へ難義相掛申間敷候、為後日依如件

天明五巳年十一月

飯田町本町二丁目本人　文次郎 ㊞

市田村証人　与右衛門 ㊞

古町村　仙右衛門殿

（『飯田瞽女（ごぜ）資料（「原本ハ知久仙右衛門文書」）』。不鮮明な箇所は三好一成「飯田瞽女仲間の生活誌」二三一〜二三二頁、原田島村「古町の元酒屋瞽女を救う」三六頁による）

天明五年（一七八五）十一月以降か、現長野県飯田市。上飯田村瞽女仲間の長屋建設

御請申上候一札之御事

一、今般私共仲間江扶持方為御助力、上飯田村愛宕坂東方出來分田地御年貢米五俵壱升六合、下作米九俵之所御買取被成、直ニ上飯田村庄屋松下善藤太様江御届之上永久仲間中江被下置候段、御仁情難有拝納仕候、然上は右田地懸リ之儀御役等相勤、加地子米毎年仲間中新古無差別配分仕候、若後末ニ至頭分之者理無尽仕候儀も御座候ハヽ、貴様御子孫様方より以此証文御糺可被下候、為冥加御亡母様御法名、教外榮傳院安窓明心大姉様江毎年十月十三日仲間中相寄御念仏御回向相勤可申候、以御慈悲永代仲間中渡世相続可仕ハ、難有仕合御高恩之儀申伝忘脚仕間鋪候、依之仲間中連印御請証文差上申候所依而如件。

天明五巳年十一月

瞽女仲間老分　こん ㊞

同所　とよ ㊞

知久仙右衛門様

（『飯田瞽女（ごぜ）資料（「原本ハ知久仙右衛門文書」）』。不鮮明な箇所は三好一成「飯田瞽女仲間の生活誌」二三三頁、原田島村「古町の元酒屋瞽女を救う」三五〜三六頁による）

天明五年（一七八五）十二月、現石川県七尾市多根町。多根村の村入用

（表紙）
「天明五年　　鹿島郡
鹿島郡武部村弥兵衛組村鑑帳
十二月　　多根村」

［略］

一、壱貫四拾目　村方諸入用銀
内七拾目　番頭手間
百目　山番手間
百八十目　用水方余荷
六十目　こつづき、こせ・座頭宿用荷

六百三拾目　村方年中給物雑穀買調代　喰物
右私共在所御高領免相諸上納物其外村方入用之品々出来物委細ニ書上申通相違無御座候、以上

多根村肝煎　四　位
組　合　頭　佐藤次郎
百姓　惣代　六右衛門

（『七尾市史』資料編、第三巻、二一二頁、二一五頁）

天明五年（一七八五）刊。京都の瞽女

各々《おのおの》三味線に志なくとも、検校《けんげう》などのよき出会《くわい》は、聞に行玉ふべし、甚《はなはだ》花やか成物なり、先正面《めん》にハ翠簾《みす》四五枚《まい》かけならべ、鴨居《かもゐ》に大奉書《ぼうしよ》を長くつぎ、是に役々《やくやく》の外題《げだい》をかきつけ、夜《よ》に入ば翠簾の前に燭《しよく》をならべ、火《ひ》をともし、座敷ハ毛氈《もうせん》をしきつめて、高雄通天《たかをつうてん》の秋の気色《けしき》も及《およ》バぬ程《ほど》のうるハしさ、聞人《きく》も無人体《ふじんたい》の者ハ見へず、よいしゅは金屏《きんびやう》引まハし小竹筒《さゝへ》等《とう》もたせ、またハ被《かづき》にこし元《もと》手代男つれたる聞人《きゝて》かちにて、よほどはれがましき物なり、又それ〳〵に茶屋《ちやや》の娘《むすめ》中居《なかゐ》などをよびよせ、しやくさせ酒呑《さけのみ》居《ゐ》るもあり、舞子《まいこ》をつれて聞《きゝ》居るもあり、法師瞽女《ほうしごぜ》をともなひ聞くも有、肩《かた》ニ手拭《てぬぐひ》かけ、又は韎韐《まへだれ》がけや、羽織《はおり》も着《き》ずに頬《ほう》かふりして聞居る者ひとつもなく、甚しづかにして花々しく、浄《じやう》るり会《ぐハい》とハ大《おゝい》に異《こと》なるもの也、わる口いふ者《もの》もなく、讃《ほむ》る者もたま〳〵有ども、しんじつ感心《かんしん》してほむるゆへさハかしからず、楽屋《がくや》の花やかみ何にくらべん物なし。まず芸子《げいこ》まい子町娘、瞽女《ごぜ》法師の芸者《げいしや》ぞろへ、かね出してよびよせたらハはした銀《がね》でハ出来ぬ仕事《しごと》也、

（『三味線問答』巻之一）

則《すなハち》百士《ひやくし》あつまる時鼓弓鼓等《こきうつゞみとう》を入てうちこみは、わけて御霊《ごれう》のまつりハはやし多し近年《きんねん》ハ義太夫三味線のはやし等も出れども、やはり哥にこしたるハなし。琴《こと》を入鼓弓《こきう》を入、又尺八鼓《つゞみ》がくだいこ、簫篳篥《しやうひちりき》までも加《くハ》ゆることはなりぬ、近頃は丸付《づけ》の囃《はやし》多く出る、しかしよほど上手の手つけ、役人もずいぶん上手計にてなけねバ、丸つけの囃ハきかれず、扨、はやし稽古《けいこ》の事ハ、多く裏屋の明たる所をかりおき、又は舞子の内、法師瞽女《ごぜ》の方にてするも有、連中にひとりふたりは世話《せわ》かた有て、神事《じんじ》前になれバ廻文《くハいぶん》をまハし、大かた人数《じゆ》も出来そろへバ、地ばはし初手しづめ切なに〳〵と、趣向《しゆかう》もきまりけれバ、かし物屋一はしり、かね太鼓《たいこ》を借《かり》来てかの稽古場《けいこば》におき、手も付《つく》と毎日まい夜《よ》けいこ場にあつまり、役々の稽古する事なり、

（『三味線問答』巻之二）

糸竹の諸好士《かうし》、座鋪《ざしき》へよぶハかくべつ稽古《けいこ》は法師瞽女《ごぜ》にこしたるハなし、又舞子にてもなく、町娘にまいぞこない様《やう》の者《もの》多く有て、是《これ》が家にあつまる人も有、されバ其家々にて、其人々のふうぞく、気もちともかハれり、先法師方一入門《にうもん》の人ハ、しぜんとおとなしく、上品《じやうひん》を好む人ならで寄《より》がたし、一概《いちがい》にハ言

ハれねども、まづ羽織《はおり》に一腰《ひとこし》はなさぬ人多し、門葉中《もんようぢう》の付合にても、言葉《ことば》奇麗《きれい》ニあいさつし、かりにも寝《ね》はらばい、ぢやうろくかき居る抔まれなり、よつて富家《ふか》の娘にても、法師方へハ通ハす事なり、瞽女ハ中品《ちうひんの》人々より集《あつま》る故、是ハあながち、ごぜが品《ひん》のあしき者にハあらね共、女のことゆへ、心《こころ》やすく、少しハ花やかミ有て、しぜんと門人はでになり、弟子中あいさつ等も、ざつとして、ふろ敷抔かたげ来《く》る者《もの》がちなり、又舞子の内へ集る衆中上中下とも寄るといへども、おしなへてさわがしく、甚下品なるふるまい多し、かりそめにも言葉あらく、毎日まい夜酒肴《しゆかう》をあつらへ、喰《はみ》会所とやいハん、あばれ会所とやいわん、正月の舞ぞめなども、町の小座敷等にてするにも、門葉中よりの進物《しんもつ》の目録《もくろく》を、壁《かべ》に張《はり》ちらし、かたへに其品を積《つみ》かさね、さながらかねつけか、小芝居《しバゐ》などの積物《つみ》見るやうなり、先来るとあいさつよりさきへ酒をのみ、さかなをうち喰《くい》、けんやら物まねやら、身ぶり小舞、とてさハがしく、当世《とうせい》こと葉を用《のち》ひ、すいがられたがる、ぶすいの衆中多し、終《はて》ハ芝居事して、手を打て盃をおさめ、大かた言分《いひぶん》がちに夜をあかす事なり、瞽女《ごぜ》の弾初《たまぞめ》ハ是《これ》から見ると又上品なり、なるほど何か張ちらすといへども、祝義の発句《ほつく》か興歌《けうか》迄なり、しまひに舞子に舞どもまハすがはねにて、かりそめにも手を打て、いはふて三度など言事《いうこと》もなく、高がはやりうた等いひ出すのミなり、

（『三味線問答』巻之二）

天明六年（一七八六）三月七日、現福岡県。福岡藩、座頭・瞽女への配当米、救米支給、音楽禁止など

町奉行江

公私御吉凶ニ付、自地(他カ)座頭共江被下候布施銀、去巳年迄半減被下候、然処今程別而御財用御指閊ニ付、江戸表御一家様ヲ初、諸家江も被仰断、御内外厳敷御欠略被執行候、右ニ准シ自地之座頭共江被下候布施銀も当年より来ル酉歳迄四ヶ年之間ハ是迄之通半減被下候事

右書付年番伊織より相渡之

町奉行江

先達棲賢院(黒田斉隆母)様御凶左右相達、御障り之御日数も余程残り有之候、両市中座頭・瞽女之内至而及困窮候もの有之段相達候、依之御憐愍ヲ以米七俵頂戴申付候、配当之儀可有宰判候事

右書付年番伊織より相渡之

○右本文之外ニ町奉行より町溜より（空白）遣之候事

○於江戸ハ十二月棲賢院様一橋ニ而お岸方、殿様御実母様御卒去之趣当正月十一日福岡へ相達候、御中陰之間ハ鳴物停止被仰付候儀ニ而、同日より二月十五日迄音楽停止被仰付候事

○此方様ニ而御凶事ニ而御救米被下候例ハ有之候得共、他家之事ニ而御救米被下候例不相見候、然とも御上御中陰

ニ而座頭・瞽女とも音楽停止ニ候得ハ、いつれ御救之理
ニ相当り候儀との僉義ニ候事
此節之被下目当テ外ニハ無之候、此方御正統様御凶事之
節ハ、趣も違候事ニ候、然ハ本文之被下目当ハ安永七年
六月廿四日圭光院様（黒田重政室）御凶左右御中陰ニ付、御救米四十人
五十日米十俵被下候目当ニ而全儀有之、尤被下方之趣ハ
下ニ見江候事
○此節之被下ハ、両市中座頭・瞽女人数高ニハ不拘、五十
日米拾俵と立テ、其日割ニ而割合せ候へハ、此度御中陰
日数残り三十五日音楽停止分米高七俵ニ相成候付、本文
之通被下候事
○鳳陽院様（黒田治之）、龍雲院様（黒田治高）御逝去ニ付、御中陰中音楽停止被
仰付候節ハ、御国中座頭共江一統ニ御救米被下、委
（空白）相見へ候事
（『福岡県史』近世史料編、福岡藩御用帳一、四五四〜四五五頁）

天明六年（一七八六）四月三十日、現福岡県。福岡藩、三味線稽古のため許可なく福岡藩に移住した瞽女「ミつ」

御料豊後国
日田郡隈町
喜三次姪盲女　ミ　つ
ミつ　母

無縁之旅人御国居住之儀相願例無之候得共、右両人之者達而
御国居住相願候ニ付不罷帰候、町役之者よりも罷帰候様申聞
候得共、最早年来御国江入込居申候、其上別紙奉伺候咎申付
候者共より欺れ候事故、曽而承引不仕営語（覚悟）究候様子ニ有之候
付、是非罷帰候様難取斗候、日田表役人懸合ニも可相成哉、
左候ハヽ、事六ケ敷奉存候付、本人望之通居住さへ相叶候得ハ
旅懸り合無之、事静ニ片付候故、人足支配（福岡）上名島町
次右衛門より内々ニ而沙汰広ク不相成、日田表より掛合等無
之内慥成証拠ヲ取り、婺（瞽）女母子御国居住相願見候様（本ノマ）、日田表
江懸合ニ相成候得ハ、婺女懸り合之者も尚更重き罪科ニも被
仰付事故、願之通居住被仰付候儀も可有之段申聞候処、日田
郡隈町役人より払証拠受取来相願候、尚又旦那寺日田照連寺
より福岡大工町浄念寺江対し候払証拠ハ兼而婺女母子取置候
分差出候、旁別儀之御全儀ニて御国居住願之通被仰付被下候
様次右衛門より相願候旨、町奉行より相伺之
右月番太郎兵衛より聞届候、難相成儀ニハ候得共、此節之儀ハ
別儀之を以伺之通御国居住指免候、尤御僉儀を以此度斗ハ一立
切ニ被仰付儀ニ候条、以後此例ハ曽而不取用、兼而定之通御国
由緒之者より不相願候而ハ決而御許容不被成旨、伺書ニ以付札
町奉行江相渡之

覚

日田より之払（証）拠左之通

御料豊後国日田郡隈町
喜三次姪
盲女　ミ　つ

ミつ　母

〆

右之者其御元御支配之町内へ住居致度段願出申候、当町何分指障も無御座候条、御勝手次第御町帳面ニ御加へ可被成候、依之向後当町帳面相除ケ申候、仍而送状如件

隈町年寄　日隈善右衛門
同　桑野小右衛門

天明六年午四月

筑前福岡御年行司
上原太右衛門殿
白木太次兵衛殿

○日田郡照連寺より之寺証文ハ相替儀も無之ニ付略之

科料銀壱枚充
福岡西職人町　彦三郎
同　西町　忠助
同　大工町　助次

御領日田郡隈町蔞女(瞽)ミつと申もの、三味線為稽古御国江入込居申候而、同人御国居住之儀相望候故、三人之もの申談、同人母迄も呼寄、御国居住之儀内々を以相済候様、右両人江も申聞置候段、此節簀子町孫次柔弱筋有之より相顕、遂僉儀候処相違無之候、町預ケニ申付置候、旅人御国江居住之儀ハ訳無之候而ハ居住不申付事候、至而重キ事ヲ無勘弁内々を以取組候次第不届ニ候、急度一道申付、蔞女母子共ニ罷帰候様申付筈ニ候処、右母子之者御国居住之儀上名島町次右衛門より相願候、曽而不取上筈ニ候得共、本所江指かへし候得ハ、其方共急度罪科ニ不申付候而ハ難相済趣ニ付、以別儀右之者共(御国居住申付、其方共)罪科指免、為科料銀一枚充上納申付候、已後急度相慎可申候、蔞女母子之者ハ三人として簀子町孫次ハ義絶致させ、生涯不致難儀候様引受ケ取斗可申候事

科料銀一枚
簀子町　孫次

日田隈町蔞女ミつ江対し不埒筋有之候段相違、遂僉儀候処相違無之、若年何之勘弁も無之不埒之儀ニ付、町預ケ申付置候、右蔞女上名島町次右衛門より御国居住相願之、曽而不取上筈ニ候得共、本所江差返シ候得ハ其方共急度罪科(不申付候而ハ相済かたき趣ニ付、願之通御国居住申付、其方罪科)差免、為科料銀一枚上納申付候、已後急度相慎、蔞女母子之者ハ義絶いたし可申候事

科料銀壱両
大工町年寄　佐兵衛

町内江旅人数年留置、不埒之至ニ候、急度咎メ申付筈ニ候得共、先年寄役之時節より止置候段相違候付、加用捨為科料銀壱両上納申付候、已後不示無之様相改、入念可相勤候事

右之通咎メ申付度旨町奉行より相伺之

右月番太郎兵衛より、伺之通夫々咎メ申付候様、加付札町奉行江相渡之

（『福岡県史』近世史料編、福岡藩御用帳一、四八一～四八四頁）

天明六年（一七八六）九月二十一日、現福岡県。福岡藩、難渋する「盲人かね」への支援策

辺田浦　かね

九月廿一日

八十歳余之老母并病身之姉養育仕、□（外ニ）家内も無之、貧乏ニ暮シ□姉とも二盲人ニ而□（仕）業も無之候、かね女日用等ニ参り相稼、両人ヲ育居申候、此女別家ニ縁付之申合せいたし置候処、姉婿相果、其已後姉盲人ニ相成、母方へ引取来候、母、姉両人及難儀候付、かね縁付相断、右之通り養育仕候、連々孝養ヲ尽し候ものニ付、奉行浦廻り度毎ニ米銭等追々遣置候、然処かねも去春より眼病、是又盲人ニ相成、母ハ去冬病死いたし候、今程及難儀候付、かね甥壱人有之、此もの受持候様仕候処、是又貧乏ニ有之ニ付、右両人ヲ引受候儀も相成かたく候、外ニ一族も無之候、辺田浦も小浦ニ而先々相育候儀無覚束候付、右かね兼々節義之ものニ付、以格別浦溜より銀壱〆弐百目両人生涯之間無利ニ借渡シ、近浦庄屋共へ預ケ、年々右利分を以相育、死失之後元銀相納候様仕組相立度□御聞置被下候様浦奉行より申出之

右四兵衛聞置

（『福岡県史』近世史料編、福岡藩御用帳一、五五三頁）

天明六年（一七八六）十二月十八日、現福岡県。福岡藩、音楽停止のため難渋する座頭・瞽女へ米銭支給

十二月十八日　町奉行江

浚明院様（徳川家治）薨御之御到来相達、音楽停止御日数も余程残り有之、御国中座頭、婺（瞽）女之内至而及困窮候者有之候段其節相達候、依之御憐愍を以丁銭九拾弐貫百文頂戴申付候、配当之儀可有宰判候事

右書付年番（空白）より相渡之

○公方様薨御之趣ハ九月廿一日爰元へ相達、音楽ハ右廿一日より十月廿七日迄ニ候事

○安永七年六月廿四日圭光院様（黒田継高室）御凶左右相達候上御救米、并当午年三月七日棲賢院様（黒田斉隆母）右同断之節両度之御救米ハ、両市中座頭、婺女之内及困窮候者斗江被下候、此節重畳以僉儀本文之通り御国中座頭、婺女之内困窮之者江被下候事

○公方様薨御御中陰ニ付座頭、盲女江御救之儀御用帳并記録所江も旧例不相見候、町奉行所留書ニ寛延四年七月、宝暦十一年七月鳥目被下候趣相見へ候旨申出候、遂僉儀候処、上より被下たる共不相聞、時之奉行より取斗たる

儀と相見候
○此節音楽停止ニ付御国中座頭、盲女とも及難儀候付、御救米之儀匂当共より相願候得共、右之願ハ御許容不被相成趣申聞、願書町奉行へ下ケ候而、本文之被仰付ハ別段之僉儀候事
○右之通願書下ケ候処、当時年並不宜、米直段近年珍敷高価ニ有之、下々日々稼候もの共別而困窮之時節ニ付、尚更盲人共ハ芸不仕難儀仕候段相達候付、以別儀御救被下候、併一統ニは御救不被下、身ヲ寄せ候者も無之候而家内ヲ自分より育ミ候御国中座頭、婺《女》母難儀之もの遂僉儀被下候事
○此節御国中座頭・瞽女難儀之者鳥目を以御救被下人数百五十三人半、丁銭都合九拾弐貫百文、壱人充丁銭六百文充ニ候事
　但、此節町奉行より申出候ハ、米被下候は已後之定例ニも可相成ニ付、鳥目被下可然との赴申出候、尤壱人丁銭六百文と申儀も一向より所無之儀ニ而も無之、壱人ニ付米弐合充之積りニいたし、凡右之通之鳥目員数ニ相成候旨をも申出候事
○外ニ弐拾壱人ハ、仮成ニ渡世覚悟能候付被下ニ不及、町方より一通り□《称》美申付候旨申出候事
（『福岡県史』近世史料編、福岡藩御用帳一、六〇七〜六〇八頁）

天明六年（一七八六）、現石川県。羽咋・鹿島郡の家数、人数、座頭・瞽女人口（『真館諸書物留』二）

天明六年御郡家数人数覚
荻谷先組
一、弐千弐百六拾九軒　百姓家数
一、壱万九百四拾五人　同　人数
［略］
一、七人　座　頭
一、拾四人　こ　せ
［略］
本江跡組
一、千四百弐拾壱軒　百姓家数
一、七千弐百拾壱人　同　人数
［略］
一、七人　座　頭
一、弐人　こ　せ
［略］
酒見組
一、千六百九拾九軒　百姓家数
一、九千百三人　同　人数
［略］
一、拾弐人　こ　せ
一、六人　座　頭

［略］
　今江組
一、九百四拾壱軒　百姓家数
一、五千百三拾八人　同　人数
［略］
一、拾弐人　こ　せ
［略］
　高田先組
一、七百八拾九軒　百姓家数
一、三千七百三拾六人　同　人数
［略］
一、弐人　座　頭
一、五人　こ　せ

（田中喜男『加賀藩被差別部落史研究』二九一～二九四頁）

天明六年（一七八六）、現福岡県。久留米藩法　→宝永五年

（一七〇八）、寛政十年（一七九八）七月十七日
一、同御代、宝永五年、御手伝被蒙仰候節、御家中在町出銀被
　仰付、左之通相見へ申候
［略］
大乗院様御代、天明六年、御手伝之節、御領中出銀、右之通ニ
而七歳已下之者は人別銀被差許、仏説盲目・平家座頭・瞽女・
鉢開坊主・比丘尼并不具病身ニ而所々役介ニ成、取続候飢人同
前之者人別銀被差許、寺社家境内御物成相掛候分は、畝掛銀可
差出、御除地・御寄附地之寺社家御物成不相掛分は畝掛銀被差
除、且真宗社家・山伏家族人別銀先可差除置、尤家来人別銀は
可差出旨、別而被仰付有之候

（『久留米市史』第八巻、資料編、三三五～三三六頁）

天明六年（一七八六）刊。大坂（『素人浄瑠理評判記』上）

しろふと浄瑠理《じやうるり》、元慰《なぐさミ》をたねとして、万のくろとゆすりとぞ、
なれりける、はなてよぶ芸子《げいこ》、みづにひく法師《ほうし》迄も、三味線さ
え持ていれば、あしらわして、いづれかかたらざりける、たよ
りをもいれず、女をなびかし、目の見えぬこぜをも、ほとびさ
せ、たけき猛者《もさ》共の心をなぐさむるは是也

（『素人浄瑠理評判記』四九三頁）

天明七年（一七八七）正月、現茨城県つくばみらい市川崎。川崎村

「（表紙）
天明七年
飢人書上帳
未正月　　川崎村」
覚
一、高四石三斗壱升七合　利八㊞　年五十三
　疝気相煩罷有候

眼病相煩罷有申候　利八女房てう　年五十一
物貫等ニ罷出相稼申候　女子たんしゆう　年廿六
幼年ニ付稼相成不申候　孫女子ふよ　年六ツ
病身者ニて稼相成不申候　男子弥惣　年十九
〆家内五人　内壱人稼相成申候
一、高弐石八斗九升六合　権兵衛㊞　年六十一
疝気相煩罷有申候　権兵衛女房さよ　年五十
眼病相煩罷有申候　聟吉之丞　年廿三
物貫等ニ罷出相稼申候　吉之丞女房さ乃　年十九
右同断
〆家内四人　内弐人稼相成申候
一、高三石九斗壱升四合
老年殊ニ病身者ニて稼相成不申候　善兵衛㊞　年六十九
眼病相煩罷有申候盲人　善兵衛女房くめ　年六十七
物貫等ニ罷出相稼申候　男子孫八　年廿九
〆家内三人　内壱人稼相成申候
［略］
一、高壱石九斗壱升七合
物貫等ニ罷出相稼申候　銀蔵㊞　年四十五

右同断
積ニ相煩稼相成不申候　銀蔵女房るい　年三十五
幼年ニて稼相成不申候　女子いせ　年七ツ
右同断　男子養七　年六ツ
盲人
老年殊ニ眼病相煩稼相成不申候　母つま　年七十五
〆家内五人　内壱〔弐〕人稼相成申候
［略］
一、高弐石壱升八合　孫八女房はる㊞　年四十四
血并眼病相煩稼相成不申候　女子ちん　年十八
物貫等ニ罷出相稼申候　男子孫四郎　年十五
幼年病身者ニて稼相成不申候　伯父善兵衛　年四十九
疝気相煩稼相成不申候
〆家内四人　内壱人稼相成申候
［略］
一、高拾三石三合
物貫等ニ罷出相稼申候　忠左衛門㊞　年六十四
右同断　聟養子惣助　年四十四
眼病相煩稼相成不申候　惣助女房たん　年四十二
物貫等ニ罷出相稼申候　聟養子新助　年廿四
右同断
病身者ニて稼相成不申候　新介女房りき　年廿一
右同断
幼年殊ニ病身者ニて稼相成不申候　惣助女子みよ　年十五

疝気相煩稼相成不申候　忠左衛門弟源蔵　年五十八
〆家内七人　内三《五》人稼相成申候
一、高八石三升六合
眼病相煩稼相成不申候　伝八女房しを㊞　年四十五
物貫等ニ罷出相稼申候　聟養子仙助　年廿七
右同断　仙介女房れん　年廿一
右同断
幼年殊ニ病身者ニて稼相成不申候　伝八男子仁助　年十三
〆家内四人　内弐《三》人稼相成申候
[略]
一、高拾壱石三斗五升三合
老年殊ニ病身ニて稼不相成候　庄左衛門㊞　年七十一
眼病相煩罷有候盲人　庄左衛門女房さん　年六十六
眼病相煩罷有候盲人　女子しの　年四十七
物貫等ニ罷出相稼申候　男子丈助　年四十四
右同断
病身者ニて稼不相成候　女子むめ　年三十七
右同断
幼年ニて稼相成不申候　孫女子もん　年十
〆家内六人　内壱《三》人稼相成申候
[略]
一、高九石六斗弐升九合

眼病相煩罷有候　惣助後家はや㊞　年四十五
物貫等ニ罷出相稼申候　聟養子養七（マヽ）　年廿六
右同断
病身者ニて稼相成不申候　要七女房りん　年廿五
幼年　同人男子幸次郎　年五ツ
〆家人三《四》人　内壱《弐》人稼相成申候
[略]
惣人別四百拾四人
内〆飢人百九拾四人
内五拾五《九拾九》人　当時手足相叶稼相成申候
六拾三人
廿七人
右之飢人共追々御救被成下是迄取続罷有り難有仕合奉存候、猶
又飢人之内ニても病人極困窮之者当時ヶ成ニも稼相成候者相改
メ人別奉書上候、偏御慈悲奉願上候、以上
天明七年未正月　川崎村
百姓代　喜兵衛㊞
同　忠兵衛㊞
組頭　伴　助㊞
同　次郎右衛門㊞
同　武　七㊞
名主　文　内㊞

赤塚伊左衛門様

一、高六石五斗九升弐合
眼病《血煩》相煩稼相成不申候
物貰等ニ罷出相稼申候
〆家内弐人　内壱人相稼申候

六兵衛後家とよ《みわ》　年五十四
悴直《藤》蔵　年廿五

一、高廿四石壱斗七升八合
極困窮
物貰
右同断
幼年ニ付稼相成不申候
幼年ニ付稼不相成候
老年殊ニ眼病相煩罷有申候
〆家内六人　内三人稼相成申候

組頭伴助　年十六
養父庄助　年三十四
庄助女房母ちよ　年三十六
弟庄次郎　年十
弟金蔵　年五ツ
祖母さよ　年六十八

（『茨城県史料』近世社会経済編三、一〇七～一一三頁）

天明七年（一七八七）二月九日、現高知県。土佐藩、「座頭・瞽女上下往来当時被差留事」（『憲章簿』盲人之部）

去年分御国中御損毛、町郷浦共及難儀候ニ付、瞽女・座頭上下として往来当時被差留候旨、御仕置中より申来候条、支配中へ可被示聞候。已上

天明七未年二月九日

安芸権七
尾池弾蔵

（『憲章簿』第五巻、四九九頁）

天明七年（一七八七）三月十日、現高知県仁《に》淀川《よどがわ》町《ちょう》名野川（旧吾川村）。土佐藩名野川

奉願ケ条

［略］

一、瞽女、座頭、送夫之儀、百姓共甚難儀仕候ニ付、郷ふせ之願仕候得共、庄屋中取次致呉不申故迷惑仕候、
付札、本文之ケ条尤ニ候、願之通作配可申付事、

［略］

天明七未年三月十日

北川
森山　百姓共

（『編年百姓一揆史料集成』第六巻、一九〇～一九一頁）

天明七年（一七八七）か、三月二十三日、現高知県。土佐藩、「座頭・瞽女往来留ニ付石地ニ割出米救方之事」（『憲章簿』盲人之部）

覚

一、座頭弐人　下山郷上分住居
但下山郷上下村々申合補方可致候。
一、座頭三人　同郷下分住居
但右同断。

〆

右は御国中御損毛ニ付、瞽女・座頭上下往来御差留被仰付旨、御仕置中より申来り、先達而御触示之通候。然ニ村限り救方被

仰付候而は、数人有之村柄は甚以致難義候故、右ニ相記候通御詮議之上相応賄等被仰付候間、右掛り村々申合を以地石ニ割合出米を以、救方之作配可有、尤右割当之村順ニ廻し救いたし候義、勝手次第ニ候間、無差間作配可有候。已上

矢野川　茂兵衛
中　西　嘉兵衛
坂　本　市　助

未三月廿三日

両郷番頭大庄屋　宛

（『憲章簿』第五巻、四九九～五〇〇頁）

天明七年（一七八七）九月二十二日か、現愛媛県宇和島市。宇和島藩、「盲娘峯寿」溺死（『伊達家御歴代記事』）

［九月］廿二日［略］一、御梶取平左衛門盲娘峯寿吉田ヨリ帰、懸過テ海へ入果ル。船大工町常八と申者抱留ント致、是又海へ入果候由。

（『記録書抜　伊達家御歴代記事』第二巻、一八〇頁）

天明七年（一七八七）、現石川県。羽咋・鹿島郡の家数、人数、座頭・瞽女人口（『石川県鹿島郡誌』）

天明七年御領国江三百貫御下銀就御仰付御郡之草高并五歳より八拾九歳迄之百姓人数等相しらへ申写

［略］

今江組（前ノ中島組）

一、九百四十一軒　百姓家数
一、五千百三十八人　同人数
［略］
一、十二人　ごぜ
［略］

高田先組

一、三千七百三十六人　同人数
一、七百八十九軒　百姓家数
［略］
一、二人　座頭
一、五人　ごぜ

（田中喜男『加賀藩被差別部落史研究』二九七～二九八頁）

天明七年（一七八七）か、現茨城県。水戸藩、座頭・「盲女」へ祝儀（「勘定方記録」）

天明六午ヨリ同八申迄
御収納元払御入用指引目録

御勘定所

［略］

金九両壱分　座頭・盲女
　座頭取次
是は為御祝儀被下

（『茨城県史料』近世政治編一、三八八頁、四〇二頁）

天明八年（一七八八）正月改、寛政十年（一七九八）六月改、現石川県金沢市。「年中行司」として座頭・瞽女へ祝儀

（表紙）
「天明八戊申年正月改
　年中行司
　　　今町　木村屋」

覚書

［略］

一、百五拾文　座頭江　吉凶共布施祝等
一、七拾五文　瞽女江　同断
　　物吉・非人頭
一、百五拾文　かごや三手合江
　　吉凶とも布施祝等
　外ニ三拾文酒代
〆
寛政十年六月改　座頭・瞽女
一、六百文　両座江吉凶共遣ス事ニ定ル
　　使座頭
　　久慈市
〆　常市
　　直ノ市

□作
〆
（『金沢市史』資料編七、近世五、五八〇頁、五八五〜五八六頁）

天明八年（一七八八）四月、現高知県。土佐藩の座頭・瞽女人口（文書名不詳、高知県市民図書館平尾文庫蔵）

郡奉行が前年の風水害のため困窮した者を救済し、困窮者は町分一千七百五十四人のうち、座頭・瞽女が五十七人を占めている。

（松本瑛子「近世社会における座頭・瞽女の考察」五六頁）

天明八年（一七八八）五月十日、十一日、現高知県佐川町。土佐藩佐川領（扈従森勘左衛門芳材『西郡巡見日記』）

［五月］同十日曇。［略］
一、盲女・坐頭壱ヶ年三百斗参り、此送夫ニハ甚迷惑仕候由。
同十一日曇　［略］
一、久喜村庄屋若藤重五衛門申候ハ、盲女・坐頭上下仕候儀、当村など別而迷惑仕候。前々ニハ久喜より森村へ送り候所、去年分に名ノ川百姓共御願仕盲女・坐頭入込候義やまり候故、名ノ川へ不参、大崎村迄送申候。然ニ久喜と大崎之中ニ川御座候。右川船ならてハ渡無御座候。久喜分には舟無之故大崎之船かり申候。右舟賃壱人前拾八文より廿文迄ニ渡し申候。当村之地高八拾六石八斗二升二合之所ニ而家数七拾家御座候。盲女・坐頭一ヶ年三百斗参候。其内大方大崎へ通り申候。二百斗ハ当村壱宿仕候故、猶以迷惑仕候。川留など御座候時分ハ九人も拾人も泊り川明候迄居候故、何日も留事御座候。不泊通候時ハ八文遣し候由、泊候時ハまかない壱人付置候。坐頭壱人ニ送夫一人出し申候事ニ御座候。四分以上ハ伝馬相渡候故、送夫二人入申候。

（『佐川町史』上巻、五二六頁）

天明八年（一七八八）六月一日、現高知県。土佐藩、「座頭・瞽女居扶持式之事」（『憲章簿』盲人之部） →文化十三年（一八一六）、天保十四年（一八四三）

一、紫分壱人　米壱石八斗　銀六拾目
一、打懸壱人　米壱石八斗　銀四拾八匁
一、初心壱人　米壱石八斗　銀三拾目
一、瞽女壱人　米壱石八斗　銀弐拾五匁

右は天明八申年六月朔日より右之通御作配被仰付候事。
但米は本田新田給地寺社領ニ割付、銀ハ百姓諸職人家高ニ割付取立筈。尤銀分地下役詮議を以分限ニ応し甲乙致す筈之事。

一、座頭・瞽女
紫分　送夫壱人 伝馬壱疋　打掛　送夫壱人
初心 瞽女　送夫壱人

（『憲章簿』第五巻、五〇〇頁）

天明八年（一七八八）八月、現山形県東根市。東根村の座頭・瞽女人口

（表紙）
「天明八年　（朱書）「此明細帳本紙壱冊ニ造 御役所江御支配替之度々 御引渡ニ成来候由御座候」
申 八月　西 月 番」
出羽国村山郡東根村差出明細帳　扣

［略］

一、鍛(治脱カ)屋三人　塗師四人　曲物師無御座候
桶屋四人　染屋三人　座頭　五人
大工四人　畳屋二人　ごせ　弐人
山伏壱人　道心弐人　蛭子太夫壱人
神主壱人

［略］

一、当村年(申脱カ)人別弐千五百五人

（『山形県史』資料篇一三、七四七頁、七六三頁、七六七頁）

天明八年（一七八八）九月二十七日、現高知県。土佐藩、「座頭・瞽女居救扶持之事」（『憲章簿』盲人之部）

座頭・瞽女居扶持御作配ニ相成、銀分ハ壱ケ年ニ二度相渡候

様、先達而相触候所、月限無之ニ付作配方差泥候様相聞候。
依之毎年七月十二月渡方作配可有候。
一、太米無之吉米相渡候ニ付、歩合引可相渡抔申村も有之趣相聞候。全以歩合引申儀不相成、舛替を以相渡ス筈。
一、右扶持米月々無間違相渡筈之所、相滞候村も有之趣相聞候。右居扶持御作配之義ハ地下人共為介補と御定被仰付義ニ付、全以等閑ニ不相成筈之所、心得違之至ニ候。畢竟地下役之作配方不宜故之事ニ候。此已後不作配之義於有之ニハ、各曲事被仰付候条、無違背作配可有候。已上

天明八申年九月廿七日

藤坂　太左衛門
正木　庄兵衛
矢ノ川　茂兵衛

（『憲章簿』第五巻、五〇〇〜五〇一頁）

天明九年（一七八九）二月二十四日、現富山県富山市。富山藩、再度「盲女」の取締

一、南新町散地盲女之儀、先年厳敷吟味被仰付候処、近頃目明之女打交人寄之体ニ在之旨相聞得候、丁役人共時々相廻り右体無之様申渡目明之女居候ハヽ早速追出し候様入念可申渡候事

［略］

二月廿四日

（『町吟味所御触留』三二七頁）

寛政年間（一七八九〜一八〇一）成立か。江戸の瞽女（文政十二年［一八二九］刊、滝沢馬琴『廿三番狂歌合附録』）

もらはにや宿へはかへられぬ瞽女寛政年間

橋本町より出たり、願人のやからなり、この瞽女狂女のごとくにして頭髪にふるき煙管をさしたり、実は狂女にあらず、もらはにや宿へは帰られぬといひつゝ、市中をあるきたり、後にいかなる術を得たりけん、その加持おこなはれて、復市中をあるかず、頗優になりしなり、

鬼坊主右に同

としわかき曬斎なり、火傷なる贓癩なる贓、その面のすさまじき事、画る悪鬼のごとし、よりて世の人鬼坊主と呼なしたり、右の瞽女とこの鬼坊主の肖像を版して、にしき絵に出せし事あり、一時衆人の口号となりし事是にてしるべし、

（『廿三番狂歌合附録』一九六〜一九七頁）

寛政元年（一七八九）三月、現愛媛県松山市。松山町の座頭・瞽女人口

（表紙）「寛政元年
酉三月
御巡見使様御尋之節御答書
御宿豊前屋　小左衛門方
但別帳壱冊相整　和田屋」

［略］

一、町中人数高　壱万千五百弐拾八人

［略］

一、座頭・瞽女数　七拾五人

（『松山市史料集』第四巻、八二九～八三〇頁）

寛政元年（一七八九）三月、現熊本県八代市。八代城下の「盲目」・瞽女人口

（表紙）
「御巡見御衆様より御尋事有之候節
御答申上様之覚　酉三月」

［略］

一、御町中男女数五千百七人
男弐千五百六拾八人
女弐千五百弐拾七人
盲目七人
瞽女五人

（『松井家文書御町会所古記之内書抜』上巻、二六八頁、二七一頁）

寛政元年（一七八九）閏六月、現福井県。「大野藩西方領諸色書上覚」

（表紙）
「寛政元年　木下伝右衛門
享和弐歳戌二月写
西方郷中家高覚
大庄屋
己酉閏六月　牧野才治」

［略］

一、座頭・瞽女　高半家半
庄屋共ニ

（『福井県史』資料編、第五巻、六一七頁、六一九頁）

寛政元年（一七八九）十月一日。江戸、年番名主への申渡（「セ本」は『撰要永久録』）

酉十月朔日
喜多村ニ而年番名主江被申渡
申渡
御定式御成、遠御成之節、町屋江差出申間敷分
出家　山伏　瞽女　座頭　髪切　惣髪　羽織着之
女　并突棒　さつ《す（セ）》また　刃物　長髪之男　飛道具
一、髪之かさり目立候物抔は為取可申候
右之類御道筋町屋江罷出申間敷旨、従町御奉行所被仰渡候間、
名主支配限不洩様入念為申聞急度相守可申候
（以下二行セ本にて補う）
「右之通被仰渡奉畏候、為其御請書差上申候、仍如件」
寛政元酉年十月
右之通組合中不洩様申継、一組限請書印形致し、来四日迄喜多

村所江可被差出候、已上
　酉十月朔日

（『江戸町触集成』第八巻、四一五頁［九四八八号］）

寛政元年（一七八九）十月二十七日、現長野県南佐久郡川上村御所平。中ノ条から安永三年（一七七四）十月の浪人、座頭・瞽女などの徘徊など規制する幕府令に関する廻状　→安永三年（一七七四）十月

［幕府令略］
右之通拾八年［ママ、十五年カ］以前辰年［ママ、午カ］、御書付を以被二仰渡一候所、近年又々浪人・旅僧・虚無僧・修験・瞽女・座頭之類、并物貰之もの共、村々江罷越報謝之外、色々祢たりヶ間敷義、申懸候趣相聞不埒之至ニ候、以来右体之義申もの参候ハバ、留置可二訴出一候、若於二相背一者其村方可レ為二越度一候、此廻状早々順達、留村より可二相返一候以上

野村八蔵
　酉十月廿七
中ノ条
御役所

（『川上村誌』資料編、第一巻、御所平林野保護組合文書、上、三〇〇頁）

寛政元年（一七八九）十一月、現長野県伊那市高遠町。内藤長好が高遠領拝領百年祝儀のため、その前年各郷村に調査を命じる（書き下し文）

覚
一、来戌年高遠御拝地百年と成るに付き、来る春迄に祝儀を献上するようお沙汰があった。
［略］
一、座頭・瞽女人数吟味之事
右之通町方入念吟味之上一帳ニ仕立、来ル十二月五日迄ニ可差出候
　酉　十一月

（『高遠町誌』上巻、歴史一、五六五頁）

寛政元年（一七八九）、現新潟県。長岡藩法（金子家文書）

座頭・瞽女は、座本有之支配致候事

（今泉省三「長岡の『ごぜ』について」四頁）

寛政二年（一七九〇）三月、現福岡県。筑前夜那郡、秋月藩、座頭・「盲女」の廻在を許可（「秋月小川眠石秘記」）

一、村々え歌舞妓役者類勧進入込候儀、堅制禁レ可被二申付一候。其外他方之芸者送り者一宿は格別、猥りに数日留置候儀、有レ之間敷候。畢竟右類村中に入込候より、年若者遊惰に相成候儀に付、常々示方可レ有レ之候。勿論御領分之座頭・盲女為二渡世一徘徊之儀は、勝手次第不レ苦候。
［略］

寛政二年庚戌三月
御郡奉行中　　　　宮崎織部
（『福岡県史資料』第九輯、五一〇～五一一頁）

寛政二年（一七九〇）五月三日、現静岡県島田市。浄瑠璃を教授する島田宿の瞽女

翌年五月三日島田宿へ泊り尋ければ、おぎんといへる瞽女の方に同居して居ける由承り、弟子も大勢ひ出来賑々敷稽古有由承り、又此所にて浄瑠璃語りし也、珍敷事故書記し置く也
（『東都一流江戸節根元集』三〇四頁）

寛政二年（一七九〇）七月十日、現石川県金沢市。座頭・瞽女の祝儀銭に関する条

一、こせ・座頭祝義、此度御かね才許役義の義に付、先頃より毎度参り懸合申に付、此度先年之通役儀祝義に付弐貫文に聞届遣す、仍而、以来内輪祝義之義は、たとひ元服婚礼等に而も、やはり七百五拾文是迄之通之約束也、御上たち候役儀、吉事之分斗弐貫文也、両座に而右之段九月廿六日しくん（ママ）市、ひを（ママ）市両人罷越候砌、此方左兵衛応対に而相極申候、其後十月朔日、右両人座頭参り礼に罷越、則不足銭相渡遣申候、仍而御上かゝり申外は、何事に而も七百五拾文也、是迄之通り也。
（『亀田氏旧記』一五二～一五三頁）

寛政三年（一七九一）三月十五日改、現京都府福知山市三和《みわ》町。友渕村の伊勢講番付

伊勢講連中順番覚
一、壱番　六蔵始り
［略］
一、九番　直右衛門
〆
寛政三い三月十五日改、則いの春参宮仕候印
心覚村中之事
一、十弐匁村中こくう代　村番人ニ米壱斗渡ス
一、銀壱両　さかづき代　座頭・こせニ三百六十文
一、三匁　御手代衆　村方惣かう（講）中三十三人
（『三和町史』資料編、一一八頁）

寛政三年（一七九一）三月、現山梨県北杜市白州町白須。白須村、村内夫銭割合に関する出訴の済口証文（当村上組・下組役人夫銭割合に対して出訴があり、相談の上、村内で取計らい方定める）

差上申済口証文之事
［十四ヶ条略］
一、瞽女・座頭、浪人合力之儀組切之積リ之事
［略］
右之通り此度相談を以村内取斗方相定、熟談内済いたし双方

申分無御座候間、是迄差滞候村入用帳品々相調可差上候間、内済之趣御聞済御吟味御免被成下候様仕度奉存候、然上ハ以来前書申定之通、双方無違失相守候様可仕候、依之双方并取扱人連印済口証文差上申処如件

当御代官所
甲州巨摩郡白須村上組
寛政三亥年三月　　名主 願人　忠兵衛
［以下十四名略］

守屋弥惣右衛門様
甲府
御役所

（『白州町誌』資料編、三一三～三一四頁）

寛政三年（一七九一）三月、現神奈川県横浜市港南区。久良岐郡知行地宮下村、祭礼の際に座頭・瞽女の遊芸禁止

（表紙）「天保十三寅年
従　御地頭寛政歳中御改革御趣意教諭
四月日　　久良岐郡 宮下村」
久良岐郡四ヶ村江

［略］

一、祭礼并日待祝等之事
右鎮守祭礼、古来より致来り候分者格別、其外少し之事ニ而茂新規之儀致間敷候、日待祝等之儀無拠義ニ候ハヽ、分限より軽く多分一汁一菜たるへく候、勿論座頭・こせ(瞽女)其外遊芸ケ間敷儀一切無用ニ候事、

［略］

寛政三辛亥年三月
杉浦　周助
佐々木勘左衛門
横田　又左衛門

（『神奈川県史』資料編八、九四頁、九六頁、九八頁）

寛政三年（一七九一）三月、現長野県辰野町。宮所村、文化十四年（一八一七）、小横河（宮所の枝村）、座頭・瞽女の「出入」を願い出る者たちの証文

［端裏書き］「四人之者共瞽女・座頭之証文之写」

差出申一札之事

一、私共家々ハ先祖より瞽女・座頭出入不仕罷在候処、左様ニ候而ハ縁組等之差障りも相成難義仕候、依之村方御役人中江御願申入候、今度右座頭衆江御書付御出被下置御願ニ而、以来出入仕候様ニ相成り、私共一同ニ難有奉存候、以後ニ至り御村方江対しかさつヶ間敷義無之様御随可申候、為後日一札仍而如件之

寛政三辛亥三月　　半右衛門　印

長吉　印

村方　茂吉　印

御役人衆中　長厺　印

此通り之証文小横川伊三郎よりも村方江取置申候

文化十四丁丑年　小横河

伊三郎　印

御役人衆中

（「四人之者共瞽女座頭之証文之写」）

寛政三年（一七九一）四月。幕府、座頭・瞽女同士の結婚に関する意見

寛政三亥年四月

座頭と瞽女と夫婦ニ相成度趣問合

書面、盲人夫婦ニ相成らすと申御触等ハ無之候得共、下賤之者ハ相互ニ介抱も可致筋ニ付、縦得心ニ而夫婦ニ相成度旨申立候共、承届之筋ニハ有之間敷哉と存候

引書　類例秘録

（『徳川禁令考』前集第五巻、一三二〜一三三頁［二七六四号］）

寛政三年（一七九一）七月、現広島県広島市中区。広島町、音曲などの取締に関する触（「堀川町覚書」）

一、小歌・三味線稽古之女子ハ専ら座頭・盲女を師として可相習候、必（畢）竟老人之保養、女子生育之為ニ候へ者逸遊之事と心得申間敷候、尤浄瑠璃・三味線・道行もの・せうでんふし抔と相唱候類者、別而児女子之生立不風俗ニ相移り候事ニも候得者、此類無用たるべく候、琴者殊更雅音ニ候得者素より害ハ無之候得共、上品之物柄ニ候ゆへ、家柄大家之者ニ無之而ハ取扱ひ候儀もいかゝ敷可有之歟、是等ハ難押極メ銘々考可有之

一、婚姻或者重キ祝事之節座頭・盲女を招キ小歌・三味線ニ而軽く賑ハし候程之儀者不苦候得共、是迚も芸者壱人ニ不可過候、且一座之者芸者同様ニ興シ候儀ハ仕間敷候

［略］

七月　用場

町々　御役人中

（『広島県史』近世資料編、第三巻、一〇七三頁）

寛政四年（一七九二）二月二日、現愛知県刈谷市。三河国刈谷新町、「御触状留帳」、瞽女の宿泊

二月二日夕

一、こせ三人　松江　八弥泊り

（『刈谷町庄屋留帳』第六巻、二五八頁）

寛政四年（一七九二）二月、現山口県周南市徳山。徳山藩、「徳山領内惣人数附」（寛政四子歳二月改）→天保五年（一八

三四）二月

豊井保村大嶋粭嶋共　［総人口四八五七人］

一、座頭三人　一、地神経読盲目四人　一、瞽女弐人

［略］

野上庄村　［総人口四九一五人］

一、座頭六人　一、地神経読盲目弐人　一、瞽女五人

［略］

矢地村福川大津共　［総人口五〇九三人］

一、座頭壱人　一、地神経読盲目五人　一、瞽女八人

［略］

大道理村　［総人口一三二九人］

一、座頭壱人　一、地神経読盲目壱人　一、瞽女壱人

（『徳山市史史料』中巻、八二～八四頁）

寛政四年（一七九二）二月、現山口県周南市徳山。徳山藩、「御領内諸町人数書取」　→天保五年（一八三四）二月

都濃郡徳山村之内徳山町

一、男九百人　女八百七拾人

［略］

座頭弐人　但懸り人ニ而家内無之

瞽女壱人

［略］

都濃郡徳山村之内新町六丁

一、男三百六拾三人　女三百六拾三人

［略］

座頭家内男女共拾人

座頭四人　其家内男弐人女四人

瞽女弐人

（『徳山市史史料』中巻、八四～八五頁）

寛政四年（一七九二）か、九月、現岐阜県海津市から長野県飯田市。飯田領から高須領、高須領の竹佐役所から飯田古町村の仙右衛門への状（写）　→寛政五年（一七九三）三月

古町村

仙右衛門

其方儀高須御領分中瞽女共江金拾五両分田地相求、末代迄作徳あたへ申度願之趣共委細申達候処、高須表ニおいて御役人衆一統ニ奇特之事ニ御評議有之、願之通被仰付候、然とも田地之儀干水損之節志不行届年も有之候付、右金拾五両御役所江預り貸付末年迄年々利分金盲女江あたへ候ハヽ、可然旨申来候、其旨可奉承知候、勿論兼而願之通其方より盲女江遣候書付ニ両親法名をも申遣、末代迄盲女とも申継銘［命］日恩謝之拝礼致候様申渡候、盲女ともより其方江右之請書をも可差遣候

右之趣町役人を以盲女共江申渡候

九月　　竹佐御役所

（『飯田瞽女（ごぜ）資料（「原本ハ知久仙右衛門文書」）』。不鮮明な箇所は原田島村「古町の元酒屋瞽女を救う」三七～三八頁の写真による）

寛政四年（一七九二）十月一日、六日、現群馬県高崎市。瞽女「てう」が他郡の瞽女「しな」を養女にすることを高崎町奉行に願い出る

（表紙）
「寛政四子年正月より十二月ニ至
　日　　記
　　　　　　　　」

［略］

［十月一日］

一、らかん町瞽女てう養女ニ、松平左兵衛督様御領分当国群馬郡中大類村与左衛門娘瞽女しな貰引取申度よし願出ル

［略］

六日

一、会所出席江通町文七妻酒井与左衛門様御知行所当国碓氷郡磯部村儀右衛門娘貰引取度願、同町助五郎妻ニ布施孫三郎様御代官所当国群馬郡三ノ倉村文左衛門娘貰引取申度願出ス、らかん町瞽女てう養女ニ松平左兵衛督様御領分当国中大類村与右衛門娘瞽女しな貰引取申度よし願出ス

（『高崎史料集』藩記録（大河内二）、一八一頁、二四八～二四九頁）

寛政四年（一七九二）十二月、現山梨県山梨市三富。上柚木村、座頭・「盲女」の賄いなどを高割り負担とする

御年貢取立其外村定之事

［略］

一、御免勧化并盲女・座頭・御師・山伏・諸奉加村祭入用其外不時御用有之村役人御呼出し賄入用惣高割ニ可致事

［略］

寛政四年子十二月日

山梨郡上柚木村
　名　主　弥　三　郎
　長百姓　明右衛門
［他四十八名略］

（『三富村誌』上巻、七五四～七五五頁）

寛政五年（一七九三）正月、現千葉県船橋市。船橋九日市村の座頭・「盲女」人口

下総国葛飾郡船橋九日市村

［略］

一、惣人数二千百二十人　内男千百五十六人
　　　　　　　　　　　　女九百六十四人

［略］

一、座頭二人

一、盲女二人

（『船橋市史』史料編一、二二八頁、二三三〜二三四頁）

寛政五年（一七九三）正月、現新潟県上越市。高田の瞽女「留雪」へ二貫文の褒美

（表紙）
「寛政元酉年より文化六巳年迄
越後国領分高田町孝行并奇特者行状書
御名　家来」

（貼紙）
「此分ハ町方へ可書出哉」

（下紙）
「越後領分
孝行奇特」

（貼紙）
「寛政元年より文化六年迄孝心之者幕府大目付へ書出」

［略］

越後国頸城郡
高田上紺屋町
瞽女　留雪
寛政五丑年六拾九歳

右瞽女留雪儀至而貧窮之者ニ而御座候処、近年在方より養子娘を貰ひ請当日之上相凌申候、右娘実体之者ニ而朝暮給物等迄艱難之中より心付、亡〔盲〕人を毎朝寺参りニ連、起臥者勿論近所出歩行之節迄少之間も不離介抱仕、尤毎年秋頃在方江三味線渡世ニ罷出候節ハ、則在方姉呼寄留守居ニ差置罷出申候、其外平日之上甚実意之者之由一統ニ噂申候義ニ而、常々神妙之致方ニ御座候

右者寛政六寅年正月、瞽女留雪養女孝行之次第相糺候処相違無御座候ニ付、為褒美鳥目弐貫文相与申候

（『上越市史』資料編四、近世一、一四六頁、一四九頁）

寛政五年（一七九三）三月、現長野県飯田市・岐阜県海津町。飯田古町村の仙右衛門が高須領の瞽女を救う　→寛政四年（一七九二）か、九月

今般私共仲満〔間〕御救被下金拾五両御役所様江御預ケ被成、右利分御役所様より年々仲満〔間〕江配当致候様被成下難有、仲満〔間〕江年々利分頂戴致シ、末代迄配当可仕候、右ニ付御四方様御法名被遣之、右御証〔ママ〕月御銘〔命〕日御備物仕、御恩謝得之御廻向可申上候、仲満〔間〕難儀可仕と御志之趣一統難有奉存候、以上

寛政五年丑三月

高須馬目町彦吉姉　ゆ起　（印）
同蛤町佐七娘　す世　（印）
東小島村円九　後家　（印）
駒ヶ江村政右衛門　妹　（印）
福岡村甚五右衛門　後家　（印）

札野村喜八
母 ㊞

古町村
仙右衛門様

右之通盲女共御救御奇特之御事候、新規盲女仲〔間〕満入之もの江心得違無之様可申渡候、以上

町代
鈴木弥兵衛 ㊞
町庄屋
七郎右衛門 ㊞
東小島村庄屋
八郎右衛門 ㊞
駒ヶ江村庄屋
八左衛門 ㊞
福岡村庄屋
曾左衛門 ㊞
札野村庄屋
太右衛門 ㊞
同村同断
喜惣治 ㊞

（『飯田瞽女（ごぜ）資料［「原本ハ知久仙右衛門文書」］』、『飯田ごぜ、瞽女（ごぜ）資料』。原田島村「古町の元酒屋瞽女を救う」三七〜三八頁に書き下しあり）

寛政五年（一七九三）五月。江戸、孝行者へ褒美（『孝義録』巻之六、武蔵国中）

孝行者　さよ

巣鴨原町なる二町目わたりに野菜の類をうりてかすかに世をわたれる文次なる者あり、其妻をさよといへり、後に丸山の田町にうつりて八年前に夫ハうせぬ、さよは生れつき貞実にして姑によくつかへ、姑は二十年はかりこのかた目みえす十五になれる娘もまた目しゐとなり、男子の亀之助ハ三とせ前になくなりぬ、其年の暮駒込肴町に店かりてすミ、今ハ姑と娘とをのれのミそありける、夫のうせにし後は世ワたるたつきも絶はて、仏にたてまつる樒と線香なとうり、夜ハ人のために賃縫して姑と娘を養ふ、姑の目しゐたる上に老きはまりたれハ、明くれに心をつけ世のいとなミのわひしき中にも姑の心ゆくハかりに養ひけり、近里のものゝいたはりて、いまた年も若けれハ姑と娘をつれて人の家に再ひ嫁し又ハ後の夫をむかへもせは、すきはひもかくはなやましからしなとすゝむるに、母の心のやすからさらん事を恐れ、かつは孝養のかくる事もあらんかととかくいなミてうけひかす、日々に衣食をいとなめともかたわなる娘の行衛おほつかなく、せめてハ手に覚えし事もあらまほしくて、針治按摩の業なとをならハせけり、さよか兄ハ上駒込村清右衛門といひしか、是もきハめて貧しけれハ金銭のたすけもなしかたく、折から野菜物なと贈りけるに、姑のかく目のみえて一つ店かりてすめる人のとかくあつかひきこゆる恵ミをもむくふへき心にて、いさゝかつゝわかち贈りぬ、久しくやもめすミにて、わつかなる世のいとなミの中に姑をめやすくやしなひ、孝心をつくせる事近きわたりにかくれなく、町の役人訴へ出しに町奉

行小田切土佐守きこえあけて、寛政五年五月といふに、さよに銀たまはり姑の命あらんかきりハ老を養ふへき扶持米を給りぬ

（『孝義録』上巻、一四三～一四四頁）

寛政五年（一七九三）九月二十九日、現高知県。土佐藩、「座頭・瞽女扶持取渡御示之事」（『憲章簿』盲人之部）

以廻文申達候。然は座頭・瞽女扶持米并銀渡共、御趣向已来是迄御割付御賦之通村々渡方受取方共、致作配居申儀ニ候。然ニ此節村ニ寄右渡方甚及遅滞、切ニ及催促候得共、其差別不致迷惑ニ相成既ニ役場へ右之趣届出、役場より御詮議被仰付義等有之、地下役御趣意不引受不作配之至ニ候。且座頭・瞽女病死いたし候分、右扶持米月割を以役場へ納出候分も、色々渡向之村へ引合入組候事共有之、納方不埒取扨又死跡新座頭座入御聞届被仰付候節、扶持賦遠近之方角違等ニ相成候ニ付、旁御詮議之上左之通作配方御定被仰付候事。

一、右扶持米并出銀共村々割当之通、中村御蔵へ相縮候様御定被仰付候事。

一、座頭・瞽女江御役場より御渡被遣と御定被仰付候事。

一、座頭・瞽女有之村々ハ、其村々出銀米立用を以為相渡過上有之時ハ、過上分役場へ払出申筈、若又不足ニ相成候時ハ、不足分役場より御渡被仰付筈。

一、座頭・瞽女無之村々ハ前件之通、不残御蔵へ納候事、尤近村ニ座頭・瞽女有之時ハ、是又立用を以渡可被遣候ニ付、右座頭居村之庄屋へ渡り合、右村地下役より私支配座頭ニ相渡候分、居村出米立用之跡分近村之内何村へ立用を以、御渡被仰付度段役場へ員数相記、差出を以可窺出候。役場詮議之上覚書可相渡候間、右覚書見付之上取渡可有事。

右之通座頭・瞽女扶持米并銀渡共、以来ハ村々不残御蔵納と御定被仰付、且前件之達々立用渡之義ハ壱ケ年限ニ其村々役場より覚書相渡置、猶又見改を以村々迷惑ニ不相成様、立用渡等之御詮議被仰付筈ニ候。

一、右之通御極被仰付候ニ付、当年分扶持米并銀渡とも取渡、今十二月迄之分先達而御賦被仰付置候通取遣可被相仕廻候。来寅ノ正月より向々之分ハ前件之通役場より御作配被仰付候ニ付、追々賦状可差出候間、先達而相渡有之賦状、来月十五日限役場へ可被差返候。

右達々各被得其旨、尚支配之座頭・瞽女江も右之旨各より可被申聞候。已上

寛政五丑年九月廿九日　大津義三郎
藤坂太左衛門

（『憲章簿』第五巻、五〇一～五〇二頁）

寛政五年（一七九三）十二月五日、現新潟県新発田市。猿橋村、秘曲伝授の証文二種　→寛政十二年（一八〇〇）

起証文之事

一、兼而、私数年熟望之秘曲御伝授被下難有奉存候。然ル上は
譬立身仕候共、於何国ニも御前様御弟子与（と）相名乗可申候。尤
右之秘曲執心之者御座候而（て）伝候共、礼儀を正し法本を相守御
前様江御窺可申候。
右之条々、於相背ニハ日本大小之神祇、別而妙音十宮神之可蒙
御罰者也依而起請文如件

寛政五丑年十二月五日　　猿橋村
ふみ　右之中指爪印

琵琶野都　座頭之坊様

（書出し、本文共前文と同じにつき略）

寛政十二申年五月十二日　　紺屋町
みと　右之中指爪印

猿橋村　おふみ

（『新発田の民俗』下、五三五頁）

寛政五年（一七九三）十二月、現山梨県南アルプス市駒場。駒場村甲府役所、座頭・瞽女の廻村規制　↓次項

（表紙）
「寛政五年
郡中村々一統掟書并村相談法度書写
丑十二月　　名主　源次右衛門」

［略］

前書之通り取極申候ニ付、御免勧化御添触勧化有之候ハハ、右之趣其向々社僧触頭江被仰聞被下置候様仕度奉存候。瞽女、座頭之類迄茂御年貢御皆済無之内者、廻村不致様其向々座元江被仰付被下置候様奉願上候。以上。

甲府御役所

寛政五丑十二月　　駒場村　源　六
市郎右衛門
外十六名

［略］

（『白根町誌』資料編、一七八～一七九頁）

寛政五年（一七九三）か、十二月、現山梨県南アルプス市（旧白根町）か。座頭・「盲女」の廻村規制　↓前項

前条之通取極候ニ付、御年貢皆済無之内ハ御免勧化・御添触勧化并盲女・座頭之類迄も廻村不致候様ニ其向之社僧、触頭、座頭ぅ等迄被仰聞被下置候様奉願上候御聞済御座候、以上

丑極月

（「諸勧化の扱いに付取極」甲州文庫）

寛政六年（一七九四）二月、現新潟県上越市。榊原領三一二カ

村の家数、座頭・瞽女人口

一、高田御領中
　村数三百拾弐ケ村
[略]
人数四万八千三百五拾弐人
[略]
　座頭　五拾四人
[略]
　瞽女　拾壱人

（『福島県史』第八巻、七七四頁）

寛政六年（一七九四）三月十二日、現福岡県筑後市・八女市の一部。筑後国久留米藩上妻・下妻郡、「盲女」への合力

　寅三月十二日本分参会相談之覚
[略]
一、新庄盲女合力之事
　但、一組拾匁充近日之内新庄へ遣可申事
右之通申談候、以上
　寅三月十三日　松浦嘉右衛門
　　西村吉兵衛
　　竹重寿八

（『久留米藩大庄屋会議録』三七頁、三九頁）

寛政六年（一七九四）四月、現神奈川県南足柄市。組合八カ村、組合村々の倹約申合せに関する請書

（内表紙）
「寛政六甲寅年四月
　村々申合倹約趣法
　　庄内八ケ村組合」
[略]
一、御領分座頭・婠[盲女カ]勧化一切差出シ申間敷候、但シ通例之座頭ハ是迄之通り
[略]
　寛政六甲寅年四月
　　飯沢村
　　名主　太郎兵衛
　　与頭　幸右衛門
　　与頭　辰右衛門
　　百姓代　庄七
　[以下百姓等四十名略]

（『南足柄市史』第二巻、四六四～四六六頁）

寛政六年（一七九四）八月、現石川県・富山県。金沢藩、座頭・瞽女の廻在制限

寛政六年寅八月先格と相違之趣共被仰渡候写

覚

[略]

一、於御郡方ニ諸勧進御停止之儀、度々被仰出も有之候処、近年座頭等在々え相廻り、別て富山・高岡等之目明・瞽女在々え入込、所ニ寄数日逗留いたし不埒之儀も有之体ニ候、往還筋相通り一宿宛仕候儀は格別、以来右体之族無之様急度可申渡候事、

（『藩法集』第六巻、三四八〜三四九頁［一一二九号］）

寛政六年（一七九四）十一月、現長野県下伊那郡喬木村小川。小川村（千村御預所）の村定、座頭・瞽女の賄いなどに関する条

一、瞽女・座頭其外勧化人等奉加之類ハ、節々夫銭帳ニ相記置可申候事

右之分此度相談之上相定夫銭割ニ可致、右之外夫銭割之儀ハ是迄之通り可相心得事

[略]

寛政六寅年十一月

小川村

名主代　弥兵衛　印

長百姓惣代　只右衛門　印

大島惣代兼下平惣代　権左衛門　印

氏乗惣代兼大和知惣代　宇七　印

[略]

一、名主所ニ而寄会等之節賄入用ハ、壱人ニ付一飯四分宛之積、油・蠟燭・炭等其外臨時入用ハ、帳面ニ記置貫割之積

但、瞽女・座頭其外行掛之者無心之喰口ハ本文同断、泊り之節ハ壱人ニ付壱匁宛之積

[略]

寛政六寅年十一月

小川村

名主代　弥兵衛　印

長百姓惣代　只右衛門　印

大島惣代兼下平惣代　権左衛門　印

氏乗惣代兼大和知惣代　宇七　印

（『長野県史』近世史料編、第四巻［二］、七八一〜七八二頁）

寛政六年（一七九四）成立、現大阪市。大坂の芸人名

諸芸《しょげい》諸道《しょどう》名人

［略］

○　瞽女《ごぜ》に　いくゐ　おかめ　おりか
　あさの　おいさ

（『虚実柳巷方言《きょじつさとなまり》』一四一頁）

寛政七年（一七九五）二月五日、現愛知県刈谷市。三河国刈谷新町、「御触状留帳」、瞽女の宿泊

二月五日
当国松江村後女（瞽女）弐人　もと
　きわ
右両人八弥方え宿申付、夕朝白米八合遣シ申候
二月五日

（『刈谷町庄屋留帳』第六巻、四七六頁）

寛政七年（一七九五）三月、現山梨県山梨市小原西。小原《こばら》村西分、座頭・瞽女へ米支給

（表紙）「村鑑明細帳
甲斐国山梨郡
小原村西分」

［略］

定

米弐俵　瞽女
　座頭　一宿賄

（『山梨市史』史料編、近世、二八五頁、二九六頁）

寛政七年（一七九五）四月、現広島県竹原市。安芸古賀茂郡、「下市村・大石人馬御改書付」

覚
寅年分
一、惣人数五千百八人
内

［略］

弐人　盲女　（朱書）「かよ　卯七娘」

（『竹原市史』第四巻、二五一〜二五二頁）

寛政七年（一七九五）四月、現千葉県印西市別所。別所村の瞽女人口

（表紙）「寛政七乙卯年
下総国印旛郡別所村高反別銘細帳
四　月」

［略］

一、村中家数弐拾九軒
　名主壱軒
　本百姓弐拾六軒
　借地弐軒

一、惣人数百拾六人
　男六拾弐人
　女五拾壱人
　出家　弐人
　瞽女　壱人

（『印西町史』史料集、近世編三、三九五頁。榎本正三『女たちと利根川水運』一九一～一九二頁も参照）

寛政七年（一七九五）四月、現千葉県印西市小倉。小倉村の瞽女人口

「（表紙）
寛政七乙卯年
下総国印旛郡小倉村差出明細帳控
四　月
慶応元年御割付　写」

［略］

一、家数合弐拾八軒
　名主　壱軒
　本百姓　弐拾六軒
　道心寮　壱軒

一、惣人数百三拾五人内
　男七拾六人
　女五拾六人
　道心　壱人
　瞽女《ゴゼ》　壱人

（『印西町史』史料集、近世編三、三九九頁、四〇一頁）

寛政七年（一七九五）八月、現広島県世羅町。東神崎、「盲人」仲間入りに関する触　↓文久三年（一八六三）九月

態触遣ス

一、郡中盲人共之内ニハ方角ニ寄片眼或者少シ目姿悪敷候得ハ、仲間入仕置明キ人代りニ入居扶持ヲ取候而目明キ同前ニ駆廻働茂仕候者有之趣ニ相聞、左様之者有之候而者実盲目成ル者居扶持ヲ取候義自ツト年延ニ相成実意ニ不相当不埒之義ニ付、依而已来ハ盲目ニ陥り仲間入仕度者共ハ先村役人共ヱ願出、役人共於手元猶盲目実否得斗相糺候上不都合之分ハ差留メ、相違茂無之分ハ例之通り盲人頭江願出候様仕らせ、其節村々役人共掛引之義茂是迄仕来之通取計可申候
右之趣相心得組合村々江手堅ク申聞せ無間違様取計可申者也

卯八月
　西村多仲
　湯川市右衛門
　割庄屋　五人

（『広島県史』近世資料編、第三巻、一一三〇頁。第四巻、五一六頁［天保十一年十月］にほぼ同文あり）

寛政八年（一七九六）四月十二日、現福岡県筑後市・八女市の一部。筑後国久留米藩上妻・下妻郡、座頭・瞽女の「賄手形」

辰四月十二日福嶋参会相談之覚

[略]

一、諸役人賄手形無之類ハ勘定指除候段、同村甚作方より申聞候事

此儀、盲女・座頭或者人足才領等賄手形ハ何分難行届候間、御奉行様其外諸役人手形取置可申候

（『久留米藩大庄屋会議録』六一～六二頁）

寛政八年（一七九六）四月、現熊本県葦北郡津奈木町。「徳富太多七申渡覚」、座頭・瞽女の宿泊（津奈木手永御惣庄屋徳富家文書）

申渡覚

[略]

一、諸勧進并諸商人・座頭・ごせ、其外物もらひ類入レ不申候ニ付而ハ、旅人宿極置申ニ不及事ニ候へとも、往還筋之儀ニ付、行暮難儀之旅人茂可有之候間、中村・上原村ニ而一夜完廻り宿ハ極置可申事

但、一月又ハ十日請持と極置候而者宿主互ニ馴合、自然と逗留ニ茂相成、不宜事も出来可致候

[略]

右之通申渡度奉伺候、以上

寛政八年正月　徳富太多七

小山門喜　殿　院

原田常之允殿

右遂披見尤ニ存候、其元於会所ニ、村役人共へ被申渡候節ハ日限可被相達候、以上

正月廿八日　芦北御郡代中　小山殿

徳富太多七名当

右之趣被仰渡、奉得其意候、御書附庄屋共手前ニ写取置申候、為其御請印形仕上候、以上

寛政八年四月

（『徳富家文書（二）』三二頁、四一頁）

寛政八年（一七九六）四月、現熊本県葦北郡津奈木町。「徳富太多七内分帳」、座頭・瞽女への不正な配当支給（津奈木手永御惣庄屋徳富家文書）

中村　和右衛門　喜四郎　幾平　林七

太次右衛門　儀平　万七

右七人之者共儀連々難儀之内、兼而座頭交等致候哉、不埒之事ニ候

右者座頭官銀・奉加銭遣候様子ニ付、去十二月及吟味候処、夫々書附被相達置候、右類之儀ニ付而者兼而御達之趣も有之、其上他手永座頭・こせ類村内江入レ不申筈之処、乍聊奉加銭等之申談ニ加り候段不届之至ニ候、規ト御達申上候筈ニ候得共、

右奉加銭も座頭より差返候由ニ付、先此節ハ拙者一存を以、内分取計差免シ候、以来右体不心得之儀於有之ハ被差通間敷候事、以上

辰ノ四月　　徳冨太多七

庄屋代
喜右衛門殿

蔵谷村
八兵衛

右者村方零落ニ付而者兼而種々心を用、少々ハ有付之端も相見江候ニ付、全八兵衛働之段御郡代衆江茂相達、頼母敷存居候処、座頭家元より先年又平親代ニ大恵有之なとの心得を以、御達筋を致忘却候段不心得之事ニ候

蔵谷
又平　　太蔵　　伝左衛門　　源兵衛

右者内縁儀有之由ニ而、掟札面をも相背不埒事ニ候

右者座頭官銀・奉加銭遣候様子ニ付、去十二月及吟味候処、夫々書付被相達置候、右類之儀ニ付而者兼而御達之趣も有之、其上他手永座頭・ごせ類村内へ入レ不申筈之処、乍聊奉加銭等之申談ニ加り候段不届之至ニ候、規ト御達申上候筈ニ候得共、先此節迄ハ別段拙者一存を以、内分取計差免候、以来右体不心得之儀於有之者被差通間敷事、以上

辰四月　　徳冨太多七

庄や
吉助殿

右者蔵谷村之者共、去年他手永座頭官銀奉加いたし候儀ニ付、去十二月吟味之書附被相達置候ニ付、今度以来之儀、夫々別紙を以及達候、然レ処天明七年光明寺本堂建立存立之時分、掛内之者共心得違之儀有之、御吟味被仰付候節之様子、忘却ハ定而有之間敷候処、手前より及吟味候迄不知顔ニ而被押移候段不埒之儀、且旦那寺講寺江之面々茂有之間敷候

庄屋
吉助

庄屋代
喜右衛門

右同断、両懸村々江改兵衛走り廻致世話候段、若年殊ニ当分代役故承付者有之間敷候得共、右座頭不見不知之者ニ而茂無之、兼而応意之様子ニ付、配下之者共手前面目茂有之間敷、以上

辰四月

（『徳冨家文書（二）』二一七～二一八頁）

寛政八年（一七九六）六月、現高知県。土佐藩、「地下成立御趣意条々之事」（『憲章簿』宮掟之部、巻之二下）

一、座頭、瞽女道難儀之旨ニ付、猶又此後作配之事。

（『憲章簿』第一巻、一八四頁）

寛政八年（一七九六）十月十五～十八日、現静岡県牧之原市相良。瞽女の宿泊（「海老江村鈴掛氏寛永八年日記万覚帳」）

一、同〔十月〕十五日　くもりそら、野くろ稲刈ル、金谷こぜ弐人泊り
一、同十六日　卯上刻より雨天、こせ逗留、中西へ日待ニ而勇蔵遣ス
一、同十七日　雨天、尤夜戌中刻より天気成ル
一、同十八日　青天、午下刻よりくもりそら、ごぜ三泊り而此日立つ

（『相良町史』資料編、近世二、九一一頁）

寛政八年（一七九六）頃、現京都府京丹後市栃谷。丹後国熊野郡栃谷村、「孝女花子」の美談（柳亭種秀『雅俗随筆』上巻）

寛政八年丙辰の頃、［花子の母］さよ眼病を患ひ、医療の効もなく、生もつかぬ盲目となり、何業もならず、加之、引つゞきて、杖と頼む［花子の父］三郎助も病に罹り、さんぐ〵煩ひて、同九年丁巳四月、黄泉路の客となりしかば、さよは五十歳に余れるにはか瞽者、継女の花は纔に九歳なれば、世渡るべきたづきもなく、重りたる病難、死喪に物の費おびたゞしく、元来、乏しき家具、衣服をも沽罄《うりつく》し、今は明日の糧の設もなく、母子の貧苦こゝに極りぬ、親族といへども、同じ水飲百姓なれば、其窮を賑はしかね、

（『雅俗随筆』一五六頁）

寛政八年（一七九六）成立。発句

左　瞽女
のそかれておもてふせなり百合花
百合の花のおもてふせなる瞽女か姿　よくうつりしや

（『職人尽発句合』、『日本庶民生活史料集成』第三〇巻、別冊、一五五頁）

寛政九年（一七九七）三月、現長野県飯田市上郷。中条村（飯田藩）、他所者逗留などの改めに関する南中条村五人組頭の請書

一、風来之者ハ勿論諸芸人之分、縦令親類縁者たりとも銘々宅ニ留置候義令停止候間、宿屋江可致逗留候、尤是迄之通り二夜泊以上ハ町下代江届出、十日め相届、日数二十日限りニ而差立可届出候事
但、虚無僧ハ役僧之外旅僧普大寺旅宿ニ逗留日数并旅宿より前後届ケ可為同様候、座頭・瞽女逗留日数ハ御構無之候間、是迄之通り可相心得事

（『長野県史』近世史料編、第四巻［二］、一二五頁）

寛政九年（一七九七）四月十八日、現愛知県刈谷市。三河国刈谷新町、「御触状留帳」、瞽女の宿泊

四月十八日

岡崎ごぜ両人　ふき　そて　宿坊　初弥

（『刈谷町庄屋留帳』第六巻、六八四頁）

寛政九年（一七九七）九月十八日、現高知県。土佐藩、「坐頭瞽女扶持渡方存寄書之事」（『憲章簿』盲人之部）

一、座頭・瞽女居扶持被仰付候節、右扶持米持運地下迷惑ニ不相成様之御詮議を以、村々遠近之所御繰合を以、座頭有之村々ニ而も、他村々へ右扶持米持出シ居村座頭へハ又他村より着払申様、壱ヶ村ヨリ三四ケ所へも仕払仕様相成居申儀ニ御座候。然ニ出入之都合ニ而内々却而取継迷惑仕村も御座候。其上死跡へ新座頭座入御聞届被仰付候節、右扶持米賦遠近之儀大ニ方角違ニ相成居申候。遠近を順宜様ニ賦替申時ハ、惣分を直し不申而ハ賦替相成不申甚混雑仕候。且亦座頭病死仕、右扶持米御役手納ニ相成分数村へ引合、且月割或ハ取過等有之甚入組取立明白ニ不相成、年々相重候而ハ込引之所弥増難相分様相成、御役手納ニ相成候分も跡先引合、壱ヶ年限ニ御算用差引も不相立様成行可申と奉考候。依之向後作配方左之通御定被仰付候ハヽ、取渡之込引仕能ク相分、并郷中村々も取継安クニも相成可申、且死跡へ新座頭座入御聞届被仰付候節、扶持米賦方入組不申様奉存候。

一、右扶持米銀渡共、村々割当之通出銀米中村御蔵納ニ仕候様被仰付度奉存候。座頭・瞽女江渡方ハ御役手より相渡申様、大法を御極被仰付度奉存候。

付リ、其村々座頭・瞽女有之村ハ、其村之分直ニ為相渡、其余不足ニ相成候時ハ、不足分御役手より御渡被仰付、又其村出米ニ而其地下之座頭へ為相渡過上ニ相成候時ハ、過上分御役手へ納申様被仰付度奉存候。右之通大法を御立被仰付候上、極々遠方之村々ハ御蔵納難儀ニ相成候村々は、其村々之見改を以御役手より御渡被仰付、村々之内手寄之村へ立用を以相渡申様、其村々切ニ見替之賦方仕候時ハ、双方宜儀と奉存候。

右之通惣分御蔵納と御定被仰付候而も、村々より右座頭扶持米ニ限、御蔵ニ着払仕候而も無御座、或ハ田役不足飯米等有之村々ハ立用等ニ而於御蔵切分申様、村々庄屋共其時々之考を以、作配仕儀ニ御座候。左候時ハ田役不足飯米当御蔵より在所へ取帰リ申費用も無御座儀と奉存候。拠亦催合方拝借払等之節、一所ニ納方仕候得は、格段ニ人役之費も無御座候。

一、右扶持米御郡中村々割付帳面ニ而見合申時は、郷立之所或ハ大村等ハ余計之米高ニ付、御蔵納ニ相成候時ハ迷惑ニも可相成様相見申候得共、郷立大村ニハ必定座頭・瞽女御座候ニ付、其所之座頭・瞽女江賦替候。前件ニ申上候通過不足之所迄御役手へ引合申様相成申ニ付、余計之取継ニハ相成不申様奉存候。其余小村々之儀ハ御蔵納ニ相成候而も、遠方数ヶ村へ少々允付払仕よりハ、都而御蔵納方別而迷惑之筋も無御座様奉存候。勿論只今作配懸リ之通ニ而も又右存寄之通被仰付候而も、兎角村々無手残十分ニ得手宜義ハ出来不仕義と奉存候。左候時は右達々存寄申上候通御定被仰付候ハヽ、作配方入組不申、死失新ニ座入之扶持米月割諸差引算用明白ニ相立混雑不仕、扨亦村々之儀も数ヶ所へ引合不申、却而安かりニも相成可申と奉存候。
右達々宜御詮議被仰付度奉存候。已上

寛政五丑年九年　三　丞

御郡方

一、幡多郡中座頭・瞽女共へ居扶持米上ハ銀共、村々より取立賦状を以手寄之村ヨリ座頭・瞽女ニ相渡、其余不足ニ相成分ハ御郡方へ取立置相渡申候。然ニ爾来之通作配仕候而ハ、座頭・瞽女死跡新入等有之節混雑仕候而、間違之程難斗奉存候ニ付、向後中村御蔵へ上納為仕銘々へ相渡申度奉存候。且村々手寄之座頭・瞽女自分相対を以取渡之儀勝手次第ニ被仰付度、尤去ル丑年御郡下代三丞より右達々申上、御聞済ニ相成候得共、尚又右之趣御詮議可被仰付候。已上

寛政九巳年九月

御　郡　本　〆　方

一、此度幡多郡中座頭・瞽女居扶持出銀米共、別紙存寄右之通御詮議相済候間、各支配より中村御蔵江上納之作配可有候。出銀分御郡本〆方ニ御定月之通可被相納候。且上納銀米ハ先達而相渡有之賦状之通上納可有候。尤座頭・瞽女村々より直々相渡分、座頭・瞽女より受取手形為致当役場へ可被差出候。尚又御支配座頭・瞽女へも右之趣可被申聞候。已上

寛政九巳年九月十八日

御　郡　本　〆　方

（『憲章簿』第五巻、五〇二～五〇三頁）

寛政九年（一七九七）成立、現長崎県長崎市上西山町。長崎の諏訪神社における「籠り講」

一、同［二月］廿九日の夜は座頭《ざとう》・瞽女《こせ》のともから籠り講とて、諏方［訪］社の拝殿《はいてん》に取あつまり、通宵《つうせう》三味線をひき琴《こと》を弾《たん》して神前に手向《たむ》く、よつて市中の老若男女此道をたしなむものはおの〱酒肴を携《たつさ》へ来りて是を聞又逸興《いつきやう》ある事なり。
但、年々正五九月にありといふ。

（『長崎歳時記』七七六頁）

寛政十年（一七九八）か、二月、現熊本県。熊本藩法

一、其村之人畜ニて無高者日雇稼等ニて居候類、座頭、盲女之類、地子借ニて居候分ハ竈改ニ稜を立候儀成兼可申、此類ハ右別冊入組書ニて引合、小前帳軒数を払、何助居屋敷畝之内地方借といたし可申哉、又ハ此類本地主竈改帳前ニ小前帳之表稜々付札ニて払を立可申哉之事
（付札）「此両端之趣相尋候処、前之稜可然由申聞有之候事」

午二月　下田・原田承り

（『藩法集』第七巻、八三頁［一〇一号］）

寛政十年（一七九八）三月、現愛知県豊明市。中島村（『改格仕方帳』）

簡略仕方ヶ条

一、瞽女・座頭泊壱人ニ付壱升、昼支度壱人ニ付四合宛ニ相定候事

（『豊明市史』資料編一、三六〜三七頁）

［略］

寛政十年（一七九八）七月十七日、現福岡県。久留米藩法 ↓

天明六年（一七八六）

一、仏説、盲目、平家座頭、瞽女、鉢開坊主、比丘尼、人別銀被差許候事

（『藩法集』第一一巻、一〇四二頁［二九六〇号］）

寛政十年（一七九八）十月二十八日、現高知県。土佐藩、「座頭扶持郷士領知へ割掛御詮議中可差扣事」（『憲章簿』**盲人之部**）

以廻文申達候。然は郷士領知へ座頭・瞽女扶持割掛候村も有之候得共、先其義詮議中ニ相成候間、可被指扣候。若右割方有之村は不足ニも相成可申ニ付、毛付其分ハ割付取立御作配可有候。已上

寛政十午年十月廿八日　　岩本　儀平次

（『憲章簿』第五巻、五〇三〜五〇四頁）

寛政十一年（一七九九）正月、現山梨県韮崎市穂坂町三ツ沢。三ツ沢村の村議定

定書之事

一、当未名主役之儀、平右衛門順番ニ御座候処、去午三月病死仕候ニ付、悴平右衛門若年ニ而、御用向之儀無覚束被存、当時名主役引請致兼猶又外同役ニ而茂困窮之者共ニ御座候得ハ、無是非仲間一同相談ヲ以相定候処ハ、四人ニ而三十日替り仕、尚又日数過不足之処ハ、日数割を以不依何事六ヶ敷義出来仕候ハヽ、村役人一同相談ヲ以取計候積り相定メ申候。

一、名主給之儀　　四ッ割

一、油代　　右同断

一、勘定賄其節賄ニ而定メ候積り

一、御師・ごぜ・賄代其節時々賄之積り

一、名主名前之儀、右日数之積り

表済兼候ハヽ其節相談仕候積り

右之通相談仕候上ハ、決而違背仕間数候、為後日取定一札、仍而如件。

寛政十一未年正月　　巨摩郡三ッ沢村

長百姓　銀次郎㊞

庄　八㊞

兵左衛門㊞

金右衛門㊞

平右衛門㊞

百姓代　波右衛門㊞

（『韮崎市誌』資料編、二四〇頁）

寛政十一年（一七九九）二月二十六日。江戸、乞胸頭仁太夫の報告書（『政要拾遺』）

乞胸の事

乍恐以書付申上候、

［略］

一、町御会所御救米銭、乞胸共儀は、宮地明地等え罷出、物読、説経、浄瑠理、物真似、辻放下等家業仕、老年之もの幼年之もの等妻子其外病身ニて渡世相成兼候もの共、往還道端ニ居り、往来人より物貰ひ致し、中ニは俄盲瞽女都て難病相煩、営出来不申ものども、是又往還道端ニ居り、夫々病気を申立、致物貰候故、浅草溜善七差配を受来候由、依之乞胸之儀ハ、御救願、町方より御願難申旨、乞胸頭仁太夫並小頭の乞胸之者中え兼て申聞置、此段七年以前十一月十一日町御会所え申上候処、御聞被為置候ニ付、是迄乞胸之もの御救願不仕候、右之外、乞胸頭仁太夫より別紙書付を以申上候通ニ御坐候、

右御尋ニ付申上候以上、

寛政十一年二月廿六日　下谷山崎町

御番所　名主　藤七

（石井良助『江戸の賤民』二八〜二九頁）

寛政十一年（一七九九）五月、現埼玉県行田市（出典不詳）

寛政十一年（一七九九）五月の政令は、その代表的なものであった。即ち神事祭礼に托して角力・芝居・手踊等を博打《ばくち》同様に禁止した。また踊りや遊芸を固く禁じ、三味線を引いて来る瞽女《ごぜ》の宿泊を厳禁した。

（『行田市史』下巻、三二三頁）

寛政十一年（一七九九）五月、現山梨県笛吹市八代町岡。甲斐国八代郡岡村（総人口二九一人）

一、甲金弐分　こセ・座頭扶持

（『村明細帳』八代郡編、一五八頁）

寛政十一年（一七九九）七月、現東京都福生市。福生村の瞽女人口

（表紙）「村方様子銘細書上帳　寛政十壱年未ノ七月日」

多摩郡福生村

［略］

一、家数弐百三十弐軒

人別八百三十壱人内　男四百三十弐人　女三百九十九人　馬三十三疋　牛無御座候
いしや　壱人
修験　壱人
瞽女　壱人

（『福生市史』資料編、近世一、五三頁、五六頁）

寛政十一年（一七九九）十一月。江戸、西国筋郡代羽倉権九郎（豊前、豊後、日向、肥前、肥後、筑前の天領を管轄）の伺（「西国筋村々取計方伺」）

一、虚無僧、瞽女、座頭之類、私御代官所内にて合力を乞志次第米銭等差遣候ても不足之由を申、其上之儀断申聞候而も不二聞入一、強而ねたりケ間敷申レ之農業渡世之妨にも相成手に余り候段訴出候はゝ、私手代足軽差遣し為二召捕一品に寄揚り店等江も差遣吟味之趣申上候様可レ仕候哉。

御付紙

書面伺之通たるへく候。

右は西国筋公事出入取計方之内江書ケ条も一同認、去る丑年十月中根岸肥前守殿公事方御勤役中伺書差上候処、其後御沙汰無レ之候付差懸候儀ケ条書抜、猶又奉レ伺候、御下知御座候様仕度奉レ存候。以上

寛政十一年未年十一月　羽倉権九郎 印

（『近世地方経済史料』第八巻、五〇三頁）

寛政十一年（一七九九）、現新潟県。高田藩榊原氏、座頭・瞽女への配当

（表紙）
「勘定方極秘書」

い　諸役御充飼并御取計共

［略］

一、金五両弐分　鼓女 座頭配当金
内　壱両ツ、 壱両弐分　三・五・七・九 十二月　御町方手代証文取

（『新潟県史』資料編六、二〇九頁、二二三頁）

寛政十二年（一八〇〇）五月十二日、現新潟県新発田市。猿橋村、秘曲伝授の証文二種　→寛政五年（一七九三）十二月五日

寛政十二年（一八〇〇）、現島根県。大原郡の座頭・瞽女人口

爰に寛政十二年大原郡宗門御改目録一冊がある、是によれば本郡における寛政十二年の総人口は二万四千八百四十四人で、内男一万三千三十三人、女一万千八百十一人である、之を職業別にすれば左の如し。

出家　九十九人
社家　六十人

山　伏　　七人
医　者　　五十七人
百　姓　二万四千四百九十九人
　（町人諸職人共）
道心禅門　八十一人
比丘尼　二十六人
座　頭　八人
瞽　女　七人

（中林季高「大原郡人口の変遷」九頁）

享和元年（一八〇一）三月十一日、現愛知県豊明市。中島村、瞽女の宿泊

「（表紙）享和元年
立合大割帳
　酉十一月　　中嶋分」

［略］

一、弐升　三月十一日知多郡こせ弐人泊り　○藤九郎

（『豊明市史』資料編一、八四～八五頁）

享和元年（一八〇一）三月、現高知県。土佐藩、座頭・瞽女の入門・任官の祝儀に関する規定

覚

一、座頭給之儀、座頭・瞽女共一ヶ年一人より九十文銭壱匁宛取立、座番二人爾来之通配分可致事。
一、初心より衆分官相望、官相済告文下着之上披露之節座番、派家頭、師匠、九十文銭八文宛為祝儀可受事。
一、打掛より衣分官致候節も右同断たるべき事。
一、初心より打掛官相望、官相済告文下り披露之節、右四人共九十文銭四匁宛之祝儀可受事。
一、衣分［衆カ］官致候者披露之節、打掛へ為祝儀壱人へ九十文銭弐匁宛可遣候事。
一、座頭、瞽女仲間入致候節、九十文銭八文以下たとへ些少之義たり共志次第其身之分相応之祝儀可致事。
一、無官は師匠致病死候て、又師匠取致候はは師匠には九十文銭二匁宛祝儀可致、座番、派家頭は右祝儀に不及事。
一、瞽女之儀右同断、且又五十歳過候て師匠致病死候はは師匠取に不及、古来之通派家頭くるめたるべき事。
右は座頭共官致候節、祝儀等之儀時々之座番考を以員数増致し、平座頭共及迷惑混雑之筋も有之趣相聞候に付、此度御詮議之上右之通被仰付候条、以来右箇条堅可相守者也。

享和元年酉三月

（平尾道雄『近世社会史考』五四～五五頁）

享和元年（一八〇一）四月九日、現高知県。土佐藩、「座頭・瞽女ヨリ座番へ祝義等之事」（『憲章簿』盲人之部）

覚

一、座番給之義座頭・瞽女共、壱ケ年ニ壱人より九拾文銭壱匁宛取立、座番弐人爾来之通配分可致事。

但幡多郡ニおゐては座番壱人相備候ニ付、右割合壱人ニ付九拾文銭五分允取立可致所務事。

[略]

一、座頭・瞽女仲間入いたし候節、八匁以下たとへ些少之義たリ共、志シ次第其身分相応之祝儀可致事。

但爾来本文之通ニ候処、瀧ノ都座番之節より九拾文銭八匁と相立、又継都城直座番之節より八拾文銭拾匁と相立候由ニ候得共、以来ハ本文之通たるべき事。

[略]

一、瞽女之儀右同断、且又五十歳過候而師匠病死いたし候ハヽ、師匠取ニ不及古来之通派家頭くるめたるへき事。

但前方ハ師匠致病死候而も、五十歳過候得ハ師匠取ニ不及、派家頭くるめニ候所、継都城直座番之節より五十歳過候而も師匠取致候由ニ候得共、已来本文之通可為事。

右は座番共致官候節、祝義等之儀時々座番考を以員数増いたし、平座頭共及迷惑混雑之筋も有之趣相聞候ニ付、此度御詮議之上右之通御定被仰付候条、已来右ケ条堅可相守者也。

酉 四 月

別紙之通御町方より申来候条、支配之座頭・瞽女へ已来相心得候様可被示聞候。已上

享和元酉年四月九日

川田 惣五郎

森田 三 次

宮崎 竹 助

（『憲章簿』第五巻、五〇四～五〇五頁）

享和元年（一八〇一）四月、現高知県。土佐藩、「瞽女座頭座番へ祝儀御示之事」（『憲章簿』盲人之部）

一、座頭給之儀、座頭・瞽女共壱ケ年壱人より九拾文銭壱匁允取立、座番弐人爾来之通可致配分事。

但幡多郡ニおゐては座番壱人相備リ候ニ付、右割合壱人より九拾文銭五分允取立可致所務事。

[略]

一、座頭・瞽女致仲間入候節、八匁已下仮令些少之儀たリ共、志次第其身之分相応之祝義可致事。

但爾来本文之通ニ候処、瀧ノ都座番之節ヨリ九拾文銭八匁と相定、又継都城直座番之節より八拾文銭拾匁と相定候由ニ候得共、以来ハ本文之通可為事。

一、無官者師匠致病死候而、又師匠取致候ハヽ、師家へは弐匁允可致祝儀、座番派家頭ハ右祝儀ニ不及事。

但本文祝儀古来弐匁允ニ而候処、継都城直座番之節より四匁と相定候由ニ候得共、以来ハ本文之通可為事。

一、瞽女之儀右同断、且又五拾歳過候而師匠病死致候得は、師

匠取ニ不及、古来之通派家頭くるめたるへく事。

但前方ハ師匠致病死候而も、五拾歳過候得は師匠取ニ不及、派家頭くるめ来候処、継都城直座番之節より五拾歳過候而も師匠取為致候由ニ候得共、以来ハ可為本文之通事。

右は座頭共官致候節祝儀等之儀、時々之座番考を以員数増いたし、平座頭共及迷惑ニ混雑之筋も有之趣ニ相聞候ニ付、此度御詮議之上右之通御定被仰付候条、以来右ケ条堅可相守者也。

享和元酉年四月

（『憲章簿』第五巻、五一一〜五一二頁）

享和元年（一八〇一）五月十九日、現大分県中津市。姫路町新魚町の瞽女の追払解除

（表紙）
「寛政十三年
改元享和　二月十三日ヨリ
惣　町　大　帳
酉正月吉日　」

［略］

［五月］十九日

［略］

従江戸飛脚到来

御前様、就御妊娠、先月廿六日、日柄能被遊、御着帯御袖留候之旨申来、恐悦之御事候、右為可申知如是候、以上

五月十九日

右御祝儀、来ル廿二日御帳付申候

右之通被仰出候間、御支配方江可被相触候、已上

酉五月十九日　同役中　麻上下着用御祝儀罷出候
同格四人

十九日

一、是迄・追払・町払、徘徊御免之者共人頭書上候様被仰付候

覚

［略］

寛政八年辰二月　新魚町瞽女

一、追払　立帰りニ付　栄寿

（『惣町大帳』後編第一輯、一頁、三二頁、三四頁）

享和元年（一八〇一）八月、現愛知県豊明市。中島村、瞽女の宿泊

（表紙）
「享和元年
立合大割帳
酉十一月　中嶋分」

［略］

一、弐升　八月十七日こせ弐人泊り　〇藤九郎

一、三升　同九日三人泊り　○同　人
一、三升　同十日三人泊り　○同　人
一、三升　同廿日三人泊り　○同　人
一、弐升　同廿一日弐人泊り　○同　人
一、弐升　同廿三日弐人泊り　○同　人
一、弐升　同廿四日弐人泊り　○同　人

（『豊明市史』資料編一、八四頁、八八頁）

享和元年（一八〇一）九月、現石川県野々市町。十村の勤方に関する書上

（表紙）
「享和元年
　酉
　九月
御扶持人十村本役自身可相勤品書記申帳
　　　　　　　　　　　　石川郡」

自身可相勤品々

［略］

一、葽女・座頭・穢多・藤内等困窮之節ハ詮儀仕、御貸米願上申候、

［略］

右之通当年改、御改作所江茂書上申候間、組々江写取、右ケ条之通能会得可仕候、尤手代中者猶更致会得、月次ニ可入ケ条可有之候間、能々心得候様入念可申談候事、

享和元年九月

田井村　次郎吉
田中村　三右衛門
福留村　六郎右衛門
相合谷村　五郎左衛門
白山村　太兵衛
鶴来村　吉蔵
渕上村　源五郎
野々市村　孫之丞

（『野々市町史』資料編二、一三七頁、一三九頁、一四一頁）

享和元年（一八〇一）十一月。現三重県四日市市。四日市町の座頭・瞽女人口

（表紙）
「享和元年
　酉十一月
勢州三重郡四日市町諸色明細帳
　　　　　　　　　　　　」

［略］

人数六千四百四拾四人　内 三千百八拾五人 男 / 三千弐百三拾人 女 / 弐拾九人 僧

［略］

一、瞽女・座頭拾弐人　内 拾壱人 座頭 / 壱人 瞽女

（『四日市市史』第八巻、九七～九八頁）

享和二年～文化六年（一八〇二～〇九）刊。江戸、現愛知県名古屋市熱田区宮宿の条（十返舎一九『東海道中膝栗毛』四編下）

「だんながた、いたしましよかいな　弥次「サアやらかしてくんなせへ　トこれより弥次郎あんまにもませる。このうちとなりざしきにとまり合せしごぜふたりが、なぐさみに三みせんを出し、いせおんどをうたふこへする。うた「はなもうつろふあだ人の、うはきも恋《こひ》といはしろの、むすびふくさのときほどき　ハリサコリヤサ　よい〳〵〳〵よいとなア、ツテチレ〳〵　北八「イヤこいつい ゝこへだ。ナントあんまさん、わしはおどりが上手《じやうず》だ。おめへ目が見へると、あのうたでひとつおどつてみせてへもんだがなア　あんま「わしもすきだがなア、おどらつせるおとをきかアず。ひとつやらつしやらまいか。　北八「やるはやろうが、ほめてもらはにやアはりやいがねへから、こうしやせう。わしがおどりしまつた所で、おめへのつむりをちよいとなでよふから、それをきつかけに、やんややアとほめてくんな。よしか〳〵。ソレおどるぞ。となりのうた「とけぬおもひはふたつ箱《ばこ》みつよついつもとまり舟、それがくがいのゆきちがひ。ハリサコリヤサ　ト三味せんにあはせて北八手をたゝきをどるまねをして　北八「よい〳〵〳〵よいやさア　トおどりしまい、ざとうのあたまをちよいとあしにてなでると、あんま「ヤンヤアゐらいゝゝ。ハ、、、、　北八「なんとおもしろかろふ。もひとつやろふか　又となりのうた「さす手ひく手にわしやどこまでも、浪《なみ》のうきねの梶《かぢ》まくら　北八「よい〳〵〳〵よいやなア　ト又あしにてざとうのあたまをなでる　あんま「ヤンヤ〳〵　北八「ハ、、、、、おもしろへ〳〵　ト此うちやどのおなん「おゆにおめしなされませ　北八「弥次さんもふしめへか。しめへなら湯にいりなせへ。あんまさんが、おどりをほめてくれたかはりに、是からわつちももんでもらをふ　弥次「ドレそんならはいつてこよふ　ト弥次郎はゆに入に行、あとにてあんまは、北八をもみにかゝり　あんま「ときに旦那《だんな》がたは、ちと当宿《とうしゆく》のおつるでもおよびなされ　北八「イヤそれよりかア、となりの三味《しやみ》はこゝの娘《むすめ》か、何人だの　あんま「あれは二三日まへから、こゝの内にとまつてゐる、瞽女《ごぜ》でおますが、よいこへだなもし。しかしまんだ、わしがじんくを、旦那がたへきかせたい　北八「コリヤよかろふ。やらかしねへ　あんま「そのかはり、わしもほめてがなけらにや、はりあいがない。うたひしまつたら、だんなほめて下さるかな　北八「ヲツトしやうち〳〵　あんま「ドレやりからかさふ　ト北八がつむりをもみながら、ひやうしをとりてあたまをぴしやく〳〵　あんま「ジヤヾジヤン〳〵、ヱ、、、、よふたよた〳〵五しやくの酒に、壱合のんだらさままたよかろ　トうたひさして北八

がみゝのなかへぐっとゆびをつつこみこいつがさいぜん、われらがあたまをあしげにひろいだはつつけやろうめ。かつたいやろうめ。うぬがよなやろうは、ろくではゆくまい。あげくのはてには、くびでもつるじやろトいゝさして、耳のあなよりゆびをぬけば、みゝはポンとなる あんま「やとさのせ〱北八みゝのあなをふさがれて、うぬがことを、わるくいはれたをもしらず 北八「ヤンヤ〱 あんま「ジヤヾジヤン〱トひやうしにかゝつて、きた八があたまをびしや〱とたゝく。北八かほをしかめて「おもしろへ〱 あんま「もひとつやろかいな 北八「イヤもふ御めんだ。あたまがたまらぬ あんま「ハ、、、ゐろふおもしろかつた此内弥次郎、ふろよりあがり、このよふすをちらと見て 弥次「おしやう、もつとやらかしねへ 北八「イヤおいらはもふ、湯《ゆ》にはいつてこよふ。あんまさんもふいゝによトいゝすてゝふろばへ行、あんまはいとまごひしてかへると、うちの女、とこをとりに来り、ふとんをしきてかつてへ行。弥次郎ははや、そのまゝねかける。此内北八もふろばよりかへりて「ヲヤ弥次さんもふねかけたの。ときにおめへ、となりざしきのしろものをみたか。とんだうつくしい瞽女《ごぜ》だ 弥次「ごぜなら目があるめへ 北八「目はねへがまんざらじやアねへ。今湯からあがつてくるとき、ひとりのごぜめが、手水場《てうづば》にまごついてゐたから、小あたりにあたつておいた。なか〱やぼでねへしろ物よ 弥次「ドレ〱トはひおきてのり出し、ふすまの間からさしのぞき「ハ、アうしろすがたはなか〱いきなふうぞくだ。コリヤアこのまゝではおかれぬはへ 北八「イヤそふはならぬトいゝつゝ、よぎを引かぶり、心のうちには、おのれ今にはひかけてやろうと、わざとねるふりにて、よこになるとじきにそらいびきをかく。此内となりざしきもひそまり、ふたりのごぜもねたよふす、夜もしん〱とふけわたり、後夜のかね「ゴヲン〱弥次郎、そつとおきあがり見れば、きた八はほんとうにねいりしよふす。してやつたりと、そろ〱はひかけ、ふすまをそつとあけて、となりざしきへはいり見れば、ごぜふたりはぜんごもしらずねいりばな、弥次郎ごぜのふとことへ、はいらんとせしに、さすがは目のみへぬものとて、用心きびしく、ふろしきづゝみを、両手にしつかりかゝへてねているゆへ、これがじやまになりて、はいりにくゝ、弥次郎そろ〱此ふろしきづゝみをとりのけよふとすると、ごぜめをさまし、かた手につゝみをかゝへ、かた手にて弥次郎が手をぐつととらへて ごぜ「ぬす人よ〱。おやどのしゆ〱トわめきちらされ、弥次郎は、あてがちがひ、じゆばんひとつのこのなりを、見つけられてはごうさらしと、ごぜが手をたゝきはなして、そう〱にこなたのざしきへかへり、よぎをかぶり、そしらぬふりしてねている。北八はとくより目をさまし、くつ〱とわらつてゐると、此うち、かつ手より、ていしゆかけつけて「ごぜさまどふさつせへました ごぜ「わしが此かゝへてゐるつゝみを、いんまだれやらとろふとしおりました。雨戸《あまど》でもあいてあるか、見てくれなされ ていしゆ「イヤどこもあいてはゐおりませぬ ごぜ「それでもいんまの盗人《ぬすびと》は、どこから来おりましたらうな ていしゆ「ハ、アふすまがあいてある。モシ〱おとなりのおきやくさまがた。およつてござらつせるか 弥次「ア、ウ、ムニヤ〱 ていしゆ「ハ、アこゝにおちてあるはなんじや。イヤふんどしじやそふな。モシおきやくさまがた、これはあなたがたのではおざりませんかト大きなこへするに、弥次郎はつとおもひ、そつとあたまをあげて見れば、わがふんどしが、ごぜのまくらもとから、しきゐごしに、わがまくらもとまで、ながくなつておちているゆへ、おかしさもおかしく、さすがおれがのだともいわれず、もじ〱していると、きた八わざといぢわるくおきあがり「なんだへそう〲しい。ふんどしがおちてあるとは、ドレ〱、それか。コリヤア弥次さん、おめへのふんどしじやアねへか 弥次「ヱ、なさけないことをぬかしやアがる　トきた八がよぎのそでをひく。ていしゅもさてはとしやうちして、こゝろのうちにおかしく思ひながら「イヤもふ旅《たび》の事でおざりますから、おたがひにお気をつけて、御用心なさるがよい。ごぜさまもふお休なされ　ごぜ「きみがわるくてねつかれませぬ。よふしめていつて下さりませ　ていしゅ「さやうなら　トそこらをたてまはして出て行。弥次郎そつと手をのばして、ふんどしをたぐりよせる。きた八おかしく、ふきいだしながら

瞽女《ごぜ》どのにおもひこみしは是もまた戀《こひ》に目のなき人にこそあれ

（『東海道中膝栗毛』二二〇～二二四頁）

享和二年（一八〇二）正月二十三日、現愛知県刈谷市。三河国刈谷新町、「御触状留帳」、瞽女の宿泊

ごぜ　松口〔江カ〕村　もと
　　　　　　　　　　きせ　三人　但壱人前四合ツ、遣候
　　　　　　　　　　きそ

右は正月廿三日初弥方え宿申付候

（『刈谷町庄屋留帳』第七巻、四五九頁）

享和二年（一八〇二）二月十二日、現愛知県刈谷市。三河国刈谷新町、「御触状留帳」、瞽女の宿泊

ごぜ　大府村　その
　　　　　　　ぬよ
　　　　　　　りせ

二月十二日宿初弥方申付候

（『刈谷町庄屋留帳』第七巻、四六三頁）

享和二年（一八〇二）三月二十七日、現愛知県刈谷市。三河国刈谷新町、「御触状留帳」、瞽女の宿泊

ごぜ　尾州大野隣北かす谷村　ふき
　　　　　　　　　　　　　とわ

三月廿七日

初弥方へ申付候、尤飯料銭ニて願候ニ付、米八合分七十文遣ス

（『刈谷町庄屋留帳』第七巻、四六九～四七〇頁）

享和三年（一八〇三）七月十九日、現福岡県筑後市・八女市の一部。筑後国久留米藩上妻・下妻郡、水田「盲女」の三味線代

七月十九日江口参会相談之覚

［略］

一、水田盲女極々差支候ニ付、中折地より三味線代合力相談之事

此義無拠趣ニ付、一組三十目充当冬迄之内合力可致候

右之通申談候、以上

亥七月廿日

（『久留米藩大庄屋会議録』九八～一〇〇頁）

享和三年（一八〇三）八月、現千葉県印西市別所。別所地蔵寺、瞽女が奉納した手水石に刻まれた文字

（右側面）

惣深村　香取平左エ門
発作村　越川　五平治
木下宿　吉岡七良左エ門
常州鹿島　瞽女　ヒテ
布鎌押付　瞽女　キ井

（正面）

御宝前

（左側面）

布鎌惣村々
　世話人　與兵衛
　同　弥兵衛
　同　六兵衛
龍腹寺村
宝　田　村

（裏面）

願以此功徳　普及於一切
我等与衆生　皆共成仏道
　享和三癸亥歳仲秋吉日
　当村　願主　瞽女キヨ
　　若者中

（榎本正三『女たちと利根川水運』一八五～一八六頁）

享和四年（一八〇四）正月二十～二十二日、現千葉県流山市芝崎。芝崎村、瞽女の来村

　廿日曇　夜小雪
[略]
一、婣弐人泊り利根川岸之ものの由
　廿一日雪雨
一、盲女今日滞留
[略]
　廿二日雨降昼より雨止曇
一、盲女弐人滞留昼より雨止ニ付立

（吉野家『日記』。『流山市史』近世資料編三、六五頁も参照）

文化年間（一八〇四～一八）成立か、現新潟県岩船郡粟島。粟島の瞽女

瞽女・坐頭ありて本国に渡し、唄・三味線をならへおほえることもあれと、島にかへりてハ家業を務めかぬる故、本国に稼きて居るよしかたれり。

（『粟島図説』三二八頁）

文化元年（一八〇四）二月十六日、現愛媛県宇和島市。宇和島藩、座頭・「盲女」へ配当支給（『伊達家御歴代記事』）

[二月]十六日、一、御年重付、座当・盲女へ銀百五十目被下。

（『記録書抜　伊達家御歴代記事』第三巻、四九頁）

文化元年（一八〇四）三月六日、現高知県長岡郡本山町。本山郷北山村の中遣銀（運営費用）に関する北山村組頭五人から本山郷惣老代への報告

指出

[略]

一、同[銀]五拾八匁四分　ござ・座頭銀

[略]

但家数割之分

[略]

右者去亥年分中遣入目銀廉々相縮右之通ニ御座候間、夫々百姓共納得為仕申所相違無御座候、若不実之義御座候ハ、如何様共可被仰遣候、以上

享和四年

子ノ三月六日

本山郷北山村組頭

伴五右衛門 ㊞

[以下四名略]

（『本山町史』上巻、一九五～一九六頁）

文化元年（一八〇四）五月五日、現大分県中津市。中津町の座頭・瞽女人口

覚

一、惣町中男女人高三千六百八拾八人

一、同寺社山伏男女人高百四拾九人

〆　三千八百三十七人

内男千九百六十三人

内

七拾七人　出家

五　人　社司

八　人　山伏

弐拾壱人　医師

四　人　座頭

女千八百七十四人

内五人　尼

弐人　瞽女

右之通御座候、已上

子正月

（『惣町大帳』後編、第四輯、一九頁）

文化元年（一八〇四）七月、現埼玉県新座市片山。片山座座法に関する申上書

乍略義以書附御願申上置候

一、此度片山座盲女能一同申上候、私共義ハ先年より年始為御祝義御村方小前方迄不残家別仕候儀仲間一統法式ニ御座候、尤座法之義ハ三月迄ニ限り年始相勤申候、其外遠村ニ盲女能之儀者御馴染も無之、御方へ罷越年始可相勤義も無之様奉存候、且又九十月以前迄も右年始□様ニ相心得家別致シ候、盲女能共近年数多有之候処、此義仲ケ間中ニ而得と相糺候へ

者、此者共義ハ盲女能法式も不差構ころび芸之者真似抔致シ殊之外不行義者ニ御座候由相承候、依之今度一同申合候而御願申候ハ、何卒右様不埒之者罷越シ家別致シ候節其村方御配下小前衆中方ニ而茂御止宿難被成様被仰聞置被下候ハヽ、重而右体不埒之者共者罷越申間敷候、猶又私共仲間一同老若共ニ行義不相乱別而相慎可申候、此之段御勘察之上御配下小前方江不残被　仰聞候様ニ偏ニ奉願上候、以上

文化元年子七月日

片山座　盲女能一同

村々御役人衆中様

（『所沢市史』近世史料二、六〇八頁）

文化元年（一八〇四）十二月、現栃木県芳賀町西高橋。西高橋村

「(表紙)
文化元年
出奉公人書上帳
子十二月
西高橋村下組
」

［略］

一、持高拾五石四斗九升四合　嘉　介
是ハ家内弐人、母盲目ニて御座候、壱人ハ出奉公ニ罷出、母之儀は親類方へ相預り申候、依之御田地手余ニ相成申候

（『栃木県史』史料編、近世三、六一七頁）

文化元年（一八〇四）、現石川県。加賀藩、十村から百姓への衣食住制限に関する通知（「上田旧記」）

一、節倹方被仰渡、十村僉議之上御郡中江申渡候品々左に記。

［略］

一、瞽女・座頭之外浄瑠理三味線無用。

（『加賀藩史料』第一一編、四一七頁）

文化二年（一八〇五）五月二十七日、現長崎県長崎市。長崎奉行所による宥免（『犯科帳』第八十冊）

一、今魚町　願人　又兵衛　丑五月廿七申渡

一、元同町　欠落立帰　瞽女　ます

一、娘　しけ　丑十六才

右之者共欠落いたす段不埒ニ付手鎖可申付処、ます儀は盲目之儀ニ付宥免を以急度叱リ置、しけは不及咎之沙汰
住居之儀ハ又兵衛依頼差免候旨申渡候

（『犯科帳』第六巻、一二〇頁）

文化二年（一八〇五）閏八月十〜十一日、現千葉県流山市芝崎。芝崎村、瞽女の来村

十日晴

［略］

一、娼女四人舟橋村之もの之由泊
　十一日雨降
一、盲女出立
（吉野家『日記』。『流山市史』近世資料編三、一四〇頁も参照）

文化二年（一八〇五）十二月十二日、現大分県中津市。中津町の倹約令

十二日
一、倹約御触書被仰渡、則左之通り
　此度改申渡倹約之覚
［略］
一、三弦踊様之事を催シ遊興致候儀者堅無用可致候、寺社者素より在中野外ニ而も決而無用之事
　但、座頭・瞽女門弾之儀者勿論、其外右様芸者ニ弾セ候義者不苦候、但、夜四ツ時限ニ可相止候、加様之儀、遊興ニ長し不申様心得違致間敷事
（『惣町大帳』後編、第五輯、八二〜八四頁）

文化三年（一八〇六）五月二十日、現長野県松本市。赤木村、高島領の世話役から村役人への申渡

（表紙）
「文化三年五月廿日
世話役之者共江申渡
名主・年寄・百姓代江申渡
　赤木村
　世話役
　善五右衛門扣」
［略］
一、他組村々之義成共聞および候儀ハ可申出候、其外かるき奉公人・御家老中家来・御家中之家頼・寺院社方・浪人・医師・山伏・陰陽師・座頭・瞽女其外何者ニよらづ、不宜儀と存付候儀ハ、内々可申出候、たとひ御家中衆たりとも、如何之筋ニ而諸人難義障りニ相成候義ハ、組合不申合候共一人立差扣なく改役人中之内江内々可申出候、
（『長野県史』近世史料編、第五巻［二］、七八二〜七八三頁）

文化三年（一八〇六）五月二十九日、現愛知県刈谷市。三河国刈谷新町、「御触状留帳」、瞽女の宿泊

中嶋組ごせ　三人　頭たの
野間ノごせ　弐人
右五月廿九日夜、八丁孫七方へ宿
（『刈谷町庄屋留帳』第八巻、一二三頁）

文化三年（一八〇六）五月、現長野県下伊那郡清内路村。倹約令（土佐屋文書）

倹約被二仰出一組合限請印帳　治右衛門組

［略］

一、男女共衣服都而地木綿地布を着用之事

但、妻娘之衣服糸入嶋・青梅嶋之類着用不㆑苦候事

下々にて寺社・山伏・座頭・盲女

右ハ衣服之義ハ不㆓取締㆒、其外ハ本文之通相心得可㆑申候、

［略］

文化三年寅五月　　組合頭

治郎右衛門（ほか十三名印）

（『清内路村誌』上巻、二七四頁）

文化四年～文政四年（一八〇七～二一）成立か、現北海道松前町。松前城下の「盲男女」

［正月］三日　より盲男女年礼に家々に行く。此里寒土陰分の地なる故か、盲人の類多く、其家々亦常に娼家にて三味線大鼓を打しむるも、皆此盲男女也。里俗素台大鼓を打されは興とせす世俗の唱ふ大鼓もちなとの語は此の古事ならんやにても兼て青銅五十孔位より以下五、六銭を包み置、夫々投しあたふ。此盲人等祝事として三線を弾き家々に行事は、正月のみにかきらす、毎歳住節或は朔望なとも稀に富商の家には至り三弦一弾して四五銭の祝銅をもろふ事常なり

（『松前歳時記草稿』六九二頁）

文化四年（一八〇七）正月二十九日、現愛知県刈谷市。三河国刈谷新町、「御触状留帳」、瞽女の宿泊・賄い

瞽女泊り之儀

一、此度新町孫七方、瞽女泊り之儀是迄申渡シ置候処、極難渋故町代長兵衛ヲ以両三度願出候ニ付、相談之上壱人前ニ付米弐合ツヽ、役米遣シ可申筈ニ相究候間、以後左様相心得可申候、以上

卯正月廿九日　　忠左衛門

新町七兵衛殿え申渡シ候

（『刈谷町庄屋留帳』第八巻、一七三頁）

文化四年（一八〇七）三月、現高知県。土佐藩、「座頭・瞽女扶持渡方御賦替之事」（『憲章簿』盲人之部）

覚

一、座頭・瞽女共へ被遣候銀米、去ル午年御定を以午年米ニ而、七月より翌未六月迄取渡、已来右ニ准シ御作配被仰付、村々より御郡方へ払出御渡被仰付筈ニ候処、遠方持運迷惑之筋も有之訳を以、村々手寄之方ヨリ直々取渡之御作配被仰付、其節覚書を以賦方被仰付置候所、年久敷相成座頭共出入有之、其上地下役替リ等旁以右賦書相見不申候村柄も有之様相聞候。且又前年之割当翌年米を以繰越候而取渡候村柄も有之候趣、依右此度新ニ覚書御仕替被仰付筈ニ付、別紙案文之通急々差出可有之。

差出

銀目

一、　共相記　　寅年分出銀米
米目
御郡方納又
内
村々渡しニ而も
何月より何月迄分
座頭共有之村々ハ左之通
一、座頭・瞽女何人
〆　右ニ被遣銀目米目相記
銀目　地下出銀米有之村々ハ寅年米を以相記
内
米目　何月より何月迄
差引
一、銀目　残ニ而も
相記ス
米目　不足ニ而も
但御郡方納ニ而も渡ニ而も村々直々取渡候而も、何月より何月迄之分相記筈、若兼而御賦有之候共、迷惑之儀有之候ハヽ、是又委相記筈。
右之通急々差出可有候。已上
文化四卯年三月
川田　惣五郎
坂出　駒　助
秋尾　九郎内
（『憲章簿』第五巻、五〇五～五〇六頁）

文化四年（一八〇七）四月、現群馬県太田市。尾島村他九カ村

（表紙）「文化四年
議定証文
卯
四月　」

議定為取替一同之事
一、浪人諸勧化継人足之義、組合村之内より決而差出申間敷候
一、組合村之内より勧化等出候而も役印決而致間鋪候
一、盲女・座頭、継人足之儀は勿論、婚礼之節祝義之義は隣村ニ座頭在之ニ而多少ニよらす其もの江引渡差遣候上は為差出申間敷候
［略］
文化四年
卯四月
尾島村名主　又　市㊞
出塚村名主　新左衛門㊞
中野村名主　孫左衛門㊞
岩　村名主　甚　兵　衛［印欠］
下田島村名主　四郎右衛門㊞

米沢村 名主 嘉右衛門 ㊞
安養寺村 名主 清右衛門 ㊞
粕川村 名主 惣左衛門 ㊞
下江田村 名主 源右衛門 ㊞
中渡村 名主 惣七 ㊞

（「議定証文」）

文化五年（一八〇八）二月、現埼玉県東松山市・鳩山町。入間川村、赤沼村、瞽女と陰陽家との争論・門付け拒絶に対する陰陽家提訴事件

（内表紙）
「文化九年
申末冬日写
土御門家神職座頭渡世出入一件」

乍恐以書付御訴訟申上候

田村庄三郎知行所
武州入間郡入間川村
陰陽家一組惣代兼
小頭役
訴訟人　石山美濃

職業差障候出入

米津主税様御知行所
同州比企郡赤沼村
瞽女帳本
相手　もよ

森与五左衛門様御知行所
同州入間郡小杉村
座頭
相手　城慶

右訴訟人陰陽家一組惣代兼小頭役石山美濃奉申上候、陰陽家之儀は土御門末派之者ニ而、関東触頭藪兵庫支配を請、年来職業相勤来り、銘々最寄檀徒所持到渡世相営候処、瞽女《ゴセ》・座頭壱ヶ年ニハ一両度ツヽ、諸所村々軒別相廻り候、毎度陰陽家之神職は下職成者故其家江ハ不参由申触、風聞無止事一派者共年来空敷罷在候処、去ル卯〔文化四年〕八月四日瞽女弐人当村廻りニ参、私門内弐三間這入、此神職江ハ不参門江這入と独言乍申立戻り、隣家彌兵衛と申者之方参り、瞽女は三味線を持歌を謡ひ候もの故、老若男女子《コ》供迄も附慕ひ候得は、当座之面目身余り候仕合身分も難相立、依而ハ瞽女方江問合候所ニ、穢多非人并髪結体之類家へハ師匠より申伝へ是迄参付不申、猶新規之例ハ不相成由申之、彼是差綺候処、当村孫左衛門と申者立入、其訳何れ預ケ呉候様申候ニ付、任其意其席を立別、其後同人参申聞候ハ、瞽女方より挨拶有之、是迄参り付不申門へハ、何様之筋ニ而も仲間一同申合置候得ハ、容易ニ参候事不相成由申募り、取計方当惑之旨申断、無是悲〔ママ〕同月廿五日瞽女之住家相尋、高倉村百姓金蔵姉ゑつ、森戸村同喜兵衛娘さよ、当人共并村役人迄右之始末を申入候処、同村名主又兵衛申聞候ハ、両村当人共相糺、其上私方より返答可申間、夫迄差控呉候様申ニ付、其意ニ随ひ帰宅罷在候処、同廿八日同人方より書状差越候処、松山座瞽女共之帳本参り、土御門家之神職江ハ組下之瞽女共不参段間違之筋故、已来ハ可参と取定候間取済呉候様、尚又九月朔日右又兵衛、三郎兵衛と申者差越、先懸り、孫左衛門同道ニ而私方へ参、済寄之手段ニ及懸合相帰り申候、其後余り済方延引ニ付、十月廿五日私又兵衛方罷越承り候得は、先達而松山座帳本参り、間違之筋ニ而土御門家神職江不参段、可参由私方より挨拶致呉候様申、再応書状差越申候、殊ニ三郎兵衛迄差遣シ候処、如何差心得候哉、瞽女頭より異変之旨申来候、誠対其元不取留之及懸合候得共致方無之、併私村方高倉村は何れ之筋ニも済呉候様申之候得共、松山座と申儀は帳本仲間数百人之由、右仲間瞽女共此末廻村之節、又候私職業之者共賤め軒別差除候事致的中行々出入ニ相成候事歴《レキ》然之儀と奉存候、無拠当人村役人へ相届候得共一向取愛不申候事

一、相手座頭城慶儀、同人近村今市と申処ニ、私組下齋藤數馬と申者有之、九ヶ年以前職業勤方無之故休役仕候得共、神職相勤候内相手方城慶金子壱分弐朱為差出候、其謂レ承り候得は、陰陽家之者ハ下職之者故、門明すゝき金と名付差出候故、其已来瞽女・座頭仲間一同數馬方江ハ参之由承之、猶更難差置同人方江聞合相答候ハ、私義も村方之百姓並をはつれ、瞽女・座頭不参故世間之外聞悪數、無拠右之金子差出門明候由申之、直城慶方へ聞合及候処、成程先年數馬方より金子壱分弐朱、受取候得共其金子ニは謂レ有之、其儀心底ニ不叶候ハ、勝手次第ニ可致と申ニ付、城慶村役人江申断候得は、百姓ニ而ハ座頭之儀相知不申由ニテ一向取敢不申候、且陰陽家神職縁談之義は、百姓家と組合ものも有之、殊ニ私伯母三拾ヶ年程以前、当村源蔵と申者之潰屋敷有之、私方より家作致差出、同所名主清吉伯父亀右衛門と申者聟遺跡ニ貰請、只今ニ而ハ同人忰清蔵、去々年中隣村百姓家より女房貰ひ、親子縁談睦敷有之候処此度之一件始末分明ニ不相成上は、離縁可致旨私伯父母江申聞、此儀何とも迷惑至極奉存候、前書申上候通り瞽女・座頭如何様之意恨ニ而、私職分相賤め候哉、又は身分賤敷乍中、右金子差出候數馬方へハ一同参り、是等得と相弁候得は、陰陽家職業之者種々悪評を付、仲間一同相談之上、金子ゆすり取候手段と外相聞不申、陰陽家之者江ハ、瞽女・座頭不参程之家柄と申、俗家之帰依も自然と相疎ミ職業瑕瑾之基ひと奉存候、何卒以御慈悲相手之者共被召出、何等訳ニ而右金子取相賤め候哉御吟味被下置、已来陰陽家職業之者共江不差障様、被仰付被下置候ハ丶、広大

之御慈悲と難有仕合奉存候、委細之義ハ御尋之上乍恐口上可
奉申上候、以上

文化五辰年
二月

田村庄三郎知行所
武州入間郡入間川村
陰陽家一組惣代兼
訴訟人　石山美濃

寺社
御奉行所様

前書之通美濃方より願書差出候ニ付、寺社御奉行大久保安芸守
様より御差紙頂戴致出府仕、左之通返答書差上申候

乍恐以書付奉申上候

武州入間郡小杉村
座頭　城慶
同州比企郡赤沼村
瞽女帳本　もよ

一、今般入間郡入間川村陰陽家一組惣代兼小頭役石山美濃より、私共相手取座頭・瞽女之儀村々軒別ニ相廻り候毎度陰陽家江ハ不参旨申之候、職業差障候由申立御訴訟奉申上候、私共被召出御吟味之上、右陰陽家職分家へ不参義、如何之訳合有之候哉、委細可申上旨被仰渡奉畏候、私共儀田舎座頭之事故、聢と相弁候儀も無御座候、勿論右職分賤め候儀毛頭無之候得共、古来より不参来候儀ニ御座候、右ニ付頭役城梅江為問合候処、享保三戌年土井伊予守様寺社御奉行御勤役之砌、惣録役座頭共より出入不致職分之者、別書之通書上置候旨申聞候間、此段奉入御覧候、勿論委細之義ハ私共得与弁江無御座候間、惣録頭役城梅被召出御紀被成下候様奉願上候

前書申上之通相違無御座候、以上

城慶
差添　藤左衛門
もよ
差添　勘右衛門

寺社
御奉行所様

御尋ニ付奉申上候

一、享保三戌年十二月十日寺社御奉行所土井伊予守様江差上置候書付惣録役座頭寄合吟味之上出入不致筋目之者左之通り

一、永代猿楽　一、永代舞々惣而役者類　一、永代ゑひすおろし
一、永代あかたみ子　一、永代猿引　一、永代五輪切
一、永代青屋　一、永代おさかき　一、永代面うち

一、永代くらうち　一、永代かねうち　一、永代船大工
一、永代白輿屋　一、鉢たたき　一、永代あなくら屋
一、永代渡守　一、永代土器作　一、三代弦うち

（「土御門家神職座頭渡世出入一件」）

文化五年（一八〇八）三月十日前後か、現愛知県刈谷市。三河国刈谷新町、「御触状留帳」、瞽女の宿泊

尾州大府村ごゼ両人宿　初弥妹方
初弥方宿申付候
大野村ふき　両人　十日
□□□ハ《（母）》、りそ

（『刈谷町庄屋留帳』第八巻、二七三頁）

文化五年（一八〇八）三月十九日、現愛知県刈谷市。三河国刈谷新町、「御触状留帳」、瞽女の宿泊

尾州知多郡ならは《（成　和）》村　かと
こうは《（河　和）》村　みと　〆三人
長尾村　みせ
三月十九日　宿申付候

（『刈谷町庄屋留帳』第八巻、二七三頁）

文化五年（一八〇八）四月二十六日〜十一月十日、現愛知県刈谷市。三河国刈谷新町、「御触状留帳」、瞽女の宿泊

ごぜ岡崎　みな　みゐ　きよ　〆三人　四月廿六日夜　初弥
榎津　さと　きよ　十月廿五日　初弥方
尾州　長尾　みと　こうは《（河和）》　みせ　名岩《（成）》　かよ　〆三人　七月晦日　初弥
尾州　〆壱人　七月廿何日
中嶋組三人　たの　ゆん　ぬい　十一月三日　宿初弥方
岡崎　らく　みゐ　弐人　十一月十日　宿初弥方

（『刈谷町庄屋留帳』第八巻、二八一〜二八二頁）

文化五年（一八〇八）九月二十二日、現岩手県。盛岡藩法

九月廿二日
公事三役扱之覚　寺社御町奉行
一、寺院
一、神職
一、山伏

一、諸社別当
一、虚無僧
一、座頭・瞽女
一、御城下御町之者
一、狂言・御駒太夫・役者
一、寺社奉行支配諸職人
一、御町組并十人組
一、目明并穢多之者
一、他所者
右御領分中は勿論、他所共ニ出入有之候得は、寺社御町奉行請持
但、御目付請持之者、御勘定頭之者え出入有之候得は、公事重キ方ニて取扱候事、
（『藩法集』第九巻上、八六五～八六六頁［一九〇七号］）

文化五年（一八〇八）十二月二十五～二十九日、現大分県中津市。中津町にて筑前国宇佐の浪人が瞽女と思われる者から琴稽古をうけるが、宿泊先不明のために調査

［十二月］廿五日
一、筑前浪人者宿之儀、再吟味致候処、京町・古魚町より左之通之書附出ル
一、京町扇屋善兵衛差上候書附
当春、宇佐へ参候処、小山田式部方ニ而筑前浪人鉄馬と申者参居、夫より心安く咄等仕候処、先日不図御当地へ参、私方戸口ニ而出合、右鉄馬申候者兼而琴之稽古致度、御当地ニ而久寿と申人御座候由案内致呉候様申候ニ付、直様久寿方へ同道仕候而咄合仕候内、暮ニ及候間、今宵ハ御逗留被成候様挨拶致罷帰申候、其夜逗留致候哉存不申候
一、京町米屋友蔵書附
霜月末方、扇屋善兵衛同道ニ而客人参、右客人懇意成人ニ御座候所、琴稽古致度相頼候ニ付教へ被下候様申候ニ付稽古為致候、其夜何方へ歟被参候、右仁、前後存不申候、其後当月初方、馬乗ニ而暮方参候而馬計私表へ為繋呉候様相頼、則繋置、何方へ参候哉、翌朝馬ヲ引帰申候
友蔵者久寿悴ニ御さ候
［略］
廿五日
右四通之書附差出候所、友蔵方江若一宿為致候義者無之哉、今一応致吟味候様被仰付候
一、京町米屋友蔵書附
当十一月、私方へ琴稽古ニ参候客人一宿為仕候義者決而無御座候、稽古之義も一夜参、直ニ其夜引取申候、其後馬乗ニ而参候節も私裏へ為繋候計ニ而身柄者何方へ歟参、私方へ者宿仕不申候

廿六日
右書附差出候処、友蔵方宿致候義無之段申出候へ共宿致候趣、外方より承及候、今一応致吟味候様被仰、右書附御返し被成候、猶吟味申付候
一、京町米屋友蔵書附
　右客人、琴稽古致度相頼候ニ付、三日稽古為仕候へ共逗留者不仕候、乍去右之内一夜稽古隙取候内夜明申候、稽古之儀者三日切ニ及断申候、其後馬ニ乗、暮方参、馬計私裏へ繋置、何方へ歟参、翌朝馬ヲ引帰申候
右書附、廿七日ニ差出ス
廿九日
一、京町米屋友蔵方江筑前浪人者一宿為致候段、再応吟味之上申出候段不届ニ付急度可被仰付候へ共、先此節者其儀ニ不及候、以来、右様之浪人稽古等ニ参候ハヽ、早速可申出様被仰渡候、此段申渡ス

（『惣町大帳』後編、第八輯、九七～九八頁）

文化五年（一八〇八）十二月、現群馬県藤岡市高山。緑野郡高山村名主交替に関する取極議定

差上申儀定証文之事
［略］
一、瞽女・盲人・浪人・虚無僧・諸勤[勧]化送りもの村夫役等之類、月番限取斗入用右様同様

（『群馬県史』資料編、第九巻、二一四～二一五頁。『藤岡市史』資料編、近世、一一七～一一八頁も参照）

文化五年（一八〇八）直後成立か。地方官の庶務、人別認方の雛形（『続地方落穂集』巻二）

遊民之分
一、盲人誰　女房子何人　男女何人宛　下人何人
一、浪人　先主誰女房子何人　右同断
一、職人誰　何職　右同断
一、山伏誰　右同断　木食山伏の類上に同じ
一、狩人誰　右同断　鵜匠の類上に同じ
一、無高寺社人　何之社人妻子下人とも
一、商買人誰　同断　右同断　但本道外料[ママ]商内の品針小間物の分可認事
一、陰陽・いち御子の類、釜祓、瞽女、虚無僧、鉦打、行人以下銘々委細認べし
一、関守、山守、牢守の類　右同断
一、乞食、非人、比丘尼、役者　穢多の類右同断
外
一、寺社御朱印黒印　水帳除差紙除　竿除之分　人数牛馬　数之事
一、堂守、無縁、寺院、庵主、隠居寺、右同断

此等右之積を以増減して可レ認レ之

（『続地方落穂集』五〇～五一頁）

文化五年（一八〇八）直後成立か。地方官のための覚（『続地方落穂集』巻三）

一、盲女・座頭、舞まひ、浄るり語りの類不レ可レ愛レ之、村々諸百姓へも此段可二申付一候事、附三味線、鼓きう、尺八、一節切以下に時日を費し、家業を取失事停止可レ為事

（『続地方落穂集』七二頁）

文化六～十年（一八〇九～一三）刊。江戸（式亭三馬『浮世風呂』四編巻之下）

流行唄《はやりうた》も諸国《しよこく》のいりごみだから、下卑《げび》た田舎節《ゐなかぶし》のはやるはうらみだぞ　やみ「瞽女《ごぜ》の唄《うた》などがはやつておそれるス　月「長唄《ながうた》めりやすなどは音声《おんじやう》が清《すん》で、はなはだ清音《せいおん》だからいゝ。瞽女《ごぜ》節《ぶし》をはじめとして、すべての田舎唄《ゐなかうた》は、濁音《だくおん》で音声《おんせい》がだみてゐやす。夫《それ》をうれしがつてうたふは、チト心得違《こゝろえちがひ》たらう。やみ「ソシテ文句《もんく》なども下卑《げび》きつて、つまらねへ事だらけ　月「さうさ〳〵。

（『浮世風呂』二八八頁）

文化六年（一八〇九）正月、現千葉県鎌ヶ谷市佐津間。佐津間村の瞽女人口　↓文政十一年（一八二八）四月

「（表紙）寛保弐年
戌十一月」
下総国葛飾郡小金領之内佐津間村郷差出帳

［略］

一、当時人数百四拾四人　内　男　七十九人
女　六十三人
瞽女　壱人
僧　壱人
道心　壱人

［略］

文化六年巳正月

（『鎌ヶ谷市史』資料編三上、三七九頁、三八五頁）

文化六年（一八〇九）三月十二日～十二月一日、現愛知県刈谷市。三河国刈谷新町、「御触状留帳」、瞽女の宿泊

尾州大野村ごぜ　ふき　りそ　とわ　〆三人　三月十二日宿　初弥方
岡崎　青野村　東浦村同　のよ　りわ　弐人　三月廿四日宿　初弥方
岡崎　弐人　十二月朔日宿　初弥方
岡崎　柿崎　きら　みゐ　みそ　らく　〆三人　四月三日　初弥え［方カ］宿

中嶋組
ゆん
ぬひ
たの　〆三人　十月廿二日　初弥方宿

（『刈谷町庄屋留帳』第八巻、三五九～三六〇頁）

文化六年（一八〇九）四月、現群馬県吾妻郡中之条町。中之条町他三十八カ村の浪人、座頭・「盲女」などへの合力銭の扱い方に関する願書と申合規定

相定申一札之事

一、浪人　是ハ明和六丑年御触有之候へ共、近年重年故贓相ゆるみ我侭相募り候故、再御触御願申候事

一、船倒　一、旅僧　一、山伏

一、座頭　一、盲女　一、諸勧化之類

右之類志施物差出候事者格別、縦令何様ねた(衍)りケ間敷義申候共、決而差出申間敷候事、且諸勧化人足(カ)等雇候共、決而出し不申、勿論賃銭何程ニ帳面ニ相記、其上賃可申候、且少分者出銭いたし候節、余分帳面ニ附懸ケ相願候共余分附不申、印形決而いたし不申之事、右箇条之者至而ねたり或者法外申募り候節ハ、差押置可訴出候、其節諸入用村々高割を以急度差出可申候、万一右相定之儀相破り、自由ケ間敷義取計候村方有之候ハヽ、脇村より可相改候事、但右相定之儀、当巳年より来ル亥年迄七ヶ年之間、右儀定之通り相守可申候、為念連印一札仍而如件

中野条始

文化六巳四月

三島・横谷迄
東岡崎新田迄
北大道新田迄

（『群馬県史』資料編、第一一巻、一一二九頁）

文化六年（一八〇九）六月、現埼玉県さいたま市大宮区。大宮宿七組の座頭・「盲女」人口

「(表紙)
文化六巳年六月
武蔵国足立郡大宮宿七組明細帳
本　村　新宿中町
北　原　村　新宿下町
右衛門八分　吉鋪新田
甚之丞新田　」

[略]

一、座頭　壱人
一、盲女　三人

（『中山道浦和大宮宿文書』一三七頁、一四四頁）

文化六年（一八〇九）十一月、現神奈川県秦野市。伊豆の代官江川太郎左衛門が安永三年（一七七四）十月の浪人合力銭取締を再度行う

一、旅僧・修験・瞽女・座頭之類物貰之もの共、志次第報射を

請、相対にて宿を借可レ申処、近年押て宿を取、或はねだりケ間敷儀申掛候者共有レ之段、粗相聞、是以不届之至ニ候。以来右体不法之者どもは、前ケ条同様為二召捕一、召連可レ出候。若於二相背一は、其村方可レ為二越度一者也。

右之趣、御料・私領・寺社領不レ洩様相触、村々ニて為二写取一、村々入口高札場或ハ村役人之宅前抔え為二張置一可レ申候。

文化六年

巳十一月

江川太郎左衛門

御役所

（『秦野市史』第二巻、七三〇頁）

文化六年（一八〇九）十二月十四日、現新潟県新潟市白根。白根町の孝行者へ褒美（『新発田藩改務日記』）↓文化八年（一八一一）五月四日

十四日　一、左之通申達　并元〆江も断候事

一、同《（米）》弐俵

中ノ口組白根町

甚五郎借屋六蔵

娘　ね　ん　当巳五十四才

其方儀、養父年既九十余ニ及ひ、歩行も不叶、甚気短ニ相成、取扱も六ケ敷、先年聟養子もいたし候へ共、存寄ニ不応離縁いたし、当時寡ニ罷在所持之田畑も無之、極難渋ニ候処、養父へ事方宜且生質柔弱ニ眼気も悪敷候得共、昼夜不怠人足ニ被雇、重荷をも負ヒ、又ハ手仕事等相稼、右賃銭を以養父之手充心を尽し、其身ハ寒中薄肌ニ雑飯のミ給候へ共、養父へ曽而粗飯を為給候事無之、酒肴等も時々心付為給之、寒暑之衣類夜具等も夫々身分相応不自由無之様ニ取扱、又寺社へ参詣いたし度相望候節ハ手を引、又者背負候而参らせ万事養父之心ニ不背様ニ取計候へ共、極難渋ニ而養ヒ方心底ニ不任事而已相歎居、町方之者も憐ミ伇手宛等も致候者も有之候得共、外ニ可見継親類も無之、女壱人之稼ニ而極難渋之処、年来奉養不怠、町内之者も感心いたし孝行之者ニ付、為御称美被下置

同組同町名主

（『白根市史』第二巻、五五七頁）

文化六年（一八〇九）、現新潟県上越市。高田の瞽女人口（出典不詳、文化十一年［一八一四］三月の間違いか）

高田の人口調査に瞽女五十六人とある。

（『高田市史』第一巻、三〇三頁）

文化六年（一八〇九）序、現新潟県小千谷市。大川端村方（『やせかまど』九月の項）

木綿所《ワタトコ》

近所の大川端村方を嶋方といふ、此節木綿とりにて如何なる小百姓も多く綿とることなれは、諸勧進入込こと、瞽女・坐頭・道心者・虚無僧・浪人・寺院・旦那なと賑々しきこと也、若し夏雨降り続きて、又ハ水難等ありせは、諸勧進停止の札を建る也、当村なとは嶋方往返の右の族来りて、宿なとの無心にて甚困入る也、
公儀より無宿もの一夜たり共宿なと不可致、又合力なと不可致之義度々なれ共、右の族来ること夥し、最《(是)》等は如「何」可致ことにや、已後御慈悲の上、里村の迷惑に不成様庶幾ところ也、

（『やせかまど』四一頁）

文化六年（一八〇九）序、現新潟県小千谷市。小千谷の沖方

（『やせかまど』十月の項）

沖方村々には綿廻旦といふありて、九・十月中は檀那寺は申すに及はす、近村之寺院の綿の時をまつて廻旦する也、其他瞽女・座頭・山伏・浪人・道心者、此節沖方を廻ること夥し、木綿之悪しき年は村端に札を建て断りする也、

（『やせかまど』五〇頁）

文化七年（一八一〇）二月二十五日、現神奈川県足柄下郡箱根町。箱根、「余字序文」が記された女性の通行手形差し戻し

文化七年二月廿五日　盲女御書載差戻

女弐人内髪切壱人、髪切盲女壱人、乗物弐挺、従江戸播州姫路迄、箱根関所無相違可被通候、酒井雅楽頭殿家来池田巳之吉と申者之祖母・荒木たと吉と申者之母之由、雅楽頭殿内松下源太左衛門断付如斯候、以上

文化七年午二月十五日　越前
豊前
若狭
内記
箱根　人改中

別紙之通御証文致来候処、御規定ニ振候間、小田原江為伺牧兵左衛門罷下、伺之上差戻申候、已来共盲女と申御証文致来候ハヾ、差戻可申被申聞候

（小暮紀久子「近世における女性の関所通行について」六八〜六九頁）

文化七年（一八一〇）三月十三日〜六月十四日、現愛知県刈谷市。三河国刈谷新町、「御触状留帳」、瞽女の宿泊

尾州阿野村こぜ　尾州野間村組
りせ・りの・三月十三日　ふみ
両人四月十八日宿
同北かすか村但し大野親村　さん
ふき・とわ・三月廿五日
一、榎木津　さと　一、岡崎　らく・みゑ両人

一、東浦　りわ
一、行用　きと
〆三人六月四日
六月十四日宿

（『刈谷町庄屋留帳』第八巻、四三八頁）

文化七年（一八一〇）四月十三日、現香川県。高松藩、『高松町年寄御用留』、素人芸人増加のため瞽女など難渋　↓文政十一年（一八二八）子七月、または天保十一年（一八四〇）子七月か

町年寄共

浄瑠理語り等渡世ニ而無之者、外商売致なから□（浄脱）ニ瑠理語り等致、客席等江罷越候者有之様相聞候、商売方自然与麁略ニ可相成義不届之事ニ候、以来右様之義無之様可致候、且近頃小間者共之妻娘等三味線ヲ弾、或ハ踊等致客席江罷越、又者弟子取等致雇料礼物等申請、自ら瞽女・座頭難渋ニも可相成、且一統風俗も不宜候ニ付、自今以後右様之義不相成候間外渡世為致可申候、自然忍び〳〵弟子取又者客席なト罷越、雇料礼物等申請候趣相聞候得者、屹度申付方可有之候間其旨相心得可申候
右之趣其町切不洩様入念可申付候、已上

四月十三日

（『香川県史』第一〇巻、資料編、四八七頁）

文化七年（一八一〇）五月、現長野県。松本領組別の総人数帳、瞽女人口

「（表紙）文化七年
午年宗門改人高仕出
五　月　　栗林弥右衛門扣」

庄内組拾四ヶ村
一、三千四百七拾弐人内 男千八百人 女千六百七拾弐人
内
三拾九人内 男弐拾七人 女拾弐人　　抱奉公人
残三千四百三拾三人内 男千七百七拾三人 女千六百六拾人
内
弐拾壱人　　出家
三人　　羽黒行人
三人　　神主
弐拾三人　　瞽女
百弐拾人内 男八拾九人 女三拾壱人　　出奉公人

（『長野県史』近世史料編、第五巻［二］、四二三頁）

文化七年（一八一〇）五月、現大分県中津市。中津町の座頭・瞽女人口

一、惣町人高書出候様被仰付候、左之通書付差出
一、惣町中男女人高三千七百三拾九人

内
男　千八百八十九人
　内　医師　弐拾弐人
　　座頭　四　人
女　千八百五拾人
　内　尼　壱人
　　瞽女　弐人
右、立紙ニ認出ス　月番町年寄清兵衛
右之通相違無御座候、已上
　年号　月　日　七ヶ年振ニ出候趣
（『惣町大帳』後編、第九輯、七六頁）

文化七年（一八一〇）五月、現山梨県山梨市万力。上万力村の村政に関する取極定書

「（表紙）
文化七午年五月
取引儀定書
山梨郡上方力村
十左衛門」

［略］

一、瞽女・座頭酒賄之儀者、壱人前ニ付甲銀分宛相定、其外虚無僧・浪人者泊之儀者、壱人ニ付甲銀五分宛之積を以相賄、尤百姓代度々立会、人数相調帳面ニ記置可申候事
（『山梨市史』史料編、近世、三九三頁、三九五頁）

文化七年（一八一〇）七月、現大分県中津市。中津町の座頭・瞽女人口

覚
一、惣町中人高三千七百三拾九人
一、寺社山伏人高百九拾四人
〆　三千九百三拾三人
　同
男　弐千四拾六人
内
　出家　百拾人
　社司　拾壱人
　山伏　拾八人
　医師　廿弐人
　座頭　四人
女　千八百八拾七人
内
　尼　壱人
　瞽女　弐人
右之通ニ御座候、以上
午七月　町年寄
（『惣町大帳』後編、第九輯、九七頁）

文化七年（一八一〇）十月二十八日、現大分県中津市。中津

町、恩赦により瞽女一人が「徘徊御免」

同［十月二十八日］

一、御召御用、此度若殿様御出生御祝義ニ付惣町江御科被仰付在之候者共、此節一段宛御赦免被仰付候、御書付御渡被成、今日於会所可申渡旨被仰渡候得共、暮前故、右懸り合之町々当番召呼、右之趣申渡候、猶明日当人召連、会所へ可罷出段申渡候、尤住居不相知、好身無之分者其段可申出段申渡、当人死去か又者遠方へ参居候者ハ好身之者召連可罷出段申渡

［略］

新魚町
瞽目女
栄寿

徘徊御免

［略］

〆三十三人

右之者、当番組頭、会所江召連罷在候、尤住所不相知者も在之、当人不罷在、好身之者罷出候者在之、其段申渡、御免之者、当番へ召連させ両御奉行所へ御礼ニ召連候

出役　七郎右衛門殿　又蔵殿　清兵衛殿

（『惣町大帳』後編、第九輯、一一三～一一四頁）

文化八年（一八一一）二月十八日～四月十三日、現愛知県刈谷市。三河国刈谷新町、「御触状留帳」、瞽女の宿泊

こせ　大府　ぬよ
ふしえ（藤江）きし　三人二月十八日初弥留り
鳴海　きの
〆
こせ　高取村ゆん
宮崎村たの　三月十九日　初弥留り
境村　ぬい
〆
ごぜ西尾組　さと
りと　四月十三日　初弥留り
きと

（『刈谷町庄屋留帳』第八巻、五〇五頁）

文化八年（一八一一）五月二日、現千葉県流山市芝崎。芝崎村、瞽女の来村

小
二日雨降

［略］

一、瞽女三人八幡組之由泊ル

（吉野家『日記』。『流山市史』近世資料編三、三五八頁も参照）

文化八年（一八一一）五月四日、現新潟県新潟市白根。白根町村の孝行者へ褒美（『新発田藩改務日記』） →文化六年（一八

〇九）十二月十四日
〔五月〕四日　一、左之通　向々江申達候事

中ノ口組白根町村
甚五郎借屋六蔵娘
ね　ん

一、更米弐俵

但、養父六蔵義、九十三歳ニ罷成、歩行も不叶、気短候処、万端取扱宜ニ付、去々巳年為御称美御米弐俵被下置候、然ル処ねん義、生得眼気悪敷、当時盲目同様ニ相成、前々之通人足雇、又者賃仕事等茂不相成、日々町内袖乞いたし、僅之助力ニ而養父江不自由無之様、聊孝養無怠候得共、先年と違稼も出来兼、外ニ可見継親類茂無之由、村方より申立候趣、不便之義ニ付、右之通御手宛被成下

（『白根市史』第二巻、五八一頁）

文化八年（一八一一）五月、現富山県。新川郡の座頭・瞽女などに関する書上

覚

一、拾壱万四千四百七拾人　百姓・頭振弐歳以上之男女惣人数

〔略〕

一、四拾弐人　座頭家内弐歳以上之男女惣人数

内

弐拾三人　同断男

拾九人　同断女

〆

一、壱人　瞽女

〆

〔略〕

右御郡百姓・頭振・かね山師・猟師・瞽女・座頭、且又人非之〔ママ〕類共弐歳以上之男女相しらへ書上之申候　以上

文化八年五月　新川郡

（『富山県史』史料編、第三巻、一〇〇九～一〇一〇頁）

文化八年（一八一一）五月、現熊本県。熊本藩、座頭・瞽女の取締　→文政四年（一八二一）三月

文化八年（一八一一）六月、現三重県松阪市。六組村々の申合定

一、虚無僧、浪人、旅僧、修験、瞽女、座頭之類村々より送り込不申儀ハ勿論、安永三年午正月十月公儀御触之趣堅相守可申候、尤右御触書者庄屋宅見安キ所江張出し置、右体之者罷越ねたりケ間敷儀有之候ハ、読聞せ可申事

〔略〕

文化八年辛未六月　松坂領

右ハ厚紙板等江認メ、村々庄屋衆へ張置可申筈

（『松阪市史』第一一巻、三三〇頁）

文化八年（一八一一）八月二十二〜二十七日、現千葉県流山市。芝崎村、瞽女の来村

［略］
　〔八月〕廿二日曇
一、夜ニ入瞽女弐人来難儀之由相歎ニ付当番并役儀ニ不拘慈悲
　ヲ以泊遣ス八幡組之由
己巳　廿三日雨降
一、瞽女弐人逗留
［略］
　廿四日雨降
［略］
□〔二〕、こぜ逗留
　廿五日雨降
一、ごぜ逗留
［略］
　廿六日雨降
［略］
一、ごぜ今日もとう留
［略］
　廿七日曇
一、瞽女弐人六日めニて今朝出立
（吉野家『日記』。『流山市史』近世資料編三、三七一〜三七二頁も参照）

文化八年（一八一一）、現石川県金沢市。金沢城下柳町（『文化八年　金沢町絵図名帳』）

柳町　組合頭安右衛門預り組　へ
［略］
ごぜ　　　　たを
（『金沢町名帳』二二五頁、二二六頁）

文化九年（一八一二）二月二十五日、現香川県。高松藩、「高松町年寄御用留」、「盲女」の衣類規定

一、盲女共衣類右芸者同様、持来り之絹類着用仕候義ハ不苦
　候、尤花美之義不相成候
　但髪餝〔飾〕履物等之義ハ盲女義ニ付、格別之義も有之間敷候
　へ共、花美之義ハ不相成候、并日傘之義も青土佐者無用、
　渋張ハ不苦候
［略］
右之通堅相守可申候、已来相背候者於有之ハ役目之者より見改
剝取可申候間、其旨相心得可申候
右之趣入念可申渡候、以上
　申二月廿五日
（『香川県史』第一〇巻、資料編、五〇四〜五〇五頁）

文化九年（一八一二）三月五日、現大分県中津市。中津町、座頭・瞽女を火消人足として「不罷出候分」とする規定

火消人足并御手宛夫等不罷出候分、左之通
御武家町宅之衆　医者　浪人　後家　銀札所手代
御木屋付大工　独身之出店　空家　小児　座頭　瞽女
右之通、三月五日差出ス
御物頭付出夫
図書様付出夫
主計様付出夫
〆

（『惣町大帳』後編、第一〇輯、一五頁）

文化九年（一八一二）三月十六日～十一月三日、現愛知県刈谷市。三河国刈谷新町、「御触状留帳」、瞽女の宿泊

こぜ泊り覚
大府三月十六日　岡崎四月廿三日　榎木津五月廿三日
ぬよ宿　みさ　東端さと
藤江　西部　ゆか
きし　みを　東浦六月廿日
鳴海　同　りわ
きの　みと　行用村六月廿日
岡崎六月十一日　のま村六月十三日　きと
みな　ふて　十一月三日
西部ふな　同こん　中嶋組
みか　尾州大野組　高ゆん
同みつ　八月九日　ぬめ
沓掛七月晦日　ふき　なからこと
きせ　同とわ　青野とめ
同きと　同りそ　つつみぬい
壱升三合つつの積ニて相談致
三合増候
此役米弐斗五升、外ニ七升五合
〆三斗弐升五合
代金壱分ト三百廿四文渡ス

（『刈谷町庄屋留帳』第八巻、五七一～五七二頁）

文化九年（一八一二）六月二十四日。幕府、浪人、座頭・瞽女などの徘徊など禁止　→安永三年（一七七四）十月、文化十五年（一八一八）三月、天保七年（一八三六）

文化九申年六月廿四日
浪人其外之者合力止宿ねたり事等之儀ニ付御触書
土井大炊頭殿御渡
浪人体之もの、村々を徘徊せしめ合力止宿を乞ひ、あるひは悪口難題等申掛、又ハ旅僧、修験、瞽女、座頭、物貰之内ニも、押而宿を取、ねたり事いたし候類ハ、所々穢多非人ニ捕へさせ、其向々江召連出へきと之趣、安永三年相触候処、近来帯刀いたし候浪人体之もの、所々江大勢罷越、村方之手ニ及ひかたく、難儀之段相聞候、以来右体之者於相越ハ、御料私領とも、早々最寄陣屋役所等江申立させ、不移時捕方之者差遣、若他支配他領江立退候といふとも、手延なく御料私領相互ニ附入、取逃さす召捕可申候、

右之通可被相触候、

申六月

引書　憲法類集

（『徳川禁令考』前集第五、一九〇〜一九一頁［二八二五号］）

文化九年（一八一二）六月、現愛媛県。宇和島藩（三浦庄屋史料）

六月、一、浪人、旅僧、修験者、督［瞽］女・座頭、物貰之内よたろと申者穢多非人ニ追而□□候様御制札掛リ

（『宇和島・吉田藩史料集粋』第六巻、二四頁）

文化九年（一八一二）八月二十一日、現広島県広島市。沼田郡、「盲人」への施物に関する書付

郡中盲人共へ御施物被下候節渡シ方之義此度相改り、当所役座頭共より郡限役頭共ヲ宛御施物類書いたし、郡々之御役所江差出候へハ早便ニ役座頭共居候村役人とも内へ下ケ遣シ可申、其上ニ而役座頭共へ早速相渡候へハ其郡盲人共へ綿密ニ致割符候筈ニ相成候間、右之趣村々役人共并郡中役座頭共江も早早可申聞置、尤役座頭共より村々盲人共へ割符相済候ハ、当所役座頭より郡中役座頭共受取候辻ヲ上ケ、何程座頭分何程盲女分ト内分りニ〆夫々相渡遣シ相済候段、役座頭共より最寄之其者共内へ書附差出せ候而、右書附便宜ニ御役所へ差出シ可申、此旨相心得可申もの也

申八月廿一日　　沼田郡 御役所

割庄屋　市左衛門
同　左六
同　文左衛門
同見習　七蔵

（『広島県史』近世資料編、第四巻、一二四〜一二五頁）

文化十年〜文政六年（一八一三〜二三）刊。江戸（式亭三馬『浮世床』巻之下）

たこ「今此小僧《このこぞう》がうたつた唄《うた》はやたらと流行《はやる》が、あれは下越《しもゑち》後《ご》あたりから出る瞽女《ごぜ》の唄だの　びん「さうさ　松「をつな唄だナア。威勢《いせい》がねへぜ　たこ「あの唄は人のうたふのは皆すこたんだの。おれが越後者《ゑちごもの》から直伝《ぢきでん》の紛《まがひ》なしを知《しつ》て居る　ちやぼ「そいつはおれに教《をせへ》てくんねへ　竹「兎角《とかく》あんなこと

を覚《おぼえ》たがるナア　　たこ「今唄《うた》つた文句《もんく》は、全体《ぜんてへ》長いものさ。江戸の者は不残《のこらず》の文句をしらずに、所《ところ》〳〵切抜《きりぬい》てうたってゐるのだ。瞽女《ごぜ》のうたふ越後節《ゑちごぶし》の真面目《しんめんもく》はこれでございだ。教《をせへ》てやらうがいくらよこす　　ちゃぼ「さもしいことをいふぜ。マァ一《ひと》くさり聴《きい》てからの値打《ねうち》さ　　竹「きかねへ内は相場《さうば》がしれねへナ

○「千畑《ちはた》ヱ引、荒物町《あらものまち》のゥ染屋《そめや》の娘《むウすめ》。姉《あね》と妹《いもと》をならべて見ィたら、姉《あね》はすかない蕣《あさがほ》のゥ花《はな》。妹今咲《いもといまさ》く白菊《しらぎく》のゥ花。姉《あね》にや少《すこ》しも望《のぞみ》はなァいが、妹《いもと》ほしさに御立願《ごりよぐわん》掛《かアけ》て、一《いち》に岩船《いはふね》お地蔵《ぢぞう》さァまよ。二《に》には新潟《にがた》の白山《はくさん》さァまよ。三《さん》に讃岐《さぬき》の金毘羅《こんぴら》さァまよ。四《し》には信濃《しなの》の善光寺《ぜんこじ》さァまよ。五《ご》には呉天《ごてん》の若宮《わかみや》さァまよ。六《ろく》に六角《ろつくかアく》の観音《くわんのん》さァまよ。七《なゝ》ツ七尾《なゝを》の天神《てんじん》さァまよ。八《やつ》ツ八幡《やはた》の八幡《はちまん》さァまよ。九《く》には熊野《くまの》の権現《ごんげん》さァまよ。十《とを》で所《ところ》の色神《いろがみ》さァまよ。掛《かけ》た御立願《ごりよぐわん》かなはぬけヱれば、前《まへ》の小川《をがは》へ身《み》を投捨《なげすウて》て、三十三尋《さんじゆさひろ》の大蛇《だいじや》となァりて、水《みづ》を流《なが》してくるり〳〵と巻《まア》きやァれ、やんれヱ。「実《ほんと》か爺《ぢい》さん、とぼけた婆《ばあ》さん、小桶《こおけ》で茶《ちや》ァ呑《の》め。姑《しうと》が我《がア》を折る　たこ「ト跡《あと》で囃《はや》すのさ。

たこ「とぼけた婆《ばア》さん小桶《こおけ》で茶《ちや》ァ呑めとはいふけれど、其前後《そのぜんご》のことは誰もしらねへ。今此小僧《このこぞう》の唄《うた》つたのはこれよ。

○「船《ふね》の船頭《せんど》に晒《さらし》三尺貰《もウろ》て、わしが冠《かぶる》にや晒《さらし》でもよヲいが、殿《との》さ冠《かぶ》るにや晒《さらし》ぢやわァるい。何《なん》と染《そめ》よか、染屋《そめや》に聴《きイ》けば、一に橘《たちばな》二にかきつゥばた、三にさァがり藤《ふぢ》四《し》に獅子《しし》牡丹《ぼウたん》、五《いつ》ツゐ山《やま》の千本桜《せんぼんざアくら》、六ツむらさき、七《なゝ》ツ南天《なるてん》八《や》ツ山桜《ざアくら》、九《こゝの》ツ小梅《こむめ》をちらしに染《そウめ》て、十《とを》で殿様《とのさ》の好《すき》の様《よ》に染《そウめ》た。ほんにさうよと気《き》がさ揉《もウめ》る。やんれヱ。

たこ「是《これ》も時過《ときすぎ》ると、当時《そのとき》〳〵の風俗をしるによし。又後《のち》の人の慰《なぐさみ》にもなる物《もの》だから、おれは一冊に書《かき》とめておいた。まだ〳〵いかい事あるが、たんと云ふとくどくなるから最《も》うよしにせう　ちゃぼ「最《も》うタツタ一ツ云《いつ》てくんねへ。おれは皆覚《みんなおぼえ》た

たこ「そんならタツタ一《ひと》ツおれが隣を教《をせへ》やう。

○「おらが隣ぢやよい聟《むこ》とゥりて、石臼目《いすゝめ》も切る。桶《おけ》の籥掛《たがかアけ》る。人がたのめば大工《だいく》もなァさる。桶屋《おけや》もなァさる。左《しや》官《くわん》もなァさる。木挽《こびき》もなァさる。少《ち》さい内から餌刺《えさし》が好《すウ》さで、紺《こん》の股引《もゝひき》さし緒《を》の草鞋《わアらぢ》、黏箱腰《もちばこゝし》にさげ黏竿手《もちざをて》に持《もち》、下《しも》の方《ほ》から二丁目《にちよめ》の、上《かみ》の方《ほ》から三丁目《さんちよめ》の、合《あは》せて五丁目《ごちよめ》の真中《まんなか》さ頃《ごウろ》で、榎大木《えのきてぼく》に小鳥《ことり》が一羽《いイちは》、こいつ刺《さい》て呉《く》りよと黏竿《もちざを》取替《とりかへ》、黏竿短《もちざをみぢか》し小鳥《ことり》は高《たア》かし。そこで小鳥《ことり》が喧嘩《けんくわ》をなァさる。おまへ鳥刺《とりさし》さんか。わしや百舌鳥《もず》のゥ鳥《とり》。さゝれまいではわしやなけれヱども、御縁《ごえん》あるなら今度来《こんどき》て刺《さア》しやれ、やんれヱ。

（『浮世床』三五八～三五九頁）

文化十年～天保五年（一八一三～三四）刊。江戸（十返舎一九『金草鞋』第五、第八、第十二編）

［白川の宿、現福島県白河市］

向ふから美瞽女《いゝごぜ》が来る。惜《をし》しい［ママ］ことには目がない。盲者《めくら》でないと。余程美瞽女《よつほどいゝごぜ》だものも。何でも目がないから。誰《だれ》が見ても盲者《めくら》と外は見へぬ。惜《をし》いものだ。瞽女娘「妾《わし》は尿《てうづ》がしたくてならぬ。其所辺《そこら》に人の見て居ない処があるか。考《かんが》へて見て呉なさい。瞽女年増「これはしたり。犬の糞《くそ》か何かを踏付《ふんづけ》た。黙《だま》つて往《いつ》て。後《あと》の奴《やつ》にも踏《ふま》せて遣ろう。「何の盲目者々々《めくらもの〳〵》と珍らしそふに。めくらしい人達《ひとたち》だ。妾等《わしら》は盲者蛇《めくらへび》に怖《おぢ》ずで厶さるから。お先《さき》き盲《めくら》で。悪《わる》くめくらし召《め》さると。其方衆《そなたしゆ》の眼《まなこ》の。めくらめくやうにして遣《や》りますぞ。「なんと彼の瞽女《ごぜ》に。三味線《さみせん》でも弾《ひか》せて。仙台節《せんだいぶし》を語《かた》らせやうではないか。「瞽女《ごぜ》に三味線《さみせん》を弾《ひか》せ。お前《めへ》は酒の後《あと》をひかふといふのか。

（『金草鞋』六八七頁［第五編］）

［山内・米倉、現新潟県新発田市］

千久良「彼の瞽女《ごぜ》は好《すき》な譫言《たはごと》をいふぜへ。江戸の躄《ゐざり》は夕立《きふたち》がすると。立て駈《か》け出すが。造りつけの盲者《めくら》は不可《いか》ねへぜへ。気《き》の利《き》かねへどら盲者《めくら》だ。それ〳〵川があるぜへ。目を開《あ》いて歩《ある》きねへ。ホイ俺《おれ》もめかいの見へぬい、仕方《しかた》だ。瞽女「目を開ける位《くらゐ》なりヤア。お前ハア亭主《ていしゆ》の美しい顔が見たく厶る哩《わい》。それゆへ魚の生眼《いきめ》を。医者《ゐしや》殿に入れて貰《もら》つたら。寝《ね》て居る内猫にほぢり出されたのし。千久良「川の音がする。若し此川を渡《わた》るなら。誰れぞに越《こ》して貰《もら》ひなさい。目は無くても皆《みんな》女だから。定めし越して遣る男があるだらうの。瞽女「サアお前《めへ》さま。俺《わしら》を越《こし》

て下さりやし。瞽女「昨晩《ゆふべ》の宿で。妾《わし》の処へ誰《たれ》か夜這《よばひ》に来たか。妾は何所《どこ》へ泊つても。此の風呂敷包を緊《しつ》かりと持て寝るもんたから。夜這《よばひ》に来た人が這入《はいり》かゝつて見て。風呂敷包が邪魔《じやま》になると思つたかして。此抱《かゝ》へて居た包を。取除《とりの》け様としたもんだによつて。妾はまた泥棒《どろぼう》かと思つて。大きな声をして。盗賊《どろぼう》〳〵といつたもんたから。遂《つい》夜這《よばひ》の人を逃《にが》して惜《をし》いことをした。晩《ばん》から風呂敷包を抱へて寝ることは廃《よし》にしませう。盗賊《どろぼう》要心はよいが。夫では夜這《よばひ》の用心が悪い〳〵。「それは惜《おし》いこつた。妾《うら》も那麼《そんな》めにあいたいもんだ。「これ〳〵待ちなさろ。川があるそうだから渡して貰ひますべい。もし旅《たび》のお方。都合《つがふ》四人渡して下さりまし。

（『金草鞋』七八〇〜七八一頁［第八編］）

［犬目、現東京都八王子市］

茶屋女「むかふから盲女《ごぜ》が連《つ》れだつて来るが。同じ人に生《うま》れて。目のないといふは。不自由《ふじゆう》なものであらうに。それから見ては妾《わたし》のやうに。彼の女は目つきがよい。愛嬌《あいけう》のある目つきだと人さまに賞讃《ほめ》られるやうな。目を以て生れたは大きな仕合《しあはせ》。妾が此のやうに。目つきのよいばかりて。こゝの家《うち》の商売《あきなひ》が。たんとあるといふものだから。家内《かない》十四五人。妾の目ばかりで。活計《すごし》て置くやうなものさ。和尚「愚僧《ぐそう》は精進潔斎《しやうじんけつさい》。至て厳重《げんぢう》の清僧《せいそう》で厶ざるから。魚《さかな》と女は。明《あい》た目《め》で見ることも致さぬ。イヤ向ふから。美《うつ》くしい女が来るが。縦令《たとへ》彼の女が。愚僧の顔

を。可厭《いや》らしい目をして見やうがまゝ。此の方は一心不乱。見向《みむ》きも致すことではない。また見た処が始《はじ》まらぬ。どうせできもせぬものだから。それで見ない方がよく厶る。瞽女「妾《わし》は目こそ見へないが。歌《うた》を唄《うた》はせて見なさい。其声《そのこえ》の美音《よ》さ。惜《お》い女に目がないと有仰《おつしゃ》つて。目には構《かま》はず。声に惚《ほれ》たといふお方が。幾人《いくたり》あるか知れませぬから。声は余程《よつほど》美音《よ》いと見へて。一とふね二両に買ふといふ人がありました。

（『金草鞋』九四七〜九四八頁［第一二編］）

文化十年（一八一三）三月二十三日、現埼玉県ときがわ町別所。別所村、瞽女の宿泊費など

「（表紙）
文化十年
別所村
村内納方定帳
酉ノ三月廿三日」

［略］

一、座頭・古茂僧（虚無僧）・浪人は泊り壱人ニ付百文宛、瞽女壱人ニ付壱夜泊り七拾弐文宛、右泊り御座候節は役人小前へ順番とめ、はたご義は役銭差添へし

（『都幾川村史資料』第四巻［五］、二二五頁）

文化十年（一八一三）三月、現千葉県我孫子市布施・柏市布施。布施村

「（表紙）
文化十酉年
下総国相馬郡布施村五人組御改帳
三月」

［略］

一、高壱石四斗六升弐合　山次郎 五十二歳
此反別壱反七畝拾八歩
此訳
上田六畝六歩　上畑四畝拾八歩
中畑弐畝廿四歩
下々畑四畝歩
伜 唯七 十七歳
伯母瞽女 可祢 六十歳
〆三人内 男弐人 女壱人

人数合九百四拾五人 内 男五百五人 瞽女壱人 女四百四拾人

［略］

（『我孫子市史資料』近世篇一、一九一頁、二五四頁、二七一頁）

文化十年（一八一三）四月、現長野県辰野町樋口。樋口村、座頭・瞽女の「出入」を願い出る者の文書（下書）

〔端裏書き〕「下書」

差出し申一札之事

一、私共家柄軽き者共御座候得者、是迄ハ瞽女・座頭衆中も出入無之候処、此度御世話人衆中御願申、御村方御役人衆中様御一流〔統〕ニ御評議之上盲人座元之方江御懸合被下、依之以来村並ニ出入仕候様ニ被下成忝仕合奉存候

一、私共儀是迄ハ袴之儀も着用仕候事ニも相成不申処、今般御村方御役人衆中様以御憐愍ヲ御取立被下成、祝儀愁歎之節計は勝手次第ニ着用仕候様ニ御宥免被下、是又千万忝仕合奉存候

一、愁傷・葬式之儀は先規之通り可仕候事

一、御公儀様御法度之儀は不及申上、御村方御左法も何事も御役人衆中様之御差図請可申候、此上御百姓実体ニ急度相励可申候

右前書之通り少も相違無御座候、因茲御世話人衆中連印、仍而如件

文化十癸酉年
四月　　　願人　誰印
　　　　　世話人　誰印

御村方
御役人衆中

（「差出し申一札之事」）

文化十年（一八一三）閏十一月十三日、現高知県四万十《しまんと》市西ヶ方。土佐藩西ノ坊（『燧袋《ひうちぶくろ》』巻十二）

〔文化十年閏十一月〕十三日　晴

夜賀宝坊そはの振舞、西ノ坊ニて行フ。伊佐ノみな、松尾ノとみといふ二人の瞽女来りて、三阮を弾く。今村かつくりたる清水七浦ノ歌をもひく。あはれ也。

今も猶三のをことにわかせこか
声そのこれる清水七浦

（『楠瀬大枝日記　燧袋』第三巻、八三〜八四頁）

文化十年（一八一三）序、現静岡県静岡市。駿府の瞽女頭「松」の屋敷の由緒　→天保十三年（一八四二）成立、文久元年（一八六一）三月

瞽女　松が宅地

府の瞽女伝にいふ、慶長五年関ヶ原御陣の時神祖瞽女三人を夢に見給ひしが、翌日果して三人の瞽女御前に参りしかば名を問ひ給ふに松と答へて夢に符号す、よりて命じて唄はしめ給へば合戦の御勝利なるべき由を祝ひ唄ひけるにより、戦果て丶後御祝として松に宅地を賜ひぬ、其の歌曲と宅とは松が弟子に伝へて今に至る、或はいふ松は宝台院殿に縁ある者にて院に近く参り仕へしかば、今も其由緒にて毎年正月と七月

との十六日に宝台院にて府の瞽女に斎を賜ふと、寛永三年中納言殿府の町に米賜ひし時の帳に瞽女松の家見えたり、

（『修訂駿河国新風土記』上巻、一九五頁）

文化十一年（一八一四）正月六日、現岐阜県郡上市八幡町。郡上郡赤谷村慈恩寺のしきたり

(表紙)「鍾山月鑑　　正源禅師直筆」

[略]

一、座頭・瞽女来ル時は、兼て用意之弐文包を遣ス

（『岐阜県史』史料編、近世八、一〇一頁、一〇五頁）

文化十一年（一八一四）正月。大坂「中の芝居」初演（奈河晴助「傾城筑紫𤢖《けいせいつくしのつまごと》」。登場人物、忠＝蘆守忠吾、伝＝津軽伝内、阿曾＝宮城阿曾次郎［後、次郎＝駒沢次郎左衛門］、朝＝朝顔、徳＝藤屋徳右衛門、瀧＝岩代瀧太）→天保三年（一八三二）正月二日、嘉永元年（一八四八）八月二十日

[第三段]

造り物《だうぐ》向《だてむか》ふ一面《めん》の浪幕《なみまく》、前《まへ》に大きなる屋形舟《やかたふね》あり、尤《もつとも》 障子《しやうじ》閉《さ》してあり、此内《このうち》にて不知火《しらぬひ》を弾《ひ》いて居《ゐ》る、此下に舟一艘《ふねいつそう》、是に宮城阿曾次郎着付浪人《きつけらうにん》の形《なり》、此傍《このそば》に蘆守忠吾《あしもりちうご》、津軽伝内《つがるでんない》乗《の》つて居る、三人さゝへにて酒盛《さかもり》の体《てい》、都《すべ》て宇治川《うぢかは》の景色《けしき》、此見得《このみえ》宜《よろ》しく道具納《だうぐをさま》る。

忠吾「ナント先生《せんせい》、好《よ》い景色《けしき》でムりますてな。伝内「先生只今《たゞいま》弾《ひ》いて居《ゐ》るは、ありや何でムりまするな。阿曾「あれは不知火《しらぬひ》と申して、今九州《きうしう》では専《もつぱ》ら弾《ひき》まする、此都《このみやこ》へは誰《たれ》が伝《つた》へたら、ハテ殊勝《しほらし》い。ト少《すこ》し酔《ゑ》ふた風《ふう》にて云《い》ふ。伝「左様《さやう》でムるて、イヤモウ夫《それ》は其筈《そのはず》でムる。阿曾「ハ、、、、是《これ》は又お嬲《なぶ》りでムるか。伝「イヤ〱、全《まつた》く左様《さやう》ではムらぬ。ト又舟《ふね》にて菊《きく》の枝《し》折《をり》を弾《ひ》く。阿「ホウ只今《たゞいま》弾《ひき》まするは、菊《きく》の枝折《しをり》でムるな。忠「左様《さやう》さうにムりまする、イヤ余処《よそ》の舟で弾《ひ》くのを、斯様《かやう》に聞《き》いて居《をり》まするが、一興《いつきやう》でムりまする。伝「左様でムりまする、併《しか》し迚《とて》も事なら、何卒《どうぞ》顔が見たいなア。忠「イヤ〱、併《しか》し彼《あ》のやうな宜《よろ》しき声《こゑ》では、顔を見ると得《え》ては目《め》の無《な》い人などが有《あ》るものじやてなア先生。阿「イヤ〱爾《さ》うではムりませぬ、あの美声《びせい》は左様《さやう》の人ではムりませぬて、彼《か》の盲人《もうじん》などは、如何《いか》程《ほど》美《うつく》しき声《こゑ》でも濁《にご》り有《あ》るもの、今聞《き》く声《こゑ》に濁《にご》り無《な》ければ、定《さだ》めて美人《びじん》でムりませうハ、、、、。忠「先生の仰《おほせ》では、一入《ひとしほ》見たうムりまするハ、、、、。ト此内大舟《ふね》の障子《しやうじ》を開《ひら》き、弓之助の妻操《みさを》、娘深雪《みゆき》、腰元《こしもと》あやめ、しげは附添居《つきそひゐ》る。

[第六段]

都《すべ》て駿河藤屋《するがふぢや》の体《てい》、幕《まく》の内《うち》よりおじやれにて旅人《たびゞと》を引《ひ》いて居《ゐ》る、東向《ひがしむか》ふより仕出《しだ》しの旅人大勢《たびゞとおほぜい》、在郷唄《さいがううた》にて幕《まく》開く。

[略]

朝顔向ふより継《つ》ぎ〱の着物《きもの》、背中《せなか》に琴《こと》を背負《せお》ひ、盲《めくら》の体《てい》にて

杖《つゑ》を突《つ》き出る。跡より子供《こども》大勢《ぜい》。子供「朝顔琴《こと》を弾《ひ》いて聞《きか》しや〳〵。朝「ハイ〳〵、貴方《あなた》がたは此辺《このあた》りの、旦那様方《だんなさまかた》のお子達《こたち》でムりまするか、向《むか》ふの藤屋様《ふぢや》へ参《まゐ》りましたら、弾《ひ》いて聞《きか》せませう。ト云ひ〳〵本舞台へ来《く》る、

[略]

朝「ほんにマア世《よ》には彼《あ》の様《やう》な親切《しんせつ》な人も在《あ》るものか、ほんに是を思へば国《くに》の事、以前《いぜん》は由《よし》ある武士《ぶし》の娘《むすめ》、今は人様《ひとさん》の志《こゝろざし》を受けて、世《よ》を渡《わた》らねば成《な》らぬといふは。ト少し憂《うれひ》にて打悄《うちしほ》れ。エ、苦《く》は色《いろ》かへる浜《はま》の松風《まつかぜ》。ト朝顔の歌になり、朝顔そろそろ横手へ這入る、

[略]

徳「旦那様方《たんなさまがた》、愈《いよ〳〵》御機嫌《ごきげん》よくお入遊《いりあそ》ばされまするか、徳右衛門め一寸《ちよつと》お見舞《みまひ》申上まする。次郎「ホウ誰《たれ》かと思へば徳右衛門是《これ》は叮寧近《ていねいちか》う〳〵。徳「へイ〳〵。次郎「時に徳右衛門、早速一寸尋《さつそくちよつとたづ》ねたい、今晩爰《こんばんこゝ》に弾《ひ》いて居《ゐ》る彼《あ》の歌《うた》は、アリヤ何者《なにもの》が伝《つた》へしぞ。徳「へイ〳〵あの歌でムりますか。次郎「いかにも。徳「あれは日外《いつぞや》より、十七八な美《うつく》しい盲《めくら》の女子《をなご》が、琴《こと》を始《し》終持歩《ぞうもちある》いて、朝顔《あさがほ》といふ歌《うた》を弾《ひ》き歩《ある》きまする故《ゆゑ》、皆夫《みなそれ》を弾習《ひきなら》ひまして流行《はやら》しまする故《ゆゑ》、其女子《そのをなご》の名《な》を申しまして、只今《たゞいま》は朝顔《あさがほ》〳〵と申しまする。次郎「ハテ夫《それ》は珍《めづら》しい、旅中《りよちう》の徒然《つれ〴〵》其盲《そのめくら》の女《をんな》に弾《ひか》すも一興《いつきよう》、瀧太殿是《これ》へ呼《よび》ませうか。瀧「如何様《いか》ともなされませい。次郎「徳右衛門其女《そのをんな》を呼出《よびだ》し召《めさ》れい。瀧「其様《そのやう》な女を見て遣《や》るも、後生《ごしやう》でムりまする。徳「左様《さやう》ならば、是《これ》へ呼《よ》んで参《まゐ》りませう。忠「サ、早《はや》う〳〵。徳「畏《かしこま》りました。ト橋懸りへ急《いそ》ぎ這入る。次郎「ハ、、、瀧太殿、何彼斯様《なにかかやう》に其《その》盲《めくら》でも召寄《めしよせ》ますれば、物好《ものこの》みのやうに思召《おぼしめし》ませうが、是も旅《りよ》中《ちう》の鬱散《うつさん》でムる。瀧「中々《なか〴〵》好《よ》い鬱散《うつさん》でムる。ト始終《しゞう》ツン〳〵して云ふ、此時徳右衛門朝顔が手を引き出て。徳「ソレ危険《あぶな》い〳〵、蹴躓《けつまづ》くまいぞ、ヲツト其処《そこ》に居《ゐ》よ〳〵○へイ朝顔《あさがほ》を召連《めしつれ》ましてムりまする。次郎「是《これ》は太儀《たいぎ》〳〵、苦《くる》しう無《な》いずつと是《これ》へ出《だ》しやれ。徳「ハイハイ。ト朝顔を前へ出し。「ソレ御家老《ごからう》様の前《まへ》じや、お辞義《じぎ》仕りませう。ト朝顔辞義《じぎ》する、次郎左衛門朝顔が顔を見て恟《びつく》りし、瀧太と顔見合せ、ハツと顔《かほ》を背《そむ》ける。次郎「ハテ見《み》れば見る程《ほど》、褄《つま》はづれといひ縹致《きりやう》といひ、元《もと》からの非人《ひにん》とも見《み》えぬに、其眼病《そのがんびやう》はハテ不便《ふびん》やなア。瀧「ア、かわいさうに、其様《そのやう》に尋《たづ》ね歩《ある》いて。ト次郎左衛門と顔見合せ、ちやつと気色《けしき》を変《か》へ。イヤ〳〵うか〳〵へちまふ盲《めくら》に、どうでろくな奴《やつ》ではムるまい。ト朝顔俯向《うつむ》きしく〳〵泣《な》いて居る。忠「女如何《をんなどう》じや、早《はや》う琴《こと》を始《はじ》めぬか。朝「アイ〳〵。ト袋《ふくろ》より琴《こと》を出《だ》して調子合《てうしあは》し〳〵泣《な》く。瀧「どうだ弾《ひ》かぬか、エ、何《なに》を泣《ほ》える、貴人《きにん》の前《まへ》に不吉《ふきつ》の泣面《ほえづら》、徳右衛門連れて行《ゆ》け。徳「イエ〳〵、只今弾《ひ》きまするやうにムりまする。忠「サア早《はや》う〳〵。ト朝顔泣《あさがほな》く〳〵朝顔の歌を弾《ひ》く、此間《このあひだ》次郎左衛門思入宜《おもひいれよろ》しく有るべし、一くさり弾了《ひきしま》ふ。忠「よう〳〵。瀧「ハテ中々器用《なか〴〵きよう》な奴《やつ》じやなア。徳「へイ〳〵ソレお誉《ほめ》のお詞《ことば》じや、有難《ありがた》う思ふたが可いぞや。次郎「ハテ扨盲人《さてまうじん》に似《に》ぬ今《いま》の一曲《いつきよく》、其方《そのはう》は何処《いづく》

の者で、何故《なにゆゑ》に斯《か》る姿《すがた》を成下《なりさが》つたぞ。朝「是《これ》はマア思ひも寄《よ》らぬ恥《はぢ》かしき事のお尋ね、思《おも》ひ出《いだ》すも涙《なみだ》の種《たね》、
[略]
泣《な》く目《め》乾《かは》かぬ其内に、積《つも》り〳〵て此様な、盲《めくら》とまで成果《なりはて》ても、エ、忘《わす》れぬが女子《をなご》の因果《いんぐわ》、
（「傾城筑紫《けいせいつくしのつまごと》　㺒」一八九〜一九〇頁、二五三頁、二五六頁、二五八〜二六〇頁）

文化十一年（一八一四）二月、現石川県。加賀藩、座頭・瞽女の救助に関する願（『真館諸書物留』）

羽咋鹿島両御郡之内ニ罷在候座頭・瞽女之儀、在々相廻、雑穀等纔之助成を貰、或者祝儀仏事等有之砌、少々充合力を請、渡世仕儀ニ御座候処、近年作難等中立施入無御座、一統及難渋、文化五年歎之趣申出候得共、願上候儀も御時節御難題之御儀ニ付、私共相談詮議之上、役用銀壱貫目貸渡為取続置候、然処、其後打続作難ニ而村々難渋仕、弥助成薄誠ニ行詰、中に者及飢申為体見捨置候儀も難仕、村役人等色々取計介抱仕候得共、今程致方無御座、去暮以来村役人并座役之者より、私共等江重々相歎、実ニ困窮至極之体、剰、座頭・瞽女之儀者乞涯（ママ）与違、年分両三度程ならて相廻不申、別而町方居住之盲人とハ格別、芸能按摩等之潤色も無御座、最早行当困窮迷惑仕候旨申聞、無拠趣ニ相聞候ニ付、才許々々打込重々相談詮議仕候得共、盲人之儀故外稼方之仕法無御座、私共手前ニおゐても前文申上候通、近年取計置候上之事ニ而、取扱之手段尽果申儀ニ御座候、当時座頭八拾弐人、瞽女九拾四人、都合百八拾六人之者共助命仕兼申程之儀ニ御座候、就夫、御当節奉恐察申上兼候得共、何卒御憐愍を以、御取救之儀宜御詮義被下候御奉願度、小紙を以申上候、以上

（文化十一年）戌二月　本江村　惣　助
武部村　四郎太夫
堀松村　平　蔵
本江村　六郎右衛門

進士求馬様
中村逸角様

右願之儀、御当節外々江も指障、何分御聞届難被下、何れ工夫之上可取計置旨、同十一年十月六日番代へ被仰渡、小紙御返
（田中喜男『加賀藩被差別部落史研究』五五九〜五六〇頁。『加賀藩史料』第一二編、三一〇頁も参照）

文化十一年（一八一四）三月、現新潟県上越市。高田城下、瞽女仲間の儀定証文

仲間儀定証文之事
此度、土橋町金助娘くら、春日町近藤織部娘ちと、下小町つる、右三人之者瞽女仲間入不仕、不法之儀有之ニ付、仲間一統相談之上、御上様江願書差上度候、依之以来如何様之義出来仕

候共、仲間中打寄相談可仕候、何事ニよらす違背申間敷候、為
後日連印仍如件

文化十一戌年三月

刃物鍛冶町 きよ ㊞
みよ（爪印）
なを（爪印）
りよ（爪印）
しけ
ちよ（爪印）
刃物鍛冶町 しけ ㊞
たき（爪印）
職人町 むめ ㊞
同町 たき
同町 よき（爪印）
桶屋町 さき ㊞
同町 しけ
長門町 まつ
ふち

中屋敷町 つや ㊞
上紺屋町 はつ ㊞
同町 やす ㊞
出雲町 とよ ㊞
本杉かち町 つや ㊞
みな（爪印）
はな（爪印）
たけ（爪印）
ひさ（爪印）
ふち（爪印）
つよ（爪印）
桶屋町 のふ ㊞
むら
つた
よし
下職人町 たき ㊞
より（爪印）
あゑ（爪印）
大鋸町 はつ ㊞

つた（爪印）
本杉かち町　ゆき（爪印）
やよ（爪印）
おの（爪印）
そよ
とよ
そよ
しよ
むめ
はつ
職人町　そよ
くめ
さき
上紺屋町　ちよ ㊞
ふし（爪印）
きよ（爪印）
上紺屋町　はつ（爪印）
きよ ㊞
ひさ ㊞
しつ ㊞
きく（爪印）

ひな ㊞

（「仲間儀定証文之事」『新潟県史』資料編、第六巻、八八八〜八八九頁、『高田市史』第一巻、三〇四頁、高田市文化財調査委員会編『高田のごぜ』一六〜一八頁も参照。上越市立総合博物館にもある）

文化十一年（一八一四）成立、現山梨県甲府市。甲府城下の瞽女組

一、瞽女　府中ニ居ルヲ座元ト云、近習町ニ一組、飯田新町ト云処ニ一組アリ、毎㆓夏秋㆒猿貫シテ州中ノ村里ヲ廻リ以㆓絃歌㆒米銭ヲ乞フ者ナリ

（『甲斐国志』下巻、一四五七〜一四五八頁）

文化十二年（一八一五）四月、現岐阜県関市。他所の「盲女」

「（表紙）
文化十二年
美濃国武儀郡小屋名村明細帳
亥四月」

［略］

一、盲女・座頭無御座候、但シ他所より盲女・座頭愁祝義之節、古来より村中え入来不申候

（『関市史』史料編、近世二、三八三頁、三八七頁）

文化十二年（一八一五）五月、現新潟県長岡市。長岡町、婚礼の際の座頭・瞽女への祝儀に関する伺　↓文化十二年（一八一五）六月十三日

書付を以御願奉申上候

割元・庄屋并頭立候百姓家ニ而、嫁・聟取迎ひ祝儀相整候節、座頭并瞽女大勢祝儀請度之旨申参、其節賄等麁相か、又は祝義として差出し代物、座頭共心得より不足ニ候えは、色々ねたり候儀も有之、不埒之事御座候え共、何分婚儀席故、盲人を相手取彼是訳合懸合候てハ、外聞も如何ニ付、当人心底ニハ相叶不申候え共、分限不相応ニ多分之代物ヲも差出、片時もはやく為引取候外無御座、及迷惑候故、近年ハ別て、一同婚儀は極竊ニいたし、一家親類ハ不及申、近隣江も相隠し、大方寝済候時分、竊ニ家内限ニ而祝義相整候事ニ成行候、然ル処、若盲人共聞付候えハ諸方仲間へ申伝、祝義当日五、七拾人も罷越し、悉迷惑致し候義度々御座候て、常々歎合罷在候、婚儀ハ祝義第一と申合居候処、盲人共のためニ一家親類江も相隠候義、一統迷惑至極仕候、依之承り合候故、長岡町ニ而も前申上候通り先年ハ在方同様ニ御座候処、近年御伺申上候て、配当座元へ差遣候えは、祝義之所江ハ、盲人共一切不参候旨ニ御座候、依て配当員数左ニ御伺奉申上候

郷中配当

一、割元　壱貫文　庄屋　七百文　頭立候百姓

但、頭立候百姓何村ニ而誰々と申義、割元・庄屋抔とハ違ひ不相分候ニ付、頭立候百姓へハ、其村庄屋より見立、配当指出候様被申聞候義ニ仕度奉存候

右之通、祝義以前其組座元へ配当差出候て、祝儀之席へ盲人共大勢不打寄、一同安堵仕、近親共をも相招、心遣なく婚儀相整候様仕度奉存候、御慈悲を以願之通被仰付被下置候ハヽ、重々難有仕合奉存候、已上

文化十二年亥五月　三　組

（『長岡市史』資料編三、四七九〜四八〇頁）

文化十二年（一八一五）六月十三日、現新潟県長岡市。長岡町割元・庄屋から婚姻の際の座頭への祝儀に関する達し　↓文化十二年（一八一五）五月

文化十二亥年御書付

郷中割元・庄屋初、婚姻并重き諸祝儀相整候節、近来座頭共大勢申合罷越、配当并〔等カ〕支度小ねたり、祝儀之宅江入込、迷惑ニもおよひ候趣相聞候、依て、以来配当之儀ハ、町家検断初之引合を以相定、座元迄相送り候様申聞置候、右ニ付、向後其席江罷越、ねたりケ間敷儀有之間敷候、若心得違之儀有之ニおゐてハ、其所ニ留置、相達候様申聞置候、此旨座元江厳敷可被申付候

右之趣、座元へ申聞候間、此旨相心得、自今割元并割元格之者、町家検断・町老之当り、其外庄屋并重立候者ハ、是又町家之引合ヲ以、其村庄屋見計、身分相応ニ配当相送り可申候、若

座頭共心得違ニ而、ねたりケ間敷儀有之候ハヽ、其所ニ留置申
達候様、支配下へ可被申聞候、已上

六月十三日

（『長岡市史』資料編三、四八〇〜四八一頁）

文化十二年（一八一五）七月六日、現兵庫県豊岡市石出町。出石藩城下、難渋人御救米支給に関する申渡

六日

一、町奉行達

老年　本町　菊屋嘉右衛門後家　七十三才
難病　出町　せかれ　忠三郎　（三十脱カ）六才
出町　市蔵　十二才
姉　よし　十五才
盲目　出町　母親　五十壱才
盲目　老年　萩　寿　七十壱才

右之通難渋もの之由、御慈悲之儀組合之者共庄屋奥印を以相願
候由、前々之通御救米被成下可然旨申談、

（『兵庫県史』史料編、近世二、三六〇頁）

文化十二年（一八一五）八月五〜六日、現千葉県流山市芝崎。芝崎村、瞽女の来村

五日晴南風

［略］

一、こぜ弐人子供一人合三人泊船橋組之由

雷有　六日晴

一、こせ三人出立

（吉野家『乙亥日記』。『流山市史』近世資料編三、五一五頁も参照）

文化十二年（一八一五）八月、現島根県。石見国鹿足郡、津和野藩、瞽女などの一泊許可　↓明和八年（一七七一）八月編

（表紙）
「文化十二乙亥年八月
郡中諸向取計覚
当役　河田弥兵衛
佐伯本之助
豊田勝助」

覚

［略］

一、六十六部順礼、托鉢之僧、虚無僧、山伏、比丘尼、瞽女、
座頭之類、格別不審之儀茂無之候ハヽ、一宿ハ可許容、無拠
二宿貸候時者、庄屋組頭之内江相届、他国之者者往来手形、
御領内之者者村所可致詮議候、尤病気ニ而数日滞留仕候

ハ、、委尋糺、其趣御代官所江可申届置候、其余取計之儀
者、皆済札之通可相心得候事、

（『新修島根県史』史料篇三、五九三頁、六一一頁）

文化十二年（一八一五）十一月十四日、現埼玉県さいたま市浦和区高畑。高畑村、瞽女へ祝儀

「（表紙）文化十二年
紐直シ祝義覚
亥霜月十四日　若谷八百八」

覚

[略]

祝儀ものへ出方

一、七拾弐文　ごぜ　五人

[略]

一、七拾弐文　ごぜ

（『浦和市史』第三巻、近世史料編四、七八八頁、七九一頁）

文化十二年（一八一五）。江戸、深川の瞽女が強盗にあう事件

深川のほとりを廿四五なるめくら女の、やぶれ三弦を挽て哥うたひて乞食して歩行しを、盗賊の付ねらひて色情にことよせて、みろく寺の卵塔へ連行きよく〳〵なぐさみて後、懐にある所の銭四百文斗と彼破れ三弦を奪ひ取、盲女の口へ古手拭を押込つよくいましめ、大なる石塔にくゝり付、彼銭と三弦とを持て脇の方の垣根をくゞり逃出んとせしかど、其界に大いなる土腐あり、足を入て深浅を窮《（窺）》ふ。はるか向ふの辻番より見付て、白昼といゝ垣を破り出るは心得ずと両人出来り糺問するに、此盗賊陳じて申よふ、只今寺中に潜に芸者をよび酒宴ありし折に、同心衆の参りてければ僧も俗もうろたへて逃出し也。わらはに《（のカ）》は此三弦持て逃くれよと芸者の頼候まゝ、垣をくゞりて逃れ出る所也といふ。しかれども此三弦古く破れて中々芸者などのひくべき物にあらずと、終にいましめけり。扨寺中へ通じて所々を吟味するに、奥の墓所に盲女をいましめあり。夫より段々のわけを糺して終に盗賊は入牢しけり。

（『我衣』三三一頁）

文化十三年（一八一六）二月、現千葉県市原市。上総国市原郡池和田村・金谷村・辻村・矢田村・矢口村・中村・下内田村・上内田村の議定

市原郡村々

[略]

一、出家、社人、修［験脱カ］、瞽女・座頭、物貰の類、縦令前村より送り来候共、人馬継立の儀も不相成旨堅断、組合村内へ継送り申間敷、壱銭の合力も不差出、止宿の儀も成丈相断、若止宿為致候節は木賃米受取無賃にて止宿為致間敷候事、若無拠筋にて人馬継立候節は村役人致同道次村役人へ仔細可申通候

事
但伊勢津宮并に前々より請来候分は格別、其外には堅相断
可申事
[略]
文化十三子年二月
田邊宇太夫知行所　池和田村名主　滝右衛門㊞
[以下十名略]
（『千葉県市原郡誌』一一九四〜一一九五頁）

文化十三年（一八一六）三月二十五日か〜四月二十三日、現愛知県刈谷市。三河国刈谷新町、「御触状留帳」、瞽女の宿泊

一、ごぜ両人　成岩村とまり
[三月カ] 廿五日
[略]
[四月二日カ]
岡崎　ごぜ両人泊り　みな
きさ
[略]
四月七日
ごぜ弐人泊り　藤江　きさ
宮津　きし
四月八日
同　弐人泊り　東浦　りわ
西尾　みね
同
同　弐人泊り　野麻(間カ)　ふで
大野　りそ
四月十一日
一、こぜん弐人泊り　大野　ふき
野間　こん
[略]
四月廿三日
一、ごぜ壱人泊り　尾州宮津　もよ
一、右子供弐人泊り
（『刈谷町庄屋留帳』第九巻、二五二〜二五三頁、二六一頁）

文化十三年（一八一六）五月十一日、現富山県富山市。富山城下南新町、「盲女」の取締

文化十三年
一、南新町散地等盲女共之儀、前々作法有之義、然ル処不都合成品も相聞へ候ニ付、度々縮方之義町役人共江も申渡候得共不行届、近頃別而猥成趣相聞へ候、依而已後目明之分ハ五十歳之女子義飯炊ニ差置候義ハ格別、其余目明之女指置候義は堅不相成候、尤時々役人指出し人別相改候条、此義入念申渡候様座元江申付候、尤当十八日限ニ目明之女為退候様申付候

間、丁役人共よりも入念申渡、右退次第可及按内候事

子五月十一日

旅籠町
女将共江

右之者共心得違有之候ニ付、先規作法之通相心得候様数度厳重申渡置候処、近頃右女共為致美服、踊或は音曲之品等為取扱候段委曲相聞、不届至極ニ候、急度詮義筋も在之候得共、格別を以先差宥置候条、以来右体心得違無之様女将共江可申渡候事

（『旧記抜書』第一巻、富山藩文書）

文化十三年（一八一六）五月、現広島県広島市。給仕女の取締に関する口達

演説之覚

［略］

一、右雇候女給仕等に差出候節、客より花と唱祝儀遣し候儀、素より座頭・盲女等之芸者と違ひ全く給仕而已之儀に候処、右体祝儀遣し候儀不相当に付、以来決而不相成候事

（『広島県史』近世資料編、第四巻、一七八～一七九頁）

文化十三年（一八一六）五月、現香川県。高松藩、「高松町年寄御用留」、宗門帳の作成

覚

一、諸奉公人　又者
但し何奉公人或者出入奉公抔之類委細ニ可書出候
一、医師
一、出家
一、山伏
一、道心
一、座当
一、牢人
但し何牢人与委細可書出候
一、瞽女
一、比丘尼
一、神子
一、尼
一、当年宗門帳認候以後出生之子
右之分宗門帳扣ニ委細ニ下ケ札致候而早々指出可申候
一、当歳宗門御人数寄せ猶又算当り等入念相改、間違無之様仕指出可申候
一、右宗門帳〆高ヲ元ニ立右紙面一人別寄ニ致指出可申候
右之趣ヲ以入念相調来月五日迄ニ指出可申候

子
五月

（『香川県史』第一〇巻、資料編、五二一頁）

文化十三年（一八一六）五月、現福岡県朝倉市甘木。秋月藩夜須郡・嘉摩郡の瞽女人口（『掌中秘記』）

八▲文化十三年子五月改御領分中人高御書上目録控

夜須郡之内三拾ヶ村人高

一、人数壱万弐千七百七人　但男七千百九拾九人 女五千五百八人

内

[略]

人数五人　座頭、　人数拾壱人　盲人、　人数七人　盲僧、

人数七人　盲女

[略]

嘉摩郡之内拾壱ヶ村人高

一、人数六千三百九拾四人　但男三千五百弐拾六人 女弐千八百六十八人

内

[略]

人数三人　盲僧、　人数八人　盲人、　人数壱人　尼、

人数三人　盲女

（『甘木市史資料』近世編第二集、六七～六八頁）

文化十三年（一八一六）七月十一日、現千葉県流山市芝崎。芝崎村、「越後乞食女」（瞽女か）の来村

十一日半晴大暑

[略]

一、越後乞食女五人暮時より来、せひ泊呉候様押而申聞五ツ頃迄居候得共不泊

（吉野家『丙子日記』。『流山市史』近世資料編三、五六八頁も参照）

文化十三年（一八一六）八月、現福井県勝山市平泉寺《へいせんじ》町。大野郡平泉寺村、村費倹約に関する定

文化十三年八月村方倹約之儀定覚

[略]

一、座頭、瞽女之儀、本村岡［むろこ］、赤尾共壱ヶ年分米弐俵にて、村五郎右衛門方へ相渡可申候、尤枝村別盛にも相成候節は、其割合にて米方減し相渡可申事。

（『平泉寺史要』三〇四頁）

文化十三年（一八一六）十月、現群馬県前橋市。向領三十三カ村の村議定

議定一札之事

天明三卯年凶年以来、当地在町共ニ業之収納段々ト相減却而年分之入用段々と相増候ニ付、村々一統相詰り難渋之処、近年浪人体之者、旅僧、修験、瞽女・座頭并御師、勧化僧、難船之者等数多徘廻致、合力勧化初穂等過分ニねだり取候故、是等之入用凶年以前ヨリ至而多相成拾倍茂相懸り難儀仕候、

［略］
旅僧、修験、瞽女・座頭、御免無之諸勧化物貰之類、逸々聞届
其乞品ニ寄百石ニ付銭三文之割合ヲ以差出可申候事
［略］

文化十三丙子年十月

群馬郡向領三十三ヶ村組合

（『前橋市史』第六巻、三六四〜三六五頁。『群馬県史』資料編、第一四巻、二七五頁も参照）

文化十三年（一八一六）、現高知県。土佐藩の座頭・瞽女への扶持算出　↓天保十四年（一八四三）

文化十四年（一八一七）二月、現群馬県渋川市。渋川村他組合十二カ村勧化合力金の議定

（表紙）「議　定　書

組合拾二ヶ村」

議定一札之事

一、天明三卯年凶年以来、在町共ニ業之収納段々与相減、却而多分之入用段々与相増候ニ付、村々一統相詰難渋之処、近年浪人体之者・旅僧・修験・瞽女・座頭并御師・勧化僧・難船之者等、数多徘徊致合力勧化初穂等、過分ねたり取候故、是等之入用凶年以前より至而多相成、拾陪茂相懸難儀仕候、先浪人之儀者五、三人一群、又者八、九人一群ニ而合力を乞候故、其村方相応ニ合力銭差出候得者、少分ニ候迚弁舌を震強而相ねたり候故、其村方難渋之理解申達候得者、却而悪口難題を申懸、浪藉におよひ始末ニ当惑致候村方も有之、譬浪籍〔藉〕ニおよび不申候而も、大勢故狼籍〔藉〕ニ可及勢をなし我意申募候故、胸（ママ）を冷し候程之儀度々御座候而、誠ニ村々役元を軽蔑致候始末、御上様不恐振舞兼而従公儀度々御触之趣承知罷在、不得其意儀ニ者存候得共、彼是申争ひ六ヶ敷相成候而者、御上様御苦難奉恐入、忽村方之難渋仕出候事、其上其村入用多分ニ相懸候事故、旁以迷惑存乍難渋、無拠過分之合力差出候事ニ罷成、其余勧化・奉加・初穂并難船之者、物貰之類是又過分之ねたり仕候故、此儀茂村々ニ而多分之銭差出候事故、不相成旨理解申聞相断候而茂、ねたり事渡世之者共故、中々弁才を震又者彼是難題を申懸、時刻を移し候ニ付申争之上者、品ニ寄其分ニ難差置筋ニ茂相成、俄ニ村方之難渋引出候儀ニ而、殊ニ先差当其日農業家業相妨候間、不得其意事与承知乍罷在、過分銭差出遣候事ニ罷成申候
［略］
一、旅僧・瞽女・座頭、御免無之諸勧化、物貰之類逸々聞届、其乞品ニ寄百石ニ付銭三文之割合を以差出可申候事
［略］
一、何様之儀出来仕候共、議定之通聊相違仕間敷候、依而連印為取替一札如件

文化十四年丁丑年二月
伊香保村
名主　甚左衛門　㊞
［以下三十八名略］
（『渋川市誌』第五巻、三四二〜三四四頁）

文化十四年（一八一七）三月二十五日〜九月十六日、現愛知県刈谷市。三河国刈谷新町、「御触状留帳」、瞽女の宿泊

こぜ　三月廿五日
弐人　（みを　久畠みつ　庄屋
　　　（みつ　　　　　子ノ年相替
米木津　（ならわ
ちと　かと　谷越勇右衛門
どふあき　同　同
きと　みと　丑年　酒井源左衛門
東畑　あの　組頭　武平太
りか　たみ　庄屋宮川要八
四月十九日夕　組頭　勘右衛門
五月廿七日　九月十六日　庄屋西原与次右衛門
中嶋いと　牧　十右衛門
せん　吉良青野　のよ
ぬい　とう逸みね
六月廿八日　八月四日
くつかけ村　尾州宮津
きせ　さき
（『刈谷町庄屋留帳』第九巻、三三六頁）

文化十四年（一八一七）四月十三日、二十日、現千葉県流山市芝崎。芝崎村、瞽女の来村

十三晴
［略］
一、盲女弐人千葉之もの之由泊遣
廿日晴　丑寅風寒
［略］
一、婟女三人船橋之もの之由泊
（吉野家『文化十四日記』。『流山市史』近世資料編三、六一七頁、六一八頁も参照）

文化十四年（一八一七）六月六日、十三日、現千葉県流山市芝崎。芝崎村、瞽女の来村

六日半晴　土用子刻入　南大風
［略］
一、鼓女弐人柏井之もの泊遣

十三日曇　北東風寒

［略］

一、瞽女四人泊行徳之もの之由

（吉野家『文化十四日記』。『流山市史』近世資料編三、六二三～六二五頁も参照）

文化十四年（一八一七）成立、現栃木県宇都宮市。宇都宮の瞽女唄　→天保元年（一八三〇）

下野国《しもつけのくに》の宇都宮《うつのみや》にて、めくら御前《ごぜ》がふるくよりうたひつたへし、若宮《わかみや》の歌といふ二謡《ふたうた》を、蒲生秀実《がまふひでざね》が、きゝたもちて、うたひけるに、そのひとつはわかみやまゐり、とのびと《殿人》を、さきにたて《前立》ゝ、わかみやまゐり《若宮参》を、まうせ《仕》ば、わかみや《若宮》の、ばんばさき《馬場前》で、ごしよばこ《御書函》を、見つけた《見得》。かた《傍》よりて《倚》、あけて《開》見れば、いちぐん《一国》によ、ぢふにぐに《十二国》を、たま《賜》はる、あなめでた《甚愛》、わかみやまゐり《若宮参》の、ごりしやう《御利生》。

十六句にうたへり。いちぐんによじふにぐにをたまはるとは、一国《いちぐに》を十二国《じうにぐに》賜《たま》はる意《こゝろ》にや。によはをといふべきを訛《よこなまれる》なり。こは古事記景行《こじきけいかう》の段《だん》に、東方十二道《ひむがしのかたとをまりふたつのみち》と見えしに、よしありてきこゆ。二《ふたつ》にはたまてばこ、いとしち《可愛》をごの《少女》、たまてばこ《玉手箱》の、たからもの《宝物》は、なにく《何々》、しろみのかゞみ《白銅鏡》が、なゝおもて《七面》、にしきおり《錦織》が、やたゝみ《八疋》、しろかねのさを《銀竿》さして《指》、こがねつるべ《金罐》を、くゝらせう《括為》、げに《実》まこと、ちやうじや《長者》のじん《仁》とも、よばる《称》。

十五句にうたへり。いとしちをごはいとほしき少女《をとめご》の義《よし》也。いとしちはいとしゝにて、いとほしゝの略語《りやくご》也。ちとしとかよふ例《れい》は、応神紀《おうじんき》の歌《うた》に、誰《たれ》が遠離令《たされあらしゝ》レ在を儴伽多佐例《タガタサレ》、阿羅智《アララ》之《シ》、万葉集《まんえうしふ》廿の巻に、天地《あめつち》を阿米都之乃《アメツシノ》、以都例乃可美乎《イツレノカミヲ》、また阿米都之乃《アメツシノ》、可未爾奴佐於伎《カミニヌサオキ》、などかけるがいとおほかり。をごのをは、少女《をとめ》のをにおなじく、ごは本朝文粋《ほんてうぶんすゐ》一の巻、管贈《かんぞう》大相国の詩《し》の自注《じちゆう》に、俗謂《ゾクイツテ》二貴女《キジヨヲ》一為《スル》レ御《ハゴト》、蓋《ケダシ》取《トレリ》二夫人《フジン》女御《ニヨウゴ》之儀《ノギニ》一也と見え。後撰集《ごせんしふ》に、たいふのご、閑院《かんゐん》のご、大和《やまと》物語《ものがたり》に、伊勢《いせ》の御《ご》、若狭《わかさ》の御《ご》、ひがきのご、などいへるごの心《こゝろ》にて、女《をんな》をさせる詞《ことば》也。または御児《おご》の意《こゝろ》としてもきこゆ。今《いま》もみちのくにの仙台人《せんだいびと》は、娘子《むすめ》をたゝへておごい（と脱カ）ふとなん。この二謡《ふたうた》は、鳥追詞《とりおひのことば》などのたぐひにて、俚言《さとびごと》を考解《かうがへとく》にいと便《たより》あり。

（『擁書漫筆』三七二～三七三頁）

文化十五年（一八一八）二月二十八日、現神奈川県座間市。山田領、「不法者多入込難儀」のため高座郡二十四カ村組合議定と建札願

村々出会之上議定　　廿四ヶ村組合

［略］

一、座頭・瞽女等者手引人足差出シ可申、并病人等も右同様之事

［略］

文化十五年寅二月廿八日河原口村名主四郎左衛門殿方ニ而会合

（『座間市史』第二巻、近世資料編、四七七〜四七八頁）

文化十五年（一八一八）三月二十六日〜十月十八日、現愛知県刈谷市。三河国刈谷新町、「御触状留帳」、瞽女の宿泊

一、ごぜ四人　阿野村　たみ
成岩村　かと
こう和《（河和）》村　みと
宮津村　きと

三月廿六日泊り

［略］

一、ごぜ三人　大野　りさ
こん
野ま　ふで

四月十三日

［略］

［八月］　ごぜ両人

一、十七日長尾みせ、時分いと宿願

［略］

九月十一日

一、こせ壱人　藤江村　きし

［略］

九月十三日泊り

一、こせ弐人　沓掛村　きと
きわ

［略］

十月十八日

一、こせ弐人泊　吉良青野　みよ
棚尾　とめ

（『刈谷町庄屋留帳』第九巻、四一四頁、四一六頁、四四三頁、四五〇〜四五一頁、四五七頁）

文化十五年（一八一八）三月、現神奈川県横須賀市。三浦郡十六カ村、浪人、諸勧化など規制　↓文化九年（一八一二）六月二十四日

追啓、此趣書取ニいたし御代官様江も差上候間、此段兼々差様御心得可被下候、

浪人体之者村々令徘徊合力・止宿を乞、或は悪口難題申掛、又は旅僧・修験・瞽女・座頭・物貰之内ニも押而宿を乞ねたり事致候類は、所之穢多非人ニ捕させ、其向々之役所江召連出へき旨御触有之、猶又致帯刀候浪人体之者大勢罷越、村方之手ニ難及候ハヽ、早々最寄陣屋役所江可申立旨文化九年御触も有之候、

然処当郡之儀、右体之者多く立入及難儀候ニ付、先年郡中一統談合之上規を立、諸勧化・合力は八銭宛・止宿は木賃六十四

文と相定、若無銭ニ而押而宿を取□物ねたり事致候類は押へ置御役所江申立、右労費は郡中補ひニ可致旨規定仕候処、近来相弛ミ村々忽緒ニ相成、右体之もの妄ニ入込候ニ付、今般一統申談候処左之通ニ御座候、

一、浪人・旅僧・修験其外回国人等村役人江懸り宿を乞候ハ、、定之木賃六十四文為出之、無銭之止宿決而申付間敷候、

一、出家・社人・修験之類諸勧化之儀村方案内を取、軒別ニ配札致度由如何様ニ願候共決而為致間敷候、

一、諸勧化合力等之員数過分ニ帳記いたし、次村へ惑ニ成候儀致間敷候、若心得違ニ而帳記名印を居へ相廻候ハ、、早速其村江継戻し、規定相破候趣隣村より相糺可申候、

一、諸勧化人勧物帳記強而相願候ハ、、久野谷村・堀之内村両村ニ而帳記致筈ニ候間、右両村之外帳始メ被成間敷候、

一、御免勧化抔と申押而廻村致候者ハ其所ニ留置、御役所江申達御差図請可申候、

一、諸勧化人江継人足決而出し申間敷候、其外何儀ニよらす無賃之継人足出候様ニ申仁有之候ハ、、其所ニ留置、御役所江申達御下知請可申候、

一、浪人・諸勧化人其外怪敷体ニ見請候者ハ押置、隣村役人立会評儀いたし、御役所江申達御下知請可申候、

一、前条ニ付相懸り候諸入用ハ都而郡中より補ひ、其村失墜ニ不相懸候間、労費を厭ひ等閑ニ致候ハ、、其御村之忽緒ニ候条、以来右之御心得ニ而御取計可有之候、

右之条々今般郡中一統集会之上取極候上は、向後無違失御取計可有之候、此趣御村々江御写取被成、御承知之御印形被成、御順達可被下候、以上、

文化十五寅年三月

三浦郡中

鴨居村	青木松兵衛
走水村	宇野武左衛門
浦之郷村	高橋幸八
西浦賀 分郷	臼井源左衛門
上宮田村	松原宇八
三崎町	金子仙右衛門
二町谷村	石渡源右衛門
三戸村	進藤徳右衛門
下宮田村	石渡六兵衛
林村	木村清左衛門
大田和村	浅羽仁右衛門
堀内村	葉山市右衛門
久野谷村	松岡六郎兵衛

外長柄村・小矢部村・不入斗村

(『相州三浦郡秋谷村(若命家)文書』上、四七～四八頁。『逗子市誌』第六集、桜山の部[二]、一二五～一二六頁も参照)

文化十五年(一八一八)四月十四日、十五日、十九日、二十二

日、二十三日、現山梨県甲州市塩山上塩後。上塩後村（『荊園紀事』）

［四月］十四日晴〔略〕
　ごぜ十四人也
十五日晴〔略〕
　ごぜ拾四人也
〔略〕
十九日くもる〔略〕
　ごぜ拾壱也
〔略〕
廿二日くもる〔略〕
　ごぜ拾七人、内五人御役分、拾弐人御科呉
〔略〕
廿三日くもり〔略〕
　ごぜ拾四人御役分ニ而呉ル

（『荊園紀事』楠家文書）

文化十五年（一八一八）四月、現新潟県上越市。高田瞽女の願書（下書）

　乍恐以書附奉願上候
一、瞽女共御願奉申上候は、私共儀幼少より親之手前ヲ離、其筋之瞽女江致師匠取、其業ヲ励、世中之助請渡世仕候所、近年何となく私之業と心得、弟子入も不仕致渡世ニ候者多ク御座候、左様ニ移行候而は只今迄弟子入仕候者共も相離、勝手ニ致渡世、往昔より之式目も相立不申歎敷奉存候、依之乍恐御町中は勿論、御領中ニ而《都而》琴・三味線稽古場相立居候者~~并~~《共之》女俗盲人~~共瞽ハ為鱗共座敷ヶ間鋪場所罷出~~《ニ》《江》候事并私宅ニ而も、指南等一切不相成様御指留被下置、他之助力不請者は格別、《女》盲人○~~其業専渡世場所并~~《家業》□□□○共ハ諸家ニ而も座敷ヶ間敷場所へ罷出不申仕候者共□候は、瞽女仲間入仕候様厚御御慈悲ヲ以御町中并御領中江御触流被下置候様奉願上候、右願之通被為仰付下置候ハヽ、往昔より之式目も相立、瞽女一同莫太《［ママ］》之御救と難有仕合ニ奉存候、此段宜被仰上被為仰付被下置候ハヽ、難有仕合ニ奉存候、以上

　文化十五寅年四月
　　　　　　　　　　刃物鍛冶町
　　　　　　　　　　　願人　志《志》け　印
　　　　　　　　　本杉鍛冶町
　　　　　　　　　　　惣代　きく

町惣年寄御衆中

（「乍恐以書附奉願上候」）

文政年間（一八一八〜三〇）か、現鹿児島県。一弦琴を弾く「盲目小松」

薩摩にありし時、江戸木挽《こびき》町宗五郎夫婦むすめ小松といふ、十

一才になりもうもく（盲目）遠国々をあるくに逢ふ。此小児能《よく》三味を引。一流にて三味をよこにねかし、両揆《はち》にて挽《ひき》、ねしめ（ねじめ）いわんかたなし。外にすま［須磨］琴一本といふ物をひく。糸壱筋にして、何にてもひく。此琴行原（行平）中納言すまにありし時、ひき初めし琴なり。いまは京都にもたへて（絶えて）ひくものなし。ふしきに（不思議に）此児ひき初める。

[須磨琴（一弦琴）の図]

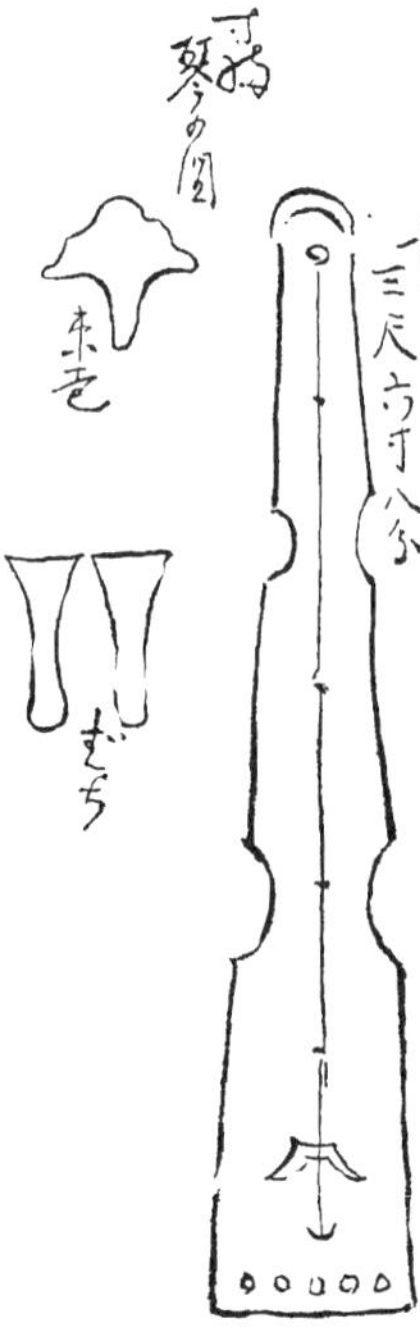

（『薩摩風土記』四四七頁）

文政元年（一八一八）七月一日、現千葉県流山市芝崎。芝崎村、瞽女の来村

七月朔日晴

[略]

一、婶女弐人船橋組之由泊

（吉野家『日記』。『流山市史』近世資料編三、六七七頁も参照）

文政元年（一八一八）九月、現山形県庄内地方。庄内二郡五人組の掟

一、諸国交易之旅人・問屋付并前々宿致し来候もの之外往来之旅人旅籠屋之外猥ニ宿いたし申ましく候、親類・知音等用向有之罷越候者止宿為致候ハヽ、五人組へ為相知、肝煎へ相断可申事

附、出家・社人・神主・山伏・行人・虚無僧・瞽女・座頭・神子・鉦たゝき・乞食等其外穢多之類迄も吟味いたし、胡乱なるもの一夜之宿も貸申間敷旨常々堅過申付事

（『山形県史』資料篇一七、五三四頁）

文政元年（一八一八）刊。大阪、瞽者「かめ」が作曲した地唄

八番

きりこ　　瞽者かめ　調

[略]

八ばん

○きりこ　　本てうし

はかなくも。何《なに》をとがとてうきくさが。〽つもるおもひハ冨士《ふじ》の根の。いとしもかハるこゝろの花が。〽ちりはじめけん柳《やなぎ》の一葉《ひとは》。合にくや秋風《あきかぜ》なミだのいづミ。しよせん此世《このよ》のうらミハつきじ。おもひきらしやれ。今宵《こよひ》おもひのきりどころ

（『歌曲時習考《かきよくさらへかう》』八〇頁、一四二頁）

文政二年（一八一九）一月二日、現石川県金沢市。亀田家、座頭・瞽女へ正月の布施

弐貫文　座頭坐　こぜ共

（『亀田氏旧記』二一八頁）

文政二年（一八一九）二月十八日〜五月二十三日、現愛知県刈谷市。三河国刈谷新町、「御触状留帳」、瞽女の宿泊

二月十八日　ごぜ弐人　きせ　みや

［略］

卯四月十三日　野ま　ふて
ごぜ三人　こん
大の　りそ

［略］

卯五月廿三日　岡崎
みの
ごぜ三人　みな
みと

同十七日分
同　弐人　東畑
くゞつ

（『刈谷町庄屋留帳』第九巻、四八七頁、四九八頁、五一一頁）

［略］

文政二年（一八一九）二月、現岐阜県高山市。飛驒国大野郡高山壱之町村、「高山壱之町村宗門人別帳」に瞽女二十人。「五人家族瞽女きん」の家族構成　↓文政十一年（一八二八）二月、

天保十四年（一八四三）二月

一、浄土真宗往還寺　高四斗九升弐合 代々旦那 家持ごせ　きん　五十四
一、同断　きん弟子　むめ　三十五
一、同断　同人養子　りと　廿三
一、同断　同人弟子　もと　廿一
一、同断　同人弟子　もん　三十二
〆五人女

（加藤康昭『日本盲人社会史研究』二四七頁）

文政二年（一八一九）四月、現広島県竹原市忠海《ただのうみ》町。忠海町の座頭・「盲女」人口

「（表紙）文政二年
（朱筆）「ひかへ」
国郡志御編集下しらへ書出帳
豊田郡　忠海町
村」

人数四千七拾五人　内弐千九十六人　男
　　　　　　　　　　千九百七拾九人　女

［略］

　壱人　座頭
　三人　盲女

（『竹原市史』第三巻、一四九頁、二〇〇頁）

文政二年五月二十日～文政十三年十月三日（一八一九～三〇）、現新潟県南魚沼市塩沢魚沼郡神字村（有力な農家である貝瀬家の日記）

〔文政二年〕五月廿日、長岡こせ、をりめ、おりの、をいち、おりん泊り、同廿四日おりの、を燐《りん》出候

［略］

〔文政二年〕九月十三日晩、長岡こせ、おりの組四人泊り、是ハ渡世話ニ預り候礼トして所々土産《みやげ》おりの親勘四郎、親類久助・作右エ門より礼状送り候

［略］

〔文政五年〕五月廿四日、晩よりおりめごぜ四人組泊り

［略］

〔文政八年〕同日［三月六日］聞、三月四五日頃か、三俣〔現塩沢町〕萱付之間ニ而堀之内ト浦佐之ごぜ六人通り懸り「なべ〔雪崩〕」ニ而壱人死去、壱人半死、壱人痛ミ計之由

［略］

〔文政八年〕五月朔日、長岡にり〔おカ〕免衆泊り、但シ組ヲ分、イツ、リノ、ワ〔ママ〕四人也、二夜泊り、三五郎ニ一夜泊り難渋、同二日昼照（ママ）時分より三度ニ通し候

［略］

〔文政八年〕同［五月二十四日］、晩、ヲノン、ヲリノ、ヲリヤごぜ泊り

［略］

〔文政九年〕五月十日晩、こぜおりめ組五人泊り

［略］

〔文政十年〕同日［六月十一日］晩、こぜ弐人泊り

［略］

〔文政十二年〕同日［五月十二日］、おりめ六十九、おりの、おいつ四十、おのん二十八、おりす廿ニ五人泊り

〔文政十二年〕同［五月］十六日、ごぜ供四夜泊り立候

［略］

〔文政十二年〕同日［六月二十日］晩、おミね・おもよ九ツニ成子与三人組ごゼ泊り

［略］

同日〔文政十二年〕〔六月二十一日〕晩、さいづのおそも、にいのおつもこぜ弐人泊り、此者咄したい椿沢地震ニ而皆震崩レ、五十人死去之由

〔略〕

同日〔文政十二年〕〔八月二十日〕晩、堀之内ごゼ三人泊り

〔略〕

六月朔日〔文政十三年〕土用丑八刻ニ入四ツ時より北大風雨降りおとも、おつもごゼ供三人泊り

〔略〕

九月廿九日〔文政十三年〕、おりめ七十才、おいつ四十一才、おりの、おのん三十九、おりす十三泊り

〔略〕

十月三日〔文政十三年〕、ごゼ共帰り、舞子勘右衛門来り

（『貝瀬日記』塩沢町史編さん室解読文）

文政二年（一八一九）六月二十八日、現群馬県みなかみ町月夜野、沼田市硯田《すずりだ》町。月夜野町上組、瞽女の「手込め」事件

奉差上一札之事

利根郡月夜野町上組

茂兵衛聟養子

直　蔵

家内三人暮

当卯三拾歳

右直蔵不届仕候趣被及御聞、御廻村之上御召捕御吟味御座候之処申上候は、調物有之、当月廿日朝出宅沼田町江罷出、所々相廻り用□〔事カ〕相済酒ヲ給、同夕七時頃戻り掛、薄根川橋詰硯田村地内河原ニ而当国之内下モ方より越後之国江通り候様子瞽女三人、壱人は三拾才計と相見へ、両人は拾六七歳計と見へ候者共ニ行合、酒狂出来心ニ而なふり可申と右之内三拾才計之瞽女を手込仕候処、甚驚候体ニ而声ヲ立、道脇え逃去、杖をふり立、外両人も間近事故騒立、是又同様杖をふり罵り候間、遠方聞も何ニ付取締へくと又候壱人を取押候処、猶更三人一同弥声高罵り助呉候様呼立なから、前書村内往来道際酒菓子等商ひ候店江欠込候間、私義も跡より立寄候処、其家之亭主并家内之もの外ニ近所之者と見へ候男、瞽女共江申候は、只今之内往来之人も無之処、如何様之難儀ニ逢候哉之旨相尋居、既ニ亭主近所之者と見江候男私江申掛候は、今之間一向行来之人も無之処、瞽女共難儀之次第及見存可申、左なく候得は、其許之仕業可成と殊ニ其許致空笑、跡より罷越候甚不審何方之人ニ候哉、村名等申聞候様両人申之、其中瞽女共口を揃、眼は不見候得共、声は慥ニ聞覚罷在候、やつばり其人に無相違旨申旁私仕業ニ相決候間、其場を逢〔逃〕可申と彼是不束之及答、村名等申聞候ニ而ハ跡六ヶ敷存、西入羽場村之由申偽、其家を罷出弐丁程行過候処弥酩酊仕何之地内欤存津〔ず〕候得共、森之内ニ暫相休、帰宅可仕と立上り候処、笠無之最前立寄より店ニ致失念置候儀を存付、右之

店江立戻り笠失念之旨相断椽［縁］先ニ有之候間持参帰宅仕候、前書
店江立戻り候は瞽女共之行衛為見届罷越候義ニは無御座、笠取
落シ候故立戻り、瞽女共之儀は店より出候後一向見掛不申盲人
と見掠追落シ物取之存念不届ニ而は無御座、全酒狂出来心ニ而
なふり可申と手込仕、前段之通り為騒立候始末、今更御吟味請
申訳なく奉恐入候旨白状仕候、且又追落シ物取之存念ニ無之、
酒狂出来心ニ而存之外之不届ニ候得は、其家ニ居合候者共相願
瞽女共申宥、幾重ニも可相詫処無其儀跡六ヶ敷存、村名等申偽
其場を逃レ立去候段甚疑敷思召され、猶厳敷御吟味御座可有候
処、組合村役人申上候は前段之不届御吟味之上ニ而始而承知奉
驚入候、此上御役所江被召シ連、入牢等被仰付如何様之御咎可
被仰付も計難、当人は申上ニ不及、組合村役人迄一同難義仕候
可相成儀御座候ハヽ、御吟味御下ケ被下置度奉願上候、扨又町
組役人共申上候、昨夜村方迄御廻村之趣粗承り、一村之義不
成［ママ］不御用為伺罷出、前書之趣承知一統奉恐入候、何卒格別之以
御慈悲御勘弁御吟味御下被下置候ハヽ、一同難有仕合奉存候、然
上は打寄異見差加心体為改御百姓渡世為仕可申候、此末聊ニ而
も不届御御［ママ］座候ハヽ、私共取押置早速御住［注］進可申上候、為御
請書連印一札奉差上候処、仍而如件

文政二年卯六月廿八日

月夜野町上組

直蔵親類　惣　助㊞

組合　民之介㊞
組合　五郎次㊞
同断　惣　七㊞
同断　吉五郎㊞
役人　三右衛門㊞
同断　伝左衛門㊞
同断　茂右衛門㊞
不年番　久之丞㊞
同断　仁右衛門㊞
名主　伊兵衛㊞
同断　平右衛門㊞
組頭　次郎右衛門㊞
同断　孫右衛門㊞

坂田左右平殿

（「奉差上一札之事」清次家文書）

文政二年（一八一九）八月二十五日～十月二十五日、現愛知県刈谷市。三河国刈谷新町、「御触状留帳」、瞽女の宿泊

九月四日分　尾州藤江
一、ごぜ弐人　きし・きを
八月廿五日分　中嶋
一、同　三人　いと・ぬい・きさ
同二十七日分　阿の村

一、同　弐人　　きと・きの
［略］
十月五日
　ごぜ弐人　どうこうじ　みね
　　　　　　あをの村　もね
［略］
十月廿五日
　ごぜ三人　岡崎　みな
　　　　　　　　　みと
　　　　　　　　　みほ
（『刈谷町庄屋留帳』第九巻、五三五～五三六頁、五四三頁、五四九頁）

文政二年（一八一九）八月三十日、現福岡県筑後市・八女市の一部。筑後国久留米藩上妻・下妻郡（文化十四年［一八一七］『御用談覚帖』）

八月晦日江口参会相談之覚
［略］
一、御家中筋より在廻御頼之御紙面持参之座頭・盲女など合力之儀与合大体同様致度候
　此儀、一与五匁位充相与可申候
右之通申談候、以上
　九月二日
　　　　　田中嘉内
［以下五名略］
（『久留米藩大庄屋会議録』一七一～一七二頁）

文政二年（一八一九）九月二十三日。江戸、座頭・「盲女」の待遇に関する評定所の申合書（『祠曹雑識』巻五十七）

座頭、盲女、穢多、非人御赦ノ事、文政二卯ノ九月右近将監方江野田検校役人呼出申渡
　申合書　　評定所一座
座頭・盲女之身分ニ而不届有之、座泫《法》之通可申付旨申渡候モノ、并穢多・非人相当之仕置可申付旨引渡遣シ候モノ共、御赦書上之儀伺之通可取計旨被仰聞候上ハ、去ル子年御祝儀大赦進達ハ相済候得共、未評議且者調方も格別手間取候義モ有之間敷候間、惣録并穢多弾左衛門江夫々申渡、為書出別帳ニ而致進達候積、尤右之趣は火附盗賊改江も可相達候事
　文政二卯年九月廿三日
（『祠曹雑識』三、一三三〇頁）

文政二年（一八一九）九月二十四日、現埼玉県栗橋町。栗橋関所、「盲女」の通過に関する申達

九月
　此度金町松戸御関所ニおゐて、御留守居手判を以小女罷通候節右小女盲ニ有之候処、手判之内盲と申儀無之由を以差戻申候段不調法之事ニ候、右者享和三亥年正月御留守居一

同御関所江断有之、同年二月朔日より以来元禄年中之条目之通ニ相心得、尤右条目之外者不及相改旨断有之候処、全其以前之条目ニ泥、心得違ニ而差戻し候段改方不行届事ニ候、此上若其御関所江盲之女罷通候節、手判之内盲之断無之候共無差支可被相通候、勿論右之趣者兼而相弁候儀ニ者可有之候得共、為心得申達置候、以上

九月廿四日　　浅　次郎吉　印

房川渡中田　御関所
　　番人中

（『栗橋関所史料』第一巻、三三一頁）

文政二年（一八一九）九月、現広島県。高田郡、「国郡志御編集ニ就テ下調郡辻書出帳」

一、郡中合四万九千人　　惣人数

内
　弐拾八人　社人　　弐百三拾三人　僧
　壱　人　山伏　　五拾七人　医師
　九拾五人　座頭　　三拾弐人　盲女

（『高田郡史』資料編、七一頁）

文政二年（一八一九）十月八日、現静岡県島田市金谷《かなや》。大代村《おおじろ》の倹約に関する取極

（表紙）
「文政二年

倹約取究

卯十月八日　大代村」

［略］

一、瞽女・座頭婚礼都而之仕切仕来之通半減ニ可致事

（『金谷町史』資料編二、近世、三二三頁）

文政二年（一八一九）十月八日、現静岡県天竜市。遠江国榛原郡嶋村など組合村の取極

（表紙）
「文政二卯年十月八日於法多山宝蔵院ニ
天龍川より大井川迄之間最寄参会取究

倹約取究

惣人数七拾四人

出席
大代村　河村市平
牛尾村　鈴木彦右衛門」

［略］

一、鼓（瞽）女・座頭婚礼都而之仕切仕来ニ半減ニ可致事

（『史料叢書』一、近世の村・家・人、六四頁）

文政二年（一八一九）十月、現静岡県島田市大代。大代村《おおじろ》の倹約に関する取極

（表紙）
「文政二年
組 合 取 極 帳
卯十月　大代村 五ヶ村　組合 」

［略］

一、瞽女・座頭婚礼等、仕切是迄ニ凡半減可致事

（『史料叢書』一、近世の村・家・人、六五～六六頁。『金谷町史』資料編二、近世、三二六～三二八頁も参照）

文政二年（一八一九）十月、現静岡県天竜市。川手十六カ村、阿多古十八カ村

組合申合之事

［略］

一、近頃瞽女年々村々致順行止宿并風雨逗留等致、其上手引・人足相願候共差出シ申間敷候事

［略］

右　川手拾六ヶ村
　　名主判
文政弐卯年十月　阿多古拾八ヶ村
　　名主判

（「組合申合之事」静岡県立中央図書館蔵）

文政二年（一八一九）十一月、現静岡県天竜市。遠江国榛原郡嶋村など組合村の取極

（表紙）
「文政二年
組合取極書
卯十一月
志戸呂村
番生寺村
竹下村
嶋　村
牛尾村
横岡村
同新田
大代村
神尾村
福用村」

［略］

御領主御触書

［略］

一、瞽女・座頭祝儀配頭前々差遣候半減ニ取計可申候

（『史料叢書』一、近世の村・家・人、六七～六八頁、七〇頁。『金谷町史』資料編二、三二八頁、三三一頁も参照）

文政二年（一八一九）、現広島県竹原市吉名町。吉名村の座頭・「盲女」人口

（表紙）
「文政二卯年

（朱）「本ひかへ」
国郡志御編集下志羅編書出帳
豊田郡
吉名村　」

人数弐千五拾九人　内（千六拾四人　男／九百九拾五人　女）

[略]

六人　（座頭／盲女）

[略]

（『竹原市史』第三巻、二一一頁、二三六頁）

文政三年（一八二〇）二月二十四日〜十一月十九日、現愛知県刈谷市。三河国刈谷新町、「御触状留帳」、瞽女の宿泊

こぜ三人　沓掛村　きせ
阿野村　きと
宮津村　たき

二月廿四日宿、壱人ニ付米四合ツヽ為持遣候事
末　初弥之処

[略]

中嶋組　宮崎村　ぬい
長柄村　いと　ごぜ

三月廿八日　宿初弥方

[略]

ごぜ　米木津村　さと
東畑村　ゆか　六月七日宿初弥方
行用村　きと

[略]

八月十九日夜泊り　尾州成岩村　かと
ごぜ　同　阿野村　たみ
同　こうわ村　みと

[略]

尾州野間　ふで
同　柿並　こん　辰八月廿七日夜泊り
同　大野　りそ

[略]

ごぜ　西郡本町　いよ
水行村　ふく
古鼠村　りと
十一月十一日宿

ごぜ
中嶋組　ぬい
同　いと
十一月十九日宿

（『刈谷町庄屋留帳』第九巻、五九五頁、六〇一頁、六一七頁、六三八頁、六五五頁）

文政三年（一八二〇）三月、現高知県。土佐藩、「地下人風俗御貢物納所帳仕立中遣田役等諸御示条々之事」（『憲章簿』宮掟之部、巻之三上）

御貢物取立納所帳仕立左之通

一、御貢物本形　一、地懸出米割　一、定諸給割
一、郷中割　一、新郷出米割　一、大庄屋門役割
一、座頭・瞽女扶持麁物　一、御郡方払
〆右壱帳ニ仕立取立事、此外ニ付出不相成、尤此余たり共御貢物無拠訳相立候分ハ、時々詮議之上御達御聞届之上帳面ニ出事。
右は今辰より御貢物納所帳仕立、右之通村々相改候事。
辰三月
（『憲章簿』第一巻、二三五頁）

文政三年（一八二〇）十一月二十一日、現福岡県筑後市・八女市の一部。筑後国久留米藩上妻・下妻郡（文化十四年［一八一七］『御用談覚帖』）

十一月廿一日江口祝会相談頭書
一、田中林治去冬御役儀被仰付候祝会、目出度相済候事
［略］
一、新庄組北長田村座頭増都、官次目致候ニ付合力歎出候事
一、此節罷出居候座頭・瞽女共糸代相与江方之事
此儀嘉代都江弐拾目、外増都・乙都差除四人江拾五匁充与へ可申候、田中林治より取斗置追而差引可相立事
一、乙都三味線損候ニ付、右為損料金子百疋相与へ可申事
右之通申談候事
十一月廿三日
太田黒孫左衛門
［以下六名略］
（『久留米藩大庄屋会議録』二〇〇～二〇二頁）

文政三年（一八二〇）十二月十一日、現福岡県筑後市・八女市の一部。筑後国久留米藩上妻・下妻郡（文化十四年［一八一七］『御用談覚帖』）

十二月十一日福嶋古松町於郡会所参会覚書
［略］
一、水田社中盲女極々貧窮ニ付、合力歎出候事
此儀五拾目高合力相与可申候、右同断
右之通申談候、已上
十二月十二日
竹重寿八
［以下七名略］
（『久留米藩大庄屋会議録』二〇三～二〇五頁）

文政四年～天保十二年（一八二一～四一）頃成立。江戸、大奥に仕える「盲女」（『甲子夜話』巻三十五）

大奥に立入りし婦の話を聞に、大奥にも三絃を弾《ひく》もの有るが、御次格にして御目見《おめみえ》以下の女なり。又これをお目無しと称して盲女なり。この者唯一人のみと云。然る故に、御中臈方は勿論、御役女に於て、一切此技を為《なす》ことあらず。又田安殿の如き

も、三絃はかの殿の目通以下の女弾《ひき》て、以上と称する女員には曽て弾こと有らずと。

（『甲子夜話』第二巻、三五一頁）

文政四年（一八二一）正月記録、現長野県松本市。松本治城百年祭の町方俄出し物

（表紙）
「文政四巳年正月
諸事日記帳」

［略］

町方俄左之通り
本町壱丁目
やりトこせのおどり仕候

（『松本市史』第二巻、口絵）

文政四年（一八二一）正月、現栃木県日光市轟。轟村の定例

（表紙）
「文政四辛巳年正月書替
定例仕来帳
河内郡轟村」

定例仕来事

［略］

一、遊参講其外コゼ・座頭・太夫・哥夕・浄瑠理等ニて、諸掛り出銭之節ハ、相寄候者掛りニて差出し、多分不相掛様取計ひ、畢竟失費之事ニ候間、其旨可相心得事

（『栃木県史』史料編、近世六、二五七頁、二六二頁）

文政四年（一八二一）三月、現熊本県。熊本藩、「市井雑式草書附録」、風俗取締令

文政四年三月

一、町家ニて女子共等三味線稽古いたし候内、三ツ物或は四ツ物なとと唱、過分之礼物を出、相伝事等いたし候ものも有之由、芸を以渡世いたし候者は、各別之事候得共、慰ニ稽古いたし候もの、右体之儀は勝手宜者たり共、先つは無益之失費ニ候、まして不勝手之者なとハ難渋も可致処、一統之振合ニ連レ、又は親子之情ニ引され、無拠出方をいたし候ものも可有之哉、其上女之仕習可申織縫等之儀も、自然と怠り可申候間、遊芸は其程も可有之哉、右体之処は親々又は町役人之心持も可有之候、将又、前文之通費多キ儀は無之様、尤座頭并瞽女共も慰ニ稽古いたし候ものへ相伝事等相勤、過分之礼銭等取不申様、文化八年五月及達置候処、不相替過分之礼物を取、其外座頭抔上京毎ニ新物なとと唱、種々段取を以、各別ニ礼物を取授候由ニて、時之勢不得止事処より、其上近年御府中端々寺院等ニて、三味線会と唱、人集いたし、晴やかなる体ニて女子共芸を試候ニ付、互に習事等を励、衣服万端之費も有之、不勝手のものハ別て致迷惑候哉ニ相聞候付、相伝事等之儀、弥以先年達之通相心得可申候、且三味線会ととな

へ、所々え持出致興行候儀ハ、費多キうへ雑芸者之所業ニい
たし候ものの外可為無用候、此段町中末々迄不洩様、町役人
より相示可申旨、惣月行司え書付相渡候事
（『藩法集』第七巻、九二九頁［八七号］）

文政四年（一八二一）四月二十五日〜十一月四日、現愛知県刈谷市。三河国刈谷新町、「御触状留帳」、瞽女の宿泊

四月廿五日
ごぜ弐人　くゞつ　きわ
東浦　みつ
［略］
巳四月廿八日　のま　ふで
ごぜ三人　同　こん
大野　いそ
同廿九日　西之郡　みと
同弐人　同　きさ
［略］
五月五日　よねきづ（米津）　さと
ごぜ三人　同　きと
同　ゆか
［略］
巳五月十九日時分
ごぜ弐人　阿野　きと
こふわ［河和］　みと
巳六月十八日分
ごぜ弐人　中嶋　ぬい
いと
［略］
八月廿三日　尾州　なかを
ごぜ三人　ならわ
あしの
巳十一月四日分
ごぜ弐人
（『刈谷町庄屋留帳』第一〇巻、四二〜四四頁、四七頁、五三頁、五九頁、七八頁、九九頁）

文政四年（一八二一）五月四日、現福岡県。久留米藩法

一、刀指壱人ニ付、銀弐匁ツヽ、
小者下女壱人ニ付、銀壱匁五分ツヽ、
今般御手伝被蒙仰候処、御勝手方連々御差支ニ付、右之通可
致出銀候、一統困窮之時節ニ候へ共、公辺之儀殊ニ御急用ニ
付、御仰付候事

五月四日左脇殿御渡

一、今般御家中并浪人中家来人別銀、来月二日限無遅滞可令上納候事

五月四日

一、七歳以下之者人別銀被差許候事

一、仏説盲目平家座頭、瞽女、鉢開、坊主、比丘尼、人別銀被差許候事

一、不具病身ニて其所え厄介ニ相成、難取続、飢人同然之者、人別銀被差許候事

五月四日左脇殿御渡

（『藩法集』第一一巻、一一九七〜一一九八頁［三五三九号］）

文政四年（一八二一）五月二十八日、現長野県飯田市。飯田町、瞽女長屋建設の願書（出典不詳）

瞽女長屋を設くる事を願出づ

（今井白鳥編『近世郷土年表』二一四頁）

文政四年（一八二一）十月三日、現筑後市・八女市の一部。筑後国久留米藩上妻・下妻郡（文化十四年［一八一七］『御用談覚帖』）

十月三日福嶋古松町寄会所参会相談覚書

［略］

一、京町瞽女弐拾五匁合力右同断

（『久留米藩大庄屋会議録』二一四〜二一八頁）

文政四年（一八二一）正月か。江戸の瞽女唄

盲目の女の二人三人つれ立ていたこぶし、甚九ぶしなど唄ひ門々をまわるに、だんぽさンや〱といふはやし事はやる。江戸のよみ売なども唄ふ。［略］だんぽんさんといふは、下野常陸の方言にして、旦那方《かた》といふ事を旦方さんといふ也。

（『我衣』四二四頁）

文政五年（一八二二）三月二十七日〜四月五日、現愛知県刈谷市。三河国刈谷新町、「御触状留帳」、瞽女の宿泊

三月廿七日

みと
西之郡ごぜ泊り　みを
みつ

［略］

ぬい　四月五日
中嶋ごぜ　いと　泊り
せい

（『刈谷町庄屋留帳』第一〇巻、一四三〜一四四頁）

文政五年（一八二二）三月、現埼玉県川口市領家。領家村年貢割合不正に関する争論

差上申済口証文之事

足立郡領家村組頭拾四人惣代清蔵・新右衛門・吉兵衛、小前惣代伝左衛門より名主平兵衛え相掛り候不正出入、去巳十一月中御訴詔《（訟）》申上、同廿九日可罷出旨、御差紙頂戴相付、相手方より返答書奉差上追々御吟味中ニ御座候処、御猶予奉願上熟談内済仕候趣意左ニ奉申上候

一、右出入扱人立入双方得と承糺候処、領家村之義は名主役両人ニて隔年ニ相勤、去ル卯年平兵衛当番之処勘定合不致候ニ付、小前一同疑敷諸帳面立会勘定致候得は、畑方御年貢永三百六文四分七厘并畑田成之分減永百六文九分三厘過有之候処、平兵衛方ニてハ右過永之内畑方御年貢取立過之儀は、先年之組頭百姓代勤役之砌り、瞽女、座頭、浪人者止宿合力手当ニ差向候筈、対談故是迄年来右過永之分割返シ不申、既ニ年々勘定之席え立会候組頭共弁居候義之趣申之候得共、最初対談致候者共病死いたし、申争のみニて平兵衛方え議定連印不取置、殊ニ壱ヶ年ニ何程合力致し候と申書留も無之上ハ平兵衛不行届候間、今般畑方御年貢過永之分は不残、畑田成口永過之義は取扱を以五分平兵衛方より割返シ、小前え受取之、平兵衛方ニて瞽女、座頭、浪人止宿合力致候分ハ取扱ヲ以畑方永過し高ニて四分小前より助合遣候筈、尤以来畑方御年貢取立方之義は是迄之通り割合取立いたし候得は、永三百六文四分七厘は全く過ニ付其時々小前納高え引当、夫々割返シ候共亦は右過之分引之割合致候共可仕候、畑田成口永之義は田方ニて取立畑方ニては不取立候筈

一、名主方ニて瞽女、座頭、浪人等え合力致候共、以来小前より一切助合不仕候事

［略］

右ケ条之通、双方納得之上議定証文為取替、今般出入勘定不残相済熟談内済仕、偏ニ御威光と難有仕合奉存候、然ル上は右一件ニ付重て双方より御願筋毛頭無御座候、為後証済口証文差上申処如件

文政五午年三月

足立郡
領家村
訴詔《（訟）》人 組頭　清　蔵
同　　同　新右衛門
同　吉兵衛煩ニ付代　同　善兵衛
同　小前惣代　伝左衛門
相手　名主　平　兵　衛
扱人　舎人町 名主見習　吉　蔵

大貫次右衛門様
御役所

前書之通於御支配、大貫次右衛門様御役所御聞済相成候ニ

付、則証文為取替申候、然ル上は双方共忘却致間敷候、仍て
為取替証文如件
　　文政五午年三月
　　　　　　　　　　　　　　　　　　右
　　　　　　　　　　　　　　　　　　　平兵衛㊞
　　　　　　　　　右
　　　　　　　　　　清　蔵殿
　　　　　　　　　　新右衛門殿
　　　　　　　　　　善兵衛殿
　　　　　　　　　　伝左衛門殿

（『川口市史』近世資料編、第一巻、七三六〜七三八頁）

文政五年（一八二二）五月二十日、現福岡県筑後市・八女市の一部。筑後国久留米藩上妻・下妻郡（文化十四年［一八一七］『御用談覚帖』）

　五月廿日福島参会頭書

［略］

一、柳瀬瞽女弐拾五匁右同断

一、福島町瞽女両人へ四拾目右同断

（『久留米藩大庄屋会議録』二二四〜二二五頁）

文政五年（一八二二）脱稿、現広島県広島市。広島城下の瞽女人口（『知新集』二十五巻本、三、四、五）

さてむかしは今のごとく盲人の扶持また官途銀なとの定りもなくて、座頭仲間郡中村々を廻り米銀をもらひ来りしを、宝暦五年より人数をさため年毎に両度六月霜月郡々御代官より検校へわたさるゝ事となりぬ、此人数広島にて座頭百八人、盲女三十一人、郡中にて座頭八百三十二人、盲女三百六十六人、都合千三百三十七人定数とす、扶持米高二千三百石定米とす、又官途銀五貫二百目定銀となれり、

［略］

［白神組］五町目［略］

盲女　二人

［略］

［白神組］六町目［略］

瞽女　二人

［略］

紙屋町［略］

盲女　一人

［略］

研屋町［略］

盲女　一人

（『広島市史』第六巻、一一〇頁、一三七頁、一三九頁、一五一頁、一八二頁）

文政五年（一八二二）、現徳島県徳島市。阿波藩名東郡（総人口三万五七六八人）

名東郡村浦男女人数改指上帳

［略］

一、人数五百三拾弐人　北浜浦
但当午年弐歳己〔巳〕上
内弐百五拾五人　男
同弐百五拾八人　女
同七人　僧
同八人　修験
同壱人　瞽女

（『阿波藩民政資料』八〇二頁、八一三頁）

文政六年（一八二三）三月七日～十月十六日、現愛知県刈谷市。三河国刈谷新町、「御触状留帳」、瞽女の宿泊

未三月七日
一、ごぜ弐人
未四月廿二日
一、ごぜ弐人　東浦　りわ
東端　ゆか
未六月朔日
一、ごぜ弐人　米きず　さと
吉良一色　きと
未八月廿二日
一、ごぜ三人　阿の　きせ
踏掛　きし
藤江　きと
未八月廿五日
一、ごぜ弐人　野間　ふて
こん
未九月十九日
一、ごぜ壱人　岡崎　きさ
申四月二日
一、ごぜ弐人　ならわ　かと
阿野村　たみ
申五月十日
一、ごぜ弐人　野間　ふて
こん
七月朔日
一、ごぜ弐人　吉良　ぬい
いそ
八月九日
一、ごぜ三人　踏掛　きし

阿野村　きと
あくひ　たち

九月十九日
一、ごぜ弐人　東浦　りわ
泉田村　りさ

九月四日
一、ごぜ三人　西郡　みと
事
きそ

十月十三日
一、ごぜ弐人　東はた　ゆか
西尾　なよ

十月十六日
一、ごぜ壱人〔ママ〕　きら・なから
みよ

（『刈谷町庄屋留帳』第一〇巻、二二七～二二八頁）

文政六年（一八二三）六月十八日、現愛媛県宇和島市。宇和島藩、「玉浦琴寿」音曲命ぜられる（『伊達家御歴代記事』）

一、玉浦琴寿年数音曲被仰付、以来御目通へ被差出、右ニ付諸事慎、御休息之儀他言致間敷、心得等申聞、右之外盲人召出候共、御蔭聞候儀等、御用達心得申聞ル。

（『記録書抜　伊達家御歴代記事』第三巻、三四九頁）

文政六年（一八二三）九月十一日。江戸、按摩「こう」へ褒美（『永久撰要録』）

三田同朋町
久五郎店
かね娘
こう

右之者不眼有之、老母壱人為養育按摩針治抔致、昼夜不怠相営、数年母江孝心ヲ尽し候段御聞入、主計頭様御番所江被召出、為御褒美御銀五枚被下置候旨、

未九月十一日通達

（『江戸町触集成』第一二巻、一六〇頁〔一二一九九号〕）

文政六年（一八二三）九月、現山口県萩市・宇部市。福原家（萩藩毛利の永代家老家）、「御家中内規定」、接待と音曲稽古などに関する規定

内規定

［略］

一、案内之客事、太概之儀は無之様、至而無拠客相招候共、近親類付会ハ格別、心安キ者と候而も、他人之客と家内打交酒食之参会、堅く仕間鋪候事

（別紙）本書糸物之義、兎角相締不申様相見、余り厳密過、却而人情難冴筋も可有之哉ニ付、心祝其外座頭・瞽女之間一人相招候儀は不苦、其余猥之義無之様可致候、全体此度厳重御取締之儀被仰出候付、往三ヶ年御仕与中申談、少も無相違やう無之而ハ不相

済事ニ付、右心祝其外無拠客等相招、糸物取交へ候義有之節ハ、内々職坐相違、職座引受之節ハ各間相達置候様、規定可仕候事

付、師匠一人ニ限り候而も、琴・三絃両様之稽古難相調、無拠両人ニも可相成候得とも、一同ニ呼寄候義致用捨、何分人数不相増様可仕候、且又市中其外、女子供三味線稽古被差留候事ニ付、是等之類も呼寄候儀可致用捨候事

付、稽古之年齢ニ無之候而も、月ニ一両度内輪切糸もの翫ひ候儀ハ苦かる間敷候、尤座頭・瞽女呼寄候義ハ勿論、其外たりとも他を交へ候義、堅く可致用捨候事

文政六未
九月

［略］

（『福原家文書』中巻、二二〇～二二一頁、二二三頁）

文政七年（一八二四）正月、現石川県金沢市。金沢城下の瞽女人口

覚

一、検　校　　　　九　人
一、勾　当　　　　十四人
一、衆分より無官迄　百四十人
　〆百六十三人
一、ごぜ　　　　　二十一人
惣〆百八十四人

右金沢中之座頭等人高如此御座候事。

正　月　　　　有賀甚六郎

（『国事雑抄』上篇、一一一頁）

文政七年（一八二四）四月序、現長野県、俳句（信州の俳諧集「みはしら」）

眼の見ゆる瞽女憐也いちご取

（『新編信濃史料叢書』第二二巻、二九六頁）

文政七年（一八二四）六月七日、現高知県。土佐藩、「座頭・瞽女増人数江扶持被遣事」（『憲章簿』盲人之部）

覚

御国中座頭・瞽女、前々ハ上下と申唱銘々送夫等被渡遣、村々江立越家毎へ立入相応銭米等貰請、郷中夥敷費用ニ相成、天明八申年御詮議之上右往来被差止、当御郡中ニ而ハ壱人ニ壱人扶持允、其余紫分へは銀六拾目、打掛四拾八匁、初心三拾目、瞽女弐拾五匁允村々ヨリ取立被渡遣、郷中ニ費用も無之様座頭・瞽女も遠路往来相止、双方宜事ニ相成、其節座頭・瞽女都合百五人之縮高ニ而、其以来御国民次第致繁栄、盲人も人数増ニ相成、今申年相縮候所百拾四人ニ相成居候得共、以前之縮方を以定格と致し割増不致候ニ付、百五人之者共ハ救方行届候得共、増分九人之者へハ補方不相調、根元盲ニ越候不幸成者共ハ無之

ニ付、古来より御慈恵之御詮議被仰付候所、右九人之者共其侭ニ差置候而ハ御慈恵不行届不平等之至ニ候条、当年より増九人之者共へも惣並ニ壱人扶持允并相定候銭をも被渡遣、向後は東御郡中同様増減有之度毎ニ当御郡中本田新田諸役掛リ之地高へ割付、作配方被仰付候条、其心得有之地下人并座頭、瞽女共へも、不洩様入念可被示聞候。已上

文政七申年六月七日　松村善丞

北代二蔵

（『憲章簿』第五巻、五〇七頁）

文政七年（一八二四）七月、現石川県。金沢藩、前田齊泰入国の際の「被下米」の戸数調査（「御触留抜書」）

御入国被下米之儀に付、家数等品々しらべ方御相談之趣内存左之通。

一、御かね裁許・御鳥見・御郡手附之儀御評議之趣色々御申越。此内御鳥見之儀は先振可有之候得共、御かね裁許・手附之両品者先年之振無之筈。左候得者高持候者江は三升、高不持江は壱升五合宛之御取図御尤に候得共、右三役は御蔵番抔と品違可申候間、持高之有無に不拘都而三升宛之御取図可然。且譬百姓等之せがれ二・三男之内右役儀相勤罷在共、親共江当り之被下米有之候とも、前段に準じ別段被下米之御詮議可然。

一、棟取等金沢居住之手附、是者町支配に相成居候得共、被下米之有事に候間、御郡方手附之振之通り、三升宛之被下米御書上可然候。

一、瞽女・座頭江別段被下米与申は先振見当り不申候得共、右之類は盲目抔と之訳書顕不申、指高有之に随ひ、百姓・頭振之せがれ・娘等に而、一名相立不申者之部者勿論御指省可然。

付札、此分御郡方に而も、検校支配之者江は別段被下方有之候間指省、其余は本文之通たるべき事。

一、寺社并町人之儀は、御支配違候儀に候得者、御指省勿論に御座候。併御郡支配之者は、町家之業を営み罷在候而も、高之有無に随ひ、百姓〔マヽ〕と頭振之部に御振分御書上可然。

一、穢多・藤内等之人非江被下米之先振無之候間、勿論御指省可然。

（『加賀藩史料』第一三編、五一〇～五一一頁）

文政七年（一八二四）八月、現岐阜県関市小屋名。小屋名村

「（表紙）
文政七年
美濃国武儀郡小屋名村上知方明細帳
申八月
小屋名村上知」

〔略〕

一、盲女・座頭　無御座候　他所より盲女・座頭愁祝儀之節、
古来より村中へ入来不申候

（『関市史』史料編、近世二、三八八頁、三九三頁）

文政七年（一八二四）八月、現長野県長野市信更町赤田。松代藩赤田村、窮民の調査

（表紙）「鰥寡孤独并格段之病体ニ而困窮之者取調申上

八月　　永井忠蔵

渡邊紀六」

赤田村

勘五郎帳下

尼　明有　年二十三

子　りい　年二十三

一、無高者ニ而甚四郎屋鋪之内借地仕、組合持寄家作仕差置申候

盲目

一、明有十ヶ年来眼病相煩、四五年以来別而不宜、手稼出来不申、尼罷成、村方持并隣村托鉢仕一日暮罷在候旨

一、りい幼少より盲目ニ付、同村座頭瀧一弟子瞽女相成、近村合力と歩行渇之渡世仕候得共、親子共一体不調法之者之由ニ而、至而難渋之体御座候

一、親類一切無御座候旨

（『鰥寡孤独并格段之病体ニ而困窮之者取調申上』信濃国松代真田家文書）

文政七年（一八二四）十一月十七日、現愛媛県宇和島市。宇和島藩、「盲女」の衣類規制（『伊達家御歴代記事』）

一、盲女天鵞絨黄緒ヲ相用、廃人之事故、以来不用様心得申付ル。

（『記録書抜　伊達家御歴代記事』第三巻、三八六頁）

文政七年（一八二四）十一月二十六日、現石川県。金沢藩、郡方の座頭・瞽女の他村徘徊規制（「御触留抜書」）

附札、口郡惣年寄・年寄並江

座頭・ごぜ琴三味線之業を以、御郡方より御城下江罷出候者不少体に候処、先達而御救方被仰付、以後御郡方之分は於在所々々、琴三味線之外盲目相応之産業を相励ませ、御城下江出候儀者可為無用旨等被仰出候段、当正月御用番年寄中被申聞、則其節申渡置候通り候条、弥御郡方之分其在所々々までに而、外村方等致徘徊業作相励候儀難相成儀与相心得、及迷惑候旨相聞候。右者琴三味線之外、盲目相応之稼方に而者不指支候条、此段重而夫々不相洩様可被申渡候、以上。

十一月廿六日　　御算用場

山森雄次郎殿
磯松森右衛門殿
（『加賀藩史料』第一三編、五三七頁）

文政八年（一八二五）正月、現山梨県笛吹市境川町寺尾。寺尾村の取極

（表紙）
「文政八酉年正月　村内諸法度取極帳　寺尾村」

［略］

一、御免勧化の儀は格別、定式寄進の儀御年限中半減差出シ可申候
附り、瞽女・座頭其外隣村より継送り者の類決て請取不申、万一彼是否申族有之候ハヽ、御役所へ其段御注進可申上候事

［略］

文政八酉年正月　八代郡寺尾村
名主　惣左衛門 ㊞
外七十七名連印
（『境川村誌』資料編、三二九～三三〇頁）

文政八年（一八二五）四月十一日～十月二十七日、現愛知県刈谷市。三河国刈谷新町、「御触状留帳」、瞽女の宿泊

酉四月十一日
ごぜ弐人　東浦　りわ
　　　　　泉田　りさ
酉五月十三日
同　弐人　よねず　さと
　　　　　同　はる
酉六月十九日
同　弐人　西尾　なよ
　　　　　東端　ゆか
酉八月十二日
同　弐人　ならわ　かつ
　　　　　　　　　たみ
八月十九日
ごぜ三人　きせ
　　　　　きほ
　　　　　きし
酉八月廿四日
同　四人　西ノ郡　みか
　　　　　　　　　みと
　　　　　　　　　なか
　　　　　　　　　こと
酉十月廿一日
同　弐人　春の　のぶ
　　　　　くゝつ　みつ

酉十月廿七日
同　弐人　　中嶋　ぬい
　　　　　　　　いし
（『刈谷町庄屋留帳』第一〇巻、四一八頁）

文政八年（一八二五）五月六日、現愛媛県宇和島市。宇和島藩、「盲女」の衣類規制（『伊達家御歴代記事』）

一、大工兼松姉盲女、御制服着、咎、御作事奉行へ任、品ハ取上。

（『記録書抜　伊達家御歴代記事』第四巻、九頁）

文政八年（一八二五）十月、現福岡県。小倉藩法、「文政触書」（「小倉藩法令」）

一、遊芸之者、他所より来候はゞ、早々追立可ㇾ申事。

［略］

一、寺社、山伏、瞽女・座頭定式之外、臨時之奉加相断可ㇾ申事。廻在免許之ものは、是迄之通、初穂計可ㇾ遣候。宿等相頼候はゞ飯料可二受取一事

［略］

酉十月　　杉生十右衛門
佐藤桓兵衛殿

（『福岡県史資料』第四輯、六一三頁）

文政八年（一八二五）前後成立、現埼玉県行田市。武州忍領、瞽女が盗賊を殺害する事件（『兎園小説』巻之十二）　↓次項

○瞽婦殺賊

近比の事なり。武州忍領の辺へ、冬時に至れば、越後より来る瞽婦の三絃を弾じて、村々を巡りつゝ、米銭を乞ふありけり。或冬、忍領の長堤を薄暮に通過せるに、忽後より呼び掛くるものもあり。瞽婦、（編者曰、此処もまた脱字あるべし。）即自ら吹くところの管首《ガンクビ》を指し向くるに乗じ、瞽婦模索し、我が烟草に火の通ぜざるまねして。大人口づから吹きたまへといふ。盗、何の思慮もなく、力を入れて吹くに及びて、其機を測り、忽ち盗の烟管を握り、躍り掛りて力に任せて咽喉を突く。盗、不意を討れて、大に狼狽して、仰けに倒れぬ。瞽婦直に我が縕袍を模取し、虎口を遁れて、兼ねて知れる村家に投宿し、右の状を話す。翌朝村人、堤上に来て見るに、盗、遂に一烟管の為に、急所を突れて死せりと云ふ。七尺の大男子、一瞽婦に斃さる。又天ならずや。（武州忍の在なる、吉次郎といふ者の話なり。）

遯庵主人記

（『兎園小説』三一八頁）

文政八年（一八二五）前後か、現石川県加賀市。加賀国大聖寺領、瞽女が追剝を殺害する事件　↓前項

「（表紙）略」

加賀国にて

瞽女追剝を殺候事、咄下ニ筆を取」

一、加賀国大聖寺といふ処の野原にて、瞽女弐人越後のものにて、国へかへる折から追剝に出合、用意の金子可渡由申ニ付、こせ申には、此金子相渡候時ハ宿所へも不被帰、国へも不行、明日より食事の手当もなし、その方に見込れてハ致方なし、存命之内ハ此金子渡事成難し、金子は参らすへく候まゝ、両人とも殺候上にて金子可渡旨申ニ付、心得候とて、すてに両人共ころし候ハんとする時、弐人之盲女申ニは、われらたは粉をこのミ候生〔朱「姓」性〕分ニ候得とも、今朝より呑不申候、一生の別に一ふく呑せくれ候様ニ頼けれハ、其儀はゆるし可申とて、火打にて煙草吸付、いさ呑へしとて追剝くハへしまゝにて申けれハ、こせ心得候とて吸付候振にて力にまかせつき込けれハ、追剝ののとよりうしろの方へ吸口ぬけ候程〔朱〕「程」にて、そのまゝ倒伏、おとした〔朱〕「刃」ものハ側に置即死致候よし、両人のめくらハ村方まて逃のき、此よし告けれハ大勢にて行見候処、右の次第のよし

追剝申にハ
尤金子可渡、もし渡不申候へハころし可申とて、白刃を盲女の頬首筋へあてなと致し、おところかし候由也

（「穢多瞽女二件」）

文政九年（一八二六）正月十九日～十一月二十三日、現愛知県刈谷市。三河国刈谷新町、「御触状留帳」、瞽女の宿泊

一月十九日

一、ごぜ弐人
（きらながら　いと
富崎　ぬい）

二月九日

一、同三人
（あぐい　たき
宮須　まつ
宮津　きせ）

四月八日

一、同弐人
（沓掛　のぶ
阿野　たみ）

五月朔日

一、ごぜ
（ときじ　いと
阿野　きと
藤江　きし）

六月朔日

一、弐人
（道めき　きと
東ばた　ゆか）

八月十一日

一、同三人
（尾野村　はな
ぬま　糸
同　こん）

八月廿一日

一、三人　（西部　みか
　　　　　　同　　みつ
　　　　　　同　　なか）

十一月七日

一、同弐人（東ばた　りわ
　　　　　　泉田村　りさ）

十一月廿三日

一、ごぜ弐人　みと事

（『刈谷町庄屋留帳』第一〇巻、五二一〜五二二頁）

文政九年（一八二六）五月十五〜十七日、現鹿児島県日置市伊集院町、錦江町、肝付町。伊集院郷、大根占郷、高山郷。同年三月、伊集院の瞽女が窃盗にあう事件

戌五月十五日　晴天

一、於御地頭仮屋林蔵継母相糺候処ニ、去ル三月伊集院瞽女壱人并大根占穢多村長左衛門同道ニ而、上之原并（並）木之脇江酔臥居候節、瞽女所持候風呂敷包逢盗、右林蔵盗取居候を承付候由ニ而、林蔵所江罷出本品物相返候ハヽ、内々ニ而可相済段申掛候処ニ、其通致呉候様林蔵よりも相頼候得共、品物質屋抔江有之、請返方之分（鈖）調達難成、串良下小原村従弟共江分（鈖）致調達呉候様相頼、従弟共請合分（鈖）世話方致間ニ、自縊仕候段申出、瞽女并長左衛門相糺候処ニ相違無之、死体之儀は親類共江格護番申付置、右之成行御被露申上筋相決候、締方横目衆両人并始良横目壱人、郷士年寄内之浦七郎次殿・河俣龍蔵殿・宇都宮蓮浄院殿、同役宮田十助殿・市耒氏・拙者、横目四人、御地頭横目両人出会之事

一、締方横目衆江致見舞候事

戌五月十六日　晴天

一、締方横目衆御両人江致見舞候

戌五月十七日　晴天

一、右長左衛門事、大根占より受取ニ罷出、引渡方有之、瞽女□宴（爰）許ニ而暇差出候、尤今日披露書相認、郡方、地頭所江差上候

（『守屋舍人日帳』第一巻、五二一頁）

文政九年（一八二六）十一月、現埼玉県春日部市。「旅籠屋相続願并御取締」

差上申御講一札之事

此度宿方為御取締御出役被成、食売旅籠屋并平旅籠屋共一同御見分之上、以来とも食売女共過人数は勿論着類・櫛・笄等都而花美ニ無之様可仕旨、右之趣兼而被仰付有之候へ共、尚又今般左之通被仰渡候

［略］

一、芸者体之者は勿論、縦令瞽女・座頭之類ニ而も、食売女一同旅人之相手等ニ差出し、遊芸ケ間敷義決而為致間敷、若芸者体之者他所より立入候共宿内ニ不差置、早速為立退可申候

［略］

文政九戌年十一月

日光道中越谷宿之内大沢町

食売旅籠屋　廿弐人

平旅籠屋　三十五人

名主・問屋・年寄　六人

伊奈半左衛門様御手代

関口唯右衛門殿

右は当宿取締後、大沢町江も御出役有之、前書之通り御請書差上候

（『春日部市史』第三巻、近世史料編三ノ一、四六八～四六九頁）

文政九年（一八二六）前後、現群馬県高崎市。高崎藩が江戸で座頭・「盲女」へ支給した施物に関する法令（『目付要書』）

御施物之事

一、御吉凶共ニ、座頭・盲女并非人松右衛門え御施物被下候、座頭・盲女えは和代都方え御足軽目付使ニて差遣候、松右衛門事は、小石川御門え取ニ出候間、其節渡シ遣候、伺案文左之通、

此度何々之儀ニ付、座頭・盲女并非人松右衛門え御施物被下置候様願出候間、先格之通り為取可申哉、則例書差添、此段申上、奉伺候以上、

月　日

例書

一、銀弐枚　座頭 盲女

一、鐚壱貫文　非人松右衛門

右之通、何年何之節被下置候以上、

月　日

又左之通例書無之相済候事も有之、

此度、何々之儀ニ付、座頭・盲女并非人松右衛門え御施物被下置候様願出候間、先格も有之候ニ付、左之通為取可申哉、

一、銀弐枚　座頭 盲女

一、鐚壱貫文　非人松右衛門

右之通御座候、此段申上、奉伺候以上、

月　日

御施物之儀、文政九戌年左之通御達、

○一、座頭・盲女御施物願之儀ニ付、書面共被差出候、右は御省略御年限中は、御代々様は御模合ニ無之、銀壱枚ツヽ、被下候、其外様は、御幾方御一集ニ御法事有之候共、御模合ニて銀壱枚被下候、尤一方様ニても銀壱枚可被下候、且又至て御幼年ニて、御院号も無之御方様は、是迄区々ニ候得共、以来被下間舗候、

右之通可被申渡候、此段御達し申候、
　十二月廿八日
　　御目付衆中
右表御用部屋より達し有之趣相見へ申候、
（『藩法集』第五巻、三〇八～三〇九頁）

文政十年（一八二七）三月三十日～四月一日、現千葉県流山市芝崎。芝崎村、瞽女の来村

　晦日朝小雨半晴
［略］
一、瞽女四人小□[虫損]付近之もの之由行暮難□[虫損]之由ニ付泊遣
［略］
四月　朔日晴
一、瞽女共出立
（吉野家『文政十日記』。『流山市史』近世資料編四、一二五～一二六頁も参照）

文政十年（一八二七）四月四日～十一月二十九日、現愛知県刈谷市。三河国刈谷新町、「御触状留帳」、瞽女の宿泊

　みや みと　四月廿一日　　あの きと

四月四日　同 みつ　こせ弐人　きた いし
ごぜ六人　中の江 こと　九月十一日　吉田在下しよ ほの
　同 そと　ごぜ三人　すへ
　同 みか　　高せ とめ
　片の原 なか　十一月朔日
十一月廿九日　ごぜ弐人　東浦 りわ
ごぜ弐人　中嶋 ぬい　泉田 りさ
　　佐助
　いと
（『刈谷町庄屋留帳』第一〇巻、六〇六頁）

文政十年（一八二七）七月一日、現長野県下伊那郡松川町中山。福与村中山分村役などの定（幕府領）

一、諸浪人・ごぜ・座頭・虚無僧無拠泊候節之泊り飯料、壱夜ハ八分、壱飯者三分三厘ニ相定メ、村中高割ニ可致相定メ之事
　但シ右之類行暮壱夜之宿相願候節、名主元ニ而差合等有之節者いやばん虎口江差遣ス相定メ、則帳面ニ記シ可申候、草履銭抔呉候ハ、是又村夫

銭江入可申候事

（『長野県史』近世史料編、第四巻［二］、一〇三四頁）

文政十年（一八二七）十月四日、現高知県。土佐藩、「座頭・瞽女座入御示之事」（『憲章簿』盲人之部）

覚

一、当御郡中座頭・瞽女共、前々より座数御定被仰付、座入ニ不相成盲目之者共へは扶助不被仰付候所、去ル申年猶又御慈恵之御詮議を以、男女盲目共時々被召出見分之上、一同扶助被仰付置候。然ニ根元御作法も有之義ニ付、尚又猥之心得方無之様地下人共へ可被示聞候。已上

文政十亥年十月四日　近沢左次右衛門
　小島助次

（『憲章簿』第五巻、五〇七～五〇八頁）

文政十一年～天保九年（一八二八～三八）成立、現鹿児島県日置市吹上町。伊作温泉付近、瞽女の歌う唄

二月廿二日　終日雨

今日雨ゆへ終日入湯、暮前より鹿児島人に旅宿にて布袋氏同席酒宴、近辺の瞽女《ごぜ》・芸子来りて、国ぶし・六調子・しょんがぶしなど聞て入興、夜四つ過休息。

（『薩陽往返記事』六七三頁）

文政十一年（一八二八）二月、現岐阜県高山市。飛驒国大野郡高山壱之町村、「大野郡高山壱之町村宗門人別御改帳」に瞽女三十二人。一人世帯一軒、二人世帯五軒、四世帯一軒、五人世帯一軒。五人世帯の瞽女「きん」の家族構成　↓文政二年（一八一九）二月、天保十四年（一八四三）二月、安政五年（一八五八）二月

一、［浄土真宗］同宗往還寺　高弐斗九升弐合　村持高　代々旦那　家持こせ　きん　六十三
一、同断　きん弟子　もと　三十
一、同断　同断　まつ　廿六
一、同断　同断　とら　十五
一、同断　同断　のゑ　九
〆五人女
の衛義荒城郷宮地村久蔵家より弟子ニ引取安国寺より寺替仕候

（加藤康昭『日本盲人社会史研究』二四七～二四八頁）

文政十一年（一八二八）四月、現千葉県鎌ヶ谷市佐津間。佐津間村の瞽女人口　↓文化六年（一八〇九）正月

（表紙）
「寛保弐年
下総国葛飾郡小金領之内佐津間村郷差出帳
戌十一月」

［略］

一、当時人数百五拾八人　内　男　七十七人
女　七十八人
僧　壱人
道心　壱人
瞽女　壱人

［略］

文政十一子年四月

（『鎌ヶ谷市史』資料編三上、三七九頁、三八六頁）

文政十一年（一八二八）五月、現宮崎県。延岡藩の瞽女・「盲女」人口　↓弘化四年（一八四七）五月、安政六年（一八五九）五月、万延元年（一八六〇）五月、文久元年（一八六一）五月、文久三年（一八六三）五月、元治元年（一八六四）五月、慶応元年（一八六五）五月、慶応二年（一八六六）五月

（表紙）「文政十一戊子年
御領分宗門人別勘定帳
五月」

御城附
一、五百四拾弐人　内　ごぜ壱人　南町
一、四百四拾八人　内　ごぜ壱人　柳沢町
一、千百八拾弐人　内　盲女壱人　大武町
一、八百五拾七人　内　ごぜ壱人　市振村
一、千拾七人　内　ごぜ壱人　伊福形村
一、弐千三百八拾九人内　盲女壱人　七折村

宮崎郡
一、千百弐拾九人　内　ごぜ壱人　太田村
一、六百四拾九人　内　ごぜ壱人　中村町
一、三百六拾人　内　盲女壱人　上野町

大分郡
一、百拾四人　内　ごぜ壱人　高取村
一、弐百八拾弐人　内　ごぜ壱人　且野原村
一、四百九拾壱人　内　ごぜ壱人　中嶋村
一、八百三拾壱人　内　ごぜ壱人　下光永村

（『御領分宗門人別勘定帳』内藤家文書。『北浦町史』史料編、第三巻、六八五頁に一部分あり）

文政十一年（一八二八）六月二十三日、現高知県。土佐藩、「瞽女座頭御見分之上根居御改正之事」（『憲章簿』盲人之部）

覚

御郡中村々瞽女・座頭共、最初座入願出候節、名前相革出見分被仰付、座入御聞届之上夫々根居帳面ニ相加リ居候所、此節名前混雑いたし候儀も有之候ニ付、此度又々不残見分之上、根居改正被仰付候条、瞽女・座頭有之村々ハ其段被申聞、来ル廿七日より来月十日迄之中地下役召連、当役場へ罷出候様作配可有候。已上

文政十一子年六月廿三日

近沢左次右衛門

小島助次

（『憲章簿』第五巻、五〇八頁）

文政十一年（一八二八）子七月、または天保十一年（一八四〇）子七月か、現香川県。高松藩　→文化七年（一八一〇）四月三日

（表紙）「寛政ヨリ天保年間ニ至ル　高松藩諸達留　甲巻」

［略］

一、町郷中小間物共之妻子共三味線弾或者客席ニ罷越、舞芸又者弟子取等致謝礼申請、自然与盲女座頭難渋者可相成、且一統風（朱書）「俗」説も不宜候間、自今已来右様之義不相成旨文化七午四月申渡置候処、近頃心得違素人共之内弟子取等致候者も在之様相聞、盲女・座当（頭）共難渋可相成候間、弥以琴・三味線・鼓ニ候共指南致候義不相成、自然忍（朱書）「々」シ弟子取又者客席ニ罷越謝礼等申請相聞候ハヽ、屹度申付方も可在之候間其段可申渡候

子七月

（『香川県史』第九巻、資料編、一四七頁、一六三〜一六四頁）

文政十一年（一八二八）八月、現静岡県沼津市上土《あげつち》町、三枚橋町。沼津上土町、三枚橋町。瞽女へ救米支給

覚

御米弐俵

上土町分
瞽女三拾九人
三枚橋町分
瞽女三拾一人

〆七拾人

右者去ル六月晦日大雨ニ付狩野川筋満水ニ而水押揚リ極々難渋仕被在候ニ付、上土町分瞽女三拾九人、三枚橋町分瞽女三拾壱人江為御救書面の御米被下置難有奉頂戴候、以上。

文政十一子年八月

上土町
問屋　忠兵衛
年寄名主兼　直右衛門

三枚橋町
問屋　源蔵
年寄　荘三郎
名主　彦七

町方御役所

（藤池良雄「瞽女」一一二頁）

文政十一年（一八二八）十月十九日、現千葉県船橋市藤原（藤原新田の村役人を勤めた安川家の日記『子歳日記』）

（表紙）「文政十一年
子歳日記
子ノ七月」
［略］
一、〔十月〕十九日　甲申　天気　昼より大雨降
［略］
こせ泊り　露谷権右衛門へ行
（『船橋市史』史料編四上、五六五頁、五八三頁、五八七頁）

文政十一年（一八二八）十一月、現高知県。土佐藩、「座頭・瞽女扶持補銀渡方之事」（『憲章簿』盲人之部）

覚
座頭・瞽女扶持補銀渡方左之通
一、七月より十二月迄之分当年相渡筈
来正月より六月迄之分ハ座頭・瞽女居村庄屋手前へ預り置、三月へ入相渡筈。
右之通被仰付候得共、村ニ寄村へ取抜并役場納共別紙帳面之通作配有之、座頭・瞽女居村庄屋手前へ預置、前件之通作配可有候。
右之通二季ニ渡方被仰付候間、扶持米補銀共受取候以後致病死候共、其儘渡捨ニ被仰付候条、無手違作配可有候。已上
文政十一子年十一月
御郡方（原本ノママ）
（『憲章簿』第五巻、五〇八～五〇九頁）

文政十一年（一八二八）十二月八日、二十五日、現静岡県沼津市。沼津城下、瞽女への施米に関する書付（清水宏之家文書）

助左衛門　印
会津　瞽女仲間　中

相渡申書付之事
一、今般町内助成金致成就候ニ付、助成金相続之内は永く米四俵宛村内一統江来丑年より毎暮致合力遣候間、宿内一統火難等無之様夜廻り致出精、猶又本町向之義は御用宿も相勤候事故、非常之節は早速欠付ケ、御荷物等取除方心付可申
為其仍而如件
文政十一子年十二月八日
下本町　町頭　治兵衛　印
組頭　金兵衛　印
同　藤五郎　印
同　三郎兵衛　印
世わ人　権兵衛　印
同　儀八　印
喜右衛門　印
助左衛門　印

弥九郎
惣村中

一、前文之通向後瞽女織多江町内一統より年々施米遣候ニ付、其旨書付相認、会津并弥九郎両人江一通つゝ相渡置候ニ付、末々至り急度来遣可申事

右連印左之通

又兵衛	十三郎	平七
武兵衛	儀八	十郎兵衛
藤七	平蔵	久蔵
大作	重右衛門	弥右衛門
彦四郎	治助	藤八
平四郎	和助	町頭 治兵衛
助七	組頭 藤五郎	本陣 喜右衛門
半右衛門	直兵衛	同 助左衛門
半左衛門	沖	
権兵衛	同 金兵衛	

子十二月廿五日

（大島建彦「沼津の瞽女」四八頁）

文政十一年（一八二八）、現群馬県伊勢崎市境。ある村の「御用留」

一、十一月二十六日　ごぜかよ外弐人　内子供壱人

（五十嵐富夫『三国峠を越えた旅人たち』五八頁）

文政十二年（一八二九）二月九日、現宮城県仙台市か。八幡町（江戸の浄瑠璃語り富本繁太夫の日記）

九日　朝、雪少々。天気曇る。夜に入、雪降る。

当八幡町に常盤津の稽古所有り。澤次といふ女の盲人にて、何卒稽古致度といろ〳〵進物を遣す。参り稽古致に、六日七日両日の内に、嘉例寿、鞍馬獅子、浅間、通し覚る。誠に珍敷覚也。

（『筆満可勢』、『日本庶民生活史料集成』第三巻、六二四頁）

文政十二年（一八二九）三月二日～七月七日、現千葉県船橋市。藤原（藤原新田の村役人を勤めた安川家の日記）

（表紙）
「己　文政十二　載（ママ）
芼齊館春秋
丑正月朔日」

［略］

［三月二日］
瞽女《ごぜ》三人泊り
［三月四日］
瞽女三人来
［五月十一日］
瞽女四人泊り

［七月七日］
上総の瞽女泊リ三人
（『船橋市史』史料編四上、五九一頁、六〇四頁、六一二頁、六二〇頁）

文政十二年（一八二九）四月、現東京都日野市高幡。武州多摩郡高幡村の倹約に関する条目

（表紙）「文政十二己丑年四月
御改革
組合村々議定連印
武州多摩郡
高幡村」

［略］

小組合限議定連印写

［略］

一、婚礼之儀は本文被仰渡之通り相心得、縮緬類并大造成櫛・簪・笄等は不用、其節村役人壱両人立会、夫々身上向ニ応し取計可申極之事、
附り、瞽女・座頭、婚礼之節祝儀貰ニ来候節は、身之宜敷ものニ而金壱分限り、夫より以下は身上向ニ応し右振合ヲ以可遣極之事、
（『日野市史史料集』近世三、三七二頁、三八六頁）

文政十二年（一八二九）七月、現愛媛県松山市。松山藩の触（「御触状控帳」）→天保十一年（一八四〇）五月、天保十三年（一八四二）、天保十四年（一八四三）八月二十四日、嘉永二年（一八四九）か、八月四日、文久元年（一八六一）六月二十五日

一、座頭・瞽女着類ハ前々之通堅可相守事、
（『松山市史料集』第四巻、三二二頁）

文政十二年（一八二九）八月、現神奈川県城山町。鷲巣領小倉村・三ヶ木村、地頭へ倹約に関する九カ条の上申書

乍恐以書付奉願上候

［略］

於知行所も一同奉高察候□御険〔倹〕約発、且聊之儀より御仕法御□御出入盲人方、并芸人其外逗留御客一切御断被下候様仕度、尤従御上様御断も難被遊候ハヽ、私共御銘々□□〔御断〕ニ相廻り、御上様御外聞ニ不相成候様御断可申候事
（『城山町史』第二巻、資料編、二七一頁）

文政十二年（一八二九）八月～十一月十六日、現愛知県刈谷市。三河国刈谷新町、「御触状留帳」、瞽女の宿泊

□ごぜ三人　□□
ミわ
なか

八月廿日　知多郡野間村

一、同　三人　ふて
　　　　　　　はな
　　　　　　　こん

廿九日　東浦

一、同　壱人　りわ

同晦日

一、同　弐人　東端村ゆか
　　　　　　　泉田　りそ

十一月十日　吉良庄中しま

一、同　三人　ぬい
　　　　　　　いと
　　　　　　　志と

同十三日　知多郡宮津村

一、同　壱人　きさ

同十六日　西尾

一、同　三人　きと
　　　　　　　きぬ
　　　　　　　さと

（『刈谷町庄屋留帳』第一一巻、九四～九五頁）

文政十二年（一八二九）十二月、現埼玉県上尾市。上尾宿改革組合村々取締の議定書

一、病人亦は臨時勧化之類盲人等都而不案之もの、宿村継を以送り引致間敷候事

（『上尾市史』第三巻、資料編三、三二八頁）

文政十二年（一八二九）、現愛媛県。宇和島藩（富岡村庄屋史料）

覚

［略］

一、座当・盲女御養米利米之事

（『宇和島・吉田藩史料集粋』第一巻、三五～三六頁）

文政十三年（一八三〇）正月、現岐阜県高山市。高山町谷屋五兵衛（日下部）の年中行事

（表紙）
「庚　文政十三年
　年　行　事
　寅　正月吉日」

［略］

祝儀物

一、五文より七文宛　座頭・瞽女
　　十二文迄

但、来ハ五文・三文、格別之分ニは拾弐文も遣し

三拾弐文
一、四拾弐文　　　　　　番人
　　餅七ツ
一、弐拾四文　　　　　　伝助
一、六文　　　　　　　　五郎
一、四拾八文　　　　　　春駒
一、弐拾四文　　　　　　萬歳

（『岐阜県史』史料編、近世八、四二頁、五〇～五一頁）

文政十三年（一八三〇）三月、現茨城県水戸市。水戸藩、座頭・「盲女」へ祝儀

一、御相続御祝儀ニ附、御領内盲女・座頭江鐚被下候手形相廻候条、廿六日御城江罷出請取候様隋本一へ御達可有之候、以上

二月廿四日　　　　小室佐吉

落合長四郎殿

請取申鐚之事

一、鐚弐拾七貫文　　　　御領内座頭共へ被下

右者中将様御遺領御相続ニ附為御祝儀被下置候間、請取頂戴為仕申候、以上

文政十三年　　　　広瀬伝五衛門印
　寅三月　　　　　照沼庄八
　　　　　　　　　小室佐吉印

小室伴衛門
長瀬三衛門殿　　中山庄司左衛門印
大関和七郎殿　　河方作左衛門印
　　　　　　　　渡邊宮内衛門印
　　　　　　　　山田六郎衛門印
　　　　　　　　近藤儀太夫印

（『水戸下市御用留』第五巻、一三三頁）

文政十三年（一八三〇）三月、現愛知県稲沢市。尾張国中嶋村

差上申一札之事

一、切支丹宗門之儀、度々御改置被成候得共、弥今度堅御制禁之旨被仰聞、当村百姓男女宗門相改被成候付、自分妻子下人・下女之儀ハ不及申上、百姓・商人・諸職人・下人・下女・借家之者并社家・社門・神子・比丘尼・瞽女・座頭・寺方之沙弥・被官等、此外諸勧進仕渡世を送り候者迄致吟味、宗門相改、他所ニ罷有候諸親類之書付致僉議、五人組を究メ、面々旦那寺之判形取差上申候、毎年一度宛之御改之外ニも常々無油断相改可申候、村中ニおゐて念仏講・題目講・月待日待をいたし、密ニ浮世物語抔仕、常々之宗旨ニ替り候宗門取扱、不審成者御座候ハ、早速御注進可申上候、当村ニ切支丹之宗門之者有之由脇より訴人御座候ハヽ、庄屋・組頭曲事可被仰付候、自然百姓之内宗旨替り申度と申者御座候ハヽ、御断申上、寺手形を取置、差上可申候、若又百姓之内

他所より女房を呼、養子仕者有之候歟、下人・下女召抱候歟、其外何者によらす他所より参り当村ニ居住仕者御座候ハヽ、諸親類致吟味、宗門相改、寺手形取御断申上、重而清帳ニ書入可申候、勿論他所より参り候者ハ不依男女不慥成者ハ一円置申間敷候、先年被仰出候廿四ヶ条・五ヶ条・七ヶ条之御書付常々張置、無油断百姓中へ読聞せ相守可申候、為後日庄屋・組頭連判手形如件

中島郡中島村

組頭

庄屋

文政十三年寅三月

（『稲沢市史』資料編一〇、四八九〜四九〇頁）

文政十三年（一八三〇）閏三月十一日、現石川県。金沢藩、「目明」の女性芸人の雇用禁止（「毎日帳書抜」）

閏三月十一日

一、御家中之人々祝事之節、座頭・盲女相招候儀は、先達而御触も有之、芸人之外は堅無用之段被仰渡置候処、近来目明之女三絃を以所々被雇候者流行之体に付、堅不相成段等町奉行へ申渡。

（『加賀藩史料』第一四編、一八頁）

文政十三年（一八三〇）十月十二日、現新潟県出雲崎町羽黒町（江戸の浄瑠璃語り富本繁太夫の日記）

十二日　朝曇雨少々。夜に入雨。夜八つ頃より大風雨。

此日与藤太、五七両家へ近付に行。早束（速）座鋪を申来れとも、未彌三次三条より不帰来故、断りを言。再参使。無是非宿の娘盲人およのといへるをつれて行弾せる。此娘廿一弐也。三味線、琴抔の稽古致富本少々。重之都より習ひ覚へ居る故語る。花川戸半・浅間半。客人大庄屋にて芸者抔数多呼ひ居る

（『筆満可勢』、『日本庶民生活史料集成』第三巻、六八五頁）

文政十三年（一八三〇）十月自序。瞽女関連文書と瞽女語源説など（喜多村信節『嬉遊笑覧』巻六上［音曲］）

盲女ハ【甘露寺職人歌合】に琵琶法師と女盲と番ひたり其絵髪をさげ眉作りたる盲女赤き衣きて上に白き衣打かけたるが鼓打て歌うたふさまなり絵の旁に宇多天皇に十一代の後胤いとうか嫡子にかはつの三郎とて詞書あり【曽我物語】などうたへるにや其歌及ひ判詞に大鼓かしら打といふ事あれば舞まひの類なるべし舞まひハ此【職人尽】の内曲舞まひ白拍子と番ひてありことに盲女ハ舞ふべくもあらず但大かしらハ鼓を打故なり【謡曲外百番】小林と云曲ありごせども八はたに詣て内野合戦山名が臣下小林の上野介がことをうたふ処惣じてごぜ達の謡には女御更衣帝王の御事をも謡に作てうたふハ習ひ云々これ【職人尽】の女盲を同じものとみゆ

今女盲をごぜといふもと御前ハ貴人の辺なり故に人をうやまひていふ詞なり、物語草子などに多く見えたり、御まへたちといふハ御前に侍る人をいふなり、今も音にて呼ながらごぜんといへば重き詞なり、物語などに殿ハ男を申し【源氏】玉かづらの内侍をかんのとのといひたるもあれ

とそハまれなりお前といふハ女を申すならひなり名物の琵琶に殿御前と云があり【胡琴教録】に殿御前の琵琶の絵のことをいひて其人の形男をかけるを殿と女をかけるをば御前と号す盲女もやむことなき御まへに侍るよりごぜとハいひ習へるにや又ハ瞽女の音などにや

（『嬉遊笑覧』下巻、三五～三六頁）

文政十三年（一八三〇）十二月一日、現新潟県上越市。高田（江戸の浄瑠璃語り富本繁太夫の日記）

朔日　雪降。夜に入止む。

此夜宿客人衆と同道して、横町《まち》といへる江行。女郎屋数多ある。寔に賑ふて呼ひに遣せしに、女郎一向不来。当所は四百五十文也。其女郎の家へ参れば、三百文也。芸者といふは、女盲三四人有斗也。然に当所にさよ都といへる琴抔教る盲人あり。是は江戸米田匂《（勾）》当糸道の師也と言。然に女郎不来、皆々帰らんとせし所、くしやといへる女郎やより今町庄屋衆来りて座鋪を申来る。夕霧・鞍馬獅子下。

（『筆満可勢』、『日本庶民生活史料集成』第三巻、六九二頁）

天保元年～安政六年正月（一八三〇～五九）、現富山県高岡市。高岡の瞽女街と花街（津島北渓『高岡詩話』〔原漢文〕）　→安政六年（一八五九）正月十八日

邑中声妓の居る所を瞽女街といふ、雅客は絃楼と称せり、曩昔開正寺の対門なる官倉の後に二楼あり仙姑といひ蔵佳といひしが、今は則ち亡し寺側に一楼あり石垣といふ、今は移りて下衢にあり丁字街にて撞木に似たり、故に撞木と称し、因りて横河原にある者を喚びて上句と為す、今改めて上衢下衢に作る下千木屋街の橋を過ぎて左折し先つ得る者を阿閭といひ又小梅と称す、扁して玉雪といふは米庵の書する所なり、其次を新川端といひ、扁して一場香夢楼といふは頼立齋の書する所、又扁して觴月咏花楼といふは中嶋棕軒の書する所なり、其次を川端といふ、其街梢に在りて川流に沿ふを以てなり、扁して花園深といふは皆川淇園の書とす、折れて西に去れば角院といひ、其次に凹する者を松古といひ其対門を清香楼といふ、此の三楼今は則ち亡し其東に凹する者を茶釜といひ又古藤と称し、而して紫雪楼といふは山陽の書する所なり、此の数楼喚びて上衢と做す、下川原の西に丁字街あり、其極北を一本杉といひ其次を二本杉といふ、扁して雙杉窩といふは西崖の書する所、其次を石垣といひ、扁して栖鳳楼といふは棕軒の書する所、其次を延対寺といひ、扁して鶤亭といふは山陽の書する所、其次を中といひ、扁して芭蕉楼といふは棕軒の書する所、又芙蓉楼といふは内藤元鑑の書する所、又致雨楼といふは青霞の書する所なり、其次を阿箇といひ、又松代と称す、其次を小寺といひ、扁して松月亭といふは西崖の書する所なり、其次を論田といひ、扁して魯夢亭といふは松洲の書する所、其次を西院といひ、扁して西園といふは研齋の書する所なり、此の数楼喚びて下衢と做す

（『高岡史料』下巻、九〇〇～九〇二頁）

不破氏の邑に宰たるや奢侈を厳禁し遂に狭斜に及び、且つ曰く元来瞽女の居る所故に瞽女街と称す、是れ其能く絃を弾するを以てなり、今瞽女にあらず、絃を弾するを得ずと是に於て尽く声妓を逐ひこれを其里に反して別に生産を理めしむ、但西院一楼には一瞽女ありしを以て此例に在らざりき、不破氏の去りて後毎楼一瞽女を畜ひ、声妓称故に復せしといふ

（『高岡史料』下巻、九〇二頁）

不破亮三郎の高岡町奉行に任ぜられしは安政元年紀元二五一四四月なり、其声妓を放逐して、瞽女町を閉鎖せしめたるは安政二年にあり、而して安政六年正月再び開業を許したり、即ち左の如し

（『高岡史料』下巻、九〇二頁）

天保元年（一八三〇）成立、現栃木県宇都宮市。宇都宮の瞽女唄 →文化十四年（一八一七）

○下野国宇都宮にて瞽女がふるくよりうたひ伝ふる歌

若宮参り

「との（殿）人をさき（前）に立てゝ、若宮まゐり（詣）を、まうせ（仕）ば、若宮の、ばんばさき（馬場前）で、ごしょばこ（御書函）を、見つけ（得）た、かたまり（傍倚）て、明て見たれば、いちぐんによ（一郡ヲ）しふにぐん（十二郡）を、賜はる、あなめでた（甚愛）、若宮まゐり（詣）の、ごりしやう（御利生）、

玉手箱

「いとしちをご（最愛少女）の、玉手箱の、宝物は何々、しろみ（白銅）の鏡が、なゝおもて（七面）、にしきをり（錦織）が、やたゝみ（八匹）、白かね（銀）の、竿指して、こがね（金）つるべ（雖）を、くゝらせう、（括為）、げ（実）にまこと、ちやうじや（長者）のじん（仁）ともよば（称）る、

信友按に、をごのをは少女《をとめ》のをに同じく、ごは本朝文粋菅大相国の詩の自注に、俗言㆓貴女㆒為㆑御、蓋取㆓夫人女郎儀㆒也、後撰集にたいふのご、閑院のご、大和物語に伊勢の御、若狭の御、ひがきの御などいへるこの意か、陸奥仙台人は娘子をおことといへりとぞ、

（『中古雑唱集』四九一頁）

天保二年（一八三一）正月七日、現新潟県上越市。高田（江戸の浄瑠璃語り富本繁太夫の日記）

七日　雪降。

佐藤座しき。小夜都の弟子女の盲人来りて京唄を謡ふ。妹背山・夕霧。

（『筆満可勢』、『日本庶民生活史料集成』第三巻、六九七頁）

天保二年（一八三一）二月、現長野県飯田市。飯田町（「家作勧化帳」の序文）

当時瞽女共之儀、弐拾人余も有之、八組ニ相成御城下ニ借宅仕罷有候所、不慮ニ打続弐度之類焼ニ逢、不自由之身分ニ而危処を漸遁れ、夫々江所縁を求厄介ニ相成、必至と難渋ニ而歎之罷廻候、右ニ付何様ニも居宅を補理申度旨呉々も申ニ付、先年古町村仙右衛門殿より御城下ニ而御田地を求、寄特ニ付被置候場所を今般梅南裏御堀外ニ而都合宜敷場処江替地いたし、屋敷場出來申候、依之多分之御憐愍を以、梁間三間半桁行弐拾五間程之長屋を建、居宅仕度奉存候、勿論盲人計之義ニ御座候得は、実意成仁を一弐軒も右長屋之内江頼置、火之元万事を頼置度存候、右様出來仕候ハヽ、火災之憂ハ勿論、諸事ニ安堵仕、広大之御慈悲と難有奉存候、何卒御厚志之以御慈悲御助成被成下、御恵之段一入奉希候、以上

天保二卯年　　　　瞽女共

二月

世話人　上飯田村　兵九郎　㊞

山村　文三郎　㊞

飯田村庄屋　善右衛門　㊞

同村同断　平四郎　㊞

山村庄屋　庄左衛門　㊞

同村同断　善兵衛　㊞

（『飯田瞽女（ごせ）資料一』。『飯田瞽女（ごぜ）資料二』にもほぼ同文あり。三好一成「飯田瞽女仲間の生活誌」二二八頁の翻刻では天保二年三月とある）

天保二年（一八三一）五月一日〜十月十七日、現愛知県刈谷市。三河国刈谷新町、「御触状留帳」、瞽女の宿泊

五月一日

一、ごせ弐人　東浦　りわ
　　　　　　　泉田　りさ

同　十日

一、同　弐人　西之郡　みを
　　　　　　　同　なか

□月十五日

一、同　三人　知多郡宮津　きさ
　　　　　　　ときし《（時志）》　いと
　　　　　　　野間　こん

十月十七日

一、　三人　宮崎　ぬい
　　　　　　ながら　いと
　　　　　　重原　まき

（『刈谷町庄屋留帳』第一一巻、二七六頁）

天保二年（一八三一）六月、現埼玉県新座市大和田・東京都東村山市秋津町。武蔵国新座郡大和田町・南秋津村。瞽女と陰陽家との訴訟事件

乍恐以書付御訴訟奉申上候

松平右京亮領分
武州新坐郡大和田町
百姓孫八後家ふで方
同居同人伯母瞽女
くめ煩ニ付代兼同人
養母瞽女
訴訟人　かつ

難渋出入

田口五郎左衛門様御代官所
同国多摩郡南秋津村
相手陰陽家　左内
同　〃　栄蔵

右訴訟人くめ煩ニ付代兼かつ奉申上候、くめ義は村内百姓孫八後家ふで〔親〕新兵衛姉中年頃より盲目ニ相成、縁付候義も不相成候ニ付、瞽女仲間江致組入、かつ儀は田口五郎左衛門様御代官所同国多摩郡小山村百姓長之介娘、幼年之節より盲目ニ相成、くめ弟子ニいたし、其後養女ニ貰請、両人共ニふで方ニ同居職業渡世罷在、私共義は近在村々ニ祝儀有之方より金銭申受候節は中根宮内様御知行所同国高麗〔入間カ〕郡久米村座頭哥一方へ引請、瞽女并座頭共江夫々配当致候仕来ニ而、其外年々正月より三月迄之間近在村々を為年始軒別ニ相廻り、右等之儀は職業渡世仕取続罷在候処、当二月十九日私共両人并同国入間郡北野村百姓小八姉瞽女しん、同村文左衛門娘りよ都合四人前書秋津村へ右職分罷超及暮候ニ付、同村百姓義兵衛と申者之方へ致一宿候間、女子打寄私共両人江唄被好候ニ付、近隣之女子と心得三味線弾両人ニ而唄候ニ付銭貰請候処、跡ニ而承候得は、右女子之儀は同村陰陽家左内家内之もの之由、是迄陰陽家江私共義は致突合候義は無御座候間、翌朝しん外一人倶ニ出〔立〕、私共両人は左内方江立寄、其段申断銭相返、四人一同連立参り候途中、原之様子ニ心得候場所江参り懸候折柄、相手左内并栄蔵之由相名乗追欠参り、右銭〇〔行間に挿入〕「相返候始末不敬之段悪言申訇り差遣候銭」弥不致受納ニおゐて携居候三味線打砕、私共両人は即座ニ被打倒任剛勢致打擲候上、已来村内へ立寄候義不相成段申捨、何れ歟逃去候ニ付、私共義は其場ニ被打倒候侭ニ臥居候処、少々苦痛ニ薄〔ママ〕く相成、且前書之《しん》りよ両人は取支候紛少く打擲受候得共、格別之儀も無御座候間、両人介抱受、漸前書秋津村名主与五右衛門宅江罷越、右体理不尽ニ打擲いたし候始末、逐一申述相糺呉候様頼入候処、何れニも糺方致可遣ス旨申聞、乍併左内・栄蔵両人共他行ニ付即答ニ難相成候間、帰宅次第取調挨拶ニ可及間、

先引取相待呉候様厚申聞候ニ付、任其意ニ相待罷在候得共、相手両人義兎角詫入候義は捨置、却而私共職業相咎、已来百姓家并致出入候祝義等之砌、金銭差遣し候而も受納致候而も、格別左も無之上は此末何方ニ而も見当次第、私共は勿論、外瞽女ニ至迄渡世道具取揚候趣、我意申募候ニ付取扱之義、殊更くめ之儀は老人之儀、其上痛処も今以平癒不致、剰職業之儀迄被妨、此上陰陽家之者共申合渡世先ニ而何様不法被相働候も難計難渋至極仕候ニ付、無余儀御訴訟奉申上候、何卒以御慈悲相手両人被召出前書打擲致候始末御吟味之上、已来職業ニ差障不申候様被仰付被下置度偏ニ奉願上候、以上

松平右京亮領分
武州新坐郡大和田町
百姓孫八後家ふで方
同居同人伯母瞽女
くめ煩ニ付代兼同人
養母瞽女
訴訟人　かつ
差添人 名主 五郎兵衛

天保二卯年六月

御奉行所様

如斯目安差上候間、致返答書来月廿五日評定所江罷出可対決、若於不参は可為曲事者也

卯九月三日
豊後　印
隼人　印
御用方御加印　出雲
同断　淡路
伊賀　印
主計　印
下総　印
大炊　印
相模　印
中務　印

（「乍恐以書付御訴訟奉申上候」杉本家文書）

天保二年（一八三一）七月十二日、現福井県。福井藩、座頭・瞽女への施物に関する触

急度申遣候

座頭并瞽女施物之儀、近来岡・橋下番人等江相混シ相渡シ難儀之旨申達、以後座頭・瞽女之分、岡・橋下番人等江不相混様、猶又紛敷者相廻候間文政八酉年相渡置割鍋ニ引合之、相渡之様組下村々江可相触候、以上

但施物之儀岡・橋下之者へ相渡シ儀割合を以遣可申間、尤過当之儀申掛り候ハ、其後役所江可申達候

（天保二年）七月十二日

忠大太様（鈴木、郡奉行）

（『福井市史』資料編六、近世四下、藩法集二、二九九頁）

天保二年（一八三一）、現香川県。高松藩、「座頭・瞽女共秋三ヶ月廻在指留候ニ付、天保二卯年達々願之趣も在之、其節人数弐百八拾壱人与相究」　→弘化二年（一八四五）四～五月

天保二年（一八三一）、現愛媛県松山市。松山藩、素人音曲指南禁止の触　→安政五年（一八五八）十一月

天保二年（一八三一）以降、現長野県飯田市（明和九年［一七七二］飯田生まれの飯田藩士岡庭政興『晩年叢書』）

ごぜ長屋を建ちし事

是までごぜ共、諸所に借宅して、弟子一両人持ちたるもありて、細々と暮せしが、此の天保二年の春、箕瀬火難の節、大勢難渋致し、漸く一命を助かりしのみ、いとも懲れなかりしば、山村教授、文三郎、羽場の兵九郎と発頭にて、ごぜともども川東まで勧化し、梅南籾蔵と後ろあわせの所にて、田地上田八畝五歩を買取らせ、此処に三間半に、十二間半の長屋二棟、家作を願いて造り、家代に卯兵衛と云うものをつけて、一同に引越させ、同年秋よりゴゼ長屋とは唄へけり。

（村沢武夫『伊那の芸能』二五三頁）

天保三～五年十二月（一八三二～三四）、現長野県飯田市。飯田藩の瞽女の年貢（伊藤家文書）

「（表）
天保壬辰年
御歳貢皆済帳
瞽女共」

「（裏）桜南御堀外」

覚

一、四俵三斗六升五合　上納高
一、七升弐勺　御種貸元利
〆　五俵三升五合弐勺
内
一、五升四合　御種貸米
一、四俵　車屋市右衛門より入
〆　四俵五升四合
差引　不納
三斗八升壱合弐勺
代金壱分弐朱ト
百十四文〆

右之通御年貢米
上納皆済申候　庄屋

天保三年　善右衛門

覚

一、四俵三斗六升五合　上納高

一、七升弐勺　御種貸元利

五俵三升五合弐勺

内

一、五升四合　御種貸米

一、弐俵　御蔵納人

一、三俵　金納入

代金弐両弐朱ト

三百四十四文

〆　五俵五升四合

差引

壱升八合八勺　過米

代、弐百六十文　相渡

右之通御年貢米　庄屋

上納皆済申候　善右衛門

天保四年

覚

一、四俵三斗六升五合　瞽女中

一、七升弐勺　御種貸元利

〆　五俵三升五合弐勺

内

一、五升四合　御種貸米

一、四俵　車屋市右衛門より入

〆　四俵五升四合

差引　三斗八升壱合弐勺　不納

代、壱分弐朱ト

百六十五文入

右ハ午御年貢上納

皆済申候以上　庄屋

善右衛門　㊞

天保五年十二月

（三好一成「飯田瞽女仲間の生活誌」二四四～二四六頁、生瀬克己編『近世障害者関係史料集成』四四七～四四九頁）

天保三年（一八三二）正月二日。大坂、稲荷境内の竹本座上演（「増補生写朝顔話《しょううつしあさがおばなし》」。耶麻田加々子が山田案山子《かがし》［近松徳叟］の遺作「生写朝顔日記」を改編した義太夫節）↓文化十一年（一八一四）正月、嘉永元年（一八四八）八月二十日

［浜松の段］

［三下り歌］哀《あは》れや深雪《みゆき》は数々《かず〴〵》の、憂《う》さ フシ 重《かさな》りて目かいさへ泣潰《なきつぶ》したる盲目《もうもく》の、力と頼む物とては、僅《わづ》かに細《ほそ》き竹の杖《つへ》あるに

甲斐《かい》なき玉《たま》の緒《を》の切レも果《はて》ざる三味《しやみ》の糸、露命《ろめい》を繋《つな》ぐ縁《よすが》にと背《せな》にわいかけしほ〳〵と、心の闇路《やみじ》たどり来《く》る、跡に大勢里童《おほぜいさとわらべ》手《て》ん手に竹切振廻《たけぎれふりまは》し、詞「アレ〳〵朝顔《あさがほ》の乞食盲目叩《こじきめくらたた》け〳〵、打《うて》よ〳〵」と、取廻《とりまは》す、詞「ア、コレ〳〵目の見へぬ者を其様《そのやう》にはせぬ物じやはいな、どれも〳〵よいお子様や、今度《こんど》よい物が有《あつ》たら上《あげ》ふぞへ」、「ヱ、いやじやはい乞食《こじき》に誰《たれ》が物貰《もら》ふもんで、ナア次郎坊」「ヲ、そふじや〳〵あた穢《ぎた》ない乞食《こじき》の物貰《もら》ふ物かい、そんな事ぬかしたら、コリヤ斯《かう》じや」地と惣々《そうぐ》が竹で打《うつ》やら石打《うつ》やら育《そだて》も下種《げす》の腕白《わんぱく》ども、寄《よ》つてかゝつて叱責《さいな》まれ、詞「ア、コレ〳〵モウ再び言《い》やしませぬ、地こらへて下されい誤《あやま》つた」と、土に平伏《ひれふ》し詫《わび》ければ、「ヲ、泣《ない》て誤《あやま》るなら堪忍《かんにん》してやろサア皆来い何時《いつ》もの土手《どて》で芝居《しばゐ》ごと、五郎よ次郎よ」と呼連《よびつれ》て道草《みちくさ》しながら走《はし》り行《ゆく》、

[略]

[宿屋の段（其の二）]

「ナニ朝顔とは何者《なにもの》」、「アイヤ此道中《だうちゆう》で琴三味《ことさみ》を弾旅《ひきたび》の徒然《とぜん》を慰《なぐ》さむる瞽女《ごぜ》とやら拙者《せつしや》も何か物淋《ものさみ》しうござればちと琴《こと》でも聞《きか》ふと存じ、亭主《ていしゆ》を頼《たのみ》呼寄《よびよせ》ましてござる」、「アイヤそりや止《やめ》になされい」、「トハ又何故《なぜ》な」、「サレバサ先刻身共《せんこくみども》が知音《ちゐん》たる萩《はぎ》野祐仙同席《のいうせんどうせき》いかゞと云《い》はれた貴殿乞食《きでんこじき》をば座敷《ざしき》へは通《とほ》されまいかい」、「ハテ高《たか》の知れた盲目女《めくらをんな》まんざら怪《あや》しいナソレ茶箱《ちやばこ》も持参《ぢさん》致すまい」と竹篦返《しつぺいがへ》しにぎつくりと、言句《ごんく》に詰《つま》れど減《へ》らず口《ぐち》、詞「左程御所望《さほどごしよまう》ならば兎《と》も角《かく》も然《しか》し座敷《ざしき》へは叶《かな》わぬ庭《には》へ呼《よび》出《だ》し琴なと三味《さみ》なと弾《ひか》し召《めさ》れて早く此場を追返《ぼつかへ》されよ」と、飽《あく》迄意地持《までいぢも》つ佞者《ねじけもの》、寄《よ》らず触《さは》らず駒沢が、指図《さしづ》にお鍋《なべ》が心得《こころえ》て、詞「朝顔殿召《めし》ますする朝顔殿〳〵」と、地呼立《よびたつ》るフシ無慙《むざん》なるかな秋月の娘深雪《みゆき》は身に積《つも》る、長地嘆《なげ》きの数《かず》の重《かさな》りて塒《ねぐら》失《うしな》ふ目無し鳥、杖柱《つゑはしら》とも頼《たのみ》てし、浅香《あさか》は脆《もろ》く朝露《あさつゆ》と消残《きへのこ》りたる身一つをさすがに捨《すて》も縁先《えんさき》の飛石探《とびいしさぐ》る足元も危《あやう》き木曽《きそ》の丸木橋渡《まるきはしわた》り、フシ苦しき風情《ふぜい》にて地漸《やう〳〵》坐して手をつかへ、「召《めし》ましたは此お座《ざ》敷《しき》で御座《ござ》りますか、拙《つたな》い調《しら》べもお笑ひ草《ぐさ》、おはもじ様《さま》や」と地会釈《ゑしやく》する、フシ顔も深雪《みゆき》がなれの果《はて》、不便《ふびん》の者やとせぐり来《く》る、涙呑込控《なみだのみこみひか》へ居《を》る岩代はそれとも知らず、「ヤア見苦《みぐる》しい其様《さま》で、我々が目通《めどほ》りへうせたは、聞及《ききおよ》んだ朝顔めな、ヱ、きり〳〵立《たつ》て失《う》せ居《お》らふ」、「アイヤ〳〵岩代氏《うぢ》そふもぎどうに仰《おほせ》られな、此方《こなた》に呼寄《よびよせ》たればこそ思ひがけ無《の》ふ来《き》た物を叱《しか》るは武士《ぶし》の情《なさけ》にあらず、コリヤ〳〵女《をんな》、大儀《たいぎ》ながら其朝顔とやらの歌、サ、早く謳《うた》ふて聞《き》かせい」と望《のぞ》む心は千万無量《せんまんむりやう》知らぬ岩代面脹《つらふく》らし、詞「扨々駒沢氏《うぢ》にはイヤモきつい御執心《ごしうしん》、コリヤ〳〵盲目《めくら》、何《なん》なりともヱ、謳《うた》へ〳〵サ、早く〳〵」「ハイ〳〵〳〵謳《うたひ》まするでござります」と、地焦《こが》るる夫《をつと》の在《あ》るぞとも、知らぬ盲目《めくら》の探《さぐ》り手《て》に、地恋故《こひゆへ》心尽《つく》し琴《ごと》、誰《たれ》かは憂《うき》を斗為巾《といぎん》の、絃《いと》より細き指先《ゆびさき》に差《さ》す爪《つめ》さへも八つ橋《はし》の寠《やつ》れ、果《はて》たる、身を託《かこ》ち、涙《なみだ》に雲《くも》る爪調《つましら》べ、歌「露《つゆ》の干《ひ》ぬ間《ま》の、朝顔《あさがほ》を照《て》らす日影《ひかげ》の強顔《つれな》きに、あはれ一村雨《ひとむらさめ》の、はら〳〵と、触《ふ》れかし」詞「ム、夫《をつと》を慕《した》ふ音律《をんりつ》の我々《われ〳〵》が、身にも思ひ遣《や》られ

て思はずも感涙《かんるい》致した、のふ岩代殿」「いか様《さま》、琴《こと》といひ器量《きりやう》といひ、イヤモ中々《なか》〳〵感心《かんしん》仕《つかま》る、イヤナニ朝顔とやら其処《そこ》は定《さだ》めて冷《ひ》へるであらふ、身どもが傍《そば》で今一曲《いまいつきよく》サア〳〵所望《しよまう》だ〳〵」、「アイヤ岩代殿もふ赦《ゆる》しておやりなされい」「さりとては駒沢氏《うぢ》身どもが望《のぞ》むを止《とめ》さつしやるは、ソリヤ意地《いぢ》の悪いと申《まうす》もの」「イヤそふではござらねど彼《かれ》も定《さだめ》て労《つか》れませふと存《ぞんじ》て」、「ハア、然《しか》らば曲《きよく》は止《やめ》にしてコリヤ〳〵、女《をんな》そちも腹《はら》からの非人《ひにん》でもあるまい身《み》の上話《うへばな》しも又一興話《いつきようはな》して聞《きか》せ、サ、どふだ〳〵」

（「増補生写朝顔話」八四六〜八四七頁、八五七〜八五九頁）

天保三年（一八三二）三月二十五日、現新潟県長岡市。長岡藩、衣服などの倹約に関する郷中への達（天保二年［一八三一］「御用留帳」）

御書付写し

［略］

一、秋中ニ至り、若者共打寄、瞽女《ゴゼ》・座頭《ザトウ》相招、過当之次第も有之様ニ相聞候、以来無用可致事

右之趣、割元前ニ而厚く相心得、前々被仰出候義弥相守、以来古風ニ立戻り、小前召仕迄も行届候様、厳敷可申合候、取守不心得之者は急度可申付候

辰三月二十五日

（『長岡市史』資料編三、七〇〜七二頁［五四号］）

天保三年（一八三二）五月八日〜九月二十九日、現愛知県刈谷市。三河国刈谷新町、「御触状留帳」、瞽女の宿泊

五月八日

一、ごゼ弐人（西之郡　みと／同　こと）　吉良中嶋宮津　ごゼ壱人　ぬい

九月十五日

一、同　弐人（斧浦　はな／沼村　こん）　三州重原　ごゼ壱人　まき

同、廿三日

一、同　三人（西之郡　みか／同　なか／同　みき）　吉良中嶋ながら　同　壱人　いと

九月廿九日

一、同　弐人（宮津　きさ／時志　いと）

（『刈谷町庄屋留帳』第一一巻、四六四頁）

天保三年（一八三二）七月二十九日、十月十六日。幕府、瞽女の支配（『諸例選要』第三巻）

寺社奉行へ差出、十月十六日御付札

百姓町人之伜、盲目にて渡世致し候者之儀に付、安永文化之両度御触有レ之候得共、盲女之儀は右御触之趣にても難二相分一、都て盲人は男女とも同様にて御座候哉、此段御問合申上候、以上

家来

七月廿九日――――――

書面盲人之儀に付、安永文化之度御触有レ之候へ共、右は全男子之儀に付、盲女検校之支配に不二相成一、芸業を以致二渡世一不レ苦筋に候得ども、多分座頭共之弟子に相成、音曲等習請候事故、其国所に寄、座頭共支配請来候場所も有レ之候に付、芸業又は支配筋等及二争論一候儀に候はゞ、其所之仕来争論之次第等、委細に不レ被二申聞一候ては、取極難及二挨拶一候

辰十月

（『諸例選要』四九六～四九七頁）

天保三年（一八三二）十月七日、現愛媛県宇和島市。宇和島藩、座頭・「盲女」への扶持支給延期（『伊達家御歴代記事』）

一、御領中座当《ママ》・盲女御扴抱米、当年ハ十一月ならでハ不相渡、難渋之趣願出、御目付相達候付、無余義事故、此節渡方承届候。此旨御目付中へ都合取計候様申聞、御勘定奉行・元〆申聞事。

（『記録書抜　伊達家御歴代記事』第四巻、一九一頁）

天保三年（一八三二）十二月か、現佐賀県西松浦郡有田町。有田町、「けい女」の美談

［伊万里］
右同　有田町

亡　吉太郎後家
五十九才　けい女
三十三才　娘この
十三才　子和助
六十八才　〔けい女〕姉とよ

右亡吉太郎後家けい女、十壱ヶ年以前夫に離、賃織ぬい針洗濯等に相雇れ日用を暮し罷在、別而貞心之女に而子供を能く撫育いたし、扨又けい女姉とよ盲女に而懸り向き無御座候処より妹けい女之世話に相成罷在候処、不如意之中にも姉江厚心懸万事心懸不怠、子供迚も同様睦敷相暮罷在候、惣而右之後家忰熊蔵と申者一類江養子に遣置候処、右熊蔵より万事心添等は仕来候得共、前断姉之盲女江孝道を尽し候儀、町内之手本にも可相成女に御座候。

（『伊万里歳時記』七三頁）

天保三年（一八三二）、現長野県飯田市。天保二年（一八三一）の秋、飯田瞽女仲間の長屋建設の内訳

家作入用訳

一、金弐分壱朱　戸井　く路くわえ
右ハ屋敷地糞土三寸通取候代相払

一、弐分ト四百弐文　組合之内　伊三郎殿

右は居石松川より寄代、但百文ニ付買
山村大工 要右衛門殿

一、四拾壱両弐分三朱
右は家作渡し代家代之居宅、三間通押入付共ニ
上飯田大工 善右衛門殿

一、七両也
右は屋根板弐百八拾朱代
小池新助様

一、拾五両也
右は屋根ふき木舞かへぬり□□押木
竹代不残渡代、組合之衆江渡
組合之内 伊三郎殿

一、壱両也
右は雪隠一ヶ所、但弐軒続
大工 善右衛門殿

一、壱両也
右同断壱ヶ所
要左衛門殿

一、弐分
右は雪隠埋候かめ買代
久米焼物屋

一、壱両壱分
右は惣長屋中ぬり代
阿ミ坂 源 助殿

一、壱分弐朱ト百四拾三文
右は勧化帳三冊仕立、箱代共
中嶋屋払

一、三朱
右は普請中番致呉候代
戸井 源 蔵殿

一、三朱ト五〆弐百拾八文
右は押入白木代
白木屋払

一、壱両也
右は井戸ほり代
箕瀬 太 助殿

一、三分三朱也
右は井戸かわ四本之代
楠屋 丈右衛門殿

一、壱両弐朱、弐百六拾九文
右は相談寄合諸入用数度〆
町宿払

一、弐分
右は屋敷惣垣根もや竹之杭代
尤、結ハ組合衆見舞

一、四匁分
右は雪隠ふミ板代
白木屋

一、弐朱
右ハ井戸車代
貫 入

一、弐朱
右は雪隠屋根板買入

一、壱両也
右は去冬払方不足ニ付借入金利足

一、壱分
　右は井戸屋形入用、但柱ハ吉田村庄屋源左衛
　門殿より被下候
一、弐分
　右は家かため入用
一、弐朱　　　いせ屋
　右は釘不足ニ付買入
惣〆
　為金七拾五両弐朱ト三百七拾文
　内
　勧進寄高五拾九両壱分払
　毛賀宮下御預金之内より拾両入払

（『飯田瞽女（ごぜ）資料二』、家作勧化帳、天保二年、下郷分。三好一成「飯田瞽女仲間の生活誌」二四三〜二四四頁も参照）

天保三年（一八三二）、現福岡県久留米市。久留米藩の規格割賦

　天保三年　直納銀代米仕払
［略］
一、銭六百卅七貫四百八十一匁五分四リン
　内
［略］
　一俵一斗五升　　瞽女・座頭合力
［略］
　二貫二百卅四匁七分四リン　　瞽女・座頭・浪人合力
［略］
　三貫五百四十五匁八分一リン　　瞽女・座頭合力

（『久留米市史』第八巻、資料編、六二六頁、六二八頁、六三〇頁、六三五頁、六四〇頁）

天保四年（一八三三）二月、現広島県。郡中風俗に関する示し書（『鶴亭日記』巻二十九、天保四・附録）

　申談頭書
［略］
一、盲人・盲女之類百姓之分際ニ無之もの丶様ニ相心得候哉、近年方角ニ寄着類其外諸道具等迄過分之儀仕候者も有之候様ニ相見へ甚心得違之事ニ候、座法着類ハ格別ニ候得共素より在中盲人之儀者全ク百姓浮過等之子弟有之候得者、村方之規ニ准し御倹約堅ク可相守儀勿論ニ候、若し心得違之儀仕候者ハ後来檀那廻り其外諸奉加等無心申出候得共、曽而引受申間敷事

（『広島県史』近世資料編、第四巻、四二六〜四二七頁）

天保四年（一八三三）四月十七日〜九月二十七日、現愛知県刈谷市。三河国刈谷新町、「御触状留帳」、瞽女の宿泊

四月十七日

一、こせ弐人　（宮津　きさ / 時志　いと）

同廿二日

一、同　三人　（東浦　りい / 泉田　りさ / 米津　おこ）

九月廿七日

一、同　三人　（西部　見か / 同　るか・みき）

（『刈谷町庄屋留帳』第一一巻、六一八〜六一九頁）

天保四年（一八三三）六月、現富山県射水市。射水郡の家数、人数、座頭・瞽女人口

（表紙）「天保四年六月
射水郡村々家数調理帳
附、天保十丙申六月、射水郡村々等
牛馬書上方有之事（朱書）」

［略］

覚

一、七千三百六拾六人　二上組五十四ヶ村十五歳
已上男女惣人数

内　［略］

拾人　座頭　四人　瞽女

〆

一、七千五百三拾六人　法内組三拾弐ヶ村

内　［略］　右同断

三人　座頭　三人　瞽女

〆

一、七千百五拾七人　浅井組五拾ヶ村

内　［略］　同断

四人　座頭　三人　瞽女

〆

［略］

一、壱万八千八百四拾五人　倉垣組五拾六ヶ村右同断

内　［略］

拾七人　座頭　五拾九人　瞽女

一、九千弐百五拾五人　南條組四拾七ヶ村右同断

内　［略］

拾人　座頭　六人　瞽女

〆

惣〆合
六万八千四百弐拾弐人

内
弐万千三百九人　百性男
弐万九百廿壱人　同　女
壱万九百拾八人　頭振男
壱万千五百拾人　同　女
弐千拾三人　下　男
千六百弐拾五人　同　女
五拾壱人　座　頭
七拾五人　こ　せ
〆

（『近世越登賀（越中・能登・加賀）史料』第一巻、七八頁、八二〜八三頁。八九頁も参照）

天保四年（一八三三）八月十七日、現高知県。土佐藩、「座頭・瞽女願方之事」（『憲章簿』盲人之部）

覚
一、座頭・瞽女之儀、根元夫々之芸能有之を以、右之通名目付居候事ニ而、歳立候而ハ修行方も出来不申訳を以、座入御聞届被仰付節、十四歳已下と御定被仰付置候。然ニ文政七申年別紙之通御慈恵之御詮議被仰付置候所、其已来夥敷人数増ニ相成、只今縮高百九拾八人斗ニ相成、御郡中百姓共出来致迷惑、且は取立方も甚難渋之趣ニ相聞候。畢竟ハ御慈恵ニ甘へ盲目ニさへ相成候時ハ、自由ニ師匠取いたし座入願出候様ニ相成、自然際限も無之人数増ニ相成可申、依而は向後右等之者共ハ、師匠取不致已前其村庄屋より役場へ願書指出、子細解度御詮議之上御下知被仰付、其上ニ而爾来手順之通座番共ヨリ召連罷出候様被仰付之。

右之通被仰付候条、各被得其旨支配中へ可被示聞候。已上
天保四巳年八月十七日
石　黒　儀左衛門
沖　　甚右衛門

（『憲章簿』第五巻、五〇九頁）

天保四年（一八三三）九月七日、十月二十一日、現千葉県船橋市（藤原新田の村役人を勤めた安川家の日記）

（表紙）
「癸　天　保　四　年
茁　齋　館　春　秋
巳　正　月　元　旦　」

［略］
［九月七日］
盲目女行暮もの壱人泊り
［略］
一、［十月］廿一日　戊辛午　天気大霜
半右衛門殿ニ而修行者蓌目入用之寄合仕、其外帯舞停止之旨申之渡ス

（『船橋市史』史料編、四上、六二八頁、六七二頁、六八〇頁）

天保四年（一八三三）十一月、現鳥取県。因幡国、伯耆国、座頭・「盲女」が配当支給の再開を願い出る（『在方諸事控』第一三一冊）

一、御両国座頭・盲女共より、左之通歎書差出し候趣ニて、去ル三日御調下り、右ニ付、在中ニて祝・悔不布取扱振、如何相成り居申候哉、取調申達し候様御郡役共え申遣し置候所、御郡々共取扱振大体同様之趣ニ付、左之伺書え左之通書付相添同月廿七日申達し候事。

乍恐御歎申上候口上之覚

一、先達て奉願上候通、私共仲間之儀は、乍恐御上様より御祝儀等頂戴被為仰付、并御家中様始世上祝儀等、其外町方仲間之分は、稽古人等ニて渡世取続仕居申候処、近年ニ相成御時節柄ニて世上格別之倹約多御座候て、祝儀等も一向無御座、必至難渋相暮居申候。其上諸色高直ニ相成り、甚以難渋至極仕候。并在中仲間之儀は家業等も無御座者ニて、諸人合力ニて取続仕候得共、兼て手詰ニ相暮居申候処、近年ニては、世上御時節柄を申立、祝儀・布施等も一向無御座、日々渡世難取続甚以難渋当惑至極仕候。然ル処余人之儀ハ、右等御時節柄ニても、種々と外家業仕候儀ニ付、当時ニ相当仕候様直段等も准させ、相暮候儀ニ御座候得共、私共仲間之儀は、前文申上候通、世上当テニ相暮候ものニ御座候処、甚以日々難送り必至之難渋仕候。御両国仲間之儀は、町方仲間ニては、本座吟味役支配仕候。在中之儀は御一郡ニて組頭壱人宛御座候処、夫々支配下之者共、必至難渋仕候趣歎出候ニ付、御時節柄至恐多奉存候得共、格別之御憐愍ヲ以、座本并組頭壱人宛え下々仲間為取続相応之御銀頂戴被為仰付被為下候様奉願上候。連年御願申上候内去年以来別て日々難送、必至難渋仕候ニ付、乍恐右之段格別之御慈悲之上ヲ以、被為遊御聞届被為下候ハヽ、仲間一統冥加至極難有仕合奉存候。此段偏ニ御歎奉申上候。以上。

天保四巳十一月　御両国 座頭・盲女中

座本 加賀都殿
吟味役 佐渡都殿

前書之通、仲間一統御歎申上候処、年々奉願候通必至難渋仕候ニ付、御時節柄恐入奉存候得共、何卒格別之御慈悲ヲ以、御願申上候通被為遊御聞届被為下候ハヽ、冥加至極難有仕合奉存候。乍恐奥書判形仕差上申候。已上。

巳十一月　座頭頭 加賀都

城戸左久馬様
上山六兵衛様

先達て御調被仰付候、在中座頭・盲女之儀、格別ニ情ヲ懸ケ遣し候様、毎年村々え申渡し、則別紙之通取調候趣ニ付取続差支候筋有御座間敷奉存候。此段申上候。

因伯御郡々座頭・盲女取扱方左之通。
一、村々家蔵普請或は建替、并縁談・年賀・年忌等之節、頭百姓ハ相応之施物配当場え遣し、其以下之者は、座頭共参り合候節相応ニ遣し、并ニ廻在之節手引并荷持差出し遣し、一宿一飯等無代ニて為致候事。
但し、新亡并年忌等之節ハ、施物ハ御郡々中通り以上之者遣し候旨。
一、官位ニ登り候前広ニ、村々相廻り候得は、分限相応ニ遣し候事。
一、右祝・悔之節、座頭共罷越し、施物乞候故志次第遣し候得は、施物之多少ヲ申立、大勢罷越し可申抔とねたりケ間敷申出候故、無拠増銀等致遣し候旨、其儀無之候得は、大勢参り彼是ねたりケ間敷申候向も有之旨。

（『鳥取県史』第一一巻、九七六～九七七頁）

天保五年（一八三四）二月、現山口県周南市徳山。徳山領、「徳山領内惣人数附」（天保五午歳二月改）→寛政四年（一七九二）二月

豊井保村 大嶋 粭嶋 共［総人口六一一七人］
一、地神経読盲目壱人　一、瞽女壱人
野上庄村［総人口五八八一人］
一、座頭四人　一、地神経読盲目四人　一、瞽女弐人
四熊村［総人口一四一〇人］
一、地神経読盲目弐人　一、瞽女弐人

（『徳山市史史料』中巻、八六～八八頁）

天保五年（一八三四）二月、現山口県周南市徳山。徳山領、「御領内諸町人数書取」（天保五年甲午二月改）→寛政四年（一七九二）二月

都濃郡徳山村之内徳山町
男千九拾四人　女九百七拾弐人
合弐千六拾六人
右之内職人家内男女共八百拾四人
［略］
瞽女女弐人

（『徳山市史史料』中巻、八八頁）

天保五年（一八三四）三月、現大阪府豊中市。一ツ橋領摂津・河内両国の御免勧化などの取締に関する願書

摂河両国より領分御地頭表江願出候願書之写
尤江戸願可相成候様之事
一、近年諸国御免勧化之外、相対勧化諸寺社配札、堂上方御所号御家法薬弘願済と号、順行仕候もの多、其方瞽女《ごぜ》・座頭、諸浪人等多分罷越、御薬押売、勧物等取寐徒仕、剰廻村順継、人足無賃ニ而取かへ、及暮候村方ニ而者、止宿之儀ねた

り候得共、宿場ニ而も無之、大ニ迷惑仕候故、其旨申聞、種々御断候得共、一向聞入不申候、村々一同難渋至極ニ奉存候、何卒已来御免勧化之外、諸勧化ハ勿論、堂上方御薬弘諸寺社配札人、其外座頭・瞽女、諸浪人等、徘徊不仕様、御差留被為成下度奉願上候、別而当年ハ米価高直ニ付、村々困窮弥増、難渋至極奉存罷在候年柄ニ御座候処、右之族多分相廻リ、甚以難渋仕候、尚又縦令止宿之義者、在郷ニ而取寐徒候義、不相成段被為仰渡度奉願上候、何卒格別之御憐愍ヲ以、此段御聞済被為成下候者、村々一同難有仕合奉存候、以上

（『豊中市史』史料編三、二九二頁）

天保五年（一八三四）四月、現石川県。能登国羽咋・鹿嶋郡の窮民救助に関する願出（「真館覚書」）

覚

一、二万二千三百二十軒　口郡惣家数
此人数
十一万四千百十八人
外
七十二人　座頭
八十五人　瞽女
一人　舞々
〆十一万四千二百七十五人
内
九万千四百二十二人　指除
二万二千八百五十三人　極困窮者御救奉願候
此御救米
千七百十三石九斗七升五合
但一人一日一合五勺宛　日数五十日分

右羽咋・鹿嶋両御郡近年打続作体不宜、連々難渋に陥、小前之者共葛根を初草之根等是迄掘尽日用相送候処、去年之不順気作難に而、畠物迄も無類取劣に相成、重々御取扱も被下候得共、去暮御収納透米過分相立、手に懸候程之品者売為払、色々方便等を以漸表向之筋相立、冬越仕候族に而、高貴至極之米穀買続候処、何分致方無之、中に者飢に及び候為体之者茂御座候に付、去暮已来組切に可也之者共に粥を為焚、且施米等も仕、村役人中も重々相働、私共手前に而も種々取扱を以、此頃迄取続せ候族に御座候。乞食并座頭・瞽女等在々物貰に歩行候得共、施候者も無御座及飢候段歎出、不便至極に奉存候。就夫先達而御詮議之上、粥米被仰付候得共、一時に為給候儀も難相成、御米何分貯置、行倒候程之者有之節、詮議之上為給申儀に談置候。依而御当節重々恐入奉り候得共、追々御助小屋入奉願候者指除、其余極困窮之者共撰立、重々詮議仕詰、先夏に取付候迄之凡日数五十日分相図、前段之通御救米奉願上候間、御慈悲之上格別之御詮議を以被仰付候様、連名小紙を以奉願上候、以上。

午　四　月　　高橋由五郎等八人

御郡御奉行所

(『加賀藩史料』第一四編、四四五～四四六頁。田中喜男『加賀藩被差別部落史研究』四〇一頁も参照)

天保五年(一八三四)五月、現秋田県。元久保田藩内の座頭・瞽女人口

一、同二十二人　秋田村々坐頭家内共
　十六人　坐頭
　四人　瞽女
　二人　俗男

[略]

一、同二十一人　仙北村々坐頭家内共
　十二人　坐頭
　一人　瞽女
　八人　俗女

(橋本宗彦『秋田沿革史大成』下巻、八四二～八四四頁)

天保五年(一八三四)六月、現愛知県刈谷市。三河国刈谷新町、「御触状留帳」、難渋者救済の願書

乍恐奉願上候口上之覚

一、六人盲目　中町藤八後家　いそ　年四十四歳
　内三人奉公仕候　忰　与吉　年拾九歳
　跡三人暮　二男　乙吉　年五歳
　高津波村ニ奉公　りし　年拾四歳
　野田村ニ奉公　さか　年拾歳
　小垣江村ニ奉公　きわ　年九歳

[略]

一、弐人暮盲目　市原町伝兵衛後家　なみ　年六十壱歳
　妹　とみ　年五十七歳

[略]

〆三拾四人
　内八人奉公ニ罷出、残テ廿六人
右之者共極難渋ニ御座候所、当年米穀高直ニ付、必至難渋仕候間、何卒御慈悲之程偏ニ奉願上候、以上

午六月　組頭　重助
　同　甚吉
　庄屋　正木庄三郎
　同　加藤新右衛門

御奉行所

右之通壱本御役所え奥書届ニ致差上申候

(『刈谷町庄屋留帳』第一一巻、六七四～六七六頁)

天保五年（一八三四）八月二十六日〜十月二十九日、現愛知県刈谷市。三河国刈谷新町、「御触状留帳」、瞽女の宿泊

八月廿六日
　野間　　こん
　宮津　　ひさ
九月十五日泊り
　知多郡上村　かと
　同　富貫村　たせ〔時志〕
　　　　　　　ときし
十月廿九日
　東浦　　りわ
　泉田　　りさ
　□沢　　かつ

（『刈谷町庄屋留帳』第一一巻、七四七頁）

天保五年（一八三四）十一月八日、現長野県飯田市。飯田町の瞽女へ配当支給（『後聞筆記』四十五巻）

隆松院百五十回忌　瞽女及座頭へ配当二貫文宛被下。

（今井白鳥編『近世郷土年表』二五七頁）

天保五年（一八三四）十一月十四日、現長野県伊那市高遠町。高遠藩城下、「出火之節在町出役」

一、今晩番匠村、瞽女居宅より願候、出火有之候処早速打寄消申候得共、附火之様子之由鉾持村より届有之候ニ付夜廻り申付候様御沙汰有之候

（『高遠の古記録』第一巻、二七頁）

天保五年（一八三四）十二月十八日、現新潟県上越市。高田瞽女の借金に関する「おぼえ」

　おほへ
一、金三両也　　貸金
　利金壱分也
〆金三両壱分也
右之通只今慥ニ受取申候　以上
　天保五午年十二月十八日
　　　　竹政
左分□□
　紺屋惣次郎殿

（「おほへ」）

天保五年（一八三四）十二月二十三日、現愛知県刈谷市。三河国刈谷新町、「御触状留帳」、瞽女の宿泊

十二月廿三日
　宮崎　ゴゼ　ぬい

（『刈谷町庄屋留帳』第一二巻、一頁）

天保六年（一八三五）二月十二日、現宮崎県延岡市・門川町・宮崎市。延岡藩、鳴物停止のため座頭・瞽女へ手当

（表紙）
「天保未年
万　覚　書
二月　今村長左衛門」

十二日晴風

［略］

覚

岡富村　座頭壱人
　　　　瞽女弐人
稲葉崎村　座頭壱人
粟野名村　座頭壱人
大武町　座頭壱人
　　　　瞽女壱人
南方村　座頭弐人
　　　　瞽女壱人
市振村　瞽女壱人
大貫村　瞽女壱人
門川村　瞽女弐人

〆坐頭六人
　鼓女八人

右は御城附村々瞽女・坐頭鳴物御停止付［天保五年八月二十一日内藤政順死去］数十日門弾相止難渋之趣相聞候ニ付、壱人ニ付銀拾五匁宛御手当被成下候様仕度奉存候、以上

十二月　　郡　方

付紙

御手当被成候筋ニは無之候得共、各別之意味を以坐頭六人・瞽女八人、壱人ニ付銀拾五匁ツヽ、被下候間、其段可被申渡候

右書面三通郡奉行差出申聞候付各江も申談、漁師共御手当米之儀申達之通御手当被成下、座頭・瞽女被下銀之儀御手当被成候筋ニは無之候得共、先例も有之候ニ付、各別之意味を以壱人江銀拾五匁ツヽ、被下可然と各遂相談、其段前段之通以付紙郡奉行江申渡、書面差戻渡方之儀本〆方・御勘定所江申断

（『万覚書』天保六未年、二月、内藤家文書。『北浦町史』史料編、第四巻、四六八～四六九頁も参照）

天保六年（一八三五）三月十一日、現東京都世田谷区深沢、狛江市猪方《いのがた》。深沢村・猪方村、関東御取締出役に関する触　↓次項、年代不詳（江戸後期か）

関東在々巡行致候瞽女・座頭共、吉凶有之節祝儀・施物等其分限ニ応施候事ニ候所、近来過分之義祝儀施物ねたり取候由相聞

不届ニ候、右体之及所業ニ候もの有之候ハヽ、早々召捕差出候様可致候事、

右之通、御奉行所より被仰渡候間、兼而瞽女・座頭江も其所役人より得と申諭、以来ねたりヶ間敷義無之様御改革組合限り惣代共より村々役人江可被相達候、以上、

関東御取締出役
山本大膳手代　小池三助
太田平助
同人手附　河野啓助
山田茂左衛門手代　吉田左五郎

以廻状得貴意候、弥御安康御勤役之義珍重奉存候、然は別紙之通り御取締衆より御触ニ付写ヲ以相廻し申候、此状村下ニ印形被成早々御順達、於留村ニ猪方へ御返し可被成候、以上、

未三月十一日

深沢
猪方　惣代印

（『世田谷区史料叢書』第五巻、三〇七頁）

天保六年（一八三五）三月。江戸。関東御取締出役による座頭・瞽女の取締令　→前項、年代不詳（江戸後期か）

天保六未年三月御触ニ

関東在々順行致候瞽女・座頭共吉凶有之節祝儀・施物其分限ニ応し施候事ニ候処、ねたり取候由相聞、不届ニ候、右体之及所業候もの有之候ハヽ、早々召捕差出候様可致候事

未正月

右之通、徒御奉行所被仰渡候間、兼而瞽女・座頭江も其所之役人共より得と申諭、已来ねたりヶ間敷義無之様御改革組合惣代共村々役人江可相達候、此書付早々順達留り村より追而可相返候、以上

関東御取締出役
山本大膳手代　小池三助
太田平助
同人手附　河野啓助
山田茂左衛門手附　吉田左五郎

天保六未三月

寄場村々　惣人中

或人取扱方心得事之曰

座頭・瞽女抔ねたりヶ間敷義申掛候節之事、是は百姓・町人に吉凶有之節瞽女・座頭抔江志しを以遣し候品を不請取、ねたりヶ間敷儀も申掛ケ利解申聞候而も不聞入、無拠役所江訴出候時座頭ニハ頭有之者ニ付、其所ニ留置、伺之上御奉行所江差出候方可然、瞽女ニは頭無之ニ付、住居承り、其村役人江為懸

合引渡し候方ニ候、其上差滞候ハ、御代官ニ而彼是不取合、是又相伺御奉行所江差出し候方可然事

（「座頭留書」『聞伝叢書』七九八頁［巻一二］も参照）

天保六年（一八三五）五月十八日～十月十四日、現愛知県刈谷市。三河国刈谷新町、「御触状留帳」、瞽女の宿泊

西郡　　　　　十月十三日
　　みほ　　　　宮崎　ぬい
五月十八日夕　みつ　平四郎方
　　じゆん　　　重原　まき
三人、〆弐百五拾文
るのニ遣し　　尾州□□
　　　　　　　加□□こう
末林蔵え　　　別所　いち
使、甚右衛門　八月六日　〆　四人
尾州大野　　　吉良中嶋
六月十日夜、座頭　十月十四日夕　やす
末町浅右衛門泊ル
尾州知多郡
野間村　　　　林蔵泊　いと
　さき壱人　　　　　　とハ
十月二日夜中　〆　三人
平四郎方

（『刈谷町庄屋留帳』第一二巻、一七〇頁）

天保六年（一八三五）五月、現岐阜県郡上市八幡町。郡上八幡町、座頭・「盲女」への配当

（表紙）
「天保六未五月
名主役中心得書
　　　杉下五兵衛和到」

［略］

一、座頭・盲女配当銭被下候節ハ、御同心・小頭・目付・名主月番一所ニ被召出被仰談候、則御手形ニて罷出候ニ付、新平ヲ以右御手形金見え遣シ、銭為受取、座頭召呼、於月番宅右三人立合ニて相渡候、尤筆工ニ受取書為認メ、座頭印形取、右三人同道ニて御役所え罷出、無相違相渡候段御届申上候

但シ右様同心衆ト一所ニ罷出候節は、何時ニても同心・目付ト並ひ着座也、則平日罷出候席よりハ少シ下座ニて可然候、偖右之節於私宅鉢肴壱ツニて酒振舞、時分ニも成候ハ、平壱ツ附飯振舞申事也、模様ニ寄手前も一所ニ相伴いたし候、筆工えハ勝手ニて酒飯出ス、併是ハ其日之時刻ニ寄取斗可申候

「文政六未正月勤方伺書差上候節、右ケ条之内ニ、当時ハ町座頭無之ニ付、其所役人宅ニて相渡候様被仰付被下度段申上候処、右之通御付ケ札被成候、宝暦九卯年八月廿二日、当御城受取相済、右為御祝義御領分幷他所向座頭・盲女共より配当銭頂戴致度段、同心・小頭幷組目付・名主月

番岩崎與兵衛三人罷出一所ニ申達候付、伺之通被下之御旨、與兵衛宅ニて三人烈〔列〕座之上、座本嶋方冨都・豊都両人召呼相渡候段申届、受取一札差出候義ニ候へは、座頭共住所町在之差別ニ抱〔拘〕り候義トハ不相見え候間、被得其意、是迄之通可被相心得候」

（『岐阜県史』史料編、近世九、六五五頁、六六〇頁）

天保六年（一八三五）閏七月二十九日～八月一日、現千葉県流山市芝崎。芝崎村、瞽女の来村

彼岸入　廿九日半晴

［略］

一、瞽女三人泊遣船橋組之者之由

八月朔日晴

［略］

一、瞽女三人今朝出立

（吉野家『天保六日記』。『流山市史』近世資料編四、四六二頁も参照）

天保六年（一八三五）十二月、現長野県上伊那郡宮田村。宮田村（高遠領）、座頭・瞽女止宿に関する定法　→天保十四年（一八四三）

（表紙）「天保六乙未年

諸高掛定法書　　宮田町割

十二月

定　」

［略］

一、瞽女・座頭・諸浪人体之者止宿　是迄之通家別廻り宿

（『長野県史』近世史料編、第四巻［二］、一二六四～一二六五頁。『高遠町誌』上巻［歴史二］、七六〇頁に同領「下山田村」にも同文あり）

天保六年（一八三五）序、現石川県。加賀藩の瞽女（『老の路種』巻二）

人と語らふ時は、名利を貪る念露もなき様なるが、人しれず権門勢家に近づき、又は瞽女・坐頭・牙婆・尼媼にも取りすがりこそ〳〵して、邯鄲の夢なる栄花を得、雲上の月宮に遊び楽む類、かの三四日の江戸・京に異らず。

（『老の路種』二七頁）

今平人健剛なる手足を以ていかほど働くと云ふとも、一日三五匁に過ぎず。瞽女盲目となり、琴三味線を弾ずる時は、一夕の謝物十銭目・十五銭目を請く

（『老の路種』三四頁）

天保七年（一八三六）正月二十九日、現長野県。飯田藩の触（『郡局要例』飯田市立中央図書館蔵）

御家中小路へ乞食物貰不可入旨の札木戸へ貼る　但谷川万才、同所下賤盆暮貰廻、下市田村猿引、ごぜ、女座頭《〔ママ〕》、かゞ沢物よしの類は差免さる

（今井白鳥編『近世郷土年表』二六〇頁）

天保七年（一八三六）二月七日、現愛知県刈谷市。三河国刈谷新町、「御触状留帳」、瞽女の宿泊

二月七日、越後高田春日町　ごぜ　弐人
廿六歳　歌吉・亀吉泊り
拾七歳

（『刈谷町庄屋留帳』第一二巻、一五九頁）

天保七年（一八三六）二月七日〜十月二十五日、現愛知県刈谷市。三河国刈谷新町、「御触状留帳」、座頭・瞽女の宿泊

二月七日
一、こせ弐人　越後高田春日町　亀吉・歌吉
四月
一、座頭弐人　紀州之者　平四郎方
四月廿八日
一、同《〔ママ〕》 弐人　宮津 きさ　江畑 とさ　林蔵方
五月七日
一、こぜ弐人　吉良中島組　とわ・いち　平四郎方
五月八日
一、同三人　西尾 まき　小川 やす　永良 いと　林蔵方
五月十三日
一、同弐人　宮崎 ぬい　大高 こう　平四郎方
五月廿三日
一、座頭壱人　野州之人　林蔵方
同《〔五月廿三日〕》
一、同《〔ママ〕》 弐人　小野浦 とく　ときし いつ　林蔵方
七月廿八日
一、こぜ三人　沓掛 のぶ　阿野 きと　きせ　平四郎方
［略］
九月七日
一、こせ弐人　ふき たつ　河和 みと　平四郎
十月廿五日

一、同弐人　西郡　みつ
　　　　　　　　　しゆん

（『刈谷町庄屋留帳』第一二巻、三一四〜三一五頁）

天保七年（一八三六）二月十三〜十七日、現鹿児島県。鹿児島城下の「御花見」（「江の嶋」は現垂水市にある）

一、二月十三日より十七日迄、毎日磯御茶やに御花見あり。

［略］周助あやつり、しゞみとり、松露堀、稲荷道に玉子のうり物、しひたけとり、うなきかばやき、江の嶋名物ごぜ、座頭力持、浄るり出がたり、義太夫がたり、ふき矢人形や。

（『鹿児島ぶり』四〇二頁）

天保七年（一八三六）五月十日、現新潟県上越市。直江津付近の瞽女二人溺死事件

乍恐以書附御注進奉申上候

女二人死骸　年十六七程

右は当津目明し共今朝見廻りに罷出候処、川端町下磯際え右之死体流寄候旨相届候に付、此段以書付御注進奉申上候、以上

天保七年申年五月十日

川端町丁頭　和泉屋津兵衛

同　前崎庄右ヱ門

御奉行所

前書之通御注進奉申上候に付奥書印形仕り差上申候、以上

大肝煎　福永七兵衛

大年寄　滝沢又十郎

同　川島　孫七

大年寄仮役　前崎次郎右ヱ門

乍恐以書附御届奉申上候

柿崎諏訪新田

師匠　たか

年五拾二歳

柿崎宿　九兵衛娘

盲女　こと

溺死　年拾八歳

水野村　甚左ヱ門娘

盲女　ちう

溺死　年拾七歳

右者今町之内中町与利都と申者方え当月潟町より盲女拾一人止宿いたし居候内、右両人昨九日暮六つ時新川端町善吉方え罷越相帰り不申候に付、与利都方より迎へ差出し候処、善吉方よりは夜四ツ時頃右両人共罷出候由迎之者申に付、依之心当りの方段々相尋候得共行衛相知れ不申、然る処今朝川端町下浜浦へ右両人之死体流寄候旨相届候ニ付、依之此段以書附御届ケ奉申上候、以上

天保七申年五月十日

中町丁頭　油屋仁兵衛

御奉行所

前書之通御注進奉申上候に付奥書印形仕差上申候、以上

大肝煎　福永七兵衛

大年寄　滝沢又十郎

同　川島　孫七

大年寄仮役　前崎次郎右ヱ門

差上申一札之事

一、角取組柿崎村百姓九兵衛娘こと儀、今町表逗留之内一昨九日夜溺死にて下浜浦え打揚け罷在候に付、其段御注進被申上候処各々様方為御検使被成御越親類組合双方村役人一同御立会之上御見分被成候処、惣身疵等一切無御座、全く取のぼせ自身海え飛入溺死仕候に相違無御座候、依之葬之儀親類組合村役人より御願申上候処、仮埋に被仰付候旨被仰渡候に付、則拙寺旦那に御座候間、拙寺境内に仮埋に仕置候に少しも相違無御座候、依之為後日一札差上申候処、仍而如件

天保七申年五月十二日

角取組　柿崎村

浄土真宗　浄福寺

藤村惣左ヱ門殿

加土井官兵衛殿

差上申一札之事

一、元黒岩組水野村甚左ヱ門娘ちう儀、今町表に逗留之内一昨九日夜溺死にて下浜浦へ打揚け罷在候に付、其段今町表より御注進被申上候処、今般各様方為御検使被成御越親類組合双方村役人中一同御立会之上被成御見分候処、惣身疵所等一切無御座候、全く取のぼせ自身海へ飛込溺死仕候に相違無御座候、依之親類組合村役人中より葬之儀御願申上候処、仮埋に被仰付候旨被仰渡、則拙寺旦那に御座候間境内に仮埋仕置候に少も相違無御座候、為後日一札差上候処仍而如件

天保七年申年五月十二日

元黒岩組　芋島村

禅宗　楞厳寺

藤村惣左ヱ門殿

加土井官兵衛殿

御見分書

角取組　柿崎村　九兵衛娘

一、溺死盲女一人　こと

当申拾八歳

但木綿紺縞袷着下に同単物着紺絞り下帯〆太織紫帯〆腰くけ紐并苧縄にて腰をしばり、右紐にてちう右足股に縊り有之、鼻の血少々出惣身疵等一切無御座候

元黒岩組　水野村　亡甚左ヱ門娘

一、同　盲女一人　ちう

当申拾七歳

但木綿紺縞袷着下に同形付単物着形付下帯を〆紺縞さらさ表付帯を〆懐中に浅黄手拭を入くけ紐并苧縄にて右の足股に縛り、右紐にてこと腰に縊り有之惣身疵等一切無御座候

盲女こと所持の雑物

四巾風呂敷包一ツ

内

木綿紺縞綿入一枚裏千草　同　紺縞袷一枚裏同断
同　紺縞単物一枚　浅黄縞単物一枚
同　切れ〱繻半一枚　同　黒ほうし一ツ
同　茶小形付帯一筋　単　脚伴一足
三味線雨覆桐油袋一ツ　まくら一ツ
弁当入一ツ　櫛箱一ツ　布袋草鞋五足
鼻紙少々

善吉方に差置候品

形付袋一ツ

内

三味線一ヶ　ばち一枚　銀ながし笄差二本
銭三百文入有之

盲女ちう所持の雑物

四巾風呂敷包一ツ

内

木綿紺縞綿入一枚裏千草
雨合羽一ツ形付小蒲団一ツ

縞(風)呂敷包一ツ

内

木綿紺縞袷一枚裏千草　浅黄縞単物一枚
紺縞単物一枚　形付帷子一枚　白布切少々
緋縮緬帯一筋　紫縮緬帯一筋　布袋小豆少々入
櫛箱一ツ　弁当入一ツ　布袋草鞋三足
三味線入桐油袋一ツ　鼻紙少々

善吉方に残し置候分

木綿小形付三味線袋一ツ

内

三味線一ヶ　小箱に糸入　ばち二枚
差櫛一枚　銀ながし笄差二本

右者一昨十日朝今町之内川端町下浜浦方え打揚有之候に付、其段御注進申上候処、今般各様御検使として被為成御越、右盲女こと・ちう親類并組合双方役人共一同御立会之上御見分被成候処、前書之通りに少しも相違無御座候、依之御見分書双方連印を以奉差上候、依而如件

元黒岩組　水野村
亡甚左ヱ門代　親類　卯　吉

同人組合惣代　清右ヱ門
庄屋煩代兼与頭　米　吉
角取組　柿崎村
九兵衛煩代　同人親類　藤兵衛
同　喜三次
同組合　元左ヱ門
村役人代　十郎左ヱ門
今町之内
中町　宿与利都忰　幸　助
中町丁頭　油屋　仁兵衛
新川端町丁頭　平山屋　七左ヱ門
当番　川端町丁頭　前崎庄左ヱ門
大年寄　川島　孫七
滝沢又十郎

藤村惣左ヱ門殿
加土井官兵衛殿

差上申一札之事

今町之内中町与利都と申者方に当月四日盲女拾一人罷越止宿致居候内、元黒岩組水野村百姓甚左ヱ門娘盲女ちう、角取組柿崎村百姓九兵衛娘盲女こと、右両人之者去ル九日新川端町善吉方へ被相招罷越、其侭宿所へ罷帰り不申、翌十日朝浜方に右両人之盲女溺死人打揚り有之候よし与利都方より相知らせ候に付、早速右場所へ罷越見届ケ候上、其段御注進申上、其外柿崎村・水野村親元夫々へ相知らせ候儀に御座候、右に付今般各様為御検使被成御越右両人死体被成御見分候処、惣身疵所等一切無之、両人とも何歟取のぼせ自身海中へ飛入自滅仕候儀に相違無御座と奉存候、上に被仰聞候は与利都方に逗留中何か怪敷儀等も無之哉精々御尋に御座候へ共、怪敷儀者勿論風聞にても及承り候義聊無御座、右一件に付外々にて何様之怪敷風聞等仕候者有之候ても、其節私罷出急度申披可仕候、依之一札差上申候所、仍而如件

天保七申年五月十二日

今町之内
中町丁頭　油屋　仁兵衛

藤村惣左ヱ門殿
加土井官兵衛殿

前書之通私共儀も罷出一同承知仕候に付奥書印形差上申候、以上

大肝煎　福永七兵衛
大年寄　滝沢又十郎
同　川島　孫七
大年寄仮役　前崎次郎右ヱ門
今町之内

座候

此段親分盲女たか外三人一同奉申上候、私共儀在町共勧進として去月廿三日罷出夫□□廻りいたし、当月四日今町之内中町座頭与利都方へ罷越逗留町々を勧進いたし候内、一昨九日同所新川端町善吉と申者方より被相招、同日暮方に罷越候処、夜九つ時分にも相成候へ共相帰り不申候に付、宿与利都療治より罷帰り候間、右之段相咄候所、右善吉方へ迎に参被呉候処、右善吉方四つ前に仕舞候に付、守子供上にて今少々うたひ呉候様相頼候得共、両人共申候は明日の勤めも有之候へは相休み度旨申し候、其侭相仕舞、雨天の事故三味線は預り呉候様相頼置、四つ前に罷帰り候旨善吉女房申し候由、与利都罷帰り申聞候に付、若哉帰の節無拠被相頼夫より外方へも参り候哉与所々手分いたしもらへ相尋候得共、何方にも三味音も不致由迎に罷出候もの申し候に付、雨天にも有之候得は善吉方より帰りの節被相頼罷越止宿致居る哉与存附、夫成に致相休候処間も無夜明けにも罷成候処、与利都女房儀者翌十日朝時参りに罷越候処、寺内にて女二人浦方へ溺死いたし打揚け有之候趣相噺居候もの有之候に付、若哉昨夜罷出相帰り不申候盲女共にても無之哉与存、寺より駈参り相噺候に付、与利都悴幸助并盲女の内少々遠明りいたし候もの一人相添為見届け罷越候処、盲女こと・ちうに相違無之よし罷帰り申聞驚入申候、右に付与利都方より所町役人中え被相届け、夫々町役人中

中町　座頭　与利都
当申五拾七歳
同人悴　幸　助
当申二拾九
同人女房　屋　乃
当申五拾二
盲女　た　か
当申五拾二
せ　ん
当申四拾四歳
た　み
当申三拾二歳
つ　ま
当申拾八歳
新川端町　善吉女房　し　け
当申二拾八歳
同人組合　甚平母　む　め
当申七拾歳

元黒岩組水野村百姓亡甚左ヱ門娘盲女ちう、角取組柿崎村百姓九兵衛娘盲女こと儀、一昨十日今町之内川端町下浜浦に溺死仕波に打揚け有之候に付、其段町役人中より御届申上候処、今般右様為御検使為成御越右始末有体可申上旨御紙に御

より御注進被申上候儀に御座候旨申上候処被□仰聞候は、右溺死両人のもの平日の上如何のものに候哉中間内にて口論抔致候ものも無之哉、又は銭金にても所持いたし候哉、不包有体可申上旨御尋に御座候得共、平日の上静成ものにて心立宜敷中間共上も睦間敷致候者にて、是迄口論等致候者には無御座候就ては、何れも貧窮の者の始末に候得は、銭金等は決て所持不仕少しももらへ溜候分有之候ても親分の方へ相預け置候得ば、常々所持致候儀は無御座候旨申上候処、当所へ罷越逗留中出先においても何そ相替り候心当りの儀も無之哉、御尋に御座候へ共何共及承候儀無御座、全此度之儀は両人とも風与取のぼせ海中え飛入自滅いたし候儀与奉存候、万一外々において何様の風聞仕候とも前書申上候より外に何にても可申上様無御座候

一、与利都并女房、忰幸助一同奉申上候は、私儀間口弐間、奥行七間家内五人暮に御座候処、前書盲女たか外三人のもの共奉申上候通り、当月四日都合拾壱人にて私方へ罷越、五七日も逗留の上勧進を致度よし相頼み候に付、年々是迄罷越候ものに付□頼逗留為致置候処、一昨九日暮方当所新川端町善吉方にて守子供打寄候て歌聞度よし申し、右守子供の内一人迎えに罷越候に付、こと・ちう一同罷越候処、夜九つ時分にも相成私儀も療治より罷帰候得共、右両人の瞽女罷帰り不申旨親分瞽女申しに付、私儀は善吉方へ迎に罷越候処、同人方は四つ前にも為仕舞候に付相頼み候、守子供上にて今少しうたひ呉候様相頼候得共、両人共申候は明日の勤めも有之候得者相休度旨申し、其侭相仕舞、雨天の儀に有之候へは、三味は預り置呉候様相頼罷帰り候旨善吉女房申しに付、私儀は宅に罷帰り右の趣相噺居候内、追罷帰り候座頭も有之候に付、手分致し三味音致し候所有之候はゞ可承積にて罷出相尋候へ共、何れにても音も無之、右善吉方より帰り節又は外に被相招無拠参り雨天の事故其方にて泊り居候儀と奉存候に付罷帰り、何れも相休候処間も無く夜明け候処、私妻儀は聴信寺え朝時参に罷越候処、右寺にて女二人溺死いたし、浜方へ打揚有之よし承り候に付、両人の盲女帰宅不致候に付若し哉其者共にても無之哉と存、寺より駈参り其よし相噺候に付、忰并盲女の内少し遠明致候者一同浜え見届け罷越候処、一昨九日善吉方へ罷越候盲女に相違無御座候旨、忰并盲女罷帰相噺候に付驚入、其段町役人中へ相届け申候処、猶又町役人中被罷越見届け、其上御注進被申上候儀に御座候旨申上候処被仰聞候は、溺死致候儀に付何ぞ怪敷儀は勿論心当りの儀も無之哉、中間共等の間柄如何の者に有之候哉、又は銭金等所持致居候者に無之哉、不包有体可申上旨御糺に御座候へ共、私方へも年々罷越候者にて溺死両人の者は別して静成者にて、逗留中口論等いたし候事も無之、一同睦間敷致居候者に御座候、且両人の盲女共儀は何れも貧窮ものに付、金銭

等所持仕候様成者に無御座候、若し又もらへ溜も有之候共、親分の盲女相預置候得は、常に所持致居候儀は無御座候と奉存候旨申上候処、逗留中出先において何ぞ心当の儀も無之哉、譬ひ風聞にても承り候儀も有之候はゝ有体可申上様情々被仰聞候得共、何にても見聞および候儀は毛頭無御座候、此度の儀は全く取のぼせ海中へ飛入自滅いたし候儀と奉存候、外に何にても心当りの儀無頭無御座候、万一此後右溺死人一条に付何ぞ怪敷風聞にても有之候はゞ其節罷出急度申披可仕候

一、善吉女房しけ奉申上候、間口弐間半裏行八軒夫善吉儀は船乗にて去未六月中上え参り留守中に御座候処、一昨九日暮方頃近所守子供拾人余も相集り申聞候は、中町与利都方に逗留致居候盲女より歌聞度今晩相頼候間、宿致呉候様相頼に付無拠宿致遣候処、則両人罷越三味引罷在四つ前時分に相仕舞候処、守子供上にて四つ前の儀に有之候間今五拾文程唄候様申候得共、明日の勤も有之候得ば相休み度旨申し、其侭相仕舞候に付、座敷代三百文遣候処、三味袋(ママ)は雨天にも有之候得ば、三味線は明日迄預り呉候様申に付、任其意預置候、就ては宿迄送り遣候様守子供上にて申聞候得ば、年々当所へ参り、且は近所の事故送りには不及よし強て申し罷帰り候処、夜九つ時分にも候哉与利都私方へ罷越申聞候は、私等方より参り居候盲女の儀今に相帰り不申候に付、迎ひに罷越候よし申しに付相仕舞、右罷帰り候始末等相噺候処、与利都儀も何れ参り候哉不審の旨申聞罷帰り申候処、今朝両人の盲女溺死仕候よし承り打驚罷在候儀に御座候、外何にても一切存不申候旨申上候処被仰聞候は、右盲女両人の者私宅え罷越夫より宿えも相帰不申溺死致候へば何ぞ怪敷儀も無之哉、心当の儀候はゞ不包有体可申上旨厳敷御糺に御座候へ共、前書申上候通何にても怪敷儀は勿論、譬ひ風聞にても承りおよび候儀毛頭無御座候

一、善吉組合にて隣家甚平母むめ奉申上候、忰嘉兵衛儀は関東稼に罷越、当時留守中に御座候処、前文善吉女房奉申上候通り、一昨九日守子供相頼来り候よしにて、盲女両人参り候に付、私儀も罷越居唄を聞居候得ば、右善吉女房申上候始末に少も相違無御座候旨申上候処、何ぞ怪敷儀等及見聞候儀も無之哉、御糺に御座候得共怪敷儀は勿論風聞にても承り候儀は決して無御座候

右御糺に付銘々少しも相違不申上候、以上

天保七申年五月十二日

盲女　たか
せん
たみ
つま
中町座頭　与利都
同人忰　幸助

与利都女房　や　の
新川端町　善吉母　し　け
同人組合　甚平母　む　め

藤村惣左ヱ門殿
加土井官兵衛殿

右銘々御糺之趣私共儀も一同罷出承知仕候、依之継添印形仕
差上申候、以上

中町丁頭　油屋　仁兵衛
新川端町丁頭　平山屋　七左ヱ門
当番　川端町丁頭　前崎庄左ヱ門

前書之通私共儀も一同罷出承知仕候に付、奥書印形差上申候、
以上

大肝煎　福永七兵衛
大年寄　滝沢又十郎
同　川島　孫七
大年寄仮役　前崎次郎右ヱ門

角取組　柿崎村盲女こと
親九兵衛煩に付代　親類　藤兵衛
当申三十五歳
仝　嘉三次
当申三拾三歳

元黒岩組　水野村盲女ちう
兄米蔵煩に付代　親類　卯吉
当申三十一歳

右申口

角取組柿崎村九兵衛娘盲女こと、元黒岩組水野村亡甚左ヱ門娘盲女ちう、右両人之者今町之内川端下浜浦と申所に溺死仕り打揚有之候に付、町役人中飛脚を以私共村方え為相知、其段高田表へ御注進被申上候処、今般右様為御検使被為成候儀、有体可申上旨御糺御座候

此段柿崎村九兵衛、煩代親類藤兵衛、嘉三次（ママ）、水野村兄米蔵、煩に付親類卯吉、一同奉申上候、去月廿三日師匠瞽女外九人之者柿崎村九兵衛宅へ罷越止宿致し候内、同月廿六日水野村亡甚左ヱ門娘盲女ちう兼て申合事故右九兵衛方へ罷越落合、都合十一人にて翌廿七日九兵衛宅出立致し、夫より在町共勤進罷出候処、当五月四日今町之内中町与利都方へ罷越止宿相頼逗留罷在候所、去る九日暮方頃同所新川端町善吉と申者方に守子供打寄り被相招罷越、夜過にても相帰不申候に付親分之瞽女安事居候内、夜九ツ時分宿与利都療治より罷帰候に付、其段親分之瞽女より相咄候に付与利都儀右善吉方へ迎ひに罷越候処、善吉女房相言候は、四ツ前にも有之候哉相仕舞罷帰度よし、両人之盲女申聞候に付、守子供上にて今少し唄候様申候へとも明日之勤も有之候へは罷帰り相休み度よし

申しに付、守子供上にて宿与利都方迄送り可参旨申し候得共、年々当所へ罷越候へは勝手も存居、殊に近所の儀に候得は送りに不及旨申し、三味線の儀は雨天に付右方に預候様相頼罷帰り申候よし善吉女房申候に付、与利都儀は夫より罷帰り右の由瞽女中間へ相噺候処、若し哉善吉方より外々へ被相頼罷越候も難計候旨申居り候内、追々療治より罷帰り候座頭も有之候に付、町内に三味線音致し候処有之候はゝ相尋見呉候様申聞手分け致し為相尋候得共、夜過候事故何方にも三味音も不致よし罷帰申聞候に付、雨天殊に夜過候事故参り掛候所に上宿致居候儀にも可有之旨、夫より何れも相休み罷在候処間もなく夜明り候に付、与利都女房やの聴信寺へ朝時参りに罷越候処、右寺にて女二人溺死致し川端町下浜浦へ打揚有之候内相噺居候に付、去九日夜罷出不相帰者も有之に付、若し其者にても無之哉と存附駈戻り、右の由相噺候所与利都、悴幸助并盲女の内少々遠明りも致候もの差添見届け罷越候処、右溺死両人の者に相違無之候旨申し候に付、其段町役人中え相届けに私共方へも右の段為相知候に付、驚入早速罷越承り合候処、右の始末に少し相違無御座、依之双方村役人并私共一同御立会の上御見分被為成候処、別紙御見分書通り少しも相違無御座候旨申上候処被仰聞候者、盲女こと・ちう平日の上如何の者に有之候哉御尋に御座候へ共、何れも貧窮の者に有之候得は、平日家内の上睦間敷、且こと・ちう儀は盲女の儀に有之候へは、親兄弟の上にも不便に存、別にいたわり遣し、且盲女中間の内睦間敷致居候に付、両親の者も安心罷在候儀に御座候旨申上候処、右盲女こと・ちう儀金銭にても所持致居候者に有之哉、又は外々にて意趣遺恨等受候ものに有之哉何ぞ心当りの儀も有之候はゞ不包有体可申上旨再応御糺に御座候へ共、前書申上候通り、貧窮者共の娘に有之候へは、貯金等は決て無御座、且平日の上等も心立宜敷者に有之候へは、外々において意趣意恨等受候ものには無之、外心当りの儀は毛頭無御座候、全く此度の儀は取のほせ海中へ飛入自滅仕候儀と奉存候、且当御町方の厚き御取計に罷成難有仕合奉存候左候へは、当御町方へは勿論何れに対し候ても聊申分も無御座候、依之死体取行時の儀双方村役人并私共より御願申上候処仮埋に被仰付候旨被仰渡、則盲女こと儀は柿崎村旦那寺浄福寺へ引取境内に仮埋仕候に少も相違無御座候、水野村盲女ちう儀は芋の島村旦那寺楞厳〔巌カ〕寺へ引取境内の仮埋仕置候に少も相違無御座候、右に付溺死人両人所持雑物別紙御見分書の通り私共へ御渡し被為成慥に奉受取候、万一此後右溺死人一条付外々において何様怪敷風聞仕候共其節罷出急度申披可仕候、

右銘々御糺に付少しも相違不申上候、以上

天保七申年五月十二日

柿崎村盲女こと

親類　藤兵衛

親九兵衛煩に付代

同　嘉（ママ）兵衛

水野村盲女ちう
兄米蔵煩に付代　親類　卯　吉

藤村惣左ェ門殿
加土井官兵衛殿

前書之通、九兵衛親類藤兵衛、加三次（ママ）、亡甚左衛門親類卯吉奉申上候通り、私共儀も一同罷出承知仕候処少しも相違不申上候旨申上候処、被仰聞候は何ぞ怪敷儀見聞におよひ候儀も有之候はゝ不包有体可申上旨情情御尋に御座候得共、前書三人の者共申上候より外何にても可申上様無御座候、全く此度の儀は右両人の者共何か取のぼせ溺死仕り候儀と奉存候、依之取行付の儀御願申上候処、仮埋に被仰付候旨被仰渡、則こと儀は旦那寺柿崎村浄福寺引取境内に仮埋仕、水野村ちう儀は旦那寺芋の島楞厳［巌カ］寺引取境内に仮埋仕置候に少も相違無御座候、右に付溺死両人所持の雑物別紙御見分書の通親類共へ御渡被成慥に奉受取、万一此後溺死人一条に付外々において何様の怪敷風聞仕候共、其節私共罷出急度申披可仕候、右御尋に付少も相違不申上候依之継添印形仕差上申候、以上

柿崎村
村役人代　十郎右衛門（ママ）
組合惣代　元左ェ門
水野村
庄屋煩代兼　寺役　米　吉
組合惣代　清右ェ門

（『越後瞽女溺死一件』）

天保七年（一八三六）七月、現山梨県北杜市須玉町。小倉村の入夫銭に関する村中議定

（表紙）「天保七年申七月　村中取極議定書帳　小倉村両組」

覚

［略］

一、年番名主ニ而夫候（使）定式筆墨紙并浪人・瞽女・座頭其外物貰之類取計候分ハ、互之儀ニ付其組ニ而割合可申候、尤諸勧化之義者組限取計可申候事

（『須玉町史』史料編、第二巻、三五九頁）

天保七年（一八三六）九月二十三日、現大分県杵築市。杵築城下、他領の瞽女取締令

九月廿三日

［略］

一、他領より御城下へ入込居候瞽女、并もの貰之類御口屋御入不成段御沙汰ニ相成候趣ニ付、町方其段相心得居候様被仰付候。右之趣与頭中へ申触候

（『町役所日記』第四六巻、六八七五頁）

天保七年（一八三六）九月、現山梨県甲府市。甲府城下の困窮者名簿

（表紙）「天保七年申九月　御救米一件諸用留　内田控」

極困窮者御救一見諸用留

［略］

横近習町

［略］

瞽女かん

仲間

（『甲府市史』史料編、第四巻、一二九頁、一四二頁、一四五頁）

天保七年（一八三六）九月、現愛知県刈谷市。三河国刈谷新町、「御触状留帳」、難渋者

乍恐以書付奉願上候

［略］

一、弐人　病身　市原町伝兵衛後家とみ五拾九歳

盲目　姉　なみ六拾三歳

渡ス

〆拾人

右之者共極困窮ニ御座候処、前条之通り病身・盲目、別て平臥等仕候者も御座候、其上当年米穀高直ニ付、必至難渋仕候間、何卒以御憐愍、御慈悲之程、偏ニ奉願上候、以上

申九月　与頭　十　助

御奉行殿

同　竹本升七

庄や　正木庄三郎

同　浜嶋太兵衛

（『刈谷町庄屋留帳』第一二巻、二四〇～二四一頁）

天保七年（一八三六）十月四日、現富山県氷見市。氷見町の町人宅・座頭宅の瞽女追払い（算用聞徳八郎『御用日記』）

一、仕切町湊屋惣七、高町田子屋文介、下伊勢町座頭汀一・志賀一右人々ごぜ寄置候趣御聞前ニ相成候旨ニ而、早速追払可申旨被仰渡候、且又南上町角屋佐右衛門旅芸者体之者止置候旨ニ而、早速追払可申旨被仰渡候事

（『中村屋文書』その一、一二三頁）

天保七年（一八三六）十二月二十九日、現埼玉県熊谷市中奈良。幡羅郡中奈良村、瞽女の門付け禁止

（表紙）「天保七丙申年

来酉年　村中取極箇条書

十二月

中奈良村役人」

村中相定箇条

当申年凶作ニおよひ極窮ニ迫り候ニ付、来ル正月之儀差定及御談ニ候間、其御組限り不洩様被申諭可然存候

［略］

一、村方軒別いたし候瞽女之儀、止宿を乞候共相断り候筈、尤村内右体軒別いたし候を見付候もの早々相断、其上人数年齢并ニ着類之模様風俗等見極、其段月番方江可相届候、譬ひ軒別候共相断壱銭之合力も不可差遣候、猶又諸勧進・物貰之類同様相断り可申候事

［略］

申十二月廿九日

当申年番 政右衛門
来酉年番 彦 兵 衛

伝 蔵殿
新右衛門殿
佐五兵衛殿
兵右衛門殿
元 次 郎殿
与 兵 衛殿
八右衛門殿
金右衛門殿

(朱書)「表」 去申年凶作ニ付村方及極窮候故
御免之外諸勧化御断并修行者物貰之類都而報謝出シ不申候

「左」 諸浪人江合力銭出不申候并瞽女村方軒別致へからす

［略］

(朱書)「右榜示杭申十二月廿九日両年番御高札場江建置也」

（『新編埼玉県史』資料編一四、四六一～四六三頁）

天保七年（一八三六）十二月、現群馬県吉井町。多胡郡吉井町、瞽女の止宿

御改革組合村々申談取究議錠(ママ)之事

［略］

一、座頭・ご世上宿(止カ)ニ相成候節、弐人之外相断申事

［略］

右議錠(ママ)ニ而奉公人・日雇・諸職人之義相破候者有之候ハヽ、其村方役所江過料弐貫文ツヽ、取置可申事

天保七年
申十二月
上州多胡郡吉井宿寄場
組合廿ヶ村
連印

（『群馬県史』資料編、第九巻、二五八～二五九頁）

天保七年（一八三六）、現高知県高知市鏡。土佐郡鏡村、村の雑租（『地頭分郷諸指出控』）

一、同(銀)三百三拾八匁五分八厘 座頭・瞽女補銀
但年により増減御座候

（『鏡村史』三四〇頁）

天保七年（一八三六）、現新潟県糸魚川市。高田瞽女西頸城地方への入り込み取締願

乍憚以書附奉願上候
一、私共糸魚川座元支配下古来より新屋町瞽女中間屋敷三ヶ所住居仕罷在候処、凡瞽女共十四五人渡世仕順道を以家跡相続仕候茂年々四節之御助力を請近郷御村方様之依助力難有渡世仕候、然ル処十ヶ年以来より高田町在之瞽女共眼明キの弟子ニ案内させ年ニ度々在廻仕候ニ付、私共甚以難渋至極歎敷義ニ存候、尤糸魚川座元支配ニおゐてハ東ハ名立在限、西者市振境玉の木村迄ニ候処、近年猥り相成高田瞽女ども大勢入こみ誠渇命ニ及窮困《ママ》之始末歎敷何卒明年より乍憚御支配之御村方様江被仰渡右之者共徘徊致し候儀決而御差留被下置候様被成下候ハヽ、偏ニ御憐愍と私共中間一統難有仕合奉存候、以上
天保七申年
糸魚川新屋町
瞽女中間
代
鶴　与　し
初　志　満
ふきのへ
上野村大肝煎
斉藤作左衛門様
（『糸魚川市史』資料編一、三七五～三七六頁）

天保七年（一八三六）。江戸、幕府の浪人、座頭・瞽女などの取締令　→安永三年（一七七四）十月、文化九年（一八一二）

六月二十四日
浪人、旅僧、修験、瞽女、座頭、物貰ひ徘徊いたし押て宿をねたり合力を乞村々難儀いたし候由に付、罷越候はゝ差押へ早々可訴出事
附り　兼而御取締に付組合も定り候間、諸入用者無宿之分は高割可致事
（『徳川時代警察沿革誌』上巻、五二四頁）

天保八年（一八三七）正月二十七日、現千葉県流山市芝崎。芝崎村、瞽女の来村

一、瞽女弐人泊南村之由
（吉野家『天保八丁酉歳日記』。『流山市史』近世資料編四、五四六頁も参照）

天保八年（一八三七）二月、現愛知県吉良町下横須賀。下横須賀村の困窮者名簿

「（表紙）
天保八酉年
二月
鰥寡孤独之者并ニ不具之困民書上帳
幡豆郡
下横須賀村
下書」

〔略〕
一

家主　条　八㊞　年四十六才
女房　かり　年三十六才
男子　専吉　年十三才
女子　津希　年十才
男子　曽治良　年七才
女子　か津　年三才

〆六人

是者家主条八不丈夫之者誠ニ夜分相成候得共両眼共不江兼不自由仕候、女房義ハ一昨年眼病ニ而盲目相成申候、夫婦共壱人前稼出来兼、仙〔専〕吉・津希義者気不足者大勢養育相成兼〔以下欠〕

（『吉良町史』資料二、三三三頁、三三七頁）

天保八年（一八三七）四月二十九日、現富山県氷見市。氷見など三カ所の座頭・瞽女へ御貸米

覚

射水郡瞽女・座頭人体

一、弐拾五石五斗　百七十人江御貸米高
壱人ニ付壱合五勺百日分

内

六石三斗　氷見座々頭
四十弐人江

九石九斗　放生津座々頭
六十六人江

九石三斗　小杉座々頭五拾三人
瞽女九人江

〆
弐拾五石五斗

右射水郡三ケ所座頭等御貸米願高之内、別紙御紙面之通御聞届米高割書付仕候間、組々座頭等へ御申渡、借状帳御取立御達可被成候、以上

酉
四月廿九日　川合又八 不在合
南兵左衛門　印
寺林瀬一郎 不在合

斉藤庄五郎様　扇沢弥八郎様
折橋善左衛門様　高島庄助様
笠間宗次郎様　折橋甚助様
南善左衛門様

法内・倉垣
取次所

（『氷見市史』第三巻、資料編一、六六九～六七〇頁）

天保八年（一八三七）四月、現大阪府和泉市王子町。南王子村の難渋者　↓嘉永四年（一八五一）二月、慶応二年（一八六六）六月、同年七月、明治二年（一八六九）五月

「（表紙）
天保八年
難渋人書上帳
酉四月　和泉国泉郡
南王子村」

一、高弐斗九升五合
丈助　年十八
弟　伊三郎　年十五
同　政吉　年七
妹　こと　年十三
母　さと　年三十八
右さと儀、去八月頃より眼病ニ而御座候
〆五人

一、高壱斗
九郎兵衛　年五十一
右九郎兵衛儀、四ケ年以前より眼病ニ而当時盲人
女房　やす　年四十六
右やす、去申二月より盲人ニ相成
忰　太治兵衛　年十六
同　清松　年十四
同　弥吉　年十二

弟　又助　年四十九
右又助儀、三ケ年以前より病気ニ御座候
娘　まつ　年廿七
〆七人

一、無高
惣五郎同居
又兵衛　年七十八
右又兵衛、時疫ニ而、当時伏居候
女房　くめ　年六十一
娘　そよ　年十七
右そよ儀、三ケ年以前より眼病ニ而、当時盲人
同　そで　年十三
〆四人

一、無高
佐八同居
ひで　年七十九
ひで娘　さん　年四十七
右さん儀、幼年より盲人ニ御座候
〆弐人

一、無高
権二郎借家
惣右衛門

年卅八
女房　こ　そ　年卅五
忰　吉　松　年十六
娘　そ　で　年十一
〆四人
右惣右衛門・こそ両人儀ハ、五ケ年以前より盲人ニ御座候

一、無高
弥七同居
伝右衛門　年五十八
女房　さ　よ　年五十七
忰　丑　松　年廿七
娘　す　わ　年十六
同居兄　利　作　年六十二
娘　き　よ　年卅一
忰　佐　吉　年九
〆七人
右さよ儀、五ケ年以前より盲人ニ御座候
右丑松・すわ・利作・佐吉四人儀ハ、時疫ニ而、当時臥居候

一、無高
五之介借地
磯　八　年四十三
女房　か　つ　年三十九
忰　甚　五　郎　年十五
娘　き　よ　年十四
同　す　へ　年十
同　か　ね　年十三
同　き　し　年七
同　し　け　年三
母　ゆ　き　年六十六
〆九人
右かつ儀ハ、三ケ年以前より眼病之上、当時盲人
右甚五郎、七ケ年以前疱瘡之節より盲人ニ相成

一、無高
喜八借地
清　助　年廿九
女房　ぬ　い　年廿九
娘　も　よ

年十三
同　ゆき　年三
弟　定吉　年廿五
姉　きん　年四十二
右定吉儀、時疫ニ而、当時臥居候
右きん儀ハ、幼年より盲人ニ御座候
〆六人
一、無高
喜八借地
武八　年三十一
女房　ちよ　年廿九
娘　ちえ　年八
忰　岩松　年三
母　しげ　年六十七
同《ママ》　なか　年五十五
なか娘　りえ　年十八
右しげ儀ハ、三ケ年以前より眼病之上、当時盲人
并ニなか、りえ儀ハ、時疫ニ而、当時相臥居候
〆七人
（『奥田家文書』第六巻、六一七～六五三頁）

天保八年（一八三七）四月～五月二十三日、現愛知県刈谷市。
三河国刈谷新町、「御触状留帳」、瞽女などの宿泊

一（ママ）　一（ママ）
四月　平四郎方
一、甲州こも僧　一（ママ）
五月五日宿泊　林蔵方
一、西之郡　みを
なみ　一（ママ）
廿三日　平四郎方
ぬい
一、高崎　こう
いち　一（ママ）
（以下略）
（『刈谷町庄屋留帳』第一二巻、四八七頁）

天保八年（一八三七）七月十七日、現富山県氷見市。氷見町の
「盲人」への貸付（町肝煎中村屋徳八郎《右同断》『御用日記』）

一、当地盲人壱人ニ壱日壱合五勺図リを以、三十日分石ニ付百
廿五匁之代銀ニ而御貸渡、返上方之義ハ来年より拾五ケ年賦

を以返上可仕旨被仰渡候、且又右銀子ハ今石動肝煎中ニ在之事、十八日座頭松之都呼出シ申渡候、請書御達申上候、十八日壱石弐斗六舛代百五拾七匁五分座頭より請書ハ銀子相渡シ候節取立候事

（『中村屋文書』その一、四九頁）

天保八年（一八三七）七月十九日、現富山県氷見市。氷見町の座頭・瞽女への貸付（町肝煎中村屋徳八郎『御用日記』）

一、壱石六斗弐舛　座頭・ごぜ三十六人
代弐百弐匁五分　石百廿五匁図り
右日数三十日分、壱人ニ四舛五合当リ、座頭松之都呼出シ銀子相渡シ、請書取立候事

（『中村屋文書』その一、五〇頁）

天保八年（一八三七）七月、現大分県宇佐市東高家。東高家村の座頭・瞽女人口

（表紙）「天保八年
（異筆）「東高家村扣
庄　屋
弥左衛門控」
豊前国宇佐郡高家村明細帳
（酉《カ》）七月
」

［略］
一、村中人数、千九百拾弐人内、千弐拾九人　男
八百八拾三人　女
［略］
一、座頭　無二御座一候
一、盲僧　壱人御座候
一、瞽女　四人御座候

（『宇佐近世史料集』［三］、中島家史料、二四九頁、二五九頁、二六四頁）

天保八年（一八三七）八月、現長野県長野市松代町。松代藩、「天真院様」の法事の際の座頭・「盲女」への施物・扶持米に関する願書

乍恐以口上書奉願候
一、今般於御上様御法事ニ付、地之座頭・盲女共御施物・御扶持米共頂戴仕度奉願候、被仰付被下置候ハヽ、難有仕合奉存知候、以上
桔梗一
杢　一
常　一
谷　一
［座頭三十一名略］
民　寿

喜代寿
政寿
春寿
哥寿
房寿
まつの
いせ
すい
いそ
むめ寿

天保八酉年
八月

座元
岩　一㊞

御郡御奉行所

（「御施行物頂戴願書」信濃国松代真田家文書［か一四一一・一］）

天保八年（一八三七）八月、現長野県長野市松代町。松代藩、
「天真院様」の法事の際の座頭への施物に関する伺

（端裏書）
「天真院様御法事ニ付座頭御施物頂戴仕度旨伺
金児丈助殿」

口上覚

地座頭・盲女共
壱人ニ付
鳥目百文
下白米壱升　宛　　四拾七人

他座頭
壱人ニ付
鳥目百四拾八文宛　　拾壱人

他所座頭
壱人ニ付
鳥目百四拾八文宛　　六人

右は天真院様二十三回御忌御法事ニ付施物頂戴仕度旨、座元岩
一願出申候、依之書面之通被下置様仕度奉存候、願書差添此段
奉伺候、以上

（「金児丈助伺書」信濃国松代真田家文書［か一四〇九］）

天保八年（一八三七）九月十〜十二日、現千葉県流山市芝崎。
芝崎村、瞽女の来村

十日雨降
［略］
一、盲女三人泊武州川越在之由
十一日雨降［虫損］□東嵐
一、盲女滞溜
［略］
十二日朝晴昼過而雨降 五ツ半比雨
［略］

一、盲女出立
（吉野家『天保八丁酉歳日記』。『流山市史』近世資料編四、五八二～五八三頁も参照）

天保八年（一八三七）九月十八日、現和歌山県和歌山市。紀州城下（藩校「学習館」の督学［学長］であった川合梅所の妻小梅の日記『小梅日記』）

十八日　朝三宅より使来ル、今晩村井ノ家内来ルゆへ、参リ
○候様ニとの事也、七ツ過より天気しけてぬか雨降ル、しかし、笠ニハ及ハす、母君岩一郎小梅三宅へ行、跡より豹蔵来ル、ざとうよし野市・ごセつちの卜両人琴三味合す、甚面白し、九ツ前帰ル、

（『和歌山県史』近世史料、第二巻、八四〇頁）

天保八年（一八三七）九月、現山梨県増穂町大久保。大久保村の村極

相極メ申村法之事

［略］

一、出化（家）、神主、山伏、虚無僧之類泊リ八分つゝ之積リ、座頭ハ六分、蔞（瞽）女ハ五分つゝニ継立テ可申候事

［略］

右ケ条之趣此度名主、長百姓、惣百姓不残立会相談之上相極メ候、上は少も相違無之候ニ付、承知之連印差出置申候処相違無御座候、以上

天保八酉年九月

田安御領知巨摩郡
大久保村

名主　小右衛門　㊞　同　直八　㊞　同　喜七　㊞

［以下四十二名略］

（『増穂町誌』史料編、九九頁）

天保八年（一八三七）十二月十三日、現長野県長野市松代町。松代藩、座頭・「盲女」・非人へ祝儀　→天保八年（一八三七）十二月の諸文書

（端裏書）
「金児丈助殿　恩田杢」

道姫様被遊御縁組ニ付、地座頭・盲女并非人共、御祝儀頂戴之儀、

一、圓明院様十三回御忌就御法事、地座頭・盲女とも、他座頭、他所座頭并非人共、御施行頂戴之儀、右何も伺之通可被申渡、以上

十二月十三日

（「恩田杢差図書」信濃国松代真田家文書［か九八五］）

天保八年（一八三七）十二月十七日、現長野県飯田市。飯田藩、天保の飢饉の際に飯田瞽女へ米支給（『後聞筆記』四十五

巻）
去七年十三町拝借米返上を延期願（十二日願上）許可
　座頭・瞽女の拝借米は不相成三俵被下旨通達
（今井白鳥編『近世郷土年表』二七三頁）

天保八年（一八三七）十二月二十二日。江戸、孝行者へ褒美

　　森川内膳正殿江申上候上申渡、
　　　　　　　　橘町三丁目三之助店
　　　　　　　　　亀　次　郎
一、為褒美鳥目拾五貫文とらせ遣ス
右之者儀、父忠助儀者先年病死致、此者八年季弟子奉公ニ出、母いわ儀者三味線指南致し居候処、同人茂去ル寅年中より眼病相煩、盲目ニ相成、右渡世も相成兼、外ニ養育可致者も無之候ニ付、暇取母方へ立戻り、亀甲職致し罷在、一体いわ儀気随ニ而、盲目ニ相成別而気六ケ敷候得共、存意ニ随ひ万事心付、手間稼ニ出候節者、近辺懇意之者方へ連参り、相預ケ、食事等拵運ひ置、手間先より立戻り連帰り、入湯ニ罷越候節者送り参、一旦立戻り時刻を考迎ニ罷越、万事心付遣し、且近辺之者共、後妻呼迎候様申勧メ候得共、暮方も相増、自ラ母養育も不行届可相成与存申断、困窮之中ニ而も、好み品者調為給、朝暮孝養を尽候段、軽キ者ニ者奇特之儀ニ付、右之趣申上、御褒美鳥目拾五貫文とらせ遣ス、
右者酉十二月廿二日、筒井紀伊守様於御白洲ニ被下置候旨通達、

（『幕末御触書集成』第五巻、四一三〜四一四頁、［四八六九号］。『江戸町触集成』第一三巻、二六二〜二六三頁［一三一七〇号］も参照）

天保八年（一八三七）十二月、現長野県長野市松代町。松代藩、「円明院様」の法事の際の座頭・「盲女」への施物に関する伺

　乍恐以口上書奉願候
一、今般於御上様御法事ニ付地之座頭・盲女共御施物・御扶持米共頂戴仕度奉願候、被仰付被下置候ハ、難有仕合奉存候、
以上

桔梗一
杢　一
常　一
谷　一
［座頭三十一名略］
民　寿
嘉代寿
政　寿
哥　寿
房　寿
まつの
いせ

すい
いそ
むめ寿
さき

天保八酉年十二月
座元
岩　一㊞

御郡御奉行所

（「御施行物頂戴願書」信濃国松代真田家文書［か一四二二・一］）

天保八年（一八三七）十二月、現長野県長野市松代町。松代藩、「円明院様」の法事の際の座頭・「盲女」への施物に関する伺（文案）

（端裏書）
「圓明院様御法事ニ付座頭
御施物頂戴仕度旨伺
金児丈助」

口上覚

地座頭・盲女共
四拾七人［付箋］
壱人ニ付　鳥目百文宛
下白米壱升宛

他座頭
拾壱人
壱人ニ付
鳥目百四拾八文宛

右は
圓明院様十三回御忌御法事ニ付御施物頂戴
書面之□被下
□□□調落仕ニ付前之通仕度旨座元岩一願出申候、依之書面之（書面）
通被下置候様仕度奉存候、願書差添此段奉伺候、以上
十二月

［付箋］
「此御伺ニ而ハ他所座頭之分ハ御引上之趣之義相成候所御差扣
御伺之上ハ以来之例とハ不被心得候様被仰渡被下候ものハ被下
由ニ不可然様□ニ付相下ケ差上申候并御評義候得は直被指上被
下度□□様申上候」

（「金児丈助伺書」信濃国松代真田家文書［か一四一八・二］）

天保八年（一八三七）十二月、現長野県長野市松代町。松代藩、「円明院様」の法事の際の座頭・「盲女」への施物に関する伺

（端裏書）
「圓明院様御法事ニ付座頭御施物頂戴仕度旨伺
金児丈助」

口上覚

地座頭・盲女共
四拾七人
壱人ニ付
下白米壱升宛

右は圓明院様十三回御忌御法事ニ付、御施物頂戴之処、白米之儀は帳落仕候付、被下置候様仕度奉存候、此段奉伺候、以上

十二月

（「金児丈助伺書」信濃国松代真田家文書［か一四一八・一］）

天保八年（一八三七）十二月、現長野県長野市松代町。松代藩、「道姫様」縁組の際の座頭・「盲女」への祝儀に関する願書

乍恐以書付奉願候

一、今般於御上様恐悦ニ付、地之座頭・盲女共、御祝儀頂戴仕度奉願候、被仰付被下置候ハヽ、難有仕合奉存候、以上

天保八酉年十二月

桔梗一
杢一
常一
谷一
［座頭三十一名略］
民寿
喜代寿
政寿
哥寿
房寿
まつの
いせ
すい
いそ
むめ寿
さき

座元
岩一㊞

御郡御奉行所

（「御施行物頂戴願書」信濃国松代真田家文書［か九八二］）

天保八年（一八三七）十二月、現長野県長野市松代町。松代藩、「道姫様」縁組の際の座頭・「盲女」への祝儀に関する伺

（端裏書）
「道姫様被遊御縁組ニ付座頭盲女共御祝儀頂戴之儀付伺
金児丈助」

口上覚

地座頭・盲女共　四拾七人
壱人付
鳥目百文宛

右は道姫様被遊御縁組ニ付、御祝儀頂戴仕度旨、座元岩一願出申候、依之書面之通被下置候様仕度奉存候、願書差添此段奉伺候、以上

十二月

（「金児丈助伺書」信濃国松代真田家文書［か九八三］）

天保八年（一八三七）、現群馬県藤岡市。下日野、座頭・瞽女

の止宿

御改革組合村々申談取極議定之事

［略］

一、座頭・ごぜ止宿ニ相成候節弐人之外相断可申候

（『藤岡市史』資料編、近世、二〇一～二〇二頁）

天保九年（一八三八）二月、現山梨県山梨市下神内川《かのがわ》。下神内川村

「（表紙）
天保九年
村鑑明細帳
戌二月　　名主　三左衛門」

［略］

銀拾九匁弐分　　瞽女・座頭双賄料

（『山梨市史』史料編、近世、二七〇頁、二八〇頁）

天保九年（一八三八）四月二十五日～閏四月二十一日、現愛知県刈谷市。三河国刈谷新町、「御触状留帳」、瞽女の宿泊

四月廿五日　平四郎
盲女弐人（宮津きさ／植村かめ）
越前者
閏月十二日　　同月廿一日

一、西之郡　みか中　みき末　ひさ　平四郎　林蔵　　一　西尾壱人　米津壱人　末林　蔵

（『刈谷町庄屋留帳』第一二巻、五一三頁）

天保九年（一八三八）閏四月二十五日、現岐阜県恵那市。久須見瞽女の巡業地

旦那場村数覚
市原　猿子　一日市場　大月
神比　日吉　半原　釜戸
藤村　久須見　竹折　佐々良木
殿畑　掠實　野井　永田
中野　正家　東野村　大井槇ヶ根
蛭川　毛呂窪　姫栗　河合
右之村々先年ヨリ年内二度宛相廻申候、最苗木領ハ四ヶ村之外入合ニ御座候、其外旦村五ヶ村栈原下村煙草廻致申候、綿場之様ハ入合ニ御座候
天保九戊戌年　　久須見
閏四月廿五日　　おりし

（安藤由彌家文書。『恵那市史』史料編、六八六頁、「久須村〔ママ〕瞽女家覚書」も参照）

天保九年（一八三八）十二月、現栃木県芳賀町東水沼。芳賀郡

東水沼村名主（結城領）の婚姻の際に座頭・「盲女」へ祝儀

「（表紙）天保九年
婚姻ニ付入用帳
戌十二月」
覚
[略]
一、四百文　　座頭・盲女祝儀
（「婚姻ニ付入用帳」岡田純一家文書）

天保九年（一八三八）、現新潟県柏崎市。柏崎町の座頭・瞽女人口（中村長エ門控帳）

一、人数、五千三百一人、男二千五百三十九人、女二千七百十二人。外に人数百四十四人　男七十四人、女七十人、御朱印地永　寺門前人数千二百九十六人、男五百四十四人、女七百五十二人、寺社惣門前社人三人、修験二人、僧百八人、道心四人、尼二人、座頭八人、瞽女二人
人数合計　六千八百七十人
外に穢多十人、非人九十七人
（『柏崎市誌年譜』上巻、二二九～二三〇頁）

天保九年（一八三八）、現新潟県上越市。高田藩の座頭・瞽女人口

榊原式部大輔領分村数戸数人別之件
天保九戌年将軍代替ニテ巡見使之節調
一、村数　五百八拾八ケ村
一、家数　弐万弐千八拾五軒
一、人数　拾壱万三千七百拾三人
内男五万六千三百三拾五人
女五万七千三百七拾八人
[略]
座頭七拾三人
瞽女五拾一人
（『越後頸城郡誌稿』上巻、九三〇～九三一頁）

天保九年（一八三八）、現新潟県上越市。直越、「今町元高并湊之模様陣屋町役人及戸数人員舟数等之分」

天保九戌年
将軍代替巡見使之節調
一、町数拾弐ケ町
[略]
一、人数五千八百七拾四人
内
男弐千七百三拾八人
女弐千九百五人
[略]

座頭六人
盲女五人
（『越後頸城郡誌稿』上巻、七九〇～七九一頁。『上越市史』資料編四、三二三頁も参照）

天保十年（一八三九）二月か～九月二十八日、現愛知県刈谷市。三河国刈谷新町、「御触状留帳」、瞽女の宿泊

二月
［略］
一、ごぜ弐人　平四郎
［略］
五月四日
一、ごぜ三人　同　人
同　廿八日
一、同　弐人　同　人
九月廿八日
一、同　三人　同　人
［略］
五月十七日　さし宿月番
一、ごぜ弐人　林　蔵　正、四、七、十　椎木屋友吉
五月廿五日　二、五、八、十一　井げたや新平
一、同　三人　同　人　三、六、九、十二　河内屋伊助
（『刈谷町庄屋留帳』第一三巻、一頁）

天保十年（一八三九）三月、現愛知県刈谷市。三河国刈谷新町、「御触状留帳」

乍恐以書付奉願上候
［略］
一、弐人　病身　市原町由右衛門後家　と　み　六十弐歳
盲目　姉　な　み　六拾六歳
〆五人
右之者共極困窮ニ御座候処、前条之通病身・盲目ニて、平臥仕候ニ付、役人共并ニ重立候者共、追々厚心配仕候得共、長病之儀ニ御座候間行届兼、必至難渋仕候間、何卒以御憐愍御慈悲之程、偏ニ奉願上候、以上
亥三月　組頭　南　平
同　村瀬佐助
庄屋　正木通平
同　浜嶋太兵衛
御奉行所
三月廿八日米三俵頂戴仕候、願之外へも相談之上、夫々割合遣ス
（『刈谷町庄屋留帳』第一三巻、一〇～一一頁）

天保十年（一八三九）五月五日、現高知県。土佐藩の扶持制度を讃える座頭

御国内の当道東西の郷浦に上下する事あれバ伝馬壱疋荷物持壱人手引壱人を村々より出さしめ給へり、これさへ莫大なる御慈恵なるに、天明の末年に重き御詮議ありて御国内の当道上下することに出しつひゆる所の米穀を村々里々におゐて縮めさせ、そのつもりあつむるものを官府にめしおかせ給ひて、それをあらゆる瞽者盲女の座中にわかちあたへさせ給ふことゝハなりけり、扨なんわが当道の徒東西百里の間におゐて上下艱難の地に迷ふことなく不飢不凍腹つゞみをうちて天然を楽む事こゝに五十余年比類希なる御仁政ハ申もなか〳〵おろかなりけり、されバ我閃《トモカラ》京摂に出るごとに学問所の御坊を初て八老十老殿并に諸国より上りあひたる当道座中の閃《トモカラ》に至る迄、まづこの御仁政の事をたづねとひてうらやミしたしまざるものはなし

[略]

天保十巳〔亥〕年五月五日

土佐浮津浦

松風軒奈良都述

（『皆山集』第六巻、一二二頁）

天保十年（一八三九）七月か、現山口県宇部市。吉敷郡岐波《きわ》村、孝行者「るう」へ米支給

小郡宰判岐波村庄屋野村甚右衛門存内
畔頭猪右衛門組藤八娘
るう

米弐俵

右之者事父母共盲目ニ相成、彼者一人之働を以令渡世母ハ先年病死、存生中より両親へ懇に取扱、起臥ハ勿論其余万端心を添抽尽孝養、近村迄も挙而令感心候由、委細（毛利）蔵主殿被聞召届甚以神妙之事ニ候、依之為御褒美被遣候事

（『防長風土注進案』第一四巻、一八六頁）

天保十年（一八三九）八月二十六日、現大分県杵築市。杵築藩城下、座頭・瞽女門付け禁止令解除

八月廿六日

[略]

一、座頭・ごぜ、門弾之儀、一昨年御差留相成居候処、此節より通りかけ又ハ両三日止宿門弾致候儀ハ不苦段御沙汰相成候ニ付、其段与頭中申触候

（『町役所日記』第三六巻、五三七頁）

天保十年（一八三九）、現長野県富士見町。瀬沢村の座頭・瞽女の賄いに関する村定　→天保十五年（一八四四）

（表紙）
「村定　［　　］　瀬沢村」

（表紙裏）
「天保拾年己亥」

[略]

一、ごぜ・座頭之宿村廻、壱軒ニ壱人宛、若逗留に候ハヽ、次

送り留申筈也、当名主ヲ除其外合名主・年寄は村同様ニ留ル筈、逗留之弁当は村廻之宿ニ而認、其外廻り節昼飯之義名主方ニ而認いたし申筈也、但シ此定寛政四壬子暮役人組頭古役の相談也

（「村定　　」、瀬沢区有文書）

天保十一年（一八四〇）四月十五日まで、現富山県。富山藩婦負郡・新川郡・野積谷の座頭・「盲女」人口（「諸事御用留帳」内山文書）

御郡・野積谷惣人別相調理書上候様、公儀より御達ニ付、御用番より四月十五日迄、差出し候旨被仰渡、左之通

一、四万千四百壱人　惣人数
　内
　壱万三千五百五拾三人　婦負郡男
　壱万三千五百五拾六人　同　郡女
〆
　七千三百三拾四人　新川郡男
　六千九百五拾八人　同　郡女
〆
外ニ
一、五千弐百五拾五人　野積谷惣人数
　内
　弐千八百八人　男
　弐千四百四拾七人　女
〆
一、百五拾三人　座頭・盲女惣人数
　内
　九拾人　男
　六拾三人　女

[略]

右者御郡并野積谷等人別御改ニ付、書上申処如斯御座候　以上

天保十一年子四月　月番十村 大場儀兵衛

御郡御奉行所

（『富山県史』史料編、第五巻、八六九～八七〇頁）

天保十一年（一八四〇）四月、現東京都武蔵村山市中藤《なかとう》。中藤村の渡辺家、婚儀の際に座頭・瞽女へ祝儀

（表紙）
「庚 天保十一年
　婚　儀　受　納　帳
子 四月吉祥日」

[略]

入用覚

一、金弐朱也　赤坂〔ママ〕こせう
　米弐升　ざとう
　仕切
（『武蔵村山市史』資料編近世、一八一頁、一八六頁）

天保十一年（一八四〇）五月、現愛媛県松山市。松山藩の触（「御触状控帳」）→文政十二年（一八二九）七月、天保十三年（一八四二）、天保十四年（一八四三）八月二十四日、嘉永二年（一八四九）か、八月四日、文久元年（一八六一）六月二十五日

一、座頭・瞽女着類ハ前々之通堅可相守候事
（『松山市史料集』第四巻、三六三頁）

天保十一年（一八四〇）六月下旬。江戸、瞽女の妹が性犯罪にあう事件

○六月下旬公訴、陰門を破り候一件
　神田久右衛門丁
　源　七
以前之亭主、尤入婿(夫)　同人妻
治兵衛と蜜通致し居、源七離縁
後、去年中病死致ス　右娘二人
姉ハ治兵衛と蜜通　姉瞽女
陰門破られ候もの　十三才 妹
　幸手屋手代
陰門破り候もの　治兵衛

右源七方へ懇意ニ参り候馬喰丁幸手屋手代治兵衛、源七妻と蜜通致し居候を、源七心付候得共、入聟之義故ニ右之始末を妻ニ申聞、世間之風聞も直り候ハヾ又々立返り可申と書付差出、妻よりも詫書付差出、双方相談之上ニて離縁致し候ニ付、其後治兵衛義亭主之如く入びたり罷在候処、姉娘瞽女ニ蜜通致し罷在候処、昨亥年春中、妻事病死致し、瞽女と当十三歳ニ相成候妹計ニ而(ママ)、尤瞽女、琴の師南(指)ニて相応ニ暮し居り候よし、然ル処当五月中、治兵衛事、十三才の妹娘を二階へ連行、無理ニ手込ニ致、其後又々二階へ連行、無理やりに交合せんと致しけるニ、そちこちと逃廻り候を無理ニ押付、手荒之始末致し候ニ付、陰門破れ以之外はれ上り、右故ニや髪の毛迄抜なやミ苦しミ候ニ付、以前之源七、右娘の為ニハ実父故見るニ忍びず、北御奉行遠山左衛門尉御役宅江出訴致し、十三才の娘共呼出しニ相成、吟味之処、治兵衛強情申張候ニ付、最初源七離縁之節、妻より取為替証文之筆者ニて、小石川牛天神下醴酒問屋認メ候ニ付、是も呼出しニ相成、懸り合ニ相成候由、古今珍らしき公訴之次第、六月下旬之出訴ニ而、治兵衛義初メハ強情申募り候得共、段々申訳難相立、盆前ニ相成、金廿両差出し内済ニ相成

候。

（『藤岡屋日記』第二巻、一四三頁）

天保十一年（一八四〇）七月。江戸、瞽女の餓死事件

○　七月、瞽女之一念怪談之事

宿市ケ谷浄瑠理坂上　小普請組　山崎惣太郎 子廿九

惣太郎妻瞽女　およし 二十一

およし姉　お志津 二十四

右惣太郎、先年山崎家江急養子ニ罷越候節、養方娘両人有之、姉ハ御奉公ニ出居、至而器量も宜敷、是ハ末々外江縁付候積り、妹娘よしハ盲人ニ而不便ニも候ニ付、右江め合せ候懸合ニて急養子相談整ひ、尤右ハ惣太郎、幼年之頃家督ニ相成候由、其後成人之上盲人と夫婦ニ相成居候処、一昨戌年中、養母大病ニ付、姉娘義看病願ニ而宿へ下ゲ候処、直ニ右惣太郎と蜜通致し、其後母死後ニも御殿へ上り候存意無之、是非惣太郎と夫婦ニ可相成趣、親類共一同相談之上、無是非義ニ而妹およしへ其由為申聞候処、是も盲人之事故、殊ニ姉之申事不得止事納得致、姉と無滞祝言相済候処、追々姉事、妹を邪魔ニ致し、一ト間ニ差置、喰物其外一向構ひ不申、夫婦中宜敷、両人ニて妹瞽女を殊之外非道ニ取扱ひ候ニ付、妹も残念ニ存、当春中よりぶら〳〵と煩ひ出し、其事而已恨之、当子七月十三日、廿一才ニて病死致しけるに、其時末期ニ惣太郎へ恨申、是非七日迄ニ迎ニ可参申と言而相果けるに、夫より取仕舞致し、寺よりも坊主参り、瓶之侭差置候処、其夜丑三ツ頃、右之瓶動出し、瓶たおれ而其侭瞽女の姉へ取付、惣太郎ニ恨之数々のゝしり、是非ニ七日之内ニ取殺さで可置かと、惣太郎胸ぐらへしがミ付騒ぎちらし、姉ハたおれ候よし、夫より惣太郎ニ明暮およし付まとひ、喰事ハさて置、湯水も一向為呑不申、同月十九日、七日目ニ惣太郎もくるし（み脱）て死し候由、跡ハ如何成行しや、しらず。

おめくらを承知で初めそふたろふ

およしとしづは難もこぶしん

（『藤岡屋日記』第二巻、一四四頁）

天保十一年（一八四〇）十一月。江戸、無宿瞽女仕置に関する文書

無宿瞽女御咎申付追払之事

牧野備前守殿　深谷遠江守

文化十酉年一座江御下ケ被成候堺奉行相伺候無宿盲人次兵衛、僞之往来手形を以村送ニ相成候一件、御仕置評議之節、非人乞食之類ニハ無之、無宿盲人不届有之候もの、諸奉行所幷遠国城下陣屋等ニ而糺之上座法之通可申付旨申渡、其所若撿校勾當不罷在候ハヽ、最寄在名以上座元抔之類江引渡、差支之筋無之哉之段、御先役方より惣録吉川撿校江尋有之、京都十老江も申遣候上、無差支旨申立候ニ付、次兵衛儀、堺両郷払可申付処、盲人之儀ニ付、座法之通可申付旨申渡、其所之撿校勾當江引渡、若撿校勾当不罷在候ハヽ、最寄在名以上座元抔江引渡可申旨被仰渡可然哉と申上、其通相済候後、手限吟味物之内、無宿盲人ニ而不届有之候ものハ、科之次第申聞、座法之通可申付旨申渡、惣録等江引渡遣申候、無宿瞽女之儀も、右次兵衛評議之趣を以取計、差支之儀有之間敷哉、否承知いたし度、此段御問合仕候以上、

亥七月

御書面之趣令承知、無宿瞽女引渡之儀、惣録相糺候処、御府内并在方住居之瞽女とも、撿校・座頭等之弟子ニ成、琴三味線稽古いたし候分、其師匠より芸能之免状ハ差遣候得共、右ハ座法ニ拘り候儀ニ無之、前々仕来ニ而、配当銭差遣候分も有之候処、右等之無差別、都而瞽女支配ニ無之候ニ付、たとへ不埒有之候とも、差搆[構]不申候間、引請兼候由、尤文化十酉年より無宿盲人を引請候得共、右者、安永・文化之度御触以来、琴三味線針治導引等之芸業ニ携候盲人共、撿校之支配ニ相成候ゆへ、無宿ニ而も座法ニ申付候旨申立候、尤瞽女之儀ハ、盲人之御定も有之候間、追放ニハ申付兼候得共、座法ニ而ハ、矢張追放刑も申付候事故、追払候迚、右御定ニ差響候儀有之間敷、右体今般之瞽女ハ、惣録難引請旨申立候上ハ、通例無宿之取扱ニ而、直ニ咎被御申付候方ニ可有之哉、猶御勘弁之様存候、右ハ牧野備前守御役替ニ付、拙者より御挨拶およひ候、

子十一月　戸田日向守

引書　新張紙

（『徳川禁令考』後集第四巻、三〇六～三〇七頁［一〇三号］）

天保十一年（一八四〇）か、十二月、現長崎県長崎市。長崎町方、老齢の瞽女救済の願書

金屋町
高比良さき借家
瞽女
いと　午八十弐歳
くま　午九十歳
〆弐人暮

右両人共、姪聟駒太郎より仕送致候得共、全世話相成候儀を厭ひ、いと儀は瞽女ニ而及極老候得共、聊之人数琴・三味線稽古致、くま儀は老養御扶持米頂戴仕候得共、諸事駒太郎世話相成儀、前同様相心得、近隣之使走致遣少々之謝儀を請、両人とも遣銭之足ニいたし、極老之者ニは殊勝之事共ニ而、且ハ八十歳已上姉妹相揃罷在候儀も稀成事ニ奉存候、尤駒太郎義廉略取扱候義ニは無御坐候間、格別御仁恤を以可然被為仰付被下候

ハ、、於私も難有仕合奉存候、此段以書付奉願候、以上

庚子十二月　　　　冨益幾平㊞

（『長崎町方史料』第三巻、三六九～三七〇頁）

天保十一年（一八四〇）、現新潟県上越市。高田町方の「盲人」人口（総数一万八四三四人）

盲人男　五五

　女　五五

（『高田市史』第一巻、二四三～二四四頁）

天保十三年（一八四二）二月、現福井県越前町。丹生郡左右浦、座頭・瞽女などへの合力支給（書き下し文）

（表紙カ）
「天保十三寅二月

　去丑年村入用帳　　丹生郡左右浦」

［略］

同、六百文［銭］　合力取替分　　諸浪人、瞽女《ごぜ》、座頭、道心者など難渋者、庄屋応対で相返す節の合力。

（『越前町史』続巻、三〇七～三〇八頁）

天保十三年（一八四二）三月六日、現新潟県柏崎市。越後国柏崎の諏訪様祭り

六日、中浜の諏訪様祭也。お六お祭にゆきたいと申、つれてまいり候。先極楽寺のさくら花を見て、それより大窪へ出又桜を眺め中浜へ出る。村の若い者子供大勢集り賑やかなれど在郷祭何も見るものなし。御ぜ祭と申てごぜ・座頭所々より参り、軒別にくどきなどひいて居り候。お六にひめまんぢう十買てやる。栗本にて同役の神酒振舞によばれ、七ツ過より参り候。誠に急度いたしたる馳走なり。

（『柏崎日記』六六九頁）

天保十三年（一八四二）三月六日、現高知県。土佐藩、「座頭・瞽女扶持改正之事」（『憲章簿』盲人之部）

覚

座頭・瞽女座入之儀、当御郡中ニおゐてハ甚御詮議振六ツ敷《ケ》子細ハ、、去ル巳年委細御触達被仰付候通、人民繁昌随ひ盲人等も相増、百性共出米増ニ相成、困窮村柄取立方及難渋候故之儀ニ而、容易御詮議不相済処、東於六郡ニは右等聊不差泥御国中之御救不一列、御慈恵不平等之訳、猶又御詮議被仰付処、東御郡中之座頭・瞽女共へ被遣居救扶持、伝馬送夫賃米ハ定相場、尤八銭賃分迚も八銭ニ而候所、当御郡中ニおゐては先年御定之相場いつとなく扱振流弊ニ相成、御平等相場賃分は銀ニ而被渡遣より東ネ而は銀米夥敷事ニ付、前件通百生共及迷惑候。依右此度猶亦御詮議之上、往古御定法ニ立戻リ東六郡同様、則別紙之通来ル四月分より向々被渡遣候条、各被得其旨支配之座頭・瞽女共へ右之趣入念申聞可被置候。右之通往古之御詮議振へ立戻

り候上ハ、向後御郡中盲人出来候時々仲間入いたし度ものハ、勝手次第師匠取為致、出生村庄屋、老連判之差出相副、座番ニ件之盲人為召連当役場へ被差越候得ハ、為遂見分座入被仰付筈ニ候条、彼是不洩様可被触聞候。已上

天保十三寅年三月六日　北川専八
足達五蔵

覚

一、八銭百拾七匁也
代米壱石八斗也。石ニ付六拾五匁定相場ヲ以
但壱人扶持と相立如此
一、同六拾目也
但伝馬壱疋料
一、同三拾目也
但送夫壱人料
〆
一、紫分座頭壱人扶持ニ伝馬壱疋被渡遣定、依而束而左之通
八銭百七拾七匁也
一、打掛座頭壱人扶持ニ送夫壱人半分被渡遣、束而左之通
八銭百六拾弐匁也
一、初心座頭壱人扶持ニ送夫壱人被遣定、束而左之通
八銭百四拾七匁也
一、瞽女壱人扶持ニ八銭弐拾五匁被渡遣定、束而左之通八銭百四拾弐匁也
右夫々取立渡方等ハ爾来之通
右之通前々より被定置者也
寅三月　東西
御郡方

（『憲章簿』第五巻、五〇九～五一〇頁）

天保十三年（一八四二）三月上旬。京都、瞽女・法師以外の三味線稽古の禁止

京都三月上旬以来御触書の写
[略]
一、三味線・琴稽古の義は、瞽女・法師に限候義は、女稽古不相成。但浄留利の義は古来御沙汰無レ之候。

（『浮世の有様』五九一頁）

天保十三年（一八四二）三月、現千葉県我孫子市布施・柏市布施。布施村

「(表紙)
天保十三寅年
下総国相馬郡布施村宗門御改書上帳扣
三月」
[略]

一、［下総国相馬郡布施村南龍寺浄土宗］同国同郡同村同寺同宗　山次郎　三十三歳

伯母瞽女　たき　五十四歳

〆二人内　男一人　女一人

（『我孫子市史資料』近世篇一、二八三頁、二九三頁）

天保十三年（一八四二）四月二十四日、現高知県。土佐藩、「座頭・瞽女仲間入御示之事」（『憲章簿』盲人之部）

覚

先達而座頭・瞽女仲間入之儀ニ付、御慈恵之御詮議被仰付、委細御触達ニ相成候所、其以来右御作配ニあまへ年々罷寄り候盲人、育方出来候者迄も困窮を唱座入願出候族も有之趣、不心得之至ニ候。根元右之者等夫々之芸能有之を以、座入之節年齢等定被置儀候而、忽暮方難渋之訳合往古御詮議之上送夫等被渡遣、上下往来被指明置候所、郷中及迷惑候を以御改革以来居救扶持之御作配被仰付置、全不為窮者并親子兄弟其余慥成類族等有之、聢ニ預養育居候ものへ居救米被遣訳柄ニ而無之所、件之通余力を願此上ニも自由之暮方可致考之者有之哉ニ粗相聞、不憚道理事ニ候。右等之者如何様之申解を以願出候迚も、御救米等之御作配は不被仰付候条、各被得此旨支配中へ入念可被示聞候。已上

天保十三寅年四月廿四日　川崎鍵作
北川専八

（『憲章簿』第五巻、五一〇〜五一一頁）

天保十三年（一八四二）四月二十四日、現高知県。土佐藩、「座入師匠取官披露再御触之事」（『憲章簿』盲人之部）

覚

座頭・瞽女座入、且扱方等諸事往古之御詮議振へ立戻り、今三月及触達候。右師匠取座入官披露之節、祝儀取遣并座番給之儀、去ル享和元酉年御詮議之上屹度被定置候所、此節流弊之儀も有之哉ニ相聞候。右等之儀も尚相改、則已前別紙相触候通、彼是不相流様盲人共へ可被示聞候。已上

天保十三寅年四月廿四日　川崎鍵作
北川専八

（『憲章簿』第五巻、五一一頁）

天保十三年（一八四二）四月、現山梨県甲府市。甲府城下横近習町の瞽女の作法に関する覚

［端裏書］
「天保十三寅年四月
町方瞽女取締之儀相改候ニ付横近習町名主忠右衛門差出候書付」

覚

一、此度瞽女共之作法取調可申上旨被仰渡候ニ付、私共町内逐一相糺申候処、右瞽女儀寛永年中より当町内ニ住居仕り、座元かんと申者同所業之者取締り仕罷在、且在町ニ而瞽目之者有之候得は貰請弟子ニ仕り、其者十弐年相立候へは髷を直シ鉄漿を付眉毛を払師匠ニ相成、右之者尚又弟子貰請、当時師匠分之者弐拾六人程も在之、座元かん死去仕り候節は右之内年来相立候者かんと改名仕り座元ニ相成取締り仕、猶師匠分之者より弟子共一統吟味合御公儀様より被仰渡候御法度之義は不申及、瞽女作法厳重ニ取締仕候、万一不埒之筋有之取締り方をも不相用者は座元被申聞、親本江引渡家業差止申候、若親共死去致シ親類等も無之出所及退転候分ハ坊主ニ致シ追払申候、尤右之仕法被仰渡候義ニは無御座、往古より瞽女共之仕置之由申伝ニ而今以右仕置仕候由に御座候、依之此段以書付御届申上候、以上

天保十三寅年四月

横近習町名主　忠右衛門　印

御町年寄所

（「瞽女作法取調申上書」甲州文庫）

天保十三年（一八四二）四月、現大阪市。摂津国大阪加島屋長田家、按摩「つや」の銭請取書

請取書

御本家様江年来按摩渡世仕候而御出入被仰候段難有仕合奉存候、然ル処此度在所親類方江引取申候ニ付御願申上候候［衍］処、格別之御憐悲を以鳥目五貫文御下ケ被下、誠以冥加難有仕合奉存候、仍而請取書差出シ可申候、以上

天保十三寅四月　　按摩つや　㊞

御本家様
御買物方様

（「按摩つや在所引籠之節御鳥目銭請取書」摂津国大阪加島屋長田家文書）

天保十三年（一八四二）五月二十四日。江戸、「乞胸家業書上」（『市中取締類集』、「乞胸取調之部」）

一、盲人之義は、町家門々え立、往来辻々ニて三味線ヲ弾、其外芸等仕、渡世仕候者之分は支配仕候、

［略］

下谷山崎町
五人組持店
乞胸頭
仁太夫

天保十三寅年五月廿四日

（石井良助『江戸の賤民』一〇四～一〇五頁）

天保十三年（一八四二）五月、現新潟県新潟市。「天保十三寅

年御用留」、農家風俗の取締

一、秋中ニ以たり若者共瞽女座〔頭欠カ〕相招過当之宴会致し候儀堅無用

〔略〕

右条々度々申聞候得共相緩ミ候旨ニ付、猶改而申聞候不相用者吃〔屹〕度咎可申付候

寅五月　　郡奉行

（『西川町所在史料集』第三集、六〜七頁）

天保十三年（一八四二）六月二十七日。大坂、瞽女の弟子取りに関する触

一、女にて男へ唄・浄留璃・三味線抔教へ、其中には猥ケ間敷風聞も有レ之、如何敷義に候。男は男にて教へ候者可有レ之、女師匠へ男の稽古は無用に可致候。且又師匠よりは金子さへ出候得は、稽古の善悪、幼年の差別なく、稽古名差出候に付、近年名取の者多候。尤名弘等差留め候筋には無レ之候得共、摺物又は口上書へ品物を添相配り候もののも有レ之哉に相聞へ、右は花引に紛敷仕方、不埒の事に候。以来前書の趣堅致間敷候。尤座頭・瞽女は男女共弟子に取候義不苦候。

（『浮世の有様』六二七頁）

天保十三年（一八四二）八月十八日、現愛媛県松山市。松山藩、座頭・瞽女、素人音曲指南などの取締（「御触状控帳」）

→安政五年（一八五八）十一月

天保十三寅年八月倹約御触写左之通

〔略〕

一、座頭・瞽女之儀ハ、音曲指南之外格別活業之儀も難出来候得ハ当時迄之振ニて可然候得共、盲人ニ無之者、男女ニ不限音曲指南致渡世之助ケと致、且又近頃上風趣ニ而法師歌ニ無之風流行致候哉之趣相聞候処、右夫々風俗不宜、尤町方而已ニ不限都而娘子供若手之男子迄も淫心を導候一端ニ付、向後差留候事、

一、町方ニ而近年琴稽古致候者も有之哉ニ相聞候処、右品ハ優長之品にて、町方ニ而ハ似合しからす候間、向後差留候事、

（『松山市史料集』第四巻、三八一頁、三八三頁。第一条は天保二年〔一八三一〕の触の再発令であろう）

天保十三年（一八四二）八月二十七日。大坂の倹約令

八月廿七日御触

一、近年世上衣食住を始、万事奢侈及超過候に付、質素節倹を相守候様、追々御仁恵の御触達有レ之候に付ては、猶又取締方の義、先達て品々申渡置候処、身元相応の者迄も段等を失ひ候次第に至、右に付其筋の者へ及沙汰候得は、却て軽き者迄規則を越候て、一同相弛可申様子に相聞、不埒の義には候得共、畢竟下々其時に心取違候筋にも可レ有レ之哉に付、弁別能き様にケ候を以渡候。

〔略〕

一、寺社家は勿論、医師・儒者・山伏・座頭・瞽女・能役者等前条に不抱（拘）、其分限に応可申事。

（『浮世の有様』六五〇～六五一頁）

天保十三年（一八四二）九月、現富山県砺波市矢木。矢木村の定書

覚

［略］

一、近年茶之湯に似寄候参会を好、栄耀之道具抔取扱候者も有之体。且又里中村々之内瞽女等為便置、三味線に携、或は尺八を吹候族も有之体。右等は甚だ心得違、不埒之至り沙汰之限に候。以来急度相改、心得違無之様可申渡事。

（『庄下村市誌』九〇～九一頁）

天保十三年（一八四二）九月、現群馬県渋川市。渋川村他、瞽女止宿に関する申合議定　→次項

（表紙）「天保十三年
宿村申合内議定書写
寅九月
宿村申合内議定之事」

［略］

一、座頭祝義之義、婚礼之節居村群［郡］中限り組合之内身元相応のもの金百疋其余者、弐朱より百文迄之内、見計ひ遣し可申事

［略］

一、瞽女止宿之義相対ニ者格別、役元江相掛り候ハヽ、御定之通り木銭、米代受取可申事

［略］

天保十三寅年九月

松井田宿
安中宿
板鼻宿
高崎宿
倉ヶ野宿
渋川宿
寄場役人
大小惣代
連印

（『渋川市誌』第五巻、三四九～三五一頁）

天保十三年（一八四二）九月、現群馬県富岡市。藤木村他、瞽女止宿に関する議定　→前項

（表紙）「天保十三年寅九月
御改正御趣意申渡小前連印帳
藤木村」

御取締筋被仰渡御請証文

差上申一札之事

［略］

一、座頭祝儀之義婚礼之節居村郡中限り組合之内高拾石以上五百文、已下者百文、其余難渋之もの義者見斗遣し可申候事

［略］

一、瞽女止宿之儀相対者格別、村々役元江相懸り候ハヽ、木賃穀代請取可申事

［略］

組合三拾ヶ村
百姓代
組頭
名主
連印

寄場役人中
大小惣代中

（『富岡市史』近世資料編、二八〇頁、二八二～二八三頁）

天保十三年（一八四二）十二月二十日、現神奈川県川崎市。東海道川崎宿之内、「盲人」の孝行者「つね」へ褒美

同〔天保十三〕年十二月廿日

関保右衛門御代官所

東海道川崎宿之内
砂子町喜兵衛地借
按摩渡世
盲人
つね

一、銀五枚

其方儀、父市右衛門儀は困窮之百姓にて、五十二箇年以前亥年病死いたし候後、母いち女子之手業にて、其方兄弟六人養育いたし候内、四人は死失、弟萬次郎而已存生にて、追々成長之上、其方は二十三歳之節、山王町古著渡世平吉方江嫁に参、弟萬次郎儀は、父之跡相続いたし、兄弟共睦敷、母を大切に存、折々安否承に、在所江立越、其時々好候品持参り、孝道無怠候処、夫平吉儀三十二箇年以前、未年病死いたし、後家暮にて罷在候内、眼病相煩、両眼共瞽、稼《かせぎ》方手段に尽き、無致方弟萬次郎方江被引取、兄弟にて母を厚労《いたはり》候得共、素より貧敷身故、暮し兼候様子を見兼、其方共は川崎宿江出、按摩いたし相稼、少々宛小遣等相送居候処、母いち七十八歳之節、萬次郎は病死いたし、稼候者に相離、殊に外身寄は無之、其方江母を引取、愁傷之歎きをば押隠し、種々心を慰め、纔之賃銭を以、衣食共不自由無之様心掛、飢饉之年柄にも、常人の稼と違ひ、不自由之身を持、昼夜不厭心苦相稼、飢渇を凌居候処、宿内より出火にて類焼いたし候節、母を助候儀専一と存、家財雑具不残及焼失、不具之身分にて、歩行不叶之老母怪我為致間敷と、大切に心付立退候節、群集之中如何いたし候哉、母いち儀腰を痛め候に付、早速療治い

たし候得共、其以来家内漸這歩行《はひあるき》候迄にて、便所之通も不相成、両便取候手当に手探にていたし遣し、便器を人目に不掛様洗ひ、朝は未明より起出、食事拵も万事心を尽し、夜分は深更迄稼、帰り候ても母之足腰撫さすり、盲目之身にて年来母を大切に養育いたし、無怠孝心を尽し候段、奇特成儀に付、為褒美銀五枚被下候間、難有可奉存、

右つね母　いち

其方儀、娘つね依孝心、為老養扶持一日米五合宛、一生之内被下候間、難有可奉存、

（『忠孝誌』二八〇～二八一頁。『江戸町触集成』第一四巻、二六八～二七〇頁［一三八一九号］。『天保改革町触史料』二八七～二八八頁も参照）

天保十三年（一八四二）十二月二十日。江戸、孝行者「文蔵」の母親「盲目同様」となる（（　）内は『天保改革町触史料』による）

［天保十三］同年十二月廿日

（申渡）

下谷幡随院門前
弥右衛門店
力蔵事
文　蔵

一、鳥目十貫文

其方儀、父文蔵は古道具古鉄物渡世いたし、上野山下床見世より日々罷出候処、幼年之節より朝夕商品持運、父母之意を不相背、去ル子年正月中より、父文蔵癪気《しやくき》強指発《さしおこり》打臥候節、昼夜無怠看病いたし、母倶々薬用手当いたし候処、同年五月中父病死いたし候に付、文蔵と改名いたし、右床見世江日々商ひに出、帰宅いたし候得ば、深夜迄古釘を直し、少々之賃銭を取、母も洗濯物等いたし、（過行候故大切ニ労り聊気ニ不障様致し、）母之好候品買調参り、父文蔵之忌日には母同様菩提所江仏参いたし、貧窮之中にて法事いたし、去巳八月中より母眼病に付、薬用手当いたし蚫之腸は薬之由承、日々買調参、母江為給候得共、同年十月下旬より盲目同様に相成、其上惣身江吹出物いたし、立居も難相成候に付、渡世に出る内は、同店従弟女すへ江万事為心付候処、当春中右床見世取払に相成候に付、同所往還にて商ひいたし、雨天之節は手紙使等いたし賃銭貰受其日を送、母之眼病全快之儀を、日々神仏江祈念いたし、貧苦を不厭、一途に母江孝心尽し候段、若年には別て奇特成儀に付、為褒美鳥目十貫文為取遣す、

寅十二月廿一日

（右文蔵母　そで
右　すゑ
右　町役人）

（『忠孝誌』二八一～二八二頁。『天保改革町触史料』［一九四号］、

二八八〜二九〇頁も参照）

天保十三年（一八四二）十二月、現山梨県笛吹市一宮町。甲斐国八代郡一宮村（高六百四十余石）の明細帳、瞽女八十人が「山宿」

一、甲銀百弐拾匁九分　筆、墨、紙、ろうそく、瞽女・座頭宿扶持方凡年瞽女八拾人山宿仕候

（『村明細帳』八代郡編、三七頁）

天保十三年（一八四二）成立、現静岡県静岡市。駿府の瞽女頭「松」の屋敷の由緒　→文化十年（一八一三）序、天保十四年（一八四三）頃、文久元年（一八六一）三月自序

【瞽女松が宅】此町《[寺町]》に瞽女松が宅地といふありて、瞽女どもこれに住めり、その故は慶長五年関ヶ原の御合戦の時、神祖清洲に宿らせ玉ひしその夜の御夢に、五人の瞽女ども三絃をならし、君勝鯨波《[カチドキ]》をあげ玉へと諷ふと見玉ひ、御夢はさめにける、斯て次の日、美濃路に赴き給ふとて、洲股の宿に御馬を立てさせられ、しばし休らひ玉ふに、向ひなる籔のきしを、五人の瞽女等が辿り行くを、神祖遙かに御覚ぜられ、いづくの者にて、何国へ行きぬるか、尋ねて来れかしと宣ひしかば、本多百助承はり、即ち行いて尋ぬるに、こたび石田様の御合戦に、此所にてのすぎはひなり難さに、三河の国をさして参らむとするに、又徳川様の御発行とやらにて、海道筋は行き難ければ、かゝる径を辿る也といらふ、時に百助、五人の瞽女等が名を問へるに、まつ、かち、ふう、しづ、みのとぞ名のりける、よてしか〳〵の由を百助具さに申上げゝければ、瞽女ども是へ連来るべしと宣ふにより、即ち御前近く進めけるに、神祖つく〴〵と御覧ありけるが、よべ君が夢に見玉ひたる瞽女共に露ばかり違はざりしかば、奇異の思ひをなし玉ひやゝあつて宣はく、われは徳川家康也、よべ清洲にてしか〳〵の夢を見たりしと、おほん夢のやうを、瞽女共に語り聞かせ玉ひ、これこそ熱田明神のつげなるべけれ、しからば汝等も是より熱田に至りて、明神に祈誓し共にわが開運を祈りてよと御錠のありしかば、五人の瞽女等は只管恐入つて、たゞあい〳〵とのみ聞えあげて、はか〴〵しく御答へも得せざりしが、みのといへる瞽女の、いとさかしかりしかば、百助に向ひて、われ等如きいやしき身にて、かゝる御大将の御言葉を玉はる事、いとかしこさの、身にも余りて覚え候ふ也、御礼よきやうにと聞えけるに、其余の瞽女ども百助が方を気色ばかり向きて、一同に頓首きたれど、なを物も言はざりしが、みの又百助に向ひて、此ごろ都にもてはやす、勝鯨波節《[カチドキブシ]》といふ歌の候ふを、定めて聞き玉ひつらんといひければ、百助其ゆゑを尋ぬるに、勝鯨波節といへるは京大坂にて、もはらもてはやし候ふ也、石田様これを聞かれて、吉相な事とて合戦の支度あられしが、大坂の植本町なる樹季民部といふ陰陽師が、こたび人々のもてはやす勝鯨波節といふは、関東より流行りくれば、関東方には吉相なれど、上方には不吉なりとい

ひたるを、石田様今より十日ばかりさきに聞かれて、上方に不吉な歌ならば諷ふまじき由を触れられしより、諷ふ者も絶えてなければ、われ〳〵が如き者はすぎはひもなり難くて、さらば三河の国へ参らんとて、こゝに来りたるといふに、神祖その勝鯨波節きゝたくと宣ひける、時にみの取りあへず

運も時節も
いま此時と
皆の衆精出し
励ましやれ
君の勝どき
ゐいやらん

と、うたふたるを、神祖聞かせられて、いと悦び玉へる御気色にて、此歌関東方の吉相ならば諸軍勢にうたはすべしとて、うたはせ賜ひしかば、戦はぬ先に皆勝ちたる心地したりけるとぞ時に神祖大垣の呉服師を召され、瞽女共に小袖三重宛を興ふべしとの仰せのありけるにより、則ち禄をぞ取らせける、かくて足軽二人をそへて、瞽女等を熱田の社にやらせ玉ひける、瞽女等熱田の社に至りたれど、神拝のすべも知らざりしかば、いかゞはして神にはねぎかくる事ぞ教へてたべと祝に乞ひければ、はふりがうけひきて、秡をぞ授けゝる、かゝりしかば瞽女等神前に籠り居、丹誠を抽でゝ君の開運を祈りけるが、終に神祖関ヶ原の御戦に勝ち玉ひ、熱田まで御凱陣ありしかば、瞽女等を御前近く召されて、望みあらば申すべしと宣ひけれど、さきの日の如く物も得いはざりければ、駿府に下し玉はるべしとて、岡崎まで下りしが、かちは大浜にある母の為にとゞめられ、しづも願ふによつてこゝよりおほん暇を玉はり、駿府へは残る三人の瞽女共の下りしが、呉服町に住居しける山町屋といへる者の家に預けられ、十二日が程を過しておほむ城に召され、御城のうちに百四十日余り居らしめて、終に下魚町といふ町にて二畝廿七歩の屋敷を賜はりしとぞ、則ち賜はる所の宅地は、まつが弟子に伝へて、今寺町といふ所にあり、今に至りて猶ほ彼の歌曲を伝へて、瞽女等此処に住める由、彼等が由緒書といふに見えたり、此由緒書の様、当時のものとも見えず、恐らく後人の書ける所にして、附会の説とおぼしき多かれば、取り難けれど、彼の賜ふ所の宅地を、今に伝ふるを見れば、むげに空事ともなし難く、十が一つは事実もあるべきと思はるゝまゝに、しばらく由緒書のやうをこゝに記せり、又彼の瞽女松は、宝台院殿の御ゆかりのありし者にて、常に宝台院殿の御前近く参りし由かゝる故に今に年毎の正月廿五日と、七月の十五日とには、宝台院にて府中の瞽女等に斎を興ふ、この日午の時前に此寺の鐘をつけば、府中の瞽女共悉く集ひ来るなり、昔は百人余り来りしが、今は六七十人斗り集ひ来るといふ、又一説、瞽女松、宝台院殿のゆかりあるにあらず、宝台院殿の世におはしゝところ、瞽女をあはれがり玉ひし故なりけりといふ

（『名乎離曽の記』第一巻、七三〜七六頁）

天保十三年（一八四二）、現山梨県甲府市。甲府城下、「遊芸渡世名前覚」

常盤津三味線指南　〔魚町〕同町太兵衛娘盲人　と　め

［略］

義太夫三味線指南　〔西青沼町〕同町盲目　か　つ

（『甲府市史』史料編、第三巻、五九六頁、五九八頁）

天保十三年（一八四二）、現高知県。土佐藩、「郷中諸掛り物廉書」（『翠軒抄録』五）

町郷浦之瞽女・坐頭、古来ハ送人馬被渡遣、村継を以郷中を春秋両度相廻り、施物を受来り申所……（下略）

（廣江清「近世瞽女座頭考」一頁）

天保十三年（一八四二）、現愛媛県松山市。松山藩の触（「御触状控帳」）→文政十二年（一八二九）七月、天保十一年（一八四〇）五月、天保十四年（一八四三）八月二十四日、嘉永二年（一八四九）か、八月四日、文久元年（一八六一）六月二十五日

天保十三寅年女帯綿物片側三拾目以下之品御見逃之処、此度も同様ニ御座候哉之事、

［略］

一、座頭・瞽女着類ハ、前条之通堅ク可相守事

（『松山市史料集』第四巻、四五五～四五六頁）

天保十四年（一八四三）以前成立。「瞽女」の語源

ごせ　目しひ女をごせといふハ盲御前といひしを略して御前《ゴゼ》とばかりひしなるべし姫御前のゴゼに同しごせ也

（『俚言集覧』中巻、四九頁）

天保十四年（一八四三）正月か、現愛知県刈谷市。三河国刈谷新町、「御触状留帳」、瞽女の宿泊

西ノ郡五井村ごぜ弐人　みを　すみ

（『刈谷町庄屋留帳』第一三巻、五〇一頁）

天保十四年（一八四三）二月、現岐阜県高山市。壱之町村　→文政二年（一八一九）二月、文政十一年（一八二八）二月、次項

「（表紙）天保十四卯年二月

飛騨国大野郡高山壱之町村宗門人別改帳

四　番　町年寄 矢嶋茂右衛門」

［略］

一、〔浄土真宗〕同宗随縁寺　宗猷寺代々旦那　かし屋ごせ　いわ　七十三
一、同　断　いわ弟子　みわ　六十六
〆弐人　女　家請人　忠兵衛
一、〔浄土真宗〕同宗勝久寺　宗猷寺代々旦那　かし屋ごぜ　そめ　六十二
一、同　断　そめ弟子　はな　四十三
一、同　断　同人弟子　すえ　十　七
〆三人　女　家請人　吉　蔵
〔略〕
一、浄土真宗本光寺　高弐斗四升　村高　代々旦那　家持ごせ　なを　三十六
一、同　断　なを弟子　志の　三十五
一、同　断　同人弟子　きく　十　一
〆三人　女
〔略〕
一、〔浄土真宗〕同宗速入寺　代々旦那　喜右衛門かし屋　ごぜ　くら　六十九
一、同　断　くら養子　龍左衛門　四十二
一、同　断　龍左衛門妻　その　三十五
一、同　断　同人娘　きく　三
此家内四人同組宗猷寺かし屋より参申候
〆四人　男壱人　女三人　家請人　七右衛門
〔略〕

一、〔浄土真宗〕同宗本光寺　代々旦那　儀兵衛かし屋　ごぜきま改名　こん　三十六
一、同　断　こん弟子　みつ　十　四
〆弐人　女　家請人　儀三郎
一、同宗速入寺　代々旦那　儀兵衛かし屋　ごせ　とく　五十一
一、同　断　とく弟子　とそ　十　六
〆弐人　女　家請人　喜兵衛
一、同宗勝久寺　代々旦那　儀兵衛かし屋　ごせ　さミ　三十六
みと義、町方長九郎触下馬三方へ罷帰り申候
〆壱人　女　家請人　儀三郎
〔略〕
一、〔浄土真宗〕同宗速入寺　高弐斗九升弐合　村高　代々旦那　家持ごせ　やな　六十二
一、同　断　やな弟子　そよ　廿　五
一、同　断　同人弟子　りよ　廿
一、同　断　同人弟子　まき　十　三
〆四人　女
〔略〕
一、法花宗法花寺　高九升六合　村高　代々旦那　家持ごせ　ちう　四十五
一、同　断　ちう弟子　はや　十　九
一、同　断　同人弟子　ミと　廿　六
右みと義、林屋善左衛門組家持つる方より引取、了泉寺旦那寺替仕候

〆三人女

（『岐阜県史』史料編、近世四、四四八〜四四九頁、四五一〜四五二頁、四五四頁、四六一頁）

天保十四年（一八四三）二月、現岐阜県高山市。飛驒国大野郡高山壱之町村、「飛驒国大野郡高山壱之町村宗門人別御改帳」（加藤康昭によれば村の人別帳に瞽女三十六人が見られる）→文政二年（一八一九）二月、文政十一年（一八二八）二月、前項

一、同宗往還寺［浄土真宗］　高壱斗九升七合　村高　代々旦那　家持瞽女　もと　四十五
一、同断　もと弟子　とら　三十
一、同断　同人弟子　のゑ　廿四
一、同断　同人弟子　み衛　廿八

（加藤康昭『日本盲人社会史研究』二四八頁）

天保十四年（一八四三）三月一日、現愛媛県宇和島市。宇和島藩、素人音曲指南禁止（『伊達家御歴代記事』）→享保〜元文頃（一七一六〜四一）か

一、左之通申渡。
　御目付へ
［略］
一、御家中始以下々迄も、客来之節素人音曲取扱、且平日素人ニて音曲指南致候向も有之趣之処、間ニハ猥ケ間敷義有之様相聞へ、其上盲人・盲女渡世方難渋之趣ニ付、以後客来之節、素人ニて音曲取扱並平日指南致候義被差留候。

（『記録書抜　伊達家御歴代記事』第五巻、二一九〜二二〇頁）

天保十四年（一八四三）六月、現千葉県我孫子市布施・柏市布施。布施村の瞽女人口

「（表紙）
　天保十四年
下総国相馬郡布施村郷差出帳
　卯六月　布施村名主」

［略］

一、人数合千八拾五人　内
　女　五百廿七人
　出家　九人
　道心　四人
　瞽女　壱人

（『我孫子市史資料』近世篇一、一五二頁、一五九頁。『柏市史』資料編四、布施村関係文書上、四八頁も参照）

天保十四年（一八四三）六月、現埼玉県志木市館。館村の瞽女人口

「（表紙）
此度御上リ地ニ付郡代御役所江差出申候
　天保拾四年
武州新座郡館村明細帳

卯六月　日　下帳
」

［略］

一、人数　六百拾四人
三百九人男
三百弐人女
壱人　瞽女　同断
壱人　道心
壱人　出家

（『志木市史』近世資料編一、七二頁、七七頁）

天保十四年（一八四三）七月二日、または六日。江戸、孝行者「益江」へ褒美（『撰要永久録』によるが、「ヨ本」は『天保政要記』）

浅草御門外
本郷六丁目代地
善兵衛店女〔（ヨ）〕
盲目ニ而針医
益　江

其方儀、四五歳之頃疱瘡相煩盲目ニ相成、幼年より三田台町壱丁目、当時病死松岡元立弟子ニ相成、針治習覚療治相稼罷在候処、父権四〔五（ヨ、以下同）〕郎儀七ケ年以前酉年正月中より水気相煩打臥罷在、其砌ハ米価高直難儀之時節ニ有之処、右稼を以暮方漸々取続、纔之手透ニも父権四郎を揉さすり、薬用手当等種々心を尽し看病致し候得共不相叶、同年五月中病死致し候処、乍困窮葬式〔礼（ヨ）〕仏事等迄相営、母きく儀は病身ニ而持病ニ寸白有之、其上及老衰、去寅年六月中より打臥、同年九月中快方ニ向候得共、歩行不自由ニ相成、右〔（ヨ補）〕病中も療治先より立帰り候節は、縦令深夜ニ而も母を撫さすり針治致遣し、平日療治先ニ而菓子抔貰請候得は、其侭持帰り母江為給、又は老年故我侭成義有之候而も聊其意を不背、盲目ニ而無怠孝心を尽し候段寄〔奇〕特之儀ニ付、依之為褒美鳥目拾貫文為取遣ス

右
町役人

右之通申渡間、其旨可存
卯七月二〔六（ヨ）〕日
右三口北御番所ニ而被仰渡候旨、樽ニ而申渡
（末一行ヨ本次の如し）
右之通北御番所ニ而被仰渡候間、町々自身番屋江張出置可申候
右之通被仰渡奉畏候、為御請御帳ニ印形仕置候、以上
天保十四卯年七月六日　南北小口年番名主
右は樽藤左衛門殿被申渡候事

（『江戸町触集成』第一四巻、三九〇頁［一三九七七号］）

天保十四年（一八四三）七月、現愛媛県松山市。松山藩、瞽女他国行の規制（「御触状控帳」）

一、売用并親類為見舞、他国致候節ハ先方逗留日数相認、町役人連印之往来証文相添願出候ハヽ、村役場奥印可致遣事、
但先方逗留百日ヲ限り可申、日数相満立戻候儀難相整儀有之候ハヽ、其段申越候ハヽ又々先方逗留日数相究町役人連印之往来証文相添可願出事、

一、座頭・瞽女他国江罷越候節ハ右同断之事、
（『松山市史料集』第四巻、四一六〜四一七頁）

天保十四年（一八四三）八月十二日、現東京都狛江市。和泉村、座頭・瞽女へ祝儀

（表紙）「天保十四年
娵　取　諸　入　用
卯八月十二日　　谷田部源吉」
［略］
一、四百文　　こせ（瞽女）・さとう（座頭）
（『狛江市史料集』第八巻、二七〇頁、二七二頁）

天保十四年（一八四三）八月二十四日、現愛媛県松山市。松山藩の触（「御触状控帳」）　→文政十二年（一八二九）七月、天保十一年（一八四〇）五月、天保十三年（一八四二）、嘉永二年（一八四九）か、八月四日、文久元年（一八六一）六月二十五日

一、出家社人医師山伏之内、御目見申上候分并検校勾当等ハ当時迄之通、右家内并御目見不申上候右類之者家内共、且座頭・瞽女等ハ浅黄張之日傘之外堅不相成候、将又修験共之内町役相勤候故を以御目見申上候類ハ紺紙之日傘相用候儀不相成候事、
但座頭共之家内日傘相用候儀、不相成、尤七歳以下之小児計白張之日傘相用候儀ハ見逃候事
卯八月廿四日
（『松山市史料集』第四巻、四二〇頁）

天保十四年（一八四三）九月、現長野県東筑摩郡朝日村古見《こみ》。筑摩郡古見村（高遠領）

（表紙）「天保十四癸卯年
諸高掛定法書　　古見村
九月　」
定
［略］
一、瞽女・座頭・浪人体之者一夜泊り　　銭百文
（『長野県史』近世史料編、第五巻［二］、七一八頁、七二〇頁）

天保十四年（一八四三）九月、現奈良県天理市二階堂南・北菅田町。菅田村、遊芸など禁止

（表紙）「天保十四年
御改革ニ付取締書小前請証文帳
卯　　大和国平群郡 菅　田　村」
其村々御改革之儀ニ付被仰出候趣、其時々申触置候得共、猶又

今度申触候趣、左之通
［略］
一、浄溜理（瑠璃）小唄三味縁（線）之儀、座頭、瞽女之類者格別、在村々ニ
而者一切不相成候事
（『天理市史』史料編、第二巻、五〇一頁）

天保十四年（一八四三）閏九月、現長野県南佐久郡川上村梓山。梓山村

（表紙）
「御勘定柏木誠太夫様
教　諭　筋　御　申　渡　書　写
佐久郡梓山村　弥右衛門」
［略］
一、浄瑠璃《じょうるり》・小唄・三味線之儀、座頭・瞽女《ごぜ》之外、在々ニ而、
贔屓《ひいき》ニ致ス間敷く事
（『川上村誌』資料編、第四巻、四五頁、四七頁）

天保十四年（一八四三）か、十月十七日、現高知県。土佐藩、「座頭・瞽女人数縮之事」（『憲章簿』盲人之部）

一、紫分弐拾壱人　去寅年縮高
内寅六月行衛不知、加持村、奈良都
残而人数弐拾人
外寅五月十八日昇進、下茅村、初瀬都
〆人数弐拾壱人
一、八銭弐貫四百五拾七匁也
但壱人ニ付扶持米壱石八斗、石八銭六拾五匁定直段ヲ以
如此
一、八銭壱貫弐百六拾匁也
但壱人ニ付、伝馬料八銭六拾目允ヲ以如此
一、打掛七人　去寅年縮高
一、八銭八百拾九匁也
但壱人ニ付扶持米右同断
一、八銭三百三拾六匁也
但壱人ニ付送夫壱人半料八銭四拾八匁允を以如此
一、初心六拾五人　去寅年縮高
内寅十一月紫分江入　下茅村　作衛
卯閏九月廿四日眼病快気　下長谷村　冨弘
残而人数六拾三人
外卯六月座入　浦越村　慶悦
卯五月十九日座入　湊川村　菊喜代
卯八月九日座入　寒ノ川村　万清
〆人数六拾六人
一、八銭七貫七百弐拾弐匁也
但壱人ニ付扶持米右同断
一、八銭壱貫九百八拾目也
但送夫壱人料八銭三拾匁ヲ以如此

下茅村
鍵懸

一、瞽女分略之
　右割方
地掛閏月増共
一、八銭弐百九拾四匁壱分
一、同八拾壱匁七分
〆八銭三百七拾五匁八分
　内
一、　初瀬都渡り
八銭百弐拾六匁七分五厘
同五拾八匁八分八厘
　但高銭六拾匁之内壱匁壱分弐厘、座番給ニ引
一、　千恵寿渡り
八銭百弐拾六匁七分五厘
同弐拾三匁八分八厘
　但高銭弐拾五匁之内右同断
八銭百弐拾六匁七分五厘
一、　すぎ渡り
同弐拾三匁八分八厘
　但右同断
八銭百弐拾六匁七分五厘
一、　可道渡
同弐拾三匁八分八厘
　但右同断
一、八銭拾八匁五分八厘　初瀬都渡
　但寅十一月十八日紫分へ入、同日より卯六月廿日迄
　御補銀日割を以
〆八銭六百五拾六匁壱分
差引八銭弐百八拾目三分　渡不足
　内
一、八銭百弐拾七匁也　三原郷
一、同百五拾三匁三分　大岐村
〆本ニ合
　右銭渡方左之通
一、今七月より十二月迄之分十月渡之立りを以、当暮相渡筈。
一、来正月より六月迄之分、座頭・瞽女居村庄屋手前江預置、
四月へ入相渡筈。

右之通被仰付候得共、村より村迄取渡并役場納共、右ニ相記候通作配有之、座頭・瞽女居村庄屋手前へ預置、前件之通作配有之筈。尤割方相済候以後座入之者ハ日割を以、翌年割ニ入相渡筈、尤二季御定月ニ不相満内死失之者は、是又日割を以返上之筈也。

右之通弐季渡方被仰付候間、扶持補銀共受取候已後致病死候共、其侭渡捨被仰付候筈、将又役場納之分ハ今十一月限無手

違上納之首尾可有候。已上

卯十月十七日　　　　御郡方

村々庄屋中

（『憲章簿』第五巻、五一三～五一四頁）

天保十四年（一八四三）十月、現長野県飯島町。田切村三組、御料（幕府直轄領）・私領（飯田領）分割の際の規定（書き下し文）

御料・私領三か村分郷に付き、規定連印帳

［略］

一、飯田瞽女《ごぜ》の儀は、三か村私領役場の内、割元年番にて万事取り計らい申すべく候事。

（『飯島町誌』中巻、四三九頁）

天保十四年（一八四三）十二月、現新潟県新潟市。新潟の女性芸人に関する書上

（表紙）「天保十四卯年十二月

新潟

市中風俗書　」

［略］

一、女芸之者

是者中道、上寺町等賑候頃迄者一切無御座候、座敷音曲者座頭、瞽女を呼申候、近来抱女又者小前難渋者女子有之候得者三味線を為習、専女芸者ニ仕立申候、稼筋弁理ニ候哉矢張三味線を弾候売色ニ御座候

（『新潟市史』資料編二、五九一頁、五九九頁）

天保十四年（一八四三）、現長野県上伊那郡宮田村。「諸高掛定法帳」（南割）（天保六年［一八三五］十二月文書の修正）　→天保六年（一八三五）十二月

一、瞽女《ごぜ》・座頭・諸浪人・侍之者止宿　是迄通家別廻り勤

（『宮田村誌』上巻、五八一頁）

天保十四年（一八四三）、現高知県。土佐藩の座頭・瞽女への扶持算出　→天明八年（一七八八）六月一日

一、郷中諸掛者廉書　元［ママ］保十四年調

瞽女・坐頭補銀

但町郷浦之瞽女・坐頭古来ハ送人馬被渡遣村継を以郷中を春秋両度相廻り施物を受来リ申所、天明八申年御詮儀之上村々送人馬或ハ施物之入目高を御居り被仰付、御国中束て御取立之上、上坐頭紫分壱人ニ壱ヶ年分銀百五拾七匁三分四厘、打懸壱人ニ百四拾四匁、初心壱人ニ百三拾匁六分六厘、瞽女一人ニ百弐拾六匁弐分弐厘、御補として被渡遣候所、文化十三子年本田新田地石割ニ被仰付、都合壱ヶ年分銀六拾八貫三百匁余御郡方へ御取立之上御渡被仰付候事

（『皆山集』第六巻、一四三〜一四四頁。平尾道雄『高知藩財政史』五二頁も参照）

天保十四年（一八四三）刊、現静岡県。駿府、瞽女屋敷所在地などに関する書上（『駿国雑志』巻之七）↓天保十三年（一八四二）成立、文久元年（一八六一）三月自序、本書Ⅲ「諸国瞽女由緒記・縁起・式目」九「瞽女の縁起」

瞽女屋敷一名瞽女長屋有渡郡、府中、下魚町の末、金米山宝台院浄土の傍にあり。是近歳給はる処の居所也。抑瞽女当国に住居して、威を諸方に輝す事は、慶長年中、神祖府中御在城の時、恩沢を蒙て、国府に住するに始れり。或云。是宝台院殿の御沙汰に起れり。今其長《をさ》、元《もと》女が許に伝ふる、縁起式目、及里俗の説を引証して、左に載す。其書誤字多しといへども、是を補ふに寄べき者なし。故に其侭に是を記して、以て後証に備ふ。

[略。本書Ⅲ「諸国瞽女由緒記・縁起・式目」九「瞽女の縁起」参照]

凡瞽女、府中に住する事、最初わづかに五人、神祖の御時、伏見より御供とも、三河より来る共云へり。今三派とす、ごぜ派、かしわ派、なきの派と分てり。其作業、三絃をならして、門に立、人の吉凶に依て、米穀を貰ふ。其巡行は、正月御城下の町家、二月下旬より、四月まで、東は岩淵、西は藤枝、島田、或は遠州、榛原辺、五月卅日に至て、悉く府中に帰り、暫時労を愈し、また近境に出、九月より、遠三の両州、及甲州郡内に至り、十二月下旬、府に帰るを定めとす。又その三絃《しゃみせん》は調子三下《さんさがり》也、按るに此時は三絃にあらず、琵琶或はひんざゝらの類を用ひしならん。琵に合する唱哥あり哥は下条に記す。瞽女頭元《もと》女云。むかし神祖、三州碧海郡、大浜、御通行の時、瞽女某其名を失せり途中に拝伏して、御軍勢のすぐるを待てり。時に御馬上より仰に、今日幸、御合戦御首途也。按るに此御陣、何れの御合戦たるを知らず、故に年月詳ならざる也。汝よく祝して、一節をうたふべし。云云。其仰いまだ終らざるに。瞽女

みながせひだせ、はげましやれ、今はかちとき、えんやゑん。

うたひ畢て、此度の御いくさ、御勝利疑あるべからずと祝し奉る、果して賀哥に違はず、神祖御感悦斜ならず、是より凱哥節《かちどきぶし》と号て、今に此哥をのみ唄ふを例とせり。後年当府に召して、御懇志を蒙れるも、只此事に起れりとぞ。又宝台院殿伝云、宝台院殿は、宝徳院殿大樹の御母公也、西郷弾正左衛門清員女、西郷局と称す。天正十七年五月十九日薨ず。府中龍泉寺に葬る。常に御眼を煩せ玉へり。故に深く瞽女を憐み、衣服及食料を玉ひ、常に仰す、我死後必しも此志を違ふ事なかれと。今毎歳正日[月]十六日、金米山龍泉寺宝台院、浄土宗下魚町末川鍋にあり坐敷に於て書院を云法楽聴聞をゆるされ、同廿五日、大小の間勝手座敷の名也。に於て、一汁三菜の非時飯、百人前の儲を限とす。を玉ふ。七月十五日もまた同じ。凡此日瞽女群をなす事、

百余人、これ実に、宝台院殿の御仁恵《いつくしみ》の余りにして、最瞽女の規摸と云べし。亦瞽女は、夫に帰《とつが》ず、もし密に夫婦のかたらひする事、露顕に及ぶ時は、此日宝台院の門内に入れず、速に追出さしむ。故にこれを耻て、常に法を乱さず。駿城御番衆覚書云。七月十五日、宝台院にて、駿河一ヶ国の盲女に、一汁二菜の料理を振廻、古例也。凡盲女五六百人余も、当日朝より、台所に群居、終日せがきあり。其施餓鬼の上に印とす赤紙の小幡を、百姓菜の虫除に成とて、老若請求るもの、夥し。同書云。人宿町に於松屋敷あり。むかし盲女に下され候屋敷にて、今三国の盲女宿す。代々於松と云盲女、持屋敷也。今此事詳ならず。

瞽女長屋の図　畧す　別巻第十二図参照

[別巻第十二の図]

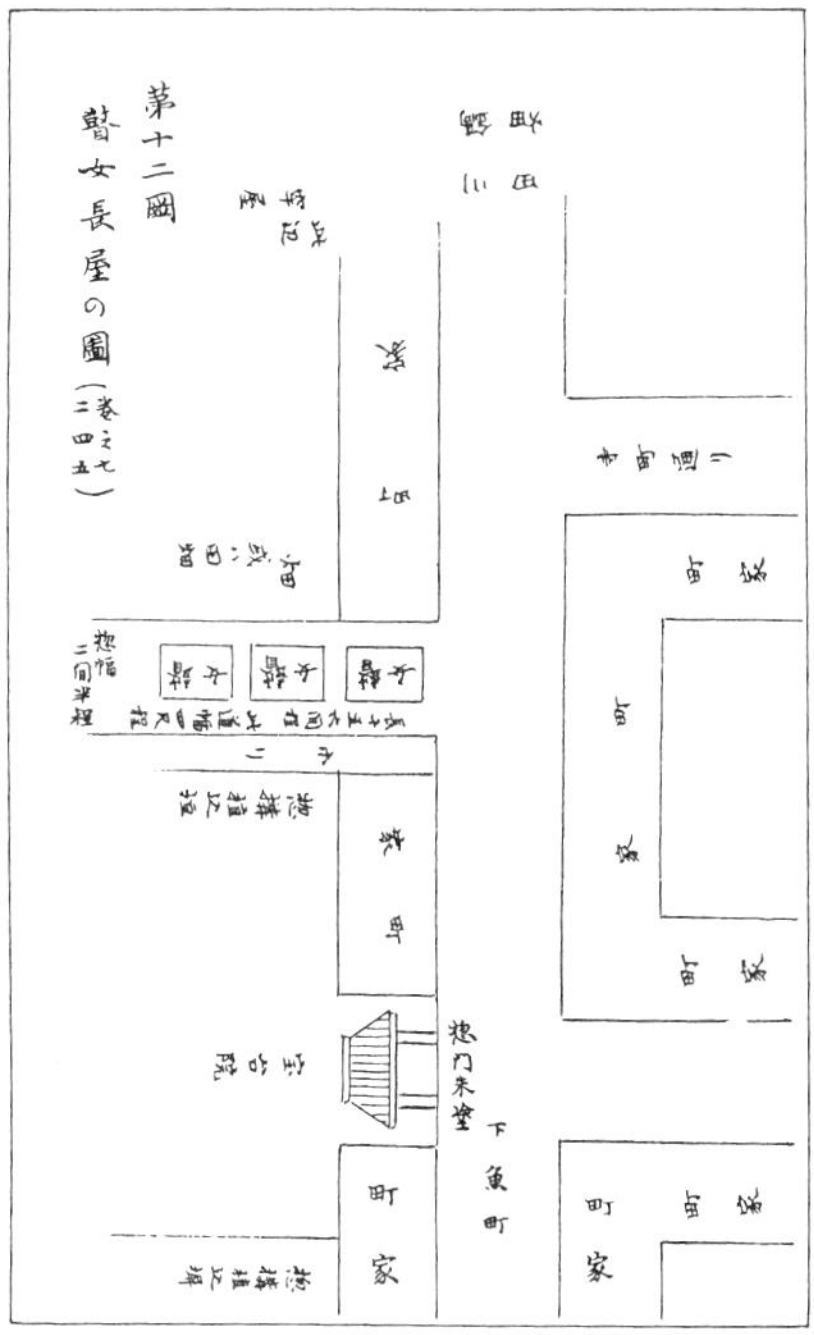

武州江戸、神田豊島町、瞽女頭、槇野云。神祖駿府御在城の時、府中に二人の瞽女あり。一人は、駿州の産、一人は上総国の産也、其名を伝へず。或時於万の御方、甲州身延山に詣玉ふ時に、二人の瞽女に示しての玉はく、身延山は、女子の参詣を禁ずる由也。今吾道明して詣す、汝二人も参るべしと、二人難有旨を述て、御供す、途中にして官吏に逢ふ、其官吏曰。汝等は何を以て渡世とするやと。瞽女云。是を業とする事なし、故に貧窮して、今日を暮すに、たよりなし、願はくは是を哀み玉

へ。云々。官吏即書を与へて曰。今より諸家、町家に限らず、家々の吉凶に依て、施行賀物を受取り、是を以て業とせば、自ら食にとぼしからざらんと、二人拝して是を受く。後武州江戸、鉄炮洲に、居地を玉はり、移住して頭となる。然るに彼瞽女、心不良にして、業をなさず、終に居地を売り出て、其行衛を知らず、此時其定書を失す、今偽て書ありとするのみ。凡瞽女十五年より、廿年迄は、中老と称して絹布を着、廿年より已後を、年寄と号て、美服うち掛す、是を官と云。皆其頭より免す所也。云云。鉄炮洲居住已下駿府の事にかゝはらずといへども、考証の為、爰に記すのみ。按るに此二人の瞽女、内一人前条に云へる駿府に屋敷を玉はりし於松ならんか。今江戸瞽女頭、多く松野、槇野の名を通称するも一拠と云べし。

（『駿国雑志』第一巻、二四一頁、二四四～二四六頁）

天保十四年（一八四三）成立、現静岡県沼津市。三枚橋（沼津）瞽女頭「あいづ」屋敷地

一、宿内字三枚橋町より壱町程引込瞽女頭阿い津の屋敷有ㇾ之、右地所前々より除地にて、当時瞽女六拾人程罷在候由

（『東海道宿村大概帳』二一〇頁）

天保十五年（一八四四）、六月十五日～十一月一日、現愛知県刈谷市。三河国刈谷新町、「御触状留帳」。瞽女の宿泊

「（ハリガミ）
六月十五日
下伊保村　嘉順
八月廿四日
一、米津　かづ
〆弐人
十一月一日
宮津　きさ
乙川　りう
植村　かと
〆三人

六月廿日
一宮サキ　ぬい
大高こう
十月廿三日
一、西郡　こと
みわ
」

（『刈谷町庄屋留帳』第一四巻、一頁）

天保十五年（一八四四）、現長野県富士見町。瀬沢村の瞽女の賄いに関する村定　↓天保十年（一八三九）

「（表紙）
天保十五甲辰歳
村定并日記帳
瀬沢村」

[略]

一、ごぜ宿之義村廻り、壱軒ニ壱人宛若逗留に候ハヽ、次江送り留申筈也、当名主ヲ除其外合名主・年寄ニ而も村一同ニ留ル筈、但シ昼飯認メ之義は名主方ニ而喰セ候筈、此飯料壱人ニ付弐拾四文宛名主方江遣ス筈

（「村定并日記帳」瀬沢区有文書）

弘化元年（一八四四）十二月十七日。江戸、孝行者へ褒美
（『撰要永久録』によるが、「ヨ本」は『天保政要記』）

飯倉六本木町竹蔵店
亀鶴都
同人妹
まき

其方儀、幼年之節父長次郎病死致（ヨ補）、母きよ儀懇意之武家方江参り、少々宛小糖買出し渡世致し、漸々取続罷在候を、兼々歎敷存、助力可致と種々心労致し候処、亀鶴都儀十一才之砌湿眼相煩、盲目ニ相成候ニ付、針治按摩渡世相始、母之助力致候得共、聊之儀ニ而次第ニ暮方及困窮、其上母きよ儀血癪差発小糖買稼も出来兼候ニ付、按摩渡世出精いたし取続罷在候処、尚又母きよ儀眼病相煩、家事世話等も行届兼候ニ付、まき儀奉公先暇取、倶々母之看病致居候処、亀鶴都風邪ニ而渡世も難相成、必至と困窮致スニ付、町会所江御救相願、被下米銭ニ而取続、母之眼病全快いたし候様妹まき申合、水天宮江立願致、渡世之（ヨ補）隙ニ（は（ヨ））より代ル々参詣いたし、右体難（艱難（ヨ））渋之中ニ而薬用看病共行届なれ共、難病ニ而盲目ニ相成ニ付、亀鶴都渡世ニ出候節はまき儀母之側を不離看病いたしなからも（ヨ補）下駄之鼻緒を拵、少々宛之賃銭を取、七八日目毎ニは母之手を引銭湯江連参り入湯為致、母之好候食物等は其時々調え為給、亀鶴都毎夜渡世より帰り候迄（上（ヨ））、妹まきと代ル々母之寝候迄は撫さすり、退くつ不致様聞覚候世上之噺抔いたし心を慰、まき休息中は盲人なから深夜ニ（ヨ補）も（ヨ補）母之手ヲ引便用（所（ヨ））等ニも連参り、少も母之心に不背、両人共一途ニ孝心を尽し候段寄特之儀ニ付、為褒美鳥目拾貫文とらせ遣ス

きよ
右町役人

右之通申渡間、其旨可存
辰十二月十七日
右之通北御奉行所ニ而被仰渡候間、町々自身番屋江張出し置可申候
弘化元辰年十二月十七日　南北小口年番
右之通樽藤左衛門殿ニ而被申渡候間、年番通達
（『江戸町触集成』第一五巻、一〇八〜一〇九頁［一四二五八号］）

弘化二年（一八四五）四〜五月、現香川県。高松藩、座頭・瞽女廻在・止宿・配当取りなどの取締（「高松藩諸達留」）

町奉行

座頭・瞽女共秋三ヶ月廻在指留候ニ付、天保二卯年達々願之趣も在之、其節人数弐百八拾壱人与相究、壱人江銀五拾目つゝ、此銀拾四貫五拾目宛、毎年郷中より取立座本共迄指遣、残り九ヶ月不時配当取ニ罷出候節、其日帰りニ難相成道ニ候得者一

宿一飯申請候義指免、勿論右用事より外猥ニ罷出候義決而不相成段申渡置候処、其後追々猥ニ相成近年別而勧化或者難渋等を申立、村方江罷出合力ヲ乞剰多人数連立、中ニ者不快等申立数日止宿致候向も在之哉ニ相聞甚不埒之事ニ候、向後廻在之義一宿一飯等迄之義一切指留候ニ付而者、指(朱書)「当」留難渋之次第も可在之間、先当分郷中之分ハ壱人江壱人扶持つゝ指遣せ、町方之分江者辺(廻)在銀五拾目是迄之通指遣可申候、右ニ付座元共両人之外ニ重立候座頭共一両人、諸(朱書)「事」之締方之義引請取扱可被申候、右之者共へハ辺(廻)在銀指遣候義者無用為致壱人扶持つゝ指遣可申候、尚委細之義者別帋書付之通相心得候様申渡、受取ヲも取置可被申候

巳五月

一、町方座頭共郷中江不時配当ニ罷出候義一切指留候ニ付、郷中ニ而町方之分配当引請抔与申義決而不相成、尤町方座当共至極無拠次第在之郷中江罷出候節者、兼而町方惣人数へ通も弐冊仕渡置候間、座本共手元へ預置其時々貸渡可申候

一、郷中座頭共小(朱書)「不」時配当罷出候義、夫々方角ニより其日帰りニ而相成候村々相究、座頭共へ割付遣可申候

一、阿州・予州・池御料・女木島・男木嶋之分廻在指留、并是迄相渡来候廻在銀も不指遣候間、郷中(朱書)「本」座頭共彼地江罷越厄介ニも不相成候趣、屹度座頭共より申聞、且他所座頭向後指留方掛合向等之義取扱可申候

連判之通仕度候義相心得可申候(朱書)「此続江入先(ママ)ノ朱書入ル」

一、座頭共不時配当ニ罷出候村々割当之義者大庄屋中手元ニ而取扱、其段居村庄屋より小札ヲ以座頭共江申聞候、尚割当之村々帳面仕立一郡切役所へ指出可申候

但人数増減在之候得共(朱書)「者」毎年七月ニ組更可申候

一、町方廻在銀五拾目つゝ是迄之通指遣候分、毎歳十月(二脱カ)至町方より人数相廻貰候上、十月之月番役所ニ而郡之役高へ割付致候上、員数申遣候間十一月切役所へ相納候得者、役所より座元(本)江相渡可申候、　一、座本并外々両人江壱人扶持つゝ指遣候分、香川郡東庄内村々之内又者郡宿ニ而も月々取更相渡置、追而六月御領分中割符可致候、　一、郷中座頭之分扶持米渡方、居村庄屋より月々相渡し置毎年六月郡入目ニ可致候

但人数増減在之節者入切之指引可致候

一、配当渡方志次第与申付相応身上在之者ニ而も、全聊つゝ指遣候へ者宜事与相心得候而者、身不自由之者故可(朱書)「迷惑」致候間、五百文以下身上相応指遣候義与相心得、人別へも程能可申聞置候

右之通相心得扶持米渡方少々も相滞不申様取扱可申候、尚又右様相成候上者最早座本之厄介ハ無之義ニ候間、万々不都合無之様村役人共江可被申聞候

(朱書)「一、町郷中座頭共自分用事ニ付、往来致候義も在之候得者旅人宿ニ而止宿致可申候、併模(最)寄ニ旅人宿無之至極難渋之次第も在之候得者、村役人江相手寄宿取計貰ひ(二脱カ)可申候、尤止宿賄代壱人前米壱升五合宛時々相庭ヲ以払出可

申候
一、金比(毘)羅領者相互ニ罷越候義ニ而勝手次第ニ可仕候
一、郷中ニ而寺領方諸帯刀人者勿論長百姓共より配当申受候義、毎々座当共より彼是法外之申分等致、郷中より町方江縁組致候得者川越門越等与名付、多分之配当貪候義も在之哉ニ相聞候、甚不埒之事ニ候、配当之義貞享年中究も在之候義ニ付、向後配当申請候ヶ条左之通相心得、右究之通銭五百文以下志シ次第配分申請可申候、此後貪ヶ間敷申分等致法外之次第も在之候得者、座本江引渡屹度咎メ方取扱可申候
一、大小庄屋役成　一、居宅新ニ取建但し桁行七間以上、右已下ニ而も瓦下ニ付之分
一、土蔵取建
一、長屋新ニ取建候之分　一、祝言并神事之節頭家祝義
一、初幟相立候節
一、両親又ハ建(マヽ)死失　一、両親之仏事

郡々大庄屋

盲女・座頭者廻在并不時配分之義ニ付、先達一統願之趣在之候処、此度別帋之通相済候間左様相心得可申候、尤九ヶ条之内左之通
一、町方惣人数江通ひ弐冊仕渡之義者、是迄元締手代連判之通仕渡候義ト相心得可申候」
候上者最初座本之厄介ハ無之義ニ候間、万々不都合無之様村役人共へ可被申聞候

弘化二巳四月

（『香川県史』第九巻、資料編、一七三〜一七五頁）

弘化二年（一八四五）か、十月十五日、現福岡県久留米市。久留米藩、遊芸禁止令（「米府年表」）　→次項

一、在町男女共に、三味線躍等之遊芸、令稽古候儀、被相禁候。尤盲目之者は、格別に候事。附於在方瞽女・座頭之外、浄瑠璃三味線仕形噺等を以、村々相廻り候者共、決て為入込間敷事。

（『福岡県史資料』第一〇輯、五三五頁。『藩法集』第一一巻、一四八九頁［四三三六号］。『福岡県史資料』第七輯「柳河藩法令」、四四一頁には弘化三年［一八四六］十月十五日とある）

弘化二年（一八四五）か、十月十五日、現福岡県久留米市。久留米藩法　→前項

一、御家中并末々迄、三味線躍等惰弱之遊芸、堅く被相禁候、尤盲人は其人相応之儀、制外ニ候事

（『藩法集』第一一巻、一四八六頁［四三三四号］）

弘化三年（一八四六）二月二十九日、現新潟県長岡市の南部。「上組」の座頭・瞽女人口

都合壱万六千九百拾九人
内

［略］
九人　座頭
六人　こせ
（『弘化三丙午年役場留』村松金子家文書）

弘化三年（一八四六）二月、現愛知県刈谷市。三河国刈谷新町、「御触状留帳」、瞽女の宿泊

廿七日米きづ（米津）　おきぬ・おまつ
二月十八日泉田　おりそ・お梅
廿七日乙川　そう　宮津　みと
（『刈谷町庄屋留帳』第一四巻、二二二頁）

弘化三年（一八四六）二月、現長野県長野市松代町。松代城下の瞽女「かつ」に関する座頭の争論

（表紙）
「弘化三午年
　願聞置留
　正月ヨリ
　六月マテ　　町方」

御尋ニ付乍恐以書付御答奉申上候
私共仲間己［巳］待号度々寄合酒給合座法猥ニ相成、取締方不宜趣達御聴御尋御座候、此段私共仲間己［巳］待之義座法ニは無御座候得共、信心之者申合己待講立置候、人別中町惣貞、民都、定稲、鍛冶町銀貞、田町有都、伊勢町久都、柴町若狭□［都］、西木町北之都右八人順番ニ而壱ヶ月置年中六度夕飯後より寄合、人数ニ応シ酒肴玠進物相調候、其外四月初己、十月亥子右年中両度仲間打寄座元ニ而□仕神酒給仕候、八月八日加茂大明神祭日ニ付、無極年ニ寄祝候義ニ御座候、平日寄合酒給候義は無御座候、且新参弟子入之節師匠元江其者分限ニ応シ酒弐升位又ハ肴一種添差遣候者も御座候、右の節座元江為酒代二十疋、仲間中江二十疋差出候義先例ニ御座候、其外仲間廻り之節無持参物罷越候、一統吉凶之節配当請候義、其仁之分ニ応シ受納仕候義是迄之座法ニ御座候、乍併当四日桑原村瞽女按摩仕候かつ義、浦町富之丞方ニ世話仕当年別宅仕度義ニ付、少々混□［雑］之義御座候、右訳合一体右かつ義中町梅寿弟子ニ御座候、然処此度仮別宅之義ニ付、急之故障申候義承り候ニ付、右両人座元江呼寄申含候処、両人共示談仕候、其節為□□［人別］中町民都、柴町若狭都右両人罷越居候ニ付、酒差出振舞候処、右若狭都酩酊仕候哉、豊樹都対し種々過言申候ニ付、其侭差置、同六日之仲間一統寄合仕評義之上、右若狭都呼寄座□［法］之通座元出入差留申渡候、然処翌七日諏訪郡道斎様御出被下、若狭都過言訴訟ニ参り候趣被仰候処、豊樹都申候ニは仲間一同評義之上申渡候義ニ付、猶又申談事仕御挨拶可仕□［候］間、少之内御待被成下候様申上候処御立腹ニ而御帰り被成候、猶又一昨八日有都・定稲両人罷出訴訟仕呉候得共、未諏訪様江御挨拶不申上候義ニ付、先其侭差置呉候様申断候義ニ御座候、

右御尋ニ付有体御答申上候処少茂相違無御座候、此上幾重ニ茂
御憐愍御意奉仰候、以上

弘化三午年二月

寺町　豊樹都　印

中町　民　都　印

御奉行所

（『願聞置留』信濃国松代真田家文書）

弘化三年（一八四六）四月、現新潟県長岡市の南部。「上組」の座頭・瞽女への配当に関する願書

○当組座頭共より別紙之通願出候間、相談之上村々近年自然等閑ニも相成居候義ニ付、文化年中兼而定も有之義ニ付、右振合を以此度改而組方へ相触置候事致候尤私義ニも片田座元初、惣代弐人相廻り候、以上、

乍恐以書付歎願奉申上候

上組　座頭

私共義往昔之旧例を以京都御職所江都惣録所より告文状頂戴仕、座法掟等被仰付置、職業相守世上之懇志を以露命を相繋難渋之身之上ニ御座候、依之古来より諸辺御方重キ吉凶之節罷出御祝儀・施物等頂来候処、天明七未年御取締ニ付御上様より御書附を以施物之義、身分ニ随付ケ届可致旨被仰出、其後文化十二亥年猶又御書附を以配当之義町家之振合を以相定、割元所割元様衆は検断・町老しより・庄屋衆并重立候者ハ是又町家之振合を以其村庄屋所御取計ニ而身分相応之配当相送り可申旨被仰付、一同奉畏居候処当組ニおゐてハ近年右配当御送り被下候方絶々ニ相成、御書附之御趣意とハ致相違、何共歎ヶ鋪次第奉存候間、御城下初諸組仲間座元へ問合候処、先年被仰出候配当割合之通聊無相違送り被下候由、殊ニ西北両御組ハ村々御役元様江御取集メ、其組座元へ御渡被下置候趣ニ御座候、然ル処前件申上候通、当組の義ハ御身分相応の御配当御送り被下候御方甚稀ニ相成、仲間割渡方年増減少致、座法衰微仕候ニ付、今般仲間一統打寄歎談仕候、何卒配当之義西北御組之振合を以御役元様江御取集、年々妙音講之節座元方江御渡被下置候様仕度奉願候、御銘々様御身分ニ取候而ハ少分之御事大勢盲人御数とも被思召御心能ク御恵被成下置候得は、御祈禱御追福とも相成大慶至極奉存候、御繁用之御中恐入奉存候得共、文化十二亥年被仰出御書附之通、猶又村々江御触流し被下置度偏以奉願上候、此段御聞届被成下置候ハヽ、妙音菩薩弁才尊天之冥恵ニ相叶、職分之座法相立、組中之座頭并瞽女ニ至ル迄御憐愍之程一同難有仕合奉存候、恐惶謹言

弘化三午年四月

瞽女
三拾壱人

福嶋村 春山
木沢村 静林
古町村 文山
鉢伏村 福弥
同村 良勝
同村 真勝
浦栖村 柳宝
下条村 宝之都
虫亀村 豊瀬都
村松村 恵嘉都
浦栖村 信都
釜沢村 繁都
竹の高地村 国之都
竹沢村 竹之都

虫亀村 亀遊都
片田村 座元 西之都

御割元所様

○文化十二亥年留帳相糺候処左之通有之候、郷中割元・庄屋初、婚姻并重諸祝儀相整候節、近来座頭共大勢申合罷越、配当并支度等ねたり、祝義之宅へ入込迷惑ニもおよひ候趣相聞候、仍而已来配当之儀ハ町家・検断初之引合を以相定、座元迄相送り候様申聞置候、右ニ付、向後其席江罷越ねたりヶ間敷儀有之間敷候、若し心得之違之義於有之は其所ニ留置、相達候様申聞置候、此旨座頭厳敷可被申付候、

右之趣座元江申聞候間、此旨相心得、自今割元并割元格之者ハ町家・検断・町老しより其外庄屋并重立候者は是又町家之引合を以其村庄屋見計、身分相応ニ配当相送り可申候、若座頭共心得違ニ而ねたりヶ間敷義有之候ハヽ、其所ニ留置申達候様、支配下江可被申聞候、以上、

文化十二亥年

六月十三日

○右留帳之中ニ

天明七未年御書附写し

御家中江も追々縁[倹]約取〆之義被仰出も有之、依右先日町家へも
取〆之義申聞候、婚礼等相整候節座本江配当指出候義過分之有
之様相聞候、已来検断・町老は銭壱貫文位、町代并重立候者銭
七百文位、其外は準右相贈り可申候、軽キ者も身分ニ随ひ無間
違付届可致候、此段座本へも申聞候
右之通相心得一統へも可被申聞、以上、

天明七未年

九月十四日　　波多安兵衛

稲垣忠四郎

町老

年番中

（『弘化三丙午年役場留』村松金子家文書）

弘化三年六月〜嘉永元年五月（一八四六〜四八）、現長野県長野市とその周辺地域、または現新潟県上越市（高田）など。松代藩、『東寺尾村飴屋兵助女子一件』

（表紙）
「弘化三午年
東寺尾村飴屋兵助女子
一件
[荘左衛門、郡奉行公事方]山寺源太夫
磯田音門　」

【資料一】

（内表紙）
弘化三午年　□[二月カ]
東寺尾村飴屋兵助盲　□
瞽女仲ヶ間江弟子入之儀　□
城稲職下りと申致故障候出入　□
□

御掛り
[家老職]河原舎人殿　□

【資料二】（破損多し、改行は原文通り）

御尋ニ付乍恐以書付　□
今般東寺尾村兵助女子盲　□
之内江弟子入仕段頼入致し候　□
病身旁ニ付弟子入相断候と之儀　□
承居候処、右兵助一条　□
御聴此程中私江　□　□盲女弟　□
仲ヶ間者江断相　□
全く私儀前断之通此□中及　□
一切不奉存候御儀候得共、右御尋　□
先年より申伝之通□申　□
御取用ニも不相成候　□　□付寛　□
乍恐御老中久世大和守様御捌
聞書等奉差上候得共、飴屋等　□

無之段被仰渡候ニ付、仲ヶ間［
仕、其上近々往古問合申候得［
申上、其外ニ而も向ニ寄［
〔欠丁あり〕
相頼候而も断申候族も［　］右同断［
方江は祝儀・布施物等決而受不申候［
より申伝、是迄仕来罷在候処［　］儀□煉〔練〕
立、其上辻商売専ニ仕候得は仲ヶ間［
相成兼申候、且飴煉立商売類之者縁続等も
多分其類商之者な［　］組取遣り不仕
候様眼前ニ御座候得□、一同［　］罷在［
哉ニ奉存候、右等訳柄乍恐御勘考被成下置、
此上兵助御願立等仕候節は御任□被成下置
候は難有仕合奉存［　］段［　］ニ付、仲ヶ間一同
内評仕候処御答奉［　］、以上

座頭座元　城稲

弘化三午年六月

御奉行所

【資料三】

盲目女子之儀外内伺

山寺□□□〔源太夫〕

磯田□□〔音門〕

東寺尾村重三郎別家兵助と申［　］〔者、農カ〕業之隙飴屋渡世致、盲
目之女子壱人有之為渡世三味線為習申度、或ル瞽女江弟子入為
致候処［　］〔右瞽女カ〕より指南之儀相断候旨、［　］〔右趣意カ〕は於座元
飴屋渡世之ものよりは祝儀［　］〔布施物等カ〕決而受［　］〔不申カ〕趣ニ
付、瞽女仲ヶ間江も相加へ兼候哉ニ而何共残念之旨相歎、別紙
飴屋由緒書并座□〔頭カ〕菓子釜元出入一件之写一冊［　］〔座頭カ〕相
手取［　］度含之旨、内々源太夫［　］申出候付、評
儀之上音門承候而、座元心得之義相尋候処別紙之通申立候付、
江戸総録所掟等聢と承合申立候様申渡［　］ニ御座候、
然ル処右兵助義は盲目之女子徒ニ罷在候を相歎、頻〔ママ〕而願出度申
罷在候、依勘弁仕候処［　］仲ヶ間ニ如何様之掟可有之は
難測御座得共、人別帳之表村並人別之もの御座候上は盲目之女
子瞽女仲間入相成兼候儀は不便之次［　］、三味線相習
候義は瞽女・座頭ニ限り申間敷候得共、盲人は総而座元之掟に
限り候様兼而被仰出も有之処、右掟不相弁候而は弥願出候節ニ
至り、裁許仕兼候義付、右体之義は兼而御掟も可有之義と奉存
候、且右写一冊慥可取用品共相見兼候得共、座元・釜元出入等
実正有之義哉相心得罷在度奉存候、於江府御内問合可被成下
哉、書類相添、此段御内々奉訴候、以上

八月

山寺源太夫
磯田音門

[資料四]

御下御書類

廻箋

盲女之事先般御評儀伺済ニ而同伺書相下候処恐入候旨ニ付、別紙之通伺直シ差出候、此趣ニ候得は相分り申候哉と存候、江府へ懸合其向江内問合有之可然様ニ存候思召可被仰下候、

以上

八月十二日　　舎人

〔鎌原、家老職〕石見様
〔恩田、家老職〕頼母様　　可然□□

[資料五]

廻章

飴屋・座頭一件豊前様江伺候処、はきと御挨拶も無之様子、何れ此書類源太夫江被下、豊前様御内々御下ケ之書面は御役方切之心得ニ致し候様可申含、弥出入ニ相成候節は、得取調表向伺候より致方無之事と存候思召之義可被仰下候、以上

十月八日　　舎人

石見様　　存念無御座候
頼母様　　右同

[資料六]

御書添之伺書

盲女之儀付、山寺源太夫相伺候趣別紙之通江府へ懸合、御内問合有之衆と評議奉伺候、

伺之通　　舎人

御用番様

致承知御留守居江申渡候処、〔御留守居〕津田転別紙申立候書類差越申候

九月晦日認置

[資料七]

盲女之義付、山寺源太夫相伺候趣別紙之通評義御様子相伺候処被成下御書添候、右ニ付被得其意御留守居より其向内問合之義宜御取計可被成候、以上

八月十三日　　舎人
頼母
石見

〔小山田采女、家老職〕壱岐様
〔望月、家老職〕主水様

[資料八]

領分百性〔ママ〕農業之隙飴屋渡世致し候者盲目之女子有之、渡世之ため三味線為習申度瞽女之方へ弟子入為致候処、右盲女より指南

之儀相断候由、右趣意は於座元、飴屋渡世之ものよりは祝儀・布施物等決□［而］受不申趣ニ而、瞽女仲間江は相加兼候由、右は座頭方ニも聢と掟有之候而之義ニ可有御座候得共、村並人別之ものニ御座候上は琴・三味線稽古は兎も角も、瞽女之仲間入不相成候而は盲目之女子徒ニ罷在候段歎鋪存、右飴屋渡世之ものより座頭相手取、紦方願出候節は如何取扱可然義ニ御座候哉、尤飴練立候者と練立は不致、見世売又ハ辻売等いたし候迄之ものとハ差別有之哉兼而心得罷在度奉存候、此段御問合申上候、以上

九月　　真田信濃守家来

［御留守居］津田転

【資料九】

座頭飴屋一条豊藤様江御問合申上候儀申上

津田転

東寺尾村兵助盲目之女子有之、瞽女江三味線稽古弟子入致し候処為相断候一条別紙之通書面取調、寺社御留役豊藤五十助様江御問合仕候処、一体瞽女は座頭之指配受候ものニ無之、御当地ニ而ハ勿論別ものニ有之由、乍去国々之仕来ニ而大坂抔は矢張座頭之差配受居候様成事ニ而、其所之仕来区々之由、御在所抔も矢張座頭江差配相頼置候仕来ニも可有之、扨又飴屋渡世之者よりは祝儀・施物等不受、又弟子ニ不致抔、御当地ニ而右様之義申候而は差支候間一向構不申、並町人縁組取遣も致し、是以国々ニ寄仕来有之、一様ニは参兼候儀、公義ニも右等之儀ニ付分而御規定と申者無之、いつれ願出候上得［と］も双方相紦、其趣意柄委細書面を以御問合無之候而は御奉行所ニ而も兼而之御挨拶ニは難被及事之旨被仰聞候、且又座頭・菓子釜元出入之書 書［ママ］も入御覧相伺候所、御奉行所之方も御取調被下候処、一向右様之儀相見不申候、問合ニ相成候ものニは有之間敷、不体と申趣意柄と申、全其筋之都合能様取綴候ものニ而、可取用品ニは無之、住家抔も右様之類折節有之、身勝手能様ニ御触面抔拵出し類も有之と申候儀ニ御座候、由緒書之方ハ尚又切能書同様之ものニ奉存候、

一、弾左衛門所持之頼朝公御朱印幷廿八職之書付唯今ニ弾左衛門所持致居候ニは相違無之様子、乍去当時右ヲ取用居候と申儀ニは無之、其訳は別紙弾左衛門差出候書付之通、又座頭之方も別紙惣録差出候書付候之通ニ御座候由、右は近年あり様ニ而此度も似寄候出入有之、双方御尋之節差出候書付之由、右等之書付被下候而ハ却而右ニ而押極候様ニ相成、害ニ成候事も有之間、一体御奉行所之書物惣而他江御出し不被成候事ニ相成居候得共、折角御問合之処は詮も無之様ニも如何ニ付、私心得迄ニ被下候由、下々江は不相下、其砌指出候御役人様之心得ニ致し置候様被仰聞候、いつれとも願出候ハヽ、座頭之方何等之故を以飴屋渡世之者より平生祝義・施物等不受、右子供弟子ニも不致と申、元祖幷其所之仕来等迄得と相糺、書面ニ而御問合御座候様ニと被仰聞候、此段申上候、以上

十一月

座頭惣録より差出候書付之由

さるがく
舞々惣而役者類
ゑびすおろし
あがたみこ
さるひき
五りん切り
あをや
おさかき
めんうち
くらうち
かねうち
船大工
しらこしや
はちたゝき
穴くらや
渡し守り
かわらけ作り

右拾七ヶ条之業ヲ以渡世仕候家筋江は永代座頭共出入不仕候
儀往古より取極ニ御座候
[朱書]「弾左衛門より差出候書付之由」

御当地ニ而も古来は右体稼仕候素人より私方へ相届候儀承伝
候得共、当時右体稼仕候者共私方江は相届不申、勿論支配も
不仕、尤辻狂言等之儀は当時非人・乞胸之家業ニ仕候

［資料十］

一筆申入候、冷気之砌ニ候得共、弥御無事之由珍重之至りニ存候、然は貴老娘ニ眼病相煩候者有之、右ニ付盲人仲間江入門為致度心底ニ而其筋江相願候得共、何分其元商売柄不宜ニ付、盲人仲間ニ而一同不承知之趣此度相聞、気之毒ニ存候、尚又其元より御領主之御役所江右一件願申上候儀は不心得成事ニ有之候、元来盲人生立之儀は、無忽[勿]体も光孝天皇様御子小宮之大[太]子様両眼被為盲賜ニより始り其流を汲来候写故、武家方ニ而も賤敷筋目之御方江は婚姻を不結、其外百姓・職人病ひ等致し候之者江も出入不致分は三十ヶ性業有之候ニ付、其地盲人仲間此度故障を被申候義尤奉存候、拙者方江も願書到来いたし候得共、利解を申聞書面返却致し候間、右之心得ニ而其元より外々江百姓方ニ而も被相頼、仮親を致し、盲人仲間江詫を致し、娘座中江入門為致候之義可然と存候、其元義も昔より之商売ニは有之間敷候得とも、当座之暮しニ差支、家業ニ被致候義と察入候間、此段内々気之毒ニ存、書状相送候之間不悪御承引可被成候、表向願立ニ相成候ハヽ、座入門は相成間敷候、何れニも娘不便と被心得、此度之所は内分ニ而和談を被致、行々娘之世渡り之相出来候之様御心添可被成候、其元為前相知レ不申候

間、前書而已相送り候間、左ニ御承知可被成候、先は書用事而
已如此御座候、恐々

九月廿一日

江戸京橋
古着店
飛騨之一

信州東寺尾村
商人
何某殿

［資料十一］

七月十日出・九月十日出共両通共追々着致披聞候、冷気之砌
ニ御座候得共各御安泰之由珍重之御義ニ存候、然ハ書状之趣
并願書之趣一々致承知候、御申越之趣尤ニ存候得共、右之訳
柄ニ而は師弟之契約決而相成不申候、乍去右様成渡世向之者
より懇意結ひ候義は不相成候得共、其者より直之〔ママ〕ニ無之、外
百姓方ニ而も仮親致し頼越候ハヽ、又々勘弁可被致候、右等
も胎内より之辻売ニも不可有之、当時渡世ニ差支日々凌方ニ
相困り候事故、当座凌といたし候義と察入申候、此度各勘弁
も無之候而は人壱人捨り候事故、憐愍を被差加候義可然と存
候、乍併かわはき之類ニも有之候ハヽ、勘弁ニも及ひ不申
候、辻売等之義ハ何れも元之者賤敷所より生し候者ニも有之
間敷候間、仮親致し候ハヽ、勘弁いたし候而も可然哉ニ存候
間、此段左様御承知可被成候

一、今一応此書面返却致し候間、得と御勘弁之上御不承知ニも
候ハヽ、出府之上御願可被成候、仮親と申義ハ武家方ニも
間々有之候間、此段も御心得可被成候、且亦右飴屋名前相知
す候付、所附之書状相送り候間御取次可被成候、同人方も不
心得成事も有之候付、慎ミ為壱封相送り度候間、左様御承知
可被成候、拙者書状ニ而も先方より詫言も無之候ハヽ、各御
了簡次第ニ可被成候、先は右両度之御報申入度、如此御座
候、恐々

九月廿一日

江戸
惣録役座
飛騨之一　印

城稲座頭坊
民一座頭坊

二啓申入候
一、女子ニ候ハヽ、仲間と申儀ニも無之、官位を可致身分ニも無
之、男子ニ御座候ハヽ、官位を受候付、其次第も有之候得共、
何れニも御領主役人方より御沙汰有之候者ニ有之候得は、程
能勘弁可被成候

［資料十二］

乍恐以書付御願申上候
娘いそと申者五歳之砌疱瘡ニ而眼病相煩、種々療治仕候得

共、終ニ盲人と罷成候ニ付、往々独身ニ而も身過渡世ニ相成候様仕度、去ル寅年〔天保十三年〕より唄・三味線之為致稽古、猶又当春中より琴為致稽古度、房寿と申者江相頼候ニも千辛万苦仕、漸弟子入門ニも可相成之処、飴釜本之義職下り之由申立、盲人仲間座元城稲入門不相成様故障仕、其事難相□〔調カ〕上飴釜本之義は古来は勿論入組候由緒訳合御座候得は、商□〔売カ〕之瑕瑾ニも相成、此程中は世間之風説も不宜、自然と商売□差障渡世も出来兼必至と難渋仕、妻子之養育難相成候ニ付、□職下り之筋相糺度御願書持参仕、加判印形奥書等相頼候処、兄重三郎始、組合役所ニ而も江戸は勿論、京都迄も罷出相糺度存念も難計、然は他国之附添諸雑用引足不申候節は弁金相掛り、難渋之由ニ而致承知不呉候間、万一右様之義有之候共、何事ニ不寄少も御厄介御無心ヶ間敷義申間敷段、規定書差出し加判印形奥書等相頼候処、漸致承知呉候ニ付、此度奉御願申上候処、飴釜本之義職下り之訳、親類・組合・役人差添、相手城稲方江罷越逐一聞糺、其上御上様江御願立可仕段被仰付奉畏、右之者共差添倅安太郎罷越、役人より城稲方江飴釜本之義何之謂有之職下り之訳承り糺候処、所持之日記ニ右之謂有之候ニ付、御町御奉行所江奉申上候処、右ニ而は御取用之心慮も不相成候由、右ニ付江戸惣録方江書状差遣し承り候処、□□〔仮親カ〕取候は弟子ニ可致申遣し候間、右故親分無之候而は迷惑之由□聞候付、右之趣役人より御届仕呉候間、此度奉御□□上候処、猶又十三日夜今一応座元城稲方江致突留候様□□仰渡候ニ付、翌十四日同人方江役人罷越承り糺候処、江戸表惣録方江書状ニ而申遣し候ニは、飴職渡世并ニ毎日辻商売致居、其上前々より吉事・凶事之節祝義并ニ施物一切受不申候ニ付、如何仕候哉之旨問合仕候処、仮親取候は弟子ニ致遣し可申旨申来り候ニ付、右故仮親無之而は弟子ニ不相成旨相答候、余之義は御支配違ニ付、御支配頭より御尋御座候は委細可申上候、直ニも飴職之義職下りと申訳如何哉と相尋候処、前城稲申候通私シ義も同意ニ御座候由申答候ニ付、同十六日奉御願申上候処、是ニ而も飴釜本之義何故職下りと申訳未不相分候間、今一応職下り之訳聢と突留候様又候被仰付奉畏、同日座元城稲方江役人罷越相糺候処、先達而中仲間寄合之節致評義候砌、無誰云と飴釜本は職下り之由申候上、先座元城房・岩一より、段々と相送り来り候、□ニ御取用ニは不相成候得共、職下り之由ニ而是迄配銅〔当〕取来候義□〔一カ〕切無之、世間之風説ニも左様申居候、其上先達而中須□□〔坂・上カ〕田等之近座江も飴職之義問合仕候ニ職下り之由及挨拶□、猶又江戸惣録方江問合之節も、右職ニ候は仮親ニ而も取候は弟子入門可為致、夫ニ而も不相分候は、出府之節可為申聞段申来候間、私シ義も職下りニは相違有間敷と存候間、江戸は勿論京都職之宮様江成共罷出可申上、此以後何ヶ敷御尋被成候共、右様之外挨拶難成候、頻る申答候、然共、飴釜本之義、古来由緒有之候内、

人皇八十一代安徳天皇様御即位之砌、摂政御幼君御長命之為、

和州吉野之郷、吉岡主計と云者ニ臨命ヲ下し給ふ而糖煎ヲ煉しめ給ふ、此時初而飴之正号給候由、其後承久三辛巳年源朝臣頼経公江、浅間左近と云者奉献上候時、執権北条武蔵守泰時公飴之徳ヲ御称美有而、和朝壱人小児之為売買之運道許し給ふ、此時より広諸国ニ飴売買之家ニ渡り候由、此外由緒等之義は御尋之節奉申上［　　］奉御願申上度奉存候、猶又

先年

［八代藩主真田幸貫］大殿様御在城之砌、御国産掛堀内□右衛門様より段々被仰付、越後高田御城下春日町高橋孫左衛□□［門とカ］申者製候粟飴工夫新製仕、御勝手方様江奉入御覧候処、冥加相叶、

大殿様江御内御献上被成下置候処、首尾能相済難有仕合ニ奉存候、其後御城御料理所より度々御用被仰付、猶又

大殿様　江戸　御参府以前ニは

［九代藩主真田幸教］若殿様

御前様江被遊御土産ニ候粟飴煉立、度々御用被仰付御城御買物御役所江奉差上候、尤此義は御勝手方様より御内御献上被成下置候義ニは御座候得共、私シ方より御内御献上ニ而も不仕候は、煉立御用被仰□□［付候カ］義は有之間敷と奉存候、然共座元城稲之申候如ク、職下り之身分ニ而製し候穢不浄之品ニ御座候は、仮令御内御献上仕候迚も御用被仰付候義は有之間敷と奉□［存カ］候、其上私シ義代々東寺尾村ニ住居仕候得共、御水帳并ニ御□［裁カ］帳等外々之者と相変候義無之、御取扱之義も同様ニ御□□［座候カ］、猶又御家中様祭・法会之節御参詣之砌、被遊御土産ニ候品其数難申尽候、然所此度之一件日増ニ世間之風説不宜相成候故、自然と売買之差障りニ罷成、誠ニ当惑仕候、猶又盲人仲間座頭・瞽女等身元能々相糺候は、格別由緒正敷者共計ニは有之間敷と奉存候、其上当夏中飴由緒并ニ先年御用度々被仰付候義、座元城稲逐一乍存右様職下り抔と申出し候事、第一は乍恐千万金ニも難替、

大殿様奉対恐入候義、第二は左様成身分外々之者同様ニ御裁帳有之候義、第三は右商売仕候諸国商人ニ差滞、商売之瑕瑾ニ相成、右三ヶ条之趣は仮令身命ニ相拘り候程之義御座候共難捨置、其上座元城稲事飴釜本之義職下り之由申出し、私シ義ヲ相手取候得共、仮令度々御内御献上仕候共、職下り之身分ニ而拵候品何故御用被仰付候と糺も不直□、大殿様奉対申上候ニ等敷御尊体ニも相拘候義と奉存候故、私シ之身分ニ糺候而は一生之誤りと先非後悔仕、其節より如何様可仕哉と残念至極ニ存、寝食を忘れ家内打□評義仕候得共、其手段も無之、御苦悩之程奉恐入候得共不得止事奉願上候、此上は格別之以御情右城稲被召出前□三ヶ条之趣、就中職下り等之義申出し候始末何等之証拠御座候義哉、乍恐厳敷御糺被成下置、右御名相晴人並之渡世相成候様被成下置候は重々難有仕合奉存候、此上幾重ニも御情之御意奉仰候、以上

弘化三丙午年　十一月

東寺尾村
御願主　兵　助　㊞

御町御奉行所

前書之通無余義訳合ニ付奉歎願候間、何卒御添翰頂戴仕度奉
願上候、此上之義□□も御憐愍之御意奉仰候、以上

弘化三丙午年
十一月

東寺尾村
御願主　兵　助㊞

郡御奉行所

前書之通当村兵助奉願ヲ以於私共御苦悩之程奉恐入候得共、奥
書印形仕奉差上候、以上

右村
名主　惣　助㊞
組頭　仙左衛門㊞
同断　富　蔵㊞
長百姓　治右衛門㊞

右添簡いたし御町方寺円多亮殿へ遣ス

［挟み紙］
「□ヶ条之事
飴内献上ニ相成候事
村並人別之事
商売瑕瑾之事
」

［略］

［資料十三］「飴屋由緒書」、寛文年間の「飴屋釜元・座頭一件」

［略］

［資料十四］

乍恐以書付奉申上候

飴屋辻売等何許ノ弟子ニ取上申候哉御尋御座候、此段飴屋辻売等之もの計ニも不限、先年より座法之儀も吉事・凶事之節祝物・施物等受不申ものゝ、弟子盲人ニ相成候而も針治・導引・琴・三味線等之渡世之弟子ニ是迄直々入門不致候儀ハ仕来ニ御座候而、別段書類等無御座、尤先年岩一座元仕候節類焼ニ而不残焼失仕候付、御近領上田・須坂之外、江戸惣録へも申遣し候処、右役所役座頭より返報ニは書状之趣一々致承知候、右ニ而ハ師弟之契約決而不相成と申、乍去仮親相立頼越候ハヽ、勘弁も可致様と一々申遣し候儀ニ御座候得ハ、兵助頼入いたし候ハヽ、勘弁可致後ニ仲ヶ間一同打寄評決仕罷在候、前書申上候通岩一類焼之節書類不残焼失仕、当時座元穿鑿不行届格段之御苦悩被成重々奉恐入候、何卒格別之以御憐愍飴屋辻売等仕候向江は数年来之仕来を以吉凶共ニ祝物・施物一切受納不仕者之子弟盲人ニ相成候共、仮親無御座候而ハ入門之義承知不仕、乍恐女子之義ハ官位昇進仕儀ニハ無御座候得共、先年より御上様江も罷出御扶持等頂戴仕候ものも有之、御家中様へハ時々罷出御指

南ニ申上、誠ニ以身分ニ取冥加至極ニ相叶候儀ニ奉存候間、何卒御情兵助へ御理解ニ仰含被成下置候様奉願上候、自然右ニ而も承服不仕候ハヽ、乍恐御公辺へ罷出候共無余義御義奉存候、此段格別之以御賢慮御役分被成下置幾重ニも御憐愍之御意奉仰候、以上

弘化三午年十二月

座元　城稲
差添　民一

御奉行所

［資料十五］

瞽女一件目録

一
一、盲人座頭仲間江入門之節師匠江祝物之事扱人中より差出候書付
二
一、土口村慶弥娘いす歌寿江入門之節祝物等覚書　源左衛門親
四
後　一、瞽女共支配之義ニ付座元城稲答書、一
三
前　一、飴兵一件扱人共手切書付
五
一、瞽女共支配之義ニ付座元城稲答書、二
六
一、瞽女共支配之儀ニ付城稲答書、三
七
一、同断、牧座級一答書、一
八
一、同断、牧座級一答書、二
九
一、盲人之儀ニ付公義御触写
十
一、瞽女之儀ニ付中之条元分武井正三郎江問合御札共并回状
十一
一、上田座之心得、一
十二
一、善光寺座之心得、一
十三
一、上田座之心得、二
十四
一、善光寺座之心得、二
十五
一、上田座之心得
十六

一、瞽女之儀ニ付中野陣屋元分加判荻野広介江問合
　御札共并公義御触書
　十七
一、上田様衆ニ而御奉行所江御問合ニ相成候御附札

［資料十六］「盲人座頭仲間江入門之節師匠江祝物之事扱人中より差出候書付」

㈠　乍恐以書付奉申上候
　　　　　座元城稲并ニ
　　　　　　座頭共中間
一、盲人座頭仲間江入門之節師匠江祝儀差出候事
　但祝物身分応し差出申候
一、官披露之節師匠并仲間江祝儀差出、尤官高下ニ依り甲乙御座候
　但一官壱分之割合を以師匠江差出、仲間江は五十疋ツ、祝物差出申候
一、座頭・瞽女とも順番ニ而めうおん講可相勤之処、瞽女は慈悲を以相除、座頭仲間計ニ而相勤候事
　但入用之儀金三両より拾両程相掛り右は銘々身分ニ応し候儀御座候
　　　　　瞽女一同中間
一、盲女之儀瞽女仲間江入門之節は膝付［朱書］「○○」として師匠江金［朱書］「○○」三両并赤飯酒肴惣仲間江［朱書］「○○○」青銅五十疋ツ、［朱書］「○○」差出候事
　但琴・三味線・針治・導引共同様御座候
一、名改之節師匠江金一両、座元江金三分差出候事
　但両所共樽肴重詰差添差出申候
一、琴稽古中入用之事
　組初之節　　　　金弐分
　表組済之節　　　金壱両弐分
　中免リンセツ済候節　金三分
　裏組相済之節　　金弐両壱分
　　　　　　　　　外ニ樽代弐分
　ロウサイ［弄斎］済之節　金三両
　三曲済之節　　　金七両弐分
右之外ニ房寿申聞候は、同人座頭岩都江入門之節前書之通夫々差出、且又年々年玉百疋、盆中弐百疋、歳暮金壱両、五節句弐十疋ツ、、暑寒は品物ニ而相勤、右は先例ニ極候、承ニは無之候得共、多分右位之勤方之由御座候、右申上候通座位相守罷在、是迄入門金・祝物等減少仕候儀決而無御座、然ル処多勢之中ニは入門金・祝物減少仕相済候之者も有之段、先般御尋御座候得共、右体之儀無御座、尤師弟之間柄ニ而慈愛を以内々勘弁仕候者も御座候段申聞候、此段奉申上候、以上
　○附札
　　本文奉申上候師弟之間柄ニ付、ひさ付金勘弁仕候儀は

哥寿弟子国寿入門之節ニ限り、外人別は右様之儀無御
座候由

弘化四未年九月十一日

東寺尾村
治右衛門
惣　助
中町
伊兵衛
紺屋町
定右衛門

郡御奉行所
町御奉行所
〆

[資料十七]「土口村慶弥（源左衛門親）娘いす歌寿江入門之節祝物等覚書」

㈡　御内々申上候

入門之節
金弐分［朱書］「○○」
赤飯五升
酒五升
座元御節句
三拾弐文
御節句哥寿江
百文ツ、
外三拾弐文ツ、母江
寒土用
時物五升ツ、
組始
金弐分
中組
金壱両弐分
末〃
金弐両弐分
三度振舞
金弐分
出精
哥寿江
金壱両祝儀
座元江
金壱両
暖冷振舞
金五両
七月
十二月
両度金壱両ツ、
一ヶ年ニ付籾拾弐表ツ、
七年ニ
〆八拾四表

右私子玉寿、歌寿江入門仕候品々入料御尋ニ付御内々奉申上候、以上

土口村
慶　弥

〆

［資料十八］「飴兵一件扱人共手切書付」

㊂　乍恐以書付奉申上候

東寺尾村兵助儀、座頭共之掛り奉願候一件、是迄私共立入取曖［扱］弟子入門之儀ハ示談行届候得共、兵助儀右入用金出来兼候趣ニ付、手段方申談候得共、今以済方ニ不相成段は去年中より数月混雑仕居、兵助義元来難渋之手元ニ而当七月前調仕見候所、入門金五両も相掛候而は手段無之、金三分か壱両位は出精差出可申候得共、其余之儀難差出旨申聞候間、座頭之方江入門金幷祝物減少之儀申入候処、座元城稲外仲間一同申聞候は、先例五十疋ツ、祝物受候得共、此度之儀は格別之儀を以、右五十疋之目録差出鳥目は無之候而も勘弁可致旨申聞、房寿儀は兵助娘弟子ニ仕候義迷惑之所、及混雑無余義入門致承知候義、ひさ付金減少抔と申儀不承知之旨申聞候間、私共内談仕候は、座頭共祝物勘弁いたし、右ひさ付金三両之内兵助より弐両為差出立、入口人ニ而壱両相働、右ニ而済方為仕度存、兵助江金弐両調達仕候様申含候処、当夏中迄は三分か壱両は可差出心得ニ候得共、是迄数十日延引相成、商売向差支、此節ニ而は中々三分も出来兼［朱書］「○○○」候旨申聞、右ニ而は如何之手段ニ而入門為致候心得哉之段相尋候処、此程中御奉行様江以書面奉願候間、何とか可被成候旨申聞、兵助之存意私共愚案ニてハ相弁兼候間、手切仕度奉存候、乍恐格段之以御勘弁御聴済被成下置候ハ、、一同難有仕合奉存候、以上

［付箋、前欠カ］
「ニては中々手元差支候付、入門之手段無之、幾重ニも御憐愍之御□奉願度旨申聞、於私共奉立入候へ共此上難及力義奉存候間手切仕置云々」

［付箋］
「別紙段々手段ニ為出候ハ、、扱人共書面如此引直し申度奉存候、右書面より門入金多分と申候ニ押移り候而は如何候哉」

弘化四未年九月十一日

東寺尾村　治右衛門
　　　　　惣　助
中町　　　伊兵衛
紺屋町　　定右衛門

〆

［資料十九］「瞽女共支配之義ニ付座元城稲答書、一」

㊃　御尋ニ付乍恐以書付御答申上候

一、瞽女共座頭之内江入門致し針治・導引等、琴・三味線を以

渡世いたし候者は座頭ニ而支配致し候者惣録之掟ニ候哉、何
之頃よりか之［ママ］仕来候之哉
此段瞽女共座頭之内江入門致し針治・導引等、琴・三味線
を以渡世致し候者ハ先年より座頭之支配仕候［朱書］、何之頃よ
り仕来候哉、岩一座元相勤候節類焼仕、書類焼失仕候ニ付
相訳兼申候
一、在町瞽女共座頭共江入門無之、医師并素人弟子ニ相成、針
治・導引・音曲等を以渡世いたし候而も座頭ニ而支配致掟候
哉
此段瞽女共座頭共江入門無之、医師并素人之弟子ニ相成、
針治・導引・音曲等を以渡世いたし候共、盲女而已罷在、
瞽女と唱不申候ハヽ、構子細無御座候
△附札
此段は座頭之弟子瞽女之弟子不相成候ハヽ、座頭ニ而は
瞽女と唱不申、盲女ニ而素人同様ニ奉存候
一、瞽女針治・導引は不致、琴・三味線等町芸者江致入門渡世
候而も同様座元之支配致し候哉
此段針治・導引は不致、琴・三味線等町芸者江致入門、芸
者体盲女而已ニ渡世致し罷在候得は座元ニ而構無御座候、
乍去座頭之弟子瞽女之弟子或は仲ヶ間入仕候得は、瞽女と
唱座元支配仕候

□附札
此段も座頭之弟子瞽女之弟子不相成候者ハ座頭ニ而は瞽
女と唱不申、盲女ニ而素人同様奉存候
一、右等之儀共国所ニ寄仕来相違有之候哉、夫共惣録掟ニ而国
中一統同様之義ニ候哉
此段右等之儀は国所ニ寄仕来相違も可有御座候哉、聢と訳
兼候得共、先年より瞽女は当座之仕来ニ而座元支配仕候、
尤善光寺、上田、須坂ニ而も同様御座候
○附札
但牧座之儀御上様御吉凶之節頂戴物、当座ニ而願書認差［朱書］
上、一同頂戴仕候上相渡申候、殊ニ御領分之儀ニ付
当座同様ニ相心得御書上不仕候
右御尋ニ付乍恐以書取御答奉申上候、先ニ差上候書面私共心
得方行違候場も御座候ニ付、筆取間違哉、恐入候得共何卒御
流被成下、書面御下ケ被成下置候様奉願候、此上幾重ニも御
憐愍御意奉仰候、以上
弘化四未年十月　座元 城稲
町御奉行所
〆

[資料二十]「瞽女共支配之義ニ付座元城稲答書、二」

㊄　御尋ニ付乍恐以書付御答奉申上候

座頭・瞽女座元ニ而支配致し候之御書上仕候心得方御尋ニ付、左ニ御答奉申上候、座元ニ而座頭・瞽女支配と申候は座頭之官職昇進仕候節、座元江相届師匠之添状ニ而京都江官金相登、公文御下之節座元ニ而開封之上拝見いたし、当人江相渡申候、其外於仲ヶ間私曲之儀御座候節慎等申渡候義も御座候、且亦瞽女名替之節は師匠より名附状相認、座元致奥印当人江相渡申候、他所より座頭・瞽女［朱書］「○○○○」稼参候而も、何方ニ而も座元之聞置ニ而渡世仕候、夫故ニ座元支配と先年より申唱罷在候、此段御尋ニ付乍恐御答奉申上候、此上幾重ニも御憐愍之程奉仰候、以上

座元　城　稲

弘化四未年十月

町御奉行所

[資料二十一]「瞽女共支配之儀ニ付城稲答書、三」

㊅　乍恐御尋ニ付御答申上候

瞽女之者共江戸表ニおゐては座頭之支配ニ無之候得共、当所ニおゐて座頭之支配ニ致置候心得方昨晦日御役所江被召出蒙御尋、乍恐左ニ申上候、

此段先年より瞽女之儀は琴・三味線・針治・導引等座頭之弟子ニ相成段々稽古いたし、一身渡世相成候体見定候上渡世差免申候、夫より瞽女仲間入仕候間、座頭之支配仕来ニ御座候、一体御上様御吉凶之節御祝儀物并御施物等頂戴仕候節も座元ニ而一同ニ頂戴仕、瞽女共江配分仕候、江戸表之義ハ聢と相訳兼候得共、大場の義ニ付夫々届兼［朱書］「○○」、瞽女頭としま町ニ御座候由、尤配分は座頭より相渡候由ニ御座候、年々春夏当所ニ不抱近座ニ而も遠国より瞽女共多勢罷出、三味線渡世仕候節は座元江相届、夫より渡世相始申候承ニ御座候、瞽女仲ヶ間入不仕盲女而已ニ罷在候ハヽ、私共何ニ而も故障仕候義決而無御座候、当所計ニ不抱、瞽女之分名替を昇進唱、師匠之座頭より名付状江致印形、当人江相渡、何国江罷出候共座元江差出見届候上ニ而渡世差免申候座位ニ御座候、尤瞽女之弟子は名付状江座元印形いたし相渡申候、無左候ハヽ他座ニ而は取用不申候義ニ御座候、江戸表之儀は聢と訳兼候得共、先年より当所之義は瞽女仲ヶ間入候分は座頭支配ニ御座候、段々是迄申立仕候通、古書類之分は岩一類焼之節焼失仕候得共、何国ニ［朱書］「○○」おゐても瞽女共銘々名付状無御座候得は、世渡難相成義御座候、右写も去年中差上置申候間、乍恐御覧被成下厚御勘考被成下置候様奉願候、右御尋ニ付有体御答奉申上候、此上幾重ニも御憐愍之御意奉仰候、以上

〆

座元　城　稲

弘化四未年十月

町御奉行所

[資料二十二]「[瞽女共支配之義ニ付]同断、牧座 級一答書、一」

⑦ 御尋ニ付乍恐以書付御答奉申上候
牧座持之村々ニ而瞽女共之内医師江弟子入致し針治・導引を習ひ、前々より芸者江弟子入致、琴・三味線を習ひ渡世致し候類は座元ニ而差配致し候哉御尋御座候
此段瞽女共医師江弟子入致し、針治・導引等渡世致し候者并芸者江弟子入いたし琴・三味線を習ひ渡世いたし候者は牧座仲間江入不申儀ニ付、一向頓着無御座、差配等不仕候義ニ御座候、尤盲人男女ニ拘らす座頭之弟子ニ相成名を貰ひ候者は夫々座法有之候儀御座候、右御尋ニ付乍恐有体奉申上候、以上

田野口村
座頭
級 一

弘化四未年十月
郡御奉行所

[資料二十三]「[瞽女共支配之義ニ付]同断、牧座 級一答書、二」

⑧ 御尋ニ付乍恐以書付奉申上候
一、牧座之持場は幾村を限り候事ニ也
此段奉申上候、牧座之内は三拾四ヶ村ニ御座候、外座之儀は一向不奉存候
一、牧座立始已来記録有之候は為見可申事
此段記録等は一切無御座候
一、座元代り合致し候ニは扶助金様之物ニ而も有之候哉
此段座元代り合之節は高位ニ而勤来り、扶助金等一切無御座候
一、琴・三味線・按摩・導引弟子入之節祝物等之儀ニ付、仲ヶ間取極有無
此段琴之儀は牧座ニおゐてハ調来[朱書]「〇〇」候者は一切無御座候、三味線・按摩・導引弟子入之節祝物等之儀は一切無御座候、尤名附之弟子位職いたし候節は添状差出候ニ付、一位ニ付百疋ツヽ為差出、此儀は先年より仲ヶ間取極之事ニ候
但瞽女之義は無位之座頭同様ニ取扱置候
一、当国他座之箇所書付可出、且右座毎ニ仕来を守、一同申合等致し候ニて無之哉
此段当国他座之箇所は幾座ニ御座候哉乍恐不奉存候、且座毎之儀先座元より之申伝を以勤来り、外座元江申合等致し候儀一切無御座候
右御尋ニ付乍恐奉申上候、以上

田野口村
級 一

弘化四未年十月

牧座之村数
越道《こえどう》村 新町村 里穂苅《かや》村
日名《ひな》村 大原《おおばら》村 鹿谷村

大岡四組　南牧村　中牧村
牧田《まきだ》中村　牧野島村　下市場村
竹房村　吉原村　大田原村
小田原《こだわら》村　高野村　灰原村
田野口村　赤田村　氷熊村
三水《さみず》村　上条村　水内《みのち》村
安庭村　山平《うたび》林村　山村山村
山布施村　有旅村　青池村
中山新田村

［資料二十四］「盲人之儀ニ而公義御触写」

㊈　天保十四年癸卯八月　　公儀被仰出

［幕府の「盲人」取締令、安永五年［一七七六］十一月八日の触とほぼ同文、略。『徳川禁令考』、前集第五、一三一頁参照］

［資料二十五］「瞽女之儀ニ付中之条元分武井正三郎江問合御札共并回状」

㊉当城下町ニ先前より座頭之内ニ座元と相唱、領分中埴科郡一円、更科郡は牧之島村座元支配之場相除、外場所〳〵座頭共之支配いたし来候者代り合ニ御座候、瞽女共も支配いたし候得共、是迄惣録所迄達シ候儀ニは無之、座元限り之仕来ニ御座候由、右座元頭取候而先前より仕来ニ候中へ百姓・町人・盲人共座頭仲間江音曲・針治・導引・按摩等弟子入之節、師匠元江祝物等身分ニ応し差出、官位披露之節は官之高下ニ依甲乙有之候得共、一官ニ付金壱分之割合を以師匠元江差出、仲間人別壱人江青銅五拾疋ツヽ祝物として差出参候趣、瞽女は同断弟子入之節師匠元江膝付と唱、金三両并赤飯酒肴盲目惣仲間江青銅五十疋宛為差出、名披露之節師匠元江金壱両、座元江金三分、但両脇共樽肴重詰相添、其外琴稽古中伝授事等之節并年内諸節句等附届品々致し来候趣ニ御座候

右之趣ニ御座候処、惣録所より之掟と申ニも無之、仕来候と申も年暦不慥義、多勢之内ニは区々之儀も有之様子ニ相聞、近辺御料他領ニも座元有之候得共、為申合候儀も無之、爰元切之取極之様子ニ相聞、其上盲人之身上ニ寄右入料ニ差支、渡世之業も習兼候者も有之、不便之儀ニ付、以来右仕来之附由相止、身分相応之祝物を師匠江計相贈、弟子入いたし候様改而申渡不苦義ニ御座候哉、且座頭共儀惣録処支配を受候は勿論之所、瞽女共も琴・三味線・針治・導引を渡世ニいたし候得は、矢張座頭共同様其上最寄座元之支配を受候訳ニ御座候哉、度々之公義被仰出ニは瞽女之儀不相見候得は、頭無之ものニ而在町並人別之取扱ニ相心得候而不苦候哉、座元限り惣録所江達し不申者ニ而座法抔申事ニ無之、仕来迄之義は道理次第、領主役場ニ於而外在町並人別之取扱ニ而何様申渡候共、座元共差綺可申筋にも有之間敷儀ニ御座候哉

御書面座頭并瞽女共仕来御改革被成度、右ニ付御問合之

趣致承知候、座頭ハ夫々掟有之、惣録より申渡置候儀ニ可有之候得共、国々ニ寄区々義ニ而前々仕来候儀を掟と心得、流弊改候義ニも可有之哉ニ付、先は是迄之通り仕来候儀ハ其侭ニ御居被置方可然奉存候、一体官金之定も有之、弟子入其外ニ付、祝物等夫々差出候は座頭仲間入用向之備ニ可相成哉も難計、若旧弊ニ而不相改候而ハ害ニ相成、差支候儀も有之候ハヽ、惣録所江御問合之上御取計之方可然奉存候、瞽女之儀は御見込之通、[朱書]「頭無之ものニ而在町並」人別ニ取扱、何様御申渡有之候共、座頭共差綺可申筋ニ無之、尤座頭江弟子入いたし針治・導引を渡世いたし候分は座頭之職業ニ付、座頭とも之支配ニは無之候得共、師匠様之進退請候義ニ可有之、琴・三味線都而音曲は頓着無之儀は奉存候

〆

回状

中之条江問合候所、自武井別紙之通申来候、瞽女之儀見込之通と申来候得共、書面云[衍]云々之処、針治・導引ハ座頭之職業ニ付と有之、都而音曲ハ頓着無之と御座候処、如何ニも確証有之故之義とは被存候得共、愚按ニは針治・導引も医業之一端ニ而、必しも盲人之職業と申ものとも不相聞、琴・三味線迄も、若座頭之弟子ニ相成候ハヽ、針治・導引ニと同様なるへきニも被存候而如何之物哉、尤是ハ惣而座頭江弟子入致候故之義と相聞候、素人之弟子ニ相成候ハヽ、渡世ニいたし候共瞽女は勝手次第之訳之様相聞候得共、弥手を下し候ニは流弊之義ニも有之候得は、一応申立江府御留守居方心得も御尋之上ニ仕度様奉存候、左候得は、中之条江は礼申遣再問ニは及申間敷哉ニ奉存候、尚思召之程被仰下候様奉存候、以上

○附札

座元共義、弟子入より進退いたし来と申所を相弁、弟子ニも無之瞽女迄を進退不致丈之義為相心得候所、是又江府問合者と奉存候

十月七日　源太夫

荘蔵様[岡嶋、郡奉行]　御尤之様奉存候
金吾様[竹村、郡奉行]　右ニ同
音門様　右ニ同
多宮様[寺内、町奉行預所・郡奉行兼帯]　御手数なから尚江府之方問合之義宜奉願候
丈助様[金児、町奉行]

追啓、彼是ニ付而は何れ日合も懸り可申、又々飴兵催促申出候節は、乍同シ利害も通り兼候間、前心能ク為相心得置候方と奉存候、私之見込は彼是遂僉儀候も瞽女仲間之旧弊を此機会ニ一洗いたし、以来盲目之女子を持候もの共之肩を休め遣し候ハヽ、是亦御仁政之御一端と乍恐奉存候、是等之儀は実々御在之一反掌ニ成り候事ニ候得共、今日之機会を外し候而ハ又流弊ニ相成候、問合書之様子ニ而は座元拘り可申義ニ無御座候、乍

去為念江府迄も為打合ニ相成候得は、大丈夫と奉存候、是と申も飴兵一件より前私も初而ヶ様之顚末を承知仕候義、誠ニ裁錦を学候類ニ而恥入候得共、実々芻蕘之言ニも耳を傾可申義と今更感《カン》慨を増申候、扨々飴兵義流石偏気ものニて、こりかたまり候一念故、追々利運ニも可相成と奉存候、夫ニ付而も得と御勘弁思召可被仰下候、以上

[資料二十六]「上田座之心得、一」

十一　上田座之心得

一、当座持場は幾村を限候事に也　○

○　附札

上田座は小懸郡一円持場之事

一、当座立始り已来之記録有之候は為見可申事

○　上田配当屋敷年貢免除申付置候

一、座元代り合致し候ニは扶助金様之物ニも有之候哉

○　交代之節扶助金等之義無之事

一、琴・三味線・按摩・導引弟子入之節祝物等之儀ニ付仲ヶ間取極之有無

但座頭・瞽女之差別も書訳可申立事
[朱書]「○○○○○○」

○祝物之極無之、弁才天江神酒相備、仲ヶ間入致候事

但瞽女は座頭之支配受候事
「○○○○○○○○」

一、当国他座之箇所書付可出、且右座毎に仕来を守一同申合等致候ニハ無之哉

○　上田座ニ而ハ座法相守、他座と申合等致候義無之

右ヶ所相尋夫々認取持参可申事、尤此書付可相返候事

十月

[資料二十七]「善光寺座之心得、一」

十二　善光寺座之心得

一、当座之持場は幾村を限り候事に也　○

○　附札

寺領座ニ而は、御領内并中野御支配所之内、椎谷領、合八拾八ヶ村先々より配当請来候儀ニ御座候

○　座元役之儀は先々より高官之者ニ而相勤来候、尤病身又は不弁之者ニ御座候得は相弁より次官之者ニ而相勤候義も御座候、但寺領ニ高官之者無之節は御他領右配当所之内より高官之者見立相談取極候上、寺領人別ニ相成、座元役相勤候儀も御座候

一、牧[当カ]座立始以来之記録有之候ハヽ、為見可申候事

○　配当所之内御他領・寺領ニ不抱座元次官ニ而相弁候者見立、両人宛年行司相勤、其者共始仲間一同座元江会日ニ打寄、配当取調、夫々配分いたし候儀御座候

一、座元代り合いたし候ニは扶助金之物ニ而も有之候哉

二　○　座元引替之節助成金等無御座候

一○右は全配当所之内御他領座頭都而寺領立入渡世不
致候而は多分くらし兼候者も有之由ニ付、座元并年行司
役等寺領ニ相当之者無之候節は配当所内より見立相勤来
候儀等、夫々聢と取極置候儀ニ御座候
一、○琴・三味線・按摩・導引弟子入之節祝物等之儀ニ付仲ヶ間
取極之有無
但座頭・瞽女之差別書訳可申立事
○按摩・針治・導引弟子入之節ニ八〔朱書〕「○○○」金百疋師匠へ受来
候儀ニ御座候
他座之座頭并瞽女共当所按摩渡世致度節は其宿を以扇子代
弐拾四文ツヽ差出申し由并三味線瞽女右同様御座候、尤長
逗留之節は座元江百文差出申候由御座候
一、当国他座之箇所書付可出、尤右座毎ニ仕来を守、一同申合
等致候は無之哉
○他座之儀は所々ニ御座候得共、附合等無之候ニ付巨細
ニは相弁不申由ニ御座候
右之ヶ条相尋夫々認取持参可申事、尤此書付可相返候事
一、瞽女共之内医師江弟子入いたし針治・導引を習ひ渡世致候
は芸者江弟子入致し琴・三味線を習ひ渡世いたし候類、座元
ニ而頓着無之訳ニ候哉
○瞽女共医師江弟子入いたし候共、一旦座頭之弟子ニ相
成候上医道習ひ候儀、猶又芸者江弟子入いたし候共、一
旦座頭弟子ニ相成候上琴・三味線相習ひ、夫々渡世いた
し来候由ニ御座候

[資料二十八]「上田座之心得、二」

十三　上田座之心得　二

一、座元之儀は高官もの相勤申候哉、高○官ニ無之候とも相弁候
もの相勤申候哉、座頭仲間ニ而取定奉願御聞済ニ相成申候哉
○附札
高官ニ而相勤候義ニ候、乍併病身又ハ不弁之ものニ候得
は、次官ニ而も弁候もの座頭仲間ニ而見立、座元ニ相定
届書ハ出不申候
一、殿様御吉凶之節座とも江被下物之事
○初心百文　内掛二百文　衆分四百文
勾当八百文　検校壱〆六百文ツヽ、盲女江百文ツヽ、
自他無差別配当銭施行有之候事
但承伝罷越候ものハ勿論、通懸り候座頭并瞽女之類
本文ニ准シ施行有之候、附年同法事有之節本文之通
り施行有之候、家中之面々格禄ニ応シ配当銭遣申
候、在町之もの身元ニ応シ配当遣し候事
一、妙音講と申座頭共寄合申候義其時々御届申上候哉
○其時々御届不申候
一、瞽女他所より御領分江入込候節、座元江付届等如何様取計
仕候哉

○ 配当屋江相届、其節扇子料廿四銅持参致候事、月々三日之礼相勤候ニ付、尚又座法之義為申聞候、遊芸或は按摩稼之座頭も同断之事

一、腰越村ニ配当屋御座候いつ時分より相建申候哉

○ 右村配当座ハ上田座之出張古来より立来候儀ニ而、一々取調ハ難出来候

十月　〔善光寺本願上人役人〕山極亦兵衛

〆

御紙面致拝見候如貴命寒冷相成候処、弥御安静御凌之条珍重御義奉存候、然は此程中松代表江御出向之処、右御領分之内ニ座頭共出入有之由、尤牧野島村と申処ニ座元相建居候処差縺候哉、御寺領座元之儀取調呉候様、其上当領分配《廉》当座ハ能定居候由ニ付、内々以手筋御内聞被御頼ニ付、則旧書別紙御廻し被成、爰許座元之惣而之訳柄下ケ札いたし候様、外壱枚は御心得迄ニ下ケ札致候様、是又被仰越御紙面之趣委細致承知候、然ル処房山配当屋ハ郡奉行支配ニ候得共、郡奉行之方ニ而取調候而は少々差支之廉も有之候間、拙者之場合ニ而取調申候而下ケ札致申候と致返進候御心得迄之事ニ而其御領法も有之候義ニ候得は、御用捨ハ御勘考之上御取計可被成候、類役共江御伝言之趣申聞候所、尚亦可然様伝被聞申聞候、春中は御変災有之御無難御凌珍重御事ニは候へ共、御難渋之始末致推察候、右之段御答義如此御座候、以上

十月十一日　孫太夫

亦兵衛様

追而見事之御菓子一折ニ被掛貴意、何も病人ニ忝存受納候、尚追而御礼可得貴意候、以上

〆

【資料二十九】「善光寺座之心得、二」

十四　善光寺座之心得　二

兎角不年之天気御座候得共益御機嫌能奉恐御座候、然は先日被命候義早速上田表江問合申遣候得共、未返書無御座候、今日又々申遣し候、参り次第早々可差上候、遅り候段御免可被下候、寺領之儀は瞽女ニ而三味線等教ひ申候ものも〔朱書〕「○○○○」座元之支配を請申候儀ニ御座候、延引申訳奉申上度如斯御座候、敬白

十月廿五日　山極亦兵衛

山寺源太夫

〆

【資料三十】「上田座之心得、三」

十五　上田座之心得　三

瞽女共之内医師江弟子入いたし針治・導引を習ひ渡世いたし候者、又は芸者へ弟子入致し琴・三味線を習ひ渡世致し候類座元ニ而頓着無之訳ニ候哉

御書面瞽女ニ而医師并芸者之弟子ニ相成、針治・導引・琴・
三味線相習而も渡世ニ致し候者座頭之仮師匠致座元之支配[朱書]「○○○○」
受候
但芸者ニ琴・三味線相習渡世ニ不致、親之手前ニ罷在候而已ハ座元ニ而
は頓着無之義ニ被存候
従昨夜殊の外寒気御座候得共、倍御勇健奉恐喜候、然は上田表
江申遣候返書延引ニ付、亦々申遣候処、漸昨夜返書御別紙江下
ケ札致参り申候、則奉差上候延引之段申訳申来候、上田表返書
私在所等之雑談も御座候間不入処覧候、追々寒気御深高奉祈
候、敬白
十一月朔日　山極定国
山賢君

[資料三十一]「瞽女之儀ニ付中野陣屋元分加判荻野広介江問合御札共并公義御触書」

十六　中野陣屋元分加判荻野広介江問合付札共

領分内百姓町人女子盲人ニ而琴・三味線・按摩・導引を渡世ニいたし候共、瞽女ニは一体頭無之ものニ付、座頭之之[衍]支配を受可申筋ニ無之候処、多分ハ右芸業を座頭之弟子ニ相成、指南を受候より自然と座頭之進退を受候様仕来候共、右先輩之瞽女共後輩之瞽女共江琴・三味線等之指南いたし候上ニ付、仕来と唱多分之祝物等を貪り、後輩之もの迷惑ニ及候様之不正之所為有之節ハ領主役場ニおゐて其もの父兄一同召出し正路之筋ニ申渡、何も座頭共可差綺筋無之候得共、若心得違瞽女共ニ一味いたし彼是差綺候共、瞽女は元より頭無之ものニ付、総而領主役場之申渡ニ従可申訳、況而正路之筋ニ申渡候儀可差綺訳ニ無之旨得と為申聞候而不苦候哉、若又強而我意申募候ハヽ、如何取計可申哉、其段取調惣録所江引渡為取計可申物ニも可有御座候哉

○附札
本文之内瞽女は一体頭無之ものニ付、座頭之支配を受可申筋ニ無之と之儀、一般ニ掟相聞候儀とも不相聞哉ニ心得罷在候、既ニ先年於御奉行所瞽女・座頭共在方止宿之儀ニ付御紏之節左之通

此儀従古来在方順行仕候節相対ニ而一宿を頼廻在仕候、勿論飯料等差遣候儀も無御座候得共、申伝候迄ニ而一宿一飯を請廻在仕候儀仕来ニ御座候、此儀御武家方ニ而は御先格を以御祝儀・御祝物頂戴仕候義ニ御座候、百姓町人之儀は分限ニ応し申請候儀ニ御座候、以上
年号不知
申六月　竹村検校惣録

右書面之趣は事柄相違いたし候得共、瞽女之名目を加惣録江御紏も有之候上は、渡世之職業ニ寄惣録之支配進退[朱書]「○○」を請候廉[朱書]「○○」も可有之、乍併総而御領主御役場ニおゐて正路之筋被仰渡候儀を座頭共差綺我意申募候ハヽ、御取調惣録江

被成、御引渡は勿論之義ニ可有之と被存候

一、琴・三味線・按摩・導引之諸芸、座頭共之職業ニ相定り候筋ニは有之間敷、百姓町人之忰盲人ニ而右諸芸を渡世いたし候ニは検校之支配を受可申訳ニ而、音曲は夫々指南者も有之、按摩・導引之類ハ医術之一端ニも候得は、倶ニ座頭之職業と定り申間敷、乍去按摩・導引は座頭之職業ニ定り候掟も御座候哉、且女子之盲人は必す父兄之手元ニ罷在取締もいたし候ものニ候得は、右諸芸を受候者ニ無之、其父兄住所之村所役人之進退を受候筋ニ而、宜敷御座候儀哉

○本文盲人ニ而針治・導引は座頭之職業［　　］〔二定カ〕候儀可有之、女子之盲人父兄之手許ニ罷在ルとも、右盲人之職業を以渡世いたし候ものは検校之支配を不請と申掟は有之間敷哉ニ被存候

一、百姓町人之女子盲人ニ而座頭共之弟子ニ相成候を瞽女と唱、左様無之を盲女と唱候様ニ座頭共相心得候趣ニ候共、是ハ仲間限り之唱癖ニ而世間並而通之唱ニは有之間敷候得共、万一何歟掟も御座候義哉

○本文女子之盲人座頭之弟子ニ成候を瞽女と唱、左様無之ものを盲女と唱候儀は座頭仲ヶ間一般之差定と相聞候得共、往古何れより免許と申程之掟といたし候掟は有之間敷哉ニ被存候

但瞽女は有髪之尼と唱、嫁女ニは不相成、若右法合を犯候得は、其所之座元ニ而取調候由、座頭共申伝居候趣ニ有之候［　　］

右之趣心得罷在度奉存候、尤其御支配之内ニも座元配頭之類有之候ハヽ、右仕来之様子も被仰下候様致度奉頼〔願〕候

本文仕来と唱、祝物を貪候次第は盲人之女子瞽女仲間江弟子入之節、膝付と唱、金三両并赤飯酒肴差贈、座頭仲間瞽女仲間一統江幾人ニ而も一人ニ付鳥目五十疋ツヽ差贈、其芸能免許之度毎に多分之贈物いたし候事

○本文祝物を貪候次第は其所之仕来ニ而多少とも座主江差贈〔朱書〕候由、併身分柄不相当之儀有之差縺出来候節は時宜ニ応し「○○」改正申付候而可然義と心得罷在候儀ニ有之候

○右御書取を以御問合之箇条廉々趣意相弁不申及御答兼候得共、御懇意［　　］柄不取敢愚意下ケ札を以申上候得共［　　］被下間敷、右ケ条御心附之段至極御賢［　　］感銘仕候、当方ニ而も心得右申度ものニ御座候間、其筋江内々承合挨拶之次第ニ寄追而従是否申上候様可仕、別紙書類写壱冊は定而御記録ニ可有之ハ勿論之義候得共、愚意なから差上候間、御笑覧之上御取捨可被下候、将又忰江珍石名筆御恵贈御教示被仰下、御厚情千万難有奉多謝候、御礼別段足書可仕本意ニ御座候処、此節御取箇調中甚以混雑罷在、其義無御座略義失敬之段御高免可被下候、以上

荻野広介

山源太夫様

[資料三十二]「盲人之儀ニ付御書付」（『徳川禁令考』前集第五巻、一三一頁［二七六二号、安永五年十一月八日］参照）

［略］

[資料三十三]「盲人之事」（『徳川禁令考』前集第五巻、一三四頁［二七六七号、文化十年三月十九日］参照）

［略］

[資料三十四]「天明乙巳八月御書付左ニ出」（『徳川禁令考』前集第五巻、九五頁［二六九七号、天明五年八月五日］参照）

［略］

[資料三十五]

附録

文化十一子正月、上州邑楽郡板倉村外壱ヶ村盲人座門入は致候得共、有髪ニ而罷在座法相背剃髪不致旨惣録板倉之検校代より石川左近将監御勘定奉行の節訴出［　　］、両人共差紙ニ而呼出、利解申聞候儀有之候［　　］、三味線師匠江盲人共儀入門いたし候ものハ検校支配ニ成候節相願候得は、検校方ニ而有髪を差免候由其節申立候

[資料三十六]「上田様衆ニ而御奉行所江御問合ニ相成候御附札」

十七

天保三辰年七月廿九日御奉行所江伺書差出御附札左之通、

百姓町人之忰盲目ニ而致渡世候者之儀ニ付而は安永・文化之両度御触有之候得共、盲女之儀は右御触之趣ニ而は難相分、都而盲人之儀は男女共同様ニ而御座候哉、女は差別ニ而も御座候哉、此段御問合申上候、以上

七月廿九日　松平伊賀守家来 小林源右衛門

書面盲人之儀ニ付安永・文化之度御触有之候得共、右は全［朱書］「○男子之儀ニ而、瞽女ハ検校之支配不相成、芸者を以渡世いたし不苦筋ニ候得共、多分座頭共之弟子ニ相成、音曲等習受候事故其国所ニ寄座頭共之支配請来候場所も有之儀ニ付、芸業又は支配筋等及争論候儀ニ候ハヽ、其所之仕来争論之次第等委細ニ不被申聞候而は取極御挨拶ニ難及候

辰十月

[資料三十七]

一筆致啓上候、春寒之砌御座候□弥［　　］被成御勤珍重奉存候、然は座頭・瞽女等之儀当領内取扱方被成御承知度、御内々御頼越ニ付御別紙被成御廻し候間、追而否可及御報、去ル十月中御掛合申置取調候所御問合廉々御見競ニは相成間敷哉候得共、当城下町ニ座元有之、取扱方書留類別紙一綴差上可申候

間、御不審之義も御座候ハヽ、無御遠慮可被
仰下候、右件ニ得御意度如斯御座候、恐惶謹言

二月六日　　山路清兵衛
栄業（花押）
香西市太郎
義上（花押）

山寺源太夫様

［資料三十八］（資料六十四と同文）

当城下町ニも古来より座頭共之内座元□□□［と申者］有之、則領分中頸城郡一円内、松平日向守様御陣屋元、糸魚川と申所ニも座元有之、右糸魚川領相除其余は当所之座元ニ而座頭共之致支配来り候、瞽女共も同様致支配来り候、是ハ座元より惣録所江達し候儀ニは無之候得共、当所往古より之仕来を以座元ニ而差配いたし来り候由、右座元仕来ニは百姓町人都而何国何方之ものニ而も座頭仲間江音曲・針治・導引・按摩等弟子入之節師匠元江身分ニ応し祝物入門金等ハ指出不申、五節句ニは為礼師匠元江銀壱匁或ハ銭百文ツヽ、附届いたし候由、尤座頭之内衆分・打懸と申官有之、右官より以上之ものハ弟子取候而不苦候得共、初門［心］と唱候無官之座頭ハ弟子取儀不相成候仕来之由、座頭共官位披露之節は往古松平越後守様当所御領国□□□□［之節御家中］内ニ川口検校と申もの有之、其節□□□□□［より之取極仕来］ニ而同官ハ勿論無官之者共迄一統相招、本膳ニ而引もの等差出し、酒并肴五種も指出し披露仕来候得共、当時御趣意被仰出御節倹之御触渡も御座候ニ付、酒并麁肴之重詰三重ニ而披露いたし候趣、師匠も其席江相招候間、別段師匠元江金子等差出不申候旨ニ御座候、瞽女ハ瞽女之弟子ニ相成候、惣録所より之仕来り之由、是又師匠元江入門金等差出不申、五節句ニも座頭同様仕来候由、尤瞽女ハ音曲計之業ハ不苦候得共、針治・導引・按摩之義ハ稽古不相成、惣録所仕来ニ有之趣、瞽女名替披露之節ハ前々より酒并肴三種ニ而名替いたし居候、瞽女仲間計へ差出致披露、引物等不致候、師匠并座元も其席へ相招候間、別段金子等差出候儀無之候、其外琴稽古中伝授事等之節、表組金三百疋始メ身元ニ応し指出、中免之節ハ白銀三枚、奥免ハ白銀拾枚、其余ニ定メ無之、三味線伝授《シュ》事之節ハ身元ニ応し金百疋より弐百疋位迄差出し申候、別段五節句之附届等ハいたし来不申候由、右は当所仕来ニ而惣録所江達し候趣ハ無［衍］無御座候

一、当所座元仕来ハ御先代御領分之作法ニ而、近辺御料所等ニハ座元相立候事ハ無御座、往古より当城下町座元ニ而指配いたし居候、糸魚川座元江ハ何事も為申合候儀は無之、盲人座頭・瞽女共渡世之業入門いたし習受候にも入料多分ニ相掛り候儀無御座、依之先ツ盲人之身之上不如意之ものも業習兼候程之儀は無之候、瞽女共之仲間ニ而名替いたし居候瞽女を壱人瞽女頭と相唱、取締ニ立置申候、尤是ハ前々より座元限り之仕来ニ有之候由、座頭ニも官位之節瞽女共名替之節等ハ酒并肴三種差出し候儀、入料も為差相掛り不申、是ハ座頭・瞽

女共当人共渡世出精之上、其身之働によつて官位・名替等いたし候ニ付、別而難渋差支と申場合ニも至り不申候、検校・勾当等之仕置所より座頭之内不埒之筋有之仕置申付候共、一ト通座法迄之遠慮又は追込等之儀は座法仕来之任作法置候得共、閉戸之儀は領主役場へ子細を為相届、糺之上勝手次第ニ可申付旨申渡候事ニ御座候、右仕置中役場より用向有之候得は、不差構呼出、用向申渡候事も有之候、所払・追放之儀は当所人別帳之上江も相拘り候儀ニ付、領主之役場へ其子細為相届、篤と糺之上領主役場より所払・追放等ハ申渡候、且座元等之儀も座頭共依願人品相糺、領主役場より座元申付候儀も御座候

申二月

［資料三十九］

御尋ニ付奉申上候

御町并在中都而之もの并子供ニ至る迄盲人ニ相成、座頭之仲間入仕度節ハ衆分・打懸之者之弟子ニ相成候得共、披露振舞等不仕、右弟子之名前弟子ニ取候ものより座元江相届申候

但風呂屋、髪結、舟越、船大工、飴屋、能役者、川原者等之者は弟子ニ取不申候、仮親取仕候得は仲間入不苦候

一、打懸・衆分其上之官仕候節は同官ハ勿論無官之もの共迄先年ハ相招本膳ニ而引物等仕、膳後酒出し、肴五種も出し、披露仕候得共、当節御節倹之御触も御座候ニ付、麁肴三重ニ而酒出し披露仕置候

一、御上様より御定式之御配当被下置候分ハ御町中座頭共并瞽女共ハ不及申、其節在方より御町方江出掛り候座頭・瞽女共江も割渡申候

一、御町并在方より指出候配当之分ハ往古より配当組立置、其もの計江割渡申候、尤右組江加入仕度ものハ衆分ハ月ニ六日ツ、八ヶ月之間座本へ相詰申候而組入仕候、打懸之者ハ壱ヶ年と六ヶ月之間月ニ六日ツ、相詰候上組入仕候、且瞽女ハ前々より右配当之分ハ割渡不申候

一、瞽女ハ検校之指配ニ付座元ニ而差配仕来候間、瞽女共之内頭壱人立置諸事申渡仕候、且又前々より瞽女之弟子仲間入仕候得ハ勧進勝手次第為仕候、尤披露振舞等不仕候、其余仲ヶ間入不仕瞽女ハ俗盲女と唱、勧進一切相成不申、扨又名替出精仕候節物入等ハ自分貰集貯置候金銭ニ而名替仕候、仲間共計肴三種ニ而酒振舞仕、引物ハ仕不申儀ニ御座候

一、座頭并瞽女共出入等御座候節ハ瞽女ハ頭江申出、相済不申節ハ座元へ申出、座元手分ニ不及申節并座頭仲間出入も同様ニ付、御上様江御伺申上御指図奉請取計申候

右御尋ニ付奉申上候通相違無御座候、以上

弘化四未年十月

座元仮役
上職人町
満ツ都　印

町惣年寄御衆中

右書付奉指上候ニ付奥印仕候、以上

名主
小方羽右衛門　印

［資料四十］
天明二寅年役書留

口上覚

今度被仰聞候趣委細金子勾当へ相尋候之処左ニ御答申候御事

一、座法之儀何れ之御国法も同様ニ御座候由、検校之儀は一国を取計ひ、検校無之所ハ隣国迄も取計申候、并勾当之儀ハ一郡を取計、検校無之時ハ一国をも取計候由申之候、近々申上候ハ去年頃迄検校・勾当無之ニ付、御当所座元役之もの頭城十郷之仲間を手ニ付候而、御料私領たり共、或は遠慮、或ハ追込等迄ハ何方へも不及御断ニ申付候、勿論座元役と申候は検校・勾当之高官より申付候、此間迄ハ座元津弥都義ハ先年松岡検校より申付相勤候処、仲間へ非道成儀候故、大勢之仲ヶ間願ニ付金子勾当と松下検校之取計を以私江座元申付候様ニ申聞、前書有之候通座元さへ頭城十郷取計申候検校・勾当之儀は何方ニ而も軽キ取計、遠慮等之儀は御国法ニ御構無之事ゆへ不及御断ニ申付候、尤其砌遠慮之ものへ御国法ニ而何成と御用等有之節ハ遠慮ニ不相構罷出候、夫共閉門と申節ハ座法ニ而重々取計之儀故、御奉行所へ急度御訴ニおよひ、御領掌被下候上申付候御事、尤仲間ハ此方之仲間ニ候得ハ、御町並等ニ住居仕候者之戸口を閉候事故、是迄恐れ御訴申上候、其上無座と申候者官位ニ障り候事故、是ハ京都又は其時之品ニ寄御奉行所へも御断ニおよひ候由申之候、右体ニ座法相極り罷在候得ハ、松下検校へ私ニ罷越相尋候共、此外御答申候儀ハ無御座候間、此趣ニ勾当申上候様私ニ宜申上候様申之候

右は金子勾当江委細相尋候処御尋御座候、乍恐御口上書申上候、以上

寅九月

座元
幸之都

［資料四十一］
寛政五丑年

猶々本文ニ得御意候通酒井左衛門尉様、大久保加賀守様、内藤能登守様、御留守居へ承り含申候間、是亦御承知可被成候、以上

御状致拝見候、如仰追日暖和罷成候処、弥御堅固被成御勤役珍重奉存候、然ハ御城下ニ罷在候金子勾当之儀、同所ニ罷在候座頭之内壱人不埒之儀有之候間、御城下追放申付之旨其御役所迄相届候、座頭共不埒有之節ハ闕官或は追込様之仕置は勾当上ニ而存寄次第可申付儀ニ御心得被成候得共、追放・所払等之仕置ハ宗門帳にも附候儀ニ付、全ク国法ニ掛り候儀ニ而、勾当より自由ニ追放等之儀可申付筋ハ有之間敷様思召候ニ付、何となく

御差留置被成候段御紙面之趣御尤ニ奉存候、右ニ付外之様方江
も問合等いたし候所、何方ニ而も追放・所払等之仕置ハ地頭・
領主へ委細之訳相届候上、領主より右之子細吟味之上罪相当之
御仕置被仰渡之趣ニ御座候、尤吟味之上罪相分り兼御仕置御取
計難被成候ハヽ、右之ものより御吟味之節口書御取此方被遣候
ハヽ、寺社御奉行へ内々相伺、其上任御差図可申渡儀ニ御座候
間、此段左様御承知可被成候、右御報如斯御座候、恐々謹言

遠山作市左衛門
二月晦日　牧野新之丞

新島奥左衛門様

[資料四十二]

享和二戌年八月十六日寺社御奉行堀田豊前守様より伺書へ御附
紙相添御渡左之通

別紙写

榊原式部大輔越後国
頸城郡高田城下
病死　金子勾当
前座元　琴之都
当時仮座元　雪之都

右勾当より琴之都江座元申付置候処取計方不宜、座元指免雪之
都と申座頭へ当時仮座元申付置候処、其後仮座元ニ而は一体座
頭共之上難相納候ニ付、誰成共仲广之内相撰座元役申付呉候様
雪之都願出申候、然ル処是[とカ]まで領主より座元申付候例無御座
候、併座頭共之上一体ふり縮相成候ハ如何ニも御座候ニ付、
願之通聞請候而領主より座元申付候而も不苦儀ニ御座候哉、此
段奉伺候、以上

八月　榊原式部大輔家来　山川弥助

書面座元之儀御領主ニ而糺之上御申渡有之候而も不苦儀と存候

[資料四十三]

乍恐以書付御答奉申上候

盲女共仲間江入門之節膝付として師匠江金三両差出、其外仲間
江祝物等配候儀、且琴・三味線・針治・導引も同様ニ有之哉、
当御町座元ニ而ハ右様仕来と申聞候得共、証拠も無之事ニ付、
新法ニ而も有之哉御尋ニ御座候
此段私共一座は山中ニ御座候得共、座頭計瞽女と申は先達而
申上通り無御座候、勿論赤田村ニ壱人御座候得共、是は一体
気不足ニ而御座候得は、仲間と申上候も恐入候、是ハ壱人も
のニて難渋致し候得ハ、滝一と申仲間助力之ためニ弟子ニ致
し呉候、委細之義は[朱書「○○○○○○○○」]相分り不申候得とも、乍去師匠江は格別
之事ニ候得共、仲間江は右様之儀承り不申候間、此段奉申上

候、以上

弘化四未年十一月　　田野口村
座頭　級一㊞

郡御奉行所

［資料四十四］

一翰呈上仕候、違例之暖寒凌能事ニ御座候、益御安健被為渡奉拝悦候、然は省之輔江毎度御懇書被成下殊結構之御品頂戴被仰付、御厚志之程海山難有段、是は心外御誠情打過多罪奉正脚候何分御海恕可被下候、扨亦省之輔方へ御書留御廻し被下拝見先書も申上候通、右一条是迄取扱候儀無御座、一向不弁之筋之筋［衍］ニ而、御答違却仕候得共、御懇情ニ随ひ乍失敬愚意下ケ札を以申上候、御笑覧之上御取はなし被下度、譬ハ御城下町ニおゐて瞽女糸竹之芸を以渡世仕候節は其所之座元江名弘祝物差送候儀は仕来ニ任セ仕向候を座元ニ而幾許ならてハ不相成と申私欲之筋は不法ニ可有之歟、入門之祝物ハ尚更其所之並合可有御座、極難渋もの等は聊施計ニ而相済候趣ニも相聞申候、御否有之ニ申上候、月廻御繁務無と奉深察候、折角御保護偏奉願上候、右之段申上度御請延引罷成候段御高免可被下候、書外後便万々可得貴意候、以上

十二月六日　　荻野広介

山源太夫様

［資料四十五］

［一］、其御支配所内座頭仲間支配又ハ座元抔と申もの有無之儀并有之候得は何れ之場所を限り支配罷在候儀哉、若無之候は座頭共何れ之配頭又ハ座元之支配を受罷在候哉

一、同盲人共琴・三味線又ハ按摩・導引之類を座頭又ハ瞽女之仲間江致入門候節、師匠元并仲間中江祝物等差定候仕来有無之儀并有之候得は幾許之之［衍］員数ニ御座候哉、且座頭と瞽女は据合も相違いたし候儀哉

但飯山長沼座等之仕来は如何御座候哉、御手近之事ニ候得は相知可申哉

右之趣乍御面倒御教示被下度奉希候

附札ニ而

本文座頭共之内官職重立候もの配当座元と唱、或は組頭と唱候もの共、其組合座頭共差配いたし場所之儀、飯山座は同御領分水内郡静間村より中野支配所同郡森村・高井郡田上村より同郡志久見村迄配当持場ニ有之候由、当時中野陣屋元ニは配当座無之、右は官職之もの無之ゆへと相聞、支配所水内郡戸草村ニ土佐都と申もの、右最寄之配当座と唱候由、右之外同様之もの数多有之候得共、一般ニ何れ之村より何村迄と聢と相極有之義とも不相聞、惣而先前之仕来ニ泥、自己之掟と被察、座元と唱候もの共当道略記ト申掟書所持いたし居候趣、いまた一覧不致候得共、盲人共渡世向之法度筋之已ニ而、免許之書記ニは有之間敷哉ニ被存候

一、本文座頭又ハ瞽女仲ヶ間へ入門いたし候節、師匠元并仲間中江祝物は其所之仕来ニ而、厚薄は其もの分限ニ応し候儀ニ而、幾許と差定候儀は有之間敷、素制外之身分臨機応変之御取捌ものと被存候

[資料四十六]

乍恐以書付奉申上候

当廿二日被仰付候趣奉畏候早速夜通シ帰村仕、翌廿三日御料所新野村武右衛門宅へ参り私申候ニは佐野村長蔵と申者ニ御座候、去十二月中親父病死被致候故、近々之内嫁取祝儀仕度ニ付、老母被申候ニハ私姉瞽女ニ仕立度旨ニ申候ニ付、貴殿息女ニ弟子入致度候間入料何程位金子相掛り候哉承り度存候為《ト》申候得共、武右衛門儀申候其息女初の入料多分ニ候得共、余り永々之事故相訳り不申旨仕切と申候故、無余義同村名主五郎右衛門と申者は私素知人ニ御座候故、右五郎右衛門方江参り申候ニハ今日当村之武右衛門方江参り、私姉弟子入ニ致度、ヶ様〳〵之次第候と右之趣相咄候処、五郎右衛門申候ニハ扨々気毒之至りニ候間、いつれ私より武右衛門方江参り相咄可申旨申候間、早速武右衛門方へ参り呉候処、右武右衛門儀御料所間山村と曽右衛門方江頼母志無尽ニ参り、留守ニ而女房計ニ御座候故、五郎右衛門同村之事故心安候故、女房ニ相願五七年此度金銀出入帳相為見呉候様申候処、同村名主之事故何之志ゐも無之古帳面不残相借、五郎右衛門持参いたし呉候ニ付、相改見候処、中ニ内下紙ニて表書ニかそ改名初の儀梅之市・房[寿]女弟子入雑用内記と相印有之候帳面ニ不残書留有之候通り、別紙ニ而奉上候、猶又其夜五ツ時分、右武右衛門間山村より罷返り候処、女房申候而ハ名主五郎右衛門今日被参古帳面不残持参被致候趣申之候処、武右衛門立腹致シ、右五郎右衛門方江参り有之之儀申候得共、帳面写取候後ニ候故何之趣も無之、右帳面武右衛門ニ渡し候処、甚多迷惑之趣ニて罷返り候間、私儀も其夜帰村仕候、早々奉申上候、以上

弘化四未十一月　　佐野村　長蔵

郡御奉行所様

[資料四十七]

更科村梅之市江弟子入入料覚

一、餅白米五斗
一、上酒壱斗八升
一、金三分也　梅之市江祝儀遣ス
一、同三分也　中間入祝儀ニ遣ス
一、同壱両三分ト百八拾壱文　肴油并品々入用

〆

外

三味線稽古中壱ヶ月ニ壱分宛遣シ候分

〆四両壱分也　梅之市江渡ス

越後高田城下茶町菊のと申者ヲ相願、琴仕込仕候雑用覚
一、金壱両弐分也　　琴表組授
一、同弐両弐分ト銀拾四匁　　琴中組授
一、同七両弐分ト三百弐拾文　　琴終奥組授
一、同三分也　　高田菊のへ祝義ニ遣ス
〆
右四口不残金子高田茶町菊のへ相渡ス、尤飛脚賃共ニ
松代房女〔寿〕琴八ツ橋流弟子入雑用覚
一、金三歩也　　松代中間入祝儀座本へ渡
一、同三分也　　房女〔寿〕江弟子入祝儀遣ス
一、餅白米八斗
　代金壱両壱分ト六匁四分
一、上酒弐斗四升
　代金三分ト四匁五分
一、金壱両三分ト壱〆弐百文　　肴品々仕出シ入料
　外　壱分ハ　　宿柏屋宗八遣ス
〆
右之金子不残本町柏屋宗八江勘定致シ相済之申候、其節親分
相頼申候御方
　片岡此面様
　世話人 片岡佐吉様

初の宿
橋本茂左衛門様
祝儀之節着物代覚
一、玉紬見甚綿入　壱ツ
一、結城綿入　弐ツ
一、上田縞綿入　壱ツ
一、じゆばん　壱ツ
一、煙管　壱本
　〆代金七両弐分弐朱ト銀八匁也
　尤仕立中綿品々代共ニ
右金子片岡此面様江御勘定奉申上候
一、黒小柳綿てん女帯壱筋、是ハ此面様より御祝儀ニ頂戴仕候
一、金弐朱と六百文　婦志拾本片岡此面様へ御礼ニ差上候
一、かみ代弐百文　柏屋女房江礼ニ遣ス
一、たび代三百十八文　柏屋御袋江礼ニ遣ス
一、百拾六文　柏屋男ニ遣ス
　外
　壱両三分也　壱ヶ月ニ壱分割合七ヶ月分
　〆茂左衛門様
一、壱分ト壱匁六分　じばん一枚代

一、壱両弐分　　来七月迄六ヶ月夫持米
　　　　　　　　渡ス茂左衛門様江
一、弐両弐分也　古琴壱ツ代払
一、銀拾匁也　　爪代江戸飛脚ニ払
　右之通武右衛門古帳面相写奉差上候
　毛頭相違之儀は無御座候乍恐奉存候

御領所
新野
百姓
武右衛門
同人子
かそ

右かそ梅之市弟子入之節改名かの、梅之市病死仕候而高田茶町菊のへ弟子入候節又々改名初の、松代房[寿]女弟子入候得共、元之初のと申由武右衛門申為聞候間、右奉申上候、以上

佐野村
長蔵
新野村
名主
五郎右衛門

右五郎右衛門儀は当年名主仕候得共、私素知人ニ御座候ゆへ同道ニて武右衛門方へ参り、私并五郎右衛門ニて立合之上面談いたし、右写取奉申上候、以上

飯山町
御奉行所様

[資料四十八]

御尋ニ付乍恐以書付御答奉申上候

私儀師匠江弟子取候祝儀万端御尋御座候
此段私七才之時節御抱次摩一弟子ニ相成、通ひ稽古仕、歳暮之儀は年々五十疋ツヽ、差遣候ハ覚イ御座候得共、弟子入祝儀は如何御座候哉、幼年ゆひ相分り不申候、拾ヶ年前南郡五左衛門様御親類先松井田宿仁右衛門子とも私弟子ニ取候節、祝儀百匹、翌年歳暮弐百匹、琴表七組教ひ候祝儀百疋ニ小杁一丸貫候処、とも義江戸表江罷越度候ニ付、右百匹ハ銭別差遣申候、其砌私岩市方江稽古ニ罷越弟子入祝義ニ是承り候得ハ、並方三両位と申聞セ候、其後奈良井村出生当時紺屋町山田や表借屋は助郷宿罷在候多喜寿弟子ニ仕候節、祝儀は極難渋者ニ付勘弁仕、いヶ程成共心掛次第申受候、乍去並方と申義承り置候間、仲間御座候ニ付目録へハ三両と書印可被遣候と申上候も岩市より承り置候ノ已、外ニ此廉証拠と申義何ニ而も無御座候、尤目録紙之儀は紛失仕候義御座候
右御尋ニ付有体奉申上候、此上御情之程奉仰候、以上

東条村南組
増寿

弘化四未年十一月

郡御奉行所

前書之通増寿奉申上候処承り届奥書印形仕奉差上候、以上

右村

［資料四十九］

瞽女仲革弊之儀ニ付伺稿

懸り両名

名主　金作
組頭　平左衛門
長百姓後役　与五左衛門

飴屋座頭論争之儀ニ付先達中申立於江府其向御内問合有之、右書類御渡被成下候間相心得、町奉行一同追々取扱候処、飴屋を職下りと申唱候段は座頭共心得違之趣を以相詫可申、乍然飴屋之家内人別ニ而ハ瞽女仲間江弟子入受不申候仕来之由ニ而、飴屋ニ無之者仮親分ニ相成り、弟子入受可申旨申之難心得事ニ候得共、飴屋納得も可致様子之所、瞽女共弟子入之節膝付と唱、祝物金三両并赤飯酒肴差添、師匠瞽女江相贈、惣仲間一統江一人ニ付青銅五十疋ツヽ相贈候仕来ニ付、其通ニ無之候而ハ弟子入一切難受、其上今年内ニ無之来年と相成候而ハ年柄悪敷師弟之間ニ祟有之候迚、是亦難受旨申之居候所、段々扱人有之惣仲間五十匹ツヽ之銭は空目録計ニ而も勘弁可致候得共、師匠江膝付金三両之儀は聊減少難致旨申之、飴屋に於而ハ前御遂穿鑿候所、土口村慶弥娘盲人いす義瞽女歌寿江弟子入之節、金三百疋ニ而相済候趣も有之候得ハ仕来と申義難心得、且一体余力も無之身分ニ付、何分入料金壱両位ニ而事済候様致度、其節ニ相成り夫も出来兼候趣申居り、双方折合兼候迚扱人も呑余之当惑致候旨ニ而手切申立候、依之深議仕候処、瞽女仲間申合之次第仕来と申立候得共、従来証拠も無之様子、仮令仕来ニ有之候共、弟子入之節右体多分之入料を掛候儀は有之間敷事ニ而、目明候者諸芸指南之上ニも未相聞不申儀ニ候得は、如何ニも弊害之風習ニ而不埒之義と可申候、右様ニ而は幸ニ余力有之者は差支も有之間布候得共、難渋之ものハ必至と差支可申儀、此度を幸ニ右弊風相改り、世間並方手軽之祝物ニ而弟子入受候様申渡可然筋と存候得共、瞽女共之儀も座元ニ而取扱候様ニ相成居、座元之儀は江戸惣録所之掟も可有之候付、座元心得方相尋候処、別帋　印之通ニ付御席中ニ条元分ニ問合候所、別帋印之通申聞候、然所右書面中針治・導引ハ座頭之職業ニ付、弟子入いたし候分云々と有之、都而音曲は頓着無之義と御座候趣、盲人之儀付従公義被仰出候別帋　印之趣は琴・三味線・針治・導引と有之候、如何ニも針治・導引も医術之一端ニ有之候得は、必座頭之職業と申訳も有之間敷、音曲社一体瞽者之職業共可申を却而右は頓着無之等之儀は何歟確証御座候儀も被存候得共、相弁兼候義ニ付、彼是符合不致候趣、尚又再問合可仕共と存候処、弥瞽女仲間之弊風改革申渡候ニは万一心得違申義申、座元江手寄り惣録所迄も挨拶いたし埒もなく相拒候様之儀有之間敷ものニも無之候得は、其節之為ニは迚も其向江御内問合有之候儀ニ無之候而は心扣ニも相成不申候間、別帋　印草稿之趣御問合之

儀、於江府御留守居江被仰渡御座候様仕度奉存候、尤前条申上候次第ニ而右弊風改革之儀は御領民後来迄之為筋ニ而、是亦乍恐御仁政之御一端と奉存候、右之品御留守居ニ而も厚相否御問合取計候様仕度奉存候、然上弥瞽女共は弟子之外ハ座元之取扱を受不申物と相成、且ハ素人之弟子に相成候も有之、又瞽女之弟子ニ相成候共勝手次第之儀、且右ニ不拘弟子祝物等之儀は正路ニ申渡、惣入料二百疋位ニ而相済、惣仲間江配物等為相止候様相成候得は、甚便利好相成候所、此節之様子瞽女仲間以之外権高ニ構へ可悪程之大言を申罵、一同申合之様子何共苦々敷相見、何れニも革弊之時節到来之勢ニ相見申候、牧座、善光寺座を初、上田、須坂、中野、高田諸座之様子も内穿鑿仕候処書類之通御座候、右書類相添其段奉伺候、以上

十一月　　両御役方

[資料五十]「瞽女共之儀ニ付問合大意」

[略、資料三十一の抜粋]

[資料五十一]

㊃　回章

飴屋座頭一条如何にも折合不申、多宮殿も段々厚御含被下候儀、実ハ此場ハ三両ニ而済し候とも、飴屋娘の為ニは不宜と申意も深切ニ御答被下候所は当人ニも身ニ取感戴可致を中々片意地ものニ候得ハ、是非と申張居候、於私も種々申宥候得共、何分聞入申間敷勢ニ御座候、然上ハ一体弟子入ニ三両其外配物等ハ仮令仕来ニ而も不可然候義、全弊風ニ付改革申渡可然筋、然申渡候ニ何も子細無之事とハ奉存候得共、万一彼是申出候節ニ而は手後にも可相成、又座元ト離合之程も判然といたし兼候もの旁、御問合もの丶様にも奉存候、未書類不揃候分御座候得共、先及御相談候、尤ヶ様伺もいたし候上ハ御評義次第瞽女共をも、先房寿ハ乃会村之人別早々申諭見候方ニも奉存候、彼是思召被仰下候様奉存候、以上

十一月九日　　源太夫

荘　蔵様　御尤奉存候

金　吾様　左右ニ候

音　門様　御手数之義御尤奉存候

多　宮様　別紙ニ認取間之上申候、御勘弁被下候

丈　助様　前後無御座御尤之義定奉存候

[資料五十二]

㊄　　多　宮

御回章并別帳御取調、向之御問合之後御煩労千万ニ存候、段々御精力ニ而双方之入組ハ悉く平穏候処至極ニ至り、兵助娘門入祝物之一条より乱れ御手数義誠歎息之次第奉存候、然上尚又是迄之仕来不宜旨申廉を以、其向御問合と相成候も不十分之様にも愚意ニ存候、御近領等迄も如斯御穿鑿被下候上ハ相違も有之間敷、又国所ニ寄候而ハ仕来区々之事も可有之、松代座之事ハ

村々牧座・善光寺座共ニ御手内之義ニ候得ハ、兵助娘門入祝物過当之処々ニ不相当之御一席之御評義相聞候上ハ御伺意御手限御改革有之候とも子細有之間敷、
　此処兵助娘門入ニ而是まて之仕来通りニ而為相済向来を改革仕候方か、兵助娘門入已前是まて之仕来相止メ改革仕候方か
右万端愚意決し兼候間御評義奉願候、
右段々御書類ニ而再回、愚考之処認被申候、尚御評義可被下候、以上

[資料五十三]

㊅　再回章

瞽女弟子入祝物等之儀ニ付、及御面談候処、各様思召御書添被下辱奉存候、殊ニ多宮殿厚御考被下委細之御書取之趣一々御尤奉存候、右程々被思返被下候ハヽ、乍不及何と歟御一同申諭候ハヽ、何様盲人ニて不弁別ニ候共存付可申義と奉存候、扨飴兵娘門入前後之所段々厚御考も被下候所、中々革弊之上ならてハ都而片意地ものニ付迚も承服仕間敷候、此上ハ万ヶ一娘不為ニ相成候共、夫は度外ニ至候外無之、又能一同可込候得ハ、敢而後難も有之間敷歟申諭候ニは、座頭共之配物も有之候間

中町　座元　城稲
会村　瞽女　房寿
東条村　政寿
紺屋町　歌寿

右瞽女共ハ身寄差添所役人も呼出し可申事、扨弥申諭と取懸り候ハヽ、多分治り不申候得共、一件も長引候義、旁舎人殿江は一通り書類を以御聞置被下候様仕候方共奉存候、扨又申諭之大意左之通ニも可有之哉

門入祝物配物之事仕来りとハ乍申、慥なる証拠も無之、御近領等ニも右体之事不相聞候へハ、何れにも身分相応之祝物心次第ニ差出し、互ニ深切を尽し合候様いたすへし、一体盲人ハ世間並方之営もいたし兼候ものゆへ、△御上ニ而も御吉凶共御施物も被下置候、御家中より在町ニ至まて、吉凶ニ付配当施行之事も有之程之義ニ而、人の憐を受ル身分ニ候得は、仲ヶ間相互ハ尚更ニ憐合可申事、然ル上ニは門入祝物之義ハ世間並方よりも手軽ニと社取極へきを、左様無之多分之入料ニ及候義ハ、仮令仕来候共不宜事ニ付、向後相止メ如何様ニも手軽ニ可致旨を反復可申諭事

△多宮殿附札

施物配物之多少是まて承知候義ニ無之、今度飴屋一件より細ニ及穿鑿候処、過分之事殊ニ御近領等も及詮義候処、〇〇〇〔マヽ〕之当座ノ已仕来と申候、多分様々相聞、一体盲人ハ世間営もいたし兼、彼是御文略を以前文之趣を以

申諭之内へ御加へ可被成下方哉
右等之物ニも可有之哉、旁得と御勘弁思召被仰下度奉存候、何
分飴兵此場ニ而ハ落着候様子奉存候内ニ、私までハ申出候義ニ
御座候、以上

十一月十日　源太夫

荘　蔵様　御尤奉存候、両端之処ハ丈助殿書取同意前之方哉奉存候

金　吾様
多　門様　瞽女とも近年御家中稽古多故哉、受領之趣ニも為聞候而、夫となく是等も御席ニ御押置ニ而ハ如何

多　宮様　御同意奉存候、別紙迄も両端之所御決し被下度、何分御諒察可被下候

丈　助様　別紙愚意認候とも洩ニ御座候

[資料五十四]

七　愚意　丈　助

御回章被仰諭兵助娘門入前後之儀再応愚考致候得共、是と申見
込も無之処事品ニ寄候てハ其侭以来ハ加様ニは無之而ハ相済兼
候事も可有之所、門入配物之儀御役向ニも是迄承知之儀ニ無
之、今度之御詮義一条ニて始而承知候得は、過分之儀、拟右ニ
付而は御近領等は如何と詮義之所右様過分之事無之、如何ニも
当所之仕来過分之事ニ候へハ、今度より改候様ニと被仰含御座
候共、敢而飴兵之為と申嫌疑も有之間敷哉、向来之儀を今度よ
り改革之事ニ候得ハ、苦間敷様ニも奉存候が如何可有之哉、取
組思之事之筆歟、猶候得は外之趣御勘弁被仰越被下度奉存候

[資料五十五]

八　回簡

座頭飴屋一件変災中書類源太夫差出一渉り一覧之上及御回覧置
候通、飴屋兵助義如斯剛胆者ニ候得は、不容易六ヶ敷も可相成
哉奉存候処、山源・寺多申談、或申諭、或扱人等為立入種々為
嗳[扱]、座頭ハ飴屋を下り抔申出候儀相詫可申趣、飴やハ娘之仮親
を取、門入為致可申趣ニまて相成候処、弟子入之節ひざ付金一
条ニ而又々申済相破レ、嗳[扱]人共手切之儀申出候ニ付、夫より上
田座、善光寺座、山中座等山源手ニ而悉穿鑿、中野等へも問合
之上多分之弟子入入用弊風改革より外無之、右ニ而は公辺御問
合有之様致度趣大意三印之通相認、四印之通及面談候処、五印
寺多存念ニ御近領迄も穿鑿之上ニ而候へハ公辺御問合も不十分
ニ付、御問合等不及改革申含可然と申出候ニ付、尚六印之通再
評座頭・瞽女へ申諭方等迄相認、先内々相窺候、右致愚考候
処、最初ハ座頭・瞽女共之方いかニも押領如何敷儀之様ニ存、
夏中山源江申含候儀も有之候へ共、此節之処ハ兵助方余りニ強
情不埒之様ニ存候へ共、ひざ付金三両其他多分之雑費ハいかニ
も過当之儀ニ而、弊風と存候之間、向来之儀を改革申諭候は至
極可然事ニ御座候、然る処前々夫ニ付済来候を今度飴屋強情よ
り無余儀改革と申ニ而ハ飴や之為ニスル改革ニ而御政上ニおゐ
て難相済、否物と存寺多書面中可写分相認候初筆之方忘心ニ存
候事ニ御座候処、七印丈助相認候通、今度門入配物等之儀役場
ニおゐて初而承知、御近領とハ相違過分儀ニ付如何敷候間、後

来改革と申筋ニ相成候へハ、飴屋之為ニスル改革ニ不相当と存
知候へハ、此場ニ而ハ子細無之儀之様ニ奉存候、如何之ものニ
可有之哉、何れ両御役へも相尋可申候得共、思召候は可被仰下
候

十一月十八日　　舎　人

石見様　弊風革レ改無論と存候、尚両御役へ御尋候、以上

頼母様　多宮五印ニ依而山源六印回章之趣尤之儀、過当至極之弊風
奉行ニ初而承候間、右ニ而改革無論之義○

○事ハ飴屋より出候得共、弟子過当之謝物之儀ハ、飴屋より発改革スル訳ニ無
之義、丈助七印ヲ不待明然タル事と存候、扨夫ハ夫也、金吾・音門書添之
通、瞽女共押領厳重故ヒシメ度、別而房寿ト申者姦佞ナル者、此後も飴屋弟
子之事可然と存候

［資料五十六］

⑨　　兵　庫〔前島、大目付〕

座頭飴屋一件之儀ニ付、御別紙御書類を以御尋之趣評儀仕候
処、御評議之趣、頼母殿御書添之趣ハ御尤之儀、別段存念無御
座候、以上

十一月十九日

［資料五十七］

⑩

座頭飴屋之一件御尋御評儀之趣御尤奉存候、頼母殿御書添之場
是又御尤之儀奉存候、以上

十一月十九日　　左　門〔玉川、中老職〕

［資料五十八］

十一　回章

八印回章へ段々御書添被下忝奉存候、両御役江も相尋候処、
九、十印之通申聞候、然る上ハ弥改革申諭可然存候、此一件
段々夏中御聞ニも入置候事ニ候間、明深一応御賢慮可奉伺哉と
存候、思召御引可被仰下候、以上

十一月十九日　　舎　人

石見様

頼母様

［資料五十九］

座頭飴屋一件去年中より事発、既釜元一件ニ付春中其向へ御内
問合も申立御留守居江被仰渡、東条様御挨拶振等も被仰遣、其
趣源太夫江申含、其後いかニも片付兼候処、変災中飴屋多々之
強訴等も有之、郡町評義上取扱人を入彼是取扱候処、座頭之方
ニ付飴屋を下りと申候儀ハ侘いたし可申趣、飴屋之方ニ而ハ仮
親を取門入不差越と申趣ニ迄も相成候処、門入之節入用多分ニ

相掛り候後ニ而又候事破レ、取扱人破談之趣申立候ニ付、御近領等穿鑿之次第を初別紙書類之通ニ而、此上ハ弊風改革之外無之趣ニ三奉行評儀内々相伺候、依之八印已下致評義御伺等ニも不及、弊風改革之儀評決申達候、尚御勘弁御評義之上御賢慮御伺可被仰聞候、以上

十一月十九日　　舎　人

御用番様　○

○致承知別段存念無御座候、致評儀伺之通被成下御書添候間書類一同差越申候、十一月廿八日認置

江ノ壱

座頭と飴屋之一件御在所御評義書類を以御尋御座候処、右御評決之趣ニ而可然奉存候、別段存念無御座候、以上

要　人［池田、中老職］

江ノ二

評義

座頭飴屋一件御在所評義申来候趣御中老相尋候処、別段存念無之旨申聞御同意ニ御座候、思召候ハヽ可被仰下候、以上

十一月廿八日　　主　水

壱岐様　　存念無之御座候

江ノ三止

座頭飴屋一件御在所評儀申来候趣、別段存念無御座候、評義仕奉伺候

主　水

御書添

伺之通

［資料六十］

石見様

頼母様　　舎　人

座頭飴屋一件於江府評義伺済申来候、元来内伺之義山源召呼改革之儀、兵助へ不拘之趣ニ而申渡候様可申渡哉と存候、思召候ハヽ可被仰下候、以上

十二月五日

［資料六十一］

一印　乍恐以書付御請奉申上候

針治・導引・琴・三味線稽古門入之節、祝物并仲ヶ間配物等之儀、是迄及承候儀も無之、去午年以来東寺尾村兵助女子門入一件より追々遂穿鑿候所、祝物配物等多分之儀ニ相聞、仲ヶ間仕来之趣候得共慥成証拠も無之、御近領等ニも右体之事不相聞候得は、全当座之仕来事ニも可立之所過分之趣ニ相聞候間、何れニも身分相応之祝物心次第差出、互ニ深切を尽し合候様いたすへし、一体盲人は世間並方之営も致兼候もの故、御上ニ而も御

吉凶之御施物被下置、御家中より在町ニ至迄吉凶ニ付配当施行之事も有之程之儀ニ而、人の憐を請候身分ニ候得は、仲ヶ間相互は尚更憐合可申事、然上は門入祝物等之儀は世間並方よりも手軽ニと社取極へきを、左様無之多分之入料ニ及候儀は、仮令仕来ニ候共不宜事ニ付向後相止如何様ニも手軽ニ可致、尤是迄之儀は不被及御沙汰候旨委細被仰諭之趣、仲ヶ間一統江申進、銘々難有承知奉畏候、然上は是迄仲ヶ間門入之儀仕来ニ御座候共相止、向後仲ヶ間門入之節は師弟之間柄ニ而身分相応如何様共手軽く仕、不実合之儀無之深切を尽し候様可仕候、自然仲ヶ間之内相背候ものも御座候ハヽ、当人は不及申上、私共一同如何様被仰付候共、一言之御恨申上間鋪候、為後日御請証文奉差上所如件

弘化四未年十二月

中町 仮住居 座元　城　稲

紺屋町 きん子 瞽女惣代　歌　寿

会村 新兵衛姉 瞽女惣代　房　寿

郡御奉行所

町御奉行所

前書之通御請奉申上候趣承届奥書印形仕差上申候、以上

中町 名主　伊兵衛

紺屋町 長町人　織之助

会村 名主　六右衛門

組頭　丹　蔵

長百姓　巳之助

同断　与惣左衛門

〔資料六十二〕

二印　乍恐以書付御吟味下奉願候

東寺尾村兵助儀、盲女壱人御座候所、瞽女房寿方江入門為致度申入候所、座元ニ而申候は飴辻売渡世之者は職下り之旨ニ而仲ヶ間之内入門不相成段申候付、右兵助儀座元城稲を相手取奉願候所、御吟味之上双方江御理解仰含被成下置候而、東寺尾村治右衛門、中町伊兵衛両人立入被仰付奉畏、是迄双方江数度申含候所、右一条甚込入和談整兼候付、紺屋町定右衛門、東寺尾村惣助尚又立入被仰付、右四人ニ而双方申含、右職下りと申候儀は全申過ニ付、立入人を以相談兵助承伏仕、且又同人女子い

そ儀、右治右衛門仮親ニ罷成聟女房寿方江門入之儀相頼候所是又承伏仕此度入門仕、往々双方不実合之儀無御座様憐合可申、右ニ而一同申分無御座、懇和融仕偏御威光と難有仕合奉存候、然上は右一件ニ付重而双方御願筋毛頭申上間敷候間、御情此上之御吟味御流内済御聞済被成下置候様懸り合一同奉願上候、且又訴答より奉差上置候書類御下被成下置候様奉願候、為後日訴答一同済口連印証文奉差上処如件

弘化四未年十二月

東寺尾村 願人 兵助
名主 立入人 治右衛門
組頭 仙左衛門
同断 富蔵
長百姓 立入人 惣助
中町 仮住居 座元 相手 城稲
立入人 名主 伊兵衛

郡御奉行所
町御奉行所

紺屋町 同断 定右衛門

［資料六十三］

飴屋座頭一件□之儀申上

山寺源太夫
寺内多宮

旧臘中も粗以口上申上置候東寺尾村兵助より座元中町城稲相手取願出候一件より、聟女仲間入門祝物等之儀付不正之趣相聞候間、已後之儀申諭、別紙一印書面之通受書差出し、引続一件之儀も別紙書面二印之通和談相整、吟味下願申立候付承届申候、書類相添、此段申上候、以上

正月

両御役

［資料六十四］

［略、資料三十八と同文］

［資料六十五］「御尋ニ付奉申上候」

［略、資料三十九と同文］

［資料六十六〜六十八］天明二年九月、寛政五年二月、享和二年八月の座頭座関係文書

[略、資料四十〜四十二と同文]

[資料六十九]

以剪紙致啓上候、薄[　　]申上候処、愈御安全被成御勧珍
重奉存候、然は座頭・瞽女取扱之方之儀ニ付、去冬中御内々御
頼越ニ付当城下町之座元有之取扱方書類壱綴当二月中差進候
処、以来迄□御[　　]得とも罷成可申旨ニ而被入御念候□紙
[　　]且右御挨拶之為御験御国座之[　　]紙壱束歟被
懸貴意候御恵投被下、笑留□□旨痛入不浅忝奉存候、右件之重
役共江[　　]差図次第受納可致、夫迄は御[　　]置
□□当三月中得其意置候処、今般受□可致候旨重役共江申聞候
付忝受納致し□□は御礼御報旁可得其意如此御座候、以上

五月三日　　山路清兵衛
〔香西市〕□□太良

山〔寺〕□源太夫様

追啓得其意候時候折承参御□護候間方□専要奉存候、以上

（『東寺尾村飴屋兵助女子一件』信濃国松代真田家文書）

弘化三年（一八四六）六月、現愛知県江南市。中般若村、瞽女へ合力支給

（表紙）
「弘化三年　中般若村
午免割麦下用帳
六月吉日　庄屋弥右衛門」

[略]

覚　長右衛門

[略]

一、八文　をぜ（ママ）

[略]

一、廿四文　をぜ三人

（『江南市史』資料三、古文書編上、二二八頁、二三〇頁）

弘化三年（一八四六）七月十九日、現熊本県。肥後国、瞽女の歌った唄（『弘化日記』）

十九日、肥後の瞽女照寿来て三絃を弾ず。京歌「あらはれ草」「松竹梅」「ゆき」「越後獅子」「根引の松」江戸歌の由、「花車」都合六曲。

（『随筆辞典』第二巻、一五三頁）

弘化三年（一八四六）七月、現熊本県熊本市。熊本城下、市中風俗取締方に関する覚　→次項

一、女子三味線致稽古内、以前者さらへ講と唱、衣服・弁当等
華美ニ仕出、所々寺院等ニおいて仰山ニ致興行来候由之処、
市中取締付而持出興行之儀ハ一切差留、其段者瞽女・座頭共
江茂及達候ニ付、当時之処ニ而者瞽女・座頭宅之外所々江持出
興行之儀者大略相止、瞽女・座頭宅ニ而致興行候節茂弁当等

至而簡易ニ相成候由、併瞽女・座頭共之内家宅間狭ニ有之者等ハ、御府外なとへ持出興行仕候儀も有之歟ニ相聞、左様之節女子之内稀ニ者芸ニ懸り候節御制度之衣類相用候様之者も有之哉ニ相聞申候事

（『新熊本市史』史料編、第四巻、三五〇頁）

弘化三年（一八四六）九月、現熊本県熊本市。熊本城下、市中風俗取締方改革に関する意見書　→前項

一、女子共三味線致稽古候内、色々名目を付過分之礼物を出、相伝事いたし候儀等ニ付而之事

此儀者御取締後一統致遠慮、踊者一切稽古いたし候者有之間敷、三味線相伝事之礼銭者座頭・瞽女共より数量を究、望ケ間敷儀者無之、女子之親々より身代相応々々ニ差遣候得者、多少ニ不係相伝いたし候由、尤三味線さらへ講と唱、間ニ所々江持出候様之儀茂有之候得共、多者座頭・瞽女之宅ニ而相催候よしニ付、右所々江持出候儀を猶被制候ハヽ、宅々之さらへ講にても女子共衣服等弥以質素ニ相心得候様町方役筋より心付ニ相成候様被仰付候ハヽ、先当時之姿者至極宜方ニ而可有之由

（『新熊本市史』史料編、第四巻、三五七〜三五八頁）

弘化三年（一八四六）十二月、現長野県飯島町。七久保村（幕府領）の村議定書（書き下し文）

弘化三丑年十二月、南北議定書付の事

［略］

一、瞽女《ごぜ》・座頭《ざとう》止宿《とめやど》飯代・合力銭《ごうりきせん》、別々に取り扱い、別割りに致すべき事。

（『飯島町誌』中巻、四三六〜四三七頁）

弘化四年（一八四七）三月、現埼玉県川口市。横曽根村

（表紙）
「弘化四未年
当未宗門人別書上帳
三月　　武州足立郡
横曽根村」

［略］

一、真言宗旦那寺当村吉祥院㊞　三太郎地借

瞽女　くみ　当未五十六歳

くみ弟子　同　いき　四十五歳
同　同　まき　廿三歳
同　同　きよ　廿六歳

同　同　ちと　廿壱歳
同　同　たか　十九歳
同　同　こふ　拾九歳

同　うた　同　廿四歳
同　ちよ　同　十四歳
同　すい　同　九歳
同　とり　同　三十歳
同　なを　同　廿三歳

人数合拾弐人瞽女

（『川口市史』近世資料編、第一巻、六〇四頁、六四四頁）

弘化四年（一八四七）四月九日、現静岡県御殿場市山之尻。山之尻村（庄屋の日記『歳中記録帳』）

一、九日午、雨ふり申候、風は少し御座候、昨夕ごぜ七人泊りニ相成候、雨天故逗留仕候、夕方出立仕候、

（『御殿場市史史料叢書』第二巻、三五八頁）

弘化四年（一八四七）五月三日、現愛媛県上島《かみじま》町岩城《いわぎ》。高原の瞽女「小雪」の窃盗事件（『岩城村内外諸雑記』）

[説明文]

同年（一八四七）五月四日朝、同村の組頭役四郎から、昨三日に村方××〔ママ〕好蔵というものが来て「高原の瞽女小雪が、同組三六方で着類を盗んだということを聞いたので、同人方に参り聞糺したところ白状した。この旨を三嶋新地の市詰役人へ申達すべく、同所××〔ママ〕頭助左衛門まで申通そうと思うので、このお届けを申上げる」と申し出たという。

（『岩城村誌』上巻、二四四頁）

[岩城村庄屋の律平、大庄屋宛の手紙、事件のもみ消し方を依頼]

熊啓上仕候、然者村方瞽女小雪と申もの、十二月二十七日並当二月二十日・十八日都合三度、村方百姓三六と申もの方にて古着物三枚手違仕候趣、村方××〔ママ〕共聞付、其段三嶋新地市詰御目付所御闇手筋へ申出候旨、右御役手懸り合に相成候時は、御役所替りと申、甚以事面倒可有御座奉存候間、右御闇手筋へ別箋の通内談仕候間、此段御含御役所表の処、可然御取成可被下奉願上候、彼ノ方模様相分り次第追々可申上候

五月十三日　律平

庄屋当テ

（『岩城村誌』上巻、二四五頁）

[別箋]

村方瞽女小雪と申すもの、去る十二月並当二月両度、村方三六と申もの方に数々の品手違仕候哉の旨、村方××〔ママ〕共より其御役手へ御内達申上候由、右は先達而村役人場へ御聞込居申候由に付、右儀手違仕候者其侭に御難捨置故、其段御上達可仕候処、同人儀も未若年にて子供同様の者、殊に親類迚も難渋もの、此

由に付、御城下表へ御召寄と被相成候時は、農事繁多の節、甚以迷惑其儀に付、何卒村役人場において糺方被仰付候様、尚又是式の儀一円村役人場取計も不仕、御上御苦労罷成候由恐多、此儀御憐察御下知被成候様、御内々御代官所表御伺申上置候処、未だ御考中にて御下知御座候べき由、其役所においても其旨御含、御糺の儀御用捨被成下候様には相成申間敷哉と委細内談御座候処、即答も難相成に付、得と相考及返答に可申旨、御申聞候事

（『岩城村誌』上巻、二四三～二四四頁）

弘化四年（一八四七）五月、現宮崎県。延岡藩の瞽女人口 ↓

文政十一年（一八二八）五月、安政六年（一八五九）五月、万延元年（一八六〇）五月、文久元年（一八六一）五月、文久三年（一八六三）五月、元治元年（一八六四）五月、慶応元年（一八六五）五月、慶応二年（一八六六）五月

（表紙）
「弘化四未年
御領分宗門人別勘定帳
五月」

御城附
一、五百四拾四人　内　こせ壱人　南　町
一、四百三拾九人　内　こせ壱人　柳沢町
一、千三拾四人　内　こせ壱人　大武町

宮崎郡
一、六百三拾一人　内　ごぜ壱人　中村町
大分郡
一、九拾六人　内　ごぜ壱人　高取村
一、七百九拾弐人　内　こせ壱人　下光永村

（『御領分宗門人別勘定帳』内藤家文書）

弘化四年（一八四七）八月十七日、現東京都青梅市新町。新町村、組外の瞽女締出しなどに関する規制

（表紙）
「弘化三午
御用留
午ノ正月　新町村」

［略］

一、近来瞽女多人数ニ而村々軒別歩行候ニ付、中ニ者若者共右ヲ止メ置酒之相手等ニ致し数日逗留為致置候趣有之由、右者兼而被仰渡置候農家風儀ニ抱り不宜、自然農業怠り猥ケ間敷義も出来致、且又壱人立候老人之瞽女等山中江迷ひ入、或者玉川附嶮岨之道路ニ差掛り難義及候類も有之、万一怪我等致候而者其所迷惑而已ならす出生村江対し不実之取計ニも相成候間、今般寄場惣代共より関東御取締御出役様江申立置候間、以来御改革組合村々之内瞽女ニ限り志シ差出し、外組合村々瞽女之分者一切申断り、止宿者勿論報謝不出候様当組聢

と取究候上、隣組寄場村々江も示談致度候間御承知之上取締
行届候、上者外寄場宿村役人中江示談仕其組限相互ニ扶助
致、他組遠方迄稼ニ不出様申合せ、其段当組合瞽女江も惣代
共より急度可申聞候
右之趣御承知之上村名下江御印形可被成候、此廻文追而御出役
之節奉御披見候早々御順達留りより寄場青梅村へ御返し可被成
候以上
　　未八月十七日
右之趣御達申上候、以上

　　　　　　　　　　　　　　青梅村
　　未八月十七日　　　　　　　名主　弥左衛門印
　　　　　　　　　　　　　下師岡村
　　　　　　　　　　　　　　同　千右衛門同
　　　　　　　　　　　　　友田村
　　　　　　　　　　　　　　同　五郎助右衛門
　　　　　　　　　　　　　乗願寺村
　　　　　　　　　　　　　　同　源左衛門同

御取締筋　　　　　　　　　　　中山道板橋宿
急御用向　　　　　　　　　　　御用元
未八月廿二日　多摩郡青梅町　　越生如意村
卯上刻出ス　御役人衆中　　　　名主　弁之助
　　　　封印

右御封状八月廿二日夜亥上刻箱根ケ崎村より請取即刻青梅村
江継立申候
（『東京都古文書集』第三巻、七一頁、八二～八三頁）

弘化四年（一八四七）十月二十四日、現千葉県船橋市藤原。藤原新田、瞽女の来村

（表紙）
「丁　弘化四年
　　御　用　留
未　七月十九日ヨリ　　藤原新田」
［略］
一、十月廿四日　瞽女弐人泊り　　葛西新川組
（『船橋市史』史料編三、六一二頁、六四九頁）

弘化四年（一八四七）十二月、現埼玉県坂戸市赤尾。赤尾村、浪人・座頭・勧化・瞽女の宿割

（表紙）
「弘化四丁未年
御礼銭并御焼印改野廻歳暮水溜入用武蔵野千駄萱嶋田堰代村
役人出勤入用伊草平塚両渡シ浪人座頭勧化瞽女諸宿割
　右高壱石ニ付鐚七拾九文六分かけ
大井并大宮迄出勤人馬賃銭割
　右高壱石ニ付鐚八拾七文七分かけ

十二月　　　　赤尾村

取立人 当年番 組頭忠造

（『坂戸市史』近世史料編二、六八〇頁）

弘化五年（一八四八）正月、現山梨県北杜市須玉町東向《ひがしむき》。東向村の夫銭に関する定

追儀定書之事

［略］

一、御せ（瞽女）・座頭之義者賄継送り共名主元ニ而可仕候事

（『須玉町史』史料編、第二巻、三六三〜三六四頁）

嘉永元年（一八四八）二月二十九日、現新潟県長岡市の南部。長岡町「上組」の座頭・瞽女人口

（表紙欠）

一、申年宗門御改人数増減目録

［略］

都合壱万七千弐百弐拾四人

内

五拾五人　出家

内

拾弐人　禅宗

弐人　真言宗

四拾壱人　浄土真宗

弐人　神主

壱人　社人

三人　女禅門

壱万七千九拾三人　百姓

内

八千三百九拾三人　男

八千七百壱人　女

〆

拾弐人　座頭

六人　こせ

［略］

弘化五申年二月廿九日　上組

割元仙右衛門印

（村松金子家文書、［二八四・D三一二］）

嘉永元年（一八四八）六月二十八日、現高知県。土佐藩、「座頭浄瑠璃語ル儀被差留事」（『憲章簿』盲人之部）→安政六年（一八五九）六月五日

覚

御城下ニおゐて座頭幷其余たり共、浄瑠瑠［璃］語候儀風義を損し、御当節之御趣意相背候儀ニ付、向後屹度被指留之。右之通被仰

付候条、郷人共へ猥之儀無之様、支配中へ入念可触聞候。已上

嘉永元申年六月廿八日　浅利喜平
後藤助四郎

原　善　助殿
山岡　太左衛門殿
長崎　茂　平殿

右之通被仰付候条、各被得其旨支配中へ入念可被触示候。已上

同日　原　善　助
山岡　太左衛門

（『憲章簿』第五巻、五一五～五一六頁）

嘉永元年（一八四八）六月、現千葉県成田市。埴生郡成田村、座頭「左近之都」の件に関する注進（状）　↓嘉永元年（一八四八）十二月

乍恐以書付ヲ御注進奉申上候
堀田備中守様御扶持頂裁（戴カ）
江戸小川町飯坂検校之弟子
当時当御領分
埴生郡成田村百性（姓）才三郎家督
住（注）進人
盲人　光昇都

右盲人煩ニ付代
召仕　源右衛門
右成田村組頭源五右衛門借地
座頭　左近之都
目安（注）

右履慶光昇都義煩ニ付代召仕源右衛門乍恐御住進奉申上候、光昇都義去ル巳年迄ハ飯坂検校方ニ罷在候処、成田山不動尊江心願御座候ニ付、成田村□□（虫損）善之丞方ニ三七日止宿□□（虫損）心願成就之上、成田村盲人座頭左近之都方ニ二ケ月余リ之間高直（値）成旅籠代相払按摩渡世致居候、然ル所□（右左近之都カ）義平生□（虫損）奕を相好ミ光昇都を相進メ候得共、光昇都義元より博奕等ハ一切嫌へニ（ミカ）付、更ニ相交リ不申候ヲ殊之外致嫉妬彼是諸事相拒之候ニ付、同居も難相成無拠左近之都方江別住居仕度旨及談方ニ候処、同□（人カ）より被申渡候ハ弥□（虫損）方義別住居いたし度候ハヽ、早々成田村ヲ立退可申様被申渡候得共、未タ不動尊江心願中殊ニ成田村ニ致渡世久々住馴土地ヲ相放候茂難渋ニ付、無拠其段師匠飯坂検校方江可相達与存居候折柄、去未ノ春右飯（坂脱カ）検校成田山江御下リニ付得能キ幸ヲ候事ニ存□（虫損）段相□（達カ）候処、右飯坂之義ハ当御領分盲人取締リ被為成候義ニ而、早速旅宿江左近都呼寄右□□□（虫損）之由、右光昇都ニ不限遠近之盲人尋来リ、成田村ニ住居渡世いたし度申入候ハヽ、慥成店請ヲ□□（虫損）書付□□（虫損）請取渡世為致候様□（虫損）ハ不及□（虫損）不取締無之様大切ニ可相守旨被申渡、左近之都無申分□□（虫損）を以相詫事済ニ相成リ申候、此段乍恐奉御

住（注）進申上候

一、御領分萩山村履慶奉申上候、私義当正月中按摩渡世致度成田村江罷出、則座頭左近都殿方へ参り候処、不残遠近之盲人博奕致候中ニ而、□（虫損）左近之都私欲ニ重リ私ニ博奕を取掠メ候ニ付、無拠少々仕候処、是迄右様之義ハ不存申事故、終ニ被押負厳敷催促ニ被及同居も難相成、無拠同村親類江引越渡世致居候処、同居不致候而者、成田町内へ按摩渡世難相成早速当町可立退与被追立難渋残念至極ニ奉存候、又其頃佐倉出生之盲人履扇与申者若気之至リニ付、右座頭左近之都ニ被取掠博奕ニ被押負衣類不残被剥取帰宅も難相成、無慈悲（是非）佐倉親人江及沙汰ニ候故親人迎ニ参り連レ返り候始末少茂相違無御座候、□（虫損）左近之都義平生共ニ御法度之□（筋カ）をは渡世ニ致其上座頭之威光を振舞、遠近より数多盲人不動尊へ参詣并按摩渡世ニ参り候盲人右様之始末ニ落入歎敷次第ニ奉存候間、今般光昇（注）都履慶両人共不奉顧恐多茂御取締様御廻村先江此段御住進奉申上候、此義□（虫損）御思召候御儀も御座候ハヽ、被為御糺明候ハヽ、明白ニ相分リ可申事ニ恐乍（ママ）奉存候、何卒以御慈悲大勢盲人其外諸人之難渋之始末等御救ひ□（虫損）候様無□（虫損）、今般右之段御住（注）進奉申上候、以上

一、左近都ヶ条之義荒々奉申上候、当申ノ正月壱ヶ月□（虫損）人弐拾五人宿いたし候、壱人前雑用汁ニ香之物ニ而百三拾弐文□（此カ）飯料代一日□（虫損）之残リ外ニ博奕之寺銭壱分有之、左候得者一日ニ金弐分宛余金有御座候□（虫損）盲人之者風分（聞）ニ被申聞候事

一、左近之都囲瞽女みき□（虫損）同人近所江借家為致□（虫損）候、此瞽女女房同様ニいたし、自分女房ニ馴合ニ而□（虫損）渡世之金銭欺シ取ニいたし候得共、此瞽女壱人暮シニ而金子四五拾両も有之候趣ニ而、年ニ四五両之儀ハ余リ難義とも存不申候趣、乍然人々□（虫損）極悪□（虫損）左近之都□（虫損）被申聞候事

右御住（注）進之趣□（虫損）我等御師匠飯坂検校様へ相願可申哉ニも奉存候得共、御府内御住居ニ付博奕御制方迄ハ行届キ申間敷□（虫損）奉存候、［□（虫損）］御住（注）進奉申上候、此上多数盲人之者共［□（虫損）］差当無之候得者博奕ヲ相掠メ候者も無［□（虫損）］上候、以上

右之段当春中御住（注）進可奉申上之処、若［□（虫損）］候御儀奉恐入候［□（虫損）］

嘉永元年申ノ六月

□（江戸）小川町飯坂検校弟子

住（注）進人
光　昇　都
盲　人

佐倉
御□（虫損）
召　仕　源右衛門

（『成田市史』近世編、史料集、五上、一〇一～一〇三頁）

嘉永元年（一八四八）八月二十日。江戸市村座初演（西沢一鳳

軒『絵入稗史《せうせつ》 蕣《あさがお》 物語』。天保三年［一八三二］正月二日初演

『生写朝顔話』を改作した戯曲）→文化十一年（一八一四）正月、天保三年（一八三二）正月二日

［序幕。宇治蛍狩の場。登場人物——宮城阿曽治郎。秋月娘、深雪。母、操。瀬田伝蔵。藪野久平］

後《うし》ろ一面《めん》に浪《なみ》の張《は》り物《もの》、手摺《てず》りのやうにして、爰《こゝ》に綺麗《きれい》なる屋形船《やかたぶね》、一面《めん》に障子立《しやうじた》てあり、浪《なみ》の音《おと》一セイにて道具納《ぐをさ》まる。ト直《す》ぐに独吟《どくぎん》になる。

〽よるべ渚《なぎさ》のあま小船《をぶね》、いづく泊《とま》りと不知火《しらぬひ》の。

トこの唄《うた》のうち下《しも》の方《かた》より小船《こぶね》に宮城阿曽治郎《みやぎあそじらう》、瀬田伝《せたでん》蔵《ざう》、藪野久平《やぶのきうへい》、着附《きつ》け袴大小《はかまだいせう》にて、提《さ》げ重《ぢう》を出《だ》し、酒盛《さかも》りしながらよき所《ところ》に出《で》る。

伝蔵　ヤア、弾《ひ》き居《を》るぞ〳〵。

久平　あの屋形船《やかたぶね》と見《み》えるわえ。

伝蔵　声《こゑ》はよいが、唄《うた》が解《わか》らぬ。

久平　イカサマ、唄《うた》が聞《き》きたうござる。

ト始終酒盛《しじうさかも》りしながら捨《すて》ゼリフよろしく、阿曽治郎《あそじらう》、棹《さを》をさして

阿曽　アイヤ、随分唱歌《ずゐぶんしやうか》は解《わか》ってござる。あの琴歌《ことうた》は不知火《しらぬひ》と申《まを》して、九州菊地《しうきくち》の秘曲《ひきよく》にて、あの外《ほか》十八段《だん》の浪返《なみがへ》しと申《まを》す手《て》がござる。西国《さいこく》にさへ弾《たん》ずる者稀《ものま》れなるに、誰《た》が伝《つた》へて、ハテ奥床《おくゆか》しい。

伝蔵　イヤモ、我《わ》れらなどは唄《うた》の事《こと》は一向《かう》なもの、咲《さ》いた桜《さくら》に駒《こま》つなぐ心《こゝろ》なしでござる。

久平　それ〳〵、酒《さけ》と肴《さかな》で気侭《きまゝ》より外《ほか》に存《ぞん》じませぬて。

伝蔵　併《しか》し、あの音声《おんせい》では定《さだ》めて顔《かほ》も美《うつく》しからう。あの障子《しやうじ》を開《あ》けて唄《うた》はいでなア。

久平　イヤ〳〵、障子《しやうじ》を開《あ》けて二度悩《どびつく》り、思《おも》ひの外瞽女《ほかごぜ》かなぞではあるまいか。

伝蔵　イカサマ、さう聞《き》くと盲目《めしひ》のやうに聞《きこ》えまする。

阿曽　イヤ〳〵、あの女《をんな》は瞽女《ごぜ》ではござるまい。

両人　そりや又《また》なぜでござります。

阿曽　さればサ、すべて女《をんな》の声《こゑ》は陰声《いんせい》と申《まを》せども、盲目《めくら》は分《わ》けて陰《いん》なれど、あの声《こゑ》は陰中《いんちう》に陽《やう》を含《ふく》み居《を》れば、女《をんな》は女《をんな》なれど、両眼《りやうがん》は明《あき》らかと存《ぞん》じられます。

伝蔵　イカサマ、目明《めあ》きと聞《き》くと、一倍顔《ばいかほ》が見《み》たうござります。

［略］

阿曽　イヤ、それは格別《かくべつ》、先程《さきほど》あれにて承《うけたま》りました爪音《つまおと》こそ、あれは筑紫《つくし》の松浦検校《まつらけんぎやう》が手《て》を附《つ》けましたる、不知火《しらぬひ》と申《まを》す調《しら》べにて、かゝる秘曲《ひきよく》は都《みやこ》といへど、知《し》る人稀《ひとま》れなるに、何国《いづく》のお方《かた》でござりまするか。卒爾《そつじ》ながら承《うけたまは》りたうござります。［略］私《わたく》し儀《ぎ》は西国方《さいこくがた》の浪人《らうにん》、をこがましう名乗《なの》りますやうな者《もの》でもござりませぬが、兎角《とかく》に律《りつ》の調《しら》べを好《この》みまする。それにつけて菊地家《きくちけ》には、菊《きく》の栞《しをり》と申《まを》す秘曲《ひきよく》がござる由《よし》、近頃馴《ちかごろな》れ馴《な》れしき申《まを》しやうながら、この

曲《きよく》をお聞《き》かせ下《くだ》されませうならば、喜《よろこ》ばしう存《ぞん》じまする。

操　これはマア、詳《くは》しう御存《ごぞん》じ。その唄《うた》は娘《むすめ》がよう覚《おぼ》えて居《を》りまする。最前《さいぜん》のお礼《れい》に、弾《ひ》かせてお聴《き》かせ申《まを》すでござりませう。ナウ娘《むすめ》。

［略］

［大詰。島田戎屋の場。役名――瞽女朝顔、実ハ深雪。戎屋徳右衛門。蛇遣ひ蛇皮六。番頭喜助。女郎おこん。同おとら。同おかつ］

かつ　なんと皆《みな》さん、どうで今夜《こんや》はやかましからうぞえ。

こん　サア、そのやかましいで思《おも》ひ出《だ》した。アノ此方《こつち》のやかまし屋《や》の喜助《きすけ》どんが、アノ瞽女《ごぜ》の朝顔《あさがほ》を附《つ》けつ廻《まは》しつ。

とら　それ〳〵、この間《あひだ》も道中《みちなか》で捕《とら》へて、手《て》を合《あは》せての無理口《むりく》説《ど》き。

かつ　これはしたり。また其《その》やうな蔭口《かげぐち》。喜助《きすけ》どんが聞《き》かんしたら、大抵《たいてい》の事《こと》ぢやあるまいぞえ。

とら　それでも、わたしらが聞《き》いて居《ゐ》るとも知《し》らず、たつた一度《ど》、それが嫌《いや》なら口々《くち〴〵》なりと、袂《たもと》を捕《とら》へて吸《す》ひ付《つ》いたり、呆《あき》れて物《もの》が云《い》はれぬわえ。ほんに厚皮《あつかは》と云《い》はうか、じんばり男《をとこ》と云《い》はうか。

ト此《この》うち宿引喜助《やどひききすけ》、番頭《ばんとう》の形《なり》にて窺《うかゞ》ひ居《ゐ》る。

喜助　そりや誰《た》れが。

とら　アノ宿引《やどひき》の喜助《きすけ》づらが。

ト顔《かほ》を見《み》て恟《びつく》りして

三人　ヤア、お前《まへ》は喜助《きすけ》どん。

喜助　なんだ、おれが尻引出《しりひきだ》すと、飽《あ》きもせぬ焼《やき》もち。朝顔《あさがほ》に惚《ほ》れたがなんぢや、彼奴《あいつ》に男《をとこ》がなけりや、おれも女房《にようばう》はない。すりや互《たが》ひに妻《つま》なし夫《をつと》なし、連立《つれだ》つて乞食《こじき》しても、わいらに三文《もん》も無心《むしん》云《い》つた事《こと》はない。あまりガヤガヤとかげ口《ぐち》きゝアがるな。アタ忌々《いま〳〵》しい。コレ、お客《きやく》が御膳前《ごぜんまへ》だ。台所《だいどころ》へ行《い》つて手伝《てつだ》へ。

［略］

大勢　朝顔《あさがほ》ぢや〳〵。

喜助　コリヤ。

ト囁《さゝや》く。

蛇皮　合点《がつてん》だ。

ト喜助《きすけ》は奥《おく》、蛇皮《じやび》六は下手《しもて》へ入《はひ》る。四つ竹節《たけぶし》になり、花道《はなみち》より朝顔《あさがほ》、石竹《せきちく》の切継《きりつ》ぎ衣裳《いしやう》、袖乞《そでご》ひの瞽女《ごぜ》の拵《こし》らへにて、琴《こと》を背負《せお》ひ杖《つゑ》を突《つ》き出《で》て来《く》る。後《あと》より子役大勢《こやくおほぜい》附《つ》いて来《く》る。

子一　コレ〳〵、盲目《めくら》の姐《ねえ》さん。

子二　常住弾《じやうぢゆうひ》かんす朝顔《あさがほ》の唄《うた》。

子三　三味線《みせん》や琴《こと》が聞《き》きたい。

子四　サア〳〵、早《はや》う弾《ひ》いて聞《き》かせて

皆々　下《くだ》されいなう。

朝顔　アヽ、これは〳〵、いつもお門《かど》まで参《さん》じまする、旦那《だんな》様方《さまがた》のお子達《こたち》。ドレ、御機嫌《ごきげん》をそこねぬうちに、お聞《き》かせ申《まを》しませう。

ト云《い》ひ〱舞台《ぶたい》へ来《く》る。この時喜助《ときゝすけ》出《で》て来《きた》り

喜助　ヤイ〱、イケやかましい餓鬼《がき》めらだ。早《はや》く帰《かへ》りやアがれ。

子一　ヤア、戎屋《えびすや》の男《をとこ》が怒《おこ》り居《を》つた。

皆々　早《はや》く逃《に》げろ〱。ワアイ〱。

トはやしながら下手《しもて》へ入《はひ》る。

喜助　エ、、騒々《さう〲》しい餓鬼《がき》めらだ。

ト朝顔《あさがほ》の側《そば》へ寄《よ》り

コレ朝顔《あさがほ》、今日《けふ》はまだ逢《あ》はぬの。マア〱、此方《こつち》へ来《き》やれ来《き》やれ。

ト四つ竹《だけ》の合《あ》ひ方《かた》になり、両人真中《りやうにんまんなか》へ坐《すわ》る。

ほんになア、目《め》かいも見《み》えぬが美《うつく》しい事《こと》わいの。日《ひ》がな一日宿中《にちしゆくぢう》を歩《ある》き廻《まは》り、さぞ草臥《くたび》れるであらうなア。コレ朝顔《あさがほ》、爰《こゝ》にも長《なが》う居《ゐ》やるが、この近所《きんじよ》でも何《なに》とか云《い》ふであらうが、在郷者《ざいがうもの》は油断《ゆだん》がならぬぞや。てんがう云《い》うても、決《けつ》して返事《へんじ》はしやらぬがよいぞや。どんな深味《ふかみ》へ嵌《はま》らうも知《し》れぬぞ。よいか〱。其方思《そなたおも》ふも身《み》を思《おも》ふぢや。コレ、うんと云《い》つてくれる気《き》はあるまいか。

朝顔　これは〱、見《み》る影《かげ》もない私《わたく》しを、有《あ》り難《がた》うござりますれど、男《をとこ》を持《も》つ事《こと》ばかりは。

[略]

徳右　ヘイ、あの唄《うた》は朝顔《あさがほ》と申《まを》しまして、年《とし》の頃《ころ》は十八九の女子《をなご》、可哀《かあい》い事《こと》には盲目《もうもく》でござりまするが、いつぞやから参《まゐ》りまして、あの唄《うた》を琴《こと》に調《しら》べて、袖乞《そでご》ひを致《いた》しまするが、根《ね》がうづ高《たか》いゆゑ専《もつぱ》ら流行《はや》りまして、あちらの座敷《ざしき》こちらの座敷《ざしき》と、今《いま》ではこの島田《しまだ》で流行《はや》りツ子《こ》でござりまする。

勇蔵　イヤ、成《な》る程《ほど》それは珍《めづ》らしい。イヤ、御家老《ごからう》へ申《まを》し上《あ》げます。その女《をんな》をこれへ招《よ》びよせ、朝顔《あさがほ》の唱歌《しやうか》を承《うけたま》はりまするは、如何《いかゞ》でござりませう。

[略]

段平　琴《こと》が上手《じやうず》で器量《きりやう》がよいとは、十分《ぶん》でござる。併《しか》し目《め》が見《み》えぬとは、惜《を》しいものではござらぬか。

勇蔵　どういふ身《み》の素性《すじやう》か存《ぞん》ぜぬが、不便《ふびん》な者《もの》でござる。

[略]

徳右　サア〱朝顔《あさがほ》、早《はや》うおぢやいの。

[略]

朝顔　ハイ、唄《うた》ひますでござりまする。

〽焦《こが》るゝ夫《をつと》のあるぞとも、知《し》らぬ盲目《めくら》の探《さぐ》り手《て》に、恋《こひ》ゆゑ心《こゝろ》つくし琴《ごと》、誰《た》れかは憂《う》きを斗為巾《とゐきん》の、糸《いと》より細《ほそ》き指先《ゆびさき》に、差《さ》す爪《つめ》さへも八橋《やつはし》の、やつれ果《は》てたる身《み》をかこち、涙《なみだ》に曇《くも》る爪《つま》しらべ。

段平　何《なに》をうぢ〱、早《はや》う唄《うた》へ。

朝顔　ハアイ。

ト朝顔《あさがほ》、涙《なみだ》ながらに琴《こと》に向《むか》ふ。

勇蔵　〽露《つゆ》の干《ひ》ぬ間《ま》の朝顔《あさがほ》に、照《て》らす日影《ひかげ》のつれなさに、あはれ一村雨《ひとむらさめ》の、はら〳〵と降《ふ》れかし。

成《な》る程《ほど》、奥《おて》にて歌《うた》ふよりは又《また》一倍《ばい》。よく〳〵見《み》れば、なか〳〵袖乞《そでご》ひをする女《をんな》とも見《み》えぬが、これには何《なん》ぞ仔細《しさい》のありさうな事《こと》なア。

段平　これサ〳〵勇蔵《ゆうざう》どの、あの器量《きりやう》で袖乞《そでご》ひをするからは、なんでもいがみ根性《こんじやう》でもあつて、親《おや》の勘当《かんだう》、一家《け》親類《しんるゐ》にも、見放《みはな》されたとかいふやうな事《こと》であらう。

勇蔵　イヤ〳〵、左《さ》やうとも見《み》えませぬ。コリヤ女《をんな》、そちや不義《ふぎ》いたづらであらうがの。

朝顔　イエ〳〵、なんのマア、左《さ》やうな事《こと》ではござりませぬ。

段平　然《しか》らば矢《や》ツ張《ぱ》りいがみ根性《こんじやう》。

徳右　イヤ〳〵、モシ、可愛《かあい》さうに、なんのそんな事《こと》でござりませう。コリヤ〳〵朝顔《あさがほ》、何《なに》もお慰《なぐさ》みぢや。其方《そち》がその落《おち》ぶれた事《こと》、お話《はな》し申《まを》しやいなう。

朝顔　サア、お尋《たづ》ねに預《あづ》かりまするもこの身《み》の懺悔《さんげ》、私《わたく》しも以《い》前《ぜん》はよしある武士《ぶし》の娘《むすめ》、小《ち》さ《ひ》い時《とき》に云《い》ひ号《なづ》けの、殿御《とのご》があつたとの事《こと》なれども、それはまだ東西《とうざい》分《わ》かぬうちの事《こと》、様《やう》子《す》あつて、父様《とゝさま》は御浪人《ごらうにん》なされて都《みやこ》の御住居《おすまゐ》、重《かさ》なる月日《つきひ》に人《ひと》となり、フツと見染《みそ》めたお方《かた》がござりまして、その殿《との》御《ご》の後《あと》を慕《した》うて、国《くに》を出《で》ましたのでござります。

（『絵入稗史《せうせつ》 蕣《あさがお》 物語』五四五頁、五六三頁、五六五～五六六頁、五七一～五七二頁）

嘉永元年（一八四八）九月二十五日、現高知県東洋町野根。安喜(芸)郡野根村、鳴物停止解除（北川家文書）

「(表紙)
嘉永元戊申年
養徳院様御通棺御用御触控
七月
」

［略］

覚

［略］

一、於二御町方一其職之面々、謡・鳴物并座頭・瞽女稽古引音曲之事。

右は　御継目御礼被レ為レ済候趣、追々御吉左右御到着之節より勝手次第。

九月廿五日

瀬戸保衛

森　勘左衛門

［略］

（『高知県史』近世史料編、八二五頁、八五五頁）

嘉永元年（一八四八）九月、現東京都福生市・昭島市拝島《はいじま》町。拝島村組合村々、座頭・瞽女の止宿に関する議定

議定書之事

一、御免勧化之外諸勧化新規御師之類共以後一切不相請継人足等茂同様相断可申筈

一、虚無僧之義是迄村々為穀代夫々仕切ニ相成居候処、向後右を相止メ今般御触之通相対可為致修行候筈
一、座頭之儀村継手引人足不差出、瞽女之儀最寄出生之者者格別遠方より入込渡せい多く候者軒別門付者勿論止宿等相断、尤全往返行暮候節者情を以止宿いたさせ候義者別段之事、且又瞽女・座頭共祝儀不祝儀等之節志次第を合力いたしねだりヶ間敷義者相用ひ不申筈
［略］
嘉永元申九月
拝嶋村組合村々連印
（『福生市史』資料編、近世一、一九五頁）

嘉永元年（一八四八）十月六日、十二日、現広島県。広島藩、「御用状願書控帳」、座頭・瞽女の名簿差出しに関する廻達

尚々座頭・瞽女共居不申村方者、其段村下へ御書入、留村より廻状日限迄ニ詰所へ御戻し可被成候、以上
以廻状得御意候、然者座頭・瞽女有之村々名面人別書記御指出可被成候、尤座頭・瞽女共組入者いたし居候得とも、廻在銀いまた得貰不申もの、并当時貰居候ものとも書訳、来ル十日迄之内御用便ニ詰所へ御指出可被成候、以上
十月六日
世話役年番　七左衛門
右村々庄屋中様

覚
一、去ル何年組入いたし其後何月より　何村　座頭誰
春秋両度ニ何程宛貰居申候
一、右同断　瞽女誰
一、組入いたし候而も廻在銀貰不申もの迄も、年月御書出可被成候
右者先達而相触置申候座頭・瞽女有之村々御達書区々相見へ候間、御吟之上前段振り合来ル十六日迄ニ詰所へ無間違御指出可被成候、以上
十月十二日
世話役年番　七左衛門
右村々庄屋中様
（『広島県史』近世資料編、第五巻、八〇二～八〇三頁）

嘉永元年（一八四八）十二月、現千葉県成田市。埴生郡成田村、座頭組頭「左近之都」の件に関する箇条書　→嘉永元年（一八四八）六月

組頭左近之都ヶ条書之事
一、十一月二日三日振舞之席ニ而並居候座之次第申上候、壱番上座組頭左近之一、左之方次上座履宝都、次之上座無官之清法、其次代玄脇座取持人祖父源右衛門、其次脇座玄底、次左近之一女房、左近之一右方上座取持人医師武田衛守、右脇座信清、同次脇座履底、同脇座左近之一囲瞽女みき、極下座光

昇都（一）、右之通リ居並候、殊ニ無官之清法、履宝一、光昇都（一）与呼捨ニ而折々高声等出シ喧嘩口論等仕出シ、時々抓合抔致候段、座法ニ可有之哉、組頭之並居候座鋪ニ而乱妨之始末、此段御窺奉申上候

一、佐倉ニ而寄合有之由右掛リ差（マヽ）不出候ニ付、諸々より貰請候祝儀割呉不申旨、光昇一義ハ佐倉寄合之訳ケ一切相弁へ不申、然ル所、其後諸掛リ差出シ候而も、光昇一方へハ割呉不申、諸々より之祝儀左近之一方江請取候名前荒増書上、御伺奉申上候

一、金弐朱土屋村新屋より

一、金弐朱小四替（マヽ）酒やより

一、銭五百文樽壱ツ御手長祝儀

一、同五百文成田村叶やより

一、同成田村桜や松五郎より

一、同五百文同村長谷川より

一、同三百文日吉倉より

一、金壱分千住宿御手長祝儀

三月七日

一、金壱分御手長祝儀　四月七日

外壱〆（貫）九百文位名前相弁へ不申候

〆（金）三分ト（銭）三貫九百文荒増之処ニ御座候

一、去未ノ帯解婚礼之祝儀七両弐分位へ、此内金壱両弐分土屋村文四郎殿壱軒ニ而、左近之一方へ差出候由、又ハ私存不申候分何程有之候哉

一、申ノ帯解村方近村　一、金弐朱土屋村五郎兵衛

郷歩（部カ）より成田村田丸屋、同鍋店、同駿河や、同三四郎、同松屋、同九兵衛、同次郎兵衛、同佐吉、同筆子師匠、荒増之処奉申上候、然ル所、如何之存念ニ而光昇都方へハ割呉不申候歟、此段御窺奉申上候

一、信栄、信長、長悦、右之者共義、組頭左近之一方より八方より右同人方江請取候祝儀一切請取不申候旨、慥ニ及承リ候得共、引合之義ヲ恐レ急度ハ申兼候趣、風分（聞）ニ聞および候事、

一、履慶義、当正月両三日之間、親類之方へ参リ安（按）摩致候迚、左近之一方ニ同居不致候ヲ憎ミ、成田村を被追立残念至極之旨ニ而、何方歟立退候始末、此段組頭之御座法ニ茂余リ非道之様、乍恐奉存候

一、左近之都囲瞽女みきと申者、同人近所ニ店持ニ而按摩渡世致候得共、店振舞も不致、按摩渡世茂一向差障リ等無御座候始末、且又信清と申盲人店持ニ御座候得共、此者義ハ左近之一方へ金子弐分相渡シ、店振舞も不致罷在候趣、然ル所、光昇都義ハ武田衛守殿ヲ相頼ミ、困窮ニ付官途金ニ茂差支候始末ニ付、何卒金壱両歟壱両壱分位ニ而取斗へ頼入候得共、聞入無之、前書申上候通リ万端ニ而、金子四両ト弐百八拾八文被相掛候儀ハ、組頭之御座法ニも存不申、依怙贔屓之致方、此段幾重ニ茂御賢慮程奉御窺申上候

嘉永元申年十二月　　成田村
光昇都（一）
御仕□《置カ》所　　祖父　源右衛門　印
飯坂検校様
御取次中様

（『成田市史』近世編、史料集、五上、一〇三～一〇四頁。同書一〇五頁に「光昇一仲間振舞一件につき済口仮証文」の関連文書あり）

嘉永二年（一八四九）三月十五日、現福岡県北九州市小倉北区菜園場《さえんば》。菜園場村の火災　→次項

一、同年［嘉永二］三月十五日夜八ツ時分、菜園場村本家為左衛門君自宅南ノ簷下ヨリ出火、居家三間十一間東西カギ村、稲家・牛屋・馬屋一棟二間九間、灰屋二間三間焼失、其外類焼小子自宅三間九間半東カキ村、平蔵居家・牛家、熊蔵居家也、外久蔵跡盲女独居の小屋、以上五竈也

（『中村平左衛門日記』第一巻、六五頁）

嘉永二年（一八四九）三月十六日、現福岡県北九州市小倉北区菜園場《さえんば》。菜園場村の火災　→前項

一、今朝六ツ時分金田村井生壮太郎方より飛脚到来、菜園場本家・小子自宅焼失致候趣申来ル
［略］
外ニ久蔵跡ニ盲女一人住居、是ハ小屋と同様の家也

（『中村平左衛門日記』第八巻、四六頁）

嘉永二年（一八四九）七月十七日、現大分県杵築市。杵築城下、「城秀」が座頭・瞽女支配を願い出る　→嘉永三年（一八五〇）五月十二日、嘉永三年（一八五〇）五月二十七日、嘉永六年（一八五三）九月二十八～二十九日、同年十月十八日、同年十二月二十二日

七月十七日
一、冬木屋宇右衛門組丹後屋嘉吉より左之通願書差出候ニ付

乍恐奉願上候口上書

私儀当春上京仕田頭検校城繁と申候座頭より、才敷衆分と申候官名被差免申候、右ニ付てハ御領分并他所より罷越候座頭・瞽女之分支配仕度奉存候。猶又城秀と改名仕度奉存候。此段宜敷被仰上願之通り被仰付被下候ハバ、難有仕合ニ奉存候、以上

嘉永二酉七月　　丹後屋嘉吉
冬木屋宇右衛門殿
中真当

（『町役所日記』第四一巻、六〇一五頁）

嘉永二年（一八四九）か、八月四日、現愛媛県松山市。松山城

下（『松山町鑑』）→文政十二年（一八二九）七月、天保十一年（一八四〇）五月、天保十三年（一八四二）、天保十四年（一八四三）八月二十四日、文久元年（一八六一）六月二十五日

酉八月四日

一、先達而左源太出殿之節、御目付より近来町方之者共御制服之儀、何となく相弛候者茂有之趣相聞候間、改方之者差出咎方取計候様申聞候処、近来咎方等も等閑ニ相成居候事故、今一応触渡置候上、咎取計度趣申達置候処、此儀御家老中より御沙汰有之候ニ付、一応伺取否之節可致旨申聞之、然処去月廿五日口上呼ニ付、左源太出殿之処、右役より御家老中江伺取候処、触渡可然旨申聞候間、評儀之上左之通及沙汰候間、町中端々迄不残様触渡之儀当番江可申聞旨諸改江申聞之、

[略]

一、座頭・瞽女着類ハ前定之通、堅ク可相守事

一、座頭之妻子ハ平町人ニ可准事、

[略]

座頭・瞽女

一、着類帯共目立敷無之品者見遁候事

（『松山市史料集』第四巻、二八七～二八八頁、二九一頁）

嘉永二年（一八四九）八月、現山梨県北杜市須玉町小倉。小倉村三組が二組になることに関する定

取替儀定書

[略]

一、御師并瞽女・座頭都而諸勧化之義者弐匁五分迄者大年番附ニて取計可申候、尤其余之義者両組役人相談ヲ以取計可申候

（『須玉町史』史料編、第二巻、三〇〇頁）

嘉永二年（一八四九）十二月、現群馬県高崎市上里見町。碓氷郡上里見村、失明した「さた」が、「盲人差支無之様」に金を支給

差出申一札之事

一、其御村方伊右衛門殿嫁ニ当村方半兵衛女子さた儀其御村方定五郎殿仲立ニ而縁組差遣シ、家内睦敷罷在候処風与病気ニ付其上盲人ニ相成難渋至極ニ罷在候処、尚又此度病気重体ニ相成、無拠組合親類衆一同私共立会相談之上、右さた儀病気養生手伝として杉山壱ヶ所代金七拾五両場所相添、来ル戌正月四日村方江引取可申取定ニ御座候、然ル上は右金之儀組合親類一同立会、村役人差図ヲ以慥成ものニ預ケ置候、存命中右金利分ヲ以盲人差支無之様取計セ話可仕候、万一右日限以前さた儀病中之儀故死去仕候共、右平兵衛方之相続手伝金として右取定メ半金三拾七両弐分御渡し被成候取定ニ御座候、如斯相定之上は譬此後盲人死去仕候共、同人身寄之上□妹始一同毛頭怨ミ間鋪儀無御座候、為後日之親類組合加判入置申処如件

松原右京亮領分
碓氷郡上里見村
さた親類惣代

嘉永二酉年
十二月

〃　市左衛門　㊞
〃　四兵衛　㊞
同人組合惣代
〃　久五郎　㊞
〃　庄九郎　㊞

水沼村
御役人衆中
御組合衆中
御親類衆中
御立合衆中

前文之通相違無之ニ付奥印如斯仕候
以上
名主月番
組頭　孫右衛門　㊞
（「差出申一札之事」小板橋良平宇治寄贈文書）

嘉永二年（一八四九）、現新潟県。越後国の風俗に関する書上

瞽女も又三味線ひきて、めでたき唄をうたひ、家々の門にたち銭をもらふ。

（『北越月令』五六九頁）

嘉永三年（一八五〇）五月十二日、現大分県杵築市。杵築城下、「城秀」に座頭・瞽女支配命ぜられる　→嘉永二年（一八四九）七月十七日、嘉永三年（一八五〇）五月二十七日、嘉永六年（一八五三）九月二十八～二十九日、同年十月十八日、同年十二月二十二日

五月十二日
一、昨酉七月冬木屋宇右衛門与丹後屋嘉善より、瞽女・座頭支配之儀願書差出有之候処、今日左之通御免被仰付候ニ付、宇右衛門呼出其段申付候
一、他所より罷越候瞽女・座頭、盲人ニ無之者共
一、同、盲人并ニ無之鍼治導〔引カ〕行渡世致候者
五月
（『町役所日記』第四一巻、六〇五六～六〇五七頁）

嘉永三年（一八五〇）五月二十七日、現大分県杵築市。杵築城下、「城秀」の座頭・瞽女支配に関する伺　→嘉永二年（一八四九）七月十七日、嘉永三年（一八五〇）五月十二日、嘉永六年（一八五三）九月二十八～二十九日、同年十月十八日、同年十二月二十二日

五月廿七日　伺書頭書
一、他所より罷越候瞽女・座頭ハ勿論、盲人ニ無之者共、此儀

他所より参り候座頭・瞽女ハ勿論、盲人ニ無之者も音曲渡世之者ハ一円と申儀ニ可有御座候
一、他所之者当所之弟子ニ相成居候而、鍼治導〔引カ〕入仕者御座候。是等もやはり城秀之支配ニ被仰付候儀哉、然ル時ハ御医師之方へ御沙汰相成候上、町方触方仕度奉存候
一、宿手形ハ都而城秀より差出候儀ニ御座候哉
一、滞留中故障之儀出来候節ハ、城秀引請始末仕候儀ニ可有御座哉、他所者支配と御座候へハ、故障筋他方引持可相成候間、此儀奉伺置候
一、右之通城秀支配仕候ニ付てハ、滞留之者より音信仕候儀ニ可有御座哉、付ケ届ケ等仕候儀ニ御座候ハバ、相対次第之儀ニ御座候哉、又ハ着発何程と申御定被仰付候儀哉、此儀心得置度奉存候
一、城秀儀やはり丹後屋秀太郎親ニ御座候哉、御扱等少々御振合御立被遊候儀哉、奉伺候
戌五月廿七日　宿老共
（『町役所日記』第四一巻、六〇六一～六〇六二頁）

嘉永三年（一八五〇）五月、現秋田県。元久保田藩内の座頭・瞽女人口

嘉永三年戌五月六郡人員調
［略］
一、同百五十三人　久保田在々頭〔座頭カ〕坐家内共
八十四人　坐頭
五人　瞽女
五人　梓
二十人　俗男
二十九人　俗女
（橋本宗彦『秋田沿革史大成』下巻、八四七頁、八四九頁）

嘉永三年（一八五〇）九月九日、現千葉県流山市芝崎。芝崎村、瞽女の来村

九日 朝曇 四ツ比より半晴 東風
［略］
一、夜盲女四人泊取手組之由
（吉野家『嘉永三日記』。『流山市史』近世資料編五、二四八頁も参照）

嘉永四年（一八五一）正月、現和歌山県和歌山市塩屋。和歌山藩、素人の音曲指南禁止　→嘉永六年（一八五三）七月九日、慶応四年（一八六八）五月、同年九月

正月廿一日四ツ時、高木六郎兵衛殿より左之廻文参り、同刻土井茂兵衛方へ相廻ス
別紙御書附之趣、昨日兵之右衛門殿を以被仰聞候間、丁々江廻状を以相通し申候、仍之如此御座候

当番

町湊当番
大年寄共

近年町内所々ニ而素人之者、琴三味線等教江候者有之、座頭・盲女共之障リニ相成、難義之趣願出候事候、右体之義不致様との品ハ是迄度々相触有之処、今以不相止如何之事候付、向後弥右等之業致間敷候、若心得違候者も有之候ハヽ、急度可申付候

右之趣町中裏借家等迄不洩様相触可申候

正月

右之趣町中裏借家等迄不洩様相触可申候

（『和歌山県史』近世史料、第二巻、五三〇頁。文久元年［一八六一］五月、同年十一月に再触、『和歌山市史』第五巻、近世史料一、四四一頁、四七一頁参照）

嘉永四年（一八五一）二月、現大阪府和泉市王子町。南王子村の難渋者　→天保八年（一八三七）四月、慶応二年（一八六六）六月、同年七月、明治二年（一八六九）五月

「（表紙）
嘉永四年
難渋人書上ケ帳
亥二月　和泉国泉郡
南王子村」

権右衛門借地無高

一、無高　　権兵衛　年四十八
去夏以来眼病ニ而御座候　女房　まつ　年五十
悴　定吉　年廿
同　岩松　年十七
娘　すへ　年十六
〆五人

一、無高　亀太郎借家無高　亀吉　年廿六
女房　こと　年三十
悴　靏松　年六
同　若松　年四

（付箋）
死

二ケ年以前より眼病ニ而御座候　父　庄左衛門　年六十九
去夏以来より盲人ニ而御座候　母　すて　年六十八

（付箋）

一、無高

（付箋）

死

亀太郎借家

〆六人

文吉 年五十一

娘［ママ］やす 年五十

悴次郎吉 年十八

娘きく 年廿七

同ゆき 年廿一

同とみ 年十

〆六人

（付　　　　　　箋）

去夏以来より眼病ニ而臥居候

（付箋）

一、無高

（付箋）

死辰

五兵衛借家無高

友七 年三十三

女房りゑ 年三十

辰治郎 年六

娘きく 年三

（付箋）

（付　　　　　　　　箋）

惣六 三十四

ゆき 年三十三

善太郎 九

為吉 五

霍松 二

その 十二

みち 年七

〆七人

右かつ盲人ニ而御座候

母　かつ　年五十二
姉　きよ　年三十
妹　つね　年廿三
同　しげ　年十六
妹　きし　年廿五
甥　千代松　年十二

〆十人

五兵衛借家無高

一、無高　右磯六時疫ニ而、当時臥居候　磯六　年四十七
女房　さと　年四十一
同さと儀、盲人ニ而御座候
悴　善太郎　年八
娘　ゆん　年廿二

〆四人

木八借地無高

一、無高　源六　年五十二
当時眼病ニ而臥居候　女房　まつ　年五十
悴　甚五郎　年十三
娘　とみ　年八

〆四人

（「難渋人書上ケ帳」『奥田家文書』第六巻、七六一～七九九頁）

嘉永四年（一八五一）四月九日～十一月二十三日、現愛知県刈谷市。三河国刈谷新町、「御触状留帳」、瞽女の宿泊

四月九日　四月十五日　五月五日
大高　こう　乙川　弐人　一、米木津　弐人こう
桜井　やす　五月九日　しふ
〆弐人喜蔵方　一、西郷　みつ　作次郎 みか
廿一日　六助方　ゆき
一、西郷　古水　みや　六月一日　十七日　なか
片原　みき　一、棚尾　一、西郷　ひさ
十一月一日　十一月八日
一、吉良中嶋　いと　一、大高　こう
とき　くつかけ　たみ

同廿三日
上村　かと
船方　ひさ
〆弐人

〆弐人
六月十日
一、泉田村　ちよ
うめ
〆弐人

（『刈谷町庄屋留帳』第一五巻、一一頁）

嘉永四年（一八五一）四月、現東京都狛江市。和泉村、瞽女へ祝儀

（表紙）
「嘉永四亥年
しうぎ帳
四月吉日　」

［略］

一、弐百文　ごせ（瞽女）しうぎ

（『狛江市史料集』第六巻、一三〇〜一三一頁）

嘉永四年（一八五一）十月十八日、現岐阜県恵那市。買い物飛脚・座頭の手引などをした小八へ「瞽女米」支給（「正家村小役覚帳」）

十月十八日中の瞽女米
一、五合　小八

（『恵那市史』史料編、五六一頁）

嘉永五年（一八五二）三月三日。江戸、流行する瞽女口説「鈴木主水」が芝居になる

○三月三日より市村座『隅田川《すみたかわ》対高賀紋《ついのかゞもん》』第一番目第二番目

［略］

白糸主水『重褄閨《かさねつまねや》の小夜衣《さよきぬ》』第二番目序幕　おやす、菊次郎、しら糸、しうか、おうた、かめ之丞、主水、長十郎清元太兵衛同美代太夫清元太兵衛同美代太夫

三弦同千蔵、同梅次郎相勤

［略］

○当狂言鏡山に此節はやる瞽女のうたふ鈴木主水と四ツ谷新宿妓楼橋本屋白いと小うた取交仕組六幕目橋本屋の場しうか宿場女郎大出来菊次郎主水女房大に評よし［略］扨内藤新宿の世界を芝居に仕組し事をきかず此度を初めとするか桜田左交大出来也

（『続歌舞伎年代記』六一五〜六一七頁）

嘉永五年（一八五二）六月二十六日、現千葉県船橋市。藤原新田、瞽女の来村

（表紙）
「壬　嘉永五年

御　用　留　二
子　五　月　吉　旦　」

［略］

六月廿六日夜
一、ごぜ三人泊り　上総国 八幡組之由申之

（『船橋市史』史料編三、七九八頁、八一五頁）

嘉永五年（一八五二）九月二十一日。江戸、失明した母を扶養する孝行者「千代」へ褒美

下谷御数寄屋町
佐兵衛店
りつ娘
千　代

其方儀、三歳之節父留吉病死致、伯父浅草東仲町政五郎方江母りつ倶々同居いたし候後、母義眼病相煩、政五郎義も困窮者故、其頃は拾弐歳ニも相成候ニ付、近辺水茶屋江纔之賃銭を貰、茶汲手伝ニ被雇参り、可相成丈伯父江厄介不相掛様、幼年なからも心掛、日々受取賃銭ハ其侭母江相渡し、被雇先透之節ハ夜分浅草寺観音江参り、眼病平癒を祈念致し候得共、母は盲目ニ相成、政五郎世話請候を気之毒ニ存、営方手段も無之、相談之上去々戌年中、橘町二丁目佐助店借受、母養育之為メ芸者稼いたし、客席江出候節は食事拵等いたし、母之膳部等相調、灯火之手当迄いたし、相店懇意之者江夫々心付致、相頼置候而客席江出、明キ候得は直様立帰り、草臥を不厭其席模様抔相咄、撫さすり、心を慰メ営罷在候得とも、困窮ニ而身形も麁末故自ラ客席も薄く相成候間、当四月中より佐兵衛店へ引越候後も母義入湯致候而ハ逆上強く、日々掛ケ湯為致、毎朝上野町日蓮宗徳大寺摩利支天江眼病平癒ヲ祈、百度参りいたし、且客席遠方より雇候節は母を案事候而程能く相断、聊も不自由無之様昼夜心懸ケ候を近辺ニ而承り伝、身元相応之者方江追々呼候節ハ、目録等貰受候得は母江相渡安堵為致、右体孝心を尽し候段寄特之儀ニ付、為褒美鳥目拾貫文とらせ遣ス
右之通北御奉行所ニ而被仰渡候間、町中自身番屋江張出置可申候

九月廿一日

右は樽藤左衛門殿ニ而被申渡候旨、年番達

（『江戸町触集成』第一六巻、二〇六〜二〇七頁、［一五三二〇号］）

嘉永五年（一八五二）十月、現茨城県古河市、栃木県野木町友沼。古河町座元、座頭・瞽女の村内立入りを規制する留場の証状

差上申一札之事

御村方御婚礼之砌、瞽女・座頭共へ祝儀多少ニ不限申請来候処、追々外方より入込猥ニ相成候ニ付、先年も及争論村御役人中様へ御苦労懸ケ候儀も御座候得共、兎角入混盲人共事故難儀之次第も御座候ニ付、今般御歎申上候趣意ハ御領分同士之御自

愛を以厚御歎申上候処、入混不申様出格之以御憐愍、古河町座元へ一手ニ御祝儀被下置候様御聞済被下難有仕合奉存候、然ル上は別段恩分之儀相弁、以来何様之義出来候共御村内へ御苦労相懸候は勿論、外より座頭立入不申様取計、若外より参候ハ、私共より座法之通祝儀配分遂、御婚礼主之御迷惑ニ不相成様可仕候、御祝儀被下候義は御銘々思召を請、多少によらすねだりケ間敷儀決て申間敷候、万一末々ニ至り不実之儀御座候ハヽ、何様之御取計請候共決て違乱申間敷候、為後証一札差出申処如件

嘉永五年
子十月
古河町
座頭惣代
新之一 ㊞
座元
嶋之一 ㊞

友沼村
御役人中

（『小山市史』史料編、近世一、七四六頁）

嘉永六年（一八五三）四月二十三日、現新潟県長岡市。倹約と遊芸禁止

御端書写し

［略］

一、神事祭礼等ニ事寄せ、角力或ハ躍子之類相催候儀、并若物共かく節と唱ひ、瞽女・座頭相招して、騒々敷振舞いたし候儀、堅ク令停止候事

［略］

四月二十三日

右之趣被仰出候間、村々可被得其意候、以上

四月二十六日
割　元

草生津村より島通り村々水梨村迄
大嶋村より川西村々より中嶋村迄
青山村より嶋通村々三俵野村迄
右村々
庄屋中

（『長岡市史』資料編三、五〇五～五〇六頁［三四八号］）

嘉永六年（一八五三）四月、現新潟県上越市。今町（直江津）の座頭・「盲女」人口

（表紙）
「嘉永六年
今町人別増減書上帳
丑四月
新町㊞」

一、人別　四百五拾弐人㊞
内［略］
盲女　壱人

［略］

一、人別　九百壱人㊞　　川端町㊞
　内［略］
　盲女　壱人
［略］
一、人別　三百八拾弐人㊞　　中町㊞
　内［略］
　盲女　壱人
［略］
一、人別　三百七拾五人㊞　　坂井町㊞
　内［略］
　盲女　壱人
［略］
一、人別　五百六拾九人㊞　　新坂井町㊞
　内［略］
　盲女　壱人
［略］
一、人別　五百五拾弐人㊞　　横町㊞
　内［略］
　盲女　壱人
［略］
一、人別　六百四拾人㊞　　寄町㊞
　内［略］
　盲女　壱人
〆
一、人別　五千九百弐拾九人
　　内
　男　弐千八百八人
　女　三千九拾六人
　医者　六人
　座頭　拾弐人
　盲女　七人
〆

（『上越市史』資料編四、三二七〜三二九頁）

嘉永六年（一八五三）五月二十四日、現鳥取県。鳥取藩、座頭・瞽女廻在、止宿などの規制（『在方諸事控』第一六三冊）

同〔五月〕廿四日
一、近年在中他所座頭・盲女とも多く徘徊致し廻り候処、御両国座頭・盲女とも自然難渋筋有之、且は在中之もの不為ニ相成、最前町御用場ニて座頭頭之免札御渡相成候事も有之ニ付、右免札此度御改被成候得共、締り合も宜敷旨、座本役土佐都より町御用場え申出候処、右免札天明二寅年四月相改、同所より相渡し候振合有之候得共、其節之付留不具ニ付、右年月ニ何そ尚御役場え付留有之候得は、為知呉候様、旧冬町御奉行より書付を以長役え談有之ニ付、段々取調候得共御国之座頭一日路之外之配当被成御免候儀、延宝五年御法度帳え付留有之迄ニて、右年月は素より、其外ニも印鑑相渡し候付留メ相見え不申ニ付、其段及返答候処、何様右等免札相渡し候義も有之、其上此度之願無余儀趣ニ付、其段御達し致し度ニ付、御聞届之上は、御郡々えも触出し致し呉候様、尚又同所御奉行より御吟味役え申談し候付、一座談し之上、安永三年従公義之御触書を本立ニして、触出し文言下タ拵相廻し候処、右案文之通ニて宜ニ付、触出し呉候様長役迄致返答候ニ付、免札鑑御渡之儀申達候得は、其段御家老中より当御役所え被仰渡有之様取計可申旨申遣し置候処、去月十一日左之趣御調下り候付、同十四日伺扣ニ有之通御答申達し、御聞届相済、然ル処、町御奉行えも御聞届相済候旨ニて、免札鑑員数何程相廻可然旨問合申越し候付、千五百弐拾五枚相廻し候様及返答候処、則相廻し候付、今日左之通免札鑑相添、御両国御郡々え触出す。并御山奉行えも左之通申遣す。

但し、町御奉行え相見セ候案文下は伺書同断ニ付付留略す。

覚

一、先達て天明年中登和ノ一座本役之節、惣仲間ともえ御免札御渡しニ相成居申候処、其後座本役替之節々、右御免札引替可申筈之処、如何中絶仕居申候処、近来御両国とも他所者并御国内ニても仲間ニ無御座候者徘徊仕甚た紛敷、村々庄屋え罷越候て、無心ヶ間敷申出候ニ付、庄屋共段々相断候得ハ、座本より添書所持致し候抔と申候て、庄屋中甚難渋之趣相聞、間ニハ村々庄屋共より申出候者も有之、此後処は断申度抔と申候ニ付、座本役甚心配仕居申候。右等之者御両国徘徊仕候ては、自然難渋之義も御座候に付、先例之通、御免札被仰付被為下候ハヽ、右を惣仲間共え相渡し置、紛敷者右御免札ニて取糺仕度奉存候。何卒此段御聞届被仰付被為下候ハヽ、難有仕合奉存候。此段偏ニ奉願上候。以上。

座本役
土佐一

嘉永六年丑四月

河毛七郎様

山川為之進様

別紙

座頭頭より別紙之通願出候処、最前御両国座頭共え座頭頭より免札相渡し居申趣ニは相見候得共、最初相渡し候節々、付留メは相見え不申、其後天明年中右免札相改メ遣し候儀は、付留御座候得共、其後いつとなく中絶仕居申候処、願面之趣ニては難渋之次第御座候。右等先例も御座候締合之義ニ付、御聞届被遣候様申上度奉存候。

但し、御聞届被遣候得は、右免札之印鑑村々え相渡し置候様仕度ニ付、右印鑑此方より相廻し候ハヽ、村々え相渡し候様、在方え被仰渡之儀申上候。

然は近年在中他所座頭・盲女共多く徘徊致し廻り候処、都て他国座頭御領内え入込村々相廻、彼是施物等申請候儀も有之哉ニ付、右為締合座本役土佐一より御領内座頭共えハ免札相渡候筈ニ付、右免札所持不致者は、国所は不及申如何様之訳ニて村々相廻り候儀哉、他国座頭御国内ニて施物受候義は、其筋より被仰廻無之ては不相成御国法之旨申聞、其上ニて不筋之義申張候得は、無用捨非人頭相添御国境え送り出し可然事。尤往還筋通り一遍ニて検校之用向、或は官位等ニて、何方より何方え参り候と申儀聢と相分り、路用等差支難渋之次第歎出候得は、盲人之義ニ付随分いたわり遣し、往還筋丈ケは時宜ニ寄手引相添、施物昼飯止宿等之義、志次第ニ候得共、一宿之外猥ニ足留為致候義は不相成候間、左様相心得、此旨村々末々迄急度可被申渡候。

猶以、往還筋ニても昼飯止宿等之義、大勢罷越し揺ケ間敷義申懸ケ候得は、本文之趣申聞、若し法外之義有之候へは、本文同様取計候様可被申渡候。并右引合之印鑑、左之通差遣し候間、其方共始、村々庄屋え壱枚宛相渡し置可被申候。以上。

一、三拾八枚　邑美郡　一、五拾六枚　岩井郡
一、六拾三枚　法美郡　一、六拾七枚　八上郡
一、九拾三枚　八東郡　一、九拾壱枚　気多郡
一、八拾六枚　高草郡　一、百七枚　智頭郡
一、百拾枚　河村郡　一、百弐拾六枚　久米郡
一、百拾五枚　八橋郡　一、七拾四枚　汗入郡
一、弐百枚　会見郡　一、百七拾八枚　日野郡
一、三枚　町庄屋
〆千四百七枚

御山奉行え
然は近年他国座頭・盲女共、在中え入込施物等受候儀も有之、締合不宜ニ付、此度座本役土佐一より御領内座頭共え免札相渡し候由ニて、印鑑差出し候付、村々え壱枚宛相渡し置、以後左之通取扱候様、御郡役人え申渡し候間、左様被相心得、此旨伯州分同役え可被申通候。右ニ付、印鑑拾三枚相廻し候間、壱枚宛落手可有之候。
但し、左書御郡仕出し同文言ニ付、付留メ略ス。
（『鳥取県史』第一二巻、七四九〜七五一頁）

嘉永六年（一八五三）六月二十九日、現岐阜県恵那市長島町正家《しょうげ》。正家村の村入用帳

（表紙）
「嘉永六年
丑当番割元覚帳

丑十一月吉日
当番庄屋
佐助」

[略]

一、六月廿九日
十弐文　久須見ごせ表壱つ

（『恵那市史』史料編、五二九頁、五三二頁）

嘉永六年（一八五三）七月九日、現和歌山県。和歌山藩、素人音曲指南禁止　→嘉永四年（一八五一）一月、慶応四年（一八六八）五月、同年九月

（表紙）（異筆）
「「嘉永五年五月より」
壬　子　夏
御　用　留
（異筆）
「嘉永七年
至安政元年二月」
」

[略]

町湊当番
大年寄共

近年町内所々ニ而素人之者琴三味線等教へ候者有之、座頭・盲女とも障リニ相成難儀之趣願出候事候、右体之儀不致様との品是迄度々相触有之処、今以不相止如何之事候、向後弥右等之業致間敷候、若心得違候者も有之候ハ、屹度可申付候
右之趣町中裏かし家等迄も不洩相触可申御事

丑七月九日

（『和歌山県史』近世史料、第二巻、五九二頁、六四四頁。文久元年［一八六一］五月、同年十一月に再触、『和歌山市史』第五巻、近世史料一、四四一頁、四七一頁）

嘉永六年（一八五三）九月四日、現千葉県船橋市藤原。藤原新田、瞽女の来村

（表紙）
「癸　嘉　永　六　年
三
御　用　留
番　小金領
丑　八　月ヨリ　藤原新田」

[略]

一、九月四日夜
ごぜ弐人　泊り　千葉町組
九月五日雨降逗留ニ成六日朝立

（『船橋市史』史料編三、八八五頁、八九〇頁）

嘉永六年（一八五三）九月二十二日、現岐阜県高山市。高山、鳴物停止解除

一、鳴物之義所作に仕候者共計今日より御免之趣御触書出候に付、三町江相触候事。
右に付御伺申上候上座頭・瞽女並三味線指南罷在候者は稽古

相始め候而も不苦候、並辻々見張番、組頭臨時夜廻り、火消人足夜廻り共差止め、定式大廻り曳竹、時之拍子木等入念相勤候様可被取計旨添廻状を以三町江相触候事。

（『町年寄詰所日記』四九九頁）

嘉永六年（一八五三）九月二十八〜二十九日、現大分県杵築市。杵築城下、新たな条件のもとで「城秀」に座頭・瞽女などの支配を許す　↓嘉永二年（一八四九）七月十七日、嘉永三年（一八五〇）五月十二日、同三年（一八五〇）五月二十七日、次項、同年十二月二十二日

九月廿八日

一、今朝御奉行鈴木湊様御宅江、城秀御呼出し書付を以左之通被仰付候ニ付中真通達与頭中申触候

大谷城秀

一、御領分瞽女・座頭并盲人ニ無之者共

一、盲人并盲人ニ無之鍼治導引音曲渡世致候者共

一、他所より罷越候瞽女・座頭并ニ盲人ニ無之者共

一、同盲人并盲人ニ無之鍼治導引音曲渡世致候者共

右之者共以来御城下へ罷出候節ハ可為支配候

九月

右之通以来申付候間不洩様可被相触候

九月廿九日（十二月廿二日の御差図参照）

一、右城秀儀ニ付左之通伺書差出置

御伺奉申上候口上覚

大谷城秀儀以来瞽女・座頭其外盲人ニ無之者たり共、鍼治導引并音曲渡世仕候者共ハ、当領分之者ハ勿論、他所より罷越者たり共支配可仕旨被仰付、於役場も奉畏候。右ニ付向後心得奉伺置度奉存候趣、左ニ奉申上候

（イ）一、当町住人にて鍼治導引渡世之者ハ、其指術之道ハ城秀支配にて、其余身上ハ其筋役人支配仕候儀ニ御座候哉、惣て同人配下ニ罷成候儀ニ御座候哉

（ロ）一、当町住人ニ盲人出来仕、親共不便ニ存じ為慰音曲為取扱候類、渡世ニ府仕候へハ、矢張り是迄之通城秀不相拘候て宜敷、又ハたとえ渡世ニ致不申候共、盲人にて音曲取扱候へバ、支配請之儀ニ御座候哉

（ハ）一、盲人にて鍼治導引不仕候へハ、城秀支配請候ニハ相及不申候哉

（ニ）一、城秀へ支配被仰付候ニ付而ハ、御領分他領共其筋之者より、城秀へ運上様之会釈にても不仕而ハ不相成儀ニ御座候哉、当町之者ハ左様之心付にも不相及候儀ニ御座候哉

（ホ）一、右芸術之者於市中急病或ハ故障筋出来之節ハ、城秀へ引渡始末為仕て、宜敷儀ニ御座候哉

（ヘ）一、城秀身上於役場之扱ひ如何程ニ相心得居宜敷御座候哉

宿老役場にての扱
其町与頭役場にて扱
右之通為後来奉伺置度奉存候、以上
（『町役所日記』第四二巻、六二八八～六二八九頁）

嘉永六年（一八五三）十月十八日、現大分県杵築市。杵築城下、来村する「盲人」の扱い　↓嘉永二年（一八四九）七月十七日、嘉永三年（一八五〇）五月十二日、同年五月二十七日、前項、嘉永六年（一八五三）十二月二十二日

一、是迄村継にて町庄屋当送り参り候盲人ハ、城秀ニ不拘是迄之通町庄屋方にて取斗遣候様被仰付、其段町庄屋桂屋清蔵呼出し申付候
（『町役所日記』第四二巻、六二九一頁）

嘉永六年（一八五三）十一月、現愛知県小牧市。小牧村、「御家中之輩」の倹約

「（表紙）癸　嘉永六年
御触状留記
丑　正月吉日　」
［略］
一、婦人遊芸猥ゆるしもの不相勧様、座頭・盲女共ニ携候者も同様相心得、猶更相慎可申候
右之通相触候上も不相用、内輪奢侈之聞有之おゐてハ、吟味之上急度可申付事
丑十一月
（『小牧市史』資料編三、二五四頁、二六九頁）

嘉永六年（一八五三）十一月、現高知県東洋町野根。安喜（芸）郡野根村の「御割付」

「（表紙）嘉永六丑年
諸差出
十一月　安喜郡野根村」
［略］
一、瞽女・座頭銀五百弐拾五匁六分也
（『高知県史』近世史料編、一三九〇頁、一四〇三頁）

嘉永六年（一八五三）十二月二十二日、現大分県杵築市。杵築城下、「城秀」の座頭・瞽女支配権　↓嘉永二年（一八四九）七月十七日、嘉永三年（一八五〇）五月十二日、同年五月二十七日、嘉永六年（一八五三）九月二十八～二十九日、同年十月十八日

十二月廿二日
◎九月廿九日伺書原文を略し御下ゲ札のみを左に記ス両分参照

のこと
一、大谷城秀ニ付九月廿九日差出候伺書ニ対し、今日御付札を以御差図相成候
（イ）当町住人ニ候者、其筋役人支配可致、指術之道ニ懸り候儀ハ、城秀支配可致候。指術之事ニ付故障等差発候節ハ法師の旧例を以、城秀取捌候事
（ロ）渡世ニ不致候ヘバ城秀支配致候訳ニ無之
（ハ）［衍カ］渡世ニ不致候ヘハ城秀支配致候訳ニ無之
（ニ）御領分他領共会釈可致候事、併過当之儀ハ不相成先前旧例も有之と存候
（ホ）外々江止宿致居候ハバ、急病之節等ハ宿主世話可致候。故障筋差発候節ハ城秀ヘ取捌申付不苦
（ヘ）直支配之事ニ付昨年絵踏之節、席合等之様を以考合取扱可申候

（『町役所日記』第四二巻、六二九七頁）

嘉永七年（一八五四）二月二十八日～四月九日、現千葉県船橋市藤原。藤原新田、瞽女の来村

（表紙）
「甲
嘉永七年
御用留
寅
正月吉日
小金領
藤原新田」

［略］
二月廿八日夜
一、ごぜ四人泊り　板橋組之由　申之
下総国葛飾郡藤原新田
名主　栄之助
本行徳村
百姓　六右衛門
右之もの共江申渡義有之間、明晦日四ツ時可罷出もの也
［略］
三月十五日夜泊り
一、こせ三人　二郷半領組之由　申之
［略］
四月九日夜
一、こぜ三人　泊り　葛西組之由　申之

（『船橋市史』史料編三、九一八頁、九四二頁、九四八頁、九五八頁）

嘉永七年（一八五四）三月二十日、現石川県。加賀藩、座頭・瞽女取締令（「岡部旧記」）

祭礼暨吉凶等之節、瞽女・座頭等江施物之儀、人々応分限志次第指遣可申訳之処、中には座頭等之内心得違之者も有之、過分に施物を貪り、時宜により大勢罷越、悪口雑言等申懸、家内荒

立申族も有之体粗相聞得、先以不届至極沙汰之限りに候。依て右様不法之者於有之は、其廻り之廻り藤内江申遣、召捕可指出候。且差而已召捕申程之所業も無之分は、名前等相尋、其委曲可及断候。右之趣得其意、村々肝煎等江不相洩様急度可申渡候、以上。

寅三月廿日　　伊藤久米之助

口　郡　十　村　中

裁許有之新田裁許中

（『加賀藩史料』藩末篇上、五九九頁）

嘉永七年（一八五四）五月、現広島県。郡中風俗に関する示し書 →天保四年（一八三三）二月

（『広島県史』近世資料編、第四巻、七〇九頁）

嘉永七年（一八五四）六月、現岐阜県恵那市大井町。美濃国恵那郡大井村庄屋久蔵から太田代官所への書状の控（恵那市大井町、古山太郎家文書、原文書所在不詳）

元来恵那郡瞽女共之元祖申候ハ、岩村領久須見村瞽女弐軒御座候処、其後同領富田村へ壱軒、上村江壱軒、御領分千旦林村江壱軒相分り申《マヽ》候

三軒之瞽女共ハ久須見村瞽女方へ三十ケ年之内ニ初度、弐拾年目ニ壱度、十年目ニ壱度盃致ニ行候、是ヲ先年より出世と唱仕来候

六七ケ年已《巳》前瞽女仲間五軒ニテ弁才天之御影掛物を相求、妙恩《音》講と申候事を上村於瞽女方ニ修行致候

（三好一成「岐阜県東濃地方の瞽女仲間」五一頁～五二頁、五九頁）

嘉永七年（一八五四）八月、現三重県松阪市。伊勢松坂平生町の倹約令（『平生町永代控』）

御触書を以町中仰渡シ写

一、此度御家中質素之節倹衣服改正之儀等、分而被仰出候間在中町中ニ而も費ケ間敷品曽而無之様相心得、男女衣服之儀茂以来享保七寅年并ニ文化三寅年触面之趣ニ相復し、紬木綿類之外堅無用、帯襟等は絹までハ不苦候事

羽織着用候ハヾ丸羽織無紋尤紬毛綿之外ハ無用

享保七寅年被仰出写

［略］

一、座頭・盲女等も廉服を着致させ可申事

（『松阪市史』第一三巻、一二八頁）

嘉永七年（一八五四）十月、現広島県。賀茂郡、浪人、座頭・瞽女などの取締に関する再触（「御紙面類扣」） →安永三年（一七七四）十月

態申遣

一、浪人并虚無僧・修験・山伏・座頭・瞽女之類村々へ罷越、合力奉加等乞行暮候時者村宿ヲ取り、人足継立等相歎候得者継立遣候村方も有之哉ニ相聞、素り賃銭可為相対候、合力之義銘々志次第之義者、先年従公儀別紙写之通被仰出夫夫触示置候処、追々流合候義と相聞甚如何敷事ニ候、自然行暮候時者旅籠等相対払并荷物運送相困候時者、是又賃銭相対払ニ候得共、人足雇出遣候程之義ハ取計可遣、其外座頭・瞽女共手引乞候共、是以相対ニ而雇候様可申聞、依之悩敷申立候族も候ハヽ、別紙先年之御触書読聞せ可申、夫ニ而も合点不致候得者直ニ召捕手〆付置可及注進候、尚此度改メ触示し之上流合之受引および候ハヽ、役人共屹度越度可申付事

［略］

右之趣相心得組合村々へ手堅申聞可置者也

寅十月　賀茂郡　御役処

割庄屋御宛

（『広島県史』近世資料編、第四巻、七二三〜七二四頁。『庄原市史』近世文書編、九〇〜九一頁［恵蘇郡］、『徳川禁令考』前集第五巻、七一頁［二六六三号］も参照）

嘉永七年（一八五四）刊。大坂（『難波職人歌合』）

右瞽女

目に見えぬ糸の三筋も手ざはりにひかるゝものよ人のこゝろは

○左の方人云。糸の三筋とはさみせんの琴なるべし。よつのをとも、むつのをともあるは、なゝつをや、八緒などこそ古くは詠たれ。むげに近き世のいやしき物を云るは聞よからず。且めしひなれば手ざはりにて糸筋をしるはさる事ながら、したの心聞えがたし。○右方答。今まさにひく物なれば、殊更にさみせんの琴を云るなり。又目に見ぬ人を手ざはりにて恋る心なるを得聞しらずや。

○判に云。左のうた、三の句の誰が為もといふ一句こそいみじき聞所なれ。大方古歌の詞を用ゐて、我物にせられたるは上手の口つきと云べし。右の歌、手わざも恋も此歌ぬしはさこそと聞えてあはれ深し。歌もわろからねど、猶左の方こよなういひまされゝば、かちとす。

（『難波職人歌合』、『日本庶民生活史料集成』第三〇巻、別冊、二五八頁）

嘉永頃か、四月二十日、現長野県長野市松代町東寺尾。東寺尾村瞽女「いそ」の不届

東寺尾村

兵助娘 瞽女 いそ

中町助左衛門娘瞽女なをを申欺、声不立様いたし度水銀を砂糖

ニ交為給候義不届ニ付、猶厳重可申付処なを義致薬用相替事無之、其上同人いそ御仕置之儀致悲歎、助左衛門一同致願立儀有之、旁以御情琴・三味線弾候事差留、親兵助江預押込申付之

右　兵　助

いそ不届之始末不存知儀乍分等閑ニ心得不届之事ニ付、猶申付方有之処以御情押込申付之、いそ身分願之上押込申付間厳重ニ可為相慎置

兵助子　安太郎

安太郎女房　と　よ

いそ不届之始末等閑ニ致置、不都束之事なから不存知事ニ付、以御情別段之不及沙汰急度叱り置

会村　瞽女　房　寿

弟子瞽女いそ琴・三味線弾候事差留申付間可存其旨

中町　助左衛門娘　瞽女　な　を

右　助左衛門

助左衛門女房　う　め

不念之儀無之付無構、右之通申付条可存其旨者也

四月廿日

（「東寺尾村瞽女いそ不届につき、琴・三味線差留親元へ押込申付状等」東寺尾共有文書）

安政年間（一八五四〜六〇）、現新潟県柏崎市。柏崎の瞽女「千歳」

又ゴゼ千歳なるものあり。三味線を教う。一ヶ月三百文なり。

（『柏崎史誌年譜』上巻、二五四頁）

安政元年（一八五四）刊。江戸、「笠松峠起神お松」（別名「鬼神お松一代くどき」の口説節）（梅亭金鵞『七偏人』第三編巻之中）

夫ともはア祭文《さへもん》も唄ひねへちう事なら、笠松峠の鬼神のお松か、春は花咲青山《はなさくあをやま》へんよ。鈴木主水といふ武士《さむらひ》がちう瞽女《ごぜ》の坊《ばう》節《ぶし》でも唄《うたつ》たが宜《よ》からう

（『七偏人』一〇一七頁）

安政元年（一八五四）前後か、現静岡県下田市周辺か。ウィル

ヘルム・ハイネ（Wilhelm Heine）の記述

"Einmal, als ich so durch die Straßen schleuderte, fand ich ein blindes Mädchen auf einer jener früher beschriebenen dreisaitigen Zithern spielend. Der Hals des Instruments war ungewöhnlich lang und von den drei Saiten waren die tiefste und oberste in der Octave, die mittelste in der Quinte gestimmet. Die Saiten wurden nicht mit den Fingern, sondern mittelst eines Stückchens Holz, ähnlich einer sehr kurzen und breiten Malerspachtel, geschlagen. Die Melodien waren sämmtlich in Molltonarten, und enthielten rhapsodische Bruchstücke, die sich plötzlich wieder in grelle Accorde verloren. Lange bliebe ich stehen und hörte den seltsamen Weisen des blinden Mädchens zu, den meine Anwesenheit unbekannt geblieben war; als die arme Blinde aber zuletzt durch einige Frauen, die herzugekommen waren, auf mich aufmerksam gemacht ward, fing sie an bitterlich zu weinen, und wollte sich durch kein Zureden beruhigenlassen."

ある日、私は小道を散歩していると、盲目の若い女性がある種の三弦琴を弾いているのを見かけた。前の頁でその楽器の特徴を述べたが、それは異常に長い棹を備え、弦を指で弾くのではなく、小さな木製の、広く、かつ短い、塗装工が使う箆のような物で弾くのである。上の弦と下の弦は八度に調弦されており、真ん中の弦は低いのから五度に調弦されている。終始短調の曲の構成は、即興的な断片を織り交ぜ、突然甲高く反復的になったりする。この盲女に気付かれるまでの間、私は長いことそこに立ち止まり、この驚くほど奇妙な曲に耳を傾けた。そこへある女性たちがやってきて、かわいそうな盲女に私の存在を知らせた。すると盲女は激しく涙を流し、どんな慰めの言葉をも受け入れようとはしなかった。（グローマー訳）

（Heine, *Reise um die Erde nach Japan an Bord der Expeditions-Escadre unter Commodore M. C. Perry*, vol. 2, pp. 116–117）

安政二年（一八五五）以前成立、現和歌山県か（紀伊藩に仕えた国学者本居内遠［寛政四年〜安政二年（一七九二〜一八五五）］『賤者考』）

又瞽女あり七十一番職人尽歌合女盲と出て鼓を腋にかかへうちて謡歌する絃あり、今はさることはたえてこれも琴三絃按摩のみなり、座頭の如き階級もなし又男まうくる事は禁なり

（『賤者考』六九五頁）

安政二年（一八五五）正月十九日〜十一月九日、現愛知県刈谷市。三河国刈谷新町、「御触状留帳」、瞽女の宿泊

五月十八日
一、ごぜ《瞽女》　西郡　みか
　　　　　　　　　ひさ

十月十九日
一、ごぜ　時し《志》　いと
　　　　　吹村《富貴》　たせ

〆弐人

こみ（古見）　きく

〆三人

一月十九日

一、ごぜ　西郡　みつ

みさ

〆弐人

十一月九日

ごぜ　横須賀　桜

半田　松

〆弐人

（『刈谷町庄屋留帳』第一五巻、三六三頁）

安政二年（一八五五）二月、現広島県廿日市町。広島藩佐伯郡、郡割の地方・浦方割賦基準改正に関する割庄屋らの願書（「覚知録」）

覚

佐伯郡

当郡地方浦方割符之儀ニ付集談申値之処御願書付

一、当郡能美島始メ地方水主浦村々ヨリ郡割往古より者不同有之候得ハ、古形七歩・三歩之割賦ニ被成下度趣書付ヲ以窺ひ出、依之御示談被下候趣も有之、此度私共一同御城下江罷出集会申値試候所、往古ハ惣高割纔ニ而、陸地御通諸入用者不及申惣体七歩三之法則を以、地方村へ七歩　水主浦江三歩之割方取計、尤苫・大縄五郡割者一円浦方江引受来候所、中興海路御通行少く諸御大名様始メ御倍（陪カ）臣衆共重ニ陸地御通行被成、就中郡中盲人・盲女共往古よりハ追々人数増ニ相成候而、地方村々右入用難取凌難渋仕候趣ニ相見、先輩同勤集談之上居扶持米ニ当去ル文政度惣割ニ御願奉申上蒙御免許、地浦共割賦方多分之甲乙無之相見申候所、已後陸地御通行弥増、其上旧札歩入之差イも有之、殊ニ米価勝レ而高直ニ罷成、人馬掛増賃銭以前定メ之通りニ而者、駅所ハ不及申村々人馬泊り賃銭等償ひ方小内差問、地方村々所詮難凌、其頃浦方村々割賦ハ及減少彼是不同之所相見候ニ付、先輩同勤共申値、地浦与申条一郡之事ニも候得者、郡割銀并御通行入用共一切差掛候処地方浦方之無差別惣割ニ取計、人馬掛増之義者人足壱人ニ付下地五分之処米三升、馬壱疋壱匁五分之所米六升与相究メ遣候ハ、仮成り御用向相勤可申歟、併人馬勤メ来之村村ニ当候而ハ郡割之余ニ村方足銀小内迷惑筋等も不少ニ付、左スレハ浦手江当り候苫・大縄五郡割程ハ下地之通り弁出ニ而至当と申儀決着仕、御願奉申上御聞届之上割符方取計候儀と相見申候、然ル所能美島始メ地方浦手村々共往古七歩三之割合江泥ミ、当時之割符掛ケ増之米籾ニ至ル迄、都而不同有之様ニ思ひ込ミ、御願も仕候義と相見候得共、時勢与申スもの歟往古より者何ニよらす御用繁多ニ而、旧札御引替御改印札百文通用ニ罷成候得共、乃至下地五分遣スものへ当時五分遣而者忽チ人馬共御用差問、依之而者御厄介奉備候様押移、乍去御改革被仰出候趣も候得ハ、郡村諸入用は往古へ立戻り候社ソ御趣意ニ応シ候様奉存候得共、右様御用向差閊候而ハ甚以奉恐入候ニ付同勤共種々議論申値試候処、双方充分之事申候而ハ此場合何レ共難取究メ、依之郡辻諸入用之内御通行一派入用相除キ候分ハ惣高割ニ仕度、猶御通行并駅所入用浦手五郡割苫・大縄代共双方入用相混候処ニ而、地方六歩浦方四歩ニ割賦取計候ハヽ、凡至当之儀与此度集談決着仕、委細算用書付を以申上候通り御座候、尤郡割御取縮之御場合ニ御座候故、人足壱人ニ付下地米三升之処弐升ニ相究メ、馬壱疋ニ付米六升之処五升ニ仕候ハヽ、郡割入用余程之減シニ相成可申歟、併人馬相勤候村々ニおゐてハ迷惑不少候得共、夫丈ケ勘弁も仕候ハヽ、此余浦手ニおゐて莵口申義も有御座間敷と一同集談申値仕候処、至極心服決着仕候ニ付、何卒右之通り御聞届被為下候様仕度と奉存候ニ付、此段一同連名を以御願奉申上候間、宜御判断奉願上候、為其私共決着之処印形仕書附奉差上候、以上

卯二月

割庄屋頭取　喜　作
割庄屋　半右衛門
同　格　介
同　小田新七
同　源次郎
同　吾　作
同　吉左衛門
同　十次郎

佐伯郡
御役所

（『廿日市町史』資料編三、五三一～五三二頁）

安政二年（一八五五）四月二日、現広島県。広島藩、座頭・瞽女の無法勧化を戒める触（「御用状願書控帳」）

尚々下宿其外入用方申合、追而御沙汰可致、夫迄之儀者其村請与御心得置可被成候、以上

近来上方筋又者御隣領座頭之由ニ而、一両人或者三四人瞽女抔同道ニ而勧化帳持参いたし、既ニ此節御郡中徘徊いたし候、村々役場又者相応之家居等へ罷越、一宿手引送り人足勧化助情等相頼、断申候而も少分之儀ニ而者聞入不申、ねたれ込ニ理不尽申募り、何れも迷惑いたし候趣相聞申候、右様ねたれケ間敷記帳一宿送り人足等相頼候とも、賃銭差出し候者格別、御取合被成間敷候、強而申募り候とも座頭之儀手荒之取計者出来不申、無拠下宿御申付置、其段御申出可被成候、左候得者浜田勾当より座頭役人指向、立去り方申談候儀相含居候儀ニ御座候、尤御他方へ罷帰り候儀ニも候ハヽ、勘弁方御心次第見合御取計可被成候、右為御含得御意置候、以上

四月二日

世話役年番　佐　太　郎

右村々庄屋中様

（『広島県史』近世資料編、第五巻、八八四頁）

安政二年（一八五五）四月二十九日、現高知県。土佐藩、「座頭・瞽女扶持等伺書之事」（『憲章簿』盲人之部）

口上覚

一、座頭・瞽女共延宝七未年より地下賄併紫分へ伝馬送夫、打懸初心瞽女ニ至ル迄送夫等被渡遣、郷中往来を以光陰相送候所、天明八申年御詮議之上人数百五人ニ御定、居救扶持ニ被仰付、其已来色々御作配被仰付来候内、天保十三寅年右扶持米六拾五匁相場を以、銀渡ニ被仰付、其節急度御触示ニ相成候処、近年相流暮方之善悪、正歳之老若ニ不拘、表向困窮或ハ拾四歳已下之唱を以願出、御聞届被仰付候故、去寅年縮郷分百六拾九人、浦分弐拾弐人、都合百九拾壱人夥敷人数ニ罷成申候。仍而此度御改革被仰付、是迄座入ニ相成者迚も、親子兄弟慥成親族等有之、養育ニ可預様之者ハ、向後天保十三寅年御触面ニ立戻、万一相応暮方相調候者居救受居候ハヽ、此度之御趣意相守居救扶持返上之及作配候様、郷浦地下役へ御触示被仰付候時は、窮民迄ニ而人数減ニ相成可申、且座入後自力を以官職仕候儀ハ格別、郷中勧化等以来御差留被仰付度奉存候。

御下紙ニ本文追々触聞可然

一、座頭共妙音講之節、伝馬送夫被渡遣候。然ニ兼而人馬料共被渡置有之上ハ、右妙音講迚も渡方御指留被仰付度奉存候。

御下紙ニ諸郡打合之上申出候通被仰付可然、五月表へ達

一、御浦支配座頭・瞽女共、居救扶持、郷中へ御割付、送夫料ハ浦分へ御割付ニ相成来申候。然ニ右渡方相当不仕候ニ付、扶持米代浦分より送付料ハ郷中地石へ惣割指当候儀と詮議仕候間、宜御詮儀被仰付度奉存候。

御下紙ニ本文諸郡打合之上触聞可然

右安政二卯年四月廿九日、四ヶ村大庄屋より伺出数条之内、座頭・瞽女之部書抜如此。

（『憲章簿』第五巻、五一六〜五一七頁）

安政二年（一八五五）五月二十六日、現福岡県行橋市行事。行事村（小倉藩）、逗留中の瞽女が浄瑠璃・三味線の会を催す

廿六日

［略］

一、行事村ニて浄留理（ママ）の会・三味線の会等いたし候趣聞込候間、庄屋呼出し内分及沙汰候、尤瞽女滞留もいたし居候趣ニ付、早々追立候様申聞候事

（『中村平左衛門日記』第九巻、一一五頁）

安政二年（一八五五）五月、現福井県大野市。大野町の座頭・瞽女人口

（表紙）
「安政弐年
惣人別寄帳
卯五月　　町役所控」

（付箋）
「人別帳　　廿七冊
五人組帳　拾五冊
惣寄帳　　壱冊
〆四拾三冊　」

［略］

一、惣人数合四百三拾八人
内
男弐百拾五人　　内
外ニ七人死去人

四番町
弐百壱人　町在人
六人　出生人
八人　他所出人
〆

女弐百弐拾三人　内
外ニ三人死去人

弐百拾五人　町在人
七人　出生人
壱人　瞽目
〆

一、惣家数合六拾六軒

本家
馬壱疋

一、惣人数合五百五拾四人
内
男弐百六拾五人　内
外ニ七人死去人

五番町
弐百五拾人　町在人
六人出生　三人下男
三人他所出人　三人座頭
〆
弐百八拾三人　町在人

女弐百八拾九人　内
外ニ四人死去人

弐人出生人　三人下女
壱人瞽目
〆

［略］

右寄
〆惣人数合六千八拾五人
（『福井県史』資料編、第七巻、一六〇頁、一六二頁、一六五頁）

安政二年（一八五五）七月三日、現高知県。土佐藩、「座頭・瞽女窮民之者届出之事」（『憲章簿』盲人之部）

覚

一、瞽女・座頭是迄拾四歳以下之者、座入願出承届之上補銀米被下置候者之中、可便類族有之者。
一、右年令ニ不拘盲目等ニ而可便類族無之者。
一、惣而鰥寡孤独ニ而可便類族無之者。
右之者共此度御詮議振有之候条、支配中入念取縮、今七月中当役場へ可申出也。

安政二卯年七月三日
後藤　助四郎
高屋　順平
（『憲章簿』第五巻、五一七頁）

安政二年（一八五五）七月五日、現高知県四万十市岩田・中村。土佐藩、岩田村・中村他、「瞽女・座頭取締方存寄之事」

（『憲章簿』盲人之部）

覚

一、瞽女・座頭是迄拾四歳以下之者、座入願出御聞届之上御補銀被下置候者之内、窮民ニ而親兄弟可便類族等無之、御救扶持を以今日之口腹相保候者も、此度別紙之通御取縮被仰付候時は、御簾正ニ相改可申と奉考、懸案之侭申上候。可然事柄ニ御座候得ハ右引当を以、御触達被仰付候歟、又ハ四ケ村より懸合取縮方被仰付候而ハ如何哉、彼是御賢慮之上宜御執斗可被仰付候。已上

安政二卯年七月五日

岩田村大庄屋代
兼松善助

中村大庄屋代
山崎省吉様

差出

何村座頭・瞽女
名前

但其身并親兄弟共極困ニ而慥成類族等無御座、御補を以其日々之光陰相送候儀、巨細但書ニ記ス筈。

右は瞽女・座頭共、先達而座入奉願御聞届被仰付、其以来暮方之貧福御詮議振御座候御趣御触達被仰付奉畏候。則窮民之者右之通相違無御座候。若不実之儀御座候ハヽ、如何様共可被仰付候。已上

月日

何村庄屋
名判

（『憲章簿』第五巻、五一七頁）

安政二年（一八五五）か、八月二十四日、現高知県。土佐藩、「座頭・瞽女鰥寡孤独取縮之事」（『憲章簿』盲人之部）

覚

一、鰥寡孤独

右名目之中老幼或ハ病体等ニ而、自身口過働も得不仕、可便類族等も無之、地中助力を請袖乞等を以、露命取続居申者共御取縮之筈。

一、右名目之者たり共、自分相応之働相調者、或ハ可便類族等有之候もの、御取縮ニおよひ不申筈。

一、盲目片輪者或ハ生得迂遠、又ハ異ル病体等ニ而働方得不仕、可便類族等も無之、極困ニ迫り地中之預助力、光陰相送居候者夫々御取縮之筈。

一、瞽女・座頭座入御聞届被仰付、爾来補扶持被下置候もの之内、其身芸能ニ長し此節暮方宜相成居候者、或ハ慥成類族有之養育方差問不申もの共、只今右補扶持被指止候而も、暮方指泥ミ申間敷体之者、夫々御取縮之筈。

一、右瞽女・座頭補扶持被下置候者、可便類族等も無之唯今補扶持被指止候而は忽暮方指泥ミ可申体之者、是又御取縮之筈。

但右可便類族と申ハ親子兄弟叔父甥、地盤有福ニ相暮申者ハ不及申、自分家内暮方指泥不申体之者、可便類族と

相立、右近族たり共其身困窮仕暮方難渋仕居候ものは、
可便類族之見付ニ相立不申筈。
下紙ニ本文夫々正歳入用、幷地中助力受居候者何之頃ヨリ
厄介ニ預リ居候哉、入用之事。
一、右ケ条之者共、無之村ハ此廻状参着否、紙面を以私共へ御
懸合越被下度候。
右は此度鰥寡孤独之者共取縮御用方被仰付候所、村浦仕出
区々ニ相成、取扱振伺出候所、右之通御下知ニ相成、且村々
へ立入取縮候様被仰付、近々之中罷越候間、右彼是御取扱振
紙面ニ御認置被成度候。右之段為御懸合如此御座候。已上

田ノ川村庄屋代　岡崎彦四郎

八月廿四日　古塚村大庄屋　佐田新七

（『憲章簿』第五巻、五一八頁）

安政二年（一八五五）八月、現愛媛県。宇和島藩、座頭・瞽女への扶持制度　→寛文十一年（一六七一）八月九日他

（内表紙）
「安政二己卯八月
郷中百姓中より出三升米大豆
伺之上割替控其余共」

百姓共納候三升米大豆先年より鬮高ニ応し差出来候処、近来御
免替後諸役ニ引合不平等之訳も有之、割替之儀兼而被伺出候趣
ニ付相達候処、割替之儀御聞被置候ニ付別帋之通割替候間、此
旨御承知可有之候、尤米豆高之内半分庄屋手元江取立候分共、
村浦右ニ準し割替候様可被申聞候、以上

八月十七日　須藤段右衛門
井関又右衛門

十組御代官中

一、米八石九斗九升九合壱勺　御庄組　里分
一、大豆壱石三斗八升六合　浦分
一、米八石弐斗六升六合　津嶋組　里分
一、大豆七斗三升六合弐勺　浦分
一、米拾石三升三合六勺　御城下組　里分
一、大豆四石弐斗八升八合壱勺　浦分
一、米拾弐石弐斗五勺　川原渕組
一、米拾弐石弐斗六升七合　山奥組
一、米九石八斗八合壱勺　野村組
山田組

一、米拾七石六斗九升四合七勺
一、米拾四石八斗六升九合八勺
一、米拾弐石四斗七合壱勺
一、大豆弐石六斗七升弐合壱勺
一、米八石四斗五升八合
一、大豆七石六斗四升三合七勺

多田組

矢野組
里分
浦分

保内組
里分
浦分

(貼紙)
「〆米弐百八拾七俵弐斗三合九勺
大豆四拾壱俵三斗弐升六合壱勺
合三百弐拾九俵壱斗三升」

右此度百姓共壱闔より納候三升米大豆高之内半分、弘化三午年御免替之節、諸役石高割ニ相改候ニ付、当卯年分より割替候条、如帋面年々取立御蔵納ニ可被申付、尤此引付後役江相譲可被申也

安政二己卯八月

須藤段右衛門
井関又右衛門

十組御代官中

一、石数右同断

右郷中百姓壱闔ニ付三升米大ツ差出来高之内半分年々御蔵納ニ致来候処、弘化三午年御免替之節諸役石高割相改候ニ付、当卯年分より如帋面割替候条、可被得其意也

安政二乙卯八月

須藤段右衛門
井関又右衛門

輪田民助殿
坂本源五左衛門殿

安政三辰年

一、御代官中より三升米豆起之義承知いたし度旨、伺出候ニ付、左之通申聞候事

兼而被伺出候三升米豆主意之儀、別紙書取之通ニ候間、御承知之上御類役中江被相廻度存候、尤右体ニ付、座当共郷中廻りは不致筈ニは候得共、何等無余儀訳合ニ而致通行、断出節は百姓分より仕成遣候筋は無之候間、庄屋手元より何等と取計遣候様有之度儀ニ存候、右等之処は猶被申合御取計可有之候、此段無屹度申達候、以上

五月

須藤段右衛門
井関又右衛門
比企藤馬

御城下組御代官
上原郷介殿

三升米豆起

一、往古より百姓手前より庄屋江横成米出し来候処、寛文十一亥年より右は被相止、郡所定を以合力米申付候様被仰出、其節より本百姓壱人前より里分米三升、浦分大豆三升つゝ庄屋江合力いたし候様相成候事
一、座当・盲女郷中江罷越候節は送夫賄等差出来候由之処、元禄十一寅年座当共已後郷中御他領等江出申間敷ニ付、御養米被下置度旨願出、其節より右三升米豆不残御蔵納ニ被仰付、右之内を以座当・盲女人数被相究、為御養米被下置候事
　　但、右三升米豆座当共江割渡、相残分ハ郡所江
　　受込、致支配候事
一、宝永六丑年、御吟味合有之、右三升米豆之儀は太段庄屋江致合力候品ニ而全座当江可被下筋ニ無之ニ付、半数者庄屋江被下、半数は前体御蔵納ニ被仰付、其分は矢張御養米ニ被下候処、右ニ而は余計致不足候ニ付、不足分は郡所支配銀之内ニ而致足米被相渡候事
一、右之通相成居候処、郡所支配銀追々減少いたし、足米差支候様相成候ニ付右は被相止、別ニ銀子被下候得共、座当共難渋之旨願出、享保六丑年御内所物百俵郡所江被相下、右ヲ十組江貸付弐割之利足弐拾俵と外ニ一組より壱俵つゝ相加十組ニ而拾俵、都合三拾俵御蔵納被仰付、御蔵方より座当・盲女江被下候処、同十八丑年、右支配銀致退転出所無之ニ付、其後は全三升米豆半数と右三拾俵と都合左之通被下候事
一、米弐百八拾七俵弐斗三合九勺
一、大豆四拾壱俵三斗弐升六合壱勺
　　但三升米豆半数十組より御蔵納ニ相成分
一、米弐拾俵
　　但御内所物ハ相下、百俵弐割之利、十組より右
　　同断之処、安政二卯冬、又百俵被相下、都合弐
　　百俵之元米、壱割之利足ニ相成候事
一、同拾俵
　　但壱組より壱俵つゝ差出分、十組分右同断
〆三百五拾九俵壱斗三升
　　右座当・盲女江年々御蔵方より被下候事
一、米百俵
右之通此度元米被相下、一組江拾俵宛慥受取申候、但先年盲人共為御養米、元米百俵被相下、御預下江貸付弐割之利足、外ニ拾俵致出来都合三拾俵年々相納来候処、先年被相下候百俵者格外之高利ニ而下方難渋ニ付、此度御吟味合を以元米如紙面被相下、先年之百俵ニ相加御預下江貸付、新古弐百俵壱割之利足并前々より差出来拾俵相加、都合三拾俵、毎暮御蔵納可仕之旨奉得其意候、依如件

安政二卯十二月

津嶋組御代官 斉藤丈蔵
山奥組同 蔭山宇右衛門
野村組同 藤井軍之允
多田組同 杢本又蔵
川原渕組同 須藤権右衛門
山田組同 越知勝太郎
御庄組同 上甲貞一
矢野組同 志賀弥助
御城下組同 上原郷介
保内組同 宮部幸太夫

比企藤馬殿
井関又右衛門殿
須藤段右衛門殿

（『租税書類　第四百四十一冊』。河合南海子「宇和島藩盲人養米制度史料」一四八～一五一頁にもある）

安政二年（一八五五）十一月、現高知県。土佐藩、「岡崎彦四郎存書之事」（『憲章簿』盲人之部）

口上覚

一、瞽女・座頭可便類族有之者
一、盲人ニ而可便類族無之者
一、鰥寡孤独其余窮民可便類族無之者

〆

一、右瞽女・座頭共之儀ハ、往古御詮議之上送夫御渡被遣、上下往来を以光陰相送居申候所、郷中送夫等費用之筋を以居救扶持被仰付、其節百五人と御極被仰付候所、其後東六郡同様人数年々増減被仰付、座入年増ニ相成百姓共出米取立方及迷惑候を以、是又天保十三寅年東同様補米定相場八銭六拾五匁ニ被仰付、盲人出来候時々御見分之上座入勝手次第被仰付、且人民繁昌ニ随ひ座入増ニ相成居申候。此度可便類族有之面々ハ補銀御指除被仰付候御趣奉畏候。然ニ生得盲目を以座入仕者も御座候。又ハ年令等過候而も十四歳已下之立を以座入仕居申者も御座候。可便者有之分ハ居扶持仕着共、御指除ニ相成候時は官職仕なから、座頭名目迄ニ相成、勿論如何様御取分ケ被仰付候而も不苦御座候得共、仕着料丈ケハ以前之ものへ御渡被遣歟、又は可便類族有之相応身引仕候者ハ、御穿鑿之上座頭被召放候時ハ、子細無御座可相成ハ是より十四歳已下之もの盲人ニ相成、窮民ニ限座入願出候ハ、御聞届被仰付、十五歳以上之者ハ願面不相成段、向後御取極被仰付候而は如何ニ御座候哉、左候ハ、地下役共屹度相糺可奉願と奉存候。
一、右盲人鰥寡孤独窮民之者共、可便類族無之者へは御補被仰付候御趣、一同難有奉畏候。右等之者御補被仰付候時ハ、追々願出ル分迚も同様可被仰付と奉存候。当年年齢等不相叶此度部入得不仕ものとも村浦数多御座候。向々夥敷人数ニ相縮其上座頭相束候ハ、莫大ニ相成、地下人共迷惑ニ至リ可申哉ニ奉存候。尤座頭共上リ扶持丈ケ割賦被仰付候時ハ、出入無御座、右等之者ハ其村浦厄介者と相唱候ハ、、随分在所限ニ補助相調可申と奉存候。以前ハ近郷浦袖乞を以光陰相送居申者も御座候得共、此度御追放者之外御指留ニ相成、少し世上相迫リ候得共不相調訳ニ而無御座候様奉存候。惣而窮民者其時々奉願御詮議被仰付候ハ、、私共於場所ニハ厄介者ハ手払ニ相成可申候得共、向々際限無御座候。重き此度之御趣意往々不被相行候様成行候ハ、、奉恐入次第と奉存候。扨又下山郷半家村之儀ハ御国中ニ而も稀成義民之村柄ニ御座候。座頭補銀割賦之儀ハ是迄引受居申候得共、盲人鰥寡孤独窮民等之居救扶持ハ引受申間鋪、右村之儀は古より袖乞者ハ不及申、他村助力ニ預リ居不申村柄ニ御座候。左候ハ、、外村たリ共右同様於地中事足リ可申と奉存候。若極々村浦限ニ世話方不行届処ハ、組合或ハ其郷中迄袖乞御差明被仰付候ハ、、気安ク奉存候。可相成ハ是迄之通村浦厄介者ニ御閣被仰付可然様奉愚案候。

右は先達而御用之御趣を以御取縮被仰付、此度私共右取扱御用被仰付奉畏候。然ニ重キ御詮議振ニ御座候ニ付、御用方奉蒙候上ハ下情之所申上候間、宜御詮議可被仰付候。已上

安政二卯年十一月

田ノ川村庄屋代
岡崎　彦四郎

（『憲章簿』第五巻、五一八〜五二〇頁）

安政二年（一八五五）、現福岡県行橋市延永《のぶなが》。小倉藩大庄屋中村平左衛門が京都《みやこ》郡延永村の「盲女」へ三味線提供（「別段の記」）　→次項、安政三年（一八五六）正月九日

一、延永村定吉と申者極難ニ候処子共多く、其中ニハ癩疾を煩ひ候者も有之候、盲目の女子も有之申承り、甚不便の事ニ付、三味線一丁相求メ遣し、盲女ニハ三味線を習せ、自分の生活なりとも為致候様申付候事、尤是ハ麁未［末］の稽古三味也、はち共ニ遣し候、能キ三味線ハ翌辰年又一丁相求メ遣候事

（『中村平左衛門日記』第九巻、三四八〜三四九頁）

安政二年（一八五五）か、現福岡県行橋市延永《のぶなが》。小倉藩大庄屋中村平左衛門が京都《みやこ》郡延永村の「盲女」へ三味線提供（慶応二年［一八六六］編「孝義旌表録略伝、企救郡」）　→前項、次項

扨京都郡延永村に、定吉といふ貧民有けるが、其娘に盲女あり。平右［左］衛門三味線を求めて遣しけり。其委敷ことは本伝に記せり。是に仏山堂が唐歌を挙て、其大意を記す。

三絃行并序

中村某循吏也、邑有二盲女一、貧困不レ支、某買二三絃〔一〕与レ之、且択レ師事焉、郷里嘖々伝二誦其慈恵一、余因二作三絃行一、

七絃又二十五絃、君子常置於座辺、季世乃有三絃出、俗音乱雅莫過焉、中君当今君子也、却買三絃何所縁、農戸一女眼失視、東摸西索伥々爾、況有老父髪如霜、十年跛躄不能起、女嘆竟不執鍼針、父嘆竟不執耒耜、一衣一食無所出、父女飢寒坐待死、中君聞之攅両眉、邑有貧困罪属誰、振卹百方無不至、時買三絃授与之、諭女爾須効意学、我今為爾択良師、芸名動世人争賞、纏頭若山豈難期、能令爾父飽且煖、爾之至孝実在茲、女受三絃泣且謝、従今謹奉訓戒辞、果知異日伝妙訣、軽攏漫撚成応節、天愁鬉鬀起陰雲、花駭繽紛翻艶雪、数行秋雁忽垂翅、百転春鶯自結舌、到此益思海嶽恩、製歌応歌君子仁、被之三絃奏一曲、俗音亦自感動人、君不聞潯陽江頭秋月白、呼取老妓弾秘曲、千古喧伝琵琶行、想見当時風流跡、嗟呼堪慕白氏之雅情、嗟呼可重中君之至誠、古人今人同高致、四絃三絃同妙声

（『福岡県史資料』続第一輯、七〇八～七〇九頁）

安政三年（一八五六）正月九日、現福岡県行橋市延永《のぶなが》。小倉藩大庄屋中村平左衛門が京都《みやこ》郡延永村の「盲女」に祝儀の「謡」を歌わせる →前項

一、昨年三味線を遺し候延永村定吉の娘の盲女を、庄屋元平今日の寄合席ニ連参り、祝儀の謡を少々為謡候事

（『中村平左衛門日記』第九巻、三六一頁）

安政三年（一八五六）二月、現栃木県下野市磯部・茨城県結城市。磯部村（出羽秋田藩領）・結城町（結城藩城下）、「祝儀」納入に関する結城町の当道座一札

差入申一札之事

一、其御村方之儀ハ往古慶長年中より去ル文政年中迄、私坊共町方へ祝儀料仕切被差出候処、其後組不人ニて行届兼候間、石橋宿石之一、次ニ小金井宿喜善右両人ニて致押領罷在候処、此度及自談ニ、前々古例之通以分限ヲ祝儀料被差出候上ハ、所々座頭共并瞽女等ニ至迄、我等方ニて引請、其御村方へ聊御苦難相成申間敷候、為以来入置申一札仍て如件、

安政三辰二月

結城町
座中惣代 主殿一座頭 ㊞
同 添役 造酒一座頭 ㊞
同座元取締 左京一座頭 ㊞

磯部村
御役人衆中

（『南河内町史』第四巻、二七〇～二七一頁）

安政三年（一八五六）四月十九日、現愛知県刈谷市。三河国刈谷新町、「御触状留帳」、瞽女の宿泊

辰四月十九日　泊り

ごぜ弐人　乙川　里う
　　　　　寺本　たき

（『刈谷町庄屋留帳』第一五巻、四八二頁）

安政三年（一八五六）六月十五日、現福岡県。柳河藩法、諸村々庄屋への触

一、於二村々一座頭・盲女之外、三味線取扱候儀、可レ為二無用一事。

（『福岡県史資料』第七輯、四七一頁。『柳川藩史料集』三二二頁も参照）

安政三年（一八五六）七月二十三日、現新潟県柏崎市。下浦村、瞽女の三味線差し押さえ

御糺ニ付乍恐以書付奉申上候

私義当十五日夜踊之節鳴物所持罷在、御廻り御役人様御差押ニ相成候始末、有体申上候様御糺ニ付左ニ奉申上候

此段私叔母下町盲人ちとせ方江内用有之同夜四ツ時頃罷越候処、長町みとり屋与兵衛方江三味せん預ケ候分有之候間、取ニ参り呉候様相頼候ニ付、則与兵衛方へ参り右三味線取受帰り候途中無何心引鳴し候処、大町山澗屋忠三郎宅辺にて御廻り御役人様御差押ニ相成候義ニ御座候、畢竟三味線等所持罷在候段今更奉得御察当候ては何と可申上様も無御座奉恐入候、右御糺ニ付有体奉申上候処、聊相違無御座候、已上

辰七月廿三日

納屋町与市悴　与三右衛門
親類　長蔵
組合　与吉
組頭　義助

御代官所

（『柏崎市史資料集』近世篇四、四九九頁）

安政三年（一八五六）八月、現福岡県。福岡藩の倹約令

（表紙）「安政三年
大倹取締
御達書」

辰八月

一、瞽女・座頭其外香具師様之者、一切村々江入込ヲ申間敷候事。

但し、村居瞽女・座頭等難渋不致様取計遣可申候事。

［略］

一、盲人之外遊芸稽古致間敷候事。

(『嘉穂地方史』近世編、第二巻、三〇五頁、三一九頁、三二五頁)

安政三年(一八五六)か、十一月十一日、現高知県四万十市安並・岩田。土佐藩、安並村・岩田村「座頭・瞽女渡銀御定之事」(『憲章簿』盲人之部)

一、八銭百拾七匁也
　但座頭・瞽女壱人扶持定相場八銭六拾五匁替ヲ以如此、
　三百六十日ニ割一日当リ三分弐厘五毛
一、紫分伝馬料　八銭六拾匁也
　但三百六拾日ニ割一日当リ一六六六
一、打掛送夫壱人半料　八銭四拾八匁也
　但三百六十日ニ割一日当リ一三三三
一、初心送夫壱人料　八銭三拾匁也
　但三百六十日ニ割一日当リ八三三三
一、瞽女送夫料　八銭弐拾五匁也
　但三百六十日ニ割、一日当リ六九四四
右伝馬送夫料之内ニ而八銭壱匁壱分弐厘允座番手引料を引、紫分手取ニ相成分八銭五拾八匁八分八厘ニ成、以下右ニ准シ申事、
一、割当リ分詰五厘上ル四厘捨リ、
一、毎年七月より十二月迄之分十月渡之立リを以、其暮相渡ス筈、
一、翌年正月より六月迄之分、座頭・瞽女居村庄屋手前へ預り置、四月入相渡ス筈、
右之通被仰付候得共、村より村へ取渡并御役場納共、右ニ相記有之候通作配有之、座頭・瞽女居村庄屋手前へ預リ置、前件之通作配有之筈、尤割方相済候以後座入之ものは日割ヲ以翌年割ニ入相渡筈、尤弐季御定月不相済内死失之者は、是又日割ヲ以返上之筈。

右之通弐季渡方被仰付候間、扶持補銀共受取候以後致病死候共、其侭渡捨ニ被仰付筈。

付リ其年十月、十一月、十二月、翌年四月、五月、六月、右六ヶ月分ニ病死は渡捨ニ被仰付候事。

私共儀座頭・瞽女扶持取扱御用被仰付、此度為大義料御金被成遣、難有仕合奉存候。右御礼ニ伺公仕候。已上

安並村大庄屋代　森田恵四郎

辰十一月十一日

岩田村大庄屋　兼松善丞

(『憲章簿』第五巻、五三一〜五三二頁)

安政三年(一八五六)十一月、現愛媛県長大洲市浜町。大洲藩、「喜多郡五百木村米豆銀免割目録」

一、田高弐百弐拾八石弐斗六升壱合

［略］

一、同［米］九斗九升三合壱勺　　座頭・瞽女扶持方

（『愛媛県史』資料編、近世下、一三九頁）

安政四年（一八五七）正月、現石川県。加賀藩、座頭・瞽女の取締（多田氏蔵文書）

百姓・頭振を始藤内等人別縮方に付御尋之趣書上申帳

［略］

一、座頭・瞽女縮方之事。

百姓・頭振家内に御座候亭主之分、盲目に相成開作出来不申候へば、子弟之中へ譲高願候へば癈疾之者に付御聞届御座候。男女共盲目に相成候者座入仕、座頭・瞽女に相成候得ば、職分之儀者座頭座より申渡候得共、人縮之儀者都而村役人より仕、外百姓等同様に御座候。

（『加賀藩史料』藩末篇上、八五三頁、八五五頁）

安政四年（一八五七）二月、現高知県安芸市川北。土佐藩、川北村の座頭・瞽女人口と「補銀」の割付

（表紙）安政四年

「御改正風土取締指出帳

二月

安喜郡

川北村」

［略］

一、坐頭壱人　慶伝

但無芸

一、瞽女壱人　千重［寿カ］

但三味線芸少々仕申候。

一、右瞽女・坐頭へ御渡被仰附候補銀、御割附之通本田・新田地石へ割附取立申候。

（『高知県史』民俗資料編、二九五頁、三〇七頁）

安政四年（一八五七）五月十日、現千葉県流山市芝崎。芝崎村、瞽女の来村

庚申　十日曇　丑寅風

［略］

一、夕船橋瞽五人泊呉候様歎ニ付泊

（吉野家『安政四日記』。『流山市史』近世資料編五、五五〇頁も参照）

安政四年（一八五七）五月二十八日、現岡山県赤磐市八島田。磐梨郡八島田村、「年来之除帳者夫ト長屋入妻無罰入帳」

安政四巳年

磐梨郡八島田村

専五郎兄
除帳
勘之介
同人妻
右之者共天保十三寅年八月欠落仕、除帳ニ相成居申候処、当正月村方え立帰候旨注進申出候付、始末為相糺候処、兼て貧窮ニて内借財相嵩、且妻儀眼病相煩ひ盲目同様ニ相成、難渋差迫り候付心得違、妻召連家出致シ、作州内ニて日雇働等仕居候処難渋弥増、御国恩難忘乍恐帰村仕候旨申出候ニ付、勘之介儀直ニ長屋え入置、妻儀ハ右之通盲目同様之儀故、村方ニて為相慎置候処、両人共悔前非、甚以恐入相慎居申趣相聞申候、右之通年来之除帳者ニ御座候付、入帳之儀御噂申上候も如何と奉存候得共、専五郎并村役人共よりも入帳之儀連々歎出申候間、格別之御憐愍ヲ以、勘之介儀ハ長屋入御免、妻儀ハ最早御咎筋御宥免被成、両人共本在人馬帳入可被仰付候哉奉伺候、
四月
御郡代
右廿八日御用老御聞届相済、五月二日如左取計、
磐梨郡八島田村
専五郎兄
除帳
勘之介
右之者年来之除帳ニ付、入帳被仰付候御格合ニハ無之候得共、連々歎出之趣も有之候付、格別之御憐愍を以長屋入御免、本在人馬帳入被仰付候、
右御郡目付え申渡、構御郡奉行え差紙遣ス、
磐梨郡八島田村
専五郎兄
除帳
勘之介妻
右之者年来之除帳ニ付、入帳被仰付候御格合ニハ無之候得共、連々歎出之趣も有之候ニ付、格別之御憐愍を以、八島田村人馬帳入被仰付候、
右構御郡奉行え申渡、
（『藩法集』第一巻下、五四五頁［一六四号］）

安政四年（一八五七）五月二十九日〜十月一日、現愛知県刈谷市。三河国刈谷新町、「御触状留帳」、瞽女の宿泊

五月廿九日
尾州知多郡
一、ごぜ弐人
乙川　りう
寺本　たき
閏五月十九日
一、ごぜ　同　沓掛　とき
同　人足壱人
〆弐人
閏五月廿三日

一、ごぜ弐人　西郡　みお
福釜　とみ
六月朔日
一、ごぜ　西郡在々カみつ
六ツ原　けい　〆三人
西郡　みせ
拾月朔日
一、ごぜ四人　姫小川やす
じゆう
岡崎　かい
音原　くら
（『刈谷町庄屋留帳』第一五巻、六〇一～六〇二頁）

安政四年（一八五七）六月十八日、現高知県東洋町野根。安喜（芸）郡野根村、座頭・瞽女への支払い

「（表紙）
安政四巳年
前月上張附元帳
六月十八日認替ル　口上
尤勿々」
［略］
十月分
一、八銭六百六拾七匁三分八厘
内［略］
四百八拾八匁八分弐厘　瞽女・座頭銀払
［略］
［巳］四月分［略］
一、八銭九百八拾六匁四分四厘　中遣銭
内［略］
四百八拾八匁八分弐厘　坐頭・瞽女銀払
（『高知県史』近世史料編、三一二頁、三一四頁、三一五頁、三一八頁）

安政四年（一八五七）八月十七日、現愛知県岡崎市。岡崎城下、座頭・瞽女へ配当支給

「（表紙）
安政四年
万留書覚帳　上中下」
［略］
一、　請取申銭之事
一、銭三貫文
右者今般殿様京都御所司（代脱カ）被為蒙仰候為御祝儀被下置難有頂戴
仕候、最定之通座頭并瞽女共銘々無相違配分可仕候、依之請
取手形差上申所如件
安政四丁巳年　組頭　岩之都
八月　配頭　房之都

御納戸

前書之通相違無御座候、以上

町年寄
千賀伝右衛門

右之通中折紙ニ認両人調印之上、上包なし問屋場下役請取ニ
罷出、御役所ニ而御裏書被下請取参相渡し申候

町年寄当番
千賀伝右衛門

八月十七日

（『新編岡崎市史』第七巻、五八頁、一二二三〜一二二四頁）

安政四年（一八五七）八月、現新潟県上越市吉川区梶。梶村の瞽女人口

「（表紙）安政四巳年八月
梶村組
梶村明細村鑑帳」

［略］

当巳書上

一、人数弐百七拾三人

内
僧　六人
男　百三拾四人
女　百三拾弐人
瞽女　壱人

（『吉川町史資料集』第一集、一六〇頁、一六五頁）

安政四年（一八五七）十月十六日。江戸、瞽女が演奏した「口説節」の「大工殺し」が歌舞伎戯曲になる　→安政五年（一八五八）

○十月十六日より市村座「伊達《だて》競《くらべ》阿国《おくに》歌舞妓《かぶき》」第二番目
「糸時雨越路一諷《いとのしぐれこしぢのひとふう》［しカ］」

［略］

二番目越の后州に其名も高き大工殺し皷女〔ママ〕の小唄を趣向にとり
し新狂言大出来

（『続歌舞伎年代記』七一七〜七一八頁）

安政四年（一八五七）十月、現新潟県長岡市古志種苧原《たねすはら》。長岡領御料古志郡種苧原村、「瞽女入門誓約書」

入置申一札之事

一、私娘ひさと申者、不眼ニ付貴女様江御入門相願候処、早速
御聞済之上、何と名改被成下、種々難有仕合奉存候、然上ハ
御公儀様御法度不及申、瞽女掟急度為相守可申候、
為後日入置一札仍而如件

安政四巳年十月

御料古志郡
種苧原村
親　名左衛門　㊞
親類　六兵衛　㊞
瞽女　ひさ　㊞

長岡領

半蔵金村
　おます様

（「入置申一札之事」坂牧文書）

安政四年（一八五七）十二月二十二日、現山梨県笛吹市境川町。甲斐国寺尾村の村議定

(表紙)「安政四巳年十二月廿二日　夫方相立候ニ付儀定書　八代郡寺尾村」

［略］

一、こせ扶持の義ハ、是迄通甲銀四拾匁弐分ニて相賄可申候

（『境川村誌』資料編、三五四頁）

安政四年（一八五七）、現高知県。阿波藩法、「安喜郡府定目」

一、上ニ言如く、漁師共漁初之祝爾来之通可為候得共、祝席へ瞽女・坐頭其余遊芸師等を雇候義は不相成候。

（『高知県史』民俗資料編、一四四頁）

安政四年（一八五七）前後、現新潟県糸魚川市。糸魚川瞽女キシの伝記（糸魚川市新屋、猪又家蔵）

長女キシ一代記　猪又勝次郎

同女キシ、亡茂右エ門ノ遺子ニシテ、母ノ体内中父死亡ス、天保七年四月九日出生、而シテ四歳ノ時、眠(眼)病ニ罹リ、盲トナル、廿一歳迄ハ生家在テ、子守飯焚其他家事ヲ手伝フ、同女ハ将来芸ヲ以テ身ヲ立ツル方心止マス、仝年旧歴(暦)五月出家シ、高田ニ至リ師ヲ求ム、日浅キ内ニ実母迎イニ行、遂目的ヲ達セス、帰家ノ止ムナキニ至ル、然レ共初志ヲ思ヒ留ムルコトヲ得ス、明年六月、殊ニ多忙ノ養蚕時ヲ見計リ、追手ヲ避クルタメ出家、一端同村清左エ門方ニ身ヲ潜ムルコト二日間、其時実母ハ仝家ヘ行、又逃亡セシト話サルヲ聞キ居、而シテ夜中戸谷越ヘヲナシ、高谷根ヲ経テ梶屋敷ニ出デ、此処ニテ送リノ人夫ヲ雇ヒ、目指ス信州大町ヘト歩ヲ進ム、其当時ノ順路ハ今日ノ路程ト全々異ナリ居リ、糸魚川原山大野中山ヲ経テ、仁王堂ニ出テ、根小屋小滝山之防(坊)ト日ヲ重ネ、千国ニ迄到着シ、此処迄ノ送リ賃銭弐百匁ト定メシモ、少々安キ故ヲ以テ五十匁ヲ増シ、弐百五十匁ヲ与ヘ（今日ノ弐銭五厘）、雇夫ヲ戻シ、単身大町ニ着キ、高田出身ニシテ一時糸魚川ニ在住、後大町ヘ移住セシ常盤(磐)津ノ師匡(匠)（おきゆ）ノ元ニ行、教ヲ求メシモ、親ノ承諾無故教ヘス、致シ方無ク四ヶ月程食客トナリ居、十一月帰郷シ、改メテ、明年二十三才ノ時、前記師匡(匠)ノ元ヘ父ト同行シ、弟子入レナシ、茲ニテ学ブコト一ヶ年、其レヨリ松本ニ出テ、当時来松シ居リシ江戸ノ人ニテ、名声高キモクラ太夫ト云師匡(匠)ノ元ニ行キ、入門シ、二ヶ年学ヒ、奥儀ヲ極メシ、許可ヲ得テ松本池田ノ両処ノ嗜好者ニ教フルコト八個年、而シテ参十四歳ノ時、糸魚川ヘ戻リ、麻及養蚕ノ仲買商人タル横町ノ一中印ト云方ヘ仝宿借家シ、常盤(磐)津ノ師ヲナス、当時糸魚川四郎

八方へ清元ノ師匡（匠）要滝ナルモノ、及ヒ仝田町出羽ト云家へ正滝ト云ル師匡（匠）来リ来、依而両師匡（匠）ニ付キ清元ノ修業ヲナシ、各宴会并ニ御座敷へ呼客ニ応シ居リシ処、当町新屋町二十三番ニ、根知村梨子ノ木村船木伊兵ヱノ生テテ、享和元年四月四日生目黒ヨト（明治九年二月四日病死、法名照誉大姉）ト云ふ、矢張芸ヲ以テ生計セル盲人、実子無ク、一度早川谷根ヨリ養子セルモ離縁シ孤独人アリ、其所望ニテ、卅六歳ノ時養女トナル時ハ明治四年タリ、而シテ四十三歳ノ時、青海村（今日ハ町）宇寺地小野永右ヱ門二女、安政元年六月九日生キセト云フ者ヲ養女トシ（寺地家号ふろや）、爾来青年男女ニ教へ、尚ホ在方廻リヲナシ、相当有福ニ家計ヲ送ル、尚ホ一生ノ遭難トシテ大ナルハ、明治十年横町ノ出火城ノ川迄、明治卅七年八月三日新屋町広瀬ヨリ出火横町西端迄、明治四十四年新屋町東浦神社（諏訪）附近市村伍兵ヱ納屋出火寺町東端迄ノ大焼火災ニ、類焼ノ厄ニ罹リ、尚ホ明治廿四年正覚寺出火ノ時、仝寺ノ土蔵ニ入レ置キシ衣類道具焼却セラレ、四回ニ亘ル火難ニ逢ヒ、而シテ明治四十四年四月廿弐日類焼後上刈区北端二〇六番地へ転住建築、在住中、大正八年五月廿九日、享年八十三才デ没ス、本名目黒キセ、法名感誉知眠（眼）妙通大姉、手次寺ハ善導寺ナリ
右叔母死亡ノ時ハ、自分儀北小谷村大字大綱（網）共有林下山ノ木地屋敷ニ於テ、参十余名ノ人夫ヲ入、製炭不在中、知ラセトシテ浜町北村金右ヱ門氏来ル時、恰度大綱（網）村横川善太郎方ニ宿泊在宅中、直チニ帰家シ会葬、目下ハ家計豊タカナラス故（現戸主キセ七十七歳）、昭和六年四月廿九日揚読経ヲ営ム、小生布施中金四円ヲ手伝ふ、小生日露戦争負傷セシ時、盲人ノ身乍氏神へ禱願ヲ掛ケ、叔母ノ恩忘ルベカラサル次第、報恩ノ為め卅三回忌迄ハ法要務メサセ度次第　以上

（鈴木昭英「越後瞽女組織拾遺」九四〜九五頁）

安政五年（一八五八）二月十九日、現新潟県長岡市。長岡町「西組」の座頭・瞽女人口

（表紙）
「諸方書」願写し
他見無用　丸山政次」

男女
全壱万五千九百八拾七人
内
七　人　男禅門
七千九百九十壱人　男
拾弐人　座頭
弐拾壱人　女禅門
七千九百三十三人　女
弐拾三人　こせ
〆
［略］
安政五年二月十九日　西組

割元
木村伝左衛門　印

（「諸方書」願写し」丸山秀夫家文書）

安政五年（一八五八）二月、現岐阜県高山市。飛驒国大野郡高山壱之町村の人別帳に瞽女三十七人

（加藤康昭「盲人の生活と民衆文化」三一六頁）

安政五年（一八五八）四月、現福岡県豊前市。小倉藩上毛郡、瞽女の人口

「（表紙）
安政五年　　友枝角之助控
上毛郡男女人別御改惣寄帳
午四月」

友枝角之助手永
竈数千八百五拾弐軒　内四拾軒　寺院・社家・山伏
一、男女八千六百九拾弐人
内
［略］
一、弐人　瞽　女
〆

三毛門惣九郎手永
竈数千五百四拾八軒　内拾七軒　寺院・社家
一、男女七千四百六拾七人
内
［略］
一、壱人　瞽　女
〆
［略］

右の寄
竈数三千七百六拾弐軒　内五拾七軒　寺院・社家・山伏
一、男女壱万七千九百四拾七人
内
［略］
一、三人　瞽　女
〆

右は両手永人別惣寄相改、帳面指上申候、以上
安政五午四月　　友枝　角之助
三毛門惣九郎

安政五年
上毛郡男女人別御改惣寄帳
午四月

（『豊前市史』文書資料、二四六〜二四九頁）

安政五年（一八五八）五月六日。江戸、失明した母を扶養する孝行者「きく」へ褒美

万町五人組持地借
藤兵衛妹
きく

其方儀柔和成生質ニ而、両親之申付を不背、先年母こと儀眼病相煩候節、武州荒井村薬師江祈念致無怠看病いたし遣候処、一旦快方ニ相成候得共、其後俄ニ盲目相成候ニ付、又候右薬師江月参祈念いたし厚世話致居候内、其方儀も眼病相煩候処無厭、母こと入湯ニ罷越候節は手を引連参り、夜分ハ深更迄も噺抔いたし心を慰メ遣、且又兄藤兵衛儀去巳六月中より持病之疝癪差発打臥候ニ付、是又入念看病いたし、母江は妹みよを附置、日々其方壱人ニ而食事拵致為給、右間合ニ賃仕事等いたし困窮を相凌、其上当二月十日夜居宅類焼之節も、知ル人方江両親兄を連退遣し、右体孝心を尽候段奇特之儀ニ付、為褒美鳥目拾貫文とらせ遣ス

［略］

安政五午年五月六日

（『江戸町触集成』第一七巻、二五二頁［一六〇八七号］）

安政五年（一八五八）五月十三日、現千葉県流山市芝崎。芝崎村、瞽女の来村

十三日朝曇五ツ過より晴

［略］

一、船橋組瞽女弐人泊

（吉野家『安政五日記』。『流山市史』近世資料編五、六〇四～六〇五頁も参照）

安政五年（一八五八）十一月、現愛媛県松山市。松山藩、素人音曲指南などの取締（「御触状控帳」）→天保二年（一八三一）、天保十三年（一八四二）八月十八日

一、都而町方之者、盲人ニ候ハハ座頭仲間入致、夫々渡世修業可致之処、近来世上俗盲人多、療治ヲ渡世之種といたし、座頭迷惑之趣相聞候ニ付、以来者外売事も出来かたき向者座頭仲間入之上渡世可致候事、

一、座頭・瞽女之儀者、音曲指南之外格別活業之儀も難出来候へ者、当時迄之振ニ而可然候へとも、盲人ニ無之者、男女ニ不限音曲類指南致、渡世の助ケと致、且又近頃上風之趣ニ而法師歌ニ無之風流行致候哉之趣相聞候処、右夫々風俗不宜処、町方而已にかきらす都而娘子共并ニ若年の男子も陰心を導候一端ニ付、向後差留候事、

右之通天保二卯年同十三寅年相触置候所、追年相弛ミ近来者盲人ニ無之者共も稀ニ者按摩療治ヲ渡世ニ致候族も有之哉ニ相聞、尚又音曲指南之義、専ら相営渡世と致候向も有之候様相聞、心得違之至ニ候、此度又々改而及沙汰候間、以来急度前条之趣相守可申候事、

午十一月

（『松山市史料集』第四巻、五三〇～五三一頁）

安政五年（一八五八）刊。江戸、瞽女口説の「大工殺し」↓

安政四年（一八五七）十月十六日

（内表紙）
「
紅葉文庫

いとの時雨

こしぢの一ふし

初篇下巻

たねきよ綴

くに貞ゑがく
」

糸時雨越路一諷前編序《いとのしぐれこしぢのひとふしぜんへんのじよ》

目覚《めざまし》欲《ほし》け強乞《ねだる》稚時《ころ》より瞽女《ごぜ》が三弦《さみせん》の鄙節《ひなぶし》に聞伝《きゝつたへ》たる越路謡《こしぢうた》大工殺《だいくころし》といふなる物《もの》を檜寿棚《ひのきぶたい》にかけ［ママ］として筆棟梁《ひっとうりやう》を勧《すゝむ》ること夏《なつ》より秋《あき》に至《いた》れども、余《あまり》に鄙風《ひふう》の・・・《あつさゆへ》都人《みやこびと》の口《くち》にはいかゞと諾《うけが》はで過《すぎ》つるを　詢々《くるくき〱》亭河竹大人《かハたけうし》の工夫《くふう》を丁度《ちよつと》顔見世《かほみせ》調得《じいれ》、その竹《たけ》をもて、木に接合《つぎあはせ》、猶《なほ》材《つくりき》の足《た》らぬところは、材木河岸《ざいもくがし》に引張込《ひつぱりこむ》など、現《げ》に棟梁《とうりやう》の趣向格別《しゆかうかくべつ》其《そ》を花川戸《はなかハど》の柳水亭《りうすゐてい》が、弐編《にけん》稗史《まぐち》の□《ゑ□》□に画《ひき》て衆覧《しゆうらん》を単《ひとへ》にすなり

狂訓亭栄二記　判

（『糸時雨越路一諷《いとのしぐれこしぢのひとふし》』前編序《ぜんへんのじよ》）

安政六年（一八五九）正月十八日、現富山県高岡市。高岡の瞽女町の営業再開許可（「木町委細帳」）↓天保元年～安政六年正月（一八三〇～五九）

下川原町古寺屋孀ゆみ等不埒之族有之一統改革申渡候処、何れも指当り営方無之所持之諸道具売払続来候内、去春稀成地震ニ而住家等及大破候処取繕之手段無之、其上世上不景気ニ而日用すら過し兼、畢竟家柄ニも難候為体之旨等先達而来度々願之趣有之中ニも当町瞽女共之内養女ニもらひ請、町弾等為致度旨願聞候得共、元来当町之儀ハ家数も多有之ニ準じ、瞽女共も人多ニ罷在、町中之施物而巳ニ而ハ渡世難致所柄ニ付、先役共深存寄を以町弾等之儀指免置、弐百年来瞽女共累代渡世仕来候儀ニ候、然をゆみ等之類右等趣意をも不存付、取縮方等之儀令忘却、専ら遊楽に長じ、酒肴取はやし不勝之族等有之、第一御縮指障り不得止事、去る卯年熟々詮議之上改革申渡候儀ニ候得ハ、瞽女共養女ニもらへ［続］請度旨之儀幾遍願出候而も、取揚詮議可遂筋無之候、乍去数百年永属之家にも離候儀難見捨、相応之商方申付度心痛罷在候、折柄米価高貴ニ而、瞽女共稼方無之渇命ニも及候故、歎之趣も有之難打捨旁以先役共存寄を請継ゆみ等願之通瞽女之内養女ニ為貰請、町弾等以前之通指解候ハヽ、双方成立ニ可相成哉、併手引抔之名目を立ごぜニ属、遊興等之沙汰於有之ハヽ、人別ニ相糺急度可申付候条、旧例習俗相改、御縮方等厳重相守候儀ニ候ハヽ、出格之詮議を以願之通り可承届候間、此段可申渡候事

己未正月十八日（安政六年）　町会所

町年寄へ

（『高岡史料』下巻、九〇二～九〇三頁）

安政六年（一八五九）四月九日、現高知県四万十市岩田。土佐藩、岩田村、「於居村御見分座入御聞済願之事」。失明した娘の瞽女仲間入願（『憲章簿』盲人之部）

奉願

私支配岩田村間人久米五ヱ門娘たつ儀、拾四歳ニ相成近年眼病相煩、色々養生方仕候得共、平愈不仕、去ル卯年より盲目ニ罷成候処、地盤極困者ニ而暮方等忽行当、仍而此度無拠瞽女仲間入望出、久雄都江弟子入仕名前小辰と革名仕候。御時節柄恐多奉存候得共、何卒瞽女仲間入御免被仰付度、然ニ久々病気ニ付歩行等も難相調、当惑至極ニ奉存候間、此上御憐愍被為加置、御序之節於居村ニ御見分被仰付被為下度奉願候。右願之通御聞届被仰付候ハヽ、以御影露命為取続難有仕合ニ可奉存候。

右之趣宜御詮議被仰付被下度奉願候。已上

岩田村大庄屋　兼松善助
同村老　安丞
安政六未年四月九日　同　幸作
座番　久雄都

御郡下役所

（『憲章簿』第五巻、五三二頁）

安政六年（一八五九）五月、現宮崎県。延岡藩の瞽女人口 ↓文政十一年（一八二八）五月、弘化四年（一八四七）五月、万延元年（一八六〇）五月、文久元年（一八六一）五月、文久三年（一八六三）五月、元治元年（一八六四）五月、慶応元年（一八六五）五月、慶応二年（一八六六）五月

（表紙）
「安政六己未年
五月
御領分宗門人別勘定帳」

御城附
一、五百三拾八人　内　ごぜ壱人　南町
一、四百弐拾九人　内　ごぜ壱人　柳沢町
一、九百六拾四人　内　ごぜ壱人　大武町
宮崎郡
一、六百三拾三人　内　ごぜ壱人　中村町
大分郡
一、百弐拾五人　内　ごぜ壱人　高取村
一、八百壱人　内　こせ弐人　下光永村

（『御領分宗門人別勘定帳』内藤家文書）

安政六年（一八五九）六月五日、現高知県四万十市岩田。土佐藩、岩田村、「座頭浄瑠璃語被差明事」（『憲章簿』盲人之部）
↓嘉永元年（一八四八）六月二十八日

乍恐各様御揃益御勇健可被成御座奉拝賀候。殊ニ御用御繁多をも不省不都合御願申上度儀御座候而、御懸合奉申上候間、

宜敷御聞可被仰付候。

一、此度御郡方於御役場ニ被仰聞候御趣、去ル寅年より御国中一統瞽女、座頭、浄瑠璃義太、三味孰も行仕儀御差留被仰付置候処、然ニ此度御城下を初御国内一統、哥三味は不及申浄瑠璃義太三味御差明被仰付候間、猶又瞽女・座頭共右稽古修行無怠相励候様、私より申聞候様被仰付候間、御自分様達御支配之仲間とも へ、右乍憚御申聞被仰付度奉希上候。恐惶謹言

安政六未年六月五日　座頭　久　尾　都

岩田村大庄屋所　様

（『憲章簿』第五巻、五三二～五三三頁）

安政六年（一八五九）六月二十七日、現山梨県北杜市須玉町若神子。若神子村内組分けにともなう御用郷用勤め方に関する村議定（下書）

（表紙）
「安政六未年六月廿七日内組分ケ村議定可致旨被仰付候ニ付西組役人心得書立入迄差出シ候下書　内組分ケ村議定帳　六月廿八日ニ出し候　西組長百姓・百姓代」

内組分ケ村議定

［略］

一、瞽女泊り并賄等之義者両組名主二ツ割ニ取計可申事

（『須玉町史』史料編、第二巻、三〇四頁、三〇七頁）

安政六年（一八五九）八月十五日～十月二十三日、現愛知県刈谷市。三河国刈谷新町、「御触状留帳」、瞽女の宿泊

八月十五日泊り
岡田村　かく
ゑひ
ちか

十月八日泊り
中島組　みわ
とろ　ゆう
やへ
〆三人

十月廿三日泊り
知多郡　たせ
冨貴　いと
〆弐人

（『刈谷町庄屋留帳』第一六巻、一二四頁）

安政六年（一八五九）八月、現山梨県北杜市武川町新奥。新奥村、村入用夫銭帳に関する儀定書

（表紙）
「安政六年
儀　定　書　扣　帳
未八月　日　」

取極申儀定書之事

一、今般一村相談之上、村入用夫銭之儀、左ニ取極申候。

一、名主給金之儀、是迄御城米相場ニ而割合来り候所、今般相談之上、米壱駄三拾六匁宛ニ相定、都合甲銀百八匁ニ高

拾石之役引ニ而相勤可申筈。村入用割合之儀は、是迄定式御用勤、御師・別当・盲女・座頭、風水・三狐子・山之神祭礼入用定式之儀は、高壱石ニ付甲銀弐匁宛江同四拾八匁かき割差込相勤可申筈。尤郡中割合夫銭之儀は、金弐《(ママ)》歩定式、其除割合之分は、臨時割合可致筈。津嶋天王・本紙宗門・流水其外御師・別当・勧化等ニ至ル迄、新規新法之儀は不残臨時割合ニ可致筈。

右之通り相談行届候上は、当未より来ル丑年迄七ヶ年季ニ相定儀定連印致候上は、違背之もの壱人も無御座候。為後日連判定書仍而如件。

新奥村

名主　彦兵衛 ㊞

長百姓　善左衛門 ㊞

同　源八 ㊞

百姓代　彦左衛門 ㊞

代　長右衛門 ㊞

百姓　又左衛門 ㊞

（二一名略）

右之通り定書致候上は、御年貢御上納之儀は、触当日限之通り遅滞なく急度可致候。以上。

右村

百姓代　彦左衛門 ㊞

長右衛門 ㊞

（『武川村誌』資料編、二〇一～二〇二頁）

安政七年正月九日～万延元年十月二十七日（一八六〇）、現愛知県刈谷市。三河国刈谷新町、「御触状留帳」、瞽女の宿泊

正月九日
半田　まつ　壱人泊り

五月朔日
西之郡みか
みき　泊り
ひさ

五月九日
かい
吉良　ゑい　三人
つね
大府　とせ
かりやうら　弐人支度

十月十六日
西之郡みつ

三月十一日
新町　せき
根崎　むめ　三人
泉田　をと

五月四日
みと
こと
しう　四人泊り
西之郡　てつ

八月六日
かど
のぶ
知多郡　はる　四人泊り
りと

きら　てい　三人泊り　十月廿四日
西之郡みさ　みわ
同二十七日　とみ　弐人泊り
米津　つる
はつ　弐人
（『刈谷町庄屋留帳』第一六巻、二五四〜二五五頁）

安政七年（一八六〇）三月十一日、現千葉県流山市芝崎。芝崎村、瞽女の来村

十一日朝小雨四ツ頃止夫より曇
［略］
一、夜ニ入瞽女三人泊呉候様相願ニ付泊遣
［略］
（吉野家『安政七日記』。『流山市史』近世資料編五、六九二頁も参照）

安政七年（一八六〇）三月、現長野県長野市松代町。松代八町御条目請書、座頭・瞽女人口

（表紙）「御　条　目」
［略］
一、軒数九拾三軒　紺屋町
内　訳
大屋五拾七軒　此人数弐百八拾七人内 男百三拾八人 女百四拾九人
借屋三拾四軒　此人数百拾六人内 男六拾四人 女五拾弐人
裏借屋弐軒　此人数六人内 男四人 女弐人
都合人数四百九人内 男弐百六人 女弐百三人
内
瞽女壱人
伊勢町
一、軒数百弐拾七軒
内　訳
大屋七拾壱軒　此人数三百拾八人内 男百五拾人 女百六拾八人
借地四軒　此人数弐拾壱人内 男拾三人 女八人
借屋四拾八軒　此人数百七拾人内 男九拾弐人 女七拾八人
裏借屋四軒　此人数拾四人内 男七人 女七人
都合人数御五百弐拾三人内 男弐百六拾四人 女弐百五拾九人 （下ゲ札）「男弐百六十弐人 女弐百六十壱人」
内
神主弐人
修験弐人
按摩壱人
瞽女壱人

[略]

惣人数弐千八百六拾五人内　男千四百弐拾九人　女千四百三拾六人

内

神主弐人
修験四人
医師壱人
道心弐人
尼　壱人
神子壱人
座頭四人
按摩壱人
瞽女弐人

(『長野市誌』第一三巻、四六一〜四六五頁)

安政七年(一八六〇)三月、現長野県長野市松代町。松代城下伊勢町

(表紙)
「安政七申年
人詰御改帳
三月　　伊勢町」

[略、以下異筆の朱書の一部も略]

[平兵衛借屋]
右同断　　聟養子　　鶴松女房
年七十七　量八㊞　　年二十九鶴松　　年二十三者都

(朱書)
「伯母」
妹瞽女
年六十八松世　　松世養女
年十四とよ　(朱書)「改名
つね」㊞

[略]

惣都合五百弐拾三人内　男弐百六拾四人　女弐百五拾九人

内

神主弐人
修験弐人
按摩壱人
瞽女壱人

(関川千代丸収集文書)

安政七年(一八六〇)三月、現長野県長野市松代町。松代城下紺屋町

(表紙)
「安政七申年
人詰御改帳
三月　　紺屋町」

[略]

栄蔵借屋哥寿役代 卜辻除 久五郎㊞　年五十六哥寿　妹 年五十一もや

［略］

惣都合四百九人内　男弐百六人 女弐百三人

内

瞽女壱人

（関川千代丸収集文書）

万延元年（一八六〇）五月、現宮崎県。延岡藩の瞽女人口 ↓

文政十一年（一八二八）五月、弘化四年（一八四七）五月、安政六年（一八五九）五月、文久元年（一八六一）五月、文久三年（一八六三）五月、元治元年（一八六四）五月、慶応元年（一八六五）五月、慶応二年（一八六六）五月

（表紙）
「万延元庚申年
御領分宗門人別勘定帳
五月　」

御城附
一、五百三拾八人　内　ごぜ壱人　南　町
一、四百弐拾七人　内　ごぜ壱人　柳沢町
一、九百五拾八人　内　ごぜ壱人　大武町
宮崎郡
一、六百弐拾四人　内　ごぜ壱人　中村町
大分郡
一、百三拾弐人　内　ごぜ壱人　高取村
一、八百人　内　ごぜ弐人　下光永村

（『御領分宗門人別勘定帳』内藤家文書）

万延元年（一八六〇）七月二十八日、現高知県四万十市中村・安並・岩田。土佐藩、中村・安並村・岩田村、座頭・瞽女の送夫などに関する伺（『憲章簿』盲人之部）

奉伺

座頭・瞽女共延宝七未年より地下賄を以、伝馬送夫等被渡遣、郷浦往来仕光陰相送候所、天明八申年御詮議之上往来御差留、居救扶持并送人馬共夫料渡ニ被仰付、尚又天保十三寅年定相場ニ被仰付置候処、御浦支配盲人扶持是迄郷中より相救、尤送夫料は浦分より出銀仕来居申候、然ニ浦人之補方郷方より渡方相当不仕様奉存候ニ付、扶持米代浦分江御割付被仰付、諸送夫は百姓役ヲ以相勤申儀当然ニ付、右夫料ハ郷分江割賦被仰付度、左候時ハ平等可仕と奉存候間、猶宜御詮議被仰付度奉伺候。已上

万延元申七月廿八日

中村大庄屋 遠　近　晋　八
同々同村大庄屋 小　野　省　八

付り七月廿八日善助出勤之上、大庭毅平様へ相伺候処、尚詮議可致と被仰聞、寅五郎殿より御尋御座候ニ付委細御答申上候。急々御詮議被仰付度段申上置候。

安並村大庄屋　兼松甚三郎
岩田村大庄屋　兼松善助

（『憲章簿』第五巻、五三三頁）

万延元年（一八六〇）刊、現岐阜県御嵩町。願興寺の瞽女

（『新撰美濃史』巻二十六）

此寺領の村のうちに瞽女三人あり。むかし行智尼の侍女に瞽三人ありしが、それより伝へ今に三家ありて『可児の瞽女』といふ。もし近郷に盲女あれば必ず此三家のうちに来り住む。やしなひを遠近にもとむれども官の禁めある事なし。

（『新撰美濃志』五八三頁）

万延二年（一八六一）正月、現山梨県甲府市。甲府の座頭廻在などの取締に関する申上書

御尋ニ付乍恐以書付奉申上候

甲府三座元之もの共一同奉申上候、今般郡中惣代のもの共奉願候趣は、近年座頭共村々江罷越奉加等強而申ねたり候類多、及断候得は重頭之儀等申之、押而止宿等いたし、或は病気等申立致逗留、迷惑相掛ケ候儀度々有之、左迄も無之分も無賃ニ而手引・人足為差出候は、一般ニ而致止宿候而も旅量等相払候儀は一切無之、中ニは盲女等召連候類も有之、又は座元支配ニ無之身元不慥成もの等も有之哉ニ相聞候得共、壱ヶ村限り御訴申上候も奉恐入、且は村方手数も相掛候故無余義止宿并人足等も無賃ニ而取計候儀仕癖之様ニ罷成候儀之所、年々右体之類多相成、農業繁多之時節等別而村々迷惑不少趣ヲ以、当国郡中一般申合向後不取締之儀為無之、座元印鑑郡中惣代江差出置、奉加其外ニ而座頭共在方江差遣し候節は座元印鑑廻村之ものへ相渡廻村為致、印鑑持参無之分は名主元ニ而止宿・人足等之世話不致、仮令印鑑持参之ものニ而も不法之儀申聞候ハヽ、座元江通達次第早々引取候様可致旨相願候始末私共被召出被為仰聞御承知奉畏候、依之左ニ奉申上候

座頭共廻国・廻村之根本は人皇五十八代光孝天皇第五之御子小宮太子と奉申る御方之御盲目させ給し御時、弁才天女より琵琶并御杖賜りて、諸国順行し給しより、是座頭廻国之始ニ而、止宿・渡船・川越其外共無賃ニ而通行致候事古例ニ有之、今以其御余光ニ而順行致候事、且盲人共奉加相頼候起本は、無官之もの共官途致度心掛候得共難及自力盲人は、無拠国々順行致助成ヲ請、告文相願候事ニ候所、近年之盲人は右等之難有御趣意を不弁、数人之中ニは無礼之もの有之、瞽女等を召連順村候族も有之候由、以の外成事ニ而、以来右体之

もの有之候ハヽ、甲府座元江召連引渡し候様致度、於当地急度取締方等可致候、此方より出向受取候と申儀は迷惑ニ付、此段は兼而相断置申候、扨又当国三座元配下之もの共廻村致度旨申出候ハヽ、能々相糺重頭成義無之様急度申渡、印鑑差出可申候、乍併当国座頭共儀は印鑑持参之事故子細有之間敷候得共、余国より入込候座頭共迚も其座元・師匠・其所之役人印形等有之身元正敷候ハヽ、無滞仕来之通世話いたし呉候□様致度事ニ御座候、

前書奉申上候通之始末ニ御座候、右は御尋ニ付口上書ヲ以乍恐奉申上候、以上

万延二酉年正月

西青沼町 甲府座元　城　染　印

竪近習町 同断　律　一　印

山田町 同断東座　総　一　印

魚町 同断中座　守　一　印

前書之通奉申上候ニ付、私共奥印仕候

西青沼町 名主　太兵衛　印

金兵衛　印

竪近習町 名主　亥之助　印

山田町 名主　吉郎兵衛　印

魚町 名主　与次兵衛　印

山手

御役所

（「座頭廻国廻村などの取締り方申上書」太田家文書）

文久元年（一八六一）三月、現静岡県三島市。三島長谷町薬師院預り観法寺の過去帳

文久元酉三月　門前ごぜ事

桃岳知陽信女　平井ニ而死　先方ニ而うづむ

（『三島市誌』中巻、四三八頁）

文久元年（一八六一）三月自序、現静岡県静岡市。駿府の瞽女頭「松」（『駿河志料』巻之三十六）→文化十年（一八一三）、天保十三年（一八四二）成立、天保十四年（一八四三）頃

【瞽女松宅地】

相伝へ云、関ケ原御陣の時、大神君御夢に、瞽女三人を三給ひしに、其翌日瞽女三人御前に参りしかば、名を問はせ給ふに、

松と申せしに、御夢に見給ひし名も然かりつれば、一とふし唄へと命ぜられしに、御勝利あるべき唱歌なりしかば、後に本府に宅地を賜はりしと云

上件の町は、国府の南、縦の行第七行の街なり

（中村高平編『駿河志料』第一巻、八一七頁）

文久元年（一八六一）三月自序、現静岡県沼津市三枚橋。沼津三枚橋の瞽女（『駿河志料』巻之六十二）

【瞽女会津并瞽女屋敷】三枚橋裏にあり、除地一斗二升五合。

（中村高平編『駿河志料』第二巻、五一七頁）

文久元年（一八六一）三月、現東京都武蔵野市吉祥寺。吉祥寺村、窮民救済

「(表紙)
文久元酉年
窮民江助成割合帳
三月　日　　武州多摩郡
吉祥寺村」

一、近来違作引続、雑穀其外共格外高直ニ相成、困窮之百姓露命相続出来兼、難渋罷在、然ル処今般御支配竹垣三右衛門様御役所よりも、田録(禄)所持身元之もの共江宿村役人共より夫々申諭し、何品ニよらず助成為致、窮民取続キ方手段致可遣旨御触之趣奉畏、則身元之もの共より左之品々助成為致、窮人江割渡候始末、施行人・貰人共、銘々名前左ニ書記置、永久違失不仕、且又助成請候もの共は弥相励、家業出情(精)致、取続可申旨申渡、左之通り承知印形為致置候処如件、

文久元酉年三月

［略］

一、金壱朱ト六百五拾六文　　瞽女
いわ（爪印）

（『武蔵野市史』続資料編三、七〇～七一頁、七五頁）

文久元年（一八六一）四月、現静岡県三島市、三島長谷町薬師院預り観法寺の過去帳

文久元酉四月　門前ごぜ事　きみ
密窓正覚信女　下多賀ニ而死　階(ママ)名当方より遣之

（『三島市誌』中巻、四三七頁）

文久元年（一八六一）五月、現宮崎県。延岡藩の瞽女人口 ↓

文政十一年（一八二八）五月、弘化四年（一八四七）五月、安政六年（一八五九）五月、万延元年（一八六〇）五月、元治元年（一八六四）五月、慶応元年（一八六五）五月、慶応二年（一八六六）五月

「(表紙)
文久元辛酉年
御領分宗門人別勘定帳

五月　」

御城附

一、五百三拾五人　内　ごぜ壱人　南　町

一、四百四拾九人　内　ごぜ壱人　柳沢町

一、九百五拾壱人　内　ごぜ壱人　大武町

宮崎郡

一、六百拾九人　内　ごぜ壱人　中村町

大分郡

一、百弐拾七人　内　ごぜ壱人　高取村

一、八百拾五人　内　ごぜ弐人　下光永村

（『御領分宗門人別勘定帳』内藤家文書）

文久元年（一八六一）六月二十五日、現愛媛県松山市。松山藩の触（「御触状控帳」）→文政十二年（一八二九）七月、天保十一年（一八四〇）五月、天保十三年（一八四二）、天保十四年（一八四三）八月二十四日、嘉永二年（一八四九）か、八月四日

一、座頭・瞽女、着類者前定之通堅ク可相守事、

（『松山市史料集』第四巻、五六四頁）

文久元年（一八六一）六月、現高知県四万十市岩田。岩田村、庄屋の職務

（表紙）
「文久元年
酉六月
差　出　扣
岩田村大庄屋
兼松善助」

［略］

一、納所場之事

［略］

一、座頭・瞽女補銀之事

［略］

一、諸願諸届之事

［略］

一、瞽女・座頭願
但拾四歳以下盲目ニ而可頼類族等無之困窮者ニ候ハヽ、
奥書之上奉願候事

（『宿毛市史資料』第四巻、兼松家文書、一七四頁、一八二〜一八三頁、一九二頁）

文久元年（一八六一）十一月十五日序、現山梨県甲州市塩山上・下塩後。塩後村の木賃宿に瞽女宿泊

斯て有へきにもあらねハ塩後村へ戻り尋廻るに、皆木賃やとてふものにして、瞽女《ごぜ》・順礼あるハ法師ねころひたり、爰も又入るへき家にもあらねハをちこちと迷ひ、草鞋うる家に立より

て、やとるへき家やあるととふに［後略］
（『那麻與美《なまよみ》日記』百三帖裏、若尾資料）

文久元年（一八六一）十一月二十一日。江戸、失明した母を扶養する孝行者「清太郎・米吉」へ褒美

下谷通新町
五人組持地借
蜀黍箒売
清太郎
弟 米吉

其方共之内清太郎は、実父金蔵義幼年之節相果、其後母たよ其方を連蜀黍箒渡世繁蔵方へ再縁致、米吉出生致、倶々繁蔵手元ニ而右職業習覚、同人義は気六ツケ敷性質、母たよハ持病之（之道脱）血ニ而打臥勝ニ有之候処、弘化四未年類焼之節、母を為立退万端心付、其後継父繁蔵義家作補理候得共、右類焼故借財出来候を、常々返済方心掛、継父へ苦身不相懸候処、安政四巳年五月中より同人病気ニ付打臥候間、薬用ハ勿論、病気平愈（癒）之為鎮守小塚原町天王社へ朝夕参詣致、昼ハ渡世を励、夜は継父之足腰を撫さすり、心を尽し困究之中ニ而も少々ツヽ溜銭致預ケ置、同七月繁蔵病死致候節も身相応之葬式致、墓参も無怠心掛候内、右愁傷ニ而母たよ義持病之血之道差発、其上眼病ニ付薬用手当、又ハ鎮守へ毎夜百度参り、或は新井村梅照院薬師へ渡世之間ヲ見合月参致候へ共、病身殊ニ老眼故、終ニ盲目相成候間、便用之節ハ惣雪隠へ両人之内連参り厚世話いたし、右体久々病中聊も不厭候共、家事向不自由可有之候間、妻を貰受候様□□（虫損、に申カ）、米吉ハ養子ニ貰ひ度由申ものも有之、旁母たよ初メ勧メ候得共、清太郎ハ母之存意ニ不叶節ハ却而不孝ニ候旨、米吉ハ養子ニ参候得は兄壱人ニ而家業ニ差支、不孝ニ可相成旨、両人共体能申断、仕立箒を代ル々々ニ卸売ニ罷出、帰宅之節聊之品ニ而も調参り母へ為給、夜分ハ申合母之側ヲ不離、種々珍敷咄し等致、専ら母之気を慰メ、此上長命之祈誓致孝養尽し候段、両人共寄特之儀ニ付右之趣申上、為褒美鳥目拾貫文ツヽ為取遣ス

［略］

右之通於南御番所被仰渡、十一月廿一日樽申渡
（『江戸町触集成』第一八巻、一三三二〜一三三三頁、［一六六六〇号］）

文久元年（一八六一）十一月、現広島県海田町。「安芸郡規則集控」、座頭・「盲女」人口と支給された扶持の額など

（表紙）「辛文久元年
安 芸 郡 規 則 集 控
酉 仲冬」

左之規則者旧藩広島国守浅野長勲殿正二位ニテ知事ニ被為任、明治元前迄被行国法

文久元年

安芸郡規則集控
酉　仲冬
坂村
与一

［略］

座頭・盲女之事
宝暦七年より芸備拾六郡
一、千百三拾四人　居扶持ニ成ル
此米千七百八拾六石三斗弐升(壱人脱カ)
内（七百八拾人　座頭ニ付壱日五合ツ、
此米千四百四石
三百五拾四人　盲女壱人ニ付壱日三合ツ、
此米三百八拾弐石三斗弐升
〆
一、弐百三人（広島・三原・尾道・三次(宮島脱カ)
〆五ヶ所
此米三百三拾四石四斗四升
内（百六拾人　座頭
此米弐百八拾八石
四拾三人　盲女
此米四拾六石四斗四升
合千三百三拾七人
此米弐千百廿石七斗六升

内（九百四拾人　座頭
三百九十七人　盲女
一、盲人官途銀　五貫目
一、右失却銀　弐百目
〆五貫弐百目
先年惣村々奉加仕候処、居扶持相成此通之処、安永六年割符
高四拾六万八百弐石八合五勺へ割
高百石へ壱匁壱分弐厘八毛四弗ツ、
右五ヶ所盲人居扶持米代并ニ官途銀共六月相渡、只今両度ニ相
渡
一、五ヶ所盲人居扶持米代、十月上り銀相場下直段江弐割下ケ
但郡割十月ニいたし候ニ付右様仕馴之事
寅六月五ヶ所盲人居扶持
一、米八石六斗九升九合　広島盲人
一、同三石三升七合　四ヶ所同
〆
熊申遣ス
広島并三原・尾道・三次四ヶ所盲人居持米(扶脱カ)、来酉三月より六月
迄当十一月渡し、当郡割当り左之通り候条、此旨相心得、例之
趣ヲ以早々取立可差出者也
一、米七石四斗三升九合　広島居扶持米
一、同弐石五斗九升七合　四ヶ所盲人同
一、銀三百四拾五匁弐分弐厘　官途銀

申十一月

安芸郡
御役所

郡割年番
割庄屋　与三兵衛

同　甚　内

一、郡中盲人居扶持米代相庭(場)、十月上り銀相納メ概ニ而次渡候
事　年中概

万延元申年写し

一、安政五午年者上り銀相場概百弐拾九匁ニ而次渡
同六未年百三拾五匁
万延元申年百四拾三匁
上り銀相場概しニ而次渡事
村々取立百八拾・九十目、弐百目内外
文久元酉上り銀(相脱カ)場概し弐百九匁六分之処、郡中座頭取立次と
も百九拾目相場ニ致申候

戌　百五拾五匁
亥
子　百五拾六匁
丑
寅　五百六匁
卯　六百六拾目
辰　八百九拾弐匁　概し

一、御小人切米之義者、先年者御差紙渡り候処、其後正米建り
御蔵納ニ相成、積賃米之儀者御小人方より取立、御蔵所上納
いたし候処、沼田郡新庄村御小人方より歎出積賃米村方積ニ
相成候
一、当郡之儀も嘉永三戌年より右同様相成候事
一、積賃米石ニ付五合
一、次口銭石ニ付壱分

諸上納
一、割賃一二五かけ百目ニ付弐分

(六拾目壱歩より百目迄)　弐分　(百三拾匁壱分より百六拾匁迄)　三分五厘

木屋

(百目壱分より百三拾匁迄)　三分　(百六拾匁壱分より弐百目迄)　四分

未正月廿七日　集助より承り写し

郡前割

口組

一、八百目　牛　田　一、百目　新　山
一、九百五拾目　戸　坂　一、九百目　中　山
一、壱貫五百目　温　品　一、三百目　矢　賀
一、弐貫七百目　府　中　一、三百目　仁　保
〆七貫五百五拾目

同　中組

一、弐百目　船越　一、壱貫百五拾目　奥海田
一、六百目　畑賀　一、壱貫三百目　中山
一、九百目　矢野　一、六百目　坂
一、百五拾目　大屋　一、四百目　吉浦
〆五貫三百目
同　上組
一、六百目　下せの　一、弐貫五百目　熊野
一、百三拾目　苗代　一、八拾目　栃原
一、五百目　焼山　一、百三拾目　押込
一、百六拾目　川角　一、七拾目　平谷
〆四貫百七拾目
同　浦組
一、四百目　江田　一、七百目　庄山田
一、六百目　和庄　一、三百目　宮原
一、弐百五拾目　警固　一、三百目　渡子
一、六百目　瀬戸　一、八百目　倉橋
一、弐百目　蒲刈
〆四貫百五拾目
合弐拾壱貫百七拾目
右前割銀諸色高直ニ付、慶応弐寅年九月より下地へ倍増ニ取計候事
［略］

〔元治元年〕
子暮
盲人居扶持米下札
一、何百目　何市
元米
代
以上
月日　年番引受割庄屋　甚内
庄屋殿
組頭中
諸御通行人馬亦出概下札
以上
月日　御通行引受割庄屋　甚内
庄屋殿
与頭中
慶応元六月御勘定米銀差引下札　何村
亥十一月より子極月廿四日迄
割庄屋へ　以上三人（ママ）
与三兵衛
同　甚内
見習　繁太郎
態申遣ス

一、広島盲人居扶持米、当七月より極月迄六月分、当六月渡し
十六郡割
割高　四拾六万八百弐石八合五勺
高百石ニ付、弐升四合四勺五才壱毛八弗
一、米百拾弐石六斗七升四合
内
九拾六石壱斗弐升　広島座頭百八人
内（六拾四石八斗 三拾壱石三斗弐升）　大四ヶ月 小二ヶ月
拾六石五斗五升四合　盲女三十一人
内（拾壱石三斗六升 五石三斗九升四合）　大四ヶ月 小二ヶ月
右割賦左之通り
高三万五百九拾三石八斗五升六合
一、同七石四斗八升壱合　安芸郡
一、尾道・三原・宮島・三次四ヶ所盲人居扶持米
右同断
割高　四拾六万八百弐石八合五勺
高百石ニ付八合五勺三才六毛八弗
一、米三拾（九脱カ）石三斗三升八合
弐拾石四斗七升　尾道町
拾五石壱斗三升　座頭拾七人
内（拾石弐斗 四石九斗三升）　大四ヶ月分 小二ヶ月分
五石三斗四升　盲女拾人
内（三石六斗 壱石七斗四升）　大四ヶ月分 小二ヶ月分
四石六斗弐升八合　三原町
三石五斗六升　座頭四人
内（弐石四斗 壱石壱斗六升）　大四ヶ月分 小二ヶ月分
壱石六升八合　盲女弐人
内（七斗弐升 三斗四升八合）　大四ヶ月分 小二ヶ月分
三石三斗八升弐合　宮島
壱石七斗八升　座頭弐人
内（壱石弐斗 五斗八升）　大四ヶ月分 小二ヶ月分
壱石六斗弐合　盲女三人
内（壱石八升 五斗弐升弐合）　大四ヶ月分 小二ヶ月分
拾石八斗五升八合　三次町
九石七斗九升　座頭拾一人
内（六石六斗 三石壱斗九升）　大四ヶ月分 小二ヶ月分
壱石六升八合　盲女弐人
内（七斗弐升 三斗四升八合）　大四ヶ月分 小二ヶ月分
右割賦方左之通
一、米弐石六斗壱升弐合　安芸郡
右当六月渡盲人居扶持米候条、此旨相心得例之通郡割相場を

以早々取立可差出者也

座頭・盲女

[略]

宝暦七年より居扶持ニ成ル

一、千百三拾四人　　拾六郡

此米千七百八十六石三斗弐升

内（七百八十人　座頭
此米千四百四石　壱人ニ付五合ツヽ
三百五拾四人　盲女
此米三百八拾弐石三斗弐升　壱人三合ツヽ

一、弐百三人　広島・宮島・三原・尾道・三次

〆五ヶ所

此米三百卌四石四斗四升

内（百六十人　座頭
此米二百八十八石
四拾三人　盲女
此米四十六石四斗四升

合千三百三十七人

此米弐千百廿石七斗八升

内（九百四拾七人（衍カ）　座頭
三百九十七人　盲女

一、盲人官途銀　五貫目

一、右失却銀　弐百目

〆　五貫弐百目

先年ハ村々奉加仕候処、居扶持ニ相成此通宛安永六年割符、高四拾六万八百二石八合五勺へ割、高百石ニ付壱匁壱分弐厘八毛四弗

右五ヶ所盲人居扶持米代并官途銀六月相渡、只今ハ両度相渡し申候

（『海田町史』資料編、八五頁、九五～九八頁、一〇二～一〇四頁、一一一～一一二頁）

文久二年（一八六二）正月、現高知県香美市土佐山田町。土佐藩法、座頭・瞽女の雇用禁止

「（表紙）文久二年

御用廻文

戌正月（前破失）

覚」

一、雛初節句祝

二月廿五日より三月朔日迄

一、幟初節句并同建上ケ之節祝

五月朔日より同五日迄

一、六拾歳以上年祝

右は三支配之者共無故酒肴を設合参会瞽女・座頭ヲ雇、琴・三味線・小唄・浄瑠理等之座興ヲ催候儀不相成段及触達、其後去ル戌年御取捨ヲ以右内祝ニ限不苦、其余平常屹度不相成

段被仰付置処、此度依願狂言等被差明候村方も有之より地下人共自然ニ弛候儀と相心得、瞽女・坐頭ヲ雇、小唄・浄瑠理等之座興ヲ催候族も有之趣相聞、不埒之至ニ候、向後屹度不相成、尤内祝等ヲ以右等相催度者ハ地下役手前ニおゐて当否相糺疑無之おゐてハ差免、其時々地下共より届出候様支配中へ入念可被示聞候

(『土佐山田町史料』第一巻、六六〜六七頁)

文久二年(一八六二)四月十七日、現愛媛県松山市(松山領野間郡県村庄屋の「文久二戌年万御用向日記」)

明十七日大井於会所宗門印形被仰付候間正四つ時揃之事

一、寺社、医師、山伏御座候村方は右同日同刻御出勤有之候様

一、座頭・瞽女道人判御持参之事

(『松山領野間郡県村庄屋　越智家史料』五五頁)

文久二年(一八六二)七月十七日、現千葉県袖ヶ浦市下宮田。下宮田村、瞽女へ祝儀

「(表紙)
文久二壬戌年
子 供 諸 祝 儀 附 込 帳
七月十七日」

[略]

[十一月]同十四日

一、三百文　瞽女江祝儀遣ス

(『袖ヶ浦市史』資料編二、一九二頁、一九九頁)

文久二年(一八六二)九月、現石川県。金沢城下、座頭・瞽女への施物の割合(「金沢雑談」)

当町方より、ごぜ・座頭江施物方願之趣、容易に難及詮議訳柄に候得共、以前に比候得は施物減少之体、其上諸色も高直に相成、次第に難渋に陥り候体無拠相聞候に付、格別遂詮議、当分別紙割合を以施物遣候様、此度町方江申渡候条可得其意、且施物貰請に罷越者共、聊かさつ無之様厳重可申渡候事

文久二年九月

年久敷居住いたし、家代相知不申向、当時商売も相応に致し居申候者、軒口壱間に付壱匁之割合を以、三軒以上之者より可遣候事

覚

一、家代九百目以下　相対次第
一、壱貫目より壱貫九百目迄　銀一匁
一、弐貫目より弐貫九百目迄　銀二匁
一、三貫目より三貫九百目迄　銀三匁
一、四貫目より四貫九百目迄　銀五匁
一、五貫目より五貫九百目迄　銀八匁
一、六貫目[目脱カ]より六貫九百目迄　銀拾一匁
一、七貫より七貫九百目迄　銀拾四匁

一、八貫目より八貫九百目迄　銀拾六匁
一、九貫目より九貫九百目迄　銀拾八匁
一、拾貫目　銀弐拾目
右之通割合を以、拾貫目以上よりも壱貫目に付弐匁充相増可遣
候、常祝事并法事之節は三ケ一可遣事
　但町会所役人之儀者、是迄仕来有之由に候間、可為是迄之
　通り候事
右座頭・ごせ共江施物方、是迄区々之由に候間、以後割合之通
可遣候、此余にも施度者共は志次第之事
右之通町中江可被申渡候事
　戌（文久二年）九月　山崎守衛等
（田中喜男『加賀藩被差別部落史研究』六〇八～六〇九頁）

文久二年（一八六二）十月十五日、現三重県松阪市。松阪町、瞽女の無断弟子取り（「大年寄留扣」）　→次項

以書付御届奉申上口上
乍恐奉申上候千代野儀、厚御憐ニ而座中へ御引渡ニ相成難有奉
存候、則今日本人へ相尋申候処、旧里へ帰村可仕様申候付、座
法通り櫛田迄送り出し申候、依而此段御届奉申上候、已上
　戌十月十五日　白江検校　印
右之通申出候ニ付、取次差上申候、以上　町年寄　惣七
　大年寄衆中
右之通申出候ニ付、書付差上申候、以上
　大年寄当番　小津清左ヱ門
戌三拾四才綾の一奉申上候口上
清野、利世、しも右三人之盲女は私之弟子に相違無御座候も、
千代の儀往一へ随身仕候節、私滞留難相成、同人病死後鶴声一
へ随身仕候節、私より預ケ置候三人之内、利世と申者法外之取
方仕候付、近辺より滞留親み門解可致様申越候故、其節滞留相
断、則三人之弟子共引取申候、且又八重のと申者之儀ハ千代の
鶴声一へ随身之節、鶴声一、国江一、千代の三人申合ニて金弐
両弐歩千代の方へ相渡ニテ八重のは国江一方へ引取申候様子、
尤中人ハ長松一に御座候故、私より不案内之儀ニも御座候故、
此段奉申候、已上
　文久二戌十月　綾の一　印
右前書之通、綾の一へ口書為致候間、宜敷願上候、已上
　仕置役　白江検校　印
右之通申出候付、取次差上申候、以上
　町年寄当番　惣七
　大年寄衆中
右之通申出候ニ付、書付差上申候、以上
　大年寄当番　小津清左ヱ門
戌三拾四才国江一奉申上候口上
千代の預り弟子四子の内、三人は綾の一より申上候通ニ相違無
御座候、尤八重の義は長松一より申上候通、金子弐両弐歩私よ
り差出し、千代の方より八重の私方へ受取申候、則扱人長松一

ニ御座候、依而此段奉申上候、已上

戌十月　　　　　国江一　印

仕置役　白江検校　印

前書同断ニ御座候

戌五拾六才長松一奉申上候口上

千代野預り弟子四人之内、三人ハ綾の一より申上候通相違無御座候、尤八重の儀は鶴声一、国江一、千代の三人申合ニ而金弐両弐分国江一より千代のへ差出し、同人よりハ八重のを国江一かたへ相渡申候、則金子之取扱私仕候、依而此段奉申上候、已上

戌十月十五日　　　　長松一　印

本文之通り相違無御座候間、宜奉願上候、已上

仕置役　白江検校　印

町役人者前書之通御座候

右之通り差出候趣御注文被仰聞候間、持戻り長兵衛惣七殿へ申合せ、検校坊へ引取書にいたし候て差出可申様被仰聞候事

一、高木惣兵衛様病気中ハ毎々御尋被下此頃相勤いたし候間、乍延引右御挨拶可申与御廻り被成之事

一、愛宕境内ニて見セ物虎打廻り罷出候事

一、白江検校殿より千代野一条ニ付相片付之間、為挨拶酒切手壱枚ツヽ被呉候間、断り申候得者何連様江も納候間、納被下様使之者申候ニ付、預り置候事

（『松阪市史』第一三巻、七八～七九頁）

文久二年（一八六二）十月十七日、現三重県松阪市。松阪町、瞽女の無断弟子取り（「大年寄留扣」）　↓前項

乍恐書付奉申上口上

盲女千代の儀、座法相背候儀有之座本共願出候段、乍恐奉願候処、御糺しの上左同人私へ御引渡被為成下、座法之通御領分境へ追払申候、依之此段御届ケ奉申上候、以上

戌十月十七日

仕置役　白江検校　印

右之通申出候付、取次差上申候、以上

町年寄当番　惣七

大年寄衆中

右之通書付差出候付、取次差上申候

当番　調印

（『松阪市史』第一三巻、七九頁）

文久二年（一八六二）十一月、現新潟県長岡市中沢。中沢新田の村運営に関する取極

村取極之事

［略］

一、僧俗自他之者たり共、村役人江無沙汰ニ而、猥り徘徊止宿等為致申間敷事

但し、近年若者共寄り集、ごせ・座頭之類呼寄、遊行之ため止宿為致候趣、甚以不宜候間、銘々より厳敷可申付候

事、尤右様之宿等決て致申間敷候、若不心得者有之候節
ハ、村役人存分通取計可致候事
［略］
右之通此度相談、村取極致候上ハ、一村ハ如一家ニ相心得、屹
度取守可申候、万一違背之者有之ニおゐてハ、何様之御取計被
成候共、聊申分無御座候、為念取極書連判、依て如件

文久二年戌十一月　山本仁之進㊞
庄屋　潤吉㊞
栄蔵組庄屋　松右衛門㊞
組頭　善蔵㊞
横目　丸右衛門㊞
百姓　角之允㊞
（以下百姓二四人略）

（『長岡市史』資料編三、四六〇頁、四六二頁［三一七号］）

文久三年（一八六三）正月、現山梨県北杜市白州町台ケ原。
台ヶ原宿、瞽女・浪人への扶持に関する定

問屋議定之事

定

当宿問屋役之義、是迄半左衛門相勤罷在候処、同人死去ニ付、
名主傳右衛門兼ニ而御用向相勤居此度、双方相談之上、右半左
衛門悴太郎平相勤申候、然ル上ハ是迄口銭申受採并宿方江割渡
候分ハ申ニ不及、外ニ口銭物として、金三両宛年々宿方江割渡
可申候事
［略］
一、瞽女・浪人扶持之義、是迄之通リ問屋ニ而取賄、宿方江相
掛申間敷候事
右之通リ宿中一同相談を以、取極申上ハ、惣方少茂申分無御座
候、依之定書連印致処如件

半左衛門
傳右衛門
北原伊兵衛
仁兵衛
弥五兵衛
百姓代　重右衛門
同　五郎作
外七八名連印

（『白州町誌』資料編、四五六〜四五七頁）

文久三年（一八六三）二月十三日、現新潟県長岡市。長岡領内
の瞽女取締（『与板屋日記』）

将軍家茂が江戸を発ち、上洛にあたつて、「留守中慎方之義追而申聞候へ共、鳴物並人集等不致」と触れたが、京都所司代牧野忠恭は、とくに長岡領内に、「ごぜ・座頭稽古三味線之義は不苦候、人集等いたし候義は不相成候、右之通被仰出候」［と触れた］。

（今泉省三「長岡の『ごぜ』について」一頁。今泉省三『長岡の歴史』第五巻、五四八頁も参照）

文久三年（一八六三）三月十四日、現三重県。新宮領内の風俗取締

「（表紙）
文久三年
御通詞扣へ
亥三月　　三ノ村組」

一、三月十四日新宮・三ノ村・佐野・北山右四組
大庄屋町大年寄御呼ニ付御役所江罷出候処、御揃之上左之通り被仰聞候

［略］

一、町内ニ而瞽女・座頭之外大鼓三味線不相成事
　但し、祝儀之節ハ瞽女・座頭呼候儀ハ不苦

［略］

一、町在三味線浄留理《（瑠璃）》語り滞留為致稽古不相成事

（『三重県史』資料編、近世四下、一四一頁）

文久三年（一八六三）三月、現富山県氷見市小杉。小杉村の瞽女人口

「（表紙）
文久三年三月
巨細帳
八代組
小杉村」

小杉村

一、六拾壱軒　惣家数
　弐拾軒　百姓家
　四拾壱軒　頭振家

［略］

一、壱人　ごぜ　百姓喜左衛門娘いわ

［略］

一、壱人　ごぜ　百姓喜右《（ママ）》衛門いわ

（『氷見市史』第四巻、資料編二、一〇一～一〇三頁）

文久三年（一八六三）五月、現宮崎県。延岡藩の瞽女人口 ↓

文政十一年（一八二八）五月、弘化四年（一八四七）五月、安政六年（一八五九）五月、万延元年（一八六〇）五月、元治元年（一八六四）五月、慶応元年（一八六五）五月、慶応二年（一八六六）五月

「(表紙)
文久三癸亥年
御領分宗門人別勘定帳
五月」
御城附
一、五百三拾壱人　内　ごぜ壱人　南　町
一、四百五拾九人　内　ごぜ壱人　柳沢町
一、九百四拾六人　内　ごぜ壱人　大武町
宮崎郡
一、六百五人　内　ごぜ壱人　中村町
大分郡
一、百弐拾三人　内　ごぜ壱人　高取村
一、七百九拾八人　内　ごぜ弐人　下光永村
（『御領分宗門人別勘定帳』内藤家文書）

文久三年（一八六三）九月、現広島県。広島藩、「盲人」への居扶持の取扱いに関する書付　→寛政七年（一七九五）八月

熊申遣ス

郡中盲人共之内ニ者片眼或者目姿悪敷者仲間入いたし居扶持ヲ取候者も有之、御趣意ニ反し甚不埒之義ニ付、寛政度触示し候通り盲人共仲間入願出候ハヽ、村役人共手元ニおゐて実否得斗相糺し候而目明キ居候者ハ仲間入居扶持受候義不相成、自然右様之者有之候得ハ当人ハ勿論村役人共急度相糺シ咎メ可申付旨、尚又天保十一子年触示シ候処、近年方角ニ寄流合之村方も有之哉ニ相聞甚タ等閑之事ニ候、即今御大変革之折柄万事実意正道ヲ以取計候事ニも候得ハ、弥以村役人共相糺シ尚其方共立会置人別実否見分いたし不当之者ハ直ニ相改、此後盲人仲間入(付紙アリ)願出候節も同様取計、其段書付ヲ以当御役所へ可申出候、扨又盲人共居扶持ヲ取廻在成立之者へ便り一宿祝義等乞候様之義者勿論不相成義ニ付、此度座法よりも盲人共江相示し候筈ニ付此旨も相心得、以後不締之義無之様取計可申者也

亥九月　郡御役所
割庄屋七人
同々格壱人　連名

「(付紙)
本文是迄居扶持米受居候者共、改方諸郡同時ニ無之候而ハ御趣意ニ難応ニ付、来子正月無間違改方取計可申事」

（『広島県史』近世資料編、第四巻、八五七頁）

文久三年（一八六三）十二月、現岐阜県恵那市。久須見村、瞽女へ合力支給

「(表紙)
文久三癸亥年
戌御物成亥暮付払割合帳
十二月　庄屋
長蔵」
[略]
一、同[銭]拾六文　下ごせ

一、同百三拾七文　上ごせ

（『恵那市史』史料編、三六四〜三六五頁）

文久三年（一八六三）、現静岡県三島市。三島宿の人別取調書上

観法寺門前、人別合拾八人、瞽女、家数合五軒

（『三島市誌』中巻、四三七頁）

文久四年（一八六四）二月一日〜五月二十八日か、現愛知県大府市。猪伏村、瞽女の来村

（表紙）「文久四年
子之年飯米取替帳
正月吉日」

［略］

二月朔日
一、三十文　ごせん
［二月二十三日］同
一、四十匁　ごせん　四人
三月
同十日
一、八百文　泊り　ごせん　四人
［三月］同十四日
一、支度三人　こせん
［四月］同七日
弐百文　こせん　泊り
［五月二十八日カ］
百文　泊のかわり　御せん

（『大府市誌』資料編、近世、二八八〜二九〇頁）

文久四年（一八六四）二月、現愛媛県。宇和島藩富岡村、宗門御改の作成に関する書付

川原淵組
切支丹宗門御改録
富岡村

一、当村中に住居之人数者有縁無縁出家・山伏・太夫・神子・神主・医師・陰陽師・盲目・盲女・道心者・尼等に至まで家壱軒切御帳面に書入其品者肩書に註申候

（『宇和島・吉田藩史料集粋』第二巻、七二〜七三頁）

元治元年（一八六四）五月一日、現大分県。豊後国、臼杵藩法

五月朔日　会所　大御目付
普請明後三日より被成御免候、大形成儀は御中陰中相憚可申候、
一、御中小姓小侍右同日より月代剃可申候、

一、御中陰中瞽女・座頭門弾不相成渡世難渋ニ付、奉加相廻り度旨、願之通申付候間、施物之儀志次第之事ニ候、此段無規度侍中并小侍え各方より相通、支配有之面々は支配中えも相達候様、可有通達事、

（『藩法集』第一二巻、五四九～五五〇頁［一〇八号］）

元治元年（一八六四）五月、現宮崎県。延岡藩の瞽女人口 ↓

文政十一年（一八二八）五月、弘化四年（一八四七）五月、安政六年（一八五九）五月、万延元年（一八六〇）五月、文久元年（一八六一）五月、文久三年（一八六三）五月、慶応元年（一八六五）五月、慶応二年（一八六六）五月

（表紙）
「元治元甲子年
御領分宗門人別勘定帳
五月」

御城附
一、五百拾八人　内　ごぜ壱人　南　町
一、四百六拾六人　内　ごぜ壱人　柳沢町
一、九百四拾七人　内　ごぜ壱人　大武町
宮崎郡
一、五百九拾六人　内　ごぜ壱人　中村町
大分郡
一、百弐拾三人　内　ごぜ壱人　高取村
一、七百八拾弐人　内　ごぜ弐人　下光永村

（『御領分宗門人別勘定帳』内藤家文書）

元治元年（一八六四）六月十九日。江戸、失明した母を扶養する孝行者「清五郎」へ褒美

申渡

下谷車坂町
栄次郎地借
清　五　郎

其方儀、柔和実体成生質ニ而、平日父母申付候ヲ不相背、去ル未年五月中より父仙之助義傷寒相煩候ニ付、薬用手当昼夜看病無怠、神仏江祈念いたし、同六月中父相果候間、忌日ニは風雨之無厭墓参り致、去酉年八月中より母たけ眼病相煩打臥候ニ付、薬用手当厚介抱、日々早朝より起出食事拵等致、困窮之中ニ而母好候品は調為給、昼夜心付撫さすり、寝起両便之世話も心付、間合ニ噺抔いたし母之心ヲ慰候処、追々重体ニ相成候ニ付、職業ニも出兼、宅ニ而手細工いたし、厚手当致候得共捗々舗快気も不致候間、神仏江母病気平癒祈、水ヲあび精心ヲ尽候得共盲目ニ相成、立居不自由之処日々世話致し行届、叔母うた義是迄所々奉公致候得共、老病相煩候ニ付引取、両人之看病致、年来大切ニ孝養尽候段寄特之儀ニ付、為褒美銀三枚被下候間、難有可奉存

右
た　け

其方悴清五郎依孝心、老養為扶持一日米五合宛一生之内被下候
間、難有可奉存
　元治元子年六月十九日
右之通於北御番所ニ被仰渡旨、館市右衛門殿ニ而被申渡候
右相達申候、例之通早々自身番屋江張出候様可致候、
以上
　七月二日　　　　名　主
（『江戸町触集成』第一八巻、二五四～二五五頁［一六八七六号］）

元治元年（一八六四）七月改、現新潟県上越市。高田瞽女の預り金

（表紙）
「元治元年
　七月改
　諸　用　帳
　本杉鍛冶町
　座　元　所　」

預り控
丑四月廿六日
一、弐〆三百四拾文　きくしけ預り
一、〃三〆文　国政預り
五月
一、八百文　国政受替
一、〃四百文　菊繁請替
七月廿日
一、六百五拾文改銭相済　上引合取替
此勘定卯年二月　改
　菊繁分

慶応二年卯二月廿六日　前勘定差引は此所ニ控ル
一、銭四〆弐百五拾文　菊繁内
　預り
　弐百文　取かへ
一、二朱廿□□
一、〃四〆六百文　国政内
　五拾　預り
一、三百　三百五十
一、壱〆　預り
申二月七日
前分引而改
一、銭弐〆七百五拾文　菊繁内
　預り

酉年五月三日改
一、内九百七拾五文　菊繁内
預り

亥明治八年
一、銭壱〆三百五拾文　登の政
預り

明治十年丑四月中
一、銭壱〆三百文　米政
預り

（『諸用帳』）

元治元年（一八六四）九月一日、現千葉県流山市芝崎。芝崎村、瞽女の来村

夜半過　九月朔日晴夜半過大雨雷

［略］

一、夕瞽女三人泊呉候様相歎ニ付泊遣船橋之［組脱カ］よし

（吉野家『文久四日記』。『流山市史』近世資料編五、九三六頁も参照）

元治元年（一八六四）九月十七日、現東京都町田市小野路町。小野路村、瞽女の来村

瞽女五人頭よの外四人沢之助方江止宿

（『小島日記』第二九巻、四九頁）

元治元年（一八六四）十月一日。江戸、孝行者の按摩「ふき」へ褒美

申渡　　下谷御数寄屋町
周助店
勘次郎娘
ふ　き

其方義、拾四才之節より按摩取藻との一弟子ニ相成、同人方ニ罷在、揉療治習覚、其後父勘次郎方江被引取候処、同人眼病相煩候間、母すみ倶々厚看病致し、療治先等承合、彼是心ヲ配薬用為致、好候品は調遣し、其後母すみ義は眼病相煩候ニ付弁財天江日参致、両親眼病祈願致し、早朝より起食事拵等致し、風雨深夜ヲも不厭療治先出情致候故、自然療治相頼候ものも不便ニ存、食物等貰受候節は持帰り母江為給、其身は麁服ヲ着し、盲目なから洗濯物等致し、厚ク孝心ヲ尽し候段寄特之義ニ付、為褒美鳥目拾貫文とらせ遣ス

子十月

右之通於北御番所被仰渡候間、早々自身番屋江張出し置候様可致候

右之通樽俊之助殿ニ而被申渡候間、此段御達申候、如例御組合限り早々御通達可被成候、以上

子十月朔日　　　　　　神田
年番

（『江戸町触集成』第一八巻、二六四頁［一六八九六号］）

元治元年（一八六四）十一月、現鳥取県鳥取市覚寺《かくじ》。邑美郡覚寺村、座頭・瞽女へ「祝悔料」

「(表紙)
元治元年　　　　庄屋
　　　　　　　　庄兵衛
邑美郡覚寺村御年貢取立帳
子拾一月日　　　組頭
　　　　　　　　喜兵衛」

［略］
　　　　　　　　小頭
　　　　　　　　重三郎
外ニ三合　座頭・瞽女祝悔料

［略］
　　　　　　　　惣重郎
外ニ三合　座頭・瞽女祝悔料

［略］
　　　　　　　　甚次郎
外ニ三合　座頭・瞽女祝悔料

［略］
　　　　　　　　小頭
　　　　　　　　忠三郎
外ニ五合　座頭・瞽女祝悔料

［略］
　　　　　　　　庄屋
　　　　　　　　庄兵衛
一、四合　座頭・瞽女祝悔料

［略］
　　　　　　　　小頭
　　　　　　　　馬右衛門
外ニ四合　座頭・瞽女祝悔料

［略］
　　　　　　　　清次郎
同壱合　座頭・瞽女祝悔料

[略]

外四合　小頭 甚平　座頭・瞽女祝悔料

[略]

外ニ五合　小頭 幸次郎　座頭・瞽女祝悔料

[略]

（『新修鳥取市史』第三巻、資料篇、三七一頁、三七八頁、三八〇〜三八二頁、三八四〜三八五頁、三九六〜四〇一頁、四〇六頁、四一二〜四一三頁）

元治二年（一八六五）二月二十八日、現神奈川県南足柄市。炭焼所村、瞽女へ祝儀

覚

長蔵えん附遣候ニ附、御祝義之控

[略]

同日
一、同弐百文　かの 喜助
半紙壱丈　あんま

同日
一、百文　塚原 五ゼ

[略]

乙丑（慶応元年）ノ年二月廿八日

（『南足柄市史』第三巻、一三〇頁、一三二頁）

慶応元年（一八六五）四月十四日、現高知県東洋町野根。安喜（芸）郡野根村、座頭・瞽女へ「補銀」（北川家文書）

（表紙）
「元治二乙丑年
諸御用地下用毫記
四月ヨリ　北川　幸直」

[略]

（4）指出

一、銀四百三拾八匁壱厘　野根村
但今丑夏座頭・瞽目御補銀納
内
一、同弐〔百脱カ〕拾八匁九分六厘
但野根村之内川口座頭慶春、同中島座頭慶信、右弐人
江被㆓渡遣㆒御補銀、壱人ニ付銀六拾四匁四分八厘宛
を以如㆑是。

指引残而
銀三百九匁五厘
内
七拾七匁弐分六厘　銅銭
壱厘　正銭　を以

右之通り上納仕候間、御請取可㆑被㆓仰付㆒候。已上

丑四月十四日

野根村庄屋　大井平左衛門
同村惣老　良　五　郎

御郡
御銀米所
即日惣老より上納為㆓相渡㆒、受取切手受取候事。

（『高知県史』近世史料編、一四〇五〜一四〇七頁。廣江清「近世瞽女座頭考」五頁も参照）

慶応元年（一八六五）四月十七日、現愛知県稲武町。村名不詳

（表紙）
「元治元甲子十二月より慶応元年
村入用帳
乙丑十二月迄
会所善三郎」

四月十七日　ごぜ壱ケ　五十文

（『稲武町史』民俗資料編、二一〇〜二一一頁）

慶応元年（一八六五）五月、現宮崎県。延岡藩の瞽女人口　↓文政十一年（一八二八）五月、弘化四年（一八四七）五月、安政六年（一八五九）五月、万延元年（一八六〇）五月、文久元年（一八六一）五月、文久三年（一八六三）五月、元治元年（一八六四）五月、慶応二年（一八六六）五月

（表紙）
「慶応元乙巳年
御領分宗門人別勘定帳
五月」

御城附
一、五百五人　内　ごぜ壱人　南　町
一、四百五拾四人　内　ごぜ壱人　柳沢町
一、九百弐拾九人　内　ごぜ壱人　大武町
宮崎郡
一、五百八拾弐人　内　ごぜ壱人　中村町
大分郡
一、百弐拾壱人　内　ごぜ壱人　高取村
一、七百七拾六人　内　ごぜ弐人　下光永村

（『御領分宗門人別勘定帳』内藤家文書）

慶応元年（一八六五）六月、現広島県海田町。「安芸郡規則集控」　↓文久元年（一八六一）十一月

慶応元年（一八六五）七月。江戸、失明した母を扶養する孝行者「与吉」へ褒美

申渡

南品川海蔵寺門前
勇助店
与　吉

其方義、六才之砌父茂七は病死致し、母ひさ義は眼病相煩盲目ニ相成、按摩取いたし候ニ付、其方義も拾壱才之砌より青物商売致、拾五才之節迄纔之稼いたし居候得共、右ニ而は助成ニも相成兼候ニ付、百姓日雇稼可致と、母之古郷武州荏原郡下野毛村江罷越、右稼致居、小遣銭野菜物等相送り、給分受候節は食物等買調遣処、母ひさ義盲目不見故、南品川海蔵寺門前利兵衛店徳全と夫婦ニ相成、ひさは貞心と改暮居候処、徳全義も去ル亥年中より眼病相煩盲目ニ相成、其上両人共手足不自由故、隔居候而は朝夕差支候ニ付、同七月中在方より立戻り当店借受、駕籠舁渡世致し、日々早朝より起出、一日之食事拵等并汚物等洗置、留守中無差支様いたし置、渡世ニ出帰宅致し候得共、親江酒等為給、見聞之事持(抔カ)咄致し心を慰メ、好物は聊ニ而も相求遣し、渡世先ニ而客より食事等為致呉候節は、肴其外持帰り為給、不怠渡世ニ出、諸事不自由も無之様取計、日々病気平癒之ため鎮守天王江参詣致し、薬用は勿論大小便汚穢物等迄厚ク世話致し、右体継父実母江孝養を尽し候段寄特之義ニ付、為褒美と銀五枚被下候間、難有可奉存候

右与吉継父
病死　徳　全
母ひさ事　貞　心

其方共義、悴与吉依孝心、老養為扶持と一日米五合ツヽ、一生之内被下之候間、難有奉存へく候

右
町役人

右之通申渡間、其旨可存

丑七月

右之通北於御番所ニ被仰渡候間、此旨例之通町中自身番屋江張出し置候様可致

前書之通如例組合中早々可申継旨被仰渡奉畏候、為御受と御帳江印形仕置候、以上

七月廿四日　南北小口年番

右は館市右衛門殿ニ而被申渡候間、此段御達申候、御組合限り早々行届候様御通達可被成候、以上

丑七月廿五日　神田年番

右御達申候、以上

八月八日　組合年番

（『江戸町触集成』第一八巻、三一七〜三一八頁［一七〇〇〇号］）

慶応元年（一八六五）五月、現富山県高岡市。高岡町の瞽女町の風俗取締

当時高岡町には瞽女町及び旅籠町の両所を遊郭とす而して其風俗頗る壊乱せるを以て町奉行大野織之介青地半四郎より特に諭告すること左の如し

朝山氏留帳

当所町方之儀一統商買稼専業就罷在候、銘々職分を励先前とハ繁業ニ至候由一段愉悦之義ニ存候、乍去近頃諸色甚高料至極にて、米価も追々貴騰いたし候儀、何も別而商業奮励不致而者不相成儀、就中小前之者男女共稼多有之暮易由に候得共、中分以上之人々中ニハ日用引合兼候向も有之体に候、然るに当所瞽女町・旅籠町之両所ハ前々より絃楼青楼抔と申成し、若き者とも等折々立寄遊興等に耽り終にハ家産取失ひ候族有之体、右等は必中分以上のものどもにて可有之候、左候へハ方今諸品高貴之折柄右体遊戯之輩ハ有間敷と存候得共心得違之者共不少体ニ而、右両所共近頃別而繁盛之由、取分け瞽女町之儀盲女之名目にて多分目明之者共罷在、芸妓之体に仕成し家居、衣体も花麗を互に相競、無昼夜人寄せ酒附合不埒義共増長之體ニ而、近年先役共厳重及詮議瞽女町取払にも申付候由に候処、近頃又追々以前之姿へ立戻り候体、是等ハ畢竟取持候者有之故之義と存、何も不埒之様に候、且又旅籠町之儀は旅人宿屋商売本業ニ而可者、下女之名目にて売女体之者を召置、其内には他国出生之芸妓共も有之体、是又旅有之処中ニ人之外昼夜人寄せいたし、酒附合等遊興専ニ相稼、夫等を以渡世いたし本業之筋合違失不埒至極之儀ニ付、萬御締方厳重申渡置候儀も有之由に候得共、近来別而増長之体相聞得孰も甚心得違不埒之至りニ候、右之外料理屋抔も時に寄右両所等より瞽女又ハ売女芸妓類をも呼寄、酒宴遊興抔為致候向も有之体、其外裏町等端々僻巷においてハ男女出合宿抔も有之、夫等之ヶ所へも売女賤抔妓を為寄置、酒附合為致候体相聞へ沙汰之限リニ候、此上右体之儀追々及増長、若者共等彌遊惰に流れ候而ハ畢竟何も家業を廃失いたし候処江可致儀に候、是等之族ハ町役人ニおいて時々内外聞しらべ、取縮無之而ハ不相成何も油断ハ有之間敷候得共、尚更此後右体不埒之族不及増長追々倹素之風儀に帰し、人々産業相励候様申付厚く世話有之度義ニ候、就而者右等之ヶ処只一時ニ取払ひ候而者人気にも指障可申哉、且当所之儀者諸職人多にて他国商ひ専業之所柄ニ付全く取払候而者却而稼方に指障可及迷惑向可有之哉、是等之処ハ於面々得と令勘考、町役人一統江も示し談、取調理何分御縮方之筋相立候様取仕抹可有之候、猶更面々詮議心付候儀も候者承り度、尚其上及指図候儀も可有之候条得其意此段不相洩候様可申渡候、以上

丑五月（慶應元年）

（『高岡史料』下巻、八九七～八九八頁）

慶応元年（一八六五）十二月、現岐阜県御嵩町美佐野《みざの》。美佐野村、瞽女の宿泊費・賄い代

「（表紙）（一八六五）
慶応元年
相談治定帳
并ニ後々入用書写し

丑十二月

美座野村庄屋代
儀右衛門」

［略］
一、西美濃瞽女三人参り掛合相成候処、一、　弐百四十八文
角右衛門方
夜宿願ニ付中々行届候付色々申聞候
飯料之儀ハ手前ニて持候、宿代・薪
木代・ふとん代・是ハ評儀（議）かり
（『御嵩町史』史料編、三九三頁、三九八頁）

慶応二年（一八六六）五月、現宮崎県。延岡藩の瞽女人口　→
文政十一年（一八二八）五月、弘化四年（一八四七）五月、安政六年（一八五九）五月、万延元年（一八六〇）五月、文久元年（一八六一）五月、文久三年（一八六三）五月、元治元年（一八六四）五月、慶応元年（一八六五）五月

（表紙）
「慶応二丙寅年
御領分宗門人別勘定帳
五月」

御城附
一、五百三人　内　ごせ壱人　南　町
一、四百六拾弐人　内　ごせ壱人　柳沢町
一、九百四拾四人　内　ごせ壱人　大武町
宮崎郡
一、五百七拾八人　内　ごせ壱人　中村町
大分郡
一、百弐拾壱人　内　ごせ壱人　高取村
一、七百七拾壱人　内　ごせ弐人　下光永村
（『御領分宗門人別勘定帳』内藤家文書）

慶応二年（一八六六）六月、現新潟県新潟市新津・小須戸近郊。「農閑余業」（農家の副業）
医療の類
医者　鍼治
按摩　瞽女
赤玉薬売　薬湯
風呂屋
以上。
［略］
［横川浜村］
一、［略］　瞽女壱人
（「両組産業開物之巻」三一二頁、三一五頁）

慶応二年（一八六六）六月、現大阪府和泉市王子町。和泉国泉郡南王子村の難渋者　→天保八年（一八三七）四月、嘉永四年（一八五一）二月、次項、同年七月、明治二年（一八六九）五月

（表紙）
「慶応二丙寅年六月
難渋人書上ケ取調子帳
南王子村」

一、無高
木八借地 浅右衛門 年四十三
女房 みよ 年卅九
悴 浅治郎 同五
娘 こみ 同十六
同 さの 同十三
同 いと 同九
眼病ニ而臥居候 伯母 きよ 同五十三
〆七人

一、無高
木八借地 庄八 年廿七
盲ニ御座候 母 さよ 同六十九
〆弐人

一、無高
由右衛門貸家 繁七 年四十九
女房 みへ 同四十九
悴 繁平 同十九
娘 その 同十一
妹 りう 同卅六
同人娘 みへ 同二
盲ニ御座候 母 いそ 同七十三
〆七人

（『奥田家文書』第七巻、一六頁、一九頁、七四頁）

慶応二年（一八六六）六月、現大阪府和泉市王子町。和泉国泉郡南王子村の難渋者 →天保八年（一八三七）四月、嘉永四年（一八五一）二月、次項、明治二年（一八六九）五月

（表紙）
「慶応弐丙寅六月
極難渋人書上ケ取調子帳

南王子村」

［略］

一、無高

与兵衛借家 杢兵衛 年四十九

女房 ちゑ 同四十四

忰 政吉 同十

娘 しげ 同十七

同 まつ 同十三

同 しの （同）二

老病ニ付臥居候 父 源六 （同）六十六

盲ニ御座候 （脱）まつ （同）六十五

〆八人

一、無高 盲ニ御座候

太郎兵衛同居 ひで 年六十二

〆壱人

一、無高 盲ニ御座候

紋兵衛同居 まつ 年五十六

癖疾ニ而じうさ難相成 同居 たつ 同六十九

〆弐人

（『奥田家文書』第七巻、四～一五頁）

慶応二年（一八六六）七月、現大阪府和泉市王子町。和泉国泉郡南王子村の難渋者 →天保八年（一八三七）四月、嘉永四年（一八五一）二月、慶応二年（一八六六）六月、前項、明治二年（一八六九）五月

（表紙）「極難之者名前書上帳」

［略］

一、無高

与兵衛借家 杢兵衛 年四十九

女房 ちゑ 同四十四

忰 政吉 同十

娘 しの 同十七

同 まつ 同十三

同　しの　同　二
老病ニ臥居候　父　源六　同六十六
盲ニ御座候　女房　まつ　（年脱）
〆八人

一、無高
六兵衛同居　ゆき　年四十三
（脱）清松　同二十二
盲ニ御座候　（脱）さん　同七十二
〆三人

一、無高
盲ニ御座候　太郎兵衛同居　ひで　年六十二
〆壱人

一、無高
盲ニ御座候　松右衛門同居　姉　みき　年四十九
姪　きよ　同二十二
忰　松太郎　同　二

母　いし　同　七十四
〆四人

一、無高
盲ニ御座候　紋兵衛同居　まつ　年五十六
疵疾（脱）　たつ　同六十九
〆弐人

（『奥田家文書』第七巻、二一八〜二二七頁）

慶応二年（一八六六）九月、現新潟県長岡市杉之森。杉之森村、「万雑取極帳」

慶応二寅年
十一月杉之森村控
一村限諸入用割合可
取立口々左之通
［略］
今度以来廃除口左之通
一、座頭・瞽女江合力
［略］
寅九月

（『中之島村史』民俗・資料編、六五八頁）

慶応二年（一八六六）十二月改、現愛知県豊明市沓掛町。沓掛村中川組、瞽女の宿泊

「（表紙）
慶応二年　　　沓掛村中川組
寅歳大割拾帳
十二月改
　　　　　庄屋
　　　　　古橋伝右衛門」

［三月分］
一、三升　［三月］同十四日 三人泊り　瞽女
［四月分］
一、三升　［四月］同廿四日 三人泊り　瞽女
五月分
一、弐升　［五月］同六日 泊り　瞽女弐人
一、壱升弐合　［五月］同廿三日 三人支度　瞽女
一、壱升弐合　［五月］同廿七日 三人支度　瞽女
六月分
一、八合　［六月］同六日 弐人支度　瞽女
［八月分］
一、壱升弐合　［八月晦日］同日 支度仕候　瞽女三人
［九月分］
一、壱升弐合　［九月］同廿三日 三人支度　瞽女
一、弐升　［九月］同廿五日 五人支度　瞽女
一、壱升弐合　［九月］同廿七日 三人支度　瞽女
十月分
一、壱升弐合　［十月］同朔日 三人支度　瞽女
一、壱升弐合　［十月］同廿五日 三人支度　瞽女
一、壱升弐合　［十月］同廿七日 三人支度　瞽女

（『豊明市史』資料編補三、五〇三～五〇七頁）

慶応二年（一八六六）、現岐阜県御嵩町美佐野《みざの》。「美佐野村相談治定帳」、座頭・瞽女の宿泊費

［八月カ］
一、廻り宿ゴゼ壱人ニ付　　四百文づつ
［略］
一、コセ・座頭泊り、両人テ無□（銭カ）増し評　四百文づつ儀之筈

（『御嵩町史』史料編、三九五～三九六頁）

慶応三年～明治元年（一八六七～六八）、現新潟県長岡市古志種苧原《たねすはら》。種苧原村、坂牧善右衛門から父金左衛門へ人足調達の

ための人別書上に関する報告

（端裏書）
「竹沢ニ而　種芧原村
坂牧金左衛門様　同　善右衛門
御用向」

覚

一、卯年人別八百五拾九人内　男四百三拾九人
内僧三人
座頭壱人
女四百廿人
内瞽女弐人
内三拾七人去寅年より出生男女之分
外ニ拾四人　死失男女之分
卯年　同村之内中の分
一、人別五百四拾九人内男女不分
内十八人去寅年出生男女ノ分
外ニ七人　死者男女之分
〆両村
辰年親村分
一、人別八百五拾八人内男四百廿七人
内僧三人
座頭弐人
女四百三拾七人
内瞽女弐人
内廿三人去卯年より生出男女ノ分
十五人　死失男女之分
家百五拾軒　内庄屋弐軒
百姓百三拾九軒
名子九軒

辰年内村之内中の分
一、人別五百五拾人内　馬拾壱疋
男弐百八拾六人
女弐百六拾四人
女道心五人
内拾五人　生出男女之分
外ニ七人　死失男女之分
家九拾六軒　内庄屋壱軒
百姓九十一軒
名子四軒
〆辰年両村分
人別千四百拾三人
内　男七百拾三人
内僧三人
座頭三人
女七百壱人
内瞽女弐人
尼　五人
内拾八人去卯より出生男女分
外ニ女二人去卯年より死失男女之分
〆

右者卯辰二年之分両村取調差出申候、且ツ田ノ口村之義者星野様へ別紙差上申候間、何れ御同人様より御聞合可被下候、早々、以上、

七月廿五日夜六ツ半

尚々明日者帰村之程奉願上候、以上

（『山古志村史』史料一、三六四～三六五頁）

慶応三年（一八六七）正月、現群馬県藤岡市。藤岡町名主役勤

方覚帳（旗本領）

（表紙）「慶応三丁卯年正月
名主役勤方」

［略］

正月

［略］

一、村継
餌指・瞽女・座頭其外村継ハ一ヶ月替ニ相勤申候
但シ人足町江触当可遣事

［略］

何ノ何月何日
一、萎目五人泊り　名主所
堀江屋江

［略］

差出申一札之事
一、此者何人何州何村江罷越申候、御関所無相違被為遊御通し
可被下候、為後日仍如件
年号月日　上州緑野郡藤岡町
名主　誰
組頭　誰
横川
御関所
御役人衆中様
箱根御関所右同断

差上申一札之事
一、此者何人何州何村江罷越申候、御番所無相違被遊御通し可
被下候、為後日仍如件
年号月日　上州緑野郡藤岡町
名主　誰
砥沢
御番所
御番衆中様

（『群馬県史』資料編、第九巻、二一七〜二一八頁、二二三〜二二四頁。『藤岡市史』資料編、近世、一二六〜一二七頁、一三二頁も参照）

慶応三年（一八六七）二月二十七日、現鳥取県。鳥取藩、鳴物停止に関する書付（『在方諸事控』第二百五冊）

同［二月］廿七日
一、左之御書付下り候付、何々え申渡し候様、因伯御郡々町庄屋迄申遣ス。
御書付

鳴物之儀、渡世ニ致し候分は、去ル十九日より被成御免候段、京都表より申来候付、座頭・盲女等家職之者共、其身宅ニてハ勝手次第、外え参り候ては不相成旨、在中え可被申渡事。

（『鳥取県史』第一三巻、九三八頁）

慶応三年（一八六七）十月十九日、現新潟県長岡市大島本町。大島村、若衆講の酒量に関する申付（「村政禄」）

一、（慶応三年十月）十九日、本村組頭両人呼立、例年若衆講ニ、寺ニて瞽女相招候ハ宜敷候へ共、御時節柄ニ付、酒ハ人数ニ応し壱人四合当り位ニて、一度ニ致し可然旨、寺へ申談候間、若者共へ申付候様申聞候

（『長岡市史』資料編三、五一八頁［三五六号］）

慶応三年（一八六七）十一月、現東京都武蔵村山市中藤《なかとう》。中藤村渡辺家の吉事

「（表紙）
慶応三年
出産孫祝儀控帳
卯十一月吉日　」

［略］

孫祝儀覚

［略］

一、金壱朱　赤堀　こせ

（『武蔵村山市史』資料編近世、一六二頁、一六四〜一六五頁）

慶応三年（一八六七）十二月、現岐阜県恵那市長島町。久須見の村入用

「（表紙）
慶応三丁十二月
夘暮千石大割帳
庄屋　長　蔵」

［略］

一、（銭）同七拾九文　上ごせ
一、同拾文　下ごせ

（『恵那市史』史料編、五四九頁、五五五頁）

慶応四年（一八六八）正月、現大分県宇佐市東高家。東高家村

「（表紙）
慶応四年
真宗
宗門人別御改帳
宇佐郡
辰正月　東高家村　」

［略］

一、真宗旦那寺下高家村円徳寺

持高なし

芳　平　同　三拾五才

女房いと　同　三拾弐才

忰　伊之助　同　九才

妹盲人まき　同　廿五才

［略］

一、［真宗、円徳寺］同宗同寺

持高六石四斗弐升八合九勺

軍　平　同　五拾六才

女房ます　同　五拾才

忰　光　蔵　同　廿九才

娘盲人かつ　同　廿六才

猪之助　同　弐拾壱才

末太郎　同　拾八才

馬　壱疋

［略］

合、人数三百壱人

内　男　百六拾五人
　　女　百三拾六人

馬　三拾五疋

（『宇佐近世史料集』［三］、中島家史料、二八〇頁、二九一～二九二頁、三〇〇頁）

慶応四年（一八六八）五月、現和歌山県和歌山市。和歌山城下、素人芸人音曲指南禁止　→嘉永四年（一八五一）正月、嘉永六年（一八五三）七月九日、慶応四年（一八六八）九月

町湊

大年寄共

近年町内ニ所々ニ而素人之者琴・三味線等教候者有之、座頭・盲女共渡世之障ニ相成、此節諸物高直之折柄別而致難渋候旨願出候事候、右体之儀不致様との品是まて度々相触有之処、今以不相止候事候、向後右体之業致間敷候、若心得違之者有之候ハヽ、急度可申付候

右之趣町中裏借家ニ至迄不洩様相触可申候

五　月

（『和歌山市史』第五巻、近世史料一、九〇四頁）

慶応四年（一八六八）六月五日、現広島県。広島藩主正方死去の鳴物停止に関する達（「御用状控帳」）

覚

［略］

一、遊芸鳴物弥御停止之事

但、座頭・瞽女一分之稽古ハ明六日より御免之事

右之通被仰出候間、此段村々令承知寺社方へも可申通也

六月五日　役所

分郡村々庄屋

（『広島県史』近世資料編、第五巻、一一二八頁）

慶応四年（一八六八）八月二十六日、現愛媛県今治市阿方。松山領野間郡県村（「諸御用村用日記」）

一、今札百弐拾目　海禅寺持□渡事。村瀬へ早々差出事当歳通御渡之儀、来月七八日頃御取斗被成度段、御沙汰ニ付大割算用御取斗儀、来廿二日より取斗候間此段御承知村々へも御申触、通帳右引合迄ニ無間違出来候様、村々へ御申触可被成候。

一、四百七拾六俵　県　内八俵　餅　摺方廿七日

一、弐百五拾六俵　矢田　内四俵　餅

尚々座頭、瞽女分印形御持参之事。字□取斗候間、后後無間違御出勤可被成事。

尚又出家社人山伏医師共例之通同刻調印罷出候様、御申聞可被成早々以上。

八月廿六日　山本光之助

右村々御庄屋中　菅卯兵衛

（『松山領野間郡県村庄屋　越智家史料』六九頁）

慶応四年（一八六八）八月、現福岡県宗像市。筑前国宗像郡新村の高札下案

一、虚無僧・修験・盲女・座頭之類ハ志次第施物を請、夜ニ入候ハヽ、相対ニ而宿ヲかり可申事ニ候、若押而宿ヲ取或ハねたりケ間鋪儀等申掛候者有之は無用捨召捕、其筋之役所江可訴出候事

［略］

右之条々今般相改被仰出候ニ付、堅相守可申者也

慶応四年（一八六八）辰八月

郡奉行

（『宗像市史』史料編、第三巻、二五七頁）

慶応四年（一八六八）八月か、現鳥取県米子市。米子町、産物入札会所、座頭・瞽女へ「諸無心」支給

（慶応四年七月廿三日）

一、世上不融通ニ付、諸品入札被成御免、別紙之通御締合被仰

出候。且又別紙人別之者共右懸り被仰付候間、早々可申渡。
尤別触四人は呼寄申談候間此段差含居可申事。
［略］
［八月カ］
一、入札取次所之義ハ、惣町何れニても勝手次第ニ取次向之役場へ罷出可申。当り札歩一割合左之通、并座頭・瞽女等之類諸無心之義ハ入札会所より相渡し可申、取り人え相対無心ケ間敷義申出候とも、一切遣し不申様厳重ニ締合被仰付候事。
但し当り札歩一割合、六分ニて内四歩取札之者、残二分会所納、尤、弐歩之内壱歩ハ惣町不時手当とシテ積立ニ取計可申事。
（『鳥取県史』第八巻、八三四～八三五頁）

慶応四年（一八六八）九月、現和歌山県和歌山市。和歌山城下、素人芸人音曲指南禁止の再触　→嘉永四年（一八五一）正月、嘉永六年（一八五三）七月九日、慶応四年（一八六八）五月

別紙手紙相添町会所より来ル
町湊
大年寄共
近年町内所々ニ而素人之者琴三味線等教候もの有之、座頭・盲女共渡世之障りニ相成、此節諸物高直之折柄別而難渋之趣願出候事候、右体之儀不致様との品当五月相触有之処、今以不相止如何之事候、右者向後指南受度向者座頭・盲女とも之教受候様、尤素人之者右業教候ハヽ、屹度可申付候間、心得違無之様可致候
右之趣町中裏貸家ニ至迄不洩様相触可申候
九月
（『和歌山市史』第五巻、近世史料一、九三五頁）

慶応四年（一八六八）、現山梨県甲府市。甲府城下上飯田新町組瞽女の鑑札（駒形、二重の厚紙製、縦一二・五㎝×横［上］六・八㎝・［下］九㎝。両面に文字と印あり）

［表］
上飯田新町組
［裏］
慶応四年戊辰　瞽女座元
（「瞽女鑑札」甲州文庫）

明治元年（一八六八）十二月十七日、現新潟県長岡市上・下富岡。富岡村、若者規制に関する村役人への誓約

覚
［略］
一、村方若者とも、追々気嵩ニ相成、夜分又ハ休日ニ不抱寄集り、若衆仲間と唱ひ、仲間相談事取究メ、春中又ハ節句・盆等ニハ大勢打合せ、不出者有之候えハ迎ひ遣し、清酒等買受、村方之内江宿ヲ頼、同所へ打寄酒興ニ乗し、村方之内娘

とも有之分連寄、酌ヲ為取、盆中不躍、別之躍等ヲ習ひ、種々ニ相成候へハ、角節と唱ひ、若者大勢打寄餅ヲ搗、ごせ・座頭等呼集メ、気随至極之仕業、不埒之事ニ付、以来屹度相止メ可申事

［略］

富岡村
惣七子　惣　次（爪印）
同人子　和忠次（爪印）
善七子　四郎次（爪印）
［以下十八名略］

村方
御役前様

（『長岡市史』資料編三、五一八～五二〇頁［三五七号］）

慶応四年・明治元年（一八六八）、現山梨県甲府市。甲府城下横近習町・上飯田新町

横近習町居住瞽女百五十七人　慶応四年
明治元年
歎願書
親類
大師村喜作

一宿もかなはす、合力もなく困難

上飯田新町　〃　五十五人　琵琶・三味線を携へとあり
――此町より市中へ――

（『甲府雑記』若尾資料）

明治元年（一八六八）以前、現山梨県甲府市。甲府の瞽女の風俗

盲女ノ年頭　維新前甲府ノ盲女《ゴゼ》奉行其他ノ役場へ年始ニ参ルニ盲女ノ頭大門ヨリ玄関ニ到リベニカワ　ヲカン年頭申上マスト言ヒ置キ帰ルコト、ス、此盲女ノ頭ノ名紅川オカン［明治十九年前後カ］トイフ名ニハアラズ、唯此名ヲ申テ年始ニ来ルナリシト今ハ此事絶タリ

紅川オカンノ名詳ナラズ

（『甲斐の落葉』巻ノ上、四六頁）

明治二年（一八六九）三月、現広島県廿日市町。佐伯郡村々の財政収支の弊害除去に関する頭書

村々除外頭書

［略］

一、盲人居扶持米代六月極月郡割取立之節相渡ス郡割御座候処、村ニ依り居扶持米代月々村方より取かへ利足免入相見へ候へ共、此義一円差止メさせ申度奉存候事

（『廿日市町史』資料編三、七五五頁）

明治二年（一八六九）五月十六日～六月一日、現静岡県沼津市。「駿河国沼津政表」

勾当　一	駿東郡の内　勾当配下之者 針治導引　盲人（男十八　女五） 琴儀太夫常磐津唄　盲人（男三　女一）	導引　三十八
瞽女　伊豆 会津　一	駿河　七 外瞽女　二十　伊豆　九 甲斐　四	瞽女　駿河　十五 弟子五十一　伊豆　二十五 甲斐　九 相模　一 武蔵　一

（世良太一編『杉先生講演集』附録、一二頁）

明治二年（一八六九）五月、現大阪府和泉市王子町。和泉国泉郡南王子村の難渋者　→天保八年（一八三七）四月、嘉永四年（一八五一）二月、慶応二年（一八六六）六月、同年七月

（表紙）
「明治弐己巳年五月
難渋人取調子書上帳」

［略］

一、　次郎平貸家無高
◎嘉　蔵　年五十六
女房　やす　同四十四
忰　安吉　同八
娘　かじ　同三十
〆四人

右之内かじ壱人者奉公稼致居候得共、夫婦儀者眼病ニ而臥居、忰壱人者袖乞致、親類・組合より介抱致候、

一、　由右衛門貸家無高
◎惣　六　年五十一
女房　ゆき　同五十四
忰　徳松　同十二
娘　その　同二十六
同　みち　同二十四
同　はる　同十六
〆六人

右之内、女房ゆき儀者盲人、その・みち両人儀者支離ニ御座候、惣六・忰徳松・娘はる三人義者病気ニ取合、当時臥居候ニ付、介抱致遣し候者ニ御座候、

(一、)

与兵衛貸家無高
◎ 杢兵衛 年五十二
女房 ちへ 同四十七
悴 政吉 同十三
娘 しげ 同十一
同 まつ 同十六
同 こし 同五
母 こま 同六十五

〆七人

右七人之内、夫婦義ハ盲人ニ御座候、残五人義者稼方難相成候ニ付、親類・組合より介抱致居候者ニ御座候、

(一、)

源次郎借地無高
◎ 平八 年五十五
女房 いと 同五十五
娘 とめ 同十四
同 たか 同十二

〆四人

右平八夫婦義者盲人ニ御座候、娘両人儀者幼年ニ付、稼方難相成候ニ付、介抱請候者ニ御座候、

(一、)

繁七同居母
◎ いそ 年七十六
姪 りう 同三十九
同人娘 みへ 同五

〆三人

右いそ・りう盲人、みへ幼年ニ付、稼方難相成候ニ付、親類・組合より介抱請候者ニ付御座候、

(一、)

無高磯兵衛同居
◎ いそ 年四十七

〆

右いそ儀者盲人ニ付、親類・組合より介抱請居候、

(一、)

無高甚右衛門同居
元五郎兵衛娘
◎ まつ 年四十七

〆

右まつ義盲人ニ付、稼方難相成候ニ付、介抱請候、

（一、）　無高周七同居　◎りか　年五十
　娘　たけ　同十六
〆弐人

右同断

一、　無高友右衛門同居　◎てい　年四十一
　娘　てる　同十八
〆弐人

右てい儀者眼病ニ而難渋仕居候、娘てる者当時奉公稼居候得共、行届兼候ニ付、親類・組合より介抱請罷在候、

（『奥田家文書』第七巻、二七九～二八七頁）

明治二年（一八六九）五月、現大阪府和泉市王子町。和泉国泉郡南王子村の難渋者二名追加　→天保八年（一八三七）四月、嘉永四年（一八五一）二月、慶応二年（一八六六）六月、同年七月

（表紙）
「明治弐己巳年五月
難渋人取調子書上帳」

一、相除き　無高松右衛門同居　みさ　年五十四
（脱）　きよ　同廿三

右みさ義者盲人ニ御座候、きよ義者支離ニ付、家事向難相成候ニ付、袖乞致居候

（『奥田家文書』第七巻、二八七～三〇一頁）

明治二年（一八六九）七月、現群馬県桐生市。桐生新町の寄場組合村人別家業改請印帳

（表紙）
「明治二己巳年七月
御達連印書
御支配所
上州山田郡寄場
桐生新町
外組合
廿四ヶ村」

［略］

（中表紙）
「御支配所
上州山田郡
中広沢村」

［略］

一、瞽女渡世　　百姓
弥吉後家
ます　㊞
家内
〆弐人

（『群馬県史』資料編、第一五巻、六六九頁、七二九～七三〇頁）

明治二年（一八六九）八月、現山形県天童市荒谷。荒谷村の瞽女人口

「(表紙)
明治二巳年
明細書上帳
羽前国村山郡
荒谷村」

［略］

人数五百六拾七人　内　僧七人　男二百九十三人　女二百六十七人

［略］

一、瞽女壱人御座候　喜作母
すく

（『山形県史』資料篇一三、四七四頁、四七九～四八〇頁）

明治二年（一八六九）九月十九日、現広島県。広島藩、盲人座法改定に関する書付

態申遣ス

盲人座法出入締り合等之儀ニ付而者兼而之振り合も候所、此後別紙之通り規則相立候条、此旨相心得村々役人共おゐて不締り之義無之様申付置、万一不締り之儀有之おゐて者役人共可為越度候間、忽緒之義無之様急度可申聞者也

午九月十九日　　賀茂郡
出張所
勤番割庄屋
竹内儀右衛門

覚

一、盲人共座法入之節、念入しらべ方之儀者去ル子年(元治元)相違候通りニ候得共、年ヲ経候内ニ者開眼等之者も可有之儀ニ付、扶持入之節も座法入之節之通再応相しらべ候事

一、男女共拾五才未満もの者真盲たり共居扶持者与不申候事

但、座法入者相成候事

一、拾六才より居扶持与へ候事

一、居扶持米渡方者座法より相渡候切手と引替に相渡候規則ニ候所、無切手ニ而庄屋共より相渡候郡も有之哉ニ相聞、甚以不統之事ニ而全不締之基ニ付、以後右様之儀無之様必切手と引替ニ相渡候事

一、居扶持切手ニ而金銀貸借者兼而不相成義ニ候処、追々心得違中ニ者右切手ヲ以貸借致ス者も有之哉ニ相聞、是亦不統之事ニ候、以後右様之義者堅ク不相成候事

一、稼之為或者修行等ニ而他邦へ罷出候者者、以後何ケ年之間又者何日之間逗留いたし度と申儀願出免許之上罷越、万一年

限日数満日至り罷帰り不申候へ者、居扶持取上ケ可申、無願ニ而罷越候分も同断之事△

△印御付紙

願出候節其郡々座元へも申出候事、出帰之節双方へ聞届之儀勿論之事

一、郡中之者御城下住居之儀者厳重御法則も有之候処、盲人之内ニ者執行願ニ而逗留いたし、其内ニ者妻子も設ケ難引分レ只様永逗留ニ相成、○小内ニ而住居同様相成居候者も有之哉ニ相聞、是等者引受候処之役人共等閑之義ニ付、以後右様之義者堅ク不相成ニ付、兼而願日数相満候へ者速ニ帰村可致候事

但、宮島・尾道・三原・三次町等逗留之儀同断

○印御付紙

本文之趣ニ付当時他邦へ出居之者改テ願出之事

右之趣堅相守可申候事

八　月

右之通被仰出候間此段御承知、以後等閑不締之義無之様堅御取計可被成候、勿論前段之趣盲人共届敷御申談、尚御申談相済候趣受書付来ル十月五日迄ニ郡辻役所へ御出シ可被成候

一、前段之通被仰付候ニ付、当時他邦へ出居候盲人も候ハヽ、改テ願書御差出可被成候、此書付も前段日限迄ニ御出之事

一、盲人無之村へも御役人中為御心得廻達致置候間、御規則之趣御心得可被置候

一、盲人無之村々者左之村下へ其段御書記此廻達御戻し可被成候

右之趣御承知可被成候、此廻達御受印之上早急御順達詰より郡辻役所へ御戻し可被成候、以上

九月廿日　勤番割庄屋

竹内儀右衛門

（『広島県史』近世資料編、第四巻、一一三三〜一一三四頁）

明治二年（一八六九）十二月、現長野県長野市松代町。松代城下、「松代藩支配所松代城下市中戸数・人員録」、座頭・瞽女人口

紺屋町

一、戸数八拾六軒

此人口三百九拾人内 男弐百三人 女百八拾七人

内

壱人　瞽女

伊勢町

一、戸数百拾弐軒

此人口五百拾弐人内 男弐百四拾弐人 女弐百七拾人

内

壱人　社人

壱人　修験

壱人　座頭

壱人　瞽女

［略］

総人口五千三百拾四人内 男弐千六百四拾六人 女弐千六百六拾八人

内訳

壱人　社人

三人　僧

七人　修験

弐人　神子

壱人　医師

弐人　瞽女

六人　座頭

壱人　道心

弐人　尼

右之通御座候、以上、

（明治二年）巳

十二月

松代藩知事

（『長野県史』近世史料編、第七巻［二］、三一八〜三一九頁、三二三頁）

明治二年（一八六九）十二月、現愛媛県宇和島市。宇和島藩、「明治三庚午三月、御改革写」、座頭・瞽女への扶持の改革

一、三升米豆

右半数庄屋□為致来候処、今般更ニ皆納申付候、尤盲人・盲女江割合ヲ以救遣候条往来手引・渡海等自分構たるへく村浦渡場ニおゐて飯宿を乞候儀一切差留候事

（十二月）

（『宇和島・吉田藩史料粋』第一一巻、三一一頁）

明治二年（一八六九）十二月、現神奈川県。若林領、下糟屋村、明治新政府成立の際、十七カ村の掟議定書

議定書

［略］

一、御仕法中諸勧化・諸勧進者勿論、瞽女・座頭其外都而物貰之類、聊たり共合力差出し申間敷候事

但

諸勧化・諸勧進・座頭、都而送りもの丶類、他村より送り来候共断ヲ立、決而継送り申間敷候事

［略］

明治二巳年十二月

当村
役　人㊞

（『伊勢原市史』資料編、近世二、三八二〜三八三頁）

明治二年（一八六九）十二月、現熊本県。熊本藩の「盲人」・瞽女人口

向上書取

此節当藩改革之書付御達仕置候処、於委細取調御達可仕旨御指

図之趣奉畏左ニ一書を以御答申上候

［略］

一、藩士・兵卒・農・商并社人・僧侶之戸口左之通

一、三拾六万千弐拾四人　男

内

八千五拾人　藩士

三万七千弐百拾九人　兵卒

八千弐百五拾九人　従前陪臣

千七百人　両末家藩士兵卒

弐拾七万八千八百四拾六人　農

壱万八千七百三拾八人　商

八百六拾五人　社家

三千百六拾七人　僧侶

六百八拾五人　盲人

三千四百九拾五人　穢多

一、拾四万八千八百五拾弐軒　戸数

内

四千弐百八拾壱軒　藩士

壱万五千百拾八軒　兵卒

三千八百拾五軒　従前陪臣

七百拾七軒　両末家藩士兵卒

拾壱万四千五百拾軒　農

六千九百六拾五軒　商

弐百七拾七軒　社家

千弐百四拾四軒　寺院

五百七拾三軒　盲人

千三百五拾弐軒　穢多

［略］

表紙上口書也

熊本藩支配地女人口穢多并物貫戸口数

熊本藩　公用人名

支配地女人口穢多并物貫戸数取調可申上旨奉畏左之通御座候

一、女人口合　三拾五万五千七百八拾三人

内

八千人　士族女

三万四千五百拾四人　兵卒女

千六百五拾四人　両末家士卒女

七千六百八人　従前陪臣女

九百弐拾人　社家女

弐千弐百四拾九人　僧家女

弐拾七万八千五百八拾四人　農家女

壱万八千百五拾三人　商家女

五百弐拾三人　瞽女

三千五百七拾八人　穢多女

物貫人口合
一、三千百八拾三人

内

千六百三拾九人　男

千五百四拾四人　女

物貫戸数合
一、三百四拾五軒

右之通申越候付此段申上候、以上

月　熊本藩
公用人名

弁官
御役所

（『諸努変革調』）

明治二年（一八六九）十二月、現埼玉県ときがわ町大野。大野村、瞽女の手引・止宿に関する規制　→明治三年（一八七〇）正月、明治三年（一八七〇）か、十二月二十三日

差出申御請書之事

一、金壱分弐朱ト四百拾六文　来ル午年壱ヶ年仕切
金壱両壱分之内三分一

右は当節諸色高直ニ付御村方江盲人・盲女多分手引止宿合力願来候ニ付、此度相談之上盲人共止宿合力仕切方御頼ニ相成候ニ付、前書之金子ヲ以仕切候、上は夜中成共私共方江差向御遣可被下候、万一彼是難題申者有之候は、私共方江御知らせ可被下候、早々罷出引取可申候、為後日請書依如件

明治二午年十二月

大河原座元
扇　之一㊞
世話人
玉雄之一㊞
同
武蔵之一㊞

大野村
御役人中

（「差出申御請書之事」野口家文書）

明治二年（一八六九）以降、七月二十一日、現埼玉県騎西町上高柳か。上高柳村瞽女から高田瞽女への書簡

乍麁筆以手紙致啓上候、未残暑甚々敷候処、其御元様御組一統様御揃被成御清穆珍重奉存候、然は昨年長岡大工町御頭役江巡り書面ニ而文通差上候処、何用之間替かゐに候歟、文通廻り兼候、此度長岡より御見舞御人両弐[三カ]人被参、段々之御咄シ承り実以驚入候、尤文通之趣は私シ国元ニ而は瞽人共申合頓々名主参り、瞽女之止宿致仕切、高百石ニ付金三分之割合ニ而、村数八拾八ヶ村仕切ニいたし、金高合金八拾弐両三分と銭六貫六百

文、米弐石九斗五升請取、日限其頃末々少延候ハヽ、関東一統ニ茂相成候歟申触、左様ニ被致候而は難捨置、仍而此度は盲女一統申談民部省御役所様江致歎願、左ニ候而は多分之入用相掛り、無拠其御国元書面ニ而長岡御頭様・高田御頭様・其外御頭衆中迄壱通差上申候、右ニ付申談之上入用之義御助合之程偏ニ奉希上、又々関東筋江渡世向不参申御方々は御気毒ニ存候得共、前文之訳〔カ〕故幾重ニ茂宜敷様奉希上候、其後麁縁無之候ハヽ、貴面之上要々申上候、早々已上、

上高柳邨
頭
栄女

七月廿一日
高田町五之辻
盲女豊重さま
（「上高柳村瞽女書簡」）

明治三年（一八七〇）正月、現広島県。加茂郡、明治二年郡割・村割などの「除害規則」

（1）郡割規則之部

［略］

一、郡中座頭・盲女居扶持米、月々内端ニ相渡し置、暮詰郡割相場ヲ以悉皆算用相渡可申事

但、座頭壱人一日米五合宛

盲女壱人一日同弐合五勺宛

右利足郡割入之事

一、五ヶ所盲人居扶持米渡方之義、是迄之通り取計可申候事

［略］

（3）差止箇条之部

［略］

一、虚無僧・盲人等江村辻ヨリ奉加取計来候村方も相見候得共、以来手堅く差止メ可申候事

附り、廻在手引いたし、尚又村辻より賄遣し候義已来不相成候事

［略］

一、盲人手引送り夫賃抔村割入取計候村方も相見候得共、已来手引差止メ賃米免割入相背キ可申事

（『広島県史』近世資料編、第四巻、一〇八六頁、一〇九三頁、一〇九九頁、一一〇三頁）

明治三年（一八七〇）正月、現埼玉県ときがわ町大附《おおつき》。大月村（大附村）、大河原座元への「仕切金」納入　→明治二年（一八六九）十二月、明治三年（一八七〇）か、十二月二十三日

覚

一、金壱分
　　午正月より十二月迄
　　但壱ケ年盲人盲女
　　配分仕切之事

右之通り仕切金慥ニ請取申候、為念如斯御座候、以上

明治三午　　　　　　　　大河原座元
正月日　　　　　　　　　扇之一㊞
大月村
御役人衆中

（『都幾川村史資料』四［六］、二五頁）

明治三年（一八七〇）三月、現高知県。土佐藩の布告

一、明治三年午三月民政司ヨリ布告
座頭・瞽女共扶持米料并伝馬送夫料共従来郷中割付被仰付置候処、此度厚御詮議振有之、向後右割付御用捨被仰付候条其心得可有候以上

（『皆山集』第六巻、一四四頁）

明治三年（一八七〇）四月、現高知県。「坐頭へ伝馬夫渡事」、土佐藩の座頭・瞽女に対する新方針に関する布告

明治三年四月の座頭共之儀ハ、往古より由緒有之、官等ニ依リ伝馬送夫等相渡、郷中詫［托］鉢往来差許し有之処、往来難渋ハ勿論、郷中ニ於テモ費用不鮮ニ付、双方願ニ依リ一人扶持石ニ付六拾五匁伝馬一疋六拾目送夫一人三拾目之通跛一人ニ百七十七匁、以下郷中家員割付を以料渡ニ申付置処、近年物価騰貴致し、古扱ニテハ従来ノ業難相立を以、度々愁願ニ及ヒ、無余儀願筋打返し詮議致し候へても、郷民ニ於テモ同断難渋之折柄、割増之作配モ難申付、雖然天生不幸之盲目、如以前託［托］鉢往来為致候儀、諸民介補之趣意ニモ不相叶、且父兄・親族ニ於テモ人情難忍訳に有之、依テ此度詮議ノ上座頭并瞽女名目廃之候条、有官之者ハ速ニ可差返之、尤是迄相嗜候芸能を以身過勝手次第申付候ニ付、向后父兄之者引取養育可致、尤地盤困窮ニテ養育難相調者其筋申出候ハヽ、自来産米之外父兄妻子之中へ別段ニ窮民札可相渡ニ付、無税之活計を以可致養育、若又病症或ハ独身等ニテ可便類族等無之候ヘハ、是又可申出、時宜詮議之上貧院ニ於テ扶助可申付、従来郷民共へ割付向後用捨可申付、右ハ万民夫々之分ニ応シ活計為相立候趣意ニ候条、此旨可相心得者也

（『皆山集』第六巻、一五二頁）

明治三年（一八七〇）六月、現山梨県甲府市。横近習町の瞽女人口

（表紙）
「庚午六月
下府中
屋舗数竈数人数取調帳」

横近習町

［略］

一　屋敷数　五拾七軒
竈数　百九拾八
人数七百弐拾人内　男弐百八拾四人 女弐百七拾六人 瞽女百六拾人

［略］

［下府中の総人口］

人数合壱万百九拾三人

内　男五千人
女五千三拾三人
瞽女百六拾人

（『甲府市史』史料編、第二巻、六八二頁、六八四頁）

明治三年（一八七〇）九月、現山梨県甲府市。横近習町の瞽女人口

（表紙）
「甲府町方家数人数取調書　（明治三）庚午九月」

横近習町

［略］

覚

一、家数　五拾七軒

借家　百六拾五軒

人数　六百六拾九人

内　男　弐百四拾六人

女　弐百八人

小供弐百拾五人　瞽女

外ニ女百六拾人　廈〔盲女カ〕仲間

右の通相違無御座候以上

横近習町

名主　忠右衛門　（印）

御役所

（『甲府市史』史料編、第二巻、六八四頁、六八六～六八七頁）

明治三年（一八七〇）十月、現新潟県上越市。今町（直江津）坂井町の「盲人」

（表紙）
「明治三年十月

渡世向軒別書上帳

今町」

［略］

坂井町

［略］

一、盲人　きよ㊞

（『上越市史』資料編四、三三三頁、三四九頁、三五一頁）

明治三年（一八七〇）閏十月七日、現東京都青梅市新町。新町村、座頭・瞽女の取締

（表紙）
「明治三年

御　用　留

新町駅

午正月吉日　役元㊞」

［略］

覚

一、近来座頭・瞽女多人数巡行致、中ニ者不法之所業有之趣、取締方可致旨触頭より被申付候趣、御談示ニ付当午閏十月より来ル未ノ九月迄壱ヶ年分仕切為相任、皆金相渡候上者年限中座頭・瞽女休泊等彼是申候ハヽ、羽村城遊方江差遣同人引請取計候筈対談相極候也

明治三庚午年閏十月七日

新町村

名主

（『東京都古文書集』第五巻、九七頁、一〇八頁）

明治三年（一八七〇）閏十月十九日、現岡山県岡山市上阿知。邑久郡上阿知村、窮民救済

明治三庚午年

一、邑久郡上阿知村瞽女千代壽家内弐人共女、母モ盲目、近来諸品共高価ニて極々難渋之趣、村役人共より歎出候ニ付、如左及伺、

邑久郡

上阿知村

瞽女

千代壽

同人

母

右之者共壮年之頃ヨリ盲目ニて渡世難渋仕候ニ付、御救助之儀別紙之通歎出申候間、何卒為御取救、母子之者ぇ御米弐苞被遣候様申上度、別紙相添此段奉伺候、

庚午

閏十月

河合源五郎

丹比　大屬

（付紙頭書）

「紙面之趣申達相済候間、宜取計可申事、

庚午

閏十月十九日

邑久郡

上阿知村

瞽女

千代壽

同人

母

右之者共壮年之頃より盲目ニて、渡世難渋之趣相聞不便之事ニ候、依之為御救助御米弐苞被下候、

右閏十月廿二日構郡宰へ申渡、尤会計へハ河合より被相廻、同日同手より伺書類共戻ス、

（『藩法集』第一巻下、七九一頁［五一二号］）

明治三年（一八七〇）閏十月、現岡山県岡山市西片岡。邑久郡西片岡村、「寡孤へ養育料被下」

明治三年庚午

一、邑久郡西片岡村亡與平妻盲目、子九吉歳十三、寅吉同十、娘せの同七、盲目幼少之子共ニて必至難渋に付、御取救之義村役人より歎出

邑久郡西片岡村
亡與平
妻
同人子
九　吉　当午十三歳
寅　吉　同十歳
同　娘
せ　の　同七歳

右之者共亡與平義御小人奉公致シ東京え参居申候処、六ケ年已前丑年同所ニて死去仕、跡家内之者共寡孤と相成、殊ニ妻義ハ盲目ニ罷成、糊口難凌ニ付、御取救之義別紙之通歎出、必至難渋之趣相聞申候間、何卒為養育料壱人え御米壱苞ツヽ被遣候様申上度、別紙相添此段奉伺候、

庚午閏十月　河合源五郎
丹比　大屬

（付紙頭書）

紙面之趣申達相済、宜取計可被申事、 庚午 壬十月九日

右之通相済候ニ付、同十三日構郡宰・中監察へ書下左之通計、

邑久郡
西片岡村
亡與平
妻
同人子
九　吉　当午十三歳
寅　吉　同十歳
同　娘
せ　の　同七歳

右之者共盲目幼少ニて必至難渋之趣相聞候間、為養育料一人え御米壱苞ツヽ、被下候、

（『藩法集』第一巻下、七九〇〜七九一頁［五一一号］）

明治三年（一八七〇）か、十二月二十三日、現埼玉県ときがわ町大野。大野村、「盲人・盲女」宿泊料の領収書　→明治二年（一八六九）十二月、明治三年（一八七〇）正月

覚

一、金壱両也　盲人・盲女休泊料
内金弐分也　御助成願共
右之通り慥ニ受取候申候、以上
午十二月廿三日　大河原座
扇ノ一

大野村

御役人衆中

（「覚」野口家文書）

明治四年（一八七一）三月、現愛知県吉良町。「明治四年三月、座当こぜん施控」、座頭・瞽女への施金、施米

［略、座頭の分］

ごせ

一、㊞ニ而遣ス　西尾組三人　お梅　たね　せつ

一、㊞西之郡組壱人　おなか

一、㊞岡崎組　三人　おけい　おむら　おじつ

一、㊞中嶋組　弐人　おしゆ　おふじ

一、㊞西之郡　弐人　おひさ　おてる

一、㊞西尾組　弐人　おせき　おじゆん

一、㊞岡崎組　壱人　菊ゑ

一、㊞刈谷組　壱人　おみね

一、㊞同組　四人　おやね　はま　おさじ　おきね

一、㊞同組　弐人　おはる　おれい

一、㊞知多郡組　三人　ちよ　はま　やえ

一、㊞西の郡組　三人　おみや　おゑい　おふさ

一、㊞中嶋組　三人　ゆら　はる　きん

一、㈡西尾組　　三人　　おまつ
　　　　　　　　　　　　おしげ
　　　　　　　　　　　　おしま

（裏表紙）
「壱人ニ付
　　白米壱升
　　銭ならハ八百四拾八文〔座頭・瞽女〕
　　　　右両様之内ニ而遣ス
　外ニ拾文添
　しぶん〔衆分〕丈ヶ添四拾文遣ス事
　　　　　　　　　　　　　　　　」

（『愛知県史』資料編、第一八巻、七六六〜七六七頁）

明治四年（一八七一）四月二十日、現愛媛県松山市。松山藩、座頭・瞽女の救助に関する布告（「松山藩布告留」）

四月廿日
　左之通伝達所より申来候ニ付、惣町中へ相触候様大市長へ申聞之、
　　　右別紙
支配地座頭・瞽女共救助之儀、諸郡より大割ヲ以米麦、町方よりハ銭札取立、年々差遣候処、盲人之増減ニ随て配当過不足有之、即今多人数ニ而配当不及之者多く、且近来之時態相寄節、籾も少なく、困窮相極候趣潤然之至ニ付、向後右郡方より取立候米麦へ公廨より取添、現在人高へ配当相整候様救助致遣候間、毎年三月中人員取閲可申届、且又自今十等以上任官之節ハ其者江為祝儀左之通差遣候間、右余郷町よりハ祝儀不差遣候ニ付、聊貪ケ間敷儀無之様、座頭・瞽女共江急度可被申渡候、且又従前町方より差遣候銭札配当仕成有之趣之処、向後右米麦之内江取続候間、総割与相心得可申旨是又可申聞、尤其他郷町より祝儀差遣不及候間、配下之者も為心得置可申候、右ニ付現在人員取閲当月中可申届候事、

一等	百弐拾石	其玄米	壱斗弐升
二等	百石	同	壱斗
三等	七拾石	同	七升
四等	六拾石	同	六升
五等	四拾石	同	四升
六等	三拾五石	同	三升五合
七等	二拾五石	同	弐升五合
八等	弐拾石	同	弐升
九等	拾五石	同	壱升五合
十等	拾弐石	同	壱升弐合

〆

（『愛媛県史』資料編、幕末維新、一六九〜一七〇頁）

明治四年（一八七一）四月。民部省が「盲人」救済のため「盲人」以外に課す「三味線税」を考案

一、盲人共官名被」廃、配当金取集候義断然御差止、救助之方

法更ニ御施行相成候条、総て平民ニ入籍可レ致事。

一、管絃音律ハ瞽者之本業ニ付、三味線音曲ヲ以業ト為ス芸人共へ左之通税納申付、盲人救育ノ扶ニ充候条、年々三月九月両度ニ上納可レ致事。

三味線税

浄瑠璃・長唄・鼓笛太鼓、舞子芸妓・歌舞妓役者其余、総て三味線ニ和囃対用スル稼業ノ芸人共より上納之事。

但、盲人共ハ上納ニ不レ及、其他税納無レ之分ハ一切禁止之事。

右之通被二相定一、来ル九月より御施行相成候条、税金積高盲人員数等其管内限リ無二遺漏一取調、来ル六月晦日迄ニ可二差出一事。

（『東京市史稿』市街篇、第五二巻、六〇九頁）

明治五年（一八七二）正月、現静岡県三島市。三島市長谷町薬師院蔵、観法寺の過去帳

明治五申天正月

春煥信女　金谷町盲女おはな　弟子おふで事

（『三島市誌』中巻、四三八頁）

明治五年（一八七二）三月初旬。東京、「盲女」の腹話術興行

○三月初旬より、浅草御蔵前大円寺境内にて、腹の中にて物を云ふ盲女見せ物に出る

（『武江年表』下巻、二四六頁）

明治五年（一八七二）四月十八日、現愛媛県。宇和島県達、座頭・瞽女への扶持制度廃止

朝廷被仰出候趣有之候ニ付、是迄三升米豆と唱へ座頭扶持取立相渡来候処、今度差止候間、以来上納ニ不及候条、此旨末々迄可相達もの也

備考・原本に「此通リ壬申十月市中へモ布告」という書込がある。

（福島正夫『「家」制度の研究　資料篇一』四二七頁）

明治五年（一八七二）、四月十八日前後か、現愛媛県。宇和島県達、座頭・瞽女への扶持制度廃止（「右之通リニ……」とは明治五年［一八七二］四月十八日の宇和島県達）

右之通ニは候得共、座頭ニ不限極民之内不具等ニテ渡世難渋之ものハ村内申合、互ニ相救可申は勿論之事ニ候得共、尚不足之分ハ村内打合之上右三升米豆取立世話致し尽し夫々救助取斗可申候、尤座頭を始救を受候者共ニ於テハ人之助をのミ頼ミニ致し、自ラ渡世之考無之候而は甚不相済事ニ付、以来銘々何なり共人之用ニ可相成事を心掛可申旨深切ニ可申諭事

右之通末々迄不洩様可相達候也

（福島正夫『「家」制度の研究　資料篇一』四二七〜四二八頁）

明治五年（一八七二）四月、現愛媛県上島《かみじま》町岩城《いわぎ》。越智郡第二十四区の座頭・瞽女人口

越智郡　第二十四区
九百六十五戸　　戸数
四千六百七十三人　人口
内　男　二千三百四十二人
　　女　二千三百三十一人
内　四千六百二十二人　　庶人
　　男　二千三百十七人
　　女　二千三百五人
内　十三人　　座頭、瞽女
　　男　五人
　　女　八人

（『続伊予岩城島の歴史』下巻、三七一～三七二頁）

明治五年（一八七二）九月、現福岡県。三潴県、瞽女以外の遊芸・風俗取締（書き下し文）

一、近来人民の間に絃謡・踏舞を以て文明開化の一端と心得て自然遊惰安逸に流れる者がある、此等は全く方向を錯ると謂ふべし。就ては茶店・煮売店（一杯のみや）等に於ては黙許もできるが、時には芸妓・淫売女の輩を呼集め淫蕩の振舞ありと相聞く、斯る弊習は風俗を退廃することとなる、今般の御達示は芸妓・娼妓・酌婦・飯盛婦の類が新規営業が許されずと仰出て十月三日限り禁止となったから、自然と怠惰に流れ、表面は茶店、煮売店と称して芸妓・娼妓・酌婦・飯盛婦を留置き売淫の振舞をなすは不都合の行為である。だから、相当の給料を渡して生国に帰らしめることが肝要である、止めがたき事情のある者は寄留の手続きを経て正業に就かしめる事である、地芸子（ぢげいこ）の類は笛・三味線・俗歌・踊等を教える類あり。之れは一歩誤れば邪道に入るものであるから相戒めねばならぬ。何分明治維新となったから旧来の悪習を除き善に移り正業に勉励せねばならぬ。
但瞽女（ごぜ三味線をひきて銭を乞う盲目の女）は是迄通りにてよろしい。

明治五年九月　　三潴県丁

（『柳川藩史料集』五一四頁）

明治五年（一八七二）、現愛知県吉良町岡山。岡山村

（表紙）
「壬申村入用帳　幡豆郡　岡山村」

[略]

△一、金六拾弐銭六厘四毛　　瞽女扶持米代ニ御座候

（『吉良町史』資料二、一四六～一四七頁）

明治六年（一八七三）三月三日、現山梨県甲府市。瞽女が納めた税金返納

一、金弐円五拾二銭　横近習町瞽女十五戸
　　　　　　　　　　百二十六人出銭分

右は去壬申年戸籍御改入費銭上納仕候処、癈疾之者ニ付格別之以御賢案、当人共江御差戻被承下難有正ニ奉請取候也

明治六年三月三日

第二区小二区
　副戸長
　　大木喜右衛門 ㊞
　戸長代理
　　土屋善十郎 ㊞
　戸長
　　名取作右衛門

第三区
　正副戸長
　　御中

（「戸籍改入費銭瞽女納分差戻請取」甲州文庫）

明治六年（一八七三）三月、現愛媛県。乾第六号、「盲人」救済に関する達（乾第六号）

三机浦惣代役阿部與七郎其外ヨリ盲人扴抱ノ事ニ掛リ、願書指出候ヨリ右調候処、従来盲人ニテ三升米ト称ヘ毎戸ヨリ貰集シテ、扴抱致シ候義ハ模様ノ次第ヲ見テ一且乞廃止候得共、人民互ニ恤救スルハ惻隠ノ事情ニシテ人世ノ絶ツヘキ道理ニ無之候間、各区内ニ於テ兼テ救助ノ方法ヲ設ケ示来鰥寡孤独癈疾タリトモ懇々世話致シ候様更ニ可相達者也

三月　　御　三　名

（福島正夫『「家」制度の研究　資料篇一』四二八頁）

明治六年（一八七三）五月二日、現山梨県。瞽女稼業禁止の県布達

従前県下瞽女《こぜよ》之儀、甲府横近習町に取締《とりしまり》と号《がう》《いふ》する者有之、右配下《はいか》《てした》の内重立候もの仲間を結び管下に盲女《ばうしよ》《めくらおんな》あれバ之を貰《もら》ひ受、弟子として絃歌《げんか》《なりものうた》を教へ、村々を徘徊《はいかい》《たちまハり》せしめ米銭を乞ふを以て生業《せいげふ》《とせい》とし、即今の人員弐百五拾人に及べり、また管下の旧習《ふるきならわせ》として盲女ハ瞽女に与へざれハ其家に重て盲目《もうもく》の児ありとて必ず瞽女に与ふるよし、親子の情に悖《もと》る倫理《りんり》を壊《やぶ》るの甚処ものといふべし試に思惟《しゆゐ》《おもへ》せよ児の盲となる其源由《げんゆう》《しだい》多しといへども或は父母黴湿《ばいしつ》《はうとう》の余毒《よどく》より醸《かも》すあり、或ハ天然痘《しぜんはうさうの》毒より醸《かも》すあり、其他怪我《けが》過ち等に因るも又少なしとせず、畢竟《ひつきやう》《つまり》父母其身の不行《ふぎやうじやう》状より生し又養育保護《ほうご》《こもり》の疎《おろ》そかなるより起るものなり、然るを因果輪廻《いんぐわりんゑ》の愚説《おろかなせつ》に惑《まど》ひ癈疾《はいしつ》《かたわ》の我子を廃疾

の瞽女に与へ目前乞食《こつじき》の業《わざ》を為さしむるハ豈親たる者の道ならんや、又癈疾無告《むこく》《よるへなき》のものハ素《もと》より人の救助を仰《あふ》がざるを得ざれ共、右取締の者をはじめ同しく癈疾の者にして癈疾の者を使役《しえき》《つかひ》し以て糊口《ここう》《くふこと》を営《いとな》むの理なし文明の今日に方《あた》り旁《かた〳〵》有るまじき筋ニ付、自今瞽女に盲児を遣《つか》ハす事一切停止せしめ、現今存在《そんざい》のものハ夫々生家へ帰籍《きせき》致させ候条、実家《じつか》《うまれたいへ》有之者ハ勿論、若生家退転等にて帰籍難相成者ハ親類の者え引渡候条、懇《ねんごろ》に扶助いたし遣すべし、生家親類も無之分ハ当分其侭《まま》差置従来の通旧業《きうげふ》《もとのとせい》差許、癈疾無告の窮民を愍《あは》れませらるゝの御主意を体し、追而救助の方法《しはふ》を設《もう》け可及布告候条、前文の旨趣厚く相心得可申事

右の通管内無洩相達する者也

明治六年五月二日

山梨県権令　藤村紫朗

（「盲人保護に付達」甲州文庫。『山梨県史』第三巻、一九六〇年、三七一頁、『甲府市史』史料編、第六巻、七八〇頁も参照）

五月二日　令シテ瞽女ノ絃歌乞食以テ生業トスルヲ禁シ各其本籍ニ復セシム令文ハ載セテ禁令条下ニアリ

本州従前此業ヲ営ム者多シ、甲府横近習町ニ一ノ座元又役元トモ云、其初ヲ詳カニセスト雖モ闔州一般士民ノ別ナク婚姻生産等アレハ必ス其家ニ就テ銭ヲ要求ス、之ヲ配当ヲ受ルト云フアリ、累世紅革後紅川ト、更タム加武口碑ニ伝フ天正中徳川家康入甲ノ時旅館（古府中尊躰寺）ニ在リ、或人瞽女絃歌ヲ善クスル者ヲ進ム、家康其技ニ長スルヲ感シ与フルニ紅革染ノ浴衣ヲ以テス、是ヨリ人呼テ紅革ノ阿加武ト云フトト称シ、此党ノ事ヲ管理ス、其配下亦各主者アリテ夥ヲ為シ、処々穴山町・横沢町・飯田新町等ニ散処シ、人家ノ盲女アル之ヲ取テ子養シ旧俗家ニ盲女アレハ必ス之ヲ絃瞽ニ与ヘサルヲ得サルノ因習アリ、令文中ニ詳カナリ故ニ此ニ贅セス一種俗ニ心中節シト称へ、多ク情死ノ事ヲ作ル、甚タ淫鄙ナリノ絃歌ヲ教ヘテ、終歳之ヲ駆使シ其遠ク外ニ出ルヤ履ヲ穿チ笠ヲ戴キ、三絃ヲ携ヘ臥具ヲ負ヒ、或ハ嬰孫ヲ懐ニシ、三々五々群ヲ為シ、人家在ル所ニ到レハ東西ニ分離シ、而テ毎戸ニ跡シ絃歌ヲ弄シ、一瞽ニシテ幾人伍ト称シ、之ニ充タルノ米銭ヲ乞フ、是一日数村ヲ乞過シ了スルノ策ナリ、夜ハ里正ノ家ニ投宿ス、而テ其食料ヲ償ハス（各村之ヲ瞽女扶持ト唱へ、之ヲ石高ニ賦課スト云フ）午夜ニ至ルマテ絃歌ヲ唱和シテ以テ謝ヲ鳴ス、而シテ一日二食ノミ、午飧ハ毎ニ之ヲ闕ク殆ント眠食ヲシテ安ンセサラシムルニ至ル、其抑制束縛亦言フ可ラサル者アリ是ニ至リ此令ヲ発ス然リト雖モ、因襲ノ久シキ本籍ニ復スルヲ欲セス、一時苦ヲ訴ヘ旧業ヲ営マン事ヲ請フ者アリ、懇諭以テ其踪ヲ絶ツニ至レリ

（『山梨県史』第三巻、一九六〇年、一〇三～一〇四頁）

明治六年（一八七三）五月九日、現群馬県。瞽女稼業禁止令

○同月［五月］九日達

乞食非人ノ類徘徊為致間敷旨兼テ相達候趣モ有之候処、近来間々立入候哉ニ付更ニ左之通相達候事

一、乞食非人
一、梓巫市子
一、瞽　女
一、辻浄瑠璃・祭文読之類
右之者共立廻リ候ハ、駅邨役人共ニテ厳重申達順次管外へ放逐可致勿論金銭相与候儀一切不相成候事
右之通相達候条得其意区内無洩触示シ且可掲示候也
（『群馬県歴史』第二巻、一七四頁）

明治六年（一八七三）六月十二日、現福岡県。三潴県の「御布告」、瞽女の弟子取り禁止（書き下し文）

一、瞽女《ゴゼ》共が娘子供の弟子供を集めて芸を教え込むことを願い出た。これは教育の本筋から考えて娘児童等が遊芸にのみ精神を奪われることは教育の本旨に妨げとなる。甚だよろしくないから自今禁止する。

［略］

明治六年六月十二日
三猪［潴］県権大参事　町田景慶
（『柳川藩史料集』五五三～五五四頁）

明治六年（一八七三）六月十二日、八月二日、現福岡県福津市。「盲女」へ「心付」支給（『十小区役場日記』）

「（表紙）
明治七年第一月より八年■用ル
十小区役場日記
今林孫十郎」

［略］

酉年［一八七三］中諸入費書出

［略］

＊［六月十二日］同

○∧一、同［札］九百文　盲女へ心付渡取かへ　一達救切

［略］

＊八月二日

○∧一、同［札］六百文　盲女へ心付渡し　一達救切

（『福間町史』資料編、第一巻、五八四頁、六一四～六一五頁）

明治七年（一八七四）三月、現岐阜県郡上市大和町。島馬場村、「盲人明寿一」の願書

「（包紙）
上　島馬場村　明　寿　一」

以書付御願申上候

一、今般
御一新ニ付、盲人共其村其区内ニ而御助成被成下候様、難有奉存候、然ル処恐多之願ニ御座候得共、是迄年齢（老人のノ意カ）・稚子、又は病気ニ而歩行不叶候者ハ、中間之者より御双方様江右之訳御願申御助成ニ相成養育仕候、只今区内〳〵ニ引分ケ候而は、差当り盲女まきと申者年七十八才ニ相成、我家も無御座

候ニ付、下苅安村浄（乗）性寺様ニ戸籍内附ニ御座候、又はると申者神路村出生年六拾四才、右之者共長病ニ付、中間より我回り之節、双方様之御助成御願申、右以養育仕候、外ニも病気之者御座候節は、毎度右之通りニ仕候、又子供家別回り道も不知ニ付、供勢ニ而相回り申候、区内引分ケニ相成候てハ、難渋之者多ク御座候、又御助成之品物も色々穀物・茶・芋等場所ニより御助成ニ相成、右之品代替又は麦粿等調合仕老（露カ）命相続申候、誠ニ当所之儀ハ下筋違、按摩療治も一向無之、殆難渋仕候、何卒郡上御区内様相互之事ニ被成下候様、一重御願申上候、尤区内ニより盲人多少も有之、中ニは年齢・子供之処も有、色々片落ニ相成、又廻り等も区内斗り相成候而は、毎度御助成御願出候も誠ニ心痛仕候、何卒双方様郡上郡一般之事ニ被成下候様、区内権区長様方江戸長様より御願被下置候様、此段一重奉願上候、以上

明治七年三月

盲人　明　寿　一

島馬場村
戸　長　様

（『大和村史』史料編、八一五〜八一六頁）

明治七年（一八七四）か、五月十一日、現山梨県南アルプス市上野・市川三郷町大塚。上野村・大塚村、瞽女の戸籍などに関する書簡

秋冷之砌ニ御座候所弥以御家内各々様方珍重ニ不斜奉存候、然は御伊勢様御祓・御初穂別帳之通り取調差上申候間、御改御請取可被下候、且昨日被仰越候戸籍帳之義は兼而先達而中より御案内之通大小切一条、其外村方と未夕告諭も不致誠ニ以繁用ニ付、何れニも暫時之間御延引可被下候、瞽女産神葬寺之義は何れニも近日之内取調差上申候間心得なと御承引可被下候、先は当用書而已如斯ニ御座候、尚々得御尊顔万々可申謝候、恐々頓首

五月十一日

以上

取急キニ付乱筆御用捨可被下候

戸長
上野村
太田正右衛門様
玉机下当用外

大塚村
小林重太郎

（太田家文書、「瞽女戸籍など之義連絡書簡」）

明治七年（一八七四）か、七月八日、現山梨県甲府市。瞽女の引渡

八代郡第一区
窪中嶋村

農　亡仁助娘
瞽女
古屋
るい
右引渡可申事
七月八日
横近習町
役人

（「瞽女引渡」大木家文書）

明治七年（一八七四）か、八月三日、現山梨県南アルプス市上野・市川三郷町大塚。上野村・大塚村、「瞽女本籍之義ニ付連絡書簡」

尚々
以幸便一筆啓上仕候、秋冷之砌り御座候処、弥以御家内中様方珍重ニ不斜奉存候、然は瞽女之義先達而参堂之節御咄し申上置候通、私共村方本籍ニ仕候ては近習丁之処除籍致し候様致し候上ニ而致し度心得ニ而、近習丁名主殿方江掛合及差遣し候処、瞽女仲間之者差遣し被下其節差上可申旨返書ニ付無拠瞽女之両家共呼出申付、両人先達而中より近習丁より附送りニ而、未タ戻り不申候間、無拠手違候段相成候間此段乍恐御承引可[被脱カ]下、然る上は瞽女戻り次第任其義猶書送り差上申候間、何分よろしく御承引之程奉願上候諸余は□[於カ]郷宿万々可申謝候

八月三日認
恐々頓首
封
上野村戸長 太田正右衛門様
戸籍用
玉机下当用外
大塚村 小林重太郎 拝呈

（太田家文書、「瞽女本籍之義ニ付連絡書簡」）

明治七年（一八七四）十一月二十二日、現静岡県三島市。三島宿、瞽女廃止の議案　→明治八年（一八七五）三月

第十一号　議　案　第四大区七小区
旧染ノ陋習ヲ破リ開化ヲ勧誘スル事
第三　瞽女隊ヲ成シ各戸ニ銭ヲ乞フヲ廃ス可キノ議夫レ盲者ハ廃疾ノ一ニシテ、最モ憐ム可キ者ト雖モ、瞽女ノ如キ世ノ風習自ラ一種ノ隊ヲ成シ、各戸ニ銭穀ノ施物ヲ乞ヒ以テ生活ス、所謂乞丐ト名異ニシテ其実同シ、且甚キニ至リテハ真ノ廃疾ニ非スシテ、片眼失明ノ者モ強テ彼等ヨリ仲間ニ誘入シ、尋常人間ノ活計ヲ成シ得ルモ枉テ乞丐ノ所業ニ陥ラシム、其事情或ハ貧窶止ムヲ得サルニ出ルアリト雖モ、父兄親戚タルモノ豈是ヲ成サシムルニ忍ンヤ、聞ク欧米文明国ニハ盲唖ノ院ヲ設ケ、之ヲ養フノミナラス、又能ク之ヲ教育スル方法アリト、今ヤ我カ邦開化日浅クシテ、盲院ノ如キハ為ス難シト雖モ、即今

速ニ瞽女ノ隊ヲ廃シ、不残本籍エ差戻シ、其家其村ニ就テ生計
扶助ノ方法ヲ定ムヘシ、決シテ人ノ門戸ニ立チ米銭ヲ乞ワシム
ル勿レ、

明治七年十一月廿二日

代議人
田中鳥雄
小川宗助 ㊞
仁田大八郎 ㊞

「（付箋）瞽女ノ本籍ヲ三島宿エ可問事
瞽女三島エ置由来ハ如何不問シテ可ナランカ」
「（付箋）瞽女本籍エ復シ生計扶助ノ方法如何」
「（付箋）□□（本案カ）ノ趣当ヲ得ルニ似タリ
瞽女本籍エ復シ生計扶（助欠カ）ノ方法、尚巨細取調本月三十一日迄ニ可申立、尤瞽女
三島宿へ差置、由来并人員等ハ当庁ニおゐて取調候積事」

（『静岡県史』資料編、第一六巻、四九六～四九七頁）

明治七年（一八七四）十一月二十二日、現静岡県。連合大区会議、三島瞽女の巡行を廃し、原籍へ編入する方法に関する議案

第二十四号

記

「（付箋）可　二十区
不可　一区」

一、瞽女巡行ヲ廃シ原籍エ編入スル法
戸数十二　君沢郡三島駅之内　借地　借家　居住

此人員女五拾四名
此徒各村ヲ巡行シ、家別合力ヲ受、生活ヲナス、其巡行村柄ニ
寄、東西往返ノ途、数回ノ休泊皆邑費ニ課ス尠シトセス、且此
盲婦ハ大略隣里邑民ノ子弟ト承候、将父兄貧ニシテ幼稚ノ廃疾
育シカタク、此徒等ニ委托スルノ由、呼乎其父兄ヲシテ無産乞
食ノ徒ニ陥ラシム歎クヘシ、憫ムヘク存候、爰ニ一時全国ノ扶
助金穀ヲ募、是ヲ分与シ、其原籍ニ復サシメハ、往々村費ヲ除
預テ盲女ハ父兄ニ謀リ、相当ノ業ヲ成スニ至ラハ又幸甚ト存
候、右ハ鎖細ノ鄙見施行ノ可否、及扶与金員并課出ノ方法ハ宜
敷公議ヲ仰候也
「（付箋）業及扶助ノ前ニ合」

明治七年第十一月廿二日

第四大区八小区　副区長
大道寺吉哉㊞

幹事
御中

（『静岡県史』資料編、第一六巻、五〇五～五〇六頁）

明治七年（一八七四）か、現山梨県甲府市。瞽女の引取に関する願案（改行原文通り）

瞽女之儀ニ付願
山梨郡第三区第壱番組合
横近習町雨宮音七借家

元紺屋町〇〇宇兵衛娘
当時生家退転
喜よ美
当四十六歳
~~横近習町瞽女~~
~~前書之者私何々之縁合有之~~
三十六ケ年天保十年戌年
何年
増千代
前書之者何年以前横近習町瞽女俰と申者へ
附籍相成候処
~~出遣候処~~今般身寄江御引渡之処、生家〇〇
従妹之
宇兵衛退転ニ付、私~~妻跡何々~~之縁故を以
引取養育仕度、此段奉願候、以上
山梨郡第三区第三番組合
上一条町
水上喜七
前書之通相違無御座候、以上
右戸長――――
山梨郡第三区一番組合
戸長――――
長官宛
（「瞽女之儀ニ付願」大木家文書）

明治八年（一八七五）正月二十九日、現静岡県三島市。三島瞽女仲間に関する調査

御糺ニ付奉申上候
一、瞽女差置候由来
一、目今人員
一、右人員本籍
右巨細取調可申立旨被仰付候
此段当宿方瞽女取調候処、右ハ旧来ヨリ五派有之候処、去ル元和年中三島宿二日町居住きの卜申者有之、右五派ノ中ノ一派ニテ当国内ノ盲女追々茲ニ弟子入致シ候ヨリ、積年三島宿ニ瞽女住居致シ来候義ニ御座候、尤由緒書処持ニ付写奉差上候、且目今人員并本籍年齢ハ別紙之通ニ御座候
右御尋ニ付申上候通相違無御座候、已上
明治八年一月廿九日
御管下三島宿
副戸長
三浦丈八郎 ㊞
佐藤善蔵 ㊞
足柄県令　柏木忠俊殿
（『足柄県議案答書』）

明治八年（一八七五）正月、現静岡県三島市。足柄県伊豆三島市、小区代議員の答議案

第十一号
廿四号答議
一、瞽女原籍江編入スル法

右者社寺明屋ヲ除ク之外、一戸ニ付金壱銭宛ヲ募、管内凡六万軒余、此金額凡金六百円余ト見積、五十余人者原籍江為帰籍扶助且復帰致候上、又親戚ニ而扶助、親戚無之類ハ村落限扶助方法可相立、尤瞽女於モ成丈業可致追々扶助不受様心掛タキ事、右者従前之賦額ニ併セ警保ヲ充備スル費用、学校資本之備并ビニ瞽女原籍エ編入扶助ニ充当候哉否哉ハ弁知不仕候得共、御下問之見込上申候迄ニ御座候、以上

第四大区四小区
君澤郡
副戸長　渡辺兵左衛門 ㊞
同　土屋伊八郎 ㊞

明治八年一月

足柄県令　柏木忠俊殿

（『足柄県議案答書』）

明治八年（一八七五）二月二十三日、現静岡県三島市。足柄県伊豆、三島瞽女に関する第四大区八小区代議員の答議案

第十一号第廿四号答議　第四大区小八区

一、瞽女五十四名
此扶助金八百十円、但壱人ニ付金十五円
但本籍ニ復スルノ際今度限全国中ヨリ扶与スヘシ割合課出ハ、半高半口ノ見込

一、瞽女本籍ニ復帰致候上ハ最寄外科医江依頼シ操療或ハ当人将来ヲ見定メ、戸長副戸長ニ於而注意シ、産科、按腹ヲ習スヘシ、右修行中単物壱枚袷壱枚、一日米二合五勺村費ニ課ス、修行年間ハ二ヶ年或ハ三ヶ年トス

一、瞽女帰籍致父兄ハ勿論其処ニ於而扶助方法可相立ハ、当然ニ候得共父兄ハ素ヨリ貧窮且村方ニ於而モ各種課出も有之、傍奉恐入候得共相叶候義ニ御座候ハヽ、済貧之御趣意ヲ以廿才已以下之ものハ満廿才迄六拾才以上之ものハ五ヶ年之間、一日米弐合五勺宛特別之仁恤ヲ以政府より御扶助被成下置候ハヽ、難有仕合奉存候已上

明治八年二月廿三日

右　副戸　大道寺吉哉

足柄県令　柏木忠俊殿

［付箋］「明治七年百六十二号御達恤救規則ニ依テ官ヨリモ恤救スヘキ事」

（『足柄県議案答書』）

明治八年（一八七五）二月、現静岡県三島市。足柄県伊豆

一、瞽女原籍ニ復スル論
盲瞽ノ不具タルヤ五色ヲ弁スル事能ハス、生涯不幸憫愍之極ナリ、能ク之ヲ養ハスンハ殆ント害アリ、渾沌七窮ヲ牢シテ死ス、亦養ナフニ法アリ、慎マスンハ不可有、従来瞽女ノ職タル自ラ芸技ヲ鬻ト雖共、千門万戸ヲ剝啄スルニ於テハ何ソ乞丐ニ関ラズ、晨ニ盲者ノ配当ヲ厳禁シタル所瞽女歴然とシテ未タ存タリ、今ニ於テ里正ニ相ヲ乞ヒ、又行李ヲ逓送スルニ至ル、□

今開化ノ際彼ヲ愛シ此ヲ憎ムノ理ナシ、盲男・瞽女ノ国費ヲ廃スルハ固ヨリ論ナシ、路傍に乞丐ノ有ルハ区戸長ノ責ナリ、須臾モ忽ニスヘカラス、是レ瞽女之廃失タルヤ即チ父兄ノ奇数ナリ、誰ヲ怨ムル所アランヤ、終身顧ミスンハ不可有、尤モ所生之貧富ニ依リ一村限リニテ育法ヲ立ヘシ、然シ而シテ按摩トナリ導引トナリ、或ハ三絃教師トナリ各其長スル所ニ随ツテ生活ヲ得ヘシ

右之通奉申上候也

第四大区五小区
副戸長
深井善蔵 ㊞

明治八年第二月

（『足柄県議案答書』）

明治八年（一八七五）二月、現富山県射水市小杉。瞽女「くむ」殺害事件（『旧新川県誌稿』、「政治部」）

○明治八年二月新川郡東岩瀬町平民□□□□□長男盲人□□□□□□人ヲ較殺スル科ヲ以テ斬ニ処ス其罪案左ノ如シ

越中国新川郡東岩瀬町
平民□□□□□□□□亡
長男盲目
□□□
二十八年七月

（被殺人鳥取文右ェ門妹クム）疵所左鬢（長サ四寸七分深サ二分五厘）左頬（長サ二寸三分深サ口中ヘトフリ）項（長サ二寸五分深サ二寸）外二浅疵四ケ所

一、明治四年四月旧金沢藩ニ於テ窃〔窃〕盗ノ科ニ依リ禁獄五十日ニ処セラル

一、自分儀明治七年五月下旬ヨリ射水郡小杉新町ニテ按摩稼致シ居、七月下旬ヨリ同所鳥取文右ェ門妹盲目クム方ヘ三味〔線脱カ〕練習ニ相越シ、風ト奸通致シ、爾後屢密会ニ及ヒ、互ニ恋情切ナルヲ以テ堅ク夫婦ノ約束ヲ成シ、其証トシテ髪毛少々切取リ、クムヨリ差出度ニ付取受置候、然ル処三味線稽古騒々敷旨近隣ノ者申開ケ候趣ニテ、九月一日ヨリ同所傳右ェ門宅ニテ稽古致シ、其節ヨリクム兼テ懇意ノ幸斎後家方ヲ借リ受ケ、妻ト呼ヒ夫ト称ヘラレ夫婦ノ如ク相暮シ、勿論米味噌雑貨ニ至ル迄自分取賄且クム母ミナモ度々参リ、倶々食事致シ行タル事モ有之候故、同人ニ於テモ異存無之、行末添ヘ遂ケラレ候儀ト互ニ愉シミ居候処、豈図ランヤ二十三日ミナ相越シ俄ニクムヲ連戻リ、且自分所持ノ綿入等迄持行其後外出致サセス大ニ失望ノ処、二十八日夕刻途中ニテクムニ行合候間幸斎方ヘ同道可致ト存シ候処、用意ニ托シ肯シ不申、右ハ曽テ同人ヨリ金子借受候ミナ聞込斯ツレナク致シ候儀可有之候得共、クム迄変心致シ候哉ト疑念難黙止、此上ハ彼等ノ心底聞糾シ弥ヨ変心ニ極リ候ハヽ、クムノ髪毛ヲ切取リ憤怒ヲ表セント二十九日夜旅宿ヨリ窃ニ出、刃庖丁ヲ懐中シ文右ェ門宅ヘ相越シ候処、ミナ・クム両人ノミニテ彼是雑談ノ

末クムヲ妻ニ貰受度旨ミナ申入候処納得不致、且借金ノ返済ヲ促シ候間クム衣類買求メ候節自分ヨリ金子五十銭余差出置、其他衣類等モ買入差遣候分有之候ニ付、夫ニ於テハ不関係旨申開ケ返金ヲ求ル甚急ナルノミナラス可立帰旨頻ニ申開ケ、クム儀モ体ヲ背向ケ候体ニ付、弥変心ト存シ庖丁ヲ取出シクムへ取付キ、午后十一時頃出ル処ミナニ支へラレ候ニ依リ手元狂ヒ、図ラスニ三ヶ所クムへ疵負ハセ候体ニ付斯相成候上ハ寧ロ殺害スヘクト存シ候ニ付、襟頭ト思フ処ヲ突立候末庖丁ミナニモギ取ラレ候ニ付、脱ケ出テ直ニ同所区会所へ許出候処、此度御吟味ニテクム右疵ニテ三十日午前第五時頃相果候段承知仕候事、

右ノ通相違不申上候、以上

（『旧新川県誌稿・海内果関係文書』二五〜二六頁）

明治八年（一八七五）三月二日、現静岡県三島市。足柄県伊豆、三島瞽女に関する第四大区二小区代議員答議案への答書

客年十一月廿二日会議之議案エ
御指令エ答書

第十一号

第廿四号

右議案瞽女本籍エ復シ生計扶助之方法、尚巨細取調可申立旨御達之趣奉相承候、区内協議仕候処、当区内之儀□総計五百八拾七戸、現在一戸ニ付金壱銭宛為救助ノ可差出旨評決相成候間、此段御届奉申上候、以上

明治八年　第三月二日

第四大区二小副区長
柴　原　典　作　㊞
田辺幸左衛門　㊞

足柄県令柏木忠俊殿

（『足柄県議案答書』）

明治八年（一八七五）三月十九日、現埼玉県。免許鑑札の交付

十九日

遊戯ヲ以テ渡世トスル者ニ自今免許鑑札交付スルヲ布令シ、其申請ノ書式ヲ示シ四月十五日ヲ期シ毎区総括シテ庶務課ニ致サシム第二十八号

聞ク従来免許鑑札携帯セザルヨリシテ、或ハ他管ニ出デ業ヲ営ムトキ「ムグリ」ト唱ヘ拒ムモノアルト、憫然ナルヲ以テニ因ル

芸人種類

小歌并浄瑠理唄ヒノ類　笛・尺八吹キノ類

鼓・太鼓打チノ類　琴・三味線・琵琶弾キノ類

舞・手踊并振付ケ・衣裳付ケ・俳優ノ類

軍書読ミ・伽話シ・祭文読ミノ類

声色遣ヒ・手品遣ヒ・人形遣ヒ・影絵写シ・角力取・

軽業・砂絵・瞽女・覗キ目鏡ノ類

詩歌・連俳・挿花・茶ノ湯等ノ宗匠、其外囲碁・将棋・能
狂言師ノ類

（『埼玉県史料叢書』第四巻、一八三頁）

明治八年（一八七五）三月、現静岡県三島市。瞽女扶助のための税金案 →明治七年（一八七四）十二月二十二日

客年十一月廿二日会議議案之内第十一号第廿四号答議

瞽女原籍江編入スル法

右ハ
□維新以後盲人之旧習御癈相成候ニ付、瞽女共屯集仕候儀モ有之間敷、然ル上は現今聊之人員ニ付全国一戸ニ付金壱銭宛扶助致編入為致候様仕度、其他者親戚并居村ニテ扶助仕様仕度奉存候

右御下問ノ見込上申候迄ニ御座候、以上

第五大区小七区
明治八年三月
福区長 藤井平兵衛 ㊞
同 斎藤元右衛門 ㊞
同 臼井伝八 ㊞
同 鈴木清吉 ㊞

足柄県令　柏木忠俊殿

（『足柄県議案答書』）

明治八年（一八七五）五月三日、現東京都。「盲人」の賦金免除

東京府録事　第三十弐号

音曲諸芸師賦金上納申付候旨、本年一月相達置候処、盲人ニテ自宅ニ子弟ヲ集メ音曲授業之分、賦金免除候間、此旨相達候事。但、諸寄席へ出稼之者ハ此限ニ非ズ。

明治八年五月三日　東京府知事　大久保一翁

（『明治の演芸』第一巻、三九～四〇頁）

明治八年（一八七五）六月十七日、現東京都世田谷区。武蔵国荏原郡太子堂村他、「盲人」が納めた税金返納か

諸芸師之内盲人ニ而自宅□ヨリ賦金御免除相成候儀ニ付、是迄□盲人之分御下戻シ之義御書出ニ付、□岡本殿江早々御差出可被成、此段御達およひ候

六月十七日　区長

右御達相廻し候間至急御写取順達有之度留りより御返却有之度候也

六小区扱処

太子堂村・三宿村・池沢村・下馬引沢村・下北沢村

（『武蔵国荏原郡太子堂村、御用留、明治八・九・十年、明治七年補遺』七頁［二四号］）

明治八年（一八七五）七月、現埼玉県。「盲人」以外の芸人稼業に課税

明治八年

七月　日欠

遊芸ヲ以テ生業ト為ス者ニ始メテ賦金ヲ徴課ス

曩キニ遊戯ヲ以テ生活スル者ニ免許鑑札ヲ請ハシメシニ、頃ロ遊芸ヲ請願スル者尠カラズ、随テ風ヲ紊シ俗ヲ傷ルコト甚キヲ以テ漸次該業ヲ廃絶シ、方今文物更張ノ　朝旨ヲ奉体シ、以テ少壮ハ専ラ文学ニ就カシメ、而シテ懦夫モ良業ニ服事セシメンガ為メ、権リニ賦金ノ法ヲ設ケ内務省ニ稟申シ認可ヲ得テ施行ス

［内務省ニ稟申文］

管内市農老壮トナク遊芸ヲ以致渡世候者不少候処、目今文物御更張育英之道厚キ御世話モ有之候折柄、右等遊戯懶惰ニ先導タル者有之候テハ御主意ニ悖リ候ニ付漸次廃絶、少壮ハ専ハラ講学ニ従事、懦夫モ追々良業ニ服従セシメ度別紙第二十八号之通リ県内へ布達候処、強壮ノ者共奇貨トシ鑑札附与之義願出候得共、随意差許候義ハ従来牧民ノ法ニ不相適事ニ付、遊芸廃棄本業服事候様反覆説諭差加へ、廃疾不具ノ者ヲ除クノ外一旦差出候書面下戻シ、尚別紙第六十号之通致再達候処、大概遊芸廃業稼(穡カ)穯黽勉之筈決情申出候得共、中ニハ賦金ヲ甘シ遊戯渡世相営度旨申出候族有之候ニ付、是等ニ限リ全ク令納賦、良民鼓舞奨励之為、其賦金ハ則チ多少ニ不限学費ノ補闕ニ供給致度不苦義ニ候哉、此段相伺候也　明治八年七月八日　内務卿大久保利通殿

権令白根多助代理埼玉県権参事岸良俊介

［指令］

書面伺之通取計不苦候事　明治八年七月廿八日

［達原文 第二十八号］

遊戯ヲ以渡世トスル別紙種類ノ芸人共、従来免許鑑札所持無之故、或ハ他管轄へ出稼ノ節、其先ニ於テムグリト唱へ営業差拒候者有之由相聞可憫諒事ニ候、自今右等ノ故障無之タメ、各其業ニ付第一号雛形之通鑑札可相渡候条、住所・姓名・年齢等詳細取調、第二号書式ノ通願書相認、来ル四月十五日迄区限リ取纏メ県庁庶務課へ可差出、此旨相達候事

［達原文 第六十号］

遊芸渡世之者へ免許鑑札可相渡ニ付、住居・姓名・年齢等詳細取調可申出旨第廿八号ヲ以相達候、以来各区村ヨリ右鑑札下渡シ方老壮男女陸続願出候処、瞽女ノ如キハ格別、男女共壮健ノ身ヲ以終身遊芸ヲ売リ活業相立候義ハ不本意ニ可有之候付、先達テ名前取調差出候者共老年之者ハ格別、其余瞽女ヲ除ノ外正副区戸長ニ於テハ篤ト説諭ヲ加へ、可成丈本業ニ従事セシメ候様可取計、尤老壮ヲ言ハズ

是非其遊芸ヲ以生涯相営度旨申出候者ニ限リ、別紙割合之通賦金差出候儀納得セシメ更ニ書面可差出、其上兼テ相達置候雛形之通鑑札可相渡候、此旨相達候事

賦金割合

一、俳優　一人ニ付月ニ金壱円

一、音曲芸師　一人ニ付月ニ金壱円五拾銭

但、小歌・浄瑠理(璃)・笛・尺八・鼓・太鼓・琴・三絃・琵琶・舞・手踊・能狂言師等之類

一、寄セ席其外出稼之者　一人ニ付月ニ金壱円

但、軍書読・祭文読・伽話シ・声色遣・人形遣・手品遣・

影絵写・相撲取等之類

一、盛リ場出稼之者　一人ニ付月ニ金五拾銭

但、軽業・砂絵・覗キ目鏡之類

右割合之通鑑札相渡候上ハ、一区限リ集金之末月々廿五日雑税掛へ可相納候事

但、盲人其佗廃疾不具ニシテ本業ニ難従事者へハ鑑札相渡スト雖トモ、賦金上納ニ不及義ト可相心得事

（『埼玉県史料叢書』第二巻、一九五～一九七頁）

明治八年（一八七五）九月七日、現埼玉県。遊芸稼業規制

○遊芸渡世ノ者鑑札ヲ請ハズ私ニ営業スルヲ厳禁シ、且露顕スルニ於テハ定則ノ賦金ヲ本年五月分ヨリ上納セシム甲第二十四号

（『埼玉県史料叢書』第四巻、一八九～一九〇頁）

明治八年（一八七五）九月十三日、現高知県。「（達）亥第二百八十四号」、救済の願書の作成

左ノ通ニ候条其心得可ㇾ有、此旨相達候事。

明治八年九月十三日　高知県権令岩崎長武

窮民恤救願出候節取調麁漏ノ向モ有ㇾ之、尤モ不都合ノ次第ニ候。今後得ト注意左ノ条件ニ照準取調、本願へ左ノ雛形ノ通明細書相添可差出候事。

［略］

第五条　本人ノ外余ノ家人アラハ、左ノ雛形ニ記載スル本人名前ノ左傍ニ委詳書記スヘシ。

其府県下何大区何小区、某国某郡某村町農、或ハ誰亡長男女歟、工又ハ元何藩士族亡某父母・兄弟・姉妹ノ類、商当時ニテ平民歟其外厄介歟。

一、癈疾　　誰

何歳

但生来篤癈疾ニテ其名称及年月、且親戚或ハ市村内隣保等ノ情誼ヨリ助力ヲ受ケシ処、右不行届ノ次第、又ハ譬ヘハ跛・躄・盲目ノ類ニテ手業ヲ以テ生計営ミ来リシカ終ニナス能ハス、去リ迚他ニ保養スヘキ者無之云々等、其事実詳

悉記載スヘシ。
何年何月ヨリ何之タメ同断事故同断
　肩書右ニ傚フ
（『高知県史』近代史料編、一六八頁）

明治九年（一八七六）、現静岡県沼津市三枚橋。「静岡県第一大区七小区駿東郡沼津駅三枚橋町郷社日枝神社氏子帳」、三枚橋の瞽女の書上

○○番地瞽女　□□きく　家族六人女
○○番地瞽女　□□ミき
○○番地瞽女　□□とめ
○○番地瞽目　□□とね　家族弐人女
○○番地瞽女　□□らく　家族二人女
○○番地瞽女　□□ひさ
○○番地瞽女　□□とき　家族一人女
○○番地瞽女　□□みす　家族三人女
○○番地瞽女　□□てう　家族一人女
○○番地瞽女　□□かく　家族三人女
○○番地瞽女　□□はま
○○番地平民　□□長五郎　家族盲目四人女
○○番地瞽女　□□うた　家族二人女盲目
○○番地瞽女　□□つな　家族二人女盲目
○○番地瞽女　□□さく　家族二人女盲目
○○番地瞽女　□□きよ　家族三人女盲目
○○番地瞽女　□□はつ　家族二人女盲目
（大島建彦「沼津の瞽女」五〇頁）

明治十年（一八七七）刊、現新潟県長岡市。毎年正月十一日の瞽女の活動　↓昭和六年（一九三一）

今日［一月十一日］盲女《ごぜ》の年始とて、数人集りて表町・裏町辺を廻りて「数の宝をつみかアさね、しよんがいなア〳〵」といふて銭を乞ふ。神田町へは廻らず。
　三味せんはもまたねどごぜの年始とて、あいの手と手を引つれてゆく
（『越後長岡年中行事懐旧歳記』五〇頁）

明治十一年（一八七八）八月、現岐阜県飛騨市古川町、五カ村からの盲人救済の願書

該飛騨国盲人之儀ハ、旧幕中ハ座頭・瞽女之名義ニ而、該高山町へ罷出、師弟結約入籍之上、音曲歌致シ春秋両度全国相巡リ、毎戸ニ立寄、適志金穀之資助ヲ乞ヒ、休泊等不都合無レ之顧盲ヲ請、其他按摩稼等ニ而糊口致シ来旧習ニ候
（加藤康昭「盲人の生活と民衆文化」三一八頁。同『日本盲人社会史研究』三九〇頁）

明治十二年（一八七九）十一月三十日、現千葉県我孫子市。下

総国相馬郡布佐村の戸籍

○印ハ昭和十三年、布佐ニ子孫現住セザルモノ

［略］

明治十二年十一月三十日移住五十番地、ゴゼ、鈴木きん○

（安斉秀夫「旧布佐海岸の家並と生活」一四四頁、一五〇頁）

明治十三年（一八八〇）四月刊。東京、京橋銀座四、山中喜太郎他三書肆合梓、柳水亭種清著『開花新題咄表詩話』初編（二十五丁、原漢文）

――越後瞽女――

近来瞽女目明多シ、節ハ変ル心中口説歌、草暖ニシテ三絃《サミセン》ヲ枕ト為《ス》ル所、潜カニ言フ杖ハ転ブノ邪魔ト作《ナ》ル

（西沢爽『日本近代歌謡史』第一巻、二五九～二六〇頁）

明治十四年（一八八一）八月三日付、八日付、十三日付、現静岡県沼津市。瞽女「菊野」（『沼津新聞』の「雑報」）

○夜《よる》ハなほ苔《こけ》の袂《たもと》に露《つゆ》ぞおく浮世《うきよ》の夢《ゆめ》の覚《さめ》ぬ歎《なげ》きにト当所《こゝ》にも露《つゆ》の菊野《きくの》（山中菊野《やまなかきくの》一四十）とて同し露《つゆ》けき玉《たま》の緒《お》を繋《つな》ぐも辛《から》き糸竹《いとたけ》の越後《えちご》蒲原《かんばら》郡《ごほり》柏崎《かしはざき》在《ざ》アイーのと炊煙《たつき》に唱《うたふ》憂節《うきふし》も生《むま》れ故郷《こきよう》は山梨県《やまなしけん》南都留郡《みなみつるごほり》初狩村《はつかりむら》の山中《やまなか》某の女《むすめ》にていつか都《みやこ》を迷《まよ》ひ出《い》でトいふ様《やう》な朝顔《あさがほ》づれの浪浮《うだて》きことに候ハず幼稚《おさな》き時《とき》より不幸《ふこう》にて盲目《めしい》なりせば泣《なく》〳〵も其両親《そのりようしん》に誘《いざなは》れ当三枚橋町《とうさんまいばしまち》字横《あざよこ》宿《じく》に知巳《しるべ》といふハ同国同村《どうこくどうそん》よりミセと云《いへ》る瞽女《ごせ》の爰《こゝ》に年久《としひさ》しく住《すみ》なせば之《これ》を便《たよつ》て弟子《でしこ》となせしハ抑菊野《そもきくの》の稍《やゝ》三ツ四ツの頃《ころ》なりしも生質《うまれざま》心敏《さと》く糸竹《いとたけ》の道《みち》も巧手《かうしや》なり殊《こと》に真宗《しんしゆう》を帰依《きゑ》し朝夕《ちようせき》共に仏参《ぶつさん》を心《こゝろ》にかけ法談《ほうだん》なども克《よ》く会得《ゑとく》し在《ざい》〳〵廻《まわ》る稼《かせ》ぎにも勉《つと》めて人《ひと》の道《みち》を説《とき》瞽女《ごぜ》と賤《いやし》む人とてもなく菊野《きくの》〳〵と愛《あい》を受《う》け折《おり》にハ古郷《ふるさと》の両親《りようしん》をも暑《あつ》さ寒《さむ》さに問訪《とひおとづ》れ養親《やしなひ》のミセを看護《みと》るなど目《め》のある婦女子《ふじよし》の不品行《ふみもち》して親《おや》の名迄《なまで》も穢《けが》しをるハ此瞽女《ごぜ》に対《たい》して愧《はづ》べきことぞかし夫《それ》ハ扠《さて》をき去《さ》る年の事《こと》とかや当本町貸《とうほんてうかし》席《ざしき》竹栄亭《ちくゑいてい》に二三日も流連《いつゞけ》せし蕩治郎《もの》の卒御勘定《いざごかんじよう》となりし時《とき》寒殻漢《かんからかん》の空財布《からさいふ》全く無銭遊興《むせんゆうきよう》とて既《すで》に其筋《そのすじ》へ届《とゞ》け出《いで》んと楼主《あるじ》の詰《なじり》に頭《かしら》を低《さ》げ其実《そのじつ》済《すま》ぬ訳《わけ》なれど斯《かく》〳〵当所《とうしよ》に知巳《しるべ》もあれば之に払《はらい》を依頼《たの》む迄暫時《までしばし》〳〵と只箇《ひたすら》の無心《むしん》に任《まか》せ聞《きく》がまに〳〵彼《か》の菊野《きくの》の許《もと》に通知《しらせ》ければ何様《どう》やら国《くに》の知《し》る人《ひと》と思《おも》ひありげに遇《たど》りつゝ竹栄亭《ちくゑいてい》につく杖《つへ》を下駄《げた》に透《とほ》して帳場《ちようば》へ上《あが》り主人《あるじ》と遊客《きやく》と三ツ鼻《はな》で話《はな》しを確《かく》と菊野《きくの》ハ点頭《うなづき》だん〴〵のお話《はなし》で夫では貴所《あなた》が九兵衛様《くへゑさま》カのうなつかしや同国《どうこく》の初狩村《はつかりむら》で一二と人も知《しり》たるお身分《みぶん》なり妾《わたし》の母《はゝ》ハ貴所《あなた》の乳母《うば》殊《こと》に僅少《わづか》の払《はらひ》のお依頼《たのみ》何《いづ》れにしても才角《さいかく》し少《すこ》しも早《はや》く御安心《ごあんしん》と暇《いとま》申もそこ〳〵に其場《そのば》を立《たつ》て我《わ》が家《や》へ戻《もど》り衣類《いるい》を質《ひち》に金《きん》三円稍《やうや》くやつと調《とゝのへ》て竹栄亭《ちくゑいてい》の主人《しゆじん》に逢《あひ》総勘定《そうかんじよう》の金十円其内金《そのうちきん》に三円手渡《てわた》し残《のこ》る七円引請《ひきうけ》なしよく〳〵九兵衛《くへ》に諫《いさめ》を加《くわ》へ爰《こゝ》に長居《ながい》ハ御無用《こむやう》と倶《とも》に此《こ》の家《や》を連立《つれだち》て我家《わがや》へこそハ戻《もど》りけり（以下次号）

（『沼津新聞』第七号、三頁）

○菊野の噺し前号の続き
恪《かく》て菊野《きくの》ハ自宅《わがやど》の賤陋《いぶせき》さまを痛《いた》く謝《わ》び酒煖《さけあたゝめ》て九兵衛《くへゑ》に薦《すゝ》め坐《すゞろ》に古郷《こきやう》の懐敷《なつかしく》談話《はなし》に更《ふけ》て夫《それ》〴〵に眠《ねむり》に就《つき》し折《おり》こそと密《そつ》と寝息《ねいき》を窺《うかゞひ》寄《よ》る（ボーンと演劇《しばゐ》なら本鐘《ほんつりがね》と云幕《いふまく》で九兵衛と名《いふ》ハ真赤《まつか》な虚言《いつわり》本名《ほんみやう》何《なん》の某《なにがし》と云《いふ》思入《おもいれ》の狂言［ルビ不詳］だが）此奴《こやつ》は何《なん》でも同国同村《どうこくどうそん》の者《もの》にハあるべくも盲目《めしい》の悲《かな》しさ更《さら》に此奴《こやつ》を知《し》る由《よし》なく大胆《だいたん》にも有合《ありおふ》菊野《きくの》の衣類物品《いるいぶつぴん》熟睡《うまゐ》を幸《さいわ》ひ手当《てあた》り次第《しだい》まんまと掠奪《うばつ》て雲霞《くもかすみ》蹤蹟《ゆきがた》知《し》れずなりにけり神《かみ》ならぬ身《み》の夢《ゆめ》にだに斯《かゝ》る事とは白波《しらなみ》の荒《あれ》にし夜半《よは》の夫《それ》ぞとハ黒白《あやめ》も別《わか》ぬ手探《てさぐり》に昨夜《ゆうべ》の客《きやく》の何処《どこ》へやら問《と》へど荅弁《こたへ》もあらざれハ之《これ》ハと計《はか》り掻探《かいさぐ》り摸《さぐ》り廻《まわ》つて喫驚仰天《びつくりぎやうてん》衣類《いるゐ》物品《ぶつぴん》残《のこ》りなく扨《さて》ハ賊《ぞく》かと無念《むねん》の切歯《はがみ》悔《くい》て帰《かへ》らぬことながら竹栄亭《ちくゑいてい》の払《はら》ひ迄妾《までわれ》に負《おわ》せし其上《そのうへ》に更衣《きがへ》一枚《まい》なき程《ほど》に盗《ぬす》み匿《かく》れし人非人《にんぴにん》と思《おも》ハず声《こへ》の梁間《はりま》洩《も》る驚破何事《すわなにごと》と四隣《あたり》の人《ひと》々賊《ぞく》と聞《きく》より部分《てわけ》なし蹤蹟《ゆくへ》を摸《さが》し幇助《たす》くるも更《さら》に縁索《てがゝ》りあらざれば悔気《くやし》涙《なみだ》の遣《や》る方《かた》なく菊野《きくの》は屹《きつ》と思慮《しあん》を定《さだ》め若《も》しも当地《とつら》に横著《ふて〴〵》と匿《とくれ》忍《しの》ぶも得《ゑ》も知《し》れず右《と》にも左《かく》にも此由《このよし》を知《しら》せんものと逸速《いちはや》く竹栄亭《たけゑいてい》の主人《しゆじん》に面会《あい》涙《なみだ》ながらに恪《かく》〳〵と罠《わな》に懸《かゝ》りし事実《ことがら》を残《のこ》るくまなく物語《ものがた》れば主人《しゆじん》も共《とも》に眼《め》を酸《しばだゝ》き其心中《そのこゝろね》を憫然《ふびん》に思《おも》ひ残金《あときん》七円を帳消《てうけし》にして進《しん》ぜんと其俠気《そのおとこぢ》に菊野《きくの》の災難《さいなん》一伍一什《いちぶしゞう》を聞《き》くとなく自然《おのづ》と耳朶《みゝ》に染滲《しみわた》り一間《ひとま》を開《あけ》て立出《たちいづ》る抑《そ》も此人《このひと》は誰《たれ》やらん弁《そ》は次号《じごう》に分解《ときわく》るを聴《きゝ》ねかしカネ

（『沼津新聞』第八号、二頁）

○菊野《きくの》の噺《はな》し前号《ぜんがう》のつゞき
性《せい》は元《も》と善《ぜん》と宜《むべ》なる哉《かな》甚麼《いか》にも事《こと》の労敷《いたわし》さと感《かん》に容《いつ》たる慈善者《じぜんしや》は吉原駅《よしはらゑき》の安眠堂《あんみんどう》（望月精作《もちづきせいさく》）となん云《いへ》る人《ひと》にて菊野《きくの》に対《むかつ》て言《い》へるよう嘸《さぞ》かし都合《つごう》も悪《あし》かりなん金三円は拙者《せつしや》の寸志《すんし》と言《いわ》んと為《せ》しが イヤ 何之《なにこれ》は甚鳴呼《はなはだおこ》なれど典物品《しちいれしな》の差閊《つかへ》も有《あろ》うし唯《たゞ》〳〵お察《さつ》し申《まほ》す訳取換金《わけとりかへきん》におまへに貸《か》す ジヤ に因《よつ》て何時《いつ》でも都合《つがふ》の好《いゝ》ときに返《かへ》すとすれば遠慮《ゑんりよ》にも辞退《じたい》するにも及《およば》ぬと事《こと》を別《わけ》ての深切《しんせつ》に又《また》も喘来《せきく》る有《あり》がた涙《なみだ》辞《いな》む詞《こと》さへ中《なか》〳〵に押戴《おしいたゞき》て借用《しやくよう》し深《ふか》き恵《めぐみ》は弥陀仏《みだぶつ》の済《すく》ひ給《たま》へる賜《たまもの》と厚《あつ》くも謝《しや》して帰《かへ》りけり去《さ》る程《ほど》に過隙《くわげき》の駒《こま》の駐処《とめど》なく爰《こゝ》に今年《ことし》の去月下旬《すぐるつきすへつかた》の事《こと》にやある菊野《きくの》は兼《かね》て借用《しやくよう》の鈔《かね》の都合《つがう》も収獲時《できあさ》の稼《かせ》ぎ〳〵に漸次《だん〴〵》と括《つゞめ》て丁度利子《てうどりそく》まで思《おも》ひ廻《まわ》せば去歳《こぞ》の今日《けう》しも慈悲《ぢひ》が仇《あだ》なす身《み》の厄難《なんぎ》水《みづ》の藻屑《もくづ》と覚悟《かくご》にも養《やしなひ》親《おや》や亡父母《なきふぼ》に不幸《ふこう》の罪《つみ》の恐《おそ》ろしく心《こゝろ》乱《みだれ》て千思万考《とつおゐつ》愁歎《なげき》の中《なか》の歓喜《よろこび》は地獄《ぢごく》で弥陀《みだ》の想《おもひ》を為《な》し其《その》お両個《ふたり》の五恩《ごおん》をば今《いま》に報《ほう》ぜん術《すべ》もなき瞽女《み》の悲《かな》しさと喞《かこち》つゝ霎時《しばし》涙《なみだ》の露時雨《つゆしぐれ》鳴呼無益《あゝやくたい》な過《すぎ》にし悔言《くりこと》彼《あ》の安眠堂《あんみんどう》の旦那様《だんなさま》は此間《このあいだ》竹栄亭《ちくゑいてい》へ尋《たづね》た時間近《ときまぢか》にお出《いで》もあるとのことドン往《い》て来《こう》と仕度《したく》して竹栄亭を訪《おとな》へば折《おり》こそ好《よ》けれ今《いま》しがた噂《うはさ》を為《す》れば影《かげ》とやら此程《このほど》お尋《いで》た話《はな》しから鈔《かね》の都合《つがう》の辛苦迄和女《しんくまでおまへ》に聴《きい》た概略《あらまし》を旦那《だんな》に語《はな》して居《ゐ》た処《ところ》夫《それ》に旦那《だんな》も五繁忙昨夜《ごようおうゆうべ》お出《いで》て今日《けふ》は又熱海《あたみ》の方《はう》へ発途《おいで》るよし好時機《よいはりあい》と引接《ひきあは》すれば菊野《きくの》は其処《そこ》へ平伏《ひれふ》して無音《ぶさた》を侘《わび》つ感謝涙《ありがたなみだ》十方《とほう》に暮《くれ》て突詰《つきつめ》し覚悟《かくご》も夢《ゆめ》のお話《はなし》すら該時《そのとき》斯《かゝ》る五《ご》恩《おん》のお鈔《かね》と金三円に利足《りそく》を添《そ》へ両個《ふたり》の前《まい》へ差出《さしいだ》せば安眠堂《あんみんどう》も

感服《かんぷく》なし素《もと》より恵《めぐ》む胸《こゝろ》なれば取《と》るの取らぬと押問答主個《おしもんどうしゆじん》が此《こゝ》事立入《にたちいり》て安眠堂《あんみんどう》へ元鈔《もときん》だけ請取《うけとる》ように仲裁《ちうさい》なし末《すへ》憑敷《たのもしき》心底《こゝろね》を語《かた》り合《あふ》てぞ別《わか》れける浮世《うきよ》を廻《めぐ》る恩《おん》と義《ぎ》の人《ひと》の人《ひと》たる美談《びだん》にこそ

（畢）

（『沼津新聞』第九号、三頁）

明治十五年（一八八二）八月十日、現静岡県御殿場市。六日市場村、瞽女の宿泊

「（表紙）

明治拾五年八月十日

明治〔ママ、十欠カ〕五年前半年分

改正費

拾五年学校費割合簿

民　費

駿東郡六日市場村

戸長役場」

記

一、同〔金〕七拾五銭　ござ泊リ費

〔略〕

（『御殿場市史』第五巻、近代史料編一、四七二頁、四七四頁）

明治十五年（一八八二）十一月、現神奈川県横浜市港北区小机町。橘樹郡小机村、原橋春吉一家へ恤救米支給

同年〔明治十五年〕十一月同国〔武蔵〕橘樹郡小机村平民原橋春吉ナルモノ疝症ヲ患フル、数日又同人妻「ノブ」モ続テ眼疾ニ罹リ終ニ盲人トナレリ、然ルニ児三人アリ皆ナ幼ニシテ別ニ業ヲ営ム能ハス、一家殆ント凍餓セントスルヲ以テ、同村戸長ヨリ恤救米支給之儀ヲ出願セリ、依テ制規ニ基キ同月ヨリ男ハ一日米三合女ハ一日米弐合及児ハ壱ケ年米七斗ノ割ヲ以テ五十日分石代ヲ給与セリ

（『神奈川県史料』第二巻、政治部一、六九四頁）

明治十七年（一八八四）二月十五日、現新潟県上越市　→明治三十四年（一九〇一）正月

高田瞽女仲間規約書

今般瞽女一同商議之上約定スル所以ノモノハ是迄同業中ニ確然タル規約タル規約モ無之候。唯々従前ノ慣例ニ染ミ各自其業ヲ営ミ来ルト雖モ往々同業中ニ不正者有之、同職中ノ営業ヲ妨ケ其甚敷ニ至リテハ師弟ノ道ヲ忘却シ恩儀ヲモ顧リミサル醜声ヲ世上ニ流スモ、是迄確タル約定ナキヲ以テナリ。故ニ瞽女一同遺感〔ママ〕之余リ今回協議ヲ遂ケ不正ヲ矯正センカ為メ此之規約ヲ結ヒ、各自左ニ掲クル条々固ク遵守センコトヲ約ス

第壱条　各自営業先ニ於テ同業ノモノヲ誹謗シ、又ハ其他ノ事ヲ以テ人ノ営業ヲ妨クルモノ

第弐条　各自営業先ニ於テ人家ニ立寄リ、自ラ金銭或ハ穀物ヲ貰ヒ受ケント乞フモノ

第三条　同業中ノ名ヲ偽リ、金銭穀物ヲ貰ヒウケルモノ

第四条　同業中ニ弟子トナリ居ルモノ都合ニヨリ師匠ヲ換ヘントスルモノ有之ト雖モ元師ノ承諾ナキモノヲ引寄ルモノ
第五条　同業中ノ師匠ヲ取リ弟子トナルモノハ師匠ノ意ヲ背キ瞽女ノ道ヲ破ルモノ
第六条　同業中ニ在テ師匠トナリ弟子取ヲ為スモノハ、同業中ノ申合セ等談示セザルモノ
第七条　同業中集会ノ上取極メタル事ヲ違ヘ背スルモノ
右七ヶ条ニ違約スルモノ有之節ハ、同業一同協議之上其所為ノ軽重ニ因リ壱円ヨリ五円迄ノ違約金ヲ出サシムル事
第八条　壱ヶ年三会ト定メ一月二十九日、五月三日、八月二十九日、同業一同集会ヲ為之、此規約証ヲ読聞セ置ク事
第九条　同業中申合セノ上、頭取壱名又ハ二名ヲ撰挙シ諸事ノ取締ヲナサシムル事
第十条　同業中ニ在テ師トナリ、弟子取リ致シ置クモノハ、其ノ弟子ニ於テ該規約ニ違フトキハ、其咎メハ師匠ノ負フ可キモノトス
第十一条　同業中新タニ弟子ヲ求メント欲スルモノハ、別紙雛型ニ準シ年期証書ヲ取置ク事
第十二条　同業会ノ節ハ必ス出席致ス可シ、若シ出席致サズシテ後日ニ至リ異議申間敷事。但シ事故有之節ハ代人ニテモ苦シカラス
第十三条　同業中ニ弟子トナルモノ十ヶ年無末修業スモノハ師ノ許ヲ以テ弟子取勝手タル可キ事
第十四条　前条場合弟子取勝手タル可シト雖モ元師ノ意ニ背キ間敷事
第十五条　同業師匠ノ意ニ背キ師ヨリ暇アルカ又ハ自カラ不正ヲナシ師匠ノ家ヲ去ルトキハ、壱ヶ年壱円ノ割ヲ以テ養育料並ニ営業道具等師匠へ差出ス事
右十五条ハ同業中一同協議ノ上約定シ、後日互ニ異議申間敷為メ各署名捺印スルモノナリ
明治十七年二月十五日

（佐久間惇一『瞽女の民俗』二六七～二六八頁。「杉本キクイ氏所蔵・大橋アサ子氏提供」とあり。原本は現在上越市立総合博物館蔵）

明治十七年（一八八四）七月二十六日付、東京。ロンドンでの日本風俗博覧会のために瞽女を雇用

○日本風俗博覧会　長崎神戸の両港に久しく在留して日本の風俗を熟知《じゆくち》せる蘭人タナルカといふ者ハ先年中日本の女を迎《むか》へて妻《つま》となし、何か日本の風俗上の事を以て奇利《きり》を得んと工夫《くふう》を運《めぐ》らせしすえ、其髪《そのはつ》を蓄《たくは》へて頭《あたま》を野郎《やろう》に剃《そ》り丁髷《ちょんまげ》を結《ゆ》ふてタナルカのルの字を除《のぞ》きて田中と名乗《なの》り自ら日本人の如く扮《ふん》し、人力車夫、瞽女《こぜ》、按摩《あんま》、願人坊主等《ぐはんにんぼうずとう》賤業の者数名を雇入れ、其《その》見苦《みくる》しき風俗のまゝ自ら率《ひき》ゐて英国に渡り、昼は一同を二三輌の馬車に乗せ分《わか》らぬ歌《うた》を謡《うた》ハせながら大鼓を打囃《うちはや》して繁昌なる市街を乗廻《のりま》ハし、其評判を取り、夜ハ種々訳《わけ》の分らぬ日本風の

芸尽《けいつく》しを演《ゑん》せしめしに奇を好むは世の人情なれば、市街一般大評判となり、何所に於ても大当《をほあた》りを取り、意外の大金を得にければ田中は得たりと同志数名と謀《はか》り、一の会社を組立て、日本風俗博覧会と号し、日本にて各種の賤業を営《いとな》む下等人民百名程を雇入れ、其見るに堪へられぬ風俗等を其まゝ見世物《みせもの》にせんと企《くはだ》て、其会場を倫敦在の某村に設くることに決せしかば、右見世物に適《てき》すべき日本のがらくた人物を仕入れの為め右会計員か近々日本へ向け出発する由なるが、誠に苦々《にがく》しき次第なりと在英国の社友某より通信の端《はし》に記せり

(『郵便報知新聞』第三四一八号、二頁)

明治二十三年(一八九〇)、現新潟県。瞽女の風俗　↓明治二十八年(一八九五)

◎古来坐頭瞽女制度《こらいざとうごぜせいど》の筥　[略]　又盲目の女子《によし》師に就き瞽女《ごぜ》入《いり》と云を成せるより公私に名称す、年功《ねんこう》と謹直《きんちよく》を以て仲間《なかま》の尊称言語《そんせうげんぎよ》にあり、所々に瞽女頭《ごぜかしら》と云ありて之れを支配す、瞽女掟《おきて》とて最と厳密《げんみつ》なるものあり、毎春秋《まいしゆんじう》瞽女頭の方へ会し優惰《いうだ》を沙汰《さた》し掟に照《てら》して賞罰《せうばつ》を行《おこな》ふ、三味線を芸具とす以前は鼓《つゞみ》を用えたりしといふ。

(『温故の栞』上巻、三五〇~三五一頁)

明治二十四年(一八九一)八月、現長野県飯田市。飯田瞽女仲間から知久仙右衛門への文書

一札之事

去ル天明五巳年貴家様より我等仲間へ愛宕坂東ニテ田地小作米九俵之所御助力被下、御蔭ヲ以テ渡世罷在、其後屋敷地ニ差閊江只今ノ羽根垣外ト換地致シ、是迄住居仕候、然ルニ明治之改租以後ハ壱人ノ名義ニ致シ有之ヲ不都合之事ニ存シ、昨廿三年十一月中私共談事之上仲間六組江割符シ、登記済之所有仕候、右之節は貴家様江モ御相談可仕ヲ其儀ナク御沙汰ヲ受ケ、此段謝上候、就テ以後該地所ヲ他人へ売渡ス事ヲ禁セラレ、及六組之内若其相続人亡失等之節は、以前之こん・とよ之相続ノ者ニテ世話致シ居リ、追テ相続出来之節其者へ可相渡様、右等御談事ニ被及此段納得奉畏候、依テ為後年地所割符ニ係ル書類写相添、連署一札差上置候処如件

明治廿四年八月

下伊那郡上飯田村三百弐拾番地
福本さ　よ ㊞

同郡同村三百拾九番地
伊藤か　よ ㊞

同郡同村三百拾八番地
本多志　満 [印欠]

同郡同村三百拾六番地
加藤か　よ ㊞

同郡同村三百拾七番地
小島ひさの ㊞

三百拾五番地
小平しゅん ㊞

同郡大島村古町
知久仙右衛門殿

（『飯田瞽女（ごぜ）資料（「原本ハ知久仙右衛門文書」）』。三好一成「飯田瞽女仲間の生活誌」二四七頁、原田島村「古町の元酒屋瞽女を救う」三八頁も参照）

明治二十四年（一八九一）九月十五日、現新潟県長岡市。長岡の瞽女頭「ごい」の由緒

◎長岡の瞽女頭《ごぜがしら》おごいが由来《ゆらい》の答　ごい女は長岡城主牧野《ながをかじやうしゆまきの》家《け》に因故《いんこ》あり、生来盲目《まうもく》なりしを以て宰臣山本家《さいしんやまもとけ》へ親知ずの養女《やうぢよ》に遣《つか》はさる成長《せいでう》して、元禄のする柳原町へ分家《ぶんけ》す由緒《ゆいしよ》を愛《めで》て、享保十己［巳］年より古志・三島・刈羽・魚沼・頸城の五郡内牧野家本領《ほんれう》は勿論預《もちろんあつか》り所村々の瞽女頭《ごぜがしめ》［ママ］となし、通称を山本ごいと定め、多数《たすう》なる瞽女の内聊かも目見《めみ》えずして品行端正《ひんかうたんせい》同仲間《どうなかま》の亀鑑《きかん》となるべき老齢《らうれい》なるを撰《ゑら》み寺社奉行《じしやぶぎやう》の許可を得呼《こ》称《せう》を「カサマ」と名け、ごいが家事《かじ》を支配《しはい》させしめ仲間の規約《きやく》に違《たが》ふ者を罰《ばつ》し勝《すぐ》れるを誉《ほめ》、ごい死去《しきよ》すれバ代りて其家督《かとく》を相続《さうぞく》し、通称《つうせう》に位する事と定めらる時に享保十三申年三月廿七日申の下刻《げこく》同家より出火し、折節烈風吹《をりふしれつふうふき》すさひ本城《ほんじやう》二三の丸《まる》外廓《そとくるは》及び侍屋敷社寺町家《さむらひやしきしやじてうか》凡そ千二百軒延焼《えんせう》す、其火元なれバ重く処刑《しよけい》あるべき筈《はづ》なりしに三蔵と云る兇者《けうしや》の放火《はうくわ》にして、殊にごいは盲目の事なれバ容赦《ようしや》有て、長岡町払《まちはらひ》を命せられ更に大工町裏の畑二畝歩を地続き赤川村の地籍《ちせき》に送《おく》り、之れへ邸宅《ていたく》を再建《さいこん》し相変らず瞽女の頭を成す、今尚ほ旧《きう》に依り例年三月七日には妙音講《めうおんかう》とて組下《くみした》の瞽女残らず同家へ集会《しうくわい》し、古来より定め置く仲間《なかま》の規約《きやく》をよみきかせ、組合《くみあひ》の頭々《かしら〳〵》より申立に依り褒貶《はうへん》を沙汰《さた》する事最と厳格《げんかく》なり

仝［古志］郡草生津　関　古佐美

（『温故の栞』下巻、七八四～七八五頁）

明治二十五年（一八九二）正月二十七日、現新潟県長岡市。長岡瞽女山本家の菩提寺唯敬寺（草生津三丁目）の墓碑銘　↓延宝九年（一六八一）九月十一日

（正面）

明治廿五辰年
真解脱　釈尼妙寛不退位
一月廿七日亡

（基壇正面）

山本ごい

（鈴木昭英「長岡瞽女の組織と生態」五三頁）

明治二十五年（一八九二）刊、現群馬県伊香保町。温泉町の瞽女

最暗黒裡の怪物

［略］

茲《ここ》を最暗黒の世界にあらずとする者あるべからず。しかして、これら土窖中に眠食する者元来いかなる種類の人なるかと見るに、いずれも皆盲瞽《もうこう》あるいは唖聾等の痼疾《こしつ》ある癈人《はいじん》にして、多くは彼《か》れ浴客の余興《なぐさみ》に活計する座芸者、笛、尺八を吹く者、

琴、三味線を弾《あやつ》る者のほかは皆揉療治按服《もみりょうじあんぷく》の輩にして、鍼治《はり》、灸焼《きゅう》を主《つかさど》る者の類なり。今茲《ここ》にその廃疾を物色すれば、あるいは躄あり跛あり、馬鈴薯《じゃがらた》大《ほど》の贅瘤《こぶ》を額上に宿《しゅく》して眼を蠣《かき》の如くに潰《つぶ》したる大入道、短身齲背《うばい》の小入道、痘瘡《とうそう》のために面体《めんてい》を壊《くず》したる瞽女《ごぜ》、座上常に拳《こぶし》を以て歩行する足痿者《あしなえ》、象皮病《ぞうひびょう》者、侏儒《しゅじゅ》、これらの者一窖内《こうない》に五人ないし七、八人嗜好《しこう》を共にして同住す。窖内暗黒にして物を弁ずべからずといえども、住する者皆《みな》盲人なれば元より燈火の必要なし。その数《かず》百数十人、中に酋長《しゅうちょう》あり。鍼治者にして、左《ひだ》りの額上に碗大《わんだい》の隆肉《りゅうにく》を宿《とど》めたる大奇物なるが、二十五、六歳より四十歳まで瞽女妻妾《ごぜさいしょう》四人を蓄え、食事の時は常に左右より抱持《ほうじ》されて喫飲す。その倨傲《きょごう》なる事宛然《さながら》大江山《おおえやま》の酒呑童子《しゅてんどうじ》の如く、客ごとに必らず頭を刎《はね》る。一客三厘、窖内の座業者は総《すべ》てこれに貢ぐ。その鼻息を伺うて営業するや奴隷の如し。もし一人にても曖昧《あいまい》する事あれば直ちにこれを桎梏《しっこく》して鉄鞭《てつべん》を加う。されば他より来ッて浪《みだ》りに営業する者は見つかり次第に執《とら》えてこれを裁断す。けだし宿内の座業権は悉皆《しっかい》彼の掌握する処なればなり。是を以て彼は常に瞑黙《めいもく》暗算を以て居り、宿内の客の増減、散財の景況、繁昌、微衰の気運を考え、何の羈亭にはいかなる客あッて什麼様《いかさま》に振舞うものなるかに至るまで仔細《つぶさ》に吟味して、知らずと言う事なし。百十数人の座業者が貢ぐ処の料銭、一ト夏積算《せきさん》して数百円に登る事あり、是を以て彼はまた傍《かたわ》ら宿内の小商人に金資《きんし》して彼《か》の高利を繰《く》る。もし延滞する者あれば直ちに盲目的の催促をなして一日も猶予せざるなり。しかのみならず、またこの盲人はその膝下《しっか》に数人の小童を飼養してその技を習わせ、二時間ごとに流しと唱えて宿中一ト旋《めぐ》り呼《よび》あるかせ、帰れば即ちその客の種類を吟味して稼金《かせぎ》を没収す。常に稽古《けいこ》のためとしてその肩癖《けんぺき》を揉《も》ませ足を摩《さす》らす。しかして、これらの盲童子は彼《か》の瞽女《ごぜ》と称する盲人によって炊事されたる粥《かゆ》を食事として日課を務め、眼なくしてかかる懸崖《けんがい》を上下するにありき。しかしてまた彼の瞽女輩も平日按摩し弾絃し歌唱して賃銀を取り以てその主に奉ず。彼れ盲人の艶福《えんぷく》常に夥伴《なかま》のために羨《うらや》まる。けだしかくの如き艶福、かくの如き権威、かくの如き栄耀《えいよう》、要するに彼《か》が人に長たるの一技能は、南蛮鉄の如き自信を以て我意を通すと剛愎《ごうふく》我慢《がまん》舌より一歩も退かざるの土蛮的強情に因るものなれども、またその瞑黙暗算中より拈出《ねんしゅつ》し来る一種の法律と、声を聞きて直ちにその臓腑《ぞうふ》を見るの天稟《てんぴん》に因らずんばあらず。とにかく彼れは土窖《あなぐら》中の一大酋長なり。

［略］

因《ちなみ》に言う、彼ら盲人が蟄居《ちっきょ》的生活は極めて穢陋《あいろう》なるものにして、窮窟幅員九尺に足らず、圊溷《せいこん》（便所）厨房《ちゅうぼう》皆一室にして飲食起臥房《ぼう》を彊《かぎ》らず。虀豉《さいし》一品、畦蔬《けいそ》（はたけの野菜）一菜を以て朝夕し、喫飯《きっぱん》するに多く乳羹《にゅうこう》（熱い乳）を需《もと》めず、常に葷辛《くんしん》混合、盌碟汚埃《わんちょうおあい》す。喫了すれば即ち器皿《きべい》を払拭《ふっしき》してこれを庫裏《こうり》に収む、かつて洗滌《せんでき》する事なし。居常蒙塵芥埃《もうじんかいあくはく》掃なく、醜虫網窠《しゅうちゅうもうそう》し（蜘蛛が巣を張り）木芽萌茁《ほうしゅつ》し、あるいは湿気浸透して苔蘚氈蒸《たいせんせんじょう》、黴菌《ばいきん》群生す。
（松原岩五郎『最暗黒の東京』一〇四〜一〇八頁）

明治二十六年（一八九三）頃、現茨城県。瞽女に関する回顧談

私は十五歳の春に、父の勘気に触れて家を追はれ、約二年間を諸方へ丁稚奉公に遣られたが、早ければ一二ヶ月、遅くも三四ヶ月で飛び出してしまふので、父も持て余し、遂に十七の暮から母方の伯父の許へ居候として遣られる事となつた。

然るに、その伯父の家の隣りに、通称、『お定瞽女』と云うのが住むでゐた。年は四十五六の大柄の女で、雨さへ降らなければ毎日のやうに、養女のお花と云う十四ばかりの女の子を手引きとし、一挺の古三味線を大事さうに袋に入れて背負ひ、足取りを小刻みにして稼業に出かけるのを見かけたものである。帰りは大抵夜になつてからで、稀には二日も三日も客先を、それからそれへと泊り歩くこともあつた。雨の降る日や夜早く帰つたときには、手引きのお花に唄や三味線を教へるのであつたが、此のお花が覚えの良くない子で、その度毎に板に起したやうに瞽女仕置（抓る事）に遇つては、めそめそと泣く声を耳にしたものである。当時の私は読書は好きであつたが、家学？の平田篤胤の書物ばかり読ませられ、それに遊びたい盛りであつたので、別段に瞽女の修業とか生活とかに就いては、深い注意を払ふでもなく、たゞ退屈した折にお定瞽女を訪ねて世間噺をしたり、手引きのお花が来た時に客先の話のうちから、私の郷里（栃木県足利市外の村落）へ来る瞽女は新潟県の者が多く、現にお定瞽女も越後者を師匠として十年近くも稽古したこと、昔の瞽女は渡世の掟として亭主の持てぬこと、瞽女は風紀と自衛の上から、老若三四人づゝ打連れて歩き、決して一人歩きはせぬものであつたと云う事だけは脳裏に残つてゐる。又お花は抓ねられるのが一番辛かつたと見えて、いつもその事ばかり話してゐるので、瞽女心理は格別なものだなどゝ考へたりした事もある。お定瞽女は美声の上に三味線も巧者に弾いたので、正月三十日は一年間の書き入れどき、春祭りや秋の日待などには、客先の村村を廻つて相当の収入もあり、女世帯なり殊に盲人とて極端と思ふほどの質素の暮らし、それに実兄が近所に居て食べ物その他の面倒を見てゐたので、小金も蓄てゐて無事にその日を送つてゐた。

［略］

私がお定瞽女の謡つたのを聴いた記憶によると、祝儀歌（松坂はその一種である）、段物としては刈萱、熊谷の組討など、越後追分、潮来節、伊勢音頭、大津絵、都々逸、口説節、その他は騒ぎ唄、流行唄等であつた。種目は多くはなかつたが、これだけしかお定瞽女は知らなかつたと云うのではなく、私の記憶に残つたゞけであるから、誤解なきやう敢て附記する。殊に印象に残つてゐるのは越後追分でも伊勢音頭でも、その他の殆ど総てが全く正調でなくして、所謂瞽女訛の［ママ］り多い卑調であつた事である。その点から云つて口説節と新保広大寺などが、代表的のものであつた。

（中山太郎『日本盲人史』四二三〜四二四頁、四四四〜四四五頁）

明治二十八年（一八九五）刊、新潟県。越後瞽女の風俗　→明治二十三年（一八九〇）

○盲目《まうもく》の女子《によし》師に就き瞽女《ごぜ》入《いり》といふをなせるより公私に名称す、年功《ねんこう》を謹直《きんちよく》とを以て仲間《なかま》の尊称言語《そんしやうげんぎよ》にあり、所々に瞽女《ごぜ》頭《かしら》といふありて之れを支配《しはい》す、瞽女掟《おきて》とて最と厳密《げんみつ》なるものあり、毎春秋《まいはるあき》瞽女頭の家に会《くわい》し優惰《いうだ》を沙汰《さた》し掟に照《てら》して賞罰《しやうばつ》を行《おこな》ふものにて今尚依然《いぜん》たり

（『越後風俗志』二七四頁）

明治二十九年（一八九六）十月、東京。瞽女の活躍（「東京の貧民」『時事新報』明治二十九年十月連載）

扨右貧民窟の人々は何を為して活計となすや、大凡左の如く類別するを得べし。

野ぶせり（乞食）　袖乞（不具廃病）
請願寺参り　六十六部
西国巡礼　ご女
盲人の手曳　すわり（橋畔又は路傍にて三味線を曳く者）
紙屑拾ひ　紙屑撰り
魚腸拾ひ　古下駄買ひ
下駄歯入れ　硝子毀買ひ
猿廻し　新内語り
阿房陀羅経　角兵衛獅子
あひる（泥溝中にて埋没品を拾ふもの）
下等羅苧仕替へ　草むしり
かるこ　土方
荷車後押し　土車挽き（或は石灰）
立ん坊　井戸屋綱曳き　下等車夫

［略］

年の頃七十余りの阿爺、瞽女の手を曳き曳き通りかゝりぬ。瞽女のいふ、「ア、二十銭もあつたら一日安楽に休みたいな、田舎の方へ往けば以前の知辺も沢山あるが、此様に零落れて身装を落して仕舞つてからはよんどころなく袖乞ひとは実に情けなくて心細くてたまらない」。手曳の阿爺は之に和していふ、「左様さな、お前達は昔しは座頭派で瞽女の坊といつて三味線を袋に入れて在方へ行くと、昼は稼取りて日の入つてからは村役人か名主附きで泊り込んだものだ、其頃はめくらに工面の悪い者は一人も無かつたに、今日では芸人だか乞食だか訳けが分らなくなつて仕舞つたなあ」。

斯る折しも以前の乞食小僧は俄かに消魂ましく、駈出で物をも言はず、バラバラと夕日の群雀、何れかへ散つて失せたるは何事ぞ、と見るとき靴音近く大地に響きて、剣光鮮けて巡査は来れり。

瞽女と阿爺とが其処に立尽せるを認めて近く寄り、「オイ鑑札を持つて居るか」、「ヘイあります」、「ウム仮令鑑札があつても人の門へ立つて物貰ひをすることはならんぞ」。

（林英夫編『流民』四三五頁、四五五頁）

明治二十九年（一八九六）刊、熊本市または神戸付近か。小泉八雲が見た瞽女の演奏

A Street Singer

A woman carrying a samisen, and accompanied by a little boy seven or eight years old, came to my house to sing. She wore the dress of a peasant, and a blue towel tied round her head. She was ugly; and her natural ugliness had been increased by a cruel attack of smallpox. The child carried a bundle of printed ballads.

Neighbors then began to crowd into my front yard,—mostly young mothers and nurse girls with babies on their backs, but old women and men likewise—the *inkyo* of the vicinity. Also the jinrikisha-men came from their stand at the next street-corner; and presently there was no more room within the gate.

The woman sat down on my doorstep, tuned her samisen, played a bar of accompaniment,—and a spell descended upon the people; and they stared at each other in smiling amazement.

For out of those ugly disfigured lips there gushed and rippled a miracle of a voice—young, deep, unutterably touching in its penetrating sweetness. "Woman or wood-fairy?" queried a bystander. Woman only,—but a very, very great artist. The way she handled her instrument might have astounded the most skillful geisha; but no such voice had ever been heard from any geisha, and no such song. She sang as only a peasant can sing,—with vocal rhythms learned, perhaps, from the cicadae and the wild nightingales,—and with fractions and semi-fractions and demi semi-fractions of tones never written down in the musical language of the West.

And as she sang, those who listened began to weep silently. I did not distinguish the words; but I felt the sorrow and the sweetness and the patience of the life of Japan pass with her voice into my heart,—plaintively seeking for something never there. A tenderness invisible seemed to gather and quiver about us; and sensations of places and of times forgotten came softly back, mingled with feelings ghostlier,—feelings not of any place or time in living memory.

Then I saw that the singer was blind.

When the song was finished, we coaxed the woman into the house, and questioned her. Once she had been fairly well to do, and had learned the samisen when a girl. The little boy was her son. Her husband was paralyzed. Her eyes had been destroyed by smallpox. But she was strong, and able to walk great distances. When the child became tired, she would carry him on her back. She could support the little one, as well as the bed-ridden husband, because whenever she sang the people cried and gave her coppers and food.... Such was her story. We gave her some money and a meal; and she went away, guided by her boy.

I bought a copy of the ballad, which was about a recent double suicide: "*The sorrowful ditty of Tamayone and Takejiro, —composed by Takenaka Yone of Number Fourteen of the Fourth Ward of Nippon-bashi in the South district of the City of Osaka.*" It had evidently been printed from a wooden block; and there were two little pictures. One showed a girl and boy sorrowing together. The other—a sort of tail-piece—represented a writing stand, a dying lamp, an open letter, incense burning in a cup, and a vases containing *shikimi*, that sacred plant used in the Buddhist ceremony of making offerings to the dead. The queer cursive text, looking like shorthand written perpendicularly, yielded to translation only lines like these: —

"In the First Ward of Nishi-Hommachi, in far-famed Osaka —*O the sorrow of this tale of shinju!*

"Tanayone, aged nineteen, —to see her was to love her, for Takejiro, the young workman.

"For the time of two lives they exchanged mutual vows—*O the sorrow of loving a courtezan!*

"On their arms the tattoo a Raindragon, and the character 'Bamboo' —thinking never of the troubles of life...

"But he cannot pay the fifty-five yen for her freedom—*O the anguish of Takejiro's heart!*

"Both then vow to pass away together, since never in this world can they become husband and wife....

"Trusting to her comrades for incense and for flowers—*O the pity of their passing like the dew!*

"Tamayone takes the wine-cup filled with water only, in which those about to die pledge each other....

"*O the tumult of the lover's suicide! —O the pity of their lives thrown away!* "

In short, there was nothing very unusual in the story, and nothing at all remarkable in the verse. All the wonder of the performance had been in the voice of the woman. But long after the singer had gone that voice seemed still to stay, —making within me a sense of sweetness and of sadness so strange that I could not but try to explain to myself the secret of those magical tones."

(Hearn, *Kokoro*, pp. 40-44)

［翻訳］

大道芸人

三味線をかかえて、七、八つの小さな男の子をつれた女が、わたくしの家へ唄を歌いにやってきた。女は百姓のような身なりをして、首に浅黄色の手拭をまきつけていた。女はぶきりょうだった。うまれつき、きりょうがわるいうえに、むごたらしい疱瘡にかかったために、なおさら、ふた目と見られぬ顔になっていた。子どもは、刷りものにした流行唄の束を持っていた。

そのうちに、近所の人たちが、わたくしの家の前庭にあつまってきた。近所の人たちといっても、たいていは、若い子持ちのおかみさんや、背中に赤ん坊をおぶった子守などであったが、なかには、やはりおなじように、子どもをつれた爺さんや婆さん——きんじょの隠居連もまじっていた。隣り町の町角にある立て場から、辻待ちの俥屋などもやってきた。そんなわけで、やがてわたくしの家の門のなかは、もう人のはいる余地がなくなってしまった。

女は玄関の石段のところに腰をおろして、しばらく、三味線の糸の調子を合わせていたが、やがて前弾きを弾きだした。すると、たちまち一種の魅惑が、聴きてのうえに落ちてきた。聴きては、みな、へーエといったような顔をして、微笑をもらしながら驚きの目をみはって、たがいの顔を見あわせた。

それは、女の引きつったような醜いくちびるから、まるで思いもかけない奇蹟のような声が——若々しい、深味のある、人の心に沁みとおるような甘さをもった、なんともいえぬ震いつきたくなるような声が、突如として泉のごとく、せせらぎのごとく、噴き湧いてきたからである。「ありゃあ女ですかい？　それとも木の精かね？」と見物のひとりが、いかにも不審そうに言ったが、もちろん、ただの女であることはいうまでもない。ただの女だが、ただし、腕のすばらしくいい芸人だったのである。女の三味線の弾きぶり、これはまさに、どんな芸達者な芸者でも、あっといって驚いたにちがいない。またその声は——いままでどんな芸者ののどからも、これほどの声、これほどの唄は、まず聞かれたことがなかったろうというほどの声である。しかも女は、それこそただの百姓でも歌えるような調子でうたっているのである。おそらく、その声の調子は、野山にすむ蟬か、薮うぐいすからでも習いおぼえたものであろう。それでいて、西洋の音譜にむかしから書かれたことのない半音程や、その半音程のまた半音程を、自由自在、らくらくと歌いこなしているのである。

女がそうやって歌っているうちに、聴いているものは、みな物もいわずに、涙をすすりはじめた。歌の文句は、わたくしにははっきり聞き分けられなかったが、それでも、じっとそうして聴いていると、女の声につれて、日本の生活のうら悲しさ、うっとりするような甘さ、抑えに抑えられた苦しさが、惻々としてわたくしの心にかよってくるような気がした。それは、目に見えないものを切ないほど追い求める気持、とでもいったらよかろうか。まるでなにか目には見えない物柔らかなものが、自分の身のまわりにひたひたと押し寄せてきて、おののき慄えているかのようであった。そして、とうに忘れ去ってしまった時と場所との感覚が、あやしい物《け》の怪のような感じと打ちまじって、そこはかとなく、心に蘇ってくるのだった。その感じは、ただの生きている記憶のなかの時と場所との感じとは、ぜんぜん別種のものであった。

そのとき、ふとわたくしは、その歌うたいの女が、盲人であることを見たのである。

さて、歌がうたいおわったとき、わたくしたちは、遠慮する女をむりに家のなかへ招じ入れて、女の身の上ばなしを聞いてみた。むかしは、この女の家も、相当な暮らしをしていたところから、女は娘のころに三味線を習いおぼえたのであった。つれている男の子は、自分のせがれであった。女の亭主は中風をわずらっていた。女の両眼は疱瘡のために失明したのである。しかし、からだだけはどうやら丈夫だったので、女はかなりの遠道を歩くことができた。子どもがくたびれれば、女は自分で負ぶってやることもある。――おかげで歌をうたいさえすれば、見ず知らずのかたがたが涙をこぼして、お鳥目や食べものを投げて下さいますので、床に寝ついたきりの夫とこの子どもは、どうにかこうにかわたくしひとりの身すぎで養ってまいれます。……これが女の身の上ばなしであった。わたくしどもでは、女にいくらかの鳥目をやったうえ、食事を出してやった。やがて、女は男の子に手を引かれながら、立ち去って行った。

わたくしは、この女から、最近あった心中事件を諷《うた》った小唄の本を、一部買い求めた。「くどきぶし・玉米・竹次郎。大阪市南区日本橋四丁目十四番地　竹中よね作」としてある小冊子である。一見して、木版からおこした冊子で、中に小さな挿絵が二枚はいっている。ひとつは、うら若い男女がふたりで歎き悲しんでいる図。もうひとつの方は、一種の止め絵に類した絵で、それには、ひと張りの机、消えかかったランプ、ひろげた手紙、香華のたいてある香炉、それから、仏式の方で死人に供える神聖な植物であるしきみをさした花立、などがあらわしてある。縦書きに、すらすらと書かれてある妙な草書体の原文は、しいて翻訳してみれば、こんなものでもあろうか。

「音に名高き大阪は、西本町の一丁目。――心中ばなしの哀れさよ。

「年は十九の玉米を、職人風情の竹次郎が、見染めて惚れた縁の糸。

「二世も三世もかわらじと、誓い合ったるその仲は、――遊女に惚れた身のなげき。

「たがいの腕に彫りあった、竜と竹との二つ文字。――浮世の苦労よそにして。

「篭の鳥をば見受けする、五十五円の身のしろ金、才覚できぬ竹次郎が、その心根の切なさよ。

「とてもこの世じゃ妻なし鳥よ、主《ぬし》と呼ばれぬ二人がえにし、いっそ苦界をおさらばに、ともに死なんと誓いける。

「われなきあとは朋輩衆、香華のひとつも上げてたも、回向たのむと二人が、露と消えゆくあわれさよ。

「死んでゆく身の竹次郎が、かたのごとくに手に取りし、水盃が世のなごり。

「あわれなるかな二人が、たがいに思い思われつ、心中する身の胸のうち、ああ、捨てし命ぞ、捨てし命ぞあわれなる。


要するに、この物語のなかには、格別たいした変哲なところもなければ、歌詞にも、特別に取り立てて言うようなものもない。その歌いぶりが聴くものの感歎を博したのは、まさにかの女の美音にあったのである。それにしても、それを歌ったものがすでに立ち去ってしまったのちになっても、その声は、依然として長く耳朶に残っているような気がする。――あの不思議な魅力をもった声調の秘密を、なんとかして自分で解き明かそうとせずにはいられないほど、それほど自分の胸のなかに、妙に甘美な感じとうら悲しい感じをのこしながら。

（ラフカディオ・ハーン、平井呈一訳『心』四四〜四九頁。翻訳に少々訂正を施した）


明治三十一年（一八九八）二月、現新潟県長岡市。長岡瞽女が「中越瞽女矯風会」を結成、仲間組織を再編成

（表紙）
「中越瞽女矯風会規約
新潟県古志郡長岡町
大字長岡大工町第三拾五番戸
中越瞽女矯風会」

趣意書

凡ソ人類社会ニアリテハ貴賤ヲ問ハス各自ノ事業ナクシテ光陰ヲ費ス者ハ最モ天理ニ背クコト論ヲ俟ズシテ所謂国家ノ喰潰シナル者ナリ然レドモ廃疾不具ノ身ニアリテハ就業ノ道甚タ狭シトス故ニ盲目者ハ古来音曲ノ芸ヲ学ヒ得テ之レヲ以テ好客ヲ慰サメ快楽ヲ与ヘテ自己ノ活路ヲ助ケアルハ官モ之ヲ認許シ社会モ之レヲ愛スルヨリ古今盲目者ノ音曲業ヲ成スノ道ハ廃セラレサル所以ナリ然ルニ社会人智ノ開化ニ従ヒ仝業者モ各自振ツテ一身上ヲ改良謹直ニシ名誉ヲ尊ミ醜行廉恥ヲ嫌フノ決心ヲ保持スルニアラザレハ将来ノ社会ニ供ナフテ斯業ノ隆盛ヲ全フスルコト難シ若シ仝業者ニシテ仮令一人タリ共此決心ヲ誤リ仝業界ノ上ニ汚名ヲ流ス者アリ之ヲ黙々ニ附スルニ於テハ其悪習ハ仝業界ニ蔓延シテ斯業界廃衰ヲ招クノ恐ル可キ端緒トナリ忽チ盲

目者ヲシテ活路ヲ断ツニ至ラシメントス依テハ仝業者ヲシテ生活業ノ安全ヲ保タシメンガ為メ組合規約ヲ整理改正シ従前大工町瞽女組合ト称シ来リタルヲ仝業者取締上ノ都合ニ依リ今般旧組合員一統協議ノ上中越瞽女矯風会ト改称シ左ノ規約ヲ設ケタル者也

中越瞽女矯風会規約

第一条　本会ハ中越ノ盲目婦女ニシテ他ニ生活事業ヲ立ツル道ナキニ依リ三味線ヲ弾キ端歌ヲ唄ヒ之レヲ業トスル者ヲ以テ結会スル者ナルニヨリ中越瞽女矯風会ト称ス

第二条　本会ハ新潟県古志郡、三嶋郡、南蒲原郡、西蒲原郡、南魚沼郡、中魚沼郡、北魚沼郡、刈羽郡、東頸城郡、此九郡内仝業者（旧組合員）ヲ会員トシテ本会ヲ古志郡長岡大工町第三拾五番戸ニ置キ支会ヲ左記ノ如ク各郡ニ一個所宛置クモノトス

北魚支会ハ　北魚沼郡山辺村大字池ケ原第三拾六番戸ニ置ク

中魚支会ハ　中魚沼郡吉田村大字山谷第九拾弐番戸ニ置ク

南魚支会ハ　南魚沼郡大巻村大字四十日第六拾四番戸ニ置ク

刈羽支会ハ　刈羽郡椽ケ原村第七拾九番戸ニ置ク

但シ東頸城郡支会ヲ兼ヌル

三嶋支会ハ　三嶋郡吉川村大字爪生第六拾三番戸ニ置ク

南蒲支会ハ　南蒲原郡中通村大字横山第二拾六番戸ニ置ク

但シ西蒲原郡支会ヲ兼ヌル

第三条　本会ハ同盟中成業上ノ弊害ヲ矯メ利益ヲ図ル各自生活ヲ保チ及ンテ父兄ノ恩ヲ報ユル事ヲ目的トス

第四条　本会ニ入ル者ハ毎年一度宛執行スル先師供養講ノ節ハ必ラス参詣シ師恩ヲ忘レザラン事ヲ守ルヘシ

第五条　本会ニ入ル者ハ親睦和合ヲ専一トシテ各自共ニ業ヲ励ミ益々自巳〔己〕ノ芸業進歩発達スルト本会ノ繁栄スル事ヲ精々心口掛クヘシ

第六条　本会ニ入ル者ハ道徳ヲ重ンジ業ニ就キ客人ノ招キヲ受クルモ猥リニ先受セシ仝業者ノ妨ケヲ為サス亦客人ニ接スルニハ柔和親節ニ相勤メ不敬ノ行ヒ或ハ争ヒケ間敷事ヲナスヘカラス

第七条　会員ハ大酒スルハ勿論飲酒スルハ精々慎ミ見苦敷振舞ヲナサス賭ノ勝負ケ間敷儀ハ決シテ成ス可カラス若シ此規約ニ触レントシ或ハ違反スル者アラハ師弟朋友ヲ問ハス其者ニ就テ篤ト意見ヲ加ヘ是ヲ聞入レサル者ハ必ス事務所ヘ通知ス可シ

第八条　会員ハ総テ密通ケ間敷事ヲナシ色情ニ耽リ又ハ業ヲ怠リ懶惰見苦敷事ヲ為スハ勿論小料理店及飲食店或ハ茶屋等ニ

於テ客人ノ合方トナリテ宿泊或ハ逗留ヲナスヘカラス亦斯ル悪評ヲダモ受ケサル様致シ品行正シク万事慎ム可シ

第九条　会員ハ総テ諸人ノ慈善愛情ヲ乞フ者ナレハ猥リニ諸人ノ誹謗ヲナシ或ハ諸人ノ悪事其他ノ理非ヲ問ハス決シテ口外セス亦諸人ヘ対シ口論セス若シ無拠場合ニ至リ他人ヘ談判ニ及ブ可キニ至リタル時ハ本支会ノ事務所及ビ師匠等ヘ相談ノ上相当ノ取計ヲ受クベシ

第拾条　会員ハ出稼業ノ為メ旅行スルトキハ必ズ其旨本支会事務所ヘ申出デ尚ホ帰宅ノ節モ右同様ニス可シ亦成業上ニ就キ所々歩行スルモ大勢連レ立チテ往来人其他ノ妨ゲヲナサズ旅行先々ノ地方ニ於テ児共ニマデ愛セラル丶様注意スベシ亦自国他国ヲ問ハズ該業ノ取締或ハ世話人ノ所在地ヘ至リタル節ハ其出稼ノ理由ヲ申シ出テ其地方ノ規約ヲ篤ト承知ノ上業ヲ始メ本会員ノ面目ヲ汚ガサヾル事ヲ勤ム可シ

第拾壱条　会員ハ出稼中止宿其他ノ人家ニ至リ盗難紛失物等ノ嫌疑ヲ受ケサル様常々精々注意シ若シ斯ル嫌疑ヲ受ケタル者アルヲ知ル者ハ必ズ其旨速ニ本支会事務所ヘ通知ス可シ

第拾弐条　会員ハ出稼中働キタル利益物ハ仝行者ノ老幼ヲ問ハス総テ平等ニ一人前ヲ以テ夫々割当シ老幼ヲ救育ス可シ亦会員中万一病者或ハ其他災難ニ罹リタル者アレバ真実ニ夫々救護シ決シテ不実ニ致サズ亦死去或ハ逃亡セシ者アル共ハ必ズ其旨本支会事務所ヘ通知シ然シテ迯亡者ノ行衛聞キ知ル様心ロ掛ケ当人見当リタル時ハ其理由ヲ糺シ其旨本支会事務所ヘ通知ス可シ

第拾参条　会員ハ向後尚ホ先師タル山本ノ家系相続ノ衰ヒザル様及ビ会員ノ芸道発達ト各自ノ教育ヲ需メンガ為メ仝家ニ年中拾名以上ノ見習稽古人ヲ絶ヘズ詰メ居ル様各自共々精々尽力周旋ス可シ

第拾四条　会員ハ向後ハ眼明キハ勿論半盲目ナリ共眼力充分ニ利キ他ノ業ヲ営ム事出来得ル者ノ弟子入門ヲ受クベカラズ若シ聊カニテモ目ノ見ユル者ヲ弟子入門ニ受クル時ハ会頭ノ手ヲ経テ事務員ノ撿定ヲ受ケ然ル後チ師弟ノ約定ヲ結ブ可シ

但シ眼明キト云フトモ従来瞽女ト称シ品行正シク渡世シ来リシ者（旧組合員）ハ此限ニアラズ亦手引トシテ眼明キヲ雇入ル丶ニハ差閊ナシ然レ共此手引ニハ三味線ヲ弾ク事ヲ教ヘザルモノトス

第拾五条　本会ハ盲目婦女ト云フトモ夫有ル者亦ハ仮令未婚ナルモ夫ト唱フル者等有ル者ハ一切加入為サシメズ

第拾六条　会員ニシテ入門弟子入レヲ受クル時ハ日数七日以内ニ其旨必ス本支会ヘ通告シ然ル後師弟ノ約定ヲ為スヘシ亦其約定ヲ整フタル節ハ左記雛形ノ如ク入門証受取ヘシ

印紙

入門願差入証

私娘何之誰義不眼ニ付他ノ職業不出来故貴殿ノ芸業見習ノ為

メ入門弟子入レ相願候処速ニ御承諾被下難有仕合ニ存候然ル上ハ御上様ヨリ御発布ノ法令規則及ビ師匠へ対スル勤方法則ハ勿論中越瞽女嬌風会ノ規約ヲ堅ク相守可申候若シ本人義不正ノ所業ヲ働キ候節ハ御規約通リ処分セラレ候トモ又ハ入門年限ヲ多少延期サル、トモ決シテ苦情申間敷候尤モ右ニ違背ノ廉有之節ハ保証人ニ於テ悉皆引受ケ貴殿へ毫モ御苦体相掛ケ申間敷候為後日保証人連署入門差入証仍テ如件

何郡何村町大字何々番戸
年号月日　親族　氏名印
入門人　氏名印
何郡村町大字何々番戸
保証人　氏名印
中越瞽女嬌風会々頭山本ゴイ殿
何郡村町大字何　師匠氏　名殿

第拾七条　本会ニ入ル者ニハ左記雛形ノ如キ徽章ヲ襟ニ付ケシメ亦左ノ雛形ノ如キ証明書及ビ本会規約書ヲ一部携帯為サシムベシ

徽章　㊢嬌
真鍮金具
径曲尺ニテ壱寸壱分

中越瞽女嬌風会証明書

鑑札表
全文写シ

鑑札裏
全文写シ

右鑑札携帯セル何ノ誰義本会々員ナルヲ以テ本人ニ関スル業務上万般ニ付テハ本会ハ責任ヲ尽ス可キ義務ヲ有スルニ依リ此証明書ヲ本人エ交附シ置ク者也

新潟県古志郡長岡町大字長岡大工町第三拾五番戸
中越瞽女嬌風本会　印
本会会頭　山本ゴイ　印
仝副会頭　何之誰　印

右者本会事務員ノ手ヲ経テ此証明書ヲ交附ス
本会事務員　何之誰　印

第拾八条　本会へ加入ヲ望ム者ハ本会事務所へ申告シ本会へ左記ノ如ク加入証ヲ差入レタル後本会ニ備ヘアル鑑札願用紙ヲ受ケ本人所在ノ町村役場ノ認印ヲ受ケ其所轄警察署へ出願ノ上鑑札御下附相成リタル節本会ノ徽章並ニ証明書及規約書ヲ受ク可シ

但シ旧組合規約ニ調印シ置キタル会員ハ加入証ヲ要セス尤モ事アル時ハ従前ノ書類ヲ用ヘ取扱フ者トス

中越瞽女嬌風会加入証

私儀今般御会へ加入スル以上ハ御授与ノ本会規約書ノ各箇条ヲ遵守スルハ勿論御会ノ諸役員ノ御注意ニ就テハ決シテ軽々敷相心得間敷候為後日加入証仍テ如件

住　所
本　人　氏　名　印
住　所
立会人　氏　名　印
年　月　日
中越瞽女矯風会本会事務所御中

第拾九条　本会ヲ総轄スルニ会頭一名副会頭数名助役一名事務員数名（眼明キ）ヲ置キ本支会ニ分任シテ会務ニ従事ス即チ左ノ如シ

本会ハ　会　頭一名　副会頭助役事務員一名宛
支会ハ　副会頭一名　事務員一名

第二拾条　会頭ハ先師山本家相続者ヲ専任トシ副会頭ハ惣会員互撰投票ノ高点ト定ム
第二拾一条　先師山本家相続者ハ会員内ノ抜群者ヲ以テ特撰シ来リタル前例アレハ会員中名望者ニ帰任スルモノトシ無期永勤トス
第二拾二条　役員撰挙権ハ会員中端歌業ノ鑑札所有者ニ限リ各一個ノ有権者トス
第二拾三条　副会頭ハ無期任トシ助役任期ハ満弐ケ年トシ改撰ヲ行フ
但シ任期内ト雖共止ヲ得ザル事故アリテ辞任退任スル者アレバ其後任ヲ撰挙シテ継任ス
第二拾四条　本会規約及ビ百般ノ事ハ会頭ニ於テ進退取捨等総テ会員ノ取締ニ関スル平常事務ヲ処弁スル権利ヲ有ス
第二拾五条　事務員数名ハ眼開キ者トシ会頭及副会頭ノ任意ヲ以テ撰任ス
第二拾六条　事務員ハ本会ニ関スル公私ノ事務ニシテ筆記計算等ノ事ヲ会頭ノ指揮ヲ受ケテ取扱フモノトス亦事務員任期進退ハ会頭ノ任意トス
第二拾七条　毎年四月中通常総会ヲ開設シ其他八月十一月ニ臨時開会スルモノトス
但シ会員ニ関スル非常ノ大事件アレバ何時ナリ共規約ニ依リテ臨時会ヲ招集ス可シ
第二拾八条　通常総会及ビ臨時会ハ其会日ヲ本支会事務所ヨリ会員へ通知シ会員ハ定日勤メテ出席スヘシ若シ事故アリテ欠席スル時ハ百事出席者ノ多数決議ニ任スモノトシ代人ヲ出席セシメサルモノトス
第二拾九条　会員決議ニ対シテハ欠席ノ者ハ他日ニ至リ彼是異議ヲ唱フル事ヲ得ズ
第三拾条　会員ノ利害得失ニ関係シ本規約ヲ改正増補変更等ヲ求ムル者アル時ハ会員半数以上ノ有権者ノ賛成ヲ得テ事務所へ臨時会ノ開会ヲ請求ス可シ
第三拾一条　前条ニ依リ臨時会ノ請求ヲ受タル時ハ事務員ハ請求ノ当日ヨリ七日以内ニ会日ヲ定メテ会員へ通知ス可シ
第三拾二条　本会ヲ無謂退会セントスル者アル時ハ其者ニ付テ懇々説諭シ退会セザル様スベシ若シ聞入レズシテ退会スル者ハ左ノ退会願差入約定証ヲ差出サシム

退会願差入約定書

私儀此度止ヲ得ザル事故有之候ニ付退会ヲ相願候処速ニ御聞受ケ被下誠ニ難有仕合ニ存候然ル上「ハ是マデ世話シ来リタル弟子供ト師弟ノ約ヲ解キ一切ノ関係ヲ断チ貴殿方へ引渡シ」自分ハ以後三味線持ツ業ハ決シテ致ス間敷候若シ右ニ違約シタル節ハ御規約通リ処分セラレ候トモ彼是苦情申間敷候尤モ本人ニ於テ違約シ候節ハ保証人方ニ於テ悉皆引受ケ貴殿へ毫モ御苦態相掛ケ申間敷候為後日差入約定証保証人連署仍而如件

何郡何村町大字何番戸
本　人　氏　名　印

年号月日

右戸主或ハ親族　氏　名　印

何郡何村町大字何番戸
保証人　氏　名　印

中越瞽女矯風会々頭　山本ゴイ殿

師　匠　何之誰殿

第三拾三条　本会ヲ退ク者ハ師匠へ対スル恩金及三味線ヲ納付セシムルハ前例ニ傚〔倣カ〕フ事ハ勿論若シ本会ノ損失ニ係ル者ハ総テ是ヲ弁金シ爾後ハ三味線ヲ弾ク業ヲ成サヾル事ヲ誓ハシム

第三拾四条　会員ニシテ不正不義理ヲ以テ本会ヲ退キタル者ニハ一切交リヲ絶ツベシ若シ会員ニシテ其退会者ノ親族ニテ無拠交リヲ成ス場合ニハ其情実ヲ事務所へ申告シ許諾ヲ得ヘシ

第三拾五条　本規約ヲ違背シタル者ハ見当リ次第三味線及ヒ附属品ヲ悉皆事務所へ引上ケラル、モ聊カ苦情ヲ唱フル事ヲ得ス

第三拾六条　本規約違変シタルヲ会員間ニ於テ聞知スル時ハ遠慮ナク其違約者ノ成業道具引上ケ事務所へ差出サル、モノトス

第三拾七条　本規約ニ違背シタル者アル時ハ其違背ノ軽重ヲ糺シ重キハ本会ノ損害ニ係ルモノヲ総テ弁償シ其上本会ヲ退ケ軽キハ本会ノ損害ノミヲ償ヘ以後戒心スルノ誓約証ヲ事務所へ出スモノトス

第三拾八条　本規約中第七第八第拾壱此三ケ条ヲ犯ス者ハ其筋へ訴へ出ツル事アルヘシ

第三拾九条　会員ハ平常風俗衣類等ニ至ルマデ総テ質素ヲ専一トシテ必ズ奢侈ニ類似スル事ヲ慎シミ若シ違背者アレハ相当嘖罰ス可シ

第四拾条　本会々頭及副会頭其他ノ役員ハ会員中一統親睦和合ヲ専一トシ業ヲ励ミ各自共ニ利益ヲ得ン為メ設ケタルモノナレバ役員タル者ハ会員ニ関スル事ニ付テハ百事夫々親節ニ取扱フ可シ

第四拾一条　会頭副会頭助役等ニ於テ本会規約ヲ犯ス者アレバ速ニ退任セシメ其後任者ヲ撰抜ス可シ

第四拾二条　本会役員ノ給料ハ前例ノ通リトシ会頭ハ無給トシ副会頭ハ年給六円助役ハ年給四円トシ其他ハ総テ無給料トス

第四拾三条　本会々議開設ノ時ハ従前ノ例ニ準倣〔倣カ〕シ費用ヲ徴収スヘシ亦会員ヘ課賦〔賦課カ〕徴収スベキ臨時費アレバ会員総会ノ議決ヲ経テ徴収ス可シ
第四拾四条　会員ハ一名ニ付一ケ月金一銭宛ノ平常会費ヲ事務所ヘ積立置キ年中ノ事務費ニ充ツ可シ
第四拾五条　本会ノ事蹟及ビ費用決算ヲ毎年会員ヘ報告ス可シ
第四拾六条　本規約ヲ改正変更スル時ハ更ニ所轄警察署ヘ届ケ出ツ可シ
右本会員一般協議ヲ以テ此規約ヲ確定致シ候処相違無之候也
新潟県古志郡長岡町大字長岡大工町第三拾五番戸
中越瞽女矯風会
明治三十一年二月　本会事務所
仝本会々頭右戸主
山本ゴイ
仝会副会頭
仝県南蒲原郡中野村大字末宝四拾番戸
平民吉水五郎作伯母
吉水ツタ
仝本会助役
仝県古志郡栖吉村大字栖吉第弐拾五番戸
平民久蔵伯母
村川セイ
仝本会事務員
仝県仝郡長岡町大字長岡大工町第百四拾五番戸
平民　渡邊庄八
古志郡長岡町
大字長岡大工町
惣世話係　石塚菊蔵
（裏表紙）
「（長岡日進社印行）」

（鈴木昭英「長岡瞽女の組織と生態」九五～一〇〇頁。村田潤三郎『瞽女さは消えた』一九二～二〇二頁、五十嵐富夫『瞽女――旅芸人の記録』四八～五九頁も参照）

明治三十三年（一九〇〇）七月二十四日、現長野県飯田市。下伊那郡大島村古町（知久家文書）

扣

拝啓、陳ハ去ル天明年中めくらごぜい仲間中ヘ居住ノ屋敷地所扶持方為助力、仲間中ヘ拙者方ニテ寄付致置候処、明治廿三年無断ニテ仲間六戸ヘ分配致シ候ニ付、其際仲間一同連署ヲ以テ、以後該地所ヲ他人ヘ売渡ス等ノ事ナク、相続人亡失ノ節ハ以前ノこん・とよノ相続ノ者ニテ世話致シ居リ、追テ相続出来ノ節其者ヘ可相渡旨、契約書拙者ヘ差出シ有之、右地所ハ徳義上他ヘ売却等致スべき筈無之モノニ候、然ルニ小島ひさのノ義貴殿御帰村ノ上他ヘ売却致度旨、談事有之趣、ごぜい仲間中ヨリ承り候、右ハ風説ノミニシテ決シテ如共不徳義ナル事ハ被成間敷事ト存シ候得共、予テひさの殿ハ拙者へ差出シアル約定ノ事モ御承知ノ事ト存候間、必ズ従前ヨリ事情有之。ごせい盲目ノ救助トシテ仲間中へ寄附シタル訳ニ候得バ、決シテ帰村致シタトテ他人へ売却等無之様、仲間中へ御事出候様ひさの殿ヘモ篤ト御相談ノ上御取計被下度願上候。

下伊那郡大島村古町酒屋

知久仙右ヱ門

明治三十三年七月廿四日

下伊那郡豊村字売木区

小島好重殿

（『飯田瞽女（ごぜ）資料（「原本ハ知久仙右衛門文書」）』に前半あり、「出シアル約定」以降は三好一成「飯田瞽女仲間の生活誌」二四九頁の翻刻による）

明治三十四年（一九〇一）正月、現新潟県上越市。高田瞽女仲間の規約書　↓明治十七年（一八八四）二月十五日

明治参拾年四年正月　　日

規約証

一、明治十七年二月十五日附規約ヲ取消、今般同業者協議ノ上改正シ茲ニ約定ナス左ノ如シ

第壱条　各自営業上大切ニ相守ニハ勿論師弟間六ッ間敷シテ該規約之条項堅ク相守ヘキ事

第弐条　各同業者ニ於テ営業先同業ノモノヲ誹謗シ又ハ其他ノ事ヲ以テ営業上妨クルモノアルトキハ取締人協議ノ上第三条ノ如ク相当ノ所分可致事

第三条　同業者ニ於テ右ノ条項ヲ違背スルモノアルトキハ同業者一同集会ヲ開キ、壱人ニ対スル金壱円以上拾円以下ノ違約金出サシム事

第四条　各自ニ於テ甲者ヲ師トナシ居ルモ都合上乙者ヲ師トナス場合ニハ、先師則チ甲者ノ承諾ヲ得ルハ勿論乙者ハ其事実ヲ甲師江報導シ甲者ノ承諾ヲ得万事不都合無之様六ッ間敷可致事

第五条　師トシテ弟子ヲ求ムルトキハ□ヲ可為ハ勿論弟子タルモノヘ此規約書ノ条項堅ク教明可致事

第六条　同業者ニ於テ弟子ヲ求メント欲スルトキハ年期証書ニ相当ノ保証人ヲ連署ノ証書取置ノ事。但シ年期ハ拾ケ年ノ定メ

第七条　同業者ニ於テ弟子ヲ求メルトキハ、其取締人ヘ通知可致事

第八条　毎年会日三会ト定、一月二十九日、五月三日、八月二十九日同業者一同集会ノ上此規約書ヲ読ミ聞セ置事

第九条　第八条ノ集会期日ニハ同業者一同必ズ出席致ベシ、若シ事故アルカ又ハ病気等ニテ出席ナス不能ノトキハ其理由取締人江相断ベシ、若シ無断ニ欠席スルモノアルトキハ違約金五拾銭出金出サシム事、但シ代人ヲ以テ出席ナスモ妨ケナシ

第十条　同業者ニ於テ取締人ヲ撰挙ナシ、名以上設置スル事。

但取締人任期ハ　ケ年ト定メ満期ノ節ハ更ニ改撰スルベシ
第十一条　此規約ハ当一月廿九日ヲ初会トシテ向五ケ年ト定メ、則チ五ケ年満タルトキハ改正スル事
第十二条　同業者ニ於テ該規約ヲ背キ除名セント欲スルモノアルトキハ、臨時集会ヲ開キ協議ノ上金弐拾円以上出金ナサシメ除名スルコト

高田町座本
九十七名署名

（佐久間惇一『瞽女の民俗』二六八〜二六九頁。「杉本キクイ氏所蔵・大橋アサ子氏提供」とあり。原本は現在上越市立総合博物館蔵）

明治三十四年（一九〇一）、新潟県高田の人口調査に瞽女五十六人

（『高田市史』第一巻、三〇三頁）

明治三十五年（一九〇二）二月七日、現新潟県上越市。高田瞽女「古川タき」受状

古川タき受状

此之者明治卅五年二月七日より古川タキ一名かぎり左之両名より引受候処実正也、然上は本人に於て如何に難儀出来候共組合に御迷惑相掛申間敷候、為後日正依而如件

有田村春日新田
木浦□□武
竹□
西頸城郡浦本村中島
山本多平㊞
高田町
古川多き㊞

御組合中様

（「古川タき受状」）

明治三十五年（一九〇二）八月二十六日付、九月二十四日付、現埼玉県

『富山日報』明治三十五年八月二十六日

虐待にて盲目となりし谷井千代

左は東京各新聞が各筆を揃へて報道する処なるが是れ又本県人なるを以て記事を左に採録す

◎工女虐待を受けて盲目となる　牛馬と云へども烈しく鞭うつて虐使するは心あるものゝ憎む所なるに同じ人間を苦しむる強慾者の非道の振る舞憎みても尚余りあり埼玉県北足立郡蕨町大字蕨の機屋内田伊之助（二八）方は同人始め実父勘蔵（五八）女房おとき（四六）等揃ひも揃つて情を知らぬ人物にて現に勘蔵は工女虐待の為め既に処刑を受けし事あり同地にても評判の無慈悲者なり斯る恐ろしき家とも知らず一昨年九月中より工女に住込みたる富山県上新川郡□□□村十七番地平民谷井□□□の二女おくら事お千代（一九）と云ふは最と実直に働らき

居たるも本年四月中フト眼病に罹り多少手当を加へしが其の効なくて追々に重り行き且身体も衰弱し仕事は更に捗らねば伊之助父子は茲に性来の邪慳を現はし代る〴〵千代を捉へて糸枠又は棍棒にて殴打し犬馬の如く追使ふより千代の眼病は益募り近来は殆んど盲目となり果たり去れば主人は勿論朋輩の者までが主人の機嫌を取らんとて千代を酷待し中にも雇人古市長次郎（十六）と云へる小僧は千代を土間へ突落として石油函にて乱打し悲鳴を揚げて悶絶したるを主人始め一同心地よげに打眺め千代が人事不省に倒れ居るを誰れ一人介抱せんとするものもなく或ひは食事を減じて飢餓に迫らしめ泣けば撲ち呼べば蹴倒し苛責の笞一日も休む時なく昨今は三度の食事を与ふること殆んど稀なる有様となりしに千代は身体瘠せ衰へ此世からなる地獄の責め悪鬼の為めに弄ばるゝ心地して終に堪へ難くやなりけん去十五日の早朝窃に主家を脱け出しも盲目のかなしさ何処を西とも東とも分ち難く杖に縋りて漸やうに大宮在日進村へ掛来りし頃は疲労と空腹との為め一足も進み難く暫し途方に暮れ居たるが斯くては果しと気を取直し傍なる同村大字大成百十五番地平民農田熊松五郎方に到り事情を明かして救助を乞ひしに同家にては可憫に思ひ快よく承諾したれば千代は地獄で仏の思ひ嬉し涙に咽びつゝ同家の世話になり五日程滞在し居たるを大宮警察署にて聞知り直に浦和警察署へ通知したる所同署の鈴木警部は予て伊之助の父勘蔵が工女虐待について処刑を受けし事を知り居たれば去二十一日松五郎方より千代を連れ来りて一応取調べをなしたるに盲目となりし上右足関節部に紫の痣あり身体非常に衰弱して死に顔せる有様捨置かれずと兎も角も主人伊之助に厳しく拙諭を加へて千代を引渡し改めて去る二十三日再び伊之助を召換し事実の詳細を取調中なりと云ふ近頃同地方に於ける工女虐待の悪風益熾なれば人民保護の警察官の充分なる注意こそ望ましけれ

『富山日報』明治三十五年九月二十四日

埼玉県の工女虐待事件（悉く本県人）同県大宮在の丸ヶ崎工場に苦役しつゝありし本県西砺波郡石動町の桶谷ハルは義侠ある時事新報社の手に依つて救ひ出されたる事は既報の如くなるが尚ほ同工場に久しく牛馬の如く使役されたるハルと同郷なる岡田セキ藤澤カノの両名は雇主が残酷にも碌に飯らしきものも与へずして虐待すること人一倍といふ無慈悲の使ひ振りなれば両工女も同時しか栄養物の不充分なりし為め各々盲目となり殊に鐚一文の賃銭を与へざるより実に見る影もなきみすぼらしき姿となり居りしを又にも同社の手に依つて救ひ出され目下其れ〴〵病院に入院せしめて治療中なるが中にも岡田セキは頗る重患なりと又た両盲目工女の救ひ出されたる後ち之を羨みてか同工場を逃亡したるも亦た本県の産にて田畑ツヤといふものにて逃亡するや直ちに上京して時事新報社につき哀を請ひたれば義侠ある同社のことゝて痛く之れを保護し且つ救済の方法を講じつゝありと、其の義侠や感すべし、其の挙や賞すべきなり、ア、斯くも揃へに揃へて本県人の他郷の天地に苦役され盲目とまてなりしは返すぐも本県人の不幸といふべし、シカシ其の雇主こそ非道の人似人にて其の金子初五郎と云ふ場主及び同人母は埼玉裁判所に拘留せられ予審中なれば追付相当の処分を受くるならん。

（『富山県史』史料編、第六巻、一一七八～一一八〇頁）

明治三十七年（一九〇四）十二月二日、現新潟県長岡市古志。

太田村重立協議会決議事項

一、(ママ)左ノ事故ハ廃禁ス

［略］

十三、奉加物貰（盲人ハ除ク）飴売獅子舞神楽、無関係僧ノ托鉢、物品押売虚無僧等ニ金銭物品ノ授与

（『山古志村史』史料二、一一三八頁）

明治三十九年（一九〇六）十一月二十三日、現長野県飯田市。

飯田瞽女の請書

御請書

私共居住いたし居候上飯田村字羽根垣外、盲女長屋と称する屋敷并其の附属物地を他人へ売渡さゞる筈に付、五人組の内にて世話致す可く候、若一不得止売却之節は部落又は区の団体へ売渡し、往年御助力の趣旨ニ背かざる様いたすべく、御請書如件

明治三拾九年十一月二拾三日

上飯田村
小平てい
福本ひさ
加藤ゆき
世話人　伊藤こま
本田しま

大島村古町
知久仙右衛門殿

（『飯田瞽女（ごせ）資料』（伊藤ふさ〔ママ〕家資料、天明五巳年以後。建家絵図。弁天敷地）。三好一成「飯田瞽女仲間の生活誌」二四八頁も参照）

明治四十二年（一九〇九）五月二十日、現新潟県上越市。高田瞽女の借用証書

金円借用証書

印紙

一、金拾円也　但シ割子之義ハ一ヶ月金一円ニ付一歩ノ定メ

右金般用要金ニ差支候付貴殿方洪用金正ニ借用候処実証成也、然ル上返済之義は来ル明治四拾弐年八月廿日元利取揃金返済可申候、万一本人其際ニ至り返金祓兼候節ハ本人ニ替テ保証人ノ拙者取急度返済申可ク、後日為借用書一冊差入置キ於ニ本書件如

高田町下職人区

明治四拾弐年五月廿日　　借用人　相沢モヲ㊞
高田町本杉鍛冶区
同業者拾六名様　　保証人　内山タカ㊞
御座元様
（「金円借用証書」）

明治四十二年（一九〇九）六月三日、現長野県飯山市。俳人の河東碧梧桐が瞽女に出会う

六月三日。晴。

飯山《いいやま》の町は家の作りの雁木《がんぎ》などがすでに越後化しておると思うて過ぎた。町外れに来た時平めな三度笠を被《かむ》った小さな女の子が、三味線を弾いて人の門に立っていた。脚絆草鞋《きゃはんわらじ》の扮装《ふんそう》で、背にかなり大きな布呂敷《ふろしき》包みを負うておる。同じ風俗をしたまだ十にも足らぬ位の女の子が、見る間に三人一所になって調子を揃える。三味線の音はベコベコいう。三人が声を張り上げて歌を唄い出した。文句はわからぬが、節はからくりの歌めいた、始めの甲高《かんだか》が末細りのする田舎節《いなかぶし》である。立ち止って聞いておると、すぐ歌をやめて、三味線を右手に持ち直した。一人は向うへさっさと行く。中で一番背の大きな女は一人の小さな女の背の包みに手をやって牽《つ》れて行った。あれは何だろうと、同行した青陽にきくと、瞽女《ごぜ》です、と簡単に答える。そういえば、中で大きな女は盲目であったらしい。小さな瞽女だなァ、というと、今頃沢山来ます、越後から稼ぎに来るのです、大方高田近在から出るのでしょう、五人十人隊を成して来ます、と答える。詞の終らぬ中、今度は立派な年増になった瞽女が二人ずつ三組四組と来る。二人の中の後から尾《つ》いて来るのは皆盲目である。草鞋、脚絆、赤い緒のついた三度笠、盲目縞《めくらじま》の背の布呂敷包み、胴を縞切れで包んだ三味線、目明きも盲目も皆同じ扮装である。中に三味線を背の荷の上に斜に結びつけたのが、何か知らず、大きな声を出して呼びかける。一番前にいた盲目が後ろを向いて頓狂な声で答える。果ては一同で所構わず「アハハハハ」と笑う。何か一曲やらして見たい、と思いながら、青陽に相談する間に、瞽女は町の方に見えぬようになった。また来るでしょうという。富倉《とみくら》峠にかかる裾の茶店に休んで、しばらく心待ちにしていた。茶店のかみさんの話によると、今頃来る瞽女を田植瞽女というそうだ。田植労れの慰みを当て込んで来るから、自然そういう名がついておるという。田植瞽女とは面白い名だ。そういえば、広重か誰かの画で田植に三度笠を着た旅芸人の踊っておるのを見たこともある。裏高杜は存外嶮しい鋭い山で、頂の峰が判然と二つに分れる。こちらは山陰だけに杉の植林がしてあるなどと、眼前の山を仰いでおる間も、今来るか今来るかと待っておる。一体瞽女の一行に男の交っていないのは亭主というきまったものがないのか、重そうな背の布呂敷包には、何を入れておるのであろう、その様子が一時の旅でなくて、終生の漂浪のようでもある、それに若い娘は交っておっても、年寄った婆さんは連れておらぬ、のも不審な事だ。茶店のかみさんは、あれで瞽女はなかなか儲かるそうで、という。きょうのは左様でもないが、中には随分派手なナリをして来るのがあるという。弱い動物には保護色というものがある。蝶々の木の葉色をしたり兎の夏冬毛変りをする類いである。瞽女の旅稼ぎが、子供の娘であるのは、そうしてかなりに姿を作っておるのは、弱者の保護色である。ベコベコであるとは言え、三味線は片田舎《かたいなか》にとって唯一の楽器である。単調であるけれども、瞽女節も一つの声楽である。これらも保護色の上に、保護機能を具備するものというてよい。青陽が突然、もう来ないようです、行きましょう、という。きょうはまだ七里の峠路を抱えておることを思い出して、じゃ行こう、と立った。しかしそういう保護機能のあるものが、たださえ淫風《いんぷう》の吹きすさむ田舎巡りをする。田植盛りの若い者の前に興《きょう》のある音楽を奏《かな》でる。理想のない本能と本能との接触は、その音楽の媒介《ばいかい》で一層の融合を来たす。盲目が多いというのも、その本能の副産物ではあるまいか。四五間踏み出すと、来た町の方に、ボロボロ三味線の音が、風の吹き廻しで聞える。その音が何とはなく、じゃらつけじゃらつけというようであった。

（河東碧梧桐『続三千里』上巻、六五～六七頁）

明治末期～大正頃編纂、現福岡県柳川市

当地にては琵琶、箏、三味線、〔浄脱カ〕瑠璃、四つ竹、尺八等弾奏するものありき。琵琶は盲僧・検校之を弾し、正月の初め又は節分のときは厄払或は土用払などに各家に来れり。単にこうしん〔荒神〕払をなす事あり。又俗楽に合奏する琵琶弾きあり。往時門弾に盲者の男女参れり。男子は必ず編笠を冠むれり。男子は琵琶、箏、三味線、四つ竹、尺八を弄び、女子は主に三味線と箏のみなり。これも家元ありて其支配を受く。祝儀等の席にも皆な男女の盲者を招き弾奏せしむ。其芸に達すれば家元に相当金員を納めて位を受く。男子は浄何、女子は何寿と称す。即ち浄清、菊寿の如し。侍又は町家の婦女三味線の稽古をなすには右の盲者を師匠とせり。

（渡辺村男『旧柳川藩志』中巻、二四二～二四三頁）

大正元年（一九一二）十二月十四日、現神奈川県藤沢市西俣野。「瞽女渕之碑」の刻字（藤沢市教育研究所編「稲作慣行調査書」）

往古ヨリ一小渕アリ偶々延宝年間一人ノ瞽女溺死シ茲に始メテ瞽女渕ト称ス其後溺死スル者数人為メニ沕渕ナルカ有志屢々是ヲ埋メ堅堤ヲ築クト難モ一朝洪水ニ会スルヤ必ス堤塘決潰シ忽チ渕トナシ亦田甫ニ氾濫ス弘化二年一浪士此厄ヲ除カント遺書シテ犠牲トナル村人其霊ヲ祭リ土手番ト崇敬ス明治四十二年藤沢町六会村俣野村聯合耕地整理施行ノ結果諉渕ノ旧態ヲ滅スルニ至ル茲ニ於テ有志相謀リ碑石ヲ建立シテ殉難者ノ霊ヲ追福スルト共ニ永ク之カ記念トス

大正元年十二月十四日建之

（小寺篤「芸能地名考――藤沢「瞽女渕之碑」の周辺」九〜一〇頁）

大正三年（一九一四）刊、現埼玉県北葛飾郡の「ごぜ歌」

○可愛や男に植ゑられて、こやしくれ〳〵そだてられ、やうやくせいじんしたなれば、くはやまんのにおこされて、ごり〳〵とおんもまれ、みかいの中にとあげられて、まないたそーぞにのせられて、うすばや庖丁手にかかる。なべの中にといれられて、上からぴんとふたをされ、下から、どん〳〵火をたかし、可愛や、おたまにすくはれて、あかわん舟にとのせられて、白はしりやうどにはさまれて、口の中にといれられて。べろの車にのせられて、奥ばの茶屋へと、こしよかけて、のどの三寸くぐる時、つらいや、かなしや。

（『俚謡集』一三四頁）

大正四年（一九一五）七月、現富山県高岡市。近世以降。高岡城下の「瞽女町」（『高岡新報』連載）

瞽女町

延対寺

今日は高岡の大火、あの卅三年の大火災のあつた日に当ります。高岡の大半を焼き尽くしたこの日はいろ〳〵古い記憶を新らしくさせます。下川原の開正寺から板橋座の辺りにあつた瞽女《こぜ》町といふ絃歌の巷も、新横町の古曼新曼も、最う跡形もないことになつて仕舞ひました。殊に瞽女町はその起元も余程古く、又たいろいろ移り変りがあつたのです。此所へ遊びに行つた客は亦た多く上流の人々でありましたから、自然他の遊廓と趣きを異にした話があります。延対寺、中、論田、古寺、西円、石垣、二本杉、一本杉、この九軒が下区、角田、茶釜、川端、小梅、新川この六軒が上区といひましたが、今残つてゐるのは延対寺だけであります。其所で延対寺の女将《じょしょう》の昔話を書くことに致しました。

昔の瞽女町のお話をすれば、それは長いことで、面白い忘れられない事が沢山にあります。私共は未だにその気風が残つてゐるから困ります。延対寺の隣りが中と申しました。あの芝居にも致しましたおやそ殺しといふのはこの中にあつたことで、延対寺は私で丁度三代目かと思ひます。その間に些度後見をしたやうな人も加はつて居ります。一体瞽女町といふのは、その名の通り技芸の出来る瞽女があつてその手引をする女が其れに附いてゐるのが始りでしたから、何所の家にも名目だけの瞽女が一人づゝ置いてありました。けれども本当の玉は手引する女でありました。それで家の代継ぎをさせるのも、沢山の養女妓《ようじょぎ》の中の望みのある者に譲るといふことになつてゐました。私なぞも養女共の中では一番の末子でありましたけれど、養母が大変に私を可愛がつてくれましたので、私の上の姉さんが私が成長するまで十年ばかりも後見をしてゐたのです。

知らない客

私の養母というのはなか〳〵物の出来る人でありましたが、これが不慮の死にやうをいたしたのです。それは川へ流れて死んだのであります。この時は家に誰も居なかつたので帰つて見ればこの仕抹なので大騒をしたものです。斯様にその家の代継を養女に譲つたといふのは家々の名が寺のやうに附いてゐる通り、この瞽女町の起りが寺に関係があつたからで、丁度寺の代を継ぐのと同じことだつたのであります。

瞽女町は他の旅籠町なぞいふ遊廓とちがひ、権妻町のやうなもので、此所へ遊びに来るお客はちやんと定まつて居りました。それですから幾ら其所にお金が目の前にぶら下つてゐたといつても、知らないお客は一切家へ上げないことになつてゐました。それはまことに厳重なもので、いくら頼まれたといつても知らない人と見ると開けた表の戸もぴしやりと閉ぢて仕舞つたものです。又た船大工のやうなものも上げないことになつてゐました。それでその時分のことですから二十五銭も出して明日の朝まで遊んで行つたり出来たので、一寸お茶でも呑んで休んで行くのに五銭くらゐ置いて行つたものです。いよ〳〵妓共に旦那が出来て眉を剃り落すとなると、それは大変立派なことをいたしました。旦那はそれだけのことをしてやらなければなりません。けれどもよい旦那が附かなかつたとすれば、それだけ家でしてやらなければなりません。それで旦那となれば妓共の身まわりなぞはすつかり拵らへてやらなければなりませんでした。

妓共は平常《ふだん》居《お》る時は、前垂掛けでゐたものです。それも木綿物の質素な姿をしてゐましたがさて外へ出るとなれば、なか〳〵立派な姿をしてゐました。家に居る時と外へ出る時とは丸で様子が異つてゐました。（七四～七五頁）

［略］

町奉行

瞽女町の盛りの頃に不破亮二郎、長井八内などいふ町奉行さまがお出になりました。この奉行さまの時分に一時瞽女町を廃するといふことになつて、その間家々に居ました妓共が困りまして、苧をつむいだり、糸かなを引いたりしてゐたことがあります。それは安政二年のことです。それが同じ六年に至りまして再びお許しが出て、又た元々通りになりました。それで瞽女町では、この奉行さまの思を忘れない為めにその像を写しまして掛物としこれを祀ることになつて居ました。（七五頁）

［略］

扇で顔を

さて瞽女町には一軒に大抵二三人づゝの妓共が居りまして、家の構へは二階建ちで、客間といつても二階に二間、下にも一間か二間といつたくらゐで、小ぢんまりとしたものでありました。それでお客も一日に二組もあれば精々といふものです。お客も今日のやうに、だら〳〵と長くはありませんでした。そして偶《たま》にお客が一度に落合ふやうなことがありましても、互に座敷を距てゝ扇面などで顔をかくし知らない風をして居たのであります。

家々には裏口から密かに忍んで入ることの出来るやうにも拵らへてありました。すべてがおとなしく高等に遊ぶやうにつくられてあつたのであります。妓共もこの客は衣裳のお客、この人は小使銭のお客、この客は何と定めて居たやうな訳でありました。その頃の遊興費の廿五銭といふのは、これを糸代といつて居たものです。これだけを持つて行つていかにも悠長に遊んで来たものですが、このお金も現金なぞで置かうものなら、これは何うしたのだらうといつて怪しまれたもので、すべてが帳面づけになつて居たものです。それがよいお客になればなる程現金で置くといふことがなかつたので、金を払つて行く人は反つて悪い方の客だつたのであります。この帳面をつけるのも妓共が各自に自分のをつけて行くので、それを時々家々の旦那なる人が来て帳面を調べて行く、この帳面もその家の養女中の姉が仕抹して置くといつたやうな訳でありました。この旦那のことを家々では父さんと申して居ました。（七六頁）

［略］

縄からげ

卅三年の大火の前になりまして、瞽女町と旅籠町の遊廓とが一つにならなければならないこととなりました。これはいろ〳〵免許地の関係上からでありましたらうが、直ぐ瞽女町の裏通りの方へこの遊廓が引移して参りましたのであります。そして一つ組合の規則に従はなければならないことゝなりました。ところが何を申しましてもこの瞽女町の風と旅籠町のやり方とは全く反対して居たのですから大変困つて仕舞ひました。そして其の頃の規則で貸座敷の格子の前へ行灯を掲げなければならないので、これは旅籠町の方は造作なく出来ることでありましたが、瞽女町の方ではこれを実行することに大変困難なことでありました。総ての事が目立たないやうに〳〵として居る所へ、そんな行灯など掲げて大変だといふことで、なかなかやかましいことでありました。けれどもそれは何うしても掲げねばならぬといふことでそれでは切《せ》めて入口の戸裏へ掲げてはといふことで、少時そんなことも致して見ました。万事がこんな調子でありましたから、小寺、おこのさ、中、二本杉などいふ家では、その茶の間の天井の梁は縄からげにしてありました。追々時勢も進んで参りましたから、この縄からげ丈は何とか改良して何うかといふ人がありましても、やはり昔通りこの方がよいなどゝいつて聞かなかつたものです。それで茶の間の方は縄からげであつても、その隣の間は立派な座敷になつてゐましたもので、この渋い所がその特長になつてゐたものです。（七八頁）

（村井雨村「瞽女町」）

大正四年（一九一五）八月十七日、現新潟県上越市。高田瞽女への寄付金証

誌
一、金伍円也
右ハ本院再建費として御寄附相成候条、誠に感謝之至に候、
こゝに受領証豪謝意を表し候也

大正四年
　八月十七日
　　　　　　　　笠原別院本誓寺
　　　　　　　　　再建事務所[印]
椎名こでん殿
　外御同行御中

（「誌」）

大正五年（一九一六）、現長野県。信州諏訪領の瞽女（『郷土研究』第四巻第一号）

瞽女とは三味線を弾き浄瑠璃節を唱って門附けをする盲目の婦女で、封建時代に諏訪藩に於て此種の婦女に与えた保護の方法は、今日尚残形を留めている。瞽女は春秋の二回各村を巡歴し来り、宿泊は区長の家と定まり居り、村内では各戸瞽女一人につき米二つかみと定め、如何に多忙の時でも茶を与え対等のあいさつをする。子を負へる者には其子にも一人分の米を遣る。此子はやはり領内出生の盲女に限り、長じて亦瞽女となり、盲女を子とし家を続かしむる由。此瞽女は何れの家へも巡り行くが只生団子（ナマダンゴ、二巻三五二頁等参照）の家だけは避けて行かぬ由。諏訪には旧藩時代にはこの瞽女の長屋があって保護も至って厚かったと云ふが、現在は果してどうなっているか知ること能はず。

（平瀬麦雨「小通信」六〇頁）

大正五年（一九一六）、現石川県金沢市。金沢の風俗

口祝　［正月］十五日を過ぐれば、各自互にその家へ親縁知已［己］を招きて新年の宴を張り、これを口祝といひ、主客いづれも礼装して歓を尽し、余興に福引を催ほし、座頭又は遊芸師匠をして、琴・三味線を弾かしめて興を添ゆ、現今自家にて催ほすもの稀にして、多くは料理屋に於てす

（風俗編第一巻、一六四頁）

甲子待　甲子待《カシマチ》は庚申待《カウシンマチ》とともに、謂はゆる日待の中の一つにして、甲子に当る日、自家に泰安する大黒天を祭り、黒豆の交りたる神饌を献供し、又炒米をも調へて供ふ、この日、夜半子の刻まで、眠に就かず、家人団欒し、又は知音を招きて雑談を交はしたれど、金沢にては、座頭或は瞽女を招きて義太夫を語りなどせしむるなり、現今これを行ふ家なしといふ、

（風俗編第一巻、二〇四頁）

吉事祝　［略］　往時、藩中諸士進級の吉事発表の日は、大概七月・十二月両度に下命するものなり、其日加増・栄転・進

級・新知召抱等と称して吉事と呼ぶ、知已〔己〕・朋友・親類等に就て祝ふを嘉例とせる如し、必ず招待吹聴の手紙を配る、祝儀参加の人々は、祝酒を饗す、吸物・小蓋ぐらゐ也、祝宴に列る人には、二三の酒肴を供す、興を助るには、座頭・瞽女を酒席に列せしむ、又非人頭・物吉などいふ穢多人に祝義を取らす、大声をあげて吉事の祝賀を唱表すること、当今万歳を唱ふるが如し、

（風俗編第一巻、二二〇頁）

芸妓　藩政のとき、酒宴の座興を幇くるものは、座頭・瞽女にして、芸者即ち芸妓なるもの無かりき、文化・文政の頃に至り、芸者は下川除町・笹下町・主計町及び漏尿坂・馬坂・観音坂・卯辰などに居りしかど、厳に絃歌を禁ぜられたれば、淫を鬻ぐを専らとし、世人はこれを売婦といへり、当時芸者の名あるものは、母衣町に玉川松吉・矢矧屋吉松・有若の松などあり

（風俗編第二巻、五四〇〜五四一頁）

（『金沢市史』［『稿本金沢市史』］）

大正十一年（一九二二）、現新潟県上越市。高田の瞽女人口と住居地（古川アサ子聞き書き）

親方	ごぜの数	住所（現地名）
杉本	五	東本町四
草間	十三	北本町
あげ石	一	六の辻
佐藤	三	六の辻
しんぼ	二	かじまち（東本町五）
しんぼ	三	同
不詳	三	上紺屋町（仲町一）
不詳	二	大町
相川	一	大町
不詳	三	五ノ辻
不詳	一	五ノ辻
丸山	二	東本町
あげ石	三	よりまち（仲町）
古川	二	しんち（本誓寺大門）
計	十五軒	四十四人

［五十嵐シズエ談による］

シズエさん（杉本キクイの同居人、本名五十嵐シズ）がもらわれてくる三、四年前、杉本さんの家は五軒組と称して、東本町の杉本、東本町の丸山、北本町の草間、よりまちのあげ石、しんちの古川の五軒のごぜがひと組になって旅に出た。

しかしシズエさんが来た時（大正十一年）は、五軒のうち二軒がつぶれ、三軒組と称して、杉本・丸山・草間だけになった。その後だんだん弟子になる人がいなくなって、バタバタとごぜの家がつぶれていき、十二、三年前ごろ（大戦中）に、現

在［一九五八年頃か］の三人になった。

（高田市文化財調査委員会編『高田のごぜ』二〇～二一頁）

昭和四年（一九二九）三月七日付、現新潟県長岡市。長岡瞽女の風俗・稼業など（『東京日日新聞』）

一つの伝記的存在……

越後「ごぜ」の起り

…新潟県の巻…（十八）

その頃《ころ》の「時代兒《じだいじ》」をんな株券師《かぶけんし》の花《はな》々しい活躍《くわつやく》を耳《み丶》にしたわれ〳〵は、これはまた何といふ皮肉《ひにく》―あはれ盲《もう》目の女群《ぢよぐん》がこの長岡《をか》にゐるといふ事実《じじつ》に、奇怪《くわい》の眼《め》をみはらなければならぬ。

それは漂泊《へうはく》の女「ごぜ」の存在《そんざい》である、長岡《をか》を中心《ちうしん》に越後《ご》の隅《すみ》々から、遠くは奥州《しう》の片《かた》田舎にまでさすらひの旅《たび》をつゞける。

ジプシーにも似《に》たかの女《ぢよ》たちの姿《すがた》のいかにいたましいことよ……

盲《まう》目の不自由《じゆう》なからだを、一本《ほん》の杖《つゑ》と一挺《てう》の三味《み》に託《たく》し、家から家へ、町から町へ流して歩く。

女株券師《かぶけんし》の活躍《くわつやく》や、毒《どく》消し売りの遠征《えんせい》は越後《ご》女の心意気《いき》を示《しめ》すに充分《じうぶん》、製糸場内《せいしぜうない》に働《はたら》く数《すう》万の女工《ぢよこう》は越後《ご》の農《のう》村経済《けいざい》に大きな力を添《そ》へる。

しかし、「ごぜ」のいた〳〵しい活躍《くわつやく》に至つては、いくら何人でも、越後名物《ごめいぶつ》と名付けるべく余りに悲惨《ひさん》ではあるまいか。

古老《ころう》の語《かた》るところ

いつの頃《ころ》ともしれず、長岡藩主《をかはんしゆ》に一人の姫《ひめ》があつた、容姿《ようし》端麗《たんれい》——照姫《ひめ》といつたが、可愛《あい》さうに眼病《がんべう》にとりつかれ、国中《くにちう》の名医《めいい》万薬《やく》の手当もつひに効なく失明《しつめい》した、藩公《はんこう》のなげきは百万石の知行《ちげう》を失《うしな》ふにも勝つたといふが、せめて諸《しよ》芸を習はせてゞも慰《なぐさ》めの一助《じよ》にしようといふ親《おや》心、それからはあらゆる師《し》匠《せう》を迎《むか》えて芸道《どう》に精進《せうじん》させたといふ。

姫《ひめ》が身《み》の不幸《ふこう》をかこつ、心は世の気《き》の毒《どく》な同病者《どうべうしや》のあはれみに移《うつ》つて、やみの世を淋《さび》しく送る領内盲《れうないもう》目の女達を城下《か》に集《あつ》め、諸《しよ》芸を習はせたのがそも〳〵「越後《ご》ごぜ」のおこりだといふ——一場《ぜう》の哀話《あいわ》。

［写真「越後ごぜの一行」略］

長岡《をか》は大工《だいく》町の一角に、ごぜ小路といふのがあるが、そのうす暗《くら》いろぢの奥《おく》に、ごぜの親方、山《やま》本ごいといふ婆《ば》あさんがいまもゐる。

むかしはこの一角に数《すう》百人《にん》のごぜが絶えず住んで、旅立《たび》つもの、帰《かへ》るもの、入り代り、立ち代り諸国巡業《しよこくじゆんげう》に出ては帰《かへ》つた。

いまでも百人位《にんくらゐ》はゐるといふことだつたが、旅《たび》立つときは五人《にん》十人位《にんくらゐ》が一団《だん》となり、行列《げうれつ》をつくつて出て行く、汽車《きしや》にも乗つてはるぐ〳〵遠出をする。

毎年《まいねん》四月十七日《にち》は御恩講《おんこう》といつて、旅《たび》に出てゐるごぜ達は一せいに長岡《をか》へ集《あつ》まつて来て、昔恩愛《おんあい》をたれた照姫《ひめ》のために、法要《ほうよう》を営《いとな》むことになつてゐるが、中々盛大《せいだい》なものださうだ。

山本《やま》ごい婆《ば》あさんの語《かた》るところ「だん〱不景気《ふけいき》になつて、私共《とも》の古くさい歌《うた》に耳《みゝ》を貸して下さる方が少くなるのでこまつてゐますこの頃《ころ》では蓄音機《ちくおんき》だとか、ラヂオだとかいふ調法《てうはう》なものが出来て、一層渡世《そうと》がむづかしくなりました、でもまあかうして手足の動《うご》く間はやつぱり働《はたら》かなくては……」と老いの眼《め》をしばたゝくのであつた。

ともあれかの女《ぢよ》たちも、浮世の生活苦《せいくわつく》と戦《たゝか》つてゐるんだ。雪《ゆき》に閉《と》ぢ込められ、ほの暗《くら》い家の奥《おく》に一年《ねん》の大半《たいはん》を暮《くら》す越後《ご》ではめくらが非常《ひ》に多《おほ》いときく、眼病《がんべう》が風土病《ふうどべう》のやうにもなつてゐる。

ごぜの如きもこの風土的環境《ふうとてきくわんけう》が生んだあはれなる一つの存在《そんざい》と見《み》る事《こと》が出来ないであらうか。

（茅野生『越後〈ごぜ〉の起り』）

昭和四年（一九二九）十二月十七日、現新潟県糸魚川市。上谷タキの瞽女唄遊芸鑑札

［表］

第一五二号

唄

遊　芸　鑑　札

新潟県西頸城郡糸魚川町大字上刈

二百二十九番地

上　谷　タ　キ

明治二十四年七月二十日生

［裏］

新潟県

糸魚川警察署

昭和
大正四年十二月十七日下付

（鈴木昭英「越後瞽女組織拾遺」九七頁掲載の写真による）

昭和六年（一九三一）、現新潟県長岡市。長岡瞽女の風俗　→

明治十年（一八七七）刊

盲人の制度

盲人座頭・盲女瞽女は、其の領組内に座元があつて支配する。冠婚に限り、身分に応じ定額の米を与へる之を配当と名づく。

（『長岡市史』二四〇頁）

座頭・瞽女は其の座元又は総録に附して処分。

（『長岡市史』二四九頁）

瞽女《ごぜ》小路　大工町通り北側の中程から、北して中島に出る橋まで、約二丁程の短い小路である。此処には三蔵火事後、越後国の瞽女の総取締が住んで居て、毎年正月九日には支配下の瞽女を全部集めて、業務上の命令を伝へ、素行を糺明して賞罰を行ひ、且つ将来を警めるのである。然るに時勢の変遷に伴つて瞽女の数は減じ、其の制度も殆んど壊られ、瞽女小路の名も漸く世人の記憶を去らんとしてゐる。

（『長岡市史』三三九頁）

[正月十一日]　今日は瞽女の年始とて、数人一団となつて『数の宝を云々』の歌をうたひつゝ各戸に銭を乞ふ。

（『長岡市史』八七四頁）

[三月] 七日　瞽女《ごぜ》の妙音講とて、諸方の瞽女大工町の瞽女頭の家に集つて、妙音天女を祭る。此の時瞽女の掟を言聞かせ、不行跡の者を戒める

（『長岡市史』八七七頁）

昭和六年（一九三一）前後、現千葉県富里市十倉。昭和六年（一九三一）十一月［十二月か］三十一日、および七年（一九三二）元日、印旛郡富里村十倉六軒家の山下八衛門談

ご　ぜ（一）

ごぜですか、以前には随分来ましたよ。近頃はぱつたり姿を見せませんがね。時をきらはずにやつて来たもので、こゝらでは一口に木下ごぜ（Kioroshi-goze）と言つてゐたが、それからごぜたちもどれも〳〵自分で、わしは木下から来たと言つてゐた。しかし木下が決してごぜの出て来るもとの場所ではなかつた。そのごぜたちは、殆ど利根川を渡つて来た茨城者であつた。

こちらに来たごぜは小さい組で十人位、大きいのになると二十人もが一組になつて村にはひつて来るのだつた。親方があつて、その下についてる弟子たちは目の悪い子、それから貧しい家のもの、孤児などであつた。部落にはひつて来ると、まづ三人五人と一組づゝに分れて、門づけをして歩く。それから親方の顔馴染の家に行つて宿を定める。すると、その弟子どもが一人一人村の家に行つて、自分たちは何々親方の弟子ですが、またこゝに来て何某さんに宿をしてゐます。どうか今晩とあしたの朝の食事をさせてくれといつて頼んで歩く。一軒に一人づゝの割合であつた。勿論食べさせて貰ふのだが、それを村の家々では快く承知してやつた。

さてその晩になると、村の若い者たち男も女も、そのごぜ宿の泊つてる宿におしかけて歌を聞きに行つた。そして心づけをやつた。その夜はおそくまで、うたつて騒ぐ。

このごぜたちは大抵一晩で、そこの部落を出立してしまふのであつた。

（水野葉船「下総開墾の見聞」（三）、三九～四〇頁）

昭和七年（一九三二）、現新潟県上越市。高田の瞽女人口

ごぜの数は、文化六年記録では五六人、明治三十四年調べでは

五六人になつたが、昭和七年には一〇数人に減じ、現在（昭三〇）三人である。

（『高田市史』第一巻、三〇三頁）

昭和八年（一九三三）七月二十五日付。記者が三国街道で見た越後瞽女（『東京日日新聞』）

ふと暮れかゝる旧道《きうどう》に破れ三味線《みせん》の音。三人《にん》づれの瞽女《ごぜ》である。近頃《ころ》は越後《ご》路でもあまり見《み》受けない。何と思つてこんな処《ところ》へ、そして三人で一軒《けん》から一銭づつもらつて、どこからどこへ？　さつと一抹の哀愁《あいしう》が心をかすめるのを如何ともしがたかつた。

［写真「旧道を流して歩くごぜ（三国街道）」略］

（石川欣一「通り過ぎた幸福、同じ道から帰る」）

昭和九年（一九三四）前後、東京。東京の瞽女

其以前にも三味線を肩に載せ、足駄ばきにねェさん被りなどゝいふ異様な行装で、春の野路を渡り鳥の如く、わめきつれて来る盲女の群があつて、是も尋ねると皆越後から来たと謂つて居た。実際は行く先々で補給せられ、縁が有れば一地に定住もしたと見えて、今では其末流とも見られる者が、鑑札を受けて立派に東京で飯を食つて居る。自分等が目撃して居るのは、無論頽廃を極めた最後の姿であつて、以前は統制ある一つの組織を具へて居た。

（柳田国男「遊行女婦のこと」一二四頁）

昭和十年（一九三五）六月、現新潟県新潟市横越。中蒲原郡横越村、大倉シマ談

問　下越のお前さん達の仲間に組合のやうなものはありませんか

答　カミ（上越）の方では、そんなことがあるかも知れませんが越後（彼の女ははつきり越後と言つた。下越の意味である）ではそれほど厳重なことはありませんね、一体カミ（上越）の方の人はきまりが宜くて、雨が降ろうが雪が降ろうが笠を被つて桐油合羽を着前莫蓙を宛てて門附けに廻ります（彼の女の言葉は商売柄だけか土地柄に似合はず訛りがなく十分に聞取れる）勿論取上げはそれだけ余計になります。越後（下越）では組合も規則もありません。師匠達が最寄々々で相談をして自分の弟子の組の行く先きを極めます。片つ方が福島県なら片つ方は上州といふ風に何でも同じ方へはやらないやうにする。一人で歩行けばそれア割が宜いに違ひないが、泊めて貰ふとその晩は先づ段物を四五段語つてから松阪だの追分だの出雲節だの時の流行唄などの注文が出るのでなか〳〵一人ではやり切れない。それで代り合ふことにして三人位一組になつて出ます。そういふ時には昼の貰ひよりは夜の祝儀の方が多く昼間が二三円なら夜は四五円にもなることがあります。で、此の頃は中暦の正月を目指して出掛けるが五月の何日と日を極めて一旦五月には必ず戻つて夏の仕度をして盆前に又た出ます。春の稼ぎはこの仕度金となるのですが、笠とか雨具とか着茣蓙とか、半チヤ（半襦袢）が四五枚、単物が三四枚、腰巻位のもんで三十円位もあつたら押せ〳〵だ。師匠がゝりのものは取上げの全体を師匠さんに出すのですが前に言つたやうな訳ですから百日以上も働けばどうしても雑用を差引いて二百円以上にはなります。そうするとその位の金は師匠から呉れます。盆前に出ると十月に又た戻つて来て自宅で歳取りをします（除夜のこと）

問　出先きで性的の葛藤などは起らないですか（余計なことだが誰れも聞きたがることだ）

答　出る時には二合出しとか三合出しとか言つて幸先きを祝つて飯を炊いて皆が騒ぎます。そうして愈よ出掛けるのですが、此の頃はラジオなどが行渡つてゐるから山奥の村々を目指して行きます。そうすると先きで待つてゐて呉れる泊めて貰ふ所が皆馴染で、そうして仲間が組になつてゐるし、一晩止まれば翌日の朝は立つのですから、面倒な間違ひはまあないと言つて宜いでしやう（と彼の女は言つたが曾呂利物語にある盲女と商人のやうな話が全くないとは断定し得ぬだろう）

問　収入を胡麻化して師匠に出さぬやうなことはないですか

答　大勢の中だからそういふ人も偶にはあるでしやうが、連れもあり師匠の方でも以前出た記憶があるので容易に瞞着されまい。第一左様いふ人はかたぐ〳〵しくて容子で分る

問　昔と今との収入比較はどうですか

答　今は昔の半分位でしやうね。昔、世の中の宜い頃、私達の出てゐた頃には年二度出てそれだけで生計を立てゝまだ二三百円位は屹度残りました。で、古い人達は大抵誰れも二千円位の貯金はしてゐますよ、私共でも沢山金を持つて歩行くと飛んだ悪戯をする人がありますので二十円以上になるとどこでも構はず郵便局へ貯金をして帰つてから纏めたものです。それでも不意の入金でもあつて二組も三組も落合ふたりすると温泉場などよく遊びました。今の人は口過ぎをするだけでも宜いと言つて出ますが、如何に不景気だと言つても真逆それればかりではありませんよ、元手を掛けて唄を習つてそれで出るのが証拠です

問　師匠と弟子の関係はどうですか

答　以前は弟子は十八年の年期でありました。今は十年だ相です。それから礼奉公を一年します。弟子は皆口米をもつて師匠の自宅へ行くか、或は自宅へ師匠に来て貰ひます。どつちでも師匠から組を作つて貰つて出れば師匠へ取上げを出さねばならぬことは同じでありました。口米でも自宅へ来て貰ふ禮でも、師匠の方では左様いふ収入が見込ですから全く僅かのものでありました。

問　ゴゼの唄ひものは

答　盲女節は景清とか俊徳丸とか権八吉原通ひとか山中團九郎とか極まつたものです。其の外は時々の流行唄何でもですが、コウタイジ節（新潟廣大寺で祝言唄）のやうなものはボンサマ、座頭のボンサマが唄ひました（中魚沼郡の方言だとばかり思つてゐた男盲人をボンサマといふことは階級語であることを始めて知つた）

問　出先きで一番難儀だと思つたことは

答　正月頃山奥に這入るので雪吹雪で終始難儀をしました。山奥の村には藁が乏しくて草鞋がないから三十足も一処に担いて行く。それだけでも一層な荷物な上に、草鞋を惜む為めに朝立つ時宿の人の親切がなければシミ（凍）た草鞋を穿いて出なければならん。今の人達は靴や夏は鷹匠足袋《タカジャウ》でそれは楽なものですよ

問　今日では全国から何人位ゴゼが出るだろう

答　それは分りませんけれども、私の処でも毎年二組か三組位いろ〳〵相談に来ますから、昔よりそんなに減らんでしやう。

一番お仕舞にそんならお前の貯金はどの位かと露骨に問ふて見たのはこつちは真剣な積りだつたが、山中團九郎とでも用心したか見えぬ目をニヤニヤ笑はして終に教へなかつた。

（小林生「或るゴゼ（盲女）の生活誌」四四〜四七頁）

年代不詳

鎌倉初期か（書き下し文か。明恵［一一七三〜一二三二］『明恵上人伝記』とあるが、不詳）

又美福門の前に一人の盲女あり、謳つて云く、「南天竺に一小国あり云々」未だ次句を聞かざるに行過ぐ。便ち立ち返り、同行を顧みて曰く、我れ彼女盲女を供養せん。南天竺には如来遊化の地なり。遺跡処々に充満せり。此盲女仏法流布の国に生まれて、未だ深理を知らずといへども、五天の名字を唱へ如来の遺紀を歌ふの条、珍づべし、貴ぶべしと、即ち同行を遣はして之を供養す

（岡見正雄「瞽女覚書」七六頁）

室町後期か。祝儀の席に座頭、幸若などと推参する瞽女（古絵巻『鼠の権頭《ごんかみ》』天理図書館蔵）

校訂者解説「おみつ、おはる、おたま、三人（鼠顔）トモ、同ジ模様ノ被衣ヲキ、杖ヲ突ク。おたま後ニ離レテヰル」

［絵詞］

いかに、おみつ、おくへまいり、めてたき、うたいうた、すこしうたふて、ひきでもの、とり申へく候

おみつや、おはるに、おいはぐれ、はしり候へは、二ところにて、ころひ、ひざい《(マゝ)》ふして、あゆまれ申さす候

(『鼠の権頭』七三頁)

江戸初期か。「徳川成憲百箇条」、徳川幕府の仁政に関する法典の偽造

一、四民之外穢多哺啜《ホイトウ》瞽男盲女無レ告族、古来憐レ之与レ活、是仁政之始成ると知へき事、

(『徳川禁令考』前集第一巻、五九頁[一五三号])

江戸初期か、現三重県。紀伊藩(『南紀徳川史』第五巻)

一、惣して武勇心掛有之内にも、うはの空なる心かけの輩も有之由聞へたり、人をかゝへるにも見はニは心をよすれとも根性の吟味薄し、又馬もふかん症にて剰老馬なと引立置事、又ハ身には粗相成物着ても能人馬を持武具等たしなむ儀何れも存知の前也、尤右之段心掛へしといへとも、無用のだて道具遊山酒盛さんこしゆさみ線琵琶琴古筆すき造り庭花すき道具とり売、唐物やすき者町人ごぜ座頭栄耀の芸者女事若衆あつかひに物を入、或ハかけ物もの勝負に物を入候事、又ハ家ハ表向人並にて雨さへもらされハ能に、いらさる作事普請等に費をいたす事是皆実の心掛なきしるし也

(『松阪市史』第一一巻、七二〜七三頁)

江戸前期か、現新潟県上越市。高田領の座頭・瞽女人口(「嗣封録」二)

一、高田領中
村数　丑年改　三百十二ヶ村
[略]
人数　四万八千三百五十二人
[略]
瞽女　十六人
[略]
座頭　五十四人

(『上越市史』別編六、八二頁)

年代不詳。「立制沿革」(成憲考異)

三十五
一、巫夫巫妓野伏山伏盲女瞽叟乞食穢多諸游民等、皆雖レ有二古来之司一或及二争論一、或踰レ等而背二式法一者於二刑罰一不レ可レ厭事

(『徳川禁令考』前集第一巻、一五三頁[三〇六号])

年代不詳、酉七月、現石川県。加賀藩北村、救米・救銀などの算用に関する覚(「筒井内記、小紙等留帳」)

覚
一、九百三拾石　申十一月十二月酉二月御救米
一、拾弐貫目　酉二月御救銀
一、三拾石　仁岸組　櫛比組　七浦組同断
代三貫三百三拾目

一、四拾四石六斗七升五　瞽女　座頭　非人　藤内　皮多共江
　　御救米

合

　但来戌年より拾五ヶ年賦返上

一、三拾俵　御救塩

一、千弐百八拾三石五升　御蓄米

〆但月ニ見計相渡ス

（年代不詳）酉七月

右之通北村より書上候事

（田中喜男『加賀藩被差別部落史研究』四〇〇～四〇一頁）

年代不詳、現鳥取県。鳥取藩法

一、仏事之節、忌懸之外一切不可出合候、并供養為とて盲女・座頭呼集、斎・非時施候義、こゝろさし次第之義ニは候え共、分限不相応成義は決て仕間敷事、

（『藩法集』第二巻、二二八頁［一七〇号］）

年代不詳、現新潟県。高田瞽女の仲間支配（御仕置）（出典不詳）

榊原式部太夫様御越被遊候後（中略）只今迄瞽女共迄一体に御仕置被成候

（市川信次「高田瞽女について」四頁）

年代不詳、現高知県。土佐藩、「安喜郡府定目」

一、（上略）漁師共漁初之祝、爾来之通可為候得共、祝席へ瞽女・坐頭其余遊芸師等を雇候義は不相成候。

（廣江清「近世瞽女座頭考」二頁）

年代不詳、現長野県松本市。松本領の座頭・瞽女人口

「（表紙）成相組鑑」

　成相組

一、東西五拾六丁　南北八拾弐丁

一、五千三百三人内　男弐千八百拾四人　女弐千四百八拾九人

内

［略］

　壱人　座頭

　四人　ごぜ

（『長野県史』近世史料編、第五巻［二］、二六八頁）

年代不詳、現高知県。土佐藩法、「諸用人類以下伝馬渡方之事」（『憲章簿』逓駅之部一）

一、紫分以上座頭伝馬壱疋出す。其以下之座頭并瞽女送夫壱人遣ス筈之事。

（『憲章簿』第七巻、一八七頁）

年代不詳、現高知県。土佐藩法、「座頭・瞽女并妙音講之節送夫之事」（『憲章簿』逓駅之部二）

一、紫分已上之座頭伝馬壱疋相渡筈。其已下之座頭・瞽女送夫壱人允遣筈之事。
　但、妙音講之節当番ニ相当候者へは、伝馬被渡遣、其余大年行司・小年行司ニ相当候ものへは送夫壱人允、右切手見継を以相渡筈。
（『憲章簿』第七巻、二八七頁）

江戸中期か、現岡山県（『老の杖・地』［森本文書］）↓宝永年間（一七〇四〜一一）か、宝永六年（一七〇九）七月二十九日、同年七月

一、座頭・ごぜノ弟子ニ成、仲間ニ入度願窺
（『岡山県史』第二一巻、九七五頁）

江戸中期か、現長野県上田市上塩尻。上塩尻村、座頭・瞽女の賄い

（表紙）
「当村定例年中行事集
　原　与左衛門
」
［略］
一、難渋者行暮泊候分壱人ニ付世話料拾六文つゝ定夫ニとらせる、当人定夫へ礼いたし候者不遣、多分参りいろ〳〵難渋申、押而願分斗郷蔵台所ニねこだ敷置也、火之用心厳敷申付事
御師・神主・出家少しおもむきよき類ハ壱賄米弐合五夕つゝ、野菜料何か一品遣ス、
ごぜ・盲目当村ニ而ハ扶持いたさぬ旨申聞、夫ニ而も宜敷候ハ、泊り可申段申聞、泊り候ハ、壱人ニ付拾六文つゝ定夫ニ世話料とらせル、乍去目見へぬ者之事なれハ無拠時ハ例にならさる様ニ申聞、米挽わり半まぜニいたし、壱人弐合五夕積りニ渡シ、定夫ニたかせくれる、菜・味噌等一向手当なし、
（『長野県史』近世史料編、第一巻［二］、五五一頁、五七八頁）

年代不詳、現静岡県静岡市。駿府城下の瞽女

追加
お松屋鋪　人宿丁 瞽女の拝領地也
［略］
年中行事
一、宝台院振廻　八月十五日　駿河一国の瞽女ニ一汁二菜の料理を右例也
［略］
凡瞽女六百人はかり当月朔日より台所ニ群来終日也、当日せかきの飯の上立赤紙の小旗を所々の百姓菜虫の除になるよしニて老若の者共奪ひ争ひ取之

(『駿府名細記』)

江戸後期か、四月一日、現神奈川県横浜市。西小安、東小安、生麦村、諸勧化・座頭・瞽女村送りの取極に関する書状

以手紙申上候、抑御□勝奉賀候、右は諸勧化并ごせ・座頭村継送り者継合致間敷旨先達而生麦村より被申聞候所、右之段神奈川宿江も申通候内ニ何儀神職送り被遣候ニ付、芝生村江も右宿より被申遣候、依之右村より今日座頭送り来り候間先継送り可申候、此已後甚左衛門殿方ニ而村々出会之上何れも取きめ候上ニ而相決し可然候、依之今日ハ甚左衛門殿私し掛合之上継送り申候間、先村ニも右之段被御申遣、御継送り被可成候、近々触継より寄会可相触候間、御出会之上御きめ被可成候、以上

四月十一日

神奈川宿助郷会所より

新宿名主源兵衛

西小安

東小安

生　麦

右御名主中様

(「諸勧化・ごぜ・座頭村送りのきめについての書状」関口家文書)

江戸後期か、申六月、現山梨県笛吹市白州町。東北郡新附郡、座頭取締の願書

乍恐以書付奉願上候

当御支配所郡中惣代一同奉申上候、近年座頭共村々江罷越奉加等強而申ねたり候類多、及断候得は座頭之義等申聞彼是引摺手間取居止宿等押而相頼、或者病気之由抔申成逗留いたし村方江迷惑相掛候間、無余義人足差出送り出候儀等度々有之義ニ而左迄ニ無之分も無賃ニ而手引人足為差出候は一般ニ而止宿いたし候而も旅籠等相払候義者一切無之、中ニは盲女等召連候類も有之、右之内ニ者座元支配ニ無之、身元不慥之者等も有之哉ニ相聞候得共、一ヶ年限り御訴申上候も奉恐入、且者村方手数も相掛り候故無余義任頼取斗遣候より止宿并人足等も無賃ニ而取斗候義仕癖之様罷成候義之処、年々右体之類多相成、農業繁多之時節等別而村々迷惑不少候間、今般当国郡中一般申合、以来取締方之義甲府座元印鑑郡中惣代江差出置、以来奉加其外無拠義ニ而頭座〔ママ〕共在方江罷越候節者座元印鑑当人江相渡候筈取極、右印鑑持参候分は名主元ニ而は止宿人足之世話等取扱不遣旨当人江申断、若不法之義申聞候ハヽ、其村方より通達次第早々座元より引取之者差遣シ可引取筈申合候ニ付、右印鑑郡中惣代江請取、村々江通達いたし置候積りニ御座候、然ル処、村々限り申合候而已ニ而は自然相馳候義ニ付、一般御触流之義御三分御役所田中御役場銘々御支配江奉願候筈、当国郡中一同申合候ニ付此段奉願上候、何卒格別之以御賢慮前書取締向之義郡中村々江御触渡被成下置度御仁恵之程偏ニ奉願上候、以上

申六月

東北郡中惣代并
新附郡中惣代
連印

甲府
御役所

（『白州町誌』資料編、五六～五七頁）

江戸後期か、現福岡県福岡市・福津市。福岡藩浦方、「浦人教示条目帳」、倹約の対象となる品々

一、盤将
一、誹（俳）諧
一、活花会
一、蹴鞠
一、楊弓
一、音曲
　但、盲男女渡世ニ致候者ハ差免候
一、破魔弓・羽子板
一、昇・兜
一、ひな飾
右、浦人之内、間ニ飾候ものも有之と相聞候、不相応之事ニ候、乍然男女子出生以後、右之品々一度至而麁相成を祝之印ニ飾候儀は差免候、再度相用候儀ハ堅停止候事

（『福岡県史』近世史料編、福岡藩、浦方［一］、四二三～四二四頁）

江戸後期か。江戸か、座頭・瞽女への配当（「評定所張紙」）

私支配所村々より座頭・瞽女江配当之儀相糺候趣申上候書付
一、瞽女之儀ハ、麦作綿作取入、又ハ秋作収納之頃ハ、最寄村々、勧進ニ相廻り候間、多少ニ不レ限、麦綿籾差遣候得バ、右為レ礼三味線を弾、端歌を唄ひ、罷帰候由御座候、
右ハ座頭・瞽女配当之儀、御尋ニ付、私支配所相糺候趣、書面之通ニ御座候、依レ之此段申上候、以上
　午七月　　鈴木門三郎

（『古事類苑』人部二、九九二～九九三頁）

江戸後期か、現群馬県安中市板鼻。板鼻宿、座頭・瞽女の待遇

「（表紙）
宿村組合内議定書
　　板鼻宿寄場　」

宿村申合内議定之事
［略］
一、座頭祝義之義、婚礼之節居村郡中限り、組合之内高拾石以上五百文、以下者百文、其余難渋之者義者見計ひ遣し可申候事
［略］
一、瞽女止宿之義、相対者格別、村々役元江相掛り候ハヽ、木

賃・穀代請取可申事

（『新編高崎市史』資料編七、三七七～三七九頁）

江戸後期成立か。「関清水蟬丸皇子雨夜宮御由緒配下」

説　教　人形操師　歌舞伎物間似狂言尽　芸役者并旅芸役者
　十三香具師　通俗講釈師　浮世咄師
讃　語　琵琶法師并瞽女　歌念仏　歌諷　浄瑠梨語り師
勧進師　辻能狂言師　辻角力　長吏方并木戸方　小見世物　合
　薬旅売
音曲道　放歌師　白拍子　祭文師　傀儡遊女　三味線方

（盛田嘉徳『中世賤民と雑芸能の研究』二五九頁）

江戸後期か、現埼玉県ときがわ町大野。大野村（森田家文書）

一札之事

今般被仰渡御座候趣左之通り
関東在々致巡行候瞽女・座頭共江吉凶有之節祝儀施物等其分限ニ応し候事ニ候処、近来過分之祝儀施物ねたり候由相聞江、不届ニ候、右体之所業ニおよひ候もの有之候ハヽ、早々召捕差出し[候脱カ]様可致候事、右之通り御奉行様より被仰渡候間、兼而瞽女・座頭江は其所役人共より得と諭し、以来ねたりヶ間敷儀無之様御改革組合限り惣代共より村々役人江可被相達候、以上

関東御取締出役
山本大膳手代
小池三助
大田平助
河野啓助

前文之通関東御取締御出役様より被仰渡候、承知畏右体之風聞等ニ而も無之様急度相慎可申候、依之五人組一同連印仕候、以上

峯組百姓本人　伊右衛門
父　又五郎　㊞
五人組　平治郎
同　長四郎　㊞

番名主　常左衛門殿
外　村役人衆中

（「一札之事」森田家文書）

江戸後期か（『聞伝叢書』巻十一）→天保六年（一八三五）三月

座頭・瞽女抔ねだりゲ間敷儀申掛候節之事

是は百姓家にて吉凶有レ之砌、瞽女・座頭抔志を以遣し候品を不レ請、ねだりケ間敷事共申懸、利害を申聞候ても不二聞入一、無二余儀一役所へ訴出候時は、座頭には法有レ之ものにて、其所に留置伺の上、御奉行所差出候方に候、瞽女は頭無レ之ものに付住居承り、其村役人へ為二掛合一引渡方に御座候、其上差滞候はゞ、御代官にて彼是不二取合一、是又相伺奉行所へ差出候方可レ然事

（『聞伝叢書』七九八頁）

年代不詳、十一月十日、現宮崎県。延岡藩

覚

一、銀弐枚

右は今般御家督被蒙仰候付為御祝儀座当・盲女江施物銀被下置候様仕度奉存候、以上

十一月　御勘定所

（「覚」内藤家文書）

年代不詳、寅十月一日、現新潟県上越市。高田瞽女の借金返済記録か

記

一、下　弐貫拾文目

一、下　壱〆三百拾文目

十五　〆三貫三百廿文目

代弐拾弐〆百三拾文

中　壱〆五拾目　壱ツ

十弐　代八貫七百五拾文

惣　〆三拾〆八百八拾文

右之通相請取申候也

寅十月一日

和泉屋　久兵衛　［□□□　㊇泉屋　□小町］

おちか殿

（「記」）

幕末か、現岩手県花巻市大迫《おおはさま》町。盛岡藩政末（花巻代官所役人の息子「菅原五兵衛覚書」。「座頭屋敷」について、柳田国男『遠野物語』八十話に「主人の寝室とウチ［常居］との間に小さく暗き室あり。之を座頭部屋と云ふ。昔は家に宴会あれば必ず座頭を喚びたり、これを持たせ置く部屋なり」とある）

戸籍

旧南部領之節ハ、戸籍ナルモノ無之候得共、宗門改トシテ毎

年二月初メ相改、町ハ検断所、村ハ肝入所ニテ、検断・肝入江老名立合、組頭共ハ銘々自分組内之生来死去ヲ取調、宗門銭ハ壱人ニ付銭三文ツツ是ヲ生長銭トモ云フ取纏メ、検断所又ハ肝入所ヘ出頭、宗門帳調人ハ昨年之宗門帳ニ依リテ組頭ニ問合セ、組頭ハ組内之出入ヲ答ヒ、其内ニ聟嫁呉遣シ迄宗門ニ附出シ、不申者有之節ハ、当年之出生ニ付出シ、明年之宗門改之節、相当年齢ニ致シ呉遣シ候。

［略］

右宗門之外、座頭宗門有之。大迫通座頭小頭助《マス》ノ一ナル者、橋本裏長屋ニ住居致シ、毎年三月頃宗門改、我実父調人ニ被レ雇取調タル由。其改方不訳ニ付、略ス

（『大迫町史』民俗資料編、七六六頁、七六八頁）

奥浄瑠璃及座頭ノ古事

奥浄瑠璃ハ座頭ノ芸ナリ。其当時達曽部［タツソベ］ノ前ノ一杯ハ参リ、寄セ席ヲ為タルコトアリ。門語リニモ奥浄瑠璃ヲ為シ、瞽女ハ、ソモヤ〳〵ヤラメテタヤノ、トナヘ(テか)ヲ門ニ立ッタルモノナリ。大迫町助［マス］ノ一ト云座頭アリ。大迫通座頭ノ小頭ニテ座頭宗門ト云宗門帳アリ。助ノ一ニテ取扱タリ。即チ座頭・瞽女及其子等迄取扱タル哉、其取調ニハ拙者実父治兵衛ナリ。何レ一ケ年中ノ公事、故障等ノ取片付ヲ為シタリト云フ。亦、婚礼又ハ死亡ノ忌明ノ節ハ、配当銭百四文ヘ肴又ハ菓子ヲ添テ小頭ヘ先キニ贈リタルモノナリ。此ノ古事ハ、或天子様ノ御子小宮太子様ト云御方盲目ニテ、弁財天ヘ御祈願有ラセラ(レ脱)候処、琵琶ト杖ヲ授ケタモフ。且託宣ニ因リ諸国ヲ巡回ノ後御帰リ遊ハサレ、艱難心苦(ママ)ヲ奏聞シ玉フ。御父君聞コシ召サレ、土民ノ子ニ至リテハ如何ハカリナリト思召シ、盲目ニ官位ヲ賜リ座頭ト称ス。人民住家ノ内三尺ノ座頭屋敷ヲ被下タリ。依テ配当銭ハ座頭屋敷ノ為メ招ク替リニ贈ルモノナリト。委シキ事ハ座頭ミャウタント云巻物ニ之アリト云ヘリ。明治何年ニ至リテ、盲目ノ官位廃セラレタリ。

（『大迫町史』民俗資料編、八〇〇〜八〇一頁）

幕末・明治初期か、現新潟県新潟市紫竹山。「盲女みわ」（初名「とし」、安政元年［一八五四］五月四日生まれ）廻村の際の世話依頼

一筆啓上候、春暖之節ニ御座候得共、各様弥御壮健可被成御座弥重奉致候、然は当村百姓藤八盲女みわと申者是迄三味線稽古為致置候得共、何分親元難渋より執行も不任心、未熟の者ニ御座候得共、当年より御村々相廻り度段願出候ニ付、任其意以添書御願申上候、当節柄御厄介ニ可有御座候得共、休泊手引等之御手充被下度御願申上候、以上

（「廻状［後欠・盲女みわ廻村に付世話依頼］」松尾家文書）

明治前期、現静岡県沼津市。沼津瞽女頭の「会津」（『沼津史

料』巻ノ二）

瞽女会津《ゴゼアイヅ》ノ墓　真楽寺ニ在リ、釈顕正尼ノ四字ヲ鐫ス、会津ハ天正年間本城主松平周防守ノ侍婢ナリ、病シテ盲スルニ及ヒ、公之ヲ憫ミ飲食ノ地ヲ与ヘ老ヲ養ハシム、窮スル会津本ト絃曲ヲ善クスルヲ以テ、瞽女ノ技ナクシテ窮スル者ヲ集メ、自ラ之ニ絃曲ヲ教エ糊口ノ資トナサシム。天正十一年ニ死シ、是ヨリ後、其器ニ任ユル者会津ノ業ヲ継キ、并セテ其名ヲ襲クヲ例トス、明治維新ニ至ルマテ、瞽女町ト通称シ（三枚橋ノ西南〔北〕部東海道往還ノ北背ノ一小部落）、官其地ノ賦租ヲ免シ、三枚橋ノ豪家鈴木氏曽テ金一百両ヲ水野藩ニ預ケ、年々其利子ヲ給与スル等ノ恩典アリ。又正月七月及秋穫ノ時等ニ於テハ、三絃ヲ携エ、二三人ツヽ、相伴フテ、町村各家ニ就キテ技ヲ演シ多少ノ米銭ヲ乞フヲ例トシ、家々亦之ニ米銭ニ給スルヲ以テ一ノ義務リ〔ト〕ナセシ者ノ如シ、往古ノ沼津明細帳（即今ノ統計表ノ如キモノ）ニヨレハ、瞽女ノ数常ニ八十人前後アリシカ如シ、明治維新後、各種〔免租〕其他ノ特典自然ニ廃セラ（レ脱カ）シヨリ、瞽女ノ此ニ来ル集マル亦漸ク少ナク、一般人民遂ニ雑居スルコトトナリ、今ハ瞽女町ノ称ナクシテ横宿《ヨコジク》ト称フ

（間宮喜十郎『沼津史料』三六頁）

明治前期、現静岡県伊豆の国市韮山南条。田方郡南条村の瞽女止宿料・祭典費割合に関する定

悉皆地価割

一、金七拾弐銭也　　瞽女止宿料

此条前年度壱人ニ付金四銭之処本年度ハ壱人ニ付金六銭宛ト定メ、人員ハ前年度ノ調査ニ依ル

戸数二分

地価八分

（『韮山町史』第五巻、五六三頁）

明治頃か、七月八日、現新潟県上越市。高田瞽女寄付金の領収書

記

一、金壱円也

右正ニ受納候也

七月八日　　天林寺

高田女　　納所㊞

盲人中

（「寄付金証」）

大正初年（一九一〇年代）、現静岡県沼津市。沼津の瞽女町

瞽女町

瞽女町は沼津町三枚橋ノ北、蓮光寺の裏にあり。茅屋敷拾一小落をなす。盲婦鳩り居る。首婦を会津といふ。世々其名を冒す。其先会津前城主松平氏の侍婢なりしが、眼病にて盲目とな

りしかば、城主大に憫み、飲食地を附して隠居せしめ老を養はしむ。会津は素より絃曲を巧みにせしかば、瞽の身よりなき者を諸国に集めて、絃曲を教え生業をなさしむ。瞽女町の濫觴こゝに始まる。故に其弟子の内、其技の堪能なるものは其業を継ぎ、遺志を絶たずして今に至る。氏の余沢亦大ならず。会津は天正十一年癸未正月二十日病死す。真楽寺境内に葬る。墓石今尚存すと云。碑に釈顕正尼とあるは是なり。

（『駿東郡沼津町誌』一一四〜一一五頁）

II 村入用帳・夫銭帳・宿帳などに見られる瞽女

はじめに

村入用帳（「夫銭帳」、「村入目帳」、「村小入用帳」、「算用帳」などとも）は近世の瞽女の動向を知りうる重要な史料であるので、その成立について簡単に述べておこう。

入用帳には様々な形態があり、ここではその詳しい分類は措くが、その大部分は村費から一年間に支出した公用経費を箇条書にし、最後に集計した会計帳簿である。普通は二冊作成され、一冊は役所へ提出され、現存する村入用帳の多くはもう一冊の控えである。記載内容を承認した証として、最後に惣百姓が連判をしている例が多く、村入用に不信を持った百姓が証印を拒む例もあり、監査を行った支配側の役人が捺印している例もある。公費の使途には、村役人の給金、出張旅費、弁当代、紙・蠟燭など役所運営の諸維持費、代官や手代などが来村した際の賄い費、年貢納入時の諸経費などが多く、加えて村を訪れた旅芸人、瞽女、座頭、浪人などへの合力、泊まり賄い代も数多く認められる。

村入用の割りかけには、軒割と高割という二つの方法が採られ、戸数に対して平等に割りかける前者は近世初期によく採用されていた。しかし、土地所有の格差が広がった近世中期以降には所有地の大小による高割が一般的となった。村によっては軒割・高割を併用する場合もあり、それにより複雑な算用法式が生じたが、それら村費負担の個別割り当てを記したものを「村入用小割帳」などといった。

村の諸役入用の帳簿の作成が寛永十九年（一六四二）の幕令によって代官に命ぜられ、同年に年貢勘定その他についても同様の趣旨を申し渡しており、翌年には公儀諸役入用に関する帳簿を毎年作成し、庄屋・百姓全て連判の上、手代方へ差し出すことを命じている[1]。実施されたかどうかは別として、その主な意図は、年貢や諸役入用などの割符や使途に関する齟齬が生じないように、村役人が公用を理由としつつ、実は恣意的に出金したりする行為を抑制するため帳簿を作成して監督することにあった。

寛永以降にも入用帳に関する法令がいくつか出されているが、その最も重要なのは元文五年（一七四〇）九月のものである。内容にはそれほどの新味はないが、「御定書百箇条」第九十八条（延享元年［一七四四］）と共に村入用帳の作成・差出が強制され、村役人処罰規定も盛り込まれている。(2) 公事頻発に手を焼いた幕府や独断的な割符のため村役人に不満を燻らせていた農民の利害がある程度一致し、村入用算用の帳面化が求められたためである。

十七世紀に作成された現存する村入用帳の数は少なく、その記載項目も通常はそれほど多くない。十八世紀以降、史料数が増加し、その項目も次第に増え、座頭・瞽女の宿泊費などを記載する例も出現する。

本史料集では、いままで管見に入った関東甲信越地方、現静岡県・福岡県の村入用帳、夫銭帳、あるいは宿泊に関する出費などが記載されている「宿帳」などの瞽女関連項目を、地理別に分け（現都道府県市町村を基本とした）、各村の入用帳をさらに成立時代順で並べた。これらのほとんどは抜粋であるから、「略」は原則として明記しなかった。しかし、一冊の入用帳がいくつかの異なる部分・項目などに分かれ、そしてある記載が前とは別の部分・項目に属している場合には、それを「略」として明記している場合もある。日付は各史料の表紙に記録されている年月を原則として採用した。三月ないし四月となっている場合には、その前年の支出を記録しているのが通例である。史料により一年分の金額が一括処理されているものもあれば、支出の月日が明記されているものもあり、様々である。金額が「永」の単位で表示されている場合、それは擬制の銭高であり（金一両は永楽銭一〇〇〇文、つまり一貫文と公定されていた）、実際の支払い高を計算するためにはその時々の銭相場を知る必要がある。

村入用帳には頻繁に「瞽女・座頭・諸勧化」への「奉加」、「合力」などの記録が見られ、瞽女の分だけを特定して明記していない場合が多い。またいつ、何人の瞽女が村を訪れたのかを判断できない記載もしばしばある。なお、村あるいは年次により、瞽女に支給された金額は「諸勧化入用」、「諸奉加泊諸入用」などの中に含まれている疑いも強い。しかし本書においては「瞽女」「こせ」などが明記されていない記録は原則として割愛した。

関東甲信越、静岡県、福岡県以外の瞽女が登場する数少ない村入用の例としては、本書年表に掲載した、次の項を参照されたい。福井県（寛保三年［一七四三］三月、天保十三年［一八四二］二月）、島根県（宝暦十年［一七六〇］）、石川県（天明五年［一七八五］十二月）、岐阜県（嘉永六年［一八五三］六月二十九日、慶応元年［一八六五］十二月、慶応二年［一八六六］）、愛知県（文久四年［一八六四］二月一日〜五月二十八日か、慶応元年［一八六五］四月十七日、慶応二年［一八六六］十二月、明治五年［一八七二］）。

（1）高柳真三・石井良助編『御触書寛保集成』岩波書店、一九三六年、六八五頁（一三〇八号）。『徳川禁令考』前集第五集、一五五頁（二七八四号）、一五八頁（二七八八号）。以下において菅原憲二「村入用帳の成立」（大野瑞男編『日本古文書学論集』近世二、吉川弘文館、一九八七年、三八三〜四一三頁）によるところが多い。

（2）『御触書寛保集成』七二四頁（一三五四号）。児玉幸多編『近世農政史料集』第一巻、吉川弘文館、一九六六年、二四三〜二四四頁。

目次

新潟県

上越市安塚区

【行野村《ゆくの》】

天保十一年（一八四〇）三月

「（表紙）
天保十一子年三月
去亥郡中組合村小入用夫銭書上帳
頸城郡
行野村」

村高六拾七石八斗五升六合

覚

一、〃［永］七拾九文六厘㊞

［略］

是ハ諸寺社禅門、座頭・瞽女、浪人奉加品々共如此

（越後国頸城郡文書）

安政五年（一八五八）三月

「（表紙）
安政五午年三月
去巳郡中組合村小入用夫銭帳

一、〃［永］弐百九拾四文七厘㊞

是は年中寺社奉加、座頭・瞽女、諸浪人泊り木銭米代共如此

頸城郡
行野村」

（越後国頸城郡文書）

文久二年（一八六二）三月

「（表紙）
文久二戌年三月
去酉郡中諸割村小入用夫銭帳
頸城郡
行野村」

行野村
治郎右衛門組

［略］

一、永　百七拾五文

是は年中寺社并座頭・瞽女、諸浪人其外合力当組限り如斯

［略］

頸城郡
行野村

村高六拾九石壱斗八升八合

内

高四拾壱石九斗弐升七合弐勺

又右衛門組

覚

［略］
一、〃〔永〕九拾壱文壱分九厘
是は寺社奉加、座当・瞽女助成共如此

（越後国頸城郡文書）

群馬県

伊勢崎市

【上植木村】
寛政二年（一七九〇）三月

「（表紙）庚寛政二歳
御役夫銭春御掛割元帳
戌三月　　名主
平右衛門」

一、同〔代〕五貫文
紙、筆
勧化、盲女、座頭、
損料物

（『伊勢崎市史』資料編二、二一七頁、二二〇頁）

【木島村】
享保十六年（一七三一）正月二十三日

覚
一、代拾七貫文ニて名主給並此方、御公儀様方御賄代、盲女、

座頭、餌差、年頭、名主継目、歳暮共右七色御賄可被成候、
相百姓相談之上少茂相違無御座候（下略）
享保拾六年亥正月廿三日
（五十嵐富夫『三国峠を越えた旅人たち』五六頁）

【境　村】

寛延三年（一七五〇）三月

「（表紙）
寛延三年
村入用帳
午三月　日　上州新田郡
境村」
一、壱貫弐百文
是ハ年中ごぜ・座頭其外奉加ニ出シ申候
（福島英一家文書、九六）

天明三年（一七八三）三月

「（表紙）
天明三年
寅年中村小入用帳
卯三月　上野国新田郡
境村」
一、六貫九百文
是ハこせ・座頭其外所々江奉加ニ出シ申候
（福島英一家文書、一一二五）

【中島村】

天保十一年（一八四〇）、「天保十一子諸掛り書上帖」

一、正月分　二貫八百六拾四文　ごぜ、いさし泊り弁当
一、二月分　壱貫六百三拾弐文　ごぜ、餌差、寿延寺役僧泊り
一、三月分　壱貫百三拾弐文　ごぜ、いさし賄
一、五月分　壱貫三拾弐文　ごぜ、いさし同役賄
（五十嵐富夫『三国峠を越えた旅人たち』五八頁）

【村名不詳】

安永九年（一七八〇）、旧境町、「名主給賄之内諸込控帳」

一、六月十四日　ごぜ拾壱人　弐拾四文
一、六月十六日　ごぜ拾人　弐拾文
一、拾月分　ごぜ度々　五拾文
一、拾月二十壱日　ごぜ四人　八文
一、拾壱月二日　ごぜ三人　六文
是ハごぜ合力銭に御座候
（五十嵐富夫『三国峠を越えた旅人たち』五六～五七頁）

文化十二年（一八一五）、旧境町、「立替物并書出シ賄方帖」

一、四月六日　ごぜ一人　拾弐文

一、四月十四日　ごぜ二人泊り賃　七拾弐文
一、七月五日　ごぜ五人　四拾八文
一、十月六日　ごぜ四人　六拾四文
（五十嵐富夫『三国峠を越えた旅人たち』五七頁）

文政二年（一八一九）旧境町、「町〆用諸御賄帖」

一、二月十三日　ごぜ三人　拾弐文
一、四月十三日　ごぜ四人　福島殿へ遣ス
（五十嵐富夫『三国峠を越えた旅人たち』五七～五八頁）

太田市

【大島村】

安政七年（一八六〇）正月

（表紙）
「餌差
　瞽女　人数扣　庚安政七年
　　　　　　　　申ノ正月吉日」

月　後世
一、百七五［ママ］拾文　一泊り
［略］
外座頭・後世等集［カ］ル

［略］
二月十一日泊り
一、弐人　こせ、桐生組
いし
とめ

二月十八日泊り
一、八人　こせ、たて林組
まち
きく
とく
ふさ
せき
もと
しも
ゐち

二月廿二日泊り
一、四人　こせ、広沢組
まさ
ます
てし
□□

こせ、桐生組

三月廿一日泊り
一、五人
たかさき組
きち
ゐよ
きよ
まさ
かめ

〔閏三月〕
同　廿一日
一、壱人
こせ、前はし組
ひで

四月九日泊り
一、三人
こせ、大宮組
てう
とり
てゐ

六月朔日泊り
一、四人
こせ、いせさき組
りさ
きた
ゐ□
くに
こせ、桐生組

七月十二日泊り
一、壱人
せん

七月廿八日泊り
一、弐人
こせ、川こゐ組
なか
せき

八月六日泊り
一、三人
こせ、由見組
きわ
ふし
くめ

〔八月〕
同　七日
昼飯付
雨天ニ付泊り
三人
きわ
ふし
くめ

八月十六日泊り
一、七人
こせ、たて林組
まつ
きく
うた
とく
もと
ゐち

せき

八月十七日泊り
一、五人
こせ、由見組
みね
ふさ
うめ
から
ゐし

九月二日泊り
一、四人
こせ、由見組
きん
たし
しけ
よし

九月八日泊り
一、六人
こせ、岩付組
まき
せう
とみ
てし
け
とち

同〔九月〕九日泊り
一、四人
こせ、由見組
ふく
なわ
よし
まつ

九月十二日泊り
一、七人
こせ、川こゐ組
たき
とく
こよ
みな
まさ
たて林組
とき
せき

同〔十一月〕九日泊り
一、四人
こせ、越後国長岡組
ちの
せき
さた
ませ

こせ、板倉組

十一月十二日泊り
一、六人　　たみ
ちゑ
よし
きく
なゑ
こせ、越後国佐志出組
十一月廿一日泊り
一、三人　　わせ
りし
うき

瞽女
〆、八拾弐人　泊り
「〔朱書〕丁、拾壱〆五百七拾弐文
仝、三人中喰
丁、百八拾六文」
大嶋村役人代
泊り代引請
重左衛門

（『餌差・瞽女人数扣』）

【金井村】

天保二年（一八三一）、「村入用組入用諸色用覚帳」

一、十一月朔月　弐拾四文　五ぜ弐人

（五十嵐富夫『三国峠を越えた旅人たち』五八頁）

【只上《ただかり》村】

明和八年（一七七一）三月

（表紙）
「明和八年
去寅村入用帳
卯三月　上野国山田郡
只上村」

一、〔銭〕同壱貫八百四拾八文　盲女泊り賄
是ハ盲女三拾九人年中泊り賄入用如此
但　壱人ニ付一泊り
五拾文ツヽ

（『群馬県史』資料編、第一六巻、二一四頁、二一七頁）

【寺井村】

安政七年（一八六〇）三月

（表紙）
「安政七年
去未年中村入用帳
申三月　上野国新田郡
寺井村」

一、鐚壱貫百六拾四文
　右八年中ごセ・座頭其外火之番下宿入用共割合申候
（『太田市史』史料編、近世一、八四〇頁。五十嵐富夫『三国峠を越えた旅人たち』五九頁も参照）

【米沢村】

弘化四年（一八四七）十一月二日、弘化四年正月、「米沢村小役口村入用控」

［同日］
一、十六文　　こせ五人夕方
（『太田市史』史料編、近世一、八三七頁）

弘化五年（一八四八）

一、七月二十三日　　ごぜ三人分　　飯、内にて
（五十嵐富夫『三国峠を越えた旅人たち』五八頁）

太田市（新田）

【下田中村《しもだなか》】

宝暦十三年（一七六三）三月

（表紙）
「宝暦十三年
　午ノ村入用帳　　上野国新田郡
　　未ノ三月日　　下田中村」

一、鐚七貫三百七拾六文
右者惣村掛り、五給立合ニ而割合仕候、其年之当番名主方江寄合吟味仕、諸色代付仕候、酒入用、橋木、杭木、しからミ竹、土俵、縄其外ハ勧化・こせ・座頭ニ遣候分迄入目諸色ニ御座候
（『新田町誌』第二巻、資料編上、一一四五〜一一四六頁）

明和七年（一七七〇）三月

（表紙）
「明和七年
　　上野国新田郡
丑ノ村入用帳
　　下田中村
寅ノ三月
　」

一、鐚八貫八百八拾文
是ハ惣村入用ニ御座候、五給立会ニ而其年之当番名主方江寄合致割合、吟味仕候而入用之諸色代付等仕候、用水関入用并橋入用杭木しがらみ竹、土俵縄、其外勧化物・ごぜ・座頭ニ遣シ申候、かつ水之節雨乞入目諸色ニ御座候
（『群馬県史』資料編、第一六巻、二一二二〜二一二三頁）

【花香塚村】

文化三年（一八〇六）正月

「（表紙）
文化三年
寅　正月吉日
餌指こせ泊り覚帳」

六月十日番〔晩〕ニ泊り
こせ弐人　善兵衛
○代弐百文
九月十八日泊り、中喰共ニ
こせ三人　久米吉
○代四百四拾八文
九月十八日泊り、中喰共ニ
こせ弐人　彦　七
○代三百文

（斎藤美雄家文書、一九一。『新田町誌』第二巻、資料編上、一一四九頁も参照）

弘化五年（一八四八）正月

「（表紙）
戊弘化五年
申正月吉日
餌　刺　瞽　女　泊　覚　帳」

五月八日
一、瞽女壱人泊り　藤三郎
五月八日
一、瞽女壱人泊り　蔵　吉
八月二日
一、瞽女四人泊り　勘五郎
八月二日
一、瞽女三人泊り　鷲五郎

（斎藤美雄家文書、五三〇）

下仁田町

【恩賀村・入山村・黒川村・本宿村】

明和九年（一七七二）三月

「（表紙）
明和九年
去卯年村入用帳
辰三月　上野国甘楽郡
恩賀村
名主
金左衛門」

一、永拾八文
是は去卯年中諸所より相対勧化之類参候ニ付寄進仕候、此外
瞽女・座頭江合力仕候

「（表紙）
明和九年
去卯年村入用帳
上州甘楽郡
入山村

辰三月　　名主　金左衛門」

一、永弐拾四文三分

是は去卯年中諸所より相対勧化之類参候ニ付寄進仕候、此外

瞽女・座頭江合力仕候

（表紙）
「明和九年

去卯年村入用帳　　上州甘楽郡　黒川村

辰三月　　名主　金左衛門」

一、永四拾八文七分

是は去卯年中諸所より相対勧化之類参候ニ付寄進仕候、此外

瞽女・座頭江合力仕候

（表紙）
「明和九年

去卯年村入用帳　　上州甘楽郡　本宿村

辰三月　　名主　金左衛門」

一、永六拾三文弐分

是は去卯年中所々より相対勧化之類参候ニ付寄進仕候、此外

瞽女・座頭江合力仕候

（神戸金貴家文書〔一〕、「去卯年村入用帳」）

高崎市

【石原村】

文政七年（一八二四）七月

（表紙）
「文政七年

万雑入用并臨時入用調帳　　石原村

申七月　　両組　」

正月分

一、四百拾六文　　こぜ五人

一、四百拾六文　　宿半二郎

一、四百拾六文　　ごぜ五人

一、四百拾六文　　宿弥七

二月分

一、四百拾六文　　瞽女五人

一、四百拾六文　　宿半二郎

一、四百拾六文　　ごぜ五人

一、四百拾六文　　宿吉蔵

三月分

一、四百拾六文　　ごぜ五人

宿善平

一、四百拾六文　鼓（瞽、以下同じ）女五人
　宿加吉
四月分
一、四百拾六文　鼓女五人
　宿定七
五月分
一、三百三拾弐文　鼓女四人
　宿二右衛門
六月分
一、四百拾六文　鼓女五人
　宿藤八

（『新編高崎市史』資料編七、三二八～三三三頁）

【井出村】

寛政四年（一七九二）正月

「（表紙）寛政四年　井出村
　諸入用付立　覚帳
子　正月吉日　名主　与平治」

閏二月二日ばん
一、百四十八文　新六　ごぜ弐人　泊り
四月七日ばん
一、弐百廿四文　弥次右衛門　ごぜ三人　泊り

七月十一日ばん
一、百四十八文　所右衛門　ごぜ弐人　泊り
同［四月］十日
一、十六文　ごぜ　八人
同［五月］廿二日
一、十六文　ごぜ　八人
八月廿日ばん
一、四百四拾八文　米沢ごぜ六人泊り
子十二［月カ］十四日ばん
一、弐百廿四文　要助　ごぜ三人泊り
［月日欠］
一、廿弐文　両度ト　ごぜ壱人参り　十二月六日十三日

（『群馬町誌』資料編二、一一四～一二二頁）

【上滝村】

寛政四年（一七九二）閏二月

「（表紙）寛政（朱書）（壬子）四年
（朱書）「万雑入用請負御請証文連印帳」
万雑入用御請書
子閏二月日　上滝村
（朱書）（閏二月）　名主　三左衛門」

定例物
［略］
「（朱書）一、同」弐貫八百文　所々おし奉加

ごセ・ゐさし泊り（朱書）「宿賃」
（朱書）「御普請中」
植野堰御用ニ罷出
（『新編高崎市史』資料編七、三二五～三二六頁）

【下飯塚村】

享和元年（一八〇一）

享和元年源右衛門勤役中
　村入用取極之事
一、寛政四年子ノ二月
　銭三拾五貫文　　万雑入用
　　　　　　　　　名主請負
　右ヶ条　筆、墨、紙、らうそく、たきすみ、薪、
　　　名主小遣、諸かんけ・こせ・ゐさし往
　　　還賃払い
（『寛政元酉以来□□万覚帳』。『新編高崎市史』資料編七、三五二頁も参照）

天保十三年正月（一八四二）

（表紙）
「天保十三寅年
　万雑入用年中控帳
　　正月　　下飯塚村
　　　　　　　名主
　　　　　　　藤　　蔵」

天保十三年
　二月分
一、十三日
　四百文　　（瞽女）こセ四人泊り
　四月分
一、廿八日
　弐百文　　こセ弐人泊り
　七月分
一、十七日
　四百文　　ごセ四人泊り
　八月分
一、廿八日
　百文　　ごセ弐人中喰
　十一月分
一、同［十五日］
　四百文　　ごセ四人泊
天保十四卯年
　二月分
一、同廿五日
　四十八文　　ごセ壱人中喰
（『新編高崎市史』資料編七、三三三～三三七頁。塚越徳太郎家文書）

天保十四年三月（一八四三）

（表紙）
「天保十四癸卯年

万雑入用年中扣帳

三月吉日　　下飯塚村

名主

大助」

一、[四月]廿七日
三百文　　こせ三人
泊り

一、[五月]□□[十一日カ]
四百文　　越後こせ
四人泊り

一、[七月]八日
[四カ]□百文　　越後こせ
四人泊り

一、[九月]七日
四百文　　越後こせ
四人泊り

一、[十月]同[二十五日]
弐百文　　越後こせ
弐人泊り

[十二月]廿七日
三百文　　越後こせ
三人泊り

天保十五年

一、[一月]廿四日
四百文　　ごせ
四人泊り

一、[一月]二十七日
七拾弐文　　こせ弐人
中喰代

一、[三月]□日[六カ]
三百文　　越後こせ
三人泊り

一、[四月]同[五日カ]
四百文　　越後こせ
四人泊り

一、[五月]十五日
弐百文　　ごせ弐人泊り

一、[六月]廿二日
三百文　　越後こ□[せカ]
三人泊り

一、[七月]同[七日]
三百文　　こせ三人泊り

一、[九月]七日
四百文　　越後こせ
四人泊り

（塚越徳太郎家文書）

【下小塙村】

弘化三年（一八四六）正月

（表紙）
「弘化三年
万雑入用帳
午正月吉日」

一、[五月カ]同十八日
三百七拾弐文　　こせ（瞽女）五人
勝四郎泊り

一、[五月カ]同廿一日
三百七十弐文　　同人宿
こセ五人

[六月カ]同廿四日

一、六百七拾弐文　ごせ九人
　　　　　　　　　勝四郎宿
一、［七月カ］同十二日
　　三百七十弐文　こせ五人
　　　　　　　　　林吉宿
一、［七月カ］同十八日
　　四百四十八文　こセ六人
　　　　　　　　　林吉宿
一、［七月カ］同廿五日
　　三百文　こせ四人
　　　　　　善右衛門宿
一、［七月廿九日カ］同
　　三百廿四文　こせ五人
　　　　　　　　春右衛門宿
一、［八月］同十一日
　　弐百廿四文　こせ三人
　　　　　　　　和吉宿
一、［九月］同廿一日
　　弐百廿四文　こせ三人
　　　　　　　　和吉宿
一、［十月カ］同十一日
　　三百文　ごぜ四人
　　　　　　林吉宿
一、［十月カ］同廿四日
　　弐百廿四文　こせ三人
　　　　　　　　春右衛門宿
一、［十一月カ］同廿一日
　　百文　こせ弐人子共壱人
　　　　　勝四郎宿
一、十二月朔日
　　弐百四拾八文　こせ四人同壱人子
　　　　　　　　　勝四郎宿

（『新編高崎市史』資料編七、三三七～三四二頁）

【下小鳥村】

慶応三年（一八六七）二月

「（表紙）慶応三丁卯年
　万雑入用請負御請証文儀（ママ）定連印帳
　　二月　　　　下小鳥村」

一、銭三拾弐貫五百文　万雑入用請負
　内訳［略］
　　但し筆墨紙・蠟燭・瞽女・座頭・御師・浪士・出家・山伏・舟頭・餌差・廻国順礼・止宿・勧化・合力・大日堰・浜尻堰・上小塙堰才料并御年貢取立之節村役人昼賄代

（『新編高崎市史』資料編七、三六五～三六六頁）

【東明屋《ひがしあきや》村】

元文五年（一七四〇）三月

「（表紙）元文五年
　上野国群馬郡東明屋村未年中村入用帳
　　申三月　　　　　　　　　　　　」

一、同［鐚］四百文　こせ座頭　賄入用
是ハ武州・相州より村々名主附ニ而相廻申候、昼通り泊り
諸色入用如此御座候
（『群馬県史』資料編、第一〇巻、二三六〜二三七頁）

玉村町

【沼之上村】

天保七年（一八三六）十二月

（表紙）
「天保七年　　沼之上村
地方諸入用覚帳
申十二月　　名主高橋清兵衛
難渋人」

五月十日泊り
一、扶持米　　ごぜ三人
此代弐百文　宿束
（『玉村町誌』別巻二、一九六頁、二〇六頁）

藤岡市

【篠塚村】

天明三年（一七八三）三月

（表紙）
「天明三年　　上州緑野郡
寅年村入用帳
卯三月　篠塚村」

一、鐚四百十五文
是ハ瞽女方へ介［合カ］力泊り代御座候
（『藤岡市史』資料編、近世、一四五〜一四六頁）

【高山村】

嘉永六年（一八五三）十二月

（表紙）
「嘉　永六丑とし　　下組当番
年中夫銭本付帳之写
十二月日　　上組之　控」

年中夫銭
一、［八月］十五日
百五拾文　　ごせ三人
一、［九月］十六日
三百文　　こゼ三人泊り

［略］

弥兵衛口

八月三日
一、六百文　ごせ六人泊り

（『群馬県史』資料編、第九巻、二四〇頁、二四二～二四三頁、二四五頁。『藤岡市史』資料編、近世、一五四頁、一五六～一五七頁、一五九頁も参照）

【藤岡町】

安永二年（一七七三）三月

（表紙）
「安永二年
去辰年町小入用帳
巳三月　上野国緑野郡藤岡町」

一、弐貫三百五十文　右者こせ・座頭其外奉加

（『群馬県史』資料編、第九巻、二三四～二三六頁。『藤岡市史』資料編、近世、一三九頁、一四一頁も参照）

安永二年（一七七三）、「藤岡町小入用帳」

一、弐貫三百五十文　右者ごせ・座頭其他奉候

（五十嵐富夫『三国峠を越えた旅人たち』五六頁）

みどり市

【阿左見村・阿左村】

安永五年（一七七六）三月

（表紙）
「安永五年
上野国新田郡阿左見村阿左村去未村入用帳
申三月　当番名主　弥五右衛門」

一、〔鐚〕同百文　是ハ後セ弐人泊申候入用

（『笠懸村誌』別巻三、資料編、二五頁）

【桐原《きりばら》村】

延享二年（一七四五）三月

（表紙）
「延享二年
上野国山田郡桐原村子村入用帳
丑三月　」

一、〔銭〕同三百文
是ハこせ・座頭壱人ニ付十六文ツヽ、奉加出シ申候

（『群馬県史』資料編、第一五巻、七八頁）

寛延三年（一七五〇）三月

「(表紙)寛延三年
上州山田郡桐原村巳村入用帳
午三月　名主 善左衛門 ㊞」
一、同〔鐚〕三百文
是ハ年中座頭・こセ奉加出シ申候
(『大間々町誌』別巻二、近世資料編、三〇〇〜三〇一頁)

埼玉県

入間市

【三ツ木村】

寛政三年(一七九一)六月

「(表紙)寛政三年　武州入間郡
村鑑明細帳　下書
亥六月　三ツ木村」
一、名主給永壱貫文ニ御座候、尤名主所持高を除高割ニ仕候、
座頭・ごぜ泊り中食入用
(『入間市史』近世史料編、三一八頁、三二〇頁)

【木蓮寺村】

明和四年(一七六七)三月

「(表紙)明和四年
武蔵国入間郡木蓮寺村明細指出帳
亥三月日」
一、村入用之儀者百姓入用ニ遣来り申候
[略]

一、当村家数七拾三軒　内　六十壱軒　本百姓
　　　　　　　　　　　　　拾軒　小百姓
　　　　　　　　　　　　　弐軒　つふれ百姓

一、銭三貫五百文　定使給

一、銭壱貫文　座頭・こぜ泊り昼通入用

［略］

一、こせ壱人かんと申候、当村喜右衛門姉ニ御座候

（『入間市史』近世史料編、三一五頁、三一七頁）

小鹿野町（旧両神《りょうかみ》村）

【薄村中郷】

天明七年（一七八七）九月、「薄村諸入用割合帳」

天明七未九月より

一、三百文　常八ごぜ

一、三百文　ごぜ泊り

（『両神村史』史料編、第二巻、三四四〜三四五頁）

寛政元年（一七八九）閏六月

「（表紙）
寛政元年
西村入用割合帳　名主市郎左衛門
閏六月　組頭立会」

［申十弐月］

一、同［鐚］七百文　こせ七人泊り

「（中表紙）
寛政元年
西秋成貫帳　名主市郎左衛門」
九月

一、弐百文　ごぜ弐人

（『両神村史』史料編、第二巻、三四九頁、三五〇頁）

寛政八年（一七九六）七月

「（表紙）
寛政八年
村入用諸貫帳　薄村　中郷
辰　七月
　　九月
　　十二月　名主市郎左衛門」

［辰七月］

一、弐百文　壱人　勇右衛門　こせ泊り
　　　　　　壱人　友　七

一、百五拾文　三人　市郎左衛門　こせ泊り

一、五拾文　壱人　勇右衛門　こせ泊り

（『両神村史』史料編、第二巻、三五一頁）

寛政九年（一七九七）七月十日

「（表紙）
寛政九年　　薄村中郷
村入用諸貫帳
巳七月十日　　名主市郎左衛門」

辰十二月
一、百五拾文　こセ三人泊り　弥一右衛門

五月七日
一、弐百文　こセ泊り四人　同人［市郎左衛門］

〃廿四日［五月］
一、百五拾文　こセ三人泊り　同人［市郎左衛門］

六月五日
一、百文寺奉加コセ壱人　同人［市郎左衛門］

七月二日
一、百文　よこセ［ママ］座頭奉加　同人［市郎左衛門］

（『両神村史』史料編、第二巻、三五三〜三五四頁）

寛政十年（一七九八）九月

「（表紙）
寛政十年　　薄村中郷
御小物成共付合
村入用諸貫帳
午七月 九月 十二月　　名主市郎左衛門」

午九月貫キ
一、四百文　こセ八人泊り　市郎左衛門

（『両神村史』史料編、第二巻、三五五〜三五六頁）

文化十年（一八一三）七月

「（表紙）
文化十年　　薄村中郷
酉村入用諸貫割合帳
酉七月　　名主　市郎左衛門」

申十二月八日
一、四百文　こセ　四人泊り　ばんど　幸　七

酉六月朔日
一、弐百文　こセ弐人泊り　同人［ばんど万之助］

（『両神村史』史料編、第二巻、五六七頁、五六九頁）

文政七年（一八二四）七月

「（表紙）
文政七年　内高分　薄村中郷
申夏成御年貢勘定帳
申七月　　名主市郎左衛門」

未十二月十二日
一、四百文　　善兵衛
コセ四人泊り

［年月日欠］
一、四百文　　万之助
こセ四人泊り

一、［九月］〃廿九日
三百文　コセ三人泊り
一、十月廿七日
四百文　こセ四人泊り
一、［年月日欠］
五百文　こセ五人泊り
一、四百文　こセ四人
（『両神村史』史料編、第二巻、六二八頁、六三一頁、六三二頁）

文政十一年（一八二八）九月

「（表紙）
文政十一年　薄村中郷村
村入用諸貫キ割帳
子九月　名主　市郎左衛門」

子九月貫キ
一、三百文　ごぜ泊り
（『両神村史』史料編、第二巻、六八八頁、六九〇頁）

天保五年（一八三四）七月

「（表紙）
天保五年
村入用貫割帳
午七月　薄村中郷」

［巳十一月］
〃廿四日

一、五百文　九右衛門　こセ四人泊り
一、巳十一月四日
三百七拾弐文　峯吉　ごセ三人泊り
一、壱貫弐百文　峯吉二夜泊り分　こセ　四人泊り
（『両神村史』史料編、第三巻、六一〇頁、六一二頁）

天保五年（一八三四）八月

「（表紙）
天保五年　名主　内高　薄村中郷
午秋成御年貢勘定帳
午八月　名主　古四郎」

［十月］
同、廿二日
一、五百文　峯口　古世　四人泊
一、午十月廿八日善蔵内へ泊り
八百七拾弐文　こ世　七人泊
一、午十一月十二日
三百七拾弐文　峯口　こセ　三人泊
（『両神村史』史料編、第三巻、六二四頁、六二七頁）

天保五年（一八三四）十一月

「（表紙）
天保五年
御小物成村入用貫帳
午十一月　薄村中郷」

一、四貫弐百六拾八文　こ瀬諸奉加分

（『両神村史』史料編、第三巻、六二八頁）

天保六年（一八三五）七月

（表紙）
「天保六年
村入用貫割帳
未七月　薄村中郷」

一、六月五日
五拾文　古世四人泊リヲ除ク

一、六月十一日
三百文　峯吉　古世二人泊り

（『両神村史』史料編、第二巻、三五七頁、三五九頁）

天保六年（一八三五）八月

（表紙）
「天　保　六　年
村　入　用　貫　割　帳
未　八月　薄村中郷」

一、七月十一晩
三百文　善蔵　こ世弐人泊り

一、〔閏七月〕〃十三日
六百文　峯吉　こ世四人泊り

一、〔閏七月〕〃廿六日
五拾文　留リ除ク　こ世六人

一、〔八月〕〃十三日
四百五拾文　こ世四人泊リ

（『両神村史』史料編、第二巻、三六〇頁）

天保十年（一八三九）七月五日

（表紙）
「天保十年
村入用貫割合帳
亥七月五日　薄村中郷」

一、〔戌〕〃十二月七日
四百文　徳太郎　こせ弐人泊り

一、十二月十日
八百文　徳太郎　こせ四人泊り

一、〔十二月十日〕〃〃
六百文　善蔵　こせ三人泊り

一、〔十二月〕〃十一日
四百文　徳太郎　こせ弐人泊り

（『両神村史』史料編、第三巻、六三八頁）

天保十年（一八三九）七月五日

（表紙）
「天保十年　名主　門高
亥夏成御年貢勘定帳
亥七月五日　薄村中郷名主小四郎」

［亥七月］〃廿八日
一、三人　こせ泊り　徳太郎
［亥七月］〃廿九日
一、五人　こせ泊り　徳太郎
亥六月割前
一、五百廿四文　徳太郎　こセ三人泊
六月
一、五百廿四文　徳太郎　こせ三人泊

（『両神村史』史料編、第三巻、六五五頁、六五九頁）

天保十年（一八三九）八月二十五日

（表紙）
「天保十年
村入用貫割合帳
亥八月廿五日　薄村中郷」

七月割落
一、五百弐拾四文　徳太郎　ごぜ三人泊り
七月廿八日
一、五百弐拾四文　徳太郎　ごぜ三人泊り
七月廿九日
一、八百七拾弐文　徳太郎　ごぜ五人泊り
［月日欠］
一、五百弐拾四文　ごぜ三人泊り
亥八月廿七日晩払
一、壱貫九百弐拾四文　徳太郎　ごぜ泊り
御年貢分差引四百六十四文遣ス

（『両神村史』史料編、第三巻、六五九～六六〇頁）

天保十年（一八三九）八月二十六日

（表紙）
「天保十年　名主　内高
亥秋成御年貢勘定帳
亥八月廿六日　薄村中郷名主小四郎」

十一月二日
一、三百文　徳太郎　ごぜ弐人泊り
［亥十一月］〃
一、壱貫三百五拾文　利兵衛ごぜ九人泊

（『両神村史』史料編、第三巻、六七四頁、六七七頁）

天保十年（一八三九）十一月

（表紙）
「天保十年
御小物成村入用貫帳
亥十一月　薄村中郷」

一、三百文　印　徳太郎　こセ　弐人泊
一、壱貫三百五拾文　利兵衛印　こセ　九人泊

（『両神村史』史料編、第三巻、六七七～六七八頁）

表1　武州秩父郡薄村中郷（現小鹿野町）の座頭・瞽女の宿泊費など

作成年月	金額	目的・対象者	巻、頁
享和二年（一八〇二）三月	鐚一貫七百二十四文	諸奉加・ごせ・座頭泊り入用	（二）二一四頁
同右	鐚五百二十四文	諸奉加ごせ・座頭・僧泊り入用	同右
享和三年（一八〇三）三月	銭三貫六十四文	諸奉加・コセ・僧泊り入用	（二）二一七頁
同右	銭二貫三百八十文	諸奉加・コセ・座頭泊り諸入用	同右
文化元年（一八〇四）三月	銭四貫五百三十二文	諸奉加・コセ・座頭泊り諸入用	（二）二二〇頁
同右	銭六百五十文	諸奉加・こせ・座頭泊り諸入用	同右
文化二年（一八〇五）三月	銭三貫八文	諸奉加・こせ・座頭泊り入用	（二）二二三頁
同右	銭四百三十一文	諸奉加・こせ・座頭泊り諸入用	同右
同右	銭一貫二百三十二文	諸奉加・こせ・座頭泊り諸入用	同右
文化三年（一八〇六）三月	銭三貫五十二文	諸奉加・ごぜ・座頭泊り入用	（二）二二六頁
同右	鐚三貫八百四十八文	コセ奉加入用	同右
文化四年（一八〇七）三月	銭四貫八百二十三文	諸奉加・こせ・座頭年中泊り諸入用	（二）二二八頁
文化六年（一八〇九）三月	鐚六貫二百三十二文	年中諸奉加・こせ・座頭泊り諸入用	（二）二三一頁
文化七年（一八一〇）三月	鐚四貫百五十三文	年中諸奉加・こセ泊り諸入用	（二）二三三頁
文化八年（一八一一）三月	銭五貫九百六十三文	年中諸奉加・こセ泊り諸掛	（二）二三六頁
文化九年（一八一二）三月	銭六貫四百八文	年中諸奉加・こせ・座頭諸懸り	（二）二三九頁
文化十年（一八一三）三月	銭八貫六百文	年中諸奉加・こセ・座頭泊り諸掛り	（二）二四一頁
文化十一年（一八一四）三月	銭六貫六十四文	年中諸奉加・コセ・座頭泊り諸掛り	（二）二四四頁
文化十二年（一八一五）三月	鐚七貫七百八十文	年中諸奉加・こせ・座頭泊り諸入用	（二）二四六頁
文化十三年（一八一六）三月	鐚八貫六百五十六文	年中諸奉加・こせ・座頭泊り諸入用	（二）二四九頁
文化十四年（一八一七）三月	鐚五貫三百二十四文	年中諸奉加・こセ・座頭泊り諸入用	（二）二五二頁
文化十五年（一八一八）三月	鐚五貫百二十四文	年中諸奉加・こセ・座頭泊り諸入用	（二）二五四頁
文政五年（一八二二）三月	鐚四貫五百六十四文	年中諸奉加・こセ・座頭泊り諸入用	（二）二五七頁

文政六年（一八二三）三月	鐚四貫三百二十四文	年中諸奉加・こセ・座頭泊り諸入用	（二）二五九頁
文政九年（一八二六）三月	銭四貫七百二十四文	御免勧化諸奉加・こセ・座頭泊り諸入用共ニ	（二）二六六頁
文政十一年（一八二八）三月	銭四貫五百七十二文	御免勧化諸奉加・こセ泊り諸入用共ニ	（二）二七一頁
文政十二年（一八二九）三月	鐚四貫三百三十二文	御免勧化諸奉加・こせ泊り諸入用	（二）二七四頁
天保十四年（一八四三）三月	一貫文	「是ハ武州比企郡小川村瞽女七人、去寅三月十一日泊リ并同郡黒谷村、瞽女四人同六月廿九日泊り、但壱人ニ付百文当リニ御座候」	（二）三〇〇頁
天保十五年（一八四四）三月	一貫四百文	「是ハ盲女・座頭行幕〔ママ〕難儀之趣申止宿相願候ニ付宿合力渡候分拾四人、但壱人百文ツツニ御座候」	（二）三〇八頁
弘化二年（一八四五）三月	一貫五百文	「是者盲女・座頭行暮難義之趣申止宿、相願候ニ付合力いたし候分拾五人、但壱人ニ付百文ツツ御座候」	（二）三一二頁
弘化四年（一八四七）三月	銭二貫五百文	「是者妄〔ママ〕女・座頭行暮難儀之趣ニ而止宿相願候ニ付、合力致し候分弐拾五人、但壱人ニ付百文ツツ御座候」	（二）三一六頁
嘉永三年（一八五〇）三月	銭五貫三百文	「是ハ妄〔ママ〕女・座頭・諸浪人・舟こぼれ等江止宿ならひに合力差遣し候分御座候」	（二）三一九頁

嘉永五年（一八五二）三月	銭六貫文	「是ハ妄〔ママ〕女・座頭・諸浪人・亦船こほれ江止宿并合力差遣分御座候」	（二）三二三頁
嘉永六年（一八五三）三月	銭六貫文	「是ハ妄〔ママ〕女・座頭・諸浪人・舟こぼれ等江止宿并合力差遣候分ニ御座候」	（二）三二七頁
嘉永七年（一八五四）三月	銭三貫五百文	「是ハ船こぼれ・妄〔ママ〕女・座頭江合力、百四十人分壱人ニ付平均弐拾四文ツツ差遣候分ニ御座候」	（三）三二一頁
同右	銭二貫五百文	「是ハ妄〔ママ〕女・座頭行暮止宿致遣候分弐拾人、但壱人ニ付百廿四文ツツ御座候」	同右
安政二年（一八五五）三月	銭三貫五百文	「是ハ船こぼれ・妄〔ママ〕女・座頭江合力百四拾人分壱人ニ付平均弐拾四文ツツ差遣し候分ニ御座候」	（三）三二六頁
同右	銭二貫五百文	「是ハ妄〔ママ〕女・座頭行暮止宿致し遣し候分弐拾人分、但壱人ニ付百廿四文ニ御座候」	同右
安政三年（一八五六）三月	銭三貫五百文	「是ハ舟こぼれ・妄〔ママ〕女・座頭江合力百四拾人分壱人ニ付平均廿四文ツツ差遣候分ニ御座候」	（三）三三一頁
同右	銭二貫五百文	「是ハ妄〔ママ〕女・座頭行暮止宿致遣候分弐拾人、但壱人ニ付百廿四文ツツニ御座候」	同右

安政四年（一八五七）三月	銭三貫三百四十八文	「是ハ舟こぼれ・妄女〔ママ〕・座頭へ合力百三拾四人分、壱人ニ付平均廿四文ツツ差遣候分御座候」	(三) 三三六頁
同右	銭三貫五百文	「是ハ右同断之もの行暮止宿致遣し候分弐拾八人分、但壱人ニ付百廿四文ツツ御座候」	同右
安政五年（一八五八）二月	銭三貫三百四十八文	「是ハ舟こぼれ・妄女〔ママ〕・座頭江合力百三十四人分、壱人ニ付平均廿四文ツツ差遣候分御座候」	(三) 三四一頁
同右	銭三貫五百文	「是ハ右同断之もの行暮止宿致し遣候分弐拾八人分、但壱人ニ付百廿四文ツツ御座候」	(三) 三四一～三四二頁
安政六年（一八五九）二月	銭三貫三百四十八文	「是ハ舟こぼれ・妄女〔ママ〕・座頭江合力百三拾四人分、壱人ニ付平均廿四文ツツ差遣候分御座候」	(三) 三四五頁
同右	銭三貫五百文	「是ハ右同断之もの行暮止宿致シ遣候分弐拾八人分、但壱人ニ付百廿四文ツツ御座候」	同右
安政七年（一八六〇）三月	銭二貫七百文	「是ハ舟こぼれ・妄女〔ママ〕・座頭江合力百八人分、壱人ニ付平均廿四文ツツ差遣候分御座候」	(三) 三五〇頁
同右	銭三貫五百文	「是ハ右同断之もの行暮止宿致遣候分廿八人、但壱人ニ付百廿四文ツツ御座候」	同右
文久元年（一八六一）二月	銭二貫七百文	「是ハ舟こぼれ・妄女〔ママ〕・座頭江合力百八人分、壱人ニ付平均廿四文ツツ差遣候分御座候」	(三) 三五四頁
同右	銭三貫五百文	「是ハ右同断之もの行暮止宿致遣候分廿八人、但壱人ニ付百廿四文ツツ御座候」	同右
文久二年（一八六二）三月	銭四貫五百文	「是ハ舟こぼれ・妄女〔ママ〕・座頭江合力百三拾五人分、壱人ニ付平均三拾弐文ツツ遣候分御座候」	(三) 三六六頁
同右	銭四貫二百文	「是ハ妄女〔ママ〕・座頭行暮止宿致し遣候分弐拾八人、但壱人ニ付百四拾弐文ツツ御座候」	同右
元治元年（一八六四）三月	銭二貫六百六十四文	「是ハ舟こぼれ・妄女〔ママ〕・座頭江合力八拾人分、壱人ニ付三拾弐文遣候分御座候」	(三) 三七一頁
同右	銭二貫文	「是ハ妄女〔ママ〕・座頭行暮止宿致シ遣候分拾弐人、壱人ニ付百六拾四文ツツ御座候」	同右
元治二年（一八六五）三月	銭三貫五百文	「是ハ舟こぼれ・妄女〔ママ〕・座頭江合力八拾人分、壱人ニ付三拾弐文ツツ遣候分御座候」	(三) 三七六頁
同右	銭二貫文	「是ハ妄女〔ママ〕・座頭行暮止宿致し候遣候分ニ御座候」	同右
明治三年（一八七〇）三月	銭百八十貫文	「是ハ妄女〔ママ〕・座頭行暮難儀相歎候ニ付止宿為致候食事代ニ御座候	(三) 三八一頁

（『両神村史』史料編、出浦家文書より作成）

【小森村】

寛政元年（一七八九）三月

（表紙）
「寛政元年　　秩父郡
村入用帳
酉
三月　　小森村」

一、永五貫弐拾文
是ハ名主方ニ而宗門五人組帳上納入用其外御年始入用瞽女・座
頭諸奉加榛名山江代参初尾御廻状継送幷筆紙代諸色名主方ニて
割懸候壱ヶ年入用ニ御座候

（『両神村史』史料編、第五巻、四二〇頁）

文化九～十三年（一八一二～一六）

（表紙欠）
［文化九年（一八一二）か］

［破］八文壱分かけ
一、九〆弐百五十弐文　　山田組
内三百文引　　御村役人用
又五百文引　　与頭　使
又三百文　　こせ
又弐百文　　御師
差引
〆七〆九百五十弐文　　取

［文化十年（一八一三）］
七月十三日改
十四文かけ
一、三百七拾五文　　下の沢
内四百五十文こせ六人分引
十四文かけ　七月割　十三日改
一、壱〆三百三拾六文　　大堤組
内弐百廿四文こゼ三人分引
十一月廿三日
一、五〆五百四拾七文　　御国役
村入用
御普請入用
たはこ銭入用
納人利七
内金壱分弐朱取
又弐拾三文五文かけ引
又五百文　与頭給引　　大堤組
又弐百廿四文　　こせ分引
引
弐〆三百文　取　　皆済添

［文化十一年（一八一四）］
四月十日改
十八文かけ
一、三〆四百七拾三文　　上大谷　平左衛門
内壱〆百文引　　宗旨
又三百文引　　ごセ分

［文化十二年（一八一五）］

三月七日皆済貫三口〆
一、弐〆五百廿六文　　納人済五郎 煤川組
内弐百廿四文　　こセ三人分引
十二月十一日
一、弐〆弐百七拾弐文　　三右衛門 村入用
内五百文　与頭給分引く　　大谷 庄兵衛組江
又三百七拾弐文　　こセ五人分
十二月十二日
一、弐〆五拾三文　　利七納 大堤組
内五百文　与頭給引
又四百五十文　こセ六人分引

[文化十三年（一八一六）]

[十二月十一日]
一、弐〆六百廿五文　　済　　大堤組
内壱〆文　与頭給こセ舟人共ニ
引
〆壱〆六百廿五文取
[十二月]十二日
一、壱〆五百十弐文　済　　大谷 庄兵衛組
内五百文引　　与頭給
又三百文引　　こセ分
子十二月□[十カ]四日
〆五十文五分かけ
一、壱〆三百五十五文　　村入用　　納人十郎右衛門
御国役　　下の沢
内五百文引　　与頭給分
又三百四文取
引
〆五百五十壱文
内三百文こセ分引而

（『両神村史』史料編、第五巻、四六四頁、四六七頁、四七一頁、四七四頁、四七九頁、四八三〜四八四頁）

文政九年（一八二六）三月

（表紙）
「文政九戌年三月　小森村
御年貢村入用受取帳
名主 茂七」

四月廿日
一、壱〆四百三拾七文　納人 千蔵　大堤組
内四百文　こせ泊り
七月十六日
一、壱〆八百三十三文　　大堤組
内六百文
こせ泊り引
七月十二日
一、壱〆七拾七文　　上の沢組
内弐百弐拾四文　　こせ泊り

七月十四日
一、五百弐拾六文　　下の沢
　　　　　　　　　　浜之丞
　内四百五拾文
　　こせ請人泊り

（『両神村史』史料編、第五巻、三四二頁、三四九頁、三五四～三五五頁）

小川町

【飯田村】

弘化三年（一八四六）正月

「（表紙）
　弘化三年
　村入用覚帳
　　午正月吉日」

四月廿日
一、四百文　　こせ
　　　　　　四人泊り
五月廿六日
一、五百文　　こせ五人
[午七月後]
八月五日
一、弐百廿文　　こせ弐人
　　　　　　広五郎泊り
八月九日
一、四百五十文　　こせ四人
九月九日
一、三百七拾弐文　こせ
　　　　　　三人泊り

（『小川町の歴史』資料編四、三〇三～三〇四頁）

【増尾村】

慶応四年（一八六八）三月

「（表紙）
　慶応四辰年
去卯村入用夫銭帳
　三月　武州比企郡
　　　　　増尾村」

一、銭三拾貫文
是ハ年中諸奉加并盲女・座頭泊り合力諸入用

（『小川町の歴史』資料編四、三〇五～三〇六頁）

川口市

【榛松村】

明治二年（一八六九）十二月

「（表紙）
　明治二巳年

当巳村入用諸夫銭取調割合帳
十二月　　　武州足立郡
　　　　　　　榛松村」
一、金壱両壱分
是ハごぜ・座頭、旅僧其外行暮難渋ト申ものヱ宿いたし候ものヱ差遣シ候分、但シ一泊りニ付金壱朱ツヽ、〆弐拾泊リ之分
（『川口市史』近代資料編、第一巻、二四八〜二四九頁）

【横曽根村】

文久三年（一八六三）三月

「（表紙）
文久三亥年
去戌年村入用書上帳
三月　　　武州足立郡
　　　　　　横曽根村」
一、銭拾六貫九百文
是は年中諸勧（化）作・瞽女・座頭止宿料ニ相掛り申候
（『川口市史』近世資料編、第一巻、七四八〜七四九頁）

さいたま市岩槻区

【上野村】

天保十五年十月〜弘化二年（一八四四〜四五）、上野村、「村役人出勤并餌差衆盲女座頭止宿覚帳」

〔天保十五年十月〕
〃　〃　廿三日、廿四日迄
一、ごぜ三人　　作右衛門
　弐夜泊　　菱　助
　　　　　　多　仲
〔巳〕
巳年（弘化二年）四月晦日
一、ごぜ五人　弐人　栄次郎
　　　　壱人　善　助
　　　　〃　　富右衛門
　　　　〃　　宇右衛門
〔弘化二年〕
〔〃〕　九月七日
一、盲女　壱人　宇右衛門
一、同　　壱人　富右衛門
一、同　　壱人　善　助
〔弘化二年〕
〔〃〕　九月十一日夜
一、盲女　弐人　栄次郎
　　内壱人小供
一、〃　壱人　八右衛門
一、〃　壱人　五郎兵衛
一、〃　弐人　宇之助
　　内壱人小供

一、〃　　壱人　　　　　伊右衛門
一、〃　　壱人　　　　　菊　松

（村田潤三郎『瞽女さは消えた』二一五～二一七頁）

【横根村】

天保八年（一八三七）正月

（表紙）
「　天保八年
　村　方　諸　入　用　控　帳
　酉ノ正月　　　　　　　　」

ごぜ泊り覚

四月九日夜
一、四人　　　　　佐次右衛門
四月廿六日夜
一、壱人　　　　　同　　　人
同日
一、弐人　　　　　幸　　　七
同日
一、弐人　　　　　次郎右衛門
四月廿六日夜
一、弐人　　　　　熊　　　蔵
同日
一、弐人　　　　　源　　　六
同日
一、壱人　　　　　宇右衛門
〆
四月廿七日夜
一、壱人　　　　　宇右衛門
同日
一、弐人　　　　　半　兵　衛
同日
一、弐人　　　　　幸　兵　衛
五月始メ
　五日夜
一、弐人　　　　　伊右衛門
同夜
一、壱人　　　　　与　　　吉
〆
五月六日夜
一、弐人　　　　　源　　　七
一、弐人　　　　　沢左衛門
一、弐人　　　　　佐次右衛門
五月十日夜
一、三人　　　　　佐次右衛門
　日暮ニ参りニ付無拠我等家江宿いたし
五月十一日夜

一、弐人　　　　　　同　　人
暮ニ而参りニ付無拠宿いたし
同　廿三日夜
一、三人　　　　　　同　　人
八月十二日
一、四人　　　　　　佐次右衛門
九月三日
一、四人　　　　　　権　　蔵
十月廿日
一、四人　　　　　　佐次右衛門
御遣覚
［四月］
一、ごぜくばり　　　はる
三度

（武蔵国埼玉郡横根村文書）

万延二年（一八六一）正月二日

（表紙）
「　万延二年
当村諸入用控帳
酉ノ正月二日　」

十二月廿日より二夜泊り
一、〃壱〆二百文［銭］　　　盲女四人
大雨ニ付逗留致

正月廿五日夜泊り
一、盲女三人
代四百四拾八文
四月廿六日夜泊り
一、ごぜ三人
代四百四拾八文
［六月］
□□廿二日夜
一、盲女弐人　　　　佐　　吉
代三百文
八月廿六日夜泊り
一、〃三百文［銭］　　　　ごぜ二人
十月廿□日夜
一、五人　　内 大人三人 小児二人　　ごぜ
［十一月］
同　十二日
代五百文
一、同弐百文　　　　ごせ四人

（武蔵国埼玉郡横根村文書）

文久四年（一八六四）正月二日

（表紙）
「　文久四年
当村諸入用控帳
甲子ノ正月二日　」

［正月十二日］
〃夜泊り

一、〃〔銭〕五百文　小二人　大二人　こせ四人

十月廿三日夜
一、銭百四拾八文　ごぜ壱人

十二月十六日夜泊り雨大ニ付逗留
一、こせ三人
代九百文

（武蔵国埼玉郡横根村文書）

元治二年（一八六五）正月二日

（表紙）
「元治二年
当村諸入用控帳
乙巳正月二日」

五月十三日泊り
一、ごせ二人
代三百四十八文

五月十五日夜泊り
一、ごせ二人
代三百四十八文

九月二日夜泊り
一、ごせ大人四人
小　三人
代壱〆五十文

九月二日
一、三人　昼食
代四百四十八文
永金□□

十月廿九日
一、〃〔銭〕七百文
こせ四人泊り

（武蔵国埼玉郡横根村文書）

明治三年（一八七〇）正月二日

（表紙）
「明治三年
当村諸入用覚帳
午ノ正月二日」

三月二日夜泊り
一、ごせ三人
此代壱〆五百文

三月廿四日夜泊り
一、こせ三人　大人二人　子　壱人
代壱〆弐百四十八文

廿九日
三月晦日泊り
一、こせ三人
代弐〆百文
大雨ニ付昼八ツ致出立

四月十三日夜泊り
一、ごせ三人

代壱〆文

四月廿□日
一、ごせ弐人　泊り

壱〆文

［四月］同廿一日夜泊り
一、ごせ四人

代弐〆文

四月廿九日夜泊り
一、ごぜ壱人

代五百文

五月十日泊り
一、ごせ三人　大人二 小　壱人

代壱〆二百四十八文

五月十三日夜泊り
一、ごせ三人

代壱〆五百文

五月十八日夜泊り
一、ごせ三人

代壱〆五百文

五月廿二日夜泊り
一、ごせ弐人

銭壱〆文

五月廿四日夜泊り
一、こせ四人　内子供壱人 大　三人

代壱〆七百四十八文

八月一日夜泊り
一、ごぜ五人　内大人四人 小児壱人

代弐〆弐百文

八月□日夜
一、ごせ三人　大人壱人 小児二人

銭壱〆二百四十八文

八月十一日夜泊り
一、ごぜ二人　大人壱人 小児壱人

銭八百文

八月十五日夜泊り
一、ごぜ八人　大人六人 小児二人

代銭三〆八百文

八月廿七日夜泊り
一、ごぜ三人

代銭三〆六百文

大雨ニ付二日泊り

九月九日夜泊り
一、ごせ三人

代壱〆五百文

十一月十一日夜泊り
一、こぜ三人　大人二人 小児壱人

此代壱〆三百文

閏拾月廿三日夜泊り
一、ごぜ弐人

代壱〆文

閏十月廿四日夜泊り
一、ごぜ弐人　孝右衛門
十一月五日夜
一、ごぜ壱人　熊蔵
十一月晦日夜
一、ごぜ二人　半平
代
十二月廿日泊り
一、こせ三人　卯五郎（大人二人 小児八蔵）
代壱〆三百文

（武蔵国埼玉郡横根村文書）

明治三年（一八七〇）十二月十九日

（表紙）
「明治三年
当暮諸入用書抜覚帳
午十二月十九日」

閏十月廿四日泊り
一、ごせ弐人　幸右衛門
此代銭壱〆文
十一月五日　熊蔵
一、同〔こせ〕壱人
此代銭五百文
十一月晦日　半平
一、同〔こせ〕弐人
此代銭壱〆文
十二月九日　宇右衛門
一、ごせ壱人
此代銭五百文

（武蔵国埼玉郡横根村文書）

志木市

【中野村】

寛政七年（一七九五）正月

（表紙）
「寛政七年
卯諸入用日記留帳
正月吉日　中野
名主　伝右衛門」

〔十一月〕
一、廿四文　こせ

（『志木市史』近世史料編、第二巻、一八頁、二四頁）

ときがわ町

【大野村】

文久三年（一八六三）二月

「（表紙）
文久三年亥二月
村入目連印帳
武州秩父郡
大野村」

一、永三百弐拾八文
是は去戌二月より当亥二日〔ママ、月カ〕迄瞽女・座頭其外乞喰〔ママ〕非人とも行
暮人止宿廿九人、但し一夜飯料壱人銭七拾弐文宛議定之通り
相払候分ニ御座候
（『都幾川村史資料』第四巻［三］、二四三～二四五頁）

【椚平村】

文久三年（一八六三）二月

「（表紙）
文久三年
武州秩父郡椚平村去戌諸役入目帳
亥ノ二月　名主仁右衛門
当年番与兵衛下書
上納帳」

一、三百文　家掛
坂戸ごせ三人泊り
一、弐百文　同断
坂戸ごせ弐人泊り
（『都幾川村史資料』第四巻［三］、二四六頁、二四九頁）

所沢市

【糀谷村】

慶応三年（一八六七）正月

「（表紙）
慶応三年
村入用覚帳
卯正月吉日」

覚
去寅十一月勘定渡入用当卯年分江取調附出ス
〔十一月〕同十八日
一、四拾八文　座頭遣ス
同廿日
一、弐拾四文　江戸牛込 座頭出ス
同廿三日
一、四拾八文　右同断　男壱人　女壱人
〔卯正月〕同七日
一、四拾八文　座頭弐人

一、廿八日 廿四文　座頭壱人

一、二月朔日 弐百文　松茂検校下総国印旛郡佐倉領臼井村百姓請

一、[二月十九日]同 三拾弐文　八丁堀三丁目成下検校下座頭壱人

一、[四月]十一日 廿四文　座頭壱人

一、[四月十六日]同 三拾弐　座頭遣ス

一、[五月]十日 百文　二本木 藤居座頭

一、[五月十五日]同 四拾八文　男座頭弐人 女座頭壱人

一、十一月十四日 弐百文　江戸浅草橋場町津山検校下政吉・仙長両人

一、[十二月]八日 廿四文　座頭遣ス

一、同十八日 四拾八文　座頭三人

（『所沢市史』近世史料二、七三四〜七四三頁）

本庄市

【八幡山《はちまんやま》町】

寛政十年（一七九八）三月

（表紙）「寛政十午年三月
武蔵国児玉郡八幡山町入用帳」

一、銭七百七拾弐文
是者去巳年中ごぜ泊り合力ニ出申候

（『児玉町史』近世資料編、二五〇頁、二五二頁。『八幡山町史料集』一、二二八頁、二三〇頁も参照）

文化十五年（一八一八）三月

（表紙）「文化十五寅年三月
武蔵国児玉郡八幡山町入用帳」

一、銭四百拾六文
是ハ去丑九月中こぜ泊り合力出し申候

（『八幡山町史料集』一、二三二〜二三三頁）

【牧西村】

寛政元年（一七八九）三月

「（表紙）
寛政元年
武蔵国榛沢郡牧西村
申村入用帳
酉三月　」

一、同〔銭〕三貫弐百七拾弐文
是ハ年中ごぜ、座頭、其外諸勧化通り候節、壱弐文ツツ遣し候、并ニ年中泊り之分、三拾弐文積を以勘定割合候入用
（『本庄市史』資料編、文書、四三三頁）

【宮戸村】

慶応二年（一八六六）十二月

「（表紙）
慶応二年　　当番
寅村入用割合帳
金井総兵衛
丙寅十二月　」

四貫五百文　庄蔵　盲女・座頭拾五人、壱人分三百文ツツ
（『本庄市史』資料編、文書、四九八頁）

【元仁手村《もとにって》】

天保十三年（一八四二）正月

「（表紙）
天保十三年
寅村諸入用控帳
正月　吉旦　　名主　清右衛門」

同〔三月〕廿三日
一、五百八拾文　瞽女七人、作次郎泊り
同〔四月〕十六日
一、百六十拾四文　瞽女三人、半五郎泊り
六月二日
一、八拾文　瞽目（ママ）四人、半五郎泊り
（『本庄市史』資料編、文書、四三六頁、四四一頁、四四二頁、四四四頁）

天保十四年（一八四三）、「卯村諸入用控帳」

一、同〔十一月廿三日〕
弐百四拾八文　瞽女三人、作次郎泊り
一、同〔十一月廿三日〕
三百三拾弐文　瞽女四人、兵右衛門泊り
（『本庄市史』資料編、文書、四四七頁、四五二頁）

皆野町

【金崎村】

安政四年（一八五七）三月

「(表紙)安政四年
　去村入用帳
　辰三月
　　　武州秩父郡金崎村」

一、鐚拾貫八百七拾弐文　瞽女・座頭八拾七人、但壱人ニ付
　　　　　　　　　　　百弐拾四文宛
　是ハ年中瞽女・座頭泊り候木銭木代ニ御座候
　　（『皆野町誌』資料編二、二一八頁、二二〇頁）

【皆野村】

慶応二年（一八六六）正月

「(表紙)慶応二丙寅年
　村用日記帳
正月吉日
　　　皆野村」

［六月］九日
一、　こせ五人
　　預り

［八月］七日
一、　こせ五人泊り

［十二月七日］同
一、　こせ七人、磯五郎泊り
八日
一、　こせ五人、久原泊り
　是迄〆三拾三人
　　内五人中食廿文三百文つつ
十日
一、五百文　こせ五人木賃
（『皆野町誌』資料編二、三二七頁、三三六～三三七頁、三三九頁）

慶応四年（一八六八）正月

「(表紙)慶応四戊辰年
　村用日記帳
正月吉日
　　　皆野村」

［五月カ］十日
一、　こせ三人、倉右衛門泊り
　　（『皆野町誌』資料編二、三四〇頁、三四三頁）

八潮市

【大瀬村】

明治元年（一八六八）十一～十二月、「御親征御用留帳」

[十一月廿五日]
同日
一、三人　瞽女泊り
十一月晦日
一、五人　瞽女泊り
十二月九日
一、四人　瞽女泊り
（『八潮市史調査報告書』第一一巻［大瀬高橋家文書、八潮の諸家文書目録、一］、一二三一頁、一二三二頁、一二三四頁）

明治二年（一八六九）七月

（表紙）
「明治二歳
　御用留
　巳七月　大瀬村」
[八月]
十四日
一、弐人　瞽女泊り
[八月]
同廿三日
一、三人　瞽女泊り
十月十日
一、弐人　瞽女泊り
[十月]
同廿九日
一、三人　瞽女泊り
十二月二日
一、三人　瞽女泊り
十二月十一日
一、三人　瞽女泊り
十二月十七日
一、三人　瞽女泊り
[十二月]
同廿二日
一、瞽女弐人　泊り
（『八潮市史調査報告書』第一一巻［大瀬高橋家文書、八潮の諸家文書目録、一］、一二三七頁、一二四一頁、一二四四～一二四五頁、一二四八～一二四九頁、一二五〇頁）

栃木県

佐野市

【田島村】

嘉永三年（一八五〇）三月

「(表紙)
嘉永三戌年
御用金銭立替帳
三月　名主　市右衛門」

十一月廿六日
一、百文　(写)　こせ壱人泊り

（「金銭立替帳」島田嘉内家文書）

芳賀町

【東水沼村】

寛保二年（一七四二）正月

「(表紙)
寛保弐年　東水沼村
餌指座頭泊帳
戌正月吉日　名主　与左右衛門」

覚

酉
十二月廿日
一、こぜ　弐人
　添人　義右衛門
　十〔カ〕太

□〔東カ〕水沼村八郎治殿より来て一泊り、中ノ島へ□付□暮皆条割之後ニ候間、戌ノ三月割ニ可出候

（「餌指座頭泊帳」岡田純一家文書）

千葉県

印旛郡印旛村

【大廻村】

安永元年（一七七二）

「(表紙)
安永元年
辰年村入用帳
印幡郡
大廻村」

一、米六斗弐升
是ハ佐倉宿所々舟越共江年始叺米、村役人共御年貢割并御取立之節立会仕候昼食事賄、座頭・盲女泊り扶持賄諸色入用

［略］

一、銭壱貫弐百文
是ハ所々御師方并座頭・盲女、諸勧化ニ遣申候

（『印旛村史』近世編史料集二、四二一〜四二三頁）

安永五年（一七七六）二月

「(表紙)
安永五年
去未年村入用帳
印旛郡
申二月
大廻村」

一、米六斗八升
是ハ佐倉宿所々舟越共へ年始叺米、村役人共御年貢割并御取立之節立合仕候昼食事、座頭・盲女泊り賄扶持米諸入用

［略］

一、銭壱貫文
是ハ所々御師方并座頭・盲女、諸勧化ニ出申候

（『印旛村史』近世編史料集二、四二五〜四二六頁）

【萩原村】

弘化五年（一八四八）正月

「(表紙)
弘化五年
萩原村
当申両村夫銭覚帳
正月吉日
名主
新右衛門」

［十月］
同十四日
一、三百文　こぜ三人泊り
十月十九日
一、三百文　こぜ三人泊り
十一月十八日
一、四百文　こぜ四人泊り
十二月
一、三百文　こせ三人金三郎殿へ

（『印旛村史』近世編史料集二、四二九〜四三一頁）

鴨川市

【北風原《ならいはら》村】

文政七年（一八二四）

（表紙欠）

［四月］十五日

一、廿四文　ごせ　壱人

（永井家文書［エ三三三二］）

君津市

【三直村】

万延二年（一八六一）正月

（表紙）

「辛万延二年

村入用立替覚帳

酉正月吉日」

十二月日

一、泊三人　ごぜのぼふ

六百文

（『君津市史』史料集一、四〇六頁、四一六頁）

千葉市（稲毛区長沼町）

【長沼新田】

安政五年（一八五八）正月

（表紙）

「安政五年正月吉日

午村入用帳

名主 市兵衛」

［六月］同廿八日

一、百文

こせ弐人参り泊り

頼ニ付差出申候、以上

（島田家文書［ホ二五八］）

千葉市（花見川区）

【宇那谷《うなや》村】

嘉永三年（一八五〇）十二月

（表紙）

「嘉永三年　宇那谷村

当戌之佐倉通ひ并諸賄合力銭書出し帳

十二月　日　　名主 治郎左衛門」

一、六月廿八日後セ三人泊り　六賄　三郎兵衛

七月□日
一、同［後セ］、三人泊り　六賄　長左衛門

一、［七月］廿四日後セ四人［八賄カ］□□泊り　久郎右衛門

［七月二十四日］同日
一、同［後セ］、四人泊り　八賄　三郎左衛門

一、［七月］廿九日同［後セ］、弐人泊り　四賄　惣右衛門

［七月二十九日］同日
一、同［後セ］、弐人泊り　四賄　重右衛門

九月二日
一、同［後セ］、弐人泊り　雨天ニ付三日昼迄、六賄　喜兵衛

［九月二日・三日］同日
一、同［後セ］、弐人泊り　雨天ニ付三日昼迄、六賄　治郎兵衛

［九月］五日
一、同［後セ］、三人泊り　六賄　又右衛門

（中村家文書［イ三一］）

嘉永五年（一八五二）正月

「（表紙）
嘉永五年　宇那谷村
子之年村入用日記帳
正月吉日　名主 治郎左衛門」

一、亥八月中附宿申候　後せ壱人泊り　弐賄　善兵衛

一、［二月］廿三日雨天ニ付弐泊り　こゼ弐人泊り　惣右衛門

［月日欠、二月二十三日カ］
一、同［こゼ］、三人泊り　重右衛門

四月七日
一、こセ弐人泊り　四賄　喜兵衛

［四月七日］同日
一、こセ壱人泊り　弐賄　四郎右衛門

一、［四月］八日泊り　こゼ三人泊り　九賄　雨天ニ付昼より泊り　四郎右衛門

四月十二日
一、こゼ弐人泊り　四賄　平左衛門

四月十二日
一、こゼ弐人泊り　四賄　佐兵衛

四月十二日
一、こゼ三人泊り　六賄　庄右衛門

四月廿七日
一、後セ三人泊り　六賄　宇左衛門

五月廿九日
一、後せ弐人泊り（壱人）　弐賄　七兵衛

［五月］廿九日
一、同［後セ］、壱人泊り　弐賄　六郎左衛門

［六月］十日
一、後セ弐人泊り　平左衛門

［七月］廿六日
一、後セ弐人泊り　四賄　庄兵衛

［七月］廿六日
一、後セ弐人泊り　四賄　長左衛門

八月七日
一、後セ三人泊り　雨天ニ付弐泊り　十賄　庄次郎

一、同、三人　雨天ニ付泊り　庄治郎

［八月］同月十七日
一、後セ弐人泊り　四賄　治郎兵衛

［九月］十七日
一、後セ壱人　雨天弐度泊り　雨天弐夜泊り　喜兵衛

同日
一、同、壱人　平兵衛

同日
一、同、壱人　佐兵衛

同日
一、同、壱人　庄左衛門

［九月］廿六日雨天弐泊り
一、後セ弐人　久右衛門

十月十四日
一、同、弐人泊り　又右衛門

（中村家文書［イ四一］）

嘉永七年（一八五四）正月

（表紙）
「嘉永七年
寅年村方諸賄控帳　宇那谷村
正月吉日　名主　治郎左衛門」

［寅二月］十八日
一、後セ　弐人　泊り　四賄　長兵衛

［二月十八日］同日
一、同［後セ］、弐人泊り　四賄　太郎左衛門

［二月］廿四日
一、後セ弐人　泊り　善兵衛

〔二月二十四日〕同日
一、同〔後セ〕、弐人　泊り　勘左衛門
〔二月二十四日〕同日
一、同〔後セ〕、弐人　泊り　七郎左衛門
〔二月二十四日〕同日
一、同〔後セ〕、弐人　泊り　太左衛門
四月十一日
一、後セ三人　泊り　久兵衛
〔四月〕十七日
一、後セ三人　泊り　重左衛門
五月三日
一、後セ四人　泊り　治郎兵衛
〔五月三日〕同日
一、同〔後セ〕、壱人　泊り　喜兵衛
〔五月三日〕同日
一、同〔後セ〕、弐人　泊り　弥兵衛
〔五月〕十三日
一、後セ弐人　泊り　平左衛門
〔五月十三日〕同日
一、同〔後セ〕、壱人　泊り　八右衛門
六月五日
一、同〔後セ〕、三人　泊り　庄右衛門

六月五日
一、同〔後セ〕、弐人　泊り　宇左衛門
〔六月五日〕同日
一、同〔後セ〕、弐人　泊り　七兵衛
〔六月五日〕同日
一、同〔後セ〕、弐人　泊り　長兵衛
〔六月五日〕同日
一、同〔後セ〕、弐人　泊り　六郎兵衛
〔六月五日〕同日
一、同〔後セ〕、三人　泊り　善兵衛
〔七カ〕
□月十八日
一、後セ弐人　六賄　昼賄共　七郎左衛門
〔七月十八日カ〕同日
一、後セ弐人　六賄　昼賄共　五左衛門
〔月日欠〕
一、後セ弐人　六賄　昼賄共　六左衛門
九月十九日
一、後セ三人　泊り　三郎兵衛
〔九月十九日〕同日
後セ三人　六賄　泊り　甚兵衛

十月十日
一、後セ六人泊り　十弐賄　三郎左衛門
［月日欠］
一、同、［後セ］弐人　四賄　惣兵衛
［月日欠］
一、後セ壱人　泊り　重兵衛
［月日欠］
一、後セ壱人　泊り　治郎兵衛
［月日欠］
一、同、［後セ］壱人　泊り　又兵衛
［月日欠］
一、同、［後セ］壱人　喜兵衛
極月十七日
一、後セ三人　泊り　庄兵衛
［極月十七日］同日
一、同、［後セ］壱人　泊り　宇兵衛

（中村家文書［イ五二］）

安政二年（一八五五）正月

（表紙）
「安政二年
当卯金銭上納出銭控帳　宇那谷村
正月吉日　名主 治左衛門」

一、後せ三人泊り　甚兵衛

六賄

（中村家文書［イ五七］）

安政三年（一八五六）十二月

（表紙）
「安政三丙辰年
村方賄并合力銭書出帳　宇那谷村
十二月吉日　名主 治左衛門」

［正月］廿八日
一、後セ弐人泊り　四賄、善兵衛
［正月］［二十八日］同日
一、同、［後セ］壱人泊り　弐賄、弥兵衛
［以下月日欠］
一、同、［後セ］弐人泊り　四賄、甚兵衛
一、同、［後セ］弐人泊り　四賄、久左衛門
一、後セ弐人泊り　四賄、与五右衛門
一、同、［後セ］弐人泊り　四賄、善兵衛
一、後セ七人泊り　拾四賄、三郎左衛門
一、後セ三人泊り　六賄、惣左衛門
一、後セ弐人泊り　、勘右衛門

四賄

一、同〔後セ〕、三人泊り　六賄、　七郎左衛門

一、同〔後セ〕、三人泊り　六賄、　五郎左衛門

一、同〔後セ〕、弐人泊り　四賄、　太左衛門

一、後セ三人泊り　六賄、　重右衛門

一、同〔後セ〕、弐人賄　四賄、　治郎兵衛

一、後セ弐人泊り　四賄、　三郎兵衛

一、同〔後セ〕、弐人泊り　四賄、　勘兵衛

一、同〔後セ〕、三人泊り　六賄、　久左衛門

一、後セ弐人泊り　四賄、　治郎兵衛

一、後セ三人泊り　六賄、　甚兵衛

一、後セ三人泊り　昼迄九賄、　勘右衛門

一、後セ三人泊り　六賄、　宇左衛門

一、後セ八人泊り　拾六賄、　三左衛門

一、後セ三人泊り　、　甚兵衛

六賄

一、同〔後セ〕、三人泊り　六賄、　三郎兵衛

一、同〔後セ〕、弐人泊り　四賄、　治郎左衛門

一、同〔後セ〕、五人泊り　六賄、　宇左衛門

一、後セ八人泊り　拾六賄、　三左衛門

一、後セ三人泊り　六賄、　甚兵衛

一、同〔後セ〕、三人泊り　六賄、　三郎兵衛

一、同〔後セ〕、弐人泊り　四賄、　治郎左衛門

一、同〔後セ〕、五人泊り　拾賄、　又右衛門

一、後セ弐人泊り　四賄、　佐兵衛

（中村家文書〔イ六七〕）

安政四年（一八五七）正月

（表紙）
「安政四丁巳年　　宇那谷村

御用通村方諸賄控帳

正月吉日　　名主
治郎左衛門」

正月十九日
一、後セ壱人泊り　弐賄　惣右衛門

[正月十九日]同日
一、同、[後セ]壱人泊り　弐賄　治郎兵衛

[正月十九日]同日
一、同、[後セ]壱人泊り　弐賄　善兵衛

二月十五日
一、同、[後セ]三人泊り　六賄　六左衛門

[二月]十九日
一、同、[後セ]弐人泊り　四賄　又右衛門

三月朔日
一、後セ弐人泊り　四賄　佐兵衛

[三月朔日]同日
一、同、[後セ]弐人泊り　四賄　庄右衛門

五月[日欠]
一、後セ三人泊り　善兵衛

五月[日欠]
一、後セ弐人泊り　勘左衛門

五月[日欠]
一、同、[後セ]弐人泊り　七郎左衛門

[五月]同
一、同、[後セ]弐人泊り　五郎左衛門

五月[日欠]
一、後セ弐人泊り　三郎兵衛

[月日欠]
一、同、[後セ]弐人泊り　久右衛門

閏五月廿三日
一、後セ三人泊り　勘兵衛

八月四日
一、後セ弐人泊り　与五右衛門

[八月四日]同日
一、同、[後セ]壱人泊り　善兵衛

[八月四日]同日
一、同、[後セ]弐人泊り　七郎左衛門

八月十九日
一、後セ弐人泊り　重左衛門

[八月十九日]同日
一、同、[後セ]弐人泊り　治郎兵衛

[月日欠]
一、同、[後セ]弐人泊り　又右衛門

九月二日
一、同、[後セ]弐人泊り　惣左衛門

[月日欠]
一、後セ弐人泊り　三郎兵衛

[月日欠]
一、同、[後セ]弐人泊り　長兵衛

[月日欠]
一、同、[後セ]弐人泊り　久左衛門

九月廿二日
一、同、[衍]後セ壱人泊り　甚兵衛

[九月二十二日]同日
一、同、[後セ]弐人泊り　久左衛門

安政四年（一八五七）十二月

（中村家文書［イ六八］）

（表紙）
「安政四年
当巳村方賄払方覚帳
宇那谷村
十二月吉日
名主
治郎左衛門」

一、後セ壱人泊り　弐賄、　惣右衛門
一、同、壱人泊り　弐賄、　治郎兵衛
一、同、壱人泊り　弐賄　、　喜　兵　衛
一、同、三人泊り　六賄　、　六左衛門
一、同、弐人泊り　四賄　、　又右衛門
一、同、弐人泊り　四賄　、　佐　兵　衛
一、同、弐人泊り　四賄　、　庄左衛門
一、後セ三人泊り　六賄　、　善　兵　衛
一、同、弐人泊り　四賄　、　勘右衛門
一、同、弐人泊り　四賄　、　七郎左衛門
一、同、弐人泊り　四賄　、　五郎左衛門
一、後セ弐人泊り　四賄　、　三郎兵衛
一、後セ弐人泊り　四賄　、　久左衛門
一、後セ三人泊り　六賄　、　甚　兵　衛
一、同、弐人泊り　四賄　、　与五右衛門
一、同、壱人泊り　弐賄　、　善　兵　衛
一、同、弐人泊り　四賄　、　七郎左衛門
一、同、弐人泊り　四賄　、　重右衛門
一、同、弐人泊り　四賄　、　治郎兵衛
一、同、弐人泊り　四賄　、　又右衛門
一、同、弐人泊り　四賄　、　惣左衛門
一、後セ弐人泊り　四賄　、　三郎兵衛
一、同、弐人泊り　四賄　、　甚　兵　衛
一、同、弐人泊り　四賄　、　久左衛門
一、同、壱人泊り　弐賄　、　甚　兵　衛
一、同、弐人泊り　四賄　、　久左衛門

［略］

割不足
一、後セ弐人泊り　四賄　　三郎左衛門
一、同、弐人泊り　四賄　　平左衛門
一、同、弐人泊り　四賄　　重左衛門
〆拾弐賄
代三百文

安政四年（一八五七）か

（中村家文書［イ七三］）

（表紙）
「当巳之年過不足取立帳

名主　治郎左衛門」
一、後セ六人泊り　拾弐賄
割落ニ相成申候間御取立可被下候
（中村家文書［イ一二五］千葉県文書館蔵）

安政六年（一八五九）十二月

（表紙）
「安政六年　宇那谷村
合力銭諸賄其外書出し
未極月　名主　治郎左衛門」

三月朔日
一、後セ四人泊り　同［昼］　八賄
［三月］十日
一、後セ五人泊り　拾賄
［略］
二月三日雨天ニ付四日迄
一、後セ壱人泊り　六賄　○　重左衛門
二月三日泊り
一、同［後セ］、弐人泊り
雨天ニ付八賄　○　治郎兵衛
［三月朔日］同日
一、後セ弐人泊り
四賄　○　甚兵衛
［三月朔日］同日
一、同［後セ］、壱人泊り　弐賄　弐賄［衍カ］　○　久左衛門
［同日カ］
一、同［後セ］、三人泊り　六賄　○　庄左衛門
［同日カ］
一、同［後セ］、三人泊り　六賄　○　六郎左衛門
［同日カ］
一、同［後セ］、弐人泊り　四賄　○　五郎左衛門
［五月］廿五日
一、後セ五人泊り　十賄　○　三郎兵衛
［月日欠］
一、同［後セ］、弐人泊り　四賄　○　甚兵衛
○　佐兵衛
［月日欠］
一、［「同」［後セ］欠カ］、弐人泊り　四賄　○　佐兵衛
［月日欠］
一、後セ壱人泊り　○　三郎左衛門
［月日欠］
一、［「同」［後セ］欠カ］、弐人泊り　四賄　○　庄左衛門
［月日欠］
一、［「同」［後セ］欠カ］、弐人泊り　四賄　○　宇左衛門
［月日欠］
一、［「同」［後セ］欠カ］、三人泊り　六賄　○　佐兵衛

一、［「同」欠カ］、三人泊り［月日欠］［後セ］　　〇　庄左衛門
一、［「同」欠カ］、五人泊り［月日欠］［後セ］　十賄　〇　又右衛門
一、後セ弐人泊り［月日欠］　四賄　〇　善兵衛
一、後セ弐人泊り［月日欠］　四賄　〇　七郎左衛門
一、同、弐人泊り［月日欠］［後セ］　〇　五左衛門
一、後セ弐人泊り［月日欠］
雨天ニ付弐泊り　四賄　〇　三郎兵衛
一、後セ弐人泊り［月日欠］　四賄　〇　三郎兵衛
一、同、弐人泊り［月日欠］［後セ］　〇　久左衛門
一、後セ弐人泊り［月日欠］　四賄　〇　又右衛門
一、後セ弐人泊り［月日欠］　四賄　〇　喜兵衛
一、後セ壱人泊り［月日欠］　四賄　□兵衛
一、同、壱人泊り［月日欠］［後セ］　弐賄　〇　庄左衛門
一、同、壱人泊り［月日欠］［後セ］　弐賄　〇　宇左衛門

（中村家文書［イ八二］）

安政七年（一八六〇）正月

（表紙）
「安政七年　宇那谷村
申年村方諸賄覚
正月吉日　名主 治郎左衛門」

一、申正月十八日 後セ三人泊り　六賄　久左衛門
一、正月廿七日 後セ壱人泊り　七郎左衛門
一、同日［正月二十七日］［後セ］ 同、壱人泊り　五郎左衛門
一、同日［正月二十七日］［後セ］ 同、三人泊り　治郎兵衛
一、二月十日夕より十一日朝迄 後セ四人泊り　甚兵衛

三月二日夕より三日迄
一、後セ弐人泊り　惣左衛門

〔三月二日・三日〕
同日
一、同、〔後セ〕弐人泊り　治郎兵衛

（中村家文書〔イ八三〕）

万延二年（一八六一）正月

（表紙）
「万延二年　宇那谷村
当酉之年村方諸賄帳
正月吉日　名主 治郎左衛門」

〔月日欠、正月十九よりカ〕
一、後セ弐人泊り　庄左衛門
雨天ニ付廿一日迄十賄

二月三日
一、後セ三人賄　六賄　与五右衛門

二月九日
一、後セ壱人泊り　勘兵衛

二月九日
一、同、〔後セ〕弐人泊り　七郎左衛門

二月十五日
一、後セ弐人泊り　惣左衛門

二月十五日
一、後セ弐人泊り　治郎兵衛

二月四日
一、後セ弐人泊り　三郎兵衛

二月四日
一、後セ弐人泊り　甚兵衛

二月四日
一、後セ弐人泊り　久左衛門

二月五日
一、後セ三人泊り　三郎左衛門

三月廿七日
一、後セ弐人泊り　重左衛門
雨天

三月廿七日
一、後セ壱人泊り　喜兵衛
雨天

三月廿七日
一、後セ弐人泊り　平左衛門
雨天

（中村家文書〔イ八五〕）

明治四年（一八七一）二月

（表紙）
「明治四年　宇那谷村
当未御用通諸賄合力銭控
二月　日　治郎左衛門」

村方賄扣

四月十一日
一、盲女弐人泊り　与五右衛門
四賄

四月十一日
一、盲女壱人泊り　十郎右衛門
弐賄

七郎左衛門
一、四月十一日 盲女壱人泊り　弐賄
一、五月廿七日 盲女壱人泊り　弐賄
〆四賄 弐百文

五郎左衛門
一、四月四日 盲女弐人泊り　四賄
一、五月廿七日 盲女弐人泊り　四賄
〆八賄 四百文

六郎左衛門
一、四月四日 盲女弐人泊り　四賄
〆四賄 弐百文

三郎兵衛
一、三月二日 盲女三人泊り　六賄
一、七月五日 盲女四人泊り　八賄
〆拾四賄 七百文

甚兵衛
一、六月廿八日 後セ弐人泊り　四賄

久右衛門
一、六月廿八日 後セ弐人泊り　四賄

三郎左衛門
一、二月廿五日 盲女五人泊り　拾賄
〆拾賄 五百文

惣右衛門
一、四月廿九日 盲女弐人泊り　四賄
〆四賄 弐百文

惣左衛門
一、七月八日[夕]〔イ一五三〕より十日迄 盲女弐人泊り　拾賄
一、十一月四日 盲女弐人泊り　四賄

重右衛門〔イ一五三に「十右衛門」〕
一、四月廿九日 盲女弐人泊り　四賄
一、七月八日[夕]〔イ一五三〕より十日朝迄 盲女弐人泊り　拾賄
〆拾四賄 七百文

治郎兵衛
一、七月八日[夕]〔イ一五三〕より十日朝迄 盲女三人泊り　拾五賄
一、十一月四日 盲女弐人泊り　四賄

又右衛門

一、□［五カ］月四日［夕］より五日昼迄［イ一五三］盲女弐人泊り　六賄
〆六賄
三百文

一、五月四日［夕］より六日昼迄［イ一五三］盲女弐人泊り　喜兵衛　拾弐賄
〆拾弐賄
六百文

一、五月五日［夕］より六日昼迄［イ一五三］盲女弐人泊り　紋兵衛　六賄

一、五月四日［夕］より六日昼迄［イ一五三］盲女弐人泊り　喜平治　拾弐賄
〆拾弐賄
六百文

一、三月廿日　盲女弐人泊り　四郎右衛門　四賄

一、七月廿七日［夕］より廿八日迄［イ一五三］盲女弐人泊り　十賄
〆拾四賄
七百文

一、四月十日　盲女三人泊り　平左衛門　六賄

一、七月廿七日［夕］より廿八日迄［イ一五三］盲女弐人泊り　拾賄
〆拾六賄
八百文

一、三月廿日　盲女弐人泊り　平兵衛　四賄

一、五月十一日　同、［盲女］弐人泊り　四賄
〆八賄
四百文　宇左衛門

一、五月十一日　後セ弐人泊り　四賄

［略］

一、［三月］十□日　後セ弐人　弐賄

（中村家文書［イ九五、イ一五三（表紙欠）］）

年代不詳

（表紙）「当丑ノ諸賄合力銭并ニ御用通控　名主　治郎左衛門」

覚

一、［正月］廿□日　盲女弐人泊り　四賄　治郎兵衛

一、［正月二十□日］同日　同、［盲女］弐人泊り　四賄　又右衛門

一、四月十四日　盲女弐人泊り　四賄　宇左衛門

〔四月十四日〕同日
一、同、〔盲女〕壱人泊り　弐賄　七兵衛
〔四月十四日〕同日
一、同、〔盲女〕弐人泊り　四賄　長兵衛
〔四月〕廿日
一、同、〔盲女〕弐人泊り　四賄　太郎左衛門
〔四月二十日〕同日
一、同、〔盲女〕弐人泊り　四賄　善兵衛
〔四月二十日〕同日
一、同、〔盲女〕弐人泊り　四賄　勘左衛門
七月五日
一、盲女三人泊り　六賄　又右衛門
〔七月〕廿三日
一、同、〔盲女〕三人泊り　六賄　惣右衛門
〔七月二十三日〕同日
一、同、〔盲女〕弐人泊り　四賄　十右衛門
〔七月二十三日〕同日
一、同、〔盲女〕弐人泊り　四賄　治郎兵衛
〔八月〕廿五日
一、盲女壱人泊り　弐賄　喜兵衛
〔八月二十五日〕同日
一、同、〔盲女〕壱人泊り　弐賄　四郎右衛門
九月三日
一、同、〔盲女〕壱人泊り　弐賄　又右衛門
〔九月三日〕同日
一、同、〔盲女〕弐人泊り　四賄　門兵衛
〔以下月日欠〕
一、盲女弐人泊り　四賄　勘右衛門
一、同、弐人泊り　四賄　七郎左衛門
一、同、弐人泊り　四賄　善兵衛
一、同、弐人泊り　四賄　太左衛門
一、盲女弐人泊り　四賄　惣右衛門
一、同、弐人泊り　四賄　七右衛門
一、同、弐人泊り　四賄　治郎兵衛
一、ごせ三人泊り　六賄　喜兵衛

（中村家文書〔イ一二八〕）

流山市

【駒木新田】

安政四年（一八五七）正月

「（表紙）安政四年
当巳村役人百姓役勤日記
正月吉日　名主 八郎兵衛」

[三月]廿五日より廿七日迄
一、六百文　後世四人
二夜逗留

（「当巳村役人百姓役勤日記」岡田清家文書）

東京都

板橋区

【徳丸村】

安政三年（一八五六）正月

「（表紙）安政三年
諸勧化控帳
辰正月」

[正月]十四日
三人泊り　こぜ
[三月]同八日
三人泊り　こぜ
[三月]同十七日
七人　泊り　こせ
六月三日
三人　泊り　こせ

（『板橋区史』資料編、第三巻、六四六〜六四七頁）

江戸川区

【一之江新田】

寛政十二年（一八〇〇）十二月

（表紙）
「寛政十二年
申年役入目帳
十二月　　東葛西領一之江新田」

一、米六斗
是ハ瞽女扶持ニ而村方ニ而割合申候
（田島家文書。『田島家文書』第一巻、一三〜一四頁。『瞽女の記録』一一頁も参照）

文化十四年（一八一七）十二月

（表紙）
「文化十四年
諸御用出人足過不足指引帳
丑十二月　日　　年番
喜右衛門」

覚
瞽女小歩行　　銭八貫文　　但シ壱株ニ付
銭五百七拾壱文
喜右衛門
小歩行瞽女　一銭百拾七文　　過
茂左衛門
小歩行こせ　一ぜニ五百七拾壱文
（田島家文書。『瞽女の記録』一一頁）

文政七年（一八二四）正月

（表紙）
「文政七年
年中万出方覚帳
申ノ正月吉日　　一之江新田
田島図書」

三月廿日
一、廿四文　　ごぜ
四月十二日
一、廿四文　　ごぜ
六月廿八日
一、廿四文　　ごぜ
二月　祝言入用
一、壱分弐朱　瞽女
（田島家文書。『瞽女の記録』一一頁）

文政九年（一八二六）正月

（表紙）
「文政九年

在家割出人足覚帳
戌正月より　市野〔ママ〕江新田
田島図書」

三月九日　瞽女三人　百五十文　内勤メ
三月十六日夜　瞽女四人　弐百文　内勤メ
三月廿日　瞽女三人　百五十文　内勤メ
六月十四日　瞽女弐人　百文　内勤メ

（田島家文書。『瞽女の記録』一二頁）

天保六年（一八三五）正月

（表紙）
「天保六年
在家割出人足覚帳
未ノ正月吉日　一ノ江新田
田島喜右衛門」

二月十日夜　内勤
一、瞽女三人
三月廿五日夜　内勤
一、瞽女弐人
四月十五日夜　内勤
一、瞽女三人
五月四日夜　内勤
一、瞽女三人
同月六日夜　内勤
一、瞽女三人
六月廿日夜　内勤
一、瞽女三人
同月廿二日　内勤
一、瞽女弐人
閏七月朔日夜　内勤
一、瞽女弐人
同月十八日夜　内勤
一、瞽女四人

（田島家文書。『瞽女の記録』一二頁）

天保九年（一八三八）正月

（表紙）
「天保九年
在家割出人足覚帳
戌正月吉日　一之江新田
喜右衛門」

正月八日夜　一、瞽女三人　内勤
二月二日夜　一、瞽女三人　内勤
同月晦日夜　一、瞽女弐人　内勤
三月十三日夜　一、瞽女弐人　内勤
同月十五日夜　一、瞽女弐人　内勤

同月廿四日夜　一、瞽女三人　内勤
四月朔日　一、瞽女三人　内勤
四月五日夜　一、瞽女三人　内勤
閏四月三日夜　一、瞽女弐人　内勤
同月八日夜　一、瞽女三人　内勤
同月廿二日夜　一、瞽女三人　内勤
六月十七日夜　一、瞽女三人　内勤
七月三日夜　一、瞽女壱人五分　内勤
（田島家文書。『瞽女の記録』一二〜一三頁）

天保十四年（一八四三）十二月

（表紙）
「天保十四年
諸人足取調之帳
卯ノ十二月日
一之江新田」

一、瞽女泊四拾五人五分　但シ壱人ニ付百四十八文
此訳ケ
喜右衛門
一、瞽女拾弐人　此銭壱貫八百文
安左衛門
一、瞽女弐人五分　〃三百七十弐文
次郎兵衛
一、瞽女三人　此銭四百四拾八文
茂右衛門
一、瞽女弐人五分　〃三百七拾弐文
重兵衛
一、瞽女弐人　〃三百文
万右衛門
一、瞽女三人五分　〃五百廿四文
庄蔵
一、瞽女五人　〃七百四拾八文
金右衛門
一、瞽女弐人五分　〃三百七拾弐文
四郎左衛門
一、瞽女弐人　此銭三百文
忠左衛門
一、瞽女四人　〃六百文
与左衛門
一、瞽女一人五分　〃弐百廿四文
彦四郎
一、瞽女壱人　〃百四拾八文
太左衛門
一、瞽女壱人五分　〃弐百廿四文
定右衛門
一、瞽女壱人五分〔ママ、弐人カ〕　此銭三百七拾弐文
（田島家文書。『瞽女の記録』一三〜一四頁）

天保十五年（一八四四）正月

（表紙）
「天保十五年
瞽女泊順番帳
辰ノ正月吉日　　一之江新田」

覚

二月七日夜　一　壱人五分　庄蔵
三月五日夜　一　壱人　定右衛門
〃　一　壱人　忠左衛門
〃　一　壱人五分　喜右衛門
同月十二日夜　一　壱人　安左衛門
同月十八日夜　一　壱人　次郎兵衛
同月廿四日廿五日夜　一　弐人　庄蔵
同月廿九日夜　一　壱人五分　喜右衛門
四月十一日夜　一　壱人五分　勘右衛門
五月七日夜　一　壱人　茂右衛門
六月三日夜　一　壱人　重兵衛
〃　一　壱人　喜右衛門
同月六日夜　一　壱人　万右衛門
〃　一　壱人　庄蔵
〃　一　壱人五分　四郎左衛門
四月八日夜　一　壱人五分　喜右衛門
同月十二日夜　一　壱人五分　忠左衛門
同月十六日夜　一　壱人五分　与左衛門
同月十八日夜　一　壱人　彦四郎
〃　一　壱人　喜右衛門
同月廿二日夜　一　壱人　庄蔵
同月廿六日夜　一　壱人　定右衛門
同月晦日夜　一　壱人　忠左衛門
七月三日夜　一　壱人　喜右衛門
〃　一　壱人　安左衛門
十月廿五日夜　一　壱人五分　次郎兵衛
〆三拾壱人五分

（田島家文書。『瞽女の記録』一四頁）

弘化四年（一八四七）十二月

（表紙）
「弘化四年
諸人足取調勘定帳
未十二月　　一之江新田」

覚

一、瞽女　五拾七人　　但シ壱人百四拾八文
此銭　八貫五百四拾八文
此訳ケ
喜右衛門

一、瞽女　拾七人五分　此銭弐貫六百廿四文
　　　　　　　　　　　　安左衛門
一、瞽女　三人　〃　四百四拾八文
　　　　　　　　　　　　次郎兵衛
一、瞽女　三人　〃　四百四拾八文
　　　　　　　　　　　　勘右衛門
一、こせ　弐人　〃　三百文
　　　　　　　　　　　　茂右衛門
一、瞽女　三人　〃　四百四拾八文
　　　　　　　　　　　　重兵衛
一、瞽女　弐人　此銭三百文
　　　　　　　　　　　　万右衛門
一、瞽女　弐人　〃　三百文
　　　　　　　　　　　　庄蔵
一、瞽女　六（ママ）（八人の誤りか）人　〃　壱貫弐百文
　　　　　　　　　　　　四郎左衛門
一、瞽女　弐人五分　〃　三百七拾弐文
　　　　　　　　　　　　忠左衛門
一、瞽女　六人　〃　九百文
　　　　　　　　　　　　彦四郎
一、瞽女　四人九分（ママ）（四人五分の誤りか）　〃　六百七拾弐文
　　　　　　　　　　　　定右衛門
一、こせ　三人　此銭四百四拾八文

（田島家文書。『瞽女の記録』一四～一五頁）

弘化四年（一八四七）

「（表紙）
弘化四未年
諸役入目帳
東葛西領一之江新田」

一、同〔銭〕八貫五百四拾八文
　是ハ瞽女泊り雑用之分

（田島家文書。『田島家文書』第一巻、八八～八九頁。『瞽女の記録』一五頁も参照）

嘉永元年（一八四八）

「（表紙）
嘉永元申年
諸役入目帳
東葛西領一之江新田」

一、同〔銭〕八貫六百廿四文
　是ハ瞽女泊り雑用之分

（田島家文書。『田島家文書』第一巻、九五～九六頁。『瞽女の記録』一七頁も参照）

嘉永二年（一八四九）

「（表紙）
嘉永二酉年
諸役入目帳
東葛西領一之江新田」

一、同〔銭〕三貫弐百四拾八文
是ハ瞽女泊り雑用之分

（田島家文書。『田島家文書』第一巻、九七～九八頁。『瞽女の記録』一七頁も参照）

嘉永四年（一八五一）

「（表紙）
嘉永四亥年
諸役入目帳
武州東葛西領一之江新田」

一、同〔銭〕五貫弐百文
是ハ瞽女泊り雑用之分」

（田島家文書。『田島家文書』第一巻、一〇〇頁。『瞽女の記録』二〇頁も参照）

嘉永五年（一八五二）

「（表紙）
嘉永五子年
諸役入目帳
武州東葛西領　一之江新田」

一、同〔銭〕六貫四百文
是ハ瞽女泊り雑用之分

（田島家文書。『田島家文書』第一巻、一〇二～一〇三頁。『瞽女の記録』二〇頁も参照）

嘉永六年（一八五三）

「（表紙）
嘉永六丑年
諸役入目帳
武州東葛西領一之江新田」

一、同〔銭〕七貫弐百文
是ハ瞽女泊り雑用之分

（田島家文書。『田島家文書』第一巻、一〇四～一〇五頁。『瞽女の記録』二〇～二一頁も参照）

嘉永六年（一八五三）

「（表紙）
嘉永六丑年
諸人足銭囲築潰地取繕人足賃
取調割合帳
東葛西領一之江新田」

覚

一、瞽女廿九人半　但壱人百四拾八文
此賃銭四貫四百廿四文
右訳ケ

喜右衛門

一、瞽女九人半
　此賃銭　壱貫四百廿四文
安左衛門

一、瞽女三人
　此賃銭　四百四拾八文
次郎兵衛

一、瞽女弐人
　同三百文
勘右衛門

一、瞽女壱人
　同百四拾八文
茂右衛門

一、瞽女壱人（壱人五分か）
　同弐百廿四文
萬右衛門

一、瞽女壱人
　同百四拾八文
庄蔵

一、瞽女壱人半
　同弐百廿四文
四郎左衛門

一、瞽女壱人半
　同弐百廿四文
忠左衛門

一、瞽女四人
　同六百文
与左衛門

一、瞽女壱人
　同百四拾八文
彦四郎

一、瞽女弐人
　同三百文
定右衛門

一、瞽女壱人半
　同弐百廿四文

（田島家文書。『瞽女の記録』二一〜二二頁）

安政元年（一八五四）

（表紙）
「安政元寅年
諸役入目帳
武州東葛西領一之江新田」

覚

一、同［銭］八貫七百文
是ハ瞽女泊り雑用之分

（田島家文書。『田島家文書』第一巻、一〇六～一〇七頁。『瞽女の記録』二三頁も参照）

安政三年（一八五六）

「（表紙）
安政三辰年
諸役入目帳
武州東葛西領一之江新田」

覚

一、同〔銭〕九貫五百文
是ハ瞽女泊り雑用之分

（田島家文書。『田島家文書』第一巻、一〇九～一一〇頁。『瞽女の記録』二四頁も参照）

安政四年（一八五七）

「（表紙）
安政四巳年
諸役入目帳
武州葛飾郡一之江新田」

一、同〔銭〕九貫五百十六文
是ハ瞽女泊り雑用之分

（田島家文書。『田島家文書』第一巻、一一一～一一二頁。『瞽女の記録』二五頁も参照）

安政五年（一八五八）

「（表紙）
安政五午年
諸役入目帳
武州葛飾郡一之江新田」

一、同〔銭〕七貫文
是ハ瞽女七拾人泊り雑用之分

（田島家文書。『田島家文書』第一巻、一一四頁。『瞽女の記録』二五頁も参照）

安政六年（一八五九）

「（表紙）
安政六未年
諸役入目帳
武州葛飾郡一之江新田」

一、同〔銭〕六貫五百文
是ハ瞽女六拾五人泊り雑用之分

（田島家文書。『田島家文書』第一巻、一一五～一一六頁。『瞽女の記録』二七頁も参照）

万延二年（一八六一）正月

「（表紙）
万延二年
諸人足瞽女泊り控帳

正月吉日　　　東葛西領一之江新田」

覚

瞽女泊り

二月七日夜　一、壱人　喜右衛門
同夜　一、壱人　安左衛門
二月十一日夜　一、壱人　二郎兵衛
同夜　一、壱人　忠左衛門
二月十八日夜　一、壱人　喜右衛門
同夜　一、壱人　勘右衛門
同夜　一、壱人　茂右衛門
二月廿七日夜　一、壱人　十兵衛
同夜　一、壱人五分　喜右衛門
二月廿八日夜　一、壱人　庄蔵
同夜　一、壱人　万右衛門
三月六日夜　一、壱人五分　喜右衛門代四郎左衛門
同月十日夜　一、壱人　四郎左衛門代喜右衛門
同　一、壱人　忠左衛門
同月十六日夜　一、壱人五分　喜右衛門
同夜　一、壱人　与左衛門
三月十九日夜　一、壱弐人（ママ）　庄蔵
三月十五日夜　一、壱弐人（ママ）　万右衛門
三月廿七日夜　一、壱人　彦四郎
同月廿八日夜　一、壱人　キ右衛門
四月六日夜　一、壱人　同　人
同九日　一、壱人　安左衛門
同月十五日夜　一、壱人　二郎兵衛
同　一、壱人　忠左衛門
五月三日夜　一、壱人　喜右衛門
同月十七日夜　一、壱人　勘右衛門
同　一、壱人　茂右衛門
五月廿九日夜　一、壱人　十兵衛
同　一、壱人　キ右衛門
同月晦日夜　一、壱人　庄蔵
同夜　一、壱人　万右衛門代喜右衛門
六月三日夜　一、壱人五分　キ右衛門代万右衛門
同月五日夜　一、壱人　四郎左衛門
同夜　一、壱人　忠左衛門
同月八日夜　一、壱人　喜右衛門
同夜　一、壱人　与左衛門
六月十一日夜　一、壱人　彦四郎
同夜　一、壱人五分　喜右衛門
六月十五日夜　一、壱人　万右衛門
同夜　一、壱人　庄蔵
同月十七日夜　一、壱人　喜右衛門
同夜　一、壱人　四郎左衛門
同月廿三日夜　一、壱人　忠左衛門
同夜　一、壱人　喜右衛門

七月三日夜　一、壱人　与左衛門
同夜　一、壱人　彦四郎
同月四日夜　一、壱人　喜右衛門
同日夜　一、壱人　万右衛門
八月十四日夜　一、壱人　庄蔵
同夜　一、壱人　キ右衛門
八月十六日より十八日迄　一、壱人五分　二郎兵衛
同夜　一、壱弐（ママ）人　忠左衛門
八月廿八日夜　一、壱人　喜右衛門
九月朔日夜　一、壱人　勘右衛門
同夜　一、壱人五分　茂右衛門
十月十五日夜　一、壱人　十兵衛
十一月五日夜　一、壱人　喜右衛門
十二月十三日夜　一、壱人　庄蔵

（田島家文書。『瞽女の記録』二八〜二九頁）

文久元年（一八六一）三月

（表紙）
「文久元酉年三月
万延元申年諸役入目帳
武州葛飾郡一之江新田」

一、同〔銭〕七貫七百七拾弐文
是ハ瞽女泊リ雑用之分

（田島家文書。『田島家文書』第一巻、一一八頁。『瞽女の記録』二九頁も参照）

文久元年（一八六一）

（表紙）
「文久元酉年
諸役入目帳
武州葛飾郡一之江新田」

一、同〔銭〕拾弐貫三百文
是ハ瞽女泊リ百廿三人雑用之分

（田島家文書。『田島家文書』第一巻、一二一〜一二二頁。『瞽女の記録』二九頁も参照）

文久二年（一八六二）十二月

（表紙）
「文久二戌年十二月
諸人足瞽女泊明俵水車勘定帳
一之江新田」

一、盲女三拾人半
此賃銭四貫五百七拾弐〔五拾六カ〕文　喜右衛門
一、瞽女九人半此賃銭壱貫四百廿四文　安左衛門
一、瞽女弐人半此賃銭三百七拾弐文

一、瞽女三人此賃銭四百四拾八文　磯右衛門
一、瞽女弐人半此賃銭三百七拾弐文　勘右衛門
一、瞽女壱人此賃銭百四拾八文　茂右衛門
一、瞽女壱人此賃銭百四拾八文　重兵衛
一、瞽女弐人此賃銭三百文　万右衛門
一、瞽女弐人此賃銭三百文　庄蔵
一、瞽女壱人半此賃銭弐百廿四文　四郎左衛門
一、瞽女三人半此賃銭五百廿四文　忠左衛門
一、瞽女壱人此賃銭百四拾八文　与左衛門
一、瞽女壱人此賃銭百四拾八文」　彦四郎

（田島家文書。『瞽女の記録』三〇～三一頁）

文久二年（一八六二）

「（表紙）
文久二戌年
諸役入目帳
武州東葛西領一之江新田」

一、同〔銭〕七貫弐百文
是ハ瞽女泊リ雑用之分

（田島家文書。『田島家文書』第一巻、一一三～一一四頁。『瞽女の記録』三一頁も参照）

文久三年（一八六三）十二月

「（表紙）
文久三亥年十二月
諸人足賃銭堀浚藻刈賃割合帳　〔一之江新田〕」

一、こぜ　三十壱人五分
此賃銭四貫七百廿四文
（内訳ケ）
喜右衛門
一、こぜ十四人
賃銭弐貫百文
安左衛門
一、こぜ弐人五分　三百七十二文
磯右衛門
一、こぜ壱人　百四十八文
勘右衛門

一、こぜ壱人五分　弐百廿四文
　　茂右衛門
一、こぜ壱人五分　弐百廿四文
　　重兵衛
一、こぜ壱人　百四十八文
　　万右衛門
一、こぜ弐人五分　三百七十弐文
　　庄蔵
一、こぜ弐人五分　三百七十弐文
　　四郎左衛門
一、こぜ壱人　百四十八文
　　忠左衛門
一、こぜ弐人　三百文
　　与左衛門
一、こぜ壱人　百四十八文
　　彦四郎
一、こぜ壱人　百四十八文

（田島家文書。『瞽女の記録』三二一～三二二頁）

文久三年（一八六三）

（表紙）
「文久三亥年
諸役入目帳
武州葛飾郡　一之江新田」

一、同〔銭〕八貫弐百文
　是ハ瞽女泊リ雑用之分

（田島家文書。『田島家文書』第一巻、一二五～一二七頁。『瞽女の記録』三二二頁も参照）

元治元年（一八六四）

（表紙）
「元治元子年
諸役入目帳
武州葛飾郡　一之江新田」

一、同〔銭〕八貫六百文
　是ハ瞽女泊リ雑用之分

（田島家文書。『田島家文書』第一巻、一三三～一三四頁。『瞽女の記録』三二三頁も参照）

慶応元年（一八六五）

（表紙）
「慶応元丑年
諸役入目帳
武州葛飾郡　一之江新田」

一、同〔銭〕十一貫四百文
　是ハ瞽女泊リ雑用代之分

（田島家文書。『田島家文書』第一巻、一三六～一三七頁。『瞽女

の記録』三四頁も参照）

明治元年（一八六八）

（表紙）
「明治元辰年
諸役入目取調下帳
武州葛飾郡東葛西領　一之江新田」

一、同〔銭〕弐拾八貫文
是ハ瞽女泊り雑用之分

（田島家文書。『田島家文書』第一巻、一四〇〜一四一頁。『瞽女の記録』三七頁も参照）

明治元年（一八六八）

（表紙）
「明治元辰年
諸役入目帳
武州葛飾郡東葛西領一之江新田」

一、同〔銭〕弐拾八貫文
是ハ瞽女泊り雑用之分

（田島家文書。『田島家文書』第一巻、一四二〜一四三頁。『瞽女の記録』三五〜三六頁も参照）

明治二年（一八六九）

（表紙）
「明治二巳年
諸役入目帳
武州葛飾郡　一之江新田」

一、銭五拾三貫六百文
是ハ瞽女泊り雑用之分

（田島家文書。『田島家文書』第一巻、一四七〜一四八頁。同書一四九頁、一五一頁、『瞽女の記録』三七頁も参照）

明治三年（一八七〇）

（表紙）
「明治三年
諸人足勘定簿
壱之江新田」

覚

一、瞽女七拾弐人　但壱人ニ付六〔八カ〕百文
此賃銭五拾七貫六百文　田嶋喜右衛門

一、瞽女廿壱人半
此賃銭拾七貫弐百文　小原安左衛門

一、瞽女四人
此賃銭三貫弐百文　小原勘右衛門

一、瞽女三人［半カ］
　此賃銭弐貫八百文
　　小原茂右衛門
一、瞽女四人半
　此賃銭三貫六百文
　　田嶋万右衛門
一、瞽女六人
　此賃銭四貫八百文
　　岩楯　庄蔵
一、瞽女六人半
　此賃銭五貫弐百文
　　田嶋幸之助
一、瞽女五人
　此賃銭四貫四百文
　　椎橋四郎左衛門
一、瞽女三人半
　此賃銭弐貫八百文
　　田嶋伝右衛門
一、瞽女三人
　此賃銭弐貫四百文
　　田嶋忠左衛門
一、瞽女七人
　此賃銭五貫六百文
　　榎本与左衛門
一、瞽女三人
　此賃銭弐貫四百文
　　石川彦四郎
一、瞽女四人
　此賃銭三貫弐百文

（田島家文書。『瞽女の記録』三九〜四〇頁）

【笹ヶ崎村】

嘉永三年（一八五〇）七月

（表紙）
「嘉永三戌年七月
当戌五月より七月迄品々出銭目録割合帳
　　笹ヶ崎村」

覚

一、銭四百四拾八文
　是ハ当戌五月より七月迄蓌《ママ》女止宿飯料之分

（須原家文書。『瞽女の記録』一八頁）

嘉永三年（一八五〇）七月

（表紙）
「嘉永三戌年七月
当七月品々出銭割合附御普請諸色
代人足賃請取渡帳

七月割
一、銭五貫弐百文　直右衛門
内
六貫六百文　御普請人足代
弐貫文　蔞（ママ）女止宿代
〆八貫六百文
重兵衛
七月割
一、銭百八拾六文
内
三貫文　御普請人足賃
弐貫百四拾八文　蔞（ママ）女止宿代
〆五貫百四拾八文
（須原家文書。『瞽女の記録』一八頁）

嘉永三年（一八五〇）十二月

「（表紙）嘉永三戌年十二月
当戌正月より十二月迄諸人足賃銭諸色代并
盲目止宿代共取調帳
笹ヶ崎村」

弐拾八口
合銭四拾八貫九百弐拾文
内
四拾三貫五百文　人足賃
壱貫八拾四文　明俵代
四百四拾八文　縄代
壱貫六百文　萱代
弐百三拾弐文　菰代
壱貫三百文　蔞（ママ）女止宿代
（須原家文書。『瞽女の記録』一九頁）

嘉永三年（一八五〇）十二月

「（表紙）嘉永三戌年十二月
当戌正月より十二月迄諸人足賃銭諸色代并
盲目止宿代共取調帳
笹ヶ崎村」

一、壱貫三百文　重兵衛
蔞（ママ）女泊り代
（須原家文書。『瞽女の記録』一九頁）

嘉永三年（一八五〇）十二月分

「(表紙)
嘉永三戌年十二月

当戌七月より十二月迄諸人足賃其外入用物
割合出銭附差引請取渡帳

笹ヶ崎村
重兵衛」

一、銭百九拾文

内

弐貫八百四拾八文　人足賃
壱貫三百文　蔞女（ママ）止宿代
弐百文　家別
〆四貫三百四拾文

（須原家文書。『瞽女の記録』一八頁）

嘉永三年（一八五〇）十二月

「(表紙)
嘉永三戌年十二月

当戌七月より十二月迄霞品々出銭村方諸入
用物共目録割合帳

笹ヶ崎村」

覚

一、銭壱貫三百文
是ハ当七月より十二月迄蔞女（ママ）止宿代之分

（須原家文書。『瞽女の記録』一九頁）

嘉永四年（一八五一）七月

「(表紙)
嘉永四亥年七月

当正月より七月迄品々入用物目録
出銭平均割合帳

笹ヶ崎村」

一、銭七貫三百文
是者当正月より七月迄瞽女止宿雑用代之分重兵衛方へ可
相渡分

（須原家文書。『瞽女の記録』一九頁）

嘉永四年（一八五一）十二月

「(表紙)
嘉永四亥年十二月

当亥年村方諸役入目書上帳

武州葛飾郡
笹ヶ崎村」

覚

一、銭八百文
是者当亥正月より十二月迄瞽女并座頭止宿雑之分

（須原家文書。『瞽女の記録』一九頁）

嘉永四年（一八五一）十二月

「(表紙)
嘉永四亥年十二月
当亥諸勤人足賃瞽女止宿 其外諸色代共銘々取調帳
笹ヶ崎村 」

銭八百文
是者当亥七月分より十二月迄瞽女其外止宿飯料之分重兵衛方
へ可渡分

（須原家文書。『瞽女の記録』二〇頁）

嘉永五年（一八五二）七月

「(表紙)
嘉永五子年七月
当子正月より七月迄品々出銭目録平均割合帳
［笹ヶ崎村］」

一、銭五貫八百文
是者当子正月より七月まで瞽女止宿雑用之分

（須原家文書。『瞽女の記録』二〇頁）

嘉永五年（一八五二）十二月

「(表紙)
嘉永五子年十二月
当子村方諸役入目書上帳
武州葛飾郡 笹ヶ崎村」

覚

一、銭七貫四百文
是者当子正月より十二月迄瞽（ママ）女并座頭止宿雑用之分、重
兵衛方へ相渡申候

（須原家文書。『瞽女の記録』二〇頁）

嘉永五年（一八五二）十二月

「(表紙)
嘉永五子年十二月
当十二月出銭之内目録諸入用差引遣取勘定并払渡帳
笹ヶ崎村 」

ごぜ止宿代
一、銭壱貫六百文

（須原家文書。『瞽女の記録』二〇頁）

嘉永六年（一八五三）十二月

「(表紙)
嘉永六丑年十二月
当丑村方諸役入目書上帳
武州葛飾郡
笹ヶ崎村」

覚

一、銭五貫四百文
是者当丑正月より十二月まで盲目止宿雑用之分重兵衛方

へ相渡申候

（須原家文書。『瞽女の記録』二二二頁）

嘉永六年（一八五三）十二月

「(表紙)
嘉永六丑年十二月
当丑諸人足賃并瞽女止宿雑用其外共取調帳
笹ヶ崎村」
重兵衛

七月十九日　一、弐百文　瞽女止宿ちん
十月二日　一、弐百文　同
〆銭四百文

（須原家文書。『瞽女の記録』二二一頁）

嘉永六年（一八五三）十二月

「(表紙)
嘉永六丑年十二月
当丑極月割合出銭之内品々差引取遣帳
笹ヶ崎村」
重兵衛

四百文　止宿雑用

（須原家文書。『瞽女の記録』二二一頁）

嘉永七年（一八五四）七月

「(表紙)
嘉永七年
当寅盆前諸出銭目録并割合帳
寅七月
笹ヶ崎村」

覚

一、銭八貫三百四拾八文
是者当正月より七月まで盲人止宿雑用之分重兵衛方へ可相
渡分

（須原家文書。『瞽女の記録』二二二頁）

安政元年（一八五四）十二月

「(表紙)
安政元寅年十二月
当寅諸役入目書上帳
武州葛飾郡　笹ヶ崎村」

覚

一、銭九貫三百四拾八文
是者当寅正月より十二月まで盲人止宿雑用之分重兵衛方
へ相渡申候

（須原家文書。『瞽女の記録』二二三頁）

安政元年（一八五四）十二月

「(表紙)
安政元寅年十二月

当正月より極月迄諸人足賃并諸色代其外共調帳

笹ヶ崎村　」

重兵衛

一、壱貫文　止宿雑用

（須原家文書。『瞽女の記録』二三頁）

安政元年（一八五四）十二月

「（表紙）
安政元寅年十二月

当七月より極月迄品々出銭平均割合帳

笹ヶ崎村」

覚

一、銭壱貫文

是者盲人止宿雑用之分

（須原家文書。『瞽女の記録』二三頁）

安政二年（一八五五）七月

「（表紙）
安政二卯年七月

当正月より七月迄品々出銭平均割合帳

笹ヶ崎村」

覚

一、銭五貫八百文

是者当正月より七月まて盲人止宿飯料之分重兵衛かたへ
可相渡分

（須原家文書。『瞽女の記録』二三頁）

安政二年（一八五五）十二月

「（表紙）
安政二卯年十二月

諸役入目書上帳

武州葛飾郡

笹ヶ崎村」

覚

一、銭五貫八百文

是者当卯正月より十二月まて盲人止宿雑用之分重兵衛方
へ相渡申候

（須原家文書。『瞽女の記録』二四頁）

安政三年（一八五六）七月

「（表紙）
安政三辰年七月

当正月より七月迄品々出銭割合帳

笹ヶ崎村」

覚

一、銭四貫六百文

是者正月より七月迄盲人止宿雑用之分重兵衛方江可相渡
分

（須原家文書。『瞽女の記録』二四頁）

安政三年（一八五六）十二月

「（表紙）
安政三辰年十二月
諸役入目書上帳
武州葛飾郡
笹ヶ崎村」

覚

一、銭五貫百文
是者当辰正月より十二月迄盲人止宿雑用之分重兵衛方江
相渡申候

（須原家文書。『瞽女の記録』二四頁）

安政三年（一八五六）十二月

「（表紙）
安政三辰年十二月
当極月品々出銭割合帳
笹ヶ崎村」

覚

一、銭五百文
是者七月より極月まて瞽女ししく〔止宿〕雑用之分

（須原家文書。『瞽女の記録』二四頁）

安政四年（一八五七）七月

「（表紙）
安政四巳年七月
当盆前品々出銭目録割合帳
笹ヶ崎村」

覚

一、銭六貫六百文
是者正月より七月迄盲人止宿雑用之分

（須原家文書。『瞽女の記録』二五頁）

安政四年（一八五七）十二月

「（表紙）
安政四巳年十二月
諸役入目書上帳
武州葛飾郡
笹ヶ崎村」

覚

一、銭七貫百文
是者当巳正月より十二月まて盲人止宿雑用之分惣兵衛方
へ相渡申候

（須原家文書。『瞽女の記録』二五頁）

安政四年（一八五七）十二月

「(表紙)
安政四巳年十二月
当極月品々出銭目録割合帳
笹ヶ崎村」

覚

一、銭五百文
是者当七月より極月迄盲人止宿雑用之分
(須原家文書。『瞽女の記録』二五頁)

安政五年(一八五八)七月

「(表紙)
安政五午年七月
当盆前品々出銭目録割合帳
笹ヶ崎村」

覚

一、銭六貫九百文
是者正月より七月迄盲人止宿雑用之分
(須原家文書。『瞽女の記録』二五~二六頁)

安政五年(一八五八)十二月

「(表紙)
安政五午年
当極月品々出銭目録割合帳
笹ヶ崎村」

覚

一、銭弐貫五百文
是者七月より極月迄盲人止宿雑用之分
(須原家文書。『瞽女の記録』二六頁)

安政五年(一八五八)十二月

「(表紙)
安政五午年十二月
当極月出銭之内品々差引過不足受渡帳
笹ヶ崎村」

覚

ごぜ止宿雑用　惣兵衛
一、銭弐貫五百文
此金壱分壱朱ト三百七拾弐文
(須原家文書。『瞽女の記録』二六頁)

安政六年(一八五九)七月

「(表紙)
安政六未年七月
当盆前品々出銭平均割合帳
笹ヶ崎村」

覚

一、銭九貫八百文

是者当正月より七月迄盲人止宿雑用之分

（須原家文書。『瞽女の記録』二六頁）

安政六年（一八五九）三月

（表紙）
「安政六未年三月
去午諸役入目書上帳
武州葛飾郡
笹ヶ崎村」

覚

一、銭六貫九百文
是者去午正月より十二月迄盲人止宿雑用之分惣兵衛方江
相渡申候

（須原家文書。『瞽女の記録』二六頁）

安政六年（一八五九）十二月

（表紙）
「安政六未年十二月
当極月品々出銭目録割合帳
笹ヶ崎村」

一、銭三貫七百文
是者七月より極月迄盲人止宿雑用之分

（須原家文書。『瞽女の記録』二六頁）

安政七年（一八六〇）三月

（表紙）
「安政七申年三月
去未諸役入目書上帳
武州葛飾郡
笹ヶ崎村」

覚

一、銭九貫八百文
是者去未正月より十二月迄盲人止宿雑用之分

（須原家文書。『瞽女の記録』二七頁）

万延元年（一八六〇）七月

（表紙）
「万延元申年七月
当盆前品々出銭平均割合帳
笹ヶ崎村」

覚

一、銭拾弐貫文
是者当正月より七月迄盲人止宿雑用之分

（須原家文書。『瞽女の記録』二七頁）

万延元年（一八六〇）十二月

（表紙）
「万延元申年十二月

当極月品々出銭目録割合帳

笹ヶ崎村」

覚

一、銭壱貫弐百文

是者七月より極月迄盲人止宿雑用之分

(須原家文書。『瞽女の記録』二七頁)

万延元年(一八六〇)十二月

(表紙)
「万延元申年十二月

当極月出銭之内品々差引過不足受渡帳

笹ヶ崎村 」

覚

彦左衛門

ごせ止宿雑用并人足ちん

一、銭壱貫弐百文

直右衛門

宿雑用

一、銭弐貫六百三十九文

(須原家文書。『瞽女の記録』二七頁)

文久元年(一八六一)三月

(表紙)
「文久元酉年三月

去申諸役入目書上帳

武州葛飾郡

笹ヶ崎村」

覚

一、銭拾三貫弐百文

是者去申正月より十二月迄盲人止宿雑用之分

(須原家文書。『瞽女の記録』二九頁)

文久元年(一八六一)七月

(表紙)
「文久元酉年七月

当盆前品々出せん目録割合帳

笹ヶ崎村」

覚

一、銭拾七貫三百文

是者当正月より七月迄盲人止宿雑用之分

(須原家文書。『瞽女の記録』三〇頁)

文久元年(一八六一)十二月

(表紙)
「文久元酉年

当極月品々出銭目録割合帳

笹ヶ崎村」

覚

一、銭四貫八百文
是者七月より極月まで盲人止宿雑用之分
（須原家文書。『瞽女の記録』三〇頁）

文久二年（一八六二）三月

「（表紙）
文久二戌年三月
去酉諸役入目書上帳
武州葛飾郡笹ヶ崎村」

一、銭弐拾三貫九百文
是者去酉正月より十二月まで盲人止宿雑用之分
（須原家文書。『瞽女の記録』三〇頁）

文久二年（一八六二）七月

「（表紙）
文久二戌年七月
当盆前品々出せん目録割合帳
笹ヶ崎村」

覚

一、銭拾四貫八百文
是者当正月より六月まで盲人止宿雑用之分
（須原家文書。『瞽女の記録』三〇頁）

文久二年（一八六二）十二月

「（表紙）
文久二戌年
当極月品々出せん目録割合帳
笹ヶ崎村」

覚

一、銭五貫四百文
是者七月より極月迄盲人止宿雑用之分
（須原家文書。『瞽女の記録』三〇頁）

文久二年（一八六二）十二月

「（表紙）
文久二戌年十二月
当極月品々出せん之内渡方帳
笹ヶ崎村」

覚

一、銭拾七貫六百七拾文
盲人止宿雑用　彦左衛門
（須原家文書。『瞽女の記録』三一頁）

文久三年（一八六三）三月

「（表紙）
文久三亥年三月
去戌諸役入目書上帳
武州葛飾郡　笹ヶ崎村」

覚

一、弐拾貫弐百文

是者去戌正月より十二月まて盲人止宿雑用之分

（須原家文書。『瞽女の記録』三一〜三二頁）

文久三年（一八六三）七月

「(表紙)
文久三亥年七月
当盆前品々出せん目録割合帳
笹ヶ崎村」

覚

一、銭九貫弐百四拾八文

是者当正月より六月迄盲人止宿雑用之分

（須原家文書。『瞽女の記録』三二頁）

元治元年（一八六四）三月

「(表紙)
元治元子年三月
去亥諸役入目書上帳
武州葛飾郡　笹ヶ崎村」

覚

一、銭拾壱貫四拾八文

是者去亥正月より十二月まて盲人止宿雑用之分

（須原家文書。『瞽女の記録』三三頁）

元治元年（一八六四）十二月

「(表紙)
元治元子年十二月
当正月より極月迄品々出銭平均割合帳
笹ヶ崎村」

一、銭弐拾四貫八百六拾九文

是者正月より十二月[迄脱カ]盲人止宿雑用之分

（須原家文書。『瞽女の記録』三三頁）

元治元年（一八六四）十二月

「(表紙)
元治元子年十二月
当極月出銭之内品々差引過不足受渡帳
笹ヶ崎村」

盲人止宿雑用

一、銭壱貫文　　源兵衛

（須原家文書。『瞽女の記録』三三頁）

元治二年（一八六五）二月

「(表紙)
元治二丑年二月
去子諸役入目書上帳
武州葛飾郡　笹ヶ崎村」

覚

一、銭拾六貫五百文
是者去子正月より十二月迄盲人止宿雑用之分
（須原家文書。『瞽女の記録』三三～三四頁）

慶応元年（一八六五）十二月

（表紙）「慶応元丑年十二月
当正月より極月迄品々出銭平均割合帳
笹ヶ崎村」

覚
一、銭拾四貫四百文
是者正月より十二月迄盲人止宿雑用之分
（須原家文書。『瞽女の記録』三四頁）

慶応元年（一八六五）十二月

（表紙）「慶応元丑年十二月
当極月平均割合出銭之内品々差引受渡帳
笹ヶ崎村」

直右衛門
一、銭弐拾五貫八百五文
内
壱貫六百四十八文　ごぜ雑用
源兵衛
拾弐貫七百四十八文　ごぜ雑用
（須原家文書。『瞽女の記録』三四頁）

慶応二年（一八六六）二月

（表紙）「慶応二寅年二月
去丑諸役入目書上帳
武州葛飾郡　笹ヶ崎村」

覚
一、銭拾四貫四百文
是者去丑四月より十二月まで盲人止宿雑用之分
（須原家文書。『瞽女の記録』三四頁）

慶応二年（一八六六）七月

（表紙）「慶応二寅年七月
当寅正月より七月迄立替目録帳」

覚
一、銭拾弐貫弐百文
是ハごぜ六拾一人
但壱人泊り鐚銭弐百文
（須原家文書。『瞽女の記録』三四頁）

慶応二年（一八六六）十二月

（表紙）
「慶応二寅年十二月
当極月平均割合出銭之内品々差引受渡帳
笹ヶ崎村」

弐百文　　盲人止宿　直右衛門
　　　　　　　源兵衛
壱貫弐百文　盲人止宿

（須原家文書。『瞽女の記録』三五頁）

慶応二年（一八六六）十二月

（表紙）
「慶応二寅年十二月
当正月より極月迄品々出銭平均割合帳
笹ヶ崎村」

覚

一、銭拾五貫四百文
是者正月より十二月迄盲人止宿雑用之分

（須原家文書。『瞽女の記録』三五頁）

慶応三年（一八六七）二月

（表紙）
「慶応三卯年二月
去寅諸役入目書上帳
武州葛飾郡　笹ヶ崎村」

覚

一、銭拾五貫四百文
是者去寅正月より十二月迄盲人止宿雑用之分

（須原家文書。『瞽女の記録』三五頁）

慶応三年（一八六七）十二月

（表紙）
「慶応三卯年十二月
当正月より十二月迄品々出銭目録平均割合帳
笹ヶ崎村」

覚

一、銭拾三貫文
是者当卯正月より十二月迄盲人止宿雑用之分

（須原家文書。『瞽女の記録』三五頁）

慶応四年（一八六八）二月

（表紙）
「慶応四辰年二月
去卯諸役入目書上帳
武州葛飾郡　笹ヶ崎村」

覚

一、銭拾三貫文
是者去卯正月より十二月迄盲人止宿雑用之分

（須原家文書。『瞽女の記録』三五頁）

明治元年（一八六八）十二月

（表紙）
「明治元辰年十二月
当辰人足賃諸色代并盲人止宿雑用取調帳
笹ヶ崎村」
庄兵衛

正月廿六日
一、ごぜ三人
二月廿九日
一、同　三人
三月五日
一、同　弐人
廿日
一、同　三人
十三日
一、同　四人
廿四日
一、同　四人
廿二日
（一、浪人壱人）
四月九日
一、ごぜ弐人
一、同　七人
壬四月十九日
一、同　四人
六月九日
一、同　三人
十二日
一、同三人
九月廿三日
一、同三人
十二月七日
一、同　弐人
四拾四人分
〆銭拾三貫弐百文

（須原家文書。『瞽女の記録』三六頁）

明治元年（一八六八）十二月

（表紙）
「明治元辰年十二月
当正月より極月迄品々出銭目録平均割合帳
笹ヶ崎村」

覚

一、銭拾三貫弐百文

是ハ盲人止宿雑用之分

（須原家文書。『瞽女の記録』三六頁）

明治元年（一八六八）十二月

「（表紙）
明治元辰年十二月
当極月平均割合出銭之内品々受渡帳
笹ヶ崎村」
庄兵衛

拾三貫弐百文　盲人雑用

（須原家文書。『瞽女の記録』三七頁）

明治二年（一八六九）十二月

「（表紙）
明治二巳年十二月
当巳人足賃諸色代并盲人止宿雑用取調帳
笹ヶ崎村」
庄兵衛

二月四日
一、壱貫五百文　ごぜ三人
〃廿六日
一、壱貫文　〃　二人
三月八日
一、弐貫文　〃　四人
〃　十日
一、壱貫文　〃　弐人
〃　十一日
一、壱貫五百文　〃　三人
〃　十二日
一、壱貫五百文　〃　三人
〃　十五日
（一、五百文　浪人壱人）
四月六日
一、壱貫文　ごぜ弐人
〃　十日
一、弐貫五百文　〃　五人
〃　十九日
一、壱貫文　〃　弐人
六月三日
一、弐貫文　〃　四人
〃　四日
一、弐貫文　〃　四人
〃　七日
一、壱貫五百文　〃　三人
〃　九日
一、壱貫文　〃　弐人
〃　十日

一、壱貫五百文　〃　三人
六月廿日
一、壱貫五百文　ごぜ三人
〃　廿二日
一、弐貫五百文　〃　五人
八月五日
一、弐貫文　〃　四人
〃　九日
一、壱貫文　〃　弐人
〃　廿六日
一、弐貫文　〃　四人
十月十三日
一、弐貫文　〃　四人
十一月十六日
一、壱貫五百文　〃　三人
〃　廿七日
一、壱貫文　座頭弐人
〆銭三拾五貫文

（須原家文書。『瞽女の記録』三七〜三八頁）

明治二年（一八六九）十二月

「（表紙）
明治二巳年十二月
当巳品々出銭目録平均割合帳
笹ヶ崎村」

覚

一、銭五拾五貫文
是者当巳盲人止宿雑用之分
庄兵衛外壱人江可相渡分

（須原家文書。『瞽女の記録』三八〜三九頁）

明治二年（一八六九）十二月

「（表紙）
明治二巳年十二月
当巳出銭平均割之内品々請渡帳
笹ヶ崎村」

庄兵衛
三拾五貫文　盲人雑用

（須原家文書。『瞽女の記録』三九頁）

明治二年（一八六九）

「（表紙）
明治二巳年
去辰諸役入目書上帳
武州葛飾郡　笹ヶ崎村」

覚

一、銭拾三貫弐百文

是者去辰正月より十二月迄盲人止宿雑用之分

（須原家文書。『瞽女の記録』三八頁）

明治三年（一八七〇）三月

「（表紙）
明治三午年三月
去巳諸役入目書上帳
武州葛飾郡　笹ヶ崎村」

覚

一、銭五拾五貫文
是者去巳盲人止宿雑用之分

（須原家文書。『瞽女の記録』四〇頁）

明治三年（一八七〇）十二月

「（表紙）
明治三庚午年十二月
当午人足賃諸色代并盲人止宿雑用取調帳
笹ヶ崎村」

惣兵衛

一、百五貫文　盲人泊り 百五人分　直右衛門

一、四貫文　〃 四人分　庄兵衛

一、三拾五貫文　〃 三拾五人分

右百四拾四人分

一、銭百四拾四貫文

（須原家文書。『瞽女の記録』四〇頁）

明治三年（一八七〇）十二月

「（表紙）
明治三午年十二月
当午品々出銭割合帳
武州葛飾郡　笹ヶ崎村」

覚

一、銭百五貫文
是者当午盲人止宿雑用之分
惣兵衛外壱人江可相渡分

（須原家文書。『瞽女の記録』四一頁）

明治三年（一八七〇）十二月

「（表紙）
明治三庚午年十二月
当午出銭平均割之内品々請渡帳
笹ヶ崎村」

直右衛門

四貫文　　　盲人止宿料
　　　　　　　惣兵衛
八拾貫八百文　盲人雑用
（須原家文書。『瞽女の記録』四一頁）

明治三年（一八七〇）十二月

（表紙）
「明治三午年十二月
当午品々出銭割合帳
　　　　　武州葛飾郡
　　　　　　　笹ヶ崎村」

覚

一、銭百五貫文
　是者当午盲人止宿雑用之分
　惣兵衛外壱人江可相渡分
（須原家文書。『瞽女の記録』四〇頁）

明治四年（一八七一）三月

（表紙）
「明治四辛未年三月
去午諸役入目書上帳
　　　　武州葛飾郡　笹ヶ崎村」

覚

一、銭百五貫文
　是者去午盲人止宿雑用之分
（須原家文書。『瞽女の記録』四一頁）

明治四年（一八七一）十二月

（表紙）
「明治四辛未〔年脱カ〕十二月
当未品々出銭割合帳
　　　　武州葛飾郡
　　　　　　笹ヶ崎村」

覚

一、銭九拾四貫文
　是者当未正月より五月迄盲人止宿雑用之分
　惣兵衛外壱人江可相渡分
（須原家文書。『瞽女の記録』四一頁）

明治四年（一八七一）十二月

（表紙）
「明治四辛未年十二月
当人足賃諸色代并盲人止宿雑用取調帳
　　　　　　　　　笹ヶ崎村」

　正月廿一日　　　惣兵衛
一、　三貫文　　ごぜ三人
〃　廿九日

一、　四貫文　　〃　四人
一、二月朔日
　弐貫文　　〃　二人
一、〃　二日
　五貫文　　〃　五人
一、〃　六日
　三貫文　　〃　三人
一、〃　（日付脱）
　六貫文　　〃　六人
一、〃　十一日
　弐貫文　　〃　弐人
一、〃　十四日
　弐貫文　　〃　弐人
一、〃　十六日
　弐貫文　　〃　弐人
一、三月九日
　三貫文　　座頭三人
一、四月四日
　三貫文　　ごぜ三人
一、〃　八日
　弐貫文　　〃　弐人
一、〃　九日
　弐貫文　　〃　弐人
一、二月廿八日
　四貫文　　〃　四人
一、五月七日
　弐貫文　　〃　弐人
一、〃　十一日
　六貫文　　〃　六人
一、〃　十三日
　三貫文　　〃　三人
一、六月二日
　弐貫文　　〃　弐人
一、〃　三日
　四貫文　　〃　四人
一、〃　八日
　四貫文　　〃　四人
一、〃　九日
　五貫文　　〃　五人
一、〃　十七日
　三貫文　　〃　三人

〆銭七拾弐貫文

（須原家文書。『瞽女の記録』四二～四三頁）

明治四年（一八七一）十二月

「(表紙)
明治四辛未年十二月
当未割合出銭之内品々差引過不足請渡帳
笹ヶ崎村」

惣兵衛

五拾七貫六百文　盲人雑用

惣兵衛

一、銭拾四貫四百文

惣兵衛

盲人止宿雑用

一、銭弐拾弐貫文

(須原家文書。『瞽女の記録』四三頁)

明治五年（一八七二）正月

「(表紙)
明治五壬申年正月
去未諸役入目書上帳
武州葛飾郡　笹ヶ崎村」

覚

一、銭九拾四貫文
是者去未盲人止宿雑用之分

(須原家文書。『瞽女の記録』四三頁)

明治五年（一八七二）十二月

「(表紙)
明治五年十二月
当申品々出費割合帳
第拾壱大区五小区
笹ヶ崎村」

覚

一、金五円四拾銭
是者盲人止宿雑用之分

(須原家文書。『瞽女の記録』四三頁)

明治五年（一八七二）十二月

「(表紙)
明治五壬申年十二月
当人足賃諸色代并盲人止宿雑用取調帳
笹ヶ崎村」

惣兵衛

壬申二月廿八日

一、壱貫文　ごせ壱人

〃　四日

一、三貫文　こせ三人

〆銭四貫文

(須原家文書。『瞽女の記録』四三～四四頁)

明治七年（一八七四）五月

「(表紙)
明治七年五月
去申諸入費取調書
第拾壱大区五小区
笹ヶ崎村」

一、金壱円四拾銭
是者盲人止宿雑用之分
(須原家文書。『瞽女の記録』四四頁)

年代不詳

(表紙欠)
盲人止宿雑用　重兵衛
一、銭拾四貫文
盲人止宿雑用之内　源兵衛
一、銭壱貫弐百文
(須原家文書。『瞽女の記録』四四頁)

青梅市

【新町村】

表2　武州多摩郡新町村の村入用帳などに見られる座頭・瞽女への合力など

作成年月	金額	対象者・目的	原史料名『東京都古文書集』
宝暦十四年(一七六四)三月	百九十文	こぜ昼通入用	「未年村入用帳」、(9:138)
	二貫三百文	こぜ泊り入用但壱人四拾八文ツヽ、	
	二貫七百文	こぜ泊り入用但壱人ニ付四拾八文	
明和二年(一七六五)三月	二百四十六文	盲女昼通合力	「去申年村入用帳」、(9:141)
	四貫七百七十二文	香取御師并ごぜ浪人宿賃	
同年十一月	二百二十二文	ごぜ昼通り合力	「酉冬成上納物国役并申冬より酉十一月迄村入用割帳」、(9:143)
	二貫四百五十文	同〔ごぜ〕泊り入用	
明和三年(一七六六)三月	二百二十二文	ごぜ昼通合力	「去酉年村入用帳」、(9:144)
	二貫四百五十文	同〔ごぜ〕泊入用	
明和四年(一七六七)三月	三百五文	こせ昼通合力	「去戌年村入用帳」、(9:148)
	五貫七百文	同〔ごせ〕泊り宿賃村方江渡	
同年十一月	二百四十四文	こぜ昼通入用	「亥村入用夫銭帳」、(9:150)
	四貫六百四十八文	同〔ごぜ〕泊り入用	
明和五年(一七六八)十一月	百六十文	こせ昼通入用	「子村入用夫銭帳」、(9:154)
	三貫八百文	同〔ごせ〕泊入用	

明和六年（一七六九）十一月	百二十四文 / 四貫六百五十文	同〔盲女〕昼通入用 / 盲女泊入用	「丑村入用夫銭帳」、（9：156）
明和七年（一七七〇）十一月	百七十二文 / 五貫二百五十文	ごぜ昼通入用 / 同〔ごぜ〕泊入用	「寅村入用夫銭帳」、（9：161）
明和八年（一七七一）十一月	九十四文 / 二貫三百文	ごぜ昼通入用 / ごぜ泊入用	「卯村入用夫銭帳」、（9：163）
安永元年（一七七二）十一月	百二十六文 / 四貫百文	盲女昼通入用 / 同〔盲女〕泊入用	「辰村入用夫銭帳」、（9：165）
安永二年（一七七三）十一月	二十八文 / 三貫七百五十文	こせ昼通入用 / 同〔ごせ〕泊入用	「巳村入用夫銭帳」、（9：170）
安永三年（一七七四）十一月	五十四文 / 一貫六百五十文	ごぜ昼通入用 / 同〔ごぜ〕泊入用	「午年村入用夫銭帳」、（9：172）
安永四年（一七七五）十一月	百三十六文 / 二貫四百五十文	こせ昼通入用 / 盲女泊入用	「未年村入用夫銭帳」、（9：174）
安永五年（一七七六）三月	五十文 / 二貫文	同〔ごぜ〕昼通入用 / ごぜ泊入用	「申年村入用夫銭帳」、（9：178）
安永六年（一七七七）十一月	六十四文 / 二貫二百五十文	ごぜ昼通入用 / 同〔ごぜ〕泊宿賃	「酉年村入用夫銭帳」、（9：180）
安永七年（一七七八）十月	九十二文 / 二貫七百文	同〔ごせ〕昼通 / こせ泊入用	「諸上納物国役諸役村入用割帳」、（9：182）
同年（一七七八）十一月	九十二文 / 二貫七百文	同〔ごぜ〕昼通 / ごぜ泊入用	「戌年村入用夫銭帳」、（10：11）
安永八年（一七七九）十一月	四十文 / 一貫七百文	同〔ごせ〕昼通 / こせ泊宿賃	「亥年村入用夫銭帳」、（10：13）
天明元年（一七八一）十一月	長〔ママ〕五十文 / 二貫五十文	同〔ごぜ〕昼通入用 / ごぜ泊宿賃	（天明元年）「夫銭帳」、（10：21）
天明二年（一七八二）十一月	三十六文 / 一貫百五十文	ごぜ昼通 / ごぜ弐十三人泊り、壱人五十文ツヽ、	（天明二年）「夫銭帳」、（10：23）
同右	三十六文 / 一貫百五十文	同〔ごぜ〕昼通 / ごぜ泊宿賃	「上納物御林跡見取役米村入用割帳」、（10：25）
天明三年（一七八三）十一月	六十四文 / 一貫六百五十文	同〔ごぜ〕昼通 / ごぜ泊宿賃	「夫銭帳」、（10：27）
天明四年（一七八四）十一月	五十四文 / 四貫五百五十文	同〔盲女〕昼通 / 盲女泊り宿賃	「夫銭帳」、（10：29）
天明六年（一七八六）十一月	七十四文 / 三貫百文	同〔盲女〕昼通 / 盲女宿賃	「夫銭帳」、（10：31）

天明七年（一七八七）十一月	六十二文 五貫八百五十文	〔盲女〕同昼通 盲女宿賃	「夫銭帳」、（10：33）
天明八年（一七八八）十一月	三十四文 四貫六百五十文	盲女昼通り 盲女宿賃	「夫銭帳」、（10：38）
寛政元年（一七八九）十一月	二十文 一貫九百七十二文	〔盲女〕同昼通 盲女宿賃	「夫銭帳」、（10：41）
寛政四年（一七九二）八月	四十文「此義も年柄ニより増減御座候得共可成丈者相減可申候」 一貫三百文	ごぜ昼通り 瞽女宿賃	「亥年夫銭写帳」、（10：53）
文化十年（一八一三）三月	三百九十二文 一貫三百二十四文	瞽女・座頭諸山勧化昼 瞽女・座頭泊り宿賃	「申年村入用夫銭帳」（10：77）

（『東京都古文書集』第九〜第一〇巻、旧多摩郡新町村名主、吉野家文書所収の史料より作成）

大田区

【下沼部村】

表3　下沼部村の座頭・瞽女の宿泊費など

作成年月日	対象・目的	金額	出典
寛政四年（一七九二）十二月	こせ・座頭泊り入用	七百文	子歳下沼部村諸役入目帳
寛政六年（一七九四）十二月	ごせ・座頭泊り入用	八百文	寅年下沼部村諸役入目帳
寛政七年（一七九五）十二月	ごせ・座頭泊り入用	一貫文	卯年下沼部村諸役入目帳
寛政八年（一七九六）十二月	ごせ・座頭泊り入用	七百文	辰年下沼部村諸役入目帳
寛政九年（一七九七）十二月	ごせ・座頭泊り入用	二貫文	巳年下沼部村諸役入目帳
寛政十年（一七九八）十二月	瞽女・座頭泊り入用	一貫八百文	午年下沼部村諸役入目帳
寛政十一年（一七九九）十二月	ごせ・座頭泊り入用	一貫八百文	未年下沼部村諸役入目帳
寛政十二年（一八〇〇）十二月	ごせ・座頭泊り入用	二貫文	申年下沼部村諸役入目帳
享和二年（一八〇二）三月	ごせ・座頭泊り入用	二貫二百文	酉年下沼部村諸役入目帳
享和三年（一八〇三）三月	ごせ・座頭泊り入用	二貫二百四十五文	戌年下沼部村諸役入目帳
文化元年（一八〇四）三月	ごぜ・座頭泊り入用并昼通り之節少々宛遣し候分	二貫八百四十八文	亥年村入用書上帳
文化二年（一八〇五）三月	ごせ・座頭泊り入用并昼通り之節少々宛遣し候分	二貫七百五十文	子年村入用書上帳
文化四年（一八〇七）三月	ごぜ・座頭泊り入用	四百文	寅年下沼部村諸入目帳
文化六年（一八〇九）三月	ごぜ・座頭泊り入用	一貫文	辰年下沼部村諸入目帳

文化七年（一八一〇）三月	ごぜ・座頭泊り入用	一貫文	巳年下沼部村諸入目帳
文化八年（一八一一）三月	ごぜ・座頭泊り入用	九百文	午年下沼部村諸入目帳
文化九年（一八一二）三月	ごぜ・座頭泊り入用	一貫三百文	未年下沼部村諸入目帳
文化十二年（一八一五）三月	ごぜ・座頭泊り入用	七百文	戌年下沼部村諸入目帳
文化十四年（一八一七）三月	ごぜ・座頭泊り入用	六百文	子年下沼部村諸入目帳

（『大田区史』資料編、北川家文書、第二巻、一三～二八頁の史料より作成）

【下丸子村】

寛延三年（一七五〇）

一、銭五百文
　是ハ年中座頭・ごぜ并山伏諸勧化物ニ遣申候

（「午年六郷領下丸子村諸役入目帳」。『大田区史』資料編、平川家文書、第四巻、一四七八頁）

宝暦四年（一七五四）正月

［四月］廿日より廿四日まで
　三十文　　座当（頭）・こせ
［五月］十八日廿日
　十八文　　こせ
［五月］廿四日
　十四文　　こせ出ス
［五月］同日［廿四日］
　十文　　こせ
［六月廿三日］
　十六文　　こせ・座当（頭）
一、八月十九日廿日
　弐十弐文　　こせ弐度分
一、［九月］十六日十七日
　十四文　　こせ・座当（頭）遣ス
一、［十月］十七日
　十四文　　こせ遣ス
一、［十月］廿七日より廿九日迄
　廿六文　　こせ三度分
［十一月十五日］同日
　十文　　こせ

（「諸御用出勤覚帳」。『大田区史』資料編、平川家文書、第二巻、四〇七～四〇九頁）

安永四年（一七七五）正月

［八月廿二日］同日
　十六文　　ごぜ

（「村入用扣覚帳」。『大田区史』資料編、平川家文書、第二巻、一七二頁）

文化三年（一八〇六）正月

［月日欠、五月十三日カ］
一、四人　　同人［四郎左衛門］

是者瞽女止宿致候
（「諸御用出勤覚帳」。『大田区史』資料編、平川家文書、第二巻、一四一〇頁）

天保二年（一八三一）四月

同五日［卯六月］
一、拾六文　是者ごぜニ扶合
是者上沼部村切所取繕明俵出分
六月五日
一、同［銭］拾六文　是者こせニ扶合ス
（「村入用覚帳」。『大田区史』資料編、平川家文書、第二巻、一八五～一八六頁）

天保四年（一八三三）正月

六月八日
一、銭十弐文　是者ごせニ遣し候分
六月十九日
一、銭四拾八文　是者こぜ五人ニ遣候分
同日［十月十三日］
一、銭十六文　是者瞽女壱人ニ遣候分
（「年中諸々江渡者控帳」。『大田区史』資料編、平川家文書、第二巻、一八九頁、一九一頁）

天保四年（一八三三）十二月

一、銭壱〆六百四十七文
是者年中御免勧化、瞽女・座頭其外諸勧化遣候分
（「当巳諸入用惣勘定差引不足割付帳」。『大田区史』資料編、平川家文書、第二巻、二九六頁）

天保六年（一八三五）正月

九月二日
一、銭八文　是者瞽女ニ差遣候分
［九月］同十三日
一、銭拾六文　是者瞽女ニ遣候分
（「諸入用覚帳」。『大田区史』資料編、平川家文書、第二巻、一九四頁）

天保六年（一八三五）十二月

［月日欠、十一月以降カ］
一、同［銭］三〆五百文
是者年中浪人物（者）、瞽女・座頭并三御成ケ取立
［月日欠、三月以降カ］
一、同［銭］壱〆八百五十六文　是者年中御免勧化浪人物（者）、瞽女・
座頭、旅増（僧）右之者共差遣候分
（「当未諸入用差惣勘定不足割付帳」。『大田区史』資料編、平川家文書、第二巻、二九九～三〇〇頁）

天保八年（一八三七）正月

一、［四月］廿五日
　銭廿四文　　是者ごせ四人ニ遣候分

一、［四月］同廿六日
　銭十弐文　　是者瞽女ニ差遣候分

（「諸入用控帳」。『大田区史』資料編、平川家文書、第二巻、一九八頁）

天保八年（一八三七）十二月

一、［月日欠］
　金壱両弐朱ト銭八〆十六文
　是ハ諸勧化浪人物（者）、瞽女・座頭并□人行倒相果候入用其外共
　払之分

一、［月日欠］
　銭三〆五百文　　是ハ年中瞽女・座頭、浪人物（者）宿賄入用并
　三御成ケ取立入用共

（「当酉諸入用惣差引不足割合帳」。『大田区史』資料編、平川家文書、第二巻、三〇三頁）

天保十年（一八三九）十二月

一、［月日欠］
　同［銭］九百十四文　　是ハ年中座頭・こせ、浪人物（者）并御免勧化
　其外共合力ニ遣ス候分

一、［月日欠］
　同［銭］三〆五百文　　是ハ年中瞽女・座頭、浪人物（者）宿賄入用并
　三御成ケ取立入用共

（「当亥諸入用後割合帳」。『大田区史』資料編、平川家文書、第二巻、三〇六～三〇七頁）

天保十二年（一八四一）正月

一、五月十日
　銭廿四文　　是者瞽女ニ差遣ス

一、九月五日
　銭十六文　　是者瞽女ニ差遣候分

一、［九月］同七日
　銭廿四文　　是者瞽女差遣候分

一、［十一月］六日
　銭三十弐文　　是者瞽女弐人遣ス

（「当丑諸入用覚帳」。『大田区史』資料編、平川家文書、第二巻、二〇五～二〇六頁）

天保十二年（一八四一）十二月

一、［月日欠］
　同［銭］三〆五百文　　是者年中瞽女・座頭、浪人物（者）宿賄入用并
　三御成箇取立入用とも

一、［月日欠］
　銭壱〆四文　　是者御免勧化、瞽女・座頭、浪人物（者）其外諸

勧化合力ニ差遣ス
（「当丑諸入用後割合帳」。『大田区史』資料編、平川家文書、第二巻、三一〇頁）

天保十四年（一八四三）正月

〔九月〕
同七日
一、同〔銭〕廿四文　　是者瞽女ニ差遣候分
（「諸入用覚帳」。『大田区史』資料編、平川家文書、第二巻、二〇九頁）

天保十四年（一八四三）十二月

〔月日欠〕
一、同〔銭〕弐貫五百廿弐文　　是ハ年中御免勧化、ごせ・座頭其外
御用状飛脚賃銭共立替置候分
〔月日欠〕
一、同〔銭〕三〆五百文
是ハ年中瞽女・座頭并御成箇取立之節宿せわ料
（「当卯諸入用後割合帳」。『大田区史』資料編、平川家文書、第二巻、三一三頁）

弘化二年（一八四五）十二月

〔月日欠〕
一、銭三貫五百文
是ハ年中瞽女・座頭并御成箇取立之節宿賄入用とも
〔月日欠〕
一、銭壱〆八百三十弐文
是ハ年中瞽女・座頭其外御免勧化一式合力遣ス候分
（「当巳諸入用後割壱人別割付帳」。『大田区史』資料編、平川家文書、第二巻、三一六～三一七頁）

弘化四年（一八四七）十二月

〔月日欠〕
一、同〔銭〕弐貫五百弐拾四文
是ハ年中御免勧化、ごせ・座頭、浪人物〔者〕迄合力遣ス分
〔月日欠〕
一、銭三貫五百文
是ハ年中瞽女・座頭止宿并御成ヶ取立之節宿賄入用共
（「当未諸入用後割合帳」。『大田区史』資料編、平川家文書、第二巻、三二一頁）

嘉永二年（一八四九）十二月

〔月日欠〕
一、同〔銭〕三貫四百四拾壱文
是ハ年中御免勧化、瞽女・座頭、浪人物〔者〕其外とも合力ニ差出
并御役所より御廻状相廻リ候節飛脚賃銭代其外立替置候分
〔月日欠〕
一、同〔銭〕三貫五百文　　是ハ年中瞽女・座頭其外止宿并三御成箇

諸世話料之分

（「当酉諸入用後割合帳」。『大田区史』資料編、平川家文書、第二巻、三二五頁）

嘉永四年（一八五一）十二月

〔月日欠〕
一、同〔銭〕四〆百九拾弐文
是ハ年中御免勧化并浪人物（者）、ごせ・座頭其外合力ニ差遣ス候分

〔月日欠〕
一、同〔銭〕三貫五百文
是ハ年中瞽女・座頭其外止宿料并其外仕切代之分

（「当亥諸入用後割合帳」。『大田区史』資料編、平川家文書、第二巻、三三一頁）

嘉永六年（一八五三）十二月

〔月日欠〕
一、同〔銭〕三貫五百文
是ハ年中瞽女・座頭其外止宿料并其外仕切代之分

〔月日欠〕
一、銭三〆弐百拾弐文
是ハ年中御免勧化、座頭・瞽女其外合力ニ差出候分

（「当丑諸入用後割合帳」。『大田区史』資料編、平川家文書、第二巻、三三五頁）

安政二年（一八五五）十二月

〔月日欠〕
一、同〔銭〕三貫五百文
是ハ年中瞽女・座頭其外止宿料并其外仕切料代

（「当卯諸入用後割合帳」。『大田区史』資料編、平川家文書、第二巻、三三八頁）

安政四年（一八五七）十二月

〔月日欠〕
一、同〔銭〕三〆五百文
是ハ年中瞽女・座頭其外止宿料其外仕切料代

（「当巳諸入用後割合帳」。『大田区史』資料編、平川家文書、第二巻、三四三頁）

安政五年（一八五八）十二月

〔月日欠〕
一、同〔銭〕三〆五百文
是ハ年中瞽女・座頭其外止宿料仕切料代之分

（「当午諸入用後割合帳」。『大田区史』資料編、平川家文書、第二巻、三四八頁）

安政六年（一八五九）十二月

〔月日欠〕
一、同〔銭〕三〆五百文
　是ハ年中瞽女・座頭其外止宿料仕切代分
（「当未諸入用後割合帳」。『大田区史』資料編、平川家文書、第二巻、三五七頁）

万延元年（一八六〇）十二月

〔月日欠〕
一、銭〔銭〕三〆五百文
　是ハ年中瞽女・座頭其外止宿料仕切代之分
（「当申諸入用後割合帳」。『大田区史』資料編、平川家文書、第二巻、三六二頁）

文久元年（一八六一）十二月

〔月日欠〕
一、同〔銭〕三〆五百文
　是ハ年中瞽女・座頭其外止宿料年中仕切代之分
（「当酉諸入用後割合帳」。『大田区史』資料編、平川家文書、第二巻、三六九頁）

文久二年（一八六二）十二月

〔月日欠〕
一、同〔銭〕三〆五百文
　是ハ年中瞽女・座頭其外止宿料年中仕切代之分
（「当戌諸入用後割合帳」。『大田区史』資料編、平川家文書、第二巻、三七四頁）

元治元年（一八六四）十二月

〔月日欠〕
一、同〔銭〕三貫五百文
　是ハ瞽女・座頭其外止宿年中仕切代之分
（「当子諸入用後割合帳」。『大田区史』資料編、平川家文書、第二巻、三八一頁）

慶応三年（一八六七）正月

一、七月八日夜 三人　瞽女
一、十一月廿五日 弐人　瞽女
（「諸入用覚帳」。『大田区史』資料編、平川家文書、第二巻、二七二頁）

明治四年（一八七一）正月

覚
一、壱人泊り　仙右衛門

一、壱人泊り　忠右衛門
一、壱人泊り　仲右衛門
一、壱人泊り　又五郎
一、壱人泊り　三左衛門
二月晦日瞽女
一、弐人泊り　弥五右衛門
［三カ］
二月朔日勧化
一、弐人泊り　七左衛門
三月廿日瞽女
一、弐人泊り　五郎左衛門
三月廿日右同断
一、弐人泊り　由右衛門
三月廿三日右同断
一、壱人泊り　兵左衛門
三月廿三日右同断
一、壱人泊り　杢右衛門
三月廿六日右同断
一、壱人　孫左衛門
三月中瞽女
一、弐人泊り　吉五郎
四月八日
一、瞽女弐人泊り　庄八
四月八日
一、瞽女壱人泊り　太右衛門
五月三日
一、同弐人泊り　八郎右衛門
五月三日
一、同弐人泊り　与左衛門
五月四日
一、同三人泊り　与惣左衛門
五月十八日
一、同壱人泊り　次郎左衛門
五月十八日
一、同弐人　清左衛門
五月十九日
一、同弐人泊り　佐五右衛門
六月朔日
一、同弐人泊り　利左衛門
六月十八日
一、同三人泊り　善左衛門
六月廿壱日
一、同壱人泊り　善右衛門
六月廿壱日
一、同弐人泊り　大吉
六月廿二日
一、壱人泊り　三郎右衛門
是ハ勧化者忍ふニ付相頼候
七月
一、弐人泊り　是ハ瞽女　佐二右衛門
七月七日
一、三人　是ハ右同断　新右衛門
七月八日より九日迄
一、同弐人泊り　伊右衛門
一、座頭壱人　弥左衛門

一、八月六日瞽女壱人　伊左衛門
一、八月六日同弐人　甚　八
一、同壱人　八左衛門
一、同壱人　重右衛門
一、九月同弐人　甚五右衛門
一、九月十五日同壱人　忠右衛門
一、九月十五日同壱人　仙右衛門
一、九月廿三日瞽女壱人　仲右衛門
一、九月廿三日同弐人　弥五右衛門
一、九月廿五日同弐人　吉　五　郎
一、九月廿一日同壱人　又　五　郎
[十カ]九月十日
一、同壱人　三左衛門
一、十月十一日同壱人　兵左衛門
一、十月十一日同壱人　杢右衛門

一、十月十七日同三人　七左衛門
一、十月廿六日同壱人座頭　孫左衛門
一、十月廿六日同弐人座頭　庄　八
一、十月廿九日同弐人瞽女　由右衛門
一、十月廿九日同壱人同　太右衛門
一、十一月十一日弐人同　五郎左衛門
一、十一月十五日弐人同　元右衛門
一、十六日弐人同　元右衛門
一、十九日壱人座頭　留　次　郎
一、同壱人座頭　由右衛門
一、三人　佐五右衛門
一、弐人　八郎右衛門
一、壱人　次郎左衛門
一、弐人　与左衛門
一、弐人　清左衛門
一、弐人　与惣左衛門
一、弐人　利左衛門

一、弐人　善右衛門
一、弐人　大　吉
一、弐人　小頭 源平
一、五人　四郎左衛門

（「当未瞽女・座頭家別泊り控帳」。『大田区史』資料編、平川家文書、第二巻、五七七〜五七八頁）

明治四年（一八七一）正月

覚

当未正月より申正月迄盲人泊料之分

一、銭四貫文　但壱人泊四百文ツ、

覚

一、銭四拾貫文　但壱人ニ付泊四百文
是ハ当未正月より申正月迄之分瞽女・座頭泊料之分

［略］

瞽女泊料渡ス控

一、瞽女五人　泊代銭弐貫文　佐五右衛門渡ス
一、同三人　泊り代銭壱〆弐百文　善左衛門渡ス
一、同四人　泊代銭壱〆六百文　庄八渡ス
一、同弐人　泊代銭八百文　仙右衛門渡ス
一、瞽女四人　泊代銭壱〆六百文　大吉渡ス
一、同弐人　泊代銭八百文　甚五右衛門渡ス
一、同四人　泊代銭壱〆六百文　与左衛門
一、同泊三人　銭壱〆弐百文　新右衛門渡ス
一、同四人　銭壱〆六百文　清左衛門渡ス
一、同弐人　銭八百文　甚八渡ス
一、同弐人　銭八百文　杢右衛門渡ス
一、同弐人　銭八百文　伊右衛門渡ス
一、同泊四人　壱〆六百文　弥五左衛門相渡ス
一、同弐人　八百文　治左衛門相渡
一、同壱人　四百文　伊左衛門相渡
一、同壱人　四百文　三郎右衛門相渡
一、同四人　壱〆六百文　利左衛門相渡
一、同壱人　四百文　弥左衛門相渡
一、同壱人　四百文　孫左衛門相渡
一、同壱人　四百文　孫左衛門相渡
一、同弐人　八百文　佐次右衛門相渡
一、同三人　壱〆弐百文　善右衛門相渡
一、同五人　弐貫文　与惣左衛門相渡
一、同四人　壱〆六百文　五郎左衛門渡ス
一、同壱〆五百文　出勤弐人分　同人相渡ス
一、同五人　弐〆文　七左衛門相渡ス
一、壱人　五百文　出勤相渡ス　同人
一、壱人　五百文　手伝　庄八相渡
一、壱人　五百文　手伝　師匠様相渡
一、金壱両　是者元右衛門仕着せ代相渡

一、泊代弐人八百文　　仲右衛門相渡ス
一、弐人八百文　　忠右衛門相渡ス
一、頭〔座欠カ〕弐人　泊リ代八百文　　留次郎渡ス
一、瞽女弐人　泊リ代八百文　　兵左衛門渡ス
一、同弐人　泊リ代八百文　　太右衛門渡ス
一、同壱人　泊リ代四百文　　市郎右衛門江渡ス
正月廿七日
一、銭八百文　但瞽女弐人分　　三左衛門渡ス
一、瞽女四人　泊リ代壱〆六百文　　吉五郎渡ス
一、同五人　泊リ代弐〆文　　由右衛門渡ス
一、同四人泊リ　代銭壱〆六百文　　元右衛門渡ス
一、同弐人泊リ　代銭八百文　　又五郎渡ス
一、同四人泊リ　壱〆六百文

（「当未瞽女・座頭并捨子諸入用割合帳」。『大田区史』資料編、平川家文書、第二巻、五七八～五八〇頁）

明治五年（一八七二）正月

記

一、三人　三郎右衛門
一、弐人　伊右衛門
一、三人　善左衛門
一、三人　弥左衛門
一、三人　伊左衛門
一、弐人　佐左右衛門
一、三人　新右衛門
一、弐人　甚八
一、壱人　八左衛門
一、弐人　元右衛門
一、三人　甚五右衛門
一、壱人　仙右衛門
一、壱人　忠右衛門
一、弐人　弥五右衛門
一、壱人　仲右衛門
一、弐人　吉五郎
一、壱人　又五郎
一、壱人　三左衛門
一、弐人　兵左衛門
一、弐人　杢右衛門
一、三人　五郎左衛門
一、三人　七左衛門
一、三人　庄八
一、三人　由右衛門
一、弐人　留次郎
一、弐人　八郎右衛門
一、弐人　大吉

〆五拾八人
此銭弐拾三貫弐百文
但壱人ニ付　銭四百文ツヽ
高弐百四拾五石割
但壱石ニ付　銭九拾五文

記

一、銭弐百拾七文　仙右衛門
一、同弐百六文　庄右衛門
一、同百七拾壱文　忠右衛門
一、同壱貫四十壱文　弥五右衛門
一、同百九十三文　仲右衛門
一、同五百七拾六文　吉五郎
一、同三拾九文　藤左衛門
一、同弐百□十七文　又五郎
一、同八十三文　三左衛門
一、同百四拾九文　兵左衛門
一、同百廿六文　杢右衛門
一、同五拾弐文　支配同人
一、同五百七拾四文　由右衛門
一、同三百拾七文　留次郎
一、同百七十四文　平作
一、同二百廿六文　太右衛門
一、同八十七文　孫左衛門
一、同拾弐文　文左衛門
一、同四百拾八文　五郎左衛門
一、同壱貫八百三十四文　七左衛門
一、同五百三十八文　庄八
一、銭七百五十六文　八郎右衛門
一、同五十文　文右衛門
一、同弐百五十四文　治郎左衛門
一、同百廿六文　郷左衛門
一、同五百五十六文　与左衛門
一、同七百四文　与惣左衛門
一、同四百五十弐文　清左衛門
一、同百七文　久左衛門
一、同二十六文　重助
一、同四十七文　徳右衛門
一、同百弐文　弥右衛門
一、同七百文　佐五右衛門
一、銭六百四十壱文　蓮光院
一、同壱貫百三十弐文　長福寺
一、同七百八十文　利左衛門
一、同百四十文　太七
一、同六十九文　平左衛門

一、同三百廿八文　善左衛門
一、同五百六文　大　吉
一、同三百五十三文　三郎右衛門
一、同百六十文　紋右衛門
一、同五百七十九文　佐次右衛門
一、銭拾四文　太左衛門
一、同廿文　惣左衛門
一、同四拾九文　松二郎
一、同百四拾九文　才次郎
一、同三百三十三文　伊右衛門
一、同二十八文　半左衛門
一、同七百廿五文　善右衛門
一、同廿九文　惣右衛門
一、同四十九文　七右衛門
一、同弐百五十七文　佐左衛門
一、同弐百九十五文　弥左衛門
一、同百九十壱文　伊左衛門
一、同拾八文　八右衛門
一、同八十四文　喜右衛門
一、同四十四文　庄　蔵
一、同八百廿弐文　新右衛門
一、弐百四十八文　甚　八
一、同百五十七文　市郎右衛門

一、同拾九文　助右衛門
一、同百七十弐文　重右衛門
一、同百九十文　八左衛門
一、同四百拾五文　元右衛門
一、同四十弐文　亀五郎
一、同百十弐文　彦右衛門
一、同百七文　孫四郎
一、同壱〆百四十文　甚五右衛門
一、銭拾七文　勘左衛門
一、同百三十六文　三右衛門
一、同九文　仁左衛門
一、同弐百壱文　常仙坊
一、同九拾三文　矢口村　佐　吉
一、同三拾四文　鵜木村　宗右衛門
一、同拾六文　同　平左衛門
一、同七拾壱文　中丸子村　三郎右衛門
一、同三百十三文　同　枡五郎
一、同五百五十三文　同　佐兵衛
同

一、同六十四文　　　　市　蔵
一、同百七十六文　同　佐左衛門
一、同八拾七文　　　金　太　郎
一、同百四文　市ノ坪　平　次　郎
一、〔同欠カ〕弐〆五十文　　四郎左衛門

（「当申瞽女・座頭止宿料割合帳」。『大田区史』資料編、平川家文書、第二巻、五八五～五八七頁）

表4　荏原郡下丸子村の「村小入用小前百姓連印帳」に見られる座頭・瞽女への合力など

作成年月	金額	対象者・目的	出典
享和元年（一八〇一）三月	銭八百三十文	年中瞽女・座頭一宿助力銭共	去申年村小入用小前百姓連名帳
享和三年（一八〇三）三月	銭五百二十四文	年中座頭・瞽女助力一宿雑用共	去戌年村小入用小前百姓連名帳
文化元年（一八〇四）三月	銭八百四十八文	年中瞽女・座頭一宿助力銭共	去亥歳村小入用小前百姓連名帳
文化三年（一八〇六）三月	銭八百四十八文	年中瞽女・座頭一宿合力銭共	去丑歳村小入用小前百姓連名帳
同右	銭一貫二百文	年中瞽女・座頭一宿助力銭并諸勧化ニ遣ス	去寅歳村小入用小前百姓連名帳
天保一五年（一八四四）二月	銭二十六貫六百十二文	年中自普請所諸色代御免勧化并瞽女・座頭一宿合力其外紙ろうそく村方ニ而買上名主年寄百姓代諸御用ニ付出勤入用共	去卯年村小入用小前百姓連名帳
弘化二年（一八四五）三月	銭二十八貫二百二十四文	年中自普請所諸色代御免勧化瞽女・座頭一宿合力并其外紙ろうそく村方ニ而買上名主年寄百姓代諸御用ニ付出勤入用共	去辰年村小入用小前百姓連名帳
嘉永二年（一八四九）二月	銭一貫五百六十四文	年中諸勧化并瞽女・座頭合力ニ差遣候分	去申年村小入用小前百姓連名帳
嘉永四年（一八五一）三月	銭三貫五百三十八文	年中諸勧化浪人物（者）瞽女・座頭其外合力ニ遣ス分	去戌年村小入用小前百姓連名帳
嘉永六年（一八五三）三月	銭三貫五百五十六文	年中諸勧化浪人者并瞽女・座頭其外合力ニ遣ス	去子村小入用小前百姓連名帳
安政二年（一八五五）三月	銭三貫五百文	年中諸勧化浪人物（者）瞽女・座頭其外合力ニ遣ス	去寅村小入用小前百姓連名帳
安政四年（一八五七）三月	銭三貫五百文	年中諸勧化浪人物（者）瞽女・座頭其外合力ニ差遣候分	去辰村小入用小前百姓連名帳
安政五年（一八五八）三月	銭三貫五百文	年中諸勧化浪人物（者）瞽女・座頭其外合力遣ス	去巳村小入用小前百姓連名帳
安政六年（一八五九）三月	銭五〆五百文	年中諸勧化浪人物（者）瞽女・座頭其外合力ニ遣ス	去午村入用小前百姓連名帳

安政七年（一八六〇）三月	銭九貫四百六十九文	年中諸勧化浪人物(者)瞽女・座頭其外合力ニ遣ス	去未村小入用小前百姓連名帳
文久元年（一八六一）三月	銭六貫二百二十四文	年中諸勧化浪人物(者)瞽女・座頭其外合力ニ差遣ス候分	去申村小入用小前百姓連名帳
元治元年（一八六四）三月	銭六貫三百三十二文	年中諸勧化浪人物(者)瞽女・座頭其外合力ニ差遣ス候分	去亥村小入用小前百姓連名帳
慶応二年（一八六六）三月	銭六貫三百三十二文	年中諸勧化浪人物(者)瞽女・座頭其外合力ニ遣ス分	去丑村小入用小前百姓連名帳
慶応三年（一八六七）三月	銭六貫五百十二文	年中諸勧化浪人物(者)瞽女・座頭其外合力ニ遣ス	去寅村小入用小前百姓連名帳
慶応四年（一八六八）三月	銭九貫二百四十八文	年中諸勧化浪人物(者)瞽女・座頭其外合力遣ス	去卯村小入用小前百姓連名帳
明治二年（一八六九）三月	金十両三分二朱ト百五十三〆三百三十八文	年中諸観(勧)化浪人物(者)瞽女・座頭紙ろうそく自普請所諸色代并村役人諸御用出勤入用其外村方ニ而諸買上代共	去辰村小入用小前百姓連名帳
明治三年（一八七〇）三月	金八両一分ト銭百十二貫八百文	村方ニ而自普請所繕人足代村役人諸御用出勤手当其外諸勧化浪人瞽女・座頭并紙ろうそく代共	去巳村入用小前百姓連名帳
明治四年（一八七一）二月	金十三両ト銭百八十三貫八百九十三文	自普請所繕人足村役人諸御用出府出勤手当其外諸勧化浪人瞽女・座頭并紙ろうそく代共	去午村入用小前連名帳

（『大田区史』資料編、平川家文書、第二巻、一四一〜一六八頁所収の史料より作成）

【馬込村】

天保十年（一八三九）正月

(表紙)「天保十年亥正月吉日　諸役金并人足本数改覚帳　馬込村」

五月二日泊り内
一、三人　ごぜ
[略]
三月廿一日夜
一、壱人　泊り　内
五月二日夜
一、三人　泊り　内
五月廿七日夜
一、三人　泊り　内
九月二日
一、弐人　泊り　内
[九月]同十三日夜
一、四人　泊り　重次郎

〔九月〕同月五日
一、廿四文　　是ハ善十郎取済申候
　　　　　　　此こせニ而銭出ル
（『大田区史』資料編、加藤家文書、第三巻、四一二頁、四一四頁、四一六頁）

天保十三年（一八四二）正月

「（表紙）天保十三年寅正月吉日　諸役人馬触元書留覚帳　馬込村」
三月廿二日　泊上下　是ハ御□
一、弐人　　こせ　　縫右衛門
五月三日
一、弐人　　　　　　こせ内
八月七日
一、三人　　　　　　こせ内
九月廿二日
一、四人　　内弐人　小児
十月二日
一、四人　　　　　　こせ　縫右衛門
（『大田区史』資料編、加藤家文書、第四巻、四六三頁、四七七頁）

嘉永二年（一八四九）六月二十日

「（表紙）嘉永三年戌六月廿日　定式并臨時立替物諸払覚帳　馬込村」
一、壱〆四十八文　ごぜ
　内　三百七十二文　ヘ縫右衛門相払
　　六百七十二文　ヘ百之助受取
（『大田区史』資料編、加藤家文書、第一巻、二七六頁）

嘉永三年（一八五〇）十二月

「（表紙）嘉永三年戌十二月　定式并臨時立替物諸払覚帳　馬込村」
一、七百四十八文　ごせ受取
　六人　但壱人ニ付百廿四文ツヽ
（『大田区史』資料編、加藤家文書、第一巻、二七八〜二七九頁）

嘉永五年（一八五二）十二月

「（表紙）嘉永五子年十二月　定式并臨時立替物諸払覚帳　馬込村」
一、壱〆九百四十八文　ごせ泊り受取
（『大田区史』資料編、加藤家文書、第一巻、二七九頁）

嘉永七年（一八五四）十二月

「（表紙）嘉永七寅年十二月　定式并臨時立替物諸払覚帳　馬込村」
一、十三人　壱〆六百廿四文　ごぜ泊
［略］

こせ
一、四人　〆銭五百文　縫右衛門相払
（『大田区史』資料編、加藤家文書、第一巻、二八二～二八三頁）

安政二年（一八五五）十二月

（表紙）
「安政二年卯十二月　定式并臨時立替物諸払覚帳　馬込村」
一、拾人　ごせ泊　相済
又壱〆弐百四十八文
（『大田区史』資料編、加藤家文書、第一巻、二八五頁）

安政四年（一八五七）十二月

（表紙）
「安政四年巳十二月　定式并臨時立替物諸払覚帳　馬込村」
一、壱〆弐百四十八文　こせ泊
内三百七十二文　権兵衛遣ル
（『大田区史』資料編、加藤家文書、第一巻、二九一頁）

安政五年（一八五八）十二月

（表紙）
「安政五年午十二月　定式并臨時立替物諸払帳　馬込村」
一、弐〆文　こぜ泊
（『大田区史』資料編、加藤家文書、第一巻、二九四頁）

安政六年（一八五九）十二月

（表紙）
「安政六年未十二月　定式并臨時立替物諸払帳　私領馬込村」
一、三〆六十四文　〽こせ泊
内　六人　内小供弐人有五人分
六百廿四文　縫右衛門遣ル
（『大田区史』資料編、加藤家文書、第一巻、二九七頁）

文久元年（一八六一）十二月

（表紙）
「文久元年酉十二月　定式并臨時立替物諸払帳　私領馬込村」
一、壱〆七百四十八文　こせ泊相払
外ニ三百十二文
（『大田区史』資料編、加藤家文書、第一巻、三〇一頁）

文久二年（一八六二）十二月

（表紙）
「文久二年戌十二月　定式并臨時立替物諸払帳　私領馬込村」
一、弐貫弐百八十四文　こせ泊り相払
（『大田区史』資料編、加藤家文書、第一巻、三〇四頁）

文久三年（一八六三）十二月

（表紙）
「文久三亥年十二月　定式并臨時立替物諸払帳　私領馬込村」
一、壱貫三百十二文　〽こせ泊

（『大田区史』資料編、加藤家文書、第一巻、三〇七頁）

元治元年（一八六四）十二月

（表紙）
「元治元子年十二月より　定式并臨時立替物諸払帳　私領」

一、壱貫六百廿四文　〵こせ泊

（『大田区史』資料編、加藤家文書、第一巻、三〇七〜三〇八頁）

慶応元年（一八六五）十二月

（表紙）
「慶応元丑年十二月　定式并臨時立替物諸払帳」

一、弐貫文　こせ泊

（『大田区史』資料編、加藤家文書、第一巻、三一〇〜三一一頁）

慶応二年（一八六六）十二月

（表紙）
「慶応二寅年寅［ママ］十二月　定式并臨時立替物諸払帳」

一、四貫八百文　〵こせ泊

（『大田区史』資料編、加藤家文書、第一巻、三一五頁）

明治三年（一八七〇）正月

（表紙）
「明治三年正月より　当午年村役人出勤覚帳」

御師、こせ・座頭

三月四日

一、弐人　こせ泊り

四月五日

一、弐人　［欠］

三月五日

一、昼喰弐人　こせ

三月廿九日

一、三人　こせ泊り

［三月］晦日

一、昼喰三人　同人

四月十八日

一、三人　こせ泊り

［五月］十二日

一、三人　こせ泊り

覚

六月より

六月八日

一、三人　こせ泊り

六月十七日

一、三人　こせ泊り

一、三人　昼喰分　こせ

同［八月］十四日

一、三人　こせ泊り

十月〔日欠〕
一、三人　　こせ泊り
閏十月廿日
一、弐人　　こせ泊り
十一月十四日
一、弐人　　こせ泊り
（『大田区史』資料編、加藤家文書、第一巻、五八～五九頁）

明治四年（一八七一）正月

（表紙）
「明治四未年正月より　当未年諸事立替物覚帳」
二月十二日
一、銭百文　　こせ
〔四月〕廿五日
一、四十八文　　こせ
（『大田区史』資料編、加藤家文書、第一巻、三二二頁）

明治四年（一八七一）正月

（表紙）
「明治四未年正月より　当未年村役人出勤覚帳」
こせ彦七泊り
正月十七日
一、壱人　　彦七泊り
正月晦日
一、三人　　権兵衛方へ泊り分
二月十七日
一、弐人　　こせ　こせ泊り
三月十七日
一、弐人　　こせ泊り
四月廿日
一、弐人　　こせ泊り

覚

六月廿一日
一、三人　　こせ泊り
六月廿五日
一、壱人　　彦七泊り
九月廿三日
一、弐人　　こせ泊り
十月廿五日
一、三人　　こせ泊り
十月廿九日
一、三人　　こせ泊り
十一月三日
一、弐人　　こせ泊り
十一月九日
一、三人　　こせ泊り
十一月十五日

一、弐人　昼喰共　こせ泊り

［十一月］十五日

一、弐人　こせ泊り

（『大田区史』資料編、加藤家文書、第一巻、六〇～六一頁）

明治四年（一八七一）十二月

（表紙）「明治四未年十二月　当未年馬込村諸役入目帳

木原兵三郎上知馬込村」

一、［銭］同拾八〆八百文

是ハ当未年正月より十二月迄瞽女泊り飯料代

（『大田区史』資料編、加藤家文書、第一巻、三二五頁）

明治四年（一八七一）十二月

（表紙）「明治四辛未年十二月　諸色并臨時立替物諸払帳

上知馬込村」

一、金壱両一朱　彦六こせ拾七人分

（『大田区史』資料編、加藤家文書、第一巻、三二六頁）

明治四年（一八七一）十二月か

（表紙）「当未年馬込村諸入目帳　上知馬込村」

一、金壱両三分弐朱

是ハ未年正月より十二月迄瞽女・座当泊り昼飯料代

（『大田区史』資料編、加藤家文書、第一巻、三二七頁）

明治五年（一八七二）正月

（表紙）「明治五年壬申正月より　当申年村役人出勤控帳」

十一月四日

一、泊り　こせ弐人

（『大田区史』資料編、加藤家文書、第一巻、六五頁）

年代不詳（午年、明治三年［一八七〇年］か）

（表紙欠）

（御年貢其外諸入用割合帳）

一、金壱両弐分三朱三百廿四文

産土こせ御

免勧化泊り

［略］

一、金三分一朱　座頭・こせ

拾壱人泊り

（『大田区史』資料編、加藤家文書、第一巻、三三九～三四〇頁）

北区

【袋　村】

弘化三年（一八四六）正月

（表紙）
「弘化三年　　　扣
　午年村入用帳
　正月　　武州豊嶋郡
　　　　　　　袋村」

一、同弐〔銭〕貫八百文
　是者瞽女・座頭泊り賄イ其外諸勧化入用
　（『北区史』資料編、近世二、六一五頁）

小金井市

【上小金井村】

延享元年（一七四四）八月

（表紙）
「延享元年　　　武州多麻郡
簑笠之助様御代官之節書上候扣へ
　亥　村　入　用　帳
別割印形御役所より被下候

　子八月　日　　　上小金井村
末御迄如此之積リニ書上可申候　　」

一、妄（マヽ）座頭五拾八人　年中
　此鐚壱貫九百三拾弐文　但し　壱宿壱人ニ付
　　　　　　　　　　　　　　　鐚三拾弐文宛
　（『小金井市誌』三、資料編、一三五〜一三六頁）

文化十五年（一八一八）三月

（表紙）
「文化十五年寅三月
　去丑年村入用書上帳
　　　多摩郡上小金井村」

一、所々之勧化并ごぜ・座頭指廻し申候
　銭壱貫文
　（『小金井市誌』三、資料編、一四八〜一四九頁）

明治三年（一八七〇）

諸勧化、ごぜ・座頭合力　　八五四八文
　（『小金井市誌』二、歴史編、三六三頁）

明治四年（一八七一）四月

（表紙）
「明治四年
去午年村入用書上帳

未四月　　武蔵国多摩郡
　　　　　　上小金井村」

一、金壱分ト（諸勧化并後世・座頭其外合力）　銭五貫七百文

此銭八貫五百四拾八文

（『小金井市誌』三、資料編、四四八頁）

【梶野新田村】

寛政七年（一七九五）正月

（表紙）「寛　政　七　年
　村　入　用　帳
　　　　　武州多摩郡
　卯　正　月　　梶野新田」

一、□拾四文　　瞽女・座頭ニ遣し申候

（『小金井市誌』第三巻、資料編、一三八～一三九頁）

明治元年～三年（一八六八～七〇）

ごぜ・座頭、浪人合力銭

明治元年　　明治二年　　明治三年

六八三二文　一二、七〇〇　一九、九〇〇文

（『小金井市誌』第二巻、歴史編、三六二頁）

狛江市

【和泉村】

安政四年（一八五七）十二月

（表紙）「安永四巳年
御　公　用　割　　井伊領
　十二月吉日　　　　」

七月廿日
一、五百文　　○　甚五郎
右はこセ（瞽女）泊り

八月晦日
一、六百文　　○　喜代吉
右はこセ六人宿致候

（『狛江市史料集』第六巻、三五九頁、三六二～三六三頁）

杉並区

【馬橋村】

宝永三年（一七〇六）五月

（表紙）「　　宝永三年
武州多摩郡馬橋村指出帳

戌五月　」

［略］

一、米五表（俵）、但三斗七升入、名主給
是者前々より高割ニ仕候、筆墨紙等名主方ニ而賄申候、座
頭ごぜ抔一宿仕候節扶持共ニ名主方ニ而仕候

（『新修杉並区史』資料編、六〇三頁、六〇五頁）

世田谷区

【松原村】

天保十年（一八三九）三月

「（表紙）
天保十年
村入用帳
亥三月　荏原郡
松原村」

一、同壱貫［銭］九百四拾八文
是者右同年［天保九年］中、諸寺院堂宮相対勧化并瞽女、座頭江少々宛
合力遣シ申候、

（『世田谷区史料』第四集、二〇五～二〇六頁）

多摩市

【中和田村】

宝暦十年（一七六〇）十二月

「（表紙）
宝暦十年　中和田村
村入用割帳
辰十二月日　名主　茂兵衛」

一、百九拾弐文
ごぜ・さとう入用

（石坂家文書［三一九・一］）

明和三年（一七六六）十二月

「（表紙）
明和三年　中和田村
村入用割帳
戌十二月日　名主
茂兵衛」

二月廿八日
一、百五拾文　源　助、
ごぜ三人留り
七月七日ばん
一、百五拾文　定右衛門、
ごぜ三人留り

［七月七日］
同
一、百文　　　平　蔵、
　［こぜ］
　同弐人留り
十一月廿一日
一、百文　　　専右衛門、
　ごぜ弐人留り
［月日欠、十一月二十一日カ］
一、百文　　　五右衛門、
　［こぜ］
　同弐人留り
一、百弐文　　ごぜ・さとう

（石坂家文書［三一九・二］）

明和九年（一七七二）十二月

（表紙）
「明和九年　　　中和田村
村　入　用　割　帳
辰十二月日　　名主
　　　　　　　茂兵衛」

三月九日
一、百拾文　　専右衛門
　こせ弐人留り
十月十四日
一、百六拾三文　五右衛門
　こせ三人留り
一、百拾弐文
　ごぜ・座当ひる通り

（石坂家文書［三一九・三］）

安永三年（一七七四）十二月

（表紙）
「安永三年　　　中和田村
村　入　用　割　帳
午十二月日　　名主
　　　　　　　茂兵衛」

一、七拾弐文　ごせ・座当
　　　　　　　ひる通り

（石坂家文書［三一九・四］）

安永七年（一七七八）十二月

（表紙）
「安永七年　　　中和田村
村　入　用　割　帳
戌十二月日　　名主
　　　　　　　茂兵衛」

一、百文
　　こせ四十八人分
戌五月
一、百文　　ごぜ弐人　　幸助
　　　　　　とまり

（石坂家文書［三一九・六］）

安永九年（一七八〇）十二月

（表紙）
「安永九年　　　中和田村
村　入　用　割　帳

子十二月日　名主 茂兵衛」

村諸入用

三月八日
一、百五拾文　幸助
　ごぜ三人留り

［月日欠］
一、百文　良助
　こぜ弐人留り

［月日欠］
一、百文　栄蔵
　同［こぜ］弐人留り

一、四拾六文　こぜ廿三人

（石坂家文書［三一九・七］）

天明二年（一七八二）十二月

（表紙）
「天明二年　中和田村
村入用割帳
寅十二月　名主 茂兵衛」

八月六日
一、百文　幸助
　こぜ弐人泊り

一、三拾四文　同人［茂兵衛］
　年中こぜ

（石坂家文書［三一九・九］）

天明四年（一七八四）十二月

（表紙）
「天明四年　中和田村
村入用割合帳
辰十二月日　名主 茂兵衛」

村諸入用

一、三拾六文　茂兵衛
　年中ごぜニ遣ス

閏一月廿五日夜
一、百五拾文　幸助
　ごせ弐人泊り

［閏一月二十五日］同
一、百五拾文　定右衛門
　同［ごせ］弐人泊り

二月朔日
一、三百三拾六文　五右衛門
　同［ごせ］壱人泊り、九度喰

［二月朔日］同
一、百拾弐文　庄兵衛
　同［ごせ］壱人泊り、三度喰

二月晦日
一、弐百弐拾四文　茂兵衛
　同［ごせ］三人泊り

定右衛門

一、廿八文　○　去年後わり

弐分弐朱　出分

〆同、百五拾文　こせ　取分

（石坂家文書［三一九・一〇］）

天明六年（一七八六）十二月

（表紙）
「天明六年　中和田村

村入用割合帳

午十二月日　名主

茂［兵衛カ］［　］」

一、七拾四文

年中こせニ遣ス

（石坂家文書［三一九・一一］）

天明八年（一七八八）十二月

（表紙）
「天明八年　和田村

村入用割合帳

申十二月日　名主

甚左衛門」

五月三日
一、七拾弐文

こぜ壱人泊り　幸助

［同カ、五月三日］
一、七拾弐文　［幸助］同人

同［こぜ］壱人泊り

［月日欠、五月三日カ］
一、七拾弐文　半次

同［こぜ］壱人泊り

［略］

〆七百五拾四文

内

［略］七拾弐文こぜ泊り候分

（石坂家文書［三一九・一二］）

寛政五年（一七九三）十二月

（表紙）
「寛政五年

村入用割帳

丑十二月日　中和田村

名主

甚左衛門」

年中分
一、三拾四文

こぜニ遣ス

七月十二日分
一、百四十八文

こせ弐人泊り

（石坂家文書［三一九・一三］）

寛政六年（一七九四）正月

「（表紙）
寛政六寅年正月より
村 入 用 帳
中和田村
名主　茂兵衛」

六月七日
一、拾四文　ごぜ七人
［六月］
廿五日
一、四文、同［こぜ］、弐人
九月廿二日
一、拾弐文　こぜ六人

（石坂家文書［三一九・一四］）

寛政六年（一七九四）十一月

「（表紙）
寛政六年
村 入 用 割 帳
寅十一月日
中和田村
名主　茂兵衛」

九月十五日夜
一、弐百文
こぜ三人泊り　幸助

（石坂家文書［三一九・一五］）

寛政八年（一七九六）十二月

「（表紙）
寛政八年
村 入 用 割 帳
辰十二月　」

［月日欠］
一、廿四文
ごぜ遣し候分〆　茂兵衛

（石坂家文書［三一九・一六］）

寛政九年（一七九七）十二月

「（表紙）
寛政九年
村 入 用 留 帳
巳正月　中和田村
名主」

村入用
［正月］廿六日
一、四文　ごせ弐人
［十カ］
□月
一、四十四文
七人□人三人五人参ル□　こせ廿弐人

（石坂家文書［三一九・一七］）

寛政九年（一七九七）十二月

「（表紙）
寛 政 九 年
村 入 用 割 合 勘 定 帳

巳十二月

中和田村
名主
甚左衛門」

一、四拾八文
年中こせニ遣し候分〆

（石坂家文書［三一九・一八］）

寛政十年（一七九八）十一月

「（表紙）
寛政拾年
村入用割合勘定帳
午十一月日
中和田村
名主
甚右衛門」

一、四拾弐文
年中こせニ遣し候分

（石坂家文書［三一九・一九］）

寛政十一年（一七九九）十二月

「（表紙）
寛政十一年
村入用割合勘定帳
未十二月日
」

一、四拾八文
年中こせニ遣ス

（石坂家文書［三一九・二〇］）

寛政十二年（一八〇〇）十二月

「（表紙）
寛政十二年
村入用割帳
申十二月日
」

一、三拾四文
年中こぜニ遣ス

（石坂家文書［三一九・二一］）

享和元年（一八〇一）十二月

「（表紙）
享和元年
村入用割帳
酉十二月日　中和田村
名主
茂兵衛」

一、四拾弐文
年中こぜニ遣し候

（石坂家文書［三一九・二二］）

享和二年（一八〇二）十二月

「（表紙）
享和二年
村入用割帳

戌十二月日　中和田村
名主　茂兵衛」

一、弐拾文
年中こせニ遣し候分

（石坂家文書〔三一九・二五〕）

享和三年（一八〇三）正月

「（表紙）
享和三亥年
村 入 用 覚 帳　甲子年分附込
正月より　中和田村
名主　茂兵衛
日野伝馬正月四日より十二月廿八日迄廿九度当ル
」

〔六月〕
同十二日
一、拾文　こせ五人

（石坂家文書〔三一九・二六〕）

享和三年（一八〇三）十二月

「（表紙）
享和三年
村 入 用 割 帳
亥十二月日　中和田村
名主
茂兵衛」

一、三拾六文
年中こせニ遣し候分

（石坂家文書〔三一九・二七〕）

文政元年（一八一八）十二月

「（表紙）
文政元寅十二月日
村 入 用 勘 定 覚 帳
中和田村
名主　茂兵衛」

〔四月〕九日
一、八文　こせ弐人
九月五日
一、八文　こせ三人
〔九月〕十四日
一、八文　〔こせ〕同三人

（石坂家文書〔三一九・二八〕）

文政二年（一八一九）六月二十日

「（表紙）
文政二卯年六月廿日
村 入 用 夏 割 覚 帳
中和田村
名主
茂兵衛」

〔五月〕廿六日晩
一、百四拾八文　ごせ三人止宿

（石坂家文書〔三一九・二九〕）

文政二年（一八一九）十二月十三日

（表紙）
「文政二卯年
村入用勘定覚帳
十二月十三日　中和田村
名主
茂兵衛」

［八月］十三日
一、拾弐文　同人［杢右衛門］
こぜ弐人

［九月］八日
一、百文　同人［杢右衛門］
こせ弐人泊り

［九月二十八日］同
一、六文　同人［杢右衛門］
こぜ弐人

［十月］廿七日
一、八文　同人［杢右衛門］
こせ三人

（石坂家文書［三一九・三〇］）

文政三年（一八二〇）十二月

（表紙）
「文政三年十二月日
辰村入用勘定帳
中和田村
名主
茂兵衛」

［九月］廿三日
一、八文　こせ四人

十月三日
一、弐百文　こせ四人
とまり

［十月八日］同
一、六文　こせ三人

（石坂家文書［三一九・三二］）

天保八年（一八三七）七月二日

（表紙）
「天保八酉年
村入用勘定取建帳
七月二日　中和田村
名主」

［三月］十日
一、百四十八文
こセ三人泊り
竹内弐百文こぜより相済
源兵衛

（石坂家文書［三一九・三九］）

天保九年（一八三八）十二月二十三日

（表紙）
「天保十年
戊村入用勘定帳
十二月廿三日　中和田村

［八月］七日
一、拾弐文
　こせ九人
　　同〔杢右衛門〕人

名主
杢右衛門」

（石坂家文書［三一九・四二］）

天保十年（一八三九）十二月九日

「（表紙）
天保十年
亥村入用冬割取立帳
十二月九日　中和田村
名主
杢右衛門」

十月四日
一、弐百廿四文
　後世三人泊り
　　白左衛門

（石坂家文書［三一九・四四］）

天保十一年（一八四〇）十二月二十日

「（表紙）
天保十一年
子村入用取立帳
十二月廿日
中和田村
名主
杢右衛門」

［十月］七日
一、□百文
　日野新田後世
　三人泊り
　　同〔杢右衛門〕人

（石坂家文書［三一九・四六］）

天保十三年（一八四二）七月四日

「（表紙）
天保十三年
壬
寅村入用勘定帳
七月四日　中和田村
名主
杢右衛門」

五月七日
一、弐百六十四文
　後世四人泊り
　　同〔杢右衛門〕人

六月四日
一、拾弐文
　後世六人合力
　　同〔杢右衛門〕人

（石坂家文書［三一九・四九］）

天保十三年（一八四二）十二月十六日

「（表紙）
天保十三年
寅村入用取立帳
十二月十六日　中和田村

名主
杢右衛門」

一、［九月］三十日
百三十弐文
後世弐人泊り　　杢右衛門

一、同［十二月六日］
弐百拾六文
後世四人泊り　　同［杢右衛門］人

（石坂家文書［三一九・五〇］）

天保十四年（一八四三）七月十三日

「（表紙）
天保十四年
卯年村入用勘定帳
七月十三日
中和田村
名主
杢右衛門」

一、六月三日
弐百文
後世四人泊り　　同［杢右衛門］人

（石坂家文書［三一九・五一］）

天保十四年（一八四三）十二月二十日

「（表紙）
天保十四年
当卯村入用勘定帳
十二月廿日
中和田村
名主
杢右衛門」

一、［九月カ］□□□［破損］
弐百四拾八文
後セ五人泊り
金子村出生　　同［杢右衛門］人

一、十一月□日
八拾文
後セ四人泊り　　同［杢右衛門］人

（石坂家文書［三一九・五二］）

弘化元年（一八四四）十二月二十四日

「（表紙）
弘化元年
辰村入用勘定取立帳
十二月廿四日
中和田村
名主
杢右衛門」

一、［七月］廿五日
百四拾八文
後セ三人泊り　　同［杢右衛門］人

一、［十二月］十九日
百四拾八文
後セ三人泊り　　杢右衛門

（石坂家文書［三一九・五四］）

弘化三年（一八四六）七月十日

「(表紙)
弘化三年
午村入用取立帳
七月十日　　名主
杢右衛門」

閏五月一日
一、四拾八文　　角二郎
ごセ郷送り壱人

[閏五月一日]同
一、四十八文[ごセ郷送り壱人]　　同　善右衛門

[閏五月一日]同
一、四拾八文[ごセ郷送り壱人]　　同　直兵衛

[五月]廿五日
一、十二文　　杢右衛門
ごセ四人

(石坂家文書[三一九・五六])

弘化三年(一八四六)十二月十七日

「(表紙)
弘化三丙午年
午村入用勘定取立帳
十二月十七日　　中和田村
名主
杢右衛門」

[八月]廿九日
一、百四十八文　　同人[杢右衛門]
後世三人泊り

[月日欠、十一月以降カ]
一、弐百文　　同人[杢右衛門]
後世四人泊り

(石坂家文書[三一九・五七])

弘化四年(一八四七)七月十日

「(表紙)
弘化四年
未村入用取立帳
七月十日　　中和田村
名主
杢右衛門」

[二月]十二日
一、百四拾四文　　同人[杢右衛門]
後世三人泊り

七月四日
一、弐百文　　杢右衛門
後世四人泊り

(石坂家文書[三一九・五八])

嘉永元年(一八四八)十二月二十日

「(表紙)
嘉永元年
申村入用取立帳
十二月廿日　　中和田村

一、［八月］十五日
拾六文
引受之後世四人
名主
杢右衛門」
同［杢右衛門］人

（石坂家文書［三一九・六二］）

嘉永二年（一八四九）七月十日

「（表紙）
嘉永二年
酉村入用割取立覚帳
七月十日
中和田村
名主
杢右衛門」

一、［四月十一日］
百文
後世弐人泊り
角次郎

（石坂家文書［三一九・六三］）

嘉永三年（一八五〇）七月二十二日

「（表紙）
嘉永三年
戌村入用割取立覚帳
七月廿二日
中和田村
名主
杢右衛門」

一、［六月四日］
百四拾八文
杢右衛門

後世三人泊り

（石坂家文書［三一九・六六］）

嘉永三年（一八五〇）十二月二十五日

「（表紙）
嘉永三年
戌村入用割取立覚帳
十二月廿五日
中和田村
名主
杢右衛門」

一、［八月］十五日
拾弐文
後世三人合力
同［杢右衛門］人

一、［九月］廿五日
百文
後世弐人泊り
同［杢右衛門］人

（石坂家文書［三一九・六五］）

嘉永四年（一八五一）十二月二十日

「（表紙）
嘉永四年
亥村入用割取立覚帳
十二月廿日
中和田村

一、［十一月］晦日
弐百文
後世四人泊り
直助
名主
杢右衛門」

（石坂家文書［三一九・六八］）

嘉永五年（一八五二）七月七日

「（表紙）
嘉永五子年
子村入用割取立覚帳
七月七日
中和田村
名主
杢右衛門」

一、［六月廿三日］同
百四拾八文
後世三人泊り
杢右衛門

（石坂家文書［三一九・六九］）

安政二年（一八五五）七月十二日

「（表紙）
安政弐年
村入用書抜割附帳
卯七月十二日
中和田村
名主
」

一、七月五日
百五拾文
後世三人泊り
杢右衛門

（石坂家文書［三一九・七二］）

安政六年（一八五九）四月五日

「（表紙）
安政六年
村入用当座覚帳
未四月五日より
中和田村
役人」

一、［四月］九日
相郡西郡後せ四人
暮ニ及来泊り

（石坂家文書［三一九・七七］）

安政六年（一八五九）七月七日

「（表紙）
安政六年
未村入用割取立覚帳
七月七日
中和田村
名主
杢右衛門」

午年勘定後

一、［十二月］十日
三百文
後世三人清次郎へ
泊り立越至り候
同［当次郎］人

一、［四月］九日
弐百文
後世四人泊り
同［杢右衛門］人

（石坂家文書［三一九・七九］）

慶応三年（一八六七）正月

「(表紙)
慶応三卯歳
村入用覚帳
正月吉日　　中和田村
名主」

十二月十四日
一、後世三人泊り　　○藤左衛門

[四月]廿八日
一、後世弐人泊り　　○浅次郎

(石坂家文書[三一九・八一])

慶応三年（一八六七）五月

「(表紙)
慶応三丁卯年
村入用覚帳
五月吉日　　中和田村
名主」

[八月]廿日
一、後世弐人泊り　　○戸一郎

(石坂家文書[三一九・八二])

慶応三年（一八六七）七月八日

「(表紙)
慶応三丁卯年
村入用勘定割附帳
七月八日　　中和田村
名主」

[十二月]十四日
一、六百文
後世三人泊り　　同人[藤左衛門]

[四月]廿四日
一、四百文
後世弐人泊り　　同人[藤左衛門]

(石坂家文書[三一九・八三])

慶応三年（一八六七）十二月

「(表紙)
慶応三卯年
村入用割附帳
十二月　日　　名主
戸一郎」

八月廿日
一、四百文
後世弐人泊り　　戸一郎

(石坂家文書[三一九・八六])

慶応四年（一八六八）正月

「(表紙)
慶応四戊辰歳
村入用覚帳
正月吉日　　中和田村
名主」

九月十八日
一、御世弐人泊り　○　〔戸一郎〕同人
〔十一月〕廿一日
一、御世弐人泊り　○　〔戸一郎〕同人

（石坂家文書〔三一九・八七〕）

明治元年（一八六八）十二月二十日

（表紙）
「明治元戊辰歳
村入用勘定割附取立帳
十二月廿日　中和田村
名主　戸一郎」

九月十九日
一、八百文
後世弐人泊り　〔戸一郎〕同人
十一月廿一日
一、八百文
後世弐人泊り　〔戸一郎〕同人

（石坂家文書〔三一九・八八〕）

明治五年（一八七二）七月

（表紙）
「明治五壬年
当年ノ七月村入費勘定帳
和田村
元名主」

〔月日欠〕
一、壱〆六百文　後世四人泊り
〔月日欠〕
一、壱〆弐百文　後世三人泊り
五月十日
一、五百文　瞽女壱人泊り
〔五月二十二日〕同日
一、五百文　瞽女壱人
泊り
〔五月二十二日〕同日
一、五百文　瞽女壱人
泊り

（石坂家文書〔三一九・九〇〕）

調布市

【金子村】

元治二年（一八六五）三月

（表紙）
「元治二丑年三月　去ル子年村入用書上帳
多摩郡　金子村」

一、銭弐拾壱貫文
是者浪人もの座頭・ごぜ其外もの貰ひに遣候

（『調布市史研究資料』第六巻、調布の近世史料上、一三七〜一三八頁）

東久留米市

【柳窪新田】

天保十三年（一八四二）十一月

「（表紙）
天保十三年
御用廻状人足継立帳
多摩郡
柳窪新田」

寅十一月

卯正月廿五日
一、百文　盲目下宿 弐人　吉右衛門

三月十四日
一、四十八文　盲女下宿

［月日欠、三月カ］
一、四拾八文　こぜ下宿　佐兵衛

三月十四日
一、四拾八文　盲女下宿　幸吉

卯三月九日
一、四拾八文　盲女下宿　惣次郎

三月九日
一、四拾八文　盲女下宿　浅右衛門

卯三月九日
一、四拾八文　盲女下宿　文右衛門

三月九日
一、四拾八文　盲女下宿　惣七

三月十四日
一、四拾八文　盲女下宿

六月廿日
一、百五拾文　田無村へ盲人御糺ニ付罷出入用

（『東久留米市史』史料編、一九二〜一九八頁）

日野市

【上田村】

慶応三年（一八六七）三月

「（表紙）
慶応三年
去寅ノ村入用書上帳
武州多摩郡
卯三月
上田村」

［十一月朔日］
同日
一、壱貫六百四拾八文　年中浪人者
後世・座当

（『日野市史史料集』近世三、支配編、三一六頁、三一九頁）

明治四年（一八七一）七月

「（表紙）
明治四年未七月日
村入用書上帳
武州多摩郡

下田村」

夏割

一、三百弐拾壱貫三百拾弐文　諸勧化・菱目（瞽女）・座当（頭）・浪人もの
并御取締入用

［略］

冬割

一、三百三拾四貫三百拾弐文　諸勧化・菱目（瞽女）・座当（頭）・浪人もの
并御取締入用・出港入用共

（『日野市史史料集』近世二、社会生活・産業編、八三〜八四頁）

【三沢村】

明治五年（一八七二）七月

（表紙）
「尊庁江奉書上候控　佐藤芳三郎より同人方江差出候
村費高掛書上帳
武蔵国多摩郡
三沢村」

高弐百六拾七石四斗九升八合　武蔵国多摩郡
三沢村
明治二巳年分

［略］

一、金弐拾弐両三分
銭七拾九貫弐百五拾七文
是は諸勧化・瞽女・座頭・合力臨時入費

［略］

明治三午年分
一、金拾七両壱朱
銭三拾壱貫八百三拾五文
是は諸勧化・瞽女・座頭・合力臨時入費

［略］

明治四未年分
一、金弐両弐分三朱
銭五拾三貫百文
是は諸勧化・瞽女・座頭・合力臨時入費

（『日野市史史料集』近世二、社会生活・産業編、八六〜八九頁）

福生市

【川崎村】

享和元年（一八〇一）十一月

（表紙）
「酉年村入用大割帳　享和元年酉十一月
川崎村越石　福生村控」

一、五〆文
こせ給

（『福生市史』資料編、近世二、七五〜七六頁）

文化二年（一八〇五）十一月

（表紙）「丑年村入用大割帳　文化二年丑十一月

福生村川崎村越石」

一、五貫文　○盲女給

（『福生市史』資料編、近世二、八二〜八三頁）

【熊川村】

文政九年（一八二六）正月

（表紙）「村入用帳　文政九年戌正月　多摩郡熊川村」

一、銭壱〆拾八文

是者瞽女・座頭年中村方止宿之節百性方へ泊メ人数通帳

仕立置相改払仕候分并ニ望通り呉銭共

（『福生市史』資料編、近世一、二一〇〜二一一頁）

【福生村】

享和四年（一八〇四）正月

（表紙）「子年村入用当座帳大割後も用有　享和四年子正月日

福生村名主勘次郎」

一、七貫五百文　盲女給

（『福生市史』資料編、近世一、二〇〇頁、二〇四頁）

武蔵野市

【吉祥寺村】

弘化二年（一八四五）十二月

（表紙）「弘化二年

当巳年村入目帳

十二月　武州多摩郡

吉祥寺村」

一、銭弐拾弐貫百五文

是ハ年中社家・御師・出家・山伏・瞽女・座頭止宿并勧化寄進共右入用

（『武蔵野市史』資料編、一三五頁）

弘化二年（一八四五）十二月

（表紙）「弘化二年

当巳年村入目帳

十二月　武州多摩郡

吉祥寺村」

一、銭弐拾弐貫百五文

是ハ年中社家・御師・出家・山伏・瞽女・座頭止宿并勧化寄進共右入用

（『武蔵野市史』続資料編三、二一四〜二一五頁）

明治四年（一八七一）二月（文書中末尾の名は宿の提供者か）

（表紙）
「明治四辛未年
浪士瞽女・座頭止宿帳
二月　日
多摩郡吉祥寺村」

未二月十六日
瞽女弐人子供共　三之助
二月十六日
一、瞽女壱人
五月十六日
世田ケ谷組瞽女壱人　倉蔵
未二月十六日
一、瞽女壱人
二月十七日
一、瞽女弐人子供共
五月十六日
世田谷組瞽女壱人　長松
五月十六日
世田ケ谷組瞽女壱人　丑右衛門
二月廿八日
一、瞽女壱人
五月十六日　伝蔵
　　　吉五郎
世田ケ谷組瞽女壱人
未二月廿八日
一、瞽女壱人　代田
六月十六日
瞽女壱人　大蔵　藤八
未二月晦日
一、瞽女壱人
六月十六日
瞽女壱人　大蔵　金吾
未二月廿八日
一、瞽女壱人　半之丞
未二月晦日
一、瞽女壱人　仙治郎
未二月晦日
一、瞽女弐人　源六
七月六日
一、瞽女壱人世田ケ谷組
未二月晦日
一、瞽女壱人　伊左衛門
□月六日
一、瞽女壱人　瞽女壱人　増五郎
七月六日
瞽女壱人世田ケ谷組

七月六日
瞽女壱人世田ケ谷組
未二月晦日
一、瞽女壱人 七之助
八月四日
瞽女壱人 多七
八月四日
瞽女壱人 弁太郎
九月十一日
瞽女壱人 兼吉
未三月十四日
一、瞽女弐人 子供七才 丑蔵
未三月十四日
一、瞽女弐人 子供拾才 権之丞
未三月廿日
一、瞽女壱人 権治郎
未十月廿三日
瞽女壱人
三月廿日
一、瞽女壱人 文次郎
三月廿日
一、瞽女壱人 勘右衛門
三月廿三日
一、瞽女壱人 由太郎
未十月廿三日
瞽女壱人
三月廿三日
一、瞽女弐人子供共 銀右衛門
未十一月五日
瞽女壱人
三月廿三日
一、瞽女弐人 菊治郎
未十一月五日
一、瞽女壱人 万右衛門
未九月十一日
瞽女壱人
未十一月六日
一、瞽女弐人子供共 逗留 松五郎
未十一月六日
一、瞽女壱人 逗留 清蔵
未十一月六日
一、瞽女壱人 逗留 伊三郎
勘定人 四月一日御年貢之時
一、瞽女弐人 子供八九才 与之次郎
十一月七日
一、瞽女壱人

未三月廿七日
一、瞽女壱人　熊次郎
未十一月七日
　瞽女壱人
一、[不詳]　藤蔵
一、[不詳]　月窓寺
一、[不詳]　与右衛門
三月廿七日
一、瞽女壱人　惣吉
十一月六日
　瞽女壱人
一、[不詳]　幸吉
未三月廿八日
一、瞽（女脱）弐人　子供拾才　卯之助
十二月五日
　瞽女壱人
未三月廿八日
一、瞽女壱人　利七
未十二月五日
　瞽女壱人
一、[不詳]　孫十郎
未三月廿八日
一、瞽女弐人　久蔵

未三月廿八日
一、瞽女壱人　茂右衛門
三月十二日
　瞽女弐人子供共
　　内百文　相渡
未四月五日
一、瞽女弐人　子供十二才　重蔵
　　内三百文　旅篭相渡　改済
三月十五日
　瞽女壱人
　　内百文　相渡
四月八日
一、瞽女弐人　子供三四才　卯八
　　内弐百文　渡
申六月十三日
　同壱人
同
一、瞽女　大男弐人　万之助
　　内弐百文　渡
同
一、瞽女壱人　由右衛門
　　内百文　相渡
申六月十三日

一、瞽女壱人　粂右衛門
六月十三日
一、瞽女壱人　小平次
五月十六日　ゴ〔瞽女〕　三之助
未二月十六日ゴ　長　松
巳五月十八日ゴ一
未二月十七日ゴ　丑右衛門
巳四月十一日壱人ゴ
　十二月三人ゴ
　五月十六日ゴ壱人　惣　八
巳五月廿日ゴ壱人
未二月廿八日コ
同五月十六日コ　元〆
未二月廿八日ゴ　吉五郎
六月十六日ゴ　藤　八
未二月晦日ゴ
　六月十六日ゴ　金　吾
未二月廿日ゴ　半之丞
巳七月五日ゴ弐人　浅次郎
四月十二日ゴ壱人　増五郎
巳五月廿日ゴ弐人　次郎右衛門
巳五月廿日ゴゼ弐人　岩右衛門

巳四月十二日ゴ壱人
未二月晦日ゴ壱人　仙次郎
巳四月十二日ゴ
同十二月十七日ゴ
未二月晦日ゴ弐人
　七月六日ゴ壱人　源　六
巳四月十二日ゴ壱人
未二月六日ゴ壱人
同七月六日ゴ壱人　伊左衛門
巳四月三日ゴ壱人
　十二月十七日ゴ壱人
未二月晦日コ弐人
　七月六日ゴ壱人　三郎右衛門
巳四月三日ゴ弐人
　十二月十七日ゴ壱人
　七月六日ゴ一　七郎右衛門
巳三月廿三日ゴ弐人
同八月九日ゴ壱人　与左衛門
巳四月三日コ壱人
同十二月十七日ゴ壱人　多　七
巳四月三日ゴ壱人
未二月晦日ゴ壱人　七之助
巳三月廿八日ゴ壱人

八月四日ゴ壱人　重右衛門
午正月廿二日ゴ壱人　弁太郎
□月六日ゴ壱人
三月五日ゴ壱人　勘蔵 後家とら
正月六日ゴ壱人　兼吉
三月廿八日コ三人内弐人子供共
九月十一日ゴ壱人　源四郎
三月朔日ゴ壱人　歳蔵
三月朔日ゴ弐人　重郎左衛門
七月六日ゴ壱人　十八郎
巳七月六日ゴ壱人
三月十四日ゴ弐人子供壱人　丑蔵
未三月十四日ゴセ弐人子供共　権之丞
巳七月六日ゴ弐人子供共
未三月廿日ゴ壱人
同十月廿二日ゴ壱人　権次郎
五月廿九日ゴ壱人
未三月廿日ゴ壱人　文次郎
三月廿日ゴ壱人　勘右衛門
三月廿日ゴ壱人　由太郎
未三月廿三日ゴ弐人子供共　銀右衛門
巳七月十一日ゴ弐人

三月廿三日ゴ弐人　菊次郎
未三月五日ゴ壱人
十一月七日ゴ壱人　本田 熊二郎
七月廿七日ゴ五人 大弐人 小三人
未十一月十一日ゴ壱人　万右衛門
八月朔日ゴ弐人
未九月十一日ゴ壱人　又助
未十一月六日七日ゴ弐人子供共　三や 松五郎
八月朔日ゴ壱人
未十一月六日ゴ壱人　清蔵
未十一月六日ゴ壱人　伊三郎
未九月十一日ゴ弐人子供共
未十一月七日ゴ壱人　与之次郎
巳七月廿七日ゴ弐人　与右衛門
巳九月六日ゴ壱人
三月廿七日ゴ壱人
十一月六日ゴ壱人　惣吉
巳九月六日ゴ壱人　幸吉
巳九月六日ゴ弐人子供共　勇次郎
巳九月六日ゴ壱人
未三月廿八日ゴ弐人子供共

同十二月五日ゴ壱人　卯之助
未三月廿八日ゴ壱人
同十二月五日ゴ壱人　利七
巳八月十七日ゴ三人内子供弐人
未三月廿三日ゴ弐人　中　久蔵
未三月廿八日ゴ壱人　茂右衛門
巳八月十七日ゴ弐人内子供壱人　万之助
三月十二日ゴ弐人子供共
内百文相渡候、　重左衛門
巳九月八日ゴ壱人
四月八日ゴ弐人子供共　卯八
巳九月七日ゴ弐人　八右衛門
巳九月七日ゴ弐人
申三月五日ゴ壱人
内百文渡候、　由右衛門
申六月十三日ゴ壱人　粂右衛門
午六月七日ゴ弐人　小平次
三月十五日ゴ弐人
未六月七日ゴ弐人　三吉
三月十七日ゴ壱人
日なしゴ弐人　三次郎
三月十五日ゴ壱人　茂兵衛

三月五日ゴ壱人
同壱人　中　万五郎
午三月十四日ゴ壱人　茂吉
午三月十四日ゴ三人
閏十月十七日コ三人　平五郎
午八月十四日ゴ壱人　権左衛門
午閏十月十七日ゴ壱人　初五郎
三月十七日ゴ壱人
日なし　同弐人　三之丞
三月十七日ゴ弐人
日なし　同弐人　市左衛門
午三月十四日ゴ壱人　市三郎
十二月廿一日ゴ壱人　大野田　忠蔵
同七月六日ゴ壱人　大野田　小平次
十二月廿一日ゴ壱人
日なし　同壱人
日なし　コゼ弐人　平吉
十二月廿一日ゴ壱人
午四月　ゴ壱人　重蔵
七月廿三日コ壱人　六右衛門
日なし　ゴゼ弐人
日なし　ゴゼ弐人　金之丞

巳三月一日ゴ壱人　銀蔵
巳二月朔日ゴ壱人　八蔵
日なし　ゴ壱人
午閏十月廿日ゴ壱人
日なし　　ゴ弐人　留五郎
七月七日ゴ壱人
日なし　ゴ壱人　熊蔵
三月二日ゴ壱人
七月七日ゴ弐人七月廿三日□壱人子供
午閏十月廿二日ゴ弐人子供共　善五郎
三月二日ゴゼ壱人　亀蔵
二月晦日ゴ壱人　市右衛門
二月十二日ゴ弐人　弥十郎
二月十二日ゴ壱人
日なし　　ゴ壱人　馬蔵
二月晦日ゴ壱人
日なし　ゴ壱人　辰右衛門
二月晦日ゴ弐人内壱人子供
日なしゴ弐人　重右衛門
二月廿一日ゴ弐人　兵左衛門
午二月こ壱人
日なし同壱人　卯右衛門
午二月コ壱人

日なし同壱人　久左衛門
五月　ゴ壱人　伝之丞
四月九日コ壱人
日なし　同弐人　小右衛門
四月九日ゴ壱人
日なし　同弐人　留右衛門
日なし　ゴ壱人
同弐人
（八丁）
喜三郎
五月十四日ゴ三人　八郎左衛門
五月十二日ゴ弐人　金蔵
四月七日ゴ弐人
五月十二日ゴ弐人　重郎平
四月七日ゴ壱人
ゴ壱人　政五郎
四月七日ゴ弐人
五月十二日ゴ弐人　小八
四月七日ゴ弐人
日なし　ゴ弐人子供共　万次郎
五月五日ゴ弐人　常右衛門
午四月四日ゴ壱人
午十一月十二日ゴゼ四人内子供弐人
日なし　ゴ弐人、此弐人　［　　　］　長兵衛
三月十二日ゴ弐人子供共壱人

ゴ弐人　金五郎
三月十二日ゴ壱人
ゴ弐人　八左衛門
三月十二日ゴ壱人
日なし　ゴ壱人　平八
三月十二日ゴ壱人
五月五日ゴ弐人子供共　金次郎
午閏十月十五日コ四人　繁右衛門
四月浪人壱人ゴ・弐人　北
大次郎
四月浪人壱人ゴ・弐人　喜三郎
午五月朔日ゴ弐人
同壱人　新吉
三月廿日コ壱人
同壱人　友吉
三月廿日ゴ壱人
同弐人　直右衛門
三月廿日ゴ弐人
五月十一日ゴ弐人　作左衛門
七月廿三日ゴ三人　佐平次
三月十一日ゴ壱人
ゴ弐人　弥五右衛門
七月廿八日

瞽女弐人　兵左衛門
同日　同　弐人　八蔵
同日　同　壱人　豆□や　源蔵
同日　同　壱人　佐次郎
六月　同　壱人　重蔵
同　壱人　市三郎

（『武蔵野市史』続資料編三、二四三～二六四頁）

【境村・同新田】

寛政九年（一七九七）三月

「（表紙）寛政九年
巳年村入目帳
巳三月　多摩郡
境村
同新田」

一、七拾弐文　座頭・瞽女

（『武蔵野市史』資料編、二九九～三〇〇頁）

明治四年（一八七一）三月二十二日改

「（表紙）
明治四未年三月廿二日改写置也
午歳村入用入目控帳
境新田役人所持」

一、金弐朱ト
〔午年〕同、瞽女・座頭・浪人廻状賃銭共、
銭弐拾七貫八百拾壱文

（『武蔵野市史』資料編、三〇四頁）

【関前村・同新田】

元治元年（一八六四）三月

「（表紙）
元治元子年
去亥村入用帳
三月
武州多摩郡
関前村
同新田
忠左衛門組」

一、銭弐貫六拾四文
年中御免勧化其外諸勧化并盲女・座頭・浪人等行暮合力
等

（『武蔵野市史』続資料編四、四二～四三頁）

元治二年（一八六五）三月

「（表紙）
元治二丑年
去子村入用帳
三月
武州多摩郡
関前村・同新田
忠左衛門組」

一、銭弐貫五百七拾弐文
年中御免勧化、同配札其外諸勧化并盲女・座頭・浪人等
行暮合力

（『武蔵野市史』続資料編四、四五頁）

慶応二年（一八六六）三月

「（表紙）
慶応二寅年
去丑村入用帳
三月
武州多摩郡
関前村・同新田
忠左衛門組」

一、銭弐貫八百□（六）拾弐文
年中御免勧化、同配札其外諸勧化并盲女・座頭・浪人等
行暮合力

（『武蔵野市史』続資料編四、四七〜四八頁）

慶応四年（一八六八）三月

「（表紙）
慶応四辰年
去卯村入用帳
三月
武州多摩郡
関前村・同新田
忠左衛門組」

一、銭五貫九百七拾弐文
御免勧化・同配札其外諸勧化并盲女・座頭・浪人等行暮
合力

（『武蔵野市史』続資料編四、八四頁）

明治二年（一八六九）三月

「（表紙）
明治二巳年
去辰村入用帳
三月
武州多摩郡
関前村・同新田
忠左衛門組」

一、銭四貫八百七拾弐文
神社・寺院諸勧化并盲女・座頭・浪人等行暮合力

（『武蔵野市史』続資料編四、一〇〇〜一〇一頁）

明治三年（一八七〇）正月

「（表紙）
明治三庚午年
村入用附立帳
正月吉日
関前村
同新田
上組」

一、[十一月]三日
泊り　こぜ三人

（『武蔵野市史』続資料編四、一一三頁、一一七頁）

明治三年（一八七〇）二月

「（表紙）
明治三年
御用留
午二月吉日
関前新田
上組」

一、[五月]同九日
ごぜ三人泊り　壱夜半日泊り
助二郎
六之助

[略]

一、銭三貫文　盲女座頭
浪人昼食代

〆金弐朱ト　　　盲女座頭
壱貫八百四十八文　　　浪人共立かへ

(『武蔵野市史』続資料編七、四〇二頁、四〇四頁)

明治三年（一八七〇）四月

「(表紙)
明治三午年
去巳村入用夫銭帳
四月　　　武州多摩郡関前村
同新田
忠左衛門組」

一、[銭]同弐拾三貫九百五拾六文
是ハ神社・寺院諸勧化并盲女・座頭・浪人行暮候者江合
力ニ差出申候

(『武蔵野市史』続資料編四、一二三～一二四頁)

明治三年（一八七〇）六月

「(表紙)
明治三午年
夏秋割合村入用取立帳
六月　　　多摩郡
関前村
忠左衛門組」

盲女・座頭・浪人泊り
一、泊り拾九人　　　七郎兵衛
此泊代銭拾三貫三百文
[略]
一、同壱貫四百文　　　助二郎
盲女泊り代

(『武蔵野市史』続資料編四、一二六～一二七頁、一三一頁)

明治四年（一八七一）正月

「(表紙)
明治四未年
邑入用人足配符付立帳
正月吉日　武州多摩郡
関前村
同新田上組」

盲女其節引違ニ而泊る
未正月中
一、同弐人[泊り]　盲女弐人　同　人[六之助]
同八日
一、同弐人　盲女弐人　助二郎

(『武蔵野市史』続資料編四、一三八～一三九頁)

武蔵村山市

【中藤《なかとう》村】

天保四年（一八三三）十二月

「（表紙）
天保四年
巳年諸色村入用帳
辰十二月　　多摩郡中藤村
名主　市郎右衛門」

一、四百文　年中瞽女・座頭昼通り飯米代

（『武蔵村山市史』資料編近世、一二六頁、一二九頁）

【三ツ木村】

天保六年（一八三五）正月

「（表紙）
天保六年　　武州多摩郡
末村入用明細帳
正月吉日　　三ツ木村」

一、［四月］廿五日
拾六文　　ごせ四人
一、［五月］廿七日
拾弐文　　ごせ四人
一、［六月］十六日
八文　　瞽女三人合力銭御座候
一、［七月］廿四日
拾六文　　ごせ四人
一、閏七月十一日
十弐文　　鼓（瞽）女四人
一、八月一日
拾六文　　鼓女四人合力
一、［八月］十日
拾六文　　ごせ四人
一、［八月］十九日夕より十八日昼迄
四百文　　鼓女四人泊り、雨天ニ而中喰迄と（逗）ふりう（留）仕候
一、［八月］同廿五日夕
四百拾六文　　鼓女五人泊り御座候
一、［八月］廿六日
十弐文　　鼓女四人合力銭御座候
一、九月九日
十弐文　　鼓女四人合力銭御座候
一、［九月］同十一日
拾六文　　ごぜ三人
一、［十月］十五日夕
三百文　　鼓女三人泊り御座候、尤昼迄

（『武蔵村山市史』資料編近世、一三一〜一三五頁）

神奈川県

愛川町

【半原村】

文政十年（一八二七）十一月

（表紙）
「丁文政十年　半原村中組
来子村入用扣帳
亥十一月日　名主喜右衛門」

十一月晦日
一、百六拾文　こせんのふ弐人泊り

（相模国愛甲郡半原村文書）

嘉永三年（一八五〇）十二月

（表紙）
「庚嘉永三年
来亥村諸入用控之帳　半原村中組
戊十二月日　年寄

［五月二十日］
一、百三十弐文　甲府ごせんのふ泊り　彦太良　八郎兵衛

［六月］廿日
一、百三十弐文　三島御世弐人　文右衛門・長右衛門泊

名主新井源右衛門」

（相模国愛甲郡半原村文書）

逗子市

【小坪村】

文久三年（一八六三）二月

（表紙）
「文久三亥年
去戌年夫銭村入用書上帳
二月　相州三浦郡小坪村」

一、銭八拾五貫八百文
右ハ名主給并油・薪・蠟燭・筆・墨・紙・瞽女・座頭其外
年中合力仕切

（『逗子市史』資料編二、六一〇～六一一頁）

二宮町

【中里村】

弘化四年（一八四七）正月、上・下分諸掛り控帳

「（表紙）
弘化四年　　　　　下分
当未両分諸掛扣帳
未正月吉日　　名主　甚右衛門」

覚

午十二月二日
一、弐百文　　後せ（瞽女）弐人泊り
四月十二日
一、四百文　　後世四人泊り

（『二宮町史』資料編一、三八二～三八三頁）

秦野市

【横野村】

明和八年（一七七一）正月、「横野村卯年諸入用控本帳」の内容を表にした資料より

四月
こせ三人へ、九文

（『秦野市史』近世史料、統計編一、一五一頁）

安永二年（一七七三）正月、「横野村巳年諸入用本帳」の内容を表にした資料より

六月十二日
金目村こせ三人、二十四文

（『秦野市史』近世史料、統計編一、一五三頁）

慶応三年（一八六七）正月、「横野村卯年村入用控帳」の内容を表にした資料より

六月十三日
御せ三人泊り、一貫二百文
六月二十六日
御せ三人泊り、一貫二百文
八月二十七日
こぜ・非人二人分泊り、八百文」

（『秦野市史』近世史料、統計編一、一六五頁）

慶応四年（一八六八）六月、「横野村辰年村入用控帳」の内容を表にした資料より

十二月五日
こぜ・非人二人前昼飯、六百文

（『秦野市史』近世史料、統計編一、一六八頁）

葉山町

【木古庭村】

明治二～四年（一八六九～七一）

（冊　子）

村入費高懸書上帳

相州三浦郡
木古庭村

一、戸数六拾六軒
明治二己〔ママ、巳カ〕年分
一、金拾壱両三分三朱
銭三拾七貫六百文
是は諸勧化、瞽女・坐頭合力臨時入費鎮守祭礼諸入費

〔略〕

明治三午年分
一、金四両三分
銭五拾八貫六百五十文
是は諸勧化、瞽女・坐頭合力臨時入費鎮守祭礼諸入費

明治四未年分
一、金八両弐朱
銭六十四貫弐百文
是は諸勧化、瞽女・坐頭止宿合力臨時入費鎮守祭礼入費

（『葉山町史料』六四一～六四四頁）

明治五年（一八七二）

（冊子、美濃紙、表紙なし）

明治五年村費書上

第十五大区六小区
木古庭村

一、金六円三十九銭
是者諸勧化并瞽女・座頭止宿合力

（『葉山町史料』六五〇～六五一頁）

【長柄村】

明治二～四年（一八六九～七一）

（冊子、表紙なし）

相州三浦郡
長柄村

戸数七十六戸
明治二巳年分
一、金三拾七両弐朱ト
銭弐百拾文

是は諸勧化、瞽女・座頭合力臨時諸入用虫送り風祭り鎮守祭礼諸入用

明治三午年分

一、金五拾壱両弐分
　　銭拾弐貫五百文

是は諸勧化、瞽女・坐頭合力臨時入費鎮守祭礼諸入費

明治四未年分

一、金弐拾壱両
　　銭五貫八百文

是は諸勧化、瞽女・坐頭合力臨時諸入費虫送風祭鎮守祭礼入費

（『葉山町史料』六四五～六四七頁）

明治五年（一八七二）

（冊子、美濃紙、表紙なし）

明治五申年村費書上

第十五大区六小区
長柄村

一、金五円三拾八銭

是ハ諸勧化并瞽女・坐頭止宿合力

（『葉山町史料』六五一～六五二頁）

【堀内村】

明治五年（一八七二）

（冊子、美濃紙、表紙なし）

明治五年村費書上

第拾五大区六小区
堀内村

一、金弐拾円拾九銭三厘

是ハ諸勧化并瞽女・座頭止宿合力

（『葉山町史料』六四九頁）

大和市

【下鶴間村】

文政十二年（一八二九）正月

（表紙）
「文政十二年　　下鶴間村
諸勧化浪人止宿合力帳
丑正月日　　役所」

四月十六日
一、四拾八文　　ごぜ八人

（『大和市史』第四巻、資料編、近世、五九頁、六三頁）

横須賀市

【須軽谷村】

明治二〜四年（一八六九〜七一）

（表紙）「村入費高掛書上帳

相州三浦郡
須軽谷村」

相州三浦郡
須軽谷村

高百五拾七石八斗七升八合
戸数　六拾五戸

明治二巳年分

一、五貫三百文　座頭四拾八人止宿昼膳合力
一、七貫弐百文　瞽女十四人止宿

［略］

〆金弐両三歩壱朱ト
廿七貫五拾文
是は諸勧化・瞽女・座頭合力臨時諸入費

明治三午年分

一、金五貫五百五拾文　座頭三十八人止宿合力
一、七百文　浦賀座頭勧化
一、四貫四百文　瞽女拾壱人止宿

［略］

〆一、金壱両壱分ト
弐拾六貫五拾文
是は諸勧化・瞽女・座頭合力臨時諸入費

明治四未年分

一、金弐朱ト壱貫八百文　三崎町・横須賀村・八幡久り浜村座頭勧化
一、弐貫百五拾文　座頭三十六人合力
一、三貫文　同拾五人昼喰
一、弐貫四百文　同六人止宿
一、三貫弐百文　瞽女八人止宿

［略］

〆金三両弐朱ト四拾四貫八百文
是は諸勧化・瞽女・座頭合力臨時諸入費

（『相州三浦郡須軽谷村（鈴木家）文書』一九四〜一九九頁）

【東浦賀村】

嘉永七年（一八五四）正月

（袋入）「嘉永七寅年中

村入用夫銭帳
卯正月
東浦賀村」
一、金三分弐朱也
右は年中御役人様方西浦賀江御渡海船賃、右之外御定便・無宿入用・臨時入用・年中筆墨紙代・御役所脇火之番・御番所裏掃除賃・餌差・瞽女一宿銭、伊勢大神宮初穂・虚無僧一ヶ年仕切、諸勧化・合力其外都而前書之振合ニ認、
〆金何両ト銭何百何拾何貫文
右之通去寅年村入用立会之上吟味仕、割合帳面之通相違無御座候以上
相州三浦郡東浦賀村
元号共　町頭壱人宛・百姓代・年
卯年正月　寄・名主都而前調印之通り
（『相州三浦郡東浦賀村（石井三郎兵衛家）文書』第三巻、七九〜八〇頁）

横浜市

【今宿村】

万延二年・文久元年（一八六一）正月

「（表紙）
万延二年
三月より文久元酉
村　入　用　帳
正月吉日
」
一、四月朔日 □□六文　こせ弐人
よし江
［泊りカ］□□
一、［四月］二日 廿四文　合力
［同カ］□
一、四月□□　ごぜ五人
よし江
泊り
一、六月廿四日 百文　こせ合力
（新川正一家所蔵文書、第一〇巻）

文久二年（一八六二）正月

「（表紙）
文久二年
戌　村　入　用　帳
正月日　今宿村
」
一、丁落 壱〆四拾八文　○　後ぜ・座頭之類□
文吉後家

（新川正一家所蔵文書、第一〇巻）

明治二～四年（一八六九～七一）

「（表紙）
明治二巳より未迄三ヶ年分
村入費書上帳
武州都筑木郡
今宿村」

一、銭五拾七貫七百九拾八文
是ハ諸勧化、瞽女・座頭止宿合力臨時入費
（新川正一家所蔵文書、第一一巻）

【上川井村】

文政十二年（一八二九）三月

「（表紙）
文政十二年
去子年村入用帳
武州都筑木郡
丑三月　上川井村」

一、銭弐貫五百文
是ハ年中瞽女・座頭合力遣し候分
（武蔵国都筑郡上川井村［旭区］中野家文書）

【公田《くでん》村】

明治二年（一八六九）二月

「（表紙）
明治二巳年
村方諸入用立替帳
巳二月吉日　公田村 年番 名主 清右衛門」

二月五日
一、壱〆文　盲人男女
辻堂泊り
二月廿九日
一、弐〆文　ごせ四人
庄二郎江泊
（斎藤清四郎家所蔵文書、四八）

明治四年（一八七一）二月

「（表紙）
明治四辛年
村入用立替覚帳
未二月吉日」

四月十六日ノ分　むすび壱人江遣ス
一、五百文　後世四人
外ニ
一、弐百文　清六江泊り
（斎藤清四郎家所蔵文書、四八）

明治四年（一八七一）四月

「（表紙）
明治四辛年
浪士格番賄帳
未四月　日　扣置
公田［　　］
雑［　］［　］
中［　］［　］」

七月朔日
一、壱貫五百文　後せ四人泊り
［七月］同、三日
一、五百文　後せ弐人泊り
未正月十日
一、三〆文　こせ六人泊り
［三月］十七日
一、壱貫文　ごせ弐人
二月廿日
壱〆文　後せ
［二月カ］同、廿九日
一、壱貫文　後ぜ弐人泊り
［五月］廿日
一、弐貫文　後せ四人泊り
［月日欠］
一、壱〆文　後せ弐人
泊り

（斎藤清四郎家所蔵文書、四八）

【南綱島村】

慶応二年（一八六六）十二月

「（表紙）
慶応二年
村入用勘定帳
寅極月吉日　　南綱嶋村」

［十月十二日カ］
一、同、［銭］壱貫五百文　こせ五人泊り
十一月□八日
一、九百文　こせ

（池谷光朗家所蔵文書、一七六）

【森公田《もりくでん》村】

明治四年（一八七一）四月

「（表紙）
明治四辛未年四月番　　森公田村
年番名主［　　］
浪士其外格番賄帳扣也　月番印［　］
斎藤清□□□［右衛門］」

四月十六日
一、壱〆弐百文　後世四人
清六江泊
是村入用帳写附
七月朔日
一、壱〆五百文　後世四人
地蔵堂泊

七月三日
一、五百文　後せ弐人
　　　　　　地蔵堂泊
　　　　　　宿斗賃

（斎藤清四郎家所蔵文書、四八）

【六角橋村】

天保十年（一八三九）正月

「（表紙）
天保十亥年
当亥年村入用扣帳
正月吉日　　六角橋村
　　　　　　名主八左衛門　㊞」

覚此払
［略］
三百七十弐文　こせ三人五郎右衛門
　　　　　　　　　　　記し分
村入用
［略］
二月廿七日夜
一、三百七十□□〔弐文カ〕　こせ三人泊り
　　　　　　　　　　賄料
五月四日夜
三百七十弐文　こぜ三人　作右衛門
　　　　　　　　　　　泊り

五月十七日夜
三百七十弐文　ごぜ三人
　　　　　　　重兵衛泊り
六月朔日
三百七十弐文　こぜ三人泊り
　　　　　　　五郎右衛門
六月三日夜
五百文　こせ四人泊り
　　　　六兵衛・作右衛門割宿
［六月］
同、七日夜
三百七十弐文　こぜ三人
　　　　　　　重兵衛泊り
［十一月］
同、十八日
弐百五十文　こせ弐人泊り
　　　　　　作右衛門

（山室宗作家所蔵文書、三一）

静岡県

伊豆市修善寺

【大沢村】

天明三年（一七八三）正月十一日

「（表紙）天明三年　　大沢村
諸役帳
卯ノ正月十一日　名主　善左ェ門」

覚

［四月二十四日カ］一、後世四人　○手まい
（ママ）一、同　三人　○七左ェ門
（ママ）一、同　三人　弐夜　○手まい
四月廿六日一、後世三人　○七左ェ門
［四月］廿九日一、同四人　○六左ェ門
五月十五日一、後世四人　○林右ェ門

覚

［卯十二月二十二日カ］（ママ）一、後世三人　七左ェ門

（『修善寺町資料』第七巻、九三〜九四頁、九九頁）

伊豆の国市

【南条村】

明治七年（一八七四）

「（表紙）明治七年
去酉年村入用米金夫銭書上下紙帳
豆州田方郡南条村」

一、同［米］六斗弐升六合　年内盲女泊り米

（『韮山町史』第七巻、一一六頁）

【四日町村】

弘化四年（一八四七）、「弘化四年、組割帳」

一、米壱斗五升　ごぜ旅人三十人分
高ヨラサル分ニ上ル　泊り壱人ニ付き五合分
差置ノこめ渡

（三好一成「豆州三島宿瞽女仲間と足柄県の開化策」一三五頁。田方郡韮山町四日町の竹内芳子家文書による）

【笹原村】

天明五年（一七八五）十二月

（表紙）
「天明五年　　笹原村
巳諸役銭書抽帳
十二月　　名主 市兵衛」

［二月］
一、廿四文　　後ぜ
［三月］
一、廿四文　　後ぜ
［四月］
一、五十文　　後せ 八人
一、二十四文　　後せ八人
［六月］
一、五十文　　後せ三組
［七月］
一、廿四文　　後ぜ
［八月カ］
一、三十六文　　後ぜ六人
一、五十文　　後セ六人

（伊豆国加茂郡笹原村文書）

天明八年（一七八八）正月

（表紙）
「天明八年
申諸役銭覚帳
正月吉日　　笹原村 名主市兵衛」

［五月カ］
一、弐拾四文　　ごセ二組
［八月］
一、十八文　　ごゼ□人

（伊豆国加茂郡笹原村文書）

寛政九年（一七九七）十一月二十八日

（表紙）
「寛政九年
巳諸役銭抽帳
十一月廿八日」

［四月以降カ］
一、拾六文　　後せ三人
［八月カ］
一、百五拾文　　後せ三人
是ハとまりせん
［不詳］
一、拾六文　　後せ二人

（伊豆国加茂郡笹原村文書）

寛政十二年（一八〇〇）十月

（表紙）
「寛政十二年

申諸役銭抜帳
拾月吉日」

一、［正月カ］廿四文　こぜ二人
一、［不詳］拾六文　ごぜ三人
一、廿四文　ごぜ三人
一、拾六文　ごぜ二人
一、拾六文　同　二人
一、拾六文　ごぜ二人
一、五拾文　同　三人
一、［十一月］拾六文　ごぜ弐人

（伊豆国加茂郡笹原村文書）

文化七年（一八一〇）正月十一日

（表紙）
「文化七年
庚午諸役銭覚帳
笹原村
正月十一日　名主　平六」

一、［正月］五拾文　田中後せ弐人
一、［五月］弐拾四文　後せ弐人
一、［六月］弐百文　後世弐人泊り
一、［十一月］弐拾四文　後せ弐人

（伊豆国加茂郡笹原村文書）

文政十二年（一八二九）十二月

（表紙）
「文政十二年
丑村入用覚帳
極月吉」

一、［三月二十七日］同〃 弐拾四文　後せ弐人
一、［六月］〃十六日 三拾弐文　後世三人
一、［十二月カ］廿四文　後世二人

（伊豆国加茂郡笹原村文書）

天保三年（一八三二）十二月

（表紙）
「天保三年
辰村入用覚帳
笹原村
拾二月　名主　市右衛門」

〔四月〕
〃廿日
一、四拾八文　後せ四人
〔五月〕
〃廿七日
一、弐十四文　後せ二人
〔十月〕
〃十五日
一、三百文　後せ四人泊り
〔不詳〕
一、廿四文　後せ二人

（伊豆国加茂郡笹原村文書）

天保四年（一八三三）十二月

「（表紙）
天保四年　笹原村
巳年村入用覚帳
極月吉日　市右衛門」

〔四月〕
〃廿三日
一、廿四文　後世弐人
〔六月〕
〃廿六日
一、三拾弐文　後世三人
〔六月〕
〃廿六日
一、廿四文　後世弐人
〔七月〕
〃廿二日
一、廿四文　後世弐人

（伊豆国加茂郡笹原村文書）

天保八年（一八三七）十二月

「（表紙）
天保八年
西村入用帳
極月吉日　笹原村」

〔正月〕
〃卅日
一、三拾六文　後せ三人

（伊豆国加茂郡笹原村文書）

安政七年（一八六〇）正月

「（表紙）
安政七年
村入用覚之帳
申正月日　組頭
権七　」

〔八月九日カ〕
一、廿四文　こぜ

（伊豆国加茂郡笹原村文書）

文久元年（一八六一）十二月

「（表紙）
文久元年
西村入用覚
十二月日　名主
市兵衛」

［七月］
〃　六日
一、百文　後せ弐人
昼飯

（伊豆国加茂郡笹原村文書）

文久三年（一八六三）正月

「（表紙）
文久三年
亥村入用覚之帳
正月日」

［三月］
〃　廿二日
一、弐拾四文　後世弐人

（伊豆国加茂郡笹原村文書）

慶応二年（一八六六）十二月三日

「（表紙）
慶応二年
寅村入用覚之帳
十二月三日」

［八月］
〃　四日
一、四百文　後せ弐人泊
［十二月カ］
一、百文　後ぜ
壱人

（伊豆国加茂郡笹原村文書）

明治元年（一八六八）十一月

「（表紙）
明治元年
辰年村入用之覚帳
十一月」

［七月カ］
一、四十八文　後ぜ
弐人
一、五百文　後ぜ
壱人弐夜宿
［九月以降カ］
一、四拾八文　後ぜ
弐人

（伊豆国加茂郡笹原村文書）

【浜　村】

天明二年（一七八二）十二月

「（表紙）
天明弐年
寅年諸役銭目録帳
十二月　浜村」

［七月末カ］
一、三拾六文　ごせ弐人
［十月カ］
一、拾六文　こせ
三人
十月廿四日
一、百廿四文　こせ弐人

泊り

（伊豆国賀茂郡浜村小沢家文書）

寛政十二年（一八〇〇）正月

（表紙）
「寛政十二年
　村　入　用　帳
　申正月吉日　」

一、［三月カ］拾弐文
　　是ハ御せ
一、五月廿六日 廿弐文
　　是ハ　　ごせ弐人
一、五月廿九日 廿四文　　こせ四人
一、六月廿四日 拾弐文　　こせ弐人
〃［七月朔日］
一、十弐文　　こせ弐人
一、七月十六日 廿四文　　とう人［瞽女］弐人
一、十一月廿五日 拾弐文　　こぜ壱人

（伊豆国賀茂郡浜村小沢家文書）

享和二年（一八〇二）十二月

（表紙）
「享和二年　　浜村
　戌年諸役銭覚帳
　十二月　　名主幸左衛門　」

一、［銭］同弐拾八文
　是ハこせろう人弐人遣ス

（伊豆国賀茂郡浜村小沢家文書）

享和三年（一八〇三）十二月

（表紙）
「享和三年
　亥ノ諸役銭帳
　十二月吉日　」

一、［銭］同弐拾四文
　右ハごぜニ遣ス
一、［銭］同拾弐文
　右ハごぜニ遣ス
一、［銭］同弐拾四文
　右ごぜ二人遣ス

（伊豆国賀茂郡浜村小沢家文書）

文化五年（一八〇八）十二月

「（表紙）
文化五年
辰年役銭帳
十二月」

一、廿四文　ごぜ三人

一、廿四文　ごぜ三人

（伊豆国賀茂郡浜村小沢家文書）

文化七年（一八一〇）十二月

「（表紙）
文化七年
午年役銭帳
十二月」

一、廿四文　こぜ三人

一、廿四文　こぜ弐人

（伊豆国賀茂郡浜村小沢家文書）

文化八年（一八一一）正月

「（表紙）
文化八年
未村入用帳
正月吉日」

一、［未年閏二月十六日カ］廿四文　こぜ

一、［同、七月カ］三十文　ごぜ五人

一、［同、十月カ］三十弐文　こせ三人

一、［申年四月廿九日カ］廿四文　ごぜ三人

一、［同、五月カ］十六文　こぜ

一、［同、五月］十四日五十文　こせ三人

［略］

るすの分

一、［同、九月～十月カ］廿四文　こせ

（伊豆国賀茂郡浜村小沢家文書）

文化八年（一八一一）十二月

「（表紙）
文化八年
未年役銭帳
十二月」

一、［銭］同廿四文　こぜ

一、［銭］同三十文　ごぜ弐人

一、［銭］同三十弐文　ごぜ三人

（伊豆国賀茂郡浜村小沢家文書）

文化十年（一八一三）正月

「（表紙）
文化十
酉年村入用帳
正月吉日
」

〔五月〕廿八日
一、廿四文　こぜ三人

〔七月末〕
一、十六文　こぜ

〔九月末〕
一、十六文　こぜ

〔十月カ〕八日
一、廿四文　ごぜ弐人

〔十一月十日カ〕
一、廿四文　こせ弐人

（伊豆国賀茂郡浜村小沢家文書）

文化十年（一八一三）十一月

「（表紙）
文化十年　浜村
酉年諸役銭帳
十一月吉日
」

一、弐拾四文
後世三人

一、拾六文
後ぜ壱人

一、拾六文
後ぜ

一、廿四文
後ぜ弐人

一、廿四文
後ぜ弐人

（伊豆国賀茂郡浜村小沢家文書）

文化十一年（一八一四）正月

「（表紙）
文化十一年
村入用帳
戌亥子正月吉日
二ヶ年之分入
」

〔戌年十月カ〕
一、廿四文　こぜ

〔同、十月〕十四日
一、十弐文　こぜ弐人

〔同、十月二十八日カ〕
一、こぜ弐人　泊り
代百廿四文

（伊豆国賀茂郡浜村小沢家文書）

文化十一年（一八一四）十二月

「（表紙）
文化十一年　浜村
戌年諸役銭帳

戌極月　」

一、弐拾四文　ごぜ

一、拾弐文　こせ弐人

一、百廿四文　こせ弐人泊り

（伊豆国賀茂郡浜村小沢家文書）

天保五年（一八三四）十二月

（表紙）
「天保五年
午村入用帳
十二月　名主 重兵衛」

［十二月〜正月ヵ］
一、百廿四文　こせ四人
座頭壱人
木せん又兵衛払

［月日不詳、四〜五月ヵ］
一、三百文　こぜ
泊り

（伊豆国賀茂郡浜村小沢家文書）

天保六年（一八三五）十二月

（表紙）
「天保六年
未役銭帳
十二月　名主 重［兵衛ヵ］□□」

［二月］
〃十三日
一、(合)、百文　後世弐人
泊り

［月日不詳］
一、(合)、弐拾四文　後世弐人

［六月ヵ］
一、(合)、百廿四文　後世壱人
中飯□

［六月ヵ］
一、(合)、百廿四文　後世
□三人

中飯

［月日不詳］
一、(合)、百文　後世弐人
飯料

（伊豆国賀茂郡浜村小沢家文書）

天保七年（一八三六）十二月

（表紙）
「天保七年
申役銭覚帳
十二月　名主 重兵衛」

一、五拾文　ごぜ三人

（伊豆国賀茂郡浜村小沢家文書）

天保八年（一八三七）十二月

（表紙）
「天保八年
酉役銭覚帳
十二月　名主 重兵衛」

一、五拾文　こせ四人

（伊豆国賀茂郡浜村小沢家文書）

天保九年（一八三八）十二月

（表紙）
「天保九年
戌役銭勘定帳　浜村
十二月　名主 重兵衛」

〃〔閏四月二十二日〕
一、五拾文　ごぜ弐人

（伊豆国賀茂郡浜村小沢家文書）

天保十一年（一八四〇）十二月

（表紙）
「天保十一□〔年カ〕
子役銭勘定帳
十二月　浜村」

〃〔四月〕廿日
一、弐拾四文　後世三人
〃〔九月〕九日
一、拾六文　後世弐人

（伊豆国賀茂郡浜村小沢家文書）

天保十二年（一八四一）十二月

（表紙）
「天保十二年
丑役銭勘定帳　浜村
十二月　名主 幸左衛門」

一、拾六文　ごぜ三人
一、三百文　こぜ弐人泊り

（伊豆国賀茂郡浜村小沢家文書）

天保十三年（一八四二）正月

（表紙）
「天保十三年
寅年村入用帳
正月吉日」

五月廿七日
一〔写〕、拾六文　後世弐人

天保十三年（一八四二）十二月

（表紙）
「天保十三年
寅役銭勘定帳
十二月　浜村
名主 幸左衛門」

五月廿七日
一（合）、拾六文　後世弐人

（伊豆国賀茂郡浜村小沢家文書）

天保十四年（一八四三）十二月

（表紙）
「天保十四年　浜村
卯役銭勘定帳
十二月
名主 重兵衛」

一、弐拾四文　ごぜ弐人
［五月カ］
一、六拾四文　ごぜ弐人

（伊豆国賀茂郡浜村小沢家文書）

天保十五年（一八四四）正月

（表紙）
「甲 天保十五年
辰 村入用帳
正 月 吉 日」

［二月］三日
一、五拾文　ごぜ弐人

（伊豆国賀茂郡浜村小沢家文書）

天保十五年（一八四四）十二月

（表紙）
「天保十五年　浜村
辰 役 銭 帳
十二月
名主 重兵衛」

［二月］三日
一、四拾八文　ごぜ弐人

（伊豆国賀茂郡浜村小沢家文書）

弘化二年（一八四五）正月

（表紙）
「弘 化 二 年
巳村入用帳
正月吉日　浜村」

［三月九日］
〃
一（写）、五十文　沼津こせ弐人

〔六月〕
〃六日
一㊢、五十文　ごせ三人

（伊豆国賀茂郡浜村小沢家文書）

弘化二年（一八四五）十二月

（表紙）
「弘化二年　浜村
巳役銭帳
十二月　名主
重兵衛」

〔六月カ〕
一、百文　座頭弐人
後せ三人　〆

（伊豆国賀茂郡浜村小沢家文書）

弘化三年（一八四六）正月

（表紙）
「弘化三□　〔破損〕　□
午村入用□　□
正月□　□」

二月廿日
一[写]、五十文　こせ弐人

（伊豆国賀茂郡浜村小沢家文書）

弘化三年（一八四六）十二月

（表紙）
「弘化三年　浜村
午役銭帳
十二月　名主
重兵衛」

一、四拾八文　こぜ壱人

（伊豆国賀茂郡浜村小沢家文書）

弘化四年（一八四七）正月

（表紙）
「弘化四年
未ノ村入用帳
正月吉日」

正月九日
一㊢、三十弐文　こぜ弐人

（伊豆国賀茂郡浜村小沢家文書）

弘化四年（一八四七）十二月

（表紙）
「弘化四年　浜村
未役銭帳
十二月　名主
重兵衛」

一、三拾弐文　後せ弐人

（伊豆国賀茂郡浜村小沢家文書）

弘化五年（一八四八）正月

（表紙）
「弘化五年
申ノ村入用帳
正月吉日」

一、十二月廿八日
廿四文　こせ壱人

一、六月十三日
三十弐文　こぜ弐人

（伊豆国賀茂郡浜村小沢家文書）

嘉永元年（一八四八）十二月

（表紙）
「嘉永元年
申年役銭帳
十二月」

一、〔十二月〕〃廿八日
弐拾四文　後世壱人

（伊豆国賀茂郡浜村小沢家文書）

嘉永二年（一八四九）正月

（表紙）
「嘉永二年
西ノ村入用帳
正月」

一、七月十□日
廿四文　御ぜ弐人

一、〔十一月〕廿一日
廿四文　こセ弐人

（伊豆国賀茂郡浜村小沢家文書）

嘉永二年（一八四九）十二月

（表紙）
「嘉永二年
西年役銭帳
十二月」

一、〔七月〕十三日
廿四文　盲女弐人

一、〔十一月〕
廿四文　盲女弐人

（伊豆国賀茂郡浜村小沢家文書）

安政元年（一八五四）十二月

（表紙）
「安政元年
寅之役銭帳
十二月　名主重兵衛賄
組頭善六」

一、〔五月〕廿一日
弐拾四文　後ぜ

弐人

（伊豆国賀茂郡浜村小沢家文書）

安政三年（一八五六）十二月

（表紙）
「安政三年
辰之役銭帳
十二月　　名主　重兵衛」

一、三百文　　ごぜ三人
泊り

（伊豆国賀茂郡浜村小沢家文書）

元治元年～慶応元年（一八六四～六五）か

（表紙）
「子村入用帳
丑年分有　　重兵衛」

［子年カ］四月廿日
一[写]、廿四文　　ごぜ三人

［子年カ］九月九日
一、拾六文　　ごぜ弐人

［丑年カ］五月
一[写]、十六文　　ごせ三人

（伊豆国賀茂郡浜村小沢家文書）

慶応元年（一八六五）正月

（表紙）
「慶応元年
丑村入用覚之帳
正月吉日」

一、四百五十文　　ごせ三人泊り
一、四十八文　　後ぜ弐人
一、四十八文　　後ぜ弐人

（伊豆国賀茂郡浜村小沢家文書）

川根町

【上藤川村】

天保五年（一八三四）十二月

（表紙）
「天保五極月
当年冬村入用帳
上藤川村
源左衛門組」

［五月廿八日］
一、四拾八文　　こぜ壱人

（『本川根町史』資料編二、九〇四～九〇五頁）

【千頭村】

嘉永六年（一八五三）十二月

「（表紙）
嘉永六年
当丑村入用書出し帳
千頭村
十二月　日　名主　嘉兵衛」

［六月］廿八日
一、弐百文　こぜ三人ひるはん
同日
一、百四十八文　同人くれるごぜ三人
同晦日
一、三百文　こぜ三人泊り
同日
一、弐百文　こぜ三人ひるはん
同日
一、弐百文　同人江くれる

（『本川《ほんかわ》根町《ねちょう》史』資料編二、九一九頁、九二三頁）

御殿場市

【沼田村】

文久三年～明治四年（一八六三～七一）

「（表紙）
文久三癸亥年　沼田村
瞽女泊順番覚帳
正月吉日　甚右衛門」

覚
一、［文久三年］亥四月 五人　［元治元年］子三月より ○○○○　丹治郎
一、弐人　［元治二年］丑三月分 ○○○○　嘉右衛門
○○○　五兵衛
一、弐人　○○○　新左衛門
○○○○　角左衛門
○○○　文右衛門
○○○　半左衛門
○○○　勘右衛門
三月 弐人　○○○　平左衛門
○○○　儀右衛門

三月十九日
一、三人　○○○　茂右衛門
三月十九日
一、三人　○○○　源次郎
三月廿日
一、四人　○○○　甚右衛門
一、弐人　○○○　治兵衛
一、弐人　○○○　栄左衛門
一、弐人　○○○　新兵衛
後家
一、弐人　○○○　義三郎

元治二乙丑年
一、四人　○○　丹治郎
丑三月十九日
一、弐人　○○　嘉右衛門
一、三人　○○　五兵衛
一、弐人〔ママ〕　○○　新右衛門
一　⊘○　角左衛門
三月二十八日
一、四人　○○　文右衛門
一、三人　○○　半左衛門
一、四人　○○　勘右衛門
一、三人　○○　平左衛門
一、三人　○　儀右衛門

丑十一月
一、三人　○　茂左衛門
一、三人　○　源治郎
一、三人　○　甚右衛門
□□□　佐兵衛　後家
一、弐人　○　栄左衛門
一、　新兵衛　後家
一、　儀三郎

慶応二丙寅年
一、　○　丹治郎
○　嘉右衛門
○　五兵衛
○　重蔵
角左衛門
十月十五日
一、四人　○　文右衛門
同
一、三人　○　半左衛門
十月十七日
一、四人　○　勘右衛門
徳右衛門

一、三人　十月十七日　○　儀右衛門
一、弐人　十月廿四日　○　平左衛門
一、三人　○　茂左衛門
一、四人　寅十一月十八日　○　源次郎
一、四人　○　甚右衛門
治兵衛
栄左衛門
弥右衛門
儀三郎

慶応三丁卯年

一、四人　二月二十三日　三月　○○○　丹治郎
一、三人　辰十二月同弐人　巳三月　○○○○　嘉右衛門
一、三人　三月　巳三月十八日　同弐人　○○○　五兵衛
一、弐人　巳三月廿一日　○○○　重蔵
一、同　弐人　十月晦日　○○　角左衛門

一、同　三人　○○○　半左衛門
一、四人　十一月十四日巳三月廿一日　○○○　文右衛門
一、三人　○○○　巳三月　勘右衛門
一、弐人　卯月晦日　○○○　八月　徳右衛門
一、弐人　三月廿一日　○○○　儀右衛門
一、弐人　卯三月十一日弐月晦日　○○○　平左衛門
一、三人　辰三月五日　○○○　茂左衛門
一、三人　三月廿一日　○○○　源治郎
一、三人　辰三月朔日　○○　甚右衛門
一、弐人　○○○　栄左衛門
治兵衛
弥左衛門
一、弐人　○○　義三郎

元治（明か）二巳年
十月廿七日晩初メ

巳十月廿七日晩
一、三人　甚七郎

一、弐人　義三郎
一、三人　丹二郎
一、弐人　嘉六
一、弐人　重蔵
一、弐人　半次郎
一、弐人　栄二郎
一、三人　銀内
一、弐人壱晩昼　半十郎
一、二人壱晩昼　勘四郎
一、弐人　昼より壱晩　徳二郎
一、弐人　昼より壱晩　義十郎
一、三人　茂重郎
一、弐人　平四郎
一、弐人　源二郎
一、三人　甚七郎
一、壱人　久三郎
一、壱人　嘉三郎

明治三午年三月初メ

一、三人　丹治郎
一、弐人　嘉六
一、同　半二郎
一、同　重蔵
一、壱人　栄二郎
一、三人　銀内
一、弐人　半十郎
一、同　勘四郎
一、同　徳二郎
一、同　重十郎
[一]、壱人　平四郎
[一]、壱人半　茂十郎
[一]、三人　孫二郎
午四月十二日
[一]、三人　甚七郎
[一]、同　壱人　久三郎
[一]、同　壱人　儀三郎
[一]、三人　○丹治郎
[一]、弐人八重　○嘉六
[一]、弐人八重　○半治郎
[一]、壱人　○重蔵
[一]、壱人　栄二郎
[一]、三人　○銀内
一、弐人　○半重郎
一、弐人　○勘四郎
一、弐人　○徳二郎

一、弐人　儀重郎
一、弐人八堂 重　○栄四郎
一、三人　○茂重郎
一、三人　○源二郎
一、三人　○甚七郎
一、壱人　○久三郎
儀三郎

十月十三日
三人　茂重郎

明治四辛未年
三月晦日

義三郎
弥吉
久三郎
甚七郎
長三郎
茂重郎
平四郎
義重郎
徳治郎
勘四郎
半重郎
銀内
栄治郎
重蔵
半治郎
嘉六
丹治郎

（「瞽女泊順番覚帳」内田家文書）

【仁杉村】

天保十五年（一八四四）正月

「（表紙）
天保十五甲辰年　仁杉村
辰年村方夫銭入用控帳
正月吉日　名主　吉右衛門」

一、同〔銭〕五貫文　瞽女《ごぜ》泊り

（『御殿場市史』第二巻、三六四頁、三六六頁）

【六日市場村】

文化七年（一八一〇）正月

「（表紙）
文化七庚午年　名主　重郎右衛門
両村諸入用并村中物請取控帳
正月　組頭　茂助

百姓代　嘉兵衛　」

ごぜ六人

瞽女足痛大胡田迄返り〔送カ〕

ごぜ泊り三十一人

一、〔月日不詳〕弐百四拾八文
一、〔十月廿五日〕三拾弐文
一、〔十一月廿五日カ〕壱貫弐百八拾八文

［略］

瞽女泊り覚

一、四月十一日　三人　半右衛門
一、四月十一日　弐人　彦左衛門
一、四月十九日　五人　弁右衛門
一、四月廿四日　六人　岡右衛門
一、十月十三日　三人　半右衛門
一、十月十三日　三人　およふ
一、十月十八日　三人　岡右衛門
一、同日　弐人　弁右衛門
一、十一月廿日　四人　茂　助

（『御殿場市史』第二巻、二三頁、二四頁、三一頁、三二頁、三四頁）

明治三年（一八七〇）正月

「（表紙）
明治三庚年

当午諸役覚帳

午正月大安日　六日市場村

名主　源重郎」

当午年中
浪人・ごぜ六十六人分
外ニ浪人六人分

一、十一月廿五日改
金壱分弐朱ト
銭拾五貫三百文

［以下浪人の分略］

こせ・浪人泊り控所

一、午二月五日　こせ弐人泊り　○政右衛門
一、巳ノ十二月　こせ四人泊り　○源十郎
一、午二月廿七日　こせ弐人泊り　○源十郎
一、三月二日　こせ弐人泊り　○弥右衛門
一、同　こせ三人　○勘九郎
一、三月三日　こせ弐人　○十左衛門
一、同　こせ三人　○和　助
一、三月十六日　こせ六人　○和右衛門

一、三月十九日　こせ五人　○源　十　郎
一、三月廿六日　こせ弐人　○和　助
一、同　こせ三人　○利　兵　衛
一、八月朔日　こせ弐人　○和右衛門
一、同　こせ弐人　○茂　助
一、九月廿八日　こせ弐人　○源　十　郎
一、閏十月十八日　こせ弐人　○弥右衛門
一、同十月廿八日　こせ四人　○要右衛門
一、十月廿八日　こせ弐人　○茂　三　郎
一、十月晦日　こせ五人　○源　十　郎
一、十一月七日　こせ弐人　喜　兵　衛
一、十一月十四日　こせ三人　○和　助
〆六拾六人
内四拾弐人　春分
残テ拾貫五百文　弐百五十文ヅ、
弐拾四人　暮分
四貫八百文　弐百文ヅ、
〆銭拾五貫三百文
外ニ浪人六人　壱人ニ付金壱朱ヅ、
此金壱分弐朱
惣〆金壱分弐朱ト拾五貫三百文
皆済後分
一、十二月四日　こせ三人　十左衛門
一、同　こせ弐人　文右衛門
一、同　こせ四人　源　十　郎

（『御殿場市史』第五巻、五七～六三頁）

裾野市

【茶畑村】天保九年（一八三八）十二月

（表紙）
「天保九戌年
瞽女泊り仕役覚帳
十二月」

一、弐人泊り 代弐百文　伊　八
一、五人泊り 代弐百四十八文　吉左衛門
一、五人泊り 代弐百四十八文　新　七
一、四人泊り 代弐百文　新や 伊左衛門
一、三人泊り 代百四拾八文　丸 佐右衛門
一、五人泊り 代弐百四十八文　丸 茂兵衛
一、拾人泊り 代五百文　林右衛門
一、三人泊り 代百四十八文　丸 文左衛門
一、三人泊り 代百四拾八文　此分銭ニ而渡ス 作兵衛
一、四人泊り 代弐百文　右同断 和　助
一、六人泊り 代三百文　新左衛門
一、五人泊り 代弐百四十八文　利右衛門
一、三人泊り 代百四十八文　源次郎
一、弐人泊り 代百文　勝右衛門

一、三人泊り 代百四拾八文　吉兵衛
一、弐人泊り 代百文　峯 清　蔵
一、三人泊り 代百四十八文　伊兵衛
一、三人泊り 代百四十八文　善　蔵
一、弐人泊り 代百文　こんや 茂兵衛
一、弐人泊り 代百文　勇　助
一、弐人泊り 代百文　孫右衛門
一、三人泊り 代百四拾八文　峯 長　蔵
一、三人泊り 代百四十八文　幸分 佐右衛門
一、弐人泊り 代百文　孫　七
一、拾九人泊り 代九百四拾八文　林　平
一、弐拾人 代壱貫文　勝　蔵
〆、百廿弐人
代六貫文
此所へ

七貫四百八拾八文　　割手当入置

戌割後
一、三人泊り
　代百四拾八文　　長右衛門

亥六月割ニ継
一、五人泊り
　代弐百四拾八文　　源　次　郎

右同断
一、弐人泊り
　代百文　　和右衛門

右同断
一、弐人泊り
　代百文　　源　　蔵

右同断
一、弐人泊り
　代百文　　勝右衛門

〆七百文　　戌割後并ニ亥六月迄ノ分差継立申候分如此

差引
残六百八拾八文　　過預り

此銭六百六拾四文
亥冬割ニ而引

（「瞽女泊り仕役覚帳」。『裾野市史』第三巻、六一九～六二〇頁も参照）

【麦塚村】

明治二十四年（一八九一）三月十六日

（表紙）
「明治廿四年
村方瞽女泊り仕役控帳
臨時委員
勝俣勝三郎」

三月拾六日
柏木伊三郎

十月廿五日
一、弐人　　瞽女泊り
明治弐拾五年

拾一月九日
一、弐人　　瞽女泊り
明治廿七年

九月五日
一、弐人　　瞽女泊り
明治廿九年

五月十八日
一、二人　　瞽女泊り
明治三拾一年

四月十七日
一、弐人　　瞽女泊り
高梨うら

十二月八日
一、壱人　　瞽女泊り

明治廿五年
十二月十七日
一、壱人　瞽女泊り
明治廿七年
九月五日
一、壱人　瞽女泊り
明治廿九年
五月十八日
一、壱人　瞽女泊り
明治卅一年
四月三十日
一、壱人　瞽女泊り
（『裾野市史』第四巻、二八五〜二八六頁）

牧之原市相良

【大磯村】

寛政六年（一七九四）三月

（表紙）
「寛政六年
去丑歳中諸入用書上帳
遠州榛原郡

寅三月　大磯村」
一、銭五百三拾弐文
是ハ瞽女行暮候節四人ツ、四度都合
拾六人分、但壱人ニ付三拾弐文ツ、
（『相良町史』資料編、近世二、二一一頁）

焼津市

【城之腰村】

慶応三年（一八六七）三月

（表紙）
「慶応三卯年三月
去寅年中村入用帳
駿州益津郡
城之腰村」
一、金壱両三朱永百拾五文弐分
年中諸寺諸山盲女・座頭・諸勧化の用
（焼津市立図書館蔵文書）

山梨県

市川三郷町上野

【上野村】

寛保元年（一七四一）正月

（表紙）
「寛保元年　八代郡
　　　　　　　上野村
酉年中夫銭帳
正月　紙数拾九牧［枚］」

［二月二十七日］同日
一、壱匁　こせ二人泊り
［三月］六日
一、壱匁七分　こせ三人泊り
［三月］九日
一、三匁　是ハこせ六人泊り
［十月］九日
一、弐匁三分　こセ四人留り奉加□□［共二カ］
［十月二十七日］同日
一、弐匁五分　こぜ五人留り

（太田家文書［太〇九三・四／七三］）

延享三年（一七四六）正月

（表紙）
「延享三年　矢作名主
　　　　　　　市平
甲州八代郡上野村寅年小入用帳
正月　蓋紙共弐拾枚」

［九月］十二日
一、三匁　駿州ごせ六人泊り賄
［九月］十四日
一、六匁五分五厘　是ハこせ五人泊り賄奉加共ニ
［九月十九日］同日
一、三匁五分　是ハこぜ七人泊り賄い
［十月］廿九日
一、三匁　駿州瞽女六人泊り賄
十一月二日
一、弐匁五分　是ハ［駿州瞽女］右同断五人泊り賄

（太田家文書［太〇九三・四／八四］）

寛延四年（一七五一）正月

（表紙）
「　寛延四年
甲斐国八代郡上野村未年小入用帳
　未正月」

一、［二月］六日
　四匁弐分
　是ハ瞽女六人泊り賄代

［三月二十一日］
同日
一、三匁弐分
　是ハ瞽女四人泊り賄

一、［八月］三日
　壱匁六分三厘
　是ハ瞽女弐人泊り賄代払

一、［八月］十日
　弐匁九分五厘
　是ハ瞽女四人泊り賄代奉加共ニ

（太田家文書［太〇九三・四／九六］）

宝暦二年（一七五二）正月

（表紙）
「　宝暦二年
甲斐国八代郡上野村申年小入用帳
　申正月」

一、［四月、日欠］
　壱匁五分
　是ハ瞽女弐人泊り賄奉加共ニ

一、［十一月、日欠］
　弐匁
　是ハごぜ弐人泊り賄代奉加共ニ

（太田家文書［太〇九三・四／一〇一］）

宝暦三年（一七五三）十二月

（表紙）
「　宝暦三年
西暮より村小入用帳
　十二月
　　上野村」

閏二月廿八日夕より廿九日迄泊り
一、四匁
　是ハ蔞盲女十人分賄
　　勘太夫

（太田家文書［太〇九三・四／一〇五］）

宝暦九年（一七五九）正月

（表紙）
「宝暦九年
寅年村入用夫銭帳
正月　八代郡上野村」

一、六匁
　是は駿州瞽女泊雨天ニ付逗留、拾六人分賄代

一、四匁六分
　是は駿州瞽女拾人泊賄代

（太田家文書［太〇九三・四／一一二］）

宝暦十四年（一七六四）正月

「(表紙)
宝暦十四年
申年中村□〔小カ〕入用夫銭帳
正月
八代郡上野村」

一、〔正月〕廿六日
四匁
是ハこせ泊り賄代共

一、五月三日
六匁四分
是ハ甲府こぜ八人泊り賄代

一、〔六月〕十二日
九匁五分
是ハこせ七人泊り賄代

一、〔月日欠〕
四匁
是ハ駿州こせ五人泊り賄代

一、〔月日欠〕
六匁四分
是ハ甲府こせ八人泊り賄代

（太田家文書［太〇九三・四／一二八］）

安永六年（一七七七）

〔表紙欠〕

一、〔十一月〕同十七日晩より十八日朝
四匁八分
是ハ薆盲六人分泊り賄

（太田家文書［太〇九三・四／一五一］）

天明二年（一七八二）正月

「(表紙)
天明弐年
寅年中村入用夫銭帳
正月
八代郡
上野村」

一、〔十一月〕廿七日
壱匁六分
是ハ瞽女弐人泊り賄代

一、〔十一月二十九日〕同日
壱匁六分
是ハ瞽女弐人泊り賄代

（太田家文書［太〇九三・四／一六一］）

天明五年（一七八五）

「(表紙)
巳年中夫銭帳
上野村」

一、〔二月〕廿一日
六匁四分
是ハ甲府近習町并大塚瞽
都合八人泊り、延拾六人分賄代

一、〔三月〕九日晩
四匁八分

是ハ大塚村葽女六人泊り、延拾弐人分賄代

一、〔四月〕十九日、廿日晩 拾匁
是ハ甲府近習町瞽女五人泊り、雨ふり込ニ夜泊り、延廿
五人分賄代

一、〔四月〕廿日晩 四匁
是ハ新町瞽女五人泊り、延拾人分賄代

一、〔四月〕廿四日 五匁六分
是ハ石橋村并国分村瞽女七人泊り、延拾四人分賄代

一、〔六月〕十四日 三匁弐分
是ハ駿河吉原瞽女四人参泊り、延八人賄代

一、〔八月〕同、五日 五匁六分
是ハ甲府瞽女七人泊り、延拾四人分賄代

一、〔八月五日〕同日 弐匁四分
是ハ駿河瞽女三人泊り、延六人分賄代

一、〔八月〕廿四日 五匁五厘
是ハ駿州吉原瞽女泊り、賄代奉加遣

一、〔八月〕廿八日晩 四匁
是ハ甲府瞽女五人泊り、延拾人賄代

一、〔九月〕廿六日 五匁六分
是ハ甲府瞽女七人泊り、延拾四人分賄代

一、〔十月二日〕同日 四匁
是ハ駿河瞽女五人泊り、延拾人分賄代

（太田家文書〔太〇九三・四／一六六〕）

享和元年（一八〇一）十二月

（表紙）
「享和元載〔ママ〕 上野村
戌春村小入用夫銭帳
酉十二月 名主平左衛門
市平」

一、〔十二月十四日〕同日晩 五匁六分
是ハ大塚瞽女七人泊り、賄代延拾四人分

一、〔三月〕同、十九日 壱匁六分
是ハ大塚瞽女弐人泊り、延四人分賄代

一、二月廿一日 六匁四分
是ハ道村瞽女八人泊り、延拾六人分賄代

一、〔二月〕廿二日 四匁八分
是ハ甲府瞽女六人泊り、延拾弐人分賄代

一、〔三月〕廿三日 八匁也
是ハ大塚村瞽女五人泊り、雨降り壱日休申候ニ付、延二十
人分

一、〔三月〕廿五日 弐匁也

是ハ甲府瞽女五人参り泊り、延拾人分

一、［三月］五日
四匁八分
是ハ甲府瞽女六人泊り、延拾弐人分賄代

［三月］四日落
一、壱匁六分
是ハ道村瞽女弐人泊り、延四人賄代

［三月］八日
一、四匁
是ハ甲府瞽女五人泊り、延拾人分賄代

［三月］廿九日
一、弐匁四分
是ハ大塚瞽女三人泊り、延六人分賄代

［三月］
同、廿二日
一、三匁弐分
甲府瞽女四人泊り、延八人分賄代

［三月］
同、廿三日より四日迄［廿欠カ］
一、［付札］「六匁　二口〆
是ハ近習町瞽女泊り賄代」

［三月］
同、廿五日
一、四匁
是ハ瞽女五人泊り、延拾人分賄代

四月廿五日
一、四匁八分
是ハ甲府瞽女六人泊り、延拾弐人分賄代

六月三日
一、弐匁四分
是ハ瞽女三人参泊り、延六人分賄代

六月三日
一、弐匁四分
是ハ瞽女三人泊り、延六人分賄代

十月九日
［付札］「一、九匁六分
是ハ駿州瞽女拾弐人泊り賄代」

［十月十一日］
同日
一、八匁
是ハ甲府瞽女拾人泊り、延弐拾人分賄

［十月］
同、十七日夜
一、四匁八分
是ハ瞽女六人泊り、延拾弐人分、賄代

（太田家文書［太〇九三・四／二一二］）

享和二年（一八〇二）正月八日

（表紙）
「享和二壬戌年　上野村

村入用夫銭控帳

正月八日　名主　市平」

一、［二月］十九日
壱匁六分
是ハ大塚瞽女弐人、延四人泊り

［二月］
同、廿一日
一、六匁四分
是ハ瞽女八人、延拾六人、道村より参り泊り

二月
同廿二日
一、四匁八分
是ハ甲府瞽女六人泊り

一、〔二月〕同廿三日
　八匁
　是ハ大塚村瞽女五人泊り、雨ふり壱日当立仕〔逗留〕候、延弐拾人賄

一、〔二月〕廿五日
　弐匁
　是ハ甲府瞽女五人泊り、延拾人

一、〔三月〕同五日夜
　四匁八分
　是ハ甲府瞽女六人泊り、延拾弐人

一、〔三月〕同四日夜
　壱匁六分
　是ハ道村瞽女弐人泊り、延四人

一、〔三月〕同八日夜
　四匁
　是ハきんじ〔近習〕町瞽女五人泊り、延拾人賄

一、〔三月〕同廿九日夜
　弐匁四分
　是ハ大塚瞽女三人、延六人

一、〔三月〕同廿二日
　三匁弐分
　是ハ甲府瞽女四人泊り、延八分〔ママ〕人賄代

一、〔三月〕同廿五日
　四匁
　是ハ瞽女五人泊り、延拾人分賄代

一、四月廿五日
　四匁八分
　是ハ甲府瞽女六人泊り、延拾二人

一、六月三日
　弐匁四分
　是ハこセ三人泊り、延六人分賄

一、〔十月十一日〕同日
　八匁
　是ハ甲府瞽女拾人、延弐十人

一、〔十月〕同十七日夜
　四匁八分
　是ハ瞽女六人泊り

（太田家文書〔太〇九三・四／二一八〕）

文化十三年（一八一六）十二月

（表紙）
「文化十三載〔ママ〕　上野村
丑春村小入用夫銭帳
子十二月　名主　宗治郎
　　　　　　　　市平」

一、〔二月〕十九日
　六匁四分
　是ハ新〔町欠カ〕蔆女八人泊り、延十六人分賄代

一、〔二月〕廿一日
　四匁八分
　是ハ新町瞽女六人泊り、延拾弐人分賄代

一、〔二月〕廿二日
　五匁六分
　是ハ大塚瞽女七人泊り、延拾四人分賄代

一、〔二月〕廿三日より廿五日迄
　拾九匁弐分
　是ハ右同断新町〔瞽女〕拾弐人泊り、雨天ニ付逗留仕ニ付、都合四十八人分賄代

一、[二月]廿五日より廿七日迄
拾六匁
是ハ近習町瞽女拾人泊り、尤雨天ニ付逗留致し、延四十人
分賄代

三月朔日
一、四匁八分
是ハ近習町瞽女六人泊り、延拾弐人分賄代

一、[三月]十二日
八分
是ハ上村瞽女壱人泊り、延弐人分賄代

[三月]
一、同、十五日
七匁弐分
是ハ大塚瞽女九人泊り、延拾八人分賄代

五月八日
一、四匁八分
是ハ近習町瞽女六人泊り、延十弐人分賄代

[五月]
一、同、五日
三匁弐分
是ハ新町瞽女四人泊り、延八人分賄代

[五月]
一、同、十日
五匁六分
是ハ右同断[新町]瞽女七人泊り、延十四人分賄代

八月二日
一、三匁弐分
是ハ近習町瞽女四人泊り、延八人分賄代

一、[八月]六日落
三匁弐分
是ハ近習町瞽女四人泊り、延八人分賄代

一、[十月]十日より十二日迄
九匁六分
是ハ新町瞽女六人泊り、雨天ニ付逗留致し、延弐拾四人分
賄代

一、[十月]同日[十六日]より十七日迄
八匁八分
是ハ新町瞽女拾壱人泊り、延弐拾弐人賄代

[十一月三日]
一、同日
四匁八分
是ハ近習町瞽女六人泊り、延拾弐人分賄代

（太田家文書［太〇九三・四／二七八］）

文政九年（一八二六）十二月

(表紙)
「　文政九年　　　上野村
亥春村小入用夫銭帳
　　戌十二月　　　名主 市平
　　　　　　　　　　　宗次郎」

一、[一月]廿九日
六匁四分
是ハ新町瞽女八人泊り、延十六人分賄代

一、[二月]廿日
七匁弐分
是ハ新町瞽女九人泊り、延十八[人欠カ]分賄代

一、[三月六日]同
八匁
是ハ新町瞽女十人泊り、延廿人分賄代

一、[三月]六日
弐匁四分
是ハ同断[新町瞽女]、三人泊、延六人分賄代
一、[三月]九日
六匁四分
是ハ近習町瞽女八人泊り、延十六人分賄代
一、[三月]十日
八匁
是ハ新町瞽女十人泊り、延廿人分賄代
[三月十一日]
同日
一、四匁
是ハ近習町瞽女五人泊り、延十人賄代
[三月十二日]
同日
一、拾弐匁八分
是ハ新町并近習町瞽女十六人泊り、延三十弐人分賄代
[三月二十五日]
同日
一、五匁六分
是ハ近習町瞽[女欠カ]七人泊り、延十四人賄代
四月五日
一、六匁四分
是ハ新町瞽[女欠カ]八人泊り、延十六人賄代
[六月二日]
同日
一、五匁六分
是ハ近習町瞽女七人泊り、延十四人分賄代
[九月二十八日]
同日
一、八匁
是ハ新町瞽女十人泊り、延廿人賄代
一、[十月]七日
五匁六分
是ハ新町瞽女七人泊り、延十四人賄代
一、[十月]十六日
弐匁四分
是ハ瞽女三人泊り、延六人分賄代
[十月二十二日]
同日
一、四匁八分
是ハ瞽女六人泊り、延十弐人分賄代

（太田家文書［太〇九三・四／三五三］）

文政十年（一八二七）十二月

（表紙）
「文政十年　上野村
子春村小入用夫銭帳
亥十二月　市平
宗次郎」

二月十四日より十五日朝迄
一、六匁四分
是は大塚葵目[瞽女]八人泊り、延拾六人分賄代
[二月]廿五日より廿六日朝迄
一、七匁弐分
是ハ近習町瞽女九人泊り、延拾八人分賄代
[三月]十二日より十三日朝迄
一、四匁
是ハ近習町瞽女五人泊り、延拾人分賄代
[四月]廿八日廿九日朝迄
一、五匁六分
是ハ大塚瞽女七人泊り、延拾四人分賄代

一、[五月]廿五日より廿六日朝迄
三匁弐分
是は新町瞽女四人泊り、延八人分賄代
一、六月四日より五日迄
二匁四分
是は新町瞽女三人泊り、延六人分賄代
一、[六月]十三日より十四日朝迄
八匁八分
是は新町瞽女拾壱人泊り、弐拾弐人分賄代
一、[七月]七日より八日迄
弐匁四分
是ハ新町瞽女三人泊り、延六人分賄代
一、[十二月十四日]同日
七匁弐分
是ハ大塚蔞女八人泊り、延十六人分賄代

（太田家文書［太〇九三・四／三六一］）

天保四年（一八三三）十二月

（表紙）
「天保四年　上野村
午春村小入用夫銭帳
巳十二月　名主 藤四郎 市平」

一、二月廿四日
弐拾匁
是ハ新町蔞女十三人、近習町十弐人都合廿五人、泊り延
五十人分賄代
一、[二月]廿五日
拾壱匁弐分
是ハ新町瞽女十四人泊り、延廿八人分賄代
一、[二月]廿八日
五匁六分
是ハ新町瞽女七人泊り、延十四人分賄代
一、[三月朔日]同日
四匁
是ハ新町瞽女五人泊り、延十人分賄代
一、[三月十日]同日
八匁八分
是ハ新町瞽女十一人泊り、延廿弐人分賄代
一、[三月二十日]同日
拾匁四分
是ハ近習町瞽女十三人泊り、延廿六人分
五月八日より十日迄
是ハ新町瞽女六人泊り、雨天ニ付逗留、延弐拾四人分賄
代
一、[六月二十三日]同日
五匁六分
是ハ新町瞽女七人泊り、延十四人分賄代
一、[九月]廿九日
六匁四分
是ハ新町瞽女八人泊り、延十六人分
一、十月朔日
六匁四分
是ハ新町瞽女八人泊り、延十六人分賄代
一、[十月]六日
九匁六分

是ハ新町瞽女十弐人泊り、延廿四人分賄代

一、同日［十月二十五日］
壱者目六分
是ハ豆州瞽女弐人泊り、延四人分賄代

（太田家文書［太〇九三・四／四〇六］）

嘉永三年（一八五〇）十一月

（表紙）
「嘉永三年
亥春入用夫銭帳
戌十一月
名主 三右衛門
正左衛門」

一、［十二月］十日
弐匁七分
是ハ新町こせ三人泊り、延六人分賄代

一、［二月］十二日より十三日
弐匁七分
是ハ新町瞽女三人泊り、延六人分

一、同日［二月十八日］
五匁四分
新町⿱鼓女［女欠カ］六人泊り、延拾弐人分賄

一、同日［二月二十五日］
九匁也
近習町瞽女拾人泊り、延二十人分

一、同日［二月二十七日］
拾匁八分
近習町⿱鼓女［女欠カ］拾六人泊り延弐拾四人分

一、［二月］廿八日
七匁弐分
新町瞽女八人泊、延拾六人分

一、［三月］廿三日
拾三匁五分
是ハ近習町瞽女拾五人泊、延三拾人分

一、［三月］廿七日より廿八日
拾三匁五分
是ハ新町瞽女拾五人泊り、延三拾人分賄

一、［四月］三日より四日朝
九匁也
新町瞽女拾人泊り、延二十人分

一、［五月］十四日
四匁五分
是ハ近習町瞽女五人泊り、延拾人分賄

一、［五月］十八日
九匁也
是ハ新町瞽女拾人泊り、延弐拾人分

一、同日［五月十八日］
六匁三分
是ハ近習町瞽女七人泊り、延拾四人分

一、同日［七月三日］
六匁三分
是ハ新町瞽女七人泊り、延拾四人分賄

一、[九月]廿八日より廿九日
　五匁六分
　是ハ新町瞽女七人泊り、延拾四人分賄
一、十月朔日より二日
　四匁八分
　是ハ新町瞽女六人泊り、延拾弐人分賄
一、[十月]二日雨ニ付逗留
　四匁八分
　右同断
一、[十月]六日
　拾匁四分
　是ハ新町瞽女拾三人泊り、延弐拾六人分
一、[十月十二日]同日より十三日迄
　六匁四分
　是ハ近習町瞽女八人泊り、延拾六人分賄
一、[十一月]十一日
　四匁也
　是ハ駿府元通り町瞽女五人泊り、延拾人分賄
一、[十一月]十三日夜
　八匁也
　是ハ新町瞽女拾人泊り、延弐拾人分賄

（太田家文書［太〇九三・四／四七七］）

甲州市（塩山）

【赤尾村】

宝暦十四年～明和四年（一七六四～六七）

（表紙）
「宝暦十四年　　甲乙丙丁
　明和二三四年　申酉戌亥　満天
小　遣　諸　入　用　帳
　甲申　　立春大吉　」

[宝暦十四年（一七六四）]
甲申
　正月六日　　立春大吉
一、五分　　当閏縁談ニ付東座
　たばこ三包　　座当はいとう
八日
一、三分五厘　　同断、ごぜはいとう
　たはこ三包
[明和二年（一七六五）十月カ]
一、五厘　　ごぜへ
[明和二年（一七六五）十月三十日カ]
晦日
一、三匁　　ごぜへ
[明和四年（一七六七）八月]
度々
一、二十四匁　　三峯から風祭り
　　　　　　ごぜくらへ合力

（保坂家文書［古二－二二、一八一号］）

明和五〜七年（一七六八〜七〇）十月か

（表紙）
「明和五年
明和五六七八九十安永二巳迄
己丑　庚寅
小遣諸入用帳　辛卯　壬辰
戊子　睦月大吉祥　癸巳　迄」

［明和五年（一七六八年）］
戊子　立春大吉祥
正月十日
一、拾六匁　ごぜはいとう
たばこ弐包

［明和七年（一七七〇）十月］十四日
十弐匁　いせから并ごぜへ

［明和七年（一七七〇）十月カ］
一、拾匁　ごぜへ遣ス

（保坂家文書［古二－二二、一八二号］）

安永三年（一七七四）正月

（表紙）
「安永三甲午年
四五六七八九満天
金銀諸入用并出入覚
乙丙丁戊己庚
未申酉戌巳子　満手
睦月大吉祥日」

［安永三年（一七七四）］
申　新春
［一月十日前後カ］
一、十六匁　ごぜへ、はいとう
たばこ三包

（保坂家文書［古一－二三、一八三号］）

天明七年（一七八七）

［表紙欠］
天明七年
丁未大吉祥
［略］
［正月三日前後カ］
一、百七拾弐匁　○　座頭・ごぜ　はいとう
内　祝儀
百匁東座三十弐匁中郡廿四匁西
十六匁ごぜ皆中たばこ三把宛添

（保坂家文書［古二－二四、一八五号］）

天保九〜十一年（一八三八〜四〇）

（表紙）「天保九年
金銀出入覚帳
戊春冬吉日」

［天保十年（一八三九）正月］
十四日
一、百五拾匁出　御祝儀鼓女江
両町相済

［天保十一年（一八四〇）正月］
［十一日］同日
一、四拾弐匁出　遣祝儀ごぜへ　紙壱折

（保坂家文書［古二―二四、一八七号］）

【粟生野《あおの》村】

明治五年（一八七二）二月

（表紙）「明治五壬申歳　二月
村　賄　夫　銭　帳
上粟生野村
弐番　名主　三枝仁兵衛」

四月三日泊り
一、賄拾弐人　手前　［朱書］「〻」
瞽女行金組六人夕朝賄

四月七日
一、三百文　払　［朱書］「〻」
新町秋よ組瞽女六人昼通り

四月七日
一、賄拾四人　手前　［朱書］「〻」
近習町こぜ藤世組泊り夕朝賄但し七人

四月十日
一、賄拾四人　手前　［朱書］「〻」
近習町浜よ組七人泊り夕朝賄

四月十二日
一、賄拾弐人　手前　［朱書］「〻」
近習町君千代組六人泊り、夕朝賄

［四月］同、十三日
一、三百文　払　［朱書］「〻」
ごぜ新町舛重組六人

［衍カ］同、四月十四日
一、賄拾人　手前　［朱書］「〻」
新町浜菊組五人泊り

［四月］同、十五日
一、四百文　払　［朱書］「〻」
近習町礒千代組八人昼通り

［四月］同、十五日
一、賄拾八人　手前　［朱書］「〻」
近習町岩菊組五人泊り夕朝賄

[四月十六日]同日
一、四百文　　払「、」[朱書]
　近習町こぜ礒春組八人、昼通り
一、四月十七日賄拾弐人　　手前「、」[朱書]
　近習町ごぜ浪春組六人泊り
[四月]同、十八日
一、三百五拾文　　払「、」[朱書]
　近習町ごぜ枡春組七人昼通り
一、四月十八日賄拾四人　　手前「、」[朱書]
　近習町浜よ組拾壱人之内六人泊り朝夕賄
[四月]同、十九日
一、弐百五拾文　　払「、」[朱書]
　近習町大方梅春組五人昼通り
[四月]同、廿一日
一、弐百五拾文　　払「、」[朱書]
　近習町吉千代組五人昼通り
[四月]同、廿一日
一、賄三拾人　弐拾匁二分　　手前「、」[朱書]
　新町作千代組五人、近習町木曽菊組五人
　同、喜佐千代組五人、都合泊り拾五人朝夕賄
[四月]同、廿二日
一、三百文　　払「、」[朱書]
　近習町吉清組六人昼通り
[四月二十二日]同日
一、弐百五十文　　払「、」[朱書]
　新町浜清組五人昼通り
[四月二十二日]同日
一、賄い三拾人[朱書]「弐拾匁七」　　手前「、」[朱書]
　近習町紋千代組拾人、新町浪の重組五人、都合拾五人泊り
[四月]同、廿三日
一、四百文　　払「、」[朱書]
　近習町村菊組八人昼通り
[四月二十三日]同日
一、弐百五拾文　　払「、」[朱書]
　近習町浜の井組五人昼通
[四月]同、廿四日
一、三百文　　払「、」[朱書]
　近習町房の井組六人昼通り
[四月二十四日]同日
弐百五十文　　払「、」[朱書]
　近習町先千代組五人昼通り
[四月]同、廿四日
一、賄拾人　　手前「、」[朱書]
　近習町岩菊組五人泊り

一、［四月］同、廿五日
弐百五拾文　払「、」［朱書］
近習町枡千代組五人昼通り

一、［四月］同、廿六日
三百五拾文　払「、」［朱書］
近習町村千代組七人昼通り

一、［四月］同、廿六日
賄拾弐　手前「、」［朱書］
近習町町三よ組六人泊り

一、［四月］同、廿五日落
賄拾人　手前「、」［朱書］
新町春さよ組五人泊り

一、［四月］同、廿七日
弐百五十文　払「、」［朱書］
新町房菊組五人昼通り

一、五月朔日
賄拾弐人　手前「、」［朱書］
近習町藤さよ組六人泊り

（三枝家文書［古一六／六五三］）

明治五年（一八七二）八月

（表紙）
「明　治　五　年

申　之　夫　銭　帳

八月吉日
上粟生野村
名主所」

一、［四月］同、六日
三百五十文　済「、」［朱書］
元菊組瞽女七人昼通り

一、［四月］同、八日
三百文　済「、」［朱書］
瞽女六人昼通り

一、［四月］同、十日
三百文　済「、」［朱書］
瞽女六人昼通り

一、［四月］同、十日
賄拾人　弥兵衛「、」［朱書］
瞽女五人泊り夕朝賄

一、四月十一日
六百五拾文　済「、」［朱書］
瞽女拾三人昼通り

一、［四月十六日］同日
賄代拾弐人　弥兵衛「、」［朱書］
浜千代組十一人泊り夕朝賄

一、［四月］同、十七日
三百文　済「、」［朱書］
房千代組六人昼通り

一、[四月]同、十八日　三百五十文
浜千代組七人昼通り　済「、」[朱書]

一、[四月]同、十九日　三百文
作千代組六人昼通り　済「、」[朱書]

一、[四月十九日]同日　弐百五十文
文千代組五人同断[昼通り]　済「、」[朱書]

一、[四月]同、廿二日より　賄拾八人
佐喜代組之内九人泊り　弥兵衛「、」[朱書]

一、[四月]同、廿三日　百文
[佐喜代]同人組弐人不泊分済　済「、」[朱書]

一、四月廿四日より　賄拾八人
増左代組瞽女九人泊り　弥兵衛「、」[朱書]

一、[四月]同、廿五日　五十文
[増左組九人]右之内壱人不泊分済　済「、」[朱書]

一、[四月二十五日]同日　三百文　済「、」[朱書]
朝千代組六人昼通り

一、[四月]同、廿六日　四百五拾文
升千代組九人昼通り　済「、」[朱書]

一、[四月]同、三十日　三百五十文
房菊組七人昼通り　済「、」[朱書]

一、[五月]同、二日　三百五十文
藤野組七人昼通り　済「、」[朱書]

一、[五月]同、五日より　賄拾四人
浜与組七人泊り　弥兵衛「、」[朱書]

一、[五月六日]同日　四百文
こせ八人昼通り　済「、」[朱書]

一、五月八日　三百文
こら菊組六人昼通り　済「、」[朱書]

一、[五月八日]同日　三百文
こせ六人昼通り　済「、」[朱書]

〔五月十三日〕
一、同日　三百文
　　こせ六人昼通り　　済〔朱書〕「、」

〔五月〕
一、同、十四日　二百五十文
　　同〔こせ〕、五人昼通り　　済〔朱書〕「、」

〔五月十四日〕
一、同日　弐百五十文
　　同、〔こせ〕五人昼通り　　済〔朱書〕「、」

〔五月〕
一、同、十七日　賄拾弐人
　　繁菊六人泊り　　弥兵衛〔朱書〕「、」

〔五月十七日〕
一、同日　百文
　　右同組弐人昼通り　　済〔朱書〕「、」

（三枝家文書〔古一六／六五六〕）

【下於曽《しもおぞ》村】

文化七年（一八一〇）

（表紙）
「午村入用夫銭帳　　山梨郡下於曽村」

一、甲銀三拾九匁六分
　　是ハ瞽女八拾壱人泊り賄代、但シ壱人ニ付三分ツヽ、外座
頭奉加宿賄代共次出ス

（『塩山市史』史料編、第二巻、五〇〇頁、五〇一頁）

甲州市（勝沼町）

【綿塚村】

明和二年（一七六五）正月

（表紙）
「明和二年酉正月
　山梨郡綿塚村小入用帳」

名主　重兵衛　㊞　　同　四郎右衛門　㊞
長百姓　源左衛門　㊞　　同　五兵衛　㊞
同　重右衛門　㊞　　同　七右衛門　㊞
同　安右衛門　㊞　　同　角右衛門　㊞
同　喜左衛門　㊞　　百姓代　七郎兵衛　㊞
同　忠兵衛　㊞　　同　六右衛門　㊞

四月分
一、盲女五人泊り九匁　　源左衛門
一、盲女廿六人泊り三匁弐分五厘　　重兵衛
一、盲女十八人泊り弐匁弐分五厘　　重兵衛
一、盲女廿三人泊り拾三匁八分　　六右衛門
八月分

一、盲女二人泊り壱匁弐分　源左衛門
九月分
一、盲女五人泊り三匁　七郎兵衛
十月分
一、盲女三人泊り壱匁八分　伝左衛門

（『勝沼町史料集成』五九六～五九七頁）

明和四年（一七六七）正月

（表紙）「明和四年　亥正月
山梨郡綿塚村小入用帳」

戌十二月分
一、盲女弐人泊り壱匁弐分　源左衛門
二月分
一、盲女泊り二人分壱匁弐分　七右衛門
四月分
一、盲女八人分泊り四匁八分　安右衛門
一、盲女泊り八人分四匁八分　同［源左衛門］人
八月分
一、盲女泊り六分　文右衛門
九月分
一、盲女五人三匁　教　圀
十月分
一、盲女三人分壱匁八分　伊右衛門
一、盲女泊り壱匁五分五厘　重　兵　衛

名　主　重　兵　衛　㊞　同　田郎右衛門　㊞
長百姓　源左衛門　㊞　同　角右衛門　㊞
同　安右衛門　㊞　同　喜左衛門　㊞
同　重右衛門　㊞　同　五　兵　衛　㊞
同　忠　兵　衛　㊞　百姓代　七郎兵衛　㊞
同　磐右衛門　㊞　同　六右衛門　㊞

田中御役所

（『勝沼町史料集成』五九八～六〇四頁）

明和六年（一七六九）七月二十八日

（表紙）「明和六年　七月廿八日
丑夏夫銭割帳
名主　重兵衛」

一、四月十四日盲女泊り壱匁弐分　伝左衛門
一、同壱匁弐分　重右衛門
一、同壱匁弐分　重郎兵衛
一、同壱匁弐分　彦左衛門
一、同壱匁弐分　吟右衛門
一、同壱匁弐分　所右衛門

一、同壱匁弐分　磐右衛門
一、四月廿六日盲女泊り壱匁弐分　儀兵衛
一、同壱匁弐分　仁兵衛
一、同壱匁弐分　藤兵衛
一、同六分　喜右衛門
一、同壱匁八分　治郎右衛門
一、同六分　与兵衛
一、同六分　徳右衛門
一、同六分　忠右衛門
一、同六分　文右衛門
一、同六分　伊左衛門後家
一、同六分　彦左衛門
一、廿七日同盲女泊り六分　領右衛門
一、同六分　同人
一、同壱匁弐分　吉右衛門
一、同六分　又右衛門
一、同壱匁弐分　源左衛門
一、同壱匁八分　重兵衛
一、盲女三人壱匁四分　伝左衛門

明和六年丑七月廿四日
長百姓　源左衛門㊞　同　五兵衛㊞
同　安右衛門㊞　同　七右衛門㊞
同　重右衛門㊞　同　四郎右衛門㊞
同　忠兵衛㊞　百姓代　六右衛門㊞
同　仁兵衛㊞　同　七郎兵㊞
同　角右衛門㊞
名主　重兵衛殿

（『勝沼町史料集成』六〇四～六〇八頁）

天保三年（一八三二）の分、表紙欠、村入用帳か

一、［一月］壱匁也
□□［是ハ］ごせ五人泊り賃
一、［三月］四匁弐分
是ハ同断［瞽女カ］七人泊り
一、［三月］五匁四分
是ハ同断［瞽女カ］九人泊り
一、［三月］六匁也
是ハ同断［瞽女カ］拾人泊り
一、［三月］五匁四分
是ハ同断［瞽女カ］九人泊り
四月
一、三匁六分

是ハこせ六人泊り
一、〔四月〕三匁六分
是ハ同断〔こせ〕六人泊り
一、〔四月〕四匁弐分
是ハ同断〔こせ〕七人泊り
一、〔四月〕五匁四分
是ハ同断〔こせ〕九人泊り
一、〔四月〕六匁也
是ハ同断〔こせ〕拾人泊り
一、〔四月〕五匁四分
是ハ同断〔こせ〕九人泊り
十一月
一、壱匁八分
是ハごせ三人泊り

（綿塚区有文書［古M一〇-二、二一二］）

天保四年（一八三三）

（表紙）「天保四巳年分
甲斐国山梨郡綿塚村小入用帳」

一、〔四月〕廿三匁四分
是ハ瞽女三十九人泊り賃
一、〔四月〕七匁弐分
是ハ瞽女十二人泊り賃
一、〔四月〕六匁也
是ハ瞽女十人泊り賃
一、〔四月〕四匁弐分
是ハ右同断〔瞽女〕七人泊り賃

（綿塚区有文書［古M一〇-二、二一二］）

天保六年（一八三五）三月

（表紙）「天保六年
甲斐国山梨郡綿塚村小入用帳
申三月日」

四月
一、三拾弐匁四分
是ハ瞽女五拾四人泊り分

（綿塚区有文書［古M一〇-二、二一三］）

天保七年（一八三六）三月

「（表紙）
天保七申年
甲斐国山梨郡綿塚村小入用帳
三月日 扣也
宿方改夫銭□□□ 」

四月
一、三拾弐匁四分
是ハ瞽女五拾四人泊り分
［四月］
一、弐匁七分五厘
是ハ瞽女泊り米代

（綿塚区有文書［古M一〇-二、二四］）

天保十年（一八三九）

「（表紙）
天保十亥年分
甲斐国山梨郡綿塚村小入用帳 」

［四月］
一、八匁壱分
是ハこゼ泊り米代
［五月］
一、五匁四分
是ハこせ九人泊り
［六月］
一、四匁五分
是ハこせ泊り米代
［九月］
一、三分［ママ］
是ハこせ拾人泊り米代

（綿塚区有文書［古M一〇-二、二五］）

天保十一年（一八四〇）

「（表紙）
天保十一子年分
甲斐国山梨郡綿塚村小入用帳 」

五月
一、四拾弐匁
是ハ瞽女六拾六人泊り賄

（綿塚区有文書［古M一〇-二、二六］）

天保十二年（一八四一）

「（表紙）
天保十二丑年分
甲斐国山梨郡綿塚村小入用帳 」

［四月］
一、四拾弐匁
是ハ瞽女七拾人泊り賄代
五月
一、六分五厘
是ハ瞽女泊り米代

（綿塚区有文書［古M一〇-二、二七］）

【菱山村】

安永二年（一七七三）正月

「（表紙）安永二年巳正月
山梨郡菱山村巳年中小入用帳」

一、六匁七分　ごぜ椀代拾人分

（『勝沼町史料集成』六一一〜六一二頁）

享和二年（一八〇二）正月

「（表紙）享和二年　戌正月
甲州山梨郡菱山村当戌年小入用帳」

一、同、〔甲銀〕三拾五匁四厘
　是ハ瞽女扶持方米弐俵定式但シ壱俵ニ付拾七匁五分弐厘ツ、

（『勝沼町史料集成』六一五〜六一六頁）

【山　村】

文政四年（一八二一）三月

「（表紙）文政四巳年三月　日　　山梨郡山村
去辰年村小入用帳
　　　　名主　八郎左衛門」

一、銀拾五匁　盲女・座頭継送入用

（『勝沼町史料集成』六〇八頁）

文政七年（一八二四）三月

「（表紙）文政七申年三月　日　　山梨郡山村
去未年村小入用帳
　　　　名主　左治左衛門」

一、銀拾五匁盲女・座頭継送入用

（『勝沼町史料集成』六〇九頁）

甲府市

【東油川村】

文政十年（一八二七）八月

「（表紙）文政十年
　村入用日記
　亥八月日　」

一、〔九月〕廿一日夜　弐匁七分五厘　〔後〕瞽　五人　泊り　〃
一、〔十一月〕廿日　五匁五分　こせ拾人　へ

一、［十一月］廿二日
拾三人　　瞽後泊り　へ
七匁壱分五厘

一、［十二月］朔日
拾人　瞽後泊り　へ
五匁五分

（篠原家文書［古一-一〇二五］）

文政十一年（一八二八）二月

（表紙）
「文政十一年
去亥村中小入用夫銭帳扣
二月　八代郡東油川村
名主　金左衛門」

一、同、［甲銀］四拾三匁五分ハ　後瞽泊賄

（篠原家文書［古一-一〇〇三］）

文政十三年（一八三〇）八月

（表紙）
「文政十三年
村諸入用扣
寅八月　名主　市良左衛門」

一、［八月カ］十八日夜
四人　後ぜ
代弐匁弐分　○

一、［八月カ］廿五日夜
後瞽七人　泊り
代三匁八分五厘　○

［九月］十九日夜
後瞽四人
一、弐匁弐分　○　とまり

一、［十一月カ］廿五日より残迄
五匁五分　こぜ拾人　∩
賄

一、［五月］同日［二日］
瞽後拾人　泊り　∩
五匁五分

一、［七月］七日夜
壱匁六分　とまり　後瞽圭人　∩

［略］

〆拾七匁壱分五厘　こせ・こも
僧泊り

［略］

割後
一、三匁三分　後瞽六人　○
とまり
是ハ六月二日夜石橋之組
泊り候哉付落之分

（篠原家文書［古一-二五八五］）

天保七年（一八三六）八月

（表紙）
「天保七年
村入用控帳
申八月日　東油川村
名主
忠右衛門」

一、［八月］三日夜
五匁八分五厘　聟女九人泊　○

一、［八月］四日
五匁八分五厘　右五人、雨天ニ付
逗留仕候　○

一、［十月］七日夜
三匁弐分五厘　聟女五人
とまり　○

一、［十一月三日］同日夜
四匁五分五厘　聟女七人　○

一、［十一月］廿日夜
九匁七分五厘　拾五人聟女

一、［二月］十六日
四匁弐分五厘　こぜ
五人泊り　○

一、［四月］廿八日夜
聟女四人　泊り　○
代三匁四分

一、［五月］廿八日
聟女弐人　賄　○
代壱匁七分

（篠原家文書［古一―三〇九〇］）

天保十年（一八三九）八月

（表紙）
「村入用日記
巳八月より　東油川村
名主
金左衛門」

一、［九月］四日夜
七人　こせ泊り　○
三匁八分五厘

一、［九月］廿三日夜
三匁三分　こせ泊り
六人　○

一、［九月］晦日
三匁八分五厘　こせ泊り
七人　○

一、［十月］十八日
三匁八分五厘　ごぜ泊り
七人　○

一、［十一月］廿三日
賄四《八》人　嫠後
弐匁弐分　四人泊り　○

○一、［七月］廿六日　嫠後
六人泊り

○［七月］廿八日
同

一、九匁ニ　後嫠七人
とまり

（篠原家文書［古一－二九七六］）

天保十三年（一八四二）八月一日

（表紙）
「天保十三年　東油川村
村小入用帳
寅八月朔日名主所」

一、［九月］十日ニとまり候所落ニ付所江
こせ拾四人　とまり
代七匁七分
一、［十月］廿九日夜
こせ八人　とまり
代四匁四分
一、［六月］八日夜
瞽目［女カ］七人
代三匁八分五厘
一、［六月］十一日
瞽女拾壱人
代六匁五厘
一、［七月カ］
こせ五人　とまり
代弐匁七分五厘
一、［七月］四日夜
瞽女拾八人　泊り
代九匁九分

（篠原家文書［古一－二九六一］）

弘化二年（一八四五）八月一日

（表紙）
「弘化二年　東油川邑
諸入用扣帳
巳八月朔日　名主
忠右衛門」

一、［十月］六日夜
瞽女五人　名主方
賄代三匁七分五厘　［朱書］「□」
一、［十月］十二日夜
瞽女泊三人　名主方
代弐匁弐分五厘　［朱書］「□」
一、［十月］十四日夜
瞽女四人　名主方
賄代三匁　［朱書］「□」
一、［三月］二十三日夜
こセ拾壱人
代八匁弐分五厘　○
一、［四月］廿三日夜
拾三人　こせ
内六人　十五日夜の分
代九匁七分五厘　○
一、［四月］廿四日夜
拾人　こせ
代七匁五分　○

一、〔四月二十九日〕同日夜 こせ八人　泊り
　賄代六匁　○
一、〔月日欠〕こせ三人
　代弐匁弐分五厘　○
一、〔六月〕十日夜 こせ五人　泊り
　代三匁七分五厘　○

（篠原家文書〔古一―二六一六〕）

嘉永二年（一八四九）三月

（表紙）
「嘉〔ママ〕二年
去申村入用夫銭帳
酉三月　八代郡 東油川村」

一、〔甲銀〕同六拾弐匁　瞽女泊り 賄代

（篠原家文書〔古一―四五八〕）

嘉永二年（一八四九）八月一日

（表紙）
「嘉永二年
村入用扣帳
酉八月朔日　八代郡 東油川村 名主 忠右衛門」

一、〔八月〕廿より廿一日夜 こせ拾人　五人□弐夜 泊り　△
　代五匁五分
一、〔九月〕八日夜、十一日夜、十七日夜、三泊分 瞽女拾弐人　泊り　△
　代六匁六分
一、〔十一月九日〕同夜 五人　瞽女 泊り　△
　代弐匁七分五厘
一、〔十一月〕同廿三日 瞽女五人　泊り
　代弐匁七分五厘　○
一、〔十二月〕朔日 同〔瞽女〕三人　泊り
　代壱匁六分五厘　○
一、〔十二月〕七日 瞽女六人　泊り
　代三匁三分　○
一、〔十二月〕十一日〔十二月〕十二日 瞽女拾人　雨降り候ニ付逗留合 泊り　壱夜五人也

代五匁五分　○

一、[五月]七日夜 瞽女九人　泊り

代五匁八分五厘　○

一、[六月二十七日]同日 こせ六人　泊り

賄代三匁九五　○

一、[七月]五日 こせ七人　泊り

代四匁五分五厘　○

一、[七月二十六日]同日 瞽女六人　泊り

代三匁九分　○

（篠原家文書［古一‐二三三］）

嘉永五年（一八五二）八月一日

(表紙)
「嘉永五年

村　入　用　帳

子八月朔日　　東油川村
　　　　　　　名主
　　　　　　　忠右衛門」

一、[九月]十日夜 瞽女八人　泊り

代五匁弐分

一、[十月]廿七日夜 こセ六人　泊り

賄

代三匁九分

一、[十一月、日欠] こせ拾人　泊り

賄代

九匁

是ハ附落ニ付
凡積相談ニ付入

一、[十一月]廿五日 瞽女五人　泊り

○代三匁弐分五厘

一、[十二月]六夜 五人　瞽女泊り

○代三匁弐分五厘

一、[二月]十四日夜 瞽女八人　泊り

○代五匁二弐分

一、[二月十四日]同日夜 五せ当　三人

○代壱匁九分五厘

一、[四月]廿八日夜 こセ八人　泊り

○代五匁弐分

一、五月朔日夜り○壱匁七弐厘〔分欠カ〕
　こセ拾人　泊り
　○代六匁五分
一、〔五月〕十一日夜
　こセ七人　泊り
　○代四匁五分五厘
一、〔五月〕十四日夜
　こセ五人　泊り
　○代三匁弐分五厘
一、〔六月〕十一日夜
　こセ九人　泊り
　○代五匁八分五厘
一、〔六月〕廿七日夜
　ごセ七人　泊り
　○代四匁五分五厘
一、〔七月〕十九日夜
　こセ七人　泊り
　代四匁五分五厘　○
一、〔七月〕廿四日夜
　同〔こセ〕、拾三人　泊り
　代八匁四分五厘　○
一、〔七月〕三十日夜
　こセ拾七人　泊り
　代拾壱匁五厘　○

（篠原家文書〔古一―一八四〕）

安政三年（一八五六）八月一日

「（表紙）
安政三年
村入用扣帳
辰八月朔日
東油川村
名主所」

壱番弐番已
一、〔八月〕十日夜
　弐人　こせ泊り
、　壱匁壱分　「○」〔朱書〕
一、〔十一月〕同〔十日〕日夜
　賄四人　こせ泊り
　代弐匁弐分　○
一、〔十一月〕廿二日夜
　賄弐人　こせ泊り
　代壱匁壱分　「△」〔朱書〕
一、〔十二月〕十四日
　賄八人　こゼ泊り
　代四匁四分　「△」〔朱書〕
一、〔十二月〕廿二日夜
　賄五人　こセ泊り
　代弐匁七分五厘　「△」〔朱書〕
一、〔十二月〕廿三日昼夜
　賄五人　右同断〔こセ〕

代弐匁七分五厘　[朱書]「△」

一、[十二月廿三日]同日夜　賄五人　右同断[こせ]泊り

代弐匁七分五厘　[朱書]「△」

一、[二月]廿四日夜泊り　賄六人　こせ泊り

代三匁三分　[朱書]「△」

一、[二月]廿六日夜　こせ四人　泊り

代弐匁弐分　[朱書]「△」

一、[三月]廿六日　瞽女八人　泊り

代四匁四分　[朱書]「△」

一、[五月]九日　こセ三人泊り

代壱匁六分五厘　[朱書]「△」

一、[五月]廿一日夜　こせ六人　とまり

代三匁三分　[朱書]「△」

一、[閏五月]十三日夜　賄四人　ごぜ泊り

代弐匁弐分[朱書]「六」　[朱書]「△」

一、[六月]廿六日夜　賄四人　こせ泊り

代弐匁弐分[朱書]「六」　[朱書]「△」

一、七月五日夜　瞽女八人　泊り

代四匁四分[朱書]「五匁弐分」　「△」

一、[七月]七日夜　同[瞽女]、八人　泊り

[朱書]「五匁弐分　△」

一、四月廿五日夜落之分出ス　賄七人　こせ泊り

代三匁八分五厘　[朱書]「△」

一、[四月]廿六日夜大水ニ付　同[賄]七人　右同断[こせ泊り]

代三匁八分五厘　[朱書]「△」

一、[四月]廿七日　同[賄]七人　右同断[こせ泊り]

代三匁八分五厘　[朱書]「△」

一、同[賄]七人　右同断[こせ泊り]

代三匁八分五厘　[朱書]「△」

一、同〔賄〕七人　右同断〔こせ泊り〕
代三匁八分五厘　△
一、七月七日夜ごセ八人　とまり
代五匁弐分　「△」〔朱書〕
一、〔七月〕同八日夜こセ八人　同断〔とまり〕
代五匁弐分　「△」〔朱書〕
一、〔七月〕同九日夜こセ八人　同断〔とまり〕
代五匁弐分　「△」〔朱書〕
〔略〕
一、「△」〔朱書〕　八拾匁五厘《壱匁》　こせ賄代
浪人大工中
（篠原家文書〔古一―八四九〕）

文久元年（一八六一）八月一日

（表紙）
「文久元□　□
村入用□　□
□八月朔□　□
〔表紙以下破損〕」
〔略、破損多し〕

一、〔八月カ〕十六日夜四人　ごぜ泊り
代弐匁六分　ニ
一、〔八月カ〕十七日夜四人　右同断〔ごぜ泊り〕
代弐匁六分　ニ
一、〔八月二十九日カ〕同□四人　ごぜ泊り
代弐匁六分　ニ
〔略〕
「一、ニ　□□七匁」〔朱書〕八分、　こセ泊
〔略〕
一、〔十二月〕十一日四匁五分五厘　「ニ」〔朱書〕　ごぜ七人泊り
一、〔十二月〕廿五日分六人　こぜ泊り
代三匁九分　ニ
一、〔二月二十四日〕同日夜　瞽女
弐匁六分　ニ　四人泊り

一、[二月二十七日]同日夜
壱匁九分五厘　ニ　ごぜ三人泊り
一、[三月]廿八日
こぜ三人泊り
壱匁九分五厘　ニ
一、[四月カ]十八日
こぜ五人泊り
代三匁弐分五厘　[朱書]「二」
四月廿八日夜
ごぜ四人泊り
弐匁六分　ニ
一、[四月]廿九日
拾人
ごぜ泊り
代六匁五分　ニ
一、[四月]廿日
廿五人
右同断[ごぜ泊り]
代三匁弐分　ニ
六月六日夜
ごぜ
五人泊り
三匁弐分　ニ

一、[六月カ]九□[日カ]夜
四匁五分五厘　ニ
ごぜ七人
一、[六月十四日カ]同日夜
七人
ごぜ泊り
代四匁五分五厘　ニ
一、[六月カ]十九日夜
七人
こぜ泊り
代四匁五分五厘　ニ
一、[七月七日カ]同日夜
六人
こぜ泊り
代三匁九分　ニ
一、[七月カ]十二日夜
四人
こぜ泊り
代弐匁六分　ニ
一、[七月十三日カ]同日夜
三人
ごぜ泊り
代壱匁九分五厘　ニ
一、[七月カ]廿日
四人
ごぜ泊り
代弐匁六分　[朱書]「二」

[略]

一、ニ　五十八匁四分、ごぜ泊り□　□

（篠原家文書［古一－一〇五六］）

文久二年（一八六二）八月一日

（表紙）
「［加筆］
「文久三年」
文久二年
村　諸　入　用　帳
戌八月朔日ヨリ
東油川村
名主
正次郎」
［加筆］
「亥正月」

一、閏八月十六日
こせ弐人　泊り賄
［朱書］
「五」壱匁三分　雨天ニ付逗留致候事

一、［閏八月］十七日
賄弐人　こせ泊り
［朱書］
「五」壱匁三分

一、［九月］廿四日夜
賄三人　こせ泊り
［朱書］
「五」代壱匁九分五厘

一、［九月］廿五日夜
賄三人　こせ泊り
［朱書］
「五」壱匁九分五厘

一、［十月］廿七日夜
賄三人　こせ泊り
［朱書］
「五」壱匁九分五厘

一、［十一月］五日夜
賄五人　ごぜ泊り
［朱書］
「五」三匁弐分五厘

一、［十一月］六日夜
賄五人　ごぜ泊り
［朱書］
「五」三匁弐分五厘

一、［十一月］九日夜
賄三人　こせ泊り
［朱書］
「五」壱匁九分五厘

一、［十一月］十三日夜
賄五人　こせ泊り
［朱書］
「五」三匁弐分五厘

［略］

［朱書］
「一、五、弐拾匁壱分五厘　ごぜ」、

［略］

一、［十一月晦日］
同日夜
賄四人　こせ泊り
［朱書］
「八」代弐匁六分［朱書］「、」

一、十二月四日夜
賄三人　こせ泊り
［朱書］
「八」代壱匁九分五厘［朱書］「、」

一、［十二月］廿一日夜
賄弐人　［朱書］「八」壱匁三分［朱書］「、」　こせ泊り

一、二月四日夜
賄五人　［朱書］「八」　代三匁弐分五厘［朱書］「、」　こせ泊り

一、［三月］十八日夜
賄三人　［朱書］「八」　代壱匁九分五厘［朱書］「、」　こせ泊り

一、四月廿四日夜
賄三人　［朱書］「八」　代壱匁九分五厘［朱書］「、」　こせ泊り

一、［四月］廿五日夜
賄五人　［朱書］「八」　代三匁弐分五厘［朱書］「、」　こせ泊り

一、［四月］廿七日夜
賄三人　［朱書］「八」　代壱匁九分五厘［朱書］「、」　こせ泊り

一、［四月］廿九日夜
賄弐人　［朱書］「八」　代壱匁三分［朱書］「、」　こせ泊り

一、［五月］十九日
賄四人　［朱書］「八」　代弐匁六分［朱書］「、」　こせ泊り

一、六月朔日
賄弐人　こせ泊り

［朱書］「八」　代壱匁三分［朱書］「、」

一、［六月］廿四日夜
賄四人　［朱書］「八」　代弐匁六分［朱書］「、」　ごぜ泊り

一、七月朔日
賄七人　ごぜ泊り
［朱書］「八」　代四匁五分五厘［朱書］「、」　七人

一、［七月］六日夜
賄五人　［朱書］「八」　代三匁弐分五厘［朱書］「、」　ごぜ泊り

一、［七月］七日夜
賄弐人　［朱書］「八」　代壱匁三分［朱書］「、」　ごぜ泊り

一、［七月］八日夜
賄四人　［朱書］「八」　代弐匁六分　こセ泊り

［略］

［朱書］「一、八、　三十九匁也　ごゼ泊り」

［略］

一、［七月二十七日］同日夜
賄三人　こせ泊り
こ　壱匁九分五厘

右こせ逗留致候

一、[七月]廿八日
賄三人
こ　壱匁九分五厘
一、[七月]廿九日
賄弐人　　こせ泊り
こ　壱匁三分

[略]

こ、五匁弐分、　合ごぜ泊り

（篠原家文書［古一－二四二］）

文久三年（一八六三）三月

（表紙）
「文久三年
去戌村入用帳書上扣置候
亥三月　八代郡東油川村名主正次郎」

一、[甲銀]同、百匁　聟女泊り入用

（篠原家文書［古一－三〇二］）

慶応元年（一八六五）八月一日

（表紙）
「慶応元年
村入用扣帳
丑八月朔日ヨリ　東油川村名主正次郎」

一、[八月]朔日夜
賄弐人
[朱書]「イ」　壱匁七分　こセ泊り

一、[八月二日]同日夜
賄弐人
[朱書]「イ」　壱匁七分　こセ泊り

一、[八月]廿四日夜
賄三人
[朱書]「イ」　弐匁五分五厘　ごぜ泊り

一、[九月三日]同日夜
賄弐人
[朱書]「イ」　壱匁七分　ごぜ泊り

一、[十一月六日]同日
賄四人　代四匁弐分
[朱書]「イ」　三匁四分　ごぜ泊り

[略]

一、[朱書]「イ」　[甲銀]同拾壱匁五厘　ごゼ泊り

[略]

一、[二月]七日夜
賄三人　こせ泊り

代四匁五厘　〔朱書〕「ヌ」
一、〔三月〕廿二日夜 賄弐人　ごぜ泊り
　代弐匁七分　〔朱書〕「ヌ」
一、〔三月〕廿九日夜 賄三人　ごぜ泊り
　代四匁五厘　〔朱書〕「ヌ」
一、四月朔日夜 賄弐人　〔朱書〕「五匁六分五厘」　ごぜ泊り
　代弐匁七分　〔朱書〕「ヌ」
一、〔四月〕十七日 賄五人　ごぜ泊り
　代六匁七分五厘　〔朱書〕「ヌ」
一、〔四月〕廿三日夜 賄弐人　ごぜ泊り
　代弐匁七分　〔朱書〕「ヌ」
一、五月二日夜 賄三人　〔朱書〕〔ママ、五カ〕「弐匁六分六厘」　こせ泊り
　代四匁五厘　〔朱書〕「ヌ」
一、〔五月〕十日夜 賄三人　ごぜ泊り
　代四匁五厘　〔朱書〕「ヌ」
一、〔五月二十二日〕同日夜 賄七人　ごぜ泊り

代九匁四分五厘　〔朱書〕「ヌ」
一、〔六月〕廿五日夜 賄三人　こセ泊り
　代四匁五厘　〔朱書〕「ヌ」
一、〔七月〕四日夜 賄弐人　ごぜ泊り
　代弐匁七分　〔朱書〕「ヌ」
〔略〕
一、〔朱書〕「ヌ」　六拾匁四《三》分五厘　ごぜ泊賄
〔略〕
一、〔七月二十四日〕同日夜 賄五人　ごぜ泊り
　代六匁七分五厘　〔朱書〕「、」
一、〔七月〕廿八日夜 賄四人　こせ泊り
　代五匁四分　〔朱書〕「、」
〔略〕
〔朱書〕「一、〔甲銀〕同拾弐匁壱分五厘」　、　〔朱書〕「ごぜ泊り賄代」
（篠原家文書〔古一―二五七〕）

明治三年（一八七〇）八月一日

（表紙）
「明治三年
村　入　用　控　帳

午八月朔日ヨリ

東油川村
名主
正次郎」

一、〔八月十三日〕同日夜 賄六人　　ごぜ泊り
代八匁壱分　〔朱書〕「フ」

一、〔九月〕二日夜 賄三人　　こぜ泊り
代四匁五厘　〔朱書〕「フ」

一、〔九月〕四日夜 賄五人　　こぜ泊り
代六匁七分五厘　〔朱書〕「フ」

一、〔十一月〕三日夜 泊り五人　　こせ賄
代六匁七分五厘　〔朱書〕「フ」

一、〔十一月〕五日夜 賄弐人　　こせ泊り
代弐匁七分　〔朱書〕「フ」

一、〔十一月〕六日夜 泊り五人　　こせ賄
代六匁七分五厘　〔朱書〕「フ」

一、十一月十日夜 泊五人　　こせ賄
代六匁七分五厘　〔朱書〕「フ」

〔略〕

〔朱書〕「一、フ、四拾壱匁八分五厘　ごぜ賄」、

〔略〕

一、十二月十八日夜 賄弐人　　こせ泊り
〔朱書〕「ハ」 代弐匁七分

一、〔三月〕十四日夜分 賄弐人　　こせ泊り
〔朱書〕「ハ」 代弐匁七分

一、〔三月二十二日〕同日夜 賄五人　　こせ泊り 五人
〔朱書〕「ハ」 代六匁七分五厘

一、〔四月十八日〕同日夜 賄三人　　こせ泊り
〔朱書〕「ハ」 代四匁五厘

一、〔四月〕十九日夜 賄六人　　こせ泊り
〔朱書〕「ハ」 代八匁壱分

一、四月廿六日夜 賄八人　　ごぜ泊り
〔朱書〕「ハ」 代拾匁八分

一、〔四月〕廿七日夜 賄弐人　　ごぜ泊り
〔朱書〕「ハ」 代弐匁七分

一、〔五月一日〕同日夜 賄九人　ごぜ泊り
「ハ」〔朱書〕　代拾弐匁壱分五厘
一、〔五月〕二日夜 賄六人　ごぜ泊り
「ハ」〔朱書〕　代八匁壱分
一、〔五月〕十五日夜 賄五人　ごぜ泊り
「ハ」〔朱書〕　代六匁七分五厘
一、〔五月二十八日〕同日夜 賄三人　こせ泊り
「ハ」〔朱書〕　代四匁五厘
一、〔六月〕十日夜 賄八人　こせ泊り
「ハ」〔朱書〕　代拾匁八分
〔略〕
「一」〔朱書〕、ハ、「〔朱書〕七拾九匁六分五厘　ごぜ泊り
賄代」、
〔略〕
一、〔六月二十一日〕同日夜泊り 賄六人　ごぜ泊
代八匁壱分　「〇」〔朱書〕
一、六月廿九日夜 賄拾人　ごぜ泊り

代拾三匁五分　「〇」〔朱書〕
一、〔七月〕二日夜 賄八人　ごぜ泊
拾匁八分　「〇」〔朱書〕
一、〔七月〕三日夜 賄弐人　ごぜ泊り
弐匁七分　「〇」〔朱書〕
一、〔七月〕八日夜 賄三人　ごぜ泊り
代四匁五厘　「〇」〔朱書〕
一、〔七月〕九日夜 賄五人　ごぜ泊り
代六匁七分五厘　「〇」〔朱書〕
一、七月六日夜分 賄八人　ごぜ泊り
代拾匁八分　「〇」〔朱書〕
一、〔七月十二日〕同日夜 賄三人　ごぜ泊り
「、」〔朱書〕代四匁五厘　「〇」〔朱書〕
一、七月廿三日夜 賄弐人　ごぜ泊り
代弐匁七分　「〇」〔朱書〕
一、〔七月〕廿九日夜 賄弐人　こせ泊り
代弐匁七分　「〇」〔朱書〕

[略]

一、「〇」[朱書]　同六拾六匁壱分五厘[甲銀]　ごぜ泊り

「此文九拾七匁弐分」[朱書]

（篠原家文書［古一－一一五五］）

明治三年（一八七〇）

[表紙欠]

覚

一、同弐百拾五匁八分五厘[甲銀]　瞽女

泊り賄代

（篠原家文書［古一－五〇四］「明治三年村方小入用帳外綴」）

明治六年（一八七三）正月

（表紙）
「紀元二千五百三十三年

村方入費續払帳

明治六年一月日　東油川村

戸長
山下五郎右衛門」

一、[五月]七日

同賄六人　ごぜとまり

[一夜カ]□□

「ヌ」[朱書]　八匁八分弐厘

一、[五月]十八日夜

甲銀百文　甲府より飛脚

「二」[朱書]此文弐匁四分「り」[朱書]　こぜ引渡し之

書付賃賄

[略]

「一、[朱書]ヌ　同、[甲銀]　八匁八分二厘」　戸　「ごぜ泊り[朱書]

賄代」　、

（篠原家文書［古一－三一八］）

【湯　村】

元治元年（一八六四）

（表紙）
「子年村入用夫銭帳　山梨郡　湯村」

一、同弐拾四匁六分[甲銀]

是ハ年中瞽女・座頭合力銭並一宿賄代共ニ

（『甲府市史』史料編、第五巻、三六四頁）

韮崎市

【村名不詳】

慶応二年（一八六六）十二月

「（表紙）
慶応二年
寅村入用夫銭帳
十二月ヨリ
」

〔十二月〕
〃　四日
一、延拾人
代銀四匁
〔十二月〕
〃　是ハ新町瞽女五人泊り
十四日
〃弐拾文
是ハ新町瞽女糸代ニ遣ス。

（『韮崎市誌』資料編、三七六〜三七七頁）

笛吹市（御坂町）

【上黒駒村】

元治二年（一八六五）三月

「（表紙）
元治二年
子村入用夫銭帳
丑三月
八代郡
上黒駒村上組」

一、同〔銀〕四拾四匁五分七厘
盲女扶持白米
壱俵代

（上黒駒区有文書〔黒〇九三・四／一四一〕）

慶応二年（一八六六）三月

「（表紙）
慶応弐年
丑村入用夫銭帳
寅三月
八代郡
上黒駒村上組」

一、同〔銀〕七拾八匁
盲女扶持白
米壱俵代

（上黒駒区有文書〔黒〇九三・四／一四二〕）

【下野原村】

天保八年（一八三七）八月一日

「（表紙）
天保八年
夫銭帳
下□〔野原村カ〕
酉之八月朔日
名主
久兵衛」

八月朔日晩
一、五分　こせ泊り　二人
与兵衛

一、同断五分　二　弥左衛門
一、同断弐分五厘　壱人　八郎兵衛
八月廿日晩　こせ泊り　弐人
一、五分　栄吉
[八月二十日カ]
一、壱匁　四人　兵十郎
九月廿二日晩　こせ泊り　二人
一、五分　両左衛門
[九月二十二日]
同断　四人
一、壱匁　五左衛門
[十月]
同十三日晩　五人　ごぜ泊り
一、五分　弐人　善兵衛
[七カ]
□□分五厘　三人　政右衛門
二月廿六日晩　こぜ泊り　四人
一、壱匁　[朱書]「、」勇蔵
壱人
同断
□、弐分五厘　[朱書]「、」治兵衛

[　　]　弐人　[朱書]「、」藤兵衛
三月十八日晩こせ四人泊り
一、壱匁　[朱書]「、」常兵衛
三月十九日晩　こせ弐人泊り
一、壱匁弐分五厘　五　[朱書]「、」作右衛門
[三月十九日]
同断　こせ弐人泊り
一、壱匁五分　[朱書]「、」領左衛門
[三月十九日～二十六日の間カ]
[　　]
[　　]　弐人
[弐カ]
□分五厘　[朱書]「、」弥五右衛門
[朱書]「、」源治兵衛
一、五分
壱匁　弐人　[朱書]「、」伴蔵
[四月カ]
□□[　]日晩こせ泊り壱人
一、[弐カ]□分五厘　[朱書]「、」要兵衛
[同]
□断　弐人
一、五分　[朱書]「、」嘉右衛門
同断　弐人

一、五分　　〔朱書〕「、」権右衛門
閏四月廿九日晩こせ泊り
一、弐分五厘　　壱人〔朱書〕「、」儀兵衛
〔閏四月二十九日〕同断
一、五分　　弐人〔朱書〕「、」久兵衛
六月廿日晩こせ泊り
一、五分　　弐人〔朱書〕「、」仲右衛門
一、弐分五厘　　壱人〔朱書〕「、」五兵衛
一、弐分五厘　　壱人〔朱書〕「、」清兵衛
一、弐分五厘　　壱人〔朱書〕「、」粂右衛門
七月廿六日晩、ごせ泊り四人
壱匁　　吟右衛門

（鈴木家文書〔古一二-一〇二〕）

天保十二年（一八四一）三月

（表紙）
「天保十二年
八代郡下野原村小入用帳
丑三月

一、八拾匁　　こぜ雑用
白紙拾枚」

（鈴木家文書〔古一二-七三〕）

天保十二年（一八四一）八月

（表紙）
「天保十二年　　下之原　□□
夫　銭　帳
丑之八月小吉日　　名主 久兵衛」

八月廿四日晩、こせ泊り四人
一、壱匁　　兵十郎
〔八月二十四日晩〕同、
一、七分五厘　　三人　□□
〔日欠カ〕九月十四晩、こせ泊り、弐人
一、五分　　領左衛門
〔九月十四日〕同、
一、七分五厘　　三人　五郎左衛門
三月廿日晩、こせ泊り、弐人
一、五分　　治左衛門

［三月二十日］同断
一、壱匁　　四人　政右衛門
三月廿六日晩、こせ泊り
一、壱匁　　四人　常兵衛
［三月二十六日］同、
一、五分　　弐人　忠四郎
［三月二十六日カ］
一、七分五厘　　三人　領右衛門
三月廿七日晩病気ニ付泊り　　四人　常兵衛

（鈴木家文書［古一二一‐一〇四］）

弘化五年（一八四八）三月

（表紙）
「弘化五年
八代郡下野原村小入用帳
申三月　　白紙拾枚」

一、七拾匁　　こせ雑用

（鈴木家文書［古一二一‐九］）

北杜市（白州町）

【白須村】

寛政十年（一七九八）

（表紙）
「寛政十午年夫銭帳　　白須村」

一、弐拾四匁　　［上組］同断
右ハ盲女・座頭御師神主泊り雑用
一、百五匁　　下組
右同断名主給米七俵代
一、九拾六匁　　同断
右同断給金
一、弐拾四匁　　同断
右盲女・座頭御師神主泊り雑用

（『白州町誌』資料編、二八七頁、二九〇～二九一頁）

北杜市（武川町）

【山高村】

天明二年（一七八二）二月

「(表紙)天明弐年　　甲州巨摩郡
山高村
丑年中村入用夫銭帳
寅二月」

一、同[銀]三拾匁　　扶持米代
是ハごぜ・座頭六拾人分賄代

（『武川村誌』資料編、一九四頁）

増穂町

【小林村】

嘉永六年（一八五三）十一月

「(表紙)嘉永六年
丑年夫銭割合帳
十一月　小林村
名主
太郎左衛門」

一、[十一月]銀壱匁弐分
是はこせ弐人泊賄ひ
一、十一月銀壱分八分
是はこせ三人泊り賄ひ
一、[十一月]銀拾弐匁
是はこせ弐拾人泊り賄ひ
一、[十一月]銀拾匁八分
是はこせ拾八人泊り賄ひ
一、十二月銀七匁弐分
是はこせ拾弐人泊り賄ひ
一、[二月]銀三匁六分
是はこせ六人泊り賄ひ之分出ス
一、[三月]銀四匁弐分
是はこせ七人之泊り賄ひ之分出ス
一、[六月]銀壱匁八分
是はこせ三人泊り賄ひ之分
一、[十月]銀三匁
是はこせ五人之泊り賄ひ之分

（増穂町旧村文書、四［古M六-四、三八］）

安政元年（一八五四）

「(表紙)安政元寅年

村入用夫銭帳
巨摩郡
小林村」

［月日欠］
一、銀四拾弐匁六分
是ハこぜ七拾壱人泊り
［月日欠、一月カ］
一、銀拾匁四分
是ハ八月中瞽女・座頭之外諸勧化等へ出
［三月］
一、銀六匁六分
是ハ瞽女拾壱人泊り
［九月］
一、銀三匁
是ハ駿州こせ五人泊り
［九月］
一、銀拾九匁八分
是ハ八月中こせ・座頭其外諸人足
（増穂町旧村文書、四［古M六-四、三九］）

安政二年（一八五五）十一月

「（表紙）
安政二年
当卯村入用夫銭割合帳
十一月
名主
嘉七」

［十二月］
一、銀八匁四分
是は座頭・こせ泊り賄ひ之分
（増穂町旧村文書、四［古M六-四、四〇］）

安政三年（一八五六）

「（表紙）
安政三［年脱カ］
辰年村入用夫銭帳
巨摩郡
小林村」

［月日欠、十二月カ］
一、銀九匁
是ハ瞽女拾五人泊り
［月日欠、十二月カ］
一、銀拾弐匁四厘
是ハ八月中瞽女・座頭并諸勧化等ニ出ス
［二月］
一、銀弐拾八匁
是ハ八月中瞽女・座頭泊り并諸勧化等ニ出ス
［九月］
一、銀拾弐匁
是ハ八月中瞽女・座頭并諸勧化等ニ出ス
（増穂町旧村文書、四［古M六-四、四一］）

安政四年（一八五七）

「(表紙)
安政四[年脱カ]
巳 年 村 入 用 夫 銭 帳
巨摩郡
小林村」

一、[月日欠、十二月カ]
銀拾八匁弐分
是は月中瞽女・座頭其外諸勧化等ニ出ス

一、[正月]
銀拾四匁弐分
是は月中瞽女・座頭其外諸勧化等ニ出ス

一、[二月]
銀弐拾六匁七分
是は月中瞽女・座頭其外諸勧化等ニ出ス

一、[三月]
銀弐拾匁三分
是は月中瞽女・座頭其外諸勧化等ニ出ス

一、[四月]
銀拾六匁
是は月中瞽女・座頭其外諸勧化等ニ出ス

一、[五月]
銀拾八匁
是は月中瞽女・座頭其外諸勧化等ニ出ス

一、[六月]
銀九匁三分
是は月中瞽女・座頭其外諸勧化等ニ出ス

一、[七月]
銀弐拾匁
是ハ月中瞽女・座頭其外諸勧化等ニ出ス

一、[八月]
銀拾四匁弐分
是ハ月中瞽女・座頭其外諸勧化等ニ出ス

一、[九月]
銀弐拾四匁三分
是ハ月中瞽女・座頭其外諸勧化等ニ出ス

一、十月
銀拾五匁八分
是は月中瞽女・座頭其外諸勧化等ニ出ス

一、[十一月カ]
銀三拾匁七分九厘
是ハ月中瞽女・座頭其外諸勧化等ニ出ス

(増穂町旧村文書、四 [古M六-四、四二])

安政五年(一八五八)十一月

「(表紙)
安政五年
当ノ午 年 夫 銭 割 合 帳
十一月
小林村
名主
安右衛門 」

一、[月日欠]
銀四匁弐分
是ハ瞽女七人賄

一、[十二月]
銀六匁六分

是ハ瞽女拾壱人賄
一、〔十二月〕銀弐匁四分
是ハ瞽女四人賄
一、〔十二月〕銀五匁四分
是ハ瞽女九人賄
一、〔十二月〕銀拾匁八分
是ハ瞽女九人滞留賄
一、〔十二月〕銀四匁弐分
是ハ瞽女七人賄
一、〔三月〕銀三匁
是ハこゼ五人泊り
一、〔三月〕銀九匁六分
是ハ瞽女拾六人賄
一、〔三月〕銀壱匁八分
是ハ瞽女三人賄
一、〔十月〕銀四匁弐分
是ハ瞽女七人賄
一、十一月 銀三匁
是ハ瞽女五人泊り賄
一、〔十一月〕銀四匁八分
是ハ瞽女八人泊り賄

（増穂町旧村文書、四〔古M六-四、四三〕）

安政六年（一八五九）十一月

「(表紙)
安政六年
当末村入用夫銭割合帳
小林村
十一月　名主　佐兵衛」

一、〔月日欠〕銀六匁
是は瞽女拾人泊り賄
一、〔月日欠〕銀六匁
是は瞽女拾人泊り賄
一、〔月日欠〕銀六匁
是は瞽女拾人泊り賄
一、〔月日欠〕銀四匁弐分
是は瞽女七人泊り賄
一、〔月日欠〕銀三匁六分

是は瞽女六人泊り賄
［月日欠］
一、銀拾壱匁四分
是は瞽女拾九人泊り
［月日欠］
一、銀五匁四分
是は瞽女九人泊り
［月日欠］
一、銀拾匁八分
是は瞽女拾八人泊り
［二月］
一、銀三匁
是は瞽女六人泊り
［二月］
一、銀壱匁弐分
是は瞽女弐人泊り
［三月］
一、銀拾壱匁四分
是は三月より十一月迄瞽女拾九人
泊り賄

（増穂町旧村文書、四［古M六-四、四四］）

文久元年（一八六一）十一月

「(表紙)
文久元年
当西村入用夫銭割合帳
十一月
小林村
名主
嘉七」

［二月］
一、銀六拾匁六分
是ハ瞽女百壱人泊り賄
［十月］
一、銀弐拾九匁四分
是ハ瞽女四拾九人賄寄

（増穂町旧村文書、四［古M六-四、四五］）

文久二年（一八六二）

「(表紙)
文久二年
当戌村入用夫銭帳
巨摩郡
小林村」

［月日欠］
一、銀九匁
是ハごせん拾五人泊り
［月日欠］
一、銀拾弐匁四厘
是ハ八月中ごせん・座頭幷ニ諸勧化等ニ出ス
［月日欠］
一、銀弐拾八匁
是ハ八月中ごせん・座頭泊り幷ニ諸勧化等ニ出ス

一、九月
銀弐拾四匁
是ハ月中ごせん・座頭并ニ諸勧化等ニ出ス
（増穂町旧村文書、四〔古M六-四、四六〕）

文久三年（一八六三）

（表紙）
「文久三
亥年村入用夫銭帳
巨摩郡
小林村」

〔月日欠、十二月カ〕
一、銀弐拾八匁五分
是ハ月中瞽女・座頭其外諸勧化等ニ出ス
〔正月〕
一、銀弐拾四匁八分
是ハ月中瞽女・座頭其外諸勧化等ニ出ス
〔二月カ〕
一、銀三拾六匁七分
是ハ月中瞽女・座頭其外諸勧化等ニ出ス
〔三月〕
一、銀三拾弐匁
是ハ月中瞽女・座頭其外諸勧化等ニ出ス
一、四月
銀弐拾弐匁三分八り
是ハ月中瞽女・座頭其外諸勧化等ニ出ス
〔五月〕
一、銀弐拾七匁三分壱り
是ハ月中瞽女・座頭其外諸勧化等ニ出ス
〔六月〕
一、銀弐拾壱匁四分九り
是ハ月中瞽女・座頭其外諸勧化等ニ出ス
〔七月〕
一、銀弐拾五匁四分壱り
是ハ月中瞽女・座頭其外諸勧化等ニ出ス
〔八月〕
一、銀弐拾四匁九分
是ハ月中瞽女・座頭其外諸勧化等ニ出ス
〔九月〕
一、銀三拾四匁七分
是ハ月中瞽女・座頭其外諸勧化等ニ出ス
〔十月〕
一、銀弐拾九匁八分四り
是ハ月中瞽女・座頭其外諸勧化等ニ出ス
〔十一月〕
一、銀三拾五匁壱分
是ハ月中瞽女・座頭其外諸勧化等ニ出ス
（増穂町旧村文書、四〔古M六-五、一〕）

元治元年（一八六四）十一月

（表紙）
「元治元年
子村入用夫銭割合帳

十一月

小林村
名主
安右衛門」

一、〔月日欠、十二月カ〕銀六拾壱匁六分
是ハ瞽女七拾七人泊り賄

一、〔二月〕銀五匁六分
是ハ瞽女七人泊り賄

一、〔二月〕銀四拾四匁八分
是ハ瞽女五拾六人泊り賄

一、〔二月〕銀壱匁六分
是ハ右同断弐人泊り帳落

（増穂町旧村文書、四〔古M六-五、二〕）

慶応元年（一八六五）

（表紙）
「慶応元
巳年村入用夫銭帳
巨摩郡
小林村」

一、〔月日欠、十二月カ〕銀拾八匁弐分
是は月中瞽女・座頭其外諸勧化等ニ出ス

一、正月銀拾弐匁三分
是ハ月中瞽女・座頭其外諸勧化等ニ出ス

一、〔二月〕銀拾匁三分弐厘
是ハ月中瞽女・座頭其外諸勧化等ニ出ス

一、三月銀八匁四分
是ハ月中瞽女・座頭其外諸勧化等ニ出ス

一、〔四月〕銀七匁
是ハ月中瞽女・座頭其外諸勧化等ニ出ス

一、〔五月〕銀拾匁
是ハ月中瞽女・座頭其外諸勧化等ニ出ス

一、〔六月〕銀九匁
是ハ月中瞽女・座頭其外諸勧化等ニ出ス

一、〔七月〕銀拾匁六分
是ハ月中瞽女・座頭其外諸勧化等ニ出ス

一、〔八月〕銀拾五匁
是ハ月中瞽女・座頭其外諸勧化等ニ出ス

一、〔九月〕銀拾匁四分
是ハ月中瞽女・座頭其外諸勧化等ニ出ス

一、〔十月〕銀拾匁七分
是ハ月中瞽女・座頭其外諸勧化等ニ出ス
一、〔十一月〕銀三拾五匁五分四り
是ハ月中瞽女・座頭其外諸勧化等ニ出ス
（増穂町旧村文書、四〔古M六‐五、三〕）

慶応二年（一八六六）

（表紙）
「慶応二
寅年村入用夫銭帳
巨摩郡
小林村」

一、〔月日欠、十二月カ〕銀拾八匁弐分
是は月中瞽女・座頭諸勧化等ニ
一、正月銀拾弐匁三分
是は月中瞽女諸勧化等ニ
一、〔正月〕銀拾弐匁三分弐厘
是は月中瞽女・座頭送賃
一、二月銀拾匁三分弐厘
是は月中瞽女・座頭継送賃
一、〔三月〕銀拾五匁六分
是は月中瞽女・座頭泊り
一、〔四月〕銀七匁
是は月中瞽女・座頭泊り
一、〔五月〕銀拾五匁弐分
是は月中瞽女泊り
一、〔六月〕銀九匁
是は瞽女宿り
一、〔七月〕銀拾匁六分
是は月中瞽女其外宿
一、〔八月〕銀弐拾四匁
是は月中瞽女其外宿り
一、九月銀弐拾四匁
是は瞽女其外諸人足
一、〔十月〕銀拾五匁七分五厘
是は月中瞽女其外宿り
一、〔十一月〕銀五拾五匁五分四厘
是は月中瞽女其外泊り

（増穂町旧村文書、四［古M六-五、四］）

慶応三年（一八六七）十一月

「（表紙）
慶応三年
卯 村 入 用 夫 銭 割 合 帳
十一月
小林村
名主
志村直八 」

［二月］
一、銀百八拾七匁五分
是ハ瞽女百廿五人泊り賄［十月］
一、銀四拾五匁
是ハ瞽女・座頭三十人泊賄

（増穂町旧村文書、四［古M六-五、五］）

明治元年（一八六八）

「（表紙）
明治元
辰 年 村 入 用 夫 銭 帳
巨摩郡
小林村」

［月日欠、十二月カ］
一、銀三拾八匁九分
是ハ月中瞽女・座頭泊り賄ひ并合力等ニ出ス

［正月］
一、銀四拾九匁六分
是ハ月中瞽女・座頭其外諸勧化等ニ出ス

［二月］
一、銀七拾三匁四分
是ハ月中瞽女・座頭其外諸勧化等ニ出ス

［三月］
一、銀六拾四匁
是ハ月中瞽女・座頭其外諸勧化等ニ出ス

［四月］
一、銀四拾四匁七分六り
是ハ月中瞽女・座頭其外諸勧化等ニ出ス

［五月］
一、銀五拾四匁六分弐り
是ハ月中瞽女・座頭其外諸勧化等ニ出ス

［六月］
一、銀四拾弐匁九分六り
是ハ月中瞽女・座頭其外諸勧化等ニ出ス

［七月］
一、銀五拾壱匁三分
是ハ月中瞽女・座頭其外諸勧化等ニ出ス

［八月］
一、銀四拾九匁六分
是ハ月中瞽女・座頭其外諸勧化等ニ出ス

［九月］
一、銀六拾九匁四分
是ハ月中瞽女・座頭其外諸勧化等ニ出ス

［十月］
一、銀五拾九匁六分四り

是ハ月中瞽女・座頭其外諸勧化等ニ出ス
一、[十月]（ママ）銀五拾七匁三分五厘
是ハ月中瞽女・座頭其外諸勧化等ニ出ス
一、[十一月]銀六拾七匁六分
是ハ月中瞽女・座頭其外諸勧化等ニ出ス
（増穂町旧村文書、四〔古M六-五、七〕）

【最勝寺村】

天保五年（一八三四）

（表紙）「天保五午　名主粂右衛門
午年入用夫銭帳
巨摩郡最勝寺村」

一、[巳十二月]拾三匁弐分
右は瞽女弐拾弐人泊り米代
一、[十二月]六匁弐分
右は瞽女拾人泊り米代
并合力銭三拾弐文ト共ニ
一、[三月]三匁六分
右は瞽女六人泊り米代
一、[五月]三匁
右は瞽女五人泊り米代
一、[五月]三匁
右は瞽女五人泊り米代
一、[七月]三匁
右は瞽女五人泊り米代
（増穂町旧村文書、四〔古M六-五、三〇〕）

天保八年（一八三七）

（表紙）「天保八酉　名主佐次兵衛
申年村入用夫銭帳
巨摩郡最勝寺村」

未十二月
一、九匁
右は瞽女拾五人泊り米代
一、[十二月]六匁
右は瞽女拾人泊り米代
一、[三月]四匁八分
右は瞽女八人泊り米代

一、［二月］三匁
右は菱女五人泊り米代
一、［三月］四匁八分
右は瞽女八人泊り米代
一、［十月］壱匁八分
右は瞽女三人泊り米代
（増穂町旧村文書、四［古M六-五、三一］）

嘉永二年（一八四九）

「（表紙）
嘉永二酉年　名主重右衛門
西村入用夫銭帳
巨摩郡
最勝寺村」

申十二月
一、三匁
右は瞽女五人泊り米代萬兵衛へ相払申候
一、［十二月］九匁
右は瞽女拾五人泊り米代藤兵衛へ相払申候
一、［十二月］七匁八分
［瞽女］
右同断拾三人泊り米代同人へ相渡申候
一、［十二月］六匁六分
右は瞽女拾壱人泊り米代同人へ相渡申候
一、［十二月］壱匁弐分
右は瞽女弐人泊り米代藤兵衛へ相渡申候
一、［三月］拾三匁弐分
右は瞽女弐拾弐人泊り米代、藤兵衛へ相渡申候
一、［五月］弐匁四分
右は瞽女四人米代藤兵衛へ相払申候
一、［六月］七匁八分
右は瞽女拾三人泊り米藤兵衛へ相払申候
一、［十一月］三匁六分
右は瞽女六人泊り米代藤兵衛へ相渡申候
（増穂町旧村文書、四［古M六-五、三二］）

嘉永五年（一八五二）

「（表紙）
嘉永五
子村入用夫銭帳
巨摩郡
最勝寺村
粂右衛門」

一、［亥十二月］三匁七分九厘
　右は瞽女六人一夜泊り米代壱人六分ツ、
一、［亥十二月］八匁八分四厘
　右同断、［瞽女］拾四人一夜泊り米代壱人六分ツ、
一、［子二月］四匁八分
　右は瞽女八人一夜泊り米代、壱人六分ツ、
一、［三月］四匁弐分
　右は瞽女七人一夜泊り米代壱人六分ツ、
　　八月
一、三匁
　右は瞽女五人一夜泊り米代
　　十一月
一、弐匁四分
　右は瞽女四人一夜泊り米代
一、［十一月］四匁八分
　右は瞽女八人一夜泊り米代

（増穂町旧村文書、四［古M六-六、一］）

安政元年（一八五四）

（表紙）
「寅　村　入　用　夫　銭　帳
　　　　　　　　　　最勝寺村」

一、［丑十二月］五匁四分
　右は瞽女九人一夜泊り米代、壱人前六分ツ、
一、［丑十二月］九匁
　右は瞽女拾五人一夜泊り米代、壱人前ニ付百文ツ、相払申
　候分
一、［丑十二月］四匁八分
　右は瞽女八人一夜泊り米代、壱人前六分ツ、相払申候分
一、［寅二月］五匁四分
　右は瞽女九人一夜泊り米代、新七江相払申候
一、［三月］壱匁八分六厘
　右は瞽女三人一夜泊り米代、新七江相渡ス

（増穂町旧村文書、四［古M六-六、二］）

安政五年（一八五八）

（表紙）
「午　村　入　用　夫　銭　帳
　　　　　　　　　　最勝寺村」

一、［巳十二月］四匁弐分
　右は瞽女七人一夜泊り米代、壱人前六分ツヽ、伊介へ相払

申候

一、〔巳十二月〕六匁六分
右は瞽女拾壱人一夜泊り米代、壱人ニ前六分ツヽ、伊助へ
相払申候

一、〔巳十二月〕四匁八分
〔瞽女〕右同断八人泊り米代、伊介江相払申候

一、〔巳十二月〕五匁四分
〔瞽女〕右同断九人泊り米代、伊助江相払申候

一、〔午二月〕四匁八分
右は瞽女八人一夜泊り米代、伊介へ相払申候

一、〔三月〕四匁八分
右は瞽女八人一夜泊り米代、伊介へ相払申候

一、〔三月〕三匁
右は瞽女五人泊り米代、伊介へ相払申候

一、〔三月〕弐匁四分
右は瞽女四人一夜泊り米代、伊助へ相払申候

一、〔三月〕壱匁八分
右は瞽女三人一夜泊り米代、伊助へ相払申候

一、〔三月〕三匁六分
〔瞽女〕右同断六人一夜泊り米代、伊助へ相払申候

一、〔三月〕三匁六分
右は瞽女六人一夜泊り米代、伊助へ相払申候

一、〔十月〕三匁
右は瞽女五人一夜泊り米代、伊介へ相払申候

十一月

一、三匁
右は瞽女五人一夜泊り米代、伊介へ相払申候

一、〔十一月〕九匁
右は瞽女拾五人一夜泊り米代、伊助へ相払申候

一、〔十一月〕四匁弐分
右瞽女拾七人泊り米代、伊助へ相払申候

（増穂町旧村文書、四〔古M六―六、三〕）

慶応元年（一八六五）

（表紙）「丑　村　入　用　夫　銭　帳　最勝寺村」

子

十二月

一、九匁四分七厘
右は瞽女拾人一夜泊り米代、菊兵衛へ相払申候
〔子十二月〕
一、五匁
右同断〔瞽女〕五人一夜泊り米代、弐人江相払申候
〔子十二月〕
一、拾壱匁三分七厘
右は瞽女拾弐人一夜泊り米代、徳平へ相払申候
丑
正月
一、拾弐匁九分四厘
右は瞽女拾四人一夜泊り米代、菊兵衛へ相払申候
〔丑正月〕
一、拾壱匁三分七厘
右同断〔瞽女〕拾弐人一夜泊り米代四人江相払申候
二月
一、九匁四分七厘
右は瞽女拾人一夜泊り米代、徳平へ相払
一、拾七匁六厘
右同断〔瞽女〕拾八人一夜泊り米代□□ト徳平へ菊兵衛へ相払申候
三月
一、八匁九分八厘
右は瞽女拾人一夜泊り米代、徳平へ相払申候
〔四月〕
一、壱匁九分
右は瞽女弐人一夜泊り米代徳平へ相払申候
〔五月〕
一、九匁四分五厘
右は瞽女拾人一夜泊り米代菊兵衛へ相払申候
十月
一、弐匁四分六厘
右は瞽女弐人一夜泊り米代徳平へ相払申候
〔十月〕
一、拾壱匁八厘
右同断〔瞽女〕九人一夜泊り米代四人江相払申候
〔十月〕
一、四匁九分弐厘
右は瞽女四人一夜泊り米代菊兵衛へ相払申候
〔十一月〕
一、六匁八厘
右は瞽女五人一夜泊り米代菊兵衛へ相払申候
（増穂町旧村文書、四〔古M六–六、四〕）

明治元年（一八六八）

（表紙）
「辰 村入用夫銭帳 最勝寺村」

卯
十二月
一、百七匁三分三厘
右は瞽女五拾六人当月中泊り賃、一夜一人壱匁九分弐厘

ツ、伊助方江相払申候分

一、[辰三月]弐拾八匁
右は瞽女拾四人一夜泊り米代弐拾分相払申候

一、[十月]五拾匁
右は当月中瞽女廿五人泊り
米代徳之丞へ相渡申候分

（増穂町旧村文書、四［古M六-六、五］）

明治二年（一八六九）

（表紙）
「巳　村入用夫銭帳
　　　　　　　最勝寺村」

一、[辰十二月]百匁
右は瞽女五拾人泊り徳之丞江当月分相渡申候分

一、[巳正月]拾匁
右は瞽女五人一夜泊り米代相払申候

三月

一、拾匁
右は瞽女五人一夜泊り米代相払申候

一、[三月]八匁
右は瞽女四人泊り米代相払申候

一、[三月]弐拾八匁
右は瞽女拾四人泊り米代相払申候

一、[三月]弐拾匁
右は瞽女拾人泊り米代相払申候

一、[十月]拾弐匁
右は瞽女四人泊り米代清作へ相払申候

一、[十一月]百弐拾三匁
右は当月中瞽女四拾壱人泊り
米代一夜壱人三匁ツ、相払申候分

（増穂町旧村文書、四［古M六-六、六］）

【春米村】

安永八年（一七七九）十二月

（表紙）
「安永八年
亥夫銭并馬割帳　　　春米村
十二月　　　　名主
　　　　　　　　平左衛門」

一、銀拾八匁六分六厘
是ハ右日数之内こせ・座頭泊り又ハ少々宛くれ候分共六十
五度分

一、銀六匁弐分
是ハ右日数之内こせ・座頭泊り少々宛くれ候分共
（『増穂町誌』史料編、一一六～一一七頁）

南アルプス市

【飯野新田村】

安政三年（一八五六）十二月

夫銭割合目録

［略］

一、同〔甲〕銀四拾弐匁　ご世・座頭泊り賄代共

（『白根町誌』資料編、三五九頁）

【上八田村《うえはった》】

明和七年（一七七〇）七月、「上八田村夫銭村儀定書」（下）

相定申村方相談夫銭究之事

［略］

一、同〔甲銀〕　弐拾四匁　ごぜ・座頭

（『白根町誌』資料編、一四二頁）

【西野村】

天保八年（一八三七）十二月

「（表紙）
天保八年
夫銭定式帳
酉十二月
西野村」

一、同〔甲銀〕　六拾六匁　瞽女座頭賄代

（『白根町誌』資料編、二九七頁）

【桃園村】

慶応三年（一八六七）六月

「（表紙）
慶応三年
村入用夫銭定式帳
卯六月　桃園村」

右之外寄合之分臨時附出シ之積り

［略］

一、九拾匁　瞽（女脱カ）酒賄代

（『山梨県史』資料編一一、二六八～二六九頁）

山梨市

【正徳寺村】

文化二年（一八〇五）

「丑村入用夫銭帳

正徳寺村」

一、銀四拾六匁四分

是ハ正月より十二月まで瞽女一宿扶持米代、但五人組八泊り六人組三泊り〆五拾八人、但壱泊り壱人ニ付銀八分ツ、

［略］

文化三寅年三月　正徳寺村

（『山梨市史』史料編、近世、三八五～三八六頁）

【八幡南村】

寛政四年（一七九二）七月

「（表紙）寛政四年
萬　諸　入　用　帳
子七月日」

子泊り賄ひ覚

一、［月日欠］泊り
四人　　こせ

一、八月廿六日
七人　十三人組　こせ

一、［八月カ］廿七日
七人　　こせ

一、［八月カ］廿九日
七人　九人組　同断［こせ］

一、九月三日
四人　九人組　同断［こせ］

一、九月七日
四人　十一人組　同断［こせ］

一、［九月カ］廿一日
四人　　同断［こせ］

一、［九月カ］廿四日
四人　　同断［こせ］

一、［九月カ］廿五日
四人　　同断［こせ］
〆三十九人［ママ］

一、十月廿日
七人　　同断［こせ］

一、七人　　同断［こせ］

一、七人　　同断［こせ］

一、弐人　　同断［こせ］

（川崎家文書［古五―三六〇］）

天保六年（一八三五）八月

「（表紙）天保六年
村　小　入　用　控
未八月日」

一、銀廿四匁　瞽女・座頭
賄ひ代

（川崎家文書［古五-三一六］）

天保十一年（一八四〇）八月

（表紙）
「天保十一年
村小入用帳
子八月日」

一、銀弐拾四匁　蔞女・座頭
　　　　　　　　賄代

（川崎家文書［古五-三六二］）

山梨市（牧丘町）

【西保中村】

天明五年（一七八五）三月

（表紙）
「天明五年
甲州山梨郡西保中村小入用帳
巳ノ三月日」

一、同［銀］、弐拾匁
　是ハごぜ・座頭泊りノ入用

（奥山家文書［奥〇九三・四／二一］山梨県立博物館蔵）

天保七年（一八三六）

（表紙）
「申
村入用夫銭帳
山梨郡
西保中村」

一、同［銀］、七拾八匁
　是ハ瞽女泊り
　壱人ニ付銀六分掛り

（奥山家文書［奥〇九三・四／六八］）

天保十二年（一八四一）

（表紙）
「丑村入用夫銭帳
山梨郡
西保中村」

一、同［銀］、九拾三匁
　是ハごぜ百五拾人分
　泊り、壱人ニ付六分掛り三

（奥山家文書［奥〇九三・四／七三］）

天保十四年（一八四三）

（表紙）
「卯
村入用夫銭帳
山梨郡
西保中村」

一、同、〔銀〕七拾五匁
是ハ瞽女百廿五人泊り、
但シ壱人ニ付六分掛り

（奥山家文書［奥〇九三・四／七四］）

弘化三年（一八四六）

「（表紙）午　村　入　用　夫　銭　帳
山梨郡
西保中村」

一、同、〔銀〕七拾八匁
是ハ瞽女泊り百三拾人分、
但壱人ニ付六分掛り

（奥山家文書［奥〇九三・四／七六］）

嘉永五年（一八五二）

「（表紙）子　村　入　用　夫　銭　帳
山梨郡
西保中村」

一、同、〔銀〕百弐拾八匁四分
是ハ瞽女・座頭泊り
人数弐百拾四人

（奥山家文書［奥〇九三・四／八二］）

文久元年（一八六一）

「（表紙）酉　村　入　用　夫　銭　帳
山梨郡
西保中村」

一、銀百五拾匁
是ハ瞽女・座頭
泊り、弐百五拾人分

（奥山家文書［奥〇九三・四／九二］）

元治元年（一八六四）

「（表紙）□（子カ）村入用夫銭帳
西保中□（村カ）」

一、同、〔銀〕百四拾五匁也
是は瞽目・座頭
弐百五人泊り入用

（奥山家文書［奥〇九三・四／九七］）

慶応二年（一八六六）か

「（表紙）寅　村　入　用　夫　銭　帳
西保中村」

一、銀百八拾匁也

是は瞽〔女脱カ〕座頭百九拾人
泊り入用
（奥山家文書［奥〇九三・四／一〇二］）

明治三年（一八七〇）

（表紙）
「午　村　入　用　夫　銭　帳
西保中村　」

一、銀三百四拾八匁也
是ハごぜ座頭
百六十人泊り入用
（奥山家文書［奥〇九三・四／一〇五］）

山梨市（三富）

【下荻原村】

天保六年（一八三五）

（表紙）
「未年　村入用夫銭帳
天保六年　山梨郡下荻原村吉左衛門」

一、銀弐拾三匁七分
是ハ瞽女其外下宿もの賄代ニ御座候
（『三富村誌』上巻、七五六～七五七頁）

明治六年（一八七三）十二月

（表紙）
「山梨郡第□
明治六年
下荻原村課出金勘定仕上帳
第十二月　」

金壱円廿四銭五厘三毛　瞽目扶持入費、
但御規則以前之分
此小訳
金八拾銭　右同断〔瞽女〕九十六人扶持米壱
斗九升二合、一人ニ付米弐合宛
金三拾四銭弐厘五毛　昼通百三拾七人
金拾銭弐厘八毛　右立替料
但御規則以前之廉
（菊島家文書、第三巻［古M七‐三、三］）

【徳和村】

嘉永七年（一八五四）、「村小入用夫銭帳」

安政二年（一八五五）三月廿五日
盲女　九人　六分
盲女　一二人　九分

同年四月四日
盲女　　　　　八分
盲女　一六人　一匁二分
同年四月十八日
盲女　九人　　一〇〇文
盲女　一二人　一二〇文
盲女　八人　　一〇〇文
盲女　泊り　　五匁
同上　　　　　一〇〇文
同上　　　　　一五〇文
同上　　　　　六四文
同年四月二十六日
盲女　　　　　六分

（『三富村誌』上巻、七六八～七七〇頁の表による）

長野県

安曇野市穂高

【保高町村】

天保七年（一八三六）七月

（表紙）
「丙　天保七申年
町入用ノ通
七月吉日　大和屋」

十月十一日
一、四拾文　こぜ米
　　　　　　太賃取替
右ハ宮内卯之助殿江渡ス

（小川家文書［三三一七号］）

飯島町

【本郷村】

安永九年（一七八〇）、書き下し文

一、銭　八〇〇文　座頭・ごぜ入用　是は去亥年中、座

頭・ごぜ参り、泊入用かくの如くに御候〔ママ〕

（『飯島町誌』中巻、四三二頁）

飯田市

【田　村】

慶応元年（一八六五）、片桐家の記録

一、ごぜの覚　慶応元丑年七月廿七日

七月廿七日　一、昼飯　飯田ごぜ　たねよ組四人

一、同　おとわ組四人

九月十八日　一、昼飯　あめにて　小組組　四人

一、夕飯　四人泊り

九月十九日　一、朝飯　同

九月二十日　浜よ組泊二人

麦二斗九合預り、はちや引渡だちん貸し

十一月三日　一、昼飯　おとわ組

十一月十日　泊り　まつの組

（「旅芸人」一〇五頁。三好一成「飯田瞽女仲間の生活誌」二四二頁も参照）

南佐久郡川上村

【梓山村】

享保十三年（一七二八）三月

「（表紙）
享保十三年
佐久郡梓山村未正月より十二月迄村入用帳
申ノ三月」

一、銭四百文

是ハ、去未年中、所々より参候、座頭・ごせ・奉加等ニ出申候

（『川上村誌』資料編、第六巻、梓山川上登雄家文書下、五〜六頁）

【原　村】

文政六年（一八二三）三月

「（表紙）
文政六未年三月
去午正月より
同十二月迄　村入用夫銭割合帳
佐久郡　原村」

一、銭七貫五百三拾五文

内六貫三百三文

是者、愛宕山・秋葉山其外諸山江初穂勧物差出候分
壱貫弐百三拾弐文
是者、瞽女・座頭・浪人江度々差遣候分、但し、壱人ニ
付、拾六文宛
（『川上村誌』資料編、第三巻、大深山・原林野保護組合文書、五二四～五二五頁）

小諸市

【御影新田村】

安永二年（一七七三）二月

「（表紙）
安永二年
信濃国御影新田村辰ノ正月より同十二月迄村入用夫銭書上帳
巳二月」
一、米壱石弐斗
是ハ名主方村役人年々ニ諸勘定ニ寄合昼飯并ごぜ・座当・御
師之類昼飯泊り入用として当番名主御年貢米之内ニ而先年よ
り引落別割合不仕候
（柏木家文書［五一―一号］）

安永五年（一七七六）三月

「（表紙）
安永五年
信濃国御影新田村去未正月より同十二月迄村入用夫銭書上帳
申三月」
一、米壱石弐斗
是ハ名主方村役人諸勘定ニ寄合候節昼飯其外ごぜ・座当・御
師之類泊り昼飯代として当番名主御年貢米之内ニ而引落
別長［帳］割合不仕候
（柏木家文書［五一―二号］）

天明八年（一七八八）三月

「（表紙）
天明八年
信州佐久郡御影新田去未村入用夫銭帳
申三月
御影新田」
一、米壱石弐斗六升
是ハ名主方ニ而年中村役人諸勘定昼はん代并ごぜ・座頭・社
人昼はん代別帳ニ而取立申候
（柏木家文書［五一―三号］）

坂城町

【中之条村】

享保十一年（一七二六）

（表紙、略あるカ）「午ノ御年貢免割ひかい目録」

［銭］同五〆六百十八文　名主代油紙筆墨薪炭ろうそく座
頭・ごぜ入用

（『坂城町誌』四九四頁）

寛政二年（一七九〇）三月

（表紙）「寛政二年
酉小物成村入用帳
戌三月　中之条村」

一、［銭］同六百文　右は同断瞽女・座頭泊り入用

（『坂城町誌』四九五頁）

佐久市（旧浅科村）

【五郎兵衛新田】

宝暦八年（一七五八）十二月

（表紙）「宝暦八年　五郎兵衛新田村
卯村中諸入用小使帳
寅十二月　名主 所左衛門」

一、五月廿五日 三拾弐文
是は後世壱人あやまち致村送り加籠ニ而参り候を祝儀無心致
候間遣ス

（「信州佐久郡五郎兵衛新田村柳沢家文書」）

明和五年（一七六八）十二月

（表紙）「明和五年　五郎兵衛新田［村］□
丑村中諸入用小遣帳
子十二月　立会 名主 組頭」

一、［月日欠、四月二十七日カ］弐百廿四文　こせ
泊り
三枚　こ座
伊右衛門上り調

（「信州佐久郡五郎兵衛新田村柳沢家文書」）

安永八年（一七七九）十二月

（表紙）「安永八年
子村中諸入用帳
亥十二月　惣役人 立会」

一、〔月日欠、五月カ〕三百廿四文　御莚
　　　　　　　　四枚
是ハ瞽盲寝床ニ致し候間

（「信州佐久郡五郎兵衛新田村柳沢家文書」）

天明五年（一七八五）正月

（表紙）
「天明五年
巳　村　中　諸　入　用　帳
正月
　　　　　惣役人
　　　　　　立会」

一、〔六月四日〕拾六文　後世
越後国より壱人者ニ而奉加ニ参候節

（「信州佐久郡五郎兵衛新田村柳沢家文書」）

表5　五郎兵衛新田村の小使帳などに見られる座頭・瞽女への合力など

作成年月	金額	対象	出典
宝暦八年（一七五八）十二月	三〆七百弐拾文	ごぜ・座頭	「卯村中諸入用小使帳」
宝暦九年（一七五九）十二月	弐貫弐百文	御前・座頭泊り、四十五人分	「辰村中諸入用小使帳」
宝暦十年（一七六〇）十二月	弐貫百四拾八文	ごぜ・座頭泊り	「巳村中諸入用小使帳」
宝暦十一年（一七六一）十二月	弐貫百文	後せ・座当泊り入用	「午村中諸入用小使帳」
宝暦十二年（一七六二）十二月	弐貫百文	後せ・座当泊り入用	「未村中諸入用小使帳」
宝暦十三年（一七六三）十二月	弐貫文	ごぜ・座頭泊り入用	「申村中諸入用小使帳」
明和元年（一七六四）十二月	弐貫文	ごせ・座とう泊り入用	「酉村中諸入用小使帳」
明和二年（一七六五）十二月	弐貫文	ごぜ・座頭入用	「戌村中諸入用小使帳」
明和三年（一七六六）十二月	弐貫文	こせ・座頭泊り昼食	「亥村中諸入用小使帳」
明和四年（一七六七）十二月	弐貫文	後せ・座当泊り入用	「子村中諸入用小遣帳」
明和五年（一七六八）十二月	弐貫文	後ぜ・座頭泊り	「丑村中諸入用小遣帳」
明和六年（一七六九）十二月	弐〆五百文	後ぜ・座頭	「寅村中諸入用小遣帳」
明和七年（一七七〇）十二月	弐〆六百文	ごぜ・座当泊り	「卯村中諸入用小遣帳」
明和八年（一七七一）十二月	弐〆六百四拾八文	後ぜ・座当泊り	「辰村中諸入用小遣帳」
安永元年（一七七二）十二月	弐〆七百四拾八文	後世・座当	「巳村中諸入用小遣帳」
安永二年（一七七三）十二月	弐貫六百文	後ぜ・座頭	「午村中諸入用小遣帳」
安永三年（一七七四）十二月	弐〆八百文	ごぜ・座頭	「未村中諸入用小遣帳」
安永四年（一七七五）十二月	弐〆八百文	後世・座頭	「申村中諸入用帳」
安永五年（一七七六）十二月	弐〆九百文	後世・座頭	「酉村中諸入用小使帳」
安永六年（一七七七）十二月	弐〆九百文	後世・座頭	「戌村中諸入用小使帳」

安永七年（一七七八）十二月	三貫文	こせ・座頭泊り	「亥村中諸入用小使帳」
安永八年（一七七九）十二月	三貫弐百文	こせ・座頭泊り入用	「子村中諸入用帳」
安永九年（一七八〇）十二月	三〆三百文	こせ・座頭泊り入用	「巳村中諸入用帳」
天明二年（一七八二）正月	弐〆九百文	こぜ・座頭泊り入用	「寅村中諸入用帳」
天明三年（一七八三）正月	弐貫七百文	ごぜ・座頭泊り	「卯村中諸入用帳」
天明四年（一七八四）正月	三〆□四拾八文	こせ・座頭泊り	「辰村中諸入用帳」
天明五年（一七八五）正月	三〆三百文	ごせ・座頭	「巳村中諸入用帳」
天明六年（一七八六）正月	弐貫九百文	ごせ・座頭	「午ノ村中諸入用帳」
天明七年（一七八七）正月	弐貫九百文	後世・座当泊り入用	「未村中諸入用帳」
天明八年（一七八八）正月	三貫文	こせ・座頭泊り	「申村中諸入用帳」
文化四年（一八〇七）正月	三〆三百文	瞽女・座頭泊り入用	「卯村中諸入用帳」
天保六年（一八三五）正月	三〆三百四十八文	座頭・こせ泊り	「未村中諸入用帳」
天保七年（一八三六）[月欠]	三〆三百四十八文	こせ・座頭泊り	「申村中諸入用□」
天保八年（一八三七）正月	三〆三百文	座頭・こせ泊り	「酉村中諸入用帳」
天保十年（一八三九）正月	三〆三百四十八文	こせ・座頭	「亥村中諸入用帳」
天保十一年（一八四〇）正月	三〆弐百文	こせ・座頭泊り	「子村中諸入用帳」
天保十二年（一八四一）正月	三〆弐百文	こせ・座頭	「丑村中諸入用帳」
天保十三年（一八四二）正月	三〆三百文	こせ・座頭	「寅村中諸入用帳」
天保十四年（一八四三）正月	三〆三百四十八文	こせ・座頭泊り入用	「卯村中諸入用帳」
天保十五年（一八四四）正月	三〆三百文	こせ・座頭	「辰村中諸入用帳」
弘化二年（一八四五）正月	三〆弐百四十八文	こせ・座頭	「巳村中諸入用帳」
弘化三年（一八四六）正月	三〆弐百文	後せ・座頭入用	「午村中諸入用帳」
嘉永二年（一八四九）正月	三〆弐百文	ごぜ・座頭之分	「酉村中諸入用帳」

（「信州佐久郡五郎兵衛新田村柳沢家文書」より作成）

佐久穂町

【下海瀬村《したかいぜ》】文政五年（一八二二）正月

（表紙）
「文政五年　　下海瀬村
二ヶ三ヶ本郷組共
当午村入用夫銭帳
正月　　名主 与左衛門」

六月十日
一、九拾文　　盲女三人　立替

同日［六月十日］
一、九拾文　同［盲女］三人　立替

同日［六月十日］
一、百弐拾四文　同四人

六月廿七日
一、銭百五拾四文　盲女五人　立替

同日［六月二十七日］
一、同［銭］百八拾四文　同［盲女］六人　立替

七月朔日
一、同［銭］百五拾六文　同［盲女］五人　立替

六月廿五日
一、銭九拾文　盲女三人　立替

六月十八日
一、銭九十文　盲女三人　立替

同［六月］十九日
一、同［銭］百弐十四文　同［盲女］四人　立替

六月廿日
一、同［銭］弐百拾八文　同［盲女］七人　立替

六月十八日□□□□□ニ付相除分
一、銭九拾文　○　盲女三人　立替

同［六月］十九日
一、同［銭］百弐拾四文　○　右同断　同［盲女］四人　立替

同［六月］廿日
一、同［銭］弐百拾八文　○　右同断　同［盲女］七人　立替

（土屋家文書［七八五号］）

文政八年（一八二五）十二月

「（表紙）
文政八年　下海瀬村

村入用夫銭帳

酉十二月　名主 与左衛門」

五月十四日
一、百五拾四文　後世五人　立替

五月廿日
一、銭九拾文　後世三人　立替

六月九日
一、銭百五拾四文　後世五人　立替

六月十三日
一、同［銭］百廿四文　同［後世］四人　立替

六月十三日
一、九拾文　後世三人　立替

六月廿二日
一、盲女四人泊り　庄右衛門
代百文

同

一、米弐升六合七勺、盲女扶持米

代三百三十六文

同　廿三日

一、百五十四文　盲女五人　立替

（土屋家文書［七八六号］）

文政十二年（一八二九）十二月

「（表紙）文政十二年　下海瀬村

年中村方入用夫銭帳

丑十二月　名主 与左衛門」

六月廿六日

一、百五拾四文　盲女五人　立替

（土屋家文書［七八七号］）

天保二年（一八三一）十二月

「（表紙）天保弐年　下海瀬村

年中村方入用夫銭帳

卯十二月　名主 与左衛門」

六月五日ノ晩

一、扶持米 米壱升三合三勺　後世弐人　泊り

代百拾六文

六月五日ノ晩 同

一、五拾文　木銭

［六月］同、十六日

一、九拾文　後世三人　立替也

［六月］同、十九日

扶持米分

一、米三升三合三勺　後世五人　泊り

代百拾六文

［六月十九日］同

一、百弐拾四文　木銭

［六月］同、廿二日

一、九拾文　後世三人　立替也

［六月］同、十二日帳落改メ出ス

一、百弐拾四文　後世四人　立替也

［六月］同、廿三日

一、百弐拾四文　［後世四人］同断　立替也

六月廿四日

一、百五拾四文　盲女五人　立替也

同〔六月〕、廿五日
一、百弐拾四文　盲女四人　立替也
同〔六月〕、廿六日
一、九拾文　同〔盲女〕、三人　立替也

（土屋家文書［七八八号］）

安政六年（一八五九）八月八日

（表紙）
「安政六年
村方入用夫銭帳　下海瀬村
未八月八日　名主 与左衛門」

同〔八月十日〕　泊り
一、百七拾弐文　瞽女七人　木銭

（土屋家文書［七八九号］）

万延元年（一八六〇）

（表紙欠）
六月二日　武兵衛方
一、白米弐升五合　瞽女五人　泊り
代三百三十三文

同日〔六月二日〕
一、百弐十四文　木銭
六月廿二日
一、瞽女三人
白米壱升五合
代弐百四文
一、木銭　瞽〔女脱カ〕三人ノ分
代七十弐文
同〔七月〕、廿三日分
一、白米弐升　瞽〔女脱カ〕四人　泊り
代弐百六十八文
同〔七月二十三日〕
一、百文　木銭

（土屋家文書［七九〇号］）

万延二年（一八六一）正月

（表紙）
「万延二年
村方入用夫銭帳　下海瀬村
辛酉正月吉日　名主 与左衛門」

［日欠］
五月
一、白米三升扶持米　瞽女六人
　代四百六十六文
一、銭百五十文、木銭
　右弐筆安右衛門方　立替
五月廿九日　同四人泊り
一、白米弐升　扶持米
　代三百十弐文
一、銭百文　木銭
［六月］
同廿五日　瞽［女脱カ］五人泊り
一、白米弐升五合
　代三百十弐文
一、銭百弐拾四文　木銭
七月五日
一、白米三升　瞽女六人　泊り
　代四百六拾六文
［七月五日］
同日
一、銭百五十文　木銭
［七月二十二日］
同日
一、白米弐升　瞽女四人　泊り
　代三百拾弐文
［七月二十二日］
同日
一、百三拾弐文　木銭
七月二十四日
一、白米弐升五合　盲［女脱カ］五人　泊り
　代三百八十八文
［七月二十四日］
同日
一、百廿四文　木銭
八月十四日泊　瞽女三人
　代弐百三十三文
［八月十四日］
同日
一、銭七拾弐文

（土屋家文書［七九一号］）

文久二年正月～三年（一八六二～六三）

（表紙）
「文久二年　下海瀬村
村諸入用夫銭帳
壬戌正月吉日　名主 与左衛門」
六月十八日
一、白米三升五合　瞽女七人泊り
　代五百五十六文
一、百七拾二文　木銭

〆

［六月］
同、廿日
一、白米弐升五合　［瞽女］同　五人泊り
　代三百九十五文
［六月廿日］
同日
一、銭百廿四文　木銭
六月廿三日
一、白米弐升五合　瞽女　五人泊り
　代三百九十五文
［六月二十三日］
同日
一、銭百弐拾四文　木銭
七月十二日
一、白米弐升　瞽女四人泊り
　代三百廿四文
［七月十二日］
同日
一、銭百文　木銭
［八月］
同月十七日
一、銭二百文　瞽女三人
　右は泊り願出候ニ付立在之継村へ
　出し申候
［以下文久三年分］
五月四日之分
一、白米弐升　瞽女四人　泊り
　代三百五十四文
［五月四日］
同日
一、銭百文　木銭
［五月］
同、十日
一、白米弐升五合　瞽女五人　泊り
　代四百五十四文
［五月十日］
同日
一、銭百弐拾四文　木銭
六月朔日
一、白米弐升　瞽女四人　泊り
　代三百五十四文
［六月一日］
同日
一、銭百文　木銭
六月十一日
一、白米弐升　瞽女四人　泊り
　代三百五拾四文
［六月十一日］
同日
一、銭百文　木銭
［七月］
同月十八日
一、米壱升五合　瞽女三人　泊り
　代弐百六十五文
［七月十八日］
同日
一、銭七拾弐文　木銭
七月二十三日
一、白米壱升五合　瞽女三人　泊り
　代弐百六十五文

［七月二十三日］同日
一、銭七拾弐文　木銭
七月二十四日
一、米壱升五合　瞽女三人
　代弐百六十五文
［七月二十四日］同日
一、銭七十弐文　木銭

（土屋家文書［七九二号］）

下伊那郡下條村

【吉岡村】

天保十年（一八三九）正月

（表紙）
「天保十年　吉岡村
村方年内諸入用覚帳
　亥正月吉日　名主所」

二月朔日
［略］
　三二文　後世　二人

（『下条村誌』上巻、五六九頁、五七〇頁）

富士見町

【乙事村】

天明二年（一七八二）八月

（表紙）
「天明二壬寅年　名主廻り
瞽女宿屋順帳
　座頭其外銭無シ類
八月　名主　権太郎　」

一、瞽女前々より当村壱夜泊りニ候、万一大キニ雨天ニ候得者弐夜もとめ候事も御座候、名主ニ而宿致来り候所エ、天明二壬寅八月廿八日ニ村中相談ニ而、村中廻りニ留メ申筈ニ談事候、然レ共極々之者へ用捨札張り置申候、しかし重而も年々役人見積り、用捨札直し可申候、先壱軒江弐人つゝ、但シ三人・五人・七人与はしニ参候ハヽ、其家を名主見計へ、三人も遣し、又ハ壱人も可遣ス候、宿致候者江星可致ス候、

○○　助　六
○○○　平　重
○○○　磯右衛門
○○○　久左衛門
○○○　儀右衛門
忠四郎

（以下、三百十八名省略、ウチ二十四名星印ナシ）

（『長野県史』近世史料編、第三巻、五〇九～五一〇頁）

福岡県

飯塚市

【赤坂村】

安政五年（一八五八）正月

（表紙）
「安政五年　　　　庄屋　甚十郎
　　　　　　　　　組頭　喜三郎
　　　　　　　　　　　　大平

赤坂村年中村雑用帳

午正月吉日　　　　年寄御用中」

四月分
一、同［銭］拾弐文　俵割
　　　　　　　　　こせ《ごぜ》糸代

六月分
一、同［銭］三拾六文　俵割
　　　　　　　　　こせ糸代

七月分
一、同［銭］弐拾四文　候［ママ、俵カ］割
　　　　　　　　　こせ糸代

十月分
一、同三十六も音　　俵わり
　　　　　　　こせ糸代
十一月分
一、同六拾文　　俵割
　　　　　　　こせ糸代
［月不詳］
一、同〔米〕弐斗六升壱合　　俵割
右ハ年中こせ・座頭泊り宿米
（『嘉穂地方史』近世編、第二巻、三九四～三九九頁）

福津市

【大嶋浦】

安永七年（一七七八）三月、「大嶋浦算用帳」
一、同〔銭〕四匁
右ハ在自盲女参候ニ付、糸代并一日賄代共ニ
（『福間町史』資料編三、三八五頁）

【勝　浦】

安永四年（一七七五）四月、「勝浦算用帳」
一、同〔銭〕弐匁ハ
右は池田村盲女壱人、一宿賄代并糸代遣ス分共
（『福間町史』資料編三、三〇〇頁）

安永四年（一七七五）九月、「勝浦算用帳」
一、同〔銭〕弐匁ハ
右は宰府村盲女壱人、一宿賄代并糸代共
（『福間町史』資料編三、三〇三頁）

安永四年（一七七五）十二月、「勝浦算用帳」
一、同〔銭〕弐匁ハ
右は池田村盲女、一宿賄代并糸代共
（『福間町史』資料編三、三〇六頁）

安永五年（一七七六）十一月、「勝浦算用帳」
一、同〔銭〕三匁六分ハ
右は池田村盲女両人、一宿賄代并糸代遣ス分共
（『福間町史』資料編三、三一五頁）

天明元年（一七八一）閏五月、「勝浦算用帳」
一、同〔銭〕四匁ハ

右は裏粕屋盲女弐人罷越、一宿致候賄代并糸代遣ス分共ニ

（『福間町史』資料編三、三二九頁）

天明元年（一七八一）九月、「勝浦算用帳」

一、同〔銭〕弐匁ハ

右ハ表粕屋郡盲女壱人罷越、一宿賄代并糸代共

（『福間町史』資料編三、三三二頁）

【鐘崎浦】

安永五年（一七七六）八月、「鐘崎浦算用帳」

一、同〔銭〕壱匁六分ハ

右ハ直方盲女壱人、二夕賄代

（『福間町史』資料編三、四一三頁）

安永五年（一七七六）九月、「鐘崎浦算用帳」

一、同〔銭〕壱匁六分ハ

右ハ福間盲女弐人、一夕宛賄代

（『福間町史』資料編三、四一五頁）

【神湊浦】

安永五年（一七七六）四月二十七～二十八日、「神湊浦算用帳」

一、銭弐匁ハ

右ハ直方盲女壱人参り、四月廿七日より廿八日朝迄賄代
并ニ糸代遣ス分共ニ

（『福間町史』資料編三、三三七頁）

安永五年（一七七六）十一月二～四日、「神湊浦算用帳」

一、同〔銭〕四匁ハ

右は池田村盲女弐人、十一月二日より同四日迄賄代・糸
代共ニ

（『福間町史』資料編三、三四二頁）

安永八年（一七七九）二月十六～十八日、「神湊浦算用帳」

一、同〔銭〕五匁弐分ハ

右ハ在自・鹿府（部）盲女弐人、二月十六日より同十八日迄、
二日賄代并糸代遣分共ニ

（『福間町史』資料編三、三四八頁）

安永八年（一七七九）四月十七日、「神湊浦算用帳」

一、同〔銭〕三匁ハ

右ハ御役所御頼之盲女壱人、四月十七日一宿、賄代并糸
代遣ス分共ニ

（『福間町史』資料編三、三五二頁）

安永八年（一七七九）五月三十日～六月二日、「神湊浦算用帳」

一、同〔銭〕弐匁ハ
　右ハ池田盲女壱人、五月卅日より六月二日朝迄、日数二
　日分賄代

（『福間町史』資料編三、三五三頁）

安永八年（一七七九）五月三十日～六月二日、「神湊浦算用帳」

一、同〔銭〕弐匁ハ
　右ハ池田村盲女壱人、五月晦日より六月二日迄、日数二
　日分賄代

（『福間町史』資料編三、三五四頁）

安永八年（一七七九）七月十日、十二日、「神湊浦算用帳」

一、同〔銭〕弐匁五分ハ
　右ハ七月十日福間盲女壱人、一宿賄代・糸代遣ス分共ニ
一、銭五匁ハ
　右ハ七月十二日博多盲女壱人、一宿賄代・糸代四匁遣ス
　分共ニ

（『福間町史』資料編三、三五五頁）

安永八年（一七七九）九月二十六日、「神湊浦算用帳」

一、銭四匁ハ
　右ハ元木・遠賀盲女弐人、九月廿六日一宿賄代并糸代遣
　ス分共ニ。

（『福間町史』資料編三、三五八頁）

安永八年（一七七九）十一月七日、二十四～二十七日、「神湊浦算用帳」

一、同〔銭〕弐匁ハ
　右ハ十一月七日嘉摩（麻）盲女壱人、一宿賄代・糸代遣ス分共ニ

［略］

一、同〔銭〕三匁六分ハ
　右ハ底井野盲女壱人、十一月廿四日晩より同廿七日朝
　迄、日数三日賄代并糸代遣ス分共ニ

（『福間町史』資料編三、三六〇頁）

天明元年（一七八一）五月十三～十五日、「神湊浦算用帳」

一、同〔銭〕四匁ハ
　右ハ嘉摩（麻）盲女弐人、五月十三日より同十五日朝迄、日数
　二日賄代

［略］

一、同〔銭〕壱匁五分ハ

右ハ五月十五日八尋盲女壱人へ遣ス糸代
（『福間町史』資料編三、三七〇頁）

天明元年（一七八一）閏五月三〜四日、「神湊浦算用帳」

一、同〔銭〕三匁ハ
右ハ鹿府（部）・池田盲女三人、閏五月三日晩より四日朝迄、
一日分賄代
（『福間町史』資料編三、三七一頁）

天明元年（一七八一）六月三日、「神湊浦算用帳」

一、同〔銭〕壱匁ハ
右ハ福間盲女壱人、六月三日一宿賄代
（『福間町史』資料編三、三七二頁）

天明元年（一七八一）八月十四日、「神湊浦算用帳」

一、同〔銭〕壱匁ハ
右ハ八月十四日嘉摩（麻）盲女壱人、一宿賄代
（『福間町史』資料編三、三七四頁）

【福間浦】

安永四年（一七七五）七月十三日、「福間浦算用帳」

同〔七月〕十三日
一、同〔銭〕壱匁ハ
右ハ宮司盲女へ遣糸代
同日
一、同〔銭〕壱匁ハ
右盲女泊り賄代　利右衛門
（『福間町史』資料編三、二五六頁）

安永九年（一七八〇）九月二十六日、「福間浦毎月算用帳九月分」

同〔九月〕廿六日
一、同〔銭〕壱匁ハ
右ハ藤原盲女へ遣ス糸代
同日
一、同〔銭〕弐分　五市
右盲女泊り賄代
（『福間町史』資料編三、五一九頁）

安永九年（一七八〇）十月五日、「福間浦毎月算用帳十月分」

同〔十月〕五日
一、同〔銭〕壱匁ハ
右ハ池田盲女へ遣糸代

同日
一、同〔銭〕壱匁弐分　　五市
　右盲女泊り賄代

（『福間町史』資料編三、五三〇～五三一頁）

安永九年（一七八〇）十一月二十二日、「福間浦毎月算用帳十一月分」

〔十一月〕同　廿二日
一、同〔銭〕壱匁ハ
　右穂浪(波)盲女へ遣糸代
同
一、同〔銭〕弐匁四分　　五市
　右盲女雨天ニ付、両日泊り賄代
同［　］日
一、同〔銭〕弐匁ハ
　右ハ嘉摩(麻)盲女両人へ遣糸代
同
一、同〔銭〕弐匁四分　　五市
　右盲女両人泊り賄代

（『福間町史』資料編三、五四三頁）

天明元年（一七八一）五月二十二日、「福間浦算用帳」

〔五月〕廿二日
一、同〔銭〕弐匁
　右ハ鹿部盲女両人へ遣糸代
同日
一、同〔銭〕弐匁四分　　源兵衛
　［　　］賄代

（『福間町史』資料編三、二六〇～二六一頁）

天明元年（一七八一）七月十四日、「福間浦算用帳」

〔七月〕同十四日
一、同〔銭〕壱匁
　右ハ嘉摩(麻)郡盲女へ遣糸代
一、同〔銭〕壱匁弐分　　利吉
　右盲女泊り賄代

（『福間町史』資料編三、二六四頁）

寛政元年（一七八九）三～十一月、「福間浦雑用帳」

［三月分雑用］
一、同〔銭〕壱匁
　右は池田盲女遣候糸代
一、同〔銭〕壱匁七分　　宿
　　　　　　　　　　利吉

〆
〔略〕
一、同〔銭〕壱匁
　右ハ曲り盲女遣候糸代
一、同〔銭〕壱匁七分　宿　孫兵衛
〆右は
〔略〕
〔四月分雑用〕
一、同〔銭〕壱匁
　右ハ宰府盲女ニ遣候糸代
一、同〔銭〕壱匁七分　宿　利　吉
〆
〔略〕
　閏六月分雑用
一、銭壱匁
　右は若杉盲女遣候糸代
一、同〔銭〕壱匁七分　賄代
〆
〔略〕
　十一月分雑用
一、銭一匁
　右は畝町盲女へ遣候糸代
一、同〔銭〕壱匁七分
　右は盲女泊り賄代
（『福間町史』資料編三、五八二〜五八三頁、五八五頁、五九〇頁）

III　諸国瞽女由緒記・縁起・式目

目次

一 「座頭縁起」（寛永四年〔一六二七〕）

座頭縁起

座頭は奉尋其濫觴人皇五十二代帝嵯峨天皇第二皇女天世姫ト申テ目見給サル姫宮御坐ス、目見ル者御意ニ入ス、然ニヨツテ盲人大臣之位ニ任シ、是ニ妻シコレヲゴ世ト号ス、其後人皇五十七代帝光孝天皇第三之王子河内院殿ト申テ目見給サル御子御坐ス、是ヲ大臣ニ補任シ奉リ、其後人皇五十九代帝宇多天皇第一之臣下ニ土岐殿ト申人之御子ニ盲人出来、其時土岐殿帝へ秦聞申ル、ハ天子御子ニ盲人、有時ハ高位ニシテ奉崇之臣下ノ子盲人、有時ハ末世ニ渡世ナリカタク官ニ刻建従位当検校大臣之位任シ、光孝御子河内院殿城都検校ニナシタテマツル、是ヨリ先ハ盲人惣名琵琶法師ト申タテマツル、其迄ハ大隅・薩摩・日向三ヶ国ヲ盲人知行ニ下サレ、盲人悉ク筑紫へ下向住居ス、其ヨリ未世城都検校へ知行召上ラレ、坐頭ト云二字ヲ御免ナサセラレ、公家・武家・出家・社家・在家此五家ヲ御免ナサセラレ、畢其時之御詠歌ニ曰

　世の中の人の心を橋にして
　うき世を渡るほうし一人

ト金札ヲ被遊銘々ニ是ヲ賜リ、此金札ヲ持右ノ五家ヲ廻リ出入スル者ナリ、因茲坐頭官ハ正位ヨリ不任従位ヨリ任スル者ナリ、半打掛ハ従九位ノ下ナリ、刻上テ四度ノ時高頭〔勾当〕之ハレ別当ノ内従二位、ソノ上ハ検校ナリ、検校ハ一位ナリ、惣検校ハ従位ナリ、九位ノ下ヨリ従一位マテ位階アル故ニ廿四刻アリ、土岐殿御子井越検校ヨリ先ハ官銭禁中姫宮ニ収ル、是女官ナルニヨツテナリ、然ニ土岐殿御子井越検校ト成シ都新殿建立、座頭ノ官銭ヲ納ナリ、是等之流成ニヨリ坐頭は賤者家ニ行出入致サル者也

一、惣検校大政大臣末三検校は其次ノ位也、検校官数四十八也、高頭〔勾当〕位官也、十七ヨリ段々官数位有、四度ハ十四ヨリ名字ヲ名ノル、十六迄衆分ハサイシキヨリ十三迄ナリ、衆分九ヨリ十三迄ハ大衆分ナリ、一ツハ半、二ツハ丸、三ツハ花泉、四ツハ座頭分也、サイシキ衆分、五ツハ坐入一度之上衆引、六ツハ一度ノ中老引、七ツハ一度ノハレ、八ツハ二度ノ上衆引、九ツハ二度ノ中老引、十ハ二度ノハレ座頭ノ坊、十一ハ三度ノ上衆引、十二ハ三度之中老引、十三ハ三度ノハレ大衆分也、十四・十五六ハ四度衆分ノハレ、十七ハ花泉高頭〔勾当〕ノ初心ナリ、十八ハ権高頭〔勾当〕、十九ハ三度ノ高頭〔勾当〕、二十ハ四度高頭、廿一五度高頭、廿二六度高頭、廿三七度高頭、廿四八度ノ高頭ノハレ、其上ハ検校

一、半大徳ハ丸法師ハ三ツ目也、律師ハ四ヨリ八迄ノ卯ナリ法師ハ一度之高頭ヨリ二度ノ高頭迄、卯ナリ僧都ハ三度高頭ヨリ八度高頭迄卯ナリ、別当ノ官ハ権大僧都、検校ハ大僧正也

　　衆分
　真法検校　何　大威徳楚霊
　元法高頭〔勾当〕　何　大威徳楚霊
捨杖真祐　何　大徳禿霊

但大衆分四度ハ大真徳上ハ同検校
打掛
離杖　何　初心　取徳霊位
帰杖　何　ゴゼ出世分　禅徳霊位
無杖　何　同初心　壽徳霊位
物故　何　禅尼霊位

装束之式
一、検校　紫衣白袴
一、高頭〔勾当〕　黒衣白袴
一、四度衆分　長衣上下同色
一、打掛　浅黄上下同色

久我大臣殿ヨリ御書出之覚
一、誕生祝　一、改号祝
一、寺上寺下　一、官度元服
一、養子　一、祭礼
一、仏事志　一、棟揚蔵祝
一、家移　一、婿入
一、嫁入　一、舅入
右は座頭家業可相守者也

江府　高田検校
寛永四年卯十二月五日
座頭中

（「座頭縁起」）

二　『都名所図会』巻之二（京都、安永九年［一七八〇］成立）

→次項

座頭積塔《ざとうのしゃくたふ》といふは、人王五十八代光孝天皇の姫宮雨夜内親王《あまよのみこ》、御眼盲《しひ》給ひてより、洛中の女の盲者《まうじや》を召して御伽《おんとぎ》をせさせ給ひ、賤《いや》しきには官を賜ひ、御前に伺候するゆゑ、御前《ごぜ》と風儀《ならは》しけり。それより男子《なんし》の盲人も官を賜ひて座頭と称し、検校《けんげう》・勾《こう》当《たう》の官に任ずる事、この内親王《みこ》よりの遺風なり。

（『都名所図会』一一五頁。『皆山集』第六巻、一四六頁も参照）

三　『真佐喜のかつら』（江戸、嘉永三年〜万延元年［一八五〇〜六〇］頃成立か）

→前項

一、人皇五十八代光孝天皇の姫宮雨夜内親王、御眼盲給ひてより、洛中の女盲者をおほく集て御伽とす、いやしき者ニハ官を給ひて御前に伺公せる故を以て、御前《ゴゼ》と言ひならハしけり、是盲者に官下さるゝ始也、夫より男の盲者にも官を賜りて、座頭と称し、勾当、検校、其余くさ〴〵あり、当世は其元を失ひ、女盲者ハ男の次のやうに成行ぬ、

（『真佐喜のかつら』三八七頁）

四　「御免状之事」（江戸、文久元年〔一八六一〕八月）

御免状之事

一、抑人皇五拾八代光孝天皇御子古宮太子御年為十五年眼病相煩、終ニは盲目と相成、太子江従父天子検校之官位を給り、太子事城都検校と相改メ、城都為領分従太子大隅国を給り、其後悪七兵衛景清と申者頼朝公之御前ニ而両眼をゑくり、頼朝公江致献上、夫より盲ニ相成、鎌倉を出立致し、東海道段々九州日向国迄登り、景清日向国落着、夫より日向勾当と相改メ、勾当為領分頼朝公より日向国を景清ニ給り、然処乱世ニ付右日向・大隅を足利将軍ニ御取上と相成為、其替日本六拾余州祝義・不祝義・法事迄御免ニ被仰付、祝義布施者〔物〕等応其分限可施、其後光孝天皇末葉陸賀大納言様より江戸町奉行大岡越前守様江申付、瞽女・座頭之扶持として日本六拾余州右田地壱歩ニ付竪三寸之縄延、依之座頭ニ一宿いたし、一飯・手引壱人相添、継村迄無相違可送、勿論座頭五尺壱寸之杖三尺壱寸迄突詰メ、日本六十余州宿々村々順行いたし合力を受、雑色衆分之人官可致急渡、且又勧化ニ付年限有之候雑色五年、打掛三年其年季過候而も官位不致候もの有之候ハヽ、早速搦捕牢者〔舎〕可申付者也、右勧化ニ付故障ヶ間敷義申者有之候ハヽ、其村役人同道いたし、寺社御奉行所まて早速可訴出者也、右之旨御町奉行大岡越前守様より被申渡候、以上

江戸本庄〔所〕壱ツ目

文久元酉年八月日

宗〔惣〕録

役所

諸国宿々

村々役人中

（「御免状之事」吾妻地区諸家文書）

五　瞽女縁起（東京都江戸川区、須原義夫家文書〔五九一号〕、弘化五年〔嘉永元年（一八四八）二月写〕）

（表紙）

「瞽女能妙音講縁起之事」

謹て以見るニ、人王五拾弐代嵯峨天皇第四の宮女ニ而相模の姫君瞽女一派の元祖とならせ給ふ事、忝も下賀茂明神、末世の盲人を不便に思召あって帝の御腹に宿らせ給ひ、仮ニ胎内より御目盲て御誕生在て、父帝王・母居〔后〕、神社・仏閣に御祈誓是ありといへとも、元来大願成就の種なれは、夫ともかいあらす、相模の姫君七歳の御時、夢中ニ紀伊国那智山如意輪観世音菩薩御枕ニ立せ給ふ、君は末世の女人盲人の師と成らせ給ふへし、下賀茂王〔応化〕家に而渡らせ給ふ、諸芸を元として世渡りを民間ニ下り営ミ給ふへしと、夢想を授んとの徳ニより則五派と定メ、妙観派、柏派、播磨派、弟子五人是より則友として諸芸を励むへしと、既ニ御夢覚させ、父母江御物語り、父帝は母御事崇之有難キ徳あるとて則摂家之内妙観派・柏派弐人の御弟子一條の姫君、播磨の国府より国司の御子、下野の城主御前之派と定メる

事也近江の国の城主の姫君なこと〔お三カ〕の派と申なり、右五人の御弟子渇仰の友として琴をかなて歌芸ひ、其徳ニより拾五歳を経て中臈と号ス官録是あり、尤初心ニ而弟子取事内ニして修行に出ぬ前なれは苦しからす、但し中臈より弟子諸ともニ修行ニ出る事嵯峨天皇の御定メ、院宣の徳也其徳により弐拾七歳を経て一臈官と号ス也、但し瞽女官ニ入れは賤しき家ニゆかす、武士百姓町人は売々ニよるへき也、寺修験門徒も神主らへは出入るへき也、若作法を背くもの是有候ハヽ、髪を切、竹杖をあたへ、其咎の品ニより所を追拂ふへし、或は拾里弐拾里外江追仏ふへきなり、但し理立たすんは頭ら頭らの捌を得て納むへしと云々

一、信心の本尊は如意輪観世音は妙音菩薩ニ而渡らせ給ふ也、位々の徳妙音菩薩、弁才天、下賀茂明神常に祈るへき也、世渡リの守護神にて渡らせ給ふ、愚に心得なは立所に御罰を蒙るへき也

一、世渡リ武士所の庄屋在家ニ至る事嵯峨天皇御勅定ニ而日本修行御恩徳也全く旦家の恩ニあらす故ニ謹むへし崇むへき也有難き御恩徳と伝心すへき事也と云々依而院宣の巻物如件

式目之事

一、仲間惣頭一臈官四拾年ニして頭とすへし、尤一派之内年高のもの無之候ハヽ、四拾年ニて不足とも是を相立へし、但し為頭身而一派の願を以て吟味有之時は一流〔ママ、派カ〕の一臈を集メ捌き致すへき也、誤て壱人ニ而捌かは下、危き事、慈悲之道不審なる時は、大祖の諸願成就ならすと心得へき事也

一、一臈より中臈江本文字ニ而呼ふへき事尤初心江は片名ニ而呼ふへき也

一、仲間ニ而不行跡有之候て年落の科有之候ハヽ、五年七年拾年其科の品を捌キ、右之事ニ可取立て候事

一、一派を背き他派江師を取候ハハ、右之元師匠江帰り候とも、年数を削り帰る年より年数とすへき事也

一、弟子を取後日ニ定まらすして師を極メ候ものの事、先約束江相返し、頼をもって時宜ニ随ひ貰請へき事、争ひをもって其壱人を捨置候ハヽ、下賀茂明神の罰有之事

一、約束の弟子を伴（う）れ、三年以上世渡リ仕候ものの事、先約束江壱ヶ年ニ金壱分宛差出し可貰請事

一、嵯峨天皇瞽女能の三字を改メ、瞽女の稼を御定メ被置候事

一、妙音講会合之節、病気の外は堅く壱人も不参成り不申候事

一、其頭より廻状出し候ハヽ、名前次第無滞先村江可致順達候事

一、□〔隙カ〕を取年貢月数を以て鐚壱貫弐百文五派の年貢、嵯峨天皇の勅定をもって御定メ被置候事

一、師匠終り年軽キ者共は其組にて拾年同宿を極メ、年数積り候ハヽ、右之師匠の跡を継くへし、他流の弟子たり共、其組遠国成時は慈悲を以て取立可申事

一、在々庄屋ニ一宿幷ニ入院祝儀稼の事、国□り利分の余りをもって可請之事、私の事にあらす忝も嵯峨天皇の勅定ニ而極之訖んぬ

右表て書之通、諸法度堅相背間敷事、尤脇ニ而年を越し家ニ不帰候ハヽ、半年の稼を留置へく候事、相模の姫君五派の弟子ニ是を被伝置候也

此旨背く間敷候以上

縁起式目　終

妙音菩薩弁財、天賀茂明神現当二世を救ひ給ひ、随分々信心して、平生身持大切ニ相守り、芸能せい出し、仲間したしき附合を相勤メ、必疑ひの心を起さす、只一筋ニ万端有かたしと斗りおもゐて世渡りすへしと云々

弘化五申年二月日

写之

すわら

（『瞽女の記録』一五～一七頁。樋口政則「瞽女止宿」に原文書の写真あり）

六　瞽女縁起及式目（延享三年［一七四六］成立、八王子市上川町円福寺蔵）

謹ておもん見るに、人皇五十二代嵯峨天皇第四の宮女、官にて相模の姫君、瞽女一派の元祖とならせ給ふ事、忝も下賀茂明神、末世の盲人を不便に思召、忝も尊の御腹にやとらせ給ひ、仮に胎内より御目しゐて御誕生ましく、父大王・母后、神社・仏閣に御所誓雖レ有レ之、元来、大願成就の種なれば、更に其甲斐あらず。相模姫君、七歳の時、夢中に紀伊国那智山如意輪観音、御枕に立せ給ひ、君は末世の女人盲人の司とならせ給ふへき、下賀茂王家(応化)にて渡らせ給ふ。諸芸を元として、世渡りを民閑(間)、営給に下りふべし。相(則カ)官をさつけんとの徳により、則五派を定め、ミやうくわん(妙観又ハ明官)・かしハ派々に□(分脱カ)け、播磨派第(弟)子五人、是より則官として、諸芸をはけむへしと、既に御夢覚させ、父母え御物語。父帝・母みこと、難レ有徳ありとて、則摂家の内、ミやうくわん派・柏派弐人の御弟子一条の姫君、播磨の国府より国司の御子、下野の城主ごぜん派と定る事、な□(をカ)近江の国城主の姫君、おミの派と申なり。五人の御弟子、渇仰の友として、琴かなて、歌芸其徳に開ケ、拾五年を□(経カ)て、中老と号ス官禄有レ之。尤□(初カ)心にて弟子取事、内証にして、修行に出ぬ前なれハ不レ苦。但シ中老より第(弟)子諸共に修行に出る事、嵯峨の天皇の御定メ、院宣の徳なり。其徳により、弐拾七年を経て、一老官と号すなり。但し瞽女官に入れば、賤き家に行ず、武者・百姓・町人は□(売カ)売によるへきなり。寺・修験・門徒・神主、是等ゐ(カ)は出入へきなり。若作法背もの有レ之は、髪□(をカ)切□(りカ)、竹枝(杖)を預ケ、其料(科)の品により、所を追払、式(或)は抜(拾カ)里、弐拾里以外え追払へき事なり。但シ利(判)立すんば、頭□(頭カ)の捌を得、おさむへしと、云云。

一、□(信カ)心□(のカ)本尊、如意輪□□(観世)□(音はカ)妙音菩薩にて渡らせ給ふ故なり。信心の徳、妙音菩薩・弁財天女・下賀茂大明神、常に祈るへきなり。世渡の守護神にて渡らせ給ふ。疎に心得なば、立所に御罰と(をカ)蒙るへき事なり。

一、世渡りは武士所之庄屋・在家に至事、嵯峨天皇の勅定にて、祝儀寺院わたまし下され候て、日本修(カ)行御恩の徳なり。全く檀家の恩にあらす。故に謹へきなり、尊へきなり。難レ有御忍(恩カ)徳可ニしん〱(信心)すと一云云。依レ之院宣の巻物、如レ件。

延享三丙寅年

二月中旬書ニ写之一

武州忍領ヨリ

川越播磨派エ伝レ之

者也

式目之事

一、仲間惣頭、一老官四拾年にして、頂とすへし。尤一派之内、年高無レ之候ハヽ、四拾年に足らすとも、可レ相ニ定之一。尤頭たるへき身、一派の願を以、吟味有レ之時は、一派の一老を集メ、捌致へき事なり。あやまって壱人にて取捌は下、あやうき事、慈悲の道不ニ実成一ときは、大祖の諸願成就なら(カ)すと、心得へき事なり。

一、一老より中老はお文字にて呼へき事。尤初□(心カ)えは□(片カ)名にて呼へき事なり。中老より初心えハ(カ)お文字ニて呼へき事。

一、中間にて不行跡有レ之候て、年落の罪有レ之候ハヽ、五年・七年・拾年、其料(科)の品を捌き、右之年に取立へき事なり。

一、派を背、他派え師を取り候ハヽ、右之元師匠え帰り候とも、年数けづり、帰る年より□数とすべき事なり。

一、第(弟)子取り、後日に定すして、師を極め候者之事、先約処(カ)へ相返し、頼を以、時の宜に随ひ、もらい請へき事。呼(マヽ)い其壱人を捨置候ハヽ、賀茂大明神の神罰可レ有レ之事なり。

一、嵯峨天皇、渡世能(マヽ)の三文字改□(めカ)、渡世かせくと御定め□(カ)。

一、隙取て、年貢月数を以、鐚壱貫弐百文、五派の年貢勅定を以て御定め□(被置カ)事。

一、師匠終り、年かるき者共、其組にて、拾年同宿極め、年積り□(候カ)ハヽ、右之師の跡を□(継カ)へし。他派の弟子たりとも、其組□(遠カ)方なる□(時カ)は、慈悲を以、□(取カ)立可申事なり。

一、在之庄屋に一宿并かせきの事、穀ちり・里分の余りを以、これを請へき事。わたくしの事にあらす。忝も嵯峨天皇の勅定にて、これをきわめおわんぬ。

右表書の通り、諸法度相背申間舗候。尤脇ニ(カ)て、年をこし、家に帰らす候ハヽ、半年のかせきを留へき事、相模の姫君、五派の弟子に是を伝置るなり。此旨背間敷候。已上。

恩縁式禄(縁起式目カ)終

右本書、文字・仮名ともに、誤《アヤマ》る事も有へし。又々書違ひ等も有へきなれとも、巻物を重もんし、唯其侭に書写置く。

妙(如)意輪観世音
妙音菩薩
弁財天女
下賀茂大明神

現当二世を扶い(ママ)給ふ。随分ニ信して、平生、身特大切ニ相守、芸能情□(出カ)し、仲間附合を以相勤、必疑ひの心不レ発、唯一筋に万端難レ有と斗り思ひ候得て、世渡りすへきと、云云。

明和三丙戌竜集
衣更着十五日
武州足立郡
鳩ケ谷宿
主さや

天明二卯《ウ》三月十五日
武州榛沢郡
太(マヽ)塚邑
授与　くに

寛政五癸丑年
七月中旬
武州足立郡
太(マヽ)宮宿
授与　おつれ

(金山正好「八王子に伝わっていた瞽女の巻物」一三〜一五頁)

七「瞽女掟書」(武蔵国埼玉郡横根村［現埼玉県さいたま市岩槻区］、年代不詳)

(表紙)「瞽女掟書」

謹面推以に人皇五拾弐代
嵯峨天王第四之宮女官ニ而相模之姫宮瞽女一派と成セ玉ふ事、忝も下加茂大明神末世の盲人□〔不〕便ニ思召、忝も尊の御腹ニやとらせ玉ひ、仮に胎内より御目しゐて御誕生まします、大□〔王〕母后神社仏閣に御祈誓有之といひ共、本より大願成就之種なれハ更に其甲斐あらす、相模姫宮七才之御歳、夢中ニ紀

伊国那智□〔山〕如意輪観世音御夢枕ニ立セ玉ふ、若末世女人□〔盲カ〕人
之〔司カ〕用と成せ玉ふべき、下加茂王〔応化〕家ニ而渡セ玉ふニ諸芸ヲ本と
して世渡を民間ニ下り営ミ続せ玉ふへき、相明〔官カ〕を授けんとの
徳ニより即五派と定メ、妙観□〔柏〕派国□□〔家播カ〕磨派、御前派、於美
濃派、弟子五人是ヲ友として諸芸を励むへしと既ニ御夢ハ醒
さ□□□〔セ玉ひ〕、父母ニ御物語り、父の帝母之尊ありかた□〔キ〕徳あり
とて、即摂家の内妙観派弐人の御弟子一条の姫君、播磨の国
府より国□〔司〕の御子、下野の城□〔主〕御前派と定る事此事也、近江
国の城主□□〔姫君〕於美濃派と申せし、五人の御弟子渇仰の友と琴
□□□〔をかな〕て歌芸其徳開□、十五年ヲ経て中老□〔と〕号す官録有之、
尤初心ニ而弟子取り事ハ内ニして修行ニ出ぬ前なれハ苦しか
らす、但し中老より弟子諸とも修行ニ出る事嵯峨天皇之
御□〔定〕院宣の徳也、其徳ニより弐拾八年ヲ経て□□〔一老〕官と号な
り、但し瞽女の官ニ入れハ賤しき□□〔家ニ〕行かす、武士百姓町人
ハ売買ニ寄へき事なり、□〔寺〕修験門徒神主是ニ出入へき也、
若作法背くもの有之候ハ、髪ヲきり、竹杖をあづけ、其科の
品ニより所と払ひ、或ハ十里廿里外江流罪有之へき事也、但
し理たゝずんハ遠々の捌を得おさむへしと云々

一、信心の本尊如意輪観世音□〔ハ〕、妙音菩薩にて渡セ玉ふ故、信
心の徳妙音菩薩・□〔弁〕才天・下加茂大明神ヲ常ニ祈るへきもの
なり、世渡守護之神ニて渡らセ玉ふ、愚かに心得なハ、立所
ニ御罰有之へ□〔き〕事也、
世渡武士の家、所の庄家、在家ニ至る事嵯峨天王の勅定也、
日本修行御恩之徳也、全く檀家之恩ニあらす、故ニ謹へき
也、崇へき也、難有御恩徳伝心すへしと云々、依而院宣巻物
仍而如件

一、仲間惣頭一老官四十年ニして頭とすへし、尤一派の内年高
無之候ハヽ、四拾年ニ足らすとも□可続へし、尤可為頭身分一
派の願吟味□〔有〕之より時□派の一老集捌可致事也、錯て壱人ニ
而取捌下々の危き事慈悲之道不定なる時ハ大祖之諸願成就な
らす

一、一老より中老は文字ニ而呼へし事、尤初心江ハ片名ニ而呼
へき事也

一、仲間ニ而不行跡有之候得ハ、年落の罪有之もの、五年・七
年・十年・其科の品ヲ唹、右之年ニ取立返すへき事也

一、一派を背き他派江師を取候ハヽ、右之師匠江還□〔リ〕候共も、
年数ヲ減じ帰り年より年数とすへし一、弟子取、期日定らす
して師を極候もの□〔ヽ〕事、先之約束江相返し、頼以時之宜致ニ
随ひ貰請へき事、尤其事不止して其人を捨置候はヽ、加茂大明
神の神罰を蒙るへき事也

一、約束之弟子れ、三年以上渡セ候ものハ先之約束江壱ヶ年ニ
金壱分つゝ差出し貰請へき□□〔申事〕

一、嵯峨天皇、瞽女拵の三字ヲ改メ、渡世拵と御定メ候事

一、隙取の年貢月数ヲ以壱〆弐百文五派の年貢勅定ヲ以御定置
候事

一、師匠終り年かるきものハ、其組ニ而十年同宿を極メ年積り

候ハ、、右之師匠之跡ヲ続へし、他派之弟子たりとも其組遠方なる時ハ慈悲を以是ヲ取立□［可］申事、在々庄屋に一［ママ］、宿并拵の事こくしう分厘あまり是を受へき事

右之条々ハ私之年ニあらす忝も嵯峨天皇之勅定ニ依而是ヲ極畢

（「瞽女掟書」武蔵国埼玉郡横根村文書）

八　瞽女縁起・式目（越ヶ谷宿［現埼玉県越谷市］、明治十二年［一八七九］十月一日［東京都足立区興野町、榎本ふじ旧蔵］）

謹而おもん見ルに、人皇五十二代嵯峨天皇第四の宮女官にて相模の姫君、瞽女一流の元祖とならせ給ふ事、忝も下加茂明神末世の盲人を不便《ふびん》に思召、忝も尊の御腹にやとらせ給ひ、仮に胎内より御目しゐて御誕生ましく〳〵、父大王母后、神社仏閣に御祈誓雖有之、元来大願成就の種なれは、更其甲斐あらす。相模姫君七歳の御時夢中に紀伊国那智山如意輪観音御枕に立［応化］せ結［給］ひ、君は末世の女人盲人の司とならせ給ふへき下賀茂王家にて渡らせ給ふ。諸芸を元として世渡りを民間に下り営給ふへし。相官をさつけんとの徳により、則五派を定め、ミやうくわん、かしわ派、くにけ、播磨派、弟子五人、是より則友として諸芸をはけむへしと、既に御夢覚させ、父母への御物語、父帝母みこと難有徳ありとて、則摂家の内ミやうくわん派、柏派弐人の御弟子一条の姫君、播磨の国府より国司の御子、下野の城主こせん派と定る事なり。近江の国城主の姫君おミの派と申也。五人の御弟子渇仰の友として、琴かなて歌芸其徳に関り、拾五年を経て中老と号ス。官録有之、尤初心ニて弟子取事内証にして、修行に出ぬ前なれは不苦。但中老より弟子諸共に修行に出る事、嵯峨の天皇の御定め院宣の徳なり。其徳により二十七年を経て一老官と号すなり。但し瞽女官に入れは、賤き家に行す。武士百姓町人は商売によるへき也。寺修験門徒神主是等えハ出入へきなり。若作法背者有らは、髪を切、竹杖を預ケ、其科の品により所を追払、或は拾里廿里外え追払へき事なり。但し利立すんは、頭堂の捌を得おさむへしと云云。

一、信心之本尊如意輪観音は妙音菩薩にて渡らせ給ふ故也。信心の徳、妙音菩薩、弁財天女、下賀茂大明神、常に祈るへき也。世渡の守護神にて渡らせ給ふ。疎に心得なは立所に御罰を蒙るへき事なり。

一、世渡りハ武士、所の庄屋、在家于（中間欠）祝儀寺院わたまし被下候事、日本修行御恩の徳なり。全く檀家の恩にあらす。故に謹へきなり、尊へき也。難有御恩徳可信心と云云。依之院宣の巻物、如件。

武州忍領ヨリ

川越播磨派ヱ伝之者也

式目之事

一、仲間惣頭一老官四拾年にして頭とすへし。尤一派のうち年高無之候ハヽ、四拾年に足らすとも可相定し。尤頭たるへき身、一派の願を以吟味有之時は、一派の老を集め捌致へ

き事なり。あやまつて壱人にて取捌は、下あやうき事、慈悲の道不実成ときは、大祖の諸願成就ならすと心得へき事也。

一、一老より中老は、□文字にて呼へき事なり。中老より初心え（中間欠）

一、中間にて不行跡有之候て年落し罪有候ハヽ、五年七年拾年其科の品を捌、右の年に取立へき事也

一、一派を背、他派え師を取り候ハヽ、右之元師匠え帰り候共、年数けつり、ふる年より年数とすへき事なり

一、弟子を取り、渡□定すして師を極め候者の事、先約へ相返し、頼を以、時の宜に随ひもらゐ請へき事。□以其壱人を捨置候ハヽ、賀茂大明神の神罰可有之事也

一、嵯峨天皇、渡世の三字改め渡世かせくと御定め

一、隙取て年貢月数を以鐚壱貫弐百文、五派の年貢勅定を以御定被置候事

一、師匠□り年かるき者は、其組にて拾年同宿極め年積り候ハヽ、右之師之跡を継へし。他派の慈悲を以取立可申事也

一、在々庄屋に一宿并かせきの事。穀ちり里分の余を以これを請へき事、私の事にあらす、忝も嵯峨の天皇勅定にてこれを極めおわんぬ

右前書之通諸法度相背申間舗事。尤脇にて年をこし家に帰り不申候ハヽ、年年のかせきを留へき事。相模姫君五派の弟子に是を伝置事なり。

此旨背間舗候。以上

恩禄式録終

妙意輪観世音
妙音菩薩
弁財天女
下賀茂大明神

現当二世を扶以給随分信心して、平生身持大切に相守、芸能情（精）出し、仲間附合を以相勤、必疑心不発、唯一筋に万端難有と斗り思ひ候得而世渡すへきと云云

武蔵国埼玉郡
越ヶ谷宿
ふし
同宿　ちか
同宿　いと

明治十二年
十月一日

（『越谷市史』第二巻、六五九～六六一頁。竹内勉『じょんがらと越後瞽女』一五〇～一五五頁、一五八～一六二頁も参照）

九「瞽女の縁起」（『駿国雑志』巻之七、天保十四年〔一八四三〕刊）→本書I「年表」天保十四年（一八四三）頃

瞽女の縁起

倩以るに、人王六十代、嵯峨天皇第四の宮女官にて、相模の姫宮、ごぜ一派の元祖となり給ふ。忝も賀茂明神、末世の盲人を、不便に思召、忝も御事の腹に宿らせ給ひ、胎内より御目瞽にて、御誕生ましく〳〵、父大王、母后、神社仏閣の御祈禱、有之と云へども、元来大願成就の種なれば、更に甲斐あらず、相模の姫宮、七歳の御時、夢に紀伊国那智山如意輪観音、夢枕に立せ給ふ、君は末世の、女人盲人のつかさとならせ給ふ、賀茂王[応化]家にて渡らせ給ふ、諸芸を本として、世渡りを民間に下り、営之すかせ給ふべき相官を授けん、との仰により、則派と定め、みやうくわん、かしわ派、くにけ、はりま派、をみの派、弟子五人是より則、友として、諸芸を励べしと、既に御夢覚させ給ひ、父母に語り合へば、有難き仰有とて、則摂家の中、明くわん派、かしわ派、二人の御弟子、一しやうの姫きみ、播磨国府より国司の御子、下野の城主に[ごカ]せん派と定るもの此事也。近江国の城主、姫君をみの派と申なり、五人の御弟子、偈[掲]仰の友とし、[琴脱カ]かな手[て]か[うカ]た、けい[芸]其派ひらけ、十五年を経て中老と号す、官禄是あり、尤初心にて、弟子取事、内にて修行に出ぬ前なれば、苦しからず、但中老より、弟子諸共に、修行に出る事、嵯峨天皇の御定、院宣の仰なり、其徳によらさせ、年を経て一老官と号す、組ごぜの官にいれば、賤き家に行ず、武士、百姓、町人、商買によるべし、寺社、修験、是には出入すべし、若法に背輩、是あらば、髪をきり、竹杖を預け、其咎の品により、所追放ち、十里廿里外へ流し、罪是あるべし。

但女儀にて、理立ずんば、其所のとふ〴〵の唀を得おさむべし。云云。

一、信心の本尊、如意輪観世音は、妙音菩薩にて、渡らせ給ふ故によりて、心信の徳、妙音弁財天、下賀茂大明神、常に祈るべき者也、世渡守護の神なれば、疎に心得なば、立所に御罰あるべきものなり。

一、世渡り、武士、所の庄屋、在家に至る事、嵯峨天皇よりの勅定に、日本修行、御恩の徳なり、全且[旦カ]家の恩にあらず、故に謹むべきなり、尊むべきなり、難有御恩、深信心すべき。云云。仍院宣乃巻如レ件。

同式目の事

一、仲か間惣領、一老官四拾年にして、頭とすべし、尤一派の中、年高無之候はゞ、四拾年にたらず共、是に続べし、尤頭たるべき身、一派の頭吟味、有之時は、五派の一老を集めて、唀き致べき事なり、誤て壱人にて、取唀、私多き事、慈悲の意、誠ならざるときんは、大祖の諸願成就ならず。

一、一老より、中老へも、をもしにて呼べき事、初心へは片名にて呼べき事也、中老より初心へをもしにてよぶべき古事な

り。

一、仲か間に、不行跡有之候得ば、年落の罪、是あらば五年七年十年、其科の品を唀き、右の年に取たて、かへすべき事。

一、一派を背き、他所へ師匠を取候はゞ、右の師匠へ帰候とも、年数を削り帰し、其年より年数とすべし。

一、弟子取後日に定らずして、師匠を極候者、事先の約束へ相返し、願を以、時の詮議に随ひ、貰請べき事、尤争ひ壱人を捨置候はゞ、賀茂大明神の神罰有べき事。

一、約束の弟子つれ、三年以上、世渡り仕候はゞ、古の約束へ壱年に付、金壱分づゝ、指出し、貰請べき事。

一、嵯峨天皇こせのふの三字、改め後世稼と御定め。

一、隙取の事貢[年カ]、月数を以て、壱貫弐百文、五派の年貢、勅定を以御定置事。

一、師匠終り、年軽きものは、其組にて結[拾カ]年同宿きはめ、年積候はゞ、右の師の跡を続へし、他派の弟子たりとも、其組遠方なる時は、慈悲を以、是を取立可申事。

一、在々庄屋へ、宿並稼の事、穀へり分厘のあまり、是を請べき事私の事にあらず。忝も嵯峨天皇の勅定に是を極めり。

終

(『駿国雑志』第一巻、二四一〜二四四頁)

一〇　伊豆三島瞽女の由緒記（年代不詳）

瞽女由緒記

抑瞽女ノ原起ヲ尋ルニ、人皇五十二代嵯峨天皇第四ノ宮相模ノ女宮ハ、御生レ付キ盲人ニ渡ラセ玉イシニヨリ、五人ノ盲女ヲ御集メアリテ、是ヲ皇女ノ友ト遊ハセラレ、朝暮音曲ヲ以テ慰ミ玉イ、此五女ヲ明観派、カシハ派、国希派、御前派、於ミノ派五派ニ分ラレ、国々在町ヨリ籾初穂ト号ケ授与ヲ受ル事ヲ勅許アリシヨリ、是瞽女ノ原祖ナリ、夫ヨリ国々ノ盲女是ニ入派シ回村シテ、口ヲ糊スル活業トハナレリ、其後足利公ノ御世ニ当リ大阪ニ一派起リシカ生仏ト云ル検校ノ配下トナリ剃髪イタセシニ因テ瞽女ノ坊ト云シハ其時ノ古語ナリ、尤五派ノ中ハ在髪ニテ専ラ絃唄ヲ活業ト致シ候処、頃ハ慶長ノ年間、恐レ多クモ神君サマ石田三成御追討ノ為メ熱田ノ宮江御祈願在セラレ、其夜清洲ニ宿ラセ玉フ処、御夢ノ中ニ瞽女五人三絃ニ合セテ「君勝鯨波ヲ得玉エ」ト謡フト見レハ是南拘ノ一夢ナリ、扨ハ夢ニテ有難ヤソモ神徳モ熱田ナル神ヨリ我ニ告ケナルカ、勝鯨波トハ潔キヨシト御身モ昇ル日ト共ニ清洲ヲ御出馬在セラレ、美濃路ヲ指テウタセ玉ウ処、遥彼方ノ藪際ヲ盲女五人往ケルヲ、君公之ヲ御覧アリテ本田百助殿ヲシテ御前近ク御通シアルニ、年齢格好昨夜夢中ノ瞽女ニ違フナシ、汝等ハ何国ヨリ何国エ通ル哉ト御尋ニサン候、我等ハ仲間五派ノ中三派ノ瞽女ニテ於松ト申ハ下野ノ国足利郡寺岡ノ生レ、於セウハ近江国越知川、於カチハ三河ノ大浜ニテ、於エツハ三河ノ田原、於ミノハ美濃ノ島本ニテ候ガ、京大阪付近辺ニマカリ候処、此ゴロ京阪ニテ勝トキブシト申唄ノ流行イタシ、我々も之ヲ唄フテ活業シニ大阪植木町樹季民部トカ云フト者の曰ル、ニハ、是ハ関東ニトリテハ古事ナレ共、大阪方ニハ不吉ノ唄ナリト石田殿之ヲ被聞、唄イシモノハ罪スルヨシ、是ヲキ、テ、我々ハ身モ魂モ天界エ鳶ヤ鴉ノウラメシク塒離レシ目ナシ鳥漸ク脱シテ出タレド、難波ノ葭ヤ足元ハ杖ニ命ヲ縣巻モカシコヤ、此処ニサマヨウテ三河ノ国ヲ志シ是迄来リ候也、ト申上ケレハ君公仰候ニハ、其勝ドキブシト申ハ如何ナル唱哥ナルヤト御尋ニ畏リ候ト三絃ヲ執リテ「運モ時節モ今此時ヲ皆ノ衆精出シハゲミマショ君公勝ドキ得タマヘヤ」ト、君御手ヲ拍チ玉イ弥霊夢疑イナシト、盲女ハ手厚ク御執扱ニテ、当座ノ褒賞トシテ銀十枚ツ、賜ハリ、葉モノ五梃仰付ラレ熱田ノ神主方エ贈ラレ尚祈願ヲモ仰付ラレケルニ、案ニ不違関東方ノ御勝利ト相ナリ、五人ノ内二人エツ、カチハ御暇願上大浜ヱカヘリ、三人松、フウ、ミノハ駿河ノ府中ニ送ラレ呉服町ノ山野屋某方エ被預、同処魚町ニ於テ二畝二十七歩ノ屋敷ヲ賜リ、守役ノ女中ヲ附ヲカレ扶持米迄タマワリ、尚勅免ノ旧例通粉ノ初穂許サレ、此処ニテ追々弟子ヲ需メ瞽女ノ人員日ヲ経テ相殖エ候ナリ、時ニ元和三年ノ秋キ三島宿二日町居住某ノ娘ニキノト云盲女アリ、此於ミノ派ノ高弟トナリ、専ラ秀芸ナルニヨリ於ミノ派ノ許シヲ受ケ本国三島エ立帰リテ開業致セシヨリ、追々弟子モ重リテ累年ノ三シマニ住シヨリ、今ニ於テモ三島瞽女ト唱ルハ此於キノヨリ起候ナリ

（『足柄県議案答書』）

一一　伊豆三島瞽女の縁起と式目（年代不詳）

瞽女の縁起

謹ておもんみるに人皇五十弐代嵯峨天皇第四の姫宮相模の宮盲女五派の開祖と成らせたまふ、御胎内より御眼瞽て御誕生ましませしかば、天皇母后共に神仏に祈らせらるゝといへども更に効なく、姫宮御歳七歳の御時紀伊国那智山如意輪観世音御夢枕にたゝせたまひ、君は来世の盲女の司と成らせらるべき加茂王[応化]家にて渡らせたまふなり、音曲の芸を元とし民間の世渡りを営むべき、瞽女の一派を立べき、五人の者を友としたまふべしとなり、其御夢醒たまひ父天皇母后に御物語有しかば、即ち摂家の姫君一条の姫君二人、明観派加し[かしはカ]派の祖となりたまう、播磨の国府なる国司の娘国希派の祖となれり、下野国某の城主のむすめ御前派の祖なり、近江国某の城主の娘お美の派の祖となりたる、五人之者を友としたまふより興れり、夫より次第に掟りて仲間に入ては十五年を経て中老と号す、初心にては弟子取する事を堅くいましむ、但し修行に出ぬ内はくるしからず、中老より弟子もろともに修行にいづる事、嵯峨帝の御代よりの御掟なり、二十七年を歴ては一老官と号す、仲間に入て事は穢れたる家に行かず、武家百姓は勿論なり、商人は其商売の品に依る事あり、寺社修験の家も嫌ふ事なし、法に背く輩有之ときは髪を切、竹杖をもたせ、其科の軽重によりて其所かまへ、又は十里二十里の外へ送り出すの掟なり、一老仲間に糺し兼候罪科も有之筋は其所役人をも談し合せ、古例式に随ひ取捌すべき事

一、如意輪観世音は妙音菩薩なり、信心之凝らすべきなり、妙音弁才天、加茂明神を常々怠りなく祈るべき事なり、世渡りの道守護の本尊なれば疎に心得べからず

一、世渡りの道は武家在町共日本国中修行御免ありしとは嵯峨天皇の勅諚なり、慎み尊むべき事なり

式目

一、仲間惣頭一老官四十年にして頭とすべし、尤一派之内に年高之者無之候ハ、四十年ニたらず候共号を積む続べし、但頭たる身分ニ而も一派之願筋吟味相有之筋は五派の一老を集め評儀之上捌可致、事一人之捌に而私事多く、是非之理実ならざる時は天祖之御掟に戻り、所願成就すべからず

一、一老より中老はおもしに呼べき事、初心之名は片名によぶべき事、中老より初心之名おもしにてよぶべき事

一、仲間之者不行跡有之候へば、年落之罪あり、其科の品々より五年七年或は十年之捌を以各之年に返すべき事

一、一派を背き他派へ師匠を取候はゝ、各々師匠へ立帰候共、年数を削り其年より数登すべし

一、弟子取後日に定まらずして師匠を貶候者之事、先之約束へ相返し願を以時之詮義に随ひ貰ひ請べき事、尤争ひ候すべを捨置候ハ、加茂大明神の御罰有べき事

一、約束之弟子連三年以上世渡仕候者は、先約束へ金一分宛差出し貰ひ可請事

一、嵯峨天皇瞽女能の三字御改め後世加せみ[きカ]と御定

一、隙取の年貢月数を以師走の二更[壱貫二百文カ]、五派の年貢勅定に而御定置之事

一、師匠おはり年かろきものは其組に而十年同宿相究、年積り候ハ、各之師匠之跡相続すべし、他派の弟子たり共其組遠方なる時は慈悲を以是を取立可申候事

一、在々庄屋に可宿かせぎ之事、穀尻分量之余り可受之事、私之事にあらず、忝も嵯峨天皇の勅諚にて定之訖

（三好一成「豆州三島宿瞽女仲間と足柄県の開化策」一二一～一二三頁）

一二　沼津瞽女の由来（『沼津市誌』一九三七年刊）

瞽女町の由来

瞽女町は沼津市三枚橋の北にあり、茅屋敷十一小部落をなす。盲婦鳩り居る。首婦を会津といふ。世々其名を冒す。其先会津は沼津前城主松平氏の侍婢なりしが眼病にて盲目となり、城主大に憫み俸録[禄]を附して隠居せしめ老を養はしむ。会津は素より絃曲を巧みにせしかば瞽の身寄なきものを諸国に求め、絃曲を教へて生業となさしむ。之れ瞽女町の濫觴なり。其の弟子の内其の技の堪能なるもの其業を継ぎ遺志を絶たずして近代に至る。氏の余沢亦大ならずや。会津は天正十一年癸未正月二十日病死す。真楽寺に葬る。墓石今尚存す。碑面に釈顕正尼とあるは是れなり。今は其の徒四方に離散し跡方もなし。

（『沼津市誌』四三三～四三四頁）

一三　長野県飯田瞽女の由来（伊藤フサエ聞き書き）

昔は目の不自由な子が生まれると壁の中に塗りこんだり、穴を掘って埋めたりして殺してしまっていた。何天皇様の息子であったか忘れてしまったが、有馬玄馬守様《ありまげんまのかみ》という人がいて、この人も目が不自由であった。玄馬守様は、神様である弁天様や加茂大明神様も目が不自由であるし、自分のような身分の高い者にも目が不自由な者が居るのだから、きっと下々の者には目が不自由な者が多かろうと思われて、六尺の杖が三尺にすり減るまで日本国中を歩きまわって、目の不自由な者達を集めようと決心した。こうして集めた盲人達を自分の領地であった薩摩・大隅・日向の三国に住ませて保護された。源頼朝が征夷大将軍になった時に、頼朝は盲人達ばかりが集まって住んで居ては何か事が起きた時には大変であろうと考えられて、盲人達を諸国の大名達に分けて預け、保護するように命じられた。またこの時に、薩摩・大隅・日向の三国の代りにと盲人達に「お竿先の制」という権利を与えられた。だから瞽女達が門付をする事ができ、単なる物乞いではないのである。

（森本浩雅「飯田瞽女」八五頁）

一四　岐阜県御嵩町の瞽女の由来（『大寺記』）

又大寺瞽女ト云コトアリ、素ハ行智ノ召仕ハレシ賤キ嫠婦ナリシカ、行智ノ薬師感得ノ時ハ未タ幽ナル柴ノ庵ナリケレバ、奥ノ一間ニ安置シ奉リ、深ク秘シテ勤修セラレシニ、彼女嫠キ者ノコトナレハ、澡浴・香潔ノ志モナク、著新浄衣ノ身ニモアラテ、行智ノ匿シテ貴ミ玉フハ如何ヤウノモノソト見マホシク思ヒテ、或時行智ノ居玉ハサルヲ覦ヒテ、卒爾トシテ奥ノ一間ニ走リ入テ、手洗ヒ口嗽ク業モナクテ、御戸ヲ開キテ如来ノ真身ヲ見奉リケレハ、只光リノミアツテ仏ハ見ヘ玉ハス、忽眼盲レテ神クラミテ倒ヒ伏セリ、行智来リ見テ驚キ玉ヒ、種種ニ除罰ヲ祈リ玉ヒケレハ、漸ヤク人心地《ココチ》ハ付ケレトモ、眼ハ終ニ盲レタリ、誠ニ黒白ヲモ分タねハ、懐シキ妻子ノ顔モ見ヘス、三犬《ミヌ》女《メ》ノ浦ノ海士ナラテ、徒ラニ袖ヲ瀑ラシケル、行智ハイトト不便ニ思召テ、弥罪ヲ悔ヒテ祈リ奉レトテ、本堂造営ノ後、如来ノ側ニ草廬ヲ結ンテ住セシメ玉フトナリ、其師資相承シテ今ニ到リ、大寺瞽女トテ美濃国ノ瞽女ノ司《ツカサ》ト云ヒ伝ヘテ、近隣ノ瞽女ノ名開キトヤラン云コトニ必当郷ノ瞽女ニ参スルトナリ、此現罰ヲ蒙レルヨリシテ如来ヲ直ニ拝ミ奉レハ、眼盲ルト云ヒ恐レテ、近来マテ開帳ハセサリシナリ

（『御嵩町史』史料編、八二八〜八二九頁）

一五　岐阜県御嵩町の大寺瞽女の由来

【大寺瞽女】　昔一条天皇の皇女、行智尼は理由があつて、当地に来られて、中村正宝院に住まつていられたが、中村尼ケ池から蟹の背に紫磨金色の薬師如来の御像が乗御して出現せられたのを感得せられて、これを奉じ庵に帰つて、御厨子の中に奉安して日夜礼拝されていましたが、或時外出せらるゝに当つて、

二人の侍女に戒めて「汝等夢にもこの御扉を開くなかれ、謹みて御仏罰を恐れよ」、と諭されたのを愚かな侍女共は、恐さ見たさの世の常、尼の留守に密かに厨子のお扉を開いて見ると御厨子の中から燦然と輝き出した一閃の光二人の侍女の目を射るよと見る間に、侍女はその目を盲い物のあやめも見わけかねるようになつた。今更悔いるも詮方ない。やがて尼は二人の侍女を憐み寺の近所に庵を造り与へて、これに住まうようにせられた。これから後盲女は代々こゝに住居し大寺瞽女と呼ばれて、附近の瞽女を総管したものである、維新後も尚瞽女があつて、三味線などを奏でながら、人の門辺に立つたものであるが、明治の中世以後に至つて後を絶つた。

（根本重毅『御嵩町史』三四六頁）

一六　岐阜県御嵩町大寺山願興寺（別名蟹薬師）の瞽女由来の伝説（水谷教章『蟹薬師願興寺誌要並年表』御嵩町願興寺蔵、一九五四年、二〇頁）

瞽女屋敷跡

楼門の東の方の竹林の向にあり。行智比丘尼に常侍した少女三人が「尼が池」から出現の薬師霊像（今の胎内仏）を行智尼が朝夕大切に礼拝せらるる時に室を閉ぢて彼女等を入れ給わないので、或日尼の留守に春光、丹寿、五位の三人が入室して扉を排して見んとした時忽ちに盲目となってしまったので、行智尼は憐れんで、都で習い覚えの盲曲を授けて、薬師如来信仰の勧進をなしむと共に盲女の世過ぎの資とさせ給うた。今に伝える歌念仏はその一曲であるという。盲女等は、その嗣に盲女を求めて継がしめて爾来明治の初年まで続いた。世に「大寺瞽女」として聞えたものだが、代々の春光は薬師門前に、丹寿は中村市場南に、五位は市場北に住んだと伝える。

（三好一成「岐阜県東濃地方の瞽女仲間」五二頁）

一七　瞽女縁起（岐阜県東濃久須見村安藤家蔵、延宝二年［一六七四］八月）

抑御前官之儀ハ、人王[皇]五拾二代嵯峨天王[皇]之御姫宮盲サセ給ふニ依リ、洛中洛外之盲女ニ官位ヲ授、御伽玉被召ケル、是ヲ伝へ聞テ、国之盲女ツテヲ求メテ官位ヲ授カル、時ハ弘仁年中ナリ、内裏五節之夜之舞姫ニ相同シ、其装束ハ天冠ヲ戴キ羽衣ニ緋之袴ひあき[ママ]抔、其名ハ心月明月満月十六夜望月抔ト月ニ倚セタルノ名ヲ被下ヲ亦ノ姫宮之御前ヲ勤ル女ナレハ、時之人御前衆々と申ケルヨリ、今瞽女ト名乗ルハ此謂也、扨諸国之万民万之物之出来初穂ヲ姫宮ニ捧奉ル、姫宮之レヲ分チテ右之御前衆ニ下シ玉ハル、姫宮身マカリ給テヨリ後モ初穂米等ハイマスガ如シ、官位ハ内侍之官ナリ官女ヨリ給ハリケル年ヲ経、兵乱発テヨリ初穂米捧グル人モナカリケレハ、御前衆国々ニ分散シテ初穂米納ケル、然ト雖モ女之身ナレハ、開[関]所〳〵ノ断遠国之波濤心ニ任セヌ事ノミタ[多]カリケレバ、内奏経テ永代御前ニ御綸旨ヲ戴キ、我国々ニテ大社大地、名所之字ヲ首字ニ用テ、何派之瞽女申唱シケル山官ニ相似タリ、西国ニハシウナリ、北国ニハマサガウト云事有、美濃之国ニテ日野派、大寺派、権現派之御前有、大寺派ノ始リハ中頃宮方之御女息尼ニナラセ給ヒ、修行之為トテ美濃国迄為下給ヒ蟹之大寺ヲ建立有、本尊ハ薬師如来也、是ヲ行智比丘ト奉申、此行智之侍女盲タレハ大寺派之瞽女ト名乗ラセ、行智比丘ヨリ永代御前之証文ヲ被渡下、今ニ所持仕也、且又外流之事ナレ共此文ニ記ス、則権現派ト奉申ハ、同国洲原権現之社宰官之女盲タレバ是ヲ権現派之御前ト謂ハセリ、此葉[派]之女盲ハ瞽女ト書始メタリ、古今之通用ハ御前也、大寺派ハ行智比丘嵯峨天王[皇]御宮姫之御前ヲ申伝ヘ可也、

此書ハ行智比丘様より下給ル永代御前之証文、大寺派之祖人中村之瞽女恵那郡久須見之郷弟子すみヱ写譲、末葉ニ至迄急度相守可者也

美濃国蟹郡中村
大寺派瞽女本祖別家
こい女

延宝二酉[寅]年八月

同国恵那郡久須見
弟子
すみへ

本書ハ虫之為ニ破損致候ニ付、今節ニ写取者也

可知けん

明治廿五年一月廿日　本村　成瀬元吉写之

（安藤由彌家文書）

一八　岐阜県恵那市長島町久須見の瞽女由来（宝暦九年［一七五九］十一月）

抑東濃恵那郡久須見瞽女元租[祖]ト申ハ、当村之民家ニ於テ、与次右エ門ト申者有之、惣領娘ニかつ女ト申盲人有、与次衛門夫婦是ヲ悲ミ、此頃近郷ニ瞽女ナカリシニ伝聞、蟹之大寺ト奉申ハ人王[皇]五拾弐代嵯峨天王[皇]御姫宮之流ヲ汲テ、大寺派ト申御前衆在之由ヲ聞伝、蟹郡中村之郷こいト申瞽女衆ニツテヲ求メ、弟子ト為シ頼置候処、親タル与次衛門夫婦常ニかつヲ手元ニ引取度事、昼夜忌ル間モ無、折入テ此由ヲ中村師匠こい方へ物語リ候処、早速承引致シ師匠中村ごい方ヲ本家ト為、時ハ延宝二酉[寅]年八月当村へ引取瞽女之一家ヲ建、其節師匠の命ニ依テ久須見之産ニ候得ハ、かつ女之事久須見之一字ヲ名ニ語リすみト始メテ改名ニ附置シ也、此すみ当所之先祖故代々すみト申名当家ニ伝ル由来是也、夫ヨリ二代ニ弟子別家シテ上下二斬[軒]トナリ、又三代目すみ同郡上村之枝郷飯田洞村ヨリ弟子取シテ、是ヲ産村へ送別家ヲ建、四代目之すみ富田村ヨリ弟子取シテ、是又同様富田村へ遣ツ別家ヲ建置、当村ニ二斬[軒]、右両村に二斬[軒]四家睦敷当家ヲ本家ト申也、又六代目すみ千旦林村ヨリ弟子取シテ、是又先祖同様ニ千旦林へ遣シ別家ヲ為シ、都合五斬[軒]ニ依テ当村すみ

方ヲ本家ナリシ故、別家之瞽女一代ニ二度之改名毎ニ、当所ニ於テ名開仕候事、古今ニ至迄先祖師匠すみノ古言也

一、御前官之由来御証文之儀ハ、行智比丘様ヨリ中村ヘ被下置、大寺派祖人ハ中村可極也、

右中村ヨリ御証文由来之写、当家之元祖すみ拝納候、三派ニ大寺派、権現派、日野派、三派有之候得共、先祖代々大寺派ニ粉［紛］御無座候、此派之者共末葉迄承知可仕者也

附

右大寺派末葉之者共ハ中村蟹薬師如来信心スヘキ者也

久須見村瞽女

すみ

宝暦九年十一月

（安藤由彌家文書。『恵那市史』史料編、六八六〜六八七頁、三好一成「岐阜県東濃地方の瞽女仲間」五〇〜五一頁も参照）

一九　越前国西山町西山光照寺の由来（『越前国名蹟考』文化十二年［一八一五］自序）

◎天台津宗寺院　西山町に在　西山光照寺

開基不レ詳中興は盛舜上人也、往昔より円頓戒の道場也、阿波賀に旧跡あり、本尊は恵心の作にして阿弥陀の尊容則多田満仲の持仏堂の本尊也、相伝て曰満仲の季子美丈丸出家となさしむるに終に得度せす、満仲怒て仲光に命して是を打たしむ、仲光一子を以て身替りとす、美丈丸の母是を不レ知、昼夜哀哭して、竟に明を失ふ、常に此本尊に向ひ念仏不レ怠、或時本尊光明を放て盲女の眼を照し給へは卒然として両眼明に成ると云々、其後当寺の本尊となせしか、何の比か右の御指折て見えす、仏工に命して作て継くと雖、度々折れて継く事あたはす、阿波賀に尼有り能兕して疾病を除く（註、越藩本「疾痛を除く」）袖中より木偶人の手の手［ママ］を出し患る所を撫て念仏数篇して諸病愈ゆ、光照寺住僧舜庸上人某木偶人の手を取て仏の手につき奉る、今に数十年落る事なしと云々、又此寺に足曳の弥陀有り、是は往昔俊乗坊重源大仏再興に付、諸国勧進の砌阿波賀西山光照寺に一宿の時来迎弥陀を拝し、直に末世の為に彫刻有しに来迎弥陀足より消しかは、其形に刻みたる仏体なり縁起あり、又花山法皇始て西国巡体の時給給ふ所の鉦あり、其縁に菊桐の紋あり、大さ径二寸六七分許

名勝志

（『越前国名蹟考』四〇九〜四一〇頁）

二〇　長岡瞽女縁起・院宣之事・式目（恩田栄松旧蔵、年代不詳）

謹而惟念、人皇五十二代嵯峨天皇第四之宮官女ニテ、相模ノ姫宮瞽女派ノ元祖トナラセ玉フ事、忝モ下賀茂大明神末世ノ盲人フビンニ思召、カタシケナクモ尊ノ腹ニヤトラセ玉ヒ、仮ニ胎内ヨリ御目シヒテ御誕生マシマス。父大王・母后、神社・仏閣ニ御祈誓有之トイヱトモ、本ヨリ大願成就種ナレハ更ニ其甲斐アラス。相模ノ姫宮、七歳ノ御歳、夢中ニ紀伊国那智山如意輪

観音御夢枕ニ立セ玉フ。君ハ末世ノ女人盲人司トナラセ玉フ可キ下賀茂大明神応化ニテ渡セ玉フ。諸芸ヲ本トシテ、世渡リヲ民間ニ下リイトナミツカセ玉フベキ相友ヲサヅケシトノ徳ニヨリ、則、五派ト定メ、ミヤクワン（宮官）・カシワ派・クニハリマ派・ゴセン派・ヲミノ派弟女五人。是ヨリ友トシテ諸芸ヲハケムベシト。既ニ御夢覚サセ玉ヒ、父母御物語、父帝・母ミコト難有徳有トテ、則、予ツケノ中、ミヤクワン・カシワ二人弟子一条姫宮播磨国、国府ヨリ国司ノ御子下野ノ城主ノ姫君ヲミノ派ト申也。五人ノ御弟子カツコウノ友トシテコトカナラウ。芸其徳ニヒラキ、十五年ヲ経テ中老ト号ス。官禄コレ有、尤、初心ニテ、弟子ヲ取事内ニテ修行ニ出サヌ前ナレハ苦シカラス。但シ、中老ヨリ弟子モロウトモ、修業ニ出ル事、嵯峨天皇ノ御定院宣ノ徳也。其徳ニヨリ廿七年ヲ経テ一老官ト号スナリ。但シ、瞽女、官ニ入レハ、賤キ家ニ行ス。武士・百姓・町人ハ売買ニヨルベシ。且、寺・修験・門徒・神主是ニハ出ベキ也。若、〔二脱カ〕作法、背ク者コレ有ハ、髪ヲ切リ、竹杖ヲ預ケ、其科ノ品ヨリ所ヲ追ヒ、或ハ十里、廿里外ヘ流罪可有之事也。但シ、理タ、スンハトウ〳〵ノサハキヲ得ヲサムベシト。

院宣之事

一、信心ノ本尊如意輪観世音ハ、妙音菩薩ニテ渡ラセ玉フ故ニヨリ、信心ノ徳妙音菩薩・弁財天・下賀茂大明神常ニ可祈者也。世渡守護ノ神ニテ渡ラセ玉フ。ヲロソカニ心得ナバ、立所ニ御罰可有之者也。

一、世渡リハ武士、所ノ庄屋・名主・在家ニ至ル事。

嵯峨天皇ノ勅諚、日頃修行御恩ノ徳ナリ。信心スヘキト云々、

依院宣如件

式目

一、仲間物頭〔惣領カ〕一老官ハ四十年ニテ頭トスヘシ。尤モ、一派ノ内ニテ年嵩コレ無ク候ハヽ、四十年ニ足ラストモ之ヲ継クヘシ。尤モ、頭タルヘキ身ハ、一派ノ願ヒ吟味コレアル時ハ、五派ノ一老ヲ集メサハキ致スヘキコトナク、アヤマツテ一人ニテトリサハキ、下々ノアヤウキコト慈善ノ不実ト成ルトキ、大祖ノ諸願成就ナラス。

一、一老ヨリ中老ヘオノ字ヲツケテ呼フヘキコト。尤モ、初心ハ片名ニテ呼フヘキナリ。

一、仲間ニテ不行式コレアリ候ハ、年落ノ罪ニコレアリ候。五年・七年・十年ソノ罪ノ品ヲサハキ、右ノ年ニ取立テ返スヘキコト。

一、一派ニ背キ、他派ヘ師ヲ取候ハヾ、右ノ師匠ヘ帰リ候トモ、年数ヲツケテ帰リ年ヨリノ年数トスヘシ。

一、弟子取、後日ニ定ラスシテ師ヲ極メ候モノ、事ハ先約束ヘ相返、頼ミヲ以テ、時ノ宣シキニ随ヒテモラヒ受クヘキコト。尤モ、其アラソヒニテ、一人ヲ捨テ候ハ、加茂大明神ノ神罰アルヘキコトナリ。

一、約束ノ弟子ヲ連レ、三年以上世渡リ候モノワ、先約束ヘ一年ニツキ金壱分ツ、差出シ貰ヒウケ申スヘキコト。

一、嵯峨天皇ハ、瞽女能ノ三字ヲ、瞽女ト改メカセク事御定メ。

一、暇取ノ年貢ハ、月数ヲ以テ壱貫弐百文。五派年貢勅諚ヲ以テ御定メ置カレ候事。

一、師匠終リ、年カロキモノハ、其組ニテ十年同宿ト極メ、年ツモリ候ハヽ、右師匠ノ跡ヲ継クヘシ。又ハ他派ノ弟子タリトモ其組遠方、或ハ慈悲ヲ以テ之ヲ取立テ申スヘク候。

一、在々所々庄屋・名主ニ一宿并ニカセキノコト極実憐憫ノ余リコレヲ受クヘキコト。私コトアラハ、忝クモ嵯峨天皇ノ勅諚ニテ是ヲ極メ候事。

武州忍領ト河越トノ播摩流ヘ之ヲ伝フルモノナリ。

（今泉省三『長岡の歴史』第五巻、五四三〜五四六頁）

二一　長岡瞽女の由来（渡辺キク聞き書き）

その、瞽女の先祖様は、長岡様、牧野様の妾の二号さんの子供です。山本ゴイという名前。牧野様の何代目の殿様だか、それは覚えていません。その殿様が、先には前橋の在の大胡というところに住んでいたんだそうです。国越えして新潟県に移ったんだそうです。

それからその牧野の殿様が、長岡様が落ちる頃の子供じゃないのですか。落ちるころの子供だと思います。いつ戦争があって落ちたのか知らんけれども。それでその前には、みんな私らみたいな、そんな世渡りのできないものは手打ちにしたんだそうです。打ち首にね。その報いてだかで、その人の妾にね、目の見えない子供が一人できて、子供ができてみれば子を持つ親はみんな同じこと、手打ちになんか、無残なこと、可愛そうなことするわけにもいかんかったんでしょう。ですから、それで芸を教え込んでおいたら、いくら目が見えなくたっても世渡りができるし、楽しみもできるだろうと、それから目の見えない子供は生かしたんだそうです。目の見えない子供でも頭があれば何かできるだろうというので、それから芸を教え込んでね。その頃は大名方の子供さんの楽しみであったでしょう、芸がね。

それでま、長岡が始まりで、瞽女五派というて、まあ五派に分かれて、ごかくによってゴゼといったんですね。それがまあ五派に分かれた。瞽女五派というのは、先の始まりは長岡が中心で、常陸、常陸というと茨城県でしょう。佐賀というのは九州でしょう。それから能登、というのは石川県でしょう。それから信州、というのは今の長野県でしょう。そこにあったんだそうです。まあその大名方が、うちにもこういう目の見えない子が、うちにもこういう子供がいるというので、始まったんでしょう。それがこんだまた弟子をもらって、派に分かれたんです。長岡が本家でした。

殿様時代は、山本家に扶持が下りていて、長岡の町に二百八十五坪の土地をもらって、大きい家作っておきましたんです。

（鈴木昭英『瞽女――信仰と芸能』一九四〜一九五頁）

二二　刈羽瞽女の由来（伊平タケ聞き書き）

ゴゼの始まりは、今より何百年たちますか知りませんけども、嵯峨天皇さんの時代でございまして。嵯峨天皇さんの御子の、お姫さまにね、お目が見えなくなりなさった方がありまして。そして、父君さん、母君さまがお寄りになって三人で、どうしたらいいかわからねで、途方にくれていなすた。

陛下さまの仰せには「今まで目が見えなくなった人や、歳ゆって仕事のできない者を、捨てて捨てて、捨てぬいて山になったのが、姥捨山となって残ってある。自分のお腹を痛めた子だけが、捨てらんねえということは、困ることだし、捨てるてことも忍びがたいことだし、どうしたらいいか」とまあ、お三人が嘆き嘆き、そこにまあ眠りなしたところ、枕元で「陛下」とおっしゃったやら、「天皇」といいなしたやら知らんけども、声がしました。

「我は下賀茂の明神である。並びし衆は、江の島の弁財天である。なんとしても、生きた人を、捨てるなんてことは、たとえ目が見えなかろうが、仕事がなるまいが、そんな、捨てちゃなりません。わけてまた、歳若いものや子どもが、目が見えなくなったの、見えないから仕事ができないからと、捨てちゃなりませんで。夢ではありません。よう、聞きなさい。なんねせい（なにせ）、それには歌もあれば、芸もあれば、いろいろあるから、利口発めのショたちもみんな寄して、それぞれに事を運んで、唄を作ったり、覚えたりして、それを目の見えねえ人に教え込んでやんなせい。そして何であろうとも、捨てるとか、殺すとかとのことのないようにしなくちゃならない。この今いうことが、夢でもないし、ウソでもないが、そのようにして世渡りさせなせい」

そして、あってあられんことがあると、不思議に聞えて、親子三人一緒に夢をご覧になって、目をあけてみなすたら、今まで見たことない琴、琵琶、三味線、三曲が枕元にそなわってありましたと。

驚き入りて、出入りの人というか、家来たちというかを集めて、そのお話がありました。「ともかくも、それじゃ、あの人がこう、この人がこうと、学問の上から調べ出して、それで音楽作って。その音楽には唄をのせて。そして、家にばっかしいたでは、決して気晴らしもならないし、頭もさえてこないし、大勢の人をどうすることもできないから、日本中の目が見えない人を寄せてお弟子にして。そしてその弟子が何でもかんでも出来るようになったら、一処《ひとどこ》には居らんねえから、みんなで、三人でも五人でも十人でも集めて門《かど》せ（門口）に立って、物もらいでもないし、押し売りでもないが、唄を売って、人さんの気を慰め、また自分も唄を歌って、人から聞いてもらう。ただ聞いてもろうだじゃ、あれだから、自分の取ったお金を自分が使われるというようのことにならなくちゃ、世の中面白もないし、張り合いもないから、そして芸を売って、それでもって世渡りすることにせよ」と、こういわれたてガンネ。それだから、皆さんが心を引きたってきたり、まあいい案配に、第一の慰みがそれより何よりいいことで、喜んでそれからまあ、(ゴゼが)始まったことですてがね。

そして、あっちからもこっちからも、その方々じゅうから、目の見えない人たちが、お弟子さんになって……。大勢になり過ぎて、今度はその近所で門付けもしていられないし、どうもならん。それで、これからみんなで寄って、何とかしようとお話して、分別しなしたのが、昔の旧暦三月七日だそうですね。

そん時、今でいえば何党なんて、政治がねえ、何党、何党なんていう(ように)して分けて、党派を別にしているのと同じで、派を作りましてね。みょうくゎん派、くにはりま派、ごぜん派、う《[お]》みの派、かしわ派と五派作って。それを寄して、ゴゼとよんだもんですテ。

そんゴゼが今度は、一処《ひとどこ》に居られなくて、誰を頭にするか、頭をつくって。そして、その一組一組にして、それを越後へ流した。また江州へやった。甲州へ行った。また、芸州、信州、上野《こうずけ》といろんな処へ分けてやった。そして今度は江戸へ戻らずに、そこを大将(中心)にして、余計《ようけ》にしてきて、これまで繋がってきたんですテ。

だから、五派を作って。五派といわんでゴゼというて、そのゴゼの一人《いちにん》が、どこがどこか。どの派がどう作ったか。知りませんがね。

(鈴木昭英・松浦孝義・武田正明編『聞き書越後の瞽女』五〇~五三頁)

二三　越後国新飯田瞽女「御講組の御条目」(白根市、飯田豊次郎蔵、寛延四年[一七五一]四月成立、文化十四年[一八一七]十一月、安政二年[一八五五]二月写)

御講組の御条目

謹《つゝしん》で推《おもんミる》に、人皇《にんわう》五十二代、嵯峨天皇《さがてんわう》、第《だい》二の宮《みや》、女官《にょくわん》にて、相模《さがみ》の姫宮《ひめみや》、ごぜ一派《いっハ》の、元祖《ぐハんそ》とならせ給《たま》ふ事《こと》、忝《かたじけなく》も下賀《しもが》茂《も》大明神、末世《まっせ》の盲人《まうじん》を、ふびんに思召《おぼしめし》、かしこくも、尊《みこと》の腹《はら》にやどらせ給《たま》ひ、胎《たい》内より御《おん》目しひて、御誕生《ごたんじやう》まし〳〵、父大王《ちゝてんわう》、母后《はゝきさき》、神社仏閣《じんじやぶつかく》に、御祈誓《ごきせい》有之といへども、本《もと》より、大願成就《だいぐわんじやうじゅ》の種《たね》なれバ、更《さら》に其《その》かひあらす、相模《さがミ》の姫宮《ひめみや》、七歳《さい》の御《おん》と貴《き》の、夢中《むちう》に、紀伊国《きいのくに》、那智山《なちさんの》如意輪観世音《によいりんくはんぜおん》、御枕辺《おんまくらべ》に立《たゝ》せ給《たま》ひ、君《きみ》ハ末世《まっせ》の女人、盲《めしひ》の、つかさとならせ給ふべき、下賀茂大明神にてわたらせ給ふ、諸芸《しよけい》を本《もと》として、世渡《よわたり》を民間《みんかん》に下《くだ》し、いとなミつがせ給ふべき、相友《あいとも》を授《ざづ》けんとの徳《とく》により、則《すなハち》、五派《ごハ》と定《さだ》め、ミやうくハん派、かしわ派《ハ》、はりま派《ハ》、ごぜん派《ハ》、おミの派《ハ》、弟子《でし》五人、是《これ》を友《とも》として、諸芸《しよけい》をはげむべしと、すでに、御夢《おんゆめ》さめさせ給《たま》ふ也、御父母《ちゝはゝ》に、御物語《ものがたり》はべれバ、父帝《ちゝミかど》、母后《はゝきさき》も、有がたき徳《とく》ありとて、即《すなハち》、御《ご》せつけうち《摂家内》、ミやうくハん派、かしわ派、弐人の御弟子、一条姫君《ひみきミ》、播磨《ハりま》ノ国《くに》、国府《こくふ》より、国司《こくし》の御子を、はりま派と定《さだ》め、下野《しもつけ》の城主《しやうしゆ》の御子を、ごぜん派と定る事也、近江国《あふミノくに》の城主の姫君《ひめきミ》を、おミの派と申なり、五人の御弟子かつかうの友《とも》とし、和琴《こと》かなで、うたげい、其徳《そのとく》ひらけ、十五年へて、中老《ちうらう》と号《がう》す、官録《くハんろく》有之、尤《もつとも》初心《しよしん》にて弟子取《とる》事、内《うち》にして、修行《しゆぎやう》に出《いで》ぬ前《まへ》なれハ、苦《くる》しからず、但《たゞ》し、中老より、弟子諸共《もろとも》、修行に出る事、嵯峨天皇の御定《おんさだめ》、院宣《ゐんぜん》の徳《とく》なり、其徳により、二十八年を経《へ》て、一老官と号《がう》す也、但し、ごぜの官に入《いり》てハ、いやしき家《いへ》に行《ゆか》ず、武士《ぶし》、百姓、町人ハ、商売《しやうばい》によるべき事也、寺《てら》、修験《しゆげん》、門徒《もんと》、神主《かむぬし》、是《これ》にハ出入《でいり》すべき也、若《もし》、作法《さほう》を背者《そむくもの》有之候ハヽ、髪《かミ》を切《きり》、竹杖《たけつゑ》を預《あづけ》ケ、其科《そのとが》の品《しな》により、所《ところ》を追《おひ》、或《あるひ》者、十里、二十里外《そと》江、流罪《るざい》有之べき事也、但し、理《ことハり》たゝずんば、ヽ、頭《かしら》々の、さばきを得《え》て、をさむべしと云々、

一、心信《しんじん》の本尊《ほんぞん》、如意輪観世音《によいりんくハんぜおん》ハ、妙音菩薩《めうおんぼさつ》にて、渡《わた》らせ給ふ、ゆゑにより、心信の徳《とく》、妙音菩薩、弁財天《べざいてん》、下賀茂《しもがも》大明神を、常《つね》に祈《いの》るべし、世渡《よわた》り守護《しゆご》の、御神《おんかミ》にて、渡《わた》らせ給ふ、おろそかに心得《こゝろえ》なバ、立所《たちどころ》に、御罰《ごばつ》有之べき事也、

一、世渡《よわた》りにて、武士、所《ところ》の庄屋、在家《ざいけ》にいたる事、嵯峨《さが》天皇の勅定《ちゆくぢやう》にて、日本修行《にちほんしゆぎやう》、御恩徳《ごをんとく》なり、全《まつた》く、旦家《だんか》の恩《をん》にあらず、故《ゆゑ》に、つゝしむべき也、尊《たふと》むべきなり、難有御恩徳《ありかたきごおんとく》を、信《しん》すべしと云々、依而院宣巻《よつてゐんぜんまき》物如件

式目《しきもく》之事

一、仲間惣頭一老官《なかまそうかしらいちろうくハん》、四十年にて頭《かしら》とすべし、尤《もつとも》、一派の内《うち》、年数《ねんすう》無之候ハヽ、四十年にたらずとも、可取続《べしとりつぐ》、尤、頭《かしら》たるべき身《ミ》者、一派の願ハ、吟味《ぎんミ》可有之候、時々五派《ときどきごハ》の一老を集《あつ》め、さばきいたすべき事也、あやまって、壱人にて取《とり》さばき、下《した》の、あやうき事、慈悲《じひ》の道《ミち》、不実《ふぢつ》なるときハ、大《たい》祖《そ》の諸願、成就すべからず、

一、一老《いちらう》より、中老《ちうらう》へ、お文字名《もじな》にて呼《よぶ》べし、尤、初心へハ、片名《かたな》にて呼べき也、中老より初心へ、お文字名《もじな》にて、よぶべき事なり、

一、仲間《なかま》にて、不行式《ふぎやうしき》有之候ハヽ、年落《おち》の罪《つミ》、可有之候、五《ご》年《ねん》、十年《ねん》、其科《とが》の品をさばき、右《ミぎ》の年に、取立返《とりたてかへ》すべき事《こと》、

一、一派を背《そむき》、他派《たハ》江、師《し》を取《とり》候ハヽ、右《ミぎ》の師匠《ししやう》へかへり候共、年数《ねんすう》をけづり、帰《かへ》り年より、年数とすべし、

一、弟子取《でしと》り、後日《ごにち》に定《さだ》らずして、師を極《きハめ》候者《もの》之者、先《せん》の約《やく》束《そく》江相返《あひかへ》し、願《ねがひ》を以《もつて》、時《とき》の宜《よろし》きに、随《したが》ひ請《うく》べき事、尤、其あらそひ、一人を捨置《すておき》候而ハ、賀茂大明神の、御神罰《ごしんばつ》有之べき事、

一、約束《やくそく》の弟子、つれ三年以上、渡世《とせい》仕候ハヽ、先の約束江、一ヶ年にて、金壱歩つゝ差出《さしいたし》、貰請《もらひうく》べき事、

一、嵯峨天皇、ごぜの名の、三字《じ》を改《あらた》め渡世《とせい》かせぐべしと御定之事

一、頭取《とうどり》の年貢《ねんぐ》、月数を以、壱貫弐百文、五派の年貢、勅定《ちゆくぢやう》

を以《もって》、御定置《おんさだめおき》之《の》事《こと》
一、師匠《ししやう》終《をハ》り、年《ねん》かるきものハ其組《くみ》にて、十年同宿《どうしゆく》極《きハ》め、年つもり候ハヽ、右師匠《ししやう》の跡《あと》を続《つぐ》べし、他派《たは》の弟子たりとも、其組遠方《そのくみえんハう》なる時《とき》者、慈悲《じひ》を以《もつ》て、是《これ》を取立《とりたて》可申候、
一、在々《ざいざい》庄屋に一宿、并ニかせぎの事、こくしりりんふんあまり、是をうくべき事、我々事《われわわごと》〔ママ〕にあらず、かたじけなくも、嵯峨天皇の勅定にて、是を極《きハ》め畢《をハんぬ》、
武《ぶ》州恩〔忍カ〕領より、河越《かハごえ》播磨《はりま》派《ハ》江、伝《つたふる》之者也、
寛延《くハんえん》四 辛 未 年《かのとのひつしのとし》孟夏吉日《もうかきちにち》
日待当番《ひまちたうばん》

右巻物《まきもの》、小吉やそ瞽女《ごぜ》、頼によりて、書写《しよしや》いたすもの也、本書《ほんしよ》の、字形《なり》を以《もつ》て写《うつし》候へバ、わからざる所は、予《よ》があやまりにあらす、努々《ゆめゆめ》おろそかにすべからず、
于時文化《ときにぶんくハ》十四丁 丑 仲 冬《ひのとのうしのちうとう》吉日
尚方《なほかた》判

盲人《まうじん》是を聞《きく》ときハ、頭《かしら》をたれ、つゝしんで聞べきものなり、
奥書印形いたす也
判

右一巻の本紙は、小吉層曽《やそ》ごぜより、新飯田仲《なか》ご勢へ、伝《つた》ひしものなり、されど、前《まへ》かたより、うつしあやまり有《あり》て、字《じ》の、をちたるハ、いふも更《さら》なり、仮名《かな》ちがひ、書たがひ、所々にありて、読《よミ》がたきをなげきて、仲《なか》ごぜが、ねんごろに、乞《こひ》けるによりて、こたび、いさゝか、かうがへて、あらため書《かき》とりたりけり、されど、なほことのこゝろ、わかちかねたる所ありてたゞさまほしけれど、正《たゞ》しき一巻を、見あたらねバ、心残《のこ》るものから、いかゞはせん、正《たゞ》しき巻《まき》を、みあたらんぬしたち、改《あらた》め直《なほ》したまへや、
安政二乙 卯 年《きのとのうのとし》二月吉日
桐鹿（花押）

（鈴木昭英「新飯田瞽女」六一～六二頁。佐久間惇一『瞽女の民俗』二七〇～二七三頁も参照）

二四　刈羽瞽女縁起・式目（慶応二年〔一八六六〕三月）

謹而惟以、人皇五十二代嵯峨天皇第四宮宦女ニテ相模姫宮、瞽女一派之元祖ト成セ玉フ事、忝モ未（末）世之女人盲人ヲ不便ト思召、母公之胎内ニ宿ラセ玉ヒ、仮ニ御目シヒテ御誕生マシマス、相模姫宮七歳之御歳、夢中ニ紀伊国那智山如意輪観音御夢之告ゲニ、此君ハ下賀茂大明神之化身タルヨシ、殊ニ以テ諸芸ヲ本トシテ、世渡ヲ民間ニ下リ営ミ継セ玉フベキ相友ヲ授ケ玉ヒシ徳ニヨリ、則五派ト定メ、ミヤウクワン派、カシワ派、クニハリマ派、コゼン派、ヲミノ派、弟子五人是ヲ友トシテ諸芸ヲ励ムベシトテ御夢ハ覚サセ玉ヒ、父母御物語ニ、誠ニ有ガタキ徳アリトテ、則御告之中、ミヤウクワン、カシワ二人之御弟子ニ、一条姫宮、播磨之国府ヨリ国司之御子、下野之城主之姫宮ヲ三派ト申也、五人之御弟子芸其徳ヲ開キ、既ニ二十年ヲ経

テ中老ト号ス、実哉嵯峨天皇之御定院宣之徳也、但瞽女宦ニ入レバ賤キ家ニ行ズ、武士百姓町人ハ売買ニヨルベシ、且寺修験《ゲン》門徒神主、是ニハ出ベキ也、若作法ヲ背ク者是有バ、髪《ハツ》ヲ切リ、竹杖ヲ預ケ、其科ノ品ニヨリ、所ヲ追ヒ、或ハ十里二十里外ヘ流罪是有ベキ事也、但シ理ヲタダスニハ、トウトウノサバキヲ得テヲサムベシト云云

院宣之事

一、信心ノ本尊如意輪観世音ハ、妙音菩薩ニテ渡ラセ玉フ故ニ、信心之心ヲ以テ、妙音菩薩、弁財天、下賀茂大明神ヲ常ニ可祈者也、世渡リ守護ノ神ニテ渡ラセ玉フ、疎ニ心得ナバ、立所ニ蒙御罰ベキ者也

一、世渡ハ、武士、所ノ庄屋、名主、在家ニ至ル事、嵯峨天皇之勅諚、日本修行御思召之徳也、可信心ト云云、依而院宣如件

式目之事

一、仲間は、頭一老官四十年にして頭とすべし、尤一派の内、年高無之候ハヽ、四十年にたらずとも可続《ツク》之頭たるべき身は、一派の願吟味有之ときは、五派の一老を集めさばき可致事也

一、一老より中老へお文字にて可呼事、尤初心のものハ片名にて可呼事

一、仲間にて不行式有之候ハヽ、年落《ヲチ》の罪ニ有之候、五年七年拾年、其罪の品をさばき、右之年に取立可返事

一、一派を背き、他派へ師を取候ハヽ、右之師匠へ帰候とも、年数を刺り、帰り年より年数とすべし

一、嵯峨天皇後世脹之三字を改め、瞽女とかゝせ候事御定

一、隙《ヒマ》取の年貢、月数を以壱貫弐百文、五派の年貢勅定を以御定被置候事

一、師匠終継べき弟子年若きものは、其組にて拾年同宿を極め、年積り候ハヽ、右之師匠の跡を継べし、又は他派の弟子たり共、其組遠方ハ慈悲を以是を取立可申事

一、在々庄屋名主に一宿并排之事、極実憐愍の余り是を可請事、私の事あらず、忝も嵯峨天皇の勅諚にて是を極め候事

一、古人の云く、老てハ若きをあわれミ、若きハ老たるを敬ふべしと也、爰を以己後仲間一統相心得、修行に出候節は老若入まじへ、急度可致修行事第一也

一、頭へ断なく他国行の儀有之バ、帰国之上年数の内五年刺可申、縦令届候而致遠国候とも、頭より申付の日限に背き、一日たり共延引いたさば、是又年数を可刺、人々専要に可心付事

一、一派可禁品、絹類の衣服、足袋、鼈甲梳、篦、揥、杖、日傘、堅任先規令停止事

右式目之趣、不限老若平日心に掛、急度相慎可申もの也

刈羽郡

慶応二丙寅三月改　　柏崎納屋町
てい女

（鈴木昭英「刈羽瞽女」五四〜五五頁。原本［毛筆書の軸］のコピーは柏崎市立図書館蔵、「瞽女式目之事」）

二五　高田瞽女縁起・式目（年代不詳、市川信次写）

式目

謹面推以ニ人王五十二代嵯峨天皇第四ノ宮官女ニテ相模ノ姫宮瞽女一派ノ元祖トナラセ玉フ事、忝モ下賀茂大明神末世ノ盲人フビンニ思召、忝モ尊ノ腹ニヤトラセ玉ヒ、仮ニ胎内ヨリ御目シヒテ御誕生マシマス。父大王母后神社仏閣ニ御祈誓有之トイヱトモ、本ヨリ大願成就ノ種ナレバ更ニ其甲斐アラス。相模ノ姫宮七才ノ御歳、夢中ニ紀伊国那智山如意［輪脱カ］観音御夢枕ニ立セ玉フ、君ハ末世ノ女人盲人ノ司トナラセ玉フ可キ下賀茂大明神応化ニテ渡セ玉フ。諸芸ヲ本トシテ世渡リヲ民間ニ下リイトナミツガセ玉フヘキ相友ヲサヅケトノ徳ニヨリ、則五派ト定メ、ミヤクワンカシワ派・クニ（チ）ハリマ派・ゴゼン派・ヲミノ派、弟子五人、是ヨリ友トシテ諸芸ヲハケムベシト。既ニ御夢覚サセ玉ヒ、父母ニ御物語、父帝母ミコト難有徳有トテ、則予ニツゲノ中、ミヤクワン・カシワ二人ノ弟子、一条姫宮播磨ノ国国府ヨリ、国司ノ御子、下野《ツケ》ノ城主ノ姫君ヲミ《サミセン》ノ派ト中也。五人ノ御弟子カツコウノ友トシテ、コト・カナチウ芸其徳ニヒラキ、十五年ヲ経テ中老ト号ス。官録コレ有、尤初心ニテ弟子ヲトル事、内ニテ修行ニ出サヌ前ナルハ苦シカラス。但シ中老ヨリ弟子モロウトモ、修行ニ出ル事嵯峨天皇ノ御定、院宣ノ徳ナリ。其徳ニヨリ、廿七年ヲ経テ一老官ト号スナリ。但シ瞽女ノ官ニ入レハ賎キ家ニ行ス。武士百姓町人ハ売買ニヨルヘシ。旦寺・修験・門徒・神主、是ニハ出ヘキ也。若作法背ク者有ハ、髪ヲ切ハ竹杖ヲ預ケ、其科ノ品ニヨリ、所ヲ追ヒ或ハ十里二十里外ヘ流罪可有事也。但シ理タタヅンハ、トウトウノサバキヲ得ヲサムヘシト云云

院宣之事

一、信心ノ本尊如意輪観世音ハ妙音菩薩ニテ渡セ玉フ。故ニヨリ信心ノ徳、妙音菩薩・弁財天・下賀茂大明神常ニ可祈者也。世渡守護ノ神ニテ渡セ玉フ。ヲロソカニ心得ナハ立処ニ御罰可有之者也。

一、世渡リハ武士・所ノ庄屋・名主・在家ニ至ル事、嵯峨天皇ノ勅諚、日本修業御恩ノ徳ナリ、信心スベキト云云。依テ院宣如件

式目之事

一、仲間惣頭一老官四十年にして頭とすべし。尤一派之内、年高無之候ハヽ、四十年に至らずとも可続之。尤頭たるへき身ハ、一派之頭、吟味有之時は、五派之一老も集め、さばき可致事なり。あやまって一人ニテ取さばき、下々のあやうき

事、慈悲ス不実成則は大祖の諸願成就ならず。
一、一老より中老ヱお文字ニテ可呼事。尤初心は片名にて可呼也。
一、仲間ニテ不行式有之候ハ、年落之罪ニ有之候。五年七年拾年、其罪の品をさはき、右の年ニ取立て（可）返事。
一、一派を背き他派江師を取候ハ、右の師匠江帰り候共、年数をけづり、帰り年より、年数をとへし。
一、弟子取後日ニ定らずして師を極め候ものの事、先約束江相帰し、頼を以、時の宜敷ニ随ひ、もらひ請へき事。尤其あらそひ一人を捨候ハヽ、賀茂大明神の神罰可有之事也
一、約束の弟子を連れ、三年已上世渡仕候もの先約束口一年ニ付金壱分ツツ取出シ貰請可申事
一、嵯峨天皇瞽女能の三字を改、瞽女カせき事御定
一、隙《テマ》取の年貢、月数を以壱貫弐百文、五派の年貢勅諚を以御定被置候事
一、師匠終り年かろきものは、其組ニテ拾年同宿を極め、年つもり候ハヽ、右之師匠の組を継へし。又ハ他派の弟子たりとも、其組遠方或は慈悲を以是を取立可申事
一、在々所々庄屋名主ニ一宿并かせきの事極実れんミんの余り是を可請事、私の事ニあらつ、忝も嵯峨天皇の勅諚ニテ是を極め候事

武州忍領より河越播磨派江伝之者也

（高田市文化財調査委員会編『高田のごぜ』一八～一九頁）

二六　土底瞽女式目（嘉永四年［一八五一］五月写。上越市上稲田、佐野家蔵）

（表題）瞽　女　式　目　之　事

式目之事

一、仲間者、以一老宦四十年ニして可為頭ト、尤一派之内、年高無之候ハ、四十年ニたらす共可続之、尤頭たるへき身ハ、一派之願吟味有可致事成、あやまって一人ニて取さばき、下々のあやうき事、慈悲不実成則は、大祖之諸願成就ならす
一、一老より中老江お之字ニて可呼事、尤初心かた名にて可呼也
一、仲間ニて不行式有之候ハ、年落之罪ニ有之候、五年七年十年、其つみ之しなをさはき、右之年ニ取立可返事
一、一派を背き、派江師匠を取候ハヽ、右之師匠江帰候共、年数ヲけつり帰ス

謹而以ニ、人王五十二代嵯峨天皇第四ノ宦女ニテ相模之姫宮、瞽女一派之元祖トならせ玉ふ事、忝モ下賀茂大明神、末世ノ盲人ヲふびんニ思召、忝モ尊ノ腹ニやトラセ玉ヒ、仮ニ胎内より御目シヒテ御誕生マシマス、父天王母后、神社仏閣御祈誓有之ト云共、本より大願成ノ就種ナレハ、更ニ甲斐アラス、相模ノ姫宮七歳ノ御歳、夢中ニ、紀伊国那智山如意輪観音御夢枕ニ立セ玉フ、君ハ末（未）世ヨ〔ママ〕ノ女人盲人ノ司トナラセ玉フ可キ下賀茂だ明神応化ニテ渡セ玉フ、諸芸ヲ本トシテ、

世渡ヲ民間ニ下り、イトナミツカセ玉フベキ相友ヲサツケトノ徳ニヨリ、則五派ト定メ、ミヤクワン派、カシワ派、クニ針間派、ゴセン派、ヲミノ派弟子五人是ヨリ友トシテ諸芸ヲハケムベシト、既ニ御夢覚サセ玉ヒ、父母御物語、父帝母之(ミ)コト難有徳有トテ、則予ツゲノ中之ヤクワンク二人ノ弟子、一条姫宮、播磨之国王府ヨリ国司之御子、下野ノ城主之姫君、ヲミノ派ト申也、五人之御弟子カツコウノ友トシテ、コトカナチウ芸其徳ニヒラキ、十五歳ヲ経テ中老号ス、宦録有之、尤初心ニテ弟子ヲトル事、内ニテ修行ニ出サヌ前ナレハ苦シカラス、但シ中老ヨリ弟子モロウトモ、修行ニ出ル事、嵯峨天皇ノ御定、院宣ノ徳ナリ、廿七歳ヲ経テ一老宦ト号スナリ、但シ瞽女ノ宦ニ入レハ賎キ家ニ行ス、武士百姓町人ハ売買ニヨルヘシ、且寺修験門徒神主、是ニハ出ヘキ也、若作法背ク者コレ有ハ、髪ヲ切、竹杖預ケ、其科ノ品ニヨリ、〔、〕一則ヲ追ヒ、或ハ十里廿里外江(ママ)流罪可有之事也、但シ理タ々ツニハ、当道ノサハキヲ得ベマト云云

院宣之事

一、信心ノ本尊如意輪観世音ハ、妙音菩薩ニテ渡セ玉フ故ニヨリ、信心ノ徳妙音菩薩、弁財天、下賀茂大明神常ニ可祈者也、世渡守護ノ神ニテ渡セ玉フ、ヲロソニ心得ナハ、立所ニ御罰可有之者也

一、世渡リハ、武士、所ノ庄屋、名主、在家ニ至ル事、嵯峨天皇ノ勅諚、日本修業御思(恩)ノ徳ナリ、信心スヘキト云、依テ院宣如件

年寄年数とす可し

一、弟子取後日ニ定らすして師を極め候者之事、先約速(束)江相帰し、願を以、時之宜敷ニ随ひ、もらひ受へき事、尤其あらそひハ壱人をすて候ハヽ、賀茂大明神之神罰可之有事

一、約速の弟子を連れ、三年已上世渡り仕候者、約速(束)江壱年ニ付金壱分つゝ取出シ貰請可申事

一、嵯峨天皇、瞽女能の三字を改、瞽女かせく事御定也

一、隙間取の年貢、月数を以壱〆弐百文、五派の年貢　勅定を以御定致置事

一、師匠終り、年かるき者ハ、組ニて拾年同宿を極め、年つもり候ハヽ、右之師匠の跡を継へし、又ハ他派の弟子たり共、其組遠方或ハ慈悲を以、是を取立可申事

一、在々所々庄屋名主一宿并かせき之事、極実れんみん之余り、是を可受事、私之事ニあらす、忝も嵯峨天皇の勅諚ニテ是を極候事

右之条相守、朝夕信心いたす可者也

武州忍領より河越播磨派江伝之者也

嘉永四辛亥年

五月之写書　□□□登吉

之書

上稲田村

利正一所持

（鈴木昭英「越後瞽女組織拾遺」八九〜九〇頁）

二七　土底瞽女式目（嘉永四年［一八五一］十二月、大潟町土底浜、柳沢家蔵）

（表題）「瞽女式目」

謹而以レハ、人王五十二代嵯峨天皇第四ノ［宮脱カ］女ニテ相模ノ姫宮、瞽女一派ノ元祖トナラセ王（玉）ウ事、辱モ下賀茂大明神、末世ノ盲人ヲ不更ニ思召、忝モ尊ノ腹ニ宿トラセ玉ヒ、仮ニ胎内ヨリ御目シヒテ御誕生マシマス、父天皇母后、神社仏閣御祈誓有之トイヒ共、本ヨリ大願成就ノ種ナレハ、サラニ甲斐アラス、相模ノ姫宮七才ノ御年、夢中ニ紀伊国那智山如意輪観音枕ノモトニ立セ玉ウ、君ハ末世ノ女子盲人ノ司トナラセ玉ふ可キ下賀茂大明神応化ニテ渡らセ玉ふ、諸芸ヲ本トシテ世渡リヲ民間ニ下リ、営ツカセ玉ふへき相友ヲサツケトノ告ニヨリ、則五派ト定メ、ミヤクン派、カシワ派、クニハリマ派、コセン派、ヲミノ派第（弟）子五人、是ヲ友トシテ諸芸ヲハケムヘシ、既ニ御夢サメサセ玉ヒ、父母御物語り、父帝母后難有告アリトテ、則予ツケノ中ノ約束二人ノ弟子、一条姫宮、播摩（磨）之国主府ヨリ国司之御子、下野ノ城主之姫君ヲフミノ派ト申也、五人之御弟子カ通行ノ友トシテ、諸芸其徳ニヒラキ、十五歳ヲ経テ中老ト号ス、宜（宦）録有之、尤モ初心ニテ弟子ヲトル事、内ニテ修行ニ出サヌ前ナレハ苦シカラス、但シ中老ヨリ弟子貰トモ修行ニ出ル事、嵯峨天皇ノ御定院宣ノ徳ナリ、廿七歳ヲ経テ一老宦ト号スナリ、但瞽女ノ宦ニ入レハ賎家ニ行ス、武士百姓町人ハ売買ニヨルヘシ、且寺修験門徒神主是ニハイムヘキ也、若作法背ク者之アラハ髪ヲ切、竹杖ヲ預ケ、科ノ品ニヨリ所ヲ追ヒ、或ハ十里一十里外ニ流罪可有之事也、但シ理タタヅンハ当道ノサバキヲ得ヘシト云云

院宣之事

一、信心ノ本尊如意輪観音妙音菩薩ニテ渡らセ玉ふ故ニヨリ、信心ノ徳妙音菩薩、弁財天、下賀茂大明神常ニ可祈誓者也、世渡守護ノ神ニテ渡らせ玉ふ、ヲロソカニ心得ナハ、立所ニ御罰可有之者也

一、世渡リハ、武士、庄屋、名主、在家ニ至ル事、嵯峨天皇ノ勅諚、日本修行御恩ノ徳也、信心スヘキト云、依テ院宣如件年寄年数トス可シ

式目之事

一、仲間者以一老宦四十年ニして一派之頭とす、尤モ一派之内年高無之候得者、四十年ニたらす共可続之、尤も頭たるへき身ハ、一派之願吟味可致事也、あやまって一人ニて取捌き、下々のあやうき事、慈悲不実なる時者、大祖之諸願成就ならす

一、一老より中老江おの字ニて可呼事、尤も初心かた名ニ而可呼也

一、仲間ニ而不行届きし事有之候ハヽ、年落の罪ニ有之候、五
年七年拾年、其罪乃品を捌き、右之年ニ取立可返事
一、一派を背き、他派江師匠を取候ハヽ、右之師匠江帰り候
共、年数けつりかいす事
一、弟子取後日ニ外へ師を極メ候者之事、先約束と相済シ志願
を以、時の宜敷に随江もらいうけへき事、尤も其諍は一人を
すて候得共、賀茂大明神之神罰可有之事
一、約束之弟子を連レ、三年已上世渡仕候、先やくそく江壱ヶ
年ニ付金壱歩ツヽ取出貰受可申事
一、嵯峨天皇、瞽女能の三字を改、瞽女かせく事御定也
一、ひま取の年貢、月数を以壱〆弐百文、五派之年貢勅定を以
御定致置事
一、師匠終り年軽き者ハ、組ニ而拾年同宿をもとめ、年つもり
候ハヽ、右之師匠のあとを継べし、又者他派之弟子たり共、其
継の遠方或は慈悲を以、これを取立へく候
一　在々所々庄屋名主一宿并かせき之事、極実憐愍之余り、こ
れをうくへき事、拙之事ニあらす、忝も嵯峨天皇之勅諚ニ而
是を極る事
右之条々相守り、朝夕信心致へき者也
武州忍領より河越播摩[磨]派江伝之者也
嘉永四年辛亥
十二月
越後国頸城郡
下土底村
松重所持

（鈴木昭英「越後瞽女組織拾遺」九〇～九二頁）

二八　瞽女縁起・式目、（出典不詳、江戸後期の写か）

謹で尋るに、人王六十代嵯峨天王第四の宮女官にて、相模の姫宮ごぜ一派の元祖と成為ふハ忝くも賀茂大明神、末世の盲人を不便に思召、助ん為にみことの御腹にやとらせ為ふハ、胎内より両眼盲て御誕生ましく〳〵けれハ、父帝・母后歎かせ為ふ、神社仏閣へ御祈ありといへとも元来大願成就の種なれハ、更に其甲斐あらす、相模の姫宮七才の御時、紀伊の国那智如意輪観世音夢枕に立せ為ひ、君ハ是末世の女人盲人を救はん為に生れさせ為ひぬ、則賀茂王[応化]家にて渡世為ふ、是より国々の筋目正しき盲人を集め友とし、諸芸を旨とし世渡りを民間下りいとなみつかせ為ふへし夢すでに覚させ為ふ、其趣を父母に語り為ふ実に有りかたき事なりとて、則摂家の内一条の姫君第一番の御弟子にて明くわん派是也、第二の弟子四条の姫君にてかしわ派是也、第三の御弟子播磨の国の城主の姫君にてはりま派是也、第四の御弟子近江国の城主の姫君にて国ケ派是也、今にごぜん派と唱る事此古事也、右五人御弟子を渇仰の友とし為ふ、日本の国々修行せらるゝ、忝くも嵯峨天王より武士・百姓・町人に至る迄こくじう分量をわけあたえられ、庄屋にて一宿たるへきの勅定下り為ふ、今に修[行脱カ]に出る事ハ此御恩徳也

一、瞽女官録〔禄〕之事、仲間に入て十五年を経て中老官に至る、廿七年経て一老官とす、四十年経て職の官に進ム
但、初心ニ而弟子取る事内ニ而修行ニ出ぬなれハ苦しからから〔衍〕す、尤中老より弟子諸共修行出る事天王の御定なり
一、瞽女官に入れハ賤しき家に行ず、武士・百姓・町人・寺社・修験是ニハ出入すべし、
但し町人は商売によるべし
一、信心の本尊如意輪観世音ハ妙音菩薩にて渡らせ為ふ故に、妙音弁才天賀茂大明神を常に祈るへきなり、世渡り守護の神なれハ疎かに心得なハ立所に御罰可有物なり
一、世渡り武士、所之庄屋、在家に至迄、日本修行致す事ハ嵯峨天王の勅定なり、右難有御恩徳謹而尊心すべき事也、御院宣の巻如件

式目の事

一、仲間惣領、一老官四十年にして頭とすべし、尤一派之内に年嵩無之候ハヽ、四十年不足共是を継べし、尤頭たるへき身一派の願吟味有之時は、五派一老を集め捌き致べき事也、若誤りて壱人して取誘〔唀〕き私多き事、慈悲の道誠ならすさる時は、大祖の諸願成就成らず
一、一老より中老へハお文字にて呼へき事、初心江ハ片名ニ而呼へき事也、中老より初心江ハお文字ニ而呼へき事也
一、仲間にて、不行式有之手落之罪是あらハ、五年七年十年、其科の品をさばき、右之年に取立帰りべき事
一、法を背輩有之ハ髪を切、竹杖を預り、其咎之品により所追放敷拾里外へ流罪すべし、
但、女儀にて其所意立すんハ、其所の当道の誘〔唀〕きを得おさむべし
一、一派を背き他派江師匠を取候者ハ右師匠江帰り候共、年数を削り帰り、其年より数とすべし
一、弟子取後日に定らずして師匠を極め候者事先約置へし、願を以時之しき随ひ貰請べき事、尤争《アラソイ》ひ者壱人を捨置候ハヽ、賀茂大明神御罪可有事

（『西沢爽『日本近代歌謡史』二四九〜二五一頁の写真より）

IV　近世の川柳に見られる瞽女

『誹諧武玉川』（数字は篇。以下同）

覗かれる気で瞽女は寝に行　（一）
物ぐさひ瞽女に引るゝ糸ざくら　（二）
只有体に瞽女の手まくら　（二）
だまつて瞽女をするゑる明るみ　（二）
まがらぬ心瞽女の手を引　（二）
相人が瞽女で恥をかゝせる　（二）
惚られて居る瞽女の罔両《かげぼし》　（四）
舟から誉る瞽女の傘　（四）
さくらへ繋ぐ瞽女の大声　（四）
瞽女の顔からとぼる行灯　（五）宝暦二年（一七五二）刊
遠くへ投る瞽女の賽銭　（六）
憎れ瞽女のこそこそと喰ふ　（六）
子へ撥を借す瞽女の愛相　（七）
蚊の喰ふ瞽女へ扇集る　（七）
面白いはじめ計を瞽女が聞　（八）
赤い合羽と瞽女の相傘　（九）
めつたにこゞむ瞽女の行水　（十一）
次第にこゞむ瞽女の行水　（十三）
月のいなばを瞽女の大連　（十三）
雛が立つたで瞽女の手を引く　（十五）
をとこ坂行く瞽女の大願　（十五）
千畳敷に瞽女のすり足　（十七）安永元年（一七七二）刊
見るより早い瞽女の告口　（十七）
瞽女も眼明きも五分々々の闇　（十七）
日高の瞽女の何か聞出す　（十八）安永三年（一七七四）刊
四谷の瞽女の馬をしこなす　（十八）
和睦のはしに遣て見る瞽女　（十八）
はさみ将基に眼の動く瞽女　（十八）
蓼喰ふ虫にかつがるゝ瞽女　（十八）

『誹風柳多留』（明和二年［一七六五］～天保九～十一年［一八三八～四一］頃）

人をみなめくらにごぜの行水し　（一）

ごぜ斗一ツ艘につむ渡し舟　（一）
仲条へめづらしものゝごぜかとれ　（二）
ごぜの尻をたけば無理な目を開キ　（二）
ごぜのかね口おしそふに見て貰ひ　（二）
あいそう《愛想》にごぜハあやして泣出され　（三）
ねついごぜ内ふところにばちふくろ　（三）
若イごぜ壁をさぐつて一ツぬぎ　（三）
ごぜの灸跡で一だんのぞむぞえ　（三、四）
ごぜの供何をはなすかにこつかせ　（四）
小紋がたごぜハ多ぶんのはうへきめ　（四）
ごぜの金御局そつとかりはじめ　（四）
かんのよいごぜろくな事しでかさず　（四）
おれもよい男とごぜをくどく也　（四）
赤がいる《蛙》ごぜハかすかにあぢを知り　（四）
ごぜの供しつたのが来りや舌を出し　（五）
酔ツたごぜ人さへ見るとからみつき　（五）
琴一ツごぜおつこうに廻るなり　（五）
どふしやうと思ツてごぜを連レてにげ　（五）
つくねんとごぜハあばたをかぞへられ　（五）
神楽堂姫ごぜの身ですつぱぬき　（六）
くどかれてごぜハはるならいやといひ　（六）
つみらしくごぜの行水のそく也　（六）
かんがへて見なよとごぜへ久ぶり　（七）

ごぜの手を引を黒かもせつながり　（七）
ごぜの供琴を出されて是もかへ　（七）
ごぜ問イをしろとけんぎやう《検校》ずおふへい《横柄》　（七）
御物見の下でごぜ又いとま乞　（八）
むごらしくごぜ蚊いぶしの先に居ル　（八）
ごぜの聟気にはたらきハねからなし　（八）
哥かるたごぜハ無筆ととちくるひ　（八）
花の山ごぜ松の木の方ウへむき　（九）
ばちびんてごぜの手を引ク主の命イ　（九）
能イつぶれやうさごぜハほめられる　（九）
かねつけるごぜをのぞいてこわく成　（九）
われしらず鏡にうつるごぜの顔　（九）
ばちぶくろかくされてごぜ手をあわせ　（九）
ゆさん船ごぜと座頭で安くみへ　（九）
ごぜのひざ下女思慮もなくつぎこぼし　（十）
むごい事ごぜやうほう《容貌》ハすぐれたり　（十）
こうなんをさけんか為にごせをぶち　（十）
三の下モごぜふけいきなつらをする　（十）
朝かへりしうとめごせの目がひかる　（十一）
木綿ものつかむとこぜのいとま乞　（十一）
つつつけて能見れハごぜねぶる也　（十一）
何もかも内ぶところへごぜ入レる　（十二）
いゝつぶれやうさとごぜを手なつける　（十二）

金持のこわいろでごぜくどかれる　（十二）
ぼうふりとごせに御そうの役ふそく　（十四）
かんのよさこぜ間男をもつてゐる　（十四）
わたくしが事さ〳〵とごぜひがみ　（十四）
つら中ウへごぜの子乳をあてがわれ　（十五）
ごぜといふごぜ甲州を夜にげする　（十五）
にわかごぜ母はなみだでむみやうゑん〔無名円〕　（十五）
はつがねのごぜすいりやうではづかしさ　（十六）
ごぜのしりつめればだれだ〳〵也　（十六）
なれるうちごぜ大道にあけらこん　（十八）
さすがハ女まゆとるをごぜおしみ　（十九）
にいこ〳〵ごぜ御物見の下を行キ　（二十三）
尤な事ろうがいをごぜハ痛み　（二十四）
しまのさい布三味せんをごせ仕廻　（二十四）
すたる物なし仲条へごぜがとれ　（二十五）
瞽女の金手を握てハ言延し　（二十七）
ごせめいた物さと妾おつとこなし　（二十七）
ごぜがづらしよぞんが有てはらぬ也　（三十）
つめられたごぜほれぬしをかんかえる　（三十一）
盲女に手をひかれ八ツ橋わたる也　（三十二）
ぬき足でごぜの小便覗イてる　（三十二）
ばちびんてこせの手を引なかのよさ　（三十五）
欲心で半分盲女の嫏（娵）を取り　（四十）

くつ〳〵と瞽女のあばたを娵かぞえ　（四十一）
鵜のまねをして烏金ごぜハかし　（四十四）
瞽女の供腰をつかつて舌を出し　（四十四）
瞽女に手を引れて渡る生田川　（五十五）
鵜のまねして烏金ごせもかし　（六十八）
うつくしく結やつたのふとごせへ御意　（七十）
小便も屋かたのごぜハ一トくろふ　（七十）
瞽女が猫袋て諸国あるいてる　（七十一）
くどかれてごぜハ浅黄に眼を開キ　（七十九）
俄こぜ母ハ泪でむめうゑん〔無名円〕　（八十五）
文みてはごせのたゆたふ丸木橋　（九十四）
目をあいてあるけと手引キしかられる　（九十七）
猫を袋へ押込で瞽女ハ持チ　（一〇三）
目の明た見物ごぜの所作を誉メ　（一〇四）
牽牛織女盲女座頭かとたわけ　（一一一）
手を引イて浅瀬を渡るこせか母　（一一四）
村日待瞽女ふつさろふ流行唄　（一二四）
跡しさり猫に袋を瞽女かぶせ　（一二七）
お聞それましたとごぜの久しぶり　（一二八）
盲女に手を引かれて渡る生田川　（一三一）
くしる真似して舌を出ス瞽女の供　（一三四）
人も頼メす毛虱に瞽女あくみ　（一四七）
ごぜに手をひかれ生田の道を行　（一四八）

旅瞽盲《ごぜ》の道も二上り三下り　（一五〇）
寒イ晩瞽女節穴を見附出し　（一五一）
瞽女の行水覗ひてる罪な奴ツ　（一五五）

『やなぎ樽研究』（復刻版による巻数・頁）
瞽女の髪かうかと見せて手を汚し　（二・十二）
ごぜの灸たにしのような目をひらき　（四・五十三）
てとてとてとて引連れて上総瞽女　（五・五五七、天保）

『誹風柳多留拾遺』（享和元年［一八〇一］刊）
ごぜはみなゆび分量で化粧をし　（八）
厄年のごぜ三絃をふみをられ　（八）
そりやそりやとごぜに滑石またがせる　（八）

『川傍柳』（安永九年［一七八〇］刊）
瞽女の色口跡《こうせき》のよい男なり　（一）
姿見へ瞽女つくねんとうつる也　（一）
瞽女の文ぱつちらがつて読んで遣り　（一）
その瞽女えすをやめをれと親父《おやぢ》いひ　（二）
むごいこと向ふ桟敷へ瞽女を置き　（三）
気味わるさ瞽女がにこォりにこり也　（三）

『末摘花』（安永五年～享和元年［一七七六～一八〇一］刊）
ぶたれたか瞽女は泣き泣きふいてゐる　（一）
安永五年（一七七六）
瞽女の共道でたれると覗くなり　（一）
口説かれて瞽女はぶつならいやといひ　（一）
瞽女と色慾にかかつて餅につき　（一）
たのしみきはまつて瞽女はくらはされ　（四）
享和元年（一八〇一）

『やない筥』（天明三年［一七八三］刊）
瞽女顔を駈けるか落ちるかに　（一）

『川柳評万句合』
ごぜ座頭たがひにさぐりさぐられつ　宝暦十三年（一七六三）

『狂歌ますかがみ』（享保二十一年［一七三六］）
水になく蛙ならねとみすになく
　瞽女は歌とは読すうたはす

V 真楽寺（現静岡県沼津市）の過去帳に見られる瞽女

没年月日	戒名	本名、享年、住所、師匠名など
天正十一癸未禩正月二十日	顕正	沼津宿三枚橋町入瞽女頭開基会津事也、（朱書）「相続人中代キソ云同人跡式テウ云右家会津末孫ト申伝ル也」
明暦三丁酉年十二月十五日	妙了	瞽女会津
寛文六丙午年正月二十日	妙空	下町瞽女会津下女クリ
延宝六戊午年五月二十七日	妙池	瞽女ヲトヨ泉川ノカキ田橋ヨリ落テ死ス
延宝七己未年五月二十七日	秀教	下町入瞽女カナ息女
延宝八庚申年八月十五日	妙允《いん》	下町入瞽女ヲサツ母
天和二壬戌年六月十五日	妙祐	瞽女タカ
元禄三庚午年六月十六日	是心	瞽女ヲカナ他寺ノ焼香
元禄三庚午年十二月十三日	妙意	椎路瞽女菊
元禄四辛未年八月二十五日	妙連	下夕町入瞽女フサ
元禄七甲戌年閏五月十六日	妙貞	下町入瞽女ヲサツ
元禄七甲戌年十月朔日	妙為	下夕町瞽女タメ
元禄十丁丑年正月十九日	妙見	下夕町瞽女クメ
元禄十丁丑年九月廿八日	得悟	瞽女ヨ子カ父
元禄十一戊寅年正月九日	妙言	瞽女ムラ
元禄十一戊寅年正月二十日	妙善	瞽女会津
元禄十一戊寅年六月二十二日	妙専	瞽女シモ
元禄十二己卯年五月十七日	妙遊	下町瞽女シュン
元禄十六癸未年三月二日	妙春	瞽女ヲカ子母伊豆ニテ死
宝永元甲申年八月三日	妙運	下夕町入瞽女ヲハヤ
宝永三丙戌年十月十五日	妙連	下夕町入瞽女シュン
宝永四丁亥年十二月二十三日	妙貞	下夕町入瞽女ヲカウ
正徳二壬辰年九月五日	妙西	会津組瞽女イサ川車ニテ死
正徳三癸巳年十二月四日	妙三	下夕町入瞽女カル弟子
正徳四甲午年九月五日	妙恵	下夕町入瞽女ヲサレキ
享保三戊戌年閏十月七日	生蓮	下夕町入瞽女ユク弟子カメ
享保四己亥年七月十三日	妙元	下夕町瞽女ヲシュン弟子
享保七壬寅年三月十八日	妙円	瞽女ヲギン母戸田ニテ
享保九甲辰年六月五日	清香	下夕町入り瞽女ヲイヤ
享保十三戊申年二月十三日	妙香	下夕町入り瞽女ユカ

享保十三戊申年二月二十七日	浄往	下タ町入リ瞽女シゲ
享保十五庚戌年三月二十七日	妙雲	下町入リ瞽女フサ
享保十五庚戌年六月七日	妙性	下町入リ瞽女フノ弟子
享保十六辛亥年八月朔日	道智	盲女キン父戸田村ニテ死
享保十六辛亥年九月十八日	秋帰	入町盲女ゲン孫弟子
享保十六辛亥年十二月二十三日	妙安	下町盲女リン
享保十九甲寅年六月十六日	妙宙	入町盲女クノ
享保十九甲寅年六月二十七日	妙栄	入町盲女タミ
享保二十乙卯年十月三日	妙感	入町盲女トメ
享保二十乙卯年十月五日	妙銀	入町盲女トメ弟子ロク
元文元丙辰年六月六日	妙眼	下タ町盲女ゲン
元文元丙辰年十月二十七日	妙保	下町入リ盲女カ子弟子シカ
元文元丙辰年十一月十二日	妙生	下タ町入リ盲女ルイ弟子マサ
元文二丁巳年七月十一日	永蓮	下町入リ盲女サツ弟子
元文三戊午年十月三日	蓮岸	入リ町盲女ハヤ
元文五庚申年正月二十八日	禅岸	下町入リ盲女シュン
元文五庚申年三月十八日	貞春	入町盲女カ子
元文五庚申年九月十九日	受香	入町盲女ツレ弟子キサ
元文五庚申年十月十四日	妙西	入町盲女カル
寛保元辛酉年八月九日	照盲	入町盲女カ子弟子キヨ
寛保二壬戌年四月十六日	妙欣	入町盲女シホ
寛保二壬戌年五月二日	妙見	入町盲女フミ
寛保二壬戌年八月十六日	妙皈	入町盲女会津弟子テウ

寛保二壬戌年十二月五日	善了	入町盲女ツレ父
寛保三癸亥年二月二十五日	妙情	入町盲女ルイ弟子タヨ
延享二乙丑年二月二十日	妙誓	入町盲女ハナ
延享二乙丑年二月二十八日	妙吟	入町会津孫弟子サト
延享二乙丑年六月三日	妙閑	入町盲女シュン弟子カナ
寛延元戊辰年六月十八日	妙光	入町盲女ソヨ
寛延元戊辰年六月二十一日	妙貞	入町盲女イヨ
寛延元戊辰年十月十六日	妙了	下町入リ盲女ルイ
寛延三庚午年正月十八日	妙香	入町盲女ルイ弟子ユキ
寛延三庚午年五月十三日	妙性	入町盲女シゲ弟子リン
寛延三庚午年八月二十一日	清念	入町盲女ツ子
宝暦元辛未年五月六日	妙専	入町盲女会津弟子サナ
宝暦元辛未年十二月四日	蓮生	入町盲女ツレ
宝暦三癸酉年七月朔日	夏雲	木瀬川瞽女サキ弟子フミ
宝暦三癸酉年七月二十二日	智明	入町盲女会津孫弟子
宝暦四甲戌年五月二十三日	妙薫	入町盲女ベン
宝暦四甲戌年七月二十九日	秋顔	入町盲女キヌ
宝暦四甲戌年十月十八日	妙諦	入町盲女ヤソ弟子
宝暦五乙亥年十一月二十四日	妙現	入町会津組マチ
宝暦六丙子年正月二十日	妙得	入町盲女フリ
宝暦六丙子年七月九日	妙暁	入町盲女フミ
宝暦六丙子年十二月六日	妙感	入町盲女ユリ弟子カ子
宝暦七丁丑年四月十一日	妙鏡	入町盲女ルイ

宝暦七丁丑年八月十八日	妙空	木瀬川盲女サキ弟子
宝暦八戊寅年七月二十六日	秋甫	入町盲女シゲ弟子
宝暦八戊寅年九月二十八日	妙然	入町盲女シゲ
宝暦九己卯年正月二十六日	妙吟	入町盲女サツ
宝暦九己卯年六月五日	妙慶	入町盲女会津
宝暦九己卯年閏七月七日	妙意	入町盲女スメアサ弟子也
宝暦九己卯年八月十六日	貞心	入町盲女キナ
宝暦九己卯年十二月七日	妙敬	入町盲女カチ
宝暦十庚辰年五月二十五日	良香	入町盲女俗名不レ知
宝暦十庚辰年八月四日	妙然	入町盲女ユリ
宝暦十二壬午年五月二十二日	妙了	入町盲女ヨ子孫弟子チラ
宝暦十二壬午年十二月二十五日	妙久	入町盲女アサ於二小山村一命終
宝暦十三癸未年三月十一日	妙運	入町盲女会津宝寿
宝暦十三癸未年十一月二日	妙林	入リ町盲女リヨ弟子
宝暦十三癸未年十一月二十一日	妙運	入町盲女会津太寿
宝暦十三癸未年十二月九日	妙岑	入町盲女サキ事曽女《ツメ》之師匠也
明和元甲申年八月七日	秋甫	入町盲女トヨ弟子
明和二乙酉年二月二十七日	妙春	入町盲女キハ弟子モト
明和四丁亥年正月二十九日	妙空	入町盲女キワ
明和四丁亥年六月二十六日	幻空	入町盲女ソヨ弟子
明和五戊子年九月十二日	秋林	入町盲女リヨ
明和六己丑年三月二日	妙理	入町会津弟子ハン
明和六己丑年十二月二十七日	妙本	入町会津弟子チヨ

明和八辛卯年十二月十日	妙宙	入町盲女レン弟子
安永元壬辰年八月十日	妙照	入町盲女ツヤ弟子マツ
安永元壬辰年九月三日	妙瑞	入町盲女スナ弟子マチ
安永元壬辰年十一月十九日	妙寛	入町盲女スカ
安永二癸巳年正月三日	妙春	入町盲女チヱ弟子
安永二癸巳年七月二十三日	妙涼	入町会津弟子レン
安永三甲午年五月三日	妙顕	入町盲女リヱ
安永四乙未年四月二十九日	妙誓	入町盲女頭会津
安永四乙未年八月七日	妙栄	入町盲女コン弟子ノブ江ノ浦ノ与八妹也
安永六丁酉年正月五日	妙倫	入町盲女俗名不レ知
安永六丁酉年二月十五日	妙嶺	入町盲女キワ弟子ユラ
安永六丁酉年八月三日	妙休	入町盲女ゲン
安永六丁酉年八月二十日	妙還	入町盲女ヨシ
安永六丁酉年八月二十八日	妙山	入町盲女キチミセ先祖也ミセハ□□キクノ祖母
安永七戊戌年六月十七日	妙休	入町盲女ユワ
安永七戊戌年六月二十二日	幻中	入町盲女トメ孫弟子
安永七戊戌年七月七日	妙旭	入町盲女ジュン
安永七戊戌年十月十二日	妙照	入町盲女ヨソ於富士郡死ス
安永八己亥年七月二日	妙休	入町盲女キワ孫弟子豆州大沢ニテ命終
安永八己亥年八月二日	妙精	入町盲女ノブ弟子豆州堀切村ニテ命終

安永九庚子年八月十一日	妙和	入町盲女トメ弟子ヤソ
安永九庚子年十月四日	妙味	長沢村瞽女カク
安永九庚子年十一月八日	妙山	入町盲女イ子西沢田渡邉氏嘉左衛門娘也
天明元辛丑年四月二十五日	妙転	入町盲女ヱン
天明元辛丑年八月二十七日	妙音	入町盲女ナヨ弟子ヤヱ
天明元辛丑年十月四日	得法	八幡前盲女ソヨ
天明二壬寅年正月五日	妙受	入町盲女リサ
天明三癸卯年四月三日	妙寿	入町盲女ハナ弟子ホノ十五歳
天明三癸卯年六月十八日	妙了	八幡前盲女サナ弟子フキ事
天明三癸卯年十月十一日	妙秀	八幡前盲女ハナ事
天明四甲辰年六月二十五日	妙智	入町盲女タツ松永ノ□□新蔵姉也
天明五乙巳年正月二十九日	妙喜	入町盲女ヤソ弟子タヨ
天明五乙巳年十一月二十一日	妙諦	入町盲女太寿《タイジュ》（会津役隠居ノ事也）名ハルント云フ也
天明六丙午年九月二十一日	妙運	入町盲女ヨ子
天明六丙午年閏十月十四日	妙生	入町盲女ヤス弟子
天明七丁未年八月十日	妙廓	入町盲女ミナ弟子ヨ子九歳
天明七丁未年十二月二十九日	妙宗	入町盲女ミナ事
寛政元己酉年二月二十二日	妙心	入町盲女諦寿（此ノ退寿云ハ時ノ会津職之隠居也）弟子イヨ
寛政元己酉年四月十日	妙道	入町盲女ミヱ事
寛政二庚戌年二月二十三日	妙浄	入町盲女トヨ
寛政二庚戌年三月十五日	妙得	入町盲女トメ

寛政二庚戌年七月十六日	妙海	入町盲女ナヨ
寛政三辛亥年三月十三日	妙相	入町盲女リセ
寛政三辛亥年七月五日	妙開	入町盲女ミヲ於江戸品川ニ死ス
寛政三辛亥年十二月五日	妙貞	入町盲女ノブ
寛政五癸丑年三月二十四日	妙沢	入町盲女ミナ嘉永六年主女ミツツナ弟子
寛政六甲寅年二月二十九日	妙智	入町盲女ソデ事シウノ師匠也
寛政六甲寅年三月十五日	妙道	入町盲女ソノ
寛政六甲寅年十一月十三日	妙善	入町会津サク弟子トク十三歳
寛政六甲寅年閏十一月二十七日	妙恵	入町盲女カ子
寛政九丁巳年三月二十五日	妙随	入町盲女シン二十九歳スギ姪也
寛政九丁巳年六月十日	玅乗	入町瞽女ヒデ六十三歳エン師マス祖母也川ニテ死弟子一人孫弟子弐人アリ生所ノ宗旨也
寛政十戊午年二月八日	妙願	入町瞽女ヱキ五十歳ユク弟子也
寛政十戊午年九月十九日	妙厳	入町スナ弟子盲女クラ四十有余歳
寛政十戊午年十二月二十六日	妙家	出口町瞽女ソハ七十七歳
享和元辛辰年九月三日	妙清	入町瞽女イサ七十三歳ユカ師匠也
享和元辛辰年九月二十九日	妙想	入町盲女カ子ノ弟子マサ二十五歳
享和元辛辰年十二月二十二日	妙行	入町盲女ユク七十二歳タミノ祖母也本ノ会津也
享和二壬戌年八月四日	妙閑	入町盲女ヱツ四十九歳タノ先祖也□□キクノ家也
享和三癸亥年閏正月十一日	妙往	入町瞽女スナ八十一歳リソノ師匠也本ハ会津勤ル

享和三癸亥年四月二十九日	妙朗	入町盲女チヱ七十九歳
享和三癸亥年六月十四日	妙成	入町盲女キヌ二十四歳
享和三癸亥年七月二日	妙讃	入町盲女ミヤ弟子クニ十八歳郡内船津村親元ニテ病死
享和三癸亥年八月十三日	妙讃	入町盲女クメ弟子之キヨ十歳
文化二乙丑年二月二十四日	妙因	入町瞽女トヨ八十一歳孫弟子ウタ云
文化二乙丑年三月二十七日	妙説	入町盲女サキ行年六十余歳
文化二乙丑年九月二十三日	妙説	入町盲女サヱ七十余歳桑原村ニテ死
文化五戊辰年閏六月晦日	妙因	入町盲女ユカ五十三歳
文化五戊辰年十月十六日	妙道	出口町盲女タヨ五十四歳
文化六己巳年正月二十一日	妙順	出口町盲女クリ七十九歳
文化六己巳年十月十五日	妙誓	入町盲女久米五十有余歳
文化六己巳年十一月二十七日	妙因	入町盲女サキ弟子ソメ事七十歳梅《ムメ》之師匠也
文化七庚午年五月六日	妙閑	入町盲女コン七十有余歳
文化七庚午年九月十三日	妙静	入町盲女ソメ孫弟子クラ十歳
文化八辛未年五月十九日	妙蓮	入町会津左加五十九歳
文化十癸酉年六月十四日	妙信	入町瞽女会津スナ五十七歳キソ子〔師カ〕匠也
文化十癸酉年十月二十七日	妙心	入町瞽女サカ弟子シユン二十三歳甲州郡内十日市場ニ而病死他寺ノ焼香

文政元戊寅年十月朔日	妙演	入町盲女ソモ弟子加野行年二十八歳
文政元戊寅年十一月二十二日	妙円	入町盲女会津マセ行年六十二歳マチ之師匠也
文政三庚辰年六月六日	妙得	入町瞽女カ子弟子タケ十九歳
文政三庚辰年十二月十一日	妙林	入町瞽女シノ四十有余歳ハマノ師匠也
文政五壬午年三月十一日	妙円	入町瞽女ヒデ弟子ヱン七十五歳マスノ師匠也
文政六癸未年十二月十三日	妙随	入町瞽女奈遠《ナヲ》七十余歳 春《シュン》ノ師匠也
文政七甲申年二月十六日	妙岸	入町瞽女美也五十歳土与之師匠也
文政七甲申年八月八日	妙得	入町瞽女由利《ユリ》七十二歳津幾之師匠也
文政八乙酉年八月二日	妙現	入町瞽女猶《ナヲ》弟子 俊《シュン》 六十三歳春《ハル》ノ師匠也
文政九丙戌年九月七日	妙徳	入町瞽女ヱン弟子乃恵ノ師匠也末《マ》寸《ス》事五十五歳豆州川津村出生也
文政九丙戌年十月十二日	妙階	入町瞽女栅《マセ》弟子吟《ギン》事四十六歳久良《クラ》ノ師匠也
文政十丁亥年閏六月十四日	元明	入町盲女万都《マツ》四十余歳ヱツ弟子也御厨《ミクリヤ》川柳村源左衛門妹也源左衛門方ニテ病死ス依レ之兄源左衛門之菩提寺ヱ葬ル由レ願載レ之
文政十丁亥年十二月十七日	報顕	入町盲女礒五十九歳会津役相勤也奈美之師匠也
文政十丁亥年十二月二十七日	誓顕	入町盲女三保弟子曽茂《ソモ》七十二歳会津役中ニ死ス一代独身也

文政十二己丑年十月二十九日	妙慧	入町瞽女頭会津周《シウ》弟子曽天《ソテ》十七歳松長村宗七妹也
文政十二己丑年十一月朔日	慧岸	入町盲女波留《ハル》嫡弟俊《シユン》五歳師匠波留之産家豆州江梨村治郎七方ニ而病死ス当寺ヱ葬ル也
天保元庚寅年八月四日	授眼	入町盲女美世《ミセ》弟子美須《ミス》事四歳太乃《タノ》之孫弟子也
天保元庚寅年十一月二日	直入	三枚橋入町瞽女伊勢事伊与之師匠也、会津役相勤メ退役致シ宝寿ト相成リ候テ死ス、十一月二日朝七ツ時下夕町ヨリ出火致シ候所、西風烈シク急火ニテ入町不レ残類焼致ス也、其節長病ニテ老体ニ付焼死致シ候由レ之、御役所ヨリ出役衆罷出、三枚橋町宿役人上土町宿役人不レ残立合見分相済候上ニテ取置申候、火急之事故後日ニ右焼死之御届書御役所ヱ差出シ候、為後日記置ク焉ヲ也、此時焼死二人有レ之候一人者光本寺相家比左ナリ、其砌リ井戸ヱ落入候者二人有レ之候伊勢弟子伊与ト伊与弟子恵幾之二人也井戸入之二人者命チ助カリ申候、焼死致シ候伊勢之弟子ト孫弟子也此時下夕町ヨリ出火ニテ三枚橋町平町迄不残焼失致候也
天保四癸巳年九月九日	是音	入町盲女頭会津寸美《スミ》弟子太計《タケ》七歳
天保五甲午年八月朔日	妙香	入町盲女梅《ムメ》事六十四歳嫡弟雪ノ師匠也

天保六乙未年十二月十日	妙軀《ク》	入町盲女加禰《カ子》事六十八歳古武《コン》之弟子也弟子無之
天保七丙申年三月四日	妙交《ケウ》	入町盲女退寿寸美《スミ》事五十二歳毛武《モン》之師匠也生国豆州戸田浦武兵衛娘也（会津退役致シ候得者退寿ト相成申候）
天保七丙申年八月二十七日	智眼	入町瞽女会津役幾曽《キソ》弟子美和《ミワ》事三十三歳美和親元トハ修善寺在湯船村与三右衛門方ニテ死ス
天保七丙申年八月二十九日	妙商	入町瞽女利加《リカ》弟子美津《ミツ》事六十四歳利幾《リキ》之師匠也
天保八丁酉年正月五日	妙弖	入町瞽女利加事八十五歳美津之師匠也美津ノ弟子ハ利幾云也
天保八丁酉年正月二十二日	妙作	入町盲女津也事六十八歳美土《ミト》之師匠也
天保八丁酉年六月二十七日	網然	入町瞽女津奈《ツナ》事六十四歳土乃《トノ》師匠也
天保八丁酉年七月八日	妙得	入町盲女寸幾《スキ》弟子古与事五十余歳
天保九戊戌年五月二十三日	妙絃	入町瞽女会津役太乃《タノ》事六十六歳美《ミ》也《ヤ》ノ師匠也郡内亥目在大野村百姓治右衛門宅ニテ病死ス当寺ニ分骨
天保九戊戌年六月二十四日	妙欽	入町盲女寸美《スミ》弟子幾武《キム》事三十一歳産家小諏訪村秋山文五郎妹也
天保九戊戌年七月十六日	妙慈	入町瞽女利宇《リウ》弟子津留《ツル》事四十八歳之女《シメ》ノ師匠也津留事生国郡内下吉田村福源寺之檀家也
天保九戊戌年十月五日	妙広	入町盲女比呂《ヒロ》事五十余歳太以《タイ》ノ師匠ニテ会津役以世ノ弟子也

天保十二辛丑年二月二十五日	貞瑞	入町瞽女之女事三十二才津留弟子也
弘化三丙午年五月二十五日	妙往	入町盲女退寿シウ事六十九歳師匠
弘化三丙午年十一月十八日	妙雨	入町マス弟子事渡世先ニ而病死親元豆州也マス師匠ハコト云ナリ
弘化四丁未年正月二十二日	心歓	入町盲女宝寿幾曽事六十九歳マキノ師匠也出生船原《フナバラ》村也同所親元甚右衛門方在病気ニ付引取介抱仕候所相不叶病死、尤遠方故寺送札差出シ申候同村禅宗宝蔵院江葬ル也、親元従法名来ル故改附之墓所ニ石碑有之候分骨致シ候約束ノ処親元昆雑而失念致候故法名ヲ埋メ葬礼致候也后テウ云
弘化四丁未年七月十日	慈愍	入町盲女コヨ跡継ヨシ弟子セイ事七歳相州猿島村　娘也
嘉永元戊申年三月十四日	妙観	入町盲女幾曽弟子末幾事佐太師匠也テウ相続人也
嘉永二己酉年九月十日	洸耀	入町盲女ナヲ弟子ハナ事五歳
嘉永三庚戌年正月二十日	心眼	入町盲女ミワ弟子サキ事四十七歳サト師匠也
嘉永三庚戌年正月二十七日	妙微	入町盲女江幾弟子佐和事十二歳
嘉永三庚戌年九月五日	了心	入町盲女コヨ跡与之弟子美与事十二歳
嘉永四辛亥年七月晦日	妙輪	入町盲女サカ弟子リン事四歳
嘉永四辛亥年九月十日	唯教	入町盲女リキ弟子トモ事七歳
嘉永六癸丑年十月七日	妙往	入町盲女サカ事三十余才独者也

安政元甲寅年九月二十日	妙果	入町盲女ノヱ弟子モト事四十九歳カツ師匠也
安政二乙卯年十二月十九日	妙果	入町盲女仲弟子奈遠事四歳
安政三丙辰年六月十三日	妙證	入町盲女春弟子奈遠事二十九歳
安政三丙辰年七月二日	暫夢	盲女ナカ弟子ヨシ事十二歳
安政三丙辰年七月十四日	妙安	入町盲女シメ弟子リウ事二十九歳タメ師匠也仮御堂最初之葬式也
安政五戊午年五月晦日	妙微	入町盲女退寿モン事五十八歳トメ師匠也
安政五戊午年七月二日	妙念	入町タキ弟子ミツ事二十七歳
万延元庚申年二月二十八日	妙教	入町盲女仲弟子土羅事十一歳
万延元庚申年四月二日	妙意	入町盲女シュンノ弟子ハル事　歳モリノ師匠也
文久元辛酉年九月二十六日	智正	入町盲女チカ弟子ヱイ事三歳
文久二壬戌年七月四日	蓮界	入町盲女ツタ弟子市事十七歳麻疹ニテ死
文久二壬戌年八月十七日	観善	入町盲女カク弟子カツ事九歳
文久二壬戌年十二月二十七日	妙貞	入町盲女ト子弟子スミ事三十六歳熊之堂産
文久三癸亥年正月二十七日	妙樂	盲女キクノ弟子サヘ事六歳フン孫弟子也
文久三癸亥年三月五日	好岸	入町盲女フン事三十九歳トセノ弟子菊野師匠也
慶応元乙丑年二月十八日	生蓮	入町盲女トキ弟子定事五歳
慶応元乙丑年十一月五日	妙成	盲女ツキ事弟子無之ニ付大諏訪村

慶応二丙寅年二月九日	妙成	入町瞽女ちか事五十一歳みつ弟子也
慶応二丙寅年九月六日	智清	盲女ユク弟子イシ事四歳
慶応二丙寅年十月九日	速成	盲女トセ事五十歳安之師匠也ミセノ弟子キクノ伯母也度世先ニ而郡内ワミ村ニ於テ被レ致二殺害一候
慶応三丁卯年三月十日	善念	盲女ハマ事六十余歳キヨ師匠也ヨシ祖母也
明治元戊辰年七月十四日	西教	盲女チカ弟子四歳
明治三庚午年六月十七日	妙蓮	入町菊野弟子三歳ハル事
明治三庚午年八月二十五日	玅往	盲女むら事三十歳すミ之弟子
明治三庚午年九月一日	玅縁	盲女との事六拾五歳
明治五壬申年八月十七日	玅恭	入町盲女仲事五十五歳ヒサ師匠也
明治六癸酉年十二月二十五日	即生	盲女ユク弟子モリ十歳ト子ノ孫也スミ跡式
明治七甲戌年三月十三日	妙寿	盲女ツナ弟子マン事
明治八乙亥年正月四日	妙海	入町盲女□□ラク師匠シケ事七十六歳
明治九丙子年十月七日	妙顕	盲女□□ツナ弟子ミ子事
明治九丙子年十一月十七日	妙雲	盲女トキ弟子フク事
明治十丁丑年三月十七日	妙浄	盲女□□エキ同居ダイ事六十二歳
明治十一戊寅年四月四日	妙浄《ママ》	盲女カク事六十六歳
明治十一戊寅年五月二十四日	観了	入町盲女エキ弟子フジ亭主□□久五郎事
明治十八乙酉年四月二十日	妙要	盲女□□シカ妹ヨ子事

明治二十丁亥年十一月十七日	光室妙応信女	盲女□□ヒロ実母相模大隅郡長沼村柳下常吉母
明治二十一戊子年十一月三十日	常往	盲女三枚橋町○○番地戸主□□モト養子定次郎事明治四年一月十四日生
明治二十一戊子年十二月二十三日	速入	三枚橋町盲女リセ娘トヨ事
明治二十三庚寅年三月九日	妙子	テラワキ盲女会津とね弟子いま事
明治二十四辛卯年五月十七日	妙果	三枚橋町盲女□□せつ事七十歳
明治二十四辛卯年五月二十五日	妙了	三枚橋町盲女□□とり養女せつ事
明治二十九丙申年九月十四日	玅清	三枚橋寺脇盲女□□きよ事行年七十八才もと師匠也
明治三十三庚子年三月十八日	玅寿	三枚橋入町盲女□□その事ふじ師匠也行年八十余歳
明治三十三庚子年十二月二十一日	玅智	三枚橋寺脇盲女□□らく事ひろ師匠也行年七十余才
明治三十六癸卯年十月五日	妙露	入町盲女しか孫□□あき女子三才
明治三十七甲辰年正月二十日	了意	入丁盲女しか孫□□あき二男三才

（大島建彦「沼津の瞽女」五一～六二頁より作成）

VI　幕府が座頭・瞽女に支給した配当金

年月日	金額	対象者	理由	*出典
正保五年 （一六四八） 正月十六日	銀十枚 青蚨三百貫文 二百貫文	岩舟検校 府内瞽者 盲女	鶴松若君七夜御祝	実三、514
慶安元年 （一六四八） 三月五日	銀十枚 青蚨五百貫文 三百貫文	岩舟検校 瞽者 盲女	家綱中剃始	実三、523
同年 九月十五日	青蚨三百貫 五十貫	瞽者 盲女	将軍の崇源院墓参	実三、564
万治二年 （一六五九） 正月十六日	銀十枚 鳥目五百貫 三百貫文	岩船検校 瞽者 盲女	瞽師岩船検校御祝	実四、296
同年 九月十四日	銀十枚 青蚨五百貫文 三百貫	岩船検校 瞽者 盲女	慶事	実四、328
寛文四年 （一六六四） 十二月二日	二百貫文 三十貫文	瞽者 盲女	将軍の墓参り	実四、518
寛文七年 （一六六七） 二月六日	二百貫文 三十貫	瞽者 盲女	千姫の法会結願	実四、597
寛文八年 （一六六八） 二月六日	銀十枚 五枚 三枚 青蚨二百貫文 三十貫文	岩船検校 犬塚検校 齋藤勾当 瞽者 盲女	千姫の法会結願	実五、3-4
寛文十二年 （一六七二） 二月七日	銀十枚 青銅二百貫文 三十貫文	岩船検校 瞽者 盲女	法事	実五、123
延宝四年 （一六七六） 六月八日	三百三十貫 三十貫	瞽者 盲女	家光夫人三回法会	実五、238
延宝六年 （一六七八） 二月六日	二百貫文 三十貫文	瞽者 盲女	法事（伝通院）	実五、279
延宝八年 （一六八〇） 六月十八日	鳥目千貫 二百貫	瞽者 盲女	法事	実五、361
元禄五年 （一六九二） 二月六日	二百貫文 百貫文	瞽者 盲女	千姫の法会	実六、133
同年八月六日	青蚨百貫文 二十貫文	瞽者 盲女	法事	実六、149

元禄九年（一六九六）五月十二日	青蚨六百貫文	瞽者・盲女	御参詣、寛永寺・増上寺	実六、261
宝永四年（一七〇七）六月二十五日	青蚨二百貫文 三十貫文	瞽者 瞽女	法事	実六、657
宝永六年（一七〇九）五月二十七日	銀十枚 鳥目五百貫文 三十貫文	三島惣検校 瞽者 盲女	御祝	実七、38
正徳六年（一七一六）閏二月二十七日	鳥目若干	盲人・盲女	御祝	実七、456
享保十年（一七二五）四月二十二日	鳥目若干	瞽者・盲女	御祝（元服）	実八、369
延享二年（一七四五）十一月	白銀三枚 八百貫文	荻田検校 座頭・盲女	将軍宣下	宝暦一六七
宝暦六年（一七五六）八月	銀二枚 二百貫文	松島検校 座頭・盲女	御簾中安産	宝暦二四七
宝暦七年（一七五七）二月	五十貫文	座頭・盲女	天英院十七回忌	宝暦五八一
同年六月	六百貫文	座頭・盲女	有徳院、東叡山法事	宝暦六〇七
同年十月	五十貫文	座頭・盲女	証明院二十五回忌	宝暦六二一
同年十一月	六百貫文	座頭・盲女	華光院、東叡山法事	宝暦六三五

宝暦八年（一七五八）二月	五十貫文	座頭・盲女	浄光院法事	宝暦六四〇
同年年六月	五十貫文	座頭・盲女	浄円院三十三回忌	宝暦六五三
宝暦十年（一七六〇）二月	五十貫文	座頭・盲女	至心院法事	宝暦六七七
同年三月	白銀三枚 三百貫文	豊藤検校 座頭・盲女	御転任御兼任	宝暦三〇四
宝暦十一年（一七六一）十月	六百貫文	座頭・盲女	文昭院五十回忌	天明六七〇
明和元年（一七六四）九月	五十貫文	座頭・盲女	月光院法事	天明七六六
同年十一月	銀三枚 三百貫文	錦美検校 座頭・盲女	若君様御髪置	天明二七四
明和二年（一七六五）六月	三百貫文	江戸の座頭・盲女	権現様百五十回忌、日光山	天明八一〇
明和三年（一七六六）二月	銀三枚 三百貫文	藤谷検校 座頭・盲女	若君様御袴着	天明三一七
明和四年（一七六七）二月	五十貫文	座頭・盲女	天英院二十七回忌	天明八三四
同年六月	六百貫文	座頭・盲女	惇信院七回忌	天明八五八
同右	六百貫文	座頭・盲女	有徳院、東叡山法事	天明八七三

明和五年（一七六八）二月	二百貫文 三十貫文	座頭 盲女	至心院二十一回忌	天明八八四
同年五月	五十貫文	座頭・盲女	月光院十七回忌	天明八九〇
明和八年（一七七一）六月	六百貫文	座頭・盲女	有徳院二十一回忌、東叡山	天明九二〇
明和九年（一七七二）八月	二百貫文 三十貫文	座頭 盲女	心観院一回忌	天明一〇〇一
安永二年（一七七三）二月	五十貫文	座頭・盲女	天英院三十三回忌	天明一〇〇九
同年三月	五十貫文	座頭・盲女	乗台院法事	天明一〇二四
同年六月	六百貫文	座頭・盲女	惇信院十三回忌	天明一〇四九
同年八月	二百貫文 三十貫文	座頭 盲女	心観院三回忌	天明一〇六三
安永三年（一七七四）二月	五十貫文	座頭・盲女	乗台院一回忌	天明一〇七五
同年九月	五十貫文	座頭・盲女	月光院二十三回忌	天明一〇七九
安永四年（一七七五）二月	五十貫文	座頭・盲女	乗台院三回忌	天明一〇九六
同年六月	五十貫文	座頭・盲女	浄円院五十回忌	天明一一〇六
同年八月	五十貫文	座頭・盲女	高巌院百回忌	天明一一二二
同年九月	五十貫文	座頭・盲女	崇源院五十回忌	天明一一二七

安永六年（一七七七）六月	六百貫文	座頭・盲女	惇信院十七回忌	天明一一五二
安永七年（一七七八）九月	五十貫文	座頭・盲女	月光院二十七回忌	天明一一七五
安永八年（一七七九）二月	五十貫文	座頭・盲女	乗台院七回忌	天明一一八七
同年四月	六百貫文 銀五枚宛	座頭・盲女 福岡検校・ 菊崎検校	孝恭院法事	天明一二三三
同年五月	六百貫文	座頭・盲女	厳有院百回忌、東叡山	天明一二五二
安永九年（一七八〇）二月	六百貫文	座頭・盲女	孝恭院一回忌、東叡山	天明一二八七
同年九月	白銀三枚 三百貫文	栗原検校 座頭・盲女	御転任	天明四五六
安永十年（一七八一）正月	六百貫文	座頭・盲女	台徳院百五十回忌	天明一三二五
天明元年（一七八一）閏五月	白銀三枚 三百貫文	重田検校 座頭・瞽女	御養君被仰出	天明四七四
天明二年（一七八二）四月	白銀三枚 三百貫文	木村検校 座頭・盲女	大納言様元服	天明五〇八
同年十月	五十貫文	座頭・盲女	証明院五十回忌	天明一三五四

天明四年（一七八四）九月	五十貫文	座頭・瞽女	月光院三十三回忌	天明一四〇二
天明五年（一七八五）二月	五十貫文	座頭・盲女	乗台院十三回忌	天明一四一七
天明八年（一七八八）四月	銀三枚 二百貫文	豊藤検校 座頭・盲女	結納	天保五一四
同年九月	六百貫文	座頭・盲女	浚明院三回忌、東叡山	天保二一九八
寛政元年（一七八九）二月	五十貫文	座頭・盲女	乗台院十七回忌法事	天保二二〇八
寛政二年（一七九〇）二月	五十貫文	座頭・盲女	天英院法事	天保二二二五
寛政三年（一七九一）二月	六百貫文	座頭・盲女	孝恭院法事、東叡山	天保二二六三
同年三月	五十貫文	座頭・盲女	蓮光院法事	天保二二七二
同年八月	二百貫文 三十貫文	座頭 盲女	心観院二十一回忌法事	天保二二九五
寛政四年（一七九二）三月	五十貫文	座頭・盲女	蓮光院一回忌法事	天保二三〇八
同年九月	六百貫文	座頭・瞽女	浚明院七回忌、東叡山	天保二三三四
寛政五年（一七九三）二月	五十貫文	座頭・盲女	乗台院二十一回忌法事	天保二三四四

同年六月	六百貫文	座頭・盲女	惇信院三十三回忌法事	天保二三七六
同年七月	百貫文	座頭・盲女	孝順院法事、増上寺	天保二四一四
寛政六年（一七九四）二月	六百貫文	座頭・盲女	孝恭院法事、東叡山	天保二四七七
寛政七年（一七九五）八月	二百貫文 三十貫文	座頭 盲女	心観院二十五回忌	天保二五〇五
寛政八年（一七九六）三月	銀二枚 二百貫文	内山検校 座頭・盲女	御台様安産	天保六〇一
寛政九年（一七九七）二月	五十貫文	座頭・盲女	乗台院二十五回忌法事	天保二五二七
同右	五十貫文	座頭・盲女	至心院法事	天保二五三二
寛政十年（一七九八）九月	六百貫文	座頭・盲女	浚明院法事、東叡山	天保二六三三
寛政十一年（一七九九）二月	六百貫文	座頭・盲女	孝恭院法事、東叡山	天保二六五五
同年十一月	銀五枚 二百貫文 白貫文	北尾検校 座頭 盲女	淑姫輿入	天保六六八
寛政十二年（一八〇〇）閏四月	六百貫文	座頭・盲女	大猶院百五十回忌、日光山	天保二七三八
同年六月	六百貫文	座頭・盲女	有徳院五十回忌、東叡山	天保二七七九

享和元年（一八〇一）九月	五十貫文	座頭・盲女	月光院五十回忌	天保二七九七
享和二年（一八〇二）九月	六百貫文	座頭・盲女	浚明院、東叡山法事	天保二八四五
享和三年（一八〇三）二月	六百貫文	座頭・盲女	孝恭院、東叡山法事	天保二八六八
同年八月	［百脱カ］二貫文 三十貫文	座頭 盲女	心観院三十三回忌	天保二九〇七
文化元年（一八〇四）六月	五十貫文	座頭・盲女	桂昌院百回忌	天保二九一六
文化二年（一八〇五）二月	五十貫文	座頭・盲女	乗台院三十三回忌	天保二九三七
文化三年（一八〇六）九月	六百貫文	座頭・盲女	浚明院、東叡山法事	天保二九六六
文化四年（一八〇七）十月	六百貫文	座頭・盲女	常憲院百回忌、東叡山	天保三〇〇三
文化五年（一八〇八）二月	五十貫文	座頭・盲女	浄光院百回忌	天保三〇〇九
文化六年（一八〇九）五月	二百貫文	座頭・盲女	大納言様結納	天保七四一
同年十二月	銀三枚 三百貫文	大場検校 座頭・盲女	大納言様婚礼	天保七六九

文化七年（一八一〇）六月	六百貫文	座頭・盲女	惇信院五十回忌	天保三〇五八
同右	五十貫文	座頭・盲女	香琳院法事	天保三〇六二
同年九月	六百貫文	座頭・盲女	浚明院法事、東叡山	天保三〇九五
文化八年（一八一一）二月	六百貫文	座頭・盲女	孝恭院三十三回忌、東叡山	天保三一三七
同年五月	五十貫文	座頭・盲女	香琳院一回忌	天保三一五三
同年十月	六百貫文	座頭・盲女	文昭院百回忌	天保三一八二
文化九年（一八一二）三月	五十貫文	座頭・盲女	香琳院三回忌	天保三二〇二
同年十月	五十貫文	座頭・盲女	深徳院百回忌	天保三二一二
文化十年（一八一三）二月	五十貫文	座頭・盲女	長昌院百五十回忌	天保三二二一
文化十一年（一八一四）九月	百貫文	座頭・盲女	玉樹院法事	天保三二八四
同年十一月	白銀三枚 二百貫文	司馬崎検校 座頭・盲女	御簾中様着帯	天保八一四
同右	白銀五枚 二百貫文 百貫文	司馬崎検校 座頭 盲女	峰姫婚礼	天保八一五
文化十二年（一八一五）五月	白銀二枚 二百貫文	司馬崎検校 座頭・盲女	御簾中様安産	天保八三四
同年三月	六百貫文	座頭・盲女	有章院百回忌	天保三三三五

同年五月	三百貫文	江戸の座頭・盲女	権現様二百回忌、日光山	天保二一六二
文化十三年（一八一六）三月	五十貫文	座頭・盲女	香琳院七回忌	天保三三六八
同年閏八月	銀三枚 二百貫文	司馬崎検校 座頭・盲女	御簾中様御着帯	天保八五五
文政元年（一八一八）九月	六百貫文	座頭・盲女	浚明院法事、東叡山	天保三四八六
文政二年（一八一九）十一月	白銀三枚 三百貫文	野田検校 座頭・盲女	嘉千代様御弘	天保九一八
同年十二月	銀五枚 二百貫文 百貫文	野田検校 座頭 盲女	浅姫婚礼	天保九三三
文政三年（一八二〇）三月	百貫文	座頭・盲女	瑢玉院法事	天保三五五一
同年八月	二百貫文 三十貫文	座頭 盲女	心観院五十回忌	天保三五七六
文政四年（一八二一）二月	銀五枚 二百貫文 百貫文	藤植検校 座頭 盲女	元姫婚礼	天保九六四
文政五年（一八二二）二月	五十貫文	座頭・盲女	乗台院五十回忌	天保三六三三
同年五月	五十貫文	座頭・盲女	香琳院十三回忌	天保三六四八
文政八年（一八二五）六月	五十貫文	座頭・盲女	浄円院百回忌	天保三六七二
同年八月	五十貫文	座頭・盲女	高巌院百五十回忌	天保三六七八
同年九月	五十貫文	座頭・盲女	崇源院二百回忌	天保三六八三
同年十一月	銀五枚 二百貫文 百貫文	浅本検校 座頭 盲女	盛姫婚礼	天保一〇一二
文政九年（一八二六）三月	五十貫文	座頭・盲女	香琳院十七回忌	天保三七〇五
同年八月	銀二枚 百貫文	雨富検校 座頭・盲女	浅姫君御安産	天保一〇二一
同年十一月	銀五枚 二百貫文 百貫文	雨富検校 座頭 盲女	文姫君御婚礼	天保一〇三二
文政十年（一八二七）三月	五十貫文	座頭・盲女	最樹院法事	天保三七三五
同年九月	五十貫文	座頭・盲女	清揚院百五十回忌	天保三七六八
同年十一月	銀五枚 二百貫文 百貫文	松黒検校 座頭 盲女	溶姫君御婚礼	天保一〇五四
文政十一年（一八二八）二月	六百貫文	座頭・盲女	最樹院法事、東叡山	天保三八〇七
文政十二年（一八二九）二月	六百貫文	座頭・盲女	最樹院三回忌、東叡山	天保三八六八
同年四月	二百貫文 三十貫文	座頭 盲女	慈徳院十三回忌	天保三九〇八

同年五月	六百貫文	座頭・盲女	厳有院百五十回忌	天保三九二八
同年八月	銀二枚 百貫文	松黒検校 座頭・盲女	浅姫安産	天保一〇七三
文政十三年 （一八三〇） 三月	五十貫文	座頭・盲女	香琳院二十一回忌	天保三九五〇
同年五月	銀二枚 百貫文	田村検校 座頭・盲女	溶姫安産	天保一〇八六
天保二年 （一八三一） 正月	六百貫文	座頭・盲女	台徳院二百回忌	天保四〇一〇
天保三年 （一八三二） 七月	銀二枚 百貫文	田村検校 座頭・盲女	溶姫安産	天保一一〇〇
同年十二月	銀五枚 二百貫文 百貫文	内原検校 座頭 盲女	喜代姫婚礼	天保一一一二
天保四年 （一八三三） 二月	六百貫文	座頭・盲女	最樹院七回忌	天保四〇五八
同年四月	二百貫文 三十貫文	座頭 盲女	慈徳院十七回忌	天保四〇七九
同年十一月	銀五枚 二百貫文 百貫文	内原検校 座頭 盲女	末姫婚礼	天保一一二七
天保五年 （一八三四） 三月	銀二枚 百貫文	関検校 座頭・盲女	喜代姫安産	天保一一三〇
同右	五十貫文	座頭・盲女	香琳院二十五回忌	天保四〇九三
同年四月	銀二枚 百貫文	関検校 座頭・盲女	溶姫君安産	天保一一三三
天保六年 （一八三五） 九月	銀二枚 百貫文	平川検校 座頭・盲女	喜代姫安産	天保一一四四
同右	六百貫文	座頭・盲女	明院法事、東叡 山浚	天保四一三〇
同年十一月	銀五枚 二百貫文 百貫文	浅本検校 座頭 盲女	永姫婚礼	天保一一五五
天保八年 （一八三七） 二月	二百貫文 三十貫文	座頭 盲女	慈徳院二十一回忌	天保四一六四

＊「実」＋漢数字＋アラビア数字＝『徳川実紀』篇数、頁。
宝暦＋漢数字＝『御触書宝暦集成』号数。

天明＋漢数字＝『天明御触書集成』号数。

天保＋漢数字＝『御触書天保集成』号数。

法号は次の人物を指している。華光院＝千代姫（家治女）。玉樹院＝徳川竹千代（＝家慶子）。桂昌院＝宗子（家光妾）。月光院＝輝子（家宣妾）。厳有院＝徳川家綱。高巌院＝顕子女王（家綱室）。孝順院＝竹千代（家斉子）。孝恭院＝徳川家基。香琳院＝絡子（家治妾）。最樹院＝徳川家済。至心院＝御幸方（家重妾）。慈徳院＝於富方（一橋治済妾）。惇信院＝徳川家重。浚明院＝徳川家治。浄円院＝於由利方（徳川光貞妾）。常憲院＝徳川綱吉。浄光院＝信姫（家吉室）。乗台院＝万壽姫（徳川治休姫）。證明院＝培子女王（家重室）。心観院＝倫子女王（家治室）。深徳院＝於須磨方（吉宗妾）。清揚院＝徳川綱重。璿玉院＝嘉千代（家慶子）。崇源院＝於江よ方（秀忠室）。台徳院＝徳川家忠。大猷院＝徳川家光。長昌院＝於保良方（綱重妾）。天英院＝照姫（家宣室）。文昭院＝徳川家宣。有章院＝徳川家継。有徳院＝徳川吉宗。蓮光院＝津田氏（家治妾）。

《著者略歴》

ジェラルド・グローマー（Gerald Groemer）

1957年　アメリカ合衆国オレゴン州に生まれる

1985年　ジョンズ・ホプキンズ大学ピーボディ音楽院博士課程修了・音楽博士

1993年　東京芸術大学大学院音楽研究科博士課程修了・芸術博士（音楽学）

江戸東京博物館専門研究員

1994年　Earlham College（Richmond, Indiana, USA）助教授

現　在　山梨大学教育人間科学部教授

著　書　『幕末のはやり唄』名著出版，1995年（東洋音楽学会田辺賞受賞）

The Spirit of Tsugaru : Blind Musicians, Tsugaru Jamisen, and the Folk Music of Northern Japan, Harmonie Park Press, 1999.

瞽女と瞽女唄の研究　史料篇

2007年2月28日　初版第1刷発行

定価はケースに
表示しています

著　者　ジェラルド・グローマー

発行者　金　井　雄　一

発行所　財団法人　名古屋大学出版会

〒464-0814　名古屋市千種区不老町1名古屋大学構内

電話(052)781-5027/FAX(052)781-0697

印刷 ㈱クイックス　ISBN978-4-8158-0558-6